2018
中国国有资产监督管理年鉴

《中国国有资产监督管理年鉴》编委会 编

图书在版编目（CIP）数据

中国国有资产监督管理年鉴.2018/《中国国有资产监督管理年鉴》编委会著.
—北京：中国经济出版社，2018.12
ISBN 978-7-5136-5497-5
Ⅰ.①中… Ⅱ.①中… Ⅲ.①国有资产管理–中国–2018–年鉴 Ⅳ.①F123.7-54
中国版本图书馆CIP数据核字（2018）第280119号

中国国有资产监督管理年鉴（2018）

责任编辑：李祥柱 郑 潇 李玄璇

组稿编辑：张 巍 徐立敏

图片编辑：汪银芳

英文翻译：郑 潇

出版发行：中国经济出版社（100037 北京市西城区百万庄北街3号）
网　　址：www.economyph.com
电　　话：（010）64477900 64477980
　　　　　64477300 64476700
经　　销：各地新华书店
承　　印：北京富泰印刷有限责任公司
开　　本：889mm×1194mm 1/16　　字　　数：2000千字
插页印张：3.25　　　　　　　　　　　印　　张：52.5
版　　次：2018年12月第1版　　　　　印　　次：2018年12月第1次印刷
书　　号：ISBN 978-7-5136-5497-5　　定　　价：480.00元
广告经营许可证：京西工商广字第8179号

版权所有　盗版必究
举报电话：（010）68359418 68319282
国家版权局反盗版举报中心（举报电话：12390）
服务热线：（010）68344225 88386749

编写说明

一、《中国国有资产监督管理年鉴》（以下简称《国资年鉴》）由国务院国有资产监督管理委员会（以下简称国务院国资委）主管、主办，《国资年鉴》编委会编纂，中国经济出版社编辑出版。

二、《国资年鉴》是一部全面记载我国国有经济运行、国有资产监管体制改革和国有企业改革发展，尤其是中央企业和地方国资监管机构所监管企业总体情况的大型工具书和资料性年刊，是国务院国资委统一对外宣传的重要窗口和交流平台，对于宣传、指导我国国有资产监督管理工作及国有企业工作具有重要参考价值。

三、《国资年鉴》突出政策性、权威性、实用性和连续性。主要读者对象包括：全国各级国有资产监管机构及相关行业管理部门；各类国有企业；有关中介机构；各国驻华机构；有关科研院所、图书馆、资料室等。

四、《国资年鉴》（2018）共设九篇内容。

第一篇　重要经济文献。刊载郝鹏同志和肖亚庆同志在中央企业、地方国资委负责人会议上的讲话。

第二篇　国有资产监督管理概况。国务院国资委各个厅局就2017年我国国有资产监督管理情况、国有企业改革与发展情况予以分析、评述。

第三篇　各省（区、市）国有资产监督管理概况。由31个省、自治区、直辖市国资委，新疆生产建设兵团国资委和5个计划单列市国资委就2017年本地区国有经济运行情况及国有企业改革与发展状况进行评述。

第四篇　中央企业改革与发展。98户中央企业就2017年经济运行、主要经济指标、国有资产保值增值、重大创新、履行社会责任等方面进行分析、评述。

第五篇　国有资产统计资料。刊载由国务院国资委财务监督与考核评价局提供的2017年全国国有企业户数、从业人数、国有资产总量之综合、行业、地区分析表；全国国有企业资产负债之综合、行业、地区分析表；国有工业企业户数、从业人数、国有资产总量地区分析表；国有工业企业资产负债地区分析表；国有商业企业户数、从业人数、国有资产总量地区分析表；国有商业企业资产负债地区分析表；36个省（自治区、直辖市、计划单列市）国有企业主要指标表。

第六篇　国有资产监督管理政策法规选编。精选2017年有关国有资产监督管理的重要行政法规、部门规章和规范性文件。

第七篇　国有企业履行社会责任和党的建设成果概览。采用图文并茂的形式重点展示国有企业在履行社会责任、党的建设等方面取得的成就。

第八篇　大事记。刊载2017年国务院国资委大事记。

第九篇　附录。刊载2017年中央企业负责人经营业绩考核A级企业、《财富》世界500强中国企业上榜情况等相关资料。

五、《国资年鉴》（2018）涉及全国性统计数据，暂未包括港、澳、台地区。统计数据截至2017年底。

六、《国资年鉴》（2018）编委会编委名单，各地方国资委工作站和中央企业工作站站长、撰稿人名单截至2018年12月底。

《中国国有资产监督管理年鉴》编辑部

二〇一八年十二月二十日

国务院国资委党委书记郝鹏赴鞍钢集团有限公司调研

国务院国资委主任、党委副书记肖亚庆赴中国铁塔股份有限公司调研

国务院国资委副主任、党委委员黄丹华会见沙特阿美石油公司总裁兼首席执行官阿敏·纳瑟尔

国务院国资委副主任、党委委员徐福顺赴中央企业驻贵企业调研

国务院国资委副主任、党委委员孟建民出席2017年剥离国有企业办社会职能和解决历史遗留问题工作会议并讲话

中央纪委驻国资委纪检组组长、党委委员江金权春节前夕慰问中央企业党员干部和一线职工

国务院国资委副主任、党委委员王文斌出席
国务院政策例行吹风会并答记者问

国务院国资委副主任、党委委员刘强同志赴中国建筑
设计集团有限公司开展国有企业党的建设工作
专项督查

国务院国资委党委委员、秘书长阎晓峰在国资委
会见美国乔治城大学副校长许强

国务院国资委党委委员、总会计师沈莹出席国务院
国资委在国务院新闻办公室新闻发布厅举行的
新闻发布会

科技强军 航天报国

中国航天科工集团公司
CHINA AEROSPACE SCIENCE & INDUSTRY CORP.

中国航天科工集团有限公司（以下简称"航天科工"）是战略性、高科技、国家级创新型企业，现由总部，6个研究院、17个直属单位、全资或控股公司，近500户企事业单位和机构组成，其中包括9家上市公司；主要从事防务装备、航天产业、信息技术、装备制造和现代服务业五大产业板块，具有较强核心竞争力和社会影响力。连续11年列中央企业经营业绩考核A级；2018年度列世界企业500强第346位、中国500最具价值品牌第45位。

航天科工始终以服务国家战略和国防建设为己任，经过多年的励精图治，建立了完整的防空导弹武器系统、飞航导弹武器系统、固体运载火箭及空间技术产品等技术开发与研制生产体系，整体水平处于国内领先地位，部分专业技术达到国际先进水平，为我国国防现代化建设作出了突出贡献。与此同时，创新突破传统的技术途径、商业模式和管理习惯的局限，全力打造武汉国家航天产业基地，大力实施飞云、快云、行云、虹云、腾云五大商业航天工程和高速飞行列车项目，推动我国商业航天产业健康发展。快舟一号甲运载火箭成功完成两次商业发射，提升了我国的空间应急响应能力。此外，圆满完成历次载人航天、月球探测等多个国家重大航天工程相关任务。

航天科工着眼于"大防务、大安全"发展理念，积极主动服务国计民生，坚持走中国特色的军民融合发展之路，凭借专业领域的技术优势，在信息技术与信息安全、智慧产业、高端装备制造等方面开发了一系列军民结合高技术产品。承担"金税、金卡、金盾"工程任务，并重点突破新一代信息技术大规模集成应用难关，以航天系统工程优势服务于国民经济建设与国家经济安全、信息安全。开发各类智慧产业（智慧城市、智慧农业、智慧食药监、智慧财税、智慧安防、智慧征信、智慧地下空间等）公共平台，大力支撑数字中国、智慧社会建设。系列重型装备与特种装备等产品打破国外垄断、实现进口替代。倾力打造具有自主知识产权的工业互联网平台及其应用生态，为我国制造业企业提供智能制造、协同制造、云制造公共服务。作为国家首批双创示范基地之一，大力支持内部员工"在岗创新、在职创业"，并广泛集聚社会双创企业和项目，努力打造分享型经济发展新生态。

站在新的历史起点上，航天科工将坚持以习近平新时代中国特色社会主义思想为指导，深入贯彻党的十九大精神，秉承"科技强军、航天报国"企业使命，以技术创新、商业模式创新、管理创新为抓手，以"信息化、社会化、市场化、国际化"为导向，全面实施军民融合战略、创新驱动发展战略、人才强企战略、质量制胜战略，不断提升企业的核心竞争能力，确保2020年初步建成国际一流航天防务公司，朝着到本世纪中叶全面建成具有全球竞争力的世界一流企业阔步前进。

航天科工导弹武器在朱日和训练基地参加庆祝中国人民解放军建军90周年阅兵

航天科工快舟一号甲运载火箭将三颗卫星成功送入轨道,实现一箭三星发射

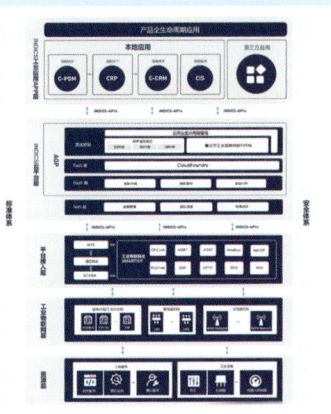

航天科工向全球发布以INDICS为核心的工业互联网公共服务平台

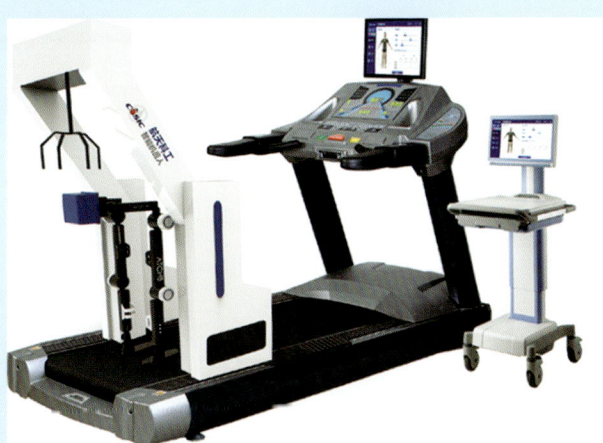

航天科工开发的康复机器人

航天科工研发的身份证自助申请终端

航天科工研发的天网车载式低慢小复合拦截系统

航天科工研制生产的363吨两轴电动轮矿用自卸车

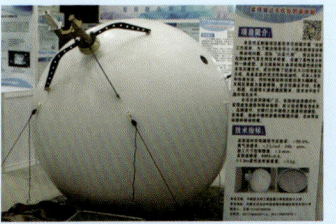

航天科工研发的柔性雷达天线反射面

航天科工制造的极光号极地钻机

为美好生活加油
Better Energy for Better Living

公司简介

中国石化坚守"爱我中华，振兴石化""为美好生活加油"的初心和使命，坚持"人本、责任、诚信、精细、创新、共赢"的企业价值观，为实现"建设世界一流能源化工公司"的企业愿景不懈奋斗。公司坚持服务国家战略，履行社会责任，为全面建成小康社会、实现人民对美好生活的向往、实现企业更高质量、更可持续发展不懈奋斗。

中国石化积极推动能源生产和消费革命，为经济社会发展提供能源保障，满足人民对美好生活的需要。充分发挥一体化业务优势，推进结构调整转型发展，实现能源供应多元化，构建清洁、低碳、安全、高效的现代能源体系。2017年，公司境内原油产量3505万吨，境内天然气产量257亿立方米，境外权益油气当量4372万吨，为社会提供1.99亿吨成品油、7850万吨化工产品，非油品交易额519.5亿元。为党的十九大等重大会议提供油品保障服务，全力保障冬季天然气供应。不断加大创新驱动发展力度，推进工业化与信息化融合，科技创新成果丰硕，2017年获国家科技进步一等奖3项。积极履行社会责任，大力推进精准扶贫，助力打赢脱贫攻坚战；组织参与"情暖驿站·满爱回家""健康快车""环卫驿站"等公益事业，促使企业发展成果惠及百姓。

中国石化持续实施开放合作战略，服务国家"一带一路"建设。积极与"一带一路"沿线27个国家开展投资和项目合作，已形成俄罗斯UDM项目、埃及阿帕奇项目、沙特延布炼厂、新加坡润滑油脂厂等多个典型项目，在为当地提供能源、促进经济社会发展等方面发挥重要作用。公司在推进国际经营过程中，主动践行海外社会责任，依法缴纳税收、带动就业、保护环境及投身公益事业，彰显全球企业公民责任担当。

中国石化拥有8家直属研究院、10家直属研究院分院、50余个企业研究机构，建有18个国家级研发机构、28个集团公司重点实验室，形成油气勘探开发、石油炼制、石油化工、节能环保公用技术四大技术平台，支撑和引领公司转方式调结构、提质增效升级

2017年中国石化重庆涪陵页岩气田建成100亿立方米产能，全年生产页岩气60.04亿立方米。全面运转后，每年可减排1200万吨二氧化碳，相当于种植1.1亿棵树

中国石化积极推进能源生产和消费革命，大力发展"地热+"绿色清洁能源，努力满足人民对美好生活的需要。地热业务辐射全国13个省（区、市），供暖能力5000万平方米，占全国中深层地热供暖的30%以上。全国首座"无烟城"——雄县地热供暖能力450万平方米，为雄安新区构建出一条经验可复制、技术可推广的绿色能源之路，助力京津冀协同发展

沙特延布炼厂是中国石化首个海外炼化项目，也是中国在沙特最大的投资项目，设计加工能力2000万吨/年，拥有世界领先的炼化设施，HSE标准和生产运行管理标准均达世界先进水平

连续6年组织"情暖驿站·满爱回家——中国石化关爱返乡务工人员大型公益活动"

2017年，中国石化作为第十三届全运会合作伙伴，赞助8000万元助力全运会赛事，共设置200多座指定加油站，为全运会提供国Ⅵ标准油品和优质服务，全力做好赛事各项保障服务工作

2017年，中国石化中原油田第十社区管理中心社区居民调解员兼志愿服务站站长宋丽萍当选中央企业首届"央企楷模"

涪陵大型海相页岩气田高效勘探开发。该项目依靠自主创新，建成了我国首个国家级页岩气示范区，使中国成为继美国、加拿大之后第3个完全掌握页岩气开发成套技术的国家

高效甲醇制烯烃全流程技术。该项技术的成功开发使我国成为世界上第1个掌握自主知识产权全流程MTO技术的国家，实现了我国自主研发的甲醇制乙烯、丙烯全流程工艺技术的产业化，不但为煤化工发展提供了先进、成套、可靠的技术支撑，而且为我国实施石油替代战略开辟了一条新路

中国一汽

中国第一汽车集团有限公司前身为长春第一汽车制造厂，1953年动工兴建，1956年建成投产。2017年12月14日，名称变更为中国第一汽车集团有限公司。

中国第一汽车集团有限公司，简称中国一汽，核心商号一汽，企业品牌中国一汽。集团总部设有20个职能部、4个研发院和2个工厂。集团企业管理层级共分五层。其中二级分公司5家、子公司10家；三级分公司22家、子公司37家；四级分公司38家、子公司42家；五级分公司10家、子公司3家。在册职工118128人。

2017年，中国一汽履行国企经济责任、政治责任、社会责任，企业形象和社会影响力持续提升。在"中国500最具价

红旗 H5

天津一汽

吉林汽车

一汽轿车

值品牌"中，中国一汽品牌价值2301.93亿元，位列第九位，较2016年提升383.65亿元，连续14年位居汽车行业榜首。位列世界500强第125位，中国企业500强第27位。在国务院国资委公布的"2016年度中央企业负责人经营业绩考核A级企业名单"中列第九位，位居汽车行业央企第一。

中国一汽凭借在行业贡献、责任引领以及创新研发等方面的优秀表现，荣获"2016—2017年度中国最受尊敬企业""2017中国十大杰出责任品牌企业""2017中国年度最佳雇主"第九名、"社会责任五星级企业""2017中国社会责任扶贫奖""2017优秀社会责任报告领袖企业奖"等荣誉称号。

一汽丰田

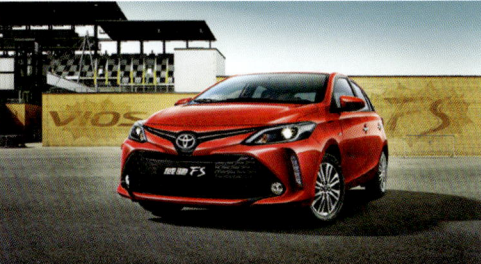

一汽大众

一汽解放

东风汽车集团有限公司
DONGFENG MOTOR CORPORATION

东风汽车集团有限公司始建于1969年，属中央直管企业，是中国三大汽车集团之一，总部设在武汉。现有资产总额3256亿元，从业人员16万余人。主营业务涵盖全系列商用车、乘用车、新能源汽车、关键汽车总成和零部件、汽车装备以及汽车相关业务等，经营规模超过400万辆，在国内汽车行业排行第二。主要业务分布在武汉、十堰、襄阳、广州、上海、杭州、重庆、成都等全国20多个城市，在瑞典建有海外研发基地，在俄罗斯建有海外销售公司，拥有法国PSA集团14%的股份，是PSA并列第一大股东。东风汽车集团位居2017年《财富》世界500强第68位，中国企业500强第16位，中国制造业500强第3位。

"十三五"期间，公司提出了经营规模高质量跨越560万辆、挑战600万辆的战略目标，致力于成为为用户提供全方位优质汽车产品和服务的卓越企业。

展望未来，公司将以"永续发展的百年东风，在开放中自主发展的东风，面向世界的国际化东风"为愿景，努力做强做优做大，建设具有全球竞争力的世界一流企业，为实现汽车强国梦和中华民族伟大复兴的中国梦作出新的更大贡献。

2017年4月12日，公司技术中心与清华大学汽车工程系在北京签署战略合作备忘录

2017年7月4日，东风汽车零部件（集团）有限公司与佛吉亚（中国）投资有限公司签署合资协议

2017年7月25日，东风汽车俄罗斯旗舰店开业

2017年7月30日，东风猛士参加纪念建军90周年阅兵

2017年9月29日，东风公司院士专家工作站在公司技术中心成立

2017年12月29日，东风华神汽车有限公司揭牌成立

东风A9

东风启辰D60

东风日产奇骏

东风本田UR-V

东风标致5008

东风本田思域

东风猛士

东风雪铁龙天逸

东风英菲尼迪Q50L

东风风行景逸X6

东风风光S560

东风风神AX4

东风雷诺科雷傲

东风华神

东风天龙旗舰

东风客车

东风风神E70

东风风神E30L

实业兴邦
制造兴国

董事长、党委书记、总经理　王彤宙

公司简介

中国有色矿业集团有限公司（简称"中国有色集团"，英文缩写"CNMC"）是国务院国资委监管的大型中央企业，是有色金属行业践行习近平总书记"人类命运共同体"重要思想，参与"一带一路"建设起步较早、成果较丰硕的企业。

2018年8月22日，赞比亚总统伦古为中国有色集团投资的非洲首座数字化矿山谦比希铜矿东南矿体投产剪彩

2018年9月2日，中非合作论坛北京峰会前夕，中国有色集团成功举办"中国—赞比亚工商论坛"赞比亚总统伦古出席论坛并发表主旨讲话，论坛期间达成的合作项目签约总金额约14.7亿美元

2018年9月14日，刚果（金）总统约瑟夫·卡比拉到中国有色集团刚果（金）迪兹瓦项目现场视察

缅甸达贡山镍矿是中缅矿业领域最大的合作项目

地址：北京市朝阳区安定路10号中国有色大厦　邮编：100029　电话：010-84426666　传真：010-84426699　网址：www.cnmc.com.cn

目前，中国有色集团业务遍布80多个国家，包括"一带一路"沿线30多个国家，拥有重有色金属资源量超过2000万吨，产品涉及40余个金属品种，打造了地质勘查、矿山采选、冶炼加工、工程设计、施工安装、装备制造、项目监理、物流保障、国际贸易、境外合作区运营为一体的"全产业链"格局。2018年，中国有色集团坚持"聚焦实业、突出主业、专注专业"，利润总额再创新高，行业影响力和国际知名度不断扩大，位列"中国企业全球化50强"第18位，出资企业位列"全球最大250家国际工程承包商"第85位。

面向未来，中国有色集团将深入学习贯彻习近平新时代中国特色社会主义思想，在国务院国资委的正确领导下，在有色金属工业协会的指导和兄弟单位的支持下，按照"做强矿业资源开发和利用、做大工程承包、做实贸易、做优资本运作、优先发展国际业务"的战略思路，坚持"国际化、专业化、区域化、实体化、资本化"建设，秉承"自主投资与并购并重"策略，努力打造具有全球竞争力的科技型、质量效益型世界一流矿业集团，为建设有色金属工业强国作出新贡献！

2018年9月2日，国务院国资委主任肖亚庆出席在中国有色集团举办的中国—赞比亚工商论坛。图为肖亚庆主任在王彤宙董事长陪同下参观中国有色集团展厅

中国有色集团是赞比亚最大的中资企业，拥有3座铜矿山、3座冶炼厂和1个国家级境外经济贸易合作区

刚果（金）是中国有色集团实施中南部非洲战略的重要区域。图为正在建设中的刚果（金）迪兹瓦矿业项目

蒙古国图木尔廷敖包锌矿是中蒙矿业领域最大的合作项目，被赞誉为"中蒙友好合作的典范"

塔吉克斯坦帕鲁特金矿是中央企业在中亚地区开发的第一座大型金矿

中色股份位居"全球最大250家国际承包商"第85位。图为其承建的世界级矿山选厂项目——哈萨克斯坦巴夏库项目磨矿车间

《中国国有资产监督管理年鉴》编委会

编委会主任

郝　鹏　国务院国有资产监督管理委员会　党委书记
肖亚庆　国务院国有资产监督管理委员会　主　任

编委会副主任

黄丹华　国务院国有资产监督管理委员会
　　　　副主任、党委委员
孟建民　国务院国有资产监督管理委员会
　　　　副主任、党委委员
王文斌　国务院国有资产监督管理委员会
　　　　副主任、党委委员
阎晓峰　国务院国有资产监督管理委员会
　　　　党委委员、秘书长

徐福顺　国务院国有资产监督管理委员会
　　　　副主任、党委委员
江金权　中央纪委驻国资委纪检组　　组长
　　　　国务院国有资产监督管理委员会　党委委员
刘　强　国务院国有资产监督管理委员会
　　　　副主任、党委委员
沈　莹　国务院国有资产监督管理委员会
　　　　副主任、党委委员、总会计师

主　编

王选文　国务院国有资产监督管理委员会办公厅（党委办公厅）　主任

副主编

庞雪松　国务院国有资产监督管理委员会办公厅
　　　　（党委办公厅）　　　　　　副主任

李会武　中国经济出版社有限公司　　副社长

编委会委员(一)
（委机关厅局）

王选文	国务院国有资产监督管理委员会办公厅（党委办公厅） 主任	魏 伟	国务院国有资产监督管理委员会监督三局 局长
郭祥玉	国务院国有资产监督管理委员会政策法规局 局长	宋亚晨	国务院国有资产监督管理委员会企业领导人员管理一局 局长
谢 军	国务院国有资产监督管理委员会规划发展局 局长	姜维亮	国务院国有资产监督管理委员会企业领导人员管理二局 局长
邬红兵	国务院国有资产监督管理委员会财务监管局 局长	姚 焕	国务院国有资产监督管理委员会党建工作局（党委组织部、党委统战部） 局长
贾立克	国务院国有资产监督管理委员会产权管理局 局长	夏庆丰	国务院国有资产监督管理委员会宣传工作局（党委宣传部） 局长
白英姿	国务院国有资产监督管理委员会企业改革局 局长	李 伟	国务院国有资产监督管理委员会研究局 局长
赵世堂	国务院国有资产监督管理委员会考核分配局 局长	殷长波	国务院国有资产监督管理委员会国际合作局 局长
李 冰	国务院国有资产监督管理委员会资本运营与收益管理局 局长	庄树新	国务院国有资产监督管理委员会人事局 局长
刘建波	国务院国有资产监督管理委员会综合局 局长	张 涛	国务院国有资产监督管理委员会行业协会商会党建工作局（行业协会商会工作局） 局长
禾 云	国务院国有资产监督管理委员会监督一局（国有企业监事会工作办公室） 局长（主任）	张文宏	国务院国有资产监督管理委员会机关服务管理局（离退休干部管理局） 局长、党委书记
赵红严	国务院国有资产监督管理委员会监督二局 局长	陈 军	国务院国有资产监督管理委员会机关党委 常务副书记
		贾春曲	国务院国有资产监督管理委员会党委巡视工作办公室 主任

编委会委员(二)
（地方国资委）

张贵林	北京市国有资产监督管理委员会 主任、党委书记	张金亮	内蒙古自治区国有资产监督管理委员会 主任
彭 三	天津市国有资产监督管理委员会 主任、党委书记	项鸿林	辽宁省国有资产监督管理委员会 党委副书记
曹海燕	河北省国有资产监督管理委员会 党委副书记	高志强	大连市国有资产监督管理委员会 党委专职副书记（正局）
朱晓明	山西省国有资产监督管理委员会 主任、党委书记	王 刚	吉林省国有资产监督管理委员会 副主任

王智奎	黑龙江省国有资产监督管理委员会 主任、党委书记	张绳道	广东省国有资产监督管理委员会 党委委员、副巡视员
宋依佳	上海市人民政府副秘书长 上海市国有资产监督管理委员会 党委书记、主任	何建锋	深圳市国有资产监督管理委员会 总经济师
		王晓华	广西壮族自治区国有资产监督管理委员会 副主任、党委委员
徐郭平	江苏省国有资产监督管理委员会 主任、党委书记兼省委组织部副部长	蔡 君	海南省国有资产监督管理委员会 副主任
		黄宗山	重庆市国有资产监督管理委员会 副主任
冯波声	浙江省国有资产监督管理委员会 主任、党委书记	宣 迅	四川省国有资产监督管理委员会 副主任、党委委员
史跃萍	宁波市国有资产监督管理委员会 党工委书记	汤向前	贵州省国有资产监督管理委员会 主任、党委书记
项小龙	安徽省国有资产监督管理委员会 副主任、党委副书记	罗昭斌	云南省国有资产监督管理委员会 主任
邵玉龙	福建省国有资产监督管理委员会 主任、党委书记	赵 刚	云南省国有资产监督管理委员会 党委书记
		和平志	西藏自治区国有资产监督管理委员会 副主任、党委书记
王龙雏	厦门市国有资产监督管理委员会 主任		
陈德勤	江西省国有资产监督管理委员会 主任、党委书记	胡保存	陕西省国有资产监督管理委员会 主任
		郭智强	甘肃省国有资产监督管理委员会 副主任
尹 刚	山东省国有资产监督管理委员会 副主任、党委委员	姚 琳	青海省国有资产监督管理委员会 副主任、党委副书记
杨长军	青岛市国有资产监督管理委员会 主任	曹学云	宁夏回族自治区国有资产监督管理委员会 副主任
李 涛	河南省国有资产监督管理委员会 主任、党委副书记	高江淮	新疆维吾尔自治区国有资产监督管理委员会 副主任、党委书记
傅立民	湖北省国有资产监督管理委员会 副主任、党委副书记	宋宝林	新疆生产建设兵团国有资产监督管理委员会 副主任
张美诚	湖南省国有资产监督管理委员会 副主任		

编委会委员（三）
（中央企业）

曹述栋	中国核工业集团有限公司 副总经理	钱建平	中国船舶重工集团有限公司 副总经理、党组成员
吴燕生	中国航天科技集团有限公司 董事长、党组书记	石 岩	中国兵器工业集团有限公司 党组副书记
高红卫	中国航天科工集团有限公司 董事长、党组书记	李守武	中国兵器装备集团有限公司 副总经理
		王 政	中国电子科技集团有限公司 副总经理
高建设	中国航空工业集团有限公司 副总经理、党组成员	陈少洋	中国航空发动机集团有限公司 副总经理、党组成员
陈 琪	中国船舶工业集团有限公司 副总经理、党组成员	吕大鹏	中国石油化工集团有限公司 宣传工作部主任

姓名	单位	职务
陈进行	中国大唐集团有限公司	董事长、党组书记
赵建国	中国华电集团有限公司	董事长、党委书记
林初学	中国长江三峡集团有限公司	副总经理、党委副书记
凌 文	国家能源投资集团有限责任公司	总经理、党组副书记
王晓初	中国联合网络通信集团有限公司	董事长、党组书记
董 昕	中国移动通信集团有限公司	副总经理、党组成员、工会主席
朱福寿	东风汽车集团有限公司	总经理
斯泽夫	哈尔滨电气集团有限公司	董事长、党委书记
尹 利	鞍钢集团有限公司	党委副书记
伏中哲	中国宝武钢铁集团有限公司	党委副书记
俞曾港	中国远洋海运集团有限公司	副总经理
田留文	中国东方航空集团有限公司	副总经理
韩文胜	中国南方航空集团有限公司	副总经理
万早田	中粮集团有限公司	副总裁、党委副书记
冯贵权	中国五矿集团有限公司	副总经理、党组成员
吕 军	中国储备粮管理集团有限公司	董事长、党委书记
施洪祥	国家开发投资集团有限公司	董事、总经理、党委副书记
万 敏	中国旅游集团有限公司[香港中旅（集团）有限公司]	董事长
朱碧新	中国诚通控股集团有限公司	总裁
彭 毅	中国中煤能源集团有限公司	总经理、党委副书记
李建友	机械科学研究总院集团有限公司	副总经理
徐思伟	中国中钢集团有限公司	董事长、党委书记
任建新	中国化工集团有限公司	董事长
戴和根	中国化学工程集团有限公司	董事长、党委书记
董永胜	中国盐业集团有限公司	党委副书记
宋志平	中国建材集团有限公司	董事长、党委副书记
马继儒	有研科技集团有限公司	总会计师
韩 龙	北京矿冶科技集团有限公司	总经理、党委副书记、董事
周 强	中国国际技术智力合作有限公司	总经理、党委书记
范圣权	中国建筑科学研究院有限公司	副总经理
张宗言	中国铁路工程集团有限公司	总经理、党委副书记、董事
庄尚标	中国铁道建筑有限公司	总裁
陈山枝	电信科学技术研究院有限公司	副院长、党组成员 大唐电信集团副总裁
曹恒真	中国农业发展集团有限公司	副总经理
曹效军	中国林业集团有限公司	副总经理
余鲁林	中国医药集团有限公司	总经理
张振高	中国保利集团有限公司	总经理
修 龙	中国建设科技有限公司	院长
卢 进	中国冶金地质总局	局长、党委书记
赵 平	中国煤炭地质总局	局长、党委书记
杨 彬	新兴际华集团有限公司	总经理、党委副书记
王 玮	中国民航信息集团有限公司	副总经理
张志刚	中国航空油料集团有限公司	副总经理
杨晓明	中国航空器材集团有限公司	总经理
晏志勇	中国电力建设集团有限公司	董事长、党委书记
汪建平	中国能源建设集团有限公司	董事长、党委书记
刘 冰	中国黄金集团有限公司	总经理、党委副书记
张善明	中国广核集团有限公司	总经理、党委副书记
蒋达华	中国华录集团有限公司	副总经理
张 庆	上海诺基亚贝尔股份有限公司	执行副总经理
鲁国庆	武汉邮电科学研究院有限公司	董事长
关 山	华侨城集团有限公司	总监
张雅林	中国西电集团有限公司	董事长、总经理、党委书记
莫德旺	中国国新控股有限责任公司	总经理
牛向春	中国汽车技术研究中心	党委副书记

《中国国有资产监督管理年鉴》
工作站站长（一）
（地方国资委）

白隽滢	北京市国有资产监督管理委员会 研究室主任	毛育新	湖南省国有资产监督管理委员会 办公室主任
洪全印	天津市国有资产监督管理委员会 研究室主任	王堂生	广东省国有资产监督管理委员会 副调研员
周革非	河北省国有资产监督管理委员会 政策法规处（综合处）处长	廖海生	深圳市国有资产监督管理委员会 综合规划处副处长
温 波	山西省国有资产监督管理委员会 办公室主任	邓明甫	广西壮族自治区国有资产监督管理委员会 办公室副主任
曹志忠	内蒙古自治区国有资产监督管理委员会 办公室主任	范明俊	海南省国有资产监督管理委员会 办公室主任
宋旭涤	辽宁省国有资产监督管理委员会 办公室副主任	高国民	重庆市国有资产监督管理委员会 办公室副主任
徐 建	大连市国有资产监督管理委员会 办公室主任	张永海	四川省国有资产监督管理委员会 办公室一级主任科员
程 竹	吉林省国有资产监督管理委员会 办公室主任	单衍忠	贵州省国有资产监督管理委员会 办公室（党委办）主任
皮 凯	黑龙江省国有资产监督管理委员会 政策法规处处长、委改革办主任	杨大伟	云南省国有资产监督管理委员会 办公室主任
陈忠益	上海市国有资产监督管理委员会 办公室主任	杨 钧	西藏自治区国有资产监督管理委员会 政策法规处处长
吴 宁	江苏省国有资产监督管理委员会 办公室主任	方启权	陕西省国有资产监督管理委员会 办公室副主任
万力源	浙江省国有资产监督管理委员会 办公室副主任	张绍辉	甘肃省国有资产监督管理委员会 政策法规处处长
曾利民	宁波市国有资产监督管理委员会 办公室副主任	刘 伟	青海省国有资产监督管理委员会 综合处处长
王维坤	安徽省国有资产监督管理委员会 办公室主任	马 存	宁夏回族自治区国有资产监督管理委员会 办公室主任
张金霖	福建省国有资产监督管理委员会 办公室主任	孙文辉	新疆维吾尔自治区国有资产监督管理委员会 综合处处长
欧昌山	厦门市国有资产监督管理委员会 办公室主任	郭文君	新疆生产建设兵团国有资产监督管理委员会 办公室主任
袁紫忠	江西省国有资产监督管理委员会 办公室（党办）主任		
姜 珊	山东省国有资产监督管理委员会 副处长		
王增毅	青岛市国有资产监督管理委员会 办公室主任		
李昭欣	河南省国有资产监督管理委员会 综合处处长		
杨立学	湖北省国有资产监督管理委员会 办公室主任		

工作站站长（二）

（中央企业）

姓名	单位	职务
乔书荣	中国核工业集团有限公司	档案馆馆长
路明辉	中国航天科技集团有限公司	办公厅副主任
李 巍	中国航天科工集团有限公司	办公厅副主任
姚 平	中国航空工业集团有限公司	政法部政研室主任
程 康	中国船舶工业集团有限公司	办公厅主任
董中江	中国船舶重工集团有限公司	办公厅副主任
罗 岚	中国兵器工业集团有限公司	党建群工局主任
吕来升	中国兵器装备集团有限公司	资本运营部主任
裘 颖	中国电子科技集团有限公司	办公厅副主任
党学军	中国航空发动机集团有限公司	办公厅副主任
王志刚	中国石油天然气集团有限公司	董事会秘书兼办公厅（总裁办）主任
陈庆昭	中国石油化工集团有限公司	年鉴编辑室主任
胡森林	中国海洋石油集团有限公司	办公厅副主任
李福来	中国南方电网有限责任公司	办公厅副主任
陆文辉	中国华能集团有限公司	新闻中心主任
李云峰	中国大唐集团有限公司	党组与董事会办公室（政策研究室）主任
王绪祥	中国华电集团有限公司	总经理助理兼办公厅主任
汪 波	国家电力投资集团有限公司	公共关系与新闻经理
杨 骏	中国长江三峡集团有限公司	宣传与品牌部主任
余瑞卿	国家能源投资集团有限责任公司	办公厅副主任
熊 康	中国电信集团有限公司	办公厅综合调研室主任
岳爱成	中国联合网络通信集团有限公司	办公厅副主任
邓小琳	中国移动通信集团有限公司	办公厅副主任、新闻中心主任
杜长征	中国电子信息产业集团有限公司	办公厅政策研究处处长、新闻信息处处长
邢志刚	中国第一汽车集团有限公司	办公厅文秘机要处处长
王 英	东风汽车集团有限公司	业务主任
米英心	中国一重集团有限公司	高级经理
杜文朋	哈尔滨电气集团有限公司	办公厅主任助理
史向甫	中国东方电气集团有限公司	办公厅保密与档案处副处长
聂振勇	鞍钢集团有限公司	宣传部处长
冯爱华	中国宝武钢铁集团有限公司	党委宣传部、企业文化部（公共关系部）部长
马高亮	中国远洋海运集团有限公司	办公厅副主任
李干斌	中国东方航空集团有限公司	办公厅政策研究室主任
王小刚	中国南方航空集团有限公司	办公厅档案经理
江 霈	中国中化集团有限公司	办公厅副主任
刘 云	中粮集团有限公司	办公厅主任
尹似松	中国五矿集团有限公司	办公厅副主任
李怀明	中国通用技术（集团）控股有限责任公司	办公厅主任
胡 勤	中国建筑集团有限公司	办公厅（党组办）副主任
顾洪明	中国储备粮管理集团有限公司	办公厅研究室主任
谢宝康	国家开发投资集团有限公司	党群工作部新闻中心副主任
张晓鹏	招商局集团有限公司	办公厅副主任
朱虹波	华润（集团）有限公司	办公厅副主任
雷海粟	中国旅游集团有限公司[香港中旅（集团）有限公司]	办公厅副主任
张新苗	中国商用飞机有限责任公司	办公厅副主任
朱彩飞	中国节能环保集团有限公司	办公厅副主任
竺小政	中国诚通控股集团有限公司	总裁办主任
王富有	中国中煤能源集团有限公司	办公厅副主任
李东方	机械科学研究总院集团有限公司	院务工作部副部长

刘 澎	中国中钢集团有限公司		办公室主任
智 慧	中国钢研科技集团有限公司		办公厅副主任
贾仲德	中国化工集团有限公司		办公室主任
朱今凤	中国化学工程集团有限公司		办公厅主任
屈晓明	中国盐业集团有限公司		办公厅副主任
张 静	中国建材集团有限公司		办公室副主任
王 伟	中国有色矿业集团有限公司		主任
李腾飞	有研科技集团有限公司		办公厅主任
姚志超	北京矿冶科技集团有限公司		办公厅主任
罗 萌	中国国际技术智力合作有限公司		
	党委宣传、企业文化部部长		
赵少莉	中国建筑科学研究院有限公司		办公室主任
何树高	中国中车集团有限公司		办公厅主任
李 辉	中国铁路工程集团有限公司		办公厅副主任
谭风华	中国铁路工程集团有限公司		
	办公厅文书档案处处长		
陈建军	中国铁道建筑有限公司		办公厅副主任
侯步云	中国交通建设集团有限公司		
	办公厅秘书处副处长		
卢瑞忠	电信科学技术研究院有限公司		
	党组办公室主任		
贾建国	中国农业发展集团有限公司		办公室副主任
雷 聪	中国中丝集团有限公司		主任助理
张金贵	中国林业集团有限公司	综合管理部副部长	
晋 斌	中国医药集团有限公司		办公室主任
李 晶	中国保利集团有限公司	战略投资中心主任	
赵 旭	中国建设科技有限公司		办公室主任
吴梅林	中国冶金地质总局	办公室（党办）主任	
于文罡	中国煤炭地质总局		
	办公室副主任		
刘其先	新兴际华集团有限公司		办公厅主任
邱耀南	中国民航信息集团有限公司		办公室主任
孙建业	中国航空油料集团有限公司		办公厅主任
曲京荣	中国航空器材集团有限公司		办公室主任
魏立军	中国电力建设集团有限公司		
	党委工作部副主任		
王增勇	中国能源建设集团有限公司		
	监事会主席、办公厅（党委办公室）主任		
米丽丽	中国黄金集团有限公司	办公室文档处处长	
胡光耀	中国广核集团有限公司		办公厅主任
郭 建	中国华录集团有限公司		
	综合管理本部副总经理		
赵 群	上海诺基亚贝尔股份有限公司		总监
陈建华	武汉邮电科学研究院有限公司		
	发展策划部主任		
邵永洁	华侨城集团有限公司		副总监
王兴华	南光(集团)有限公司	办公室副总经理	
谢 黎	中国西电集团有限公司		办公室主任
朱 旭	中国铁路物资集团有限公司		总裁办主任
王京苏	中国国新控股有限责任公司		
	工会主席兼办公室主任		
王 今	中国汽车技术研究中心		办公室主任

《中国国有资产监督管理年鉴》撰稿人

（按姓氏笔画排序）

丁若沙	丁贺玮	丁磊磊	于文罡	万友元	马玉芳	马立军	马国亮	王 英
王 迪	王 健	王 娥	王 琳	王大鹏	王卫东	王子铭	王友叶	王玉峰
王立娟	王亚坤	王英伟	王春娟	王冠祺	王艳红	王晓茜	王绥德	王富强
孔小可	邓 巧	左右强	石义刚	石潇桢	叶明丽	田春阳	史 允	史全水
付升涛	邢琬叙	毕瑞亨	昌寅罡	朱 军	朱平海	朱亦珺	朱德志	乔腾飞
任泽宇	任洁江	任瑞芳	刘 飞	刘 为	刘 俊	刘 骏	刘 超	刘 梁

刘 颢	刘 巍	刘 鑫	刘之阳	刘玉帅	刘世春	刘洪学	刘健敏	刘银海
刘聪斌	刘巍巍	米英心	江秀龙	汝昌晋	安 超	孙 欣	严 艺	李 尧
李 伟	李 军	李 进	李 层	李 楠	李 蔓	李 巍	李小龙	李宇昆
李志强	李青林	李选杰	李晓玢	李浩思	李舒群	李霞林	杨 冰	杨 晓
杨 罡	杨 楠	杨有福	杨启燕	杨嘉莹	肖卓群	何 丹	何晓克	宋光兰
张 旻	张 迪	张 猛	张 智	张 鹏	张文良	张永海	张宝军	张政政
张海峰	张跃辉	张嘉倪	陈立华	陈志友	陈净涤	陈陶然	林在强	欧阳神州
金伟光	周秀梅	周秋慧	周晓萌	周家恺	郑庆苏	单新东	赵 发	赵 坤
赵 艳	赵 锋	赵少莉	赵彦雄	赵维善	郝 峰	胡杨军	胡岳鹏	施胜博
洪 萍	祖培园	姚国成	贺凌华	秦磊鹤	袁正秋	聂尧尧	徐 勤	徐一鸣
徐文媛	徐秋青	徐彦强	高东旭	郭 彧	黄 硕	黄 震	黄梨炎	曹昆鹏
龚利杉	常彭辉	崔 焱	崔云霞	康 莉	隆 洋	彭上林	董岚峰	蒋 捷
蒋小金	蒋晓琳	韩 冰	韩 露	韩志涛	韩清明	程 东	程 欣	程 勇
曾 俊	曾 筝	谢一骏	谢孝宏	蒲玉波	雷中伟	简金芝	谭 啸	薛 晔
霍星宇								

目　录

第一篇　重要经济文献

做强做优做大国有资本　加快培育具有全球
　竞争力的世界一流企业
　　………… 国务院国资委党委书记　郝　鹏(3)
在"四个伟大"中担当中央企业的责任和使命
　　………… 国务院国资委党委书记　郝　鹏(8)
全面贯彻落实新发展理念　奋力开创国企国资
　高质量发展新局面
　　… 国务院国资委主任、党委副书记　肖亚庆(10)
深化国企国资改革　做强做优做大国有企业
　　… 国务院国资委主任、党委副书记　肖亚庆(15)

第二篇　国有资产监督管理概况

国有资产监督管理体制改革和国有企业改革
　发展综述 ………………………………………（21）
中央企业规划发展工作 …………………………（24）
企业国有资产监管法治建设 ……………………（27）
企业国有产权管理工作 …………………………（28）
中央企业财务监督工作 …………………………（31）
全国国有企业资产与财务状况分析 ……………（35）
中央企业兼并重组工作 …………………………（37）
中央企业董事会试点进展情况 …………………（41）
国有企业解决历史遗留问题进展情况 …………（44）
中央企业收入分配调控和薪酬管理工作 ………（46）
中央企业经营业绩考核工作 ……………………（47）
中央企业资本运营与收益管理工作 ……………（50）
国际交流与合作 …………………………………（53）
企业领导人员管理 ………………………………（55）
人才工作和人才队伍建设 ………………………（57）

中央企业专项核查与整改督办工作 ……………（60）
中央企业党建工作 ………………………………（64）
中央企业宣传思想文化工作 ……………………（66）
中央企业群众工作 ………………………………（68）
行业协会商会监督管理与党建工作 ……………（70）
中央企业纪检监察工作 …………………………（73）
国资委党委对中央企业开展巡视工作情况 ……（75）

第三篇　各省(区、市)国有资产监督管理概况

北京市 ……………………………………………（81）
天津市 ……………………………………………（89）
河北省 ……………………………………………（98）
山西省 ……………………………………………（105）
内蒙古自治区 ……………………………………（115）
辽宁省 ……………………………………………（122）
大连市 ……………………………………………（130）
吉林省 ……………………………………………（134）
黑龙江省 …………………………………………（142）
上海市 ……………………………………………（151）
江苏省 ……………………………………………（155）
浙江省 ……………………………………………（164）
宁波市 ……………………………………………（172）
安徽省 ……………………………………………（179）
福建省 ……………………………………………（185）
厦门市 ……………………………………………（194）
江西省 ……………………………………………（200）
山东省 ……………………………………………（206）
青岛市 ……………………………………………（214）
河南省 ……………………………………………（220）
湖北省 ……………………………………………（228）
湖南省 ……………………………………………（235）

广东省 …………………………………… (241)
深圳市 …………………………………… (250)
广西壮族自治区 ………………………… (257)
海南省 …………………………………… (265)
重庆市 …………………………………… (270)
四川省 …………………………………… (281)
贵州省 …………………………………… (288)
云南省 …………………………………… (293)
西藏自治区 ……………………………… (302)
陕西省 …………………………………… (307)
甘肃省 …………………………………… (317)
青海省 …………………………………… (324)
宁夏回族自治区 ………………………… (334)
新疆维吾尔自治区 ……………………… (340)
新疆生产建设兵团 ……………………… (347)

第四篇　中央企业改革与发展

中国核工业集团有限公司 ……………… (357)
中国航天科技集团有限公司 …………… (359)
中国航天科工集团有限公司 …………… (363)
中国航空工业集团有限公司 …………… (366)
中国船舶工业集团有限公司 …………… (369)
中国船舶重工集团有限公司 …………… (371)
中国兵器工业集团有限公司 …………… (374)
中国兵器装备集团有限公司 …………… (377)
中国电子科技集团有限公司 …………… (380)
中国航空发动机集团有限公司 ………… (385)
中国石油天然气集团有限公司 ………… (388)
中国石油化工集团有限公司 …………… (391)
中国海洋石油集团有限公司 …………… (397)
国家电网有限公司 ……………………… (401)
中国南方电网有限责任公司 …………… (404)
中国华能集团有限公司 ………………… (407)
中国大唐集团有限公司 ………………… (412)
中国华电集团有限公司 ………………… (416)
国家电力投资集团有限公司 …………… (419)
中国长江三峡集团有限公司 …………… (425)
国家能源投资集团有限责任公司 ……… (428)

中国电信集团有限公司 ………………… (435)
中国联合网络通信集团有限公司 ……… (440)
中国移动通信集团有限公司 …………… (445)
中国电子信息产业集团有限公司 ……… (447)
中国第一汽车集团有限公司 …………… (450)
东风汽车集团有限公司 ………………… (453)
中国一重集团有限公司 ………………… (455)
中国机械工业集团有限公司 …………… (457)
哈尔滨电气集团有限公司 ……………… (460)
中国东方电气集团有限公司 …………… (463)
鞍钢集团有限公司 ……………………… (467)
中国宝武钢铁集团有限公司 …………… (470)
中国铝业集团有限公司 ………………… (473)
中国远洋海运集团有限公司 …………… (475)
中国航空集团有限公司 ………………… (477)
中国东方航空集团有限公司 …………… (480)
中国南方航空集团有限公司 …………… (483)
中国中化集团有限公司 ………………… (486)
中粮集团有限公司 ……………………… (489)
中国五矿集团有限公司 ………………… (492)
中国通用技术(集团)控股有限责任公司 …… (494)
中国建筑集团有限公司 ………………… (497)
中国储备粮管理集团有限公司 ………… (501)
国家开发投资集团有限公司 …………… (503)
招商局集团有限公司 …………………… (506)
华润(集团)有限公司 …………………… (508)
中国旅游集团有限公司[香港中旅(集团)
　有限公司] …………………………… (510)
中国商用飞机有限责任公司 …………… (512)
中国节能环保集团有限公司 …………… (516)
中国国际工程咨询有限公司 …………… (518)
中国诚通控股集团有限公司 …………… (520)
中国中煤能源集团有限公司 …………… (523)
中国煤炭科工集团有限公司 …………… (525)
机械科学研究总院集团有限公司 ……… (528)
中国中钢集团有限公司 ………………… (531)
中国钢研科技集团有限公司 …………… (533)
中国化工集团有限公司 ………………… (535)
中国化学工程集团有限公司 …………… (537)

中国盐业集团有限公司	(540)
中国建材集团有限公司	(542)
中国有色矿业集团有限公司	(544)
有研科技集团有限公司	(547)
北京矿冶科技集团有限公司	(550)
中国国际技术智力合作有限公司	(553)
中国建筑科学研究院有限公司	(556)
中国中车集团有限公司	(559)
中国铁路通信信号集团有限公司	(566)
中国铁路工程集团有限公司	(572)
中国铁建股份有限公司	(578)
中国交通建设集团有限公司	(583)
中国普天信息产业集团有限公司	(586)
电信科学技术研究院有限公司	(589)
中国农业发展集团有限公司	(592)
中国中丝集团有限公司	(596)
中国林业集团有限公司	(598)
中国医药集团有限公司	(600)
中国保利集团有限公司	(602)
中国建设科技有限公司	(605)
中国冶金地质总局	(608)
中国煤炭地质总局	(611)
新兴际华集团有限公司	(613)
中国民航信息集团有限公司	(615)
中国航空油料集团有限公司	(617)
中国航空器材集团有限公司	(620)
中国电力建设集团有限公司	(622)
中国能源建设集团有限公司	(626)
中国黄金集团有限公司	(630)
中国广核集团有限公司	(632)
中国华录集团有限公司	(635)
上海诺基亚贝尔股份有限公司	(638)
武汉邮电科学研究院有限公司	(640)
华侨城集团有限公司	(643)
南光(集团)有限公司	(646)
中国西电集团有限公司	(647)
中国铁路物资集团有限公司	(650)
中国国新控股有限责任公司	(652)
中国汽车技术研究中心有限公司	(654)

第五篇 国有资产统计资料

2017年全国国有企业户数、从业人数、国有资产总量综合分析表	(659)
2017年全国国有企业户数、从业人数、国有资产总量行业分析表	(660)
2017年全国国有企业户数、从业人数、国有资产总量地区分析表	(661)
2017年全国国有企业资产负债综合分析表	(663)
2017年全国国有企业资产负债行业分析表	(664)
2017年全国国有企业资产负债地区分析表	(665)
2017年国有工业企业户数、从业人数、国有资产总量地区分析表	(667)
2017年国有工业企业资产负债地区分析表	(668)
2017年国有商业企业户数、从业人数、国有资产总量地区分析表	(670)
2017年国有商业企业资产负债地区分析表	(671)
2017年北京市国有企业主要指标表	(673)
2017年天津市国有企业主要指标表	(674)
2017年河北省国有企业主要指标表	(676)
2017年山西省国有企业主要指标表	(677)
2017年内蒙古自治区国有企业主要指标表	(679)
2017年辽宁省国有企业主要指标表	(680)
2017年大连市国有企业主要指标表	(682)
2017年吉林省国有企业主要指标表	(683)
2017年黑龙江省国有企业主要指标表	(685)
2017年上海市国有企业主要指标表	(686)
2017年浙江省国有企业主要指标表	(688)
2017年宁波市国有企业主要指标表	(689)
2017年江苏省国有企业主要指标表	(691)
2017年安徽省国有企业主要指标表	(692)
2017年福建省国有企业主要指标表	(694)
2017年厦门市国有企业主要指标表	(695)
2017年江西省国有企业主要指标表	(697)
2017年山东省国有企业主要指标表	(698)
2017年青岛市国有企业主要指标表	(700)
2017年河南省国有企业主要指标表	(701)
2017年湖北省国有企业主要指标表	(703)

2017年湖南省国有企业主要指标表 …………(705)
2017年广东省国有企业主要指标表 …………(706)
2017年深圳市国有企业主要指标表 …………(708)
2017年海南省国有企业主要指标表 …………(709)
2017年广西壮族自治区国有企业主要
　指标表 ……………………………………(711)
2017年贵州省国有企业主要指标表 …………(712)
2017年四川省国有企业主要指标表 …………(714)
2017年重庆市国有企业主要指标表 …………(715)
2017年云南省国有企业主要指标表 …………(717)
2017年陕西省国有企业主要指标表 …………(718)
2017年甘肃省国有企业主要指标表 …………(720)
2017年青海省国有企业主要指标表 …………(721)
2017年西藏自治区国有企业主要指标表 ……(723)
2017年宁夏回族自治区国有企业主要
　指标表 ……………………………………(724)
2017年新疆维吾尔自治区国有企业主要
　指标表 ……………………………………(726)
2017年新疆生产建设兵团国有企业主要
　指标表 ……………………………………(727)

第六篇　国有资产监督管理政策法规选编

国务院办公厅关于转发国务院国资委以管资本
　为主推进职能转变方案的通知 …………(731)
国务院办公厅关于进一步完善国有企业法人
　治理结构的指导意见 ……………………(734)
国务院办公厅关于印发中央企业公司制改制
　工作实施方案的通知 ……………………(737)
中央企业投资监督管理办法 …………………(739)
中央企业境外投资监督管理办法 ……………(742)
关于进一步加强中央企业安全生产工作的
　通知 ………………………………………(745)
关于国有企业办教育医疗机构深化改革的
　指导意见 …………………………………(747)
关于国有企业办市政、社区管理等职能分离
　移交的指导意见 …………………………(750)

关于国有企业办消防机构分类处理国资的指导
　意见 ………………………………………(751)
关于印发《中央企业主要负责人履行推进
　法治建设第一责任人职责规定》的通知 ……(753)

第七篇　国有企业履行社会责任和党的建设成果概览

中国联合网络通信集团有限公司………………(A1)
中国航天科工集团有限公司 ……………(A2～A3)
中国石油化工集团有限公司 ……………(A4～A5)
中国第一汽车集团有限公司 ……………(A6～A7)
东风汽车集团有限公司 …………………(A8～A9)
中国机械工业集团有限公司 …………(A10～A11)
华润(集团)有限公司 …………………(A12～A13)
中国有色矿业集团有限公司 …………(A14～A15)
中国普天信息产业集团有限公司 ……………(B1)
中国化学工程集团有限公司 ……………(B2～B3)
中国黄金集团有限公司 …………………(B4～B5)
南光(集团)有限公司 ……………………(B6～B7)
中国保利集团有限公司 …………………………(B8)
中国西电集团有限公司 …………………………(B9)
中国机械设备工程股份有限公司 ……(B10～B11)
中交第二航务工程局有限公司 ………(B12～B13)
中电建路桥集团有限公司 ……………(B14～B15)
青海黄河上游水电开发有限责任公司 …(B16～B17)
广州汽车集团股份有限公司 …………(B18～B19)
湖南建工集团有限公司 ………………………(B20)
中国有色金属工业协会 ………………………(B21)
天津产权交易中心 ……………………(B22～B23)
西南联合产权产易所有限公司 ………………(B24)
道衡咨询(深圳)有限公司 ……………………(B25)

第八篇　大事记

2017年国务院国有资产监督管理委员会
　大事记 ……………………………………(759)

第九篇　附　录

国务院办公厅关于建设第二批大众创业万众创新示范基地的实施意见 …………………（769）

国务院办公厅关于推进重大建设项目批准和实施领域政府信息公开的意见 …………（771）

国务院办公厅关于推进公共资源配置领域政府信息公开的意见 ……………………（773）

关于印发《中央国有资本经营预算支出管理暂行办法》的通知 ………………………（775）

2017年度中央企业负责人经营业绩考核A级企业名单 …………………………………（778）

2017年《财富》世界500强中国企业上榜情况 …………………………………………（779）

索　引

Contents

Introduction ······ Editors of China's State-owned Assets Supervision and Administration Yearbook

Chapter I. Important Economic Literature

Make State-owned capital stronger, better and larger, accelerate the cultivation of world first-class enterprise with global competitiveness ········ (3)

Take on mission and responsibilities of central enterprises in "FOUR GREATS" ················ (8)

Fully implement the new development concept, start a new era of development of state-owned champions with high quality ···················· (10)

Deepen the reform of state-owned enterprises, Make State-owned enterprise stronger, better and larger ···································· (15)

Chapter II. General Situation of the Supervision and Administration of State-owned Assets

Summary of the Reform of the Supervision and Administration System of State-owned Assets and of SOE Reform ·································· (21)

Central SOEs Planning and Development ······ (24)

Legal System Construction of the Supervision and Administration of State-owned Assets of Enterprises ································ (27)

Management of the State-owned Property Right of Enterprises ································ (28)

Financial Supervision of Central SOEs ············ (31)

Analysis on the Assets and Financial Situation of SOEs in China ······························ (35)

Merger, Acquisition and Reorganization of Central SOEs ·· (37)

Progress Made in the Pilot Program of Establishing Board of Directors in Central SOEs ············ (41)

Progress Made in Solving Historical Problems of SOEs ·· (44)

Regulating and Controlling of Income Distribution and Administering of Remuneration of Central SOEs ·· (46)

Operational Performance Assessment of Central SOEs ·· (47)

Capital operation and Revenue Management of Central SOEs ································ (50)

International Exchange and Cooperation ········ (53)

Administration of Corporate Executives ········ (55)

Work related to Competent Professionals and Human Resources Development ············ (57)

Special Check and Supervise the Rectification of

Central SOEs .... (60)
Party Building Work of Central SOEs .... (64)
Publicity Work of Central SOEs .... (66)
Mass Work of Central SOEs .... (68)
Supervision, Administration and Party Building Work of Industry Associations and Chambers of Commerce .... (70)
Disciplinary Inspection and Supervision Work of Central SOEs .... (73)
Inspection Work carried out by SASAC on Central SOEs .... (75)

Chapter Ⅲ. General Situation of the Supervision and Administration of State-owned Assets in Provinces, Autonomous Regions, Municipalities and cities

Beijing Municipality .... (81)
Tianjin Municipality .... (89)
Hebei Province .... (98)
Shanxi Province .... (105)
Inner Mongolia Autonomous Region .... (115)
Liaoning Province .... (122)
Dalian City .... (130)
Jilin Province .... (134)
Heilongjiang Province .... (142)
Shanghai Municipality .... (151)
Jiangsu Province .... (155)
Zhejiang Province .... (164)
Ningbo City .... (172)
Anhui Province .... (179)
Fujian Province .... (185)
Xiamen City .... (194)
Jiangxi Province .... (200)
Shandong Province .... (206)
Qingdao City .... (214)
Henan Province .... (220)
Hubei Province .... (228)
Hunan Province .... (235)
Guangdong Province .... (241)
Shenzhen Municipality .... (250)
Guangxi Zhuang Autonomous Region .... (257)
Hainan Province .... (265)
Chongqing Municipality .... (270)
Sichuan Province .... (281)
Guizhou Province .... (288)
Yunnan Province .... (293)
Xizang Autonomous Region .... (302)
Shaanxi Province .... (307)
Gansu Province .... (317)
Qinghai Province .... (324)
Ningxia Hui Autonomous Region .... (334)
Xinjiang Uygur Autonomous Region .... (340)
Production and Construction Corps of Xinjiang .... (347)

Chapter Ⅳ. Reform and Development of China's Central SOEs

China National Nuclear Corporation .... (357)
China Aerospace Science and Technology Corporation .... (359)
China Aerospace Science and Industry Corporation .... (363)
Aviation Industry Corporation of China .... (366)
China State Shipbuilding Corporation .... (369)
China Shipbuilding Industry Corporation ..... (371)
China North Industries Group Corporation .. (374)
China South Industries Group Corporation .. (377)

China Electronics Technology Group Corporation ……………………………… (380)	China Minmetals Corporation ……………… (492)
Aero Engine Corporation of China …………… (385)	China General Technology (Group) Holding, Limited ……………………………… (494)
China National Petroleum Corporation ……… (388)	China State Construction Engineering Corp … (497)
China Petroleum & Chemical Corporation …… (391)	China Grain Reserves Corporation ………… (501)
China National Offshore Oil Corporation …… (397)	State Development & Investment Corp ……… (503)
State Grid Corporation of China ……………… (401)	China Merchants Group ……………………… (506)
China Southern Power Grid Co, Ltd ………… (404)	China Resources (Holdings) Co, Ltd ……… (508)
China Huaneng Group ………………………… (407)	CITS Group Corporationn ……………………… (510)
China Datang Corporation …………………… (412)	Commercial Aircraft Corporation of China, Ltd ……………………………………… (512)
China Huadian Corporation …………………… (416)	
State Power Investment Corporation ………… (419)	China Energy Conservation Investment Corporation ………………………………… (516)
China Three Gorges Project Corporation …… (425)	
China Energy Investment Corporation ……… (428)	China International Engineering Consulting Corporation ………………………………… (518)
China Telecommunications Corporation ……… (435)	
China United Network Telecommunications Group Corporation ………………………… (440)	China Chengtong Holding …………………… (520)
	China National Coal Group Corp …………… (523)
China Mobile Communications Corporation … (445)	China Coal Technology & Engineering Group Corp …………………………………………… (525)
China Electronics Corporation ……………… (447)	
China FAW Group Corporation ……………… (450)	China Academy of Machinery Science & Technology ……………………………… (528)
Dongfeng Motor Corporation ………………… (453)	
China First Heavy Industries ………………… (455)	Sinosteel Corporation ………………………… (531)
China National Machinery Industry Corporation …………………………………… (457)	China Iron & Steel Research Institute Group …… (533)
	ChemChina Group Corporation ……………… (535)
Harbin Electric Corporation ………………… (460)	China National Chemical Engineering Group Corp …………………………………………… (537)
Dongfang Electric Corporation ……………… (463)	
Anshan Iron and Steel Group Corporation …… (467)	China National Salt Industry Corporation …… (540)
China Baowu Steel Group Corporation Limited ……………………………………… (470)	China National Building Material Group Corporation …………………………………… (542)
Aluminum Corporation of China Limited …… (473)	China Nonferrous Metal Mining (Group) Co, Ltd ………………………………………… (544)
China Ocean Shipping (Group) Company …… (475)	
China National Aviation Holding Company … (477)	General Research Institute for Nonferrous Metals ……………………………………… (547)
China Eastern Air Holding Company ………… (480)	
China Southern Air Holding Company ……… (483)	Beijing General Research Institute of Mining & Metall ……………………………………… (550)
Sinochem Corporation ………………………… (486)	
COFCO Corporation ………………………… (489)	China International Intellectual Cooperation …… (553)

China Academy of Building Research ………… (556)

CRRC Corporation Limited ………………… (559)

China Railway Signal and Communication Corporation ………………………………… (566)

China Railway Engineering Corporation ……… (572)

China Railway Construction Corporation …… (578)

China Communications Construction Company, Ltd ……………………………………… (583)

China Potevio Corporation ………………… (586)

China Academy of Telecommunications Technology ………………………………… (589)

China National Agricultural Development Group Corporation ……………………… (592)

China National Silk Imp & Exp Corporation ……………………………… (596)

China Forestry Group Corporation …………… (598)

China National Pharmaceutical Group Corporation ……………………………… (600)

China Poly Group Corporation ……………… (602)

China Architecture Design & Research Group …………………………………… (605)

China Metallurgical Geology Bureau ………… (608)

China National Administration of Coal Geology …………………………………… (611)

Xinxing Cathay Group ……………………… (613)

China Travelsky Holding Company ………… (615)

China Aviation Oil Holding Company ……… (617)

China Aviation Supplies Holding Company … (620)

China Power Construction Corporation ……… (622)

China Energy Engineering Group CoLtd …… (626)

China National Gold Group Corporation …… (630)

China Guangdong Nuclear Power Corp ……… (632)

China Hualu Group Co, Ltd ………………… (635)

Nokia Shanghai Bell ………………………… (638)

Wuhan Research Institute of Posts & Telecommunications ……………………… (640)

Overseas Chinese Town Enterprises Co ……… (643)

Nam Kwong (Group) Company Limited …… (646)

China XD Group Corporation ……………… (647)

China Railway Materials Commercial Corp … (650)

China Reform Holdings Corporation LTD …… (652)

China Automotive Technology & Research Center …………………………………… (654)

Chapter Ⅴ. Statistic Data of State-owned Assets

Comprehensive Analysis Table on the Number of SOEs, the Number of SOE Employees and the Total State-owned Assets Volume of SOEs in China in 2017 ………………………………… (659)

Industrial Analysis Table on the Number of SOEs, the Number of SOE Employees and the Total State-owned Assets Volume of SOEs in China in 2017 ………………………………………… (660)

Regional Analysis Table on the Number of SOEs, the Number of SOE Employees and the Total State-owned Assets Volume of SOEs in China in 2017 ………………………………………… (661)

Comprehensive Analysis Table on Assets and Liabilities of SOEs in China in 2017 ………… (663)

Industrial Analysis Table on Assets and Liabilities of SOEs in China in 2017 ……………………… (664)

Regional Analysis Table on Assets and Liabilities of SOEs in China in 2017 ……………………… (665)

Regional Analysis Table on the Number of State-owned Industrial Enterprises, the Number of Employees in State-owned Industrial Enterprises and the Total State-owned Assets Volume of State-owned Industrial Enterprises in China in 2017 ………………………………………… (667)

Regional Analysis Table on Assets and Liabilities

of State-owned Industrial Enterprises in China
in 2017 ………………………………… (668)
Regional Analysis Table on the Number of State-owned Commercial Enterprises, the Number of Employees in State-owned commercial Enterprises and the Total State-owned Assets Volume of State-owned Commercial Enterprises in China
in 2017 ………………………………… (670)
Regional Analysis Table on Assets and Liabilities of State-owned Commercial Enterprises in China
in 2017 ………………………………… (671)
Table on Main Indictors of State-owned Enterprises in Beijing Municipality in 2017 ……………… (673)
Table on Main Indictors of State-owned Enterprises in Tianjin Municipality in 2017 ……………… (674)
Table on Main Indictors of State-owned Enterprises in Hebei Province in 2017 ………………… (676)
Table on Main Indictors of State-owned Enterprises in Shanxi Province in 2017 ………………… (677)
Table on Main Indictors of State-owned Enterprises in Inner Mongolia Autonomous Region
in 2017 ………………………………… (679)
Table on Main Indictors of State-owned Enterprises in Liaoning Province in 2017 ……………… (680)
Table on Main Indictors of State-owned Enterprises in Dalian City in 2017 ……………………… (682)
Table on Main Indictors of State-owned Enterprises in Jilin Province in 2017 …………………… (683)
Table on Main Indictors of State-owned Enterprises in Heilongjiang Province in 2017 ………… (685)
Table on Main Indictors of State-owned Enterprises in Shanghai Municipality in 2017 ………… (686)
Table on Main Indictors of State-owned Enterprises in Zhejiang Province in 2017 ……………… (688)
Table on Main Indictors of State-owned Enterprises in Ningbo City in 2017 …………………… (689)
Table on Main Indictors of State-owned Enterprises in Jiangsu Province in 2017 ……………… (691)

Table on Main Indictors of State-owned Enterprises in Anhui Province in 2017 ………………… (692)
Table on Main Indictors of State-owned Enterprises in Fujian Province in 2017 ………………… (694)
Table on Main Indictors of State-owned Enterprises in Xiamen City in 2017 …………………… (695)
Table on Main Indictors of State-owned Enterprises in Jiangxi Province in 2017 ……………… (697)
Table on Main Indictors of State-owned Enterprises in Shandong Province in 2017 …………… (698)
Table on Main Indictors of State-owned Enterprises in Qingdao City in 2017 ………………… (700)
Table on Main Indictors of State-owned Enterprises in Henan Province in 2017 ………………… (701)
Table on Main Indictors of State-owned Enterprises in Hubei Province in 2017 ………………… (703)
Table on Main Indictors of State-owned Enterprises in Hunan Province in 2017 ………………… (705)
Table on Main Indictors of State-owned Enterprises in Guangdong Province in 2017 …………… (706)
Table on Main Indictors of State-owned Enterprises in Shenzhen City in 2017 ………………… (708)
Table on Main Indictors of State-owned Enterpirses in Hainan Province in 2017 ………………… (709)
Table on Main Indictors of State-owned Enterprises in Guangxi Zhuang Autonomous Region
in 2017 ………………………………… (711)
Table on Main Indictors of State-owned Enterprises in Guizhou Province in 2017 ……………… (712)
Table on Main Indictors of State-owned Enterprises in Sichuan Province in 2017 ……………… (714)
Table on Main Indictors of State-owned Enterprises in Chongqing Municipality in 2017 ……… (715)
Table on Main Indictors of State-owned Enterprises in Yunnan Province in 2017 ……………… (717)
Table on Main Indictors of State-owned Enterprises in Shaanxi Province in 2017 ……………… (718)
Table on Main Indictors of State-owned Enterprises

in Gansu Province in 2017 ……………… (720)
Table on Main Indictors of State-owned Enterprises in Qinghai Province in 2017 ……………… (721)
Table on Main Indictors of State-owned Enterprises in Xizang Autonomous Region in 2017 …… (723)
Table on Main Indictors of State-owned Enterprises in Ningxia Hui Autonomous Region in 2017 ………………………………… (724)
Table on Main Indictors of State-owned Enterprises in Xinjiang Uygur Autonomous Region in 2017 ………………………………… (726)
Table on Main Indictors of State-owned Enterprises in Production and Construction Corps of Xinjiang in 2017 ………………………………… (727)

Chapter Ⅵ. Selected Policies and Regulations on Supervision and Administration of State-owned Assets

Notice on the General Office of the State Council transmitting the program of State-owned Assets Supervision and Administration Commission of the State Council on manage capital and propel the reansformation of government functions …… (731)
Guidance of the General Office of the State Council on further perfected corporate governance structure of state-owned enterprise ……………… (734)
Notice on the General Office of the State Council printing and distributing the implementation of corporation restructuring of Central SOEs ……… (737)
Management method on central enterprises' investment and supervision ……………… (739)
Management method on central enterprises' overseas investment and supervision ……………… (742)
Notice on further strengthen the production safety work of Central SOEs ……………… (745)
Guidance on deepening reform medical and educational institutions from state-owned enterprise …… (747)
Guidance of State-owned Assets Supervision and Administration Commission of the State Council, Ministry of Civil Affairs of the People's Republic of China, Ministry of Finance of the People's Republic of China, Ministry of Housing and Urban-Rural Development of the People's Republic of China on classifying and transfering function of municipal administration and community management from state-owned enterprise ……………… (750)
Guidance of State-owned Assets Supervision and Administration Commission of the State Council, The Ministry of Public Security of the People's Republic of China, Ministry of Finance of the People's Republic of China on disposing of fire department by state-owned enterprise ……… (751)
Notice on printing and distributing the regulation of the responsible persons of central SOEs to fulfilling and advancing the number-one responsible for legal construction ……………… (753)

Chapter Ⅶ. Fulfilling Social Responsibilities and Party Building of SOEs China Electronics Technology Group

China United Network Communications Group., Ltd. ……………………………………… (A1)
China Aerospace Science and Industry Corporation ……………………………… (A2～A3)
China Petroleum & Chemical Corporation ……………………………… (A4～A5)
China FAW Group Corporation ………… (A6～A7)
Dongfeng Motor Corporation ……………… (A8～A9)
China National Machinery Industry Corporation ……………………………… (A10～A11)
China Resources (Holdings) Co, Ltd ……………………………………… (A12～A13)

China Nonferrous Metal Mining (Group) Co., Ltd ································ (A14~A15)
China Potevio Corporation ················ (B1)
China National Chemical Engineering Group Corporation Ltd ···················· (B2~B3)
China National Gold Group Co., Ltd ······ (B4~B5)
Nam Kwong (Group) Company Limited ···························· (B6~B7)
China Poly Group Corporation ············ (B8)
China XD Group Corporation ·············· (B9)
China Machinery Engineering corporation ······················ (B10~B11)
CCCC Second Harbour Engineering Company LTD. ···················· (B12~B13)
Powerchina Roadbridge Group Co., Ltd. ······························ (B14~B15)
Huanghe Hydropower development Co., Ltd. ······························ (B16~B17)
Guangzhou Automobile Group Co., Ltd. ······························ (B18~B19)
Hunan Construction engineering Group ········· (B20)
China Nonferrous Metals Industry Association ·························· (B21)
Tianjin Property Rights Exchange ······ (B22~B23)
Southwest United Equity Exchange ············ (B24)
Duff & Phelps ·························· (B25)

Chapter VIII. Chronicle of SASAC

Chronicle of SASAC in 2017 ··············· (759)

Chapter IX. Appendix

Implemant opinion of the General Office of the State Council on building the second demonstration base of mass entrepreneurship and innovation ·········· (769)
Opinion of the General Office of the State Council to advance and open the government information on the approval and practicing field of major construction projects ································ (771)
Opinion of the General Office of the State Council to advance and open the government information on the field of allocating public resources ············ (773)
Notice on printing and distributing the interim procedures of the management of expend operational budget of govermant capital ···················· (775)
Class A of operating performance evaluation of central state-owned enterprise executives in 2017 ···························· (778)
Chinese companies ranked on list of 2017 Global Top 500 Enterprises ···················· (779)

Index

2018
CHINA'S STATE-OWNED ASSETS SUPERVISION AND ADMINISTRATION YEARBOOK

中国国有资产监督管理年鉴

重要经济文献

第一篇

做强做优做大国有资本 加快培育具有全球竞争力的世界一流企业

国务院国资委党委书记　郝　鹏

党的十八大以来,在以习近平同志为核心的党中央坚强领导下,按照党中央、国务院的决策部署,各级国资委和中央企业深入学习贯彻习近平新时代中国特色社会主义思想,不忘初心、砥砺奋进,改革创新、攻坚克难,各项工作取得了显著成绩:五年来,我们理直气壮发展壮大国有经济,为国家经济社会发展作出重大贡献;坚持社会主义市场经济改革方向,不断增强中央企业发展活力;坚决贯彻落实新发展理念,持续提升中央企业发展质量和效益;坚持以管资本为主加强国有资产监管,监管的科学性、针对性和有效性进一步增强;不断强化党对中央企业的领导,中央企业党的建设得到全面加强。这些成绩的取得,根本在于有以习近平同志为核心的党中央坚强领导,有习近平新时代中国特色社会主义思想的科学指引,也是国企国资系统广大干部职工拼搏奉献、努力奋斗的结果。

2018年是贯彻党的十九大精神的开局之年,是改革开放40周年,是决胜全面建成小康社会、实施"十三五"规划承上启下的关键一年。今年工作总的思路和要求是:全面深入学习贯彻党的十九大和中央经济工作会议精神,坚持以习近平新时代中国特色社会主义思想为指导,坚持党对国有企业的领导,坚持稳中求进工作总基调,坚持新发展理念,按照高质量发展的要求,以深化供给侧结构性改革为主线,全力推动创新发展、全面深化国企改革、强化完善国资监管、全面加强党的建设,努力推动国有资本做强做优做大,加快培育具有全球竞争力的世界一流企业,为促进国家经济社会持续健康发展作出新贡献。

一、深入学习贯彻习近平新时代中国特色社会主义思想,始终把这一思想作为推动一切工作的新指针

习近平新时代中国特色社会主义思想是党的十八大以来我们党统揽伟大斗争、伟大工程、伟大事业、伟大梦想的实践基础上产生形成的,反映了中国特色社会主义进入新时代的大思路、大战略、大智慧,具有极强的战略性、前瞻性、创造性、指导性。各级国资委和中央企业要把学习贯彻习近平新时代中国特色社会主义思想,作为当前和今后一个时期必须抓实抓牢抓深的一项重大政治任务,在国企国资系统来一个大学习,着力在学懂弄通做实上下功夫,坚持把自己摆进去、把职责摆进去、把工作摆进去,结合国企国资改革发展实际,切实做到"四个深刻把握"。

一是要深刻把握坚持和发展中国特色社会主义的总任务,毫不动摇做强做优做大国有资本、培育具有全球竞争力的世界一流企业。习近平新时代中国特色社会主义思想指出,坚持和发展中国特色社会主义要一以贯之,总任务是实现社会主义现代化和中华民族伟大复兴,在全面建成小康社会的基础上,分两步走在本世纪中叶建成富强民主文明和谐美丽的社会主义现代化强国。要深刻认识国有企业在这一战略安排中肩负的重大责任和使命,坚持把国有企业搞好、把国有资本做强做优做大不动摇,加快培育主业突出、技术领先、管理先进、绩效优秀、全球资源配置能力强的世界一流企业,使国有企业真正成为我们党执政兴国的重要支柱和最可信赖的依靠力量。

二是要深刻把握中国特色社会主义进入新时代的主要矛盾,坚定不移推动国有企业高质量发展。习近平新时代中国特色社会主义思想指出,中国特色社会主义进入新时代,这是我国发展新的历史方位。我国社会主要矛盾转化为人民日益增长的美好生活需要和不平衡不充分的发展之间的矛盾。解决我国社会主要矛盾,必须统筹推进"五位一体"总体布局和协调推进"四个全面"战略布局,落实新发展理念,推动高质量发展,建设现代化经济体系。国有企业过去在解决我国社会主要矛盾中作出重要贡献,在解决新的主要矛盾中更要发挥重要作用。我们要始终按照从

"有没有"转向"好不好"的要求,把提高供给质量作为主攻方向,在推动国有资本做强做优做大过程中,更加突出"做强做优",当好解决发展不平衡不充分问题和满足人民美好生活需要的主力军,为新时代解决新矛盾创造新业绩。

三是要深刻把握全面深化改革的总目标,坚持国企国资改革的正确方向。习近平新时代中国特色社会主义思想指出,全面深化改革总目标是完善和发展中国特色社会主义制度、推进国家治理体系和治理能力现代化。我们要深刻认识公有制为主体、多种所有制经济共同发展的基本经济制度,是中国特色社会主义制度的重要支柱,是社会主义市场经济体制的根基;我们要深刻认识深化国企国资改革,必须沿着符合国情的道路去改,必须遵循市场经济规律、企业发展规律。我们要始终坚持走中国特色国有企业改革发展道路,坚持社会主义市场经济改革方向,坚持把有利于国有资本保值增值、有利于提高国有经济竞争力、有利于放大国有资本功能作为深化改革的重要遵循,不断增强国有经济活力、控制力、影响力、国际竞争力和抗风险能力。

四是要深刻把握新时代党的建设总要求,确保国有企业、国有资产牢牢掌握在党的手中。习近平新时代中国特色社会主义思想指出,党政军民学,东西南北中,党是领导一切的。我们要深刻认识国有企业是党领导的国家治理体系的重要组成部分,理所当然要坚持党的领导;深刻认识坚持党的领导、加强党的建设是我国国有企业的"根"和"魂",是我国国有企业的独特优势和光荣传统。我们要始终坚持党对国有企业的领导不动摇,把党的领导融入国企国资改革发展全过程,充分发挥国有企业党委(党组)领导作用,充分发挥基层党支部的战斗堡垒作用和党员先锋模范作用,确保国有企业始终听党话、坚定跟党走。

习近平新时代中国特色社会主义思想内涵丰富、博大精深,必须长期学、深入学。各级国资委和中央企业要按照中央统一部署,切实加强组织领导,开展好"不忘初心、牢记使命"主题教育,推进"两学一做"学习教育常态化制度化,把习近平新时代中国特色社会主义思想作为各级党委(党组)中心组学习的重中之重。

二、全力推动国有企业实现高质量发展,为建设社会主义现代化强国作出新贡献

国有企业作为我国国民经济的重要支柱,在建设社会主义现代化强国中肩负着重大历史使命,在实现我国经济高质量发展中承担着重要历史任务。我们要切实增强责任感和紧迫感,在做强做优做大国有资本上狠下功夫,在提升国有经济发展质量上狠下功夫,推动国有企业不断朝着世界一流的目标迈进。

一是要坚决落实国家战略部署,在打好三大攻坚战中发挥先锋队作用。党的十九大和中央经济工作会议对打好防范化解重大风险、精准脱贫、污染防治攻坚战作出了明确部署。党有号召,国企国资战线广大党员干部必须有行动。党中央把防范化解重大风险作为三大攻坚战的首要战役,总书记强调增强忧患意识、防范风险挑战要一以贯之。各级国资委和中央企业要把打好三大攻坚战作为重要政治任务,坚决走在前列,争当表率。要在防范化解重大风险方面主动作为。重点是要做好去杠杆、减负债、防风险工作,坚决守住不发生系统性风险的底线。要在精准脱贫方面主动作为。要进一步运作好中央企业贫困地区产业投资基金,在产业扶贫中发挥示范作用;进一步集中资源聚焦重点,开展好定点扶贫;加强对中央企业扶贫工作的考核,确保取得实际效果。要在污染防治方面主动作为。做好水污染防治和土壤污染防治,严格执行大气污染物排放标准,为打赢蓝天保卫战作出积极贡献。

二是要深化供给侧结构性改革,在实现我国经济高质量发展中发挥主力军作用。党的十九大把供给侧结构性改革摆在了建设现代化经济体系的第一位。持续深化供给侧结构性改革,既是坚决贯彻落实中央决策部署的必然要求,更是企业实现高质量发展的迫切需要。要在去产能上持续用力。在中央经济工作会议上,总书记对我们"处僵治困"工作给予了充分肯定,我们要再接再厉。要在降成本上持续用力,持续提高企业运营质量和效率,用成本压降拓展增效空间。要在提质量上持续用力。既要提高产品和服务质量,更要全面提升企业发展质量,不断增强国有经

济质量优势。

三是要大力振兴实体经济,在加快建设制造强国中发挥顶梁柱作用。习近平总书记强调,我国是大国,必须发展实体经济,不论经济发展到什么时候,实体经济都是我国经济发展、在国际竞争中赢得主动的根基。国有企业特别是中央企业,作为实体经济领域的骨干中坚,必须立足产业报国,在振兴我国实体经济中发挥关键作用、作出重要贡献。要大力改造传统产业。坚持以智能制造为主攻方向,加快推进制造业数字化、网络化、智能化转型,重塑产业链、供应链、价值链,让传统产业焕发新的生机。要大力发展新兴产业,努力抢占新一轮产业竞争的制高点。要大力培育世界级先进制造业集群。培育一批专注细分领域的"单项冠军"企业,壮大一批核心竞争力强的骨干企业,打造一批国家新型工业化示范基地。

四是要全力推动创新发展,在建设创新型国家中发挥国家队作用。创新是实现高质量发展的第一动力,是建设社会主义现代化强国的必然选择。国有企业特别是中央企业必须进一步增强危机感和紧迫感,努力在激烈的国际竞争中抢占先机、赢得主动。要着力强化自主创新。加强应用基础研究,突出抓好重大项目和重点工程,着力突破和掌握关键技术,从根本上解决核心技术受制于人的问题。要着力加强协同创新,努力提高联合研发能力和水平。要着力完善创新机制。对承担国家科技重大攻关任务的科技人员采取更加灵活的薪酬制度,完善科技创新和成果转化激励机制。

五是要稳步提升国际化经营水平,在推动形成全面开放新格局中发挥排头兵作用。国有企业特别是中央企业,作为代表国家参与国际竞争的重要力量,必须充分利用国际国内两个市场、两种资源,加快形成国际经济合作和竞争新优势。要更加注重服务国家战略。积极参与"一带一路"建设,加快推动基础设施互联互通等项目落地,加强国际产能合作,推动高铁、核电、建筑施工等优势产业走出去。要更加注重提升全球竞争力。通过对外投资并购获得关键技术、优化全球布局、打造国际品牌,在优势行业和关键领域向价值链高端迈进。要更加注重防范风险。杜绝盲目并购、恶性竞争等非理性投资经营行为。切实防范国别法律风险、廉洁风险,主动保护环境、积极履行社会责任,坚决维护好国家形象。

三、全面深化国企国资改革,为推动我国经济持续健康发展增添新动力

改革开放是当代中国发展进步的必由之路,是实现中国梦的必由之路。党的十九大对深化国企国资改革作出了重大部署,中央经济工作会议进一步提出了具体明确的要求,为我们深化改革指明了方向。今年是改革开放40周年,各级国资委和中央企业要切实抓好各项改革任务的落地见效。

一是要在完善国有资产管理体制上下功夫,着力推动国有资本做强做优做大。推动国有资本做强做优做大是党的十九大作出的新的重大决策,是国企国资改革发展理念和方式的重大变革。各级国资委要探索建立以管资本为主和推动高质量发展的监管体系和制度机制,以自我革命的勇气做好完善国资监管体制各项工作。要持续推动国资监管机构职能转变。加快制定出台出资人监管权力和责任清单。坚持放管结合,确保增强企业活力的同时,国有资产实现规范高效监管。要加快国有资本授权经营体制改革。国有资本投资、运营公司试点已经开展了一段时间,要总结试点经验,同时要把更多具备条件的中央企业纳入试点,在有效落实国有资产经营责任的前提下,授予企业更加完整的经营自主权。要创新国资监管方式。确保国有资本投到哪里、监管就延伸到哪里,切实提高国资监管效能。

二是要在健全市场化经营机制上下功夫,持续激发国有企业发展活力。中央经济工作会议强调,今年要重点在激发各类市场主体活力,解决体制机制问题方面加大改革力度。各级国资委和中央企业要加快建设中国特色现代国有企业制度,把坚持党的领导和完善公司治理统一起来,确保党委(党组)把方向、管大局、保落实;又要明确党委(党组)和其他治理主体的关系,厘清权责边界,做到无缝衔接。要积极发展混合所有制经济。要坚持分层分类推动,稳妥有序开展国有控股混合所有制企业员工持股试点,健全混合所有制企业治理结构,调动各类资本参与发展混合所

有制经济的积极性。要进一步健全市场化选人用人机制。

三是要在优化布局结构上下功夫,不断增强国有经济整体功能。党的十九大提出要加快国有经济布局优化、结构调整、战略性重组。习近平总书记在中央经济工作会议上强调,要以国有资本投资、运营公司为平台,推动国有资本投向符合国家战略的领域。各级国资委和中央企业要持续推动国有资本优化配置,为我国经济实现质量更高、效益更好、结构更优的发展贡献更大力量。要优化国有资本投向。推动国有资本向关系国家安全、国民经济命脉和国计民生的重要行业、关键领域和优势企业集中;加大国有资本在战略性前瞻性产业的投资力度,发挥国有资本引导和带动作用。要继续推进企业重组整合,更好地发挥中央企业在服务国家战略中的重要作用。

四是要在强化国有资产监督上下功夫,坚决守护好人民的共同财富。习近平总书记多次强调,国有资产资源来之不易,是全国人民的共同财富,绝不能让一些人侵吞了、糟蹋了。各级国资委和中央企业要坚决落实总书记指示要求,在推动国有企业改革发展中,牢牢守住防止国有资产流失这条红线。要突出监督重点。加强对企业关键业务、改革重点领域、国有资本运营重要环节的监督,强化对关键岗位、重要人员特别是一把手的监督,构建国有资产监督全覆盖的"安全网"。要加强监督协同配合。强化出资人监督、外派监事会监督和企业内部监督,充分利用审计监督、纪检监察监督、巡视监督,建立有效的监督协同联动和监督会商机制,形成监督合力。要加大责任追究力度。加快建立责任追究工作体系,形成职责明确、流程清晰、规范有序的责任追究工作机制。

四、全面加强党对国有企业的领导,努力开创中央企业党建工作新局面

习近平总书记多次指出,办好中国的事情,关键在党。全面从严治党,不仅是党长期执政的根本要求,也是实现中华民族伟大复兴的根本保证。全国国企党建会对国有企业坚持党的领导、加强党的建设提出了明确要求,是国有企业全面从严治党的根本遵循。2017年以来,我们推动中央企业党建工作取得了明显进展和实质性加强,但这些工作大多带有"补课"性质。国务院国资委党委确定今年是"中央企业党建质量提升年",中央企业党委(党组)要把贯彻党的十九大精神和全国国企党建会部署要求结合起来,着力在抓重点、补短板、提质量、强效果上下功夫,推动中央企业全面从严治党向纵深发展。

一是要把政治建设摆在首位,始终保持讲政治的思想自觉和行动自觉。中央企业坚持党的领导,加强党的建设,首先要旗帜鲜明讲政治,以政治建设为统领,把政治建设作为党的根本性建设来抓。要牢固树立"四个意识"。把维护以习近平同志为核心的党中央权威和集中统一领导作为明确的政治准则和根本的政治要求,在政治立场、政治方向、政治原则、政治道路上坚决同以习近平同志为核心的党中央保持高度一致,确保中央企业始终忠诚于党、听党指挥。要严明政治纪律和政治规矩。坚决执行党中央决策部署,始终做到党中央提倡的坚决响应、党中央决定的坚决执行、党中央禁止的坚决不做。在重大政治原则和大是大非问题上保持头脑清醒、立场坚定、旗帜鲜明,自觉同各种违背原则、违反党纪党规、损害党中央权威的现象问题作坚决斗争。中央企业党员领导干部要始终牢记第一身份是共产党员、第一职责是为党工作,不断提高政治觉悟和政治能力,把对党忠诚、为党分忧、为党尽职、为民造福作为根本政治担当。要严肃党内政治生活。严格尊崇党章,增强党内政治生活的政治性、时代性、原则性、战斗性,自觉抵制商品交换原则对党内生活的侵蚀。加强企业党委(党组)制度建设,加强对党内政治生活状况、党的路线方针政策、民主集中制等各项制度执行情况的监督检查。

二是要强化政治责任,推动党要管党从严治党落到实处。习近平总书记多次强调,各级党组织和党员领导干部要始终保持全面从严治党的使命感和紧迫感,须臾不可忘记管党治党这个根本的政治责任。中央企业党委(党组)要抓住党建责任制这个"牛鼻子",切实把严的要求落实到党的建设全过程。要层层落实管党治党责任。党委(党组)要切实履行好主体责任,书记要履行好第一责任,专职副书记要履行好直接责任,班子其他成员要履行好"一岗双责",进一步

形成党委抓、书记抓、有关部门一起抓,一级抓一级、层层抓落实的工作局面。对于党的领导弱化、党的建设缺失、党建工作履职不到位、措施不得力的,要严肃问责。要加强党建述职评议。继续深化党委(党组)书记向国资委党委党建工作述职,实现一届任期内中央企业党委(党组)书记全部现场述职一遍。要强化党建考核评价。中央企业党委(党组)要建立健全相关工作制度,加强对所属企业的考核评价,切实发挥好考核的指挥棒作用,使党建工作由"软指标"变为"硬约束"。

三是要突出政治标准,努力建设高素质专业化企业领导人员队伍。国有企业领导人员是党在经济领域的执政骨干,是治国理政复合型人才的重要来源。我们要按照党的十九大提出的建设高素质专业化干部队伍新要求,坚持党管干部原则,切实把好干部选出来用起来。要突出选人用人政治标准。大力选拔那些全面贯彻执行党的理论和路线方针政策,坚决贯彻党中央决策部署,始终同以习近平同志为核心的党中央保持高度一致的干部。要重视干部一贯政治表现,政治上不过关、廉洁上有问题的坚决不用,已在领导岗位上的要坚决调整下来。要提升治企兴企本领。国有企业领导人员要加强学习和实践,不断提高适应新时代、实现新目标、落实新部署的能力,不断增强"八个本领"。各级党组织要注重培养优秀年轻干部。要切实加强从严管理。近期中央将制定中央企业领导人员管理规定,我们要抓好贯彻落实。要严格干部日常管理监督,切实履行好监督执纪问责责任。要充分调动干部干事创业积极性。旗帜鲜明为那些敢于担当、踏实做事、不谋私利的干部撑腰鼓劲。

四是要强化政治功能,不断夯实企业党的基层组织建设。要以提升组织力为重点,突出政治功能,制定中央企业"三基建设"三年规划,形成党的一切工作到支部的鲜明导向,把中央企业党的基层组织建设成为宣传党的主张、贯彻党的决定、领导基层治理、团结动员群众、推动改革发展的坚强战斗堡垒。要大力加强基层党支部建设。国务院国资委党委将印发《中央企业基层党支部工作规则》,部署实施党支部建设整体提升工程。同时要着力建设100个基层示范党支部。要大力推进党建工作全覆盖。着力消除中央企业境外党建盲区,实现境外单位党的组织、党的工作和发挥党员作用全覆盖;着力加强混合所有制企业党建,确保国有资本投到哪里,党的建设就强化到哪里。要大力创新基层党建工作方式。

五是要把准政治方向,大力强化中央企业宣传思想工作。中央企业党委(党组)要增强对宣传思想工作重要性的认识,坚持正确的政治方向,紧紧围绕学习宣传贯彻习近平新时代中国特色社会主义思想、贯彻落实党的十九大精神,为中央企业改革发展凝聚强大精神力量。要切实履行好意识形态主体责任。认真贯彻落实党委(党组)意识形态工作责任制,牢牢掌握意识形态工作主导权和话语权。要加大正面宣传力度。结合纪念改革开放40周年开展主题宣传活动,展示国企国资改革发展党建工作的新气象新作为、新举措新成效。要拓展宣传方式手段。进一步提高宣传舆论传播力、引导力、影响力和公信力。

六是要保持政治定力,持续推进党风廉政建设和反腐败斗争。要坚决整治"四风"突出问题。充分认识形式主义、官僚主义的长期性和复杂性、多样性和变异性,拿出过硬措施,抓出习惯,抓出长效。同时,持续整治享乐主义和奢靡之风,严肃查处顶风违纪行为,坚决防止反弹回潮。要持续保持反腐败高压态势。让党员干部特别是领导干部始终绷紧廉洁自律这根弦,推动反腐败斗争压倒性态势向压倒性胜利转化。要深化政治巡视。统筹安排常规巡视,深化专项巡视,开展巡视回头看,加大机动式巡视,推动巡视巡察向二三级企业延伸。

新时代要有新气象,新征程要谱写新篇章。让我们更加紧密地团结在以习近平同志为核心的党中央周围,锐意进取,埋头苦干,做强做优做大国有资本,加快培育具有全球竞争力的世界一流企业,为决胜全面建成小康社会、夺取新时代中国特色社会主义伟大胜利、实现中华民族伟大复兴的中国梦作出新的更大贡献!

(根据国务院国资委党委书记郝鹏在中央企业、地方国资委负责人会议上的讲话内容整理,刊发于《国资报告》杂志2018年第二期)

在"四个伟大"中担当中央企业的责任和使命

国务院国资委党委书记　郝　鹏

党的十九大以"四个伟大"集中宣示新时代我们党举什么旗、走什么路、以什么样的精神状态、担负什么样的历史使命、实现什么样的奋斗目标。"四个伟大"是习近平新时代中国特色社会主义思想的主线灵魂,是建设社会主义现代化强国、实现中华民族伟大复兴的方向路径,是凝聚全体共产党人和亿万人民智慧力量的共同愿景。中央企业学习贯彻党的十九大精神,就要在"四个伟大"中不忘初心、牢记使命、担当作为,为建设社会主义现代化强国凝聚磅礴力量。

一、为进行伟大斗争当好基本队伍

党的十九大提出,我们党要团结带领人民有效应对重大挑战、抵御重大风险、克服重大阻力、解决重大矛盾,必须进行具有许多新的历史特点的伟大斗争。进行伟大斗争,靠纲领路线正确,靠人民群众拥护,也要靠可以信赖依靠的基本队伍。新时代我们党要应对执政考验、改革开放考验、市场经济考验、外部环境考验"四大考验",战胜精神懈怠危险、能力不足危险、脱离群众危险、消极腐败危险"四种危险",做到"任凭风浪起,稳坐钓鱼台",必须有关键时刻听指挥、拉得出,危急关头冲得上、打得赢的基本队伍。总书记明确指出,国有企业及其广大党员、干部、职工就是这样的队伍。这是总书记的巨大信任,是党的殷切期望。我们要牢记嘱托,为我们党战胜各种风险挑战、赢得伟大斗争当好基本队伍。

政治上绝对可靠。党的十八大以来,党和国家事业之所以实现历史性变革、取得历史性成就,根本在于习近平总书记掌舵领航,根本在于习近平新时代中国特色社会主义思想科学指引。习近平总书记是当之无愧的新思想创立者、新时代缔造者、中华民族伟大复兴领航者。中央企业1400万职工、500万党员要始终听党话跟党走,坚决维护习近平总书记党的领袖、党的核心地位,坚决贯彻习近平新时代中国特色社会主义思想,坚决听从以习近平同志为核心的党中央指挥和召唤。

思想上绝对忠诚。党的十九大把习近平新时代中国特色社会主义思想写入党章,确立为必须长期坚持并不断发展的指导思想和行动指南,实现了马克思主义中国化的又一次历史性飞跃。党的七大将毛泽东思想写在党的旗帜上,指引中国人民站起来;党的十五大将邓小平理论写在党的旗帜上,指引中国人民富起来;今天习近平新时代中国特色社会主义思想写在党的旗帜上,必将指引中华民族强起来。我们要持续深入学习贯彻习近平新时代中国特色社会主义思想,在深学笃用中打牢听党话跟党走的思想根基,把理论学习转化为理论自信,把真理力量升华为信仰定力,把对党绝对忠诚内化于心、外化于行,进入头脑、融入血脉、沁入骨髓。

行动上绝对紧跟。绝对可靠、绝对忠诚,根本在落实、关键在行动。党的十九大对决胜全面建成小康社会作了战略部署,分两个阶段对全面建设社会主义现代化国家新征程作了战略安排。我们要把贯彻落实十九大各项重大部署作为检验绝对可靠、绝对忠诚的重要标准,以只争朝夕、时不我待的精神状态,用新的思路、新的举措、新的办法,把十九大精神转化为中央企业改革发展党建的生动实践,把总书记标定的目标、擘画的蓝图变为现实。

二、为建设伟大工程作表率当先锋

党的十九大强调,党的建设新的伟大工程在"四个伟大"中起决定性作用,必须坚定不移全面从严治党。中央企业党的建设是伟大工程重要组成部分,是党在经济领域的重要阵地,要以政治建设为统领,从严从实管党治党,不断强"根"固"魂",为建设伟大工程作表率当先锋,努力成为践行习近平新时代中国特色社会主义思想的坚强堡垒。

抓住党建责任制这个"牛鼻子"。总书记的报告指出,层层落实管党治党政治责任,是十八大以来党的建设宝贵经验。中央出台的《中央企业党建工作责任制实施办法》，是落实管党治党责任的重要制度成果，对传递党建工作压力，激发党建工作动力，全面加强中央企业党建工作起到重要作用。我们要进一步抓好实施办法的贯彻落实，落实好四部委境外单位党建工作指导意见，制定落实混合所有制企业党建工作规范性文件，完善以中央企业境内单位党建为"主体"，混合所有制企业和境外单位党建为"两翼"的"一体两翼"工作格局。继续抓好中央企业党委（党组）向国资委党委报告年度党建工作、党组织负责人向国资委党委党建工作述职以及中央企业基层党组织书记抓党建述职评议三项重点工作，建立完善中央企业党建工作考核评价体系，健全党建工作"述评考用"工作机制，切实解决"宽松软"问题，真正使中央企业党建工作严起来、实起来、硬起来。

抓住领导干部这个"关键少数"。党的十九大对建设高素质专业化干部队伍提出明确要求。国有企业领导人员是党在经济领域的执政骨干，是我们党治国理政复合型人才的重要来源，是国有企业干部队伍的"关键少数"。我们要坚持党管干部原则，保证党对干部人事工作的领导权和重要干部的管理权，要总结"选"的经验，突出政治标准，注重专业能力、专业精神，选优配强中央企业领导班子，提升干部队伍适应新时代中国特色社会主义发展要求的能力。要提升"用"的实效，精准科学用人，不拘一格用人才，使想干事者有机会、能干事者有舞台、干成事者有位置，弘扬优秀企业家精神，坚决治理不思进取、不接地气、不抓落实、不敢担当的"四不干部"。要完善"管"的制度，坚持严管厚爱相结合，激励约束并重，完善干部考核评价机制，落实"三个区分开来"要求，为担当者担当、为负责者负责、为干事者撑腰。

抓住"三基建设"这个大工程。十九大报告强调要加强基层党组织建设，新修订的党章对国有企业基层党组织建设提出明确要求。我们要树立大抓基层、党的一切工作到支部的理念，大力加强中央企业基层党建的基本组织、基本队伍、基本制度"三基建设"。制定中央企业基层党委工作规则、基层党支部工作规则。按照中央的统一部署，深入开展"不忘初心、牢记使命"主题教育，推进"两学一做"学习教育常态化制度化，真正把企业基层党组织建设成为宣传党的主张、贯彻党的决定、领导基层治理、团结动员职工群众、推动企业改革发展的坚强战斗堡垒。要抓好党员教育管理工作，注重从生产科研一线发展党员，努力把业务骨干培养成党员，把党员培养成业务骨干，把党员骨干输送到重要岗位，使企业关键岗位有党员领着、关键环节有党员把着、关键时刻有党员顶着。

抓住党风廉政"两个责任"。党的十九大提出，要保持战略定力，夺取反腐败斗争压倒性胜利。我们要巩固发展中央企业反腐败斗争压倒性态势，持之以恒正风肃纪，深化落实中央八项规定精神，运用好"四种形态"，抓早抓小、防微杜渐。要深化政治巡视，发挥巡视利剑作用，强化监督执纪问责，保持惩治腐败高压态势，努力减少腐败存量、遏制腐败增量。要推进党内监督同企业内控体系贯通起来，分事行权、分岗设权、分级授权，形成用制度管权管人管事的监督合力。要继续构建不敢腐、不能腐、不想腐体制机制，强化不敢腐的震慑，扎牢不能腐的笼子，增强不想腐的自觉，坚决夺取中央企业反腐败斗争压倒性胜利。

三、为推进伟大事业夯实重要基础

党的十九大提出，实现伟大梦想，必须推进中国特色社会主义伟大事业。总书记多次强调，国有企业是中国特色社会主义的重要物质基础和政治基础，关系公有制主体地位，关系我们党的执政地位和执政能力，关系我国社会主义制度。我们要坚定不移搞好国有企业，做强做优做大国有资本，夯实中国特色社会主义伟大事业的重要基础。

坚定搞好国有企业的信心和决心。新中国成立以来，党带领国有企业开启建设社会主义新中国壮丽事业，建立了独立完整的工业体系和国民经济体系，奠定了共和国宏基伟业。改革开放以来，我们党坚定不移推进国有企业改革，打赢改革脱困三年攻坚战，国有企业凤凰涅槃、浴火重生。现在，我国国有企业正从跨越式发展追赶者，变成与国际先进企业同台竞争的并行者，有的领域和行业已经成为领跑者。习近平总书记对国有企业改革发展成就给予充分肯定和高度评价，指出国有企业为我国经济社会发展、科技进步、国防建设、民生改善作出了历史性贡献，功勋卓著,功不可没。国有企业历史功绩绝对不能否定,也绝对否定不了。一路走来,一路艰辛,一路收获,国有企业越来越自信,越来越从容,越来越走近世界经济舞台的中央。中国特色社会主义新时代,我们更加坚信国有企业应有作为、必有作为、大有作为,国有企业一定要搞好,也一定能搞好!

坚定不移深化国有企业改革。我们要按照十九大确定的深化国有企业改革的方向和路径,遵循市场经济规律、企业发展规律,实现社会主义和市场经济的有机结合。要深化落实"1+N"政策体系,加快突破改革重点领域和关键环节,加快建立有效制衡的公司法人治理结构和灵活高效的市场化经营机制,深化企业内部"三项制度"改革,实现干部能上能下、职工能进能出、收入能增能减,调动干部职工干事创业积极性。要积极推动国有经济布局优化、结构调整、战略性重组,深化国有资本投资、运营公司试点,发展混合所有制经济,进一步增强活力、激发动力、释放红利,放大国有资本功能,做强做优做大国有资本。

坚定不移推动国有企业发展。全面贯彻新发展理念,发挥中央企业在供给侧结构性改革中的带动作用,落实"三去一降一补"任务,坚决打赢瘦身健体、提质增效攻坚战,不断提高发展质量和效益。要专注实业、做强主业、创新创业,大力振兴实体经济,促进传统产业优化升级,加快发展先进制造业。要大力实施"走出去"战略,积极参与"一带一路"建设,加快国际化经营步伐,加快培育国际经济合作和竞争新优势。

四、为实现伟大梦想建设一流企业

企业强则国家强,伟大梦想需要一流企业支撑。总书记在党的十九大上发出了培育具有全球竞争力的世界一流企业的动员令。我们要响应总书记号召,努力建设与社会主义现代化相适应、与伟大梦想相匹配的世界一流企业。

要弘扬一流企业先进精神。党的十九大提出,要更好构筑中国精神、中国价值、中国力量。一流的企业孕育先进的精神,先进的精神塑造一流的企业。中央企业60多年发展壮大历程中,培育了"苦干实干""三老四严"的石油精神、铁人精神,铸就了"特别能吃苦、特别能战斗、特别能攻关、特别能奉献"的载人航天精神,锻造了"产业报国、勇于创新、为中国梦提速"的高铁精神,这些先进精神植根于中央企业,丰富了中华民族精神宝库。我们要坚持弘扬中央企业先进精神,努力塑造忠诚于党、报效祖国、服务社会、造福人民、回报股东、关爱职工、节约资源、爱护环境、诚实守信、公平竞争的中央企业优秀文化,汇聚建设世界一流企业的强大精神力量。

要锻造一流企业创新能力。党的十九大提出,创新是引领发展的第一动力,是建设现代化经济体系的战略支撑。核心技术买不来、等不来,只能自己干出来。中央企业要大力实施创新驱动发展战略,发挥主力军作用,加快突破关键核心技术,加快培育高附加值尖端产品,加快向产业链价值链高端迈进,在新一轮产业革命中占据有利地位,把竞争和发展的主动权牢牢掌握在自己手里,培育一批引领全球行业技术发展、具有国际话语权和影响力的领军企业,使我国成为世界创新版图的重要一极。

要建设造福人民的一流企业。党的十九大强调坚持以人民为中心的发展思想。国有资产全民所有,发展成果全民共享。中央企业既关系国民经济命脉和国家安全,也与国计民生、百姓生活息息相关。人民对美好生活的向往就是中央企业的奋斗目标。我们要以供给侧结构性改革为契机,努力破解发展不平衡不充分的问题,给人民提供更优质的产品和服务,为人民美好生活加油,使人民获得感、幸福感更加充实、更有保障、更可持续。

(文章刊发于2017年11月3日《学习时报》)

全面贯彻落实新发展理念奋力开创国企国资高质量发展新局面

国务院国资委主任、党委副书记　肖亚庆

2017年,各级国资委和中央企业深入学习贯彻习近平新时代中国特色社会主义思想,认真落实党中央、国务院决策部署,坚持稳中求进工作总基调,全面贯彻落实新发展理念,以推进供给侧结构性改革为主线,以提高质量效益和核心竞争力为中心,扎扎实实、埋头苦干,各项工作稳步推进,取得了明显成效。

一、2017年国企国资发展成就突出

(一)收入利润持续快速增长,创历史最好水平。2017年,国资监管系统企业累计实现营业收入50.0万亿元,同比增长14.7%;实现增加值11.5万亿元,同比增长13.0%;实现利润总额2.9万亿元,同比增长23.5%;上交税费总额3.7万亿元,同比增长11.5%。其中,中央企业累计实现营业收入26.4万亿元,同比增长13.3%;实现增加值6.6万亿元,同比增长7.8%;实现利润总额1.4万亿元,同比增长15.2%;上交税费总额2.2万亿元,同比增长5.5%。

(二)供给侧结构性改革深入推进,企业持续发展基础进一步夯实。各级国资委和中央企业坚持以新发展理念为引领,深入开展"三去一降一补",大力推进结构调整,取得明显成效。

(三)企业改革不断深化,重要领域和关键环节取得明显进展。各级国资委和中央企业持续加强组织领导和统筹协调,改革深入推进、层层落地,整体性、协同性不断提升。

(四)国资监管不断改进加强,监管效能持续提高。各级国资委按照以管资本为主加强国有资产监管的要求,持续完善监管体制机制,监管质量和效率不断提升。

(五)党的建设全面加强,有力促进和保障了企业改革发展。各级国资委党委和中央企业党委(党组)始终把坚持党的领导、加强党的建设作为首要政治任务,把提高企业效益、增强企业竞争力、实现国有资产保值增值作为党组织工作的出发点和落脚点,紧紧围绕生产经营抓好党建。中央企业党委(党组)把方向、管大局、保落实的领导作用进一步发挥,党的领导与公司治理融合更加紧密。

2017年国企国资改革发展取得的成绩,是多年攻坚克难、久久为功成效累积的结果。这些成绩的取得,根本在于以习近平同志为核心的党中央的坚强领导,在于习近平新时代中国特色社会主义思想的科学指引。这些成绩的取得,是中央国家机关各部门、各地党委政府和社会各界大力支持和帮助的结果,更是国企国资广大干部职工坚定信心、锐意改革、砥砺奋进的结果。

二、2018年要抓好八项重点工作

党的十九大是在全面建成小康社会决胜阶段、中国特色社会主义进入新时代的关键时期召开的一次十分重要的大会。大会进一步确立了习近平总书记在党中央和全党的核心地位,把习近平新时代中国特色社会主义思想确立为我们党必须长期坚持的指导思想,在党的历史上、新中国发展史上、中华民族发展史上都具有划时代的里程碑意义。当前和今后一个时期,我们要把深入学习贯彻习近平新时代中国特色社会主义思想和党的十九大精神作为首要政治任务,切实在学懂弄通做实上下功夫,在抓实抓牢抓深上下功夫,进一步增强"四个意识"、坚定"四个自信",坚决维护习近平总书记的核心地位,坚定维护党中央权威和集中统一领导,自觉用习近平新时代中国特色社会主义思想武装头脑、指导实践、推动工作,努力在新时代开启新征程、续写新篇章。

党的十九大对国企国资改革发展作出重大部署,明确指出"要完善各类国有资产管理体制,改革国有资本授权经营体制,加快国有经济布局优化、结构调整、战略性重组,促进国有资产保值增值,推动国有资本做强做优做大,有效防止国有资产流失。深化国有企业改革,发展混合所有制经济,培育具有全球竞争力的世界一流企业。"中央经济工作会议对推动高质量发展、深化国企改革、做强做优做大国有资本等进一步提出了明确具体的要求。这些部署和要求为我们坚定不移搞好国有企业、毫不动摇做强做优做大国有资本指明了正确方向,提供了根本遵循。

今后3年是决胜全面建成小康社会的关键时期。我们要振奋精神、继续奋斗,到2020年努力实现重要领域和关键环节改革取得决定性成果,发展混合所有制经济取得积极进展,公司法人治理结构更加健全,党组织在公司治理中的法定地位更加巩固,企业党委(党组)领导作用更好发挥,形成更加符合我国基本经济制度和社会主义市场经济发展要求的中国特色现

代国有企业制度和灵活高效的市场化经营机制;国有资产监管制度更加成熟,相关法律法规更加健全,监管手段和方式不断优化,监管的系统性有效性明显提高,国有资产保值增值责任全面落实;国有资本布局结构更趋合理,进一步向重点行业、关键领域、优势企业集中,国有资本功能进一步放大,流动性和配置效率进一步增强,运行质量和效益进一步提升,国有资本进一步做强做优做大;造就一批对党忠诚、勇于创新、治企有方、兴企有为、清正廉洁的优秀企业家,形成一批在国际资源配置中占主导地位的领军企业、一批引领全球行业技术发展的领军企业、一批在全球产业发展中具有话语权和影响力的领军企业,从而培育一大批具有全球竞争力的世界一流企业。

2018年是贯彻党的十九大精神的开局之年,是改革开放40周年,是决胜全面建成小康社会、实施"十三五"规划承上启下的关键一年。2018年生产经营主要目标任务是:国有企业效益实现稳定增长,国有资本保值增值率、回报率进一步提升,企业流动资产周转率进一步提高,资产负债率进一步下降。

2018年要着力抓好八个方面重点工作:

(一)着力抓好效益稳定增长,进一步巩固企业发展良好态势。我们必须深刻认识,稳中求进工作总基调是我们党治国理政的重要原则,是做好经济工作的方法论,牢固树立稳是主基调、是大局的战略思想,做到政策要稳、运行要稳,保持企业运行在合理区间,保证发展大局稳定。一要加强形势研判抢抓市场机遇。要准确把握新形势对企业生产经营提出的新要求,敏锐捕捉市场变化带来的新机遇,巩固传统市场、开发新兴市场、深挖细分市场。要密切关注大宗商品价格变化,及时调整应对举措,全力确保经济平稳运行、稳中有进。二要明确目标任务分解落实责任。科学制定全年计划和预算安排,确保全年目标任务实现。制定可量化、可操作的工作方案,层层分解目标、层层落实责任。完善考核分配机制,充分调动和发挥广大干部职工的积极性主动性创造性。各地国资委要结合地方实际,按照地方党委、政府要求,制定积极向上的目标任务。三要深挖内部潜力降低成本费用。确保实现中央企业平均百元收入负担的成本费用同比下降,营业成本增幅低于营业收入增幅。加大重点行业企业成本压控力度。加大资金集中管控力度,加快内部资金融通,2018年中央企业资金集中度要力争提高到80%。抓好采购管理对标提升,着力打造集中统一、高效透明、共享共赢的供应链体系,有效降低采购成本和库存。进一步加大"两金"压降力度,确保"两金"增幅低于收入增幅,力争实现重点行业"两金"规模零增长。四要强化协同合作实现互利共赢。深入推进行业内资源共建共享和产业链上下游互助合作。中央企业与地方国有企业要进一步加强沟通、相互支持,积极探索开展交叉持股、战略联盟等多种方式合作,努力实现共赢发展。五要加强市值管理增加股东回报。坚持以提升内在价值为核心的市值管理理念,依托上市公司平台整合优质资产,不断提升价值创造能力。强化信息披露,加强与投资者的沟通交流,坚持规范运作,争做优秀的上市公司。六要对标一流企业夯实基础管理。

需要特别强调的是,中央企业在提高自身效益的同时,要积极履行社会责任,坚决完成好所承担的精准脱贫任务,积极开展援疆援藏援青工作,有效发挥中央企业贫困地区产业投资基金作用,大力实施产业支援、对口支援、人才支援、就业支援、技术支援,为打好精准脱贫攻坚战作出更大贡献。

(二)着力抓好供给侧结构性改革,进一步提高实业发展质量。实业是国有企业的安身立命之本和职责使命所在,必须一心一意做强做优实业,坚持质量第一、效益优先,按照高质量发展要求,深化供给侧结构性改革,紧紧围绕主业做好发展这篇大文章。一要扎实推进瘦身健体。大力化解过剩产能,2018年中央企业要完成化解煤炭过剩产能1265万吨、整合煤炭产能8000万吨目标任务,积极推动煤电去产能,做好有色金属、船舶制造、炼化、建材等行业化解过剩产能工作。深入推进"压减"工作,力争年底前累计减少法人户数18%以上,压缩管理层级至5级以内,为2019年上半年全面完成"压减"总目标打好基础。持续推进"处僵治困",认真抓好全年800户"僵尸企业"、特困企业处置治理工作,努力实现年底前"僵尸企业"基本出清和特困企业整体盈利。开展中央企业亏损子企业全面排查摸底,做好重点企业改革脱困工作。二要加快制造业优化升级。以智能制造为着力点,加快发展先进制造业，落实好国务院增强制造业核心竞争力三年行动和新一轮技术改造升级工程，积极培育世界级先进制造业集群。深入实施"互联网＋"行动，推动制造业向数字化、网络化、智能化转型。三要将资源更多投向战略性新兴产业，加快人工智能领域布局，引领新兴产业集群发展，努力形成新的增长点。强化军民深度融合发展，加快军民互动，实现相互支撑、有效转化。四要厚植企业发展质量优势。大力提高企业运行质量，加快生产要素的合理流动和优化配置，不断提高投入产出效率，推动企业理念、目标、制度、经营全方位适应高质量发展要求。

（三）着力抓好创新驱动，进一步增强企业核心竞争力。必须牢牢把握新一轮世界科技革命和产业变革机遇，加大创新投入力度，提高创新能力和水平，促进新旧动能加快转换。一要积极承担国家重大战略科研任务，努力牵头承担更多重要关键共性技术攻关任务，充分发挥中央企业在技术创新中的引领带动作用。不断增强原始创新和自主创新能力，尽快攻克更多前瞻性、原创性、颠覆性的关键核心技术。二要充分发挥创新要素合力。加快建立以企业为主体、市场为导向、产学研深度融合的技术创新体系，形成企业与科研机构、大学、国家实验室等功能互补、良性互动的协同创新新格局。完善产业创新链，加快科技成果向现实生产力转化。积极融入全球创新网络，主动牵头或参与国际大科学计划和工程，把握全球科技竞争先机。三要着力打造"双创"升级版。继续办好中央企业熠星创新创意大赛，积极推进国家"双创"示范基地建设，搭建更多创新资源开放共享平台。研究探索大中小企业融通发展新模式，完善多层级创新发展基金系，探索资源共享、资本扶持、团队合作等多种方式，孵化培育"特尖专精"的创新型小微企业。四要持续激发创新活力。鼓励中央企业实施股权、期权、分红等激励措施，充分调动各类人才积极性和创造性。营造尊重劳动、尊重知识、尊重人才、尊重创造的良好风尚。

（四）着力抓好布局结构优化调整，进一步提高国有资本配置效率。优化国有经济布局结构是做强做优做大国有资本的重要举措，必须聚焦国家战略领域，坚持市场化导向，加快推进横向联合、纵向整合和专业化重组，扎实推动国有资本优化配置。一要突出战略规划引领。引导优势企业牵头发起主业方向的产业投资基金，创新企业投融资模式，以增量优化促进存量调整，有效发挥引领带动作用。二要扎实推进战略性重组，稳步推进装备制造、煤炭、电力、通信、化工等领域中央企业战略性重组。以重组整合为契机，深化企业内部改革和机制创新，放大重组效能。三要积极推进专业化整合。以拥有优势主业的企业为主导，发挥国有资本运营公司专业平台作用，持续推动煤炭、钢铁、海工装备、环保等领域资源整合，减少重复建设。结合国家重大专项、行业体制改革等，围绕重点领域整合现有优质资源，适时培育孵化新的产业集团公司。四要稳步开展国际化经营。积极推进"一带一路"建设，抓好重点项目实施，着力获取先进技术、优化全球布局、打造国际品牌。创新对外投资方式，打造深化国际产能和装备制造合作新平台，加快形成面向全球的资源配置和生产服务网络，积极培育国际合作竞争新优势。

（五）着力抓好改革举措落实落地，进一步推动重要领域和关键环节取得突破性进展。深化改革是推动国有企业发展的根本动力，要按照"1＋N"系列改革文件的部署要求，紧紧围绕增强活力、提高效率，坚决破除束缚企业发展的体制机制障碍，加快构建灵活高效的市场化经营机制。一要加快改革试点拓展深化。深入推进"十项改革试点"，加强改革经验总结交流，形成模式、复制推广。实施"双百行动"，选取百户中央企业子企业和百家地方国有骨干企业，深入推进综合改革，打造一批改革尖兵。建立改革举措实施效果后评价机制，促进改革举措落地见效。二要加强和改进董事会建设。推动中央企业集团层面全面建立规范董事会，制定完善中央企业外部董事选聘和管理的规范性文件，建立健全外部董事履职支撑和服务体系。统筹推进落实董事会职权、推行经理层成员契约化管理、建立职业经理人制度、实施差异化薪酬分配等试点工作，探索建立企业党组织内嵌到公司治理结构的有效方式，不断健全完善中国特色现代国有企业制度。三要推进股权多元化和混合所有制改革。选择具备条件的中央企业推进集团层面股权多元化，积极探索有别于国有独资公司的治理机制和监管模式。

积极推进主业处于充分竞争行业和领域的商业类国有企业混合所有制改革,进一步推动重点领域混合所有制改革试点。健全混合所有制企业治理机制,探索优先股、特殊管理股制度。系统总结国有控股混合所有制企业员工持股试点经验,扩大试点范围,建立激励约束长效机制。四要改革国有资本授权经营体制。进一步扩大两类公司试点范围,推进综合性改革,着力提高国有资本运作效率和水平。创新国有资本运营模式,推动各类国有资本基金规范运作、发展壮大。五要深化三项制度改革。在主业处于充分竞争行业和领域的商业类子企业推进经理层任期制和契约化管理。改革国有企业工资决定机制,完善职工工资总额管理制度体系,合理拉开收入分配差距,充分调动广大职工积极性。全面实施以合同管理为核心、以岗位管理为基础的市场化用工制度。六要加快解决历史遗留问题。年底前基本完成"三供一业"分离移交、独立工矿区办社会职能剥离、企业办教育医疗机构分类改革工作。深入推进国有企业退休人员社会化管理,逐步在全国推开试点。稳妥推进厂办大集体改革,力争在东北地区取得实质性进展。扎实开展培训疗养机构改革,积极探索向健康养老产业转型。七要加强宣传舆论引导。聚焦改革开放40周年开展系列宣传活动,全方位展现国企国资改革发展成就,为国企国资改革发展营造良好舆论环境。

(六)着力抓好重点领域风险防控,进一步筑牢不发生重大风险底线。防范化解重大风险是国有企业打赢三大攻坚战的重中之重,要坚持底线思维,采取过硬措施,及时防范、有效化解各类重大风险。一要全面梳理排查风险隐患。各级国资委和中央企业要坚持问题导向、增强忧患意识,认真梳理、全面排查各类风险点,密切关注形势变化可能带来的新风险、新隐患,切实做到预案在先。企业集团层面要担负起防范风险主体责任,着力将风险消灭在萌芽状态,重要情况及时报告。二要严控各类债务风险。力争中央企业带息负债占负债总额比例进一步降低、平均资产负债率稳中有降。持续提升直接融资特别是股权融资比重,积极稳妥推进市场化法治化债转股。持续加强债券兑付风险管控,强化中央企业债券发行比例管理和履约情况监测。各地国资委也要督促监管企业做好融资、债务情况分析研究,进一步降低负债率。三要严控投资风险。制定《中央企业投资监督管理办法》和《中央企业境外投资监督管理办法》实施细则,细化投资事前、事中、事后监管要求。严控非主业领域PPP项目投资,严禁开展单纯追求做大规模、不具备经济性的PPP项目,稳妥处置存量PPP项目风险。四要严控国际化经营风险。建立健全跨部门信息沟通、项目全周期风险管控、违规行为联合惩戒机制,坚决遏制无序恶性竞争。探索建立境外重大项目预报告制度、第三方风险评估制度,严控境外投资、法律诉讼、廉洁等风险,确保境外资产安全可控、有效运营。密切关注地缘政治局势变化,做好境外安全事件和突发事件的应急处置预案,切实保护好海外员工和资产安全。五要严控金融业务。中央企业金融业务必须紧紧围绕实业、服务主业有序开展,严防脱实向虚倾向,严禁脱离主业单纯做大金融业务。全面加强委托贷款、内保外贷、融资租赁等高风险业务管控,严禁融资性贸易和"空转"贸易。研究建立中央企业金融业务风险监控报告体系,开展风险自查专项活动,不断提高风险防控能力。六要严防重特大安全事故和重大污染事件发生。

(七)着力抓好监管体制机制完善,进一步提高国资监管水平。完善国有资产管理体制,促进国有资产保值增值,有效防止国有资产流失,是各级国资监管机构的重要职责,必须坚持以管资本为主,进一步转变监管职能、增强监管效能。一要出台权力和责任清单。进一步梳理国资监管机构职能和各项规章制度,明确出资人监管职责边界,确保职能定位更加准确清晰、监督管理更加规范高效。二要持续改进监管方式。深入推进分类监管,按照分类改革、分类发展、分类考核的要求,强化目标导向,突出监管重点。持续推进国务院国资委机关政务信息系统整合共享,启动中央企业大额资金使用实时跟踪试点,探索建立和完善国资监管信息化工作平台,健全中央企业产权、投资、财务等监管信息系统,推进信息化与监管业务深度融合。全面梳理优化监管流程,建立系统科学有效的监管标准和制度体系。深化国资监管法治机构建设,推动重点领域立法,推进依法行权履职。推进经营性国有资产集中统一监管。三要强化监督和责任追究。加强业务监督,进一步加强对投资、产权、财务、考核分配、选人用人等重点环节监督管理。继续扩大委派总会计师试点范围,加强派后管理,落实总会计师责任。加强境外国有资产监督。加强改进外派监事会监督。切实加强对企业内控体系完整性、有效性的监督。对发现的问题要建立台账,及时调查核实,逐一督促整改。制定出台《中央企业违规经营投资责任追究实施办法》,依法依规严肃查处违规造成的重大损失问题。四要加强对地方国企国资改革发展工作的指导。指导下级国资监管机构准确把握改革方向、科学制定改革举措,加强改革协同,共同研究解决重点难点问题。健全工作机制,加强工作交流和信息共享,切实增强国资监管系统合力。积极搭建企业合作平台,促进企业间战略合作,加强供需对接,打造"共享竞合"新模式,共同应对困难和挑战,实现互利共赢。五要积极推进重大问题调查研究。各级国资委和中央企业要紧紧围绕十九大新部署新要求,集聚智库、高校、科研院所等研究力量,集中开展重大问题调查研究,形成一批针对性、指导性、可操作性强的高水平研究成果,为推动国企国资改革发展提供丰富实践案例和坚实理论支撑。

(八)着力抓好管党治党责任落实,进一步加强党的领导党的建设。按照党章和十九大提出的新时代党的建设总要求,结合贯彻落实全国国企党建会精神,坚持以政治建设为统领,推动全面从严治党不断向纵深发展。坚持党对国有企业的领导,深入落实党建工作责任制实施办法,建立健全考核评价机制,确保责任落实到位。充分发挥企业党委(党组)领导作用,把方向、管大局、保落实,确保中央各项决策部署得到坚决贯彻。坚持党管干部原则,突出政治标准,从严选拔管理企业领导人员,全心全意依靠职工办企业,建设一支高素质的干部职工队伍。深入推进党风廉政建设和反腐败工作,贯彻落实中央八项规定精神,驰而不息纠正"四风",巩固风清气正的发展环境。

当前,国企国资改革发展正处在涉深水滩、啃硬骨头的关键时期,完成全年目标任务绝非轻而易举,仍然面临许多困难和挑战,必须付出艰苦的努力。习近平总书记多次强调"一分部署,九分落实",深刻指出"抓落实是党的政治路线、思想路线、群众路线的根本要求,也是衡量领导干部党性和政绩观的重要标志,抓落实体现党性修养,体现思想作风,体现精神状态,体现能力素质"。各级领导干部特别是中央企业主要负责人,要在狠抓落实上下功夫,切实以钉钉子精神把中央决策部署和改革发展各项具体工作抓紧抓实、抓出成效。

让我们更加紧密地团结在以习近平同志为核心的党中央周围,不忘初心、牢记使命,脚踏实地、苦干实干,一步一个脚印,奋力开创国企国资高质量发展新局面,为实现"两个一百年"奋斗目标和中华民族伟大复兴中国梦作出新的更大贡献!

(根据国务院国资委主任、党委副书记肖亚庆在中央企业、地方国资委负责人会议上的讲话内容整理,刊发于《国资报告》杂志2018年第二期)

深化国企国资改革 做强做优做大国有企业

国务院国资委主任、党委副书记 肖亚庆

党的十八大以来,习近平总书记站在党和国家事业发展全局的战略高度,就国企国资改革发展发表一系列重要讲话,作出许多重要指示批示,充分体现了以习近平同志为核心的党中央对国企国资改革发展的高度重视。习近平总书记关于国企国资改革发展的重要思想,是治国理政新理念新思想新战略的重要组成部分,极大地丰富和发展了马克思主义政治经济学,具有十分重大的现实意义和深远的历史意义,为我们深入推进国企国资改革发展各项工作指明了方向,提供了根本遵循。

一、不断巩固党执政的物质基础和政治基础

习近平总书记指出,国有企业特别是中央管理企业,在关系国家安全和国民经济命脉的主要行业和关键领域占据支配地位,是国民经济的重要支柱,在我

们党执政和我国社会主义国家政权的经济基础中也是起支柱作用的,必须搞好;我国国有企业为我国经济社会发展、科技进步、国防建设、民生改善作出了历史性贡献,功勋卓著,功不可没。习近平总书记对国有企业地位作用的充分肯定,对国有企业历史性贡献的充分肯定,既是对国资系统和广大国有企业的巨大鼓舞,也是强有力的鞭策。

改革开放以来,国有企业改革发展不断取得重大进展,为推动经济社会发展、保障和改善民生、增强我国综合实力作出了重大贡献。从物质基础看,目前国资监管系统企业资产总额达到144.1万亿元,上缴税费约占全国财政收入的1/5,增加值约占全国GDP的1/7,2016年进入世界500强的国有企业有83家。我国的基础设施建设、能源资源保障、国防军工和战略性新兴产业大都主要集中在国有企业。从政治基础看,国有企业拥有4000多万在岗职工、近80万个党组织、1000多万名党员,是我国工人阶级队伍的骨干力量,是我们党拥有的关键时刻听指挥、拉得出、危急关头冲得上、打得赢的基本队伍,也是我们党执政最坚定、最可靠的阶级基础。从国家综合国力和竞争力看,国有企业在载人航天、探月工程、深海探测、高速铁路、特高压输变电、第四代移动通信等领域取得了一批具有世界先进水平的重大科技创新成果,积极参与国际竞争,已经成为体现国家综合实力、提升我国在国际舞台话语权的重要力量。从维护国家安全、保障改善民生看,国有企业在贯彻落实国家宏观调控政策、实施国家重大战略、支持国防现代化建设、保障能源资源安全、精准脱贫攻坚、维护社会稳定等方面,都发挥了顶梁柱作用。

企业强则国家强。我们必须从讲政治的高度,充分认识国有企业在统筹推进"五位一体"总体布局和协调推进"四个全面"战略布局中,在实现"两个一百年"奋斗目标和中华民族伟大复兴中国梦历史进程中肩负的重大责任和使命,坚持国有企业在国家发展中的重要地位不动摇,坚持把国有企业搞好、把国有企业做强做优做大不动摇,坚决抵制"私有化""去国有化""去主导化"等错误思想言论,理直气壮发展壮大国有经济,确保党执政的物质基础和政治基础更加巩固。

二、牢牢把握国有企业改革的正确方向

习近平总书记指出,推进国企改革要奔着问题去,坚持以解放和发展社会生产力为标准,坚持政企分开、政资分开,以增强企业活力、提高效率为中心,提高国企核心竞争力;深化国有企业改革,要有利于国有资本保值增值,有利于提高国有经济竞争力,有利于放大国有资本功能。习近平总书记重要讲话精神,为国企国资改革政策制定、工作推进、措施落地提供了根本遵循。

党的十八大以来,各级国资委和广大国有企业认真贯彻落实党中央、国务院关于国有企业改革的决策部署,加快推进改革顶层设计,大力推动改革举措落地,国有企业改革呈现出全面推进、重点突破、成效显现的良好局面。各级国资委结合实际开展国有企业功能界定与分类工作,推动不同类别国有企业分类改革、分类监管、分类考核、分类发展。改组组建国有资本投资、运营公司步伐不断加快,公司制股份制改革全面提速,现代企业制度进一步完善,解决历史遗留问题取得突破性进展。

当前,国有企业改革正处于攻坚阶段,虽然取得了实质性进展,但仍面临许多深层次的矛盾和问题,深化国有企业改革依然任重道远。我们必须坚持和完善基本经济制度,坚持社会主义市场经济改革方向,以解放和发展社会生产力为标准,以提高国有资本效率、增强国有企业活力为中心,深化国有企业改革,使国有企业真正成为能够自主经营、自负盈亏、自担风险、自我约束、自我发展的独立市场主体。

三、理直气壮做强做优做大国有企业

习近平总书记指出,要理直气壮做强做优做大国有企业,提高核心竞争力和资源配置效率,不断增强国有经济活力、控制力、影响力、国际竞争力、抗风险能力;国有企业要成为党和国家最可信赖的依靠力量,成为坚决贯彻执行党中央决策部署的重要力量,成为贯彻新发展理念、全面深化改革的重要力量,成为实施"走出去"战略、"一带一路"建设等重大战略的重要力量,成为壮大综合国力、促进经济社会发展、保障和改善民生的重要力量,成为我们党赢得具有许多

新的历史特点的伟大斗争胜利的重要力量。习近平总书记旗帜鲜明地提出了做强做优做大国有企业的发展目标,是对我们党建设中国特色社会主义理论的继承和发展,是面对新的国际国内形势、立足新的历史发展定位提出的国有企业改革发展新论断新要求。

党的十八大以来,国有企业朝着做强做优做大的目标迈出了坚实的步伐,运行质量和效益不断提高,规模实力明显提升。2016年中央企业实现增加值达到6.1万亿元,截至2016年底资产总额达到50.5万亿元,2013—2016年共实现利润6.4万亿元。今年一季度实现利润总额3120亿元,同比增长23.2%,创下近年来同期最佳业绩。

中央企业间重组整合不断加快,党的十八大以来共有26家中央企业进行了重组,中央企业数量从117家调整到102家;设立国有企业结构调整基金和国有资本风险投资基金,国有企业间联合投资、交叉持股等资本合作广泛开展,国有资本进一步向重要行业和关键领域、向前瞻性战略性产业、向优势企业集中。中央企业不断强化自主创新特别是原始创新,航天航空、高速铁路、特高压输电、移动通信、飞机制造、核电等领域取得了一批具有自主知识产权和国际先进水平的重大创新成果,为企业转型发展奠定了坚实的基础;深入开展"双创""互联网+",新产业新模式新业态不断涌现,管理创新、商业模式创新不断取得新成效。中央企业"走出去"层次水平不断提高,境外投资额约占我国非金融类对外直接投资总额的60%,对外承包工程营业额约占我国对外承包工程营业总额的60%,境外业务逐步由能源、矿产资源开发拓展到高铁、核电、特高压建设运营等领域。

做强做优做大国有企业,是充分发挥国有经济主导作用,推进国家现代化、保障人民共同利益的必然要求。我们必须从推进中国特色社会主义伟大事业和党的建设新的伟大工程的高度来看待国有企业,坚定不移地做强做优做大国有企业,进一步深化供给侧结构性改革,优化国有资本布局结构,提升创新驱动发展能力,不断提高国际化经营管理的水平,使国有企业真正成为我们党执政兴国的重要支柱和依靠力量。

四、不断增强监管的科学性、针对性和有效性

习近平总书记指出,国有企业改革要先加强监管,防止国有资产流失,这一条不做好,国有企业其他改革就难以取得预期成效;要按照以管资本为主加强国有资产监管的要求,依法依规建立和完善出资人监管权力和责任清单,重点管好国有资本布局、规范资本运作、提高资本回报、维护资本安全。习近平总书记关于国资监管工作的重要讲话精神,明确提出了加强国资监管的核心目的和工作重点,为新形势下完善国有资产监管体制、加强和改进国有资产监管工作进一步指明了方向。

党的十八大以来,各级国资监管机构按照以管资本为主的要求持续加强国有资产监管,国资监管体制不断完善。国资监管机构职能转变工作有序开展。专门制定职能转变方案,大力调整优化内部机构设置和工作流程,聚焦管好资本投向、规范资本运作、提高资本回报、维护资本安全。大力推进简政放权,强化企业运行监测分析和重大事项提示预警,加强出资人财务监督,推动考核结果与薪酬分配紧密挂钩,增强工作联动,提高监管效能。

加强国有资产监管,是搞好国有企业的重要保障,是做强做优做大国有企业的迫切需要。我们必须按照以管资本为主加强国有资产监管的要求,进一步改革和完善国资监管体制,坚持政企分开、政资分开、所有权和经营权分离,进一步深入推进监管职能转变,改进国有资产监管方式和手段,推进分类监管、依法监管和信息化监管,切实强化监督,严防国有资产流失,不断提高监管科学性、针对性和有效性,全面落实国有资产保值增值责任,当好国有资产的忠诚卫士。

五、全面从严加强国有企业党的建设

习近平总书记在全国国有企业党的建设工作会议上指出,坚持党的领导、加强党的建设是国有企业的"根"和"魂",是我国国有企业的独特优势。坚持党对国有企业的领导是重大政治原则,必须一以贯之;建立现代企业制度是国有企业改革的方向,也必须一

以贯之。要把加强党的领导和完善公司治理统一起来,建设中国特色现代国有企业制度。习近平总书记关于国有企业党建的重要讲话精神,为我们加强国有企业党的建设明确了政治方向和政治原则,提供了强大的思想武器和科学指南。

高度重视全国国企党建会精神的贯彻落实,采取坚决有力措施,坚持问题导向,推动中央企业党的建设不断得到新的加强。认真落实党建工作责任制,强化党建工作考核评价,推动党建工作从"软指标"变成"硬约束"。推动中央企业把党建工作要求纳入公司章程,目前集团层面已全部完成;全面推行董事长、党委书记"一肩挑",目前建立规范董事会的83家中央企业已全部完成。按照"对党忠诚、勇于创新、治企有方、兴企有为、清正廉洁"的20字标准从严选拔、教育、监督、管理企业领导人员,着力打造一支高素质的企业领导人员队伍。推动基层党组织全覆盖,健全党建工作机构,充实党务工作力量,使基层党组织的战斗堡垒作用和党员的先锋模范作用得到充分发挥。严明政治纪律和政治规矩,深入贯彻中央八项规定精神,全力做好巡视及巡视整改工作,保持惩治腐败高压态势,风清气正的环境正在形成。

全面从严加强国有企业党的建设,不仅关系到国有企业自身改革发展,而且关系到我们党能不能牢牢掌控国有企业、国有资产,不断巩固党的执政基础。我们必须站在党和国家事业发展全局的战略高度,深刻认识加强国有企业党的建设的重大意义,切实肩负起全面从严管党治党的重大责任,坚决把国有企业党建工作严起来、实起来、强起来,切实为国有企业改革发展提供坚强的政治保证。

(本章刊发于2017年6月16日《学习时报》)

2018
CHINA'S STATE-OWNED
ASSETS SUPERVISION AND
ADMINISTRATION YEARBOOK

中国国有资产监督管理年鉴

国有资产监督管理概况

第二篇

国有资产监督管理体制改革和国有企业改革发展综述

2017年,国资监管系统和中央企业坚持以习近平新时代中国特色社会主义思想为指导,认真落实党中央、国务院决策部署,坚持稳中求进工作总基调,全面贯彻落实新发展理念,以推进供给侧结构性改革为主线,以提高质量效益和核心竞争力为中心,扎扎实实,埋头苦干,各项工作稳步推进,取得明显成效。

一、以管资本为主加强国有资产监管,监管的科学性、针对性和有效性进一步增强

各级国资委按照以管资本为主加强国有资产监管的要求,持续完善监管体制机制,监管质量和效率不断提升。

(一)职能转变深入推进

国务院国资委制定印发以管资本为主推进职能转变方案,强化3项管资本职能,精简43项监管事项,切实把监管重点转到管好资本布局、规范资本运作、提高资本回报、维护资本安全上来。天津、内蒙古等12个地方出台职能转变方案,北京、吉林等地统筹推进三定方案调整、内设机构优化、监管职能整合,管资本职能得到强化。

(二)监管方式更加优化

国务院国资委积极推进依法监管,2017年制定出台规章规范性文件21件,完成对现行28件规章、250件规范性文件的全面清理工作;修订发布《中央企业投资监督管理办法》《中央企业境外投资监督管理办法》,试行投资项目负面清单管理制度,从管投向、管程序、管回报、管风险等方面加强投资监管;进一步完善财务监管,向22家中央企业委派总会计师;加强审计监督,督促中央企业加大问题整改力度,30家被审计企业完成问题整改2000余项,挽回损失增加效益130多亿元;积极推进阳光监管,大力推动中央企业信息公开。各地国资委不断创新监管方式方法,北京启动监管信息化平台建设,山东打造"国资云"动态监控平台,监管效率进一步提高。

(三)国资监督机制持续完善

国务院国资委强化外派监事会监督,在突出监督重点、深入核查问题、提高报告质量、强化督促整改和深化监管融合等方面狠下功夫,切实增强监督的权威性、及时性和有效性。增加监督力量,分类处置、督办、核查监督检查发现和移交的问题及线索,形成发现、调查、处理问题的监督管理闭环,监督作用进一步发挥。各地国资委加强监督联动机制建设,天津出台与审计部门协作配合工作办法,江西制定加强与纪检部门协作配合的意见。

(四)核查追责力度进一步加大

国务院国资委部署外派监事会完成对全部中央企业的当期和事中监督,揭示各类问题和风险线索6000项。针对违规经营投资问题,对16家中央企业开展国有资产重大损失核查,核实损失及损失风险39.8亿元,认定责任51人次。浙江、安徽、江苏等地也积极开展资产损失调查和责任追究。

(五)境外国资监管不断加强

国务院国资委进一步完善境外企业管理制度,加强中央企业境外投资监督管理和境外廉洁风险防控,指导推动中央企业定期排查并妥善处置境外法律风险,主动应对涉外重大法律纠纷案件,健全长效工作机制,有力确保境外国有资产安全运营和保值增值。

二、全面深化国有企业改革,推动重要领域和关键环节取得明显进展

各级国资委和中央企业持续加强组织领导和统筹协调,改革深入推进、层层落地,整体性、协同性不断提升。

(一)企业功能界定与分类扎实推进

在完成中央企业集团层面功能界定与分类的基

础上,指导中央企业有序开展子企业分类工作,改革针对性精准性进一步提高。各地国资委全面完成所监管一级企业分类。

(二)公司制改制取得突破性进展

中央企业集团层面基本完成公司制改革,各级子企业改制面98%,企业市场化基础进一步筑牢。各地国资委所监管一级企业公司制改制面97%,辽宁、福建等地国资委所监管一级企业全面完成改制。

(三)混合所有制改革稳步推进

截至2017年底,中央企业混合所有制企业户数占比超过2/3,上市公司资产占比超过64%,国有资本功能不断放大。在电力、石油、天然气、军工等重要行业和领域开展混合所有制改革试点,引入各类投资者40多家、资本超过900亿元。中央企业首批10户员工持股试点子企业完成首期出资入股,各地选取近160户企业有序开展试点。

(四)市场化经营机制进一步完善

各级国资委深入推进规范董事会建设,大力落实董事会职权,截至2017年底,建立规范董事会的中央企业83家,企业法人治理结构进一步完善。持续深化10家国有资本投资、运营公司改革试点,在优化以管资本为主的管理体制、改革市场化经营机制、探索国有资本投资运营模式等方面取得积极成效,各地国资委改组组建国有资本投资、运营公司104家。不断深化内部三项制度改革,完善激励约束机制,中央企业控股的上市公司中有16户实施股权激励,部分中央企业实施科技型子企业分红激励,市场化用工机制逐步形成,企业内生活力进一步激发。

(五)国有企业办社会职能分离移交进展明显

截至2017年底,全国"三供一业"完成分离移交或签订移交协议80%,其中供电87%,陕西、湖北等23个地方和64家中央企业超额完成年度目标任务。企业办市政社区管理职能分离移交以及消防、教育、医疗机构分类改革取得积极进展,培训疗养机构改革有序推进,退休人员社会化管理试点取得积极成效。

三、深入推进供给侧结构性改革,国有企业发展质量和效益显著提升

各级国资委和中央企业坚持以新发展理念为引领,深入开展"三去一降一补",大力推进结构调整,不断提高发展质量和效益,取得积极成效。国资监管系统企业全年累计实现营业收入50.3万亿元,比上年增长15.3%;实现利润总额3万亿元,比上年增长25.4%。其中,中央企业累计实现营业收入26.4万亿元,比上年增长13.3%;实现利润总额1.4万亿元,比上年增长16.6%。

(一)重组整合扎实推进

3组7家中央企业成功实施重组,中央企业数量调整至98家,国有资本布局结构不断优化。截至2017年底,国有企业结构调整基金和国有资本风险投资基金累计开展投资32项,涉及资金786亿元,推动国有资本向关系国家安全、国民经济命脉的重要行业和关键领域集中。天津、江苏、山东等地积极推动企业整合重组,资源配置效率大幅提升。

(二)创新驱动发展战略深入实施

中央企业持续加大创新投入力度,完善创新体制机制,企业创新发展步伐不断加快,取得一大批重大科技成果。2017年,53家中央企业获得国家科技奖励83项,占奖项总数的35.2%。浙江、福建等10个地方国资委出台相关措施,深入推动企业实施创新驱动发展战略,取得积极成效。

(三)降杠杆减负债效果逐步显现

中央企业积极压减带息负债,补充权益资本,积极稳妥推进市场化债转股,进一步拓宽融资渠道,全力推进降杠杆减负债,资产负债率稳中有降,2017年底中央企业整体资产负债率较年初降低0.4个百分点。各地也积极采取有效措施化解债务风险。

(四)去产能力度持续加大

2017年,中央企业化解钢铁过剩产能595万吨、煤炭过剩产能2703万吨,淘汰、停建、缓建煤电项目51个,提前超额完成全年目标任务。煤炭资产管理平台公司整合煤炭产能1亿吨,移交涉煤资产840.5亿

元。陕西、安徽、河北等地大力推进钢铁煤炭去产能，取得重要进展。

(五)"处僵治困"进展明显

中央企业2041户"僵尸企业"处置和特困企业治理工作力度不断加大，完成超过1200户企业"处僵治困"任务，整体亏损额比2015年减少1634亿元，减亏增盈效果显著。广东、广西、江苏等地精准分类处置、打通关键堵点，"僵尸企业"处置工作取得积极成效。

(六)"压减"阶段性目标提前完成

截至2017年底，中央企业累计减少法人8390户，减少比例16.1%，减少管理费用135亿元，企业管控能力和运营效率不断提升。

四、全面加强党的建设，有力促进和保障改革发展顺利推进

国务院国资委党委和中央企业党委（党组）始终把坚持党的领导、加强党的建设作为首要政治任务，把提高企业效益、增强企业竞争力、实现国有资产保值增值作为党组织工作的出发点和落脚点，扎实推进"中央企业党建工作落实年"各项任务，取得显著成效。

(一)不断把学习贯彻习近平新时代中国特色社会主义思想和党的十九大精神引向深入

国务院国资委和中央企业把深入学习宣传贯彻习近平新时代中国特色社会主义思想和党的十九大精神作为首要政治任务，结合推进"两学一做"学习教育常态化制度化，开展一系列形式多样、富有成效的学习宣传贯彻工作，做到组织领导到位、学习培训到位、宣传引导到位、督查指导到位、推动工作到位"五个到位"，实现集中宣讲中央企业二级单位全覆盖、专题研讨三级单位班子全覆盖、领导干部专题党课基层党组织全覆盖、学习培训中层以上干部全覆盖、学习宣传贯彻中央企业职工全覆盖"五个全覆盖"。

(二)党的领导得到全面加强

全部中央企业集团实现党建要求进章程，将党组织研究讨论作为董事会、经理层决策重大问题的前置程序，建立规范董事会的中央企业集团总部实现党委（党组）书记、董事长"一肩挑"，党组织在企业改革发展中真正实现把得了关、掌得了舵、说得上话、使得上劲。

(三)管党治党责任逐级落实

国务院国资委党委专门成立党建工作领导小组，制定出台中央企业党建工作责任制实施办法和考核评价暂行办法，坚持实行中央企业党委（党组）向国资委党委报告年度党建工作、党组织负责人向国资委党委党建述职、基层党组织书记抓党建述职评议三项制度，着力解决中央企业党的建设弱化、淡化、虚化、边缘化问题。开展落实全国国企党建会精神集中督查，推动中央部署落实落地。

(四)企业领导人员队伍建设不断加强

国务院国资委按照国有企业领导人员"二十字"标准，突出政治标准，注重专业化能力，从严选拔、教育、监督、管理企业领导人员，中央企业领导班子结构不断优化、整体功能不断增强、干部素质明显提升。落实"凡提五必""五个不上会"要求，严格执行领导人员选拔任用廉政"背书"制度和廉洁从业结论性评价制度，严把政治关、廉洁关、作风关。开展选人用人专项督查，强化选人用人监督，营造风清气正的选人用人环境。

(五)党建基层基础工作逐步夯实

中央企业专职党委（党组）副书记全部配备到位，全部设置党建工作机构，党建部门编制达到同级部门平均水平，党务工作经费全部纳入企业年度经营预算。中央企业基层党组织基本实现"应建尽建"，按期换届基本实现"应换尽换"，基层党组织的战斗堡垒作用和党员先锋模范作用得到进一步发挥。

(六)党风廉政建设和反腐败工作深入推进

国务院国资委和中央企业坚持不敢腐不能腐不想腐一体推进，持续保持惩治腐败高压态势，坚决查处违纪违法问题，给予党纪政纪处分11530人，移送司法机关处理250人；持之以恒反对"四风"，查处违反中央八项规定精神问题976起，处理1722人，给予党纪政纪处分995人，在中央纪委网站分3批通报曝

光11起典型案例；坚定不移深化政治巡视，对中央企业巡视实现全覆盖，强化成果运用，狠抓巡视整改，开展巡视整改专项督导，大力推进中央企业巡视巡察工作，较好发挥巡视利剑作用。中央企业反腐败斗争压倒性态势已经形成并巩固发展。

（审稿人：李 伟 撰稿人：付升涛）

中央企业规划发展工作

2017年，中央企业规划发展工作认真贯彻落实党的十九大精神和习近平新时代中国特色社会主义思想，坚持加强战略引领、优化布局结构、完善投资监管、推动国际化经营，为做强做优做大国有企业作出积极贡献。

一、狠抓中央企业发展战略和规划落地，着力发挥战略引领作用

为落实好十九大精神，推动国家"十三五"规划和中央企业十三五规划纲要各项任务目标落地，着力加大中央企业产业发展趋势的研究力度，提高战略规划管理水平。

（一）做好"十三五"发展战略规划目标任务分解

制定国家"十三五"规划和中央企业"十三五"发展规划纲要国资委内任务分工方案，明确各项重点任务牵头厅局。及时梳理国家"十三五"规划涉及国资委相关任务的执行情况。指导中央企业在制定自身发展战略和规划中主动对接国家规划和中央企业"十三五"规划，明确产业发展目标和任务。

（二）切实加大规划编制管理和评议力度

指导中央企业根据国家的行业战略规划和中央企业"十三五"规划纲要要求，结合外部环境变化和企业实际情况，完成2017—2019年滚动发展规划编制工作。加大规划评议力度，组织完成26家中央企业2017—2019年发展规划评议工作，督促中央企业落实国家规划要求。

（三）进一步加强中央企业主业管理和产业研究

根据中央企业产业布局和企业发展实际，研究调整一批企业的主营业务。开展中央企业核电产业发展研究，形成专题报告并上报国资委领导，坚决杜绝安全风险隐患，避免无序恶性竞争。通过研究中央石油石化、电力、煤炭企业2017年上半年投资情况，形成推进供给侧结构性改革及重点工作专题报告上报国务院。研究中央航运企业和造船企业履行《国际船舶压载水和沉积物控制与管理公约》情况，提出加装压载水系统、发展压载水设备相关产业的意见上报国务院领导，获国务院领导肯定。

二、全面开展中央企业功能界定与分类，推动落实中央企业布局结构调整，完成国企国资改革重点任务

根据国企国资改革总体部署，按照国资委全面深化改革领导小组2017年度重点工作安排，完成中央企业集团层面功能界定与分类，指导中央企业开展子企业功能界定与分类，积极推动落实中央企业布局结构优化调整方案，为更好发挥各类中央企业在经济社会发展中的功能作用、培育具有全球竞争力的世界一流企业打好基础。

（一）全面开展中央企业功能界定与分类工作

一是完成中央企业集团层面功能界定与分类。起草并经国务院批准，印发《中央企业功能界定与分类方案》及分类结果，根据中央企业所处行业性质和业务特点，采取定性指标与定量指标相结合的方法，明确了102家中央企业的功能界定与分类。同时制定印发《国资委贯彻落实〈中央企业功能界定与分类方案〉任务分工安排》，推动中央企业分类改革发展、分类定责考核、分类薪酬分配和分类监管。二是全面启动中央企业子企业功能界定与分类工作。6月向中央企业印发开展子企业功能界定与分类工作通知，明确工作要求和安排，12月底中央企业全部报送《子企业功能界定与分类方案》。

（二）加快推动中央企业国有资本布局结构调整

为落实好《国务院办公厅关于推动中央企业结构

调整与重组的指导意见》(以下简称《指导意见》),3月编制印发国资委贯彻落实《指导意见》分工方案,明确国资委10个厅局落实"巩固加强一批""创新发展一批""重组整合一批""清理退出一批"任务分工。研究起草中央企业国有资本布局结构调整分析报告,从产业、区域、产权三个纬度全面分析十八大以来中央企业国有资本布局结构演变历程,重点研究中央企业在战略性新兴产业领域布局情况,以及信息时代的企业组织形态与运行模式,提出优化调整建议。重点围绕推动"创新发展一批",提出按照中国特色社会主义新时代和信息时代的新要求,在新能源汽车、工业互联网、物流大数据、北斗产业、数字医疗五个方面培育新增长点,分别成立专项课题研究小组,并组织相关企业和行业专家开展发展情况调研。

三、完善企业投资监管,着力扩大有效投资

适应"以管资本为主"的要求,中央企业投资监管主要围绕"管投向、管程序、管回报、管风险"四个方面,着力加强监管制度建设,探索创新监管方式和手段,努力促进中央企业投资服务于国家战略、服从于中央企业发展战略和规划,不断提升投资的质量和效果。2017年,中央企业投资完成4.11万亿元,其中固定资产投资完成2.93万亿元,股权投资完成1.18万亿元;境内投资完成3.53万亿元,境外投资完成5760亿元。

(一)修订完善投资监管制度

针对近年来中央企业投资出现的问题,为适应新形势和新变化提出的新要求,对2006年、2012年分别发布的《中央企业投资监督管理暂行办法》(国资委令第16号)、《中央企业境外投资监督管理暂行办法》(国资委令第28号)进行修订完善,于2017年1月发布修订后的《中央企业投资监督管理办法》(国资委令第34号)和《中央企业境外投资监督管理办法》(国资委令第35号),同时制定印发《中央企业投资项目负面清单》(2017年版)和《中央企业境外投资项目负面清单》(2017年版),规定禁止类投资项目和特别监管类投资项目,设置中央企业投资的红线。两个办法通过构建权责对等、运行规范、信息对称、风险控制有力的投资监管体系,突出中央企业投资主体责任,强调事前事中事后全程监管,强化风险管控,严格责任追究,着力提高监管效能。

(二)改革投资计划管理方式

通过公开招标方式确定中咨公司作为技术咨询支撑单位,由中咨公司先对各中央企业投资计划从投资方向、投资规模、投资结构、投资能力等方面进行第三方评估,出具评估意见。在评估意见的基础上,就有关问题与企业进行充分沟通和交流,核实相关事项。对存在问题较小的企业,要求其进行完善;对存在问题较多的企业,要求其进行修改并重新履行企业内部决策程序。除3家中央企业因重组、主业未确定等原因暂不备案外,顺利完成97家中央企业的年度投资计划备案,并按规定审批2家特别监管类企业的投资计划。在备案过程中,切实加强对企业投资方向的把控,对不符合企业发展方向的投资计划,坚决要求企业调整,做到不调整不备案,不调整到位不备案。

(三)改革企业非主业投资管理方式

由对非主业投资项目实行核准管理改为通过核定非主业投资比例,对中央企业非主业投资进行总量控制和监管。对于主业处于产能过剩行业或转型升级任务较重行业的中央企业,鼓励加大培育新兴产业力度,相应放宽非主业投资控制比例;对于石油石化、电网电力等投资规模大的国家基础性、战略性企业,从严控制非主业投资比例。要求企业非主业投资应能为企业战略和主业服务,能形成协同效应,或属于企业具备投资条件和能力的战略性新兴产业。按照上述规定,分户核定各中央企业2017年的非主业投资控制比例。

(四)落实管风险责任,探索管风险方式

一是开展中央企业投资风险管理体系评价和重大投资项目后评价。组织中咨公司对中国机械工业集团有限公司和中国煤炭地质总局进行中央企业投资风险管理体系评价,对中国医药集团总公司顺义基地整体搬迁扩建项目、中国国电集团公司江苏泰州二期火电项目和中国建筑工程总公司天津中建幸福城项目进行重大投资项目后评价,探索建立相关评价制度。二是

开展中央企业PPP业务清理排查,形成《关于中央企业PPP项目清理有关情况的报告》向国资委主任办公会作专题汇报。报告归纳中央企业PPP业务的特点,分析中央企业参与PPP项目的动因和面临的重大外部风险,重点总结中央企业自身存在的主要问题,提出国资委下一步监管PPP业务的建议,并据此与国资委财务监管局联合制定印发《关于加强中央企业PPP业务风险管控的通知》,规范中央企业PPP业务。

(五)优化升级中央企业投资和项目管理信息系统

按照34号令、35号令有关要求,启动中央企业投资和项目管理信息系统的升级改造工作,通过整合现有中央企业境内、外两个投资信息报送系统,形成境内外一体的中央企业投资和项目管理信息系统,实现中央企业投资活动在线动态监测和管理,强化对投资活动的程序约束,实现投资监管的信息对称,为新制度的实施提供重要抓手和技术支撑。

四、以规范境外投资和项目合作为抓手,着力提升中央企业国际化经营水平

以境外投资监管、经营行为规范、安全风险防控为重点,积极推进制度、信息化和评价等在内的监管体系建设,认真做好重点项目的领导批示落实工作,推动中央企业参与"一带一路"建设取得新进展,国际化经营水平迈上新台阶。

(一)切实做好境外重大项目审核把关和落实工作

2017年,对60余个项目开展情况核实、问题协调、事项督办。推动中白工业园招商取得突破性进展,截至2017年底,入园项目23个,配套的中白产业基金规模增至5.85亿美元;入园央企项目已纳入两国国资监管机构交流机制;促成2018年增加开发区管理工作专项培训班,为工业园建设提供人才支持。按照负面清单要求,强化审核把关,审核的境外重大投资项目涉及金额超330亿美元。

(二)积极推进中央企业参与"一带一路"建设

配合外交部等部门做好"一带一路"国际合作高峰论坛筹备工作。梳理中央企业参与"一带一路"建设项目情况,为国新办新闻发布会、中央电视台"大道共赢"专题节目、高峰论坛开幕式、高级别会议全体会议和设施联通平行主题会议准备各类相关文字材料。开发中央企业境外项目信息监测系统,完成专题培训数据初始化工作。截至2017年底,系统已涵盖全部中央企业对外承包工程和境外投资项目。开展2016年中央企业国际化经营评价,对伊朗等四国的5个重点项目进行实地检查评价,引导企业更好"走出去"。

(三)规范境外经营行为,严控境外投资风险

一是完善规章制度,健全监管体系。2017年1月,出台《中央企业境外投资监督管理办法》和《中央企业境外投资项目负面清单》,针对境外投资中出现的新情况、新问题,起草实施细则。同时,针对境外项目工程部分环节出现的突出问题,及时制定印发相关规范性文件。二是创新监管方式,提高监管效率。按照管资本为主加强监管和"放管服"要求,实现由项目管理方式向负面清单管理方式的转变,明确中央企业境外投资红线和国资委监管底线。按照"管投向、管程序、管风险、管回报"要求,对中央企业境外特别重大投资项目、非主业投资项目以及限制开展的境外投资项目和领导人见签项目,履行出资人审核把关程序,防控境外投资风险。

(四)认真完成境外安全风险防控任务

完成马来西亚等四国国别投资环境分析并形成报告,帮助企业了解投资环境实现稳健"走出去"。参与外交部组织的中巴经济走廊安全风险防控专项调研,参加中巴等4次双边安全磋商。与外交部联合举办中央企业境外安全风险防控与应急处置培训,98户中央企业共计204人参加。在多米尼克飓风灾后撤离中,指导中国铁建和东航集团发挥骨干带头作用,先人后己,主动协助使领馆开展人员转移和撤离工作,保障464名中方人员的安全,获党中央、国务院领导称赞。

(审稿人:谢 军 撰稿人:毕瑞亨)

企业国有资产监管法治建设

2017年，国务院国资委认真学习贯彻习近平新时代中国特色社会主义思想和党的十九大精神，深入贯彻全面依法治国战略部署，紧紧围绕国有资产监管中心任务，以全面推进依法监管、依法治企为主线，稳步开展法治建设各项工作，国有资产监管法治建设工作取得积极进展和明显成效。

一、推动完善国有资产管理体制

全力落实职能转变改革任务。牵头研究起草《国务院国资委以管资本为主推进职能转变方案》，国务院办公厅正式转发。制定印发重点任务分工方案，分解31项重点任务、96个具体措施。通过召开片区座谈会、组织专题培训等形式加强宣传贯彻，对福建、江苏、湖南等十几个省级国资委职能转变方案提出意见建议，加大对地方的指导力度。

研究制定出资人监管权力和责任清单。修改完善权责清单，明确36项权责事项的内容、方式和依据，主要包括规划与投资监管、资本运营与收益管理、改革改组、产权管理、业绩考核与薪酬管理、财务监管、企业负责人管理、监督检查、基础管理九方面内容，科学界定出资人监管职责边界。

及时总结上报体制完善阶段性成效。牵头汇总《关于改革和完善国有资产管理体制的若干意见》落实情况，较好完成中央改革办重点督察任务。研究起草《党的十八大以来完善国有资产管理体制取得显著成效》信息，专报中央领导。

积极推进经营性国有资产集中统一监管。先后2次就《推进中央党政机关和事业单位经营性国有资产集中统一监管方案》研究提出意见，充分反映国资委系统的意见。加强对地方国资委推进集中统一监管工作的汇总分析和指导支持。

配合做好其他重点改革工作。就两类公司实施方案研提意见，配合研究起草《中共中央关于建立国务院向全国人大常委会报告国有资产管理情况制度的意见》。

二、健全国资监管法规制度体系

做好国资监管立法工作。编制国资委2017年立法工作计划，列入立法项目23项，出台规章规范性文件21件。重点审核《上市公司国有股权监督管理办法》等规章规范性文件80余件次。

积极参与重点国家立法。配合中纪委开展国家监察法实施问题研究，参与预算法实施条例、中央储备粮管理条例、上市公司监督管理条例等重要法律法规制定修订工作，积极反映国务院国资委意见，为企业改革发展营造良好政策法律环境。

持续开展规章规范性文件清理工作。按照职能转变方案、国务院"放管服"改革和公平竞争审查工作要求，对国务院国资委现行有效的28件规章、250件规范性文件进行清理，废止失效32件、计划修改36件。

开展党内法规制度建设相关工作。对党的十八大以来中央印发的52部党内法规贯彻落实情况进行全面梳理总结，有针对性地提出措施建议。编制2017年党委规范性文件制定计划，列入项目21件。首次全面清理党委规范性文件87件，废止失效24件、计划修改10件。探索建立党委规范性文件合法合规性审查机制，全年审查30余件次。指导推动中央企业党内法规制度建设，将企业党委（党组）制度文件符合党内法规情况纳入党建工作责任制考评体系。

三、全面推进法治央企建设

加强制度设计和指导推动。研究制定《中央企业主要负责人履行推进法治建设第一责任人职责规定》，为法治央企建设提供有力制度保障。通过定期总结通报法治建设进展情况、参加企业党委（党组）中心组法治专题学习和法治工作会议、组织调研座谈等方式，持续加大指导推动力度。赴企业参加法治工作会议、党委（党组）中心组学习80余次。

促进企业提升法律管理水平。为公司制改制提供法律支撑，审核中央企业章程69件次，将法治建设有关要求纳入公司章程。建立企业法律风险报告提示制度，就融资性贸易案件处理、国有股权代持中的法律风险等共性问题发出7份提示函，提出有针对性的防范建议。深入推进5户中央企业合规管理试点，组织起草《中央企业合规管理指引》。

指导协调重大法律纠纷案件。全年指导协调中央企业境内外重大法律纠纷案件49件，涉案金额1214亿元。加大对中央企业重大案件的协调力度，指导企业积极妥善应对。制定印发《关于进一步加强中央企业法律纠纷案件管理工作的通知》，促进企业提升案件管理能力和水平。

搭建交流共享平台。举办第一期中央企业高级法律管理人员履职能力培训班。全年组织6期法治讲堂，邀请知名专家学者进行视频授课，每期参加人员1万多人。充实中央企业法治建设优秀案例库和法律人才库，筛选发布50个优秀案例，遴选71名金融法律人才，成立由55名专家组成的境外法律风险防范专家组。建立中央企业外聘法律服务机构信息库，为企业选聘律师提供参考。加大对法治央企建设成果宣传力度，邀请新华社、《人民日报》等11家媒体对11户中央企业进行集中采访和专访，刊发专题报道33篇。

四、做好涉外政策法律工作

积极参与国企议题涉外谈判对话。参加第34轮中美投资协定谈判、第13～15轮中欧投资协定谈判、中加自贸区谈判等政府间涉外谈判对话12次，指导部分中央企业研究提出GPA出价清单，努力为企业开展国际化经营创造良好外部环境。

妥善处理涉外法律事务。组织中央企业对欧盟、巴西等18个世贸成员进行贸易政策审议，积极参与世贸组织第七次对华贸易政策审议。与商务部共同举办反垄断法培训班。指导企业有效应对境外反垄断审查、国家安全审查等。

指导企业加强境外法律风险防范。印发《关于进一步加强中央企业境外法律风险排查处置工作的通知》，督促企业定期排查、妥善处置并及时报告境外法律风险。积极参加中纪委"一带一路"反腐败研讨会。召开"一带一路"建设法律保障研讨会，国家有关部门、研究机构、中央企业等130人参加。组织编写《"一带一路"沿线国家法律风险防范指引》伊朗、老挝等10个国家分册，促进企业提升依法开展国际化经营的水平。

五、做好国资委机关法律事务工作

建立国资委法律顾问和公职律师制度。举办法律顾问聘任仪式，正式聘任17名专家学者、知名律师为外聘法律顾问，确定法规局9人为第一批公职律师，不断增强法治工作力量。

认真做好重要履职行为等法律审核。对中央企业章程、改制重组方案等进行法律论证把关120件次。办理依申请信息公开、授权委托等法律审核115件次，切实防范机关法律风险。

加强和改进行政应诉工作。制定印发《国资委关于加强和改进行政应诉工作的实施意见》，进一步规范机关行政应诉工作。全年发生行政诉讼案件12起，审结的11起全部胜诉。

扎实开展法治宣传教育。结合十九大精神的学习宣传，组织开展"12·4"国家宪法日系列宣传活动。举办国资委机关法治建设专题培训班，80余名机关干部参加培训。认真落实"七五"普法规划，组织各厅局代表到北京市第一中级人民法院旁听行政诉讼案件庭审。

（审稿人：肖福泉　撰稿人：刘　鑫）

企业国有产权管理工作

2017年，全国国有产权管理系统深入学习贯彻习近平新时代中国特色社会主义思想，按照党中央、国务院决策部署，以新发展理念为引领，以推进供给侧结构性改革为主线，优化资本运营配置、推动改革举措落地、加快职能转变步伐、不断夯实基础管理，主动作为，真抓实干，各项工作取得显著成效。

一、积极优化国有资本运营配置,推动供给侧结构性改革不断深化

各级国资委和中央企业灵活运用资本市场平台和产权管理手段"瘦身健体"、调结构转方式,不断提高国有资本运营和配置效率,为2017年国有企业效益持续快速增长、发展质量不断提高做出重要贡献。

(一)充分运用资本市场筹资金、去杠杆、降成本

各级国资委指导企业积极应对复杂多变的国内外经济形势,综合运用多层次资本市场拓宽融资渠道,充实资本金、降低负债率。2017年,中央企业通过股票市场IPO、增发、产权市场增资扩股等实现股权融资3577.8亿元,同比增长一倍。中国华能推动华能资本通过产权市场增资引入社会资本142.5亿元,使集团资产负债率下降3.7个百分点。同时,中央企业加强对债券市场的分析研判,找准窗口期利用债券市场筹集发展资金,全年债券融资超过1.5万亿元;针对境内债券发行利率大幅攀升的情况,扩大境外债券融资,发行规模同比翻了一番,节约财务费用30亿元。中国重工创新采用资产重组方式实施市场化债转股,转股金额218亿元,资产负债率下降10个百分点;云南、陕西、安徽、山西、新疆等地稳步推动产能过剩行业、高负债企业依托资本市场创新市场化债转股模式,涉及金额超过5000亿元。

(二)多措并举提高存量资产运营效率

各级国资委推动企业采取多种方式促进存量资产有序流转,提升资产价值,实现提质增效。2017年,中央和地方国有企业通过股票和产权市场处置资产回笼资金5826.7亿元,同比增长80.4%,有力推动国有资本形态转换。一些企业还积极创新存量资产盘活方式,通过发行可交换债、资产证券化产品等提高资产运营效率。2017年,中央企业发行可交换债总规模达450亿元,既盘活上市公司存量股权,又避免对股票市场的直接冲击;一些企业积极拓展资产证券化业务,发行以应收账款、租赁资产、基础设施收费等为基础的资产支持证券,全年中央和地方国有企业资产证券化产品发行规模达1484.8亿元,存量资产利用效率不断提高。

(三)以重组整合为抓手优化国有资本布局

各级国资委积极推动企业通过资本市场平台和产权管理手段开展横向联合、纵向整合和专业化重组,加快国有资本布局优化和结构调整。战略性重组央企聚焦内部整合,确保实现"1+1>2"。招商局集团以上市公司为平台整合物流、航运板块,发挥协同效应,打造出国内首屈一指的综合物流服务商和世界航运行业领先企业;中国建材综合运用无偿划转、换股吸收合并等方式整合水泥、新材料、国际工程业务板块,二级企业由17户压缩至11户,核心业务竞争力显著提升。同时,跨企业、跨区域专业化重组方式不断创新,效果逐步显现。兵器装备集团与中国电科、中粮集团联合对亏损上市公司进行重组,标本兼治提高上市公司发展质量和效益,提升壳资源利用效率;山东、西藏等地推进资产同质、经营同类、产权关联的监管企业重组整合,支持优质企业兼并重组特困企业,推动产业升级;华侨城集团与云南、中国远洋海运与上海分别在旅游、港口行业开展股权合作,充分发挥各自优势,促进资源共享和协同。

二、狠抓改革举措落地,混合所有制改革取得实质性进展

各级国资委和中央企业加强混合所有制改革的组织领导和统筹协调,按照完善治理、强化激励、突出主业、提高效率的要求,坚持边试点、边总结、边完善、边推广,大力推动改革举措落实落地,取得重要进展。

(一)混合所有制改革以点带面稳妥推进

各级国资委扎实推进试点工作,试点的示范、突破、带动作用进一步发挥。国务院国资委开展的中国建材和国药集团混合所有制改革试点顺利完成,及时总结改革经验并进行推广;与国家发展改革委共同推进的重点领域混合所有制改革已完成前两批19户试点企业方案审批,其中7户完成引入战略投资者、重组上市、新设公司等工作,引入各类投资者40多家、资本超过900亿元。同时,混合所有制改革试点带动面上改革有序展开,中央企业通过资本市场转让部分股权和增资扩股等方式稳步推进混合所有制改革,2017年共引入社会资本超过3386.3亿元,全年新增

混合所有制企业户数超过700户。各地混合所有制改革工作取得积极进展,上海整体上市和核心业务资产上市企业户数占比2/3,江西、重庆等地选择部分一级企业开展混合所有制改革,为分层分类推进改革探索经验。

(二)混合所有制改革成效逐步显现

在产权层面改革力度加大的同时,混合所有制改革逐步深入,引资本对转机制的促进作用进一步发挥,在完善公司治理、健全市场化经营机制、补齐发展短板、促进转型升级等方面的效果逐步显现。中国联通、中粮集团着力重构混改后企业的治理结构,民营股东推荐人选进入董事会、管理层,充分发挥股东之间的制衡和协同作用。东航物流重点推进"三项制度"改革,对职业经理人和员工全面实行市场化薪酬体系和考核分配机制,经营效率显著提升,2017年利润同比增长71%。北京指导首汽集团引入战略投资者发展共享汽车、网约车等新型经济,为转型升级创造有利条件。山东推动山东交运引入多家具有产业协同效应和行业领先优势的战略投资者,弥补管理、市场、资本运作等短板,竞争优势显著增强。

(三)混合所有制改革工作协调机制不断完善

混合所有制改革涉及面广、关联度强,各级国资委积极完善相关工作机制,做好组织领导、把关定向、配套落实、纠偏提醒,及时跟踪改革进展,加强改革协调。国务院国资委严格落实混改方案审核把关责任,重点指导企业加强方案论证、严格工作流程、做好风险防范,并会同有关部门赴中央企业和各地开展专项调研,梳理总结改革经验,为完善政策、推广经验等工作提供有力支撑。针对调研中发现的资产评估、员工持股、国有土地处置等重点难点问题,与国家发展改革委、财政部等八部委共同研究改进措施,联合印发《关于深化混合所有制改革试点若干政策的意见》,提出解决方案和政策意见。各地陆续出台配套措施,广东、四川等地在党的建设、引入战投、员工持股、董事会管理等方面出台政策,江苏、海南等地设立发展基金引导社会资本参与国企混改。

三、切实转变产权管理职能,监管效能进一步提高

各级国资委积极适应国资监管新形势新要求,牢牢把握管资本职能定位,按照事前制度规范、事中跟踪监控、事后监督问责的要求,优化监管职能、改进监管方式、加强监督检查,监管的针对性和实效性显著提升。

(一)产权管理职能不断优化

2017年,国务院办公厅发布国务院国资委以管资本为主推进职能转变方案,精简的43项监管事项中有13项涉及产权管理职能。为落实方案要求,国务院国资委积极推进产权管理规章制度的立改废工作,加快上市公司和非上市股份公司国有股权管理事项下放进度,并确保放得下、接得住、管得好。许多地方也根据方案精神调整优化产权管理职能,深圳制定产权变动审批事项目录清单,北京印发出资人监管权力责任清单,按照加强一级企业监管、将延伸到子企业的管理事项归位于一级企业的原则明确6项产权管理监管事项。

(二)信息化监管水平进一步提升

在优化职能的同时,国务院国资委积极完善监管方式和手段,以产权管理综合信息系统成为国家政务信息系统整合共享应用试点为契机,加快系统整合步伐,提前实现系统在中央企业范围内上线运行,初步构建起国有产权形成、运营、流转的全流程信息化监管平台,形成动态监管闭环,为实施高效跟踪监控奠定基础。中央企业高度重视,国家电投、国家能源集团等企业积极配合做好测试、试运行、与内部管理系统互联互通等工作,还同步开展专项培训督导。各地国资委结合实际进一步加强信息化监管,重庆推动产权信息系统与企业投资管理、财务监督系统的数据共享,构建监督信息管理大平台;深圳通过产权监管信息系统实现企业产权变动的可行性研究、决策、审批、评估、交易全过程监测。

(三)监督检查工作机制逐步完善

国务院国资委重点推进产权管理监督检查体系化、常态化、全覆盖,不断提升监督的系统性和有效

性,联合国家发展改革委、财政部、证监会和工商总局等部门开展产权交易机构综合评审,切实提升交易机构工作规范性;借助专业机构力量滚动开展资产评估备案项目检查和产权登记核查,并将境外产权管理作为国资委境外检查的重要内容,有效提高基础管理工作质量。中央企业也加大对子企业产权管理制度执行情况的检查力度,中国铁建将产权管理检查纳入企业综合管理评价体系和财务监察、审计监督、纪检监察体系,强化监管力度和手段。各地国资委不断创新监督检查方式,广西对监管企业国有资产交易情况开展项目抽查和现场检查,江苏开展省属企业产权转让、并购重组专项督查,并与纪检监察等部门共享国有资产交易监测信息,形成上下贯通、齐抓共管的监管体系。

四、持续夯实基础管理,国有资产安全防线更加牢固

各级国资委和中央企业牢牢把握不发生系统性风险的底线,不断巩固基础工作,推动完善国有资产流转市场建设,为做强做优做大国有资本、防流失防风险提供坚实保障。

(一)产权登记、资产评估防流失的保障作用更加牢固

2017年,国务院国资委完成对中央企业三年一轮的产权登记核查,国家电网、招商局集团数据完整率准确率实现"双百"。甘肃、贵州、宁夏、新疆等地也开展产权登记核查,数据及时性和准确性大幅提升,为压减层级、处僵治困、结构调整等工作提供有力支撑。各级国资委和中央企业以加强评估机构备选库管理、规范专家审核流程、落实公示监督机制为重点进一步提升资产评估管理水平。国务院国资委开展评估机构执业质量评价体系课题研究,完成评估项目审核专家管理制度起草,为把好评估报告源头关和审核关提供制度基础和理论支撑。中央企业和各地国资委积极探索加强评估管理的有效方式,国机集团、中国电信、中化集团开展评估机构执业质量评价并对评价较差机构实行惩戒措施或末位淘汰制,福建通过成立专家组、现场勘查等方式加大重大重组、混改项目评估报告审核把关力度。2017年,中央企业完成评估备案项目5558项,净资产评估值为15586.6亿元,平均增值率66.8%,资产评估价值门槛、防止流失的功能得到有效发挥。

(二)亏损上市公司退市风险得到有效防范

中央企业的大部分资产已经实现上市,央企控股上市公司既是中央企业经营状况的"晴雨表",也是促进中央企业业绩提升的"稳定器"。国务院国资委高度重视亏损上市公司扭亏工作,推动相关企业认真研究制定扭亏脱困方案、多措并举扭亏增盈,中国海油等企业采取重组注入优质资产、处置低效无效资产、严控成本费用、淘汰落后产能等多种手段,综合施策、标本兼治促进亏损上市公司增强发展质量和效益,取得积极进展。

(三)产权市场阳光平台作用进一步发挥

产权市场是我国多层次资本市场的重要组成部分,在服务国有企业供给侧结构性改革、"三去一降一补"等工作中发挥着不可替代的作用。2017年,中央企业通过产权市场实现国有产权在流转中增值170.4亿元,平均增值率17.5%。各级国资委指导交易机构以提升增资扩股业务服务能力为重点,完善业务规则和工作流程,加强信息化建设,提高社会资源配置能力,更好服务国企国资改革发展。广东整合4家机构形成省内统一产权交易平台,提升了市场平台的区域影响力;京津冀三地国资委和交易机构建立联席工作机制,构建发展联盟,产权市场开放、合作与共享的趋势进一步显现。产权交易协会积极推进交易机构信用评价、专业分会建设等工作,对完善产权市场建设发挥重要推动作用。

(审稿人:贾立克 撰稿人:龚利杉)

中央企业财务监督工作

2017年,国务院国资委和中央企业认真贯彻落实党的十八大及历次全会、党的十九大、中央经济工作会议和国企党建工作会议精神,按照"稳中求进"总基

调,以供给侧结构性改革为主线,以"瘦身健体"、提质增效为抓手,紧紧围绕各项工作部署和要求,持续夯实财务基础管理,强化风险管控,稳妥推进各项改革,财务监督工作体系日益创新和完善。

一、扎实推进供给侧结构性改革,牵头组织有效促进提质增效

(一)全面打好"处僵治困"攻坚战

国资委高度重视,多措并举、扎实有效推进"处僵治困"工作。一是逐户研究确定处置任务名单;二是牵头建立部际联席会议制度,协调各方面共同推动工作;三是全面动员布置,印发处置工作完成标准(试行),压实工作责任,明确工作要求;四是建立动态跟踪监测机制,及时收集整理典型案例和成功经验,搭建交流平台;五是强化督导,组织多场督导座谈会,对有"处僵治困"任务的中央企业集团实现督导全覆盖,并赴12个省(自治区、直辖市)对部分子企业开展现场调研督导。各中央企业积极行动,在确保稳定的同时,基本完成2017年"处僵治困"年度工作任务。

(二)有效促进"瘦身健体"、提质增效

根据2017年工作实施方案,坚持月跟踪、季调度机制,督促指导中央企业有效促进"瘦身健体"、提质增效。一是继续开展增收节支专项行动,在预决算、动态监测和专项约谈中督促企业增收节支,及时编印简报总结推广企业工作经验;二是积极做好政策协调,通过多种途径展示成绩反映诉求,有效推动相关政策完善落地;三是配合做好国务院降成本相关工作,积极推进煤电业务等专项提质增效工作,为中央企业全年效益实现较快增长奠定坚实基础。

(三)持续加大"两金"清理力度

一是在上年工作基础上,深入分析中央企业"两金"压控难点和重点,明确提出2017年度"两金"压控的目标和工作要求;二是结合预决算工作强化"两金"压控要求,持续加大逐月动态监控和调研督导力度,对"两金"规模大、增长快的多家企业集团及子企业开展实地调研和督导,及时总结推广先进经验做法,督促企业采取针对性措施做好压控工作;三是以"两金"问题突出的建筑行业为突破口,研究制定《中央建筑企业"两金"重点项目压控工作指引》。

(四)加快推动重点企业改革脱困

对一些重点困难企业和亏损大户,建立专项督导工作机制,2017年将10家企业列入改革脱困重点督导名单,指导企业以问题为导向,通过内部业务整合、分流冗余人员、优化体制机制等"内科治疗"强化经营管理,通过债务重组、破产重整、引入战略投资者等"外科手术"改善资本结构,综合施策,标本兼治,促进企业逐步走出困境。

二、持续优化全面预算管理,组织做好预算审核

(一)强化出资人预算管理方式,完成2017年财务预算审核

结合国资国企改革,2017年研究探索以管资本为主的出资人预算管理方式,落实董事会预算管理责任,充分发挥董事会及预算管理委员会作用,开展预算董事会沟通和分类前置指导。逐户审核全部中央企业2017年度财务预算,围绕总体效益和重点专项工作情况提出要求并反馈企业。建立重点企业经济效益定期监测分析机制,结合企业月度财务快报,加强对企业预算执行情况的跟踪监测工作,并随财务动态按月反馈企业,按月滚动预测企业效益完成情况,通过重点企业监测和约谈机制,督促企业落实预算审核意见。

(二)提前谋划,布置全面预算管理工作

为更好地发挥全面预算管理的功能,强化预算目标引领,结合宏观经济形势和行业运行态势,对中央企业整体经营形势进行预研研判,及时明确2018年度预算编制工作指导思想,修改完善报表及软件,召开视频会议布置2018年预算编制与管理要求,并将"两金"压降、债务风险管控、化解过剩产能"处僵治困"等专项工作要求通过预算进一步落实企业,促进企业提高预算目标科学性和先进性。

三、持续改进决算管理方式，增强财务决算功能作用

（一）完成2016年度财务决算审核清算工作

根据分类审核工作要求，结合日常监管，梳理归类企业接受检查发现的各类问题，研究确定2016年度中央企业财务决算审核重点和关注的问题，建立与决算主审会计师事务所问题沟通机制，提高审核效率效果；逐户核实业绩考核清算结果，撰写决算审核分析报告和批复，分析企业2016年度经济运行和财务绩效变动情况，确认主要经营指标，提出需要整改的问题及要求，强化问题整改落实结果反馈机制。2016年度105家中央企业实现营业总收入23.3万亿元，实现利润总额1.2万亿元，平均国有资本保值增值率104.9％，84家企业实现国有资本保值增值；上缴税金总额1.9万亿元，占全国财政收入的12％，积极履行社会责任；截至2016年底，中央企业资产总额50.5万亿元。

（二）完成2017年度财务决算布置工作

为做好2017年度中央企业财务决算工作，制定印发《关于做好2017年度中央企业财务决算管理及报表编制工作的通知》（国资发财管〔2017〕201号），召开决算布置与报表培训视频会，要求企业围绕供给侧结构性改革，聚焦提升发展质量和效益，着力夯实基础，严格会计核算，真实、客观、全面地反映企业经营成果和财务状况，并不断拓展决算功能作用，识别和发现面临的潜在风险，助力企业持续提质增效。

（三）强化财务决算管理功能

一是要求中央企业认真分析收入效益结构和变化，检验开拓市场、精益管理、优化布局等工作成效，找准强化和提升的重点方向，为企业经济决策提供重要支持，进一步巩固和扩大提质增效工作成果；二是坚决打好防风险攻坚战，重点排查债务风险、融资性贸易、PPP业务、资金管控、担保、金融衍生业务等，及时发现企业重大损失风险，及时揭示内部控制薄弱环节，按照"三个不放过"原则，狠抓决算反映问题的督促整改机制；三是加强决算审计质量管理，结合2017年度决算布置工作，召开主审会计师事务所座谈会，重申决算审计质量管理要求，并要求中介机构不仅应关注会计信息质量，还应关注直接影响企业健康发展的重大经营事项。

四、强化企业动态监测工作，完善数据共享机制

（一）紧密结合经济形势，深入开展企业动态监测工作

针对复杂多变的经济形势，紧扣提质增效主题，深入开展企业动态监测工作，实现财务快报提前收集和中央企业全级次报送，建立效益指标预报和快报质量通报机制，快报内容根据监管工作重点设计修改，报表结构得以优化，突出动态监测工作时效性、针对性和有效性；快报分析重点从集团延伸到重点子企业，突出收入、效益、成本费用、负债、现金流、应收账款、存货等重点指标及改进措施的多维度分析，重点关注盈亏大户效益波动原因与影响，组织撰写月度和季度动态监测分析以及重点企业、重点行业效益专项报，在国新办召开3期新闻发布会，通报中央企业运行情况，为"正面宣传、主动发声"奠定基础。

（二）推进统计报表整合，建立数据共享机制

为更好发挥数据基础支撑作用，配合开展各类业务监管报表系统梳理和整合，组织对"网络版报表管理体系"持续升级改进，组织开展中央企业历史数据整理工作，按照"统一报表管理，提高工作效率，满足监管需要，减轻企业负担"的工作思路，进一步加大整合力度，推动报表整合工作向管理型、时效性和主动性转变。完善国有企业财务统计数据网络查询系统，构建国资监管大数据，深化国资委财务数据共享机制，实现关于中央企业、地方监管企业、国资委系统监管企业和全国国有企业主要财务指标等公共数据查询功能，以及中央企业成本费用、固定资产投资、人工成本、国有资本收益等专项业务数据查询功能，实现财务、监管数据的互联互通。

五、积极推进国企国资改革任务，做好政策协调服务

(一)持续推进工程建设领域保证金清理

跟踪《国务院办公厅关于清理规范工程建设领域保证金的通知》落实情况，逐月统计清理进展，研究清理中存在的问题；进一步协调有关部门推进保证金制度改革，推动建设工程质量保证金比例从5%降至3%；积极研究推行保函制度，与住建部联合印发《关于进一步推动中央企业工程建设领域保证金保函替代的通知》，推动中央企业使用保函替代保证金，努力减少资金占压，并率先在中央企业内部推行财务公司保函。

(二)进一步深化电信企业"提速降费"

认真贯彻落实国务院领导批示精神，积极参加国办调研组，研究论证提前取消手机国内长途漫游费的可行性，配合工信部开展提速降费研究工作，就社会反映的取消手机长途漫游费获得感不强、移动流量价格和收费模式成为用户关注痛点等问题进行分析研究；积极指导企业通过增收节支、提质增效等措施，平抑提速降费对企业效益的影响，确保企业效益平稳增长，为后续进一步提速降费奠定效益基础。截至2017年底，电信企业网络覆盖能力持续增强，网络速度不断加快，资费水平持续下降，三家电信企业于9月1日提前一个月成功取消手机国内长途漫游费，增强人民群众获得感。

(三)积极推动中央企业总会计师委派管理

一是不断扩大总会计师委派试点范围，截至2017年底向22家中央企业委派总会计师；二是建立总会计师约谈和交流机制，定期开展交流培训，及时推广先进做法和经验；三是进一步完善委派总会计师职责管理办法，建立总会计师履职责任书制度，并研究起草相关配套管理制度。

(四)组织开展各项财税政策协调工作

一是持续跟踪有关中央企业"营改增"试点情况，研究企业诉求，及时了解试点中出现的问题并反馈"营改增"部际联席会；系统总结国资委和中央企业"营改增"试点过程中的工作，加强政策研究，协调推进过渡期政策并提出意见建议。二是组织开展"处僵治困"难点问题研究，积累具体案例，积极向有关部门呼吁资产债务处置、账务处理等支持政策。

六、深入开展审计监督，持续加强各类风险管控

(一)稳步开展经济责任审计

一是坚持离任必审、重组必审与任期审计相结合，按计划组织开展9家中央企业负责人经济责任审计工作；二是改进经济责任审计工作机制，完善经济责任审计报告汇报制度，形成工作合力，调整改进经济责任审计报告内容形式，进一步增强报告可用性；三是修改完善经济责任审计项目政府采购等相关工作规范，进一步规范和强化经济责任审计工作组织；四是强化国资委经济责任审计联动机制，科学合理制定审计计划和审计重点，加强审计成果共享，努力实现一次审计解决多个问题，提高审计工作的针对性和审计工作效率。

(二)加强对中央企业内部审计工作指导

为切实发挥内部审计在推动依法治企、合规经营和提质增效、转型升级等方面的价值创造和保障监督作用，促进中央企业不断强化内部监督，建立约谈机制，就审计报告反映问题分别约谈企业总会计师，明确提出工作要求；开展专题研究，分析企业内部审计工作有关情况，结合重点工作任务或各方关注热点，印发《中央企业2017年度内部审计工作重点关注事项建议》，推动企业有效发挥内部审计功能作用。

(三)完善监督问题督促整改机制

分类梳理中央企业经济责任审计发现的问题，建立相关厅局按问题分类分工督促整改工作机制，对审计、巡视、监事会发现和移交的问题，按照"资金资产损失未追回不放过、责任人未追究处理不放过、长效机制未建立健全不放过"的原则，逐户跟踪落实，逐项评估整改效果，健全问题整改闭环管理体系。根据分类处理的原则，重大问题逐项核实有关情况并督促企业整改落实，并组织对部分企业经济责任发现问题整改落实情况开展跟踪审计，促进问题整改落实，健全

审计监督工作闭环管理体系,提升审计监督工作权威性、有效性。

(四)持续加强贸易业务风险防范

一是将融资性贸易等虚假贸易业务作为决算管理、经济责任审计重点关注内容,对日常监测中发现的虚假贸易坚持"零容忍",发现一起通报一起;二是再次全面排查融资性贸易业务和空转走单贸易业务,对部分中央企业排查情况开展专项审计抽查;三是对个别融资性贸易业务风险形势依然严峻的企业进行跟踪督导,跟踪企业落实处理情况。

(五)及时开展PPP业务风险管控

一是全面梳理中央企业PPP项目,深入剖析中央企业PPP业务存在的主要风险点,印发《关于加强中央企业PPP业务风险管控的通知》,从加强集团管控、提高准入条件、严格规模控制、优化合作安排、规范会计核算、严肃责任追究6个方面对中央企业PPP业务风险提出管控要求;二是加强跟踪监测,逐月统计PPP等投资类项目总量和进度,每半年全面统计PPP项目详细情况,研究组织对存量PPP项目风险进行梳理排查和处置。

为提升中央企业财务监督工作水平,国务院国资委坚持不断增强服务意识,做好税收、财金等政策的沟通协调工作,帮助企业做好重大经营事项的应急处理,促进中央企业做强做优、科学发展。

(审稿人:邬红兵　撰稿人:郭　彧)

全国国有企业资产与财务状况分析

2017年,全国国资委系统监管企业①(以下简称"国资系统监管企业")深入学习贯彻习近平新时代中国特色社会主义思想,认真落实党中央、国务院决策部署,坚持稳中求进工作总基调,全面贯彻落实新发展理念,以推进供给侧结构性改革为主线,以提高质量效益和核心竞争力为中心,扎扎实实、埋头苦干,各项工作稳步推进,取得明显成效,为国民经济持续健康发展作出积极贡献。

一、经济运行稳中向好,营业收入快速增长

2017年,国资系统监管企业把稳增长作为重中之重,加强组织领导,强化形势研判和运行分析,坚决打好提质增效攻坚战,收入规模快速增长。实现营业收入50.3万亿元,比上年增加6.7万亿元,增长15.3%。从隶属关系看,中央企业实现营业收入26.4万亿元,比上年增长13.3%,占52.5%,55家企业营业收入超过千亿元,其中3家企业超过2万亿元;地方监管企业实现营业收入23.9万亿元,比上年增长17.6%,占47.5%,其中实现营业收入超过万亿元的地区9个。2017年美国《财富》杂志公布的世界500强企业中,73家国资系统监管企业上榜,其中,中央企业48家上榜,3家企业入围前五名;地方监管企业25家上榜。

二、国有资本总量平稳增长,保值增值任务圆满完成

国资系统监管企业聚焦做强做优实业主业,坚定不移发展实体产业,投资方向进一步向优势产业、高端制造业集中,国有资本规模持续壮大,国有资本盈利能力和投资回报率平稳增长。2017年末,国资系统监管企业国有资本总量合计36.3万亿元,比上年增长14.2%,其中,企业经营积累增加1.4万亿元;因国家追加投资、资本溢价、无偿划入等客观因素增加3.4万亿元;因无偿划出、自然灾害损失、上缴国有资本经营收益等客观因素减少1万亿元。扣除客观增减因素后,2017年国资系统监管企业平均国有资本保值增值率103.9%。从隶属关系看,中央企业2017年末国有资本总量11.7万亿元,比上年增长4.4%,平均国有资本保值增值率105.7%,高于国资系统监管企业平均水平1.8个百分点,26家企业保值增值率超过110%;地方监管企业2017年末国有资本总量24.6万亿元,比上年增长19.6%,平均国有资本保值增值率103%。

---

① 全国国资委系统监管企业包括国务院国资委监管企业和地方各级国资委监管企业。

单位：亿元

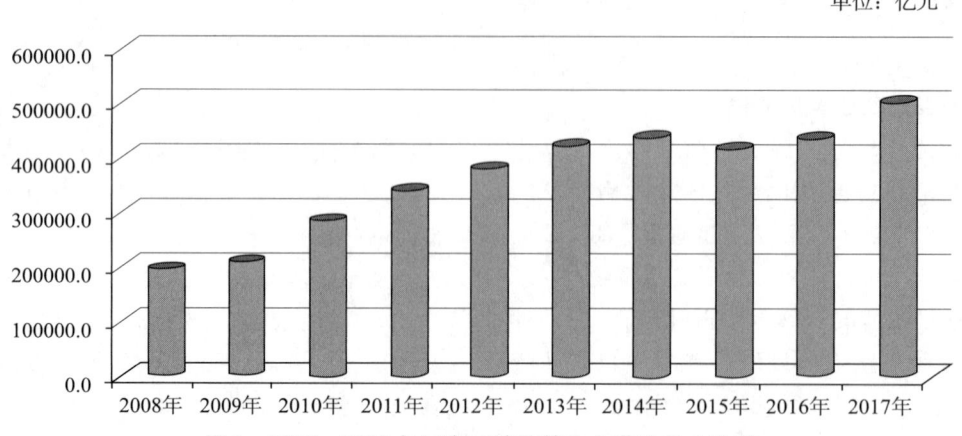

图1　2008—2017年国资系统监管企业营业收入变化

三、经济效益快速增长，创五年来最好水平

2017年，国资系统监管企业深入推进供给侧结构性改革和"瘦身健体"提质增效，持续提高企业发展质量和效益，全年实现利润总额3万亿元，比上年增加6088亿元，增长25.4%；实现净利润2.2万亿元，比上年增长27.2%，其中，归属于母公司所有者的净利润1.3万亿元，比上年增长17.7%。2017年实现盈利的企业9.1万户，盈利面64.2%；实现增利的企业6.4万户，占全部国资系统监管企业的44.9%。从隶属关系看，中央企业实现利润1.4万亿元，比上年增长16.6%，占全部国资系统监管企业的48%，其中实现盈利的企业95家,利润超过100亿元的企业41家；地方监管企业实现利润1.6万亿元，比上年增长34.8%，占全部国资系统监管企业的52%，其中实现利润超过100亿元的地区26个。从行业看，邮电通信、煤炭、冶金等行业对整体效益增长贡献突出，三个行业增利额占全部监管企业增利额的65.6%。汽车、建筑、交通运输等行业平稳增利，其中汽车企业实现利润3093.2亿元，比上年增长10.5%；建筑企业实现利润3140.4亿元，比上年增长10.4%；交通运输企业实现利润2717.4亿元，比上年增长9.4%；电力企业发电量和售电量基本稳定，但受煤炭价格上涨和电价定价机制改革等影响，电力企业实现利润4241.9亿元，比上年下降19.6%。

单位：亿元

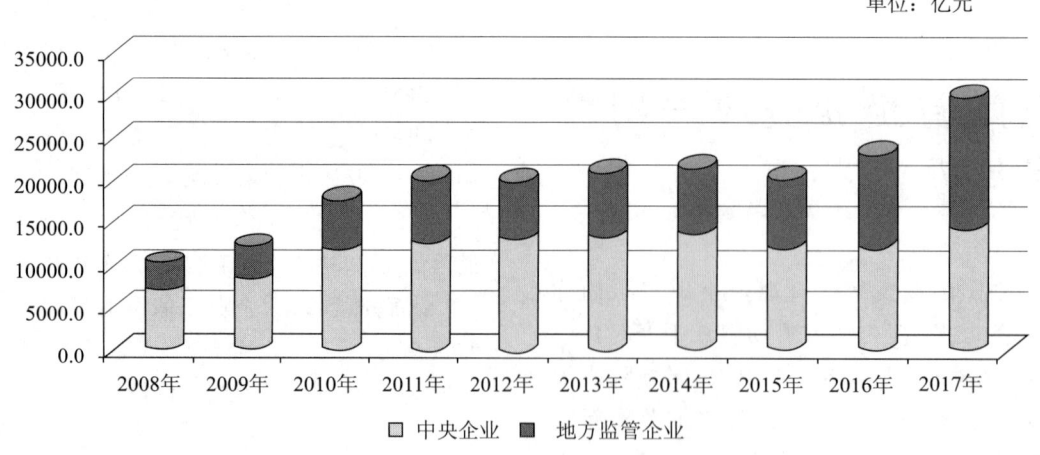

图2　2008—2017年国资系统监管企业利润构成及变化

四、职工队伍持续稳定，薪酬水平平稳增长

2017年，国资系统监管企业在保障社会就业、提高职工工资水平的同时，进一步提升职工队伍整体素质，提高职工福利保障水平。2017年末国资系统监管企业从业人员人数3160.5万人，年末职工人数2837.9万人，比上年增长0.8%。从隶属关系看，中央企业年末职工人数1277.7万人，比上年下降1.3%，占国资系统监管企业职工人数的45%；地方监管企业年末职工人数1560.2万人，比上年增长2.6%，占比55%。2017年，国资系统监管企业实际发放职工工资总额2.7万亿元，比上年增长11.6%；职工人均工资9.5万元，比上年增长11%。2017年，国资系统监管企业基本养老保险覆盖面（参加保险职工人数占年末职工人数的比例，下同）93.1%，基本医疗保险覆盖面98.4%，失业保险覆盖面91.1%。

五、社会贡献稳步扩大，努力实现综合价值最大化

2017年，国资系统监管企业实际上缴税费总额3.4万亿元，上缴国有资本收益3085.3亿元，两者合计占全国财政收入的21.7%。从隶属关系看，中央企业上缴税费总额2万亿元，占国资系统监管企业上缴税费总额的57.5%，其中上缴税费超过百亿元的企业41家，比上年增加4家；地方监管企业上缴税费总额1.4万亿元，占42.5%。2017年，国资系统监管企业坚持实施创新驱动发展战略，持续加大创新投入力度，积极推进创新发展基金系建设，完善创新体制机制，创新发展步伐不断加快。2017年，国资监管企业科技支出8178.2亿元，比上年增长16.5%。截至2017年底，国资系统监管企业拥有自主知识产权的专利数量83.1万件，其中，新增15.7万件。国资系统监管企业在保持生产经营稳步发展的同时，加强安全生产管理，加大环境保护投入力度，推动技术改造，大力推进节能减排，更好地实现绿色、可持续发展。2017年，国资系统监管企业支出的安全生产费用1428.8亿元，支出的节能减排费用466.5亿元，支出的环境保护及生态恢复费用630.6亿元。

（审稿人：邬红兵　撰稿人：王友叶）

中央企业兼并重组工作

2017年，国务院国资委按照党中央、国务院关于深化国有企业改革的战略部署，积极稳妥推进中央企业兼并重组。通过强强联合式重组、专业化资源整合、企业间业务合作、对外并购等多种方式，推动国有资本向重要行业和关键领域集中，中央企业资源配置进一步优化，竞争实力进一步增强。

一、稳妥推进中央企业重组

2017年，推动完成中国国电与神华集团，国机集团与恒天集团，保利集团与中轻集团、工艺集团3对7家中央企业重组，中央企业由102户调整至98户。

（一）中国国电集团公司与神华集团有限责任公司重组

中国国电成立于2002年，是我国五大发电集团之一。主营业务包括发电、供热、煤炭、科技环保、物流、金融等。截至2016年底，中国国电总资产8042亿元，净资产1471亿元，2016年实现营业收入1828亿元，利润总额131亿元，在职职工12.5万人。拥有国电电力、长源电力、龙源技术、英力特、ST平能、国电科环（H股）、龙源电力（H股）等7家上市公司。2016年《财富》全球500强排名第345位。

神华集团成立于1995年，是以煤为基础，电力、铁路、港口、航运、煤化工一体化发展的综合性能源企业。截至2016年底，神华集团总资产9863亿元，净资产5210亿元，2016年实现营业收入2479亿元，利润总额360亿元，在职职工20.2万人。拥有中国神华（A+H）1家上市公司。2016年《财富》全球500强排名第270位。

中国国电和神华集团都是我国能源行业的重要骨干企业，两家企业重组不仅是央企改革发展的一件大事，也是我国能源行业结构调整的一件大事，意义

十分重大。一是落实供给侧结构性改革,化解和防范煤炭、煤电产能过剩的重大举措。两家企业重组,有利于统筹内部产能,通过淘汰落后、停建缓建等举措,加快落实煤炭、煤电去产能任务,提高煤电利用效率;有利于加强内部协同,通过增强创新能力、发掘先进产能等举措,进一步增加有效供给,更好完成供给侧结构性改革的任务要求。二是优化调整产业结构,推动煤炭电力行业持续健康发展的必然要求。两家企业重组,标志着发电企业的整合迈出实质性步伐,有利于解决当前存在的同质化发展、资源分散等突出问题,并通过带动其他发电企业的重组,推动形成更为合理的行业发展新格局;有利于理顺煤电关系、实现煤电一体化发展,提升发电企业的盈利能力和经营效益,有效解决长期以来困扰行业发展的煤电矛盾问题,为推动煤炭发电产业的持续健康发展提供有力支撑。三是发挥协同效应,落实我国能源"四个革命"的重要举措。两家企业重组,有利于发挥双方在煤炭、煤电、煤化工、新能源、交通运输等方面的协同效应,形成煤电一体化经营机制,探索煤炭电力良性发展的新路径新模式,为推动我国能源体制革命提供有益借鉴;有利于通过重组进一步优化业务结构,提升绿色发展水平,更好落实我国能源消费和供给革命的要求;有利于整合双方科技资源,实现在煤炭、发电、煤化工、清洁能源等领域关键技术的突破,推动能源技术革命,加快推进我国能源产业的技术进步和转型升级。四是做强做优做大中央企业,加快培育世界一流综合性能源集团的有效途径。两家企业重组,将加快打造一家规模实力更强、协同优势更为突出、产业结构更为合理的综合性能源集团,有利于深入开展国际能源合作、加快拓展国际市场,有效提升在国际能源市场的话语权和影响力,更好落实"一带一路"倡议,更好发挥中央企业在保障国家能源安全、促进国民经济健康发展中的重要作用。

(二)中国机械工业集团有限公司与中国恒天集团有限公司实施重组

国机集团成立于1997年,由原机械工业部部分工贸、科研、制造等企业组建而成。主营业务包括机械装备研发与制造、工程承包、贸易与服务等。截至2015年底,国机集团资产总额2614亿元,净资产790亿元,员工人数11.67万人;2015年实现营业收入2208亿元,利润总额85亿元。控股一拖股份、中工国际、国机汽车等9家上市公司。

恒天集团成立于1998年,由原纺织工业部部分所属企业组建而成。主营业务包括纺织机械、纺织及贸易、汽车等。截至2015年底,恒天集团资产总额741亿元,净资产256亿元,员工人数3.76万人;2015年实现营业收入409亿元,利润总额27亿元。控股经纬纺机、恒天立信、凯马B共3家上市公司。

两家企业重组意义重大,一是有利于发挥协同效应,增强企业竞争实力。纺机制造是恒天集团核心主业,重组后,国机集团可以发挥在自动化、智能化等方面的技术优势,推动恒天集团纺机产品及纺织成套装备的技术改造和智能化升级,提升产品竞争力;汽车业务方面,恒天集团以载货车、客车、专用车等商用汽车制造为主,国机集团在贸易服务领域具有较强优势,是中国最大的汽车贸易服务商。重组可以实现双方汽车业务的优势互补,提升市场竞争力;纺织贸易方面,国机集团所属苏美达轻纺与恒天集团在纺织原材料采购、服装制作、国际化运营等方面具有一定的协同性,重组有利于双方资源共享、协同发展;金融业务方面,恒天集团金融业务发展较好,特别是信托业务处于同行业前列,重组后,恒天集团的金融业务可以成为国机集团金融板块的重要补充,为公司业务发展提供更有力支撑。二是有利于做强做优做大,加快培育世界一流的机械装备制造集团。近年来,国机集团通过持续的重组整合,已逐步发展成为产业链条较为完整,具有较强竞争力和较大影响力的机械装备制造集团。恒天集团在纺织机械领域具有较强的竞争优势,产品品种齐全,拥有多个知名品牌。与恒天集团重组,有利于国机集团进一步增强规模实力,并通过整合恒天集团的优势资源,形成双方在机械装备领域研发创新、设备制造、系统集成、工程总包的协同,加快打造业务范围更加齐全、产业链条更加完善的综合性机械装备集团。三是有利于我国装备"走出去",更好服务"一带一路"倡议。国机集团拥有工程项目开发、投融资、工程规划、勘察、设计、施工、设备成套、运维管理等完整产业链,在国际工程承包领域具有较强的竞争力。国机集团拥有境外企业和分支机构共

186家,在"一带一路"境外国家和地区中,有近300个海外工程成套项目。恒天集团也拥有海外机构84家,建立涉及60多个国家的国际采购营销渠道。两家企业重组,一方面,有利于将国机集团在国际工程承包领域的优势与恒天集团纺织机械制造方面的优势相结合,把握纺织行业结构调整和转型升级的机遇,推进国际产能和装备制造合作,加快纺机装备"走出去";另一方面,有利于整合双方海外业务资源和机构,减少重复建设,建立更加合理的海外业务布局,形成更加优化完善的产业链条。

(三)中国保利集团公司与中国轻工集团公司、中国工艺(集团)公司重组

保利集团成立于1984年,已初步形成以军民品贸易、房地产开发、文化艺术经营、民用爆炸物品产销等为主业的多元发展格局。截至2016年底,保利集团总资产6598亿元,净资产1581亿元,2016年实现营业收入2099亿元,利润总额246亿元,在职职工6.7万人。拥有保利地产、久联发展、保利置业(香港上市)和保利文化(香港上市)4家上市公司。

中轻集团2008年由原中国轻工集团公司、中国海诚国际工程投资总院、中国轻工业对外经济技术合作公司重组而成,主营业务包括轻工产品及装备研发与制造、工程承包与设计、贸易物流与服务等。截至2016年底,中轻集团总资产145亿元,净资产50亿元,2016年实现营业收入152亿元,利润总额2.1亿元,在职职工8756人。拥有海诚股份1家上市公司。

工艺集团2007年由中国工艺进出口总公司、中国工艺美术(集团)公司重组而成,主营业务包括工艺行业原材料贸易及资源开发、工艺产品销售及服务、商贸物流等。截至2016年底,工艺集团总资产152亿元,净资产31亿元,2016年实现营业收入296亿元,利润总额4.2亿元,在职职工1994人。拥有中金科技1家新三板上市公司。

保利集团是国有资本投资公司试点企业,与中轻集团、工艺集团重组,有利于实现优势互补,增强企业竞争实力,深化国有资本投资公司改革试点,更好服务于国家战略需要。

一是有利于优化保利集团业务结构,深化投资公司改革试点。保利集团多元业务中,房地产一业独大(2016年收入占比87.8%,利润占比92.4%)。开展国有资本投资公司改革试点以来,保利集团加快推进业务结构优化,正在积极投资文化、机器人等业务。工艺集团和中轻集团在文化、机器人等相关领域已有布局,但实力较弱,难以有大的发展。三家企业实施重组,有利于减少重复投资,避免资源浪费,依托保利集团的资金、产业等优势,加快文化、轻工等产业的培育和发展;有利于保利集团加快解决产业发展不均衡的问题,打造综合实力更强的国有资本投资公司。二是有利于发挥协同效应,提升企业发展质量和效益。中轻集团在轻工产品及装备研发制造领域具有较强的竞争优势,尤其是所属的中国食品发酵研究院、中国日用化学研究院、中国制浆造纸研究院等研究院所,研发实力强,是我国轻工行业共性技术研究的重要平台。工艺集团在工艺产品资源、工艺产品设计及销售服务等专业领域具有较强的竞争力。三家企业实施重组,有利于中轻集团、工艺集团借助保利集团资金实力,有效推动轻工、工艺等业务的创新发展和转型升级,进一步增强企业的核心竞争力和发展效益;有利于发挥在贸易、房地产、文化、轻工、民爆、资源开采等领域的协同效应,实现优势互补、形成资源合力,进一步做大做强保利集团核心业务。三是有利于提升"走出去"能力,更好服务"一带一路"倡议。保利集团的军贸业务与100多个国家和地区建立密切的业务往来,在亚、非、拉等"一带一路"沿线国家深耕多年,具有较强的市场和渠道优势;中轻集团在轻工工程总承包、农工贸一体化等方面,具有较强的人才技术优势和工程服务能力;工艺集团在大宗商品、工艺产品等进出口方面具有丰富的资源和渠道优势。三家企业实施重组,有利于整合现有市场、人才、信息等资源,进一步拓展业务范围和市场领域,加快在智能装备、海外工艺原材料、基础设施等领域的布局,为落实"一带一路"倡议、国际产能与装备合作等国家战略提供有力支撑。

二、大力推进中央企业之间的资源整合与合作

2017年,国资委通过资产重组、股权合作、资产置换、战略联盟等方式,积极探索推动中央企业之间资源整合与合作,不断提高中央企业运行效率。

(一)并购推动化解过剩产能

随着我国经济发展进入新常态,我国能源需求增速明显放缓,能源行业面临的形势发生深刻变化,中央企业煤炭行业产能过剩问题十分突出,需要加快推进结构调整和资源整合。2017年,中央企业继续按照国资委统一部署,对煤炭行业进行资源整合。保利集团将保利能源控股有限公司65%股权以无偿划转方式转给中煤集团。国投将国投新集能源股份有限公司30.31%股权以无偿划转方式移交给中煤集团。航空工业将北京源平企业管理有限公司(该公司持有贵州织金马家田煤业有限公司67%股权、贵州黔西泰来鸿运煤业有限公司76.85%股权)100%股权无偿划转给中国煤炭科工。

(二)并购推动产业结构升级

2017年,中央企业通过并购积极进入战略性新兴产业,突破发展瓶颈,实现结构调整,扩大有效和高端供给,推动行业转型升级。航天科技无人机资产同浙江南洋科技股份有限公司进行资产重组,实现对南洋科技的控股,有效解决无人机产业当前发展面临的瓶颈问题,加快研发创新和产业化能力建设,满足快速增长的市场需求,实现军民市场的深度融合,共同打造航天特色高端产品平台。中国电子通过重大投资并购带动核心业务板块发展,通过并购锐能微项目,进一步增强在工业控制芯片领域的产品延伸能力与行业影响力,有力推动中国电子在集成电路领域的战略布局。中国华能收购特变电工位于格尔木地区5万千瓦光伏项目,成为全国首个投入商业运营的储能光伏电站。中国三峡集团围绕清洁能源主业开展并购工作,投资5.7亿元在境内收购13个风电、光伏项目,装机规模合计37万千瓦。

(三)并购推动企业聚焦主业发展

中央企业聚焦主业做强做优做大,将并购重组作为优化产业布局、推动主业发展的重要抓手。华侨城集团并购深圳市光明集团有限公司,增加在深圳的土地和文化旅游战略资源储备,丰富集团产品线,进一步推动公司战略的落地;以92.4亿元增资华侨城(云南)投资有限公司,实现对云南世博旅游控股集团有限公司、云南文化产业投资控股集团有限责任公司的控股,掌握云南省境内的优质文化旅游和世界级特色小镇资源,为布局云南全域旅游起到关键作用。中国石化收购BP化工持有的上海赛科50%股权,与自身炼油项目形成一体化协同效应,进一步提升经营业绩。中国建材2017年实施30宗并购项目,通过并购提高区域市场占有率和市场竞争力,在充分竞争的建材产业里探索出一条优化整合的发展道路。

三、全面梳理分析中央企业并购有关情况

(一)并购规模出现回升

与2016年相比,2017年国内并购市场整体呈现活跃态势,中央企业实施并购282宗,同比增长22.61%,交易总金额为4638.64亿元,同比增长277.43%。

2017年,有55户中央企业参与并购,数量高于2016年的49户,并购重点企业也发生较大变化。按交易金额排序,2017年前三户企业分别为中国化工、国家电网和华侨城集团,合计占比77.85%。按交易数量排序,2017年前三户企业分别为中国建材、保利集团和国药集团,合计占比27.3%。

(二)超大型并购明显增多

2017年,中央企业交易金额50亿元以上的并购有9宗(2016年为5宗),单笔平均交易规模为437.21亿元,同比增长297.9%。中国化工并购瑞士先正达单笔交易金额2809.71亿元,是年度金额最大的并购,远高于其他单笔并购额。若剔除这一巨额并购,则单笔平均交易金额140.65亿元,同比增长28%。

2017年中央企业前十大并购总金额为3976.9亿元,占总交易金额的85.73%。其中4宗为海外并购,交易金额为3556.11亿元,占十大并购总金额的89.42%。

(三)并购对象偏向于非公企业

2017年,从交易数量看,排在前三位的并购对象分别为私营企业、国有控股和外国企业,分别占比50.71%、19.15%和14.54%,国有独资位列第四,占比11.35%。从交易金额看,居前三位的分别为外国企业、国有控股和私营企业,分别占比82.87%、6.96%和5.39%,国有独资位列第四位,占比1.6%。体现非公资本已成为中央企业并购的重要选择方向。

(四)并购方式仍以横向并购为主

中央企业并购的类型基本为三类:一是实施同类业务整合的横向并购,二是从产业链的某个环节向上下游延伸的纵向并购,三是进入新业务领域,追求多元化经营的混合并购。2017年中央企业发生横向并购交易226宗,占比80.1%,比2016年的73.9%有所增加。发生纵向并购交易33宗,占比11.7%,比2016年的48宗有所减少。发生混合并购23宗,占比8.16%,比2016年的12宗有所增加。总体来看,横向并购依旧是中央企业并购的主要方式,且呈现稳中有增的趋势。

(五)围绕主业做强做优做大是并购主要动机

中央企业围绕主业做强做优做大开展并购,具体动因主要有获取规模效应、获得市场、获取品牌、获取技术或管理、拓展新业务等,一宗并购交易往往有多种动因。从交易数量看,2017年,并购动因主要为获得市场和获取规模效应,分别为112宗和108宗。

(六)自有资金是并购的主要资金来源

从交易金额看,2017年以自有资金支付总金额为1574.62亿元,占比33.95%。从交易数量看,2017年完全以自有资金支付交易达到189宗,占比66.55%。

(审稿人:王 健 撰稿人:张宝军)

中央企业董事会试点进展情况

2017年,国务院国资委深入贯彻党的十九大精神和全国国企党建会精神,积极推进中央企业董事会建设工作,推动中央企业加快建立中国特色现代国有企业制度,培育具有全球竞争力的世界一流企业,初步探索出一条中国特色国有企业公司治理之路,企业分权制衡机制初步形成,重大决策质量显著提高,风险防控能力得到增强,经营管理水平进一步提升。

一、董事会建设稳步推进,运行更加规范有效

2017年4月,国务院办公厅印发《关于进一步完善国有企业法人治理结构的指导意见》(国办发〔2017〕36号),对完善国有企业法人治理结构作出部署,明确提出要加强董事会建设,落实董事会职权,优化董事会组成结构,规范董事会议事规则,加强董事队伍建设。按照这一部署要求,国资委坚持深化改革,坚持党的领导,推进中央企业董事会应建尽建,健全董事会组织体系和运作机制,加强董事会日常管理,实现董事会规范、有效运行。

(一)中央企业董事会基本实现应建尽建

2017年,中央企业集团层面全部完成公司制改制工作,新增国家能源投资集团有限责任公司、中国黄金集团有限公司等14家中央企业列入建设董事会企业范围。截至2017年底,国务院国资委履行出资人职责的98家中央企业中,设立董事会企业95家,其中外部董事占多数的83家。

(二)把加强党的领导和完善公司治理统一起来

按照习近平总书记在全国国企党建会上提出的"坚持党对国有企业的领导是重大政治原则,必须一以贯之;建立现代企业制度是国有企业改革的方向,也必须一以贯之"的要求,以及国办发〔2017〕36号等文件要求,2017年初,国资委党委印发《关于加快推进中央企业党建工作总体要求纳入公司章程有关事项的通知》(国资党委党建〔2017〕1号),要求全面推进党建工作总体要求纳入公司章程,明确党组织在公司法人治理结构中的法定地位,董事会决定重大问题应事先听取党委(党组)的意见。2017年,中央企业集团层面全部落实党建工作总体要求纳入公司章程,党的领导和公司治理有机统一,董事会建设进入新的时期。

(三)董事会成员结构进一步优化

中央企业董事会成员一般为7~13人,外部董事人数原则上超过半数。2017年,为更好贯彻落实习近平总书记提出的"两个一以贯之"的要求,中央组织部和国资委推动中央企业党委(党组)专职副书记进入董事会,非外部董事包括与党委(党组)书记"一肩挑"的董事长、担任党委(党组)副书记的总经理、党委(党组)专职副书记和1名职工董事。对于外部董事,更加注重专业背景、决策经验的合理搭配,形成具有较强整体功能的董事会结构。按照公司法和国办发〔2017〕36号等文件规定,国有独资、全资公司董事会均配备职工董事。

(四)董事会评价工作进一步深入

根据《中央企业董事会及董事评价暂行办法》(国资党委干一〔2016〕187号),国资委党委会同中央组织部,综合采取日常评价、董事述职、查阅分析相关资料、多维度测评(包括出资人测评)、个别谈话、专项评估等多种途径和方式,对到达评价周期的中央企业董事会开展年度评价,重点评价董事会运作规范性和有效性。充分发挥评价结果"指挥棒""风向标"作用,相关评价结果逐一向企业反馈,并督促企业召开专题董事会会议进行研究,提出整改方案。对个别评价得分不高的外部董事及时进行调整,不断增强董事会功能。从2017年度董事会评价结果看,规范董事会制度已经根植于中央企业,中央企业董事会工作制度和议事规则比较健全,权责界面与决策事项比较清晰,基本实现规范运行,通过对重大事项的决策把关,发挥科学决策、风险防控等作用,有效提升中央企业治理水平。

(五)董事会支撑组织架构运行更加有效

2017年,已正式运行的中央企业董事会,均按照要求建立战略委员会、提名委员会、薪酬与考核委员会、审计与风险管理委员会,其中,薪酬与考核委员会、审计与风险管理委员会均由外部董事组成。部分企业从实际出发,增设董事会社会责任委员会,军工企业设置特种装备委员会。董事会专门委员会协助董事会在依法行使重大决策、选人用人、薪酬分配等权利方面发挥重要作用,为董事会高效规范运作提供组织保证。此外,中央企业已经普遍建立保障董事会日常运行的服务支撑机构,均配有董事会秘书,设置董事会办公室,大部分企业都明确相关职能部门为董事会专门委员会对口提供服务支持。

二、外部董事队伍不断壮大,管理监督进一步加强

按照习近平总书记在全国国企党建会上提出的"对外部董事,要精心挑选,首先看政治素质,然后必须是专业化的"等要求,以及《中共中央、国务院关于深化国有企业改革的指导意见》(中发〔2015〕22号)、《关于进一步完善国有企业法人治理结构的指导意见》(国办发〔2017〕36号)等文件要求,2017年,国资委进一步加强中央企业外部董事队伍建设,拓宽外部董事来源渠道,坚持激励和约束并重,严格外部董事日常管理,提高外部董事履职能力。

(一)外部董事来源更宽、专业更丰富

2017年,国资委广开渠道,进一步拓宽高素质外部董事来源,结合中央企业发展需求,积极面向中央企业、中管金融机构、境外企业和高校院所等寻找高素质外部董事人选,充实到外部董事人才库。2017年底,中央企业外部董事人才库有外部董事人选429人,涵盖企业管理、财务、金融、人力、战略、法律、投资、工程管理等专业领域。进一步加强专职外部董事队伍建设,将熟悉中央企业情况、具有经营管理实践经验,懂战略、会决策的人才充实进来。

(二)选聘外部董事更加注重高素质专业化要求

国资委认真贯彻习近平总书记的要求,在为中央企业选聘外部董事时,坚持高标准、严把关,突出政治素质和专业能力,精心挑选高素质专业化的外部董事。在选聘中,注重人选专长与企业发展战略、董事会专业结构适配,注重董事会成员背景、经验多元互补,注重新老搭配。2017年,根据中央企业改革发展实际和董事会建设需要,为38家中央企业新聘或续聘外部董事107人次,增强中央企业董事会整体功能。

(三)注重外部董事日常评价及评价结果运用

按照国资党委干一〔2016〕187号文件要求,中央企业建立外部董事履职台账,对外部董事参加会议、

开展调研、提供咨询服务等全程纪实。国资委建立外部董事独立报告制度，要求外部董事就本人有异议的重大决策和发现的重大问题，及时向国资委提供独立分析报告。结合董事会评价开展外部董事履职评价，全面深入掌握外部董事履职情况，重点评价其行为操守和履职业绩。在对董事的评价中强化"抓发展、促改革"的评价导向，注重评价结果运用，根据评价结果对外部董事配备进行调整优化或问责追责。从2017年度外部董事评价结果看，绝大多数外部董事自我要求比较严，能够投入足够的时间和精力，忠实履职。

（四）严格外部董事监督约束和追责问责

针对习近平总书记在全国国企党建会上提出的一些外部董事"只拿钱、不理事，只投票、不担责"问题，国资委深入研究，对外部董事加大管理监督力度，对重大决策失误、重大资产损失负有直接责任的，该调整的调整、该解聘的解聘，还依法依规追究责任。建立外部董事职业禁入制度，对因违法违规违纪被解聘的，终身不得担任中央企业外部董事。2017年，国资委党委对中冶集团、中国铁物重大国有资产损失案件中负有责任的外部董事全部进行严肃处理，彰显有权必有责、失责必追究的鲜明态度。

（五）强化董事履职培训，提高董事履职能力

2017年，积极选派董事参加"一校五院"培训，先后举办"国资委—清华大学董事课程培训班""新加坡淡马锡董事会运作实务培训""中央企业外部董事高级研修班"等专题培训班，建设规范董事会中央企业的董事、专职外部董事等284人次参加培训，拓宽董事的视野、提高董事的履职能力。此外，国资委托中国国新控股有限责任公司组织专职外部董事深入企业开展调研、座谈。各中央企业也积极组织本公司外部董事到所属企业调研，外部董事在调研中对企业改革发展等提出合理化建议。

（六）完善专职外部董事薪酬管理制度

为贯彻落实中央全面深化薪酬制度改革意见精神，加强中央企业专职外部董事薪酬管理，在总结以往专职外部董事薪酬管理工作经验的基础上，国资委修订印发《中央企业专职外部董事薪酬管理暂行办法》（国资发考分〔2017〕193号），进一步健全与专职外部董事岗位职责、履职特点相适应、与专职外部董事履职评价紧密挂钩的薪酬决定机制，为专职外部董事队伍建设和作用发挥提供重要保障。

三、相关改革举措取得积极进展，改革氛围已经形成

按照党中央和国务院的部署要求，2017年，国资委积极推动落实相关改革举措，深入企业和地方开展调研，持续深化落实董事会职权等改革试点。

（一）开展改革完善董事会和外部董事制度专题调研

2017年3—7月，国资委就改革完善中央企业董事会和外部董事制度进行专题调研，召开中央企业外部董事座谈会、6省国资委负责人座谈会，并赴24家中央企业、2家中管金融机构和上海、广东、安徽、深圳4省市进行实地调研。在调研的基础上，形成调研报告，提出改革完善董事会建设的措施办法，并研究起草加强中央企业外部董事队伍建设的规范性文件，优化选聘机制、细化职责义务、强化管理监督、严格决策失误追责问责、激发担当作为。

（二）落实董事会职权等改革试点进一步深化

党中央、国务院高度重视国有企业建立现代企业制度、健全公司治理结构工作。2017年4月，中共中央办公厅、国务院办公厅联合印发《关于开展落实中央企业董事会职权试点工作的意见》（厅字〔2017〕18号），对开展落实董事会职权试点作出部署，要求切实落实和维护董事会依法行使中长期发展决策权和经理层成员选聘权、业绩考核权、薪酬管理权、职工工资分配管理权以及重大财务事项管理权等，推动形成各司其职、各负其责、协调运转、有效制衡的公司治理机制。

根据厅字〔2017〕18号文件精神，国资委在认真总结前期试点工作经验基础上，研究制定《深化落实中央企业董事会职权试点工作方案》，并针对经理层成员契约化管理和职业经理人制度试点，制定《落实董事会职权试点中央企业经理层成员选聘和管理基本规范（试行）》。坚持放管结合，统筹处理好增强活力

和强化监管的关系,在新兴际华等4家中央企业进一步深化试点,将企业中长期发展决策权等6项关键职权授予试点企业董事会行使,并协同推进经理层成员契约化管理,探索建立职业经理人制度。试点企业普遍反映,试点对于增强董事会运作效果、维护企业的市场主体地位、激发企业改革发展活力以及促进国资监管向以管资本为主转变等,都具有重要意义。

中央企业在所属企业层面也积极开展落实董事会职权等改革试点工作。国投、中化集团、中粮集团、华润集团、国药集团、新兴际华集团等大多数中央企业都在不同领域、不同范围开展落实董事会职权试点,实行经理层成员契约化管理和职业经理人制度的企业不断增多,以点带面、串点成线的改革态势逐步形成。

(审稿人:杜 量 苏云成 撰稿人:乔腾飞 高东旭)

国有企业解决历史遗留问题进展情况

2017年,各部门、各地区和国有企业深入学习贯彻习近平新时代中国特色社会主义思想和党的十九大精神,认真落实党中央、国务院决策部署,按照国务院国有企业改革领导小组要求,加强组织领导,密切配合,攻坚克难,剥离国有企业办社会职能和解决历史遗留问题工作全面发力、多点突破、扎实推进,取得重要阶段性成效。截至2017年底,国有企业职工家属区"三供一业"分离移交成效明显,国有企业办市政社区管理等职能分离移交、消防机构分类处理、办教育医疗机构深化改革、退休人员社会化管理试点等工作取得积极进展。

一、有序推进剥离国有企业办社会职能和解决历史遗留问题

国资委、财政部等12个部门组成的剥离国有企业办社会职能和解决历史遗留问题专项小组,认真贯彻落实党中央、国务院决策部署,强化工作组织,抓重点带全局、抓难点求突破、抓督导促落实,扎实推进剥离企业办社会职能工作。

(一)加强组织领导,全力保障分离移交工作平稳有序推进

各级地方党委政府、各中央企业按照党中央、国务院的决策部署和要求,高度重视,成立组织协调机构,层层落实责任,加强督察督办,创新工作方式方法,坚定不移推进剥离国有企业办社会职能和解决历史遗留问题。有关省委省政府主要领导亲自部署,分管领导靠前指挥,强力推动有关工作落地见效。有关中央企业集团公司精心组织,狠抓落实,主动对接,积极协调,取得明显成效。

有关地方和中央企业制定剥离办社会职能和解决历史遗留问题工作方案和"三供一业"分离移交实施方案。除少数个别任务量特别小的地区外,涉及的333个城市出台或明确"三供一业"维修改造标准,基本实现全覆盖。国家电网、南方电网作为"三供一业"分离移交供电设施接收主体,讲政治、顾大局,强化组织领导,积极做好供电设施接收工作,超额完成年度供电接收目标任务。

(二)重点地区、重点企业加快推进

山西、陕西等占全国任务总量60%的10个省市加强工作组织,明确时间表,签订责任书,建立对接、督察与考核体系,走在全国前列。截至2017年底,这10个省市"三供一业"完成分离移交或签订协议的占84%,比全国平均水平高4个百分点。

中国石油、中国石化等占中央企业任务总量60%的10家中央企业集团公司强化责任担当,强力推动,攻坚克难,务求实效。截至2017年底,这10家中央企业"三供一业"完成分离移交或签订移交协议占83%,比中央企业平均水平高1个百分点。重点地区、重点企业加快推进有关工作,有效带动全国工作进度。

(三)独立工矿区剥离办社会职能综合改革试点和退休人员社会化管理试点工作取得突破

根据国务院国有企业改革领导小组部署要求,中

国石油大庆油田、中国石化胜利油田、东风汽车十堰基地、河北开滦集团古冶矿区、陕西有色控股集团金堆城钼业矿区5个独立工矿区开展剥离办社会职能综合改革试点。经国务院同意，上海、重庆、大连、鸡西、长沙5个城市开展国有企业退休人员社会化管理试点工作。5个独立工矿区所在地方政府、5个退休人员社会化管理试点城市攻坚克难、先行先试，积极探索改革路径，创新工作方式方法，扎实有序推进，取得突破性进展。

（四）强化调研督导，发挥考核导向作用

专项小组办公室组织对地方、中央企业调研督导，督促指导地方和中央企业贯彻落实中央决策部署，加大工作力度，加快工作进度。有关省市组织专门调研督察组，定期对地市和企业工作进展情况进行督察。20个省级政府将剥离办社会职能工作纳入对地市政府业绩考核，10家中央企业纳入对所属企业考核。

各地各中央企业每半年填报"剥离国有企业办社会职能和解决历史遗留问题进展情况表"，建立工作任务台账，及时通报工作进展情况。专项小组办公室2017年编印26期简报，交流经验做法，发挥示范引领作用。

（五）密切配合，完善政策，合力推进

专项小组成员单位积极配合，广泛听取各方面的意见，反复沟通，凝聚共识，认真研究制定相关配套政策，努力使政策措施更加切合实际、更具操作性，研究制定10个配套政策文件，已出台9个，其中2017年出台4个。报经国务院同意，2017年印发《国务院办公厅关于在部分城市开展国有企业退休人员社会化管理试点工作的通知》（国办函〔2017〕7号）、《国资委、公安部、财政部关于国有企业办消防机构分类处理的指导意见》（国资发改革〔2017〕79号）、《国务院国资委、民政部、财政部、住房城乡建设部关于国有企业办市政、社区管理等职能分离移交的指导意见》（国资发改革〔2017〕85号）和《关于国有企业办教育医疗机构深化改革的指导意见》（国资发改革〔2017〕134号）。

专项小组制定剥离国有企业办社会职能和解决历史遗留问题2017年工作安排，明确年度工作目标任务。2017年3月29—30日，国资委、财政部共同举办剥离国有企业办社会职能和解决历史遗留问题工作培训会，动员部署全国国有企业剥离办社会职能和解决历史遗留问题工作，各省（自治区、直辖市）国资委、财政厅负责人，各中央企业集团公司负责人，中央国家有关部门相关司局负责人等357人参加培训。

（六）中央国有资本经营预算加大支持力度，落实资金保障

财政部、国资委积极落实支持政策，支持中央企业和中央下放企业"三供一业"分离移交。中央财政积极支持黑龙江、山西等地和中国铁路总公司、中国中车集团等企业开展厂办大集体改革。各级地方政府积极筹措资金支持"三供一业"维修改造，推进剥离办社会职能。

（七）规范有序操作，维护企业和社会稳定

依法规范操作，严格执行有关法律法规和政策规定，履行相应程序，做好资产的财务清理清查、产权登记等工作。有关地方制定"三供一业"维修改造标准，确定维修改造范围。有关企业合理测算维修改造费用，规范资金申报使用，规范高效使用补助资金；妥善分流安置原有企业职工；加强职工思想政治工作和宣传引导，保障职工群众合法权益，保持企业和社会稳定。

二、剥离国有企业办社会职能和解决历史遗留问题工作取得阶段性成效

（一）"三供一业"分离移交成效明显

根据2017年底各地、各中央企业报送情况，全国国有企业"三供一业"分离移交任务总量：供水1464万户，供电1282万户，供热903万户，供气562万户，物业管理1552万户。截至2017年底，供水累计完成分离移交或签订移交协议的1213万户，占任务总量的83%；供电1115万户，占87%；供热702万户，占78%；供气486万户，占86%；物业管理1116万户，占72%。全国国有企业"三供一业"完成分离移交或签订移交协议的总体达到80%。

(二)解决其他办社会职能等历史遗留问题取得积极进展

截至2017年底,全国国有企业办教育机构深化改革完成694个,其中关闭撤销127个、移交地方336个、改制或专业化管理231个;医疗机构深化改革完成779个,其中关闭撤销215个、移交地方203个、改制或专业化管理361个;关闭撤销、移交地方的企业依照消防法规可以不设的消防机构66个;移交地方、与企业完全脱钩的企业办社区管理机构671个;移交企业办市政设施6108个;实行社会化管理的国有企业退休人员224万人;完成厂办大集体改革5639个。

(三)改革成效正在逐步显现

推动国有企业改革发展。剥离办社会职能,减轻企业负担,促进国有企业真正成为市场主体,有利于国有企业聚焦主业,优化资源配置,推进结构性改革,实现瘦身健体、提质增效,提高核心竞争力和发展质量效益。促进地方经济社会发展。通过剥离国有企业办社会职能,纳入当地公共服务体系,实现分户设表、按户收费,实行社会化专业化管理,提升公共管理服务能力和水平,为实现基本公共服务均等化创造有利条件,优化营商环境,促进地方经济社会发展。拆除高能耗、重污染的小锅炉,实行集中统一供暖,有利于节能降耗、保护环境。推动改善民生。通过"三供一业"分离移交,职工家属区陈旧落后的供水、供电、供气设施得到必要的维修改造,增强安全性能,提高服务质量和水平,优化居住条件,美化生活环境。

(审稿人:白英姿 撰稿人:王亚坤)

中央企业收入分配调控和薪酬管理工作

2017年,国资委及中央企业深入学习贯彻习近平新时代中国特色社会主义思想,认真落实党中央、国务院决策部署,按照高质量发展要求,以新发展理念为引领,以提高企业竞争力为中心,改革创新、攻坚克难,各项工作取得了明显成效。职工工资收入分配工作以强化考核分配联动、探索分类调控和充分发挥工资杠杆作用、提高劳动生产率为重点,为全年顺利实现恢复性增长目标奠定了基础,作出了贡献。

一、工资分配符合"两低于"要求,助推了中央企业高质量发展

2017年,国资委积极适应经济发展新常态,充分发挥收入分配的导向和杠杆作用,撬动中央企业不断提升经济效益和发展质量。一是推动中央企业经济效益稳定增长。国资委将中央企业利润目标与工资总额预算紧密挂钩,加大激励约束力度,为实现经济效益企稳回升做出重要贡献。各中央企业采取多种措施,坚决打好提质增效攻坚战,全年实现营业收入比上年同期增长13.3%,实现利润总额增长16.6%。二是支持中央企业通过科技创新提高发展质量。继续完善以增加知识价值为导向的分配政策,引导中央企业逐步提高科研人员收入水平,加大对作出突出贡献的科研人员和创新团队的奖励力度,提高科研人员科技成果转化收益分享比例,为中央企业创新发展创造有利条件。2017年各中央企业创新发展步伐不断加快,全年取得科技收入1.64万亿元,比上年同期增长13%。同时,国资委对军工、机械等行业在分配政策上予以重点关注和支持保障,激励企业加快实施国家科技重大专项,引导企业实施创新驱动发展,2017年中央企业科技创新势头迅猛,创新成果不断涌现,一大批重大科技专项取得突破性进展,为企业高质量发展提供不竭的内生动力。

二、用工总量得到有效控制,提高了劳动要素的投入产出效率

中央企业积极开展三项制度改革,根据公司战略规划和生产经营需要,合理控制用工总量,优化人员结构,人工成本投入产出效率进一步提高。一是用工总量得到有效控制。国资委针对部分中央企业用工总量大、人员结构不合理、减人动力不足等问题,实施了"减人不减资、增人不增资"等政策措施,引导中央企业通过建设智能工厂、推广工业机器人等智能装备,推动智能型技术替代劳动密集型技术,合理控制

用工总量。2017年中央企业在劳动生产率总值提高12%的情况下,年末职工人数比上年减少17万人,减幅1.3%。二是劳动力成本创利水平显著提升。2017年中央企业职工平均劳动生产率53.3万元/人·年,同比增长13.4%;人事费用率8.5%,与上年持平;劳动分配率32.6%,同比下降4.7%;人工成本利润率64%,较上年增加5个百分点,劳动要素创利水平持续上升,人工成本投入产出效率与生产经营效率保持了同向变动。

三、分类调控效果初见成效,提升了分配的针对性有效性

2017年,国资委积极探索和深化基于功能定位的工资总额分类管理,结合中央企业行业属性实施不同的分配策略,改革针对性精准性进一步提高。一是从不同功能定位企业来看,62家商业一类企业利润总额增幅19.9%,高于中央企业整体水平3.3个百分点,同期职工平均工资增长10.6%,工资与效益状况同向变动较为匹配。25家商业二类企业、11家公益性企业利润总额分别增加11.4%、19.5%,考虑其承担大量关系国计民生的国家重大专项任务、基础研究任务且易受政策性减利因素影响,对其实施一定的工资保障措施,职工平均工资分别增长9.2%、11.5%,三类中央企业职工工资增长与其功能定位、经济效益和社会贡献基本适应。二是从不同行业来看,效益实现快速增长的石油石化、矿业、交通运输、冶金等重点行业职工平均工资增幅9.6%~14.8%,总体高于中央企业平均增幅,效益下降的军工、电力等重点行业工资增幅在7.2%~9.4%,低于中央企业平均增幅。

四、有效发挥薪酬市场对标机制,优化了企业内部分配格局

各中央企业按照国资委要求,逐步完善薪酬对标体系,创新对标方式,强化对标结果应用。加快形成职工收入与劳动力市场价位相衔接,与岗位责任、贡献和企业效益密切挂钩的动态调整机制。一是收入分配内外部关系进一步改善。国资委对中央企业实行工资总量和工资水平双调控的方式,采取限高保低等措施,通过调控企业负责人、集团总部和职工工资水平,直接或间接调整企业之间和企业内部的分配关系,逐步建立起增长适度、差距合理的分配格局。二是市场化分配机制试点推进平稳有序。国资委按照完善中国特色现代企业制度的内在要求,进一步确立企业市场主体地位,积极探索和试点更加灵活的工资总额管理方式,赋予企业更大的分配自主权。2017年度中国中铁等12家企业实行备案制管理,招商局集团等10家企业实行周期制管理,总体看,试点企业运行良好。22家试点企业实现利润总额同比增长16.7%,职工工资总额和平均工资增幅分别为9.2%、9%,职工收入与经济效益同步增长,工效匹配程度优于中央企业整体情况。

(审稿人:赵世堂　撰稿人:董岚峰)

中央企业经营业绩考核工作

2017年,面对严峻复杂的经济环境和艰巨繁重的改革发展任务,国资委坚决贯彻党中央、国务院关于国企国资改革发展的一系列重大决策部署,注重发挥业绩考核的重要功能作用,引导企业全面贯彻新发展理念,深入推进供给侧结构性改革,加快瘦身健体提质增效。中央企业坚持稳中求进、改革创新,持续健全考核机制,咬定考核目标不放松,较好地完成经营增长目标,发展质量明显提升。

一、2017年度中央企业负责人经营业绩考核工作取得积极进展

2017年,国资委按照《中央企业负责人经营业绩考核办法》(国资委令第33号,以下简称《考核办法》)和相关配套政策要求,进一步优化考核指标,强化考核目标分档管理和考核分配联动,经营业绩考核工作成效显著。

(一)考核分配联动,中央企业考核目标首次超过上年完成值

2017年,中央企业经营业绩考核目标和工资总额预算首次实现"同谋划、同部署、同审核",国资委对经济效益考核目标引入"赛跑机制"、实施分档管理,坚持企业工资总额预算与利润总额考核目标档位密切挂钩,鼓励企业挑战自我,激发企业内生动力,考核目标导向和工资总额杠杆撬动作用得到充分发挥。

2016年底,国资委新颁布的《考核办法》明确将年度经济效益指标目标值分为三档管理,一档目标为历史最好水平或者明显好于上年完成值且增幅高于中央企业总体目标增长幅度,对于完成一档目标的企业,根据目标领先程度予以考核加分,同口径工资总额预算在行业工资增长调控线范围内合理安排,同时,未完成一档目标的企业,设置"降落伞"机制,可退回二档目标,解除企业的后顾之忧。二档目标要求不低于基准值(上年完成值或前三年完成值的平均值),同口径工资总额预算原则上不低于上年。三档目标低于基准值,考核目标处于三档的企业,工资总额预算同比上年应当下降。通过目标分档管理,目标弹性大幅增强,企业主动追求"步步高"。2017年度中央企业业绩考核利润总额目标值比上年实际完成值增长4%,有70户企业利润总额目标达到一档要求。这是国资委对中央企业实施业绩考核以来,中央企业利润总额目标合计值首次超过上年完成值,与2016年、2015年分别下降12%、18%的情形相比,2017年利润总额考核目标有了显著提升,为实现全年增长目标打下良好基础。

(二)完善考核指标体系,助力供给侧结构性改革

围绕国企改革发展要求,国资委按照企业功能定位、行业特点和管理短板,差异化设置分类考核指标,引导中央企业深入供给侧结构性改革,提升发展质量和效益。为推动企业持续降本增效,提升运营效率,对56户企业设置成本费用占比类指标,对27户企业设置流动资产周转率、"两金"占流动资产比重等管理"短板"指标,指标目标要求总体好于上年或前三年平均值。围绕"三去一降一补",加大"去杠杆""去产能""补短板"考核力度,对负债水平较高的20户企业,设置资产负债率指标,目标要求比上年水平有所改善;对钢铁、煤炭行业,设置去产能任务指标,明确2017年目标任务。为推动企业结构调整、转型升级,对17户企业设置新兴业务收入占比、科技创新收入占比等"成长"类指标,目标要求"步步高"。

(三)实施考核目标执行半年预评估,调整绩效年薪预发比例

为更好调动企业负责人工作积极性,引导督促中央企业完成全年经营业绩考核目标,国资委有效发挥业绩考核引导和薪酬分配杠杆撬动作用,依据《考核办法》和《中央企业负责人薪酬管理暂行办法实施细则》的相关要求,首次开展中央企业负责人经营业绩考核半年预评估工作。

结合年度经营业绩考核结果审核的实践经验,研究制定《2017年度中央企业负责人经营业绩考核半年预评估工作方案》和预评估审核规则,在坚持量化考核、审慎把握行业平衡、突出激励约束并重的原则基础上,跟踪监测中央企业经营业绩考核目标执行情况,根据企业经营目标全年预计完成情况,适当简化操作,对企业考核结果进行预评估。对预评估结果为A级的45户企业负责人,及时激励,适当提高预发绩效年薪比例;对目标执行情况存在差距的企业,加强动态监控和分析预警,督促企业努力完成年度考核目标。

(四)严格结果核定,发挥业绩考核的激励约束作用

为客观公正地开展中央企业负责人经营业绩考核,国资委坚持实事求是、依法依规,严格执行《考核办法》《考核实施方案》和经营业绩责任书约定,坚持规矩在前,明确结果审核规则,严格考核计分和排序,2017年度中央企业负责人经营业绩考核结果审核工作显现出五个鲜明特色。

一是突出质量效益导向。国资委落实党的十九大提出的高质量发展要求,坚持质量第一、效益优先,实行考核目标分档管理,引导企业提升发展质量和回报水平,更好实现国有资本保值增值。2017年,41户企业实现利润总额超过百亿元,26户企业效益增幅超过20%,中央企业整体净资产收益率比上年提高0.5个百分点。根据《考核办法》和考核实施方案,对65户完成利润总额或经济增加值一档目标的企业,予以考核奖励加分。2017年中央企业实现利润总额1.44万亿元,较上年增长16.6%,创历史最好水平,中央企业整体净资产收益率比上年提高0.5个百分点。

二是坚持创新驱动引领。国资委积极贯彻国家创新驱动发展战略,加大科技创新考核力度,在经济增加值计算中将企业研究开发费用视同利润加回,将技术投入比率纳入业绩考核系数,对取得重大科技创新成果的企业予以奖励加分,涉及科技成果132项,包括2项国家科技进步特等奖、13项国家科技进步一等奖、1项国家技术发明一等奖、18项国家技术发明二等奖、6项中国专利金奖、92项国际标准。

三是引导企业深化供给侧结构性改革。国资委引导和支持企业加快布局优化和结构调整,提升供给体系发展质量,对钢铁煤炭企业继续考核去产能任务,对压缩管理层级减少法人户数工作推动不力、进展缓慢的企业予以适当扣分处理,对企业因去产能、分离办社会职能和"处僵治困"等支出的改革成本,在考核中予以适当考虑。2017年,中央企业提前超额完成钢铁煤炭去产能任务,累计完成1200多户"处僵治困"任务,减少法人户数5744户,压减比例超过16%。

四是支持企业更好服务国家战略。国资委坚持和完善分功能考核,鼓励企业更好承担国家重大战略任务,积极履行社会责任,对企业网络与信息安全投入、通信企业提速降费、石油石化企业天然气保供、电力企业输配电改革、实施"走出去"重大战略项目等因素的影响,在考核中给予实事求是考虑。对企业"社会参与"取得重大成果的企业,给予加分奖励。

五是加强风险管控和违规惩戒。国资委坚决打好防范化解重大风险攻坚战,引导企业稳健可持续发展。加强"去杠杆"考核约束,对高杠杆企业考核资产负债率指标,对负债率较高且上升的企业,在计算经济增加值时上浮资本成本率。2017年中央企业整体资产负债率比上年降低0.4个百分点,连续3年实现平稳下降。严格违规惩戒,对发生较大及以上生产安全责任事故的企业和财务违规违纪造成重大不利影响的企业,进行考核降级和扣分处理。

2017年度中央企业经营业绩考核结果是,A级企业有50户,占全部中央企业的51.5%,分别是招商局集团、中国移动、航天科技、中国建筑、华润集团、国家电网、中国三峡集团、中交集团、中国电科、中国海油、航天科工、中国石化、兵器工业集团、中国中铁、保利集团、华侨城集团、国投、中国电信、国药集团、南方电网、中化集团、中核集团、中国石油、国家能源集团、东风公司、中广核、中航工业、南航集团、中船重工、中国建材、中国一汽、中国远洋海运、中航集团、东航集团、中国通号、武汉邮科院、中国旅游、国机集团、中国航油、中国宝武、中国能建、中国华电、通用技术集团、中国华能、中国电建、国家电投、中国大唐、中粮集团、中国五矿、中国中车集团。B级企业有41户,C级企业有4户,D级企业有2户。

二、中央企业业绩考核体系不断健全

中央企业认真贯彻落实考核分配相关政策,不断加强工作改进,结合自身实际大胆探索创新,持续推进制度建设,健全内部业绩考核体系。

(一)企业内部分类考核进一步深化

各中央企业全面落实分类考核要求,结合实际,大胆尝试,基于自身功能定位,深化内部分类考核改革,不断优化内部分类考核机制,完善内部分类考核工作的科学性、针对性和有效性。兵器工业集团、东风公司、国家电投根据所属单位的业务形态、成长周期和战略定位,突出不同考核重点,建立多维度多层次差异化考核体系,充分调动各类企业积极性。航天科技、中国华能基于所属企业功能定位,构建差异化业绩考核体系,竞争类企业重点考核经营效益,服务类企业重点考核协同效率,科研类企业重点考核创新能力。中粮集团、中国旅游集团注重把握质和量的统一关系,开展业务板块针对性考核,对核心主业强化营业收入"量"的指标,对品牌业务强化市场份额"质"的指标。中储粮集团、中国建研院落实公益类企业考核要求,加大粮食宜存率、行业共性技术和基础科研等社会效益指标考核力度,企业综合影响力、战略保障能力不断提升。

(二)科技创新考核激励力度不断加大

各中央企业结合实际,充分运用科技创新考核相关政策,不断改进内部创新投入和产出激励手段,引导和激励下属企业实现创新驱动发展,自主创新能力大幅提升。十八大以来,中央企业在许多重点行业领域掌握核心关键技术,自主创新能力和市场竞争力不断增强,在载人航天、深海探测、高速铁路、特高压输变电、第四代移动通信等领域取得一批具有世界先进水平的、标志性的重大科技成果。2017年,天舟一号飞行任务圆满完成、国产航母下水、C919大型客机和AG600水陆两栖飞机首飞成功,更加彰显国之重器的实力与担当。

(三)助力结构调整考核作用有效发挥

中央企业牢固树立新发展理念,深化供给侧结构性改革,在自身结构调整转型升级方面充分发挥考核分配功能作用,积极"走出去",大力发展前瞻性战略性新兴产业,在服务国家战略目标、保障国家安全中发挥重要作用。中国铁建、中国电信将低效无效资产处置纳入业绩考核,促进资源向高效益板块流动,实现产业结构优化。中国石油、中国远洋海运完善考核指标,增设海外收入贡献和占比指标,促进专业公司加快海外布局,提升国际化经营水平。招商局集团综合定量考核控参股投资项目,对投资回报、经营效率、运营质量不达标项目加大调整力度,实现业务有进有退、项目优胜劣汰。国家电网、通用技术集团根据企业经营短板确定个性化的专项考核指标,引导企业加快新兴业务发展,培育新动能,补齐发展短板。

(四)风险管控考核约束进一步强化

中央企业重点防范以高杠杆和泡沫化为主要特征的各类风险,资产负债率、"两金"占用等偏高的企业将相应指标纳入对下考核、实现压力传递,确保稳健经营。中央企业以压"两金"、降债务为抓手,加强考核分配约束和问责,努力防控经营风险。中船重工、中国建材强化"两金"占用考核,督促所属企业加强应收账款和存货管理,经营性现金流明显改善。中国华能、中国大唐、中国华电针对不同业务板块,分类设置资产负债率"红线",资产负债率明显下降。中国海油、中航集团实现对所属企业经济增加值考核的全覆盖,坚持"算好了再投",有效防范低效无效投资风险。2017年底中央企业"两金"余额增幅较营业收入增幅低4.1个百分点,存量"两金"压降比例超过50%,经营质量和抗风险能力稳步提升。

(五)国际对标行业对标机制进一步健全

各中央企业主动与国际先进行业先进对标,紧盯最好水平,找准自身差距,在构建科学对标体系、创新对标方式、强化对标结果应用等方面持续发力。中交集团实行薪酬水平与工作绩效"双对标",建立起以"价值创造者为本"的考核分配体系。中国五矿、通用技术集团实施"竞争性对标"考核,比较关键短板指标与同行业竞争对手差距缩小程度,引导企业持续提升市场竞争力。中国一汽、中核集团强化对标结果应用,将对标先进的差距缩小程度与子企业负责人薪酬紧密挂钩,充分体现对标考核的激励奖惩作用。

(六)考核分配联动机制进一步优化

各中央企业认真落实国资委工作要求,充分结合自身改革发展实际,坚持效益决定分配导向,强化制度体系建设,注重体制机制创新,持续优化内部考核分配体系。中国建筑、中化集团、南航集团合理设置考核目标,将薪酬分配与岗位价值、业绩贡献紧密挂钩,持续强化"以业绩论英雄,以考核促发展"的理念。中国石油、航天科技、中国旅游推行实施超额利润奖励,充分传导考核压力,发挥考核分配激励作用,有效提升了业绩水平。国家能源集团、中储粮总公司将考核结果与工资总额直接挂钩,突出市场导向和业绩贡献,推动由"发工资"向"挣工资"转变。南方电网持续夯实岗位体系建设,深入推进全员绩效考核,通过考核累计晋升岗、薪、级达到29.4万人次。

(审稿人:赵世堂　撰稿人:曹昆鹏)

中央企业资本运营与收益管理工作

2017年,国务院国资委深入学习贯彻党的十九大精神,以管资本为主推进职能转变,突出国有资本运营、加快改革探索,中央企业国有资本投资、运营公司(以下简称"两类公司")改革试点,国有资本经营预算管理,中央企业金融资本监管,多元投资主体公司国有股东履职管理等有关工作取得显著成绩。

一、中央企业两类公司改革试点取得新突破

(一)试点思路逐步清晰

针对两类公司"是什么""怎么试"等重大问题,结合10家中央企业改革试点实践情况开展深入研究,提出中央企业主要按照产业集团、投资公司、运营公司三类发展的改革方向,明确中央企业两类公司的功能定位、组织架构、重点任务、运营模式等内容,进一步理清改革思路,在更大范围内凝聚改革共识,为做好全国两类公司改革试点顶层设计奠定基础,获得国务院领导充分肯定。

(二)改革调整初见成效

试点企业内部改组基本成型,资本运营能力不断增强。运营公司剥离部分实体产业,设立专业平台和职能部门,专注资本运营;投资公司构建总部负责资本运营、专业化公司负责资产经营、生产单位负责执行的组织架构,为实现产业调整整合、引领培育创造条件。实践中,两类公司积极参与煤炭去产能、重点困难企业改革脱困、中央企业产业合作与重组整合等有关工作,资本运营专业平台功能逐渐显现。

(三)资本运营探索推进

通过两类公司试点,积极探索国有资本运营的有效模式。运营公司发起设立国有企业结构调整基金、国有资本风险投资基金两大国家级基金,吸引大量社会资本参与,首期认缴规模超过2000亿元,主要围绕中央企业、实体经济开展投资运营,有力支持中央企业培育前瞻性战略性产业等有关工作。投资公司以供给侧结构性改革为契机,在钢铁等领域积极探索组建产业基金,以市场化方式整合产业资源,提升产业集中度和企业竞争力。

(四)加强试点指导交流

健全完善改革试点工作机制,国务院国资委内部建立两类公司试点协调小组和工作小组,分别负责部门间及国资委内试点工作沟通协调。加强改革试点组织指导,建立与试点企业联系交流机制,定期编发工作简报,增进信息沟通与交流探索。加强地方试点调研指导,与省级国资委建立工作联系,对已开展试点的30个省(自治区、直辖市)改组组建124家两类公司有关情况进行梳理分析,研究存在的共性问题,积极推动改革试点不断深化。

二、中央企业国有资本经营预算管理实现新成效

(一)管理机制制度不断完善

完善国有资本收益分享机制,继续提高国有资本经营预算划转公共预算比例,2017年提高到22%。按照"以管资本为主"相关要求,制定完善中央企业"三供一业"分离移交补助资金、棚户区改造补助资金、"僵尸企业"处置补助资金等专项支出管理政策和审核规范。积极参与中央国有资本经营预算制度建设,配合财政部制定出台《中央国有资本经营预算支出管理暂行办法》《中央国有资本经营预算编报办法》。

(二)有力保障中央企业供给侧结构性改革

克服预算短收不利影响,协调通过结转、调剂等方式及时落实预算资金,有力推动中央企业"僵尸企业"安置人员12万人、去产能安置人员1.2万人、"三供一业"签订协议项目4000余个、棚改4.2万户。积极协调有关部门制定特困企业补助政策。认真处理好改革与发展关系,在保障"处僵治困"、去产能、解决历史遗留问题资金基础上,研究重点领域注资规划,对中央企业创新发展、培育新动能等给予重点支持。

(三)不断改进预算基础管理

建立预算收入动态监测机制,按季度对盈利大户和重点亏损企业收益实现及波动情况进行监测,提高预算收入测算精确度。强化预算支出执行监督,建立费用性支出季报和预算季度工作动态通报制度,加强日常跟踪管理;完善决算工作体系,与预算主管部门实现更好工作对接;改进审计复核工作方式,组织对7家中央企业开展审计复核。同时,积极配合审计署落

实审计整改，指导中央企业依法依规管好用好预算资金。

（四）探索开展预算绩效管理

指导中央企业树立预算绩效管理意识，在预算编制中要求中央企业必须确立绩效目标。初步探索绩效评价试点，聘请市场化管理咨询机构，着眼于企业整体经营情况，对4家中央企业国有资本经营预算管理工作进行诊断式绩效评价。及时开展有关专项资金支持政策成效总结，提出政策完善建议，得到国务院领导肯定。抓好绩效评价结果运用，积极研究绩效评价与预算资金安排挂钩机制。

三、中央企业金融资本监管取得新成果

（一）摸清中央企业金融业务和投资基金家底

组织对中央企业金融业务和投资基金进行全面统计调查，选择重点企业开展调研，全面梳理金融业务发展情况，提出加强管理和防风险的工作思路和措施。为贯彻落实国务院领导批示精神，对中央企业金融业务的情况特点、产融结合成效等方面进行分析，研究提出中央企业发展金融业务的思路措施。

（二）加强中央企业金融业务风险管控

认真贯彻落实党的十九大和第五次全国金融工作会议精神，组织召开首次中央企业金融业务管理培训班，统一思想、提高认识，明确要求中央企业应当立足主业发展特色金融，积极引导中央企业金融业务切实服务实体经济，指导企业加强金融风险防控。同时，开展中央企业金融业务风险管理课题研究，梳理整体风险状况，探索建立金融风险监测体系，积极研究建立中央企业金融业务风险管理制度有关问题。

（三）明确中央企业金融子企业监管口径和范围

为进一步加强中央企业金融业务管理，通过对金融子企业逐户排查和核实，明确中央企业金融业务统计范围和口径，对持有监管部门颁发金融牌照的金融子企业、类金融子企业、金融管理平台公司、投资基金等进行分类统计。同时，在中央企业财务决算报表体系中，增加反映金融子企业经营及风险情况和投资基金情况的表格，以更好地跟踪监测中央企业金融业务开展情况和风险状况。

（四）探索建立金融业务管理工作机制

国务院国资委立足出资人定位，牢牢把握防控金融风险、服务实体经济的工作目标，成立中央企业产融结合工作小组，建立相关工作机制，加强沟通协作，形成监管合力。印发通知，要求中央企业明确金融业务管理部门与人员，搭建中央企业金融业务体系。积极参与国家金融监管体制机制建设，配合中国人民银行制定出台《关于加强非金融企业投资金融机构监管的指导意见》和《金融控股公司监督管理办法》。

四、多元投资主体公司国有股东职责履行实现新作为

（一）按时全面完成党建要求纳入公司章程

全国国有企业党的建设工作会议明确提出，要落实全面从严治党责任，明确党组织在公司治理结构中的法定地位，建设中国特色现代企业制度。2017年上半年，国务院国资委加强与有关股东沟通协调，进一步说明相关工作的重要性，加强对企业章程修订的指导，推动7家多元投资主体中央企业将党建工作总体要求写入公司章程，提交股东会批准，于6月底前全部按时完成相关工作。

（二）探索建立股东之间的沟通机制

着力增强股东会运作的有效性，探索建立股东之间的日常沟通联络机制，在股东层面共同研究探讨公司改革发展重大问题，在股东会议之前进行预先研究、解决分歧，为股东会提高决策质量夯实基础。实践中，先后在华录集团、中广核集团等企业组织召开股东沟通会，取得积极成效，得到其他股东的充分肯定。同时，按照《公司法》和公司章程规定，依法依规履职行权，确保国务院国资委及相关股东法定权利得到落实。

（三）研究制定股东履职有关制度

按照党中央、国务院关于更多运用法治化、市场化方式履行出资人职责的改革要求，结合实际情况

研究完善股东履职制度体系。一是认真谋划建立国务院国资委履行股东职责的制度规范，积极探索有效的履职途径和方式；二是按照"以管资本为主"的要求，认真研究修订《国资委履行多元投资主体公司股东职责暂行办法》，完善相关工作机制；三是围绕利润分配方案等股东履职关键环节，研究细化工作程序。

（四）推动完善多元投资主体中央企业公司治理

针对南方电网股权历史遗留问题，全面系统梳理有关背景情况，多次与其他股东协商意见，研究理顺股权关系的具体方案。针对中国航发组建涉及的资本金和有关股权划转问题，积极协商带动各股东注资和股权划转及时到位。针对上海贝尔增资后管理架构问题，会商相关股东完善研究财务管控模式，切实维护各方股东法定权益，为推动公司持续健康发展奠定良好基础。

此外，国务院国资委认真贯彻落实党中央、国务院关于划转部分国有资本充实社会保障基金的决策部署，会同财政部、人力资源和社会保障部等部门研究起草具体实施方案。《国务院关于印发划转部分国有资本充实社保基金实施方案的通知》（国发〔2017〕49号）印发出台后，结合中央企业实际情况，积极开展首批试点相关工作，推动国务院文件落实落地。

（审稿人：李 冰 撰稿人：谭 啸）

国际交流与合作

2017年，国务院国资委在以习近平同志为核心的党中央坚强领导下，积极贯彻落实党的十九大精神，围绕2017年工作要点和国企国资改革发展党建中心工作，紧扣中国特色大国外交总体要求，积极开拓国资国企国际交流与合作，不断提升外事管理服务水平，各项工作取得积极进展。

一、以服务国家外交战略需要为引领，切实落实中央对外交往工作部署

（一）配合党和国家领导人重要外交外事活动，发挥国企国资支撑作用

1月16—19日，协调安排肖亚庆主任及13家中央企业配合习近平总书记出席冬季达沃斯论坛。6月27—29日，配合李克强总理出席夏季达沃斯论坛，精心设计参与环节，展现中央企业良好形象。9月6—8日，协调安排黄丹华副主任陪同汪洋副总理出席中国东北地区和俄罗斯远东及贝加尔地区政府间合作委员会第一次会议。5月30日至6月9日，配合王勇国务委员出访肯尼亚、尼日尔、安哥拉、赞比亚四国，并协调高访团赴中央企业重点项目调研。8月8—10日，配合王勇国务委员出访马来西亚，并组织召开中资企业座谈会。

（二）配合国家重大对外战略，发挥国企国资主力军作用

5月14日，协调安排肖亚庆主任、黄丹华副主任参加"一带一路"国际合作高峰论坛，出席高级别会议和设施联通主题平行会议。8月1日，协调安排肖亚庆主任拜会白俄罗斯总统卢卡申科，推动中央企业参与中白工业园建设和园区招商引资工作。

（三）配合国家相关外交举措，发挥国企国资载体作用

2017年，协调外交部及国资委内相关厅局，贯彻落实习近平总书记重大外事活动后续事项。12月，配合外交部对有关国家开展反制，并督促有关企业落实联合国相关决议。

二、以落实国企国资改革中心工作为重点，着力打造国资国际合作专属阵地

（一）响应金砖国家领导人厦门会晤，推动金砖五国分享国企治理经验

9月20—22日，主办第二届金砖国家国企改革治理论坛。王勇国务委员出席开幕式并致辞，五国国资

监管机构和大型国有企业围绕"国有企业治理与发展"进行充分交流讨论,联合发布《金砖国家国企治理共识》,提出完善国有企业公司治理新观点、新思路。

(二)讲好国企国资改革发展故事,营造良好发展环境

2017年,通过国资委领导出访及外事会见等活动,积极解读新时代中国国企国资改革发展理念,特别是在党的十九大召开后组织安排国资委领导外事活动7场,向有关方面阐释党的十九大精神。2017年,组织国资委各厅局参加相关国际会议、IMF磋商及有关外事活动等,正面宣传国资监管国企改革实践与成就。

(三)巩固和拓展与重点国家双边合作机制

2017年,不断深化与南非国企部伙伴关系,安排南非国企部参与国企改革治理培训项目;积极推动与白俄罗斯国资委的交流合作,向中央企业推荐白俄罗斯国有企业信息;推进与埃塞俄比亚国企部、古巴经济政策委员会在经验分享、人员培训、企业合作等方面加强合作;与肯尼亚国企协调局、纳米比亚国企部、菲律宾国企治理委员会建立互动机制。

(四)落实领导人对外宣布的重大援外举措,拓展全球"朋友圈"

5月12日至6月1日,举办亚洲国家国企改革与治理研修班;9月8—28日,举办非洲(英语国家)国企改革与治理研修班;9月20日至10月10日,举办部分发展中国家国有企业高管人员领导力提升研修班,分享国企国资改革发展实践经验。7月,编写2018—2020年国资国企领域援外人力资源开发合作规划和2018年援外培训项目建议书。

三、以发挥国际合作交流平台作用为抓手,扎实推进中央企业国际化经营

(一)发挥平台引领作用,切实做好中央企业支持港澳相关工作

5月30日至6月3日,配合郝鹏书记赴港澳调研,率24家中央企业赴澳门参加"央企支持澳门中葡平台建设高峰会"并致辞。打通与特区政府各部门直接联络渠道,为中央企业使用港澳专业服务搭建平台。7—8月,组织14家中央企业为台湾地区大学生提供109个实习岗位。

(二)发挥平台桥梁作用,推进中央企业国际化经营项目对接

8月17日,组织28家中央企业参加俄罗斯远东地区投资推介会。2017年,推动中央企业在机械制造、基础设施等领域与白俄罗斯国有企业开展合作;在电力、电网、机车、军工等领域与南非国企结成稳固伙伴关系;在信息技术领域与印度企业加强分享;在航空基础设施领域与巴西国企探讨合作。

(三)发挥平台窗口作用,为中央企业国际化经营创造良好条件

5月4日,协调安排肖亚庆主任会见丹麦首相拉斯穆森及国家高级官员和国际知名企业负责人,支持中央企业与外方在产能等方面开展合作。

(四)发挥平台支撑作用,推进国资委—中央企业国际合作信息交互平台建设

2017年,实地调研中央企业,并多次召开"国资委—中央企业国际合作信息交互平台"需求座谈会,了解中央企业国际交流与合作、国际化经营信息需求,进一步完善建设方案,以全面掌握中央企业境外机构、人员、项目信息为基础,以推进中央企业有序开展国际化经营为目标,以促进中央企业经贸、风险等信息交互为抓手,推动国际合作信息化建设。

四、以创新引智工作为重要措施,推动中央企业提升国际竞争力

(一)推进国资委中央企业国际合作引智创新基地建设

7月6—7日,召开国资委中央企业国际合作引智创新基地建设研讨会,探索将国际合作、引进外国智力与创新有机结合,谋划为中央企业改革发展注入新动力。

(二)与国家外专局加强合作交流

4月,协调国家外专局与国务院国资委续签《关于引进外国人才和智力为做强做优做大中央企业服务合作框架协议书》,助力国企国资改革发展,提速转型升级。4月15—16日,组织9家央企参加第十五届中国国际人才交流大会,展示中央企业国际合作及创新发展成果。5月,成功推荐2名中央企业外籍专家荣获中国政府友谊奖,比往年增加1人。

(三)积极推动培养中央企业国际化人才

6—8月,继续与思科公司、三星公司开展国际化经营专题培训,培养具备全球化经营能力和国际视野的高级管理人才。6月,与力拓公司签署合作备忘录,开展中央企业可持续发展高级培训项目。8月31日,协调英国董事协会主席来访,推动就中央企业董事会建设开展合作。2017年,继续与德国职业教育联盟、美国社区大学联盟等单位合作,选派中央企业优秀技能人才赴国外开展高精尖专业技术培训。

(四)引进外国先进智力体系

与国家外专局合作继续深入开展国际项目管理师(PMP)、管理会计师(CMA)等重点引智项目,引进外国先进管理及技术体系,推动中央企业人才职业化、专业化。会同国家外专局组织系列座谈会,搭建中央企业与国际一流企业对标学习平台。

五、以强化国际合作制度化建设为基础,不断提高外事管理和服务水平

(一)夯实制度基础,完善工作机制

11月,配合制定国资委贯彻落实中央八项规定实施意见中因公临时出国(境)有关内容。编写国资委因公临时出国(境)团组管理办法,制定因公临时出国(境)十项注意。10月26日,召开国资委各厅局综合处长座谈会,建立外事联络员工作制度,研究完善国资委外事管理工作机制。

(二)严管出访团组,深入开展巡视整改情况自查自纠

严格执行中央八项规定,严谨计划、严格审批出访团组。严格按照中央规定落实出访团组事前公示、事后公开和出访报告报送制度,形成工作闭环。提出加强境外资产检查整改措施,进一步加强境外资产检查团组的统筹规划,采取集中地区检查和专题检查等形式,突出企业覆盖、地区覆盖和重点工作覆盖,形成企业、空间(国别)、时间立体化效果。

(三)强化沟通交流,不断提升外事服务水平

协调外交部有关司局,用好用足政策,做好行业协会商会与政府部门脱钩工作、促成向中央企业专职外部董事签发长期公务护照、协助中国铁塔和上海诺基亚贝尔申请外事审批权、促成意大利政府向保利集团董事长徐念沙授勋,为国资委、中央企业和全国性行业协会商会在配合国家总体外交战略和经济发展中进一步发挥作用创造条件。

(四)加强团队建设,提升履职能力

抓理论学习,组织安排专题学习,深入学习党的十九大报告精神和党章党规,提升政治素养。抓思想教育,以开展"两学一做"制度化常态化工作为契机,深刻学习领会习近平总书记系列讲话精神,提高党性修养。抓素质提升,建立业务工作专题研究及交流讲评制度,组织安排赴中央企业一线调研,打造外事翻译学习园地,提升全员综合素质。

2017年,安排外事活动80次(国资委领导38次,厅局级以下42次),接待外宾420人次,准备外事材料55万字,外事会见谈话参考44份,承担7次重要发布会材料翻译,起草翻译领导涉外信件40封,翻译各类英文材料10万字,口译工作量410小时。

(审稿人:殷长波 撰稿人:石潇桢)

企业领导人员管理

2017年,国务院国资委党委认真贯彻落实习近平新时代中国特色社会主义思想和党的十九大精神,围绕国企改革发展党建、国资监管中心工作,加强企业领导人员管理,努力建设高素质专业化企业领导人员队伍,推动各项工作取得新进展。

一、加强企业领导人员政治建设和思想建设

一是把政治建设摆在首位。引导企业领导人员提高政治站位,强化"四个意识",增强忠诚核心、维护核心、紧跟核心的思想自觉和行动自觉。结合年度考核、干部考察等工作,与全部企业领导人员逐一谈心谈话,要求把拥戴全党核心、维护党中央权威和集中统一领导,落实到企业改革发展党建各项工作任务中,在思想上政治上行动上同以习近平同志为核心的党中央保持高度一致。二是坚持抓好理论武装。指导企业领导人员深入学习领会习近平新时代中国特色社会主义思想的精神实质、丰富内涵和党的十九大的重大意义,用党的创新理论武装头脑,增强搞好国有企业的信心决心。督促企业深入开展"两学一做"学习教育,以企业党委(党组)中心组学习为抓手,加强理想信念教育,引导企业领导人员筑牢信仰之基、把稳思想之舵,站稳政治立场,增强政治定力。以"一校五院"和企业经营管理人才素质提升工程为平台,根据不同培训对象,实施精准培训,全年安排252名企业领导人员参加各类培训班38期。三是严肃党内政治生活。认真执行《关于新形势下党内政治生活的若干准则》,严格组织生活制度,指导企业开好领导班子民主生活会,增强党内政治生活的政治性、时代性、原则性、战斗性。坚持请示报告制度,要求企业领导人员在涉及重大问题、重要事项时按规定向组织请示报告。四是将政治建设和思想建设融入日常管理。加大对贯彻落实党中央、国务院重大决策部署,落实国资委推进供给侧结构性改革、稳增长、抓发展、促改革、强党建等举措的督查力度,并作为班子考核的重要内容和使用、奖惩干部的重要依据。通过参加会议、调研访谈等方式,近距离、有原则、多渠道、多侧面地观察了解,掌握班子成员新变化、活情况。坚持谈心谈话制度,对领导人员思想状况定期"问诊",对努力干事创业的,加油鼓劲;对有苗头性问题的,咬耳扯袖、及早提醒;对存在一定问题的,批评诫勉、红脸出汗。五是强化党建工作责任落实。坚持"两个一以贯之",全面贯彻国资委党委"中央企业党建工作落实年"要求,结合干部考察、班子宣布、任职谈话等工作,了解并督促联系企业落实党建工作责任制、推进党建工作要求进章程、配齐配强党务工作人员。将党的建设考核同企业领导班子综合考评相衔接,把党建工作作为领导班子及领导人员年度述职的重要内容,推动党建责任落实落地。

二、选优配强企业领导班子和领导人员

把政治标准放在首位,按照国企领导人员"二十字"要求,坚持事业为上、依事择人,坚持人事匹配、人岗相适,加大企业领导班子调整力度,优化班子结构,增强整体功能。全年中央企业领导人员调整488人次(含29家公司制改制企业领导人员职务调整)。一是选优配强正职。把正职选配作为班子建设的关键,突出政治素质和驾驭全局能力,注重选拔敢抓善管、工作有思路、有激情的领导人员,特别是把既能当董事长、又能当党委(党组)书记的复合型领导人员培养好、选上来。全年对34家国资委党委管理领导班子的企业61人次正职进行调整,并配合中央组织部对14家中管企业27人次正职进行调整。二是加强党建工作力量。深入贯彻落实全国国有企业党的建设工作会议精神,完善"双向进入、交叉任职"的领导体制,推动党委(党组)书记、董事长"一肩挑",加强专职党委(党组)副书记配备,加强班子成员分工调整和组织人事部门、党群部门正职备案管理,积极推进19家企业完成党委换届。截至2017年底,建立规范董事会的中央企业集团总部实现党委(党组)书记、董事长"一肩挑";为21家国资委党委管理领导班子的企业选配专职副书记,并配合中央组织部为11家中管企业配备专职副书记;会同中央纪委驻国资委纪检组为5家国资委党委管理领导班子的企业选配纪委书记,并配合中央纪委、中央组织部为中管企业选配11名纪委书记(纪检组长)。三是加大交流和能"上"能"下"力度。推进人员交流常态化。从管理基础较好、后备力量较强企业交流干部到其他企业任职,全年推动交流47人(其中中管企业29人),其中正职13人(其中中管企业6人)。加强年轻干部选拔培养。对班子成员年龄普遍偏大、同一年龄段人员比较集中且有职数空缺的企业,兼顾年龄和综合素质,注意选拔培养优秀年轻干部,2017年新进班子成员50岁以下的占比超过一半。注重培养选拔基层经历丰富或经过急难险重任务历练、业绩突出的干部,2017年新提

任的领导人员,绝大多数具有基层企业"一把手"或班子成员工作经历。同时,以日常管理和综合考评为基础,充分运用巡视、纪检、监事会、审计等监督成果,对不胜任、不适宜或存在突出问题的领导人员坚决予以调整。四是认真落实"四必"要求。严把人选政治关、廉洁关、作风关,选拔任用工作中,始终做到干部人事档案必审、个人有关事项报告必核、纪检监察机关意见必听、线索具体有可查性的信访举报必查,对政治不合格的"一票否决",对廉洁上有问题的"零容忍",对形象上有不良反映和负面影响的坚决不用。对不如实报告个人有关事项、党风廉政有反映的人员,取消推荐或考察对象资格。五是开展企业领导班子建设研究。开展改革完善外部董事制度、中央企业人才流失情况、年轻干部思想状况专题调研,组织开展中央企业领导人员"德"的标准和考察考核课题研究。

三、推进企业领导人员管理方式改革

一是积极推进"三项试点改革"。在新兴际华等4家中央企业进一步深化试点,将企业中长期发展决策权等6项关键职权授予试点企业董事会行使,并协同推进经理层成员契约化管理,探索建立职业经理人制度。中央企业在所属企业层面也积极开展落实董事会职权等改革试点工作。国投、中化集团、中粮集团、华润集团、国药集团、新兴际华集团等大多数中央企业都在不同领域、不同范围开展落实董事会职权试点,实行经理层成员契约化管理和职业经理人制度的企业不断增多,以点带面、串点成线的改革态势逐步形成。二是合理增加市场化选聘比例。发挥党组织领导和把关作用,拓宽渠道、扩大视野,为中煤集团等3家企业公开遴选3名领导人员,在中广核集团竞聘上岗选拔3名班子副职,优化干部人才资源配置,增强选人用人的开放性、竞争性。三是扩大委派总会计师试点范围。向中广核、中煤集团等6家企业委派总会计师。截至2017年底,开展委派总会计师试点企业22家。

四、强化企业领导人员日常管理监督

一是认真开展年度考核评价。按照综合考核评价办法,对中央企业领导班子和领导人员开展年度考核,对领导人员逐一"画像",为提高日常管理有效性夯实基础。发挥考核考评"监测仪""报警器"作用,根据考评结果对问题突出的企业领导班子和领导人员进行谈话提醒或诫勉。二是严格执行个人有关事项报告制度。严把抽查核实关,对未如实报告个人事项的有关企业领导人员加大处理处分力度。对报告个人事项工作情况进行通报,表扬先进,督促后进,提示问题,加强警示。三是扎实开展专项检查。开展干部人事档案专项检查复核,指导企业对新掌握的"裸官"进行排查清理,要求企业及时将个人保管的因私证件收交组织人事部门管理,对未经批准因私出国(境)、配偶涉嫌违规投资经办企业等情况进行跟踪了解或函询处理。四是加强对企业选人用人的指导监督。对企业选人用人及新选拔任用的干部开展"一报告两评议",对民主评议满意度明显偏低的企业及近年来新提拔的领导人员,要求企业党委进行自查整改。根据选人用人"一报告两评议"、年度考核等工作中反映的企业选人用人问题,结合巡视整改专项督查,开展企业选人用人专项督查,向企业通报存在的问题,要求对照检查、举一反三、持续整改,并结合综合考评、干部考察等工作,对整改情况进行"复诊",防止"旧病复发"。

(审稿人:杜 量 苏云成 撰稿人:乔腾飞 高东旭)

人才工作和人才队伍建设

2017年,国务院国资委党委认真贯彻落实习近平新时代中国特色社会主义思想和党的十九大精神,坚持党管人才原则,紧紧围绕中央企业改革发展实际,积极推动中央企业深入实施人才强企战略,统筹推进中央企业人才队伍建设,不断加强中央企业人才教育培训,各项工作取得新的进展和成效。

一、认真落实国家重大人才工程,不断加强中央企业高层次人才队伍建设

(一)深入实施国家"千人计划",引好用好海外高层次人才

一是认真履行"千人计划"平台职责。2017年9月在北京组织开展第14批"千人计划"企业创新人才

评审工作,邀请82名专家,分12个专业组,对中央企业和地方企业申报的481名人选进行评审,产生符合条件的推荐人选。中央组织部"千人计划"评审巡察工作小组全程监督、指导评审工作,对评审工作给予肯定。二是开展中央企业落实国家"千人计划"成效评估工作。中央企业对"千人计划"专家发挥作用情况给予充分肯定,参与评估的468名专家中,被评为"优秀"的237人,占50.6%;被评为"良好"的188人,占40.2%。从评估情况看,"千人计划"专家日益融入中央企业科技创新体系,在解决制约产业发展的基础性技术难题,打破西方发达国家、跨国公司的技术封锁和知识产权壁垒,培育一批高水平创新型科研团队,推动更深入、更高层次的国际交流合作等方面发挥着积极作用。2017年,中央企业有24名引进的海外高层次人才入选国家"千人计划";截至2017年底,中央企业累计引进"千人计划"专家521人。

(二)积极推进国家"万人计划",加大国内高层次人才培养选拔力度

一是组织中央企业开展国家"万人计划"所属项目评审推荐工作。创新人才推进计划方面,组织专家对中央企业申报的130名中青年科技创新领军人才、67个重点领域创新团队、27个创新人才培养示范基地进行评审,产生符合条件的推荐对象。2017年,中央企业入选2016年创新人才推进计划中青年科技创新领军人才5人、重点领域创新团队5个、创新人才培养示范基地3个。文化名家暨"四个一批"人才工程方面,组织专家对中央企业申报的13名人选进行评审,产生符合条件的推荐人选,最终中国石油报社邱宝林入选。二是积极鼓励中央企业通过重大工程实践、深化产学研合作等方式加强高层次人才的自主培养,尤其对于那些能力和实绩突出、发展潜力大的中青年科研骨干,明确要求企业放手使用,让他们在攻克重大技术难题中得到历练成长。截至2017年底,中央企业有102人入选"万人计划",得到国家和企业的重点支持培养,与"千人计划"专家逐步形成相互补充、相得益彰的良好局面。

(三)稳步实施企业经营管理人才素质提升工程

一是加强中央企业领导班子和后备干部队伍建设,举办第六期"新任中央企业领导人员培训班"和第三期"中央企业中青年高级管理人员培训班",培训29名中央企业新任职领导班子成员和35名优秀年轻后备干部。"新任班"和"中青班"成为中央企业经营管理人才培训的品牌班和特色班,为中央企业长远发展储备一批领军人才,得到中央企业和学员高度肯定。二是实施企业经营管理人才专项培养计划,全年举办6期专项培训班次,内容涵盖战略规划、资本运作、人力资源管理、财会、法律、国际化经营等内容,培训学员873人,有力提升中央企业各类经营管理人才的专业素养和履职能力。

二、大力开展人才评先推优工作,进一步加强对中央企业优秀人才的荣誉激励

一是经中央批准,人力资源社会保障部、中国科协、科技部、国资委共同设立全国创新争先奖,对在科学研究、技术开发、重大装备和工程攻关、转化创业、科普及社会服务等科技创新全链条上作出突出贡献的集体和个人进行评选表彰,授予大亚湾反应堆中微子实验团队等10个团队全国创新争先奖牌;授予王过中等28人全国创新争先奖章并享受省部级先进工作者和劳动模范待遇;授予丁列明等254人全国创新争先奖状。其中,航天科技北斗导航卫星研发团队、长征五号运载火箭研制团队、中国中车高速铁路技术攻关组3个团队获得全国创新争先奖牌;中核集团徐铼、航天科技范瑞祥、航天科工许波等8人获得全国创新争先奖章;中国移动王晓云等27人获得全国创新争先奖状。

二是指导中央企业结合生产实际,选择行业特点突出、关键岗位技术含量高、企业亟需特有工种,大规模组织开展职工技能竞赛,不断拓展技能人才成长成才和评价选拔渠道。对于在职工技能竞赛等高层次技能竞赛中取得优异成绩的技能人才,国资委进行表彰通报。2017年,国资委授予591名技能人才"中央企业技术能手"荣誉称号,进一步强化对优秀技能人才的荣誉激励,激发他们自我成长成才的内生动力,进一步营造劳动光荣、技能宝贵、创造伟大的良好氛围。

三、组织开展博士服务团和"西部之光"访问学者工作,助力西部地区经济社会发展

博士服务团和"西部之光"是贯彻落实西部大开发战略和人才强国战略、为西部地区提供人才支持和智力服务的重要举措,为落实好这两项工作,一是完成第十八批博士服务团成员选派工作。按照人岗匹配、专业对口的原则,经与中组部人才局、中央企业组织人事部门、挂职人选充分沟通,选派55名政治素质好、学历层次高、专业能力强的优秀博士赴新疆、西藏等15个省(自治区、直辖市)进行服务锻炼,选派人数占全国总数的14%,为西部经济社会建设提供有力的人才支持。二是组织36家中央企业组织人事部门会同有关地方党委组织部门和服务锻炼单位,对第十七批博士服务团61名成员进行考核。同时,为体现组织的重视和关心,直接全面地了解博士服务团成员履职情况,组织前往人员相对集中、条件相对艰苦的云南、宁夏,通过实地走访、参与考核、召开座谈会等方式,深入了解选派博士的工作和生活情况以及有关工作意见建议,得到各方好评。三是充分发挥中央企业科研资源优势,支持西部地区人才培养,组织宝武集团、招商局、中国钢研等7家企业做好9名"西部之光"访问学者的接收工作,督促接收企业加强对研修人员的服务和管理,努力使他们学有所得。

四、全心全意做好专家联系服务工作,为中央企业专家更好发挥作用提供有力支持

一是协助中国工程院,组织23家中央企业完成36名院士增选进入第二轮评审候选人的审核把关和材料公示等工作。2017年,航天科技杨孟飞、中航工业杨伟、中国石油邹才能、中国石化谢在库4人当选中国科学院院士;航天科技周志成,中国电科陆军,中国石油刘合、孙金声,中国石化戴厚良,国家电网汤广福,中国五矿岳清瑞,中国商飞吴光辉,中国煤炭科工王国法,有研科技集团黄小卫10人当选中国工程院院士。二是推荐30名中央企业专家参加"一校五院"高层次专家国情研修班学习。通过国情研修,中央企业专家进一步提高政治理论素养,增进对党的感情,增强报效祖国、奉献人民的责任感和使命感。三是为进一步提高科研机构领导者能力水平、深入推进科技体制改革和创新驱动发展战略实施,继续与中组部、科技部联合举办科研院所领导者高级研修班,从中央企业直属科研机构(技术研发中心)、中央级转制科研院所中选调12名负责人参加学习。四是按照中组部人才局要求,推荐12名承担国家重大工程和重要项目的中央企业专家参加由党中央、国务院组织的北戴河休假,让专家们充分感受到中央的关心、重视和爱护,激发他们立足本职岗位作出新的更大贡献。五是按照中央组织部部署,邀请中国石化、国家电网、通用技术集团、有研科技集团、国药集团5家企业的7名高层次专家,分别赴江西、贵州、河北参加院士专家咨询服务活动,为地方提供有力的人才智力支持。

五、加大中央企业优秀人才宣传力度,营造尊重知识、尊重人才、尊重创造的良好氛围

加大对中央企业优秀人才宣传力度,推动社会各方面更加关心、重视和支持中央企业人才发展。一是会同中央电视台《对话》栏目策划"我是总师"专题节目,通过与航天科技"长征二号F"运载火箭总设计师、中核集团"华龙一号"总设计师、中交集团港珠澳大桥岛隧工程总设计师、中船重工常规潜艇总设计师、中国商飞C919大飞机总设计师、中车集团"复兴号"总设计师等对话,展示中央企业科技领军人才爱国奉献、刻苦钻研、永攀高峰的感人事迹,引发社会舆论的广泛关注。二是通过央视网,对中国工程院院士、中国石化副总经理马永生,中国工程院院士、中国电力科学研究院院长郭剑波,兵器工业集团中国北方车辆研究所总工程师李春明等6位杰出人才先进事迹进行宣传,充分体现中央企业作为我国科技创新主力军的重要地位,展现中央企业高层次人才作为"国之重器",在我国国防安全、经济社会发展中发挥的重要作用。

六、加大中央企业人才教育培训工作力度,不断提高中央企业高层次人才能力素质水平

(一)认真落实国企党建会议中关于两个"一以贯之"的要求,强化问题导向,大力开展董事履职培训

一是举办"国资委—清华大学董事培训班",围绕

国资委中心工作和中央企业改革发展重点任务,邀请国资委领导、中央企业董事长,就深化国企改革重点任务、中央企业"三去一降一补"等进行专题授课,培训中央企业董事及董事会秘书220余人,有效传达出资人意图,为企业董事履职提供有力支持。二是举办"新加坡淡马锡董事会运作实务培训",培训中央企业董事36人。学员普遍反映,培训班次安排合理,组织有序,淡马锡在公司治理尤其是董事会运作方面的实践经验给学员留下深刻印象和重要启示。三是举办"中央企业外部董事高级研修班",重点培训28名中央企业专职外部董事以及外部董事牵头人。通过培训,帮助学员深入领会中央精神、全面把握国企改革形势、明确外部董事履职尽责行为规范,进一步提升履职能力。

(二)加强企业领导人员培训,打造对党忠诚、勇于创新、治企有方、兴企有为、清正廉洁的中央企业干部队伍

一是认真做好"一校五院"有关班次学员调训工作,选调147名国资委党委管理班子的中央企业领导人员参加"一校五院"34个培训班次的学习,进一步提高中央企业领导人员的政治素养和能力素质。二是举办"中央企业领导人员赴GE培训项目",组织18名中央企业、中管金融企业的领导班子成员赴美国GE公司参加培训,着重提高学员的全球视野、战略思维、创新意识、管理能力。三是加强中央企业青年干部培养,选调20名优秀青年经营管理人才赴韩国三星交流学习,进一步提升中央企业经营管理人才跨文化沟通能力、多元化团队领导力和跨国经营管理水平。

(三)积极落实制造强国战略,加强中央企业高技能人才培养培训

继续与德国职业教育联盟、美国应用技术教育联盟开展合作,举办3期技能人才专业技术提升培训班,组织69名中央企业优秀高技能人才分别赴德国、美国就数控机床加工技术、焊接技能和电气自动化技术进行学习交流,亲身感受德国"工业4.0"和美国"工业互联网"战略下的现代生产制造方式,丰富知识、开阔眼界、提升技能。技能人才专业技术提升培训班以点带面,对中央企业技能人才培养起到示范引领作用,参培学员学以致用,将国外先进的技能人才培训理念与方法带回本企业,促进本企业技能人才培训养工作的提升。

七、中央企业人才资源基本情况

截至2017年底,中央企业人才资源总量1133.51万人。其中,管理人才256.79万人,占比22.65%;专业技术人才440.11万人,占比38.83%,其中,在管理岗位上的164.55万人,占专业技术人才数量的37.39%,科技人才134.22万人,占专业技术人才数量的30.5%;技能人才601.16万人,占比53.04%,其中,高级技师、技师、高级工210.67万人,占技能人才数量的35.04%。

(审稿人:邓 芳 撰稿人:王绥德)

中央企业专项核查与整改督办工作

2017年是国资委监督二局和监督三局全面履职的第一个完整年度。按照国资委党委的统一部署,深入学习贯彻习近平新时代中国特色社会主义思想和党的十九大精神,认真贯彻落实党中央和国务院的决策部署,紧紧围绕国企国资改革重点任务及国资监管中心工作,立足初创实际,从零起步,从无到有,主动担当作为,边组建、边设计、边施工、边总结、边完善,努力克服业务新、难度大、人员少等困难,积极履行分类处置、督办整改、深入核查和责任追究等职责,极大地提升国有资产监督工作的针对性和有效性,在形成监管合力、守卫国有资产安全、服务于以管资本为主推进职能转变等方面发挥积极作用,有效打通监督链条上成果运用环节"最后一公里"。

一、稳步推进制度体系建设,推动监督工作程序化、规范化和标准化

(一)推进《中央企业审计问题线索移送和反馈工作办法(试行)》起草工作

为形成监督工作闭环,监督二局根据《中共中央

国务院关于深化国有企业改革的指导意见》（中发〔2015〕22号）明确的改革任务，联合审计署起草《中央企业审计问题线索移送和反馈工作办法（试行）》。为做好有关起草工作，监督二局系统梳理研究65项国资监管、审计监督等相关法律法规，实地调研14个中央部委、地方国资委和中央企业，深入交流研究监督协同会商经验做法以及国资委受理审计署移送事项办理情况。在与审计署反复沟通、多次会商的基础上，已初步达成一致意见，并分别正式征求有关单位的意见建议。

（二）推动《中央企业违规经营投资责任追究实施办法（试行）》起草工作

为从操作层面规范、指导中央企业的责任追究工作，监督三局协同监督二局按照《国务院办公厅关于建立国有企业违规经营投资责任追究制度的意见》（国办发〔2016〕63号）要求，集中力量共同起草《中央企业违规经营投资责任追究实施办法（试行）》（以下简称《实施办法》）。为扎实做好《实施办法》起草工作，监督三局收集研究50余项相关法律法规、制度文件，以及中央企业和地方国资委制定的责任追究制度，调查了解全部中央企业责任追究工作相关情况，并赴北京、江苏、深圳等7省市开展实地调研。组织开展《中央企业违规经营投资责任追究制度研究》国资委内重大课题研究，就《实施办法》初稿召开17场座谈会，书面征求17个国资委内单位、全部中央企业、8个地方国资委、6位国资委法律顾问及中央纪委、中央组织部、审计署等3个部门意见，并对各方提出的意见建议逐一研究、消化和吸收。按照国资委第131次委主任办公会审议意见，进一步修改完善后，再次书面征求95家中央企业意见建议，召开2场中央企业负责人座谈会、6场中央企业部门负责人座谈会，实现征求意见企业全覆盖和企业一把手审签背书全覆盖。经国资委第134次委主任办公会审议并原则通过。

（三）加强内部制度建设，初步搭建监督履职制度体系框架

新局成立伊始，兵马未动，制度先行，从零开始，逐步推进，从履职依据、工作指南、管理规则等全面开展责任追究制度规范。监督二局为固化有效做法，制定《督办企业整改》《比选方式选聘中介机构》《联合企业专项核查》《来信电话信访件处理》等4项业务工作指南，编制工作模板34份，印发《监督二局内部工作规则》，涵盖人事财务、党务工会、公文保密等内部运转制度20余项，制定《查办案件保密工作规定》《京内现场核查和参加会议报备规则（试行）》等规定，初步建立符合监督工作特点的内部管理制度。监督三局编印《监督三局内部工作规则》，制定公文运转、档案管理等制度，汇编《国有资产监督管理相关法律法规文件选编（2016）》，梳理企业投资管理等方面法律法规337项，理顺内部工作流程22项，总结形成现场核查、中介比选等业务指引6项。

二、深入开展责任追究，形成发现、调查、处理问题的监督工作闭环

监督二局探索建立独立核查、联合核查和移交核查三种核查方式，固化"定性、定损、定责"三定工作标准，在移交的监督成果基础上，进一步查清违规事实、损失金额及影响、有关责任人，努力做到定性有据，定损到数，定责到人。全年开展问题线索深入核查和国有资产重大损失调查12件，其中独立核查9件、联合核查1件、移交督办核查2件。对于移交督办企业核查事项，通过召开专题会议、审核方案、过程督办、评估结果等，严把企业核查追责工作质量。

监督三局本着严谨负责、稳扎稳打的工作态度和作风，全年推动8家中央企业、10件问题线索的深入核查及责任追究等工作，认定责任47人次。通过现场督导、重要节点和重大问题当面沟通、工作进展定期报告等形式，在工作组织、责任划分、追责依据、追责范围等方面指导有关中央企业扎实开展工作，并认真复核企业提出的责任认定及责任追究意见，形成畅通工作机制，全力推进违规开展融资性贸易等问题核查及责任追究工作，完成有关违规经营投资损失专项核查及责任认定工作。

三、探索创新督办整改机制，增强监督工作的针对性、有效性、权威性

移交督促事项多为整改不到位的"陈账难事"。

监督二局积极加强和移交方的沟通,探索创新、形成合力,努力建立四种机制。即督办通知、督办会议、整改决议和整改公示;明确三种责任,即集团总部组织的领导责任、所属部门和企业的整改落实责任、监督二局的督办责任;固化三种做法,即整改台账、对账销号、成效评估做法。全年办理督办整改事项16件,涉及融资性贸易、项目决策等问题42个,督办相关企业积极落实整改责任,加大整改力度,有效降低或挽回资产损失风险;制定修订管理制度,完善内部控制体系,对相关责任人严肃追究责任,推动监督成果切实有效运用,完善监督工作闭环。落实国资委内分工任务,督促9家中央企业对审计署经济责任审计反映的48个违规经营投资问题开展责任追究。

监督三局针对监事会、巡视办等方面移交的部分企业整改不到位事项,认真落实"件件要落地、事事有回音"的有关批示精神,通过明确整改责任主体、传导整改工作压力,切实督促企业按照整改要求完成整改工作、落实整改责任。全年督促12家企业完成整改事项14件,对相关责任人作出扣减薪酬、撤职免职等处理,督促企业修订完善相关管理制度。按照国资委内分工安排,积极督促所联系的11家中央企业做好企业负责人经济责任审计发现有关问题的责任追究工作,组织力量对相关事项进行全面梳理和认真分析,对有关责任追究情况进行核实报送。根据国资委内统一安排,参与中储粮总公司涉粮事件的处置工作和国家发改委牵头组织的对地方政府责任追究有关工作。

四、不断加大协同力度,增强监督与管理的联动、合力、效能

在实践中,国有资产监督工作涉及多个监督主体,监督二局和监督三局作为监督主体之一,强化有关方面移交问题线索查处追责和监督成果运用,加强与国资委内有关厅局联动及与审计署等国资委外部门的合力,推动国有资产监督与管理有机统一。

监督二局积极推动完善高效协同国有资产监督机制,落实出资人监管协同,在国资委内、外推动协同联动,形成监督和监管合力。一是推动国资委内监管联动进一步加强。深入核查国资委内业务厅局移交的违规经营投资问题线索,逐步探索形成国资委内业务厅局发现违规经营投资问题线索移交机制,实现国资委内厅局业务监管与监督局专门监督优势有机结合。协调国资委内厅局处理落实监事会移交事项。受理15个监事会办事处移交事项34件,协调有关厅局采取约谈企业负责同志、纳入决算批复、进行业务指导等方式落实。在全面梳理分析受理的有关企业问题线索基础上,对中央企业董事会和董事提出评价意见和评分建议。二是逐步完善与纪检监察双向协同机制。探索建立与纪检部门双向移送协同机制。组织核查纪检监察部门移交的有关企业违规经营投资问题线索,对责任追究过程中发现的违纪问题,及时移送纪检部门。三是强化出资人监督与审计监督合力。落实国资委内分工任务,督促有关中央企业对审计署经济责任审计反映的违规经营投资问题开展责任追究,严肃查处违规责任人。

监督三局全力做好国资委内协同,认真受理监事会、巡视办和财务监管局等陆续移交的问题线索、专项审计以及整改不到位等问题,在工作过程中注重征询国资委内有关厅局专业意见,提高办件工作效率,推动形成国资委内监督工作"前后联动,横向协同"的工作机制,较好落实监督成果运用。陆续受理审计署移送的问题线索,核查工作过程中与审计署保持良好沟通协调,并获得相关工作的大力支持,将有关核查追责结果也及时向其反馈。做好与纪检机构的协同配合,积极主动协调由驻国资委纪检组牵头办理有关方面移交的有关违纪违规事项,做好相关配合核查工作。在核查工作中发现违纪问题线索的,保持与驻国资委纪检组密切沟通,适时启动违纪审查,落实违纪责任处理,实现违规核查与违纪审查协同推进。积极指导协调中央企业做好有关监督工作,督促中央企业认真做好有关整改落实工作等。督办中央企业开展核查和责任追究工作,发挥中央企业监督主体作用。对于违规责任追究工作中,有关责任人已调任其他中央企业的,经协调有关方面督导企业按程序进行处理。

五、切实加强机关建设,有效发挥基层党组织战斗堡垒作用

监督工作是政治性很强的业务工作。监督二局和监督三局始终认真学习贯彻习近平新时代中国特色社会主义思想,扎实推进"两学一做"学习教育常态化制度化,探索具有监督工作特点的"打铁"工作法,确保党建工作与业务工作同谋划、同开展、同促进。

(一)加强政治理论学习

监督二局坚持习近平总书记重要讲话后、党的重大会议后、国资委党委部署后、直属机关党委要求后,第一时间学习宣贯。结合支部实际,打造随时、随身、随处的"三随"的学习环境,建立支部和各党小组微信平台,开展"周周学"活动,汇编党的十九大、"7·26"重要讲话等学习材料,局内设党建宣传栏、处室监督之窗设党建园地工作专栏。监督三局按党小组分别组织召开学习座谈会,组建监督三局十九大报告学习讨论微信群,累计组织中心组理论学习、党小组学习、党课等29次,务求深刻领会和准确把握精神实质和丰富内涵。十九大召开后,监督二局与监督三局集体邀请分管委领导讲党课,引领党员深入领会党的十九大精神。

(二)切实加强监督成果宣传,稳步推进信息化建设

监督二局积极探索推进信息化建设,利用信息化手段提高国有资产监督效能。在国资委机关办公平台上设立监督二局"工作专栏",建立移交事项管理系统,形成移交事项电子化管理台账,推动违规经营投资问题线索集中统一管理和分类处置。积极配合推进国资委机关政务信息系统整合共享。高度重视信息报送工作,加强监督成果和信息共享,及时反映监督工作成效。监督三局利用国资委内办公平台(OA)开发厅局园地等模块,内部建立办件电子台账,实现内部文件电子化管理等,形成上报信息,其中《关于北京等七省市国资委违规经营投资责任追究工作的基本情况、问题及有关建议》调研报告,被国务院办公厅《专报信息》采用。监督二局和监督三局联合创刊《监督工作简报》,全年刊发11期简报,及时展示监督动态和工作成果,促进监管信息共享。

(三)严格落实"三会一课"制度,做实支部组织建设

监督二局认真落实"一岗双责"责任,制定《党支部工作制度》《党支部学习制度》等,固化有效做法,做到以制度管人,依制度办事。组织召开支部"三会"48次、党课4次,到中国船舶工业集团系统工程研究院开展以"创新、奉献、实干"为主题的党日活动。监督三局扎实推进"两学一做"学习教育,组织党员签署《监督三局关于"两学一做"党员个人承诺书》,全体党员按要求制定个人问题清单及整改措施,赴中航工业开展"触摸基层温度,感受监督力度,留住精彩瞬间"基层行主题活动,组织迎"七一"主题党日活动等。

(四)深入开展党风廉政建设,加强干部队伍建设

监督二局多次组织集体讨论,形成明志正心、依法正行、勤勉正责、廉洁正身的监督二局"四正"监督干部标准,强化廉洁文化塑造和引领。坚持常态化提示提醒机制,做到廉洁保密纪律"逢会必提醒"、重要时点"重点提醒"、结合案例"警示提醒"。深入组织廉洁风险排查工作,针对排查出的风险点,制定业务工作指南等规定,推动履职程序规范化,以制度建设防范廉洁风险。严明工作纪律,制定"六个严禁"行为规范,明确现场核查用餐、市内交通用车等禁止性规定,实行向企业支付费用公开机制,用干事创业环境凝聚人、团结人。监督三局注重纪律提醒,要求全体党员筑牢防线、恪守底线,利用王克勤案件等进行警示教育,形成《监督三局党支部对全体党员的几点要求》;针对业务新、压力大、年轻同志较多等特点,初步形成"三为四要五讲"厅局文化,树立"敢为、勤为、善为"的工作理念,倡导"勤勉、务实、创新、包容"的工作氛围,培养"讲政治、讲纪律、讲团结、讲学习、讲成效"的厅局作风。监督二局和监督三局共同创建了"监督工作大讲堂",全年举办7期。

责任追究工作是做实监督工作的关键抓手,是一项较真碰硬的工作,也是维护国有资本安全、防止国有资产流失的一个利器。监督二局、监督三局自成立以来,在国资委党委的领导下,有效履行分类处置、督

办整改、深入核查和责任追究职责,在保障国有企业行稳致远、服务于以管资本为主推进职能转变、守卫国有资产安全成长等方面发挥积极作用。

(审稿人:赵红严 魏伟 撰稿人:刘洪学 徐文媛)

中央企业党建工作

2017年,中央企业深入学习贯彻落实习近平新时代中国特色社会主义思想和党的十九大精神,牢牢把握新时代党的建设总要求,巩固深化落实全国国有企业党的建设工作会议成果,坚持和加强党对中央企业的全面领导,以党的政治建设为统领,以"党建工作落实年"为契机,以落实党建工作责任制为抓手,以基层党组织和党员队伍建设为重点,为全面深化国企国资改革、做强做优做大国有资本、培育具有全球竞争力的世界一流企业提供坚强保证。

截至2017年底,中央企业系统有党员550.9万人,其中女党员131.4万人,35周岁以下党员135.3万人,在岗职工党员402.4万人,在岗工人党员131.2万人,离退休人员党员140.5万人,其他党员79933人。党组织总数29.5万个,其中,党组69个,党委22750个,党总支17339个,党支部25.5万个。

一、中央企业基层党组织建设情况

一是加强对各级基层党组织换届选举等工作的督促指导。机械科学研究总院集团有限公司等37家企业完成换届选举工作。完成中国电信集团有限公司等14家中央企业直属党委书记、副书记、直属纪委书记、副书记44人次的届中任免工作。根据中央企业重组改革实际,对中国储备棉管理总公司、中国轻工集团有限公司、中国工艺集团公司、中国恒天集团公司4家企业党组织领导关系进行调整,对中国建材集团有限公司党委和上海贝尔股份有限公司党委进行更名。中国国际工程咨询有限公司等4家中央企业完成党组改设党委工作。二是开展中央企业基层示范党支部创建。研究起草中央企业基层示范党支部管理办法,命名第一批中央企业基层示范党支部。

三是指导各中央企业开展基层党组织书记轮训工作。按照中组部要求,加强中央企业基层党组织书记轮训工作的指导和督导。11月27日至12月1日,在北京举办中央企业基层党委书记示范培训班,基层企业党委书记210人参加培训。四是基层党建保障得到加强。中央企业健全党务工作机构,加强党务工作力量。国资委党委与中组部、财政部、税务总局联合印发关于国有企业党组织工作经费问题的通知,中央企业全部将党组织工作经费纳入预算。

二、中央企业党员队伍建设情况

(一)中央企业"两学一做"学习教育常态化制度化情况

根据中央《〈关于推进"两学一做"学习教育常态化制度化的意见〉的通知》,研究制定《关于推进中央企业"两学一做"学习教育常态化制度化的实施方案》,中央企业结合实际细化工作措施,推动学习教育常态化制度化。强化宣传引导工作,利用互联网、简报等媒介,传达中央精神,树立宣传"两学一做"榜样,反映学习教育进展情况。结合学习贯彻党的十九大精神,编发简报26期。中央组织部简报2次交流中央企业经验做法。组织开展第十四届全国党员教育电视片观摩交流活动,征集20家中央企业报送教育电视片68部,择优向中组部报送5部。按程序追授中国航发张恩和"中央企业优秀共产党员"称号。国家电网完成牺牲在抗洪抢险一线两名党员的表彰工作。

(二)中央企业党员教育管理不断加强

一是党费收缴使用和管理情况。收缴在京中央企业2016年度党费。召开部分在京中央企业党费工作培训会、补交党费工作座谈会、调度会,中央企业完成规范党费工作和补交党费使用管理工作。持续推动落实补交党费使用方案落实落地,对河北省魏县、平乡县2个贫困县进行实地调研,2000万元扶贫资金划拨扶贫经费管理;开展对边疆民族地区的教育扶贫工作,专项帮扶贫困学生;推动专项帮扶困难党员、群众工作,完成资金下拨5000余万元;摸底排查因公牺牲党员、干部情况,研究帮扶办法,引导企业构建长期帮扶机制。二是发展党员情况。制定2017年在京中央企业发展党员计划。完成2016年以来在京中央企业发展党员工作分析与自查报告。三是组织81家在京中央企业开展党组织和党员基本信息采集，完成51034个党组织和820403名党员26项基本信息的采集，初步建立在京中央企业党组织和党员信息库。四是党内统计工作情况。完成2016年党内统计年报、2017年党内统计半年报工作，开展2017年党内统计年报布置培训。组织召开在京中央企业2017年党内统计工作培训班，79家在京中央企业115名负责党内统计工作的负责人参加培训。五是走访慰问生活困难党员和老党员的工作情况。2017年元旦春节期间，组织在京中央企业开展走访慰问生活困难党员和老党员工作，拨发慰问款3632万元。

三、中央企业党建制度体系建设情况

（一）"述评考用"相结合的党建工作责任体系初步形成

一是制定中央企业党建工作责任制实施办法。首次以党内法规形式明确中央企业党委（党组）主体责任、书记第一责任、专职副书记直接责任、其他班子成员"一岗双责"，以及追责问责情形和程序。2017年4月17日，国资委党委在北京召开贯彻落实中央企业党建工作责任制实施办法座谈会，全面落实全国国有企业党的建设工作会议和习近平总书记系列重要讲话精神，贯彻落实中央印发的中央企业党建工作责任制实施办法。国资委党委书记郝鹏出席会议并讲话，国资委党委副书记、主任肖亚庆主持会议，国资委党委委员和中共中央组织部、中央党的建设工作领导小组秘书组有关负责人出席会议。中国航天科工集团公司等8家企业党委（党组）专职副书记在座谈会上交流党建工作经验，中央企业党委（党组）书记、专职副书记及党建工作部门负责人350人参加会议。二是中央企业党建工作责任制考核情况。研究制定中央企业党建工作责任制考核评价办法，建立6个一级指标，17个二级指标，44个评价要点的党建责任制指标体系，明确考核评价内容、标准、方法、程序，通过清晰界定责任、严格考核责任、严肃追究责任，形成党建责任闭环。在对中国中煤能源集团有限公司、中国能源建设集团有限公司2家试点企业考核的基础上，完成对所有中央企业的考评工作，初步落实习近平总书记提出的"既报经济账、又报党建账"重要指示，破解多年来国企党建考核难、难考核问题。三是党建工作述职报告3项制度不断完善。实行中央企业党委（党组）向国资委党委报告年度党建工作、党委（党组）负责人向国资委党委党建述职、基层党组织书记抓党建述职评议考核制度。全部中央企业党委（党组）连续两年向国资委党委报告年度党建工作。首次组织28家中央企业党委（党组）负责人现场党建述职，国资委党委书记郝鹏听取10家中央企业党委（党组）书记述职；国资委副主任、党委委员刘强听取18家中央企业专职副书记述职。

（二）党建工作总体要求纳入公司章程

制定印发关于加快推进中央企业党建工作总体要求纳入公司章程有关事项的通知和关于做好中央企业"党建工作要求纳入公司章程"有关问题的通知，与中组部联合印发关于扎实推进国有企业党建工作要求写入公司章程的通知，中央企业集团全面完成章程修订。修订完善议事规则，党组织研究讨论作为董事会、经理层决策重大问题前置程序工作进一步推进，中央企业集团全部落实"前置"要求。

（三）基层党务工作制度进一步健全

研究制定中央企业基层党支部工作规则，基层党支部标准化、规范化建设不断推进。研究制定中央企业党内功勋荣誉表彰实施办法，中央企业党内功勋荣誉表彰制度机制不断健全。国资委党委修改完善中央企业党费收缴、使用和管理的规定，研究制定关于国资委党委管理的中央企业清理收缴党费使用方案，基层党务各项工作制度不断健全。

四、中央企业党的建设理论研究工作情况

一是开展"加强国企党建与深化国企改革"马克思主义理论研究和建设工程重大课题研究。中央指定国资委党委承担课题研究任务。国资委党委成立课题组，中央政策研究室主持日常工作的副主任江金

权任课题组长,国资委党委委员、副主任刘强任副组长,国资委党建工作局牵头实施。制定课题研究实施方案,组织召开启动会和2次推进会,协调组织集中调研,统筹协调国家电网有限公司等8家单位承担子课题研究任务。截至2017年底,课题研究总报告形成讨论稿。二是国企专委会工作得到推进。积极承担"国有企业产业工人党员数量与质量研究"子课题任务,中国电子信息产业集团有限公司参加"互联网+国企党建"课题研究,分别获得全国党建研究会一、二等奖。各委员单位专委会将"坚持两个'一以贯之',建设中国特色现代国有企业制度研究""落实党组织研究讨论是董事会、经理层决策重大问题的前置程序""全面从严治党向国有企业基层延伸研究""国有企业基层党组织建设规范研究"作为重点课题,有75家委员单位申报234项课题,其中重点课题63项、调研课题105项、自选课题66项。

五、中央企业系统(在京)十九大代表选举工作情况

一是选举工作领导得力。成立中央企业系统(在京)十九大代表选举工作领导小组,郝鹏任领导小组组长,肖亚庆任副组长,黄丹华、江金权、刘强任成员,刘强兼任领导小组办公室主任,办公室内设6个工作组,由相关厅局主要负责人担任组长,统筹推进各项工作。严把政治关、廉洁关,指导督促企业严格落实中央关于代表人选、代表结构比例和代表选举程序的要求,统筹推进各项工作,调动基层党组织和广大党员参与热情,基层党组织参与率100%,党员参与率99.06%。二是代表选举任务圆满完成。严格按照党章和中央关于做好十九大代表选举工作要求,成立会议临时党组织,建立联络员机制,开展模拟投票,选举出的代表符合中央关于结构人选比例要求,选举工作风清气正,零举报,零投诉。中央企业系统(在京)十九大代表选举结果得到各方面高度肯定和赞誉。中央领导评价,在京中央企业系统十九大代表选举工作效果好,面对新情况,国资委党委组织工作做得细致扎实。全体代表评价此次选举工作是一次发扬党内民主和贯彻组织意图高度统一的生动实践。三是组团上会工作保障到位。做好中央企业系统(在京)代表团组团上会保障工作,全体代表高标准、高质量参与党的十九大的各项议程,中央企业系统23名代表当选十九届中央两委委员。

(审稿人:姚 焕 撰稿人:陈立华)

中央企业宣传思想文化工作

2017年,国资委与中央企业以习近平新时代中国特色社会主义思想为指导,深入学习贯彻党的十九大精神,贯彻落实全国宣传部长会议、中央企业地方国资委负责人会议部署,紧紧围绕迎接、宣传、贯彻党的十九大这条主线,着力推动践行社会主义核心价值观,着力加强新闻宣传,着力加强理论武装,着力加强精神文明建设,着力加强党对宣传思想工作的领导,努力营造更加有利于国企国资改革发展党建的良好环境。

一、扎实推进思想理论建设

一是深入开展理论武装工作。配合开展习近平新时代中国特色社会主义思想研究工作,编辑《习近平关于国企国资有关论述摘编》,召开学习贯彻党的十九大精神暨《摘编》学习部署会。结合"两学一做"学习教育常态化制度化,深化理论学习宣传,把习近平总书记系列重要讲话精神特别是关于国企改革发展、加强国企党建重要论述的学习贯彻推向新的高度、深度和广度。加强同求是杂志社的战略合作,会同求是杂志社召开"学党刊用党刊研讨会"。在《求是》杂志刊发国资委党委署名文章《坚定不移做强做优做大国有企业——党的十八大以来国有企业改革发展的理论与实践》,刊发央企党委(党组)署名文章10多篇。与中宣部《思想政治工作研究》和《党建》杂志以及中组部《党建研究》杂志加强合作,开辟"国企党委书记谈思想政治工作""国企党委书记谈党建"等专栏,刊发多篇文章,营造有利国企国资改革发展党建浓厚思想理论氛围。二是推动企业党委(党组)中

心组增强学习效果。组织学习贯彻《中国共产党党委（党组）理论学习中心组学习规则》，加强中心组学习交流督查力度，对中国电子等多家企业中心组学习进行现场督导，在《宣传工作》刊发企业学习成果。加大中心组学习部署布置力度，对党中央重大政治活动和习近平总书记发表重要讲话第一时间做出学习安排，及时收集通报学习情况。三是切实抓好意识形态工作。贯彻落实全国国企党建会精神，积极开展形势任务教育，先后组织5000名干部职工参加中宣部等五部委召开的20余场形势任务报告会。组织召开"落实主管主办原则，加强意识形态工作"座谈会，坚持党管媒体原则，把主管主办要求延伸到新媒体领域，履行好意识形态工作主体责任，细化任务清单、责任清单，确保责任落地。及时收集和汇报意识形态工作开展情况，引导大家时刻绷紧意识形态工作这根弦，切实维护意识形态工作安全，确保全年意识形态工作平稳有序。

二、加大正面宣传力度

一是全力做好迎接、学习、宣传、贯彻党的十九大的新闻宣传工作。精心策划"砥砺奋进新国企"暨迎接党的十九大主题宣传活动，组织11场"对话新国企"网络访谈活动和16场"走进新国企"集中采访活动，全面展示党的十八大以来央企发生的巨大变化，新华网、人民网、求是网等开设专题专栏，腾讯、凤凰、和讯等超100家媒体转载报道。党的十九大期间做好国资委主要领导接受媒体专访工作与央企系统（在京）代表团新闻宣传工作，办好代表团开放日活动，第一时间在中外媒体前集体亮相，37位央企代表接受中外媒体采访，受到大会新闻中心充分肯定。党的十九大胜利闭幕后，制定学习宣传贯彻工作方案，坚持牢牢把握习近平新时代中国特色社会主义思想是党的十九大的灵魂这条主线，着力在学懂弄通做实上下功夫，突出抓好组织领导到位、学习培训到位、宣传引导到位、督查指导到位、推动工作到位"五个到位"，推动央企迅速掀起学习宣传贯彻党的十九大精神热潮。按照中宣部部署，配合开展"新时代 新气象 新作为"大型主题采访活动，积极提供报道线索。与中央网信办联合开展"十九大精神进央企"网络主题活动，组织中央重点新闻网站和主要商业网站开辟专栏，对12家行业产业代表性央企进行集中采访。充分运用新技术新应用创新媒体传播方式，发挥中央企业媒体联盟作用，联推联动，形成强大声势。二是全国两会前后主动发声，有力引导全年国企改革舆情走势。加大宣传力度，国资委主要领导接受《人民日报》、新华社、央视等媒体采访报道，参加央视《对话》特别节目《对话达沃斯》录制，举办首届中国企业改革发展高端论坛，展示国有企业特别是中央企业和民营企业同台研讨、平等对话、相互砥砺、相互合作的良好形象，在两会前为国企国资营造有利的舆论氛围。两会期间，举办"国企改革"记者会，国资委主要领导参加"部长通道"采访活动，就国企改革进展、国企经营效益提升、加强国企党建、加强国资监管等问题回应社会关切，传递权威声音。推出国企改革专题宣传活动，10户典型企业列入中央"砥砺奋进的五年"整体宣传方案，中央主流媒体进行全媒体立体式集中宣传报道。召开媒体通气会，向社会深入解读央企公司制改制、央企重组整合等热点问题，有效引导社会舆论走向。三是探索建立例行新闻发布机制，树立起国资委信息公开良好形象。建立例行新闻发布机制，每季度在国新办举行新闻发布会，不定期举行自主发布会和媒体通气会，成功组织举办12场发布会、通气会和见面会活动，介绍国企改革发展、央企参与"一带一路"建设等重大事项。举办吹风会或新闻发布会，介绍中央企业投资、境外投资监督管理办法和央企经济运行等情况。四是丰富新闻宣传方式，增强宣传效果。加大网络正面宣传力度，宣传工作局新设立网络处，建立央企网络媒体信息联动发布机制，整合国资央企网络媒体资源，创建联合发布、集体发声、放大宣传的平台，每周联动发布1~2条重要信息，带动央企自主联动编发国资委网站、微博微信信息，荣获中央国家机关工委组织的党建信息化评比优秀案例奖。完成国资委网站统一改版工作，主题更加鲜明、内容更加丰富、界面更加友好，时效性明显提升。主动协调汇聚各方面宣传的积极力量，联合新华社开展"一带一路"100个全球故事评选活动并结集成书，联合外交部开展"外国主流媒体记者走进央企"活动，组织缅甸主流媒体参观央企创新成就展，与国家外文局联合举办第五届中国企业海外形象建设高峰论坛。

三、深化精神文明建设工作

一是大力宣传优秀典型。组织开展2届"央企楷模"发布活动,现场发布中核集团邢继等20名"央企楷模",有力促进央企选先进、学先进、争当先进的良好氛围。指导央企积极参与第六届全国道德模范评选,中船重工719研究所黄旭华等9名央企员工入选全国道德模范,国家电网社区经理钱海军等19名央企员工获得全国道德模范提名奖,分别占表彰总数的15.52%和7.17%。在京央企有4人次入选"2017北京榜样"榜单。二是深入开展企业文化建设。贯彻《关于进一步把社会主义核心价值观融入法治建设的指导意见》精神,推动企业修订完善企业规章、行业规范,使核心价值观融入司规及行为规范,提升员工和企业文明程度。开展央企文化亮点宣传,中国中车等企业董事长在央广"报时中国"栏目进行广播。组织央企开展2017年春节文化"走出去"工作。完成央企企业文化工作摸底调研,形成相关调研报告,编制企业文化管理测评标准。三是组织做好文明创建活动。顺利完成年度文明单位评选工作,向中央文明办推荐第五届全国文明单位71个,复查往届全国文明单位157个,指导央企通过地方文明办申报192个。协助中央文明办做好全国文明城市、全国文明校园、全国文明村镇评选工作。开展第三届央企精神文明建设"五个一工程"优秀作品评选活动,从报送的149部作品中择优向第十四届全国精神文明建设"五个一工程"推荐,同期评出中央企业第三届"五个一工程"优秀作品奖20部。四是提升志愿服务活动品牌效应。指导央企积极履行社会责任,推动"责任央企、志愿先行"学雷锋志愿服务活动,强化郭明义爱心团队品牌效应,展现央企文明风采。

四、积极主动做好网信有关工作

一是认真贯彻落实党中央、国务院关于加强网络安全和信息化工作的意见,形成贯彻落实的具体工作方案。认真落实中央网信办交办的各项具体工作,统筹处理网络安全和信息化有关事宜,印发落实网络安全工作责任制文件,严格规范网站文件发布管理和网站地图使用管理。牵头协调培训中心、中央企业团工委、大连高级经理学院和协会党建局进行网站整合。二是加强舆情基础工作。建立健全国企国资舆情监测系统,覆盖全部央企、重点业务领域和报纸杂志以及网络媒体。建立负面舆情分级预警机制,关口前移,根据不同分级进行相应处置。建立舆情及时提醒机制,与央企及时共享舆情信息。建立24小时应急值班机制,第一时间指导做好处置预案。每季度组织召开舆情分析例会,中央企业总结交流舆情处置工作经验做法,明确舆情工作方向。建立与中宣部、中央网信办、地方省委宣传部以及央企的多方舆情联合协调处置机制,整合多方资源及时有效处置舆情。三是做好日常舆情管控、重点舆情引导工作。做好每日舆情工作,截至2017年底累计核发《每日舆情简报》《每日经济信息》各154份。做好舆情引导,对重大舆情主动协调中宣部、中央网信办,及时组织有关中央企业,做到了有效应对、妥善处置。国企国资舆论引导和舆情管控工作成效显著,与历年同期相比,负面报道占比首次下降到10%以下,央企重大负面事件为历年同期最低。

(审稿人:夏庆丰 撰稿人:陈净涤)

中央企业群众工作

2017年,中央企业群团工作深入学习贯彻党的十九大精神和习近平总书记对群团改革工作重要指示,按照国资委党委各项工作要求,围绕中心、服务大局,始终坚持党建带工建、党建带团建,不断强化自身建设,着力构建大党建工作格局,切实抓好中央企业工会、青年、统战、女职工等各项工作。重点完成中央企业全国劳动模范推荐评选工作,组织慰问中央企业在京全国劳动模范,完成长征五号运载火箭首次飞行任务先进集体及优秀个人表彰工作,深入开展"一学一做"教育实践和"青春喜迎十九大、不忘初心跟党走"主题宣传教育,组织参加2017年国际创新创业博览会,深入推进中央企业青年创新创效,探索构建"中央企业青年网络宣传联盟",召开中央企业共青团工作会议暨中央企业青联四届一次全委会,积极推荐申报全国妇联"三八"国际劳动妇女节和全国厂务公开民主管理相关荣誉,推进中央企业统战干部队伍建设和党外代表人士队伍建设,深入开展统战工作主题实践活动。

一、工会工作

认真贯彻落实党的十九大精神和习近平总书记对群团改革工作重要指示,加强中央企业工会组织建设,弘扬中央企业劳模精神和大国工匠精神,努力提升中央企业工会工作水平。

一是选树一批先进典型。完成长征五号运载火箭首次飞行任务先进集体及个人等表彰工作。二是深入推进中央企业民主管理工作。会同相关部门组织全国厂务公开民主管理工作经验交流暨先进单位表彰电视电话会议,国资委党委委员、副主任刘强主持会议,中国铁路工程集团有限公司作为先进单位代表介绍经验,国家电网有限公司等企业作书面经验交流。开展工会工作情况专项调研,对中央企业工会组织建设情况进行全面摸底,建立工会基本情况数据库。三是开展中央企业在京全国劳模慰问工作。按照全国总工会要求,向272名中央企业在京全国劳动模范发放全国劳模春节慰问金、生活困难补助金和特殊困难帮扶资金,共计92万元。完成中央企业在京劳模档案信息库的更新工作,确保慰问金及时、足额发放到符合条件的困难劳模手中。

二、统战侨务工作

以贯彻落实中央统战工作会议精神和《中国共产党统一战线工作条例》为重点,推进中央企业党外代表人士队伍建设,扎实开展国有企业统战工作调研,促进统战工作自身建设。

一是配合开展国有企业统战工作调研。会同中央统战部六局分别前往东北、华中、西南地区开展国有企业统战调研督查,推动各地国有企业统战工作开展。召开驻川部分国有企业党外代表人士座谈会,听取党外代表人士对国有企业统战工作的意见和建议。二是统战工作纳入企业各级党委(党组)重要工作内容。积极推进统战工作"四个纳入",即纳入党委(党组)重要议事日程,纳入党政领导班子考核内容,纳入宣传工作计划,纳入干部培训的重要教学内容。积极推进"三个带头",即中央企业各级领导干部带头学习宣传贯彻落实统一战线政策法规,带头参加统一战线重要活动,带头广交深交党外朋友。中央企业党委(党组)领导广泛开展与党外人士联谊交友活动。三是党外代表人士队伍建设持续加强。举办中央企业党外干部理论培训班,40余名党外领导干部参加培训。建立完善中央企业党外代表人士数据库。配合中央统战部积极向地方党委政府推荐2名中央企业党外代表人士挂职锻炼。四是"爱企业、献良策、作贡献"主题实践活动深入开展。引导动员统战对象为中央企业改革发展献计献策,立足科研岗位建功立业。中央企业侨联支持61位新侨开展项目研究,取得创新成果163项,产生经济效益超过1亿元。五是民族团结进步创建工作积极推动。与国家民委联合举办中央企业民族工作专题研究班,70余名从事民族工作的干部参加培训。参加全国民族团结进步创建经验交流现场会。赴四川省就中央企业民族宗教工作状况开展专题调研,撰写《驻川中央企业民族宗教工作扎实有效》通过《民族工作》报送中共中央办公厅、国务院办公厅。

三、共青团和青年工作

以切实保持和增强共青团组织和共青团工作的政治性、先进性、群众性为重点,不断加强青年思想引导,服务企业改革发展,服务青年成长成才,加强团的自身建设,大力推进中央企业共青团组织与共青团工作创新,进一步塑造"青春央企"的良好形象。

一是青年思想引领不断强化。召开中央企业青年学习《习近平的七年知青岁月》座谈会,国资委党委书记郝鹏出席座谈会并讲话,与新一届中央企业团工委、中央企业青联领导班子进行集体谈话。组织动员中央企业各级团组织深入开展"青春喜迎十九大、不忘初心跟党走"主题宣传教育。深入开展学习宣传贯彻党的十九大精神系列活动。举办中央企业共青团学习贯彻党的十九大精神暨2017年中央企业团委书记培训班。拍摄《青春的力量——央企青年与国家名片》专题片。中央企业团工委书记姚焕在中国青年报思想者专版发表理论文章《认真学习贯彻党的十九大精神,汇聚央企青年走进新时代的力量》。

二是青年服务中央企业改革发展成效显著。中央企业青年"双创"工作持续推进。国务院总理李克强充分肯定中央企业青年创新热情和创新成果,国务委员王勇就中央企业青年"双创"工作作出重要批示,团中央对中央企业青年"双创"工作给予高度评价。坚持"以评促创",持续开展"航天科工杯"第三届中央企业青年创新奖评选活动,70多家中央企业参加活动,评选出金奖项目10个、银奖项目20个、铜奖项目30个、优秀奖161个。中央企业团工委、青联作为独立展区参加"中央企业贯彻落实新发展理念,深入实施创新驱动发展战略,大力推动双创工作"成就展。中央企业共青团援疆援藏工作不断推进,向新疆维吾尔自治区等6个省(自治区)拨付教育扶贫专项党费4000万元,用于资助贫困学生17195人。连续第九年举办2017年香港大学生暑期赴中央企业实习活动,组织11家中央企业为56名香港大学生提供实习岗位和实习薪酬,举办"2017年香港大学生对话央企高管"活动。

三是中央企业青年成长成才工作扎实有效。开展"青春央企大讲堂"、"青春央企读书会"、"行动学习"、青联委员和中央企业青年"面对面"等活动。选树10名"中央企业青年先锋",2015—2016年度中央企业838个青年先进集体、945名优秀个人获得表彰。

四是网络舆论阵地建设不断巩固。"网上共青团"建设不断加强,"中央企业青年网"、"青年之声·中央企业"、"青春央企"微信公众号和"青春央企"微博建设进一步推进,创建编发《中央企业青年工作简报》。

五是全面从严治团向基层延伸。深入开展"一学一做"教育实践。规范中央企业共青团组织建设和换届工作,对"应建未建""应换未换"的企业加强专项督导。制定完善中央企业团工委工作规则、中央企业青联常委会工作规则,研究制定关于加强和改进新形势下中央企业共青团工作的意见。

六是团青组织改革攻坚持续推进。召开中央企业共青团工作会议暨中央企业青联四届一次全委会,国资委党委委员、副主任刘强出席会议并讲话,会议选举产生新一届中央企业青联领导机构。按照"三个三分之一"原则,推进团工委机构改革,即在团工委委员中,中央企业团委负责人占1/3、基层团干部占1/3、一线优秀青年党团员占1/3。按照面向基层、突出基层、调整优化委员结构比例的原则,持续推进中央企业青联改革。

四、女职工工作

配合全国妇联继续做好中央企业女职工巾帼建功工作和年度表彰工作,进一步落实《关于进一步加强和改进中央企业女职工工作的指导意见》。一是完成2016年度全国妇联"三八"国际劳动妇女节推荐表彰工作。2017年,中央企业5名基层职工获得"全国三八红旗手"称号,5家基层单位获得"全国三八红旗集体"称号,推荐完成2名"全国三八红旗手"的社会推报审核。中央企业3名基层职工获得"全国巾帼建功标兵"称号,15人获得"全国巾帼文明岗"称号。二是积极参与配合全国妇联在巾帼建功、妇女权益保障方面的活动,保障中央企业女职工利益。

(审稿人:姚　焕　撰稿人:陈立华)

行业协会商会监督管理与党建工作

2017年是社会组织管理制度改革深入推进的一年,国资委联系协会工作进入制度转换、新旧体制并存的特殊时期,作为协会业务主管单位要继续做好对协会的日常管理与服务,推进协会脱钩和市场化改革;作为新体制下协会党建管理机关,要按照新的体制要求认真做好全面加强协会党建各项工作。在国资委党委领导下,联系协会工作扎实开展,较好完成各项任务。

一、按照新体制要求全面推进加强协会党的建设基础工作

2017年是国资委按照中央要求贯彻协会党建管理新体制开局之年,主要任务是按照新的制度要求

"打好基础开好头,建立规范起好步",扎实做好推进协会党建各项基础工作。

(一)积极理顺关系,推进形成符合新体制要求的国资委协会党建管理内部体制机制

按照新体制要求,国资委协会党建管理格局确定为"党委管,两层级,九职能"。经系统部署,相继印发《关于调整中国质量协会等3家协会党组织领导关系的通知》以及《关于调整中国工业经济联合会等11家协会党组织领导关系的通知》等关系调整文件,确立国资委党委直接领导行业联合会(以下简称"直管协会")党委,直管协会党委具体负责原代管协会党建工作新的体制和机制模式。截至2017年底,14家党组织关系在国资委的直管协会及其原代管协会均已按照这一新的管理方式进行管理。

(二)大力加强基础建设,努力实现协会党建管理规范化

在完成对协会专题调研基础上积极推进建章立制,印发实施《国资委行业协会党费收缴管理和使用暂行规定》《直管协会党委换届选举工作审批程序》等相关制度文件。对加强协会党的建设工作、协会负责人人选和协会党组织负责人审核审批等问题进行深入研究,起草相关管理文件。

(三)着力推进协会党的基层组织建设,实现党的组织和工作全覆盖

积极贯彻中央要求和习近平总书记重要批示精神,与直管协会共同努力,采用新建党组织、建立联合党组织、委派党建指导员等有效方式,用不到一年时间推动协会党的组织和工作覆盖率由2016年底的87%提高到十九大召开前的100%,如期实现全覆盖。

(四)加强理论研究和实践探索,推动协会党建工作走向深入

学习运用习近平总书记关于加强国有企业党建、构建新型治理关系的基本思想,加强治理原理探索研究,选择中国黄金协会党委、中国磨具工业协会党支部等开展试点,探索实行"党组织讨论研究,作为理事会研究决定重大问题前置程序"新的治理要求;与中国煤炭工业协会合作,开展"构建加强党的领导与完善协会法人治理相融合长效机制"重大课题研究,以深刻解决"两张皮"问题为导向,深入探索以完善协会法人治理结构为工作基体,融入党的意志、贯彻党的主张,实现党的领导与完善协会法人治理内在统一,切实加强党的领导、党的建设长效工作机制。

二、认真落实全面从严治党要求,努力开展加强协会党建各项工作

在理顺关系、制定规范、推进覆盖、加强研究的同时,按照全面从严治党要求和中央有关工作部署,全面开展协会党建各项工作,努力推动协会全面从严治党向纵深发展。

(一)组织协会认真学习贯彻党的十九大精神

一是组织协会认真收听收看党的十九大开幕会,第一时间学习掌握党的十九大精神;二是会后及时制定印发协会学习宣传贯彻党的十九大精神工作方案,对学习宣传贯彻工作作出部署,提出明确要求;三是举办直管协会负责人专题学习班,组织协会领导班子成员和党务人事部门主要负责人集中学习党的十九大精神;四是及时将行业协会学习情况通过多种渠道进行宣传,积极营造"学习贯彻十九大、凝心聚力抓党建"良好氛围。通过培训引导和推动学习贯彻,切实将党的十九大精神转化为促进行业发展和协会建设具体实践。

(二)结合十九大新要求扎实推进"两学一做"学习教育常态化制度化

一是制定《国资委行业协会推进"两学一做"学习教育常态化制度化实施方案》,对协会学习教育工作作出部署,提出系统要求;二是召开协会负责人座谈会,交流总结各单位学习教育情况,协调解决工作中存在的困难和问题,部署工作要求;三是印发《行业协会"两学一做"学习教育常态化制度化督导工作方案》,对协会学习教育情况进行督促和推动。

(三)严肃协会党内政治生活

一是以开好年度民主生活会为重点,指导协会深入开展对照检查、认真开展批评和自我批评,并派员进行现场指导和点评,引导协会党员领导干部不断提

升对严肃党内政治生活重要性的认识,切实增强贯彻全面从严治党要求的自觉性;二是组织协会认真召开组织生活会和做好民主评议党员工作,在印发通知提出明确要求基础上,派员参加部分协会组织生活会;三是分层次组织协会开展党组织书记抓党建述职评议工作,切实增强协会基层党组织书记履行好党建第一责任人职责的意识,推动落实协会党建工作责任制。

(四)指导协会抓好巡视问题整改

对国资委内6个巡视组巡视14家直管协会反馈的问题进行认真梳理和分析研究,针对体制和政策层面问题、涉及国资委当前职能的问题以及属于协会自身管理的问题,分别提出解决意见建议;帮助相关直管协会对巡视问题进行梳理分析,逐条提出整改意见,推动整改落实。

(五)加强直管协会负责人和党组织负责人科学管理

初步形成直管协会两类负责人管理工作基本模式,起草协会领导人员日常管理制度以及协会领导人员因私出国境登记备案和审批制度、协会领导人员报告个人有关事项工作制度,拟定协会档案管理办法,为加强直管协会领导人员规范管理奠定制度基础。

积极做好指导协会认真做好发展党员、协会党建工作基础信息建设、失联党员规范管理和组织处置、评先推优、帮扶慰问困难党员群众等相关工作。

三、认真贯彻落实党中央精神和国务院部署,积极推进协会脱钩,指导协会在新形势下更好发挥作用

协会商会与行政机关脱钩是贯彻落实党的十八大和十八届二中、三中、四中全会精神,加快形成政社分开、权责明确、依法自治现代社会组织体制的重要举措。2017年,国资委准确把握协会脱钩改革重点任务,系统推动脱钩改革各项工作,确保脱钩过程有序衔接,服务推动协会各项业务正常运转、作用更好发挥。

(一)做好第二、三批106家协会脱钩试点工作

在稳妥做好中国轻工业联合会、中国电力企业联合会等第二批51家协会脱钩试点工作基础上,启动中国机械工业联合会、中国煤炭工业协会、中国钢铁工业协会、中国包装联合会等55家协会第三批脱钩试点工作。根据脱钩新要求改进脱钩实施方案模板,组织相关方面力量对55家试点协会脱钩实施方案进行集中审核,确保各协会实施方案体例完整统一、个性突出,并在规定时间内报送民政部。成功举办第三批脱钩试点协会深圳培训班,通过实地参观、经验交流等方式,引导脱钩协会学习深圳市行业协会转型先进经验;积极完成脱钩分离事项办理、法人登记证书换发、章程修改等重要改革事项。截至2017年底,国资委协会三批试点工作基本完成。

(二)推动阻碍脱钩疑难问题的解决

随着脱钩试点工作的深入,一些脱钩配套政策问题和涉及其他部门的矛盾与问题逐步显现,国资委自身难以解决,一定程度上影响脱钩进程。国资委积极与相关部门沟通协调推进解决。对党组织关系转移、协会代管事业单位脱钩管理去向、行政办公用房后需使用管理等问题,及时与脱钩联合工作组及有关部门沟通,为推动问题解决作出努力。

(三)加强对协会市场化转型发展的工作指导

利用专题培训、行业年度会议、专题经验交流会等多种形式,为协会讲解市场化改革与转型发展理论与实践要求,强化改革意识、提高适应改革的能力。指导试点协会按照建立现代社会组织体制要求积极理解和适应脱钩要求,按照自治管理、自律发展改革目标加快推进协会自身的市场化转型。

(四)以改革为契机,为协会在经济社会新的转型发展中更好发挥作用提供指导

在推进改革的四次集中培训基础上,以精准把握企业、行业、政府、社会需求为导向,利用多种交流方式为协会讲授供给侧改革基本理论,启发和引导协会改革供给服务,抓好核心业务、进一步树立服务品牌,为经济社会新的转型发展更好发挥作用。

四、继续履行好协会主管单位职责，认真开展对协会的日常管理与服务

在加强党建、推进脱钩的同时，国资委积极履行作为协会业务主管单位职责，发扬联系协会的优良传统和作风，认真抓好日常管理，切实做到热情服务。

(一)认真完成协会年检初审及各项登记管理事项审查工作

一是按照登记管理要求，对国资委联系的307家协会年检材料认真进行审核把关，向民政部及时报送初审材料。二是根据协会运行发展需要确保管理服务及时跟上。全年完成协会各类登记管理事项初审批复231件（其中法定代表人变更37件，负责人备案125件，章程核准41件，住址变更12件，注册资金变更4件，延期换届12件）。

(二)落实国务院要求开展协会和代管单位涉企收费清理规范工作

一是按照国务院领导批示精神，对国资委协会涉企收费问题进行整改，要求相关协会通过下调收费标准、设置收费限额、减免或停止收费等手段规范涉企收费管理。二是于2017年6—8月开展国资委行业协会和代管单位涉企收费清理规范工作，要求国资委行业协会及代管单位对2016年所有涉企收费项目进行自查，研究提出清理规范措施，并督促各协会将提出的规范措施落实到位。2017年，各协会及代管单位收费金额较2016年压减16377.65万元。三是积极参与协会收费相关政策性文件制定工作，从协会自律、企业自控、政府监督以及推进改革等综合角度，提出相关建议。相关文件于2017年底由国家发展改革委正式印发后，国资委第一时间翻印给各协会，要求认真贯彻落实，进一步规范收费行为。四是认真落实国务院简政放权工作要求，与商务部协商处理行业信用评价收费相关事宜，发文调整协会开展行业信用评价工作指导方式，不再统一组织协会开展信用评价，并要求及时纠正以往信用评价违规收费行为。五是在充分征求协会意见基础上，研究提出2018年拟新出台的取消、降低涉企经营服务性收费的相关措施，预计各措施全年为企业减负金额，并报送国家发展改革委。

(三)组织协会参加社会组织评估，推进协会管理质量提升

继续组织推进符合评估条件的国资委社会组织参加评估。截至2017年底，国资委3A及以上等级的社会组织206家，占219家参评单位的94%。其中，获得4A级协会85家，5A级协会21家。

（审稿人：张　涛　撰稿人：宋光兰　刘　颢）

中央企业纪检监察工作

2017年，国资委党委和中央企业党委（党组）紧紧围绕迎接、学习、贯彻党的十九大这条主线，认真落实党的十八届六中全会、十八届中央纪委七次全会、全国国企党建会和国务院第五次廉政工作会议精神，坚决扛起管党治党政治责任。中央纪委驻国资委纪检组（以下简称"驻委纪检组"）和中央企业纪检监察机构切实履行监督责任，严明政治纪律和政治规矩，持之以恒纠正"四风"，保持惩治腐败高压态势，抓紧构建不敢腐、不能腐、不想腐体制机制，推动国资委和中央企业党风廉政建设和反腐败工作取得新成效。2017年中央企业党风廉政建设民意调查结果显示，职工群众对党风廉政建设和反腐败工作成效满意率92.11%，对遏制中央企业腐败现象表示有信心的92.67%，分别比2016年提高1.13和0.57个百分点。

一、认真学习贯彻落实党的十九大精神，按照党中央、中央纪委的部署和要求，从严落实"两个责任"

国资委党委认真贯彻落实党的十九大、全国国企党建会精神，全年召开34次党委会、中心组学习会，系统学习习近平总书记系列重要讲话和指示批示精神，深刻领会习近平总书记提出的一系列重要思想、重要观点、重大判断、重大举措，始终坚持用习近平新时代中国特色社会主义思想武装头脑、指导实践、推

动工作。召开2017年度中央企业党风廉政建设和反腐败工作会议，对中央企业贯彻落实工作作出部署。

驻委纪检组把学习贯彻党的十九大精神作为首要任务，第一时间组织传达学习。驻委纪检组领导先后带队到多家企业调研企业学习宣传贯彻党的十九大精神情况，督促中央企业党组织在思想上政治上行动上同以习近平同志为核心的党中央保持高度一致，坚决查处违反政治纪律的行为。2017年，驻委纪检组两次与国资委党委书记就落实主体责任情况交换意见，两次与国资委党委和各位党委委员交换意见，通报国资委和中央企业以及各位党委委员分管领域的党风廉政建设和反腐败工作情况，向国资委党委提出意见建议33条，向党委委员提出意见建议35条。驻委纪检组领导带队赴9家企业走访调研全国国企党建会精神落实情况，督促企业着力解决党的建设弱化、淡化、虚化、边缘化问题。认真履行中央企业系统（在京）十九大代表选举监督组职责，严把人选的政治关、廉洁关；派员参加14家中央企业党委、纪委换届工作，重点对换届提名的14名纪委书记、10名纪委副书记人选进行考察把关。

二、坚持治标不松劲，持续发挥不敢腐的震慑作用

2017年，驻委纪检组和中央企业纪检监察机构持续保持惩治腐败高压态势，接受信访举报40310件，初核29115件，立案8123件，给予党纪政纪处分11530人，移送司法机关处理250人。驻委纪检组全年接受信访举报13060件，初核103件，立案24件，给予党纪政纪处分53人，移送司法机关处理4人。其中，查处国资委党委管理"一把手"12人，开除党籍7人，形成强大震慑。特别是严肃查处电信科研院原院长真才基严重违纪问题，给予开除党籍、开除公职处分，将其涉嫌犯罪问题及线索移交司法机关，是第一个被移送司法机关的国资委党委管理的中央企业"一把手"。

坚持惩前毖后、治病救人的方针，积极践行监督执纪"四种形态"。2017年，驻委纪检组运用"四种形态"处理215人次，其中第一种形态160人次，占74.4%；第二种形态25人次，占11.6%；第三种形态23人次，占10.7%；第四种形态7人次，占3.3%。中央企业运用"四种形态"处理44448人次，其中第一种形态32225人次，占72.5%；第二种形态9645人次，占21.7%；第三种形态1911人次，占4.3%；第四种形态667人次，占1.5%。通过惩治极少数、教育大多数，广大党员干部更加真切地感受到党组织的关怀，从严要求自我的自觉性进一步增强。

三、持之以恒落实中央八项规定精神，"四风"问题得到有效遏制

国资委党委和中央企业党委（党组）坚持扭住作风建设不放松，看住重要节点，紧盯享乐奢靡和隐形变异的不正之风，深挖在执纪审查中发现的"四风"问题线索，对顶风违纪的一律从严查处、通报曝光。2017年，驻委纪检组和中央企业纪检机构查处违反中央八项规定精神问题976起，处理1722人，给予党纪政纪处分995人，分149批通报曝光243起违反中央八项规定精神问题，在中央纪委网站分3批通报曝光11起典型案件。紧盯领导人员、关键岗位等重点对象，紧盯吃喝、旅游、送礼、超标超配办公用房和公务用车等重点问题，紧盯节假日等重要时间节点，一个节点一个节点抓，一个问题一个问题解决，带动作风整体转变。逐月汇总国资委和中央企业查处违反中央八项规定精神问题数据，在国资委网站通报。对中央纪委党风政风监督室转来的问题线索，加大督办力度，及时报送办理结果。完善纠正"四风"长效机制，各中央企业修订完善本企业履职待遇、业务支出等规章制度，用制度建设巩固作风建设成果。

四、扎紧制度笼子，健全不能腐的体制机制框架

驻委纪检组把制度建设作为构建不能腐体制机制的一项重要任务来抓，制定出台《关于中央企业构建"不能腐"体制机制的指导意见》，推动中央企业用制度管权、管人、管事。79家中央企业制定构建不能腐体制机制的具体细则和办法，完善监管制度3223项，健全廉洁风险防控机制，加强对关键少数特别是

"一把手"和重要部门、关键岗位主要负责人的监管。指导企业制定贯彻落实《关于中央企业纪检工作贯彻落实习近平总书记"三个区分开来"重要思想的指导意见》的具体办法，在严肃查处违纪行为的同时，旗帜鲜明为敢于担当的干部担当，为敢于负责的干部负责。按照中央纪委的部署，围绕"一带一路"建设，组织55家企业开展腐败风险国别研究，编印第一辑《"一带一路"腐败风险国别研究报告》。加强境外资产监管调研，制定印发《中央企业境外廉洁风险防控指导意见》，防范境外国有资产流失和腐败问题。

五、深化党风廉政教育，构筑不想腐的思想堤坝

驻委纪检组把学习党章党规党纪作为党员干部必修课，大力推动党风廉政教育常态化制度化。一是深入开展党章党规党纪教育。组织中央企业纪委书记培训班，驻委纪检组领导为学员作《中国共产党问责条例》辅导报告；组织中央企业纪检监察人员培训。中央企业开展党章党规党纪教育19万余次，参加人数1136万余人次，开展警示教育近10万次，参加人数667万余人次，开展任前廉政谈话14万余人次。二是加强警示教育。在年初召开的中央企业党风廉政建设和反腐败工作会上，通报一批违反政治纪律的案件。深刻剖析中国铁物、中冶集团国有资产重大损失案以及中国有色集团天津公司融资性贸易造成损失案，通报监事会办事处原主任、正局级专职监事王克勤违纪违法案，制作《褪色的人生》警示教育片，拍摄《央企领导人员违纪违法警示录》，发挥案件通报和反面典型的警示作用。会同国资委党委召开中国铁物、中冶集团国有资产重大损失案件通报会，督促各企业对照两起案件暴露出的问题和教训，严肃政治纪律、举一反三、堵塞漏洞。三是加大正面宣传力度。在中央纪委网站、国资委网站、《人民日报》、《中国纪检监察报》等媒体刊发报道，宣传国资委和中央企业落实全面从严治党责任、贯彻中央八项规定精神等经验做法；编印29期《纪检组工作交流》、7期《纪检研究》，发挥上传下达的作用，为中央企业借鉴交流纪检监察工作提供平台。

六、深入推进中央企业纪检体制改革

严格落实查办案件以上级纪委领导为主，纪委书记及副书记提名考察、纪委书记考核以上级纪委领导为主的要求，扎实推进中央企业纪律检查体制改革，为纪检机构强化监督执纪问责提供有力保障。2017年，驻委纪检组会同国资委干部管理部门、有关方面提名考察43名中央企业纪委书记、纪委副书记、监察机构正职；配合中央纪委组织部、五室考核48名中管企业纪委书记2016年度履职情况，同步考核46名国资委党委管理领导班子企业纪委书记的履职情况。建立企业纪委书记、副书记备用人选库410人，推动中央企业纪检监察队伍建设不断取得新成效。

七、不断加强纪检监察队伍自身建设

驻委纪检组贯彻落实"两学一做"学习教育常态化制度化要求，不断提高中央企业纪检队伍自身政治站位和履职能力。制定《驻国资委纪检组关于贯彻习近平总书记重要讲话精神、加强领导班子建设的措施》，按照建设政治机关、领导机关、服务机关和抓党建的要求，提高政治能力、专业能力、党建能力。坚持理论学习与业务学习相结合，派员参加中央纪委、中央组织部、中央国家机关工委组织的专题业务培训班。完善内部管理制度，制定《中国共产党纪律检查机关监督执纪工作规则（试行）》的实施细则，修订汇编内部管理制度，组织排查廉洁风险，强化对权力的监督制约。组织开展警示教育，提醒纪检干部时刻保持头脑清醒，防微杜渐，把握好"亲、清"二字，坚决防止"灯下黑"。

（审稿人：罗景一　撰稿人：霍星宇）

国资委党委对中央企业开展巡视工作情况

2017年，国资委党委巡视机构在中央巡视工作领导小组、国资委党委和巡视工作领导小组的领导下，

深入学习贯彻习近平新时代中国特色社会主义思想和党的十九大精神，贯彻党中央关于巡视工作的重大决策部署，牢固树立"四个意识"，坚决维护习近平总书记核心地位、维护党中央权威和集中统一领导，坚决落实中央巡视工作方针和国资委党委工作要求，主动对标中央巡视工作，坚定不移深化政治巡视，坚持无禁区、全覆盖、零容忍，发现问题、形成震慑，推动改革、促进发展，发挥全面从严治党利剑作用。2017年完成对36家企业和单位党组织的巡视，提前完成对国资委党委管理党组织的巡视全覆盖。对全部102户中央企业进行巡视整改情况专项督查，促进中央企业巡视整改取得实效。召开中央企业巡视巡察工作座谈会，推动巡视工作向纵深发展，各项工作取得显著成效。

一、全面落实主体责任，深入贯彻落实中央关于巡视工作的重大决策部署

（一）强化做好巡视工作的政治担当

国资委党委把巡视工作作为履行全面从严治党主体责任的重要抓手，高度重视，加强领导，精心部署。全年召开10次党委会议研究巡视工作，党委书记郝鹏、主任肖亚庆对巡视工作作出批示148次。国资委巡视工作领导小组全年召开5次会议，听取2批36家单位巡视情况汇报，对巡视成果运用提出具体要求。巡视工作领导小组成员亲自参加巡视反馈工作，明确提出整改要求，把党中央和国资委全面从严治党的决心有效传递到被巡视党组织，增强巡视反馈的权威性。

（二）深入学习贯彻党的十九大精神

把学习、宣传、贯彻党的十九大精神，作为巡视机构的首要政治任务，迅速掀起学习十九大精神的热潮。一是组织巡视干部认真研读党的十九大报告、新修正的党章、中央纪委工作报告和习近平总书记在十九届一中全会上的重要讲话精神，做到原原本本学、联系实际学、深入思考学。二是通过领导授课、集体研讨、座谈交流、专题培训、党员讲党课等多种形式进行深入学习，在学懂弄通做实上下功夫。三是深刻把握十九大精神实质和精髓要义，特别是十九大报告中关于巡视工作的新要求，用思想武装头脑，指导实践。

（三）坚决落实中央关于巡视工作的重大决策部署

一是认真学习有关文件精神。组织全体巡视机构认真学习中央颁布新修改的《中国共产党巡视工作条例》《关于市县党委建立巡察制度的意见》等文件，确保吃透精神、把握好要求。二是联系实际抓好贯彻落实。结合国资委巡视机构实际对有关配套制度进行修改完善，确保将中央要求体现到规章制度中去，落实到具体的巡视工作中去，取得实实在在的成效。三是学习贯彻王鸿津有关讲话精神。专门组织学习中央巡视办主任王鸿津在国资委专题调研时的讲话精神，联系实际，制定有关措施，抓好落实落地。

二、持续深化政治巡视，推动全面从严治党向纵深发展

（一）提高政治站位，与时俱进深化政治巡视

坚决落实政治巡视要求，把维护以习近平同志为核心的党中央权威和集中统一领导作为根本政治任务，坚决维护习近平总书记在党中央、全党的核心地位，以"四个意识"为政治标杆，以党章党规党纪为政治尺子，把统筹推进"五位一体"总体布局、协调推进"四个全面"战略布局作为基本政治要求，落实习近平总书记关于国企国资改革重要指示精神，推动党和国家关于深化国有企业改革发展各项决策部署、国资委党委工作要求得到全面贯彻落实。

（二）兑现政治承诺，实现巡视全覆盖

强化管党治党担当，主动扩大巡视监督范围，将直属事业单位、离退休干部局、机关服务中心、直管协会等40家单位党组织列为巡视对象，于8月初提前完成对国资委党委管理党组织巡视全覆盖，发现和推动解决违反政治纪律和政治规矩等深层次问题，体现国资委党委管党治党的坚定决心，释放党内监督无禁区、无例外的强烈信号，特别是有力促进服务中心、直

管协会党的领导、党的建设,推动有关部门研究制定协会党建工作、干部人事、纪检监察等方面的一批规章制度,堵塞体制机制漏洞,实实在在起到"破冰"的效果。

(三)创新方式方法,巡视工作质量明显提高

注重巡视工作方式方法创新,针对不同巡视对象,探索形式多样的巡视工作模式。分两轮首次对2家中央企业开展"机动式"巡视;在对10家中央企业进行巡视"回头看"的基础上,对2家中央企业进行"回头看",释放"游动哨"和"回马枪"的威力。对业务联系紧密的离退休干部局、机关服务中心和协会联合会,采取"一托二""一托三"等方式,集中安排巡视,有效提高工作效率和发现问题质量。

(四)注重成果运用,强化执纪问责

根据巡视移交问题线索,对违反政治纪律、风气不正、经营不善的13家企业15名主要负责人进行调整。根据巡视意见,及时对有关中央企业、直属单位领导班子进行调整,对违规经营、搞利益输送央企主要负责人进行严肃问责,对违反政治纪律、违规决策造成巨大损失的有关央企领导人员进行公开通报。同时,督促被巡视党组织对移交的506件信访举报初核357件,立案58件,党政纪处分99人,组织处理103人,移交司法机关2人。根据巡视发现的普遍性、倾向性问题,健全制度935项,追责问责627人,挽回经济损失4.83亿元。

(五)扎实开展深化巡视整改专项督查

针对中央巡视组指出中船重工党组巡视整改有关问题,强化政治担当,在要求各中央企业开展自查自纠、深化巡视整改的基础上,对全部102户中央企业进行整改情况专项督查,听取工作汇报380场次,查阅文件资料5.2万余份,谈话了解426人次,撰写各类报告总结126份,严明政治纪律和政治规矩,有效传导压力和责任,促进中央企业巡视整改取得实效。这次督查对中央企业推动和开展巡视巡察工作起到重要作用。巡视完成较早的企业,充分运用督查成果,再次激活和深化整改;巡视不久的企业,边督边学、边督边改,提高对巡视整改重要性的认识;新上任的企业负责人,能够将落实督查意见作为工作切入点,迅速打开局面,取得突破。

三、加强对中央企业巡视巡察工作指导,构建上下联动的监督网

国资委党委在大力推进对所管理领导班子中央企业巡视全覆盖的同时,按照中央巡视工作领导小组部署要求,加强对中央企业内部巡视巡察工作的指导,推进全面从严治党不断向纵深发展。一是及时传达学习中央关于建立完善巡视巡察监督网的要求。及时传达习近平总书记关于加强和改进巡视工作的重要讲话精神,要求各中央企业高度重视,联系实际,积极做好内部巡视巡察工作,与中央、国资委党委巡视工作同频共振,同向发力。二是加强制度顶层设计。研究起草《关于加强和规范中央企业党委(党组)巡视巡察工作的指导意见(征求意见稿)》,对中央企业内部巡视巡察工作的体制机制、机构设置、成果运用作出明确规定,进一步规范工作,提高水平。三是多渠道组织培训和学习。组织中央企业巡视巡察工作人员参加中央纪委和中央巡视办组织的专题培训,增强政治素质,提高政治站位。通过挂职、借调等方式组织各中央企业巡视巡察干部到国资委巡视机构"以干代训"。

截至2017年底,中央企业(上海贝尔除外)全部制定巡视工作相关制度规范,对巡视工作的职责定位、监督重点、工作方式、成果运用等作出规定。97家中央企业建立巡视机构、开展巡视工作;对2157户二级企业开展内部巡视,占二级企业总数的65%;31家企业完成对二级企业巡视全覆盖,占央企总数的32%;53家中央企业部分二级企业开展巡察工作。初步形成中央巡视、国资委党委巡视与中央企业内部巡视上下联动、同频共振、横向到边、纵向到底的巡视巡察监督网络,推动全面从严治党向基层延伸。

四、加强巡视干部队伍建设

按照"打铁必须自身硬"的要求,不断健全选配、培训、交流等制度和机制,把巡视巡察岗位作为考验、

锻炼、教育干部的熔炉和平台,选派后备干部参加巡视巡察工作,不断提高巡视巡察干部的综合素质和业务能力。进一步理顺巡视办各项职责,明确任务分工,调整处室设置,加强巡视办力量配置,以适应巡视工作任务要求。强化巡视机构党组织建设,加强日常教育、管理和监督,严格执行党的纪律和巡视工作各项制度规定,着力打造忠诚干净担当的巡视干部队伍,当好国有资产忠诚卫士。为充实巡视干部队伍,改善队伍结构,进一步充实巡视工作人员人才库,由国资委内有关厅局和已开展内部巡视的中央企业推荐组织人事、党建、财务审计、纪检监察和巡视干部,截至2017年底,68人择优纳入人才库。全年从人才库存中选择40名业务骨干参加巡视工作,为巡视工作有效开展提供坚实的组织保证。

五、全面总结、科学谋划国资委党委巡视工作

一是全面总结十八大以来国资委党委巡视工作。全面总结国资委党委开展巡视工作的主要做法、工作成效、认识和体会,形成综合总结报告和中央企业、直属单位、直管协会的专题报告,全面准确反映党的十八大以来国资委党委巡视工作成效。二是科学谋划今后五年巡视工作。以党的十九大精神为指引,起草国资委党委巡视工作总体规划(2018—2022年)。分析工作现状及当前形势,明确指导思想和工作目标,提出今后五年国资委党委巡视工作的主要思路、工作重点,并对年度巡视任务进行初步安排,为今后一段时期巡视工作提供基本遵循。

(审稿人:贾春曲 撰稿人:袁正秋)

各省(区、市)国有资产监督管理概况

第三篇

2018
CHINA'S STATE-OWNED ASSETS SUPERVISION AND ADMINISTRATION YEARBOOK
中国国有资产监督管理年鉴

北京市

一、北京市国有资产监督管理综述

2017年，北京市国资委系统认真贯彻落实中央、市委市政府决策部署，牢牢把握稳中求进工作总基调，紧紧围绕首都"四个中心"城市战略定位，全面深化国资国企改革，大力提升质量效益，全力服务首都发展，从严加强党的建设，各项工作取得明显成效。

（一）国有经济质量效益持续提升

持续开展提质增效工作，多措并举推动稳增长，截至2017年底，市属企业资产总额45203.9亿元，比上年增长13.1%；归属母公司所有者权益8997.7亿元，比上年增长11.4%；实现营业收入14875.4亿元，比上年增长21.4%；实现利润896.1亿元，比上年增长24.7%；上缴税费总额1108.3亿元，比上年增长21.8%。主要经济指标均高于全国国有企业平均水平，创历史新高。一是"稳"的基础更加巩固。积极降低企业杠杆率，扎实推进金隅集团债转股工作，北京银行等企业股权融资592亿元，企业资产负债率稳中有降。大力拓展盈利空间，千方百计压降成本费用，全年降本增效170亿元，应收账款和存货比均上年降低10%，超额完成全年目标任务。二是"进"的动能加速形成。出台市属企业发展"高精尖"产业总体方案，完善以创新为导向的考核体系，加大国有资本经营预算对企业转型升级的支持力度；以京企云梯联盟为纽带，推动市属企业与中关村企业创新合作，达成合作项目50余个。市属企业创新成果不断涌现，获得国家级科技进步奖6项、国家级企业管理创新奖9项。三是"质"的提升成效显现。积极推动"瘦身健体"，有序推进首钢首秦钢铁公司停产搬迁，提前关停金隅前景水泥，压缩水泥产能90万吨；分类处置"僵尸企业"90家，压减企业法人349户，均超额完成全年目标。组建北京轨道交通技术装备集团，聚集资源加快轨道交通产业发展，集成电路装备迈入全新14纳米技术代，达到国际先进水平。积极拓展海外市场，在习近平总书记见证下，城建集团与马尔代夫签订机场改扩建协议。

（二）服务首都示范作用充分发挥

一是在"疏解整治促提升"上作表率。以"三个率先"统领国企疏解工作，提前超额完成"疏解整治促提升"专项行动任务，疏解面积282.6万平方米、人口9.82万人。圆满完成二河开地区综合整治、白浮泉和都龙王庙疏解腾退等市级挂账重点任务。统筹利用疏解腾退土地"留白增绿"和优化提升首都功能，建成主题公园、绿地、公共服务和生活设施177处，涉及面积552万平方米，得到市领导的肯定和市民的一致好评。二是在推动京津冀协同发展上立标杆。出台《推进京津冀国有技术类无形资产交易加快创新成果转化的工作意见》，完善三地创新资源整合共享机制，促进京津冀国有企业间协同创新发展。统筹推进产业转移承接平台建设，首钢曹妃甸协同发展示范区累计签约129项，城建重工专用车生产基地建成投产。设立总规模1000亿元的京津冀城际铁路发展基金，推进京津冀一体化交通网络建设，京唐、京滨铁路宝坻段开工，京秦高速主体工程完工。改组成立北京城市副中心投资建设集团，统筹推进副中心规划建设，行政办公区一期工程基本完工，环球主题公园全面开工，新机场航站楼封顶封围。三是在治理"大城市病"上当先锋。开展市属企业大气污染治理攻坚行动，48家工业企业严格执行空气重污染期间停限产措施，33家企业投入3亿元完成全市1/4的煤改清洁能源，完成全市出租车三元催化器更换任务，淘汰老旧柴油公交车1271辆。积极破解交通拥堵难题，成立北京静态交通投资运营有限公司，盘活停车存量资源，增加供应总量，公交集团调整优化217条线路，京投公司、轨道公司等企业投资建设的S1线、燕房线、西郊线顺利通车。推动环境综合治理，环卫集团打造全口径全周期固废处理利用平台，建成南宫、阿苏卫垃圾焚烧厂，大幅提升垃圾资源化利用水平；排水集团新建污水收集管网118千米，新增污水处理量1.3亿立方米，有效改善首都水环境质量。四是在保障和改善民生上树形象。市属企业利用自有土地积极参与保障房和养老项目建设,全年新开工建设保障房2万套,占全市29%;国资公司开设养老驿站86家,首开寸草养老院将居家养老、社区养老和机构养老有机结合,探索"融合式养老"新模式。推动"一刻钟社区服务圈"建设,王府井开设120余家便利店,二商集团建成近百家食品连锁店。自来水集团完成自备井置换200户,16.5万人用水得到改善。积极做好西藏、新疆等七省(自治区、直辖市)对口支援合作工作,近三年累计完成投资581亿元,吸纳当地就业人数5万人。

(三)国资国企改革扎实有序推进

一是体制机制不断完善。出台完善法人治理结构、解决历史遗留问题等7项文件,构建"1+31"的改革政策体系。以管资本为主完善国资监管体制,出台出资人监管权力和责任清单,将审批事项精简至31项。全面清理规范性文件,精简优化监管事项61项。启动首旅集团改组国有资本运营公司试点,推出首钢深化改革综合试点,试点示范带动作用逐步显现。二是重点领域改革迈出实质步伐。实施4个一级企业重组项目,减少6户一级企业,完成京粮集团与珠江控股专业化重组,重组力度历年最大。出台市属国有企业公司制改革工作实施方案,全部市属一级企业完成公司制改制。首农股份入选国家第三批混改试点,119家子企业完成混合所有制改革,引入非公资本331.4亿元,6家企业员工持股试点有序推进。全面完成公车制度改革,取消公车5100辆,走在地方国资系统前列。妥善解决新兴公司长期拖欠贷款、前锋股份股权分置改革、中电北京公司产权纠纷等一批长期未解决的历史遗留问题。积极推进6.4万名退休人员社会化管理,累计移交867万平方米非经营性资产,切实减轻企业负担。三是监管力度进一步加大。修订企业投资监督管理暂行办法,制定企业境外投资监督管理办法,引入负面清单制度,上线企业投资管理信息系统,对投资计划执行及重大项目实施全程监管。加强和改进监事会监督,"一企一策"确定监督重点,对境外子企业开展专项检查。出台企业领导人员经济责任审计和企业内部经济责任审计管理办法,开展8户企业领导人员经济责任审计,延伸审计企业159户。印发企业违规经营投资责任追究暂行办法,严格规范薪酬兑现,对市委通报问责企业集体降薪,对违纪违法企业负责人扣减部分或全部绩效年薪。四是区属国资国企改革有力推进。深化中央、市、区三级国有企业合作,全年开展合作项目68个,涉及金额872.6亿元。西城区国有资本三级授权体系初步建立;东城区积极搭建老字号企业改革发展平台;海淀区神州高铁首发上市;顺义区积极探索职业经理人制度,燕京啤酒面向全球公开招聘总经理;怀柔区与中关村发展集团合作成立怀柔科学城平台公司,助力首都"三城一区"建设。

(四)党的建设开创新局面

紧扣首都"四个中心"功能定位和国资国企改革发展的中心任务谋划国企党建工作,企业党组织较好发挥把方向、管大局、保落实作用。一是持续强化理论武装。按照"快、高、特、实、热、恒"六字要求,深入学习宣传贯彻习近平新时代中国特色社会主义思想和党的十九大精神、全国和北京市国企党建工作会议精神,广大党员"四个意识"进一步增强,搞好国有企业的信心更加坚定。二是着力守好意识形态前沿阵地。落实党委意识形态工作责任制,大力培育和践行社会主义核心价值观,连续开展"国企楷模·北京榜样"、国企开放日、媒体走国企、微电影大赛等活动,传播国企好声音,展示国企好形象。三是着力建设中国特色现代国有企业制度。成立现代国有企业研究院,落实党组织法定地位,完善重大问题决策机制。直接出资企业全部完成公司章程、党委会议事规则和"三重一大"决策制度修订工作。四是着力加强企业领导班子和人才队伍建设。完善"双向进入、交叉任职"的领导体制,直接出资企业全部实现党委书记、董事长一肩挑,党委建制企业党员总经理全部兼任党委副书记,全部配备专职副书记。出台《关于加强北京市属国有企业创新型人才队伍建设的实施意见》,高端人才培养引进力度不断加大。坚决执行市委对市属企业领导人员管理体制调整的决定,顺利完成交接任务。五是着力夯实基层基础。健全基本组织、建好基本队伍、完善基本制度,大力推进"两学一做"学习教育常态化、制度化。树立党的一切工作到支部的鲜明导向,建立委班子成员基层党支部联系点制度,开展软弱涣散党支部整顿,扎实推进党支部规范化建设。老干部思想政治工作和离退休党组织建设不断深化,服务水平有效提升。六是着力压实管党治党责任。层层成立党建工作领导小组,持续开展党建述职,研究制定党建责任制实施办法和党建考评办法。深入开展巡察、党建日常督导、党风廉政建设责任制检查和党建重点任务专项督导。举一反三,对症施策,统筹推进巡视反馈问题整改。深化正风肃纪,严肃查处"四风"问题和腐败案件。七是着力维护安全稳定大局。严格执行工作台账、定期会商、领导包案工作制度,深入开展企业安全生产大检查和信访维稳安全运营督导,圆满完成党的十九大、"一带一路"高峰论坛等国家重大活动的安全稳定工作。

二、北京市国有资产总量与结构分析

表1　2017年北京市国有企业指标

项目	金额(亿元)
资产总额	45203.9
所有者权益	14859.9
营业收入	14875.4
利润总额	896.1
净利润	629.2
归属于母公司所有者的净利润	212.8
应交税金总额	1139.6
实际上缴税金总额	1108.3

表2　2017年北京市国有企业户数情况

项目	2016年	2017年	比上年增长(%)
户数(户)	8868	9424	6.27

表3　2017年北京市国有资产按地区分布情况

地区	国有资产(亿元)	占国有资产总量比重(%)
全市国有企业	13347.3	100.0
市属企业	9605.4	72.0
其中:市属监管企业	8043.8	60.3

续表

地区	国有资产(亿元)	占国有资产总量比重(%)
市属非监管企业	607.6	4.6
区县属企业	3741.9	28.0
其中:东城区	253.2	1.9
西城区	798.1	6.0
朝阳区	231.5	1.7
丰台区	117.4	0.9
石景山区	120.2	0.9
海淀区	419.2	3.1
门头沟区	47.9	0.4
房山区	83.7	0.6
通州区	94.8	0.7
顺义区	351.6	2.6
昌平区	131.1	1.0
大兴区	256.7	1.9
怀柔区	61.9	0.5
平谷区	86.1	0.6
密云区	47.3	0.4
延庆区	7.8	0.1
燕山区	0.1	0.001
亦庄开发区	633.3	4.7

注:表中国有资产数据为2017年度全市单户企业叠加汇总数,表中汇总数与全市总量不等的原因是本表中未考虑集团内部抵消数。

表4　2017年北京市国有资产按行业分布情况

行业	国有资产(亿元)	占国有资产总量比重(%)
第一产业	203.2	0.6
其中:农林牧渔业	203.2	0.6
水利管理业		
第二产业	10379.4	32.5
其中:工业	9742.9	30.5
建筑业	636.5	2.0

续表

行业	国有资产（亿元）	占国有资产总量比重(%)
第三产业	21392.0	66.9
其中：交通运输业	2571.9	8.0
仓储业	34.0	0.1
批发和零售、餐饮业	856.8	2.7
房地产业	7795.0	24.4
社会服务业	8676.7	27.1
卫生体育文化教育科研	567.8	1.8
其他行业	889.8	2.8

注：表中国有资产数据为2017年度全市单户企业叠加汇总数，表中汇总数与全市总量不等的原因是本表中未考虑集团内部抵消数。

表5　2017年北京市国有资产按经营规模分布情况

经营规模	国有资产（亿元）	占国有资产总量比重(%)
大型企业	8702.9	36.1
中型企业	7027.5	29.2
小型企业	4186.1	17.4
微型企业	4155.4	17.3
合计	24071.9	100.0

注：表中国有资产数据为2017年度全市单户企业叠加汇总数，表中汇总数与全市总量不等的原因是本表中未考虑集团内部抵消数。

三、北京市国有资本保值增值综合分析评价

表6　2017年北京市国有企业地区和行业国有资本保值增值情况

地区	国有资本保值增值率(%)	行业	国有资本保值增值率(%)
全市国有企业	102.39	第一产业	102.78
市属企业	102.48	其中：农林牧渔业	102.78
市属监管企业	102.44	水利管理业	
市属非监管企业	103.10	第二产业	104.82
区属企业	102.16	其中：工业	104.63
东城区	103.18	建筑业	107.80
西城区	103.39	第三产业	102.97
朝阳区	102.69	其中：交通运输业	100.31
丰台区	101.77	仓储业	102.15
石景山区	102.04	批发和零售	109.26
海淀区	104.20	房地产业	104.20
门头沟区	99.49	社会服务业	102.00
房山区	98.96	卫生体育福利业	99.16
通州区	98.60	其他行业	104.48
顺义区	101.01		
昌平区	100.42		
大兴区	101.32		
怀柔区	100.59		
平谷区	99.86		
密云区	97.34		
延庆区	112.44		
燕山区	80.48		
亦庄开发区	102.30		

四、北京市国资委监管企业改革发展情况

（一）坚持聚焦供给侧结构性改革要求，不断提升国有企业发展质量效益

一是牢牢把握减量发展的基本特征。深入开展"瘦身健体"，"一企一策"压减管理层级，减少法人户数300余户，进一步提高企业管控水平。分类"处僵治困"成效显著。135户劣势及不符合首都功能定位的企业实现疏解退出，其中"僵尸企业"90户，超额完成全年50户的目标。"去产能"进展顺利。首钢集团

制定在秦皇岛地区6家企业整体转型方案,京煤集团分流安置职工1724人,金隅股份关停前景水泥压缩产能90万吨,处理危废以外的水泥产能全部从北京退出。

二是"高精尖"产业培育迈出坚实步伐。北汽集团加快新能源汽车和智能汽车领域抢滩布局,与百度、科大讯飞在汽车智能化领域达成战略合作,全国纯电动市场占有率第一。京东方全球首条10.5代TFT-LCD生产线提前投产,整体设备及核心工艺技术达到业界最高水平;第六代柔性屏生产线实现量产,打破三星在柔性屏行业的垄断,实现柔性屏"中国制造"。亦庄国投利用战略资本推动区域产业优化升级与发展壮大,参与发起基金55支,总规模超过2200亿元,有力带动社会资本构建服务"高精尖"产业资金链,荣获2017中国私募基金峰会政府引导基金第一名。

三是创新驱动模式蔚然成型。市属企业不断加大科技创新投入,建设协同创新平台和创新投资平台,开展大众创业万众创新活动。近三年,市属企业研发投入年均增长15.6%,专利申请数年均增长16.7%。北京市新能源汽车技术创新中心落户北汽新能源,建设全国科创中心再添新平台。中发展集团打造跨境创新孵化网络和创新金融服务体系,海外战略科学家达到16位,成立首支知识产权运营基金,加速形成支撑科创中心建设的高价值知识产权资产。

四是国际化经营稳妥开展。主动融入国家"一带一路"倡议,21家市属企业合作实施105个项目,总投资112亿美元,涉及31个国家和地区。规范境外投资审批程序,明确投资负面清单,稳步实施"走出去",国际化经营水平不断提升。首汽租车与全球租车业巨头Europcar合作创建具有全球性质的租车资源共享机制。京车公司为越南提供总计13列52辆电动客车,迈出北京装备"走出北京,走向世界"的第一步。

(二)聚焦首都城市战略定位,优化调整国有资本布局结构

一是坚决在"疏解整治促提升"中实现转型发展。2017年,完成专项任务489项,疏解面积282.6万平方米,疏解人口9.82万人。统筹利用市属企业疏解腾退土地,市属企业将零散土地用于"留白增绿""腾笼换鸟"和优化城市发展环境。首农建设主题公园和农业观光园还绿243万平方米,京城机电、首旅主动转型"社区养老",首开、二商利用社区存量土地资源建设"菜篮子"、停车场,提供便民服务,受到市领导的肯定和市民一致好评。

二是主动融入京津冀协同优化空间布局。强化重点领域突破辐射作用,宝坻京津中关村科学城、石家庄(正定)中关村科技新城项目取得新成效,北汽沧州、黄骅、承德等基地顺利实现量产爬坡和转型升级,首农张家口现代农业布局成为京张合作的"标杆",设立规模1000亿元的京津冀城际铁路发展基金加快推进交通一体化发展。以首善标准推进副中心、新机场建设,行政办公区、航站楼等展现最高建设标准,成为区域建设施工的典范。

三是以空前力度推进国有企业调整重组。推动战略重组,实施4个一级企业重组项目。推进市场化整合,京粮股份重组珠江控股、资产置换工作基本完成,京投公司完成北控交通装备有限公司股权收购,成立北京轨道交通技术装备集团有限公司。打造平台型国企,新设北京静态交通投资运营有限公司,将新奥集团改组为副中心投资建设集团,致力于提升首都城市建设发展水平。

五、北京市国资委监管企业并购重组与完善法人治理结构情况

(一)国有经济布局结构不断优化

紧密围绕首都城市战略定位,积极推动国有经济布局优化、结构调整、战略性重组。实施首农、二商、京粮联合重组为北京首农食品集团,首旅集团吸收合并王府井集团,祥龙公司吸收合并外经贸控股等重组项目,北京市国资委直接出资企业减少至40家,重组力度历年最大。组建北京静态交通投资运营有限公司,盘活整合停车资源,有效破解首都交通拥堵难题;完成新奥集团改组成立城市副中心投资建设集团,进一步提升副中心规划建设统筹水平。充分挖掘利用市属上市公司资源,推动市属国有控股上市公司重组整合,京粮股份实现借壳上市,珠江控股正式更名为

"京粮控股";京投公司收购北控交通装备有限公司股权,成立北京轨道交通技术装备集团有限公司。

(二)公司制改革和综合改革深入推进

首钢总公司完成公司制改制,市属一级企业层面全部建立现代企业制度。对二级及以下全民所有制企业逐户梳理,落实改革方式,推动具备改制条件的企业完成改制任务。经市政府批准,实施首钢深化改革综合试点,将现行改革试点政策统一落实到首钢,进一步在体制机制上推进首钢全面深化改革,充分激发企业活力、创造力和市场竞争力。

(三)董事会建设稳步推进

按照"成熟一家、推进一家"的原则,稳步扩大深化董事会建设完善现代企业制度试点范围,启动北京电控董事会试点,进一步落实董事会职权,积极发挥董事会在公司治理中的作用。组织召开公交集团出资人(扩大)会议,探索建立政府相关部门、人大代表、政协委员、行业专家和社会公众对公共服务类企业的综合监督评价机制,推动企业董事会不断提升决策水平。出台《进一步完善市属国有企业法人治理结构的实施意见》《市属国有独资公司董事会工作指引》,推动企业进一步完善法人治理结构,推进董事会进一步规范有效运转。推进中国特色现代国有企业制度建设,直接出资企业全部完成公司章程、党委会议事规则和"三重一大"决策制度修订工作。加强外部董事管理,积极推进外部董事占多数的董事会构成,举办外部董事专题培训,提升外部董事履职能力,开展外部董事2016年度履职评价工作,对96人、107人次外部董事和通过国管中心外派的4人、5人次外派董事进行评价,督促外部董事勤勉履职。调研专委会建设和运转情况,对专委会的构成、运作等方面作出更加细致和统一的规定,推动专委会充分发挥基础研究和辅助决策作用。加强董事会秘书队伍建设,举办市属国有企业董秘培训班,注重吸收董秘参与制度建设,进一步提升董事会日常工作科学化水平。

(四)强监管防流失得到有效强化

加强和改进监事会监督,实地检查各级企业417户,列席各类会议2395次,开展专项检查14项,报送专项报告31份。加强境外国有资产监督,对9户境外企业开展专项检查。加强专项监督,出台经济责任审计工作管理办法、内部经济责任审计工作管理办法,对8户企业领导人员开展经济责任审计,延伸审计159户企业,资产总额4333亿元。出台《贯彻落实〈企业国有资产交易监督管理办法〉的意见》《北京市国有企业违规经营投资责任追究暂行办法》,加大对重大违法违纪违规的追责力度。加强监督协同,组织召开北京市国资委监督工作联席会议,各监督部门对企业战略性结构调整、重大改革、劣势企业退出、法人治理结构运行、改革试点、党建工作等重要工作加强统筹联动,提升监管效能。积极配合市委巡视组及纪检监察、审计等监督机构对企业的监督检查,及时提供有关材料。贯彻落实市委对市属企业专项巡视反馈意见整改工作要求,督促推进企业问题整改,及时反馈整改情况。不断创新监管模式。运用"互联网+"创新监管模式,组织召开公交集团出资人(扩大)会议,探索形成政府相关部门、人大代表、政协委员、行业专家和社会公众对公共服务类企业的综合监督评价机制,会议通过网络进行图文直播,进一步增强社会各界的参与程度,扩大会议的影响力、公信力。

六、北京市国资委监管企业建立和完善经营业绩考核体系情况

(一)分类考核政策全面落地

修订出台《北京市市属国有企业负责人经营业绩考核暂行办法》等业绩考核配套制度,构建以"建立科学分类管理机制,完善分层责任传导机制,搭建市场化、专业化对标机制,完善长效激励约束机制"为核心的"一企一策"的分类考核工作体系。

(二)指标聚焦核心发展任务

围绕做好增量,引导企业发展"高精尖"产业、加快股份制改革等;围绕盘活存量,引导企业加大调整重组力度、推动混合所有制改革等,加快向质量效益型发展方式转变;围绕主动减量,引导企业去产能、去库存、去杠杆,加快处理历史遗留问题。

(三)加大创新考核指标权重

鼓励市属企业聚焦"高精尖"产业发展,加强科技创新、管理创新和商业模式创新。以年度考核当期研发投入强度、任期考核新产品开发和科技成果转化能力为原则加大创新考核力度;建立创新容错机制,承担列入"十三五"规划的15项战略性先导产业发展任务的,投入期亏损在考核时予以视同处理,运营期盈利在考核时予以加倍计算,推动企业实现创新驱动发展;2017年20户企业增加创新指标考核,占考核企业总数的40%。

七、北京市国资委监管企业负责人考核与选人用人机制改革情况

(一)坚持调查研究,健全完善企业领导人员管理制度机制

落实企业专职党委副书记季度研讨制度,围绕"推进全面从严治党有效延伸""加强和改进混合所有制企业党建工作""加强和改进京外境外国企党建工作""锻造高素质专业化国企领导人员队伍"等主题举办4次专题研讨会,进一步提升企业领导人员理论研究和政策把握水平。加强对企业领导班子和领导人员综合研判和专项研判,统筹领导人员到龄、干部交流需要等情况,明确企业领导班子建设的思路和方向。

(二)坚持原则标准,统筹推进企业领导人员选拔任用和交流培养

坚持集中调整和日常调整相结合,以正职为重点,着力选优配强企业领导人员,优化班子结构和功能。推进市属企业和双管企业的党委换届实现"应换尽换",完成47家企业换届任务。适应企业功能作用和产业发展要求,推进郊旅公司整体上市后管理体制和领导班子的调整配备。及时调整补充企业领导班子成员,企业领导人员管理体制调整前完成班子调整51家131人次,其中新提拔23人。发挥综合调配功能,做到选拔使用和培养、储备相结合,统筹做好市属企业领导人员与中央金融单位和中央企业等交流挂职、市属企业与外省市互派领导人员挂职、援疆援藏援乌、军转干部安置工作,做好选拔市属企业选调生、后备干部跟踪培养等工作。

(三)坚持突出重点,加大选人用人制度探索力度

完善"交叉任职、双向进入"领导体制,加强专职党委副书记和纪委书记配备,在设立董事会的企业中全面推行党组织书记、董事长1人担任,在设立董事会的党委建制的企业中全面落实党员总经理兼任党委副书记并进入董事会。加强外部董事队伍建设,组织开展专职外部董事专题调研,研究和解决专职外部董事联系、服务、学习、薪酬等方面的问题。根据国有独资公司外部董事补充配备情况,研究配备方案。落实市委市政府和委党委工作部署,在广泛调研的基础上,优先选择27家市属二级及以下企业特别是上市公司开展职业经理人试点工作,指导企业"一企一策"制定市场化选聘经理层的制度措施。

(四)坚持从严要求,全面加强企业领导人员管理监督

按照国资委党委统一部署,结合巡察对4家企业开展选人用人检查,发现和推动解决企业选人用人存在的突出问题。开展企业领导人员兼职专项清理规范工作,规范清理兼职975项,涉及领导人员331人。对538名一级企业领导人员报告事项进行审核,随机抽查54名企业领导人员个人有关事项,对拟提拔或转任重要岗位领导人员个人有关事项进行查核,对10名填报事项不一致的领导人员进行函询或提醒。开展违规办理和持有因私出国(境)证件专项治理工作,做好登记备案、信息变更、证件保管等工作,进一步规范出国(境)管理。健全考核评价机制,组织开展2016年度企业领导班子和领导人员民主测评并反馈测评结果,同步配合开展企业选拔任用工作"一报告两评议"和基层党建工作评议考核,汇总分析综合考核评价结果并研究起草分析报告。

(五)坚持政治站位,做好企业领导人员管理体制调整有关工作

坚决执行北京市委对市属企业领导人员管理体制调整的决定,完成1421卷干部档案,3978份个人有关事项报告,国资委成立以来所有企业领导人员任免

小档的移交,对领导班子分析、企业重组改革、领导人员兼职、出国境审批备案、董事会建设等近20项工作作出专项说明,顺畅完成工作交接。

八、北京市国资委监管企业党的建设和廉政建设情况

(一)国有企业党的建设全面加强

一是深入学习贯彻党的十九大精神。按照"快、高、特、实、热、恒"的标准和要求,精心组织学习传达、宣传贯彻党的十九大精神各项工作,全系统组织集中宣讲3500余场,兴起学习宣传贯彻党的十九大精神的热潮。引导市属企业牢固树立"四个意识",坚持以党的最新理论和习近平新时代中国特色社会主义思想统领企业党建工作,用党建引领改革、服务发展、推动重大任务落实,履行好把方向、管大局、保落实的职责。

二是着力建设中国特色现代企业制度。强化中国特色现代企业制度研究,与清华大学合作组建现代国有企业研究院,打造国内第一家专门研究中国特色现代国有企业制度理论的一流智库。推进党建工作总体要求进章程,直接出资企业全部完成章程修订工作,469户二级及以下企业将党建工作总体要求纳入章程。完善"双向进入、交叉任职"领导体制,设董事会的一级企业全部实现党委书记、董事长"一肩挑"。健全决策机制,按照前置程序的要求,市属企业全部完成党委会议事规则和"三重一大"决策制度修订工作。

三是全面落实管党治党责任。指导市属企业层层成立党建工作领导小组,全面加强对党建工作的组织领导。起草《市属企业党建工作责任制实施办法》和《市属企业党建工作考核评价办法》,将党建工作与企业经营绩效及薪酬相挂钩,形成齐抓共管的党建合力。持续推进基层党建述职评议考核,连续四年开展与董事会报告工作相结合的党建述职,推动党建压力层层传导、任务层层分解、要求层层落实。建立党建日常督导新机制,依托监事会工作平台,组建巡察工作机构,在从严从实抓紧当期监督同时,对企业党建开展巡察,促进党建工作抓在日常、严在经常。

四是大力夯实基层党建基础。推动企业沿着产权链条同步设置党的组织、开展党的活动,在"压减"工作中同步加强党的建设,落实主体责任,深化国资监管。推进企业换届选举,实现应换尽换、能换尽换。推进"两学一做"学习教育常态化制度化,在4000多个党支部进行规范化试点。推广"五小工作法""互联网+党建"等基层党建典型,有力提升基层党组织的组织力、广大党员的带动力。

(二)把全面从严治党引向纵深

一是推动主体责任全面落实。认真履行监督职责,与一级企业党委全部签订党风廉政建设责任书,推动责任向下延伸;制定印发《北京市国资委党委落实〈关于实行党风廉政建设责任制的规定〉实施办法》和《关于进一步深化市属国有企业廉洁文化建设的意见》,督促企业党组织切实履行好主体责任。认真抓好中央、市委巡视反馈问题整改工作,对4家企业党组织和企业领导人员开展巡察监督。

二是驰而不息正风反腐。严格落实中央八项规定精神和市委实施意见,深入企业开展"四风"问题专项检查;在全系统开展违规购买和消费高档白酒专项治理,在市国资委机关开展"为官不为""为官乱为"问题自查自纠工作,推动作风建设常态化。严肃查处公款旅游、公车私用等顶风违纪问题,全年查处"四风"问题29起,给予党纪处分30人,通报曝光9起违反中央八项规定精神问题典型案例,持续发挥警示和震慑作用。2017年,驻委纪检监察组受理信访件1494件次,比上年减少2.3%;全系统立案199件,比上年增长31%;党纪处分217人,比上年增长39.7%。

三是深化纪律教育。注重运用党的十八大以来中央纪委查处严重违纪违法中管干部忏悔录开展警示教育,引导企业领导人员汲取教训,引以为戒,自觉遵守党纪国法。坚持开展促廉谈心和廉政谈话活动,不断强化企业领导人员责任意识和纪律意识。严格执行监督执纪工作规则,采取交流锻炼、选调送训、以干代训等方式,不断提高纪检监察干部监督执纪能力。

(撰稿人:韩志涛)

天津市

一、天津市国有资产监督管理工作综述

2017年,天津市国资系统认真学习贯彻党的十九大精神和习近平新时代中国特色社会主义思想,按照党中央、国务院和市委、市政府的部署要求,以深化供给侧结构性改革为主线,以提高质量效益和企业核心竞争力为中心,扎实推进国资国企改革发展,各项重点工作取得积极进展和成效。

(一)推进国有企业供给侧结构性改革

一是按时完成去产能任务。按照《天津市与国家签署钢铁行业化解过剩产能实现脱困发展目标责任书》和《天津市人民政府关于报送天津市钢铁行业化解过剩产能实施方案的报告》的各项任务总体要求,在2016年压减炼铁产能159万吨、炼钢产能370万吨的基础上,2017年压减炼铁产能175万吨、炼钢产能180万吨。涉及天津天铁冶金集团有限公司和天津冶金集团有限公司两家企业集团。会同钢铁协会等单位对两家集团压减过剩钢铁产能工作进行预验收,与市发改委、市工信委、市人社局等单位组成天津市联合验收组,对两家集团开展联合验收及复查,圆满完成年度化解过剩产能任务,顺利通过国家部际联席会检查组验收。

二是超额完成"僵尸企业"处置任务。2017年初确定的"僵尸企业"处置目标260户,实际完成335户。政策支持帮落实。市国资委会同市发改委、市财政局等10部门出台《关于市管企业处置"僵尸企业"实施方案》,明确未来3~5年处置"僵尸企业"的目标任务和9个方面工作措施,制定财税、差异化信贷、土地整合、职工安置等6个方面的支持政策。会同市场监管委出台《关于国有"僵尸企业"清算注销工作指引》,明确企业清算注销工作流程和所需要件,对企业关心的难点问题给出政策解决措施。加强指导推落实。组织召开处置"僵尸企业"工作推动会,引导企业把"处僵治困"作为"瘦身健体"、提质增效的重要前提和基础工作抓紧抓好。建立"僵尸企业"处置工作调度例会制度,对"僵尸企业"数量多的企业,实行"一企一策"指导推动。会同市相关部门建立处置"僵尸企业"工作联席会议制度,加强组织协调和督促检查,研究工作中遇到的重大问题和重要工作安排,提出完善相关政策措施的建议,及时向市政府汇报有关情况,从市里层面统筹解决。打通通道保落实。加强与法院和市场监管部门的协调联动,打通退出通道,加快解决"僵尸企业"退出要件不全、流程不熟、立案分散等共性问题。天津市高级人民法院将157户拟破产企业指定基层法院管辖,提供政策服务。天津市第二中级人民法院集中立案,依法缩减工作环节。天津市市场监管委通过市场监管档案信息系统,为资料不全的"僵尸企业"调阅有关资料。压实责任严落实。完善考核办法,增加"僵尸企业"处置完成情况考核项,压实企业主体责任,强化对有"壳"企业和有计划剥离"僵尸企业"整体混改的市管集团的考核,根据完成情况在兑现薪酬时视情给予特别加分或扣减绩效薪。跟踪进展督落实。对任务重的企业加大督查力度,跟踪督导督办,加强问题和工作"两个台账"管理,促进"僵尸企业"处置工作按照既定的路线图、时间表落实到位,确保工作效果。

三是持续推动压缩企业管理层级。召开压缩管理层级专项调度会,建立信息沟通机制,实行台账督促,加强工作调度,帮助企业协调解决遇到的难题,压缩企业管理层级工作取得积极进展。2017年,减少四级及以下企业法人40户。通过持续推动企业压缩管理层级,市管企业管理层级逐步收缩到三级以内,实现扁平化管理。

四是加快推进剥离企业办社会职能。强化领导责任。在市深化国企改革领导小组的领导下,各相关委办局作为成员单位,按职责协调推进。各区政府成立本区组织领导机构,分管区长牵头抓,区有关部门各司其职,开辟剥离国企办社会职能"绿色通道",协调解决重点、难点问题。各企业履行主体责任,"一把手"负总责、亲自抓,"一企一策"制定实施方案,定出时间表,画出路线图,明确责任书,积极稳妥推进。强化制度引领。落实国务院文件要求,完善工作配套制

度体系,以市政府文件印发《关于中央驻津企业和天津市国有企业职工家属区"三供一业"分离移交工作的实施方案》,市有关部门配套形成《中央驻津企业和天津市国有企业职工家属区供水供电供热项目分离移交工作实施细则》和《中央驻津和天津市国有企业办市政社区管理等职能分离移交实施方案》,确保剥离工作依法有序推进。强化调研推动。先后三次对天津市国企承担职工家属区"三供一业"情况进行调查摸底,准确掌握任务数量和目标范围。对于包袱大、任务重、难题多的企业,通过实地调研考察、指导制定方案、明确进度安排,尽快达成意向。所有移交企业、项目均明确接收意向。强化工作对接。针对中石油大港油田公司、北京铁路局天津建筑段、食品集团中农场类企业需移交的"三供一业"体量大、情况复杂的情况,市国资委会同专业主管部门、公司,先后召开5次专题工作对接会,项目现场协调、任务现场分配、困难现场解决。协调移交接收双方及时签订框架协议,"三供一业"移交工作取得积极进展,完成国家下达的70%目标。截至2017年底,供水方面完成13.5万户、供电方面完成15.8万户、供热方面完成13.8万户、供气方面完成9.6万户、物业管理方面完成11.3万户。

五是扎实推进国企创新发展工作。加大国企科技创新推动力度。将科技投入、专利申请、高新技术企业培育、创新创业等工作指标,纳入企业负责人业绩考核指标体系。利用国有资本经营预算,支持关键核心技术研发、科研平台建设和产业化项目,全年支持科技创新项目资金6250万元。截至2017年底,市属国有企业中国家级高新技术企业突破100户,拥有国家级企业技术中心22家,博士后工作站28个,国家级重点实验室3个。拥有中国驰名商标48个,中华老字号37个,62个产品被认定为天津市"杀手锏"产品,有力促进企业转型升级。加大发展平台经济的推动力度。引导国有企业发起或参与设立12支2.34亿元规模创投基金,推进市管集团探索建设新的双创平台。截至2017年底,"双创企业"突破500户,"双创"平台35家,天津华泽、中环、渤化3家集团的双创平台成功入围工信部2017年制造业"双创"平台试点示范项目。国务院总理李克强赴天津考察时,高度评价中环集团"工程师变商人"的创新做法。加大商业模式创新的推动力度。推动传统行业与互联网深度融合,通过利用信息技术和互联网平台,积极发展新业态和新模式。截至2017年底,天物大宗交易额突破3000亿元,在线供应链金融为平台用户提供36.25亿元贷款。渤商网成为华北地区最具规模影响力的第三方电子商务循环物资处置平台。北贸通公司为400家中小企业外贸提供报关、退税、金融和人才等方面全套服务。津旅商务取得全国网络租约车牌照,开始试运营。

(二)加快国有经济布局结构调整

一是战略性重组稳步推进。启动实施3个重组项目。通过国有股权划转,完成津联控股公司重组振津工程公司项目,理顺产权关系,做实母子公司体系,为遴选实力优、信誉好、互补性强的合作伙伴,推动企业优化体制机制,加快转型发展创造条件。整合公交交通资源和整合做大化工企业的2个重组项目,形成重组方案,正在加速推进。

二是国有资本产业布局不断优化。按照《天津市管国有资本布局与发展"十三五"规划纲要》,到2020年,国有资本聚集到战略性新兴产业及现代制造业、现代服务业、公共产品及公共服务业、基础设施建设四大领域。2017年,积极推动装备制造、电子信息、医药、化工、轻纺、冶金等传统制造业企业向先进制造业转型升级,加快商贸、物流、金融、旅游、房地产等服务业企业转型升级步伐,大力培育和发展战略性新兴产业。加大食品、能源、水务、公交等保障性领域和港口、市政道路、高速公路等基础设施建设领域的投入,公共服务水平和服务民计民生能力不断提升。国有资本在重要行业和关键领域的集中度提高到88%,国有资本配置效率进一步提高。

三是国有资本空间布局得到拓展。对接京津冀协同发展等国家战略,积极推进中环集团内蒙古与河北光伏发电、医药集团沧州渤海生物医药产业园、天津港集团津唐国际集装箱码头等一批重点项目。主办天津市与中央企业落实京津冀协同发展战略恳谈会,与央企签订20个合作项目,投资总额1217亿元。组织天津市国企与吉林省、河北省、内蒙古自治区、云南省等地产业对接,推进优质富余产能转移和重大项目合作。融入"一带一路"建设,在首届"华博会"上共同举办"一带一路"的专场对接会。加强与巴基斯坦等"一带一路"沿线国家的产业对接和经贸交流。组织国有企业参加"第十一届中国—拉美企业家高峰会",组织9家市管集团携手走进欧洲,积极开拓海外市场。

(三)深化国有企业改革和加快市场化经营机制建设

一是国企混合所有制改革有序推进。启动8家市属集团混改工作。7家市属集团混改的实施方案履行市委、市政府决策程序。其他市属集团完成180户二级及以下企业混改,预计引入资金211亿元。加强制度设计。市委、市政府出台《关于进一步深化国有企业改革的实施意见》。在市深化国企改革领导小组的领导下,市国资委会同市有关部门加强配套制度建设,形成"1+30"文件体系,使国企改革始终在制度框架内规范推进。强化改革统筹。市深化国企改革领导小组加强方案、任务、政策、问题"四统筹",制定实施《关于全面落实国企混改"一二三"总要求的工作方案》。市国资委编制集团本部、集团系统、一企一策和人员安置等4个混改方案模板,明确混改方案必备的19个要件,促进混改提速。规范混改操作化。印发《关于深化国有企业混合所有制改革的工作流程》,梳理25个混改程序,实行"六个清单"管理,确保国企混改依法合规。

二是公司法人治理结构不断完善。与国企改革同步完善治理机制。在推进国有企业改革过程中,合理设置股权比例,打破"一股独大",积极吸引中央企业、有实力的地方国企和民营、外资等各类社会资本参与国企混改,强化不同所有制资本相互制衡。依法落实董事会职权。以市委、市政府办公厅文件出台市属国有企业董事会职权试点工作的《实施意见》,以市政府办公厅文件印发《关于进一步完善天津市市属国有企业法人治理结构的实施意见》,厘清党组织、股东会、董事会、经理层、监事会的权责关系,为加快形成国有企业有效制衡的法人治理结构提供制度保障。2017年,在50户二、三级企业中开展落实董事会职权试点。调整充实董事会力量。结合国企改革,持续调整优化企业董事会结构,配备职工董事,完善董事会组织架构,提升科学决策水平。2017年,任免市管企业董事93人次;督促指导6户市管企业配备职工董事,有职工董事的市管企业27户;向天津国有资本投资运营公司等7户企业选派外部董事14人次。

三是市场化机制建设步伐加快。把改革体制机制作为国企改革的核心内容,全方位对外开放搞活。通过引进新动能,倒逼体制机制创新。一方面,推进企业领导人员制式转换,加快建立市场化导向的用人机制。推行市场化选聘经营管理者和职业经理人制度,出台《关于在市管企业中推行领导人员制式转换的实施方案》和制式转换的工作流程,初步形成国有股东代表分类评价清单,加快推进企业去行政化。完成混改审批程序的7家市管企业领导班子成员全部提交制式转换的个人意愿。此外,在50户二、三级企业开展去行政化改革试点,按照新身份、新机制、新报酬运行。另一方面,推进国有控股混合所有制企业员工持股试点,加快建立对核心骨干的激励机制。认真落实国务院国资委、财政部、证监会《关于国有控股混合所有制企业开展员工持股试点的意见》,出台《天津市开展国有控股混合所有制企业员工持股试点的实施意见》,坚持市场化、岗位化、创新型导向,均衡考虑稳步推进与激励效果,明确试点条件、持股范围、入股价格、持股比例、股权流转和股权分红等核心内容。优先选择现有的国有控股混合所有制企业和科技型企业开展员工持股,积极组织试点申报工作。

(四)完善国有资产管理体制

一是改组组建国有资本投资运营公司。认真落实中央关于改革国有资本授权经营体制的部署要求,改组1家、新建2家国有资本投资运营公司,推进从管企业、管资产向管资本转变迈出重要一步。按照马凯副总理在全国国有企业改革经验交流会上关于让国有资本投资运营公司更多参与混合所有制改革的讲话精神,推动3家国有资本投资运营公司助推市属集团混改和供给侧结构性改革。改组的津联资本公司和新建的津诚资本公司,分别持有制造类和非制造类市属国企混改后股权,以市场化方式推进市属集团混改;新建的津投资本公司,主要发挥供给侧改革支持平台作用,支持钢铁企业化解过剩产能脱困发展。在助推混改同时,推动国有资本投资运营公司强化产业培育、资本整合、股权运作、价值管理,提高国有资本运营效率,推动产业转型升级,做强做优做大国有资本。

二是推动国资委管资本转职能提效能。实行正负清单管理。把握出资人职责定位,优化国资监管流程,出台《天津市国资监管清单(2017年版)》,取消监管事项16项、下放6项,清单以外的事项由企业自主决策。建立"红线"清单,编制《天津市国资监管负面清单(2017年版)》,明示投资并购、企业改制、资产转让、薪酬管理等18个方面的禁止性条款,划出不准编报虚假数据、为民企担保、虚假招投标等"十个不准"红线。调整优化内设机构。适应全面从严治党和管资本转职能的任务要求,推进加强监管与从严治党有机融合,调整市国资委机构设置,理顺监管职能,推进监管融合。新成立市国资委监督处、绩效督查处(巡察办)和信息化工作处。监督处强化对财务、审计和外派监事会揭示问题与风险的再监督,打造发现问题、整改问题的监督闭环。绩效督查处强化工作巡察、绩效督查和问题督办。信息化工作处着力推进智慧党建和智慧国资建设,提高国资监管效能。有针对性完善监管方式。更加注重管投向、管程序、管风险、管回报,修订《天津市市管企业投资监督管理办法》,强化投资全过程风险管理和后评价,对债务风险"重点关注类"市管企业的年度投资计划实行核准制度。更加注重对国有资本投资运营平台公司的管理,形成《天津市国有资本投资运营平台公司管理办法(试行)》,界定国资委、投资运营公司、注入市管企业3个层面的职责和权利,明确投资运营公司的功能定位、治理结构、绩效考核、薪酬管理、风险控制和监督检查等管理规定,国资委依法对国有资本投资运营公司履行出资人职责,国有资本投资运营公司对授权范围内的国有资本履行出资人职责,按照责权对应原则承担国有资本保值增值责任。强化监督协同机制建设。建立专业监督力量联动机制,出台《加强市级审计机关与市级国资监管部门协作配合工作办法(试行)》《驻市国资党委纪检组与市国有企业监事会加强协作配合的工作办法(试行)》等制度,形成监督合力。完善外派监事会工作机制,组织开展年度监督检查、专项检查和审计疑点线索的核查,发现问题和风险257个,促进企业加强管理和自我约束,防止国有资产流失。

二、天津市国有资产总量与结构分析

截至2017年底,天津市国有企业4134户,比上年增长0.02%;资产总额69038.3亿元,比上年增长7.9%;所有者权益16009.5亿元,比上年增长7.9%;实现营业总收入11306.8亿元,比上年增长2.4%;实现利润总额242.3亿元,比上年减少27.4%。

表1 2017年天津市国有企业指标

项 目	金额(亿元)
资产总额	69038.3
所有者权益总额	16009.5
国有资产总量	13231.6
营业收入	11306.8
利润总额	242.3
净利润	124.0
归属于母公司所有者的净利润	67.7
应交税金总额	449.1
实际上缴税金总额	461.5

表2 2017年天津市国有企业户数情况

项 目	2016年	2017年	比上年增长(%)
户数(户)	4133	4134	0.02

表3 2017年天津市国有资产按地区分布情况

地 区	国有资产(亿元)	占国有资产总量比重(%)
市属企业	7098.6	53.6
区属企业	6132.9	46.4
其中:滨海新区	3443.0	26.0
和平区	66.4	0.5
河东区	0.8	0.0
河西区	77.9	0.6
南开区	23.0	0.2
河北区	36.8	0.3

续表

地 区	国有资产（亿元）	占国有资产总量比重（%）
红桥区	16.0	0.1
东丽区	531.6	4.0
西青区	424.0	3.2
津南区	7.7	0.1
北辰区	92.3	0.7
武清区	500.4	3.8
宝坻区	272.6	2.1
宁河区	138.7	1.0
静海区	304.5	2.3
蓟州区	203.5	1.5

表4　2017年天津市国有资产按行业分布情况

行　业	国有资产（亿元）	占国有资产总量比重（%）
农林牧渔业	28.3	0.1
工业	1972.4	8.3
建筑业	1433.8	6.1
交通运输业	3082.9	13.0
仓储业	207.5	0.9
批发零售业	1424.4	6.0
金融业	1238.2	5.2
房地产业	2926.4	12.4
社会服务业	10970.2	46.3

注：行业结构分析为汇总数据，不考虑合并抵消因素。

表5　2017年天津市国有资产按经营规模分布情况

经营规模	国有资产（亿元）	占国有资产总量比重（%）
大型企业	1751.5	7.4
中型企业	5789.9	24.4
小型企业	11182.2	47.2
微型企业	4963.7	21.0
合　计	23687.34	100.0

注：规模结构分析为汇总数据，不考虑合并抵消因素。

三、天津市国有资本保值增值综合分析评价

2017年，天津市国有及国有控股企业国有资本保值增值率100.2%，其中，市级企业国有资本保值增值率99.9%，区属企业国有资本保值增值率100.5%。

表6　2017年天津市国有企业地区和行业国有资本保值增值情况

地　区	国有资本保值增值率（%）	行　业	国有资本保值增值率（%）
天津市国有企业	100.2	工业	97.6
市属企业	99.9	批发零售业	100.5
区属企业	100.5	社会服务业	100.9
滨海新区	100.2	房地产业	99.1
和平区	98.3	交通运输业	99.9
河东区	99.1	建筑业	101.3
河西区	101.1	仓储业	101.8
南开区	99.6		
河北区	97.7		
红桥区	98.9		
东丽区	102.3		
西青区	100.1		
津南区	101.0		
北辰区	103.5		
武清区	100.7		
宝坻区	99.2		
宁河区	99.9		
静海区	101.7		
蓟州区	99.7		

四、天津市国资委监管企业混合所有制改革与上市融资情况

（一）国企混改提速加力

坚持"一二三"的国企改革思路，推进竞争性领域国企混改全面提速加力。一是加强制度设计。市委、

市政府加强顶层设计，出台《关于进一步深化国有企业改革的实施意见》。在市深化国企改革领导小组的领导下，市国资委会同市有关部门加强配套制度建设，形成"1+30"文件体系，使国企改革始终在制度框架内规范推进。二是加强改革统筹。市深化国企改革领导小组加强国企改革总体统筹，建立工作调度机制，落实企业主体责任，健全督导考核制度，完善税费和资金支持、职工安置、审批绿色通道等方面支持政策，促进混改稳妥有序。三是规范混改操作。市国资委全面梳理涉及集团混改的资产清查、清产核资、审计评估、职代会、法律审核、进场交易等法定程序。印发《关于深化国有企业混合所有制改革的工作流程》，明确各种混改方式的审核权限、操作程序、关注要点、核心环节、红线底线，确保国企混改依法合规。四是建立国企改革三层"直通车"机制。第一层是市属集团与市深化国企改革领导小组成员单位直连。市属集团国企改革工作中遇到的问题，根据任务分工及时报请领导小组成员单位研究解决，领导小组成员单位结合职能研究解决问题路径和支持政策并保障落地。第二层是领导小组成员单位与领导小组政策协调组直连。在推进市属集团改革过程中遇到政策障碍时，及时汇总问题并提出解决意见建议，报请政策协调组协调解决。第三层是政策协调组呈报领导小组，经政策协调组协调，在短期内确实难以解决的问题，提请领导小组研究决定。通过三层"直通车"机制，能及时反馈改革中系统难以解决的问题，推动改革需要的工作支持与政策诉求，尽快化解瓶颈难题，促进国企改革任务落地。2017年，重点启动8家市管企业混改工作。其中建材集团、旅游集团、天津信托、北方信托、海泰集团、一商集团、水产集团7家市管企业履行市委、市政府决策程序，带动451户所属企业混改，预计引入资金383亿元；其他市管企业累计完成181户二级及以下企业混改，预计引入资金211亿元。

（二）上市工作稳中有进

围绕"培育储备一批、股改辅导一批、上市挂牌一批、重组增发一批"，持续推进国有企业上市挂牌增发工作。一是加强上市储备。按照资产、人员、财务、机构、业务"五独立"原则，指导推动比照上市公司标准组建股份有限公司，优化股权结构、资产结构和组织架构，壮大上市后备梯队。二是选择合理路径。以《关于加快推进国有企业资本运营工作的指导意见》为指引，紧盯主板、中小板、创业板，瞄准新三板，兼顾境外资本市场，指导推动企业选择最优路径上市、挂牌。三是盘活存量资源。推动企业盘活"壳"资源，将优质资产注入上市平台公司，提升资产证券化水平，制定6户上市公司"壳"企业的盘活方案。2017年，完成4户企业挂牌和2户企业增发。旅游集团海河游船公司、中环集团光电安辰公司、城投集团凯英科技公司、纺织集团天纺标公司完成新三板挂牌。渤海股份完成增发，市场融资9亿元；天药股份完成增发，发行股份收购金耀药业62%股权。上市挂牌储备工作进展顺利，中环集团七一二公司主板上市完成一轮反馈，2018年即将登陆资本市场；能源集团津能股份香港上市取得积极进展，涉税事宜得到相关部门支持与解答；天保能源香港上市工作取得积极进展，具备申报条件，即将在香港首发上市。

五、天津市国资委监管企业完善法人治理结构情况

（一）董事会建设取得突破

一是制度建设明显加强。以市委办公厅、市政府办公厅名义印发《关于进一步完善市属国有企业法人治理结构的实施意见》和《关于进一步落实天津市市属国有企业董事会职权试点工作的实施意见》，从转变国资委职能，突出以管资本为主加强国有资产监管的原则出发，为建立各司其职、各负其责、协调运转、有效制衡的国有企业法人治理结构，有效保障国有企业作为市场经济主体地位的合法权益，提供政策支持。

二是基础工作扎实有效。加大对公司章程修订的指导力度，结合企业发展实际，持续推动调整、充实、优化企业董事会组成人数和人员结构，配备职工董事，进一步健全董事会组织架构。2017年，任免市管企业董事93人次，指导企业修改公司章程60余件次；在50户二三级企业开展落实董事会职权试点；指导6户市管企业配备职工董事，有职工董事的企业27户。

三是外部董事队伍建设积极推进。继续推动以配备外部董事为标志的规范董事会建设,起草《关于建立健全外部董事管理机构建立一支专兼职董事队伍的实施方案》,探索搭建外部董事管理平台的思路举措。2017年,向天津国有资本投资运营公司等7户企业选派外部董事14人次。

(二)监事会监督的针对性和有效性进一步加强

一是监督制度体系不断完善。为加强党组织对监事会监督工作的领导,印发《市国资委党委会研究国有企业外派监事会重大事项工作办法(试行)》;为建立与审计、纪检等专业监督力量的联动机制,出台《加强市级审计机关与市级国资监管部门协作配合工作办法(试行)》和《驻市国资党委纪检组与市国有企业监事会加强协作配合的工作办法(试行)》。围绕建立可追溯、可量化、可考核、可问责的监事履职记录制度,修订印发履职记录编制办法、重点联系人工作办法、检查文件材料整理归档操作规程等6个规范文件。

二是各项监督检查规范开展。年度监督检查质量提升。2017年1月起,组织监事会对派驻的39家市管企业集团及所属76家重点子企业进行历时半年的年度监督检查,重点检查财务管理、重大决策以及董事会、经理层依法履职情况和上年度各项改革重点任务进展情况。形成年度监督检查报告39份,发现和揭示问题199个、风险点58个。针对发现的问题和风险点,向各相关企业进行通报,督促企业做好整改。同时,开展有针对性的警示教育,预防同类问题再次发生。专项检查稳步实施。根据2017年专项检查计划,在下半年组织监事会进行"企业负责人履职待遇和业务支出、公务用车制度改革落实情况"和"市管企业投资管理情况"专项检查。日常监督不断强化。2017年,各监事会列席企业各种会议300余次,涉及重大事项决策400余项。

三是监事会换届调整顺利完成。2017年是监事会一届任期的第三年,按规定进行换届调整。从6月开始,着手制定监事会换届调整工作方案。其间,征求监事会主席、办事处主任意见,并与所有涉及岗位调整的专职监事进行谈话;经监事会主席联席会、市国资委主任办公会和市国资委党委扩大会议先后审议通过换届调整工作方案。按照新的派驻方案,监事会派驻到41家集团公司。

(三)加强国有股东代表分类管理

为深化混合所有制企业国有股东代表管理,加强国有股东代表队伍建设,《国有股东代表分类评价清单》根据市管企业的分类和功能定位,将市管企业分为竞争类和公益类(社会功能类)两大类,以"政治素质、经营业绩、团结协作、作风形象"为4个主要评价要素,研究制定体现差异化的国有股东代表考核要素。合理设置评价指标,采取定性与定量相结合的方法,针对国有股东代表的履职尽责情况,按照"好、中、差"3个等级对国有股东代表进行分类评价,逐步建立起不同类别企业和层级的国有股东代表评价体系,实现对国有股东履职尽责的科学、有效评价,不断提升天津市国有股东代表管理的水平。

六、天津市国资委监管企业负责人业绩考核与薪酬管理情况

(一)2016年度企业负责人经营业绩考核及薪酬核定工作

按照《天津市市管企业负责人经营业绩考核办法(试行)》、《天津市市管金融企业负责人经营业绩考核办法》和企业财务决算等统计报表,对34户竞争类、8户金融类、4户功能类、3户公共服务类企业共计49户企业,审核2016年度考核指标完成情况,完成市管企业2016年经营业绩考核工作。竞争类企业中,考核结果为A级企业5户(占14.7%),B级企业20户(占58.8%),C级企业4户(占11.8%),D级企业5户(占14.7%)。金融企业中,考核结果为A级企业6户,B级企业2户。公共服务类企业中,考核结果为A级企业1户,B级企业2户。功能类企业考核结果均为B级。根据市管企业负责人薪酬改革《实施意见》、《市管企业负责人薪酬管理办法》和2016年市管企业经营业绩考核结果,49户市管企业负责人2016年税前年度平均薪酬49.69万元,比2015年(48.64万元)增长2.15%,平均年薪与职工收入比率5.2,保持在较为合理区间。

(二)2017年度企业负责人经营业绩考核指标核定工作

2017年,围绕落实市委、市政府提出的深化改革、防控风险、化解产能、提质增效、转型升级等重点任务设定考核指标,增加相应考核权重,充分发挥考核导向作用。一是深化国企改革。向市管企业下达包括一商、旅游、建材等10户一级企业集团在内的380户企业混合所有制改革任务考核指标,同时将列入计划的260户"僵尸企业""壳企业"的清理退出纳入考核,督促企业加速推进混改和清退工作。二是稳慎防控风险。向18户企业下达资产负债率考核指标,向5户融资成本率偏高企业下达限高控制指标,使整体的资产负债率控制在70%以内,降低企业融资成本,有效防控债务风险。三是积极压减产能。将落实国家要求化解180万吨钢、175万吨铁过剩产能的任务指标纳入考核。四是着力提质增效。市管企业利润总额要达到294.9亿元,比2016年(284.12亿元)提高10.78亿元,增长3.79%。五是加强转型升级。对医药、中环、渤化、百利等工业企业技术研发投入进行考核,促进企业创新驱动、转型发展。六是促进补强短板。根据企业特点加强短板指标考核,设定营业收入增长率、存货周转率、应收账款周转率、不良资产率、投资收益率等考核指标。此外,将落实市政府工作报告和20项民心工程中市管企业承担的工作任务纳入考核,对供气供热供水旧管网改造、轨道交通建设、重点城市项目建设等设定考核指标。

(三)进一步健全和完善考核体系

一是加强制度统筹。根据国务院国资委《中央企业负责人经营业绩考核办法》(33号令)和天津市国有企业负责人薪酬制度改革要求,经市薪酬改革领导小组同意,年初印发《市管企业负责人经营业绩考核办法》(津国资考核〔2016〕29号)、《市管金融企业负责人经营业绩考核办法》(津国资考核〔2016〕30号)和《市管企业负责人薪酬管理办法》(津国资考核〔2016〕31号)3项制度。二是规范班子考核。为落实市领导的要求,进一步强化对企业负责人的考核,出台《市管企业领导班子和负责人考核实施意见(试行)》(津国资党〔2017〕85号),分别从考核范围、考核目标、考核指标、考核程序、奖惩措施及责任追究等方面,建立起目标导向和问题导向,简便易行、科学高效的考核意见。三是完善减薪标准。认真对标国务院国资委出台的《央企负责人受党纪政纪处分扣减薪酬的暂行办法》,结合天津市实际,按照市委组织部要求,对年度考核评价为基本称职的,也予以扣减薪酬。

七、天津市国资委监管企业选人用人机制改革情况

一是调整优化企业领导班子。2017年,配合市委组织部调整国企领导班子27家,涉及干部58人次,其中提拔21人、重用3人、平职交流2人,有效改善国企领导班子的整体结构。全面推行"双向进入、交叉任职",建立规范董事会的市管集团,全部实现党委书记、董事长"一肩挑",总经理兼任党委副书记。认真落实全国国有企业党建工作会议精神,增强企业抓党建工作的领导力量,35家企业选好配强企业专职党委副书记,占总数的81.4%。

二是深入推进市场化选聘。在二、三级企业全面推行职业经理人制度,2017年选取19家市管企业所属的50户二、三级企业完成市场化选聘,主要分布在机械、电子、化工、医药、轻工、金融、建筑、交通、纺织、食品、住宅等多个行业。22户二、三级试点企业的领导人员选择职业经理人身份,28户试点企业的领导人员选择市场化选聘经营管理者身份。累计通过市场化选聘142名职业经理人,639名经营管理者。在混合所有制企业全面推行职业经理人制度,建立符合中国特色现代企业制度要求的经理层人员市场化选聘模式,实现党管干部原则与董事会依法产生、董事会依法行使选人用人权与选择经营管理者有机结合。畅通经营管理者与职业经理人身份转换通道,董事会按市场化方式选聘和管理职业经理人。畅通经营管理者身份转换与市场化选聘职业经理人的"双通道",形成以契约化管理和市场化薪酬为核心的国有企业领导人员管理机制,建立符合中国特色现代企业制度要求的经理层人员市场化选聘模式。

三是着重培养选拔年轻干部。2017年,认真贯彻落实市委办公厅《天津市年轻干部培养选拔计划》,配合市委组织部开展专项调研,从系统41家市管单位

筛选26名比照副局级、117名正处级优秀年轻干部人选。组织系统各单位开展专项调研，筛选一批212名40岁以下的比照副处级、335名35岁以下比照正科级优秀年轻干部，以满足国资国企改革发展对干部人才的需求。

八、天津市国资委监管企业党的建设和廉政建设情况

（一）以落实主体责任为抓手，全面从严治党向纵深发展

一是构建完整责任体系。研究制定落实"两个责任"的实施意见和落实主体责任的实施意见、检查考核办法、述责述廉办法等"两个意见、两个办法"。国资委党委书记与市管企业党委书记逐人签订《2017年党建工作目标责任书》。组织召开落实全面从严治党主体责任和监督责任专题汇报点评会，集中听取41家市管单位汇。组织开展落实全面从严治党主体责任检查考核。

二是认真抓好巡视整改。制定整改方案，明确51项整改任务、细化87条具体整改措施。制定巡视整改任务进度表，定期召开整改进度碰头会，推动整改任务落实落地。

三是抓好净化政治生态工作。深入彻底肃清黄兴国流毒影响，制定《肃清黄兴国恶劣影响净化政治生态深化整改措施》《肃清黄兴国恶劣影响净化政治生态深化整改任务责任清单》，明确四方面11条措施，推动肃清黄兴国恶劣影响净化政治生态持续开展。

四是深入开展不作为不担当专项治理。组织成立6个督导组，先后组织3轮集中督导。加大通报和问责力度，通报不担当不作为问题典型案例20起，查处不作为不担当问题410起，处理663人，其中85人被给予党纪政纪处理，152人被组织处理，76人被诫勉谈话，197人被通报批评。在天津市不担当不作为专项治理推动会上，国资委党委的做法受到市委领导充分肯定。

（二）以学习贯彻党的十九大精神为主线，思想政治建设持续加强

一是全力抓好党的十九大精神学习贯彻。推动国资系统开展全方位、多层次的宣传活动。全系统举办各类宣讲报告会1200多场，20万人次参加。召开座谈研讨会1005次，参加人数19659人，组织专家报告会31场，4703人参加。组织国资系统4位十九大代表走进集团公司、一线班组、兄弟单位进行宣讲。

二是深入推进"两学一做"学习教育常态化制度化。扎实抓好谋划准备、动员部署、学习讨论、督导落实等各环节工作。国资委党委组织召开4次协调推动会、开展3次集中巡查、每月定点抽查。国资系统成立930个督查组，开展督促检查4882次，确保学习教育质量和效果。

三是强化思想理论武装。研究制定《加强和改进市国资委党委理论学习中心组学习的规定》，促进党委理论学习中心组学习的制度化、规范化、常态化。国资委党委理论中心组学习集体学习7次。集团公司党委理论学习中心组集体学习均达到每季度1次以上，撰写学习体会279篇。

（三）以调整优化领导班子和人才培养为牵引，干部人才队伍建设不断加强

一是抓好班子调整配备。本着"适应改革、整体优化、结构合理、推进交流"的原则，加大领导班子调整充实力度。调整企业领导班子27家，涉及干部58人次，其中提拔21人、重用3人、平职交流2人，调整董事26人，有效改善班子整体结构。筛选26名副局级、117名正处级优秀年轻干部人选，提供干部储备。

二是加强领导干部监督管理。制定《天津市市管企业领导人员选拔任用廉洁从业结论性评价办法》。组织开展"十项专项整治"活动，对2015年以来选人用人情况进行专项检查。对14名市管干部配偶、子女经商办企业行为进行规范。

三是积极推进人才队伍建设。启动拔尖人才培养和技能大师培养"两个计划"。建立"人才专项基金"，申请获得市人才基金1910万元。建立三个层次1600余人的拔尖人才培养梯队。牵头组织天津市第二批人才特支计划申报工作，10人入选"杰出企业家"、1人入选"高层次创新创业团队"、2人入选"青年拔尖人才"、13人入选"天津市技能大师"、6户企业入选"企业人才智力合作项目"。

(四)以强化基层党组织整体功能为重点,基层党建工作水平有效提升

一是推进党建工作要求写进公司章程。推动各市管企业加快修订公司章程,明确和落实党组织在公司法人治理结构中的法定地位。41家市管集团及所属562家二级法人企业、4387家三级及以下法人企业全部顺利完成公司章程修改工作;剩余4家境外上市的二级公司积极稳妥推进相关工作。

二是抓好基层组织建设。持续推进"五好党支部"创建活动。加强基层党组织"带头人"队伍建设,举办14期培训班,组织3973名基层党支部书记进行集中培训。国资系统基层党组织全部实现应换尽换,换届率100%。圆满完成国资系统18名十九大代表候选人推荐提名和127名市第十一次党代会代表选举工作。

三是抓好党务干部队伍建设。制定《市属国有企业党务工作部门设置和党务工作人员配备暂行规定》,市管集团层面增配党务干部358人,党建力量得到有力加强。

(五)坚持加大力度,大力抓好党风廉政建设和反腐败斗争工作

一是狠抓中央八项规定精神落实。研究制定《关于建立健全推进工作落实长效机制的实施意见》,完善作风建设长效机制,防止"四风"问题反弹回潮。国资系统查处违反中央八项规定精神问题45件,处理违纪违规人员58人,其中,33人被给予党政纪处分。

二是积极运用监督执纪"四种形态"。国资系统运用监督执纪"四种形态"第一种形态处理894人次,"第二种形态"处理134人次,"第三种形态"处理49人次,"第四种形态"处理23人次。

三是加大正风肃纪力度。2017年,国资系统受理信访举报2911件次,处置问题线索1183件,立案161件,结案153件,给予党纪政纪处分191人,其中党纪处分162人,政纪处分74人,党纪、政纪双重处分45人。通过正风肃纪,有力震慑广大党员干部,进一步在国资系统释放从严执纪的强烈信号。

(撰稿人:刘 超)

河北省

一、河北省国有资产监督管理工作综述

2017年,面对去产能、治污染、调结构、防风险的艰巨任务,面对国有企业改革进入攻坚期的关键阶段,河北省国资委深入学习贯彻党的十九大精神和省委九届五次、六次全会精神,以习近平新时代中国特色社会主义思想为统领,全面贯彻落实中央和省委、省政府关于国资国企改革的一系列决策部署和要求,以供给侧结构性改革为主线,坚持稳中求进工作总基调,坚持新发展理念,着力推进稳健增长、改革攻坚、转型升级、动能转换、提质增效、风险防控、科学监管、党建保障等八项重点工作,较好地完成2017年的各项目标任务,企业运行呈现稳中向好、稳中有进、稳中提质的良好态势。2017年,河北省国有企业资产总额、净资产、营业总收入、利润总额分别为31268.8亿元、8135.4亿元、9354.2亿元、274.3亿元,比上年分别增长15.7%、14.8%、7.8%和29.3%,其中,省国资委监管企业资产总额、净资产、营业总收入、利润总额分别为9928.5亿元、3005.3亿元、7125.9亿元、125.1亿元,比上年分别增长6.3%、8.2%、9.1%和26.4%,利润总额创近年来最好水平。

二、河北省国有资产总量与结构分析

(一)总体情况

2017年,河北省具有独立法人资格的国有企业(以下简称"国企")3439户,比上年增长14.5%;资产总额31268.8亿元,比上年增长15.7%;实现营业总收入9354.2亿元,比上年增长7.8%;实现利润274.3亿元,比上年增长29.3%;职工人数70.1万人,比上年增长3.1%。

表1　2017年河北省国有企业指标

项　目	数量	比上年增长（%）
资产总额（亿元）	31268.8	15.7
负债总额（亿元）	23133.4	16.0
归属于母公司的所有者权益（亿元）	6485.7	14.6
净资产（亿元）	8135.4	14.8
营业总收入（亿元）	9354.2	7.8
营业收入（亿元）	9130.4	8.4
利润总额（亿元）	274.3	29.3
归属于母公司的净利润（亿元）	94.0	35.6
净利润（亿元）	183.7	26.8
应交税费（亿元）	413.1	32.2
上缴税费（亿元）	368.5	25.2
平均职工人数（万人）	70.1	3.1
国有资本及权益总额（亿元）	6193.0	13.1
资产负债率（%）	74.0	减少1.4个百分点
净资产收益率（%）	2.4	增加0.1个百分点
总资产报酬率（%）	2.1	与上年持平
总资产周转率（%）	0.3	减少0.1个百分点
国有资本保值增值率（%）	102.0	增加0.6个百分点

（二）户数分布情况

2017年，河北省国企3439户，比上年净增加436户，其中增加的569户国企中上年应报未报284户、新投资设立236户、划转9户、新设合并8户、收购11户等；减少的133户国企中，隶属关系改变14户、撤销关闭51户、歇业10户、改制9户、出售6户、破产9户。

1.按隶属关系划分。河北省3439户国企中，市县属国企2041户，增长19.9%；省属国企1398户，增长7.5%，分别占国企总户数的59.3%和40.7%。省属国企中，省国资委监管企业1053户，增长8.1%。

2.按经营规模划分。河北省3439户国企中，大型、中型、小型和微型企业分别为123户、461户、1169户和1686户，分别占国企户数的3.6%、13.4%、34%和49%。

表2　2017年河北省国有企业户数情况

项　目	2016年	2017年	比上年增长（%）
户数（户）	3003	3439	14.5

（三）国有资产总量分布情况

2017年，河北省国有资产及权益总额6193亿元，比上年增长13.1%；国有资本保值增值率102%，比上年增加0.6个百分点。

1.按隶属关系划分。省属国企国有资本及权益总额2203.2亿元，比上年增长7%；市县属国企国有资本及权益总额3989.8亿元，比上年增长16.8%，分别占国有资本及权益总量的35.6%和64.4%。

表3　2017年河北省国有资产按地区分布情况

地　区	国有资产（亿元）	占国有资产总量比重（%）
省属国有企业汇总	2203.2	35.6
市县属企业汇总	3989.8	64.4
其中：唐山市	1382.8	22.3
石家庄市	1343.1	21.7
张家口市	436.0	7.0
沧州市	263.2	4.2
秦皇岛市	169.4	2.7
衡水市	117.1	1.9
承德市	81.2	1.3
保定市	63.1	1.0
邢台市	43.5	0.7
廊坊市	41.5	0.7
定州市	34.2	0.6

续表

地 区	国有资产（亿元）	占国有资产总量比重(%)
邯郸市	14.2	0.2
辛集市	0.5	0.0
合　计	6193.0	100.0

2. 按行业分布。国有资本主要集中在社会服务业、工业和交通运输业，分别占国有资本的31.1%、28.7%和13%。工业企业内部，冶金和煤炭国有资本总量分别为862.6亿元和407.9亿元。

表4　2017年河北省国有资产按行业分布情况

行　业	国有资产（亿元）	占国有资产比重(%)
农林牧渔业	10.6	0.2
工业	1775.3	28.7
其中:煤炭工业	407.9	6.6
石油和石化工业	29.1	0.5
冶金工业	862.6	13.9
建材工业	1.7	0.0
化学工业	116.6	1.9
森林工业	0.0	0.0
食品工业	0.0	0.0
烟草工业	0.0	0.0
纺织工业	23.9	0.4
医药工业	34.8	0.6
机械工业	57.0	0.9
军工工业	3.4	0.1
电子工业	1.4	0.0
电力工业	120.6	1.9
市政公用工业	99.7	1.6
其他工业	23.5	0.4
建筑业	510.6	8.2
地质勘查及水利业	13.3	0.2
交通运输业	806.5	13.0

续表

行　业	国有资产（亿元）	占国有资产比重(%)
仓储业	231.1	3.7
邮电通信业	0.0	0.0
批发和零售业	177.2	2.9
金融业	343.7	5.5
房地产业	268.5	4.3
信息技术服务业	12.9	0.2
社会服务业	1927.6	31.1
卫生体育福利业	12.4	0.2
教育文化广播业	50.6	0.8
科学研究和技术服务业	35.9	0.6
机关社团及其他	16.8	0.3
合　计	6193.0	100.0

3. 按经营规模划分。河北省大型、中型、小型和微型企业国有资本及权益总额分别为2000.6亿元、948.1亿元、2000亿元和1244.3亿元，分别占河北省国企的32.3%、15.3%、23.2%和20.1%。

表5　2017年河北省国有资产按经营规模分布情况

经营规模	国有资产（亿元）	占国有资产比重(%)
大型企业	2000.6	32.3
中型企业	948.1	15.3
小型企业	2000.0	32.3
微型企业	1244.3	20.1
合　计	6193.0	100.0

4. 按增减因素构成划分。2017年，河北省国有资本及权益总额增加1035.8亿元，国家、国有单位直接或追加投资和无偿划入是最主要的增加因素，分别增加国有资本及权益总额336.2亿元、388.2亿元，两者合计724.4亿元，占河北省国有资本及权益增加量的70%，其中唐山曹妃甸地区2017年新投资企业36户，合计增资100亿元，无偿划入319.5亿元；单户注资较

大的是曹妃甸国控投资集团公司（100亿元）、河北钢铁集团（30亿元）、石家庄高新区河北昌泰建设发展集团（26.3亿元）；无偿划入主要来自曹妃甸国控投资集团（319.5亿元）、衡水市建设投资集团（18.8亿元）、曹妃甸金融控股集团（11亿元）。经营积累是导致国有资本及权益总额增加的另一大因素，2017年经营积累增加国有资本及权益192.1亿元，其中省属企业经营积累87.9亿元，市县属企业104.2亿元，分别占比45.8%、54.2%，主要来自河北港口集团（35.2亿元）、河北建投集团（30.8亿元）、唐山银行（11.2亿元）等。

2017年，河北省国有资产总量减少317亿元，经营减值直接导致国有资本及权益减少83.1亿元，无偿划出使得国有资产总量减少177.5亿元，主要来自曹妃甸投资公司和秦皇岛城市发展投资控股集团（分别划出100.7亿元和38.1亿元）。

三、河北省国有资本保值增值综合分析评价

2017年，河北省国有企业国有资本保值增值率102%，比上年增加0.6个百分点，整体完成保值增值任务。

（一）按隶属关系划分

省属国企保值增值率103%，比上年增加0.4个百分点；市县属国企国有资本保值增值率101.4%，比上年增加1.2个百分点，其中邯郸、秦皇岛、定州、衡水四市未实现保值增值任务。

（二）按行业分布划分

信息技术服务业、教育文化广播业和金融业保值增值率最高，分别为116.3%、107.4%和106.2%；工业企业保值增值率104.2%，河北省支柱产业的冶金、煤炭行业全行业保值增值率分别为104.1%、102.9%。

表6　2017年河北省国有企业地区和行业国有资本保值增值情况

地　区	国有资本保值增值率(%)	行　业	国有资本保值增值率(%)
廊坊市	109.3	农林牧渔业	102.1

续表

地　区	国有资本保值增值率(%)	行　业	国有资本保值增值率(%)
张家口市	105.1	工业	104.2
承德市	104.1	其中:煤炭工业	102.9
辛集市	102.6	石油和石化工业	102.7
唐山市	102.1	冶金工业	104.1
保定市	102.0	建材工业	
沧州市	101.8	化学工业	109.2
邢台市	101.6	森林工业	
石家庄市	100.7	食品工业	
衡水市	99.9	烟草工业	
定州市	98.4	纺织工业	99.7
秦皇岛市	95.3	医药工业	101.6
邯郸市	75.0	机械工业	120.0
市县属企业汇总	101.4	军工工业	100.5
省属企业汇总	103.0	电子工业	99.9
国有企业汇总	102.0	电力工业	105.0
		市政公用工业	102.3
		其他工业	103.7
		建筑业	101.4
		地质勘查及水利业	99.7
		交通运输业	103.7
		仓储业	104.5
		邮电通信业	
		批发和零售业	104.3
		金融业	106.2
		房地产业	98.5
		信息技术服务业	116.3
		社会服务业	102.5
		卫生体育福利业	88.0
		教育文化广播业	107.4
		科学研究和技术服务业	104.4
		机关社团及其他	97.0

(三)按经营规模划分

截至2017年底,大、中、小、微型国企国有资本保值增值率分别为104.5%、106%、101.8%、101.4%,整体上均完成国有资本保值增值任务。

四、河北省国资委监管企业改革发展情况

(一)多措并举狠抓落实,国企改革不断向纵深推进

突出改革的系统性、整体性、协同性,一手抓改革方案的统筹谋划、一手抓改革举措的落地实施,河北省国有企业改革呈现出积极稳妥、试点突破、全面推进、成效初显的态势。一是制度框架基本搭建完成。参照中央"1+N"国企改革政策体系,结合河北省国企实际,制定出台《中共河北省委 河北省人民政府关于深化地方国有企业改革的实施意见》及相关配套改革文件,形成"1+24"的国企改革政策体系,明晰河北省国企改革的总体目标、主要任务和时间表、路线图,细化改革配套举措。二是10项改革试点梯次展开。坚持试点先行,以点带面,稳妥有序开展落实董事会职权、改组组建国有资本投资运营公司、企业负责人薪酬制度、混合所有制企业员工持股、市场化选聘经营者和推行职业经理人制度等一系列改革试点工作,在探索新机制、新模式、新办法等方面取得初步成效,充分发挥试点的示范、突破、带动作用。三是重要改革继续深入推进。公司制股份制改革积极推进,省属国有企业公司制改制面95%,省国资委监管的一级企业公司制改革面100%,3省省国资委监管企业在集团层面完成混合所有制改革,企业混改面59%;上市公司10家,秦港股份回归A股。内部三项制度改革不断深化,企业经营机制进一步转换。四是加快剥离国有企业办社会职能实现突破。整体谋划、落实责任、完善措施、加大力度、强化督导,截至2017年底,签订"三供一业"分离移交正式协议1085份,完成对接总任务量的95%,其中省属企业与属地政府或有关单位签订正式协议113个,占全部分离移交任务的95.55%,超额完成2017年度任务。

(二)深入贯彻新发展理念,供给侧结构性改革取得明显成效

坚持以新发展理念为引领,激活存量、引导增量、主动减量,企业的市场竞争力得到增强。一是坚定不移去产能去杠杆。河北省国资委坚决落实国家和省政府关于去产能工作的一系列要求,指导督促监管企业克服困难,按时完成省政府下达的过剩产能压减目标任务。2017年,省国资委监管企业压减炼铁产能104万吨、炼钢产能336万吨;退出煤矿25处、压减煤炭产能977万吨;压减焦炭产能271万吨;关停煤电148MW,全部提前完成2017年压减钢铁煤炭焦炉煤电产能目标任务。引导企业开展市场化债转股工作,截至2017年底,监管企业资产负债率比上年减少1.1个百分点。二是强化科技创新。支持企业搭建创新技术研发平台、整合科技资源、加大研发投入力度。三是实施绿色发展。积极推进低碳化、循环化和集约化生产,认真落实国有企业节能减排责任,重点发展循环经济,建设绿色工厂,扎实推动绿色建筑与装配式建筑发展。

(三)加快新旧动能转换,转型升级取得新进展

大力实施创新驱动战略,加快调整优化产业、产品结构,突破发展瓶颈、拓展产业空间、延伸价值链条,企业发展后劲不断增强。一是传统产业技术改造提升力度不断加大。以新技术、新工艺、新材料推动产品升级、提高附加值为抓手,大力推动传统产业升级改造,企业核心竞争力和盈利水平不断增强。河钢集团高附加值品种钢比例进一步提高,成为全国最大的家电板和第二大汽车用钢供应商。唐山三友大力做精高端产品,粘胶短纤维、有机硅、糊树脂等高附加值新产品销售收入占总销售收入的45%以上,其中粘胶短纤维产量世界第一、出口总量持续保持国内第一。二是发展壮大新兴产业和现代服务业。积极培育以新能源、节能环保、生物医药等为重点的前瞻性战略性新兴产业,大力发展以医疗健康、金融服务、休闲旅游、商贸物流等为重点的现代服务业,新的经济效益增长极逐步形成。河北建投张家口坝上风能发电并网运行、乐亭菩提岛海上风电场等项目加快建设。集"医、健、康、养、游"为一体的华北医疗健康产业集团组建运营。三是开放合作取得新的成效。积

极参与"一带一路"沿线建设和国际产能合作,推动河钢、开滦等企业"走出去",充分利用国际人才、管理、技术资源和市场优势,增强参与全球资源配置的能力。河钢塞钢在2016年实现扭亏的基础上实现较大幅度的盈利。开滦集团向国外输出矿井设计、勘探等一体化服务,做强做大生产服务业。深入推进京津冀协同发展重大项目,河北建投京唐、京霸铁路开工建设,张呼客专联调联试,石济客专投入运行。

五、河北省国资委监管企业并购重组与完善法人治理结构情况

一是进一步推动监管企业并购重组。全面完成河钢集团有限公司对河北省机械科学研究设计院、冀中能源集团对煤炭工业石家庄设计研究院的整合重组工作。指导冀中能源集团和华药集团组建华北医疗健康产业集团,对冀中能源集团内部健康医疗资源进行整合。启动河北国控公司对河北外贸公司、河北建投集团对河北信息产业投资集团、河北国富农业投资集团的整合重组工作。根据工信部有关民爆行业结构调整的要求,以国控化工为平台,整合冀中能源峰峰集团的607厂、开滦集团的602厂等民爆资产以及三友集团的民爆资产,新组建的河北国控化工集团有限公司完成工商注册。会同省粮食局,经省政府同意,确定由河北省粮食产业集团有限公司对省粮食局管理的直属机械化粮油储备库、河北省军粮供应储备库、河北省财安粮食经营有限责任公司、河北良禾粮油购销有限公司进行整合重组,整合重组后纳入省国资委监管范围。二是进一步完善公司法人治理结构。根据《国务院办公厅关于进一步完善国有企业法人治理结构的指导意见》(国办发〔2017〕36号)精神,结合河北省实际,印发实施《关于进一步完善国有企业法人治理结构的实施意见》,结合加快推进落实董事会职权等10项改革试点,全面落实法人治理结构实施意见。组建新一届"外部董事专业资格认定委员会",确定第一批50名人选进入外部董事人才库,为河钢集团等9家企业遴选9名外部董事,积极协调组建省国控平台公司,负责外部董事日常服务管理等相关工作。

六、河北省国资委监管企业建立和完善经营业绩考核体系情况

一是强化经营业绩考核的导向作用。加强制度设计,根据形势发展需要重新修订完善《河北省国资委监管企业负责人经营业绩考核办法》(冀国资〔2017〕1号),考核的科学性进一步增强。强化目标导向,研究确定各监管企业负责人2017年度经营业绩考核目标。完成对16户企业2016年度的目标考核,研究确定企业2016年度经营业绩考核级别。推进过程考核,加大对被考核企业负责人经营业绩的动态监控力度,对监管企业及重要子公司2017年考核目标的完成进度进行集中调度,对影响企业经营业绩考核目标的重点、热点问题进行深度调研。二是严格规范监管企业负责人薪酬和履职待遇、业务支出管理。坚持业绩考核结果与监管企业负责人薪酬联动挂钩,根据考核结果核定负责人2015年度薪酬。对各监管企业负责人的薪酬发放和履职待遇、业务支出管理情况进行监督检查。面对面对企业薪酬管理相关人员进行业务培训,提高薪酬管理水平。建议调整委薪酬委员会,使薪酬管理机制更加规范。配合省薪酬改革领导小组对省属国有企业负责人薪酬政策进行修订。对雄安建投负责人薪酬管理制度制定进行指导。三是发挥工资总额的调控作用。完成2016年度企业工资总额和企业负责人薪酬专项审计。对各企业2016年度工资进行清算,对2017年度工资总额方案进行审核。

七、河北省国资委监管企业负责人考核与选人用人机制改革情况

一是选优配强企业领导班子。坚持德才兼备、以德为先、注重实绩、群众认可的选人用人导向,不断加强企业领导班子建设。2017年任免企业领导人员41人次,对开滦集团、河北省资产管理公司等监管企业主要负责人进行调整。认真落实省委、省政府关于理顺省国富集团管理体制的意见,对国富集团两位主要负责人进行调整补充。二是着力推进国有企业领导人员管理制度改革。扎实推进市场化选聘经营管理者、推行职业经理人制度、委派总会计师三项改革试点工作。做好监管企业层面改革试点工作,组织试点

企业省资产管理公司对市场化选聘经营管理者和推行职业经理人制度实施方案进行进一步修改完善,对委派的旅投集团总会计师进行履职情况调研,进行试点实施工作总结。进一步扩大试点范围。指导具备条件的监管企业在二级子公司层面开展三项改革试点工作,制定印发《省国资委监管企业二级子公司开展三项改革试点工作方案》,确定河钢新材公司等8家企业作为省国资委重点指导的试点企业。三是扎实做好监管企业党委领导班子换届考察工作。制定《省国资委监管企业党委领导班子换届考察工作方案》,会同省委组织部、省纪委完成对河钢集团等13家监管企业党委领导班子的换届考察工作,在此基础上,结合监管企业领导班子建设实际,研究提出关于监管企业党委领导班子换届人选的安排意见。四是开展2016年度监管企业领导班子和领导人员综合考核评价。制定《2016年度省国资委监管企业领导班子和领导人员综合考核评价工作方案》,会同省委组织部,完成对17户监管企业的综合考核评价。五是加强对企业领导人员的培训。2017年,组织举办各类培训班6期,参训人员640余人次。积极推动监管企业后备人才交流挂职,研究制定《京冀国资委监管企业双向交流挂职工作方案》,首批选派25名企业优秀后备人才,到北京市16家市属国有企业挂职学习。

八、河北省国资委监管企业党的建设和廉政建设情况

一是坚定理想信念,"四个意识"更加增强。省国资委坚持以习近平新时代中国特色社会主义思想为指导,深入学习宣传贯彻党的十九大精神,认真学习党章党纪党规,扎实推进"两学一做"学习教育制度化、常态化,牢固树立"四个意识",切实增强坚决维护以习近平同志为核心的党中央权威和集中统一领导的思想自觉、政治自觉和行动自觉。二是建立党建工作责任制,管党治党责任体系进一步健全。认真贯彻落实全国、河北省国有企业党的建设工作会议精神,指导企业将党建工作总体要求和党组织的设置形式、地位作用、职责权限、机构设置、运行机制、基础保障等写入公司章程,明确党组织在公司法人治理结构中的法定地位,18家监管企业全部完成党建工作总体要求进章程。健全"双向进入、交叉任职"的领导体制,监管企业集团层面全部实现党委书记、董事长一肩挑,党员总经理兼任党委副书记,为监管企业配备主抓企业党建工作的专职副书记。研究制定《省属企业党建工作责任制实施办法》,全面实行监管企业党委书记抓基层党建工作述职评议制度,增强党委书记抓党建"第一责任人"意识,层层压实管党治党责任。三是筑牢战斗堡垒,基础基层工作进一步夯实。按照"四同步""四对接"要求,指导企业新建、调整党组织514个,推进党组织全覆盖。开展党组织书记讲党课,持续深入开展"四创"和党委书记活动日,大力推行党员先锋指数管理经验做法,全面推广"党建工作项目化管理""党建双对标"等成功经验,推动党建工作与生产经营深度融合。四是压紧压实"两个责任",国资国企腐败易发多发势头得到有效遏制。细化责任、明确到人,签订"两个责任"承诺书,实施廉政约谈,加大压力传导力度。严格落实中央八项规定精神,坚决纠正"四风",实践运用监督执纪"四种形态",突出对企业关键少数的监督制约,加强对企业重点领域和关键环节的全流程监控,2017年,全系统初核481件,立案211件,结案194件,诚勉谈话140人,信访谈话254人,函询99人,党政纪处分280人,组织处理107人,移送司法11人,保持惩治腐败的高压态势。五是大力开展巡视整改、企业巡察,国资国企系统政治生态持续好转。全面落实省委巡视组对国资委提出的整改要求,对照整改清单,明确责任分工,不断强化督导,确保整改措施、责任落实、时间节点"三个到位";坚持巡视巡察上下联动,督导企业进行巡视整改回头看,认真开展"一问责八清理"行动,组织开展违规招投标专项清理活动,优化净化政治生态,堵塞国资流失漏洞。

九、河北省国资委监督管理工作情况

准确把握出资人职责定位,不断完善国资监管体制,以管资本为主加快省国资委职能转变,国资监管针对性有效性不断增强。一是完善国资监管制度体系。对93个国有资产监管规范性文件进行全面清理,保留36件、重新发布29件、重新修订20件、废止8件。推进简政放权,制定出资人监管权责清单,明确八类106项具体事项和22项事中事后监督管理制度,

对企业投资项目减少审核范围,简化审核备案程序,切实做到该管的科学管理、决不缺位,不该管的依法放权、决不越位,在此基础上,根据国务院部署和省政府要求,研究起草《河北省国资委以管资本为主推进职能转变方案》。二是改革国有资本授权经营体制。选择省建投集团、省国控公司开展国有资本投资、运营公司试点工作。通过搭建"资本层、资产层和执行层",对试点企业的组织架构进行压减,缩短管理链条。按照河北省经济发展要求,明确资本配置方向和运作模式,为进一步改革国有资本授权经营体制奠定基础。三是强化监督严防国有资产流失。整合、统筹出资人监督、外派监事会监督和审计、纪检监察、巡察等监督合力,建立实施监督工作联席会议制度,初步构建起协调联动、信息共享的外部监督大格局,形成发现、调查和处置问题的监督工作闭环,受到国务院国资委的充分肯定。充分发挥外派监事会作用,实行"一事一报告"制度,及时掌握企业经营管理情况,对企业财务、"三重一大"等事项深入开展检查,准确揭示问题和风险,全年提交"一事一报"专项报告108份,揭示企业资金使用、"去产能"、涉法涉诉等方面存在的问题和风险267项。强化审计监督,开展对企业的任中审计、离任审计和专项审计,发现并整改问题40余项,提出审计建议17条。四是稳妥推进集中统一监管。在充分调研和借鉴其他先进省市经验的基础上,印发实施《河北省省级经营性国有资产集中统一监管实施意见》。2017年,基于先易后难、稳步推进的原则,并经省政府同意,将省工信厅等6个省直部门19户企业管理的经营性国有资产纳入省国资委集中统一监管。

(撰稿人:胡岳鹏)

山西省

一、山西省国有资产监督管理工作综述

2017年,山西省国资系统深入学习习近平新时代中国特色社会主义思想,认真领会习近平总书记视察山西重要指示精神,紧紧围绕山西省委"一个指引、两手硬"重大思路和要求,全面落实山西省委省政府决策部署,坚持问题导向,市场化取向,整体谋划,分步推进,蹄疾步稳,精准发力,以改革促转型,以转型谋发展。国企国资改革全面推进,国有企业生产经营企稳向好,有些领域逐渐补齐短板,有些领域形成后发超越,国企国资改革、转型、发展进入新阶段。

(一)着力"根上改、制上破、治上立",精心谋划具有革命性、标志性、引领性的重大举措

一是制定"1+N"政策体系。省委省政府以全局观念和系统思维谋划国企国资改革,颁布《关于深化国企国资改革的指导意见》,出台4个配套文件,国资委及相关部门进一步制定50多个配套文件,形成"1+N"政策体系,搭建起"四梁八柱"性质的改革框架。这些文件在政策取向上相互配合、在实施过程中相互促进、在实际成效上相得益彰,对于推动基层改革实践发挥强有力的引领、促进和指导作用。省属企业和各市县都坚持问题导向和目标导向相结合,根据自身改革要求,制定一批实施方案和操作细则,推动各细分领域改革相继展开、齐头并进、纵深推进。二是改革国资授权经营体制。为了统筹山西省国有资本的优化配置和专业化重组以及新兴战略产业的培育发展,深入推进国有企业结构调整、布局优化,探索以"管资本"为主的国有资本授权经营体制,在省级层面成立全国规模最大的国有资本投资运营公司,将省属企业股权全部注入,搭建起国有资本进退留转的平台,授权其十项出资人权利。三是深化"放管服"改革。4月以后,率先在省直系统中启动并完成大处(室)制改革,机构设置更加符合"管资本"要求,强化监管和服务;对国资委行使的出资人监管权力和责任清单进行多轮梳理,精简17项监管事项,为省属企业"松绑"。四是明确国企改革重点任务。为落实"1+N"文件,按照"补齐短板、对标先进,迅速赶超、后发优势"原则,围绕顶层设计和落地落实,紧扣重点领域和关键环节,在前期确定13项重点工作的基础上,制定8个领域21项重点改革任务,对目标路径、推进措施、责任分工予以明确,形成国企国资改革的施工图,推动改革进入全面施工阶段,形成改革全面发力、多点突破、纵深推进的良好局面。五是制定改革优惠政

策。积极沟通协调有关厅局，支持国企国资改革的8项政策以省政府名义出台，涉及财政、税收、工商、土地、金融等领域，这些举措前所未有。六是指导市县国企国资改革。在全面推进省属企业改革发展的同时，出台指导市县改革实施意见，赴部分市县指导督促。加大改革经验交流力度，编发《山西国资简报》34期，《山西国资参考》15期，国务院国资委转发山西省改革信息5期，数量在全国靠前。

（二）着力优化国有资本布局，新旧动能转换步伐加快

一是突出企业主业。按照"一主三辅"，重新确定22户省属企业主业，明确企业发展方向。引导企业分产业、分类型、分阶段科学安排投资计划，合理确定企业的年度重点工程，突出产业转型发展项目、新动能项目和新兴产业投资。二是推进国有资本优化重组。通过推动企业战略性重组、提升管理层级等方式，设立一批承载山西转型使命的集团公司，把文化旅游、大数据、环境治理作为战略性支柱产业来培育，做强做大交通、燃气等优势产业，加快从煤炭"一柱擎天"，向多元"四梁八柱"转变。文旅、大地、云时代、交控、航空产业集团相继挂牌成立，水务集团、燃气集团抓紧筹组。三是深度实施"腾笼换鸟"工程。主动出让优良资产，下决心培育新动能，以煤炭、电力为先导，公布两批"腾笼换鸟"项目，推动山西省和江苏电力合作，潞安集团与美国APP公司股权合作，传统产业有望焕发新的生机。

（三）着力破除制约企业发展瓶颈，体制机制改革扎实推进

一是分层有序推进混合所有制改革。制定《省属国有企业发展混合所有制经济的实施意见》，明确山西省对省属大集团只保持绝对控股，甚至可以出让控股权；引入各类资本推进股权多元化；选择汾酒集团、建投集团开展试点工作；选择4户二级企业开展员工持股试点；新上项目及新设公司混改占比60%以上。二是坚持市场化选人改革。起草完成《关于省属国有企业董事会市场化选聘高级管理人员的指导意见（征求意见稿）》，探索推行经理层任期制和契约化管理，畅通现有经营管理者与职业经理人身份转换通道。

完成3户集团层面、6户省属企业二级公司经理层市场化选聘工作，社会反响强烈。三是推进省属企业经营班子任期制和契约化管理。以汾酒集团为开端，充分发挥考核导向和倒逼机制。根据不同企业所处行业、资产规模、质量、参考该行业平均资产报酬率、净资产报酬率、平均单位成本、人均劳动生产率等各项重要参数，"一企一策"研究确定考核指标。注重考核主业利润、行业平均值、净资产报酬率、人均劳动生产率、资本利用率、投资回报率、科技创新、市值等反映企业效益、质量的关键指标。四是深化"三项制度"改革。制定《关于进一步深化省属企业人事劳动用工收入分配制度改革的指导意见》，印发《关于做好2017年工资总额管理工作的通知》，指导企业进行双向调控、对表管理，逐步解决部分企业工资与经济效益匹配度不高、工资非理性增长、导向不明确、相互攀比、管控较弱等问题。

（四）着力提升企业运行质量，提质增效成效显著

一是充分发挥资本市场作用。起草《关于加强省属企业资本运营工作的指导意见》，系统梳理省属企业上市资源，制定上市后备企业培育工作的实施方案，逐月动态跟踪工作进展。列出93户企业进入上市后备资源库，重点培育其中38家。省属企业上市公司利用资本市场实现再融资150.1亿元，相比上年同期再融资额为零，取得明显突破。省属企业债券融资规模创新高，全年有望突破2400亿元，比上年增长50%。二是多措并举降低企业负债率。启动9户省属企业煤炭及资源价值重估批复4户，可降低资产负债率1.88~7.86个百分点；引导7家省属企业开展市场化债转股1050亿元，落地资金173亿元，可为企业降低资产负债率0.45~4.2个百分点；指导国投公司依托信用增进功能，完成前期审批的永续债增信业务项目发行完成后，可为企业降低资产负债率4~5个百分点。三是加大科技创新力度。起草《省属企业关于推进科技创新工作的实施方案》，出台《关于进一步完善省属国有企业科技研发人员激励机制的指导意见》，引导企业加大科技投入，促进科技转化，推进阳煤集团在煤机制造和地面巡检领域应用智能机器人试点，碳纤维、笔尖钢、太阳能板等高端产业产品处于国内领先地位。四是扩大对外开放合作。引导企业加大融入"一带一路""京津冀"等建设的力度,加快优势产业"走出去"的步伐,加强与央企、国内外大企业的合作,与国务院国资委共同组织"央企助力山西转型综改对接活动"。五是扎实开展入企服务。省国资委党委领导包联22户企业,32个重点项目,设身处地帮助企业解决具体困难和问题,全年为企业解决具体困难和问题100余件,如潞安"180"项目融资、焦炭集团重组等。六是强化防控化解风险。排查出省属企业各类风险点90个,制定化解预案,督促企业全面整改。采取有效措施化解部分上市公司退市风险,实现山煤、三维成功保壳。七是带头化解过剩产能。省属企业全年退出煤炭产能1275万吨,占山西省的56.3%。煤炭和钢铁企业分别分流安置人员1.4万人、1.5万人。

(五)着力减轻企业负担,历史遗留问题逐步解决

一是开展"双清"。清理企业欠薪欠保176.2亿元,兑现省委省政府对职工群众的重大承诺,既清理历史遗留问题,又立木建信,赢得广大职工群众对改革的衷心拥护。二是强化"瘦身健体"。制定取消四级以下公司、减少30%法人单位的工作计划,超过半数的省属企业将管理层级压缩至4级以内,任务最重的晋能集团压减法人单位356个,注销企业147户。三是推进"两办"改革。召开山西省加快推进国有企业分离办社会职能和厂办大集体改革工作会议,制定印发《国有企业职工家属区"三供一业"分离移交实施意见》等4个配套文件,组织专门力量赴企业、市县督导,省属企业"三供一业"完成移交或签订协议388.2万户,占比62%,完成国家下达任务。

(六)着力构建中国特色现代国企制度,法人治理结构不断完善

一是全面完成公司制改革。随着建工总公司改制为建投集团,省属企业集团层面公司制改制全部完成,各级子企业应改制企业182户,年内全面完成,为建立现代企业制度打下坚实基础。二是完善企业董事会建设。把党的领导与公司治理统一起来,制定外部董事配套制度,同时出台6个配套制度,建立外部董事人才库,促进省属企业董事会规范运作,防止少数人说了算,避免内部人控制。三是党的领导与公司治理有机结合。坚持两个"一以贯之",把党的领导和完善公司治理结构统一起来。省属企业全部完成党建工作总体要求进章程工作,集团层面全部实现党委书记、董事长"一肩挑"。

(七)着力提高国资监管水平,监管机制创新运用

一是充分运用大数据手段。制定《国资监管大数据平台建设工作方案》,建设大数据监管平台,已启动招标和政府采购服务。二是加强投资监管。起草《山西国有企业投资风险管理办法》和企业投资负面清单,严控企业非主业投资,对省属企业各类投资项目进行集中清理,引导企业投资更加注重质量和效益。三是强化出资人、外派监事会和审计、巡视协同监管制度。增强监事会工作权威性,强化监督检查成果运用,设立稽查办公室,针对发现的问题,督促整改,完善机制,为强化监管提供有力制度保障。完成山西焦煤等7户企业的全面监督检查以及对晋能集团等5户专项检查,完成监事会换届工作,启动省属企业建设项目、非主业投资、商贸业务和高风险业务专项审计。四是亮明履职红线。出台《省属企业领导人员在国企改革中履行行为规范》,总结提出"十个不得",为企业领导人员在国企改革过程中的行权履职行为亮明政策红线。五是推进依法治企。出台《关于全面深入推进总法律顾问制度建设的意见》,全面推进依法治企。六是强化"13710"督办。建立"13710"子系统,将督导督办落实到机关部门和企业,强化责任,限时办结。

(八)着力体现国有企业责任担当,交办任务落实坚决

一是精准开展产业扶贫。按照中央和省委、省政府打赢脱贫攻坚战决策部署,省国资委制定《省属企业产业扶贫开发工程2017年行动计划》《省属企业进一步深化企县合作帮扶行动方案》,汇总形成《省属企业产业扶贫投资项目库》,及时调整退出市场前景不明朗、项目盈利性差的16个项目,确定实施并重点推进37个项目。二是积极推进产业援疆。组织焦煤、同煤、阳煤、潞安、晋煤5户省属企业在煤炭开采、煤化工、电力、新材料等多个行业推进援疆项目,完成投资8.9亿元,累计解决3357人就业,其中少数民族

615人。三是配合实施"两区"治理。配合省直有关部门,督促有关煤炭企业完成采煤沉陷区治理和棚户区改造任务,并组织专项督查。四是认真抓好大气污染防治。高度重视中央环保督察反馈问题整改工作,强化工作措施,密切跟踪督办、现场实地督查,全力推进整改。完成黄标车及老旧车淘汰任务,督促焦煤盐化退城入园。

二、山西省国有资产总量与结构分析

(一)国有企业总体情况

1. 主要经济指标。2017年,山西省国资委系统监管企业累计实现营业收入1.26万亿元,比上年增长4.1%;实现利润总额198.4亿元,比上年扭亏增盈199.9亿元;上缴税费826.4亿元,比上年增长67.3%。其中,省属企业实现利润总额180.8亿元,是上年同期的9倍;实现净利润70.1亿元,比上年扭亏增盈113亿元;上缴税费784.2亿元,比上年增长66.5%。资产负债率实现自2007年以来首次下降,贸易收入比上年下降9个百分点,净资产收益率由负转正,新兴产业收入及利润比上年分别增长23.2%和40.6%。

表1　2017年山西省国有企业指标

项　目	金　额(亿元)
资产总额	31253.69
所有者权益	7873.05
营业总收入	13640.24
利润总额	270.30
净利润	121.86
归属于母公司所有者的净利润	56.79
应交税费总额	943.75
实际上缴税费总额	884.72

2. 国有企业户数。2017年,纳入统计范围的国有企业(含国有控股参股,下同)6033户,比上年净增加361户。其中,省属监管企业3297户,比上年净增加225户;省属非监管企业318户,比上年净减少30户;地市国有企业2418户,比上年净增加166户(主要是长治增加75户,临汾增加66户)。

表2　2017年山西省国有企业户数情况

项　目	2016年	2017年	比上年增长(%)
户数(户)	5672	6033	6.36

(二)国有资产分布情况

2017年,山西省国有企业合计国有资产总量5668.93亿元,比2016年4022.35亿元增加1646.58亿元,其中国有资产主要集中在省属企业,省属企业国有资产总量3544.34亿元,占全部国有资产的比重62.52%。

表3　2017年山西省国有资产按地区分布情况

地　区	国有资产(亿元)	占国有资产总量比重(%)
省属企业	3544.34	62.52
省属监管企业	3447.29	60.81
省属非监管企业	97.05	1.71
各市	2124.58	37.48
太原市	810.86	14.30
大同市	234.64	4.14
阳泉市	40.68	0.72
长治市	162.52	2.87
晋城市	263.69	4.65
朔州市	2.46	0.04
晋中市	265.42	4.68
运城市	117.57	2.07
忻州市	61.50	1.08
临汾市	108.35	1.91
吕梁市	56.88	1.00
合　计	5668.93	100.00

表4 2017年山西省国有资产按经营规模分布情况

经营规模	国有资产（亿元）	占国有资产总量比重（%）
大型企业	4217.93	74.40
中型企业	747.57	13.19
小型及微型企业	703.43	12.41
合计	5668.93	100.00

三、山西省国有资本保值增值综合分析评价

2017年,山西省国有企业保值增值率实现100.77%,比上年的97.02%提高3.75个百分点,实现保值增值。从分布结构来看,省属监管企业实现100.47%的保值增值率,省属非监管企业保值增值率105.74%;市级及市级以下企业保值增值率100.99%。

表5 2017年山西省国有企业地区国有资本保值增值情况

地区	国有资本保值增值率（%）
省级企业	100.63
省属监管企业	100.47
省级非监管企业	105.74
各市	100.99
大同市	98.04
阳泉市	93.47
晋城市	102.04
临汾市	104.99
忻州市	140.75
吕梁市	102.10
晋中市	101.82
运城市	97.69
朔州市	107.87
长治市	106.65
太原市	98.46
合计	100.99

四、山西省国资委监管企业改革发展情况

（一）国企改革集中推进,顶层设计基本完成

山西省委省政府以全局观念和系统思维谋划国企国资改革,着力从"根上改、制上破、治上立",颁布《关于深化国企国资改革的指导意见》,出台4个配套文件,山西省国资委及相关部门进一步制定50多个配套文件,形成"1+N"政策体系,搭建起"四梁八柱"性质的改革框架。这些文件在政策取向上相互配合、在实施过程中相互促进、在实际成效上相得益彰,对于推动基层改革实践发挥强有力的引领、促进和指导作用。省属企业和各市县都坚持问题导向和目标导向相结合,根据自身改革要求,制定一批实施方案和操作细则,推动各细分领域改革相继展开、齐头并进、纵深推进。为落实"1+N"文件,按照"补齐短板、对标先进,迅速赶超、后发优势"原则,制定8个领域21项重点改革任务,对目标路径、推进措施、责任分工予以明确,形成国企国资改革的施工图,推动改革进入全面施工阶段。

（二）国资布局调整优化,转型升级转换动力

在山西省委省政府支持下,山西省国资委紧紧围绕转型目标,推进专业化重组,构建多元支撑的现代产业体系。一是在省级层面成立全国规模最大的国有资本投资运营公司,将省属企业股权全部注入,搭建起国有资本进退留转的平台。二是整合设立一批承载山西转型使命的集团公司,把文化旅游、大数据、环境治理作为战略性支柱产业来培育,做强做大交通、燃气等优势产业,加快从煤炭"一柱擎天"向多元"四梁八柱"转变。文旅、大地、云时代、交控、航空产业集团相继挂牌成立,水务集团、燃气集团抓紧筹组。三是推动"腾笼换鸟",主动出让优良资产,调整出更多资源发展新动能。公布两批"腾笼换鸟"项目,引起各界广泛关注。根据与江苏签署的送受电协议,山西省将出让部分国有煤电企业控股权,开放焦化企业股权,推动产业链上下游跨省合作,长期困扰的环保问题、技改问题、市场压力将迎刃而解,传统产业有望焕发新的生机。四是推进煤炭清洁高效利用,加快发展现代煤化工,省属企业一批煤制油、

煤制乙二醇、煤制烯烃项目陆续建成投产,是打造能源革命排头兵的信心所在。依托山西省丰富的煤层气资源和深厚的产业积淀,省属企业做大燃气产业前景可期。五是发展新能源新材料新技术,太钢T800碳纤维实现千吨级量产,打破国外技术封锁;晋能光伏电池效率达到世界先进水平,启动IPO上市;阳煤集团在煤机制造和地面巡检领域成功应用智能机器人。

(三)重大举措相继落地,重点难点不断突破

体制机制改革迈出重要步伐。山西省政府召开山西省国有企业公司制改制工作协调推进会,随着建工总公司改制为建投集团,省属企业集团层面公司制改制全部完成,各级子企业改制完成率53%,年内可全面完成,为建立现代企业制度打下坚实基础。发展混合所有制经济,明确山西省对省属大集团只保持绝对控股,甚至可以出让控股权;引入各类资本推进股权多元化;在建投集团开展集团层面混改试点,面向全国寻找战略投资人;推动汾酒集团整体上市;在同煤集团控股的朔州煤电怀仁宏腾陶瓷建材公司开展员工持股试点。完善外部董事制度,山西省国资委出台6个配套制度,建立外部董事人才库,促进省属企业董事会规范运作,防止少数人说了算,避免内部人控制。起草完成《关于省属国有企业董事会市场化选聘高级管理人员的指导意见(征求意见稿)》,探索推行经理层任期制和契约化管理,畅通现有经营管理者与职业经理人身份转换通道。能投集团、文旅集团市场化选聘职业经理人引起社会强烈反响。深化"三项制度"改革,出台文件指导省属企业完善科研人员激励机制。供给侧结构性改革取得实质性进展。山西省领导出席山西省加快推进国有企业分离办社会职能和厂办大集体改革工作会议,并作重要讲话。截至11月底,省属企业"三供一业"完成移交或签订协议388.2万户,占总户数的62%,完成国家下达任务;太钢、同煤、晋煤医院与社会资本合资,进行股份制改造,西山煤电、阳煤医疗机构改革有所突破;18户有厂办大集体的省属企业,改革总体方案全部批复,3户企业完成改革任务。推进"瘦身健体",超过半数的省属企业将管理层级压缩至4级以内,任务最重的晋能集团压减法人单位356个,注销企业147户。带头化解过剩产能,省属企业全年退出煤炭产能1275万吨,占山西省的56.3%。煤炭和钢铁企业分别分流安置人员1.4万人、1.5万人。

(四)产融结合助力改革,资本运营防控风险

一是省国资委要求,省属17家上市企业,每家每年都要有新作为。制定引导省属企业用好上市公司平台的实施方案,起草完成《关于加强省属企业资本运营工作的指导意见》。1—11月,省属企业上市公司利用资本市场实现再融资150.1亿元,取得明显突破。二是大力推进省属企业上市。系统梳理省属企业上市资源,制定上市后备企业培育工作的实施方案,逐月动态跟踪工作进展。列出93户企业进入上市后备资源库,重点培育其中38家。晋能清洁能源公司改制预案获批,晋能集团旗下向明智装在新三板成功挂牌,另有8家企业已聘请券商进场开展工作。三是主动对接资本市场,省属企业债券融资规模创新高,全年有望突破2400亿元,比上年增长50%。国际能源和晋煤集团分别获批发行绿色债券20亿元;阳煤集团质押阳泉煤业部分股票发行可交换公司债10亿元,实现省属企业该领域零的突破;晋能集团成功发行全国首单光伏扶贫债券5亿元。四是多渠道降低负债率。引导7家省属企业开展市场化债转股1050亿元,落地资金173亿元,可为企业降低资产负债率0.45~4.2个百分点。指导国投公司依托信用增进功能,助力企业去杠杆,完成前期审批的永续债增信业务项目发行完成后,可为企业降低资产负债率4~5个百分点。五是强化风险防控,排查出省属企业各类风险点90个,山西省国资委已经制定预案,督促企业全面整改。实现*ST三维成功保壳,采取有效措施化解部分上市公司退市风险。

(五)政策措施支持改革,创优环境保驾护航

一是清理企业欠薪欠保176.2亿元,兑现山西省委省政府对职工群众的重大承诺,既立木建信,清理历史遗留问题,赢得广大职工群众对改革的衷心拥护,又倒逼产业加速转型升级,加快处置无效资产,更有效利用金融工具实现产融结合,"一箭四雕"为改革清淤除障铺路。二是山西省政府出台支持国企国资改革的8项政策,涉及财政、税收、工商、土地、金融等

领域。三是山西省国资委与财政厅争取国家政策支持,对9户省属企业进行资源价值重估,批复4户,可降低资产负债率1.88～7.86个百分点。四是典型引路,及时推出格盟国际管理经验作为标杆,组建专门研究团队,深入挖掘格盟国际的先进经验,总结一系列可复制的举措化经验,印发省属各企业推广应用。五是同步推动市县国企国资改革,出台实施意见,赴部分市县指导督促。加大改革经验交流力度,全年国务院国资委转发5期山西省改革信息,数量在全国靠前。

(六)推进国资职能转变,国资监管不断强化

深化放管服效改革,提出"放权要放充分,放手开放活;监管要管到位,管精管细管实"。一是科学明权,规范行权。4月,国资委在山西省率先完成机关大处室改革,18个处室精简为17个,全力打造服务型机关。二是主动放权,真正放权。还权于市场、还权于企业,一次性精简17项监管事项,对企业干部实行契约化管理,放手企业自主经营。授权省国有资本投资运营公司董事会行使10项权利,同时要求国有资本投资运营公司也放权,避免形成"堰塞湖"。三是制度管权、监督用权。推行电子化办公,建立国资委"13710"电子督办子系统,建设大数据监管平台,全面提高监管效率。严格企业投资管理,按照"一主三辅",重新明确主业,严控非主业投资;对省属企业建设项目、商贸业务、非主业投资、高风险业务和内部控制进行专项审计。制定《省属企业领导人员在国企改革中的履职行为规范》。增强监事会工作权威性,强化监督检查成果运用,设立稽查办公室,针对发现的问题,督促整改,完善机制,为强化监管提供有力制度保障。出台《关于全面深入推进总法律顾问制度建设的意见》,全面推进以法治企。

五、山西省国资委监管企业并购重组与完善法人治理结构进展情况

(一)并购重组情况

2017年,山西省国资委通过推动企业专业化重组、提升管理层级等方式,设立一批承载山西转型使命的集团公司,把文化旅游、大数据、环境治理、航空产业作为战略性支柱产业来培育,做强做大交通、燃气、现代煤化工等优势产业,加快从煤炭"一柱擎天"向多元"四梁八柱"转变。继国有资本投资运营公司之后,文旅、大地、云时代、交控、航空产业集团相继挂牌成立,一年之内成立6家集团公司,在全国罕见。水务集团、燃气集团、现代化工集团、神农集团等抓紧筹组。这些承载转型项目的专业公司的布局,为未来的转型发展,更好地培育新兴产业,奠定坚实基础。

(二)完善法人治理结构情况

一是切实履行基层党建工作责任。2017年,省国资委党委成立党建工作领导小组、意识形态工作领导小组,制定党委书记议稳制度,发挥领导班子抓党建的关键作用。加强企业党建工作责任制落实,建立省国资委系统落实党建工作责任制、党风廉政建设责任制、意识形态责任制三张清单,明确党委书记第一责任、党委专职副书记直接责任、纪委书记监督责任、领导班子成员"一岗双责",有效解决落实责任制"空抓""虚抓"问题。与省委组织部加强省属企业党建工作考核评价,将党建工作纳入企业领导人员考核。省属企业集团层面全部实现党委书记、董事长"一肩挑",具备条件的21户省属企业总经理全部兼任党委副书记,21户省属企业配齐专职党委副书记,确保党建工作有专人抓、专门管。严格实行"一案双查",2017年追究省属企业落实主体责任不力处分干部43人,组织处理58人。

二是完善国企党建制度。为了提高国企党建制度化、科学化水平,省国资委党委扎实开展党的群众路线教育实践活动、学习讨论落实活动、"三严三实"专题教育、"两学一做"学习教育、"两学一做"学习教育常态化制度化、维护核心见诸行动主题教育、加强三基建设等工作,引导各级领导干部充分认识到肩负的重任和使命,牢固树立正确的价值观和政绩观,着力建设思想坚定、作风过硬的领导班子;提出构建山西省国企党建"1+N"政策体系,起草并由省委、省政府印发《中共山西省委 山西省人民政府印发〈关于省属国有企业加强党的领导和完善法人治理结构的实施办法〉的通知》,配合省委组织部并报省委出台

《中共山西省委办公厅〈关于在深化国有企业改革中坚持党的领导、加强党的建设的实施意见〉的通知》《中共山西省委办公厅关于转发省委组织部、省国资委党委〈山西省国有企业党建工作责任制实施办法〉的通知》，有力推进省属国有企业党的领导、党的建设。省属企业全部完成党建工作总体要求纳入企业章程，企业党委会和董事会、经理层建立完善"双向进入、交叉任职"的体制机制，同时明确党组织研究讨论是董事会、经理层决策重大问题的前置程序，从组织和制度上保障国有企业党的领导。

三是建立健全外部董事配套制度。认真研究、多方征求意见，反复修改完善的基础上，起草《山西省省属国有企业外部董事管理办法（试行）》，经省委省政府审批同意，由省政府办公厅于2016年4月以晋政发〔2016〕36号文件正式印发实施；2017年11月，出台《外部董事配套制度》，从外部董事的选聘、派出、管理、评价等方面提出要求，为该项工作提供制度保障，也进一步推进省属国有企业完善法人治理结构的实施进程。2016年以来，从山西焦煤等4户企业选出10名优秀现职领导人员转入外部董事人才库，不断加快专职化队伍建设。

六、山西省国资委监管企业建立和完善经营业绩考核体系情况

山西省国资委改革经营业绩考核模式，以汾酒集团为开端，逐步推行契约化管理，充分发挥考核导向和倒逼机制，在不干预企业微观经济活动的情况下对企业领导实施重奖重罚，倒逼企业不能得过且过。根据不同企业所处行业、资产规模、质量、参考该行业平均资产报酬率、净资产报酬率、平均单位成本、人均劳动生产率等各项重要参数，"一企一策"研究确定考核指标。注重考核主业利润、行业平均值、净资产报酬率、人均劳动生产率、资本利用率、投资回报率、科技创新、市值等反映企业效益、质量的关键指标。煤炭企业还要重点考核吨煤成本。倒逼企业切实从生产型向经营型、从重规模向重效益、从粗放向精细化转变。

七、山西省国资委监管企业负责人考核与选人用人机制改革情况

（一）科学设置条件，加大选育力度，不断优化人员结构

一是科学设置领导人员选任条件。为进一步服务国企国资改革发展，省国资委党委围绕山西省转型综改大局，立足选拔想改革、谋改革、善改革的领导干部，树立全新的选人用人导向。围绕企业"一主三辅"改革发展方向，制定省属企业领导班子建设配置规划，科学设置职位条件，优先选拔符合企业改革发展需要、适应企业转型专业结构、与主业匹配、更具团队建设活力的优秀年轻领导人员进入领导班子，注重选拔熟悉现代管理、金融、物流、资本运作、战略性新型产业等专业知识和具有开拓创新精神的优秀年轻人才，选好配强企业领导班子。特别是在对文旅集团、国投运营等新组建企业领导的选配上基本遵循上述原则。

二是加大从竞争性较强的优势企业选拔交流干部力度。从省属企业改革发展的全局出发，立足推动转型发展，拓宽优化干部来源结构，在领导人员选配思路上，有意识加强从太钢、太重等竞争性更强、管理技术人才比较集中的企业选拔交流优秀干部，如云时代公司主要领导就是由太钢集团党委推荐的，文旅集团、云时代公司等企业总会计师都是从大型企业优秀专业中层财务人员中选拔的。

三是加强企业领导人员后备队伍和年轻领导人员队伍建设。省国资委根据各企业推荐后备干部的情况，坚持正确的用人导向，采用规范的选拔办法，以公开、平等、竞争、择优的方式，建立企业后备人才库，严格按照程序、条件，做好后备干部的选拔和培养工作，尤其高度重视主要领导的后备人选培养选拔工作，注重采用干部交流、基层锻炼、脱产学习等多种方式加大培养力度，为省属企业转型发展做好人才储备。同时，针对省属企业领导人员中年轻干部比例偏低的情况，把培养选拔年轻干部作为推动转型发展的战略性、系统性措施，不断加大优秀年轻领导人员的选拔使用力度。联合省委组织部印发《关于省属企业优秀年轻领导人员培养选拔工作的实施意见》，组织

实施省属企业优秀年轻领导人员培养选拔工程，进一步规范选拔条件和方式，从培养、选拔、锻炼、使用4个方面建立健全工作机制，通过拓宽来源、优化结构、动态管理、竞争择优，抓紧建设一支政治素质高、职业素养好、数量充足、结构合理的优秀年轻领导人员队伍，计划通过3~5年的努力，建立稳定有效的年轻领导人员竞争择优、培养教育、监督管理、选拔使用的常态化机制，实现省属企业集团领导班子中45岁左右年轻领导人员总体上达到总数1/3。2017年，新提拔45岁以下年轻领导人员14人，是2016年末年轻领导人员数量（7人）的两倍，占全年新提拔人员总数的31%。

（二）创新体制机制，激发改革活力，持续推进市场化选聘和契约化管理工作

一是调研摸底做好相关基础工作。在书面调研摸底的基础上，组织太钢、山西焦煤、同煤集团、晋煤集团、能投集团、汾酒集团6户企业召开省属企业市场化选聘工作座谈会，进一步调研了解相关工作开展情况，并部署做好试点工作。先后起草《省属国有企业董事会市场化选聘高级管理人员的指导意见》，印发《关于进一步推进2017年省属企业开展市场化选聘工作的通知》，加快推进省属企业干部人事制度改革，建立健全市场化选人用人机制。市场化选聘企业集团层面领导人员2人，并先后指导焦煤集团、同煤集团等9户改革试点企业在32个子分公司56个职位开展市场化选聘，同时指导国投运营、文旅、交控、大地、云时代5户新成立公司拿出多个岗位市场化选聘优秀人才。

二是创新举措稳步推进市场化选聘。在做好基础工作的情况下，起草《关于省属国有企业董事会市场化选聘高级管理人员的指导意见（试行）（征求意见稿）》（以下简称《指导意见》），先后多次向委领导、机关各处室及省属企业征求意见，并对征求意见进行汇总分析梳理，同时结合省属企业不同层面试点推进情况，对起草文件进一步修改完善。根据《指导意见》安排，在新设公司或省属企业集团层面出缺情况下，积极稳妥推行经理层市场化选聘。鼓励企业经营管理人员身份转换，优化薪酬管理，制定经理层成员转为职业经理人薪酬管理办法，激发身份转换人员内生动力。

（三）创优监管方式，提升服务水平，依法科学实施国有资本监管

一是建立适应混改的监管体制。按照中共中央、国务院《关于深化国有企业改革的指导意见》《关于改革和完善国有资产管理体制的若干意见》和省委、省政府《关于深化国企国资改革的指导意见》《省属国有企业发展混合所有制经济的实施意见》等文件精神，省国资委将国有资本授权经营体制的改革与发展混合所有制经济有机结合，2017年率先组建省级国有资本投资运营有限公司，并依据《公司法》《企业国有资产法》《企业国有资产监督管理暂行条例》等法律法规，于2017年底向国投运营下放10项授权，采取"授权＋机制（重大事项报告制度）＋动态调整"的模式，明确授权事项和工作机制，建立并不断完善与混合所有制企业相适应的国有资产监管体制机制。

二是强化"一企一策"目标考核。总结推广汾酒集团改革经验，发挥契约化管理的"牛鼻子"作用。"一企一策"签订企业经营业绩考核目标责任书，考核要体现4个着力：着力推进企业更加专注主业，进行专业化经营；着力补齐管理短板，提升经营管理水平，提高经营效益；着力加大企业创新，促进产品技术转型升级；着力提升资产证券化，在资本市场上有更大的作为。目的是要体现鲜明的转型导向。实施分类考核，既要对关键的共性指标进行考核，又要针对企业的不同目标、不同特点设置个性化、差异化的考核指标；既要实行定量考核，又要实行定性考核。考核目标的制定要以行业平均指标为基准，倒逼企业改革。加强对业绩考核成果的运用，实现"四个挂钩"，即与企业领导人薪酬挂钩，与企业职工工资收入挂钩，与对企业管控方式挂钩，与企业领导人任免挂钩。通过考核，促进省属企业全面升级。2017年，汾酒集团率先签订《2017年度经营目标考核责任书》《三年任期经营目标考核责任书》，标志着省国资委对该企业实行国有资本授权经营，让企业享有充分的经营自主权，国资委不干预微观经济活动，只对签约企业年度和任期目标进行考核。

三是改进和完善企业领导人员考核评价工作。创新和改进领导班子和领导人员考核方式，首次提出个人工作绩效考核理念，建立三个关键项目指标和一

个创新项目指标的"3+1"年度个人绩效考核指标体系模式,改变以往领导人员缺乏定量考核指标的问题;以年度考核为基础,以任期考核为重点,建立动态管理的考核机制,坚持把考核结果与选人用人结合起来,实现考核评价工作的动态化、全覆盖、科学化;把企业领导人员的日常管理和年度考核结合起来,逐步建立比较全面的企业领导人员评价机制;将党建目标责任制考核与经营业绩考核相对接,纳入企业领导班子及领导人员综合考核评价体系,并赋予20%的权重。

八、山西省国资委监管企业党的建设和廉政建设情况

(一)党的领导全面加强,党建工作深入推进

一是顶层设计先行,省委出台《关于在深化国有企业改革中坚持党的领导加强党的建设的实施意见》,国资委制定20余个配套文件,构成国企党建"1+N"政策体系。二是坚持两个"一以贯之",把党的领导和完善公司治理结构统一起来。省属企业全部完成党建工作总体要求进章程工作,集团层面全部实现党委书记、董事长"一肩挑"。三是落实责任制,出台《山西省国有企业党建工作责任制实施办法》,制定国资委系统领导人员党建工作责任制、党风廉政建设责任制及意识形态责任制3个清单,制定《省属企业党建工作考核评价实施办法》。19户省属企业配备专职党委副书记。四是把弘扬企业家精神、建设优秀企业家队伍作为战略任务来抓,在全国率先出台《关于在深化国有企业改革中激发企业家活力的指导意见》,制定《关于省属企业优秀年轻领导人员培养选拔工作的实施意见》。五是坚定不移推进党风廉政建设和反腐败工作,开展基层涉纪领域稳定风险源头化解专项工作,出台《关于加强省国资监管系统纪检监察干部队伍建设的实施意见》,全年处分15名企业领导人员。因企业落实主体责任不力处分13人,组织处理36人。就焦煤集团西山煤电铁路公司公款吃喝的问题,国资委党委约谈焦煤集团党委书记、纪委书记,对16名处级干部分别给予党纪、政纪和组织处理。六是强化宣传工作和意识形态研判,唱响主旋律,汇聚正能量,形成全社会支持山西国资国企改革舆论场。七是安全生产形势总体稳定,制定《山西省国资委党委书记议稳制度》扎实做好企业军转干部、转岗分流职工、十九大维稳等重点工作。八是高度重视老干部工作,国资委成立以来首次与离退休老干部共度重阳节,争取老干部对改革的支持。

(二)坚定不移惩腐败,深入推进党风廉政建设

从严监督"两个责任"落实,省国资委党委、驻省国资委纪检监察组召开山西省国有资产监督管理暨党风廉政建设工作会议,与22家省属企业签订党风廉政建设目标责任书;加强对国资委党委及机关的监督,召开机关党风廉政建设工作对接会和直属单位支部"一岗双责"工作座谈会;组织22家省属企业党委书记、纪委书记述职述责。坚持"一案双查",追究落实主体责任不力给予党纪政务处分48人,组织处理67人;追究落实监督责任不力给予党纪政务处分7人,组织处理11人。坚持抓早抓小,动辄则咎,运用监督执纪"四种形态"处理5849人次,其中第一种形态4131人次,前移警戒线,管住"绝大多数"。加强选人用人监督,对新任企业中层以上领导人员廉政谈话2904人次,廉政意见回复6285人次。大力开展涉纪信访重点整治年活动,省属企业信访举报量居高不下问题得到有效扭转。持之以恒纠正"四风",督促审核把关省属企业制定贯彻落实《山西省纪委监委机关关于进一步落实中央八项规定精神的实施细则》办法,处置"四风"问题线索523个,整改问题492个,组织处理97人,提醒谈话62人。加大纪律审查力度,全年接收信访举报2579件次,处置问题线索1342件,谈话函询267件次,初步核实1015件次,立案393件,给予党纪政务处分582人,组织处理517人,移送司法2人。

九、山西省国资监管及国有企业改革发展具有地方特色情况

(一)探索改革国有资本授权经营体制

为统筹山西省国有资本的优化配置、专业化重组和新兴战略产业的培育发展,深入推进国有企业结构调整、布局优化,探索以"管资本"为主的国有资本授权经营体制,在省级层面成立全国规模最大的国有资

本投资运营公司,将省属企业股权全部注入,搭建起国有资本进退留转保的平台,同时,授权其10项出资人权利,成为全国独创模式。

(二)充分发挥资本市场作用

山西省国资委制定《关于加强省属企业资本运营工作的指导意见》,系统梳理省属企业上市资源,制定上市后备企业培育工作的实施方案,逐月动态跟踪工作进展。列出93户企业进入上市后备资源库,重点培育其中38家。省属企业上市公司利用资本市场实现再融资150.1亿元,超过2016年省属国有上市公司再融资(15.7亿元)134.4亿元。债券品种更加多样,国际能源和晋煤集团累计获批发行绿色债券35亿元,填补山西省绿色债券发行空白;阳煤集团发行可交换公司债10亿元,实现省属企业发行可交换公司债零的突破。省属企业债券融资规模创新高,全年省属企业累计实现各类债券融资2304.20亿元(比上年增长43.22%),超出全年省属企业债券融资目标任务804.2亿元。

(三)多措并举降低企业负债率

山西省国资委协调国土、财政等有关厅局启动9户省属企业煤炭及土地资源价值重估,批复7户,可降低资产负债率1~7.86个百分点;引导7户省属企业与5家金融机构签订债转股协议1150亿元,焦煤、太钢和同煤集团等3户企业落地173亿元,可分别降低企业负债率4.2%、3%和0.45%;指导国投公司运用信用增进功能,为省属煤炭企业发行永续债提供增信服务,发行完成后可为省属煤炭企业降低资产负债率4~5个百分点。

(四)加大创新力度,扩大对外合作

山西省国资委组织起草《省属企业关于推进科技创新工作的实施方案》,出台《关于进一步完善省属国有企业科技研发人员激励机制的指导意见》,引导企业加大科技投入,促进科技成果转化。探索推进阳煤集团在煤机制造、煤矿地面巡检领域和井下危险工种岗位应用智能机器人试点。2017年度国家科学技术奖励大会上,太钢和晋煤集团分别获奖。太钢碳纤维、笔尖钢,晋能集团太阳能板,太重集团高铁轮对等一批高端产业产品,处于国内领先地位。

扩大对外开放合作。省国资委引导企业加大融入"一带一路""京津冀"等建设的力度,加快优势产能"走出去"的步伐,加强与央企、国内外大企业的合作,与国务院国资委共同组织"央企助力山西转型综改活动",组织省属企业参加系列招商引资和推介活动。建投集团新开辟的省外和国外项目占到全集团市场开发总额的23.94%,比上年分别增长21.29%、104.75%。潞安集团在泰国曼谷联合共建先进润滑油实验室,作为首批输出技术进驻中科院曼谷创新合作中心,构建"一带一路"开放发展的桥头堡。

(撰稿人:刘 巍)

内蒙古自治区

一、内蒙古自治区国有资产监督管理工作综述

2017年,内蒙古自治区各级国资监管机构和国有企业深入学习贯彻习近平新时代中国特色社会主义思想,认真贯彻落实党中央、国务院的各项决策部署,在国务院国资委的有力指导下,在自治区党委、政府的坚强领导下,坚持稳中求进工作总基调,牢固树立新发展理念,以推进供给侧结构性改革为主线,以提高质量和效益为中心,改革创新、攻坚克难、开拓进取,各项工作取得显著成绩。

(一)收入利润持续快速增长,提质增效转型发展迈出新步伐

始终把稳增长作为重中之重,坚持以提高质量效益为中心,坚决打好提质增效攻坚战,国有经济总体运行质量创近三年来最好水平。自治区国有企业实现营业收入2364.9亿元、比上年增长36.2%,其中盟市国有企业实现营业收入450.1亿元、比上年增长39.5%,自治区本级国有企业实现营业收入1914.9亿元、比上年增长35.4%。自治区国资委出资监管企业实现营业收入1551.9亿元,比上年增长40.3%,实

现利润 21.5 亿元,比上年增盈 51.2 亿元,增速五年来最快,扭转连续两年整体亏损的局面,尤其是包钢集团摘掉连续三年亏损的帽子,实现利润 6.3 亿元,比上年增盈 45.4 亿元。自治区国资委出资监管企业保值增值率 101.2%。

(二)加快推进国资监管体制改革,监管效能持续提高

各级国资监管机构牢牢把握出资人职责定位,不断完善国资监管体制机制,监管质量和效率不断提升。一是积极推进职能转变。制定出台以管资本为主推进职能转变方案,大幅压减审批事项,自治区国资委权力清单由 35 项压减至 18 项,相应确定 18 项责任清单;呼和浩特市国委取消下放 12 项审批事项,确定 34 项权力清单。二是积极开展国有资本授权经营体制改革。为国有资本运营公司增加注册资本金 10 亿元,在包钢、蒙能集团开展国有资本投资公司试点工作。三是全面推进集中统一监管。研究制定《自治区直属部门单位所属企业脱钩改革和经营性国有资产集中统一监管工作实施方案》(内党办厅发〔2017〕15 号),将 26 户企业纳入首批脱钩改革范围,其中 2 户企业完成脱钩改革,14 户企业签订委托监管协议。包头市本级 90%以上的经营性国有资产实现集中统一监管,走在各盟市前列。四是切实强化职能监督。制定实施监管企业国有资产评估备案工作指引,修订国有资产评估管理办法,依法推进公开转让,强化产权监督;有效监控企业重大财务事项,切实防范经营和金融风险,开展企业负责人履职待遇、业务支出、工资总额预算执行情况专项审计和财务决算审计,对总会计师 2017 年度履职情况进行述职评议,强化财务和审计监督;制定实施监管企业投资监督管理办法和违规经营投资责任追究暂行办法,规范投资事前事中事后管理,强化投资监督;制定实施自治区国有企业功能分类考核实施方案和公务用车制度改革实施方案,清理企业负责人薪酬包外的货币性福利,扣减发生违纪违法案件企业相关负责人绩效薪酬,强化考核分配监督。五是加强和改进外派监事会监督。经自治区党委政府批准,新增设 2 个监事会,监事会主席由 2 人增加到 4 人,专职监事由 4 人增加到 12 人,监督力量显著增强。

研究制定《关于加强和改进外派监事会工作的意见》,举办首次自治区监事会工作培训班。2017 年,监事会形成 11 份年度监督检查报告和 10 份专项报告(含情况报告),揭示各类问题 83 个,提出建议 67 条,并督促企业进行整改,监事会的当期监督作用得到有效发挥。

(三)企业改革不断深化,重要领域和关键环节改革取得明显进展

一是国企国资改革顶层设计基本完成。深入贯彻中央"1+N"国企国资改革顶层设计和文件体系,2017 年制定出台 11 个改革文件,形成自治区国企国资改革"1+34"政策体系,为深入推进改革提供政策保障。二是改革试点梯次展开。9 项改革试点在自治区加快推进,规范董事会建设、企业内部三项制度改革等 5 项改革试点已按期完成,达到预期的试点效果。改组国有资本投资公司、落实董事会职权等 4 项改革试点正在加快组织实施。三是各项改革举措逐步落地见效。公司制改革全面推进,22 户区直企业中 17 户完成公司制改革,出资监管企业全部完成公司制改革。混合所有制改革稳步推进,包钢集团被确定为国家第三批"混合所有制改革"试点企业,混合所有制资产占企业总资产的 66%,能建集团 2017 年 7 月在中国香港成功上市。中国特色现代国有企业制度不断完善,逐步规范董事会建设,进一步落实董事会职权,包钢集团、电力集团董事会建设比较规范、法人治理结构比较完善。三项制度改革不断深化,包钢精减 17.6%的厂处职干部、清理 4000 多名劳务用工,盐业公司三年减少 30.7%的管理人员。国有企业剥离办社会职能工作有序推进,"三供一业"分离移交工作完成三年总任务的 70%以上,其中区属企业完成 90%以上。

(四)大力推进供给侧结构性改革,国有经济持续发展的基础进一步稳固

一是深入实施创新驱动发展战略。包钢集团"高效节能环保烧结技术及装备的研发与应用"项目获得国家科技进步二等奖,电力公司"基于共享共赢理念的电力多边交易市场创建与管理"项目获得全国企业管理创新一等奖。监管企业获得自治区科技创新成果奖 10 项,占 10%;获得自治区企业管理现代化创新成果奖8项,占21.1%。二是狠抓重点骨干企业扭亏脱困和特殊企业增资扩股。把全力推动包钢提质增效转型发展作为监管企业供给侧结构性改革的重点,全面落实自治区党委政府关于推动包钢提质增效转型发展60条措施,完成或办结19项,为包钢实现盈利奠定基础。该项工作得到国务院国资委的高度认可,并将其做法上报国务院。推进华宸信托公司增资扩股,方案上报国家银监会待批,企业资本金将由5亿多元增加到20亿元以上,规模可达到国内中游以上水平,企业实力将进一步增强。三是扎实推进布局优化结构调整。制定出台《关于调整优化区属国有企业布局结构 做强做优做大国有资本的实施意见》(内政办发〔2018〕17号),明确自治区本级国有资本布局结构调整方向和实施路径。围绕组建自治区旅游投资、对外投资贸易、产权交易、新能源等新兴产业集团和改组现代综合性能源集团开展前期调研工作,其中组建旅游投资集团工作被列为自治区政府2018年重点工作任务。四是围绕主业发展优化投资结构。加快推进重点项目建设,全年监管企业完成投资200.4亿元,其中电力集团完成投资150.1亿元。五是多措并举降杠杆减负债。各企业普遍制定降杠杆措施办法,有效防范债务风险,全年未发生兑付违约事件。包钢集团制定债转股方案,有关部门积极协调推进方案落实。自治区政府批准设立总规模300亿元的国有企业转型升级基金,50亿元引导资金到位20亿元。稳步推进"僵尸企业"和低效无效资产处置工作,制定实施处置"僵尸企业"工作方案,采取出售转让、重组整合等措施处置一批低效无效资产。六是强化开放合作促进共赢发展。承办自治区与中央企业的合作恳谈会,主会场签署协议和签约项目88项,协议投资3965.9亿元,2017年开工建设51个,到位资金440亿元,历练干部队伍,对外树立国资委良好形象。包钢与中石油签署战略采购协议,电力集团设立国合电力公司驻蒙代表处,参与蒙古国南部电力工业规划投资建设。

(五)企业党的领导、党的建设进一步加强,为国有企业改革发展提供坚强有力的保证

一是深入学习贯彻习近平新时代中国特色社会主义思想和党的十九大精神。党的十九大召开期间,国资系统各级党组织即开始组织干部职工学习十九大报告,会议闭幕以后立即掀起学习贯彻习近平新时代中国特色社会主义思想和党的十九大精神高潮,努力做到学懂弄通做实。国资系统进行77次集中研讨,举办5场辅导报告会、2期企业中层干部轮训班,抽调精干力量组成2个宣讲团在系统企业进行巡回宣讲,中国移动内蒙古公司、国网内蒙古东部电力公司、北方联合电力等驻区央企组织开展"同心共庆十九大、砥砺奋进跟党走""学习贯彻十九大、我为党旗增光辉""旗帜领航、党徽闪光"等系列活动,积极推动党的十九大精神进机关、进企业、进车间、进班组,切实用习近平新时代中国特色社会主义思想武装头脑、指导实践、推动工作。二是党的领导明显加强。出资监管企业全部完成公司章程修改工作,实现党建要求进章程,明确党组织在公司治理中的法定地位和职责权限;推行"双向进入、交叉任职"领导体制,会同自治区党委组织部,指导推动包钢、电力集团进行党委换届工作,以党委换届为牵引,统筹兼顾董事会、经理层班子配备,为其他监管企业党委换届及领导班子建设提供示范。三是全面从严治党责任层层压实。完善党建工作责任体系和考核评价体系,深入开展企业党委(党总支)向国资委党委报告年度党建工作、党组织负责人向国资委党委述职以及基层党组织书记抓党建述职评议,推动国有企业党委主体责任、党委书记第一责任得到有效落实。四是严格落实意识形态工作责任制。通过新闻发布、媒体宣传等多种形式,大力宣传改革发展新成效,唱响主旋律、发出好声音、凝聚正能量。五是企业领导班子和干部人才队伍建设不断加强。坚持以政治建设为统领,树牢"四个意识"、坚定"四个自信"、做到"四个服从",坚决维护以习近平同志为核心的党中央权威和集中统一领导。切实规范党内政治生活,国资系统党委班子各召开3次民主生活会,查摆问题1286个,解决1265个,占98.4%。坚持以习近平总书记"二十字"好干部标准选人用人,创新外部董事、外派监事选拔交流任用方式,在监管企业领导班子副职中选拔交流任用9名外部董事,在监管企业中层干部中选拔交流任用7名外派监事。培育高层次人才创新创业基地6个,评选"草原英才"6人。六是党建基层基础工作逐步夯实。扎实抓好"两学一做"学习教育常态化制度化,6770个基层党支部组织生活会查摆问题1.6万个,解决1.3万个,占81.3%。在企业推广党员先锋岗、党员示范岗等经验做法,开展"工匠精神""创精品"等主题活动,3个企业基层党支部入选自治区"两学一做"常态化制度化典型案例,评选817名先锋党员、324个先锋党支部。七是扎实抓好基本组织、基本队伍、基本制度建设。举办2期党组织书记和党务干部培训班,制定企业党委工作规则、基层党支部工作规则,推动落实"三会一课"、民主评议党员、谈心谈话、党员党性分析等党内组织生活制度。八是党风廉政建设和反腐败工作深入推进。扎实做好巡视整改落实工作,中央巡视组"回头看"反馈的3个问题和自治区党委巡视组反馈的14个问题全部整改完成。持之以恒正风肃纪,认真落实中央八项规定及《实施细则》精神和自治区党委《实施办法》规定,开展"雁过拔毛"式腐败问题专项整治,持续整治"四风"问题。2017年,立案146件,给予党政纪处分290人,挽回经济损失1031.7万元。

二、内蒙古自治区国有资产总量与结构分析

表1 2017年内蒙古自治区国有企业指标

项 目	金 额(亿元)
资产总额	23579.2
所有者权益	9694.5
国有资产总量	8871.7
营业收入	2364.9
利润总额	56.0
净利润	35.0
归属于母公司所有者的净利润	22.0
应交税费总额	91.1
实际上缴税费总额	91.8

表2 2017年内蒙古自治区国有企业户数情况

项 目	2016年	2017年	比上年增长(%)
户数(户)	1632	1923	15.1

表3 2017年内蒙古自治区国有资产按地区分布情况

地 区	国有资产(亿元)	占国有资产总量比重(%)
自治区本级	1602.11	18.06
盟市汇总	7269.63	81.94
其中:呼和浩特市	1024.05	11.54
包头市	609.69	6.87
乌海市	227.28	2.56
赤峰市	1239.25	13.97
通辽市	572.27	6.45
鄂尔多斯市	1525.19	17.19
呼伦贝尔市	1245.84	14.04
巴彦淖尔市	183.93	2.07
乌兰察布市	290.65	3.28
兴安盟	103.33	1.16
锡林郭勒盟	77.84	0.88
阿拉善盟	170.31	1.92
总 计	8871.74	100.00

表4 2017年内蒙古自治区国有资产按行业分布情况

行 业	国有资产(亿元)	占国有资产总量比重(%)
农林牧渔业	386.71	3.27
其中:农业	291.95	2.47
林业	64.33	0.54
畜牧业	0.42	0.00
渔业	0.29	0.00
工业	2009.64	17.00
其中:煤炭工业	24.61	0.21
石油和石化工业	3.26	0.03
冶金工业	864.42	7.31
建材工业	11.13	0.09

续表

行 业	国有资产（亿元）	占国有资产总量比重(%)
化学工业	2.10	0.02
森林工业	0.00	0.00
食品工业	0.17	0.00
烟草工业	0.00	0.00
纺织工业	0.24	0.00
医药工业	0.00	0.00
机械工业	8.69	0.07
军工工业	0.00	0.00
电子工业	0.47	0.00
电力工业	625.81	5.29
市政公用工业	443.97	3.76
其他工业	24.78	0.21
建筑业	2469.30	20.89
地质勘查及水利业	626.24	5.30
交通运输业	780.62	6.60
其中:铁路运输业	6.42	0.05
道路运输业	679.79	5.75
水上运输业	0.97	0.01
航空运输业	66.03	0.56
仓储业	17.39	0.15
邮电通信业	0.00	0.00
批发和零售业	59.49	0.50
金融业	434.64	3.68
房地产业	240.07	2.03
信息技术服务业	38.54	0.33
社会服务业	3973.19	33.61
卫生体育福利业	117.09	0.99
教育文化广播业	495.50	4.19
科学研究和技术服务业	39.30	0.33
机关社团及其他	133.12	1.13
总 计	11820.84	100.00

注:行业结构分析为汇总数据,不考虑合并抵消因素。

表5　2017年内蒙古自治区国有资产按经营规模分布情况

经营规模	国有资产（亿元）	占国有资产总量比重(%)
大型企业	2340.18	19.80
中型企业	820.15	6.94
小型企业	5457.75	46.17
微型企业	3202.74	27.09
总　计	11820.82	100.00

注:规模结构分析为汇总数据,不考虑合并抵消因素。

三、内蒙古自治区国有资本保值增值综合分析评价

表6　2017年内蒙古自治区国有企业地区和行业国有资本保值增值情况

地　区	国有资本保值增值率(%)	行　业	国有资本保值增值率(%)
呼和浩特市	106.05	农林牧渔业	100.93
包头市	108.78	工业	100.07
乌海市	99.73	建筑业	97.96
赤峰市	102.32	地质勘查及水利业	102.46
通辽市	106.35	交通运输业	100.36
鄂尔多斯市	102.13	仓储业	104.58
呼伦贝尔市	189.52	邮电通信业	
巴彦淖尔市	100.32	批发和零售业	118.35
乌兰察布市	95.90	金融业	105.78
兴安盟	103.51	房地产业	102.31
锡林郭勒	101.41	信息技术服务业	110.05
阿拉善盟	100.27	社会服务业	104.50
		卫生体育福利业	97.86
		教育文化广播业	102.51

四、内蒙古自治区国资委监管企业改革发展情况

认真贯彻落实中央和自治区党委政府关于全面深化国有企业改革的各项决策部署,针对企业发展存在的突出问题和工作中的薄弱环节,确定16项重点改革任务,细化落实到分管领导、责任处室和相关企业,推进各项重点改革举措落地见效。

(一)全力推动包钢提质增效转型发展

认真贯彻落实自治区领导的重要指示要求,把加快包钢脱困发展作为最紧迫任务,全力推动自治区党委、政府《关于推动包钢提质增效转型发展工作方案》60条措施落实落地,取得明显成效。2017年,包钢实现盈利6.3亿元,增盈45.4亿元,实现扭亏为盈的工作目标。包钢"瘦身健体"、提质增效的做法由国务院国资委专报中央和国务院领导,同内蒙古电力集团市场化改革案例一并入选国务院国资委《国企改革探索与实践——地方改革100例》。

(二)加快完善现代企业制度

积极推进国有企业公司制改革,14户监管企业全部完成公司制改革。包钢集团作为国家第三批"混合所有制改革"和自治区改组设立国有资本投资公司、规范董事会建设的试点企业,切实加大综合改革力度,混合所有制资产占到企业总资产的66%,现代企业制度基本建立。能建集团在香港联合证券交易所成功上市,自治区国企上市企业3家。

(三)深化企业内部"三项制度"改革

包钢集团大幅压缩职能部门,总部内设机构由18个调整为9个,减少厂处职干部72人,精简比例17.6%。盐业公司所属企业进一步整合精简职能部门,实行中层管理岗位竞聘、员工竞争上岗、择优录用,各所属企业机关总人数减少111人,精简比例30%。

(四)深入实施创新驱动发展战略

2017年10月,包钢集团"高效节能环保烧结技术及装备的研发与应用"项目获得国家科技进步二等奖,电力公司"基于共享共赢理念的电力多边交易市场创建与管理"项目获得全国企业管理创新一等奖。一批科研项目和管理创新项目获得自治区科技进步奖和企业管理创新奖。

(五)加快剥离企业办社会职能

制定出台《关于剥离企业办社会职能和解决历史遗留问题工作方案》,63.3%驻区央企"三供一业"与地方签署分离移交协议,区直企业完成"三供一业"分离移交任务的44.1%,包钢完成70%以上剥离企业办社会职能任务,机场集团公安机构移交公安厅管理。

五、内蒙古自治区国资委监管企业并购重组与完善法人治理结构情况

按照"巩固壮大一批,创新发展一批,重组整合一批,清理退出一批"的要求,研究制定《调整优化区属国有企业布局结构做强做优做大国有资本的实施意见》,经自治区政府常务会议审议通过。围绕组建自治区旅游投资、对外投资贸易、产权交易、蒙粮等新兴产业集团开展前期调研工作,积极研究制定旅游投资集团组建方案。适应企业改革改组和创新发展需要,大胆探索设立总规模300亿元的国有企业转型升级基金,50亿元引导资金到位20亿元,方案经自治区政府批复,公开选拔基金管理人。完善"双向进入、交叉任职"领导体制,会同自治区党委组织部,指导推动包钢、电力集团开展党委换届工作,以党委换届为牵引,统筹兼顾董事会、经理层班子配备。积极推进公司董事会建设,10户监管企业在集团公司层面建立董事会。积极推进企业领导人员分层分类管理,推行职业经理人制度,包钢等多家企业采取竞争上岗方式选拔中层经营管理人员。

六、内蒙古自治区国资委监管企业建立和完善经营业绩考核体系情况

始终把贯彻落实党中央、国务院和自治区党委、政府各项决策部署作为建立和完善经营业绩考核的基本遵循,坚持以深化国企改革指导意见及其配套文件精神为基本依据,以促进国有资本保值增值为目标,不断健全完善监管企业经营业绩考核体系。

(一)不断深化国有企业经营业绩考核制度改革

认真落实《中央企业负责人经营业绩考核办法》《关于印发中央企业负责人经营业绩考核实施方案的通知》《关于完善中央企业功能分类考核的实施方案》等文件精神,结合自治区国有企业特点和对监管企业实施两个年度的分类考核实践,制定《自治区国有企业功能分类考核的实施方案》,积极修订完善自治区国资委监管企业分类考核办法和实施细则,就具体分类、考核内容和组织实施进行调整细化,进一步明确分类考核原则、内容和方式方法。

(二)不断创新经营业绩考核方式方法

建立考核分配联动机制,充分发挥考核的激励与约束作用。坚持把年度经营业绩考核工作作为推动国资监管难点工作任务的重要抓手,通过指标内容、完成进度、关键考量指标的设置,有力地促进重点业务工作的开展和完成。把年度中心工作融入考核指标体系,通过各处室、监事会、考核组共同打分,按权重计分的方式有效推动中心工作的落实,实现各项监管业务与业绩考核紧密融合,实现日常规范监管、当期重点监督、年终综合考核有机结合,提高监管效能。

(三)圆满完成2016年度企业经营业绩考核工作

精心组织筹划,制定考核工作方案,明确考核对象、考核依据、组织领导、考核程序和进度安排等事项,会同自治区党委组织部,组成4个考核组,经考核前培训,深入12户监管企业组织开展考核工作。认真对照核查,严格依据企业年度财务决算审计结果,根据企业负责人述职、民主测评、个别谈话的具体情况,结合对二级企业的延伸考核,核实确认各项考核指标完成情况。严格计分评级,根据企业分类形成的不同考核体系和考核指标,采取不同的计分方式测算,财务性指标依据企业财务决算数据并"纵向比"计算,对标指标采用国务院国资委企业绩效评价标准值和行业颁布的标准值"横向比"计算,重点工作指标采取融合方式,监事会、各处室和考核组"3:5:2"综合评定,最后引入业绩考核系数进行修正,确保考核结果的科学、客观、公正。2017年,完成12户出资监管企业的考核评级,其中竞争类企业能建、蒙能、日信和特定功能类企业电力集团获评A级,竞争类企业包钢、新城宾馆、北京内蒙古大厦和特定功能类企业国资运营公司获评B级,特定功能类企业森工集团、盐业公司、产权交易中心获评C级,竞争类企业华宸信托获评D级。

(四)科学制定下达2017年度和第五任期考核目标值

坚持采取"三下三上"方式,按照企业功能界定与分类,下达12户出资监管企业的2017年度和第五任期考核目标。对商业竞争类企业突出资本回报的考核要求,将归属于母公司净利润和盈利水平作为年度考核重点,将国有资本保值增值率和总资产周转率作为任期考核重点;对特定功能类企业,强化考核功能性业务完成情况和保障能力,不同企业考核指标及权重不同。不同类别的考核指标既体现国有资本保值增值的普遍要求,不断提高经济效益和回报水平,又充分考虑企业不同功能和行业的布局特点,真正做到"一企一策"。

七、内蒙古自治区国资委监管企业负责人考核与选人用人机制改革情况

健全完善企业领导人员考核评价机制,每年结合经营业绩考核,对监管企业领导班子履职情况进行考核,科学客观进行考核评价。加强企业领导人员管理,严格落实企业领导人员个人事项年度报告制度,规范监管企业领导人员出国行为,实施企业主要负责人外出报备制度。加强干部队伍培养。以习近平总书记"二十字"好干部标准为导向,严格落实《党政领导干部选拔任用工作条例》,切实防止选人用人不正之风,保证选人用人的公信力和干部群众的满意度;2017年,选拔任用机关干部14人,其中正处级干部7人,副处级干部7人,没有任何负面反映和问题线索。创新外部董事、外派监事选拔交流任用方式,在监管企业领导班子副职中选拔交流任用9名外部董事,在监管企业中层干部中选拔交流任用7名外派监事。实施人才培养工程,培育高层次人才创新创业基地6个、评选"草原英才"6人。

八、内蒙古自治区国资委监管企业党的建设和廉政建设情况

深入学习贯彻习近平新时代中国特色社会主义思想和党的十九大精神,制定实施方案,加大宣传宣讲力度,推动十九大精神进企业、进车间、进班组,切实用习近平新时代中国特色社会主义思想武装头脑、指导实践、推动工作。层层压实全面从严治党责任,制定《自治区国有企业党建责任制实施办法》,把企业党建工作纳入年度"三位一体"考核体系,与企业负责人薪酬挂钩,推动国有企业党委主体责任、党委书记第一责任人责任得到有效落实。全面强化基层党组织建设,稳步推进党建要求进章程,14户监管企业全部完成公司章程修改工作,明确党组织在公司治理中的法定地位和职责权限;完善"双向进入、交叉任职"领导体制,会同自治区党委组织部,指导推动包钢、电力集团开展党委换届工作,以党委换届为牵引,统筹兼顾董事会、经理层班子配备,为其他监管企业党委换届及领导班子建设提供示范;扎实抓好"两学一做"学习教育常态化制度化,在企业推广党员先锋岗、党员示范岗等经验做法,开展"工匠精神""创精品"等主题活动,3个企业基层党支部入选自治区"两学一做"常态化制度化典型案例。深入开展党风廉政建设和反腐败工作,全面落实党委主体责任、派驻纪检组监督责任和党委书记第一责任、班子成员"一岗双责"责任,坚定不移正风肃纪、反腐倡廉,严肃查处工程建设招投标、物资采购、产品销售、选人用人、财务管理等重点领域、重点环节、重点岗位的违规违纪行为,始终保持惩治腐败高压态势。

(撰稿人:赵 发)

辽宁省

一、辽宁省国有资产监督管理工作综述

2017年,辽宁省国企国资系统以习近平新时代中国特色社会主义思想为指导,认真学习贯彻党的十九大精神,全面落实新发展理念和"四个着力""三个推进",突出重点,精准发力,较好完成2017年行动计划确定的33项重点任务,辽宁省国企国资改革发展各项工作取得积极进展。

(一)经济运行企稳向好

2017年,纳入省国资委财务快报统计口径的180家重点企业累计实现营业收入4033亿元,比上年增长8.8%;实现利润总额173.7亿元,比上年增利91.6亿元;上缴税费总额398.4亿元,比上年增长33.5%。其中,省属企业实现收入利润"双快"增长,累计实现营业收入2536.3亿元,比上年增长12.3%;实现利润总额139.6亿元,比上年增长67.6%;上缴税费总额323亿元,比上年增长42.5%。省属企业国有资产利税率20.7%,"三项费用"下降5.4%,完成上缴国有资本收益20亿元。

(二)国有企业改制重组扎实推进

加快推进辽展集团、港口企业与央企重组。华晨集团与法国雷诺成功开展合资合作。水资源集团等7家新组建集团实现市场化运营。3户企业纳入国家第三批混改试点。10户员工持股试点企业均形成方案,渤海轮渡员工持股方案组织实施。完成益康生物、辽宁众汇等一批子企业改制,医药外贸公司改制重组积极推进。沈阳机床集团综合改革试点方案获国务院批准并组织实施。与江苏省对口合作取得实效,一批与江苏企业合作项目有序推进。

(三)公司治理机制进一步健全完善

扎实推进党的领导融入公司治理各环节,董事会建设不断加强。持续深化企业内部三项制度改革,省属企业新增人员公开招聘率和劳动合同签订率100%,全员劳动生产率16.4万元/人·年。制定《省属企业负责人履职待遇、业务支出管理办法》,管理人员绩效薪酬占薪酬比60%。

(四)国有企业核心竞争力优化提升

技术创新能力切实加强,加快推进产学研合作,组建产业技术创新战略联盟11个。防范债务风险措施得力,通过有效措施着力去杠杆、降负债。东北特钢集团、沈阳机床集团债转股取得实质性进展,涉及

债务金额近400亿元。东北特钢集团破产重整取得阶段性进展,企业生产稳定、运营向好。历史遗留问题逐步妥善解决。基本完成公司制改制和"三供一业"分离移交协议签订。

(五)国资监管体制不断完善

扎实推进监管职能转变,省市国资委大幅优化调整内设机构,完善国资监管权责清单,进一步明晰出资人与监管企业职责边界。探索国有资本授权经营体制改革,在华晨集团、交投集团开展国有资本投资公司试点。强化国有资产监管,省国资委首次代表省政府向省人大常委会报告辽宁省企业国有资产管理情况。进一步完善企业投资和债务风险监管制度,落实国有资本保值增值责任。外派监事会监督有效加强,落实"一事一报告"制度,问题整改取得实效。沈阳市初步形成"3+1+N"的国有资本运营架构。大连市向企业直派纪委书记和总会计师试点工作取得积极进展。

(六)国有企业党的建设得到切实加强

认真贯彻落实全国和辽宁省国有企业党的建设工作会议精神,制定《关于进一步加强省属国有企业党的建设的实施意见(试行)》,落实企业党委全面从严治党主体责任、纪委监督执纪问责责任以及"四同步""四对接"要求,推进"两学一做"学习教育常态化制度化。企业领导人员和国资监管队伍工作作风持续加快转变。党风廉政建设和反腐败工作深入推进,企业领导人员廉洁从业意识不断增强。

二、辽宁省国有资产总量及结构分析

(一)国有资产地区分布

2017年,辽宁省一级国有及国有控股企业(集团)1622户,比上年减少428户。其中,国资委监管企业25户、省属非监管企业334户、各市所属企业1263户。国有资产总量9712.9亿元,比上年增加942.8亿元,增长10.75%。其中,国资委监管企业2286.7亿元、省属非监管企业292亿元、各市所属企业7134.2亿元。

表1　2017年辽宁省国有资产分布情况

项目	户数(户)	比重(%)	国有资产(亿元)	占国有资产总量比重(%)
省国资委监管企业	25	1.5	2286.7	23.5
省属非监管企业	334	20.6	292.0	3.0
各市企业	1263	77.9	7134.2	73.5
合计	1622	100.0	9712.9	100.0

辽宁省国资委监管企业25户,国有资产总量2286.7亿元,其中,国有资产总量超过100亿元有3户,50亿~100亿元有3户,10亿~50亿元有9户。交通投资集团等10户企业国有资产总量合计2136.8亿元,占辽宁省国资委监管25户企业的国有资产总量的93.4%,占辽宁省国有资产总量的21.9%。

表2　2017年辽宁省国资委监管企业国有资产分布情况

企业	国有资产(亿元)	比重(%)
辽宁省交通建设投资集团有限责任公司	1167.6	51.1
辽宁省水资源管理集团有限责任公司	347.0	15.2
本钢集团有限公司	260.9	11.4
辽宁能源投资(集团)有限责任公司	82.9	3.6
华晨汽车集团控股有限公司	65.8	2.9
辽宁铁法能源有限责任公司	52.2	2.3
抚顺矿业集团有限责任公司	49.4	2.2
辽宁省机场管理集团有限公司	39.3	1.7
沈阳煤业(集团)有限责任公司	38.2	1.7
辽宁省国有资产经营有限公司	33.5	1.5
其他14户企业	149.9	6.6

辽宁省直部门企业的国有资产总量289.1亿元,主要集中在辽宁公共发展投资有限公司、省金融办所

属企业、文资办所属企业、省农业信贷担保有限责任公司和省新闻出版广电局所属企业5个部门,这5个部门所属企业国有资产总量232.9亿元,占省直部门所属企业全部国有资产总量的80.6%。

表3　2017年辽宁省省直部门企业国有资产分布情况

企　业	国有资产（亿元）	比重（%）
辽宁公共发展投资有限公司	128.3	44.4
辽宁省金融办所属企业	32.0	11.1
辽宁省文资办所属企业	31.7	11.0
辽宁省农业信贷担保有限责任公司	20.5	7.1
辽宁省新闻出版广电局所属企业	20.4	7.1
其他企业	56.2	19.4

辽宁省14个市一级国有企业1263户,国有资产总量7134.2亿元。国有资产总量超过100亿元的城市有沈阳、大连、鞍山、丹东、锦州、营口、盘锦和葫芦岛8个城市,8个城市的户数合计921户,占各市企业户数的72.9%,占辽宁省企业户数的56.8%。8个市的国有资产总量合计6944.5亿元,占各市企业国有资产总量的97.4%,占辽宁省国有资产总量的71.5%。

表4　2017年辽宁省各市国有资产按地区分布情况

地　区	一级企业户数（户）	比重（%）	国有资产（亿元）	比重（%）
沈阳市	210	16.6	863.1	12.1
大连市	231	18.3	3007.0	42.1
鞍山市	51	4.0	549.4	7.7
抚顺市	60	4.8	8.8	0.1
本溪市	70	5.5	25.3	0.4
丹东市	135	10.7	166.2	1.0

续表

地　区	一级企业户数（户）	比重（%）	国有资产（亿元）	比重（%）
锦州市	26	2.1	129.6	1.8
营口市	102	8.1	1092.8	15.3
阜新市	41	3.2	6.4	0.1
辽阳市	21	1.7	61.1	0.9
铁岭市	67	5.3	10.3	0.1
朝阳市	83	6.6	77.9	1.1
盘锦市	78	6.2	1010.6	14.2
葫芦岛市	88	7.0	125.8	1.8
合　计	1263	100.0	7134.2	100.0

（二）国有资产经营规模分布

2017年,辽宁省企业有4153户,其中,一级企业（集团）1622户,二级及以下企业2531户。一级企业主要集中在省直部门所属企业和沈阳市、大连市、丹东市和营口市。

表5　2017年辽宁省国有企业户数情况

项　目	2016年	2017年	比上年增长（%）
户数（户）	4177	4153	−0.57

表6　2017年辽宁省国有企业级次分布情况

地　区	企业户数（户）	一级企业（户）	二级及以下企业（户）
辽宁省合计	4153	1622	2531
省国资委监管企业	841	25	816
省属非监管企业	630	334	296
各市合计	2682	1263	1419
沈阳市	551	210	341
大连市	766	231	535
鞍山市	95	51	44

续表

地 区	企业户数（户）	一级企业（户）	二级及以下企业（户）
抚顺市	64	60	4
本溪市	190	70	120
丹东市	135	135	0
锦州市	94	26	68
营口市	242	102	140
阜新市	60	41	19
辽阳市	36	21	15
铁岭市	67	67	0
朝阳市	111	83	28
盘锦市	178	78	100
葫芦岛市	93	88	5

1622户一级企业中，有大型企业79户、中型企业184户、小型企业588户、微型企业771户。79户大型企业国有资产总量5691.6亿元，占辽宁省国有资产总量的58.6%。

表7　2017年辽宁省国有资产按经营规模分布情况

经营规模	户数	比重（%）	国有资产（亿元）	比重（%）
大型企业	79	4.9	5691.6	58.6
中型企业	184	11.3	929.5	9.6
小型企业	588	36.3	1783.9	18.4
微型企业	771	47.5	1307.9	13.4
合　计	1622	100.0	9712.9	100.0

（三）国有资产行业分布

2017年，辽宁省国有资产主要集中分布在社会服务业、工业和交通运输3个产业。3个产业国有及国有控股一级企业户数705户，占辽宁省总户数的43.5%；国有资产总量7885.9亿元，占辽宁省国有资产总量的81.2%。

表8　2017年辽宁省国有资产按行业分布情况

行　业	国有资产（亿元）	占国有资产总量比重（%）
农林牧渔业	280.5	2.9
工业	984.2	10.1
建筑业	531.4	5.5
地质勘查及水利业	355.0	3.7
交通运输业	1160.8	12.0
仓储业	30.4	0.3
批发和零售业	33.7	0.3
金融业	217.8	2.2
房地产业	280.1	2.9
信息技术服务业	29.9	0.3
社会服务业	5540.9	57.0
卫生体育福利业	7.9	0.1
教育文化广播业	47.7	0.5
科学研究和技术服务业	212.1	2.2
机关社团及其他	0.6	0.0
合　计	9712.9	100.0

（四）上市股份公司分布

2017年，辽宁省国有及国有控股上市股份公司有22户，其中，辽宁省国资委监管企业8户、省直部门1户、沈阳市5户、大连市6户、营口市1户、朝阳市1户。22户上市股份有限公司资产总额3399.6亿元，占辽宁省资产总额的11.9%；所有者权益1398.8亿元，占辽宁省所有者权益的12%。营业总收入2399.2亿元，占辽宁省营业总收入的53.2%；利润总额190.1亿元，占辽宁省利润总额的101.9%。国有资产总量372.8亿元，占辽宁省国有资产总量3.8%。

三、辽宁省国有资本保值增值综合分析评价

(一)国有资产增减变动及原因

2017年末,辽宁省国有资本及权益总额10287.6亿元,比上年增长11.64%。其中,无偿划入421.6亿元、资产评估增加189.3亿元、国家、国有单位追加投资132.5亿元、经营积累103.5亿元、会计调整15.4亿元、经营减值87.7亿元、无偿划出62亿元、产权界定减少29.4亿元、企业按规定已上缴利润27.6亿元。辽宁省国有企业国有资本及权益变动情况为净增加604.5亿元。因经营积累大于经营减值(差额15.8亿元),国有资本保值增值率100.2%。

表9　2017年辽宁省国有资本及权益增减变动情况

国有资本及权益增减变动情况	金额(亿元)	比重(%)
一、主要增加因素	923.6	100.0
无偿划入	421.6	45.7
资产评估增加	189.3	20.5
国家、国有单位直接或追加投资	132.5	14.3
经营积累	103.5	11.2
中央和地方政府确定的其他因素	34.4	3.7
会计调整	15.4	1.7
资本(股本)溢价	14.5	1.6
其他	12.3	1.3
二、主要减少因素	319.0	100.0
经营减值	87.7	27.5
中央和地方政府确定的其他因素	76.3	23.9
无偿划出	62	19.4
产权界定减少	29.4	9.2
企业按规定已上缴利润	27.6	8.7
因主辅分离减少	8	2.5
清产核资减少	7.3	2.3
其他	20.7	6.5

(二)国有资本保值增值情况

表10　2017年辽宁省国有企业地区和行业国有资本保值增值情况

地区	国有资本保值增值率(%)	行业	国有资本保值增值率(%)
辽宁省企业	100.2	农林牧渔业	101.0
省属企业	100.6	工业	100.2
各市	100.0	建筑业	99.7
沈阳市	99.3	地质勘查及水利业	100.0
大连市	99.9	交通运输业	99.3
鞍山市	100.7	仓储业	104.1
抚顺市	93.8	批发和零售业	101.1
本溪市	101.6	金融业	100.9
丹东市	97.0	房地产业	96.5
锦州市	101.8	信息技术服务业	97.0
营口市	99.6	社会服务业	100.5
阜新市	89.5	卫生体育福利业	131.0
辽阳市	100.0	教育文化广播业	98.9
铁岭市	95.2	科学研究和技术服务业	101.1
朝阳市	101.5	机关社团及其他	120.4
盘锦市	101.5		
葫芦岛市	98.4		

四、辽宁省国资委监管企业改革发展情况

(一)国有企业改制重组扎实推进

认真落实省政府与中央企业战略合作协议,加快推进辽展集团、港口企业与央企重组。华晨集团与法国雷诺合资合作取得积极进展。7家新组建集团完善治理机制,加快资源整合,逐步实现良性发展。完成益康生物、辽宁众汇等一批子企业改制,医药外贸改

制重组积极推进。沈阳、大连、营口、盘锦等市积极推进与央企、大型民企合资合作,有力促进地方经济和国有企业改革发展。华晨集团综合改革试点方案基本形成,沈阳机床集团综合改革试点方案获国务院批准并组织实施。沈阳市推进燃气、水务等6户企业综合改革也取得初步进展。辽宁省国有企业与江苏省的对口合作取得实效,一批与江苏企业合作项目得到有序推进。

(二)公司治理机制进一步健全完善

公司制改革基本完成,董事会建设不断加强,"双向介入、交叉任职"领导体制有效落实。企业内部三项制度改革持续深化,省属企业新增人员公开招聘率和劳动合同签订率均为100%,全员劳动生产率15万元/人·年。制定《省属企业负责人履职待遇、业务支出管理办法》,管理人员绩效薪酬占薪酬比60%。辽阳、盘锦等市在部分企业探索开展市场化选聘经理层人员取得初步成效。东北制药作为三项制度改革典型,在全国国有企业改革经验交流会上作经验介绍。

(三)国有企业核心竞争力进一步提升

一是技术创新能力切实加强。加快推进产学研合作,建设产业技术创新战略联盟11个,攻克26项关键技术。沈阳机床等企业列为辽宁省首批智能制造试点。华晨集团整车组装自动化率75%,智能制造水平进入国内同行业前列。二是防范债务风险措施得力。通过实施债转股、降本增效、股权融资等措施,着力去杠杆降负债。东北特钢、沈阳机床债转股取得积极进展,涉及债务金额近400亿元。在国务院领导和国家有关部委的大力支持下,在省政府的直接领导下,东北特钢破产重整取得阶段性成效,企业生产稳定、运营向好。三是妥善解决历史遗留问题。基本完成公司制改制和"三供一业"分离移交协议签订。厂办大集体改革前期各项准备工作业已就绪。完成处置"僵尸企业"116户,完成总体处置任务的37%。大连市作为国家退休人员社会化管理试点取得初步成效。

(四)稳妥推进混合所有制改革

将混合所有制改革作为深化国有企业改革的关键和突破口,建立健全市场化经营机制,放开股权比例限制,重点推进竞争类企业实施混改。一是大力开展引资工作。坚持市场化手段,以增量为主,通过增资扩股、出资新设、项目合资合作等方式,开放吸引各类资本参与国企改制重组,引入各类资本1027亿元,促进各类资本融合发展,有效放大国有资本功能。二是推进重要子企业改制。推动辽展集团与中国电子产业集团重组。通过增资扩股、产权转让等多种方式,完成辽宁盐业、益康生物、辽宁众汇等子企业改制。其中,益康生物重组创新采取增资扩股与国有股权转让同步操作的方式,历经50轮竞价,由金宇生物技术股份公司以4.03亿元竞得,较评估值增值38.15%。该项目是辽宁省国有企业推进混合所有制改革的成功尝试,既成功引入产业投资者,促进企业做强做优做大,增强国有资本流动性,实现市场化有序进退。三是推进员工持股工作。确定10户国有控股混合所有制企业员工持股试点企业名单,并形成员工持股初步方案,渤海轮渡员工持股计划组织实施。

五、辽宁省国资委监管企业建立和完善经营业绩考核体系情况

(一)加大省属企业负责人考核分配工作力度,激励与约束机制更加完善

一是完成2016年企业负责人业绩考核。经对2016年省属企业经营目标完成情况考核,25户省属企业全面完成省政府重点工作和经营业绩目标,随着2016年经营业绩大幅改善,A、B级企业17户,比上年增加7户;C、D级企业8户,比上年减少5户(含3户D级企业),同时对2户出现重大债务风险事件和重大违纪违法事件的企业实行一票否决,直接降至D级处理。

二是科学合理确定2016年企业负责人薪酬。根据业绩升、薪酬升,业绩降、薪酬降的原则,兑现2016年薪酬分配结果,将薪酬水平同业绩考核结果紧密挂钩。实行差异化薪酬分配,根据金融企业负责人薪酬管理办法对农信社和中天证券核定薪酬。合理拉开薪酬水平差距,整体上达到提低、扩中、限高的工作要求。

三是针对重点工作，调整考核体系。在现有考核指标体系基础上，将《省国资委出资企业负责人经营业绩考核暂行办法》和2017行动计划结合，制定印发《2017年度省属企业负责人经营目标考核方案》，调整考核指标体系为基本指标、个性指标和否决指标。基本指标包括利润总额、经济增加值等共性指标，个性指标主要是工作性指标，否决指标包括重大违纪违法案件、安全生产事故等指标，引导和推动省属企业落实行动计划。

四是加强企业经营业绩动态监控。为保证各项目标的完成，加强对各企业经营业绩情况的动态监控。组织新组建的7户省属企业集团在同行业选择标杆企业进行对标，结合企业经营特点提高经营目标值。针对钢铁、煤炭行业转暖、经济效益大幅改善的情况，对本钢、交投等5户企业营业收入、利润总额、经济增加值三项主要指标进行调增，进一步为企业压担子。

（二）加快省属企业劳动用工和收入分配制度改革

将辽宁省属企业劳动用工和收入分配制度改革中公开招聘、管理人员比重、劳动生产率等重点指标，纳入2017年省属企业行动计划，与企业负责人经营业绩考核相挂钩。建立月调度、季通报制度，实时跟踪指标完成情况，落实指标预警，督促后进企业采取措施改进。召开省属企业劳动用工和收入分配制度改革经验交流会，邀请中智人力资源管理有限公司专家对国有企业三项制度改革实务作专题讲座，华晨集团、交投集团、抚矿集团和电机集团分别对劳动用工管理、薪酬体系建设、精简机构减员增效、全员绩效考核等方面交流经验，对省属企业三项制度改革起到较好推动作用。

（三）加强省属企业工资总额预算管理

一是实现职工工资增长同效益增长挂钩。2017年，省属企业工资总额预算增幅远低于利润预算增幅，体现效益增工资增；部分省属企业由于利润预算下降，没有效益增资，体现效益降工资降。二是合理调控企业间收入差距。根据工资总额管理办法对盈利转亏损企业，减亏企业，亏损变盈利企业，执行不同工资增长调控线。对平均工资过高的省属企业在岗职工工资增长指导线实行高限调控，有效的缩小不同企业间收入差距。三是对企业工资预算执行情况进行动态跟踪调控。每季度对省属企业工资发放情况进行统计，及时了解工资总额预算执行情况，对超预算的企业进行提醒并督促企业进行必要调整。

（四）规范省属企业负责人履职待遇、业务支出

一是建立健全企业负责人履职待遇制度。代两办起草，并印发《辽宁省省属企业负责人履职待遇、业务支出管理办法》。要求各企业制定实施细则。二是组织开展履职待遇专项检查。下发专项检查通知，对25户省属企业的公务用车、办公用房、培训情况、业务招待、国内差旅和因公出国、通信及办法明确的各项禁止行为开展检查，要求存在问题企业在规定时间内整改。三是推动省属企业公车改革。对省属企业公务用车现状、车改节支率等方面深入调研，起草《省属企业公务用车制度改革实施方案》，配合省公车制度改革小组落实各项工作。

（五）规范省属企业收入分配秩序，严肃分配纪律

一是组织开展省属企业负责人违规领取奖金问题专项检查。按照辽宁省纪委要求，经省国资委党委会议研究通过，印发《关于对省属企业负责人违规领取奖金问题开展专项检查的方案》，要求企业依据要求落实工作。二是规范省属企业负责人薪酬及待遇。要求各省属企业严格执行国家及省薪酬管理文件，规范企业年金、补充医疗保险、住房公积金等项目管理，将薪酬分配纳入规范轨道。

六、辽宁省国资委监管企业负责人考核与选人用人机制改革情况

（一）完善法人治理结构改革进展情况

一是企业领导人员管理向重点管理党委会成员和董事会转变。二是突出党委会政治责任。对党委成员、工会主席重点评价保证监督党和国家路线方针政策法律法规贯彻执行、参与重大问题决策、落实全面从严治党，选人用人和人才队伍建设、思想政治工

作、党风建设和反腐倡廉工作、精神文明和企业文化建设、维护职工合法权益及企业安全稳定等方面的情况。三是突出董事会成员主责主业，优化专业结构。突出董事会成员的出资人代表意识，聚焦战略发展、重大事项决策、监督管理战略执行职责，不负责具体执行层的经营管理工作。合理增加具有战略管理、财务管理、风险防控、人力资源专业知识和从业经历的董事会成员。四是实行多维度考核。采取定性与定量相结合、多层级多维度的省属企业领导班子和领导人员考核评价方式。定性考核以出资人评价、监事会评价、纪检组评价、企业内部测评谈话为主要内容。定量考核以经营业绩指标和33项重点任务、党的建设完成情况为主要内容，力求全面准确反映领导班子和领导人员情况。五是合理确定指标权重。领导班子考核指标突出党的建设、经营业绩和省委省政府交办的重点工作，对党委书记突出党的建设第一责任人履职情况，选人用人和人才队伍建设工作。对董事长突出战略规划能力、民主决策能力、风险管控能力。对总经理突出经营层执行董事会决议、组织生产经营、自主创新、管理效能等工作。

（二）监管企业负责人考核与选人用人机制改革情况

一是针对部分企业党委到期未换届情况，省国资委对委管企业领导班子整体情况进行综合分析，从有利于建立现代企业管理制度，有利于改善班子队伍结构、减少领导班子职数，有利于加强领导班子作风建设等多方面考虑，对5户党委换届企业人选提名年龄、标准、条件进行初步酝酿，并提出具体方案。二是规范省国资委党委管理企业领导人员正常退休机制，对3名到龄未退休企业正职领导人员全部退休。对9户省国资委管理企业纪委书记进行交流、提拔任职。三是推进省属企业董事会市场化选聘、契约化管理经营管理者工作。到上海、山东、天津国资委学习调研职业经理人建设做法。起草《关于在省属企业建立市场化选聘契约化管理经营管理者制度的指导意见》。明确建立经营管理者培养、聘任等方面的工作机制，绩效考核、信用管理、职权管理、薪酬激励以及退出、交流等方面制度。

七、辽宁省国资委监管企业党的建设和廉政建设情况

截至2017年底，党组织关系隶属于辽宁省国资委党委管理的各省（中）直企业共计68户（不包含新组建的5户省属企业及以支部建制划归的辽宁公共发展投资有限公司），其中，党委604个、党总支405个、党支部6328个、党员124129人。

2017年，各省（中）直企业以迎接党的十九大胜利召开和学习宣传贯彻党的十九大精神为主线，以贯彻落实习近平总书记参加十二届全国人大五次会议辽宁代表团审议时重要讲话精神和全国、辽宁省国有企业党的建设工作会议精神为重点，推进年度党建重点任务落实，在着力解决国企党建弱化、淡化、虚化、边缘化问题上取得新突破，在大力加强国有企业党建工作上取得新成效。

一是做好十九大精神学习宣传贯彻工作。按照中央和省委的要求，省国资委党委组织召开省（中）直企业十九大代表人选推荐工作会议，层层宣传动员；对省（中）直企业荣获省部级以上荣誉称号人员进行登记统计，做到优中选优；印发《致省（中）直企业全体共产党员的一封信》，确保高参与率；组成考察组对3名代表候选人进行组织考核和现场考察，保证代表质量。推荐提名单位基层党组织参与率100%，党员参与率99.9%；在省党代表会议中国网辽宁电力有限公司领导干部代表谭洪恩和华晨集团工人代表池贵义当选为十九大代表。省国资委党委为省国资委机关和省（中）直企业订购15200本辅导用书，并组织省（中）直企业党组织书记学习宣传贯彻党的十九大精神培训班，对十九大精神进行解读，对抓好十九大精神学习贯彻工作作出部署安排。

二是积极推进"两学一做"学习教育常态化制度化。制定印发《2017年省（中）直企业中层以上领导班子和党员领导干部开展"两学一做"学习教育安排方案》《2017年省（中）直企业基层党组织和党员开展"两学一做"学习教育安排方案》《关于推进省（中）直企业"两学一做"学习教育常态化制度化的实施意见》等文件，召开省（中）直企业"两学一做"学习教育常态化制度化推进会议，组织企业完成4个专题研讨、3次专题

党课和以"开展中央巡视反馈意见整改落实'回头看',彻底肃清王珉等人恶劣影响,进一步净化和修复政治生态"为主题的专题民主生活会。

三是全面提高党建工作规范化、制度化、科学化水平。2017年初,省国资委党委组织召开2016年度省属企业党委书记抓基层党建和党风廉洁建设工作和纪委书记抓执纪监督问责工作述职评议会议,组织各企业全面开展党组织书记抓党建工作述职评议考核工作。在省(中)直企业中全面加强党支部规范化建设、"共产党员之家"综合服务阵地建设和党校建设,并在华晨集团、交投集团、能源集团、环保集团、沈煤集团、国网辽宁电力6户企业进行试点观摩;印发《关于进一步加强省属国有企业党的建设的实施意见(试行)》等党建文件68份,转发上级文件14份,组织省属企业开展年度党建重点任务督查,推动党建任务有效落实。

四是加强党对国有企业的领导。与省委组织部联合印发《关于加快推进国有企业党建工作要求写入公司章程的通知》,召开推进省属企业党建工作要求写入公司章程工作会议,印发《关于推进省属企业党建工作要求写入公司章程实施方案》,完成31户省属企业公司章程党建部分审核修订工作,并指导省属企业完成党委(常委)会议事规则修订。加强企业党委换届工作指导,做好中直企业党组改党委和新组建省属企业党委组建工作,召开省属企业党委换届工作推进会议。

五是不断加强党员队伍和党组织书记队伍建设。印发《2017年度省(中)直企业基层党组织书记集中轮训工作实施方案》,会同省委组织部在沈煤集团、华晨集团两户省属企业,开展全国基层党支部书记集中轮训试点工作,每户企业各举办两期培训班,培训党支部书记240人,取得较好的试点效果,形成试点工作报告,并推广两户企业的经验做法。组织省(中)直企业分期分批开展基层党组织书记和党务干部培训,培训1万余人;结合省(中)直企业党组织书记学习宣传贯彻党的十九大精神培训班,对68户企业党委副书记、组织部长进行集中培训,进一步增强国有企业党务工作者的履职意识和责任。在省国资委党校组织12期党员发展对象培训班,培训1218人。组织召开省(中)直企业信息系统安装使用部署培训会、两次审核会,8月完成党组织和党员基本信息采集录入任务,目前已规范运行使用。组织各省(中)直企业认真抓好清理收缴党费使用管理,按时如数向省委组织部上缴2016年度企业党费和清理补交党费;向各企业印发5000份《党费证》;研究制定《省国资委党委自管党费使用管理办法》;元旦、春节和"七一"期间,下拨企业90万元开展走访慰问活动。

六是加强党风廉政建设和反腐败工作。深入落实中央八项规定精神,坚决防止"四风"问题反弹;认真开展反腐倡廉警示教育,专门召开省属企业和委机关党风廉政建设工作会议,部署反腐倡廉工作。驻省国资委纪检组立案510件,给予党纪政纪处分602人,企业领导人员廉洁从业意识不断增强。其中,分3批对19起35名省国资委和省属企业党员领导干部违反中央八项规定精神和"四风"问题典型案例进行通报曝光,在省反腐倡廉展览馆对通报进行展示,在国企国资系统引起强烈反响。

(撰稿人:王　娥)

大连市

一、大连市国有资产监督管理工作综述

2017年,在大连市委、市政府的正确领导下,大连市国资委全面贯彻落实习近平总书记系列重要讲话精神,深入落实新发展理念和"四个着力""三个推进"工作部署,认真落实市委、市政府"1+5+1"文件精神,深入开展"学习讲话,对标上海,解放思想,真抓实干"大学习大讨论活动,坚持稳中求进工作总基调,突出问题导向、聚焦主业发展、强化责任担当,积极应对各种困难和挑战,抓改革、促转型、求创新、强监管、严党建,各项工作取得明显成效,国资国企改革取得积极进展。截至2017年底,出资企业资产总额3180亿元,比上年增长14.9%,净资产1683亿元,比上年增长18.6%。

(一)企业运行企稳回升,质量效益逐步改善

把稳增长作为重中之重,加强形势研判和企业运行监测分析,强化督导考核,各出资企业采取多种措施,坚决打好提质增效攻坚战,尽最大努力争取最好结果。一是生产经营稳中向好。出资企业积极应对复杂多变的市场环境,加强组织调度,生产经营稳中向好,重点企业稳产稳销。大连港集团货物和集装箱吞吐量比上年分别增长4.8%、1.5%。机场集团旅客和货邮吞吐量比上年分别增长14.7%、10.7%。5户装备制造企业用电量比上年增长2.02%,在手订单比上年增长17%,新增订单比上年增长6.3%。二是收入效益实现增长。2017年,出资企业累计实现营业收入577亿元,比上年增长4.3%。经营性企业累计实现利润总额18.1亿元,比上年增长12.1%。其中大连港集团实现营业收入145亿元,实现利润10.2亿元,比上年增长3.5%;冰山集团实现营业收入120亿元,实现利润7.4亿元,比上年增长11%;机场集团实现营业收入13.4亿元,实现利润1.4亿元,比上年增长57%;4户投融资类企业累计实现收入18.2亿元,实现利润2.9亿元,比上年增长9.7%。出资企业实际上缴税金34.4亿元,比上年增长5.8%。三是社会贡献进一步增强。公益类企业不断提高服务水平,主动履行社会责任,全力保障市民生活、出行。大连地铁1号线二期、2号线二期(东段)开通试运营,全年客运量1.57亿人次;公交客运集团新开辟3条公交线路,调整7条公交线路,客运量7.78亿人次;水务集团完成"引大入连"大连段工程建设,日均供水量128.5万立方米;热电集团新增挂网面积265万平方米;燃气集团燃气日最高供气量133.5万立方米。

(二)供给侧结构性改革扎实推进

坚持以新发展理念为引领,深入开展"三去一降一补"结构调整取得明显成效。大力推动降成本、去杠杆、控风险。去杠杆收效明显,资产负债率稳步下降,截至2017年底,全系统资产负债率47.1%,比上年减少1.6个百分点。三项费用有效压减,比上年下降6.8个百分点。严控非生产性费用支出,压减"两金"占用,应收账款、存货分别比上年同期增幅减少1.13和0.57个百分点,应收账款周转率和存货周转率分别比上年提高0.14次和0.12次。低效、无效资产和股权有序退出。加快清理整合低效、无效资产和非主业投资,全年出资企业处置各类资产8.7亿元,大连港集团、会展集团等企业转让股权盘活资产6.65亿元,重工·起重集团、瓦轴集团、公交客运集团等企业处置闲置房屋、设备价值2.05亿元。产业布局逐步调整优化。出资企业聚焦产业链、价值链,不断调整优化产业结构,中高端产品销量逐年递增,新兴产业不断发展,一批新项目正在开工建设,新的市场正在形成。重工·起重集团签订首个炼钢除尘工程总承包合同,使公司迈入百万级风量大型除尘设备总承包行列;瓦轴集团加快传统轴承向高端轴承布局,被美国GNK公司认定为高端汽车轴承全球优秀供应商,拿到西门子公司2018财年全球风电轴承70%的订单;热电集团与金重集团合作开发蓄热罐设计及制造,推动新能源装备制造业较快发展;建投集团承担大连市天然气高压管道全域一张网建设任务,加快布局新能源与清洁能源产业;辽无二公司与松下电器合资的新能源汽车用动力电池项目开工建设;三寰集团采用"互联网+现代农业"模式,不断拓展三寰安全农副食品等市场份额;盐化集团海盐世界公园一期项目开业,并获批首批国家工业旅游示范基地。合作共赢空间不断拓展。积极与央企、民企、其他省市国企合作,走访央企、民企40余家(次),赴上海对接13次,签署协议11份,涉及金额80亿元。大连港集团与招商局共同推进吉布提自贸区及港口建设;重工·起重集团与上海绿色环保能源有限公司开展海上风电项目合作;水务集团与上海仪电集团开展智慧水务示范区合作;城建投集团与光大证券股份有限公司开展公租房租金资产证券化项目合作;热电集团与晶科电力有限公司开展分布式能源项目合作;冰山集团与申能集团开展冷热技术应用项目合作;大连产权交易所与上海联合交易所进行全方位合作等。

(三)科技创新驱动不断加力

坚定实施创新驱动发展战略,加大科技创新投入,提升企业科技创新能力,推动企业创新发展。不断完善创新机制。加大技术创新在国有企业经营业绩考核中的权重,通过对研发投入和产出的分类考核,促进企业创新发展。积极与"一所四校"建立科技创新联盟,大化集团与大连理工大学组建绿色化学与

化工协同创新联盟,提高企业科技研发和成果转化能力。围绕"产业链"打造"人才链",重工·起重集团制定科技项目管理、副总设计师管理等办法,充分发挥专业领军人才作用。不断增强自主创新能力。出资企业立足市场需求,着力开发具有自主知识产权的新技术、新装备、新产品,提高市场竞争力。重工·起重集团成功研发出首台(套)世界最大的6.78米SCP一体化捣固焦炉设备,烟尘捕集率95%以上;瓦轴集团自主研发的大轴重货车轴承打破国外8年的技术垄断;大化集团高端氯化铵造粒项目竣工投产;冰山集团成功开发煤矿乏风、涌水用热泵机组和取热系统替代进口产品。不断加大科技投入和引智力度。2017年,8户重点工业企业科技研发投入13.3亿元,占主营业务收入的4.18%。出资企业获得国家级奖励项目5个,省部级奖励项目15个,市级奖励项目13个,专利申请量358项,发明专利授权量91项,参与制定国家级行业标准5项。现有国家级驰名商标4个,省著名商标4个。引进高端科技人才16人。获得认定的高新技术企业13家,冰山集团核心企业大冷股份获得工信部国家技术创新示范企业。重工·起重集团的风电技术中心和智能装备研究院相继挂牌成立,热电集团设立新能源应用技术研究院。

(四)体制机制改革全面深化

推动重点领域和关键环节改革落地实施,企业效率不断提高、企业活力显著增强。积极发展混合所有制经济。启动燃气集团、金重集团、染化集团的混改工作,燃气集团改制组建合资公司工作完成,金重集团和染化集团混改工作有序推进。积极配合省政府划转大连港集团股权,整合辽宁港口资源。2017年,通过多种形式吸引各类资本116亿元,推动大连市国企改革发展。扎实推进企业重组整合。对系统内产业链关联度较高的企业进行重组,完成重工·起重集团与大橡塑的重组工作。对系统内平台公司进行梳理、整合,完成装备集团与国投集团、三寰集团与三寰控股、城建集团与资源集团的整合工作,通过整合资源、优化配置,进一步凝聚国有经济发展的合力。

(五)国资监管效能显著提升

按照以管资本为主加强国有资产监管的要求,持续完善监管体制机制,监管质量和效率不断提升。推进监管职能转变。按照国务院国资委部署要求,制定印发《大连市国资委落实以管资本为主推进职能转变工作措施》,推进职能转变各项工作落实。完善监管制度,优化监管方式,推进依法监管,市国资委2017年制定规范性文件13件。注重通过公司治理结构体现出资人意志,强化章程管理,修订《公司章程管理办法》和编制《公司章程指引》,指导27家出资企业完成公司章程修订工作。对平台公司进行调研,探索构建科学高效的国有资本运营体系,推动国资监管由管资产向管资本转变。强化监事会监督。健全完善监事会派出、履职记录等监管制度,初步建立责任倒查可追溯机制。强化对企业"三重一大"事项的监督,完成监事会监督检查报告48份,提出问题150余条,揭示企业应收账款、投资等风险损失,督促企业加大风险防范和问题整改力度。加强审计监督。建立违规经营投资责任追究制度,出台审计监督实施意见,严肃追究企业经营管理人员违规经营投资造成国有资产损失的责任。完成2户企业领导人员任期经济责任审计和7户企业专项审计,发现问题52项,向企业发出整改通知并持续跟踪检查。督促企业对2016年审计发现的40项问题进行整改。推进信息平台建设。市国资系统数据中心建设初具规模,网络覆盖全部出资企业,企业财务数据全部纳入平台予以实时监控,实现企业财务数据集中存储、实时采集,提升企业财务管理水平,夯实企业监管数据基础,平台建设和管理逐步向专业化转变。加强维稳及安全生产。接待个体访188人次,群体访500余人次,办结市委书记、市长督办件10件,办理网上信访案件47件,排查安全隐患8213件,全系统没有发生安全生产重特大事故,无集体进京、去省信访事件。

二、大连市国有资产总量与结构分析

截至2017年底,大连市地方国有控股企业(含企业化管理事业单位,不含金融企业)859户(含三级企业),其中一级子企业241户。国有资产总量3199.5亿元,市属1689.2亿元,占52.8%。县区1510.3亿元,占47.2%。2017年,实现利润7.6亿元,上缴税金

45.5亿元。其中,大连市国资委出资企业,国有资产总量1460.8亿元,实现利润15.6亿元,上缴税金39.1亿元。

表1　2017年大连市国有企业指标

项　目	金　额(亿元)
资产总额	7001.0
所有者权益	3550.0
营业收入	705.0
利润总额	7.6
净利润	−1.9
归属于母公司所有者的净利润	−13.5
应交税金总额	42.1
实际上缴税金总额	45.5

表2　2017年大连市国有企业户数情况

项　目	2016年	2017年	比上年增长(%)
户数(户)	706	859	21.7

表3　2017年大连市国有资产按地区分布情况

地　区	国有资产(亿元)	占国有资产总量比重(%)
市属企业	1689.2	52.80
其中:市国资委监管企业	1460.8	45.66
非监管企业	228.5	7.14
县区企业	1510.3	47.20
其中:中山区	0.6	0.02
西岗区	10.6	0.33
沙河口区	1.4	0.04
甘井子区	32.7	1.02
金普新区	289.4	9.05
长兴岛临港工业区	545.0	17.03
花园口区	80.3	2.51
旅顺口区	286.7	8.96
普兰店区	156.1	4.88

续表

地　区	国有资产(亿元)	占国有资产总量比重(%)
高新技术产业园区	85.0	2.66
长海县	11.8	0.4
瓦房店市	3.0	0.2
庄河市	3.5	0.2
保税区	4.2	0.01
合　计	3199.5	100.00

表4　2017年大连市国有资产按行业分布情况

行　业	国有资产(亿元)	占国有资产总量比重(%)
投　资	1722.6	53.8
交　通	404.7	12.6
工　业	114.1	3.6
公　用	227.4	7.1
文　化	8.2	0.3

表5　2017年大连市国有资产按经营规模分布情况

经营规模	国有资产(亿元)	占国有资产总量比重(%)
大型企业	1556.2	48.64
中型企业	403.5	12.61
小型企业	622.5	19.46
微型企业	617.3	19.29

三、大连市国资委监管企业完善法人治理结构情况

加快完善现代企业制度。制定《关于规范大连市国资委出资企业董事会建设的暂行办法》,进一步规范董事会建设。向独资(全资)企业派出国有股权代表董事15人,国有独资(全资)企业董事会都有1～2名外部董事,基本达到1/3。在建投集团、热电集团下属企业开展市场化选聘职业经理人试点工作。

四、大连市国资委监管企业负责人考核与选人用人机制改革情况

不断完善国有企业考核分配制度体系，促进国有企业稳增长，推动国资国企改革发展。一是严格落实国有企业负责人薪酬制度改革政策，规范收入分配秩序，实现薪酬水平适当、结构合理、管理规范、监督有效。二是围绕供给侧结构性改革，优化考核分配资源配置。更好地推动国有企业完成"三去一降一补"任务，引导企业做好"去"和"降"，加大对去杠杆减负债的考核力度，同时做好"补"和"进"，加大科技创新在经营业绩考核中的比重，研发投入视同企业实现利润，引导企业加快科技创新和产业调整，持续激发创新活力。三是围绕功能定位，实施考核分配差异化管理。提高考核分配工作的科学性、针对性、有效性。起草国企负责人薪酬制度改革意见，制定国有企业领导人员管理办法，对企业领导班子、领导人员进行综合考核评价。对11户企业领导班子进行调整，调整充实企业领导班子成员21人次。

五、大连市国资委监管企业党的建设和廉政建设情况

国企党建工作切实加强。深入贯彻落实全国国企党建工作会议精神，不断强化党对国有企业的领导，夯实国企党建工作基础。抓好企业班子建设。加强党的领导和完善公司治理有机统一，完成全部出资国有企业党建工作总体要求写入公司章程的工作。修订完善《市属国有企业党建工作责任制实施办法》，实行党委书记、董事长一人担任。推行基层党建规范化。加强基层党组织"党员之家""一线筑垒工程"的规范化建设，在热电集团、机场集团、瓦轴集团等分别开展"修订党组织议事规则""落实企业党务工作机构、人员、经费""完善'党员之家'"等试点工作，重点培树重工·起重集团、机场集团党员干部教育培训基地和基层党支部堡垒阵地。全系统121个基层党委、98个基层党总支部、1197个基层党支部基本完成规范化建设。加强干部队伍建设。扎实推进"两学一做"学习教育常态化制度化，全面落实"学习讲话，对标上海，解放思想，真抓实干"大学习大讨论活动，认真开展学习讨论、问题查摆、对标整改。组织开展机关讲坛9期、企业领导人培训2期，培训机关及企业干部450人次，推荐观点性学习文章26篇。加强舆论宣传引导，全年上报并被市委市政府采用信息69条，省级以上刊物、报纸发表文章4篇。加强机关作风建设。大力倡导"马上就办，办就办好"工作作风，进一步明确工作职责，增强服务意识，提高服务质量。积极帮助大化集团、染化集团、大橡塑、华锐风电等企业解决实际问题和困难，参与协调处理企业经济纠纷案件6起，努力挽回企业经济损失。做好离退人员管理，加强亲情服务，落实老干部政治待遇和生活待遇。坚定不移推进党风廉政建设和反腐败工作，严格落实中央八项规定精神，坚决纠正"四风"。

（撰稿人：张 智）

吉林省

一、吉林省国有资产监督管理工作综述

2017年，面对错综复杂的宏观形势和外部环境，面对深化国资国企改革的艰巨任务和难点问题，面对企业整体经济运行持续低位徘徊、经营风险加大的严峻态势，吉林省国资委和各监管企业认真贯彻落实省委、省政府及国务院国资委的决策部署，积极应对，主动作为，合力攻坚，各项工作取得积极进展和较好成效。截至2017年底，19户监管企业资产总额7785.8亿元，比上年减少0.7%；所有者权益总额1825.5亿元，比上年增长16.7%；实现营业收入548.8亿元，比上年减少0.5%；实现利润总额24.7亿元，比上年增长93.6%；上缴税费47.2亿元，比上年增长12.8%。

（一）扭亏增盈取得初步成效

召开动员大会进行部署，指导企业"一企一策"制定《深化改革扭亏增盈实施方案》，签订《工作目标责任状》，将重点改革任务、三年扭亏增盈目标与企业负责人业绩考核和激励约束挂钩。加强企业运行情况

调度分析,指导帮助企业解决困难和问题,推动企业强化管理、降本增效。截至2017年底,监管企业与2016年同期相比,有5户企业实现增盈,1户实现扭亏为盈,5户实现阶段性减亏。

(二)资产整合和布局优化有序展开

全面摸底企业的产业布局、资产现状和关联情况,形成《吉林省国资委监管企业国有资本布局结构调整优化的总体思路》,明确调整优化方向。推动150户省管企业及省直部门企业完成脱钩,按照"产业相同、行业相近、主业相关"的原则,将32户企业的992亿元存量资产,分别整合注入4户投资运营公司和部分骨干企业,进一步壮大企业资产规模。

(三)项目建设和结构调整稳步推进

各监管企业切实发挥项目投资的带动作用,厚植发展基础,促进转型升级。吉高集团7个高速公路项目、水投集团中部引水工程进展顺利,吉煤集团禽蛋产品加工、云动力智能装备、通钢集团"两化"融合升级改造等项目落地生效。深入推进供给侧结构性改革,去产能去库存力度进一步加大。吉煤集团在2016年关闭14处矿井基础上,关闭2处资源枯竭矿井,减少产能170万吨,安置职工1885人。森工集团关闭2条木材加工生产线,减少人造板产能7.1万立方米。系统内房地产企业实现去库存14.5万平方米,森工集团分别消化人造板和地板库存4.6万立方米和7.9万平方米。金融、类金融企业主动拓展新业务,推动经营转型。吉林银行大力开展小微金融服务,小微企业贷款增量和余额排名省内第一。担保集团压缩传统融资性担保业务,围绕主业积极开展投资和基金业务,有效提升利润空间。

(四)重点企业改革持续深入

森工集团、吉煤集团加快综合改革步伐,积极推进内部产业板块重组整合,加大处置散小股权和"壳企业"力度,压缩层级和"三项制度"改革动真招、见实效。酒精集团与国投生物公司签署合作意向协议,将实施股权整体划转。协调建行与17户企业签订合作协议,为企业新增授信137亿元。发挥国有资本运营平台作用,为部分困难企业提供担保和过桥支持,帮助兑付到期票据,累计为企业减少利息支出3940万元,避免区域性金融风险发生。指导各企业充分利用各种融资工具置换高息债务,进一步降低杠杆水平和融资成本。截至2017年底,监管企业平均资产负债率降至76.6%,比上年减少3.2个百分点。

(五)解决企业社会负担取得实效

加快推进国有企业职工家属区"三供一业"分离移交,吉林省884个项目签订移交协议848个,完成率95.9%,整体工作进度处于全国前列。10户省属企业86个移交项目全部签订分离移交正式协议,所需资金缺口全部得到落实。森工集团、吉煤集团"两供一业"、独立矿区医院和离退休机构从业人员,实现随资产和职能移交属地管理。按照国家统一部署要求,制定印发吉林省国有企业办市政、社区管理、消防机构职能移交和分类处理实施方案。

(六)国资监管方式加快转变

以省政府文件印发《省国资委以管资本为主推进职能转变实施方案》,梳理省国资委职能,确定38项监管事项,精简20项监管事项。制定《企业违规经营投资责任追究办法》《全面推行总法律顾问制度的意见》等规范性文件。针对企业经营管理中暴露的突出问题,组织企业围绕"三重一大"决策报告、资金和财务管理、改制重组、产权管理等8个方面开展专项整治。截至2017年底,各企业对外部监督和内部自查发现的各类问题隐患整改率60%,剩余问题也明确整改措施。

(七)监事会监督力度不断加大

以省政府文件印发《调整完善监事会体制加强外派监事会工作的意见》,实现省属企业外派监事会全覆盖。各监事会通过"查、看、听、询"等方式,对企业实行动态监督,2017年累计列席企业会议462次,与企业交换意见118次,发出《提示函》75份,上报专报12份,通过检查累计发现企业存在投融资、小贷等7个方面的问题183个,提出建议190个。省国资委针对问题建立台账、下发整改通知,督促企业及时采取措施进行整改,形成监督工作闭环。

(八)企业党的建设得到加强

组织系统党员干部深入学习贯彻党的十九大和

全国、吉林省国企党建会议精神。推动省属企业完成集团层面党建要求进章程工作,落实党组织在公司治理中的法定地位和重大决策的前置把关要求。压实企业党委抓党建主体责任和书记第一责任,层层签订党建责任书,督促企业严格落实定期议党制度,逐级开展抓党建述职述责评议考核。全面推行企业领导人员分层分类管理,规范管理方式、职数职位设置和选任标准程序。扎实推进"两学一做"常态化制度化,深入开展"生产添动力、党旗添光彩"等主题教育实践活动。

(九)企业党风廉政建设深入推进

制定《加强党风廉政警示教育实施意见》和《构建"不能腐"体制机制指导意见》。围绕落实全面从严治党责任,集体约谈企业党委和纪委书记,对中央巡视组点名和存在风险隐患的企业负责人进行重点约谈。组织对4户企业开展专项巡察,发现五方面28个问题线索,及时反馈企业并督促整改。持之以恒纠治"四风",加大违纪违法案件查处力度,2017年系统立案60件,给予党政纪处分133人,有效发挥震慑作用。

(十)安全稳定工作持续加强

严格督促监管企业贯彻上级决策部署和监管部门要求,逐级落实安全生产责任,加强隐患排查治理,发现问题立整立改,保持企业安全生产的平稳态势,2017年未发生较大以上责任事故。扎实做好信访稳定工作,受理来访5256件次、17078人次,积极争取省级信访救助资金,加大企业配套投入,累计投入6418万元,解决吉林铁合金内退人员生活费、吉林冶建改制前退休人员独生子女费、东北输送公司房屋纠纷等一批疑难问题和陈年积案,有效维护企业和社会稳定,十九大期间的信访稳定工作得到国家信访局表扬。

二、吉林省国有资产总量与结构分析

截至2017年底,汇总范围内国有企业资产总额18561.09亿元,负债总额12031.7亿元,所有者权益总额6529.4亿元,其中归属母公司所有者权益总额6174.9亿元。所有者权益总额中,资本公积4412.9亿元,实收资本1164.5亿元(其中国有资本1042.6亿元),未分配利润362.5亿元,盈余公积92.8亿元。

截至2017年底,汇总范围内企业国有资产总量5816.6亿元,比上年增长11.5%,其中,省直企业国有资产总量1679.8亿元,比上年增长22%;省国资委监管企业国有资产总量1581.2亿元,比上年增长23.8%;市地企业国有资产总量4136.8亿元,比上年增长7.8%。与2016年相比,省直企业国有资产总量占吉林省国有企业比重增加2.5个百分点,其中,省国资委监管企业占比增加2.7个百分点,市地国有企业占比减少2.5个百分点。

2017年,吉林省汇总范围内国有企业营业总收入1334.3亿元,其中营业收入1179.68亿元;实现利润总额111.57亿元;实际上缴税费总额94.64亿元;实现工业总产值557.7亿元;实现劳动生产总值424.6亿元;社会贡献总额779.8亿元。

2017年,吉林省汇总范围内国有企业全年平均从业人员335141人,从业人员人均利润33291.6元;全年平均职工310312人,职工人均利润35955.3元;职工人均工资47485.1元;人均上缴税费30497.9元;全员劳动生产率126682.7元/人·年。

2017年,吉林省汇总范围内国有企业有企业负责人3550人,薪酬总额6.4亿元,人均180331.3元,人均薪酬比上年增长1.1%,是职工人均工资的3.8倍。

2017年,吉林省汇总范围内国有企业新增固定资产投资额687.5亿元,比上年上升266%,其中,购置固定资产440.5亿元,比上年上升467.7%;基建投资227.3亿元,比上年上升123%;其他投资19.6亿元。

表1　　2017年吉林省国有企业指标

项　　目	金　额(亿元)
资产总额	18561.09
所有者权益	6529.40
国有资产总量	5816.60
营业收入	1179.68
利润总额	111.57
净利润	73.58

续表

项　目	金　额(亿元)
归属于母公司所有者的净利润	69.16
应交税金总额	98.26
实际上缴税金总额	94.64

表2　2017年吉林省国有企业户数情况

项　目	2016年	2017年	比上年增长(%)
户数(户)	1233	1736	40.8

表3　2017年吉林省国有资产按地区分布情况

地　区	国有资产(亿元)	占国有资产总量比重(%)
省属企业	1679.80	28.88
地市企业	4136.80	71.12
其中:长春市	2150.73	36.98
吉林市	830.52	14.28
延边朝鲜族自治州	146.67	2.52
通化市	209.92	3.61
辽源市	233.89	4.02
白城市	67.37	1.16
白山市	18.86	0.32
四平市	180.51	3.10
松原市	268.00	4.61
长白山管委会	30.33	0.52
合　计	5816.60	100.00

表4　2017年吉林省国有资产按行业分布情况

行　业	国有资产(亿元)	占国有资产总量比重(%)
农林牧渔业	21.80	0.37
工业	68.33	1.17
建筑业	1600.87	27.52
地质勘查及水利业	52.12	0.90

续表

行　业	国有资产(亿元)	占国有资产总量比重(%)
交通运输业	291.51	5.01
仓储业	258.63	4.45
邮电通信业	0.54	0.01
批发和零售业	13.58	0.23
金融业	305.60	5.25
房地产业	186.41	3.21
信息技术服务业	18.22	0.31
社会服务业	2225.86	38.27
卫生体育福利业	19.27	0.33
教育文化广播业	61.36	1.06
科学研究和技术服务业	684.37	11.77
机关社团及其他	8.12	0.14
合　计	5816.59	100.00

表5　2017年吉林省国有资产按经营规模分布情况

经营规模	国有资产(亿元)	占国有资产总量比重(%)
大型企业	−704.10	−12.10
中型企业	1671.16	28.73
小型企业	3696.71	63.55
微型企业	1152.82	19.81
合　计	5816.59	100.00

三、吉林省国有资本保值增值综合分析评价

表6　2017年吉林省国有企业地区和行业国有资本保值增值情况

地　区	国有资本保值增值率(%)	行　业	国有资本保值增值率(%)
吉林省企业	101.16	农林牧渔业	39.00

续表

地区	国有资本保值增值率(%)	行业	国有资本保值增值率(%)
省属企业	101.84	工业	79.39
地市企业	100.92	建筑业	105.07
其中:长春市	101.60	地质勘查及水利业	99.03
吉林市	100.34	交通运输业	94.32
延边朝鲜族自治州	102.96	仓储业	99.25
通化市	100.76	邮电通信业	104.43
辽源市	95.98	批发和零售业	50.94
白城市	99.25	金融业	107.73
白山市	98.63	房地产业	93.72
四平市	99.26	信息技术服务业	106.81
松原市	99.32	社会服务业	101.65
长白山管委会	100.81	卫生体育福利业	98.57
		教育文化广播业	96.85
		科学研究和技术服务业	100.32
		机关社团及其他	99.58

(一)营业收入保持增长

2017年,汇总范围内企业营业总收入比上年增加28亿元,比上年增长2.1%。其中,省国资委监管企业营业总收入549.4亿元,比上年下降2.3%;地市国有企业营业总收入721.4亿元,比上年增长5.8%。按行业划分营业总收入比上年增幅较高的分别为:仓储业比上年增长116%,建筑业比上年增长22.4%。营业总收入比上年降幅较高的是房地产业,比上年下降53.9%。

(二)盈利能力有所下降

2017年,汇总范围内国有企业实现利润总额111.6亿元,比上年123.8亿元减少12.2亿元,减少9.9%。综合收益总额比上年减少7.1亿元,减少10.4%,归属母公司所有者的净利润比上年减少37.3亿元,减少35%。主要行业中:社会服务业减利62.9亿元,比上年下降66.6%;批发和零售业减利6.9亿元,比上年下降250.7%;房地产业减利4.9亿元,比上年下降69.1%;教育文化广播业减利2.9亿元,比上年下降316.7%;建筑业增利48.9亿元,比上年增长242.8%。

(三)国有资产总量保持增长,经营积累增加

2017年,汇总范围内国有资产总量5816.6亿元,比上年增加600.1亿元,比上年增长11.5%。增减因素中:无偿划入156.7亿元,国家、国有单位直接或追加投资434.1亿元,经营积累130.3亿元,分别占增加额的18.9%、52.5%和15.8%;无偿划出82.6亿元,经营减值69.8亿元,其他因素减少36.4亿元,分别占减少额的36.4%、30.7%和16%。客观因素依然是影响国有资产总量持续增长的重要因素。

(四)国有资本保值增值能力有所提高

2017年,汇总范围内国有企业国有资本1042.6亿元,占实收资本的89.5%,比上年增加1.3个百分点,其中国有法人资本144.7亿元,占实收资本的12.4%。吉林省国有资本保值增值率101.2%,比上年减少2.1个百分点,其中,省直非监管企业101%,比上年减少1.7个百分点,省国资委监管企业101.9%,比上年减少0.2个百分点;地市级国有企业100.9%,比上年减少2.8个百分点。

(五)企业经营中存在的问题

1. 成本和收入倒挂局面仍需改善。2017年,吉林省汇总范围内国有企业营业总成本1485.6亿元,比上年增加47.6亿元,增长3.3%。营业总成本大于营业总收入151.3亿元,占营业总收入的11.3%,比上年增加1.3个百分点。营业总成本增长率高于营业总收入,增加1.2个百分点。

2. 三项费用有增无减,挤占盈利空间。2017年,吉林省汇总范围内国有企业三项费用(销售费用、管理费用、财务费用)总额377.7亿元,比上年增加36.8亿元,增长10.8%,涨幅减少2.7个百分点。其中,财务费用141.4亿元,比上年增长20.9%;销售费用47.8亿元,比上年增长13%;管理费用188.5亿元,比上年增长3.8%。

3. 银行借款增加，偿付风险加大。2017年，吉林省汇总范围内国有企业的银行借款余额3420.5亿元，比上年增加152.8亿元，增长4.7%，占负债总额比例28.4%。持续增加的银行借款导致利息支出150.8亿元，比上年增加24亿元，增长18.9%。

4. 资金占用增加，资产运营能力下降。2017年，吉林省汇总范围内国有企业存货及应收账款占用资金1816.1亿元，比上年增加310.4亿元，增长20.6%；两者占用的资金总额占流动资产总额的21.7%，是货币资金的1.4倍。其中，应收账款570.3亿元，比上年增加211.1亿元，增长58.8%。

四、吉林省国资委监管企业并购重组和改革发展情况

（一）监管企业并购重组情况

1. 推动酒精集团与国投生物公司重组。2017年7月，省政府与国投集团签订全面战略合作协议，省国资委与国投集团全资子公司国投生物签署《合作意向协议书》，明确由国投生物参与酒精集团重组，共同推进吉林省酒精加工行业产业链优化及国企改革进程。协议签署后，双方有序开展尽职调查、审计等前期工作，积极推进重组合作进程。

2. 推动吉林信托改制重组。2017年6月，省国资委推动吉林信托制定《改制重组预案》，提交省政府常务会议审议原则通过，并按照会议要求对预案修改完善，进一步丰富改革方式和改革路径，审计评估等改制前期工作有序推进。

3. 积极推动吉林银行和都邦保险的增资扩股工作。

（二）监管企业改革发展情况

按照省委、省政府关于国企改革工作的总体部署以及国务院国资委改革办、省委改革办、省国企改革领导小组、省经济体制改革领导小组各项工作要求，省国资委坚持统筹兼顾、点面结合、分工协作、整体推进的工作原则，积极推进各项工作的开展，取得较好成效。

1. 完善相关改革实施文件。2017年初，按照国家62号文件精神，吉林省国资委立足省情实际，配合参与国务院国资委起草《东北地区国企改革专项工作方案》，提出多条针对性意见建议被国务院国资委采纳。形成《吉林省监管企业国有资本布局结构调整优化的总体思路》，为省属国有企业资本布局调整优化，明确抓手和方向。制定印发《出资企业章程管理办法》（包括《章程范本》），配合省委组织部全面修订省属集团企业公司章程，完成企业集团层面党建要求进章程工作。制定《国有控股混合所有制企业开展员工持股试点管理办法》，积极筹备开展试点相关工作。

2. 分类推动企业深化改革。坚持改革全覆盖原则，区分不同企业所处行业和改革发展实际，总体上按照传统产业、运营公司、平台企业、金融企业四类企业类型分别推动改革工作。对处于传统产业的森工集团等实体企业，继续深入推进综合改革，促进企业脱困和转型升级；对主业相对突出、发展面临资金管理技术瓶颈的酒精集团等企业，引进有实力的战投实施重组；对新组建的4户投资运营公司，积极推进整合资源、培育产业、运作资本，提高运营效率和效益；对交投集团等功能性平台公司，以风险防控为主，围绕承担吉林省重点建设任务，研究扩大融资规模，降低融资成本；对吉林银行等资产质量相对较好、效益比较稳定的金融、类金融企业，重点是避免同质化竞争，壮大资本金规模，有效管控经营风险。2017年6月，按照省委、省政府工作总体部署，推动各监管企业将改革方向调整到深化改革扭亏增盈上来，逐户明确各企业深化改革和扭亏增盈的具体改革任务和措施，并组织有序推进。

3. 稳妥开展混合所有制改革试点。积极落实省委、省政府关于"筛选10户以上吉林省地方国有企业，开展混合所有制改革试点"的工作要求，2017年1月，省国企改革办从市（州）报送企业名单中遴选确定19户国有企业作为吉林省首批混改试点企业，并按照"成熟一户推进一户"的原则，依法依规稳妥推进混改试点工作。积极开展与央企、浙企和京企开展合资合作，吸引有实力的企业参与吉林省国有企业混合所有制改革。截至2017年底，长春市2户试点企业完成混改及公司注册，交投集团长白山和平滑雪场与战略投

资者签订合作协议,其他试点企业也在积极与意向投资者开展对接洽谈。

五、吉林省国资委监管企业建立和完善经营业绩考核体系情况

2017年,吉林省国资委从加强企业负责人薪酬管理、规范履职待遇和业务支出、改进考核方式等方面入手,不断完善激励约束机制,强化业绩考核的导向作用,积极引导企业落实扭亏增盈措施,实现稳增长目标。

(一)严格执行相关制度,扎实做好2016年度出资企业负责人经营业绩考核和薪酬兑现工作

依据《吉林省国资委出资企业负责人业绩考核暂行办法》、2016年度企业财务决算报告、企业上报的2016年度业绩考核完成情况总结分析报告及企业监事会签署的意见、中介机构对业绩考核目标完成情况的审核确认报告,对2016年度各企业经营业绩进行认真考核,对影响2016年度业绩的因素进行调整,形成业绩考核结果。依据考核结果,2016年监管企业主要负责人平均税前薪酬水平比2015年增长12.1%。

(二)跟进扭亏增盈重点工作,合理确定2017年度业绩考核指标

省委、省政府提出深化改革扭亏增盈工作任务后,为使业绩考核与扭亏增盈工作有机结合,年度和任期业绩目标与扭亏增盈目标紧密衔接,省国资委及时将本任期考核时间由2016年至2018年调整为2016年至2019年。并根据企业效益情况和扭亏增盈工作难度,通过分档设置目标值,实施差异化的计分办法,设定亏损企业减亏比例等方法,实现激励水平与扭亏增盈工作业绩相统一,更好发挥业绩考核和薪酬分配的牵引作用,确保重点工作的质量和效益。最终确定的2017年盈利企业目标值比考核基准值增长11.5%,亏损企业亏损目标比上年减亏31.6%。

(三)强化监督检查力度,规范企业负责人收入分配秩序

2017年初,省国资委成立工作组并聘请中介机构,完成对17户一级企业及所属的34户二级企业负责人进行薪酬管理、履职待遇和业务支出情况的监督检查,对检查中发现的薪酬结构违规、超标准发放薪酬、兼职取酬等具体问题,对每户监管企业下达整改通知,并要求企业针对存在问题限期整改到位。

六、吉林省国资委监管企业完善法人治理结构与选人用人机制改革情况

(一)改革完善干部管理体制

配合省委组织部研究制定《关于进一步加强省属国有企业领导人员管理的意见》(吉办发〔2017〕22号)、《省属企业领导班子和领导人员考核评价办法》和《关于省属国有企业范围界定的意见》等相关配套文件,进一步理顺和明晰企业领导人员管理体制、管理方式、运行机制、考核评价等,解决多头管理、权责不清等突出问题。

(二)健全完善企业法人治理结构

2017年12月14日,以省政府办公厅文件印发《健全完善省属国有企业法人治理结构指导意见》(吉政办发〔2017〕77号),进一步理顺和明晰企业党委会、股东会、董事会、经理层的权责边界,明确授权范围和事项,明确董事长、党委书记与总经理的职责权限,规范履职行为。同时严格规范企业领导人员选拔任用程序,着重选好配强企业领导人员,特别是选好"一把手"。2017年调整配备2户委管企业主要领导人员,调整配备1户委管企业纪委书记,调整6户委管企业13名领导人员,新增4名外部董事。

(三)加强日常监督管理工作

开展出资企业领导人员个人有关事项填报和抽查工作,并将抽查信息结果和处理意见上报省委组织部。严格按照有关规定,对企业领导人员因公(私)出国境进行审核把关,实行严格控制,规范审批程序。全年企业人员因公出国境51人次,因私出国境5人次。

(四)注重企业人才队伍建设

大力开展省属国有企业领导人员精准化培训,先后举办进修班和专题讲座6期,有800余人次参加学

习。组织委机关和监管企业30人参加国务院国资委举办的全国国企改革培训班。

七、吉林省国资委监管企业党的建设和廉政建设情况

(一)党的建设情况

2017年,吉林省国资委党委系统各级党组织认真贯彻党的十九大和全国吉林省国有企业党的建设工作会议精神,着力加强企业党的领导、党的建设,扎实推进"两学一做"学习教育常态化制度化,不断提高企业基层党组织和党员队伍建设水平,为省属国有企业改革攻坚提供坚强政治保证。

1. 认真学习贯彻党的十九大精神。制定印发《吉林省国资委党委学习宣传贯彻党的十九大精神的实施意见》。组织召开党委系统党的十九大精神宣讲报告会暨学习宣传贯彻工作部署会。广泛开展"支部书记讲党课"活动,千余名基层党组织书记深入企业生产一线,为广大党员职工宣讲十九大精神,在企业中迅速掀起学习热潮。

2. 切实履行抓党建主体责任。制定《吉林省国资委党委系统2017年党建工作重点任务清单》,与18户监管企业签订《党建工作责任书》。逐级开展抓党建工作述职述责评议考核。严格落实定期议党与专题议党制度,截至2017年底,各监管企业党委累计召开定期议党会议33次,专题议党会议116次,确保党建各项工作落实落地。

3. 强化企业党委的领导作用。健全完善企业党组织议事决策机制,明确党组织研究讨论作为董事会、经理层决策重大问题的前置程序。会同吉林省委组织部印发《关于扎实推进国有企业党建工作要求写入公司章程的通知》,22户省属企业将党建工作要求写入公司章程。指导监管企业党委建立健全党务工作专门机构。

4. 深入开展"两学一做"学习教育。指导企业党委细化工作方案,指导企业基层党组织建立健全"三会一课"、主题党日等基本制度。全面开展学习黄大年主题教育,不断丰富"生产添动力、党旗添光彩"主题实践载体,广泛开展"为国资监管、国企改革献计献策"活动,为省属国有企业改革攻坚加油助力。

5. 持续打牢基层党组织建设基础。举办企业基层党组织书记示范培训班,2017年累计培训轮训基层党组织书记1400余人。举办入党积极分子培训班,培训入党积极分子324人,发展党员309人。监管企业配备专职党务工作者452人,将2049万余元党建经费纳入年度预算。"新时代e支部"入驻率100%。

6. 扎实做好意识形态各项工作。制定《吉林省国资委贯彻党委意识形态工作责任制实施细则》,监管企业定期分析意识形态工作形势,建立600余人的系统企业网评员队伍。

7. 着力推进统战、群团和扶贫工作落实。组织企业认真学习《中国共产党统一战线工作条例(试行)》,广泛开展"学习总书记讲话,做合格共青团员"教育实践活动,大力推进基层"五型"团组织建设,引导团员青年立足本职、干事创业。加大对包保村屯的帮扶力度,监管企业全年累计为21个包保村协调和投入扶贫资金7324万元。

(二)廉政建设情况

2017年,驻省国资委纪检组认真贯彻十八届中央纪委七次全会和省纪委十届六次全会精神,紧密结合吉林省国资国企改革实际,坚定不移、持之以恒地落实全面从严治党治企,聚焦监督执纪问责,把纪律和规矩挺在前面,突出加大执纪查处力度,为国资国企改革攻坚提供坚强保障。

1. 认真落实"两个责任"。2017年2月28日,省国资委党委系统党纪和党风廉政建设工作会议召开,驻省国资委纪检组代表省纪委提出工作要求,强调国资系统必须坚定不移推动全面从严治党,必须坚定不移推进国资系统正风反腐,必须坚定不移用制度管权管人管事,必须坚定不移营造改革发展良好政治生态,引导党员干部增强纪律、规矩意识。省国资委党委书记逐一与监管企业党委书记签订《党风廉政建设责任书》,逐级压实管党治党责任。制定印发《关于监管企业构建"不能腐"体制机制的指导意见》,推动监管企业"三不腐"建设。编印《党纪法规汇编》教材,对系统纪检干部进行培训。

2. 聚焦监督执纪问责主业。围绕履行全面从严

治党责任集体约谈22户企业党委书记和纪委书记。对中央巡视组点名并已造成国有资产损失的4户监管企业和存在风险隐患的3户监管企业,责成企业党委和纪委深入调查,对违规违纪相关责任人进行追责问责。对省国资委党委提拔任用的29名处级干部和3名企业负责人开展廉政谈话,对受到党纪处分、有信访举报、有违纪问题的人员分别提出暂缓或不宜使用建议。2017年,全系统立案60件,给予党政纪处分133人。

3. 深入落实中央八项规定纠正"四风"。抓住元旦、春节、"五一"、端午等重要节点,下发廉洁守纪过节通知,提前打招呼提醒,强化监督和管理,释放"越往后执纪越严"的强烈信号,防止"四风"问题反弹回潮。2017年8月,在系统内开展集中排查整治违规公款购买消费烟酒特别是高档白酒问题专项整治,推动作风建设持续好转。

4. 研究破解监管企业执纪问责偏松偏软问题。2017年,驻省国资委纪检组着力推动企业纪委落实"三个为主",即查办腐败案件以上级纪委领导为主,各级纪委书记、副书记的提名和考察以上级纪委会同组织部门为主,出资企业纪委书记年度考核以上级纪委为主,着力破解省属企业"执纪问责偏松偏软"问题症结。另外,研究起草《关于监管企业纪委问题线索处置和案件查办向上级纪委报告的试行意见》,强化对监管企业问题线索处置和纪律审查的领导把关作用。

5. 从严加强内部管理。主动适应全面从严治党新形势新要求,增强纪律和规矩意识,牢固树立监督者更要受监督的意识,严格执行监督执纪规则,教育和引导纪检组干部适应改派驻的身份转变,做到敢监督、能监督、会监督。加强谈话场所的建设与管理,2017年7月建成谈话室,安装谈话全程录音录像监控系统,制定《谈话场所安全管理规定》和《突发事件应急处理预案》。

(撰稿人:张跃辉)

黑龙江省

一、黑龙江省国有资产监督管理工作综述

2017年,黑龙江省各级国资监管机构和国有企业深入贯彻习近平新时代中国特色社会主义思想,认真落实省委省政府决策部署,在国务院国资委的领导下,各项工作取得明显成效。

(一)国企改革不断深化,重要领域和关键环节取得积极进展

黑龙江省各级监管机构和省属企业深入推进改革。一是全面做好规划落实改革目标。制定三年改革滚动规划,重点从转变观念、转换机制、吸引人才、强化管理、推进创新、防控风险等方面查找问题,研究对策,确立共性改革目标。同时,突出每户企业实际确定个性改革目标。年初与13户出资企业签订改革目标责任书,年中加强督查、指导和服务,年终严格考核、兑现奖惩。二是稳步推进混合所有制改革。省国资委在2016年完成12户出资企业混改任务基础上,2017年完成11户。辰能集团与国家开发投资公司、民营企业发起设立10亿元规模的黑龙江省第二家不良资产管理公司,为资产的盘活、流动和重组创造条件;哈尔滨市确定首批60户混改名单,面向社会重点引进非公战略投资者;鹤岗中铁云山公司通过与国信通集团进行混改,带动大型产业项目建设。三是重点企业改革取得新成效。省委省政府多次听取龙煤集团改革情况的汇报,对改革的力度和进度给予充分肯定,龙煤集团在吸取事故教训、保证安全生产的前提下,通过完成组织化转岗分流、推进"三项制度"改革、进行辅业改制、全面实行内部市场化运行机制等措施,实现营业收入255亿元,实缴税费27.5亿元,实现利润21亿元。北满特钢被东北特钢排除重整计划之外后,在法律规定有限时间内,顶住压力,克服资产质量差、引进战投难、债务受偿比例低、债权人反对意见

多，重整不成就要破产的重重困难，成功引入建龙集团实现重整，赢得省委省政府的高度肯定。四是现代企业制度不断完善。2017年，黑龙江省下发《关于进一步完善国有企业法人治理结构的通知》，在建设集团开展贯彻落实国有企业董事会职权试点；省国资委出资企业基本完成章程修改，9户符合条件的企业完成公司制改革；大庆市纳入计划的22户企业全部完成公司制改革。五是内部"三项制度"改革不断深化。2017年，14户出资企业在岗职工131921人，比上年减少15802人，降幅10.7%；在岗职工工资支出总额768105万元，比上年减少28606万元，降幅3.6%。六是解决历史遗留问题成果显著。黑龙江省在全国率先总体完成厂办大集体改革，3284户企业，51.29万名职工预计受益90.3亿元。除大庆油田外，黑龙江省基本完成驻省央企"三供一业"分离移交工作，每年减轻央企负担10亿元以上，哈尔滨铁路局与大兴安岭等12个市（地）签订"三供一业"分离框架移交协议；龙煤集团通过"二供一业"移交使四煤城获得国家补助资金52.4亿元。鸡西市作为全国国企退休人员社会化管理试点城市，已编制完成试点方案。完成黑龙江省792户、1.75万名国有企业职教幼教退休教师，共计3.42亿元生活补贴发放工作。

（二）资本布局不断优化，结构调整和转型发展取得初步成效

黑龙江省各级监管机构和省属企业坚持以新发展理念为引领，大力推进结构调整，优化资源配置，取得明显成效。一是突出抓好战略规划引领作用。省国资委组织出资企业编制完成"十三五"发展规划，并首次聘请第三方专业机构对龙煤、建设、中盟等6户重点企业"十三五"发展规划进行专项评估，提升战略规划的指导性。2017年省国资委出资企业实现项目投资113.5亿元，其中产业项目完成投资30.8亿元。二是扎实推进出资企业重组整合。积极推进粮食产业、龙裕、交通、产权交易四大集团筹备组建工作，完成粮食产业集团和龙裕集团授牌工作，产权交易集团组建方案获省政府批复，交通集团的组建有序推进；完成省贸促会持有的跨国采购中心国有股权划归旅游集团管理工作。绥化市将鑫源城投有限公司纳入统一监管范围，优化资源配置；大庆市采取统一监管、处置销号、委托经营、事转企、重组整合5种方式推进51户市属国有企业实现统一监管。三是加快推进市场要素流动。省联交所在原有的国有资产、股权交易两大板块基础上，新增农林产权、碳排放权、金融创新交易三大板块，更好促进黑龙江省要素流动，提高龙江市场化程度。截至2017年底，哈尔滨股权交易中心累计挂牌企业500户，实现直接融资33.5亿元，4户企业成功转至新三板，并针对挂牌企业积极开展培训咨询、协助融资、培育上市等服务，充分发挥区域性股权市场服务作用。四是完善国有资本授权经营体制。辰能集团充分发挥国有资本投资公司的作用，成立辰能资本、辰能创新2家基金管理公司，聚焦黑龙江省战略性新兴产业、科技创新项目，实现技术与资本无缝对接；投资集团作为省政府投融资平台，全年为铁路建设项目融资52.89亿元，推进黑龙江省基础建设；龙睿公司资本运营平台作用明显，在处理好龙涤、粮油和哈煤机等历史遗留企业的基础上，盘活18处省政府移交非办公类资产，实现挂牌溢价72.96%。齐齐哈尔市分领域推进新的投资运营公司组建，完成组建粮食储运行业国有资本投资经营公司。五是创新驱动步伐加快。建设集团与九次方大数据集团合作，成立大数据产业发展公司；伊春中盟食品公司运用"互联网＋"营销模式，在京东商城和天猫商城设立旗舰店；铁路集团宝清公司创新合作模式，完成运量53.05万吨，结束连续亏损19年的历史；航运集团黑河港培育水上旅游新市场，企业效益实现大幅提升；机场集团创新服务品质，全面完成旅客吞吐量2210.9万人次，稳居东三省第一位；招标公司创新激励机制，实现利润1142万元，比上年增长153%；外贸集团尚志大米加工厂探索产品分类销售模式，销量增长12倍。六是注重发挥产业基金作用。辰能集团高效对接央企扶贫基金，发起设立规模8.01亿元"中央企业贫困地区黑龙江产业投资基金"，与国投委31家会员单位发起100亿元国投聚力并购基金；哈尔滨市与中信资本合作，在哈设立200亿元医药发展基金，助力黑龙江省产业发展。七是扎实推进"三去一降一补"工作。龙煤集团退出落后产能752万吨，超额完成计划222万吨；省国资委出资企业房地产板块商品房待售面积较上年同期减少7.5万平方米，比上年减少

36.6%。航运集团成功转让持有大连滨海公司的54.47%国有股权,使"僵尸企业"起死回生。建设集团等出资企业与金融机构合作建"资金池""票据池",减少融资规模,资金年化利率比上年减少0.1~0.3个百分点。2017年,黑龙江省国资委出资企业总体杠杆率较上年减少20个百分点,企业债务结构得到进一步优化。八是积极推动对外合作。2017年省国资委组织7户出资企业及哈尔滨、齐齐哈尔、大庆3个地市国资委主要领导赴广东省国资委对接并与当地30余名民营企业家交流,两省就绿色农业、旅游养老、商贸物流等方面,签署战略合作框架协议。辰能集团与中石油等央企合作推进省级天然气管网建设,旅游集团与华润集团就开发华侨广场项目达成合作协议。

(三)国资监管不断完善,监管质量和监督效能取得明显提升

黑龙江省各级监管机构着力完善监管体制机制,监管质量和效率不断提升。一是大力推进监管职能转变。制定出台《黑龙江省国资委以管资本为主推进职能转变的实施方案》,精简下放国资监管事项15项,增强企业发展活力,推动国资委以管资产为主向以管资本为主的转变。二是科学设置监督清单。省国资委在全国率先制定出台《监事会监督事项清单》,以企业"三重一大"事项为重点,科学设置十大类45项监督清单,落实监事会纠正违规决策、罢免或调整领导人员的建议权,为推动企业法人治理结构规范运行提供制度保障。三是深入开展当期监督。省国资委监事会上半年集中开展年度定期监督检查,检查企业三级以上独立核算单位175个,占全部单位总数的50.5%;披露问题风险46个,提醒关注事项6个。统一组织对43户企业本部及权属企业落实"三重一大"事项决策情况开展专项检查,核查决策事项1599项,披露决策不规范等问题44个,并通过会议推进、约谈集团董事长及权属企业负责人等不同形式分层次落实整改,问题整改率保持在87%以上。四是严格兑现责任追究。2017年,黑龙江省出台《黑龙江省国有企业违规经营投资责任追究暂行办法》,明确11个方面69种情形的追究范围。龙煤集团将清理2138笔29.4亿元的应收账款中发现的相关责任人和线索移送纪检部门,内部问责处理62人。五是运行监测范围不断扩大。截至2017年底,19个省直部门所属257户企业和黑龙江省13个市(地)及所属县(区)企业均开展财务快报报送工作,实现黑龙江省地方国有企业经济运行动态监测全覆盖。六是主动化解安全风险。针对2016年底被国务院安委会巡查组定义为"第二个天津港"的哈尔滨港务局三棵树港区消防隐患问题,省国资委牵头哈尔滨市政府成立综合整治办公室,航运集团主动担当、全面配合,召开协调会18次,现场办公督查200余次,帮助业主维权立案80余件,接待上访2400人次,劝返越级进省、进京访400余人次,有效化解矛盾,在按时完成国家挂牌督办的三大市场火灾隐患整改基础上,全面摸查整改其他六大市场的安全隐患,实现1700个业户有序迁出,九大市场由车水马龙到关门落锁,隐患彻底根除,得到国务院安委会巡查组充分肯定。七是积极做好法律风险防范和案件协调工作。组织企业全面开展法律风险排查,协调处置13起重大法律纠纷案件,涉案诉讼标的6亿元,帮助企业避免和挽回经济损失1.8亿元,依法维护国有企业的合法权益。

(四)国企党建不断加强,制度落实和执纪问责取得实质成果

黑龙江省各级国资监管机构党委(党组)和省属企业党委(党组)始终把坚持党的领导、加强党的建设作为首要政治任务。一是完善规范企业党的制度建设。按照全国和黑龙江省国企党建工作会议要求,省国资委制定出台《2017年度党建工作指导意见》,把党建工作总体要求写进公司章程,把党组织研究讨论作为董事会、经理层决策重大问题的前置程序;起草省属国有企业党建责任制实施办法;细化党建工作考核办法;全面开展三级党组织书记抓基层党建述职评议活动,在鸡西召开党建工作现场会,用典型推动出资企业各级党组织建设。二是深入开展作风整顿。省国资委重点推进"简政放权、放管结合、优化服务"改革,深入开展流程再造,优化工作流程109项。指导企业围绕提高决策质量,狠抓"三重一大"决策事项的规范流程,用录音录像等方式全程留痕,作为事后奖励、任用和问责的依据,变过去被动听会、谁分管谁发言为人人建言,实现科学决策。三是注重人才队伍建设。着眼完善企业法人治理结构,下气力抓好企业家、技术人才、经营管

理人才三支队伍建设,组建完成出资企业职业经理人和党务领导人员储备库,首批96人入选人才库。四是加大执纪问责力度。2017年,省纪委驻省国资委纪检组加大问责力量,对前期存量58件问题线索,办结36件;新增38件问题线索,办结20件。纪检组本级处置39件,其中,直接了结4件,函询了结8件,初核了结15件,立案审查12件,处分17人,收缴违纪款272.6万元。办结案件数量比上年增长200%。五是合理合法解决信访稳定问题。国资系统及时就地解决群众合理合法诉求,圆满完成全国"两会"、省第十二次党代会、党的十九次全国代表大会等特殊敏感期的信访维稳工作,取得全年敏感期进京非正常上访"零登记、零通报"的工作成果。龙煤集团、地煤集团、航运集团等困难企业,全年未出现严重信访事件。

二、黑龙江省国有资产总量与结构分析

2017年,黑龙江地方国有企业2998户,比上年净增加20户;资产总额11537亿元,比上年增长12.6%;负债总额6239亿元,比上年增长16.7%;所有者权益5298亿元,比上年增长8.1%。

表1　2017年黑龙江省国有企业指标

项　目	金　额(亿元)
资产总额	11537.6
所有者权益	5298.4
国有资产总量	5207.7
营业收入	1449.3
利润总额	40.8
净利润	27.1
归属于母公司所有者的净利润	12.7
应交税费总额	112.5
实际上缴税费总额	104.2

表2　2017年黑龙江省国有企业户数情况

项　目	2016年	2017年	比上年增长(%)
户数(户)	2978	2998	0.67%

表3　2017年黑龙江省国有资产按地区分布情况

地　区	国有资产(亿元)	占国有资产总量比重(%)
省属企业	1016.6	19.52
地市企业	4191.1	80.48
其中:哈尔滨市	3079.0	59.12
大庆市	440.5	8.46
齐齐哈尔市	263.6	5.06
牡丹江	248.4	4.77
黑河市	87.3	1.68
绥化市	16.4	0.32
佳木斯市	12.9	0.25
双鸭山市	11.6	0.22
鸡西市	9.0	0.17
鹤岗市	8.3	0.16
七台河市	7.2	0.14
伊春市	3.9	0.08
大兴安岭地区	3.0	0.06
合　计	5207.7	100.00

表4　2017年黑龙江省国有资产按行业分布情况

行　业	国有资产(亿元)	占国有资产总量比重(%)
社会服务业	2854.2	52.42
房地产业	793.7	14.58
工业	714.3	13.12
交通运输业	360.0	6.61
地质勘查及水利业	280.8	5.16
金融业	107.8	1.98
农林牧渔业	97.4	1.79
仓储业	80.5	1.48
建筑业	70.6	1.30
批发和零售业	39.9	0.73
教育文化广播业	30.5	0.56
科学研究和技术服务业	9.4	0.17

续表

行　　业	国有资产（亿元）	占国有资产总量比重(%)
信息技术服务业	3.0	0.05
卫生体育福利业	2.6	0.05
机关社团及其他	0.1	0.00
合　计	5444.9	100.00

注：此表国有资产指标是指国有资产总量的数据（非合并口径，为合计口径）。

表5　2017年黑龙江省国有资产按经营规模分布情况

经营规模	国有资产（亿元）	占国有资产总量比重(%)
大型企业	268.0	4.92
中型企业	1406.5	25.83
小型企业	2601.1	47.77
微型企业	1169.2	21.47
合　计	5444.9	100.00

注：此表国有资产指标是指国有资产总量的数据（非合并口径，为合计口径）。

三、黑龙江省国有资本保值增值综合分析评价

表6　2017年黑龙江省国有企业地区国有资本保值增值情况

地　　区	国有资本保值增值率(%)
黑龙江省	100.2
哈尔滨市	99.7
齐齐哈尔市	101.3
鸡西市	102.9
鹤岗市	70.1
双鸭山市	99.3
大庆市	102.6
伊春市	96.7
佳木斯市	99.7
七台河市	89.5
牡丹江市	99.6
黑河市	99.1
绥化市	96.2
大兴安岭地区	91.7

续表

2017年，黑龙江省地方国有企业保值增值率100.2%，整体实现保值。13个地市中，10个没有实现国有资本保值增值，其中，保值增值率最低的是鹤岗市(70.1%)；5个国有资本保值增值率在99%以上，分别是哈尔滨市(99.7%)、双鸭山市(99.3%)、佳木斯市(99.7%)、牡丹江市(99.6%)、黑河市(99.1%)。13个地市中，保值增值率排在前三位的分别是鸡西市、大庆市、齐齐哈尔市。

四、黑龙江省国资委监管企业改革发展情况

（一）不断深化国有企业改革，全力完成国务院和省委省政府交办的重大改革任务

一是按照市场化法治化原则，广泛招募战投，积极化解债务风险，完成黑龙江省国资委参股企业东北特钢集团北满特殊钢有限责任公司破产重整。二是指导推动龙煤集团改革脱困取得初步成效。积极督导龙煤改革方案确定的改革任务，龙煤集团实现当期现金流平衡。三是研究提出解决和平邨宾馆稳定、生存、发展的意见，经黑龙江省政府决定，委托建设集团管理，实现和平邨宾馆平稳运行。四是就贯彻落实《东北地区国企改革专项工作方案》，牵头制定《黑龙江省国有企业改革专项工作方案》，将作为未来三年黑龙江省推进国企改革的纲领性方案。五是积极研究推进"僵尸企业"处置工作，形成省属"僵尸企业"处置方案，确定积极稳妥处置的工作思路。省国资委重

点处置两户；成功退出大连滨海公司国有股权、批复中煤国际公司实施依法破产。六是积极推动公司制混合所有制改革。制定混改实施方案，通过听取汇报、深入企业督查、现场办公、签发催办书等措施，加强督导推进落实。全年完成11户子公司混改，9户子企业完成公司制改制。

（二）加快推进剥离国有企业办社会职能和解决历史遗留问题

一是稳步推进大庆油田剥离企业办社会职能综合改革试点工作。协调成立省政府工作组，深入大庆市调研，指导油田与市政府对接，向国家争取政策支持。2017年底，大庆油田供热、物业分离移交与市政府签订框架协议。二是加强协调，2017年妥善解决国有企业职教幼教退休教师生活待遇问题工作圆满完成。完成黑龙江省792户国企、1.75万名教师3.42亿元生活补贴的发放工作。三是指导推进鸡西退休人员社会化管理工作，形成试点方案报国务院国资委，基本明确试点范围、完成试点分类、资金测算等基础工作。四是妥善解决历史遗留问题。全力协调哈尔滨将哈煤机1.57亿元拆迁补偿款全部拨付到位，收回财政垫付改制成本及利息4904万元。较好地落实"哈麻3·15"伤员费用、佳煤机改制职工安置费用，做好退休职教幼教教师、退休高工、医师等群体的上访接待及解答工作。五是在积极推进哈尔滨铁路局所属"三供一业"分离移交，配合驻黑龙江省央企剥离办社会职能，在统计黑龙江省市政、街道、办事处、消防、教育、医疗等企办社会职能移交等方面做了大量工作。

（三）加强监管，严格考核

一是全面完成黑龙江省国资委承担的省委目标责任制考核目标。2017年主要承担的推进龙煤改革脱困、北钢破产重整、混合所有制改革、公司制改制等项改革任务，均全面超额完成。二是牵头制定13户出资企业改革目标责任书并指导督促落实。三是做好组建大集团服务工作。牵头审定产权交易集团组建方案并上报省政府。积极参与粮食产业、龙裕、交通等集团筹备组建工作，对组建方案、章程制定给予指导、把关。

五、黑龙江省国资委监管企业并购重组和现代企业制度建设情况

（一）推进北满特钢重组

黑龙江省国资委参股企业东北特钢集团北满特殊钢有限责任公司资产负债率超过300%，涉及1000多家债权人、165亿元债权和13000名职工稳定，工作复杂，难度很大，风险极高。在大股东东北特钢"三钢一体"重整计划无法实施情况下，黑龙江省被迫承担起北满特钢独立重整任务。黑龙江省国资委和管理人团队，克服重重困难，完成重整任务，避免灾难性后果，保住黑龙江省唯一特钢企业，最大限度维护各类债权人的利益，保证5000多名职工上岗，近8000名退休职工妥善安置。重整成效逐步显现，月度产量不断创出新高。一是广泛招募战略投资者。黑龙江省国资委、北满特钢管理人本着公开原则，在网上专门发布招募战投公告；向国内22家钢铁企业去函邀请参与北钢重整；先后与中信泰富特钢、鞍钢、一重、中钢研集团、安阳钢铁、太钢、河北钢铁、建龙、沙钢、毕氏集团、德龙钢铁等企业沟通；发挥省市区政府和银行债权人优势引入战投。截至8月10日，南钢、建龙、沙钢、山东青岛东信股权投资基金有限公司4家企业表示参与重整。南钢参与后，在9月8日向法院提交重整计划草案的最后时限，南钢退出重整。管理人立即启动应急方案紧急与建龙集团联系。经管理人会议讨论决定，于当日下午与建龙集团签署框架性协议，向法院提交重整计划草案，避免破产清算。二是精心制定债务清偿方案。黑龙江省国资委和北满特钢管理人结合债权分类和额度，认真研究各类债权清偿办法，在偿债资源有限、按常规做法走不通的情况下，平衡资产评估价值、战投认可价值、各类债权人承受能力、政府支持等多种因素，打破多项被金杜、大成等国内知名律师事务所和一些企业认为违背常规的做法，设计出唯一的具有可行性的债务清偿方案。努力提高各类债权清偿比例，最大限度保护各类债权人利益。创造性地提出将融资租赁和资产抵押优先类债权，在资产评估价值基础上，比照企业所有资产评估价值和战投实际认可价值，对这部分债权进行缩水，降低优先债权清偿额，提高普通债权清偿率。为切实

保护中小供应商债权人权益,提出普通债权 30 万元至 1500 万元间,清偿率为 20% 的建议,进一步维护这一群体稳定。为重整计划草案的制定、完善和通过奠定坚实基础。三是艰难通过重整计划草案。为在党的十九大前顺利召开第二次债权人会议,黑龙江省、齐齐哈尔市有关领导,黑龙江省国资委、北满特钢负责人在会前密集走访建设银行、中国银行、进出口银行、盛京银行以及光大幸福租赁公司等债权人,向他们报告重整工作情况、说明重整草案有关安排,争取债权人理解支持在二债会上投赞成票。黑龙江省政府、省国资委还向辽宁、江苏省政府,辽宁省国资委、东北特钢等发函,请协调支持北满特钢重整。在 9 月 28 日召开的二债会上,在东北特钢坚持投反对票情况下,采取应急对策,征得一些原未投赞同票债权人的理解,重新投赞同票,最终会议一次性表决通过重整计划草案。10 月 10 日,齐齐哈尔市中级人民法院下达民事裁定书,批准北满特钢重整计划。

(二)积极推进出资企业的现代企业制度建设

一是完成所有出资企业章程修改,发挥章程在企业治理中的基础性作用。二是印发《关于进一步完善国有企业法人治理结构的通知》,明晰健全国有企业法人治理结构的思路和方向。三是结合实际,提出黑龙江省贯彻落实国有企业董事会职权试点意见,确定在建设集团开展落实董事会职权试点。四是下发通知,要求黑龙江省符合条件的全民所有制企业 2017 年底前全部完成公司制改制。

六、黑龙江省国资委监管企业建立和完善经营业绩考核体系情况

黑龙江省国资委认真履行国有资产出资人职责,按照分类监管、分类施策、分类考核的工作原则,进一步发挥考核导向作用,调动企业负责人积极性,有效落实国有资本保值增值责任。一是突出目标引领作用。通过与企业签订经营目标责任书,逐级传递目标压力,激励企业直面挑战,主动作为,努力实现国有资本保值增值。二是开展分类分型考核。根据企业行业特点和功能定位,将出资企业分为商业一类企业和商业二类企业。同时,结合企业资产质量和经营状况,进一步将商业一类企业细分为发展、进取、脱困 3 种类型。实现同一类型同一尺度、分类施策、分类考核。三是突出重点工作任务考核。鉴于企业资产质量和经营状况的基础差异较大,突出企业年度重点工作考核,围绕改革、发展、稳定和脱困等工作重点,赋予相应权重。四是加强行业对标考核。运用企业财务绩效评价体系,科学评价企业现状,引导企业对标找差距,不断提高经营管理水平,进而实现从定标对标到超标创标的转变。五是强化监管工作考核。奖优罚劣,有力推动国资监管、国企党建和廉政建设。对党建及人才队伍建设、廉政建设、监督检查、纪律监督、信访稳定、法律风险、规划发展、产权管理、分配管理等工作出现重大问题的,给予减分。对超额完成改革项目、新增规模以上工业企业、提高直接融资比重和实现发展创新等工作的,给予加分。六是落实社会责任考核。将领导班子经营业绩民意评价以及企业安全生产、节能减排、社会救援、扶贫工作、抗灾救灾等社会责任工作纳入业绩考核体系,督促企业全面提升履行社会责任的能力和水平。

2017 年,在保持原有考核评价体系不变的基础上,主要围绕分类考核的内容和权重进行 7 个方面的完善。一是加强对经济效益指标的考核,全面调增经济指标考核权重。二是强化全国同行业对标,适当调增财务绩效评价权重。三是精干重点工作,解决部分企业重点工作任务不饱满问题。四是规范共性工作,进一步突出加分的必要性和减分的严肃性。五是调整企业类型,根据企业经营发展变化实际调整企业类型。六是完善任期考核,将年度考核结果纳入任期考核体系中。七是增加考核容错机制,鼓励企业负责人大胆创新、锐意改革进取。

七、黑龙江省国资委监管企业负责人考核与选人用人机制改革情况

(一)考核工作情况

按照黑龙江省委的统一部署和要求,从 2017 年 3 月初开始,黑龙江省委组织部和黑龙江省国资委组成联合考核组,对黑龙江龙煤矿业控股集团有限责任公司、黑龙江省建设集团有限公司、黑龙江辰能投资集

团有限责任公司、黑龙江龙兴国际资源开发集团有限公司、黑龙江中盟集团有限公司、黑龙江航运集团有限公司、黑龙江省铁路集团有限责任公司、黑龙江省对外经贸集团有限责任公司、黑龙江旅游集团有限公司、黑龙江省地方煤炭工业（集团）总公司、黑龙江省龙睿资产经营有限公司、黑龙江联合产权交易所有限责任公司12户企业领导班子及62名班子成员进行2016年度考核。考核方式采取召开述职述廉会议、填报成绩清单和问题清单、个别谈话、查阅有关资料等方法进行，并对领导班子和领导人员分别进行正向和反向民主测评，对企业选人用人工作和41名2016年度新选拔任用的干部进行民主评议。考核期间，召开12次考核动员和述职述廉会议，组织企业599人参加民主测评和评议，与323人进行个别谈话。在此基础上，形成每户企业领导班子和每一名领导人员的考核报告材料，完成12户出资企业领导班子及62名成员的2016年度考核综合情况报告，对企业领导班子及成员的民主测评情况进行数据统计和分析，并详细分析领导班子及成员的正向、反向测评情况，提出2016年度企业领导班子及成员考核评价标准的意见、考核具体评价档次及组织处理意见，及时向企业领导班子及成员进行反馈。2017年11月，按照黑龙江省委组织部的要求，黑龙江省国资委组织研究起草《黑龙江省管企业领导班子及成员2017年度考核工作方案》。

（二）选人用人工作情况

2017年，黑龙江省国资委党委结合企业领导班子建设实际，为解决好企业缺职较多问题，连续完成两批企业领导人员选配工作，任免调整8户企业30人，同时配合黑龙江省委组织部完成4户企业正职的选配工作。这两次选配突出干部交流，企业间和企业与机关间交流提拔4人，正职交流1人。选配工作同时，统筹考虑企业党委、董事会、经理层成员的配备，认真贯彻落实2016年10月全国国有企业党的建设工作会议精神，实行"双向进入、交叉任职"的领导体制。截至2017年底，12户出资企业除1户非公司制企业之外，均实现董事长、党委书记"一肩挑"，党员总经理兼任党委副书记，普遍设立专职党委副书记。2017年12月，在全国范围内引入1名知名学者和1名原中央企业总经理任黑龙江龙煤矿业控股集团有限公司兼职外部董事，实现外部董事制度在黑龙江省国资委出资企业中的破冰。2017年4月，黑龙江省国资委出台《关于建立省国资委职业经理人和党务领导人员储备库的意见》，随后组建完成96人的职业经理人和党务领导人员储备库，其中职业经理人入库人员56人，党务领导人员入库人员40人。黑龙江省国资委职业经理人和党务领导人员储备库功能定位为"四个一"，即一个模拟职业经理人市场、一个未来企业家的孵化园、一个展示才华的舞台、一个吸引人才的磁场。

八、黑龙江省国资委监管企业党的建设和廉政建设的情况

截至2017年底，党组织关系隶属黑龙江省国资委党委管理的企业22户，其中省属企业13户（含参股）、中央企业9户；22户系统企业（不含党的关系属地化管理的企业）有党组织1482个，其中党委142个、党总支100个、党支部1240个；党员23912人，入党积极分子2928人。

2017年，黑龙江省国资委党委和系统企业党组织以贯彻落实全国、黑龙江省国有企业党建工作会议精神，特别是以黑龙江省委《关于进一步加强和改进国有企业党建工作的实施意见》（黑办发〔2017〕10号）精神为重点，坚持从严管党治党不放松，认真履行抓国有企业党建工作责任，全面推进落实年度党建工作任务，为促进企业深化改革发展提供坚强的政治保证。

（一）落实责任，强化担当，切实加强对企业党建工作的领导和指导

2017年，黑龙江省国资委党委带头落实抓基层党建责任，先后多次召开党委会议专题讨论研究企业党建工作，制定印发《黑龙江省国资委系统企业2017年度党建工作指导意见》，明确24项年度重点任务清单，及时召开党建工作部署会议，对企业党建工作进行全面动员部署和推进。成立2个督查组，深入出资企业对党建重点工作任务推进落实情况进行全面检查和督导，并根据督查情况及时召开专题通报会议，部署推进整改落实工作，进一步强化抓党建工作责任落实。代黑龙江省委组织部起草《关于进一步加强和改进国有

企业党建工作的实施意见》，并以黑办发〔2017〕10号文件印发执行，为加强国企党建提供指导和遵循。

（二）突出重点，狠抓落实，努力推动基层党建重点任务全面完成

一是突出政治建设，不断规范基层党内政治生活。认真落实《县以上党和国家机关党员领导干部民主生活会若干规定》要求，指导各级党组织召开作风整顿专题民主生活会和组织生活会250多人次，不断增强党员干部政治规矩和纪律意识，进一步规范党内政治生活。二是突出思想建设，深入开展学习宣传贯彻党的十九大精神活动。及时印发《关于学习宣传贯彻党的十九大精神的指导意见》，全面部署系统企业开展学习宣传贯彻十九大精神活动。截至2017年底，黑龙江省国资委系统各级党代表和党员领导干部带头宣传宣讲十九大精神430余场次，受众党员干部8200余人，推动用习近平新时代中国特色社会主义思想武装头脑、指导实践、推进工作。三是突出作风建设，深入开展作风整顿活动。落实省委作风整顿工作要求，围绕改进作风、服务企业、提高效率，认真梳理规范国资委机关工作流程109项，编印《黑龙江省国资委国有资产监管服务工作流程》《黑龙江省国资委机关规范化管理服务工作流程》，服务意识和效率明显提升。积极部署和指导出资企业开展作风整改活动，省国资委机关和企业各级领导班子、党员干部查摆作风方面的问题4161项、整改3605项，干事创业环境进一步优化。四是认真落实党建促扶贫工作。坚决落实省委精准扶贫工作要求，指导驻村工作队强党建、凝力量、聚人心，协助对接外出劳务人员到省属企业就业、安排贫困子弟到国资技校进行免费技能培训、帮助贫困村建设光伏电站、开展大棚蝗虫养殖，带动贫困户脱贫；组建养老互助队、家庭医疗队、村屯清洁队，着力解决农村特困养老、慢性病防治和村屯环境整治等脱贫攻坚老大难问题，扶贫工作多次受到有关领导的肯定和好评。

（三）坚持问题导向，强化整改落实，推动基层党建工作水平进一步提升

各企业党组织针对党建存在的突出问题，认真剖析原因，逐一制定整改清单，以台账形式倒逼整改落实，初步解决党组织法定地位不明确、党建责任制不落实、领导班子配备不到位等突出问题，基层党建工作水平不断提升。截至2017年底，黑龙江省国资委12户出资企业集团层面全部完成公司章程修改工作，基层二级及以下公司章程修改工作有效推进，企业党建工作总体要求从制度机制上得到有效保障；落实"双向进入、交叉任职"的领导体制，出资企业集团层面全部实现董事长或总经理与党委书记（党总支书记）一人兼的模式；绝大多数企业配备专职党组织副书记，充实强化集团总部党务工作力量；多数企业组织、人事部门合并为一个工作机构，不能合并的也实现由一名党委领导分管的机制；规范党内选举，召开系统企业党代表会议选举12名代表出席省十二次党代会；推进基层党组织按期换届，指导省国资委机关党委完成换届选举，督促系统企业整改党组织长期不换届、换届程序不规范的问题。除哈电集团、一重集团党委和出资企业集团党委及部分基层党组织由于不具备换届选举条件未完成换届外，其他基层党组织全部完成换届选举。认真开展软弱涣散基层党组织清理整顿工作，整顿软弱涣散基层党组织30余个。强化党员教育管理服务，发展新党员500余人，完成党组织和党员信息采集及半年党内信息统计分析工作，查找失联党员744人，731名失联党员重新纳入组织管理，组织处置不合格失联党员2人；贯彻《中组部和财政部等四部门关于国有企业党组织工作经费问题的通知》要求，推动企业党建工作经费列入预算，确保基层党组织有钱办事、有经费开展活动；龙煤集团在企业经营困难的形势下，调整恢复集团总部和二级公司党委组织和宣传等职能部门，充实工作力量，确保企业党建工作有序高效运行。认真组织开展教育培训工作，制定印发《黑龙江省国资委2017年度培训工作计划》，对全年培训工作进行安排部署。持续开展基层党务干部培训工作，与哈尔滨市国资委共同在西柏坡举办龙江国资系统党务干部"不忘初心、筑梦前行"党性教育专题培训班；与黑龙江省委组织部联合举办黑龙江省国有企业党组织负责人示范培训班，邀请国务院国资委、全国党建研究会、一重集团的学者专家进行专题讲座。两期培训班有210余名党务干部和党组织书记参加培训，切实加强基层党组织带头人队伍建设。

（四）开拓创新，示范引领，不断激发企业党建工作活力

一是注重党建工作思路、载体和形式创新，不断增强党建工作活力和生命力。坚持围绕中心抓党建，创新党建工作思路，丰富党建工作内容，增强党建工作针对性和实效性，实现党建与生产经营同频同振；积极利用互联网优势，探索实施网络党建模式，开辟党建网页和工作专栏、建立党建App和党建QQ群、微信群、微信公众号等载体平台80余个。二是加强宣传引导，营造浓厚氛围。在充分发挥黑龙江省国资委网站党建专栏的基础上，在全国第四家开通黑龙江国资党建微信公众号，设置党建之声、党建实务、书记谈等14个栏目，积极利用微信平台及时、便捷、生动的优势，宣传、推送党的十九大、省第十二次党代会精神和党建工作信息200余条，刊载交流党组织书记学"7·26"讲话和十九大精神体会文章40余篇，营造浓厚的宣传舆论氛围。及时挖掘、梳理、总结基层党建工作的先进典型，首次召开系统企业党建工作现场会，8户企业党委进行工作交流，发挥宣传和引领作用；赴广东省国资委系统考察党建工作，学习借鉴其党建工作经验。三是健全完善制度机制，加强党建工作规范化建设。推进基层党组织基本制度执行落实年活动，推进健全完善企业党委会议事规则70多项，召开工作会议推动出资企业落实"三重一大"决策机制，确保企业党组织的领导核心和政治核心作用有效发挥；建立健全理论中心组学习、"三会一课"、主题党日、组织生活会、民主评议党员、党员联系和服务群众、发展党员计划等制度机制，增强基层党建工作的规范性和可操作性。四是强化考核考评，提升党建工作科学化水平。代省委组织部起草省属国有企业党建责任制实施办法，细化出资企业党建工作考核打分标准，并与年度绩效考核挂钩兑现奖惩。以抓基层党建工作述职评议考核和企业党组织向上级党组织报告工作为抓手，强化对基层党建工作的监督和考评。省国资委党委召开扩大会议集中听取12户出资企业党委书记抓党建工作述职，并现场组织民主测评，综合测评结果，及时反馈评议考核意见。系统企业有1100余名党组织书记通过召开会议和书面形式逐级进行述职，并接受职工群众的评议；推动各级党组织书记制定完善承诺事项和责任清单、问题清单，提升抓党建工作的科学化水平。

（五）坚持党的领导，认真开展统战、工会、共青团等群众工作，促进企业和谐发展

落实统战工作部署和要求，加强统战对象教育培训引导，推动开展主题实践活动，凝聚发展力量；与黑龙江省委统战部联合开展黑龙江省国有企业统战工作调研工作。参加部分省区国有企业统战工作调研座谈会并汇报交流做法和经验。完成省国资委系统黑龙江省十二届政协委员初步人选推荐和考察工作。坚持党建带工建带团建，积极推进厂务公开民主管理工作，落实工资集体协商制度，帮扶救助困难职工，维护职工合法权益；会同黑龙江省省管企业工会开展"国资委系统好工匠"宣传活动，组织16次职工技能比赛，在黑龙江省率先组建劳模创新工作室联盟，3个劳模工作室被评为省级劳模创新工作室；组织开展省十二届劳动模范推荐评选工作，16名个人被评选为黑龙江省第十二届劳动模范。配合省精神文明办对申报黑龙江省精神文明（标兵）单位进行考核验收，省国资委系统15个基层单位荣获黑龙江省命名表彰。部署开展年度全民阅读活动，评选推荐2个优秀项目、2个先进单位和2名先进个人。

（撰稿人：赵　锋）

上海市

一、上海市国有资产监督管理工作综述

2017年，上海市国资国企系统以加强国有企业党的建设为引领，以国资管理创新带动国企改革发展为重点，以提高质量效益为中心，国有企业核心竞争力不断增强，国有资本功能有效发挥，国资监管能级效率稳步提升，国有企业党的建设科学化水平不断提高，国有经济活力、控制力、影响力、抗风险能力得到加强，为上海市"五个中心"建设和城市经济社会持续健康发展作出积极贡献。

二、上海市国有资产总量与结构分析

上海市国资国企坚持"稳中求进"工作总基调，坚持以供给侧结构性改革为主线，紧紧围绕"深化改革、创新发展、聚焦主业、管控风险"的提质增效任务，企业质量效益稳步提升，国有资本做强做优做大取得明显成效。2017年，上海市地方国有企业实现营业收入33047.68亿元，比上年增长8.5%；利润总额3605.63亿元，比上年增长11.6%；地方生产总值6719.68亿元，比上年增长7.3%；截至2017年底，上海地方国有企业资产总额18.59万亿元，比上年增长6.6%。

表1　2017年上海市国有企业指标

项　目	金　额（亿元）
资产总额	185895.82
营业收入	33047.68
利润总额	3605.63
归属母公司净利润	2209.45
地方生产总值	6719.68
实际上缴税金总额	2297.65
新增固定投资	1356.60

2017年，上海市地方国有企业总数12614户，比上年增长5.2%。其中，市属国有企业8616户，区属国有企业3998户。一批企业集团保持国际国内行业领先地位。上汽集团、浦发银行、太保集团、绿地集团4家企业进入2017年《财富》杂志世界500强。上港集团、申通地铁集团、机场集团、锦江国际集团4家企业进入全球行业前五；上汽集团、浦发银行、太保集团、绿地集团、光明食品集团、上海建工、东浩兰生集团、上海医药（上实集团）、上海电气、百联集团、华谊集团、隧道股份、上海纺织、上海仪电、老凤祥（黄浦区）、申能集团、上港集团、上海农商银行18家企业进入2017年中国企业500强。

表2　2017年上海市国有企业户数情况

项　目	2016年	2017年	比上年增长（%）
户数（户）	11996	12614	5.2

从行业分布来看，上海市地方国资总量的92.4%集中在前20个行业，83%集中在商务服务业、房地产业、道路运输业、汽车制造业、货币金融服务、资本市场服务、保险业、批发业、电气机械和器材制造业、水的生产和供应业前十大行业。

表3　2017年上海市国有资产按行业分布情况（前10个）

行　业	国有资产（亿元）	占国有资产总量比重（%）
商务服务业	18715.09	33.2
房地产业	11585.56	20.6
道路运输业	5096.36	9.0
汽车制造业	3035.29	5.4
货币金融服务	2893.00	5.1
资本市场服务	1496.82	2.7
保险业	1137.52	2.0
批发业	1089.57	1.9
电气机械和器材制造业	886.27	1.6
水的生产和供应业	829.20	1.5
合　计	46764.69	83.0

从资产经营规模看，大型、中型、小型企业国有资产（叠加值）经营规模分别为12498.89亿元、14213.70亿元、19583.33亿元，分别占上海市地方国有资产总量的22.2%、25.2%和34.7%。

表4　2017年上海市国有资产按经营规模分布情况

经营规模	国有资产（亿元）	占国有资产总量比重（%）
大型企业	12498.89	22.2
中型企业	14213.70	25.2
小型企业	19583.33	34.7
微型企业	10078.37	17.9
合　计	56374.28	100.0

三、上海市国有资本保值增值综合分析评价

2017年,市属及16个区国有资本全部实现保值增值。其中,市属国有资本保值增值率108.1%,国资分布前十大行业的保值增值率平均为104.8%。

表5　2017年上海市国有企业地区和行业国有资本保值增值情况

地　区	国有资本保值增值率(%)	行　业	国有资本保值增值率(%)
市属	108.1	商务服务业	102.8
浦东新区	103.4	房地产业	105.2
徐汇区	104.4	道路运输业	99.0
长宁区	104.9	汽车制造业	116.0
普陀区	104.1	货币金融服务	113.3
静安区	102.6	资本市场服务	104.5
虹口区	101.7	保险业	110.4
杨浦区	102.5	批发业	104.2
黄浦区	101.3	电气机械和器材制造业	106.4
宝山区	106.5	水的生产和供应业	100.7
闵行区	102.4		
嘉定区	100.6		
金山区	104.6		
松江区	102.2		
青浦区	106.7		
奉贤区	107.3		
崇明区	100.3		

四、上海市国资委监管企业改革发展情况

(一)稳妥推进混合所有制改革

加快整体或核心业务资产上市,整体和核心业务资产上市企业占竞争类企业总数的2/3。2017年,上海市83家地方国有控股境内外上市公司,总市值2.99万亿元,国有股市值1.25万亿元。83家企业集团二级及以下企业完成公司制改革。8家混合所有制企业员工持股试点进展顺利,地方国有企业累计实施员工持股397家。38家/次企业发行各类债券2.22万亿元,比上年增长31.4%;产权交易2170宗,比上年增加14.6%,成交金额2064亿元。

(二)加快职能转变,优化监管方式

坚持"管好资本、服务国企"的监管理念,完善"直接监管为主、委托监管为辅"的市属国资监管体系,完成140余家市级行政事业单位所办企业清理规范工作。强化企业境外投融资、产权变动、资金管控和资产评估风险防范,优化境外投资事前备案管理机制,实体经济企业动态资金集中度接近1/3,26个市国资委核准备案评估项目增值率121%。加强金融企业财务风险预警体系建设,对31家拥有金融牌照资源的市管企业明确监管要求,守住不发生金融系统性风险底线。建立市国资委兼职政府法律顾问队伍,及时协调处置企业重大法律纠纷案件,避免和挽回经济损失近8亿元。优化审计监督、问题整改、责任追究的管理链条,11家市管企业实施领导干部经济责任审计,完成7个专项审计。清理废止42件规范性文件,下放28项审批事项,完善"管好资本、服务企业履职清单""事中事后监管事项清单",推动40余个产融对接项目,协调变更68幅企业划拨土地权证。

五、上海市国资委监管企业并购重组和完善法人治理结构情况

(一)调整优化国资结构布局

完成创新发展、重组整合、清理退出"三个一批"270个项目,国资在战略性新兴产业等四大领域的集中度超过80%。光明食品集团与水产集团等5组9家市管企业联合重组,市国资委直接监管企业调整为45家。深化平台改革推动国资流动,完成国资平台三年工作计划。上海国际集团、上海国盛发起设立科创、国企改革、军民融合产业投资基金,"上海改革ETF"基金成功发行,各类基金规模近1500亿元。

(二)完善法人治理结构

市管企业党建要求纳入公司章程,竞争类、公共服务类企业实现党委书记、董事长"一肩挑",全面落实党组织研究讨论是董事会、经理层重大决策前置程序的要求。配合制定企业领导人员选拔任用工作指导意见,修订市管国有企业外部董事管理办法,拓展外部董事、外派监事来源,充实董监事43人次,完成经营层岗位选配调整225人次。8家市管企业实行职业经理人薪酬制度改革,47家企业建立股权期权、现金分红、项目跟投等长效激励机制。

六、上海市国资委监管企业加快科技进步转型升级情况

(一)完善机制营造创新环境

落实市政府与国务院国资委"1+3"战略合作目标,推动中央企业积极参与上海科创中心建设,成功签约20个项目,累计金额2200亿元。出台企业技术创新和能级提升项目专项扶持办法等实施细则。23家企业在85个项目中投入的134亿元费用视同当年考核利润。建立创新后备、创新骨干、创新领军三级人才体系,引进海外高层次人才40余人。

(二)加大投入实现创新突破

2017年,企业新增投资超过8000亿元。一批企业成功转型,上海仪电集团以"云+端"为重点打造智慧城市生态圈,临港集团形成"2+4+3+X"科创中心建设园区总体布局;一批科技成果获得国际和国家级奖项,实现重大技术突破,申能集团外三电厂获得全球清洁煤领导者奖,上汽集团混合动力乘用车技术、华建集团水泥土搅拌墙成套项目获得国家科技进步二等奖。上海电气海上风电机组跻身全球前三。

七、上海市国资委监管企业党的建设和廉政建设情况

(一)国企党建责任体系基本形成

在全国国资系统率先制定并落实基层党建、党风廉政、意识形态等"三张责任清单",组织全系统820余名书记开展党建和党风廉政建设述职评议,党建工作作为领导班子和领导人员任期综合考核重要内容,权重占比分别提高到20%、18%。

(二)基层党建工作体系基本确立

开展"改革立新功、实干创佳绩"主题活动,全系统涌现出30家红旗党组织、100家党支部建设示范点,基层班组实现党员全覆盖、工作无盲区,"万名书记进党校"培训1.3万余名党组织书记,受到中组部充分肯定。完成上汽集团、隧道股份、市供销社和科创投集团等企业党委换届。

(三)反腐倡廉实施体系基本落实

严格落实党委主体责任、纪委监督责任、党委书记第一责任和领导班子成员"一岗双责",关口前移推进党风廉政建设各项举措,准确把握和运用"四种形态",各级纪检组织严肃监督执纪成效明显。

八、上海市国资委监管企业履行社会责任情况

(一)服务建设保障运行

公共服务类企业实施固定资产投资项目168个,投资额666亿元。2017年,新增就业人数达到上海市总量的8%。全力支持市级重大工程建设和生态环境综合治理,推进北横通道等10项涉及市属国企腾地搬迁工作。

(二)保障职工基本权益

坚持厂(司)务公开,保障职工群众的知情权、参与权、表达权和监督权,健上海市场化人工成本决定机制,推进低收入员工提低机制建设,低收入群体占所属企业人员总数比重减少0.6个百分点。

(三)落实安全稳定责任

坚持"党政同责、一岗双责、齐抓共管、失职追责",加强安全生产重点领域专项检查和整改,全年未发生重大安全责任事故。深入开展矛盾排查化解和稳定风险评估,全年系统信访总量、进京上访分别下降14%和34%。

(撰稿人:张　鹏)

江苏省

一、江苏省国有资产监督管理工作综述

2017年，江苏省国有企业和国资监管机构认真贯彻中央和省委、省政府决策部署，凝心聚力、攻坚克难，扎实做好各项工作，推动国企国资改革发展党建取得积极成效。

(一)企业运行稳中向好，质量效益显著提升

截至2017年底，省、设区市国资委监管企业资产总额51938亿元、净资产19856亿元，比上年分别增长7.6%、9%；完成营业收入7745亿元、实现利润831.5亿元，比上年分别增长6%、13.3%。其中，省属企业资产总额10977亿元、净资产3885亿元，比上年分别增长2.4%、9.3%；完成营业收入3055亿元、实现利润392.8亿元，比上年分别增长4.2%、16.6%。23户省属企业全部盈利，实现利润创历史最好水平。一是狠抓项目投资建设。注重发挥项目支撑带动作用，一批重大项目建设扎实推进。交通控股公司全年完成高速公路、铁路等基础设施及其他项目投资318亿元，比上年增长183%。国信集团加大能源项目建设投入，控股电力装机容量跃居江苏省各发电企业之首。禄口机场正式启动T1航站楼改扩建工程，计划总投资27亿元。二是抢抓机遇开拓市场。密切跟踪市场变化，在巩固传统市场的同时，培育新的经济增长点。华泰证券巩固和发展行业龙头地位，加快建设海外金融服务平台，国际化发展迈上新台阶，国际业务收入在公司营收中的比例提升至10%。中江集团抓住"一带一路"建设机遇，牵头组建项目公司，推进国家级国际产能合作示范项目中阿(阿联酋)产能合作示范园建设。钟山宾馆加大一体化营销和品牌建设力度，挖掘市场资源，实现扭亏为盈。三是大力降成本、去库存、清债权。省属企业普遍重视成本管控和"两金"压控，存货余额比上年下降9.56%，"两金"余额增幅低于营收增幅5.37个百分点；通过发行短期融资券、中期票据、公司债券等方式直接融资，有效降低财务费用。国信集团加强资金集中管理，全年集团资金归集率75%。交通控股公司通过市场机制引导资金归集，节省费用2.6亿元。四是积极服务江苏省发展大局。省属企业自觉履行社会责任，充分发挥引领表率作用。认真做好江苏发展大会、江苏·大院大所合作对接会的组织保障工作。华泰证券等企业为江苏省慈善帮扶事业积极奉献，省粮食集团等企业开展对泗洪县的精准扶贫。钟山宾馆配合部队做好"停偿"资产委托经营工作。江苏水源公司完成调水出省8.9亿立方米。省再担保集团服务中小微企业，帮助解决融资担保困难。省农信社服务"三农"和实体经济，推进普惠金融。省农垦集团服务现代农业大局，推进农村耕地协议流转980平方千米。省沿海开发集团推进土地整治，为江苏省新增耕地指标6.42平方千米。

(二)国企改革向纵深推进，改革成效不断显现

紧扣新一轮国企改革主线，以解决问题为导向，推动重点领域和关键环节改革取得突破。一是分类推进改革。省属企业和省、设区市国资委按照"谁出资谁分类"的原则，完成所出资企业的功能界定与分类，推进分类改革、分类发展、分类考核、分类监管工作。二是多措并举推进混合所有制改革。坚持把上市作为推进混改的主要路径。省农垦集团农发公司在主板首发上市，集团资产证券化率大幅提升。截至2017年底，江苏省国有控股上市公司50户，总市值9000亿元。其中，省国资委监管企业10户，总市值2409亿元。对于达不到上市条件的各级子公司，省属企业通过公开竞价、骨干持股等规范化手段推进混改。截至2017年底，省属企业集团及各级子公司64.2%实现混合所有制。江苏高投集团"国企混改非典型创新样本"作为全国国企唯一一家入选"2017年中国改革年度十大案例"。三是完善公司治理体制机制。省属企业集团层面100%、各级子公司96%以上完成公司制改制。省农信社所属法人单位全部改制组建农商行，完善法人治理结构步入快车道。苏豪控股集团加强总部职能部门建设，强化董事会决策权威。各级国资委普遍重视规范董事会建设，特别是把建立健全外部董事制度作为工作重点。省国资委修

订外部董事管理办法，加强外部董事管理，选聘现职企业领导人员转任专职外部董事，优化外部董事队伍结构。盐城等设区市国资委推进外部董事制度试点，镇江市国资委推行党员外部董事委派制度，扬州市国资委建立外部董事人才库，连云港市国资委推动监管企业外部董事全覆盖。四是深化"三能"改革。华泰证券、江苏高投集团以市场化为导向，深入开展管理人员能上能下、员工能进能出、收入能增能减的制度改革，走在省属企业前列。金陵饭店开展市场化选聘经营管理者和职业经理人工作，引入世界500强企业高管。五是扎实推进剥离国有企业办社会职能和解决历史遗留问题工作。截至2017年底，江苏省"三供一业"完成分离移交或签订移交协议66.6%。其中，常州市"三供一业"分离移交框架协议签约率100%。积极推进国企办教育医疗机构深化改革，全面启动国企办市政、社区管理等职能分离移交工作，基本完成国企办消防机构分类处理。

（三）贯彻新发展理念，供给侧结构性改革扎实推进

以新发展理念为指引，推进供给侧结构性改革，把发展重点放到提高质量和效益上。一是调整优化国有资本布局结构。省属企业新增投资95%以上集中在基础设施、能源资源、现代服务业、高新技术产业、战略性新兴产业等领域，同时清理退出"僵尸企业"和低效无效投资73户（项），优质资源进一步向优势企业和企业主业集聚。整合沿江沿海港口资源组建省港口集团，江苏省港口一体化改革扎实起步。国信集团改建国有资本投资运营公司方案和做强做优做大金陵饭店方案获省深改组审定通过。苏州市属企业发起和参与设立基金14支，总规模达到671亿元，放大国有资本功能。二是加快转型升级步伐。省属企业适应经济发展新常态要求，加大结构调整和产业升级力度。徐矿集团、惠隆公司等企业转型方向进一步明确。汇鸿集团推进传统外贸业务转型，外贸主业基本形成以ODM为主体的发展态势。方源集团、恒实集团等企业推进传统产业提档升级。省沿海开发集团与省粮食集团合作成立项目公司，积极发展现代农业。南通、淮安、泰州等设区市国资委推进投融资平台实体化运作，平台公司转型迈出实质性步伐。

三是落实创新驱动战略。改革考核办法，激励创新发展。省国资委修订省属企业负责人经营业绩考核办法，明确"企业技术开发费用全额视同利润"；改进省属企业工资总额预算管理制度，明确"企业市场化聘用特殊人才薪酬可在企业工资总额预算基数范围外据实列支"，为企业创新提供政策支持。省属企业以科技创新为核心，推进管理、市场、商业模式等各方面创新。海企集团、江苏水源公司等企业科技成果转化取得突破，有关项目获得省科学技术奖。盐业集团创新打造新型销售模式，苏盐生活家被商务部评为电子商务示范企业。金陵饭店推进品牌创新，打出"金陵"品牌系列组合拳。体育产业集团创新商业模式，推动体育、旅游产业融合发展。四是积极降杠杆、减负债。省属企业通过压减带息负债、优化资本结构，整体负债率进一步下降。其中，盐业集团等11户企业负债率下降超过1个百分点。五是扎实推进压减工作。省属企业全年减少法人企业62户，已有9户省属企业将管理层级压缩至3级以内，集团管控力得到提升。

（四）改革国资监管方式，监管工作更加科学高效

对照管资本要求，依法规范履行出资人职责，提升国资监管针对性有效性。一是完善国资监管制度。基本完成江苏省国企国资改革顶层设计，累计出台"1+N"文件36个。省国资委结合落实省纪委《关于推动省国资委党委落实全面从严治党主体责任的监督意见》，新出台一批国资监管制度性文件，基本形成完整有效的国资监管制度体系。省国资委和南京、无锡等设区市国资委厘清出资人审批权限，取消、下放一批审批事项。徐州、宿迁等设区市国资委推进经营性国有资产集中统一监管，取得新进展。二是强化国有资产基础管理和重大事项监管。省国资委改革投资管理办法，在尊重企业经营自主权、取消主业投资备案的同时，强化非主业投资管控，规定企业对非主业投资开展第三方论证，重大项目由省国资委再次组织论证，防止一批高风险项目上马。昆山、泰兴、沭阳等县级国资监管机构加强产权登记、资产统计、绩效评价等工作，基础管理水平不断提升。三是改革和完善风险管控机制。重点防控市场风险、财务风险、投资风险、廉洁风险。省国资委编印《省属企业风险管理应用指引》，出台《关于外聘审计机构对省属企业进行抽查审计试行办法》《关于进一步完善省属国有企业外聘法律顾问工作机制的指导意见》，开展抽查审计，实施企业重大事项"双重法律审核"。推动企业进一步健全风险防控体系，加强内审工作，有效防止重大风险事件发生。四是建立国有资产监督工作闭环机制。省国资委整合监督力量，建立"外派监事会等发现报告问题、企业整改落实、国资委检查核实、相关机构问责追责"的监督工作闭环，全年有130多个问题列入闭环，追责问责767人。省属企业基本实现外派监事会（专职监事）全覆盖；监事会认真履职，推动年度检查、专项检查、日常检查深度融合，全年发出监事会信息210份。

（五）坚持党的领导，国企党建工作优势有效发挥

在深化改革中同步推进党的建设，提高党建工作科学化水平，为企业发展提供坚强保障。一是夯实基层党建工作基础。江苏省国资委出台《省属企业党支部建设规范（试行）》，省属企业实施党建工作强基提质工程，企业基层党组织和党员队伍建设得到加强。二是压实管党治党责任。省国资系统认真落实省纪委《监督意见》，建立并推行专项巡察、约谈、责任追究等制度；省属企业集团层面全部将党建工作总体要求写入公司章程，党组织在公司法人治理结构中的法定地位和全面从严治党"两个责任"得到落实。三是加强企业干部人才队伍建设。省属企业党委集中换届工作有序开展，一批优秀经营管理者走上领导岗位。出台《江苏省"十三五"省属企业经营管理人才发展规划》，推动高层次人才集聚。四是保持反腐败高压态势。各级纪委全年查办省属企业各类违纪违法案件106起109人，其中移送司法机关6起6人，查办案件的治本功能有效发挥，反腐败压力从企业高管传递到中层直至业务一线。五是加强群众工作。加大宣传思想政治工作力度，认真落实意识形态工作责任制，积极做好迎接、宣传贯彻党的十九大舆论宣传工作，切实抓好安全稳定工作，省属企业保持和谐稳定。

二、江苏省国有资产总量与结构分析

2017年，江苏省国资监管机构和国有企业认真贯彻省委省政府决策部署，坚持稳中求进工作总基调，着力提高发展质量和效益，各项工作取得扎实成果。

（一）国有企业资产分布情况

2017年，江苏省国有企业资产总额102927亿元，比年初增加9124亿元，增长9.7%；归属于母公司所有者权益33760亿元，比年初增加2881亿元，增长9.3%。

1.企业规模分析。截至2017年底，大、中、小、微型企业资产总额分别为15921亿元、25354亿元、42441亿元、19211亿元，占江苏省资产总额的比重分别为15.5%、24.6%、41.2%、18.7%。

江苏省资产规模超500亿元的企业有42户（省级企业3户），比上年增加8户；资产总额合计42454亿元，占江苏省资产总额的41.2%。其中资产规模超千亿元的企业有12户，资产总额合计21606亿元，占江苏省资产总额的21%。

2.企业隶属关系分析。省、市、县（区）三级资产总额分别为12211亿元、42651亿元、48065亿元，分别增加278亿元、3565亿元、5281亿元，增长2.3%、9.1%、12.3%；三级资产总额占江苏省资产总额的比重分别为11.9%、41.4%、46.7%，市、县（区）占比超过88%。省级企业资产总额中，已列入国资委监管范围的资产总额10977亿元，占省级资产总额的89.9%。市级企业中资产总额最多的为南京市9265亿元，最少的为扬州市1031亿元。

3.行业分析。截至2017年底，80%的资产集中于社会服务业（44.9%）、房地产业（15%）、建筑业（9.9%）、交通运输业（9.6%），资产总额分别为46222亿元、15422亿元、10190亿元、9853亿元，合计81687亿元；资产总额分别增长8.6%、10.3%、15.8%、10.3%。

表1　2017年江苏省国有企业指标

项　目	金　额（亿元）
资产总额	102927
所有者权益	38392
归属于母公司所有者权益	33760
国有资产总量	33935

续表

项　目	金　额（亿元）
营业收入总额	10876
利润总额	1079
净利润	855
归属于母公司所有者的净利润	527

（二）国有企业分布情况

2017年，江苏省纳入企业国有资产统计的国有及国有控股企业（以下简称"国有企业"）6692户，比上年末净增288户，其中新增732户，减少444户。

1.企业规模分析。全部国有企业中，大型企业213户、中型企业1125户、小型企业2404户、微型企业2950户，分别占江苏省户数的3.2%、16.8%、35.9%、44.1%；小微企业户数合计占江苏省户数的80%。

2.隶属关系分析。全部国有企业中，省、市和县（区）级企业的数量分别为1939户、2754户和1999户，分别占江苏省户数的29%、41.1%和29.9%。省级企业中，省国资委监管企业及其所属子企业1339户，占省级企业户数的69.1%。市级企业中，南京565户，数量位居第一；宿迁市户数最少，为51户。县（区）级企业中，吴中区214户，数量位列各区县之首。

3.行业分布分析。全部国有企业中，社会服务业企业1824户，占江苏省户数的27.2%；工业企业896户，占13.4%；批发和零售业企业815户，占12.2%；房地产企业814户，占12.2%。4个行业合计占江苏省户数的65%。

表2　2017年江苏省国有企业户数情况

项　目	2016年	2017年	比上年增长（%）
户数（户）	6404	6692	4.5

（三）国有企业国有资产总量分布情况

2017年末，江苏省国有企业所有者权益38392亿元，比年初增加3281亿元，增长9.3%。其中，归属于母公司所有者权益33760亿元，比年初增加2881亿元，增长9.3%。2017年，江苏省国有企业国有资产总量33935亿元，比年初增加2847亿元，增长9.2%。

表3　2017年江苏省国有资产按地区分布情况

地　区	国有资产（亿元）	占国有资产总量比重（%）
省　级	3537	10.4
苏州市	6119	18.0
南京市	4850	14.3
盐城市	2852	8.4
镇江市	2577	7.6
无锡市	2283	6.7
淮安市	2229	6.6
南通市	1777	5.3
常州市	1595	4.7
连云港市	1523	4.5
泰州市	1468	4.3
徐州市	1357	4.0
宿迁市	1025	3.0
扬州市	743	2.2
合　计	33935	100.0

表4　2017年江苏省国有资产按行业分布情况

行　业	国有资产（亿元）	占国有资产总量比重（%）
社会服务业	17216	50.7
房地产业	4135	12.2
交通运输业	3482	10.3
建筑业	2880	8.5
工业	2062	6.1
金融业	1336	3.9
地质勘查及水利业	746	2.2
批发和零售业	540	1.6
教育文化广播业	407	1.2
农林牧渔业	365	1.1
信息技术服务业	220	0.6

续表

行　业	国有资产(亿元)	占国有资产总量比重(%)
科学研究和技术服务业	203	0.6
仓储业	149	0.3
其　他	194	0.7
合　计	33935	100.0

表5　2017年江苏省国有资产按经营规模分布情况

经营规模	国有资产(亿元)	占国有资产总量比重(%)
大型企业	4475	13.2
中型企业	7492	22.1
小型企业	15797	46.5
微型企业	6171	18.2
合　计	33935	100.0

三、江苏省国有资本保值增值综合分析评价

2017年，江苏省国有企业实现营业收入10876亿元，比上年增长6%；实现利润1079亿元，比上年增长16.5%；实现净利润855亿元，比上年增长19.7%；其中归属于母公司的净利润527亿元，比上年增长21.4%。全部国有企业年初国有资本及权益总额31088亿元，年末国有资本及权益33935亿元，扣除当年各项客观增减因素，年末国有资本及权益31854亿元，国有资本平均保值增值率102.5%。

表6　2017年江苏省国有企业地区和行业国有资本保值增值情况

地　区	国有资本保值增值率(%)	行　业	国有资本保值增值率(%)
省级	106.1	教育文化广播业	107.7
宿迁市	106.3	金融业	107.0
淮安市	105.1	信息技术服务业	106.9

续表

地　区	国有资本保值增值率(%)	行　业	国有资本保值增值率(%)
南京市	104.9	批发和零售业	106.1
无锡市	104.9	邮电通信业	105.6
泰州市	103.1	工业	105.2
徐州市	102.1	建筑业	104.8
镇江市	102.0	农林牧渔业	103.8
常州市	101.8	交通运输业	103.6
扬州市	101.8	卫生体育福利业	103.3
连云港市	101.6	房地产业	102.0
苏州市	99.9	科学研究和技术服务业	101.9
盐城市	99.6	仓储业	101.4
南通市	96.0	社会服务业	101.4

四、江苏省国资委监管企业改革发展情况

（一）全面完成企业功能界定与分类

江苏省国资委监管的省属企业已完成功能界定和分类，全部界定为商业类，分为商业类一类企业（主业处于充分竞争行业和领域）14家、商业类二类企业（主业处于重要行业和关键领域、主要承担重大专项任务）8家。在此基础上，省国资委深入推进省属企业完成对子企业的功能界定与分类，推进分类改革、分类发展、分类考核、分类监管工作。

（二）持续开展国有资本布局结构调整

2017年5月22日，江苏省港口集团挂牌成立。推动省国信集团改建国有资本投资运营公司和整合酒店资源注入金陵饭店集团，深入调查研究，结合企业实际，完善方案。按照省政府要求，拟制江苏省机场集团有限公司组建方案要点，提出省级铁路融资主体构建思路建议，省国资委会同省金融办向省政府报送成立省联合征信有限公司请示，对组建方案和公司章程提出建议。优化国有资本布局结构调整，推动优质资源进一步向优势企业和企业主业集聚。

(三)积极落实创新驱动战略

印发《江苏省国资委关于推进省属企业科技创新的通知》，推动省属企业深入实施创新驱动发展战略，充分发挥科技创新在供给侧结构性改革和经济转型升级中的作用，加强企业管理创新和服务创新，突出创新导向，健全科技创新考核评价体系，鼓励科技创新企业探索股权和分红激励，支持企业建立科技成果转化收益分配制度，大力推进企业科技创新载体平台建设。

(四)扎实推进企业调整内部资源和清理处置"僵尸企业"

持续推进省属企业清理整合劣势子企业和低效参股投资。督促和指导省属企业采取清算注销、产权转让、重组整合等方式退出各级劣势企业、低效参股投资，促进压缩层级管理，减少法人户数，实现"瘦身健体"。

(五)加强省属企业投资管控

江苏省国资委制定《省属企业投资监督管理办法》《省属企业境外投资监督管理办法》《省属企业境内投资项目负面清单》《省属企业境外投资项目负面清单》《省国资委委托第三方论证省属企业投资负面清单特别监管类项目实施办法》5个文件，做好宣传贯彻、抓好落实。督促省属企业修订完善投资管理制度，建立更为严格的负面清单制度。2017年，省属企业实现投资469.42亿元。其中，股权投资项目125个，实现投资246.26亿元；固定资产投资项目128个，实现投资223.16亿元。

(六)推进国有控股混合所有制企业开展员工持股试点

省国资委对试点意向企业情况进行审核筛选，会同省财政厅、证监局选定10户试点企业，逐户下达启动试点的通知。根据试点企业不同类型，因企施策，指导企业制定改革方案，审核相关改革方案。监督试点企业加强组织领导，周密组织实施，按时序进度要求，依法合规、稳妥开展试点工作。组织召开省属企业员工持股试点工作座谈会，加强与相关企业衔接沟通，要求试点企业提高思想认识，加大推进力度，明确时间表、路线图，对员工持股工作进行再梳理，规范操作，加快推进员工持股试点进程。

(七)推动党建工作总体要求纳入省属企业公司章程

按照中央《关于在深化国有企业改革中坚持党的领导加强党的建设的若干意见》(国办〔2015〕44号)要求，召开推动省属企业党建工作要求写入公司章程工作会议，部署党建工作总体要求纳入章程工作，明确党组织在公司法人治理结构中的法定地位。省属企业完成章程修订，把党的工作要求写进公司章程。

五、江苏省国资委监管企业并购重组和完善法人治理结构情况

(一)运用产权管理手段，加大省市国有企业战略性重组力度，优化国有资本布局结构

针对江苏省港口多而不强，存在布局分散、功能雷同、岸线利用粗放、环保和安全压力等问题，根据省委省政府的决策部署，运用协议转让、作价出资等手段，加大省市沿江、沿海港口资源整合力度。整合后的江苏省港口集团成为具有区域枢纽功能的重要港口集群，江苏省航运服务中心、大宗物资储运交易中心和现代物流中心，更好地促进长三角一体化和江苏省经济社会转型发展。在省政府主导下，积极谋划整合省属企业酒店旅游资源，通过国有股权作价出资、无偿划拨等方式推动酒店旅游类企业股权重组，打造国内一流、具有较强国际影响力的旅游产业集团。

(二)稳妥有序推进混合所有制改革

一是开展混合所有制改革试点工作。印发《关于报送省市属国有企业混合所有制改革、资产证券化工作有关信息的通知》，及时掌握省、市国有企业混合所有制改革情况。省国资委会同省发改委联合印发《关于开展国有企业混合所有制改革试点工作的通知》，召开有关上市公司及混合所有制改革员工持股试点企业银企对接工作座谈会，召开江苏省国有企业混合所有制改革金融研讨会。选择不同行业、不同层级、不同股权结构、符合产业发展导向的8家企业作为省级试点，探索混合所有制企业完善公司治理、健全市场化经营机制，培育发展一批机制新、活力强、效益好

的混合所有制企业,发挥示范带动效应,为江苏省国有企业发展混合所有制经济提供经验。二是积极申报国家层面混改试点项目。结合国家深化电力、油气体制改革的决策部署,立足江苏实际,积极谋划在油气能源管网、传统基础设施等行业和领域,积极引入非公有资本,优先发展混合所有制经济。由省属企业、央企共同组建的省沿海输气管道公司,规范引进民营资本推进混改,被正式列入国家层面第三批混合所有制改革试点。三是通过资产注入上市公司方式实施混改。省盐业集团利用所属上市公司平台,将集团全资的优质经营资产和食盐经营相关业务、完善的营销体系等注入上市公司井神股份,提高集团资产证券化水平。四是探索上市公司增资扩股引进非公资本的混改新模式。苏州市吴江区所属上市公司东方市场通过向盛虹科技等股东非公开发行股份,将126亿元优质化纤资产注入上市公司。东方市场通过增资扩股方式,规范引进非公资本,有效盘活国有上市公司壳资源。民营优质资产注入上市公司后,显著提升上市公司竞争力,增强企业活力,有效放大国有资本功能,国有资本实现较大幅度保值增值,为江苏发展混合所有制经济提供新模式。五是通过组建混合所有制基金推动混改。省属企业积极与各类社会资金合作设立公司制和合伙制创投基金,参与新兴产业、高新技术企业等投资,推动科技型中小企业创新发展。以江苏高投集团为代表的省属企业发起参与设立80多个创投基金,管理资本规模750亿元,累计投资700多家创业企业,助力110家企业在境内外资本市场成功上市、借壳或并购重组,成为推动混合所有制经济发展和产业结构调整的重要力量。

(三)推进国有及国有控股企业改制上市,提高资产证券化水平

按照上市一批、储备一批、培育一批的要求,对国有企业优质资产和优势业务板块进行全面梳理,在推动国有企业实现首发上市的同时,积极支持省属企业利用已有上市公司平台,通过并购重组等方式实现核心业务上市,有条件的实现集团整体上市。一是指导和帮助符合条件的国有企业实施股份制改造,积极培育上市资源。2017年,对江苏新能源公司等15户省、市属国有企业股份制改造涉及的股本设置、国有股东身份、国有股转持等事项进行审核确认,为企业申请首发上市及在新三板挂牌奠定基础。二是鼓励和支持省属企业抓住资本市场发展机遇,实现首发上市或挂牌新三板。2017年5月,江苏省农垦集团控股的苏垦农发首发上市;7月,江苏沿海开发集团参股的南京健友生化首发上市;11月,水源公司江苏鸿基水源科技股份公司新三板挂牌。江苏金融租赁公司、江苏新能源公司首发上市已上报证监会待审核。弘业期货积极做好回归A股市场准备工作、天泓汽车等企业积极准备申报IPO。三是引导和推动国有控股上市公司通过定向增发、非公开发行股份、资产置换等方式,提高资产证券化水平。2017年,华泰证券、江苏国信、南京医药等通过非公开发行股份募集资金;井神股份、徐工科技、南京化纤通过定向增发、东吴证券通过配股、东方市场通过发行股票购买资产、汇鸿股份通过资产置换等方式,装入上市公司的资产超过200亿元,壮大资本实力,增强上市公司发展后劲。

(四)加快完善公司法人治理结构

贯彻落实《国务院办公厅关于进一步完善国有企业法人治理结构的指导意见》等文件精神,提请省政府办公厅印发配套实施意见。以推动省属企业贯彻落实"三重一大"决策制度为重点,进一步完善公司法人治理结构,对省属企业贯彻落实"三重一大"等制度情况开展"回头看"专项督察,结合企业实际,指导企业修订完善"三重一大"决策制度实施办法、议事规则、内控制度。修订外部董事管理办法,加强外部董事管理,选聘现职企业领导人员转任专职外部董事,优化外部董事队伍结构。

六、江苏省国资委监管企业建立和完善经营业绩考核体系情况

(一)修改完善经营业绩考核办法

根据《中央企业负责人经营业绩考核办法》(2016年国务院国资委令第33号)及其实施方案,结合省属企业分类、薪酬改革、综合考核等工作进展情况,对省属企业负责人经营业绩考核办法进行修改完善,修订主要内容包括增加任期考核内容,强化分类考核,引

入目标管理等，经多次征求省属企业意见和建议后，于2017年5月正式印发。

(二) 下达年度和任期经营业绩考核目标

按照新修订《江苏省国资委监管企业负责人经营业绩考核暂行办法》，严格依据企业前三年历史数据分户测算确定2017年度企业负责人经营业绩考核目标，依据2012—2014年任期历史数据分户测算确定2015—2017年任期企业负责人经营业绩考核目标。

(三) 完成2016年度经营业绩考核确认

2016年度省属企业仍按原考核办法开展年度经营业绩考核。在年度结束后，依据原考核办法及《关于明确2015年度省属企业负责人经营业绩考核有关问题的通知》规定的年度考核评价系数确认方法，经认真测算和严格考核，确认2016年度省属企业主要负责人经营业绩考核结果为：A级10户，B级7户。

七、江苏省国资委监管企业负责人考核与选人用人机制改革情况

(一) 稳妥有序开展企业党委集中换届

江苏省国资委配合省委组织部做好省属企业党委首次集中换届各项工作，第一批15户企业进行换届。在用人导向上严格坚持政治标准，在推荐考察上严格落实程序要求，在审核把关上严格执行政策规定。落实干部选拔任用和换届风气问责制度，确保企业换届风清气正。

(二) 认真做好省属企业领导人员日常调整工作

深入贯彻习近平总书记选人用人重要论述，对照"对党忠诚、勇于创新、治企有方、兴企有为、清正廉洁"国有企业领导人员"二十字"标准选人用人。根据企业改革发展实际需求，做好部分领导班子调整工作，全年新提拔任用省属企业领导班子副职6人，试用期满转正16人，交流轮岗10人。加强年轻领导人员培养选拔，省国资委配合省委组织部研究制定《关于加强和改进省属企业优秀年轻领导人员培养选拔工作的实施意见》，召开江苏省省属企业优秀年轻领导人员培养选拔工作座谈会。

(三) 进一步加强省属企业董事会建设

全面落实习近平总书记在全国国有企业党的建设工作会议上关于外部董事队伍建设的新要求，印发《江苏省省属企业外部董事管理办法》，省属企业外部董事24人，苏豪控股和农垦集团实现董事会"外大于内"。定期召开省属企业外部董事工作座谈会，总结外部董事制度试点工作的经验，分析研判目前董事会建设存在的问题与困难，提出加强董事会建设的建议和方案。及时汇总评价外部董事履职情况，汇编2016年度外部董事履职报告。建设外部董事人才库，拓宽外部董事来源渠道。探索建立专职外部董事制度，起草专职外部董事管理办法。组织禄口机场、港口集团2户企业依法推选职工董事，充分发挥职工代表在企业重大问题决策中的参与和监督作用，促进董事会民主决策。

(四) 进一步加强企业人才队伍建设

落实"人才新政26条"，省国资委与省人才办共同编制《江苏省"十三五"省属企业经营管理人才发展规划》，通过开展"企业家集聚计划""高层次职业经理人集聚计划"等六大重点人才项目，着力构建江苏省属企业经营管理人才的"一个中心，三个高地"。与省委组织部、江苏高投集团组团赴深圳开展人才金融政策调研，鼓励指导省高投集团牵头成立人才创投联盟，建设江苏海内外人才项目路演中心。延续和深化海内外引才活动，配合省委组织部搭建企业与海外高端领军人才全方位合作的平台。集中建设江苏国际人才社区，为国有企业人才提供良好的生活和创业环境。

(五) 做好企业领导人员考核工作

省国资委配合省委组织部制定《省属企业领导班子和领导人员综合考核评价办法》，结合企业分类和岗位要求，明确考核评价要点和标准，优化考核评价指标和内容，突出企业特点，实行分层分类考核，定量定性评价。加强考核评价结果的综合运用，把考核结果作为领导班子调整和领导人员选拔任用、教育培养、管理监督、薪酬分配和激励约束的重要依据。结合省属企业党委集中换届工作，深入考察了解领导班子运行状况和企业领导人员履职情况。

(六)探索选人用人机制改革

积极探索党管干部原则与市场化配置企业经营管理者相结合的有效途径,指导部分省属企业在其二级企业按市场化方式选聘和管理职业经理人,省体育竞赛公司、金陵饭店股份公司等企业试点效果良好、业绩突出。省国资委配合省委组织部研究起草《关于推进省属企业市场化选聘经营管理者的试行意见》,广泛征求省属企业意见,不断凝聚智慧,形成共识。

八、江苏省国资委监管企业党的建设和廉政建设情况

省国资委党委牢固树立"抓好党建是最大政绩"的理念,深入学习贯彻习近平新时代中国特色社会主义思想和党的十九大精神,提升政治站位,强化担当作为,号召省属企业各级党组织和广大党员树牢"四个意识"。截至2017年底,党组织关系隶属省国资委党委的省属企业20户,企业基层党组织5304个、党员8万人。其中,隶属省国资委党委管理的党员19194人;属地方管理的党员60806人。坚持抓党建促发展,十八大以来,省属企业资产规模从6058亿元增加到9953亿元,增长64.3%;净资产从2122亿元增加到3672亿元,增长73%;省属企业利润年均增长14%,国有资产质量整体上处于优良状态。2017年,省属企业实现利润392.8亿元,比上年增长16.6%,创历史最好水平。

(一)深入贯彻习近平新时代中国特色社会主义思想,系统谋划推进省属企业党建工作

一是旗帜鲜明讲政治,增强"四个意识",始终把"两个坚决维护"作为国资系统最大的政治、最重要的政治纪律和政治规矩。省国资委党委始终把学习贯彻习近平新时代中国特色社会主义思想和十九大精神作为首要政治任务,先后3次组织召开学习贯彻十九大精神专题会、4次党委中心组集体学习会和1次省属企业负责人学习交流会。二是细化主体责任,制定《省国资委党委履行全面从严治党主体责任清单》。坚持常抓不懈,每月至少研究布置一次党建工作阶段性任务;坚持走访调研省属企业基层党支部,及时发现问题、解决问题。三是完善公司法人治理结构,从体制上保证企业党委领导核心作用的发挥。推进党的领导与公司治理深度融合,实现"五个全面",即省属企业集团层面全面完成党建要求进章程,全面实现党委书记、董事长"一肩挑",各省属企业全面配备抓党务工作的专职党委副书记,全面设置党务工作部门,党组织研究讨论作为决策重大问题的前置程序得到全面落实。

(二)以党建工作责任制为抓手,层层落实省属企业管党治党政治责任

一是压实企业党委主体责任,年初召开省属企业全面从严治党暨反腐倡廉会议,签订《党风廉政建设责任书》并指导企业逐层签订,使各级党委及班子成员"履责有据、考责有依"。二是强化企业党委书记"第一责任人"责任。出台《省属企业领导人员约谈制度》,针对省属企业在落实"两个责任"等12个方面具体问题,约谈11户省属企业主要负责人,指出具体问题,提出整改要求,突出问题挂牌督办。三是发挥巡察利剑作用。出台《省国资委党委开展专项巡察工作实施办法》,对全面从严治党要求落实不力、违规决策导致经营风险、在反腐倡廉方面出现苗头性倾向性问题的省属企业,组织开展专项巡察,及时发现问题、责令整改,挽回一批国有资产损失。

(三)深入推进"两学一做"学习教育常态化制度化,推动省属企业党建强基提质

2017年,举办党课、学习会53期,7500多人次参加。推进基层党组织规范化建设,在全国省级国资委中制定出台首部《省属企业党支部建设规范(试行)》,推行基层支部书记考核持证上岗制度。轮训基层党组织书记2102人、培训入党积极分子960人。规范程序,稳妥有序开展省属企业党委集中换届。推动党建工作与精准扶贫相融合。举办西南岗片区、省属企业百名扶贫干部绿色发展培训班。参与省委"党费暖基层"工程,捐助党费1700余万元,在苏北地区援建42个村党支部。实施党建品牌创建工程,开展江苏省国企基层党建创新案例评选。申报江苏省"双百双千"示范点4个。

（四）保持惩治腐败高压态势，确保省属企业反腐败工作形成压倒性态势

一是严格落实中央八项规定精神，持续加强和改进省属企业作风建设。抓好中央八项规定《实施细则》和省委《具体办法》的落实。开展违规吃喝、公务接待、违规购买高档白酒等专项检查，及时通报并纠正违规问题。积极开展"大走访大落实"。坚持把大走访活动作为服务基层群众、改进工作作风、加强党建工作的重要抓手，督促省属企业领导班子和领导人员大兴调查研究之风，围绕"六个一"开展抓落实活动。二是积极发挥查办案件治本功能。认真落实省纪委《监督意见》，深化源头治理，推进省属企业建立不敢腐、不能腐的体制机制。坚决配合省纪委查办省属企业领导人员贪腐案件。积极配合省委巡视组工作。强化党章党规党纪教育，对出现苗头性问题和发生一般性违纪问题人员，及时约谈诫勉，把反腐败压力向企业中层和业务一线延伸。2017年省属企业处置问题线索933件，立案87件，给予党政纪处分89人。三是加强廉洁风险防控体系建设。全面排查廉洁风险点，研究制定省属企业工程建设领域、产权管理领域廉洁风险防控工作办法，编印发放《廉政建设风险防控手册》，确保制度的笼子扎紧扎牢。四是抓好问题整改，着力解决突出问题。按照省纪委、省委巡视组要求，对巡视发现移交的有关问题，整改、问责、追究到位。针对近年来省委巡视组巡视省属企业反馈意见，组织对被巡视企业开展整改工作检查考核，发现问题35个，提出整改要求40多条，实施整改验收逐个对账销号。

（撰稿人：王玉峰　程　欣）

浙江省

一、浙江省国有资产监督管理工作综述

2017年，浙江省各级国资监管机构和国有企业认真贯彻落实中央和省委、省政府决策部署，坚持稳中求进工作总基调，坚持以提高质量效益和竞争力为中心，紧紧围绕"三强三优三好"主要目标和"改革创新、提质增效"核心任务，扎实推进国资国企改革发展和党的建设，各项工作取得新进展、新成效。

（一）着力提质增效，国有经济主要指标创历史新高

浙江省国资国企系统认真贯彻新发展理念，深入开展提质增效年活动，努力抓经营、拓市场、强管理、降成本，国有经济保持平稳较快发展态势，主要经济指标创下历史新高。2017年，浙江省国有企业累计实现营业收入13875.9亿元、利润总额725.2亿元，比上年分别增长24.3%、7.5%；年末资产总额76917.1亿元、净资产26489.9亿元，比上年分别增长18.8%、17.0%。其中，省属企业实现营业收入7748.3亿元、利润总额318.6亿元，比上年分别增长24%、4.6%；年末资产总额11001.6亿元、净资产4450.4亿元，比上年分别增长15.9%、16.8%。

（二）着力深化改革，国企改革重点事项加快落地

围绕中央和浙江省对深化国企改革的总体部署，制定出台省属企业"一企一策"深化改革方案，进一步明确改革目标任务，细化改革措施，加快落地见效。一是加快公司制改制步伐。出台《公司制改制工作实施方案》，规范企业改制方案审批程序，巨化、二轻、杭钢等集团本级相继完成改制，省属企业公司制改制全面完成。二是积极推进混合所有制改革。3家企业纳入国家第三批混改试点范围。省建设集团债转股项目顺利完成，成为全国通过产权市场实施市场化债转股的第一单。三是重点推进资产证券化。实现浙商证券IPO上市、浙江交工整体上市、英特集团控股权回归，完成浙江东方重大资产重组。省属国有控股上市公司13家，省属企业资产证券化率53.3%。四是探索完善公司治理机制。全面完成省属企业本级公司章程修订，把党建要求明确写入章程，确保加强党的领导和完善公司治理有机统一。出台完善省属国有独资公司法人治理结构实施意见、加强董事会建设指导意见，建立省属企业董事会会议召开情况备案制度。积极探索推进职业经理人制度，在物产中大集团、省国资运营公司本级层面公开招聘任用5名职业

经理人。

（三）着力调整结构，企业转型升级稳步推进

坚持以供给侧结构性改革为主线，围绕突出精干主业，进一步调结构、优布局、促转型。一是深化重组整合。通过资产整合、管理输出相结合，推进浙江省机场资源整合，成立省机场集团，打造省级航空大平台。浙江省海陆空三大省级交通产业平台搭建完成，资源整合效应逐步显现，宁波舟山港成为全球首个年吞吐量突破10亿吨大港，省交通集团全年完成交通基础设施投资超500亿元。加强与中化集团合作，完成中化蓝天资产重组。二是优化投资方向。修订出台省属企业投资监管办法，制定投资项目负面清单，引导规范企业投资行为。积极扩大有效投资，2017年省属企业完成投资总额突破1000亿元。加快基础性、战略性新兴产业布局，新组建省轨道交通运营管理集团、省石油公司、省数据管理公司等一批产业发展平台。积极对接"一带一路"和浙江自贸试验区建设，省属企业与自贸区集中签约14个合作共建项目。三是推进"瘦身健体"。加快省属"僵尸企业"处置，逐家确定名单，制定处置方案，2017年处置完成22家。加快非主业资产清理，积极推进杭钢集团、农发集团等企业房地产项目挂牌转让，促进资源向主业集聚。推进管理层级压缩，8家省属企业管理层级压缩到三级以内，另有4家压缩至四级。

（四）着力完善监管，国资监管效能持续提升

牢牢把握出资人职责定位，坚持以管资本为主加强国有资产监管，监管质量和效率不断提升。一是推进职能转变。结合国务院国资委职能转变方案，浙江省国资委认真做好监管职能梳理、内设机构调整等工作，研究起草以管资本为主推进职能转变方案。二是改进监管方式。加强依法监管，推进法治建设，14家省属企业建立总法律顾问制度。加强国有产权管理，规范企业并购行为，开展浙江省国有资产交易情况检查，省属企业资产公开进场交易率70%。加强企业财务监管，强化运行动态监测，深化年报审计成果运用，逐家下达财务决算整改意见。完善考核分配机制，按照新的办法"一企一策"实施分类考核，并首次开展收入分配专项审计。推进浙江省国企公务用车制度改革，规范企业领导人员履职待遇。三是加强外部监督。强化外派监事会监督，突出问题导向，开展全过程监督，并建立企业整改落实月报制度、监督信息通报制度，深化监督成果运用。出台专职监事考核评价办法，推动其更好履职。推动省属企业按规定做好重大信息公开工作，主动接受社会监督。四是强化风险管控。组织开展省属企业金融、集资等风险排查和经营风险管控、基金投资等专项调查，切实做好金融和大宗商品贸易业务风险专题研判、资产损失责任追究线索排查、法律纠纷备案和风险评估等工作，夯实风险防控基础。国贸、商业等企业积极化解处置大宗商品贸易、金融业务等领域风险，避免风险后移扩大。同时，针对新业务新领域风险，研究制定省属企业基金投资风险管理有关制度。

（五）着力加强党建，政治保证更加坚强有力

贯彻落实浙江省国有企业党建工作会议和省委《全面加强新形势下国有企业党建工作意见》精神，在国有企业中坚持党的领导，加强党的建设，为改革发展提供坚强保证。根据省委统一部署，省属企业和中央所属在浙企业党组织全面纳入浙江省国资委党委统一管理，党建工作体制机制进一步理顺。制定出台《浙江省国企党建工作责任制实施办法》，推行省属企业党委书记抓党建述职评议考核，党建工作责任进一步落实。开展省属企业党委集中换届，配齐配强党务工作人员，加强党员教育管理，推进"两学一做"学习教育常态化制度化，基层基础工作进一步夯实。按照国企领导人员"对党忠诚、勇于创新、治企有方、兴企有为、清正廉洁"标准，加强省属企业领导人员选拔管理和领导班子建设。

二、浙江省国有资产总量与结构分析

2017年，浙江省（含宁波市，下同）上报国有企业8891户，比上年增长7%；年末资产总额76917.1亿元，比上年增长18.8%；净资产26489.9亿元，比上年增长17%，其中归属于母公司所有者权益23698.3亿元，比上年增长18%。

2017年，浙江省国有企业实现营业总收入13875.9亿元，比上年增长24.3%；利润总额725.2亿

元,比上年增长7.5%;实际上缴税金506.9亿元,比上年下降1.5%。全年平均总资产报酬率1.73%,平均净资产收益率(含少数股东权益)2.24%。

表1　2017年浙江省国有企业指标

项　目	金　额(亿元)
资产总额	76917.1
所有者权益	26489.9
营业收入	13875.9
利润总额	725.2
净利润	558.1
归属于母公司所有者的净利润	413.0
应交税金总额	539.9
实际上缴税金总额	506.9

表2　2017年浙江省国有企业户数情况

项　目	户数(户)		
	2016年	2017年	比上年增长(%)
浙江省汇总	8313	8891	7.0
(一)省本级	2797	2988	6.8
省级监管	1900	2054	8.1
省级部门	897	934	4.1
(二)市县汇总	5516	5903	7.0
其中:杭州市	1207	1312	8.7
宁波市	782	786	0.5
温州市	845	964	14.1
嘉兴市	735	740	0.7
湖州市	172	189	9.9
绍兴市	491	508	3.5
金华市	350	361	3.1
衢州市	105	138	31.4
丽水市	152	191	25.7
台州市	288	307	6.6
舟山市	389	407	4.6

表3　2017年浙江省国有资产按地区分布情况

地　区	国有资产(亿元)	占国有资产总量比重(%)
浙江省汇总	23215.0	100.0
省本级	3725.3	16.1
其中:省级监管	2968.3	12.8
省级部门	757.0	3.3
地市汇总	19489.7	83.9
其中:杭州市	5787.3	24.9
宁波市	3326.8	14.3
温州市	2291.6	9.9
嘉兴市	2207.7	9.5
湖州市	1082.6	4.7
绍兴市	1778.7	7.7
金华市	674.6	2.9
衢州市	309.6	1.3
丽水市	579.5	2.5
台州市	655.5	2.8
舟山市	795.8	3.4

2017年,浙江省国有资产总量23215亿元,比上年增长17.7%,增幅较上年增加3.3个百分点。

从地区分布看,地市级企业国有资产总量比重有所上升,杭州市和宁波市占浙江省的39.2%。省级企业国有资产总量3725.3亿元,比上年增长16.7%,占浙江省年末国有资产总量的16.1%。其中,省国资委监管企业国有资产总量2968.3亿元,同口径增长15.3%,占浙江省的12.8%;省级部门企业757亿元,占浙江省的3.3%。市县企业国有资产总量19489.7亿元,增长19.7%,占浙江省的83.9%。

从各市情况看,杭州市以5787.3亿元位居第一位,宁波市以3326.8亿元排在第二位,两市合计占市县企业国有资产总量的46.8%,占浙江省企业国有资产总量的39.2%。温州市、嘉兴市、绍兴市和湖州市分别为2291.6亿元、2207.7亿元、1778.7亿元和1082.6亿元,4个市合计占浙江省企业国有资产总量的31.7%。其他各市的企业国有资产总量均在1000

亿元以下,合计占浙江省企业国有资产总量的13%。从各市增长情况看,增加最多的是杭州市、温州市,分别增加1051.9亿元、718亿元,增长22.2%和45.6%;其次是嘉兴市和丽水市,增加额分别为322.7亿元和207.3亿元,分别增长17.1%和55.7%。

从行业分布看,社会服务业、交通运输业、房地产业、工业生产与供应业是浙江省国有资产总量的主体,占国有资产总量的比重分别是58.9%、12.8%、11.2%和6%,合计占浙江省企业国有资产总量的88.9%。另外,建筑业、批发零售业、金融业分别占3.7%、2.8%和2.1%,其他行业(信息技术业、农业等)合计占浙江省企业国有资产总量的2.6%。

表4　2017年浙江省国有资产按行业分布情况

行　　业	国有资产（亿元）	占国有资产总量比重（%）
社会服务业	19448.0	58.9
交通运输业	4223.5	12.8
房地产业	3711.0	11.2
工业生产与供应业	1973.8	6.0
建筑业	1212.7	3.7
批发零售业	930.4	2.8
金融业	689.4	2.1
互联网、通信、软件及信息技术服务业	247.0	0.7
科研及专业技术服务业	215.1	0.7
农业	190.3	0.6
其他行业	160.0	0.5
采矿业	22.7	0.1

注:行业结构分析为汇总数据,不考虑合并抵消因素。

从企业规模看,小微企业占七成以上。2017年浙江省国有企业中,小型企业国有资产总量15645.9亿元,占浙江省国有企业的45.5%;微型企业8712.7亿元,占25.3%,两者合计占浙江省国有企业的70.8%。大型企业国有资产总量5073.2亿元,占浙江省国有资产总量的14.8%,次于微型企业;中型企业国有资产总量占比最低,占浙江省的14.4%。

表5　2017年浙江省国有资产按经营规模分布情况

经营规模	国有资产（亿元）	占国有资产总量比重（%）
大型企业	5073.2	14.8
中型企业	4938.9	14.4
小型企业	15645.9	45.5
微型企业	8712.7	25.3
合　　计	34370.7	100.0

注:规模结构分析为汇总数据,不考虑合并抵消因素。

三、浙江省国有资本保值增值综合分析评价

2017年,浙江省国有企业实现利润总额725.2亿元,比上年增长7.5%;实现净利润558.1亿元,比上年增长9.4%;实现归属于母公司所有者的净利润413.0亿元,比上年增长10.2%。从相对指标来看,全年平均总资产报酬率1.73%;平均净资产收益率(不含少数股东权益)2.24%,浙江省国有企业国有资本保值增值率103.2%。

2017年,省级企业实现利润总额419.2亿元,比上年增长0.5%,市县企业实现利润306.0亿元,比上年增长18.8%。从11市利润排名情况看,嘉兴市、温州市和舟山市较上年上升1位,绍兴较上年上升3位,宁波市、湖州市、台州市和丽水市较上年下降1位,衢州市下降2位,杭州市、金华市排名不变,杭州市保持第一位。

从各地相对获利能力看,杭州市和金华市较强,净资产收益率(含少数股东权益)分别为3.4%和2.3%。其他各市资产净资产收益率在1%以下,其中绍兴和宁波两市净资产收益率都为-1%。

表6　2017年浙江省国有企业地区和行业国有资本保值增值情况

地　区	国有资本保值增值率（%）	行　业	国有资本保值增值率（%）
浙江省汇总	103.2	浙江省汇总	103.2
省本级	107.0	金融业	111.3

续表

地 区	国有资本保值增值率(%)	行 业	国有资本保值增值率(%)
其中:省级监管	105.8	批发零售业	109.0
省级部门	112.1	科研及专业技术服务业	106.8
地市汇总	102.5	制造业	106.1
其中:杭州市	106.1	工业生产与供应业	105.1
宁波市	100.7	互联网、通信、软件及信息技术服务业	104.5
温州市	100.1	建筑业	104.3
嘉兴市	101.3	社会服务业	104.1
湖州市	102.2	投资、资产管理及商务服务业	102.5
绍兴市	101.3	交通运输业	102.2
金华市	101.1	房地产业	101.8
衢州市	109.9	农业	100.2
丽水市	100.7	其他行业	99.6
台州市	99.7	采矿业	92.0
舟山市	100.2		

从各地区情况看,省本级企业国有资本保值增值率107%,其中省国资委监管企业国有资本保值增值率105.8%,省级非监管企业国有资本保值增值率112.1%。在11个地市中,衢州市以109.9%的国有资本保值增值率位列各市首位,杭州市和湖州市分别以106.1%和102.2%紧随其后,除台州市国有资本保值增值率低于100%以外,其他各市均实现保值增值。

从行业情况看,金融业保值增值率最高,达到111.3%;其次是批发零售业,保值增值率109%;再次是科研及专业技术服务业,保值增值率106.8%。除采矿业以外,其他各行业均实现全行业保值增值。

从单户企业看,浙江省8891户国有及国有控股企业中,实现国有资本保值增值的有5506户,占61.9%,较上年减少5个百分点,其中实现国有资本增值的有5026户,占56.5%,实现国有资本保值的有480户,占5.4%。2017年,企业国有资本未能实现保值增值的有3385户,占38.1%。

四、浙江省国资委监管企业并购重组和改革发展情况

(一)聚焦主业发展,深化重组整合

突出培育企业核心竞争力和发展潜力,大力开展重组整合工作。通过产权重组加管理输出的模式,推进省机场资源整合,成立浙江省机场集团,打造"千亿级"航空发展大平台,浙江省海陆空三大省级交通产业平台搭建完成。加强与中化集团战略合作,推进中化蓝天资产重组,省国贸集团持有的中化蓝天股份与中化蓝天持有的英特集团、英特药业等医药资产和其他资产进行置换,进一步理顺中化蓝天和英特集团的产权关系。推进物产中大、机电两家集团民爆资产整合,重组设立浙江新联民爆器材公司。浙江交工通过与江山化工资产重组,于2017年11月实现整体上市;浙江东方重大资产重组顺利完成,着力打造省级上市金控平台。

(二)着力深化改革,国企改革重点事项加快落地

围绕中央和浙江省对深化国企改革的总体部署,制定出台省属企业"一企一策"深化改革方案,进一步明确改革目标任务,细化改革措施,加快落地见效。一是完成省属企业公司制改制。出台公司制改制工作实施方案,规范企业改制方案审批程序,全面完成省属企业本级和子企业公司制改制。二是积极推进混合所有制改革。3家企业纳入国家第三批混合所有制改革试点范围,省属企业下属2100多家子企业中混合所有制户数比例70.7%。积极开展员工持股试点,确定浙江省交通规划设计研究院等5家首批试点企业,并启动第二批试点工作。三是组建国有资本投资运营平台。改组成立省国有资本运营公司,并在浙江省能源集团、浙江省交通集团两家企业启动省级国有资本投资公司试点,探索推进国有资本授权经营体制改革。四是推进历史遗留问题解决。加快浙江省国有企业办社会职能剥离,国企办市政、社区管理、消

防机构等职能分离移交基本完成，涉及浙江省8万多住户的"三供一业"分离移交工作完成91.3%。

(三)着力调整结构，企业转型升级稳步推进

坚持以供给侧结构性改革为主线，围绕突出精干主业，进一步调结构、优布局、促转型。一是优化投资方向。修订出台《省属企业投资监管办法》，制定投资项目负面清单，引导规范企业投资行为。各企业积极扩大有效投资，2017年完成投资总额突破1000亿元。积极对接"一带一路"和浙江自贸试验区建设，省属企业与自贸区集中签约14个合作共建项目。二是优化资源配置。加快基础性、战略性新兴产业布局，新组建一批产业发展平台。利用杭钢集团半山基地关停置换出的厂房、能耗指标、电路设施，以杭钢集团为主体，组建省大数据管理公司。从有利于打造油品全产业链、强化能源供给保障能力、培育经济发展新增长点出发，组建浙江省石油公司，并于2017年9月底正式挂牌成立。支持省交通集团组建成立省轨道交通运营管理公司，该公司是国家铁路总局授牌的全国首个省级轨道交通运营管理平台试点。同时，继续推进省医疗健康集团、省职业教育集团加快资源整合、业务发展。三是加快创新发展。浙江省能源集团与浙江大学合作的燃煤机组超低排放关键技术，获得2017年度国家技术发明一等奖，为浙江省首次夺得该奖项。巨化集团高新技术产品占比50%，主导制冷剂在国内市场占有率位居首位。浙江省属企业拥有省级创新型示范试点企业16户、省级以上著名产品品牌40个、省级技能大师工作室8个。

五、浙江省国资委监管企业建立和完善经营业绩考核体系情况

(一)实行新考核办法，完成2016年度经营业绩考核工作

2017年，浙江省国资委根据《浙江省国资委监管企业负责人经营业绩考核与薪酬核定暂行办法》（浙国资发〔2016〕4号）和《经营业绩考核责任书(2016—2018年度)》，对监管企业开展2016年度经营业绩考核和薪酬核定工作。根据考核结果，14家监管企业负责人平均年薪(不含任期激励收入)较上年同口径增长13.46%，是上年度省管企业职工平均工资的6.22倍。

(二)进一步规范省属企业负责人薪酬管理

明确违纪违法责任人员年薪扣减工作流程；下发关于明确部分省属企业负责人薪酬发放有关事项的通知；指导和监督物产中大、国资运营公司开展职业经理人业绩考核工作。

(三)开展2016年度省属企业考评等级工作

2016年度考评等级，A级企业1家为省能源集团，B级企业10家，C级企业3家，D级企业1家。

(四)做好企业负责人公车制度改革相关工作

根据浙江省公车用车制度改革领导小组部署，浙江省国资委对省属企业和浙江省国企负责人公务用车情况进行摸底调查，形成《浙江省国企公务用车制度改革方案》，报浙江省公务用车改革领导小组。

六、浙江省国资委监管企业负责人考核、选人用人机制改革和完善法人治理结构情况

(一)负责人考核改革情况

2017年9月，浙江省委办公厅印发《关于省属企业领导人员管理体制调整的若干意见》（浙委办发〔2018〕73号）（以下简称《意见》），根据《意见》精神，浙江省属企业领导班子建设和领导人员管理工作，具体由省委组织部负责，省国资委党委协助。省属企业领导班子和领导人员综合考核评价，由省委组织部会同省国资委党委实施并确定结果。

(二)选人用人机制改革情况

根据浙江省委组织部和浙江省国资委《关于推进省属企业职业经理人制度建设的试行意见》（浙组〔2016〕22号），完成物产中大集团和省国资运营公司两家本级5名职业经理人的选聘，指导省能源集团、省国贸集团等下属企业开展职业经理人制度试点工作。

(三)完善法人治理结构情况

贯彻落实全国和浙江省国有企业党的建设工作会议精神,强化党组织在公司法人治理结构中的地位作用,明确和落实党组织在公司法人治理结构中法定地位,全面实施国有企业党建工作要求进章程。积极探索加强省属企业公司治理结构建设工作,提出以建立完善具有中国特色、符合浙江实际的现代国有企业治理体系为目标,区分国有独资和多元股权两种形态分别推进法人治理结构建设工作,起草《关于完善省属国有独资公司法人治理结构的实施意见》和《关于加强省属国有独资公司董事会建设的指导意见》。进一步加强省属企业外派监事会专职监事管理,建立健全有效激励约束机制,不断促进外派监事会建设,研究起草《省属企业外派监事会专职监事考核评价办法》。

七、浙江省国资委监管企业党的建设和廉政建设情况

(一)党的建设情况

精心组织开展党的十九大精神学习贯彻。一是下发《关于认真学习宣传贯彻党的十九大精神的通知》,对浙江省国资国企系统学习贯彻会议精神作出具体部署。浙江省国资委党委带领省属国有企业党委认真学习党的十九大精神,并分层次、多形式地组织广大党员干部开展全面深入学习。二是组织开展专题培训。组织开展处级以上干部学习贯彻党的十九大精神轮训。依托复旦大学举办3期国有企业基层党务骨干学习十九大精神培训班;依托浙江省国资委党校,对国有企业基层党支部书记实施全员轮训。三是大力开展会议精神宣传。组织企业充分利用报刊、宣传栏、网站、微信公众号等途径,宣传学习贯彻党的十九大精神情况,交流学习经验,营造良好舆论氛围。

扎实推进"两学一做"学习教育常态化制度化。根据中央和省委的部署要求,及时进行动员部署,制发学习教育通知,组织省属企业开展"两学一做"学习教育常态化制度化工作。把"两学一做"纳入党员教育规划纲要,纳入员工教育培训中长期规划,形成党内培训教育的计划体系。

严格落实全面从严治党责任制。认真履行抓基层党建工作第一责任人职责,坚持把党建工作和业务工作同谋划、同布置、同推进、同考核,层层压实党建工作责任。严格落实党建工作责任制,督促班子其他成员认真履行"一岗双责",形成共同抓党建的合力。认真落实浙江省国企党建工作会议精神,提出12项具体工作任务,明确党建考核占比不低于20%,并逐级压实责任、按时抓好落实。

加强党的领导与完善公司治理结构相统一。会同浙江省委组织部转发《关于扎实推进国有企业党建工作要求写入公司章程的通知》,研究制定党建工作总体要求纳入公司章程的指导意见,全面推动党建工作总体要求纳入公司章程工作。完善国企党组织议事规则,明确党组织研究讨论是董事会、经理层决策重大问题的前置程序。14家省属企业本级层面完成党建工作总体要求进公司章程的修订工作,完成党委会议事规则的修订工作。

理顺党建管理体制机制。根据浙江省委《关于调整浙江出版联合集团有限公司等55家企业党组织隶属关系的通知》精神,经调整,省国资委党委新增58家省属企业和中央所属在浙企业党建工作的日常管理职责。研究明确75家企业党建工作管理规则。从建立完善工作制度、夯实基层党组织建设基础工作、加强党建工作探索研究和组织开展宣传、统战和群团工作等4个方面明确18项具体工作的规则、程序和要求,印发《关于明确省属企业和中央所属在浙企业党建工作管理规则的通知》,实现企业党建工作的有序衔接和顺利开展。

(二)廉政建设情况

加强政治建设,严明纪律规矩,确保中央和省委决策部署有效贯彻落实。浙江省国资国企各级党组织坚持以党的政治建设为统领,坚决维护党中央权威和集中统一领导,牢固树立"四个意识",在思想上、政治上、行动上同以习近平同志为核心的党中央保持高度一致。坚持把政治纪律和政治规矩挺在前面,严格执行党的政治路线、严格遵守党的政治纪律和政治规矩,确保国资国企系统忠诚于党、听党指挥,在各项急难险重任务中发挥国有企业示范带头作用。及时传

达学习贯彻中央和省委重要会议精神和决策部署,把国资国企党风廉政建设与改革发展工作同谋划、同布置、同落实。发挥国有企业党委"把方向、管大局、保落实"的领导作用,推动中央和省委各项决策部署落到实处。加强对党章党规、党的十九大和省第十四次党代会精神等贯彻执行情况的监督检查,坚决纠正有令不行、有禁不止的行为。抓好省委巡视、省纪委执纪监督等发现问题整改,及时约谈有关企业领导人员,推动问题整改到位。2017年,省国资委党委书记约谈省属企业领导人员20人次,各企业制定整改措施320项,健全完善规章制度196项。严把党风廉政意见回复关,坚决防止干部"带病提拔""带病上岗"。2017年,驻省国资委纪检监察组回复党风廉政意见征求函25人次,省属企业纪委回复党风廉政意见征求函1120人次。

以党风廉政建设责任制为抓手,压紧压实管党治党责任。紧紧抓住党委主体责任,推动国资国企系统深入落实责任清单、约谈提醒、履职情况报告等制度,逐级夯实全面从严治党政治责任。浙江省国资委党委年初召开省属企业党风廉政建设工作会议,每季度召开专题分析会,及时研究布置国资国企党风廉政建设工作。2017年,浙江省国资委党委召开会议研究党风廉政建设工作14次,涉及议题36个。出台《浙江省国有企业党建工作责任制实施办法》《省属企业落实党风廉政建设党委主体责任和纪委监督责任清单》,印发《省属企业党风廉政建设年度工作要点》,开展省属企业党委书记抓党建述职评议和党风廉政建设责任制检查考核,明确任务要求,推动责任落地。各企业党委注重把党的领导体现在日常工作中,通过调研指导、检查考核、签订责任书等形式,一级抓一级,层层抓好责任落实。严格执行党内问责条例,对领导干部履行全面从严治党主体责任不力、违反工作纪律等问题进行问责,推动失责必问、问责必严成为常态。2017年,省属企业党委对10个单位党组织、4个纪检机构和99名党员领导干部进行问责。

持之以恒正风肃纪,坚决落实中央八项规定精神和浙江省委有关规定。坚持高标准抓好中央八项规定精神和省委有关规定落实,不断巩固工作成果,防止"四风"反弹。省国资委党委制定加强作风建设的具体措施,加强正风肃纪工作,严格落实"三重一大"有关规定,严明纪律规矩。紧盯重大节日、关键节点,坚持暗访、查处、追责、曝光"四管齐下",严肃查处并曝光省属企业违反中央八项规定精神的问题。按照浙江省纪委统一部署,认真开展违规公款购买消费烟酒问题集中排查整治工作。2017年,驻省国资委纪检监察组和省属企业纪委开展明察暗访226次,检查单位429家,发现违规问题40人,通报曝光10起,健全完善作风建设制度78项。

把握运用监督执纪"四种形态",坚决查处违纪违法问题。坚持把纪律挺在前面,以"四种形态"为抓手,加大谈话函询力度,对苗头性、倾向性问题早发现、早提醒、早纠正。2017年,浙江省国资委和省属企业集团本级运用"四种形态"批评教育、谈话函询265人次,纪律轻处分、组织调整49人次,纪律重处分、重大职务调整30人次,严重违纪涉嫌违法立案审查18人次。开展廉政档案建档工作,2017年省属企业建立企业领导人员廉政档案2965件。加强信访举报工作,在浙江省国资委机关、外派监事会和各省属企业统一安装纪检监察举报箱,开展省属企业廉政风险大排查,深化信访举报"零库存"工作,健全信访举报归口受理、问题线索集中管理和案件研究分析机制。保持惩治腐败高压态势,加强案件监管,严格办理流程,提高执纪审查质量,全力查办省纪委、省委巡视组交办和信访发现的问题线索。

健全完善制度体系,努力推进清廉国企建设。开展省属企业构建"不能腐"有效机制专题调研,召开清廉国企建设研讨会,交流工作做法,研讨思路举措。浙江省国资委党委出台《关于推进省属企业清廉国企建设的意见》,明确推进清廉国企建设的总体要求、实施路径和组织保障。围绕国资国企改革发展,浙江省国资委和省属企业制定投资并购、改制重组、产权转让、物资采购、招标投标、财务管理、选人用人等方面制度措施111项,不断扎紧制度笼子。编印《国资监管及党风廉政制度选编》,为各级纪检监察机构开展执纪监督工作提供政策指导。健全清廉国企宣传教育机制,以会议、课堂、廉政基地、网站、微信、短信等为载体,推进委机关和省属企业"两学一做"学习教育常态化制度化,深入开展十九大精神学习宣传贯彻,加强党风廉政宣传教育,筑牢拒腐防变思想堤坝。各企业聚焦中心任务,积极开展党性教育、党纪法规教育和警示教育,强化舆论引导,营造正风反腐的良好氛围。2017年,委机关和省属企业集团本级开展党性党风教育120场次、警示教育41场次,参加人员5万余人次。

八、浙江省国资委监管及国有企业改革发展具有地方特色情况

(一)积极对接浙江省"凤凰行动"计划

2017年上半年,浙江省国资委布置开展省属企业证券化方案中期评估调整工作。2017年10月,省政府发布《浙江省推进企业上市和并购重组"凤凰行动"计划》,提出到2020年,实现浙江省境内外上市公司数量倍增,力争实现上市公司县县有、行行有,60%以上的上市公司开展并购重组,年均并购重组金额800亿元以上,培育80家市值200亿元以上、20家市值500亿元以上、3~5家市值1000亿元以上的上市公司梯度发展队伍。对接"凤凰行动"计划目标任务,浙江省国资委组织起草省属企业实施方案,逐家梳理可上市资产情况,根据目标计划倒排任务,起草"一对一"任务清单,作为今后三年抓实资产证券化工作的具体路线图。

(二)多渠道推进提升国有资产证券化率

IPO培育工作取得新突破,浙商证券于2017年6月实现首发上市,成为浙江省首家境内主板上市的省级国有控股金融机构,建设集团探索开展省属企业首家市场化债转股工作,通过浙江产权交易所公开引进战略投资者,为下一步申报主板整体上市打好基础。上市公司资产重组取得新进展,江山化工成功注入浙江交工100%股权,浙江交工成功实现整体上市,公司更名为浙江交通科技股份有限公司,证券简称变更为"浙江交科",资产重组标的52.4亿元,是浙江省省属企业重组规模最大的案例。上市公司再融资开辟新途径,浙江沪杭甬成功发行3.65亿欧元(折合人民币26.9亿元)5年期零票息H股可转换债券,实现1997年上市以来首次再融资,也是浙江省发行的首单境外可转换债券和香港市场首单中资企业境外发行的欧元可转换债券。2017年省属国有控股上市公司通过证券市场合计融资97亿元,注入资产69亿元。

(三)顺利完成英特集团回归事项

以2016年12月31日为基准日,采取无偿划转方式,将省国贸集团持有的中化蓝天股权与中化蓝天持有的英特集团、英特药业等医药资产和其他资产进行置换,进一步理顺浙江方与中化集团合作中的产权关系。重组后中化蓝天成为中化集团全资企业,英特集团成为省国贸集团控股上市公司(股比54.7%),省属国有控股上市公司由12家增加为13家。

(四)指导支持省属企业加大直接融资力度

2017年,审批7家省属企业12项发债申请,省属企业发债品种呈现多样化趋势。能源集团、交通集团充分利用企业高信用评级的优势,申请统一注册债务融资工具,实现一次注册、多次发行的便捷;巨化集团发挥上市公司股东身份优势,灵活运用直接融资工具,于2017年9月面向合格投资者公开发行20亿元可交换公司债券,为省属企业发行的首单可交换公司债券。2017年,省属企业实际发行23单各类债券423亿元,为省属企业生产经营及投资活动提供较好的资金支持。

截至2017年底,浙江省国资委监管的13家省属国有控股上市公司总股本477亿股,总市值3536亿元;总资产5041亿元,净资产2317亿元,省属国有资产证券化率53.3%。

(撰稿人:朱平海)

宁波市

一、宁波市国有资产监督管理工作综述

2017年,宁波市国资国企系统按照全国全省国资工作会议要求和宁波市委、市政府总体部署,持续强化国企党的领导,大力开展"国企改革攻坚年"活动,

切实做到在加强党的领导中推进改革发展,在履行使命中服务全市大局,在体制转型中提升监管效能,着力增强宁波市国有经济的活力、影响力和抗风险能力,为宁波市建设"名城名都"、跻身"第一方队"作出积极贡献。

(一)在服务大局中突出国企担当

以推进市委、市政府战略实施为中心,切实发挥国资国企在服务"名城名都"建设中的引领担当作用。一是规模效益稳步提升。2017年,宁波市国有企业资产总额10742.39亿元,净资产总额3587.69亿元,资产负债率66.6%。其中,市本级国有企业441户,资产总额4957.33亿元,净资产总额1828.13亿元,资产负债率63.12%,实现营业收入343.77亿元,利润总额5.21亿元。二是有效投资持续发力。市属国企全年完成有效投资550亿元,比上年增长10%。其中,在港口建设方面,宁波舟山港集团全年完成投资67.3亿元,成为全球首个10亿吨大港。在交通建设方面,轨道交通3号线一期、4号线、5号线一期和宁奉城际铁路推进有力,完成投资超100亿元;机场三期主体工程完成投资12.6亿元;三门湾大桥及接线工程、杭甬高速连接线工程不断提速。在都市建设方面,积极推进湾头、姚江北岸等功能区块开发,江东区块、鄞奉片区分别完成投资19.9亿元和13.2亿元;奥体中心三大馆、中东欧会馆建筑结构基本完成;会展中心11号馆建设进度加快。在民生建设方面,钦寸水库完成下闸蓄水,水库群联网联调(西线)一期工程全线贯通,农副产品物流中心项目开工建设,城市公共配送中心项目正式启动。三是央地合作积极有为,全力助推"宁波(北京)投资合作洽谈会暨项目签约仪式""2017年深圳·宁波投资合作推介会",与中国中车集团公司等25家央企和地方国企探索建立合作机制,与中交建、中车、万科等签订相关合作项目。四是民生服务保障到位。原水、供排水集团通力合作,全年实现优质供水5.8亿立方米。轨道交通客运总量1.2亿人次,全线列车正点率99.98%。宁波机场全年完成旅客吞吐量939.07万人次,货邮吞吐量12.04万吨,比上年分别增长20.51%和12.55%。公交总公司新辟优化公交线路30条,完成20条公交线路高峰提速。演艺集团打造浙江首部民族歌剧《呦呦鹿鸣》,广播剧《呦呦青蒿》入选全国"五个一工程奖"。商贸集团推出全国首个天然海水集中供给系统。旅投"三江夜游"正式开游。轨道东鼓道项目顺利开业。五是安全生产工作得力。宁波市国资委安全生产7家责任企业全年无事故和人员伤亡;集团公司层面全部达到三级安全生产标准,38家子企业实现创建和升级目标,其中国家级1家,省级16家。

(二)在布局结构中突出转型升级

坚持以供给侧结构性改革为主线,突出精干主业,优化投资结构,加大创新驱动,进一步推动国资国企调结构、优布局、促转型。一是优化投资方向。市属国企紧紧抓住建设"中国制造2025"试点城市、"一带一路"综合试验区等契机,积极培育新产业、新业态。其中,市属国企发起设立或参与设立投资基金11只,基金总规模94.7亿元,撬动9倍社会资本参与投资;发起设立规模60亿元的仲德壹期智能制造产业投资基金,进一步推进宁波市智能制造投融资体制创新工作。二是强化创新驱动。工投集团宁波模具园成为国家产业服务平台项目和产业集群区品牌建设单位;和丰创意新入驻甬商总会、诺丁汉创新设计实验室等重点机构40余家。城投公司月湖金汇小镇成功入围省级特色小镇第三批创建名单。旅投公司"乡叙"品牌荣获第一届全国民宿博览会民宿领军品牌奖。种子公司甬优12超级稻再次打破全省单季稻最高亩产纪录,马荣荣团队被省长袁家军誉为"真正的亩产英雄"。供排水集团污水深度处理工艺国内领先;公交总公司首批插电式混合动力车充电桩正式投入使用,共同倡导绿色环保新理念。二是扩大资本合作。城投依云郡、开投公园世家等房地产项目引进万科以及轨道交通"地铁上盖物业"项目引入绿城、华润等合作者后,开发速度、品牌影响力和经济效益等明显提升,实现优势资源与开发能力的合作共赢;报业集团携手万科打造全国首个城市教育综合体"C-park芝士公园";交投与中国铁塔宁波分公司签订战略合作框架协议,共同推进交通智能化、信息化发展。四是推进"瘦身健体"。围绕"三去一降一补",积极盘活市属国企存量资产,加大存量房地产去化力度,完成房地产去库存33.3万平方米,占年度计划的142.4%。

(三)在国资监管中突出保值增值

牢牢把握出资人职责定位,坚持以管资本为主加强国有资产监管,监管质量和效率不断提升。一是推进国资监管转型。结合"最多跑一次"要求,将103项监管事项精简调整为六大类21项;出台新的投资监督管理办法和投资负面清单,把监管重点从以项目审批为主向以"管资本投向"为主转变,放管结合提升企业自主经营活力。研究制定法治国资监管机构实施方案,依法监管力度不断增强。二是强化闭环监督体系。宁波市国资委闭环监督体系做法,通过《国企改革简报》形式向全国国资系统推介,并在全省作典型交流,同时被国务院国资委和省国资委列入国企改革示范案例。三是优化综合监管手段。严格执行资金管理办法实施细则,开投集团等4家企业通过实施存贷款业务招投标等办法,节约资金成本近亿元。全面推行重大资产评估专家评审制度,全年累计开展资产评估项目27项,评增15.52亿元,增值率73.45%。出台国企法治建设指导意见,6家重点企业建立总法律顾问制度。编制和执行年度市级国有资本经营预算,提高竞争类国企收益上缴比例至20%,收缴2016年度出资企业资本收益3.07亿元。出台国有资产交易监督办法,市产权交易中心完成各类产权交易109宗,成交额21亿元,交易增值率19.05%。四是完善外部监督合力。充分发挥外派监事会作用,全年各监事会提交月度报告242份,反映问题57个,涉及金额20.9亿元,有效防范企业风险。出台市属国企重大信息公开暂行办法,努力打造"阳光国企"。开展委管干部经责审计和建设项目审计,节约资金1200多万元。五是深化国资工作指导。加强对区县(市)国资工作指导,累计组织调研22次,召开座谈会26场,提出具体工作指导意见。有效落实2017年度指导区县(市)国资工作计划,加强业务培训和典型经验交流等工作。

二、宁波市国有资产总量与结构分析

2017年,在宁波市委、市政府的正确领导下,宁波国资国企系统以"存量提升、增量引导"为基本导向,加大国有资本整合提升力度,积极推进国有企业质量变革、效率变革、动力变革,致力打造发展质量高、效益优、创新强、体制活的国有经济体系。

表1 2017年宁波市国有企业指标

项 目	数 量
资产总额(亿元)	10742.39
净资产(亿元)	3587.69
营业收入(亿元)	452.25
利润总额(亿元)	−14.51
实际上缴税金总额(亿元)	9.84
负债合计(亿元)	7154.69
净利润(亿元)	−24.53
国有资产总量(亿元)	3326.84
平均职工人数(人)	59241.00
国有资本保值增值率(%)	100.70
总资产报酬率(%)	0.85
成本费用利润率(%)	−2.63
主营业务收入增长率(%)	8.79
资产负债率(%)	66.60
流动比率	2.10

表2 2017年宁波市国有企业户数情况

项 目	2016年	2017年	比上年增长(%)
户数(户)	781	787	0.77

表3 2017年宁波市国有资产按地区分布情况

地 区	国有资产(亿元)	占国有资产总量比重(%)
市本级汇总	1609.04	48.28
其中:监管企业	1069.47	32.09
非监管企业	194.97	5.87
功能园区汇总	344.59	10.34
其中:大榭开发区	70.39	2.11
保税区	44.42	1.33
东钱湖开发区	22.40	0.67
高新区	23.37	0.70

续表

地 区	国有资产（亿元）	占国有资产总量比重(%)
梅山保税区	0.31	0.01
杭州湾新区	183.70	5.51
县市区汇总	1723.96	51.72
其中：镇海区	179.50	5.39
海曙区	138.69	4.16
奉化区	214.68	6.45
慈溪市	222.07	6.66
宁海县	115.07	3.45
鄞州区	213.31	6.40
北仑区	22.89	0.69
余姚市	339.99	10.20
象山县	97.84	2.94
江北区	179.70	5.39

表4 2017年宁波市国有资产按行业分布情况

行 业	国有资产（亿元）	占国有资产总量比重(%)
农林牧渔业	21.08	0.54
制造业	8.85	0.23
电力、热力、燃气及水生产和供应业	68.41	1.76
建筑业	173.95	4.47
批发和零售业	16.20	0.42
交通运输、仓储和邮政业	307.53	7.90
住宿和餐饮业	1.43	0.04
信息传输、软件和信息技术服务业	1.36	0.03
金融业	3.82	0.10
房地产业	616.96	15.86
租赁和商务服务业	2094.57	53.83
科学研究和技术服务业	15.02	0.39
水利、环境和公共设施管理业	499.73	12.84

续表

行 业	国有资产（亿元）	占国有资产总量比重(%)
居民服务、修理和其他服务业	12.54	0.32
教育	3.45	0.09
卫生和社会工作	3.12	0.08
文化、体育和娱乐业	42.88	1.10

注：行业结构分析为汇总数据，不考虑合并抵消因素。

表5 2017年宁波市国有资产按经营规模分布情况

经营规模	国有资产（亿元）	占国有资产总量比重(%)
大型企业	345.04	8.87
中型企业	248.54	6.39
小型企业	2238.99	57.54
微型企业	1058.32	27.20
合 计	3890.90	100.00

注：规模结构分析为汇总数据，不考虑合并抵消因素。

三、宁波市国有资本保值增值综合分析评价

2017年，宁波市各级国资监管机构按照"简政放权、放管结合、优化服务"的总要求，以管资本为主探索国资监管的新形式、新机制、新方法，不断增强国有资产监管的规范性、针对性和有效性，切实保障国有资本保值增值。

表6 2017年宁波市国有企业地区和行业国有资本保值增值情况

地 区	国有资本保值增值率(%)	行 业	国有资本保值增值率(%)
市本级汇总	102.61	农林牧渔业	99.72
其中：监管企业	103.85	制造业	107.29
非监管企业	100.42	电力、热力、燃气及水生产和供应业	101.74

续表

地 区	国有资本保值增值率(%)	行 业	国有资本保值增值率(%)
功能园区汇总	99.84	建筑业	100.28
其中:大榭开发区	100.50	批发和零售业	107.25
保税区	100.08	交通运输、仓储和邮政业	94.56
东钱湖开发区	98.78	住宿和餐饮业	98.23
高新区	99.74	信息传输、软件和信息技术服务业	109.61
梅山保税区	98.38	金融业	102.39
杭州湾新区	99.64	房地产业	96.17
县市区汇总	98.87	租赁和商务服务业	100.49
其中:镇海区	100.21	科学研究和技术服务业	101.18
海曙区	97.54	水利、环境和公共设施管理业	100.73
奉化区	97.90	居民服务、修理和其他服务业	96.03
慈溪市	97.41	教育业	99.93
宁海县	101.77	卫生和社会工作	98.23
鄞州区	99.87	文化、体育和娱乐业	103.04
北仑区	101.13		
江北区	100.26		
余姚市	99.50		
象山县	94.55		

四、宁波市国资委监管企业改革发展情况

按照宁波市委、市政府《关于全面深化国资国企改革的意见》要求,进一步明确改革目标,细化改革方案,加快举措落地。一是谋划形成国企总体改革方案。通过"一企一策"厘清市属国企改革发展思路,形成国资国企整合提升专题报告和国有资本投资运营公司组建方案。组织编制市属企业"十三五"后三年滚动发展规划和2018年投资计划。二是积极推动国资整合提升。大力支持全省大交通领域的整合提升,配合推进浙江省机场集团整合重组工作;整合全市新华书店资产,组建宁波市新华书店集团有限公司。加快出资企业公司制改制,宁波市产权交易中心等7家企业完成公司制改制,为下一步深化整合打下坚实基础。三是全面优化考核分配制度。贯彻落实中央和省市薪酬制度改革和收入分配工作要求,加大力度改革考核分配具体办法,形成"1+3"改革意见及配套制度体系,构建与企业功能定位相适应、与企业经营业绩相挂钩的差异化薪酬考核机制,强化以市场为导向、效率优先的收入分配管理制度。四是稳妥推进股份制改革和混合所有制改革。报业集团甬派传媒成功挂牌新三板。广播影视中心股权激励改革试点和空港物流公司员工持股改革试点按时完成。市种子公司科技成果转化和股份制改造积极推进。五是扎实推进子企业分类改革。出台子企业分类改革指导意见,完成13家重点市属一级企业及其所属子企业功能分类工作,其中功能类70户、竞争类136户、公共服务类40户。六是提升企业投资管理活力。制定《宁波市属国有企业投资监督管理办法》《宁波市属国有企业投资负面清单》,把监管重点从以项目审批为主向以"管资本"为主转变,有效激发企业作为经营主体的自主能动性。七是大力推进"阳光国企"建设。出台《宁波市属国有企业重大信息公开暂行办法》,建立完善市属国企重大信息公开公示机制,全面公开市属国企招聘、招投标、产权交易信息,努力打造"阳光国企",主动接受全社会监督。

五、宁波市国资委监管企业完善法人治理结构情况

着力推进规范董事会建设,深化监事会监督转型调整,充分发挥内部审计监督作用。一是加快规范董

事会建设试点。工投集团建立外部董事占多数的董事会,并组建两个专业委员会,董事会组织架构更加完善。董事会严格实行集体审议、独立表决、个人负责的决策制度,同时做好与其他治理主体的联系沟通,保证科学决策。开投集团和城投公司启动规范董事会建设试点,加大董事会授权力度,有效提升董事会决策的独立性和科学性。二是强化监事会监督工作。着力完善以流程管理、问题反馈、联动督处、跟踪督改为主要内容的监督闭环体系。该项工作被国务院国资委和省国资委作为典型示范案例,并在国务院国资委《国企改革简报》上作经验交流。外派监事会通过列会监督、财务监督、流程监督、专项检查等方式强化当期监督,提高监督质量。坚持高标准、严要求选拔聘任专职监事,严格按照新修订的《专职监事管理办法》和《专职监事考核办法》对专职监事进行管理,奖罚分明,形成良性竞争。同时,以月度定期会议、专题业务培训、案例分析等多种形式强化专职监事业务能力提升,专职监事队伍综合素质不断提高。市属企业专职监事队伍入选市直机关党委"最美团队"。三是加大审计工作力度。研究推出市属国有企业2017年内部审计工作要点,有效开展商贸集团委管干部任期经济责任审计,实施开投、城投建设项目二审,指导企业开展内部审计,推动市属企业加强内控管理,强化精细化管理。加大审计工作"回头看"力度,对市属企业近三年审计发现问题整改落实情况进行专项审计,督促企业整改提升,对整改不力的实施持续跟踪,确保审计意见和建议落到实处。

六、宁波市国资委监管企业建立和完善经营业绩考核体系情况

围绕中共宁波市委出台的《关于深化宁波市属国有企业负责人薪酬制度改革的实施意见》(甬党办〔2017〕54号)要求,切实执行2016年度市属企业负责人薪酬考核结果,并制定《宁波市国资委出资企业负责人经营业绩考核与薪酬管理办法(试行)》《市属企业工资总额预算分类管理办法》两项配套制度,构建与企业功能定位相适应、与企业经营业绩相挂钩的差异化薪酬考核机制和以市场为导向、效率优先的收入分配管理制度,通过体制机制的创新来激发企业的发展活力与动力。其中,《宁波市国资委出资企业负责人经营业绩考核与薪酬管理办法(试行)》,在坚持"依法依规、规范管理""分类管理、分类考核""效率优先、兼顾公平""立足当前、着眼长远"四个原则前提下,突出以下特点:一是全面实行分类考核,按功能性质将企业分成竞争类、功能类和公共服务类三大类,结合年度考核和任期考核,按企业类别设置不同考核指标和权重。二是试行目标值考核,对各企业设置相应目标值,引导企业向先进的、高标准的目标看齐,倡导同性质企业有竞争,同体量企业有对比的激励机制。三是鼓励企业提质创新,增设企业技术创新、文化创新、管理创新考核,对企业当年实际发生的研发费用视同利润予以调增,对科技投入过程及科技投入取得的成效及企业上市、重大改革重组等分别予以特别加分,要求企业足额计提减值准备等,鼓励企业引领创新、提质增效,改善、做实资产质量。四是强化综合考评力度,实行企业负责人年度和任期经营业绩考核结果分级评定办法,试行企业年度经营业绩责任清单或签订经营业绩责任书方式,增加企业监事会全程介入业绩考核过程等,强化综合考核、协同管理。五是规范企业薪酬管理,规定企业负责人基本年薪按月发放,绩效年薪可按上年度绩效年薪的一定比例预发,任期激励收入在任期考核结束后3年内按4:3:3比例兑现,明确企业违反工资管理、收入分配纪律的五种违规情形扣减绩效年薪规定,对新设企业、委托监管企业和市属企业出资企业的收入分配管理提出明确要求。六是落实从严治党要求,为压实市属企业党风廉政建设"两个责任",根据中央和省市有关规定,对党风廉政惩罚措施进行清单式细化,对各类处分或处理涉及的经营班子扣分、责任人扣薪进行明细列示,更具操作性。

七、宁波市国资委监管企业负责人考核与选人用人机制改革情况

从严抓好企业领导人员管理监督和考核。一是加强日常分析研判。协同市委组织部开展市属企业领导班子换届考察工作,认真做好企业领导班子和领导人员基本数据分析工作,有针对性地提出意见建

议。建立谈心谈话制度,加强对企业班子运行情况和领导人员现实表现的跟踪了解,到企业调研10余次,累计谈心谈话企业领导人员40余人次。二是抓实日常管理监督。认真执行《市属国企领导人员管理暂行办法》,严格执行领导干部兼职规定和市属企业主要领导人员请假报告制度,上半年审批各类兼免职32人次。加强因公、因私出国(境)管理,实行年初统一报备、证件集中管理、出国审核审批制度,确保监管实时到位,收集管理各类因私出国(境)证件160本,审核批准各类出国(境)50余人次,系统内未发生一起违法违规事件。三是推进企业人才建设。制定完成《市属国企高管能力提升培训班计划》,提升国企领导人员能力素质。组织开展国企人才工作专题调研,谋划实施国企"五个一"人才工程。协调落实市属国企"三重三跨"挂职干部3人;选派企业金融创新与产融结合培训班1人;选派帮扶贵州黔西南州、参加剿灭劣V类水督导工作2人。

八、宁波市国资委监管企业党的建设和廉政建设情况

坚持党的领导、加强党的建设,筑牢国有企业的"根"和"魂",推动全面从严治党向纵深发展,宁波市国资委机关被评为"第十轮文明机关标兵单位"。一是理顺党建体制机制有新成效。提出党组织关系归口管理方案及首批22家企业6000余名党员划转名录,力促党建工作实行统一管理。全面推进党建要求进章程,实现市属集团及子公司章程修订率"双百"目标。完善"双向进入、交叉任职"领导体制,研究制定《企业重大问题决策"党委先议"指引意见》,建立健全党建工作"1+N"制度体系。深化党组织书记抓党建述职评议并全面延伸到二、三级企业。二是打造国资国企铁军有新气象。启动实施"修身强基""优苗选育"和"提质增效"三大专项计划,推进机关、企业双向挂职。深入实施国企精英人才培育工程,开展竞争类企业骨干专项培训计划,赴深圳、厦门等地培训国企领导3批200人次,全年累计培训各类人员3000余人次。组织开展"百支小分队破百题"攻坚行动,聚焦重大任务工程、重点改革举措、重要基础保障"三重"难题122个,总体进度达到90%以上。积极探索"八廉"工作法和"三位一体"工作机制,不断增强国资监管队伍的廉洁力和执行力,其中宁波市国资委外派监事会入围市直机关"最美团队"。三是构筑基层战斗堡垒有新手段。坚持"一切工作到支部"导向,全面实施"3522国企锋领"行动,新培育示范点8个,表彰"两优一先"47个。组建国资工委党校,开发"锋领党建"手机App,形成线上线下党建平台。指导企业筹建党群服务中心2个,安排基层支部专项活动经费106万元,四星级基层党组织超过90%。四是廉洁责任落实得到加强。9家党组织关系隶属国资工委的市属国企,在年初分别制定具体的责任任务清单,组织召开党风廉洁建设大会,通过《责任书》等形式,明确年度党风廉洁建设工作任务。各企业党委书记认真履行第一责任人责任,各班子成员切实加强对责任对象的教育和管理。其中,轨道集团全年就督办事项印发2份《廉洁建设督办书》;商贸集团建立"一单一卡一表"纪实制度,取得良好效果。五是廉洁从业教育不断深化。宁兴、交投、商贸、旅投等单位党委书记、董事长作专题辅导。城投公司系统各级领导讲廉洁党课50场,受众3000人次。轨道集团举办"廉洁文化进地铁"系列活动,职工参与度高,社会影响好。开投、工投集团坚持经常发送廉洁提醒短信,交投公司组织近60名项目经理集体学习"六项禁令""九个严禁"。六是机制完善工作稳步推进。宁兴(集团)公司组织开展制度建设年活动,结合巡视、审计、监事会检查等反馈问题,边整改边梳理管理制度,对20项规章制度做出修订。城投公司针对下属公司出纳涉嫌挪用资金问题,举一反三组织成员企业全面修订企业资金管理制度。轨道集团建立分公司纪检组长委派制度,集团公司纪委派出纪检组长6人。开投集团设立巡察组,组织开展4个专题巡察。9家集团公司基本建立纪检、监察、内审、巡察和监事会等"多位一体"的监督体系。七是作风建设工作持续深入。紧盯节假日和公车使用、业务接待等重要经费使用管理,累计组织明察暗访65次,出动检查人员200余人次。全年9家市属国企公车使用等五项经费总额比预算节约5%,尤其在市纪委组织的作风建设问卷调查中,社会群众对国资国企系统反映良好。

(撰稿人:谢孝宏)

安徽省

一、安徽省国有资产监督管理工作综述

2017年,安徽省国资委及所监管企业深入学习贯彻党的十九大精神,以习近平新时代中国特色社会主义思想为指导,认真贯彻落实党中央、国务院及安徽省委、省政府的决策部署,坚持稳中求进工作总基调,牢固树立和践行新发展理念,以推进供给侧结构性改革为主线,以五大发展行动计划为总抓手,稳步推动国企改革发展和党建工作,实现经济运行"高开高走",收入利润创历史最好水平。2017年,安徽省国资委监管企业营业收入7356.7亿元,比上年增长14.8%;实现利润总额491亿元,比上年增长66.9%;已交税费总额426.6亿元。

(一)全面深入学习宣传贯彻党的十九大精神

安徽省国资委认真落实中央及安徽省委部署,按照"五大一新"工作要求,制定计划方案,精心组织实施,有力推进安徽省国资系统深入学习宣传贯彻党的十九大精神。安徽省国资委党委宣讲团按计划赴29户所监管省属企业开展集中宣讲活动,实现所监管省属企业十九大精神宣传贯彻全覆盖;安徽各省属企业采取赴车间、到矿区、走项目部等多种形式深入一线开展党的十九大精神宣讲4000余场次。安徽省国资委及所监管省属企业党委中心组围绕十九大精神集中学习讨论60多次,举办10期1500人规模的监管省属企业中层干部轮训班。安徽省国资委党委班子成员围绕完善国资监管体制机制、加强国有企业党建等8个专题,深入企业察实情、听民意,并要求所监管企业领导人员结合改革发展重点难点问题,认真开展调查研究,2017年,累计完成调研报告近300篇。

(二)认真履行出资人监管职责

一是强化转变职能。研究出台以管资本为主推进职能转变方案,强化4项管资本职能,取消、下放33个监管事项,整合5个方面相关职能。二是强化分类监管。按照谁出资谁分类的原则,安徽省国资委结合企业不同发展阶段承担的任务和发挥的作用,在保持相对稳定的基础上,根据所监管省属企业功能界定,将29户企业分为商业和公益两大类,针对主营业务属性强化分类监管。三是强化分类考核。根据不同企业的经营特点,安徽省国资委采取"一企一策"考核监管办法,精准确定2017年度及2017—2019年任期考核目标,加强相关部门落实分类考核力度,实现精准考核。四是强化业务监督。2017年,安徽省国资委加强经济运行监测分析和资本经营预算管理,大力推进法治国企建设,进一步规范企业薪酬管理及国有产权管理。加强投资监管,为投资行为划红线、设禁区,出台安徽省属企业投资监管办法及负面清单,规范投资行为。研究制定安徽省属企业结构调整和重组的实施意见,开展主业确定工作,推动企业聚焦主业,实现做强做优目标。五是强化外派监事会监督。安徽省国资委注重发挥外派监事会的日常的监督管理职能,组织召开首次全省国有企业监事会工作会议,通报所监管省属企业经营管理等五大方面问题,明确今后一个时期监督整改的方向与重点。2017年,各监事会列席企业董事会等重要决策性会议674次,发出风险提示函和工作建议函16份。完成安徽省海螺集团等9户企业(涉及296户子公司)现场集中监督检查工作,对安徽省交控集团等17户企业(涉及251户子公司)的应收账款、担保和类金融业务等进行专项检查,揭示问题253个,提出整改建议104条。六是强化督促整改。成立安徽省属企业巡察审计监督检查整改领导小组及办公室,组织精干力量针对违规经营突出问题深入企业开展专项核查,督促企业加强整改,避免经营风险进一步集聚、损失进一步扩大。

(三)全面开展10个方面违规行为专项治理

2017年,安徽省国资委根据巡视、审计、监事会监督等渠道反映出来的,具有倾向性和普遍性的突出问题,集中力量针对所监管省属企业集团管控、购销管理、工程承包建设、产权股权资产转让、固定资产投资及投资并购、改组改制、资金管理及账务处理、风险管理、薪酬与履职待遇、选人用人10个方面的违规行为开展专项治理。截至2017年底,安徽省属企业查摆问

题3189个，整改完成2544个，完善制度1544项，挽回和避免经济损失4.98亿元，追责问责271人次，达到严明纪律、规范经营、防范风险、建章立制的阶段性目标。

（四）不断深化与央企合作发展

2017年，安徽省国资委积极推进与中央企业合作，先后举办央企助推安徽省淮南市转型发展合作项目对接会、"央企情系老区、助力金寨发展"座谈会、第十届中部博览会和2017中国国际徽商大会"双百"专题活动、第三届央企熠星创新创意大赛项目投资对接会（合肥站）等一系列与央企对接活动，成效显著。安徽省政府下达的"四个2000亿"年度目标任务全部超额完成，安徽省16个市首次全部完成央企合作任务。2017年，安徽省与央企合作开工项目268个，投资规模2930.2亿元；实际完成投资2866.7亿元；竣工项目243个，投资规模2497.4亿元；新签约项目289个，投资规模4217.8亿元，一批体量大、质量高、牵动性强的重大项目在安徽签约落地、开工建设、竣工投产、产生效益。此外，安徽省积极推动所监管省属企业参与"一带一路"建设，指导有条件的省属企业以安徽省海螺集团为依托，研究组建战略合作联盟，探索以园区为载体，"抱团"到印尼等东南亚国家开拓市场。

（五）着力防范企业经营风险

安徽省国资委研究制定《关于规范省属企业负债行为防范金融风险的通知》，修订《省属企业高风险投资业务监督管理暂行办法》，进一步加强所监管企业负债风险管控和高风险业务管理，督促所监管省属企业合理控制债务规模，优化负债结构，从严控制类金融业务规模，严禁开展各种无正常商业实质的融资性贸易、"空转"贸易。2017年，安徽省国资委建立所监管省属企业全面风险管理工作定期报告制度、风险排查网上直报系统，开展清理整顿各类交易场所"回头看"行动、集资风险排查和互联网金融风险防控工作。建立安徽省属企业担保管理信息系统，督促企业严格执行担保规定，切实加强全集团范围内的担保管理。安徽省国资委强化PPP业务管控，将PPP项目纳入企业年度投资计划实行重点监管，严防经营风险。

（六）积极推动履行社会责任

一是助力脱贫攻坚。安徽省国资委会同安徽省扶贫办印发《推进省属企业开展脱贫攻坚行动的实施方案》，加大对联系帮扶地区的产业扶持与智力扶持。所监管省属企业在金寨、岳西等多个贫困县实施产业项目28个、投资总额47亿元，与望江县签约项目29个、金额121.7亿元。争取、协调安徽省投资集团牵头与央企贫困地区产业投资基金合作，设立5亿元的安徽省属企业扶贫产业基金，加大对贫困地区产业扶持。安徽省国资委在全省率先选派工作队驻村帮扶，投入101万元管理党费支持联系点脱贫攻坚。二是落实包保责任。安徽省国资委牵头深入淮南市县区开展环保督查工作，督促中央环境督察组发现的问题得到有效整改、责任得到有效落实。三是推动共建共享。安徽省国资委加大所监管省属企业工资总额的分类调控和企业内部分配的结构优化，努力使工资增长向科技人员、管理骨干、产业工人倾斜，鼓励企业在效益增长时职工工资稳步增长。积极促进社会就业，19户省属企业年度新增吸纳就业人口近1.9万人。四是做好"四送一服"。安徽省国资委成立"四送一服"工作领导小组，积极主动挂牌联系10家重点企业，为企业提供常态化服务，牵头负责的安庆工作组举办理念政策宣讲会11场、座谈交流会56场、实地走访企业145家次、梳理问题305条，所有问题都已督促办理。

二、安徽省国有资产总量与结构分析

表1　　2017年安徽省国有企业指标

项　　目	金　额（亿元）
资产总额	43476.5
所有者权益	17281.4
国有资产总量	12444.5
营业收入	9694.2
利润总额	810.7
净利润	673.8
归属于母公司所有者的净利润	466.8
应交税金总额	598.5
实际上缴税金总额	545.0

表2　2017年安徽省国有企业户数情况

项　目	2016年	2017年	比上年增长(%)
户数(户)	3212	3384	5.4
其中:省属企业(户)	1632	1711	4.8
省直单位企业(户)	150	120	−20.0
市县企业合计(户)	1430	1553	8.6

表3　2017年安徽省国有资产按地区分布情况

地　区	国有资产(亿元)	占国有资产总量比重(%)
省属企业	2444.2	19.6
省直单位企业	127.0	1.0
市县企业合计	9873.4	79.3
其中:合肥市	2451.4	19.7
芜湖市	1474.1	11.8
淮北市	483.0	3.9
淮南市	430.7	3.5
蚌埠市	816.8	6.6
铜陵市	320.3	2.6
马鞍山市	815.9	6.6
宿州市	574.8	4.6
亳州市	470.1	3.8
安庆市	556.2	4.5
滁州市	38.8	0.3
池州市	95.2	0.8
宣城市	200.5	1.6
黄山市	252.7	2.0
阜阳市	401.1	3.2
六安市	491.8	4.0
合　计	12444.5	100.0

表4　2017年安徽省国有资产按行业分布情况

行　业	国有资产(亿元)	占国有资产总量比重(%)
农林牧副渔	29.0	0.2
工业	1104.6	8.9
建筑业	481.1	3.9
地质勘查及水利业	42.1	0.3
交通运输业	754.4	6.1
仓储业	25.5	0.2
批发和零售业	139.5	1.1
金融业	531.1	4.3
房地产业	603.8	4.9
信息技术服务业	0.2	0.0
社会服务业	8404.2	67.5
卫生体育福利业	3.7	0.0
教育文化广播业	247.2	2.0
科学研究和技术服务业	12.0	0.1
机关团体及其他	66.4	0.5
合　计	12444.5	100.0

表5　2017年安徽省国有资产按经营规模分布情况

经营规模	国有资产(亿元)	占国有资产总量比重(%)
大型企业	304.6	2.4
中型企业	2661.0	21.4
小型企业	7756.2	62.3
微型企业	122.7	1.0
合　计	12444.5	100.0

三、安徽省国有资本保值增值综合分析评价

表6　2017年安徽省国有企业地区和行业国有资本保值增值情况

地　区	国有资本保值增值率(%)	行　业	国有资本保值增值率(%)
省属企业	107.0	农林牧副渔	106.3
省直单位企业	89.4	工业	105.1
市县企业	103.1	建筑业	105.2
其中：安庆市	102.7	地质勘查及水利业	100.0
淮北市	109.0	交通运输业	104.6
蚌埠市	103.3	仓储业	104.6
阜阳市	111.8	批发和零售业	104.7
宿州市	99.6	金融业	108.0
滁州市	97.9	房地产业	100.7
马鞍山市	101.8	信息技术服务业	102.1
亳州市	100.9	社会服务业	103.6
池州市	99.0	卫生体育福利业	98.4
合肥市	105.3	教育文化广播业	91.7
铜陵市	100.7	科学研究和技术服务业	103.5
淮南市	102.2	机关团体及其他	106.2
六安市	101.8		
芜湖市	100.7		
宣城市	100.1		
黄山市	103.3		
全省总体	103.7		

四、安徽省国资委监管企业改革发展情况

（一）大力推动省属企业改革创新，积极开展混合所有制试点工作

2017年，安徽省国资委根据企业市场发展需要，积极推进监管企业改革发展工作。一是大力推进企业上市。完成安徽省华安证券、安徽省建工集团整体上市，安徽天然气、安徽省交规院等子公司首发上市。二是研究推动企业改制。2017年积极推进安徽省淮南矿业集团整体改制工作。批复安徽省淮北矿业勘探工程公司、安徽省建筑设计院等股份制改造方案。出台《省属企业公司制改制工作实施方案》，批复实施安徽省盐业总公司、安徽省合肥煤炭设计院、安徽省水建总公司等集团公司层面公司制改制工作。三是开展混合所有制等试点工作。出台《安徽省国有控股混合所有制企业开展员工持股试点实施意见》，在安徽省范围组织7户国有控股混合所有制企业纳入试点。稳步推进安徽省国有资本投资运营公司试点工作，起草《安徽省国有资产运营公司改组为国有资本运营公司试点功能建设方案》，并以安徽省政府办公厅名义印发。

（二）全面实施五大发展行动计划，助力省属企业加快发展

2017年，安徽省国资委制定落实五大发展行动计划实施意见，并紧紧围绕"创新发展在机制、协调发展在布局、绿色发展在行动、开放发展在平台、共享发展在责任"的目标要求，推动实施技术创新、管理创新、促进区域经济发展、交通互联互通、发展质量提升、绿色高效发展、国内市场拓展、"走出去"战略、央企合作发展、职工共享发展成果十大工程，建立重点项目库（入库项目310个，总投资3800亿元），实行季度工作调度和重点项目督查制度，协调推进一批有牵引力的重大项目落地。安徽江汽—大众合资项目正式获批开工；安徽芜湖长江公路二桥、宁宣杭高速狸宣段建成通车，庐铜铁路全线贯通；安徽省引江济淮工程进展顺利；中安联合煤化工项目加速推进；安徽铜陵厄瓜多尔铜矿项目按计划节点推进。

五、安徽省国资委监管企业并购重组与完善法人治理结构情况

2017年,安徽省国资委着手推进安徽省徽商集团资产与债务重组工作。出台《进一步完善国有企业法人治理结构的实施意见》,就理顺出资人职责、加强董事会建设、依法规范权责等作出部署。按照《上市公司股权激励管理办法》等规定,安徽省国资委研究批复安徽省江淮汽车集团股份公司股权激励计划,探索完善企业中长期激励机制。

六、安徽省国资委监管企业建立和完善经营业绩考核体系情况

2017年,安徽省国资委全面修订省属企业负责人经营业绩考核办法,建立"1+1"的考核制度体系("一个考核办法"加"一个实施方案")。印发《安徽省省属企业负责人经营业绩考核办法》《安徽省省属企业负责人经营业绩考核实施方案》,新的考核办法对分类考核、目标考核进行改进和规范,着重从基本指标分档设置、突出降成本减费用、支持企业创新发展和设置考核结果晋级门槛四方面进一步完善考核政策。

七、安徽省国资委监管企业负责人考核与选人用人机制改革情况

(一)进一步完善法人治理结构

一是指导安徽省皖维集团、军工集团、中煤矿建集团等顺利完成党委换届工作,实现企业党委、纪委班子的正常更替和过渡,保证所监管省属企业党组织把方向、管大局、保落实作用的发挥。二是开展规范董事会建设和实行职业经理人制度试点,2017年9月,安徽省国资委联合安徽省委组织部印发《关于印发省属企业实行职业经理人制度试点工作方案的通知》和《关于印发省属企业规范董事会建设试点方案的通知》。2017年10月,确定安徽省华安证券股份有限公司和安徽叉车集团有限责任公司2家单位为首批试点企业,指导两户试点企业制定职业经理人制度试点实施方案。2017年11月,成立安徽省委组织部、安徽省国资委、安徽省财政厅、安徽省审计厅、安徽省人力资源社会保障厅为成员单位的安徽省属企业规范董事会建设和职业经理人制度试点工作领导小组,研究讨论改革试点中的有关问题。三是组织安徽省属企业推荐外部董事人选,充实外部董事人才库。根据安徽省属企业推荐的外部董事人选情况,研究确定136人作为第一批人选进入外部董事人才库,其中,专职外部董事人选126人,兼职外部董事人选10人。

(二)加强选人用人改革与企业领导人员综合考核

2017年,安徽省国资委积极推进选人用人改革和开展以激励为导向的企业领导人全面综合考核,工作从细从实,收效明显。一是开展所监管省属企业领导班子和领导人员基础信息档案、运行情况备案、调整配备预案管理工作。完成安徽叉车集团等13户企业领导班子以及83名领导人员的综合研判材料,实现"一个班子一份报告,一名干部一份清单",为加强班子建设、调配领导人员提供参考依据。二是按照干部管理权限,根据所监管省属企业改革发展需要和岗位缺额情况,及时调整充实企业领导班子力量。2017年,安徽省国资委从实际需要和突出用人导向出发,注重提拔使用综合素质较好、比较成熟的优秀后备干部,全年调整省国资委党委管理的企业领导人员26人,其中提拔后备干部7人,所监管企业的风险管理和经营管理水平得到提升。三是认真组织开展所监管省属企业领导班子和领导人员综合考核。成立2个综合考核组,对安徽省叉车集团等13户企业2016年度领导班子和领导人员履行发展和党建工作职责情况进行综合考核,与619人进行个别谈话,实地查看被考核企业13个集团公司部门、12个子公司、12个基层车间等基层单位。在纵横比较基础上,对考核对象进行现场评分。根据考核情况,向安徽省委考核办提出安徽省叉车集团等13户企业考核评价等次建议,并及时将考核结果向相关企业反馈,通报表扬综合考核评价为"优秀"等次的10名安徽省属企业领导人员,对考核中发现的主要问题,督促企业整改落实。

八、安徽省国资委监管企业党的建设和廉政建设情况

2017年,安徽省国资委和省属企业以习近平新时代中国特色社会主义思想为指引,坚决贯彻中央及省委从严管党治党决策部署,安徽省属企业党建工作和廉政建设取得积极进展。

(一)党建工作

一是着力落实党建工作责任制。2017年,安徽省国资委党委会研究国企党建议题40个,3次召开监管企业党建工作推进会。制定并以安徽省办公厅名义转发《安徽省属企业党建工作责任制实施办法》,印发安徽省属企业基层党建重点任务清单以及问题、整改措施、责任三个清单,建立安徽省属企业党建工作考核评价机制,全面推行安徽省属企业党委书记抓党建述职评议考核。安徽省属企业召开党建工作述职评议考核会议627次,参加述职评议考核的党组织书记5209人。完成安徽省马钢集团等不在合肥市内的8户省属企业以及安徽省徽商银行、安徽省信用担保集团党组织隶属关系调整工作,统一归口、责任明晰、有机衔接的安徽省属企业党建管理体制基本形成。二是着力理顺企业党组织与法人治理结构的关系。安徽省国资委依法全面落实所监管省属企业集团党建工作要求进章程工作,明确和落实党组织在公司法人治理结构中的法定地位,子公司中已完成章程修订的企业占比89.4%。完善"双向进入、交叉任职"领导体制,基本完成监管的省属企业公司制改造。安徽省属企业集团均实行党委书记、董事长一肩挑,进入董事会、监事会、经理层的党委班子成员占比81.7%,确保党组织作用在决策层、执行层、监督层的有效发挥。三是着力推进基层党组织标准化建设。2017年,安徽省国资委加强子(分)公司、营业点、项目部等基层单位党组织建设,消除党的组织和工作覆盖出现的盲区和空白点,实现应建尽建,调整各级基层党组织书记1260人,组织6862名基层党组织书记参加集中培训。严格基本制度,落实"三会一课"、党员活动日等制度,认真开展专题民主生活会和组织生活会。夯实基本保障,落实"两个1%"(专职党务工作人员不少于职工总数的1%,党建工作经费不低于上年度职工工资总额的1%)要求。2017年,安徽省属企业纳入管理费用税前列支的党建工作经费2.96亿元,占上年度职工工资总额的1%;专职党务工作人员6831人,占职工总数的1.5%。四是着力加强省属企业领导人员队伍建设。安徽省国资委认真贯彻国有企业领导人员20字标准,严格落实"凡提四必"要求,全年调整所管理的企业领导人员26人。实行企业领导人员"三案"精准管理,完成安徽省叉车集团等13户企业领导班子以及83名领导人员的综合研判材料。加大所监管企业领导人员培训力度,先后举办"加强国有企业党的建设"等专题培训班,不断提升领导人员改革发展和党建工作水平。积极推进规范董事会建设和职业经理人队伍建设,在安徽省华安证券公司和安徽省叉车集团开展两项试点工作。

(二)党风廉政建设工作

一是认真抓好中央巡视及省委专项巡视、机动式巡视整改。中央巡视反馈整改任务基本完成,安徽省委专项巡视的40项限期整改任务完成39项、基本完成1项。主动认领机动式巡视整改责任,安徽省皖北煤电集团46项整改任务完成整改33项,安徽省旅游集团38项整改任务完成整改31项,安徽省投资集团、徽商集团党委也在扎实推进整改。二是大力推进企业巡察工作。安徽省国资委党委公布专项巡察12户省属企业整改情况的通报,组织召开企业巡视巡察整改推进会,推动各所监管省属企业党委一届任期内实现二级企业巡察全覆盖,截至2017年底,24户所监管省属企业累计巡察下属单位313个,其中安徽省交通控股等16户集团实现二级企业巡察全覆盖。

(三)严格监督执纪问责

一是严肃查处违纪违规问题。安徽省国资委用好"四种形态",加大问责力度,严肃查处违纪违规问题。2017年,开展党内问责126例,问责党组织8个,问责领导干部151人次,对安徽省农垦集团违规任用殷光立问题进行调查并通报批评。安徽省纪委驻省国资委纪检组和省属企业纪委接受信访举报2098件,处置问题线索1069件,立案审查410件,给予党政纪处分525人。二是严把选人用人关。2017年,安徽省纪委驻委纪检组严把党风廉政意见回复关,反馈干部提任、出国、外部董事人选和先进企业评选审核意

见373人次，暂缓1名干部提拔，暂缓3人和不宜使用3人进入安徽省属企业外部董事人才库，否决10户企业评为先进。三是严格落实中央八项规定精神。安徽省纪委驻省国资委纪检组紧盯元旦春节、中秋、国庆等重要节点，全年查处省属企业违反八项规定精神问题31起，处理60人，给予党政纪处分34人，分3批通报曝光18起典型案例。四是严抓监督执纪能力建设。截至2017年底，安徽省国资系统有专职纪检监察人员1001人，其中，安徽省纪委驻省国资委纪检组8人，安徽省属企业本部191人，二级及以下公司802人。全年考察配备安徽省属企业纪委书记1人、纪委副书记7人，分批选派75名企业纪检干部参加中央纪委、安徽省纪委组织的专题培训，举办2期纪检监察业务培训班、122人参训，切实提高监督执纪能力。

（撰稿人：张政政　刘世春）

福建省

一、福建省国有资产监督管理工作综述

2017年，在以习近平同志为核心的党中央坚强领导下，按照福建省委、省政府的决策部署，福建省国企国资砥砺奋进、开拓进取，着力推进产业转型升级、全面深化国企改革、推进国资监管职能转变、加强国有企业党的建设，国有企业改革发展和国资监管工作取得积极成效。

（一）企业运行稳中向好

一是密切跟踪市场形势变化，科学组织生产运行，及时调整优化经营策略，突出抓好提质增效，生产经营持续向好。截至2017年底，福建省非金融国有企业资产总额41350.12亿元，比上年增长15.8%；所有者权益13493.33亿元，比上年增长15.5%。累计实现营业收入12549.97亿元，比上年增长36.9%；实现利润总额584.21亿元，比上年增长39.2%；已交税费总额546.03亿元，比上年增长23.2%。其中，17家所出资企业资产总额15171.95亿元，比上年增长16.11%；所有者权益3102.65亿元，比上年增长9.69%。累计实现营业收入3003.67亿元，比上年增长24.65%；实现利润总额245.22亿元，比上年增长89.02%；已交税费总额159.49亿元，比上年增长27.55%。福建省冶金（控股）有限责任公司、福建省投资开发集团有限责任公司、福建省能源集团有限责任公司、福建石油化工集团有限责任公司、福建省高速公路有限责任公司实现利润总额均超过10亿元；福建石油化工集团有限责任公司营收、利润双增70%以上，创历史新高，归属于母公司所有者的净利润首次突破10亿元；福建省建工集团总公司总公司全年海内、海外市场分别新签合同额274.58亿元和32.3亿元，均创历史新高。厦门市、漳州市、泉州市、福州市国资委所出资企业实现利润总额均超10亿元。

二是降成本工作取得积极成效。所出资企业通过开源节流、集中采购、内部挖潜等，实现降本增效，百元营业收入支付的成本费用93.3元，比上年降低3.2元，下降3.4%；资产负债率66%（扣除厦门国际银行），比上年减少0.4个百分点；两金占流动资产比重37.7%，比上年减少0.6个百分点。

三是资金保障得到进一步强化。福建省电子信息（集团）有限责任公司、福建省能源集团有限责任公司、福建省建工集团总公司等全年争取国家开发银行、进出口银行360亿元政策性资金。福建省能源集团有限责任公司、福建省建工集团总公司、福建省交通运输集团有限责任公司、福建省电子信息（集团）有限责任公司与中国建设银行签订市场化债转股协议，总规模210亿元。所出资企业现代服务业专场产销对接会促成新签项目合作协议近10亿元。

（二）国资监管有效提升

按照以管资本为主加强国有资产监管的要求，探索完善国资监管体制机制，监管针对性、有效性进一步增强。一是强化管资本职能。2017年12月底，福建省政府办公厅转发《省国资委以管资本为主推进职能转变方案》。方案明确国资委作为出资人职责定位，提出进一步强化规划投资监管、国有资本运营、出资人激励约束等管资本职能。在所出资企业年金方案审批、上市公司国有股权质押备案、所出资企业权属企业产权转让等方面进一步放权，取消、下放监管事项19项。

二是完善监督机制。加强外派监事会监督，5个外派监事会全年参加企业会议867场，谈话329人次，调研企业128家，上报各类报告44份。对2016年度监督报告所揭示的103项问题进行梳理，组织召开18场专题沟通会，加大发现问题督促整改力度。发挥审计监督作用，抓好企业负责人经济责任审计，开展专项审计工作，全年7家企业回收高风险贸易逾期资金1亿多元。出台《所出资企业大宗物资采购管理工作指引（试行）》；强化财务监督，健全财务预算与业绩考核挂钩制度，推进企业重大财务事项决算备案机制。福建省产权交易中心完成省属企业各类交易项目206宗，同比增长82.29%，系统外项目交易额比上年增长199.40%。

三是优化监管方式手段。出台规范性文件16件，完善企业法律纠纷案件管理，全年挽回或避免经济损失6.32亿元。实行资产评估分级分类备案制度，加强对收购非国有资产评估项目的审核力度，增加现场勘查环节，提高评估客观性。深化收入分配制度改革，修订《所出资企业工资总额预算管理暂行办法》，出台《所出资企业工资总额预算管理工作指引（试行）》，引导企业建立健全与劳动力市场基本适应，与企业经济效益和劳动生产率相挂钩的工资决定和正常增长机制。推进所出资企业信息公开工作，选择高速公司、投资集团开展试点。

（三）党的建设全面加强

从严落实党建工作要求，不断加强和改进国有企业党的建设，党建"弱化、淡化、虚化、边缘化"问题初步得到扭转，企业党委（党组）把方向、管大局、保落实的领导作用进一步发挥，党的领导和公司治理融合更加紧密，管党治党责任得到逐级落实，党建工作取得新进展。一是十九大精神学习宣传贯彻工作扎实推进。坚持以习近平新时代中国特色社会主义思想武装头脑，分类分级抓好干部理论武装。举办企业党委（党组）书记学习十九大精神座谈会，开展基层党组织书记十九大培训示范班，带动省属企业班子成员深入基层支部开展宣讲，推动宣传贯彻工作到基层去、往支部走，自觉用十九大精神武装头脑、指导实践、推动工作。福建省交通运输集团有限责任公司陈萍当选党的十九大代表。

二是基层党组织凝聚力战斗力不断提升。2017年，开展4轮17次党建专项督导检查，对16家集团及92家二、三级权属企业进行集中督查，逐项推进30项国企党建重点任务23项基层党建重点任务落地。深入开展党建"有机构、有人员、有经费、有活动、有作为"活动，组织开展40个"六好"党建模范示范点创建验收工作，通过建立百分制考评体系，大力推动基层党建规范化、标准化。在"两学一做"学习教育中推进党员承诺制、党员先锋岗建设，引导全系统党员攻克关键技术571项，提出合理化建议1.32万条。"三会一课"、组织生活会等七项组织生活制度常态化开展，党员教育培训力度不断加大，带动企业轮训27815人次。

三是党风廉政建设和反腐败工作向纵深推进。认真落实"两个责任"，加强压力传导，问责追责19起，通报14人。坚持把纪律挺在前面，实践运用监督执纪"四种形态"，抓早抓小，全年谈话函询41人次，组织处理50人次。建立健全"1+X"专项督查工作机制，查处违反中央八项规定问题25起，通报曝光7批21起，"四风"问题得到有效遏制。坚持无禁区、全覆盖、零容忍，坚定不移惩治腐败，立案125件，党政纪处分124人次，挽回经济损失8952万元。福建省纪委驻省国资委纪检组获得"全国纪检监察系统先进集体"称号，福建省电子信息（集团）有限责任公司纪委获得"福建省纪检监察系统先进集体"称号。

二、福建省国有资产总量与结构分析

表1　　2017年福建省国有企业指标

项　　目	金　额（亿元）
资产总额	41350.12
所有者权益	13493.33
营业总收入	12549.97
利润总额	584.21
净利润	441.46
归属于母公司所有者的净利润	271.36
应交税金总额	596.11
实际上缴税金总额	546.03

注：表内数据含厦门市，下同。

(一)企业户数有所增加

2017年,纳入福建省(含厦门市)国有资产统计范围的企业6338户,比上年增加389户。其中,省级监管企业1613户,增加108户;省级非监管企业277户,增加7户;地市企业4448户,增加274户。

表2 2017年福建省国有企业户数情况

地 区	2016年(户)	2017年(户)	比上年增长(%)
福建省合计	5949	6338	6.54
省级企业	1775	1890	6.48
其中:省级监管企业	1505	1613	7.18
省级非监管企业	270	277	2.59
地市企业	4174	4448	6.56
其中:福州市	405	427	5.43
厦门市	1740	1923	10.52
漳州市	387	386	−0.26
泉州市	523	565	8.03
三明市	170	171	0.59
莆田市	119	138	15.97
南平市	266	255	−4.14
龙岩市	277	288	3.97
宁德市	260	260	0.00
平潭区	27	35	29.63

(二)资产分布相对集中

从隶属关系看,福建省国有企业资产主要分布在省、市两级国资委监管企业,两级监管企业资产总额32913.94亿元,占福建省国有企业资产总额的79.6%,其中,省级监管企业资产总额15171.94亿元、占福建省的36.7%,地市监管企业资产总额17742亿元,占福建省的42.9%。非监管企业资产总额8436.18亿元,占福建省的20.4%,其中,省级非监管企业资产总额329.91亿元、占福建省的0.8%,地市非监管企业资产总额8106.27亿元、占福建省的19.6%。

从行业分布看,福建省国有企业资产总额行业分布排名前三位的是社会服务业、房地产业、金融业。其中,社会服务业资产总额13744.48亿元,占福建省国有企业资产总额的25.4%;房地产业10385.69亿元,占19.2%;金融业8197.52亿元,占15.1%。3个行业资产总额共计32327.69亿元,占福建省国有企业的59.7%。

(三)营业收入大幅增长

从隶属关系看,福建省国有企业营业收入主要分布在省、市两级国资委监管企业,两级监管企业营业收入11767.11亿元,占福建省国有企业营业收入的93.8%,其中,省级监管企业营业收入3003.67亿元、占福建省的23.9%,地市监管企业营业收入8763.44亿元,占福建省的69.8%。非监管企业营业收入782.86亿元,占福建省的6.2%,其中,省级非监管企业营业收入95.08亿元、占福建省的0.8%,地市非监管企业营业收入687.78亿元、占福建省的5.4%。

从行业分布看,福建省国有企业营业收入行业分布排名前三位的是批发零售业、工业、房地产业。其中,批发零售业营业收入7869亿元,占福建省国有企业营业收入的55.9%;工业2240.79亿元,占15.9%;房地产业967.51亿元,占6.9%。三个行业营业收入共计11077.30亿元,占福建省国有企业的78.7%。

(四)企业效益大幅提升

从隶属关系看,福建省国有企业利润总额主要分布在省、市两级国资委监管企业,两级监管企业实现利润总额540.23亿元,占福建省国有企业利润总额的92.5%,其中,省级监管企业利润总额245.22亿元、占福建省的42%;地市监管企业利润总额295.01亿元、占福建省的50.5%。非监管企业利润总额43.98亿元,占福建省的7.5%,其中,省级非监管企业利润总额6.11亿元、占福建省的1%,地市非监管企业利润总额37.87亿元、占福建省的6.5%。

从行业分布看,福建省国有企业利润总额行业分布排名前三位的是房地产业、工业、社会服务业。其中,房地产业利润总额242.29亿元,占福建省国有企业利润总额的27.5%;工业184.63亿元,占21%;社会服务业136.70亿元,占15.5%。3个行业利润总额共计563.62亿元,占福建省国有企业的64%。

表3 2017年福建省国有资产按地区分布情况

地区	国有资产（亿元）	占国有资产总量比重（%）
省级监管	1687.97	15.72
省级非监管	107.11	1.00
地市汇总	8942.83	83.28
其中：福州市	1198.54	11.16
厦门市	2736.35	25.48
漳州市	473.60	4.41
泉州市	2099.96	19.56
三明市	483.87	4.51
莆田市	338.57	3.15
南平市	397.92	3.71
龙岩市	669.70	6.24
宁德市	202.56	1.89
平潭区	341.76	3.18
合　计	10737.91	100.00

表4 2017年福建省国有资产按行业分布情况

行业	国有资产（亿元）	占国有资产总量的比重（%）
农林牧渔业	73.38	0.38
其中：农业	11.78	0.06
林业	41.82	0.21
畜牧业	0.74	0.00
渔业	－1.61	－0.01
工业	1706.55	8.77
煤炭工业	80.11	0.41
石油和石化工业	1.68	0.01
冶金工业	389.78	2.00
建材工业	42.22	0.22
化学工业	106.92	0.55
森林工业	7.31	0.04
食品工业	70.17	0.36
烟草工业	0.09	0.00
纺织工业	8.19	0.04
医药工业	43.82	0.23
机械工业	147.85	0.76
军工工业	71.72	0.37
电子工业	80.72	0.41
电力工业	271.13	1.39
市政公用工业	341.90	1.76
其他工业	59.02	0.30
建筑业	2321.17	11.93
地质勘查及水利业	115.29	0.59
交通运输业	3141.92	16.15
其中：铁路运输业	13.50	0.07
道路运输业	2730.92	14.03
水上运输业	141.41	0.73
航空运输业	81.70	0.42
仓储业	172.38	0.89
邮电通信业	0.01	0.00
批发和零售业	794.55	4.08
金融业	700.61	3.60
房地产业	3607.07	18.54
信息技术服务业	59.92	0.31
社会服务业	6574.84	33.79
卫生体育福利业	42.02	0.22
教育文化广播业	85.44	0.44
科学研究和技术服务业	62.15	0.32
机关社团及其他	0.82	0.00
合　计	19458.12	100.00

注：行业结构分析为汇总数据，不考虑合并抵消因素。

表5 2017年福建省国有资产按经营规模分布情况

经营规模	国有资产（亿元）	占国有资产总量比重(%)
大型企业	1290.63	6.63
中型企业	6599.36	33.92
小型企业	7657.47	39.35
微型企业	3910.67	20.10
合　计	19458.13	100.00

注：规模结构分析为汇总数据，不考虑合并抵消因素。

三、福建省国有资本保值增值综合分析评价

表6 2017年福建省国有企业地区国有资本保值增值情况

地　区	国有资本保值增值率(%)
福州市	103.99
厦门市	107.21
漳州市	105.19
泉州市	98.55
三明市	101.82
莆田市	106.29
南平市	101.06
龙岩市	99.30
宁德市	101.45
平潭区	100.44

表7 2017年福建省国有企业行业国有资本保值增值情况

行　业	国有资本保值增值率(%)
农林牧渔业	106.97
其中:农业	106.29
林业	113.36
畜牧业	69.44
渔业	0.00

续表

行　业	国有资本保值增值率(%)
工业	108.25
其中:煤炭工业	109.50
石油和石化工业	180.53
冶金工业	124.79
建材工业	99.23
化学工业	100.57
森林工业	98.29
食品工业	102.89
烟草工业	101.14
纺织工业	103.51
医药工业	119.25
机械工业	105.56
军工工业	92.72
电子工业	110.09
电力工业	107.77
市政公用工业	102.19
其他工业	96.25
建筑业	101.82
地质勘查及水利业	99.88
交通运输业	101.38
其中:铁路运输业	99.84
道路运输业	101.22
水上运输业	102.95
航空运输业	100.00
仓储业	103.30
邮电通信业	94.02
批发和零售业	110.48
金融业	109.58
房地产业	110.79
信息技术服务业	107.52
社会服务业	103.40
卫生体育福利业	102.93
教育文化广播业	103.21
科学研究和技术服务业	108.64
机关社团及其他	96.42

四、福建省国资委监管企业改革发展情况

(一)国企改革向纵深推进

紧扣重点、奋力作为,推进各项改革措施逐步落地。一是改制重组取得阶段性成果。公司制改制列为改革重点工作层层抓落实,福建省属36家未改制企业全面完成公司制改制。企业上市挂牌取得新突破,福建海峡环保集团股份有限公司成功A股上市,福州和声钢琴有限公司、福能期货股份有限公司、福建省福化工贸股份有限公司、漳州生科股份有限公司等4家企业在"新三板"成功挂牌,四川福蓉科技股份有限公司IPO申请获得证监会正式受理。大力推动企业兼并重组,所出资企业落实并购重组项目70多项。福建省港航建设发展有限公司并入省福建省交通运输集团有限责任公司,启动福建省港口资源整合,并与宁德、泉州、漳州和福州四地市达成一致意见,福建省港口一体化经营管理体制稳步推进。混合所有制经济迈出实质性步伐,所出资企业加强与央企、外企、民企战略合作,通过项目对接互相投资持股,56家企业开展混合所有制改革,引入非国有资本25.87亿元。三明市新设5家混合所有制企业。南平市4家企业与省级、同级国有资本完成交叉持股。二是积极推进企业法人治理结构建设。福建省政府办公厅印发《关于进一步完善国有企业法人治理结构的实施意见》,福建省国资委与福建省委组织部联合印发《关于推进省管国有企业董事会建设的指导意见(试行)》,为推进福建省国有企业法人治理结构、董事会规范建设提供制度保障。同时,研究制定《所出资企业外部董事管理暂行办法》等配套文件及《董事会规范建设试点工作方案》,初步建立外部董事人才库。明确外派监事会职责定位,完善监事会监督体系,坚持问题导向,开展过程监督,强化监督成果运用。稳步推进所出资企业子企业监事会试点工作,层层构建有效的法人治理结构和内部监督约束机制。三是历史遗留问题处置效果显著。截至2017年底,福建省国有企业职工家属区"三供一业"涉及27.7万户,分离移交协议签约率分别为供水92.92%、供电93.04%、供(热)气99.03%、物业小区81.01%,其中福建省属企业总计14.2万户,分离移交协议签约率100%。企业办消防分类改革工作全面完成。企业办市政、社区职能分离移交工作按部署要求有序推进。研究制定福建省国有企业办教育、医疗机构处置办法,对18家教育机构、11家医疗机构进行调查摸底,形成处置意见。持续推进"处僵治困"工作,实行"一企一策"处置"僵尸企业"和"壳公司",2017年清算注销31家,启动处置80家,为2020年全面完成处置任务打下坚实基础。

(二)转型升级成效显现

突出抓供给侧结构性改革,推动产业转型升级。一是聚焦发展主业。进一步推动国有资本向具有优势的产业集中,对17家所出资企业主业进行重新梳理确认,调整至主业不超过3个,辅业不超过2个。主辅业突出发展福建省三大制造型主导产业、战略性新兴产业和现代基础设施,大力发展现代物流业、金融业、旅游业三个服务型主导产业,一批规模大、层次高、效益好的龙头项目落地建设。2017年所出资企业全资、参控股的福建省在建重点项目完成投资549.53亿元,比上年增长80%。二是突出项目带动。2017年,所出资企业完成投资909亿元,比上年增长19.86%。其中,工业完成投资286.07亿元,比上年增长69.91%;交通基础设施完成投资576.87亿元,比上年增长14.22%。着力发展电子信息、新能源汽车、新材料、互联网经济、高端装备等新产业。全力推进晋华存储器、华佳彩面板、厦门钨业锂离子电池材料、云度新能源汽车等新一批新兴产业项目,这些项目投资总额1502亿元,为福建省创新驱动发展增添新动力。成功承办福建省与央企对接会,突出先进制造业,包括数字经济、战略性新兴产业、电子信息、石油化工、机械装备、节能环保、现代服务业等领域52个项目,总投资2980亿元,其中所出资企业对接合作项目11项,总投资355.7亿元。组织所出资企业与福州市、宁德市对接合作项目150项,总投资2394.8亿元。三是着力创新驱动。通过原始创新、集成创新和引进消化吸收再创新,创新综合实力稳步提升。2017年所出资企业获批国家专利882件,其中发明专利270件,实用新型专利475件,外观设计专利137件;科研经费投入45.58亿元,占营收比重的1.52%;福

建省星网锐捷通讯股份有限公司、福建兵工装备有限公司、福建南纺有限责任公司等4家获批福建省重点实验室,福建省水利投资开发集团有限公司、福建南纺有限责任公司、福建福联集成电路有限公司等6家获批福建省工程研究中心,福建东南造船有限公司获批省企业技术中心;福建省三钢(集团)有限责任公司参与的"热轧板带钢新一代控轧控冷技术及应用"获得国家科技进步奖二等奖,厦门金龙汽车集团股份有限公司参与的"汽车车身轻量化设计方法研究与应用"被教育部评为科学技术进步奖二等奖,福建省星网锐捷通讯股份有限公司、福建省建工集团总公司等4家企业6项成果被评为福建省科技技术进步奖;福建升腾资讯有限公司、福建星海通信科技有限公司、福建省马尾造船股份有限公司3家企业5项产品获得"福建省名牌产品"称号,福建省机电(控股)有限责任公司2项产品获得福建省著名商标,福建省南平铝业股份有限公司位列"中国建筑铝型材综合实力"第四名。

五、福建省国资委监管企业并购重组与完善法人治理结构情况

(一)并购重组情况

1. 厦门国际银行收购香港集友银行64.31%股权。
2. 中闽能源股份公司收购黑龙江富龙风力发电有限责任公司和黑龙江富龙风能科技开发有限责任公司100%股权。
3. 福建三钢闽光股份有限公司购买福建三安钢铁有限公司100%股权。
4. 厦门钨业股份有限公司增资收购赣州豪鹏47%股权,建设电池回收赣州基地。
5. 福建福能股份有限公司并购华润电力(温州)有限公司20%股权和华润电力(六枝)有限公司51%股权。
6. 福建省能源集团有限责任公司收购澳国民银行持有的兴业信托8.4167%股权。
7. 福建省能源集团有限责任公司完成对福建海峡银行增资3.76亿元的相关工作,持股比例提高至10.28%,为福建海峡银行第二大股东。
8. 福建省能源集团有限责任公司云南达人石公司以9395万元的价格收购保山亿石达相关资产。
9. 福建省能源集团有限责任公司完成城投公司注册资本金由16亿元增加到20亿元的增资扩股相关工作,集团公司持股比例从31.25%提高至45%。
10. 福建省交通运输集团有限责任公司与万业能源(香港)有限公司签订股权转让协议,收购福建省福能万业物流有限公司50%股权。
11. 福建省汽车工业集团有限公司完成蓝海专用车股权转让。
12. 福建省电子信息(集团)有限责任公司完成参股福建南威软件有限公司20%股权。
13. 福建省电子信息(集团)有限责任公司闽东电机转让闽东新能源51%股权。
14. 福建旅游投资集团有限公司持有的华闽旅游有限公司100%股权划转至福建中旅集团公司。
15. 福建中旅集团公司持有的福建省中旅免税商品公司100%股权划转至中旅资产经营公司。
16. 华闽实业集团持有的福建省旅游贸易公司100%股权划转至福旅贸易公司。
17. 福建省招标采购集团有限公司福建省陆海建设管理有限公司,由福建省交通建设工程监理咨询有限公司吸收合并。
18. 福建省国有资产管理公司以吸收合并方式注销福州佳吉电子有限公司。

(二)完善法人治理结构情况

积极推进福建省属国有企业法人治理结构建设。认真学习贯彻习近平新时代中国特色社会主义思想和国务院办公厅《关于进一步完善国有企业法人治理结构的指导意见》(国办发〔2017〕36号)精神,结合福建实际,研究制定并推动出台《福建省人民政府办公厅关于进一步完善国有企业法人治理结构的实施意见》(闽政办〔2017〕151号)、《中共福建省委组织部 中共福建省国资委委员会关于推进省管国有企业董事会建设的指导意见(试行)》(闽委组通〔2017〕107号),为推进福建省属国有企业法人治理结构、董事会规范建设提供坚强的制度保障。研究起草《福建省国资委所出资企业外部董事管理暂行办法》等配套文件

及《福建省国资委所出资企业董事会规范建设试点工作方案》，以退休的福建省管国有领导人员为基础初步建立外部董事人才库。

六、福建省国资委监管企业建立和完善经营业绩考核体系情况

2017年，福建省国资委按照国有资产监管工作的新要求和国有企业改革发展的新形势，不断健全完善业绩考核体系。省市国资委普遍建立企业负责人经营业绩考核制度，"考核层层落实，责任层层传递，激励层层连接"的责任体系逐步得到确立和完善，国有资本保值增值制度体系和组织体系进一步健全。

（一）推进科技创新工作考核

加大对企业科技投入水平和科技创新成果的考核力度，把业绩考核作为推动企业实施创新驱动战略的重要抓手。实行管理费用项下研究与开发费用年度增量部分视同业绩利润的考核政策；将反映企业研究开发、新技术和科研设备购买等科技投入水平的技术投入比率，作为经济指标考核的重要内容；将企业承担国家重大科技攻关项目、获得国家级或省级科技进步奖、获得发明专利等科技创新成果，作为管理绩效考核的重要内容。

（二）实行企业净资产回报率分档考核机制

坚持以提高质量和效益为中心，以推进供给侧结构性改革为主线，突出结构调整，突出转型升级，强化资本运作，优化资源配置，着力提高企业资本回报。

（三）加强经济增加值考核的力度

把经济增加值考核融入企业管理全过程，认真梳理企业价值链条，发现影响价值创造能力的关键因素，切实把提高资本使用效率贯穿于企业决策、执行、监督的全过程，有效增强资本回报意识。

（四）按照"口径统一，尺度适当"的考核政策原则

对可能影响企业年度经营业绩的重大事项"集体研究、共同决定"，反复与企业沟通确认，有效增强考核工作的透明度，完成2016年度所出资企业负责人经营业绩考核任务。

（五）严格执行新考核办法有关超发工资总额扣分的规定

实行企业超发工资总额事项与负责人业绩考核扣分机制紧密挂钩，与企业负责人薪酬奖惩紧密结合。

七、福建省国资委监管企业负责人考核与选人用人机制改革情况

在对出资企业班子调研和分析的基础上，提出加强所出资企业领导班子建设的意见建议，配合福建省委组织部对企业领导班子进行充实调整，选拔配备30名省管企业领导人员和2名直管企业领导人员，特别是针对有关企业的现实需要，配备专职副书记、纪委书记和总会计师。同时配合福建省纪委做好省管企业纪委副书记、纪检监察部门负责人的调整配备工作。

召开福建省属企业人才工作会议，表彰79个人才工作先进集体和优秀人才，与福建省委组织部联合出台《关于促进省属企业人才发展的实施办法》20条措施，着力推进企业经营管理领军人物、生产管理能手、科技创新带头人、财会金融专家、国际经营专家、市场营销专家、高技能人才和党建工作人才八支骨干人才队伍建设。与27名2018届国企类引进生达成对接意向，为企业改革发展和产业转型升级不断提供高端人才支撑。

八、福建省国资委监管企业党的建设和廉政建设情况

（一）党的建设情况

截至2017年底，隶属福建省国资委党委管理的企业党组织1494个（不含属地管理），其中党委115个，党总支94个，党支部1285个，有党员25636人，同时还协助管理着大唐国际发电股份有限公司福建分公司、中铝瑞闽铝板带有限公司和福建奔驰汽车工业有限公司等3家外省企业党组织。

一是推动十九大精神学习宣传贯彻工作往深里走。组织"记录福建国企改革成就"摄影大赛、"我为

国资国企改革发展献策"征文比赛等活动，编印《福建国企群英谱》一书，为党的十九大胜利召开营造浓厚氛围。组织所出资企业党委（党组）学习宣传贯彻党的十九大精神座谈会、举办省管企业党群部门负责人及重要子企业党组织书记学习党的十九大精神培训班等活动，带动省属企业班子成员深入基层支部开展宣讲，推动十九大宣贯工作到基层去、往支部走。福建省交通运输集团有限责任公司陈萍当选党的十九大代表。

二是推动国企党建30项重点任务逐项落实落地。推动685家国有独资、全资和绝对控股企业党建工作要求写入公司章程。健全完善"双向进入、交叉任职"的领导体制，实现集团公司党委（党组）书记董事长"一肩挑"；落实党组织研究讨论是董事会、经理层决策重大问题的前置程序，从制度上明确企业党委（党组）在公司决策中的核心地位。将补缴留存党费近1100万元全部回拨企业，重点用于基层支部建设。

三是加强基层党组织建设。深化"133"国企党建工作新模式，组织开展"六好"党建模范示范点创建工作，大力推动基层党建规范化、标准化。坚持服务生产经营不偏离，以开展"三亮三比三评"活动为抓手，在"两学一做"学习教育中推进党员承诺制、党员先锋岗、党员创新室建设。在武汉大学、上海交通大学组织国有企业基层党组织书记培训示范班，带动各所出资企业全面轮训基层党组织书记和党务干部。2017年3月，中组部党建专项督查组到福建督查，对省属企业基层党建重点工作开展情况给予充分肯定。

四是全面落实从严管党治党责任。开展贯彻全国、福建省国企党建工作会议精神重点任务落实"回头看"工作，全年开展4轮17次党建专项督导检查，对16家集团及92家二、三级权属企业进行集中督查。不断健全支部工作经常性督查指导机制，落实党建述职评议逐级考核全覆盖，不断构建"书记抓、抓书记"的党建责任体系。

（二）廉政建设情况

2017年，福建省国资委监管企业深入学习贯彻习近平新时代中国特色社会主义思想和党的十九大精神，按照福建省委、省政府和福建省纪委的部署要求，紧紧围绕全面从严治党，强化党内监督，持续正风肃纪，切实扛起管党治党政治责任，党风廉政建设和反腐败工作取得新的成效。

一是压紧压实管党治党责任。以福建省委"五抓五看"为重要抓手，加强压力传导，建立完善主体责任清单，逐级签订责任书，由领导班子成员带队开展落实主体责任情况检查，建立健全权责对等、责任清晰、强化担当的主体责任落实机制。加大问责力度，重点对贯彻落实中央八项规定精神不力、管党治党责任落实不到位等问题，实施"一案双查"。2017年，问责追责19起，通报曝光14人。

二是抓深做细纠正"四风"工作。锲而不舍落实中央八项规定精神，深入开展"1+X"专项督查，充分发挥职能部门监管作用，推动专项督查机制常态化运作。坚持"越往后执纪越严"，从严从重查处顶风违纪行为，加大问责和通报曝光力度。2017年，查处违反中央八项规定精神问题25起，处理30人，给予党纪政纪处分21人次，责任追究1人次，实名通报7批21起典型案例。

三是抓早抓小强化监督执纪。正确把握运用"四种形态"，认真落实任前廉政谈话、教育提醒谈话、诫勉谈话、信访谈话等制度，使"红脸出汗"成为常态。建立重要干部廉政档案，严把党风廉政意见关，加强对选人用人情况的监督。2017年，谈话函询41人次，组织处理50人次，党政纪轻处分91人次、重处分47人次。

四是精准发力坚决惩治腐败。加大执纪审查力度，严肃查处发生在企业改制重组、产权交易、投资决策、物资采购、招标投标、资金管理等重点领域和关键环节的违纪违规问题，始终保持惩治腐败高压态势。2017年，福建省国资委系统立案125件，党政纪处分124人次，挽回经济损失8952万元。

五是标本兼治强化权力监督。深化廉洁风险防控，出台福建省国资系统大宗物资采购管理工作指引，规范物资采购行为。各所出资企业健全完善内控制度体系，强化重点领域廉洁风险防控，有效防范和化解企业经营风险。严格执行"三重一大"决策制度和专项报告制度，监督"三重一大"决策事项3897项，企业领导人员决策行为得到有效规范。

六是从严从实抓好自身建设。深化落实"三转"，加强机构队伍建设，16家企业集团本部全部单设监察室，并推进二级企业纪检监察机构全覆盖，98家党委建制二级企业设立纪委，占总数的94.2%。选优配强干部，加大轮岗交流和业务培训力度。2017年，所出资企业调整配备监察室主任、副主任51人，培训各级纪检监察干部963人次，交流16人次，纪检监察队伍履职能力明显提升。

九、福建省国资监管及国有企业改革发展具有地方特色情况

（一）开展法律服务进企业

积极组织专家小组对案件纠纷较多、案情相对复杂、历史遗留案件尚未解决的所出资企业进行法律巡诊，切实为所出资企业解决实际案件疑难问题。2017年，走访服务福建省交通运输集团有限责任公司、福建省电子信息（集团）有限责任公司、福建省船舶工业集团有限公司、福建省汽车工业集团有限公司4家企业，效果良好，受到企业的充分肯定。

（二）加强课题调研工作

福建省国资委与福建省国资学会组成联合课题调研组开展"福建省县级国有资产管理体制"课题调研项目。2017年4—8月，赴莆田市秀屿区等16个市（县、区）进行实地考察调研，听取相关主管部门、部分企业负责人关于县级国有资产管理情况汇报，并收集有关意见建议。9月底形成《福建省县级国有资产管理体制现状及改革建议》调研报告，并刊载于《国资报告》杂志。

（三）加强外派监事会监督

规范和加强过程监督。2017年，5个外派监事会参加企业会议867场，谈话329人次，调研企业128家，上报各类报告44份。组织开展外派监事会2017年专项监督检查，以企业投资项目情况和应收账款为重点，包括企业支持外派监事会工作情况，精选5家会计师事务所20多名审计专家，形成17份专项报告，把握关键节点，揭示重大问题，提升监督实效，推动企业改进投资项目管控和应收账款管理。完善各项制度，规范内部工作流程，推行外派监事会与企业会商制度。完善监督闭环，推动年度监督报告的沟通和评价，加强问题分析，督促企业整改，针对2016年度监督检查报告揭示的问题，召开18场监督报告主要问题及整改情况专题沟通会，逐一细化分类、核实、提出整改意见，多次组织相关处室研究整改事项，编写外派监事会监督报告问题整改建议方案，下发整改通知，向福建省委、省政府上报《关于2016年外派监事会监督报告主要问题及整改情况的专题报告》，形成监督闭环。推进企业内部监事会建设，开展子企业监事会试点工作，层层构建有效的法人治理结构和内部监督约束机制。

（撰稿人：李宇昆）

厦门市

一、厦门市国有资产监督管理工作综述

2017年，厦门市国资国企在市委、市政府领导下，积极应对复杂多变的经济形势，开拓市场，调整结构，提升管理，改革创新，国资监管和国企改革发展各项工作取得新的进展，服务城市发展战略功能进一步发挥，对促进厦门市产业发展，拉动厦门市经济增长发挥重要作用。

（一）总体规模和效益继续保持大幅增长

截至2017年底，厦门市国资委所出资企业资产总额8157.21亿元，比上年增长18.87%；营业收入7798.32亿元，比上年增长50.31%；利润总额198.31亿元，比上年增长55.39%。2017年，厦门建发集团、厦门国贸控股集团首次跻身世界500强，迈上新的发展台阶；厦门建发股份、厦门象屿股份、厦门国贸股份、厦门信达股份4家上市公司进入2017年《财富》"中国500强"榜单。所出资企业资产负债率65.02%，与全国国有企业资产负债率平均值65%持平；流动比率1.56，企业的流动资产偿还流动负债的短期偿债能力较强；利息保障倍数3.57，达到全国国

有企业的良好值,资产盈利能力完全可以负担利息支出;应收账款余额213.35亿元,在全国国有企业37个省级监管地区中排名第24位,应收账款周转率高于全国国有企业优秀值(35.24次);企业存货余额2519.92亿元,存货周转率3.1次,较前两年持续提高,略高于全国国有企业平均值。

(二)服务支持城市发展的功能有效发挥

一是拉动增长当主力。2017年,厦门市外贸进出口总额162亿美元,比上年增长32.6%,增速超出厦门市水平18.4个百分点,占厦门市总量的17.8%;批发零售销售额3686亿元,比上年同期增长36.7%,增速超出厦门市水平18.7个百分点,占厦门市总量的32.1%;厦门港突破千万标箱,集装箱年吞吐量1038万标箱,排名世界第14位。

二是创造价值作贡献。2017年,厦门市上缴税金284.23亿元,比上年增长33.64%,其中,上缴税金(不含海关环节税金)121.01亿元,比上年增长16.33%;上缴国有资本收益8.73亿元,比上年增长8.25%;上缴利税合计占厦门市财政总收入的12.31%。实现社会贡献722.25亿元(包括净利润、工资、税金和利息支出),比上年增长45.53%,平均社会贡献率8.85%。

三是承担建设打头阵。国有企业集中人力、物力、财力,积极承担城市基础设施、新城建设、民生保障等省市重点项目建设,发挥主力军、排头兵作用。国有企业160个重点建设项目实际完成投资1011.23亿元,完成年度计划132.5%。占厦门市重点项目总投资的68.8%。

四是服务金砖作先锋。国有企业全力投入各项金砖筹办任务之中,完成企业承担的市里交办的127项金砖项目任务,以最高标准、最快速度、最严作风、最佳效果,精心做好会晤服务保障各项工作,为会晤成功举办作出重要贡献,得到中央和省市领导的充分肯定。

五是发展自贸区作引领。国企组自贸区项目带动2000多家企业和投资项目入驻。国企在厦门市自贸区创新开展的跨境电商、海运快递、单一窗口、中欧班列及海向延伸、航空维修、融资租赁等试验成为福建省乃至全国自贸区制度创新的成功典范。

六是对口帮扶挑重任。成立厦门市国资委对口帮扶工作领导小组,推动厦门国贸控股集团、厦门建发集团、厦门象屿集团、厦门夏商集团、厦门轻工集团等5家企业到临夏州设立厦临公司(注册资本金1亿元),从畜牧养殖业、文化旅游、农产品三大板块进行产业帮扶,首期帮助400个贫困户每户增收1万元。大力开展"结对帮百村"活动,组织国有企业募集扶贫款750万元帮扶15个村,扶贫款已到位。厦门国有企业的精准帮扶得到临夏州政府和当地贫困户高度好评。

七是加强国有企业党建提供坚强组织保证。指导完成市属国企将党建工作写入公司章程,推动市属国企修订完善《党委议事规则》,督促国企规范和细化企业党组织参与重大问题的决策程序,推动党的领导融入公司治理各环节,进一步强化国企党组织的领导核心和政治核心作用。组成9个检查组,围绕各市直管国有企业落实党委主体责任、落实中央八项规定和"五抓五看"情况,开展从严治党主体责任检查,督促国有企业党组织进一步明确党建工作责任,构建完整的党建工作责任体系。

二、厦门市国有资产总量与结构分析

截至2017年底,厦门市国有及国有控股企业(以下简称"国有企业")资产总计10606.54亿元,比上年增长16.96%;负债总计6875.76亿元,比上年增长15.89%;所有者权益总计3730.78亿元,比上年增长18.98%,其中,归属于母公司所有者权益2778.86亿元,比上年增长14.68%;营业收入总计8008.98亿元,比上年增长47.61%;利润总额224.88亿元,比上年增长24.69%。

表1 2017年厦门市国有企业指标

项　　目	金　额(亿元)
资产总额	10606.54
所有者权益	3730.78
营业收入	8008.98
利润总额	224.88

续表

项　目	金　额(亿元)
净利润	159.83
归属母公司所有者的净利润	97.17
应交税金总额	329.78
实际上缴税金总额	310.64

表2　2017年厦门市国有企业户数情况

项　目	2016年	2017年	比上年增长(%)
户数(户)	1740	1923	10.52

注：以上户数为纳入国有资产统计报表范围的所有国有及国有控股企业。

表3　2017年厦门市国有资产按地区分布情况

地　区	国有资产(亿元)	占国有资产总量比重(%)
市属企业	2451.68	88.23
区属企业	327.18	11.77
其中：思明区	37.04	1.33
湖里区	46.29	1.66
海沧区	111.42	4.01
集美区	89.40	3.21
同安区	18.41	0.66
翔安区	24.63	0.89

表4　2017年厦门市国有资产按行业分布情况

行　业	国有资产(亿元)	占国有资产总量比重(%)
农林牧渔业	9.13	0.2
工业	225.70	4.0
建筑业	218.65	3.9
地质勘查及水利业	0.05	0.0
交通运输业	677.73	12.0
仓储业	136.33	2.4

续表

行　业	国有资产(亿元)	占国有资产总量比重(%)
邮电通信业	0.00	0.0
批发和零售业	511.41	9.1
金融业	350.56	6.3
房地产业	1722.28	30.6
信息技术服务业	23.92	0.4
社会服务业	1702.87	30.2
卫生体育福利业	10.40	0.2
教育文化广播业	11.05	0.2
科学研究和技术服务业	26.09	0.5
机关社团及其他	0.51	0.0
合　计	5626.68	100.0

注：行业结构分析为汇总数据，不考虑并抵消因素。

从企业经济规模看，厦门市国有资产主要集中在大、中型企业，2017年末大、中型企业496户，占总户数的25.8%，大、中型企业单户国有资产总量3088.72亿元，占国有资产总量的54.9%；小、微型企业1427户，占总户数的74.2%，小、微型企业单户国有资产总量2537.96亿元，占国有资产总量的45.1%。

表5　2017年厦门市国有资产按经营规模分布情况

经营规模	国有资产(亿元)	占国有资产总量比重(%)
大型企业	372.31	6.6
中型企业	2716.41	48.3
小型企业	1441.19	25.1
微型企业	1096.77	20.0
合　计	5626.68	100.0

注：规模结构分析为汇总数据，不考虑合并抵消因素。

三、厦门市国有资本保值增值综合分析评价

截至2017年底，厦门市国有企业年末归属于母公司的所有者权益2778.86亿元，比上年增长

16.13%;国有资产总量 2778.60 亿元,比上年增长 16.13%。厦门市和各区的国有企业全部实现国有资本的保值增值,各行业也全部实现国有资本的保值增值。

表6 2017年厦门市国有企业地区和行业国有资本保值增值情况

地区	国有资本保值增值率(%)	行业	国有资本保值增值率(%)
厦门市	107.14	农林牧渔业	110.68
市属企业	107.69	工业	102.68
区属企业	102.91	建筑业	102.00
其中:思明区	104.75	地质勘查及水利业	124.44
湖里区	100.26	交通运输业	102.78
海沧区	101.34	仓储业	101.97
集美区	105.46	邮电通信业	—
同安区	102.03	批发和零售业	114.61
翔安区	105.02	金融业	105.47
		房地产业	112.75
		信息技术服务业	107.37
		社会服务业	103.19
		卫生体育福利业	121.38
		教育文化广播业	104.73
		科学研究和技术服务业	105.92

四、厦门市国资委监管企业改革发展情况

2017年,厦门市国资国企认真贯彻落实全国、全省国资国企改革精神,在以管资本为主加强国有资产监管,充分发挥企业基层首创精神,一企一策指导推动企业深化市场化改革等方面进行积极的探索和实践,各项改革全面开局,推进良好。

(一)出台配套政策促进改革落实落地

一是印发出台《所出资企业功能定位和分类的意见》。按照资产功能和产业特征的不同,将企业分成商业一类、商业二类、公益类等三种类别,实施分类监管、分类考核。二是印发《厦门市国有控股混合所有制企业开展员工持股试点实施办法》。激发企业内部活力与内生发展动力。三是修订《厦门市市属国有企业投资监督管理办法》。放宽投资审批权限,落实推动投资项目后评价。四是配合市委组织部推动出台《厦门市市属国有企业领导人员转为职业经理人暂行办法》。畅通现有经营管理者与职业经理人的身份转换通道。

(二)发挥基层首创推进改革发展

一是印发《关于深化国企国资重点领域和关键环节改革的工作方案》。全面部署推进厦门市国企国资深化改革。二是开展国有资本投资运营授权试点调研工作。启动厦门建发集团、厦门国贸控股集团、厦门象屿集团3家企业开展授权试点调研工作。

(三)推动海翼提质增效实现厦工保壳

厦门市国资委成立工作组,指导会同海翼集团攻坚克难、度危求进,采取制定预案、精简机构、梳理营销渠道、去除过剩产能、消化存货、处置不良资产和分流冗员等措施,争取银行、法院、国土、财政等相关部门大力支持,积极推动海翼集团提质增效转型发展取得良好成效。在厦门市委、市政府的领导下,2017年实现扭亏为盈,顺利实现保壳目标。

五、厦门市国资委监管企业并购重组与完善法人治理结构情况

(一)指导推进国有企业加快规范的董事会建设

做好所出资企业董事会2016年度报告工作。启动首批外部董事试点。从厦门建发集团等5家企业选拔5名法律、财务、审计等方面的专业人才担任厦门旅游集团、厦门保障性安居工程建设有限公司的两家企业的外部董事。

(二)不断加强和完善监事会监督

印发《关于做好市国资委出资企业监事会2016年度检查工作的通知》,要求各国有企业全力支持配合监事会开展年度检查工作,各监事会针对企业执行

法律法规、三重一大、财务会计、高管人员的履职以及企业存在的问题等开展深入、全面检查，形成监督检查报告。总结厦门市国有企业监事会成立以来的工作做法和经验以及所取得成效，上报国务院国资委。

（三）指导推进国有企业改革重组

印发《关于深化国企国资重点领域和关键环节改革的工作方案》，全面部署推进厦门市国企国资深化改革。通过重组整合，不断放大国资功能，整合政府、国企、社会资源，带动厦门新的产业经济发展。推动成立首家市级教育集团（厦门国贸教育集团）2017年11月25日正式揭牌。推动厦门路桥集团完成体育集团组建工作。会同有关部门研究推动厦门影视产业发展方案。推动成立市民卡公司，为市民办实事。

（四）加强规范国资管理和完善国企法人治理结构研究

研究起草《关于加快以管资本为主推进经营性国有企业集中统一监管的实施意见》《关于理顺市属国有企业党建工作管理体制和调整企业国有资产监管体制的方案》《关于改革完善市属国有企业法人治理结构的意见》《关于进一步改革完善市属国有企业监事会监督体制机制方案》《市国资委监管职能调整方案》《厦门市市属国有企业董事会管理暂行办法》《厦门市国有企业外部董事任职条件及选聘方式》《厦门市国有企业专职监事任职条件及选聘方式》《厦门市市属国有企业职业经理人选聘和管理暂行办法》《关于进一步规范市属国有企业内设部门和子企业负责人管理的意见》《厦门市鼓励市属国有企业招商引资暂行办法》等改革配套文件，为下一步加快改革落实落地打下良好基础。

六、厦门市国资委监管企业建立和完善经营业绩考核体系情况

（一）进一步深化业绩考核与薪酬管理

修订企业负责人经营业绩考核与薪酬管理2个办法。建立与企业功能定位相符合、与分类监管要求相适应的差异化分类考核制度。

（二）抓好企业负责人业绩考核和薪酬管理工作

顺利地完成2016年度国有企业负责人经营业绩考核工作，确定所监管国有企业负责人的绩效考核的分数及其2016年度薪酬，下发2016年度所监管国有企业负责人经营业绩考核结果。并就2016年度所监管企业报送的企业绩效薪酬结算方案、企业负责人年薪之外的其他货币性收入进行审核、批复，对其职务消费情况进行备案。

（三）确定2017年度企业负责人经营业绩考核目标值

在对企业2017年预算编制、目标值申报及2016年度主要经营指标完成情况进行充分调研的基础上，对企业2016年主要经营指标完成情况和2017年预算情况进行分析，出具预算审核及目标建议值审核报告，提出2017年所监管企业负责人经营业绩考核目标值，并签订2017年度企业负责人经营业绩考核责任书。

七、厦门市国资委监管企业负责人考核与选人用人机制改革情况

（一）完善国有企业干部管理体制

会同厦门市委组织部开展调整完善市管国有企业机构职位设置和管理体制、市属国有企业领导人员转为职业经理人、加强国有企业监事会建设等专项调研，推动出台《市属国有企业领导人员转为职业经理人暂行办法》，着力探索建立适应现代企业制度要求和市场竞争需要的选人用人机制。

（二）积极试行国企领导班子综合考评工作

会同厦门市委组织部出台《市管企业领导班子和领导人员综合考核评价暂行办法》并组织实施，各国有企业领导班子和领导人员考核评价总体良好。

（三）持续规范国有企业干部队伍建设

把坚持党管干部原则和发挥市场机制作用结合起来，督促国企党组织在确定标准、规范程序、参与考察、推荐人选等方面把好关，强化对关键岗位、重要人员特别是"一把手"的监督管理，树立鲜明用人导向。

从严加强干部日常管理监督,严格落实个人有关事项报告、谈心谈话、函询诫勉等组织措施,干部选拔任用"一报告两评议"工作各项指标总体优良。

八、厦门市国资委监管企业党的建设和廉政建设情况

(一)坚持围绕主线更加突出党建引领作用

把学习贯彻习近平新时代中国特色社会主义思想和党的十九大精神作为首要任务,通过组织收听收看大会直播、印发学习资料、集中学习、组织企业党委书记集中学习宣讲等方式,并结合全面开展"两学一做"学习教育常态化制度化,积极推动十九大精神进企业、进基层,引导广大党员干部原原本本学习,牢固树立"四个意识"、增强"四个自信",坚决维护以习近平同志为核心的党中央权威和集中统一领导。出台《贯彻落实全国、全省国有企业党的建设工作会议精神重点任务》,明确国有企业党的建设工作重点任务、落实举措、完成时限,19家厦门市国资委所出资国有企业全部将党建工作写入公司章程,明确国有企业党组织党建工作责任和党委书记履行党建工作第一责任人,强化党组织领导核心作用,建立健全意识形态工作责任考核机制,各级党组织的创造力、凝聚力、战斗力不断增强。

(二)坚持把握重点不断夯实基层党建基础

召开厦门市国资系统"学习贯彻党的十九大精神,推进国有企业党组织建设"专题党建工作推进会,明确工作标准、细化任务要求,持续夯实基层党建基础。认真落实有关部署要求,扎实推进基层党组织建设重点任务。厦门市国有企业各级党组织全面推广使用"厦门党建e家"平台,实现对企业党组织、党员全覆盖,进一步增强党建管理的精准化、规范化、科学化。深入开展党支部基本建设年活动,贯彻落实好"三会一课"等基本制度和主题党日活动,开展党员组织关系集中排查、软弱涣散党组织整顿和党员交纳党费专项检查,全面规范党支部基本建设,党的组织生活质量不断提高、党的组织基础更加巩固。抓好党员教育培训,先后举办学习贯彻十九大精神市委宣讲团国资委专场报告会、党群工作者培训班等辅导培训21场,培训2593人次,进一步提升党员政治素养、能力本领。

(三)坚持以严为径推动有效落实"两个责任"

围绕落实中央八项规定情况、国有企业党委抓主体责任情况和"五抓五看"情况,开展从严治党主体责任落实情况检查,通过听取汇报、实地检查、查阅档案资料等方式,集中对12家市直管国有企业2016年度从严治党主体责任落实情况进行检查。及时召开整改工作动员会,要求国企党委书记切实以高度的政治责任感抓好整改工作,着力从建章立制上下功夫,细化工作措施,强化主体责任,明确整改时限,确保整改落到实处。各国有企业党委认真落实"两个责任",针对党的领导弱化、党的建设缺失、全面从严治党不力、违反中央八项规定精神、选人用人不规范等突出问题,重新修订《党委会议事规则》和一系列制度规定,切实抓好整改落实,巡察中发现的问题基本整改到位。

(四)坚持正风肃纪持续增强警示震慑效应

持之以恒正风肃纪,全力支持纪检监察机构开展监督执纪问责。2017年,党纪立案34件,党纪处分27人,开除党籍9人。受理检控类初信初访91件,办结78件,基本属实、部分属实12件。查处违反中央八项规定问题17起,处理18人。开展市直管国企纪委落实监督责任情况考核,对个别履职不力的纪委书记约谈提醒,全年谈话提醒66人次。完善党风廉政建设责任书和廉洁自律承诺书制度,签订《2017年党风廉政建设责任书》,深入开展"一案双查",层层落实责任、传导压力;认真落实监督执纪工作规则,严格按照初步核实、立案审查、审理等程序,开展执纪审查工作,检查市直管国企2016年度党纪立案37件违纪案件卷宗,相关企业纪委积极落实发现问题的整改工作。持续开展警示宣讲活动,组织观看警示教育专题片,时刻警醒党员干部要廉洁办事,谨慎用权。推进"制度+科技"国有企业廉政风险防控系统建设,推动企业结合实际,不断完善管理平台,逐步延伸完善监管项目。

(撰稿人:刘聪斌)

江西省

一、江西省国有资产监督管理工作综述

2017年,在江西省委、省政府的坚强领导下,江西省国资系统以喜迎党的十九大和学习宣传贯彻党的十九大精神为主线,以习近平新时代中国特色社会主义思想为指导,全面深化国企改革,全面推进创新发展,全面加强国企党建,江西省国资国企改革发展党建工作取得进展。

(一)国有经济保持稳健发展

2017年,江西省国有经济各项指标创出历史新高,江西省国有企业资产总额25779.35亿元,比上年增长17.9%;净资产9199.62亿元,比上年增长13.1%;全年累计实现营业收入5921.6亿元,比上年增长13.6%;实现利润总额312.12亿元,比上年增长113.6%;累计完成增加值1158.6亿元,比上年增长44.6%;上缴税费234.81亿元,比上年增长13.7%。省属国有企业资产总额11520.6亿元,比上年增长13.5%;净资产3025.2亿元,比上年增长8.8%;实现营业收入4383.3亿元,比上年增长11.6%;实现利润总额181.3亿元,比上年增长399.3%;完成增加值842.7亿元,比上年增长55.6%;上缴税费141.5亿元,比上年增长17.9%。纳入统计的18家省属企业除1家因去产能因素影响外,其余17家企业全部实现盈利,新余钢铁集团有限公司(以下简称"新钢集团")实现利润39亿元,比上年增长10倍,增利额排名全国地方国企前30强,列26位;江西铜业集团有限公司(以下简称"江铜集团")实现利润31.6亿元;省高速公路投资集团有限责任公司(以下简称"高速集团")、省出版集团公司(以下简称"出版集团")和省建材集团有限公司(以下简称"建材集团")实现盈利超10亿元。

(二)多措并举推动企业发展

推动企业实施提质增效攻坚战略,全年实现提质增效25.7亿元。落实"降成本优环境"政策,降低运营成本,实现政策红利7.2亿元,成本费用增幅低于同期营业收入增幅0.9个百分点;通过省属企业公车改革,年减少运行成本6000万元。推进降杠杆、减负债,省能源集团有限公司(以下简称"能源集团")资产负债率较年初下降10个百分点。推进市场化债转股,能源集团、江西钨业控股集团有限公司(以下简称"江钨控股")、高速集团签署市场化债转股合作框架协议,总规模85亿元。推动企业抢市场扩投资,江西省国企产品产销两旺,完成工业总产值2604亿元,比上年增长32.3%,完成工业销售产值2575亿元,比上年增长35.8%。中国江西国际经济技术合作有限公司(以下简称"江西国际")、中鼎国际建设集团有限责任公司(以下简称"中鼎国际")分别列250家最大国际承包商第90位和第127位;省建工集团有限责任公司(以下简称"建工集团")"两外"市场业务份额占比高达67%。2017年,省出资监管企业累计完成投资130亿元,较上年增长23.8%,增速创"十三五"以来新高。央企入赣投资合作洽谈签约113个项目,总投资额2340亿元,达到历年最多。成立推进"一带一路"暨境外工业园建设领导小组,指导协调江西国际、江铜集团、新钢集团、建材集团、省民爆投资有限公司(以下简称"民爆公司")、江铃汽车集团公司等企业共同推进赞比亚江西工业园建设。推动企业"处僵治困",省属国企570户"僵尸企业"已处置完成458户,完成率80.2%。其中,江西大成国有资产经营管理有限责任公司(以下简称"大成国资公司")处置313家"僵尸企业",全面完成退出任务;萍矿集团公司脱困解困,2012年以来首次扭亏为盈。提前完成去产能全年目标任务。2017年,能源集团关闭5对矿井、退出产能51万吨,完成关停并转企业24户,分流职工4361人。

(三)创新驱动促进转型升级

激活科技创新体制机制,建立研发投入辅助台账机制,制定出台《省出资监管企业实施创新驱动发展战略专项行动方案》等文件,加强企业领导班子科技创新专项考核,探索股权、期权、岗位分红权、项目收益分红等激励试点。加大科技创新投入力度,省属10户工业企业全年研发经费支出35亿元。截至2017年

底,建设形成国家级科研平台10个,省级科研平台31个;获省部级以上科学技术奖累计300余项,专利总数累计2300余件,其中发明专利400余件,比上年增长33.2%。其中,新钢股份公司合作完成的"热轧板带钢新一代控轧控冷技术及应用"项目获得国家科技进步二等奖,中国瑞林工程技术有限公司(以下简称"中国瑞林")获得"国家创新型试点企业"称号。通过发展新经济培育新动能,推动传统产业优化升级。2017年,新组建江西文化演艺发展集团、省广电传媒集团、省报业传媒集团、大成国资公司所属省殡葬投资集团、省水利投资集团有限公司(以下简称"水投集团")所属生态环境发展公司、省金融控股集团有限公司(以下简称"金控集团")所属省股权交易中心等14家重要企业,全面完成江钨控股重组和民爆公司资产整合。省铁路投资集团公司(以下简称"铁投集团")、高速集团、水投集团注重产融结合,布局新能源汽车充电桩、清洁能源、生态资源开发等节能环保和绿色产业等领域。出版集团转型升级步伐加快,新媒体、新业态在业务规模中占比38%,在经营性利润总额中占比46%。

（四）国资监管方式不断完善

制定《江西省国资委以管资本为主推进职能转变方案》,推动国资监管方式、重点和路径向管资本、管事中事后、间接授权管理转变,再次取消6项子权力。2017年,制定出台完善法人治理结构、强化国资监督、加强国企党建、公司制改革等方面的14个配套文件,建立形成"1+34"国资国企改革发展党建监管文件体系。推进监管制度立、改、废工作,完成规范性文件汇编的编纂工作。制定印发境内境外两个投资监管办法,出台违规经营投资责任追究和监事会"三重一大"监督及财务监督检查指南等制度,建立安全生产约谈制度,加大安全生产督促检查力度,2017年省出资监管企业安全生产形势总体平稳。健全完善委领导包案制度,全年化解包括南昌型钢厂退休职工医保待遇等10多个历史积案。完成省属企业所属子企业功能界定和分类,重新核定除3家平台公司外11户出资监管企业发展主业。水投集团、金控集团、省属国有企业资产经营(控股)有限公司(以下简称"国控公司")晋级主体信用等级AAA企业。指导督促企业依法合规经营,全年累计避免或挽回经济损失5亿元。外派监事会加强监督检查,全年实地检查16户省属企业集团197户企业,帮助企业直接挽回经济损失3.09亿元,间接挽回经济损失32.75亿元。健全完善委领导联系企业制度、困难企业对口帮扶机制,帮助解决能源集团、江钨控股等企业改革发展中遇到的资产处置、土地转增资本金、融资周转、公司制改革、"僵尸企业"退出及社区移交等100多个各类困难和问题,化解潜在的系统性风险。建立省国资委领导挂点联系设区市国资委工作制度,各设区市实施一系列政策举措,为落户本地的国企降成本优环境,其中新余市出台支持新钢集团的若干意见。江西省着力推进集中统一监管,南昌市、赣州市、九江市、上饶市4个设区市国有资产总额均超千亿元。

二、江西省国有资产总量与结构分析

表1　2017年江西省国有企业指标

项　目	金　额（亿元）
资产总额	25779.35
所有者权益	9199.62
国有资产总量	7956.20
营业收入	5921.60
利润总额	312.12
净利润	250.14
归属于母公司所有者的净利润	196.58
应交税金总额	261.02
实际上缴税金总额	234.81

表2　2017年江西省国有企业户数情况

项　目	2016年	2017年	比上年增长(%)
户数（户）	2271	2476	9.03

表3　2017年江西省国有资产按地区分布情况

地　区	国有资产（亿元）	占国有资产总量比重（%）
省属企业	2097.66	26.37

续表

地 区	国有资产（亿元）	占国有资产总量比重(%)
地市企业	5858.53	73.63
其中：南昌市	1320.76	16.60
赣州市	850.24	10.69
九江市	768.04	9.65
新余市	259.44	3.26
上饶市	963.46	12.11
景德镇市	392.02	4.93
宜春市	482.32	6.06
抚州市	292.72	3.68
吉安市	265.11	3.33
萍乡市	90.34	1.14
鹰潭市	174.09	2.19
合　计	7956.20	100.00

表4　2017年江西省国有资产按行业分布情况

行　业	国有资产（亿元）	占国有资产总量比重(%)
农林牧渔业	35.00	0.44
工业	959.58	12.06
建筑业	1499.13	18.84
地质勘查及水利业	97.82	1.23
交通运输业	1405.82	17.67
仓储业	23.38	0.29
批发和零售业	92.82	1.17
金融业	299.45	3.76
房地产业	1328.44	16.70
信息技术服务业	2.44	0.03
社会服务业	1943.07	24.42
卫生体育福利业	9.11	0.11
教育文化广播业	115.30	1.45
科学研究和技术服务业	144.79	1.82

续表

行　业	国有资产（亿元）	占国有资产总量比重(%)
机关社团及其他	0.06	0.00
合　计	7956.20	100.00

表5　2017年江西省国有资产按经营规模分布情况

经营规模	国有资产（亿元）	占国有资产总量比重(%)
大型企业	2287.17	28.75
中型企业	2079.00	26.13
小型企业	2431.68	30.56
微型企业	1158.35	14.56
合　计	7956.20	100.00

三、江西省国有资本保值增值综合分析评价

2017年，江西省国有资本保值增值率101.57%，省属企业国有资本保值增值率101.69%，省出资监管企业国有资本保值增值率100.93%，设区市企业国有资本保值增值率101.52%，省属国有资本保值增值情况优于市属国有资本。

表6　2017年江西省国有企业地区和行业国有资本保值增值情况

地区	国有资本保值增值率(%)	行业	国有资产保值增值率(%)
南昌市	103.81	农林牧渔业	98.57
赣州市	100.92	工业	105.99
九江市	99.24	建筑业	102.27
新余市	99.70	地质勘查及水利业	99.99
上饶市	101.52	交通运输业	101.18
景德镇市	102.71	仓储业	99.64
宜春市	102.80	批发和零售业	81.37
抚州市	100.15	金融业	101.59

续表

地 区	国有资本保值增值率(%)	行 业	国有资产保值增值率(%)
吉安市	100.81	房地产业	100.36
萍乡市	101.40	信息技术服务业	125.46
鹰潭市	100.66	社会服务业	100.59
		卫生体育福利业	106.21
		教育文化广播业	111.80
		科学研究和技术服务业	106.86
		机关社团及其他	94.28

四、江西省国资委监管企业改革发展情况

江西省国资系统坚持改革正确方向、问题导向、市场取向、改革与发展同向，推动打造国企改革"江西样板"工作，完成27项重点改革任务，改革做法在全国国有企业改革经验交流会上进行推广，改革典型信息被中办《专报》刊物采用，6篇国企改革经验做法入选国务院国资委编印的《国企改革探索与实践——地方国有企业100例》。

(一)加强统筹协调

召开两次省国企改革领导小组会议，审议通过《打造国企改革"江西样板"攻坚计划》等政策文件，为深化国资国企改革工作提供"施工图"。省国企改革办发挥调度协调督导职能，与省委改革办一道开展打造国企改革"江西样板"专项督察，促进各项改革任务措施落地见效。及时总结推广经验做法，多篇典型经验被国务院国资委《国企改革简报》及省委改革办《江西改革动态》刊发，信息采用量在国务院国资委和省委改革办排名位居前三。协调各设区市党委政府在全国率先完成地方国有企业社区移交工作，移交社区1027个，移交人员76.6万人；驻赣央企"三供一业"分离移交工作完成移交或协议签订率达到80%以上。

(二)深化混合所有制改革

全面完成省招标咨询集团混合所有制改革，引进国内建筑设计的领军企业上海华建集团和赣商北京大象集团，共同组建江西省咨询投资集团(以下简称"江咨集团")。江西国际混改增资扩股项目在省产交所公开挂牌，正在与意向战略投资者接洽。江铜集团混改按计划推进，初步确定5家战略投资者。省属二、三级子企业混改全面提速，江咨集团所属海济租赁、江中集团所属江中食疗、大成国资公司所属省茶业集团混改全面完成。2017年，通过混改引入外部资金近30亿元。江铜国贸、省旅游集团、省机电招标公司等第一批企业员工持股试点工作基本完成，江钨股份、江西通航等第二批5家企业试点工作积极推进。

(三)加快推进改制上市

完成"上市一家、申报两家、辅导三家"工作目标，新余国科创业板上市，安源管道、同济监理先后在"新三板"挂牌，江西国科、金瑞期货2家企业完成上市申报工作，智明星通完成"新三板"上市材料报审，盐业集团、省旅游集团、江钨股份3家企业完成股份制改造进入上市辅导期。江铜集团、投资集团、能源集团、江西国际等省属企业的公司制改革全面完成，江西省其他300多家各级企业公司制改革也大部分完成。

五、江西省国资委监管企业并购重组与完善法人治理结构情况

(一)开展资源整合和股权重组

江钨控股按照省委省政府打造钨及稀有金属产业龙头企业，发展千亿产业的宏伟蓝图，以上市发展为阶段性目标开展内部资产重组，向江钨股份注入相关上市资产的工作。新钢集团开展债转股股东股权的回购工作，2017年完成华融公司所持新钢股权的工作，为新钢集团深化改革铺平道路。推进江中集团的战略重组商谈的相关工作，推动江中集团加快做强做大。协调有关厅局解决有关矿业权问题。如安源煤矿办理扩深采矿权，江钨集团拟划入生态红线区的矿区范围调整，江铜集团相关采矿权延续问题等。

(二)坚持党的领导和完善公司治理相结合

贯彻落实《国务院办公厅关于进一步完善国有企业法人治理结构的指导意见》精神，总结江中集团以

董事会规范化建设为重点的法人治理结构试点经验，起草印发《关于进一步完善省属国有企业法人治理结构的实施意见》。落实"双向进入，交叉任职"领导体制，全面推行党委书记、董事长由一人担任，14户出资监管企业均建立董事会或设立董事长职位，董事长、党委书记均由一人担任。加强外部董事队伍建设，制定《江西省国资委出资监管企业专职外部董事管理暂行办法》，从现任企业领导人员中转任1名担任专职外部董事，从高校、民营企业选拔2名专家担任兼职外部董事，从国资委机关选拔2名处级干部兼任外部董事。

六、江西省国资委监管企业建立和完善经营业绩考核体系情况

（一）以差异化考核为重点，确定出资监管企业2017年度与2017—2019年任期经营业绩考核目标

根据《江西省属国企负责人经营业绩考核办法》（赣国企改革字〔2016〕2号）文件精神，完成各出资监管企业2017年度和2017—2019年任期经营业绩考核目标的确定工作。把握企业功能定位，不同功能的企业，突出不同考核重点，科学设置考核指标及权重，差异化确定考核标准，实施科学分类考核。年度经营业绩考核指标设置围绕效益中心，着力改善企业在经营过程中的薄弱环节以及省委省政府、省国资委的工作要求等。将部分企业特殊事项纳入考核特殊事项清单管理，将不同功能企业承担的特殊事项以及对考核当期经营业绩产生重大影响因素，列入业绩考核特殊事项管理清单，促进考核公开、公平、公正。

（二）不断完善企业负责人绩效评价体系，依据考核结果兑现2016年年薪与2014—2016年任期激励薪酬

根据《江西省属国企负责人经营业绩考核办法》（赣国企改革字〔2016〕2号）和《关于深化省属企业负责人薪酬制度改革的意见》（赣发〔2015〕12号）文件精神，清算各企业2016年度及2014—2016年度任期经营业绩考核指标完成情况，确定年度与任期经营业绩考核等级，依据考核结果兑现年薪与任期激励。改变过去以业绩结果为唯一评判标准的做法，将业绩结果与工作评价有机结合，重点从改制重组、资本运作、科技创新、安全生产、财务管理、企业党建和整改事项完成等方面全面评价企业经营情况，由委内相关业务处室结合自身业务工作，根据企业工作情况打分，并纳入最终业绩考核得分。首次在省国资委官网公开披露企业负责人薪酬，企业负责人薪酬更加公开、透明，接受社会监督。

七、江西省国资委监管企业负责人考核与选人用人机制改革情况

（一）加强企业领导人员考核

按照《江西省省属国有企业领导班子和领导人员综合考核评价办法》规定，会同省委组织部对19户省属企业领导班子和领导人员进行现场考核。结合企业2016年财务绩效、业绩考核情况，对国资委监管的14家企业领导班子和103名领导人员有关情况进行统计汇总、综合分析，确定5家企业领导班子评为"好"等次，29名领导人员评为"优秀"等次，5名领导人员评为"基本称职"等次。强化考核结果运用，1名领导人员因连续两年综合测评得分在本企业领导班子中排名末位，换届时不再进入党委班子；1名领导人员因受党内严重警告处分只写评语不定考核等级。

（二）规范选人用人机制

2017年，新提拔18名企业副职领导人员，大多数来自企业基层一线，平均年龄50岁，其中70年代出生的7人，占比38.9%；配合省委组织部调整补充9名企业正职领导人员和6名党委副书记，由省纪委会同省委组织部、省国资委党委提名考察，省国资委党委任命纪委书记5人。加大交流使用力度，全年交流使用企业领导人员6人。修改完善《江西省国资委出资监管企业领导人员管理规定》和制定印发《江西省国资委推进企业领导人员能上能下暂行办法》等规范性文件，从企业领导人员的资格条件、职数和任期、选拔任用、考核评价、激励监督、职业发展、退出机制等方面作出制度性规定。推进职业经理人制度改革试点。认真总结7家出资监管企业开展市场化选聘企业领

导人员工作经验,选择3家出资监管企业作为企业经理层开展职业经理人制度试点单位,制定印发《关于在省属国有企业经理层开展职业经理人制度试点工作的通知》和《关于在省属国有企业经理层开展职业经理人制度试点实施方案》,明确试点工作实施的基本思路、主要内容、试点企业范围、方式和对象。

八、江西省国资委监管企业党的建设和廉政建设情况

2017年,江西省国资委党委和出资监管企业党委以迎接党的十九大胜利召开和学习贯彻党的十九大精神为主线,落实中央和省委的部署要求,融入中心、服务大局,国企党建工作得到实质性加强,为打造国企改革"江西样板"提供坚强的政治保证和组织保证。

(一)高位推动工作

江西省委、省政府高度重视国有企业改革发展和党的建设,省委主要领导连续调研国企党建,召开专题座谈会,出席江西省国有企业党的建设工作会。通过观看开幕式,组织宣讲团宣讲,召开报告会、研讨会、中心组学习交流会和系统轮训等举措,组织江西省国资系统全体干部职工深入学习贯彻党的十九大精神。"推进在深化国有企业改革中坚持党的领导加强党的建设改革"项目经十四届省委深改组第11次会议审议通过结项。对标全国、江西省国企党建工作会议精神,积极构建"1+N"党建制度体系,研究制定《关于在深化国有企业改革中坚持党的领导加强党的建设实施意见》《党建工作责任制实施办法》《党建工作考核办法》等文件,进一步健全江西国企党建制度体系。

(二)压实党建责任

省委办公厅印发《江西省省属国有企业党建工作责任制实施办法》,明确责任内容、责任履行、责任考核与监督、责任追究等。省委组织部、省国资委党委联合印发《〈江西省省属国有企业党建工作考核办法(试行)〉的通知》,建立党建工作考核评价机制,考核结果与领导人员任用奖惩、薪酬挂钩,形成奖罚分明的激励约束机制,推动党建工作由"软任务"变成"硬约束"。省国资委党委从抓战略谋划、思路创新、条件保障、导向激励等方面示范履行党建主体责任,研究制定党建工作重要文件16个,制定国企党建工作任务清单事项38项。

(三)坚持问题导向

针对国企党建"四化"问题,以"党建工作落实年"为抓手,明确9个方面21项党建重点任务,狠抓问题整改落实。2017年,全面完成15户集团公司和291户二、三级企业党建人章、239个基层党组织换届。紧跟企业改制重组进程,新设61家企业,按照"四个同步""四个对接"的要求,全部建立党组织。根据新形势新任务新要求,在集团公司层面新增党务部门9个、增配专职党务工作人员26人。2017年先后组织开展二轮国有企业基层党建工作巡察调研,抽查基层党组织50个,访谈278人,查摆各类问题180个。

(四)服务生产经营

推行"党建+国企改革、提质增效、创新发展、社会责任"等,推动党建工作效能最大化。江铜集团各级党组织坚持以"党委抓稽核、支部抓特色、全员抓创星"三大品牌载体,推进"党建+",助力企业提质增效。新钢集团在基层党支部推行"1234"党建法,把基层党组织的战斗堡垒作用和基层党员先锋模范作用体现在企业全流程。建工集团抓好工程项目支部建设,把支部建在项目上。建材集团组织各级党组织和党员广泛开展"出题、领题、解题、破题"主题活动。扎实开展"脱贫攻坚",定点帮扶贫困村22个,选任22名驻村第一书记、53人担任驻村工作组成员。

(五)推动特色创新

以开展四强四优、五星创评、党员先锋岗、党责任区、党员示范岗、党员创星、岗位建功等活动为载体,推进"连心、强基、模范"三大工程建设,使国有企业党建工作更加体现时代精神、符合企业实际、贴近职工群众,增强党建工作的活力和吸引力。64个基层党组织实现晋位升级,12个基层党组织完成整顿。以"互联网+党建"构建"智慧党建"平台,推送各类党建信息247条,日关注量13700人,影响力、覆盖面得到增强。

(六)全面从严治党

召开党风廉政建设和反腐败工作会议,采取述责述廉、签字背书、工作约谈、召开专题民主生活会和年度民主生活会等方式,推动管党治党责任落到实处。修订完善《省国资委党委三重一大事项集体决策暂行办法》《对因违纪违法受到处分的省出资监管企业领导人员进行经济处罚的暂行规定》等制度,推动各级党委认真履行管党治党主体责任。健全监督体系,指导部分企业集团纪委探索向下属企业分片派驻纪检监察组;首次对所有监管企业开展专项巡察,实现巡察监督全覆盖;强化"五合一"的监督协调机制,监事会定期通报交流日常监督发现企业的问题,形成常态化监督协作机制。连续七年开展反腐倡廉宣教月活动,2017年组织开展"喜迎党的十九大,不忘初心跟党走"为主题的反腐倡廉宣传教育月活动。保持惩治腐败高压态势。全年收到信访举报404件次(其中自收144件),处置问题线索27件,立案7件,党纪政纪处分15人,其中移送司法机关1人。全系统信访举报657件次(其中自收397件),立案77件,运用"四种形态"处理515人,其中第一种372人,第二种117人,第三种21人,第四种5人。

(撰稿人:朱德志)

山东省

一、山东省国有资产监督管理工作综述

2017年,山东省国资监管系统和国有企业坚持以习近平新时代中国特色社会主义思想为指导,在省委、省政府的正确领导下,以提高发展质量效益为中心,以深化供给侧结构性改革为主线,大力实施新旧动能转换重大工程,持续深化国企国资重点领域改革,各项工作取得新成效,改革红利效应集中加速显现。

2017年,山东省(不含青岛市)地方国有企业实现营业收入16957亿元,实现利润976亿元,资产总额56316亿元,比上年分别增长30%、112%和28%。其中,山东省属企业实现营业收入11085亿元,利润总额474亿元,资产总额24461亿元,比上年分别增长39%、123%和18%,利润总额提前三年实现省政府确定的"十三五"末实现400亿元的任务目标,营业收入、利润总额在全国省级监管企业的排名大幅提高,双双稳居前四名。在主要经济指标大幅增长的同时,国有企业社会贡献水平进一步提升。2017年,山东省地方国有企业上缴税费总额1035亿元,完成固定资产投资2172亿元。

二、山东省国有资产总量与结构分析

(一)国有资产指标及分布情况

截至2017年底,山东省国有及国有控股企业(以下简称"国有企业")资产总额70623亿元,比上年增长26.40%;负债总额47005亿元,比上年增长22.67%;所有者权益23618亿元,比上年增长34.47%;国有资产总量16471亿元,比上年增长30.92%。实现营业总收入20003亿元,比上年增长28.69%;利润总额1225亿元,比上年增长83.66%;净利润896亿元,比上年增长96.06%,其中归属于母公司所有者的净利润465亿元,比上年增长68.48%;实际上缴税金1174亿元。

表1　　2017年山东省国有企业指标

项　　目	金　额(亿元)
资产总额	70623
所有者权益总额	23618
营业总收入	20003
利润总额	1225
净利润	896
归属于母公司所有者的净利润	465
应交税金总额	1263
实际上缴税金总额	1174

(二)国有企业户数情况

2017年,山东省国有企业8095户,比上年增加1085户。

表2　2017年山东省国有企业户数情况

项　目	2016年	2017年	比上年增长(%)
户数(户)	7010	8095	15.48

(三)国有资产地区分布情况

从地区分布看,青岛市、济南市、烟台市3市企业国有资产规模较大,分别为3001亿元、1344亿元、906亿元,占各市合计的23.35%、10.46%、7.05%。17市中,青岛市企业国有资产总量居17市之首,枣庄市国有资产总量较少,为110亿元。

表3　2017年山东省国有资产按地区分布情况

地　区	国有资产(亿元)	占国有资产总量比例(%)
省级企业	3618	21.97
其中:省属企业	3070	18.64
济南市	1344	8.16
青岛市	3001	18.22
淄博市	508	3.08
枣庄市	110	0.67
东营市	492	2.99
烟台市	906	5.50
潍坊市	1827	11.09
济宁市	535	3.25
泰安市	576	3.50
威海市	716	4.35
日照市	567	3.44
莱芜市	278	1.69
临沂市	276	1.68
德州市	490	2.97
聊城市	303	1.84
滨州市	810	4.92
菏泽市	113	0.69
合　计	16471	100.00

(四)国有资产行业分布情况

从国有资产行业分布情况看,主要集中在租赁和商务服务业、房地产业、制造业、采矿业。租赁和商务服务业国有资产存量4768亿元,占总额的28.95%。房地产业国有资产存量1683亿元,占总额的10.22%。制造业国有资产存量1674亿元,占总额的10.16%。采矿业国有资产存量1812亿元,占总额的11%。

表4　2017年山东省国有资产按行业分布情况

行　业	国有资产(亿元)	占国有资产总量比例(%)
农林牧渔业	25.93	0.16
采矿业	1812.42	11.00
制造业	1674.02	10.16
电力、热力、燃气及水生产和供应业	486.97	2.96
建筑业	1099.71	6.68
批发和零售业	248.46	1.51
交通运输、仓储和邮政业	2236.92	13.58
住宿和餐饮业	13.67	0.08
信息传输、软件和信息技术服务业	142.50	0.87
金融业	1211.82	7.36
房地产业	1682.93	10.22
租赁和商务服务业	4768.41	28.95
科学研究和技术服务业	91.81	0.56
水利、环境和公共设施管理业	707.25	4.29
居民服务、修理和其他服务业	33.24	0.20
教育	21.35	0.13
卫生和社会工作	28.20	0.17
文化、体育和娱乐业	134.64	0.82
公共管理、社会保障和社会组织	50.69	0.31
合　计	16471	100.00

(五)国有资产经营规模分布情况

山东省8095户国有企业占用的国有资产总量16471亿元,按企业规模分布看,大型企业331户,国有资产5415亿元,占总量的32.88%。中型企业1266户,国有资产3240亿元,占总量的19.67%。小型企业2940户,国有资产4416亿元,占总量的26.81%。微型企业3558户,国有资产3400亿元,占总量的20.64%。

表5　2017年山东省国有资产按经营规模分布情况

经营规模	国有资产（亿元）	占国有资产总量比重(%)
大型企业	5415	32.88
中型企业	3240	19.67
小型企业	4416	26.81
微型企业	3400	20.64
合　　计	16471	100.00

三、山东省国有资本保值增值综合分析评价

2017年,山东省企业国有资本保值增值率102.43%,比上年减少0.55个百分点。

从企业级次看,省级企业国有资本保值增值率103.54%,比上年增加3.52个百分点,其中,省属企业国有资本保值增值率104.10%,比上年增加4.75个百分点。市及市以下企业国有资本保值增值率102.11%,比上年减少1.76百分点。

从具体行业看,电力、热力、燃气及水生产和供应业,住宿和餐饮业,水利、环境和公共设施管理业和居民服务、修理、其他服务业,公共管理、社会保障和社会组织少数行业未实现国有资本保值增值,其他各行业均实现国有资本保值增值。农林牧渔业国有资本保值增值率最高,为113.57%。

表6　2017年山东省国有企业地区和行业国有资本保值增值情况

地　区	国有资本保值增值率(%)	行　业	国有资本保值增值率(%)
合计(叠加)	102.43	合计(叠加)	102.43
省级企业	103.54	农林牧渔业	113.57
其中:省属企业	104.10	采矿业	110.55
济南市	108.29	制造业	111.58
青岛市	101.63	电力、热力、燃气及水生产和供应业	97.34
淄博市	101.90	建筑业	103.15
枣庄市	84.55	批发和零售业	107.19
东营市	97.18	交通运输、仓储和邮政业	101.29
烟台市	107.85	住宿和餐饮业	3.63
潍坊市	100.93	信息传输、软件和信息技术服务业	102.37
济宁市	104.67	金融业	105.68
泰安市	113.33	房地产业	100.72
威海市	100.25	租赁和商务服务业	101.64
日照市	105.65	科学研究和技术服务业	102.54
莱芜市	97.88	水利、环境和公共设施管理业	99.11
临沂市	96.35	居民服务、修理和其他服务业	98.51
德州市	99.01	教育	103.05
聊城市	89.31	卫生和社会工作	100.49
滨州市	101.03	文化、体育和娱乐业	103.75
菏泽市	96.79	公共管理、社会保障和社会组织	99.97

四、山东省国资委监管企业改革发展情况

(一)深化重点领域改革,企业活力动力充分激发

山东省委、省政府高度重视国企改革工作,加强领导,系统谋划,强力推进,召开山东省国有企业改革发展工作会议,印发《中共山东省委 山东省人民政府关于加快推动国有企业改革的十条意见》(鲁发〔2017〕17号),国企改革制度框架和方向目标基本确立,重点领域改革事项向纵深推进。省属企业董事会成员基本配齐,全部按非执行董事占多数的原则配备,监事会实现全覆盖,26户企业推行高管人员契约化管理。混合所有制改革稳步推进,首批58户试点企业有20户全面完成、10户基本完成,山东省交通运输集团有限公司混改顺利结束,成为省级国企混改"第一单"。加快资产证券化步伐,制定山东省属企业资产证券化三年规划,建立上市资源后备库,7户在新三板挂牌,山东省国际信托股份有限公司在香港联交所主板上市,青岛市、烟台市两市国有企业资产证券化率分别达到58%、52%。深化企业内部改革,累计调整产权层级、压减法人单位365户,管理层级在四级及以下企业占比60%。完善中长期激励机制,出台《省管企业试行企业年金制度的指导意见》,9户企业实行企业年金方案,推动符合条件的国有上市公司实施股权激励。多措并举解决国有企业历史遗留问题,"三供一业"分离移交工作顺利完成年度任务目标。

(二)推动新旧动能转换,转型升级步伐不断加快

成立新旧动能转换重大工程建设领导小组,建立新旧动能转换重点项目库,储备重大项目167个。全面完成省内255万吨煤炭产能退出年度任务,占山东省任务量的73%。全力推进济钢产能调整和山钢转型发展,济钢钢铁产线提前半年实现安全平稳停产。完成124户"僵尸企业"清理年度处置任务,消灭亏损源137.8亿元,安置职工4.7万余人。加快国有资本整合重组,实施山东铁投集团、渤海港集团组建工作。积极推进与中央企业、中科院的战略合作,与中央企业签订"四新"产业项目398个,投资额超过1.7万亿元,与中科院达成45个项目合作意向。兖矿集团有限公司、山东重工集团有限公司、山东钢铁集团有限公司等企业积极与阿里巴巴开展合作,山东国惠投资有限公司(以下简称"山东国惠")与英国ARM公司战略合作取得实质性进展。响应"一带一路"倡议,实施"走出去"战略,山东黄金集团有限公司(以下简称"山东黄金")并购巴里克公司阿根廷金矿项目取得良好效益,潍柴控股集团有限公司并购欧美知名企业进一步占领市场,浪潮集团有限公司全球业务拓展至104个国家和地区。

(三)积极推进职能转变,国资监管水平持续提升

山东省各级国资监管机构围绕建立以管资本为主的国有资产监管模式,不断改进监管方式提升监管效能。山东省国资委对保留的审批核准备案事项进行全面梳理,制定《以管资本为主进一步推进职能转变方案》,进一步下放取消一批监管事项,突出加强事中事后监管和责任追究。制定《省属企业经营投资责任追究暂行办法》《省属企业实施新旧动能转换重大工程考核意见》,全面落实监管责任。省属经营性国有资产集中统一监管基本完成,计划新组建6户省属一级企业全部挂牌成立,其他184户企业交由省属企业接管;各市经营性国有资产集中统一监管工作取得新进展,济南市、日照市和烟台蓬莱、威海荣成完成市属、县属经营性国有资产集中统一监管。改革完善国有资本授权经营体制,推动13户省属国有资本投资运营公司规范运作,调整总部职能设置,按照投资运营公司模式对权属企业实施管控。制定出台《关于加强和改进企业国有资产监督防止国有资产流失的实施意见》《省属企业境外国有资产监督管理办法》和监事会队伍建设"1+3"制度,强化监事会揭示问题整改,积极开展经营绩效综合评价,省属企业首轮审计基本完成。建立省属企业常态化督导机制,规划建设省属企业"国资云"平台和阳光采购服务平台。

五、山东省国资委监管企业并购重组与完善法人治理结构情况

(一)监管企业并购重组情况

2017年,山东省国资委监管企业股权并购投资392亿元,实施兖州煤业澳大利亚有限公司(以下简称

"兖煤澳洲")并购联合煤炭工业有限公司(Coal & Allied Industries Limited,以下简称"联合煤炭")、山东黄金矿业(香港)有限公司(以下简称"山金香港公司")并购 Minera Argentina Gold S.R.L(以下简称"MAG")部分股权、山东国惠收购国泰租赁有限公司一系列股权并购项目。一是兖煤澳洲并购联合煤炭。2017年9月,兖矿集团有限公司权属企业兖煤澳洲以总价款26.9亿美元成功收购力拓矿业集团持有的联合煤炭。此次收购使兖煤澳洲控制和管理的煤炭资源规模和产能得到大幅提升,符合JORC标准资源量79.24亿吨,储量21.08亿吨,原煤年设计产能8000万吨以上,正式成为澳大利亚最大的专营煤炭生产商,在澳大利亚全部矿业公司中位列第三。通过此次交易优化兖煤澳洲资产、利用优质资产自身现金流实现可持续发展,解决兖煤澳洲历史经营亏损、负债率高的困境。二是山金香港公司并购 MAG 公司50%股权。2017年6月30日,山东黄金权属企业山金香港公司投资9.6亿美元,并购 MAG 公司50%股权,与全球最大黄金生产商之一巴里克黄金公司按照5:5的结构共同持有、共同控制、共同经营 MAG 公司。该公司主要资产是阿根廷贝拉德罗金矿,自交割以来运营情况良好。截至2017年底,MAG 公司归属于山金香港公司的资产总额99.84亿元、负债总额41.30亿元、所有者权益58.54亿元,累计实现归属山金香港公司的金产量6.49吨、营业总收入17.29亿元、利润总额2.69亿元。三是山东国惠收购国泰租赁有限公司股权。国泰租赁有限公司(以下简称"国泰租赁"),注册资本30亿元,其中,新矿集团出资20亿元,占66.67%股权。为解决新汶矿业集团有限公司(以下简称"新矿集团")及权属企业长期拖欠国泰租赁本息问题,山东省国资委与有关企业研究提出国泰租赁债权股权优化重组方案,山东国惠溢价受让新矿集团所持国泰租赁股权,交易价款34.6亿元。2017年1月5日省国有资本结构调整投资决策委员会第一次会议研究通过,2017年9月各方完成签约和股权债权交易工作,解决国泰租赁后续发展问题,助推其加快混改和上市进程。

(二)完善法人治理结构情况

一是加强董事会规范运行。加强完善国有企业法人治理结构制度建设。以省政府办公厅名义印发《关于加强和改进企业国有资产监督防止国有资产流失的实施意见》,为形成全面覆盖、分工明确、协同配合、制约有力的国有资产监督体系奠定制度基础。围绕贯彻落实《国务院办公厅关于进一步完善国有企业法人治理结构的指导意见》,召开省属企业外部董事、董事会秘书座谈会,对如何进一步规范省属企业法人治理结构进行深入讨论,广泛征求省属企业的意见建议。多种方式提升外部董事履职效果。依照《山东省省管企业外部董事履职评价及责任追究暂行办法》,首次对省属企业外部董事进行年度履职评价。制定印发《山东省国资委省属企业外部董事咨询报告事项管理办法(试行)》,明确外部董事向国资委进行风险提示、工作报告、业务咨询和支持保障事项的范围、流程等内容,促进外部董事科学规范履行职责、保障出资人的合法权益。规范董事会年度工作报告审议。联合山东社保基金理事会,采取会议形式或书面形式对省属企业董事会年度工作报告进行审议,审议立足股东职责,侧重企业董事会建设运行、内部改革、经营发展等事项,涉及企业提质增效、转型升级以及下放权力事项、风险管理等内容,结合省国资委重点工作提出意见建议。规范履行多元投资主体公司股东职责。在工作中不断完善履行股权多元投资主体公司股东职责方式方法,进一步明确职责范围、规范履职程序,参加多元投资主体公司股东会10次,依照省国资委有关业务处室提出的审议意见,对26项议案进行表决。二是推进监事会行权履职。抓好制度体系建设。制定出台加强省属企业监事队伍建设"1+3"系列文件,从任职资格、学习培训、履职评价、配备管理等方面进行全面规范。高效运转及运用监督报告。召开省属企业监事会工作会议,听取审议监事会年度监督检查报告12份、书面审议8份;及时运转监事会报送的各类专项专题报告116份,并对其中重要内容进行摘编。针对监事会揭示的问题进行分类处置,对84个问题线索印发整改通知,30个问题上网督办,形成监督闭环。加强监事会日常管理工作。利用会议、工作交流等时机,及时对监事会监督检查报告内容、完善监事会办事处工作纪实制度、落实监事会工作纪律和请销假等规定,提出明确要求,使监事会日常管理工作更加规范。会同相关处室组成履职评价小组,首次开展专职监事履职评价,为专职监事的解聘续聘、薪酬发放提供基础依据。召开监事会主席座谈会、专职监事座谈会,及时了解监事在行权履职中遇到的困难和问题,积极协调企业给予有力的服务保障。组织省属企业监事会及重要子公司监事会等110人次进行业务培训,取得较好的效果。

六、山东省国资委监管企业建立和完善经营业绩考核体系情况

(一)进一步明确完善企业负责人经营业绩考核政策

根据《山东省省管企业负责人经营业绩考核办法》(以下简称《考核办法》)、《关于进一步完善经营业绩考核目标确定机制的意见》规定,2017年9月1日,山东省国资委制定印发《关于进一步明确完善业绩考核政策的通知》,一是明确利润总额考核目标进入第一档的条件之一是"利润总额目标增幅高于省属企业利润总额目标平均增幅",其中"利润总额目标增幅"是指企业正常经营利润总额目标较上年实际完成值的增幅。二是明确国有资本保值增值率的计算方法及在同行业中保持领先水平的含义。三是鼓励企业在增加效益的同时提高国有资本回报水平,将归母净利润完成值及增加额纳入考核,并占10%的权重。四是明确因承担省委、省政府交办任务影响企业经营业绩,在经核准备案的预计效益(亏损额)内,按照实际发生额(亏损额)调整考核结果;经核准企业因处置"僵尸企业"形成的损失,在预算安排或考核目标中未体现的部分,据实调整业绩考核结果。五是明确对于企业发生重大安全与质量责任事故、重大环境污染责任事故、重大维稳事件、未完成企业降杠杆(资产负债率)任务或出现重大财务风险等继续严格按考核办法规定扣分。

(二)对省属企业实施新旧动能转换重大工程考核

为贯彻落实山东省委、省政府关于实施新旧动能转换重大工程的决策部署,充分发挥省属企业在深化供给侧结构性改革、实施新旧动能转换重大工程中的示范带动作用,加快实现企业创新转型发展,2017年8月3日,山东省国资委印发《对省属企业实施新旧动能转换重大工程考核的意见》。按照聚焦"四新四化"、分类考核、激励约束的原则,结合省属企业实际,设置6项考核项目:企业引进高新技术项目、企业与央企、世界知名企业、品牌合作的情况、"四新"收入占营业收入的比重、资产证券化、高端人才引进、全员劳动生产率(或人均创利),对考核项目分别设置考核总体目标和考核内容,并按照职能分工分企业研究制定各新旧动能转换重大工程考核项目的具体内容、目标要求和计分标准,根据企业承担新旧动能转换任务的轻重,按照30%~40%的权重计入经营业绩考核总分。

(三)调整2017年度省属企业负责人经营业绩考核目标

根据《考核办法》要求,在经济形势发生巨大变化或企业发展格局出现战略性调整的情况下,为保证企业考核目标能够与时俱进,发挥激励企业发展作用,在企业自主申请的基础上,山东省国资委对2017年度省属企业负责人经营业绩考核目标进行调整,除对18户企业基本指标的考核目标进行调整外,还对部分企业的个性化指标进行调整。

(四)审核确认2016年度考核结果

依据经审核的企业财务决算和经营业绩考核专项审计报告,对2016年度经营业绩考核目标完成情况进行分析,并统一客观因素的调整原则和标准做好考核结果确认工作。在具体确认过程中,注重以下几个方面:一是鼓励企业加大科技创新力度,提高科技创新水平,在确认利润总额时,科技创新投入视同实现利润;二是支持企业承办政府交办事项,从考核角度鼓励企业积极完成政府交办任务,在考核结果确认时给予相应考虑;三是加大企业保值增值考核力度,重视企业国有资本保值增值情况。按照以上原则,完成21户省属企业2016年度经营业绩考核结果审核确认工作。

七、山东省国资委监管企业负责人考核与选人用人机制改革情况

(一)扎实做好企业领导班子和领导人员综合考核评价工作

按照《山东省省管企业领导班子和领导人员综合考核评价暂行办法》,省国资委党委组织对18户企业和105名企业领导人员进行2016年度考核,考核采取总结述职、民主测评和个别谈话等方式,其中民主测评通过综合考核评价系统进行网上测评,并对企业领导班子和正、副职领导人员履职中可能存在的个性化问题进行反向评价。根据年度考核和平时掌握情况、对照反向测评存在问题,综合党建业务、经营业绩和群众反映等,经过比对分析、综合研判,对18户企业领导班子和105名企业领导人员进行评价并确定考核等次,将2016年度考核结果向各企业党委进行反馈,重点反馈存在的问题和不足,要求企业领导班子和领导人员对反馈的问题进行专题研究,落实整改措施,并作为领导班子民主生活会对照检查的重要内容。结合干部约谈、联系企业领导人员等制度,了解掌握问题整改落实情况和企业领导人员思想动态,对于一些倾向性、苗头性问题,委托所在企业主要负责人进行提醒谈话,问题比较严重的,由省国资委领导约谈。对于选人用人满意度较低的企业,区分情况,采取谈话提醒、约谈党委书记、限期整改等措施,督促企业做好选人用人工作。

(二)严格规范企业领导人员选拔任用工作程序和要求

对企业领导人员选拔任用工作流程进行重新修订,将领导人员考察任用情况提交委党委书记专题会研究讨论13次。结合年度考核、巡察和平时了解掌握情况,不断优化领导班子结构,加强企业领导班子配备调整力度,提交委党委会研究任免事项18次,调整干部157人次,其中提拔重用48人。完成15户国资委管班子企业党委换届人选考察工作。按照省属经营性国有资产统一监管要求,配齐配强6户新组建企业领导班子。加强外派人员队伍,从人才库中遴选2名专职监事、4名外部董事,选派2名省属企业财务总监。1户企业实现外部董事占多数,1户企业实现由其他企业主要负责人担任外部董事。

(三)不断加大干部人事制度改革创新力度

积极探索职业经理人制度,推进省属企业经理层成员契约化管理,全年指导9户企业新选聘经理层24人。进一步探索职业经理人的标准条件、能力要素等内容,查找现有契约化管理高管人员与职业经理人之间的差距,着手研究规范经理层成员契约化管理的指导意见。加大企业领导人员后备队伍建设。积极推动建立企业家后备人才库,对省属企业中层正职人员情况进行集中梳理汇总,已掌握103人40岁左右的省属企业中层正职人员。加强董事、监事、职业经理人人才库建设,邀请山东省内高校、科研院所推荐董事人才库人选,新增报名人员100余人;组织专职监事人才库入库评审,产生11名入库人选;建立财务总监人才子库,探索从职业经理人人才库中遴选、评审产生14名人选。

(四)从严抓好企业领导人员管理监督

坚持严管与厚爱相结合,把功夫下在平时,印发《关于进一步严格干部监督管理的通知》,对企业领导人员兼职、出国(境)、报告个人有关事项等工作提出要求。严格落实干部选拔任用"凡提四必"要求,全年考察干部64人,审核档案71卷,查核个人有关事项92人次,有6人因个人事项查核、档案审查、考察中发现问题被暂停选拔任用程序。完成对8户委管班子企业选人用人工作专项检查,发现掌握一批企业选人用人工作中存在的突出问题和薄弱环节。全年审批企业领导人员兼职事项22人次。

八、山东省国资委监管企业党的建设和廉政建设情况

(一)强化责任担当,狠抓基层党建工作责任落实

系统谋划全年党建工作重点任务,层层分解落实,压实全面从严治党主体责任。出台《关于省管企业党建几个问题的通知》《2017年省管企业组织工作要点》

《省国资委党委落实全面从严治党主体责任加强党的建设2017年工作要点》明确加强省属企业党建工作的重要问题和基本方法，形成抓国有企业党建工作的完整体系。出台《履行全面从严治党主体责任清单》，明确省国资委党委领导班子集体责任27项具体内容，同时规定省国资委党委书记10项"第一责任人"责任、省国资委领导班子成员9项"一岗双责"责任。

（二）坚持抓基层打基础，着力提升省属企业基层党组织建设水平

截至2017年底，省属企业党组织1.1万余个、党员21.7万余人，其中，省国资委党委直接管理党组织3000千余个、党员3.7万余人。2017年，大力实施"素质提升工程"，利用新成立的省国资委党校，举办200人参加的基层党组织书记、党务工作者培训班，在莱钢党校、枣矿党校举办1565人参加的党支部书记轮训班。制定省属企业领导人员、中层管理人员党的十九大精神学习培训工作方案，在省委党校、枣矿党校、莱钢党校组织14期专题培训班，对1526名省属企业中层正职以上管理人员进行专题培训。在山东能源枣矿集团召开省属企业推进"两学一做"学习教育常态化制度化暨过硬党支部建设经验交流会。在前期成立上海、深圳党建工作综合协作区的基础上，成立新疆、内蒙古鄂尔多斯等两个党建工作协作区，进一步扩展全面从严治党的覆盖面。

（三）发挥国有企业党委领导作用，促进党建工作与生产经营深度融合

制定《关于在国有企业坚持党的领导加强党的建设的实施意见（试行）》，全面统筹推进国有企业党的建设。党建工作总体要求写进章程取得决定性进展，省、市、县三级直接监管的企业中90%以上完成章程修订，重大事项由党组织事先研究、董事会和经理层按法定程序决策的原则基本确立。"双向进入、交叉任职"领导体制进一步完善，山东省属企业中除1户企业外，党委书记与董事长全部实现"一肩挑"，现任党组织班子成员中80%以上在董事会、经理层交叉任职。制定《省属企业党建工作标准和考核办法》，推行落实主体责任清单制度。组建山东省国资委党校，新设立两个党建工作交流提升综合协作区，省属企业巡视巡察基本实现全覆盖。制定《加强省属企业企业家队伍建设意见》，规范企业领导人员选拔任用程序，"聚才、引才、育才、用才"四位一体的人才工作新机制初步建立。全面落实"四个同步"要求，2017年新成立的山东地矿集团、泰山地勘集团、山科集团等6户企业组建方案中，把党建工作作为重要部分，同步谋划落实。扎实推动企业各级党组织换届工作，委党委管班子的15户到期应换届企业全部完成换届，省委管班子的企业换届完成6户。

（四）狠抓正风肃纪，强化制度建设

对企业进行中央八项规定精神等事项专项监督检查，发现问题或疑似问题154个，筛选出问题线索42个并组织核查，转立案3起。坚持用制度管权管人管事，健全国企国资制度体系，督促企业修订完善内控制度237个，新制定修订制度20项。加大巡察和问责力度，对8户企业派驻巡察组，实现管班子企业首轮巡察全覆盖，通过巡察累计发现问题线索313件，按照干部管理权限向各级纪检监察机关移交线索155件。严肃执纪审查，全年省国企国资立案310件，处分399人。支持驻委纪检组立案10件，处分15人，涉及省属企业党委书记2人、总经理5人、机关副处长1人。

（五）健全完善督查考核长效机制，形成推动基层党建工作落实的闭环体系

建立党建工作定期督导调研机制，2017年，采取现场督查与企业自查相结合的方式，对40户企业党建工作进行集中督导调研。建立完善党建工作巡回检查、经常性检查工作机制，细化三大类49项检查细则。发挥考核"指挥棒"作用，出台《省管企业党建工作考核评价办法》，开发建立灯塔省属企业智慧党建平台，实施党建工作与改革发展"双百分"考核，将考核结果与企业领导人员薪酬挂钩。通过定期督导调研、开展调度交流、不定期巡回检查、日常积分考核、年底述职评议等措施，形成"日常考、随机查、定时督、年度述"这一抓党建工作落实落地的管理闭环。

（撰稿人：刘　飞）

青岛市

一、青岛市国有资产监督管理工作综述

2017年,青岛市国资委认真贯彻落实党的十九大精神,以习近平新时代中国特色社会主义思想为指引,根据市委、市政府部署,按照"走在前列"的要求,攻坚克难,解决问题,业务职能目标全面完成,市直大企业保持持续健康的发展态势。在全国主要城市当中,经济效益排在第四位。

市直大企业持续做强做优做大,国际影响力和竞争力不断增强。海信集团收购东芝电视,海信电视跻身全球前三;青啤成为全球第五大啤酒酿造商;青岛港建设并运营亚洲首个全自动化码头,创出世界自动化集装箱码头作业最高效率;双星全球轮胎行业第一个全流程"工业4.0"智能化工厂投入运行。

市直大企业在经济社会发展和保障民生中的作用持续发挥。积极参与青岛市的重大基础设施和民生项目的融资建设,青岛的新地标——海天中心等重点项目进展顺利,西海岸、蓝色硅谷等新区开发建设积极推进,新机场按照世界上最先进的4F机场标准加快建设,地铁2号线东段年底前正式开通。同时,公交、交运、能源、水务、市政等国有企业不断提升民生服务质量和水平。

(一)抓改革,企业的发展动力更足

推进国有资产监管机构职能转变。深入推进混合所有制改革。以上市为重点,以竞争力为标准,吸引各类社会资本,实现共同发展,新完成各类混合所有制企业131家。完善激励约束机制。实施《青岛市市直企业负责人经营业绩考核与薪酬管理办法》。继续实施国有股权收益增量分享。在科技型企业中,实施员工持股试点。实施职工工资正常增长机制。

(二)抓发展,企业新旧动能转换步伐更快

加快推进新旧动能转换。一是政策推动。制定实施《瞄准北上广 再奔上青天——市政府国资委新旧动能转换行动计划》。二是预算支持。2017年在国有资本经营预算中安排4.7亿元资金,向12户市直企业注入国有资本金。三是考核引导。对纳入考核范围的24户企业科技研发投入及相关费用,在考核时视同利润。四是搬迁改造。完成老企业搬迁任务,同步淘汰落后产能,引进世界一流设备和技术,实现企业转型升级。加强与央企重组合作。开展了招商大走访,争取市直企业与驻青央企更多投资项目落地。搭建招商引资平台。研究建立驻青央企省企党建联席会制度,实施央企合作双月调度工作机制,搭建企业协作发展平台。加快国际并购合作。

(三)抓服务,企业发展的环境更好

实行问题管理。每周对大企业情况进行分析,排出问题明细,召开党委会进行研究,分解任务,推进落实。实行项目管理。20多项大任务班子8位成员每人牵头2~3项工作任务,打破工作分工与处室界限。维护职工合法权益。继续实施维护稳定工作四级责任制,从国有资本预算中安排专项资金,专门用于解决没有资金来源、但职工反映强烈的具体问题。

(四)抓关键,国有资产监管力度更大

把好核心关口。加强对企业关键业务、改革重点领域和重要环节的监督,严格履行国有产权转让审计评估挂牌程序,100%进场交易。全面实施"四合一"审计,聘请全球最大的会计师事务所对审计结果进行稽核,确保准确有效。

强化监事会即时监督作用。充分发挥监事会常驻企业的优势,实施即时报告和提醒函制度,发出提醒函和纠正函34份。

强化风险防范。对金融业务风险、境外资产管理、境外埠外投资、去杠杆化等重要事项,强化管理。下发《关于市直企业降杠杆控负债防风险的通知》,要求企业层层落实资产负债管理责任,规范投资,严控投融资规模,审慎开展非银行金融业务。同时,对企业债务风险情况开展全面排查,及时发现问题,提出解决方案。

（五）抓党建，党对国有企业的领导更强

全面学习宣传、贯彻落实党的十九大精神，精心做好集中宣讲，把党员干部的思想和行动统一到党的十九大精神上来。以市委办公厅名义印发《关于在国有企业坚持党的领导加强党的建设的意见》，大力推进"两学一做"学习教育常态化制度化，把党的建设总体要求写入市直企业公司章程，使党的领导和党的建设融入公司治理体系当中，充分发挥国有企业党组织的领导核心和政治核心作用。

二、青岛市国有资产总量与结构分析

截至2017年底，青岛市市直和区（市）所属国有独资及控股企业（以下简称"国有企业"）1262户。其中，市属国有企业980户；政府部门管理企业等138户；区（市）国有企业144户。青岛市国有企业资产总额14175.76亿元，所有者权益4436.87亿元，其中国有资产总量2999.95亿元。2017年，青岛市国有企业实现销售（营业）收入2892.60亿元、利润248.79亿元、实际上缴税费215.57亿元。

（一）国有资产结构分析

青岛市国有企业资产总量构成。截至2017年底，青岛市国有企业资产总额中，流动资产6065.77亿元，占资产总额的42.79%；非流动资产8109.99亿元，占资产总额的57.21%。流动资产构成中，货币资金、应收款项（包括应收账款、应收票据和其他应收款）和存货占比较高，分别为26.02%、39.01%、19.45%，合计占全部流动资产比重84.48%。

青岛市国有企业资产总额分布结构。截至2017年底，青岛市国有企业资产总额中，市直企业资产总额10751.21亿元，占75.84%；政府部门管理企业等资产总额1026.63亿元，占7.24%；区（市）国有企业资产总额2397.92亿元，占16.92%。大型国有企业资产总额3610.42亿元，占25.47%；中型国有企业资产总额4435.96亿元，占31.29%；小微型国有企业资产总额6129.37亿元，占43.24%。

青岛市国有企业国有资产总量分布结构。截至2017年底，青岛市国有企业国有资产总量中，市直企业国有资产总量2046.11亿元，占68.20%；政府部门管理企业等国有资产总量286.87亿元，占9.56%；区（市）国有企业国有资产总量666.96亿元，占22.23%。大型国有国有企业资产总额764.06亿元，占25.47%；中型国有企业国有资产总额938.76亿元，占31.29%；小微型国有企业国有资产总额1297.13亿元，占43.24%。

青岛市国有企业所有者权益构成。截至2017年底，青岛市国有企业所有者权益总额中，实收资本993.31亿元，占所有者权益总额的22.39%；资本公积1,827.26亿元，占41.18%；少数股东权益686.79亿元，占15.48%；未分配利润573.09亿元，占12.92%；盈余公积102.85亿元，占2.32%；一般风险准备42.66亿元，占0.96%；其他权益178.59亿元，占4.03%。

（二）国有资产运营分析

青岛市国有企业营业收入构成。2017年，青岛市国有企业实现营业收入2892.6亿元。其中，市直企业实现2725.42亿元，占94.22%；政府部门管理企业等实现67.33亿元，占2.33%；区（市）国有企业实现99.86亿元，占3.45%。

青岛市国有企业利润总额构成。2017年，青岛市国有企业实现利润248.79亿元。其中，市直企业实现利润253.93亿元，占102.07%；政府部门管理企业等实现利润2.74亿元，占1.10%；区（市）国有企业实现利润-7.88亿元。

青岛市国有企业实际上缴税金构成。2017年，青岛市国有企业实际上缴税金215.57亿元。其中，市直企业上缴201.12亿元，占93.30%；政府部门管理企业等上缴4.19亿元，占1.94%；区（市）国有企业上缴10.25亿元，占4.75%。

（三）市直大企业运营状况

2017年，26家市直大企业资产总额比上年（下同）增长16.42%，国有资产总额增长8.84%，营业收入增长22.39%，利润总额增长23.97%，国有资本保值增值率103.04%。

表 1　2017 年青岛市国有企业指标

项　目	金额（亿元）
资产总额	14175.76
净资产	4436.87
营业收入	2892.60
利润总额	248.79
实际上缴税金总额	215.57

表 2　2017 年青岛市国有企业户数情况

项　目	2016 年	2017 年	比上年增长（%）
户数（户）	1149	1262	9.83

表 3　2017 年青岛市国有资产按地区分布情况

地　区	国有资产（亿元）	占国有资产总量比重（%）
市直企业	2046.11	68.20
政府部门管理企业	286.87	9.56
区（市）国有企业	666.96	22.23
合　计	2999.95	100.00

表 4　2017 年青岛市国有资产按经营规模分布情况

经营规模	国有资产（亿元）	占国有资产总量比重（%）
大型企业	764.06	25.47
中型企业	938.76	31.29
小微型企业	1297.13	43.24
合　计	2999.95	100.00

表 5　2017 年青岛市国有资产按行业分布情况

行　业	国有资产（亿元）	占国有资产总量比重（%）
农林牧渔业	0.00	0.00
其中：农业	0.00	0.00
林业	0.00	0.00
畜牧业	0.00	0.00
渔业	0.00	0.00
工业	411.78	13.73
煤炭工业	0.00	0.00
石油和石化工业	0.00	0.00
冶金工业	0.00	0.00
建材工业	2.09	0.07
化学工业	33.04	1.10
森林工业	0.00	0.00
食品工业	2.26	0.08
烟草工业	0.00	0.00
纺织工业	1.91	0.06
医药工业	0.00	0.00
机械工业	27.33	0.91
军工工业	1.02	0.03
电子工业	200.36	6.68
电力工业	12.19	0.41
市政公用工业	65.95	2.20
其他工业	65.63	2.19
建筑业	178.26	5.94
地质勘查及水利业	5.99	0.20
交通运输业	365.65	12.19
其中：铁路运输业	0.00	0.00
道路运输业	242.05	8.07
水上运输业	20.13	0.67
航空运输业	119.74	3.99
仓储业	230.65	7.69
邮电通信业	0.00	0.00
批发和零售业	35.26	1.18
金融业	241.07	8.04
房地产业	673.12	22.44
信息技术服务业	21.15	0.71
社会服务业	780.65	26.02

续表

行　业	国有资产（亿元）	占国有资产总量比重(%)
卫生体育福利业	13.41	0.45
教育文化广播业	37.33	1.24
科学研究和技术服务业	5.58	0.19
机关社团及其他	0.05	0.00
合　　计	2999.95	100.00

三、青岛市国有资本保值增值综合分析评价

2017年，青岛市国有资本保值增值率101.63%。从青岛市国有资产涉及的16个行业看，工业、建筑业、地质勘查及水利业、交通运输业、仓储业、批发和零售业、金融业、房地产业、信息技术服务业、教育文化广播业、机关社团及其他等实现保值增值；社会服务业、卫生体育福利业、科学研究和技术服务业等未实现保值增值。

表6　　2017年青岛市国有企业行业国有资本保值增值情况

行　业	国有资本保值增值率(%)
农林牧渔业	0.00
其中:农业	0.00
林业	0.00
畜牧业	0.00
渔业	0.00
工业	106.44
煤炭工业	0.00
石油和石化工业	0.00
冶金工业	0.00
建材工业	104.90
化学工业	99.34
森林工业	0.00
食品工业	115.63

续表

行　业	国有资本保值增值率(%)
烟草工业	0.00
纺织工业	79.13
医药工业	0.00
机械工业	127.50
军工工业	186.12
电子工业	111.75
电力工业	114.01
市政公用工业	77.63
其他工业	120.39
建筑业	102.69
地质勘查及水利业	100.30
交通运输业	101.31
其中:铁路运输业	0.00
道路运输业	98.32
水上运输业	71.29
航空运输业	103.43
仓储业	102.73
邮电通信业	0.00
批发和零售业	126.79
金融业	103.65
房地产业	100.94
信息技术服务业	118.16
社会服务业	97.99
卫生体育福利业	93.55
教育文化广播业	100.58
科学研究和技术服务业	92.99
机关社团及其他	103.46

四、青岛市国资委优化监管体制情况

2017年，青岛市国资委加大简政放权力度，进一步推动混合所有制改革、薪酬激励、风险防范、责任追究等各方面的工作，进一步构建优化国有资产监管工

作的新机制。

(一)深化改革

推进国有资产监管机构职能转变。9月14日以市委办公厅、市政府办公厅名义印发实施《关于以管资本为主转变国资监管机构职能进一步推进市直大企业改革发展的意见》,在大规模简政放权基础上,国资委职能转变到以管资本为主上来,进一步激发企业活力、创造力和市场竞争力。

深入推进混合所有制改革。以上市为重点,以竞争力为标准,吸引各类社会资本,实现共同发展,新完成各类混合所有制企业131家。推动青岛银行、青港国际回归A股,推进青岛农商行A股首发上市,推动国有投资公司加快境内外上市步伐,建立包括20余家企业的上市梯队。完成中远海运增资入股青港国际,中远海运持有青港国际近20%的股份。

完善激励约束机制。实施《青岛市市直企业负责人经营业绩考核与薪酬管理办法》,实行薪酬差异化限高管理。继续实施国有股权收益增量分享,根据做出的新贡献进行奖励。在科技型企业中,实施员工持股试点,20多户企业已实施员工持股。实施职工工资正常增长机制,明确企业负责人薪酬增幅不能高于职工工资增幅,确保职工群众充分享受到发展成果。

(二)推动发展

加快推进新旧动能转换。一是政策推动。制定实施《瞄准北上广 再奔上青天——市政府国资委新旧动能转换行动计划》,明确具体的奋斗目标和工作措施。二是预算支持。在国有资本经营预算中安排4.7亿元资金,向12户市直企业注入国有资本金,支持企业推动科技创新。三是考核引导。对纳入考核范围的24户企业科技研发投入及相关费用,在考核时视同利润。市直大企业国家级研发机构17个,占青岛市总数的三成以上。海信智慧交通连续八年全国排名第一,有效减少城市拥堵;海信精准医疗技术使得手术过程如GPS导航一样精确。四是搬迁改造。完成老企业搬迁任务,同步淘汰落后产能,引进世界一流设备和技术,实现企业转型升级。海晶化工搬迁后销售额50亿元,是搬迁前销售额的三倍。

加强与央企重组合作。开展招商大走访,争取市直企业与驻青央企更多投资项目落地。市直企业与央企签约7个项目,投资额240亿元。完成青岛特钢划转中信集团,吸引150亿元的资金投入,到位60多亿元,在青岛建设中国最好的特钢生产基地。

搭建招商引资平台。研究建立驻青央企省企党建联席会制度,实施央企合作双月调度工作机制,搭建企业协作发展平台。青岛市与央企新签订合作项目51个,投资额4100多亿元,项目数及投资额均列全省第一。

加快国际并购合作。支持海信出资近7亿元人民币收购东芝电视业务95%股权,加速全球布局。支持华通集团和德国空客合作,建设在欧洲以外的第一条H135型直升机总装生产线,填补中国该领域的空白。

(三)全程服务

实行问题管理。每周对大企业情况进行分析,排出问题明细,召开党委会进行研究,分解任务,推进落实,把企业的困难当作自己的事来办,全力以赴帮助企业解决问题。

维护职工合法权益。带着感情做工作,把职工的事当成自己的事来办。继续实施维护稳定工作四级责任制,从国有资本预算中安排专项资金,专门用于解决没有资金来源、但职工反映强烈的具体问题。筹集资金16亿元,妥善分流安置1万多名职工,国有企业信访量占青岛市的3%以下。

(四)强化监督

把好核心关口。加强对企业关键业务、改革重点领域和重要环节的监督,严格履行国有产权转让审计评估挂牌程序,100%进场交易,完成国有产权交易16笔,金额40.98亿元,增值率50.96%。全面实施"四合一"审计,聘请全球最大的会计师事务所对审计结果进行稽核,确保准确有效。

强化监事会即时监督作用。充分发挥监事会常驻企业的优势,实施即时报告和提醒函制度,发出提醒函和纠正函34份。青啤、双星监事会被评为全国上市公司最佳监事会前30强。

强化风险防范。对金融业务风险、境外资产管理、境外埠外投资、去杠杆化等重要事项，强化管理。8月14日下发《关于市直企业降杠杆控负债防风险的通知》，要求企业层层落实资产负债管理责任，规范投资，严控投融资规模，审慎开展非银行金融业务。同时，对企业债务风险情况开展全面排查，及时发现问题，提出解决方案。

五、青岛市国资委监管企业负责人经营业绩考核与薪酬管理工作情况

完成2016年度及2014—2016年任期市直企业负责人经营业绩考核与薪酬管理工作。在聘请国际中介机构实施专项审计稽查的基础上，计算形成24户市直企业负责人2016年度和2014—2016年任期经营业绩考核指标完成情况，并积极协调市安监局、财政局和交通委等部门，提供企业安全生产、社会效益和行业监管等情况，按规定纳入考核结果。严格落实薪酬制度改革要求，按规定计算形成年度薪酬和任期激励建议，报市薪酬制度改革领导小组第四次会议研究同意。

组织完成市直企业负责人2016年度薪酬及2014—2016年任期激励兑现工作。印发《关于做好企业负责人2016年薪酬及2014—2016年任期激励兑现工作的通知》，组织市直企业完成2016年度薪酬及2014—2016年任期激励兑现工作。

组织完成市直企业负责人薪酬信息披露工作。各市直企业将企业负责人2016年度薪酬及2014—2016年任期激励等薪酬信息在本企业网站向社会公开披露，市政府国资委也在官方网站进行披露。

六、青岛市国资委监管企业劳动用工与收入分配工作情况

一是完善工资总额调控。指导市直企业逐步健全工资总额与经济效益联动机制，按照工资总额增长低于经济效益增长、平均工资增长低于全员劳动生产率增长的原则，根据企业自身经济效益水平，结合发展战略和工资水平市场对标等情况，按照青岛市企业工资指导线，合理确定年度工资总额。

二是推动企业建立市场化薪酬分配机制。指导企业推进薪酬分配市场化改革，建立健全以岗位工资为主的基本工资制度，实现职工与岗位、岗位与薪酬匹配；引导企业推进全员绩效考核，以业绩为导向，实行个人收入与工作业绩和实际贡献紧密挂钩，切实做到收入能增能减。

三是规范职工福利保障体系。指导企业科学统筹工资与福利的关系，按照相关政策标准支付各项福利待遇，确保职工福利保障落实到位。贯彻落实中央和省、市以管资本为主转变国有资产监管机构职能的工作要求，企业按照青岛市企业年金相关政策规定，依规依程序建立企业年金制度。会同市人社局等部门，做好农民工工资专项检查工作，确保市直企业零欠薪，依法维护农民工合法权益。

四是完成职工薪酬调查工作。组织市直企业开展2016年度职工薪酬调查工作，参与调查企业345户，职工近10万人。

七、青岛市国资委监管企业党的建设、党风廉政建设和精神文明建设情况

（一）党建工作

截至2017年底，国资委党委系统有18个党委、22个党总支、290个党支部、4181名党员。

将学习贯彻十九大精神作为首要政治任务，研究制定工作方案，成立领导小组，组建宣讲团，深入企业开展宣讲20余场次；市直企业组织宣讲十九大精神600余场次，参加人员10余万人，实现十九大精神学习宣传全覆盖。

把"两学一做"学习教育常态化制度化作为重要政治任务，先后3次专门调度，深入12家企业实地督导，指导企业健全完善6个长效机制，推进学习教育常态化制度化取得实效。开展"学管带联"和主题党日等活动，总结18个市直企业党建典型，青岛港、海尔、海信等企业党建经验在全国得到推介。先后培育80多个党建品牌和近百名品牌党员。

深入贯彻落实全国全省国有企业党建工作会议精神，以市委办公厅名义印发《关于在国有企业坚持党的领导加强党的建设的意见》，全面强化国有企业

党的领导和党的建设。将全国全省国企党建工作会议部署任务，梳理细化为37项重点任务，逐项督导落实。推进将党建工作要求纳入公司章程工作，市直企业层面全部完成，二级及以下企业完成98%。推行"双向进入、交叉任职"，市直企业集团层面党委成员进董事会的占55%，经理层中党委成员占90%。指导企业以党的领导统领全面工作，推行重大决策事项党委会研究前置程序，市直企业"三重一大"事项决策前都经党委研究。

将"党委领导下的企业法人治理结构"作为党建突破项目，组织力量先后3次到企业调研，形成专题报告和研究成果；组织市直企业逐级确立突破项目，形成党建创新成果80余项。组织基层党组织利用班前班后会等方式，落实"三会一课"等制度，着力解决基层党建工作弱化、淡化等问题。针对驻境外省外企业党组织不健全等问题，建立问题台账，实行销号管理，市直企业76个省外单位、6个境外单位，符合条件的全部建立党组织。

抽调精干力量，由9名监事会主席带队，分头到企业指导开好民主生活会，确保民主生活会开出高质量、好效果。组织市直企业党委书记开展抓基层党建述职评议，指导企业做好所属党组织书记评议考核。

（二）党风廉政建设

坚持全面从严治党，强化国企党建，以市委名义印发《关于在国有企业坚持党的领导加强党的建设的意见》，明确党组织在企业党建工作中的总体要求、地位作用和重要举措，为市直企业坚持党的领导、加强党的建设、发挥国有企业党组织的领导核心和政治核心作用提供制度保障。转变国资监管职能，以市委办公厅、市政府办公厅名义印发实施《关于以管资本为主转变国资监管机构职能进一步推进市直大企业改革发展的意见》，进一步简政放权，同时把工作重点转到以管资本为主加强国有资产监管上来。强化风险管控，印发《关于市直企业降杠杆控负债防风险的通知》，强化对金融业务风险、境外资产管理、境外埠外投资、去杠杆化等重要事项的风险防范和管理。

（三）精神文明建设

印发《青岛市政府国资委党委系统2017年宣传思想暨精神文明建设工作要点》，指导企业抓好2017年度宣传思想文化工作和各项主题教育活动的落实。精心组织国资委系统学习贯彻党的十九大精神，组织宣讲团深入市直企业集中宣讲十九大精神，做到全覆盖、多层次，在学懂弄通做实上下功夫。广泛开展"中国梦·党在心中"主题教育活动，组织企业围绕共产党人不忘初心、砥砺前行的主题开展宣讲、座谈等多种形式的宣传教育活动，组织国资委系统企业宣讲骨干参加青岛市培训，着力营造迎接宣传贯彻党的十九大的浓厚氛围。扎实开展"百千万"理论惠民宣讲活动。指导国资委系统企业根据形势任务安排理论宣讲。宣讲420多场次，受益的党员干部职工累计达到7.5万人次。交运集团公司被表彰为省基层理论宣讲先进单位，国信、公交被评为市基层理论宣讲先进单位。指导国资委系统企业加强理论宣教基地建设，青岛港集团、交运集团、海尔集团和能源集团被评为青岛市首批理论宣教基地。积极培育和践行社会主义核心价值观，指导国资委系统企业开展文明单位创建，分类指导，严格把关，召开创建工作现场推进会和集中测评会，形成良好的创建工作机制，华电青岛发电有限公司被评为"全国文明单位"，文明创建工作成效显著。

（撰稿人：韩　冰）

河南省

一、河南省国有资产监督管理工作综述

2017年，河南省国资系统深入学习贯彻习近平新时代中国特色社会主义思想和党的十九大精神，在省委、省政府的坚强领导下，面对严峻复杂的经济形势，攻坚克难、真抓实干，加压奋进、迎难而上，在全局性、关键性工作上精准发力，在重点事项、难点事项上聚焦突破，推动河南省国企改革发展和国资监管等各项工作取得重要阶段性成果。

（一）国企改革攻坚深入推进

2017年，河南省国企改革从工业企业转向全部企业，从重点发力转向全面发力，从启动攻坚转向全力攻坚，全面铺开，层层推进。一是在全国率先完成剥离省属企业办社会职能工作。剥离办社会职能是国企改革攻坚的前哨战，河南省用一年时间完成这项任务，比国家要求的时间提前一年半。截至2017年6月底，省属企业涉及的38.7万户供电、34.1万户供水、15.7万户供热、3.2万户供气、36.4万户物业管理、52.1万人的医疗生育保险、29.7万名企业退休人员、28个社区组织全部移交属地管理，企业自办的70家教育机构、100家医疗机构实施移交、剥离或改制。二是圆满完成处置"僵尸企业"年度目标。以"僵尸企业"处置为"牛鼻子"发起国企改革总攻战，组织开展全面摸底排查，建立"六个一"推进机制，倒排进度，逐户销号。2017年，省属企业完成处置"僵尸企业"105户，占总数的62.5%；市县所属"僵尸企业"处置破题启动，完成处置95户。三是混合所有制改革取得新进展。出台混合所有制改革操作指引，坚持试点先行，通过引入战略投资者、推动上市或新三板挂牌、开展员工持股试点等方式分类实施推进。8户省管企业实现集团层面产权多元化，子公司层面有955户实施混改，占比61%，省管国有控股上市公司14户，新三板挂牌企业11户。郑州市、洛阳市、许昌等地通过合作设立基金、PPP模式、培育上市等方式，积极加快混改步伐。四是企业法人治理结构框架基本确立。省管企业基本完成党建工作要求进章程，把党委会讨论研究确定为企业重大事项决策的前置程序。筛选76人进入省管企业外部董事人才库，向国有独资企业委派14名外部董事。24名企业管理人员实行市场化选聘、契约化任期制管理，向河南能源、中原证券委派总会计师。洛阳、焦作、汝州市场化选聘职业经理人44人。五是企业"瘦身健体"加快实施。河南能源、平煤神马、郑煤集团三大煤炭集团压减法人单位273个，半数以上省管企业将管理层级控制在三级以内，安钢集团等5户企业集团内设部室压减到10个以内。

（二）企业效益创近五年最好水平

2017年，省市两级监管企业营业收入实现两位数增长，省管企业经济效益增量和增速均创历史最好水平，超预期实现"三煤一钢扭亏为盈、省管企业整体盈利"的年度目标。一是经营效益大幅提升。截至12月底，省市两级监管企业资产总额24255.3亿元，所有者权益6312.2亿元；其中省管企业资产总额10987.8亿元，比上年增长8.7%，所有者权益3152.2亿元，比上年增长13.7%。省管企业全年实现营业收入4268.4亿元，比上年增长14.9%；实现利润134.9亿元，比上年增利153.3亿元；上缴税费总额234.6亿元，比上年增长58.8%。二是市场开拓力度不断加大。省管企业煤炭、化工、有色、装备制造等主要业务板块产销两旺，产品库存大幅下降，原煤、钢铁产品价格比上年分别增长56.3%、48.1%，销售收入实现两位数增长。郑州机场跻身世界机场货运50强，河南国际业务拓展至非洲14个国别市场。三是重大投资项目加快推进。省管企业全年在建固定资产项目203个，累计完成投资331.6亿元，比上年增长12.6%。安钢集团120万吨冷轧薄板等52个项目竣工，平煤神马集团年产15万吨环己酮等12个新建项目顺利开工。四是成本管控取得实效。持续开展提质增效活动，省管企业2017年营业成本比上年增幅低于营业收入4.1个百分点，资本化利息支出下降24.5%，期间费用占营业收入比重下降0.7个百分点。五是安全生产形势总体稳定。各企业牢固树立安全生产红线意识和底线思维，切实抓好安全隐患排查，强化安全生产主体责任，未发生重大安全生产事故。

（三）供给侧结构性改革步伐加快

坚持新发展理念，着力推进"去""降""补"，加快产业结构调整和转型升级。一是化解过剩产能年度任务顺利完成。落实化解煤炭过剩产能三年行动计划，坚持"四位一体"工作机制，2017年河南省国有煤炭企业关闭矿井101对，退出产能2012万吨，安置职工3.5万人。近两年关闭矿井201对，退出产能4400万吨，安置职工9.3万人，河南省关闭矿井数、退出产能量、安置职工人数位居全国前列。郑州、平顶山、三门峡等地为完成去产能目标任务作出积极贡献。二是企业债务风险得到有效管控。积极推进市场化法治化债转股，全年签订框架协议1075亿元，2017年落地资金150亿元。省管企业平均资产负债率71.3%，比上年减少1.3个百分点。融资渠道进一步拓宽，

"三煤一钢"发行债券55亿元，通过信贷资产转让、融资租赁、信托贷款等多种方式增加融资195亿元，河南能源实现省属企业首笔海外债券融资，中原证券、郑煤机、豫能控股等实现股权融资129亿元。"三煤一钢"两年来兑付到期债券近1000亿元，为确保河南省区域金融市场稳定作出重要贡献。三是转型升级取得新成效。传统产业不断优化升级，洗精煤、焦炭、精品钢、精品材等高附加值产品比重大幅增加。加快向新兴产业和现代服务业布局，证券信托、航空物流、多式联运、文化出版、光伏新能源等保持良好发展势头。大力推动科技创新，4户省管企业的3个科研项目获得2017年国家科学技术进步二等奖和国家技术发明二等奖。四是战略性重组扎实推进。大力推进省管企业外部、省管企业之间、省管企业内部三个层面的战略重组，积极谋划煤炭电力、现代物流、建工等领域资源整合，河南能源托管省煤层气公司、物资集团托管商贸集团启动实施。开封、周口、济源等大力推动所属企业重组整合，优化当地产业布局。五是对外合作取得新进展。与央企合作持续推进，2017年新签约项目21个，总投资399亿元，全年央企在豫项目到位资金813.7亿元。"走出去"步伐加快，11户省管企业累计开展国际合作项目136个，郑州—卢森堡空中丝绸之路每周18班全货机满负荷运行，郑欧班列实现"去八回八"高频次常态化运营，郑煤机成功收购德国博世集团电机业务。

（四）国资监管不断改进和加强

按照以管资本为主和放管服改革要求，加快职能转变，强化基础监管，监管效能不断提升。一是注重监管制度建设。制定出台省管企业违规经营投资责任追究办法、省管企业负责人经营业绩考核、薪酬管理办法等制度文件，进一步完善监管链条。推进放管服改革，试行投资负面清单制度，下放企业投资、担保等审批权限。实行企业主要经营数据、业绩考核、薪酬分配等重要信息公开制度，打造阳光国企。二是夯实监管基础。指导省管企业重新明确战略定位和转型思路，开展国有产权管理专项监督检查，发现问题事项1618起，强化财务预决算管理，加大国有资本收益调控力度，实施差异化薪酬分配制度，及时兑付企业负责人绩效年薪和激励收入，对超发和受党政纪处分的企业负责人薪酬依规扣回或扣减。三是强化外派监事会年度检查。对14户省管企业进行年度例行检查，揭示企业存在问题306个，提出整改建议242条，涉及违规资金18.83亿元。针对检查发现的突出共性问题，研究出台《加强"三重一大"决策事项监督实施细则》《加强外派监事会工作十点意见》。四是加强国资系统自身建设。省国资委按照公开竞争择优原则选拔一批年富力强、任事担当的干部，优化队伍结构。举办河南省国资系统深化国企改革业务培训班，有力提升行权履职能力。联合周口市、驻马店市、濮阳市等地举办企地合作专题活动，助推地方经济社会发展。三门峡市新组建成立市国资委，实现包括金融、文化、交通等领域的经营性国有资产统一监管。

（五）国企党建得到进一步加强

认真贯彻落实全国、河南省国企党建会议精神，按照建设中国特色现代国有企业制度的要求，坚持党对国有企业的领导不动摇，全面加强和改进国有企业党的建设。一是开展形式多样的十九大精神宣传贯彻活动。在河南省国企国资系统开展"喜迎党的十九大"系列主题活动，组织"国企声音"合唱比赛，推出"国企力量"系列访谈，选树一批"国企楷模"。举办100余名企业领导人员参加的十九大精神专题学习班，各级领导干部深入企业生产经营一线和基层单位层层开展宣讲，在系统内全面掀起学习宣传贯彻热潮。二是"两学一做"学习教育常态化制度化扎实推进。召开省管企业"两学一做"学习教育常态化制度化动员会、推进会，组织开展省管企业践行"两学一做"先进典型评选活动，督导企业紧密结合改革、解困、转型等实际，把"两学一做"学习教育落到实处、推向深入、学出成效。三是党建工作基础不断夯实。完成郑煤集团、交投集团等11家企业的党组织关系移交，接收省管企业基层党组织1276个，党员17556人，理顺党建管理体制。对照全国河南省党建会议要求，建立党建任务清单，将30项党建工作重点任务进行划责分解并推动落实，年底开展述职评议。研究制定《省管企业党建责任制实施办法》，多数省管企业配备党务工作专职副书记，大力推广安钢"四个三"党建工作法，带动省管企业党建工作水平整体提升。四是企业领导班子建设进一步规范。取消企业行政级别，省委下放骨干企业正职管理权,省国资委下放经理层管理权。全面推行"双向进入、交叉任职",对33户省管企业240名领导人员开展年度综合考核,调整企业领导人员65人次。举办首期省管企业经营管理人员进修班,100名中层以上管理人员参加培训。五是党风廉政建设和反腐败工作深入开展。坚持标本兼治,推进以案促改,省管企业筛选出一批典型案件进行剖析,企业领导班子和班子成员整改问题1047个。支持驻委纪检组和省管企业纪委运用"四种形态"开展执纪问责,谈话函询113次,查处违纪案件261件,给予党政纪处分427人,移送司法机关8人,刑事处理17人。

二、河南省国有资产总量与结构分析

2017年,河南省4561户(各级法人户数)地方国有企业实现营业收入6956.3亿元,比上年增长18%;利润总额297.3亿元,比上年增长143.1%;上缴税费396.3亿元,比上年增长33.9%。截至2017年底,资产总额34764.5亿元,较年初增长15.6%;所有者权益10379.3亿元,较年初增长12.9%。

表1　2017年河南省国有企业指标

项　目	金　额(亿元)
资产总额	34764.5
净资产	10379.3
营业收入	6956.3
利润总额	297.3
净利润	204.1
归属于母公司所有者的净利润	126.9
本年应交税费总额	404.3
实际上缴税费	396.3

(一)国有企业总户数情况

2003—2010年,因河南省国有企业改组改制工作的逐步深入,地方国有企业户数总体呈现缩减态势。河南省地方国有企业总户数(三级以上户数)从2003年的7011户减至2010年的3622户,累计净减少3389户,年均递减9.9%。2011—2012年,受全级次上报和河南省煤炭企业兼并重组小煤矿工作的全面开展等因素影响,2012年河南省地方国有企业(各级户数)4062户。2013年、2014年分别为4042户、4049户,较2012年略微减少。2015—2017年户数逐年增加,分别为4169户、4302户、4561户,总户数保持在4000户以上。

表2　2017年河南省国有企业户数情况

项　目	2016年	2017年	较上年增长(%)
户数(户)	4302	4561	6

(二)国有资产按地区分布情况

省辖市国有资产主要集中在郑州市、洛阳市等工业大市,其中,郑州市、洛阳市两省辖市国有资产总量分别占市级国有资产总量的42.2%、15.4%,国有资产区域集中度在提高。

表3　2017年河南省国有资产按地区分布情况

地　区	户数(户)	比重(%)	国有资产(亿元)	占国有资产总量比重(%)
省辖市合计	2440	100.0	5678.7	100.0
郑州市	600	24.6	2394.9	42.2
洛阳市	414	17.0	876.1	15.4
新乡市	185	7.6	239.4	4.2
南阳市	182	7.5	37.1	0.7
驻马店市	158	6.5	116.3	2.0
安阳市	149	6.1	113.8	2.0
开封市	123	5.0	41.9	0.7
信阳市	110	4.5	32.4	0.6
焦作市	109	4.5	240.5	4.2
平顶山市	85	3.5	257.6	4.5
漯河市	83	3.4	187.6	3.3
三门峡市	64	2.6	277.7	4.9
周口市	52	2.1	142.3	2.5
许昌市	32	1.3	415.2	7.3

续表

地　区	户数(户)	比重(%)	国有资产(亿元)	占国有资产总量比重(%)
鹤壁市	32	1.3	79.6	1.4
商丘市	27	1.1	22.8	0.4
濮阳市	24	1.0	64.8	1.1
济源市	11	0.5	138.7	2.4

注：国有资产总量为企业国有资本及权益与其他国有资金之和。

（三）国有资产按行业分布情况

2017年，河南省国民经济16大类行业中，国有资产主要分布在社会服务业、工业和房地产业三大产业，三大产业国有及国有控股企业总户数2026户，占河南省总户数的44.4%，汇总口径国有资产总量8586.2亿元，占河南省国有资产总量的61.9%。

表4　2017年河南省国有资产按行业分布情况

行　业	户数(户)	比重(%)	国有资产(亿元)	占国有资产总量比重(%)
农林牧渔业	133	2.9	107.4	0.8
工业	1031	22.6	2654.1	19.1
建筑业	236	5.2	1239.2	8.9
地质勘查及水利业	126	2.8	315.6	2.3
交通运输业	136	3.0	1582.2	11.4
仓储业	501	11.0	15.5	0.1
邮电通信业	2	0.04	1.3	0.01
批发和零售业	906	19.9	212.2	1.5
金融业	95	2.1	1001.3	7.2
房地产业	361	7.9	1824.6	13.2
信息技术服务业	49	1.1	51.6	0.4
社会服务业	634	13.9	4110.2	29.6
卫生体育福利业	55	1.2	45.2	0.3

续表

行　业	户数(户)	比重(%)	国有资产(亿元)	占国有资产总量比重(%)
教育文化广播业	106	2.3	160.1	1.2
科学研究和技术服务业	171	3.7	40.5	0.3
机关社团及其他	19	0.4	508.3	3.7
合　计	4561	100.0	13869.3	100.0

注：1. 国有资产总量为企业国有资本及权益与其他国有资金之和；
2. 汇总口径未进行合并抵消，包含重复计算因素。

（四）国有资产按经营规模分布情况

河南省4561户国有企业按规模划分：大型企业152户，占3.3%；中型企业661户，占14.5%；小型企业1524户，占33.4%；微型企业2224户，占48.8%。152户大型企业资产总额13876.6亿元，占全部汇总口径资产总额的30.9%；国有资产总量3696.9亿元，占全部汇总口径国有资产总量的26.7%。中型、小型和微型企业的资产总额分别占比19.1%、36.9%、13.2%，国有资产总量分别占比18.8%、39.7%、14.9%。大、中、小和微型企业的户均资产分别占总量的91.3亿元、13亿元、10.9亿元、2.7亿元。

表5　2017年河南省国有资产按经营规模分布情况

项　目	资产总额(亿元)	营业收入(亿元)	国有资产(亿元)
大型企业	13876.6	3937.3	3696.9
中型企业	8572.7	2451.3	2607.9
小型企业	16589.0	1718.3	5502.7
微型企业	5931.4	220.2	2061.7
合　计	44969.8	8327.2	13869.3

注：1. 国有资产总量为企业国有资本及权益与其他国有资金之和；
2. 汇总口径未进行合并抵消，包含重复计算因素。

三、河南省国有资本保值增值综合分析评价

截至2017年底,河南省地方国有企业国有资本及权益8338.9亿元,较年初7566.6亿元增加772.3亿元,增长10.2%,扣除客观因素后国有资本保值增值率105.1%。增加的主要因素是经营积累(518.8亿元)、国家追加投资(311亿元)、无偿划入(185.1亿元)等,减少的主要因素是无偿划出(128亿元)、经营减值(152.8亿元)。

表6　2017年河南省国有企业地区和行业国有资本保值增值情况

地 区	国有资本保值增值率(%)	行 业	国有资本保值增值率(%)
郑州市	100.5	农林牧渔业	100.6
驻马店市	100.2	工业	96.0
漯河市	102.8	建筑业	101.5
鹤壁市	101.2	地质勘查及水利业	101.1
三门峡市	99.5	交通运输业	116.1
安阳市	98.1	仓储业	97.7
周口市	108.7	邮电通信业	101.8
新乡市	98.2	批发和零售业	100.2
许昌市	100.2	金融业	107.1
南阳市	92.0	房地产业	102.8
焦作市	101.6	信息技术服务业	99.9
信阳市	103.9	社会服务业	101.8
洛阳市	108.7	卫生体育福利业	103.6
济源市	159.8	教育文化广播业	106.5
开封市	98.9	科学研究和技术服务业	105.5
濮阳市	104.7	机关社团及其他	110.5
商丘市	97.5		
平顶山市	99.5		

四、河南省国资委监管企业改革发展情况

2017年,河南省委、省政府把深化国企改革作为河南省四大攻坚战之一,以前所未有的决心和力度加以推进,对加快河南省国企国资改革推动企业高质量发展作出一系列重大安排部署,提出围绕国企改革"五个全面"目标,以产权结构、组织结构、治理结构改革为牵引,推动国企改革从工业企业转向全部企业,从重点发力转向全面发力,从启动攻坚转向全力攻坚,全面打响新一轮深化国企改革攻坚战。2017年,河南省国企改革攻坚取得重大阶段性成果,截至2017年6月,在全国率先完成剥离省属企业办社会职能工作,比国家要求的时间节点提前一年半;连续两年超额完成化解煤炭过剩产能任务,名列全国前茅;千家"僵尸企业"处置总攻战全面打响,2017年完成处置200户;混合所有制改革、企业战略重组、降杠杆防风险等各项工作同步推进,改革工作呈现出全面发力、多点突破、纵深推进的生动局面,多项重点改革工作跨入全国先进前列,受到国务院国资委的充分肯定,并在全国国有企业改革经验交流会上作经验介绍。2017年6月,国务院国资委主任肖亚庆赴河南省调研国企改革工作情况并在郑州召开部分省市国企改革座谈会。河南能源集团、平煤神马集团、安钢集团、郑煤机集团4个企业改革经验入选《国企改革探索与实践——地方国企100例》,作为样本在全国推广。

河南省国有企业深化改革战危机,加快发展增实力,一批长期制约国企改革发展的体制性、机制性障碍得到初步破解,一批历史遗留的老大难问题得到初步解决和破题,企业活力和竞争力明显增强,经济规模和质量效益实现大幅提升,为河南省稳增长大局提供有力支撑。国有经济的结构逐步优化,传统产业转型升级,供应链、产业链得到延伸,高质量发展的动力逐步形成;企业管理从比较混乱、粗放向规范、集约转变,国企的管理能力持续增强;反腐工作减少存量、遏制增量的态势初见成效;国企国资全系统改革的精神面貌、气势和信心整体加强。2017年,河南省国有企业资产总额、营业收入两项重要经营指标实现两位数增长,利润总额、利润增速创近五年来的最好水平,省管工业企业特别是"三煤一钢"全部实现大幅盈利,一举扭转连续多年的亏损局面,省管非工业企业继续保

持良好发展势头,省管企业生产经营总体稳中向好。

五、河南省国资委监管企业并购重组与法人治理结构改革进展情况

(一)并购重组情况

立足战略和全局高度,与深化改革、明确企业战略定位、推进供给侧改革、加快转型升级、再造体制机制相结合,研究提出今后2~3年河南省管企业战略重组总体思路,即在省管企业外部、省管企业之间、省管企业内部三个层面,通过资产重组、股权合作、资产置换、股权转让等方式,推进以产权为核心、以市场化对价为原则的实质性重组,重点推动河南国际集团、河南能源煤气化公司、河南能源义煤公司铝产业资产等对外战略重组项目,启动郑煤集团与省属企业电力板块资产重组、河南物资集团与商贸集团托管重组等项目。同时,加快推动省管企业内部资产重组,印发《关于加快推进省管企业内部资产重组的意见》,在主业调整、非主业清理整合、压缩管理层级等方面提出目标任务,拟通过内部合并、产权转让、清算注销、依法破产等途径,整合230户子分公司(二级单位44户、三级单位123户、四级及以下单位63户),2017年完成整合154户(二级单位9户、三级单位95户、四级及以下单位50户)。

(二)法人治理结构改革情况

研究制定《河南省管企业完善法人治理结构专题工作推进方案》,以选优配强外部董事为重点,加快推进规范董事会建设。研究起草《关于在省管企业建立专职外部董事制度的意见》,通过多个渠道征集筛选69名兼职外部董事人选。开展外部董事任期考核评价,对16户董事会到届企业的董事开展任期考核评价,对7户企业14名外部董事进行2016年度聘期考核评价。进一步加大经理层选任管理创新力度,研究制定中原证券公司市场化选聘总裁工作方案和经理层契约化管理实施方案,指导郑州粮批中小贷公司、河南机场集团房地产开发公司、焦作国资委等开展市场化选聘职业经理人工作。探索实行总会计师委派制度,启动河南能化集团、中原证券公司总会计师委派工作。

六、河南省国资委监管企业建立和完善经营业绩考核体系情况

(一)稳妥推进分类考核

修订出台《河南省省管企业负责人经营业绩考核办法》《省管企业负责人年度经营业绩考核实施细则》《省管企业负责人任期经营业绩考核实施细则》《省管企业负责人经济增加值考核实施细则》,在2017年度和2017—2019年任期考核目标预报工作中落实分类考核精神,组织商业一类(竞争类)、部分商业二类(功能类)和公益类企业2017年度和2017—2019年任期考核目标预报工作。在指标设定中,商业一类(竞争类)企业基本指标为利润总额、净资产收益率或经济增加值,分类指标为企业管理"短板"指标;商业二类(功能类)企业基本指标为承担政府重大任务情况,分类指标为成本控制、风险控制、经营效益等方面指标;公益类企业基本指标为提供公共产品和服务情况,分类指标为成本控制、运营效率、可持续发展等方面指标。

(二)做好考核评价清算

对26户企业2016年度和2014—2016年任期经营业绩进行考核清算,对省管企业2016年度国有资本保值增值结果进行审核确认,28户企业2016年国有资本综合保值增值率100%,其中,实现保值增值的企业19户,减值的企业9户,河南国际集团等5户企业国有资本保值增值结果处于行业优秀水平。对28户企业2016年度综合绩效进行评价,初步评价结果显示,28户省管企业综合评价得分50.4分,比2015年增长1.2分;评价类型为全国国有企业平均水平(C一),比2015年评价结果(D)上升一个级别。

七、河南省国资委监管企业负责人考核与选人用人机制改革情况

(一)监管企业负责人考核情况

开展2016年度省管企业领导班子和领导人员综合考核评价,创新引入第三方民意调查,加大对国企

党建、国企改革等重点工作的考核权重,适度扩大参会和谈话人员范围,增强考核的针对性、科学性和可操作性,对33户省管企业开展年度综合考核,考核企业领导人员240人,其中正职65人、副职175人,并向企业进行反馈。同时针对考核中发现的问题,制定《2017年度综合考核中发现问题的整改方案》,提出20条整改措施,截至10月底全部整改到位。

(二)选人用人机制改革情况

一是深化人才选用体制机制改革。认真贯彻省委《深化人才发展体制机制改革加快人才强省建设的实施意见》精神,会同省委组织部起草《关于加强和改进省管企业领导人员管理工作的意见》,按照坚持"管少、管好、管住"的原则,改革省管企业领导人员管理体制,下放企业副职管理权限,经理层副职由企业党委会和董事会管理,充分调动企业党委和董事会的积极性主动性。二是不断优化企业班子结构。研究制定《新体制下省管企业领导人员选拔任用工作程序》,明确国资委管理的省管企业副职和省管骨干企业正职、由企业党委和董事会管理的省管企业经理层副职和省管骨干企业总经理选聘工作程序。对22户省管企业领导班子进行分析研判,摸清领导班子配备及缺职情况,提出领导班子调整配备建议。推进经营管理人员能上能下改革,重点是畅通向"下"调整的通道,2017年25户省管企业对74名企业中层以上领导人员进行向"下"组织调整,其中班子副职1人、中层正职35人、中层副职38人。三是加大人才培训培养力度。实施"企业经营管理人才素质提升工程"等重点人才工程,配合省委组织部5月在省委党校举办首期经营管理人才主体班,落实省领导批示精神,于9月11日至11月10日在郑大干部培训中心举办首期省管企业经营管理人员进修班,掌握一大批后备人才。组织省管企业主要负责人参加中原企业家大讲堂,累计参训190人次。

八、河南省国资委监管企业党的建设和廉政建设情况

(一)党的建设情况

认真学习贯彻习近平总书记系列重要讲话精神和全国、河南省国企党建工作会议精神,严格落实从严治党各项要求,把加强国企党建摆在突出位置,为国企改革攻坚发展提供坚强政治保证和组织保证。一是加强教育,党员干部政治站位有了新提升。以中心组学习、专题辅导报告、学习班、培训班、读书会、理论宣讲、微党课等多种方式,推动学习全面覆盖、步步深入,各级党组织和广大党员干部提升政治站位,进一步牢固树立"四个意识",坚定"四个自信",凝聚起改革攻坚、转型发展的强大正能量。二是统筹谋划,国企党建制度改革取得新突破。研究制定《省管企业党建责任制实施办法》和加强省管企业党建工作的"六大机制""30项重点任务",明确国企党建总体思路和目标方向。完成11家省属国有非工业企业党组织关系的移交工作,移交党员17556人,进一步顺国有企业党组织隶属关系,实现国有企业党的建设系统化。积极推进党建工作要求写入公司章程,多数省管企业完成章程修改及备案。三是强基固本,基层党建工作取得新成效。层层压实党建责任,定期专题研究党建工作、召开党建联席会议,对省管企业党建特别是基层党建工作进行分析研判和部署;定期召开省管企业党委抓基层党建工作述职评议会,同时将述职评议延伸到企业各级党组织,形成一级抓一级、层层抓落实的党建责任格局。加强基层党组织建设,坚持和落实"四同步""四对接",实现基层组织全覆盖。四是注重融合,推动安钢"四个三"党建工作法落地生根开花。坚持把学习践行"四个三"党建工作法与深化改革转型发展结合起来,与扭亏脱困中心任务结合起来,与完善法人治理结构结合起来,进一步将"四个三"融入生产经营全过程、嵌入企业管理各个环节,促进各省管企业结合自身实际消化吸收、探索创新,努力培育出各具特色的党建品牌,实现党的建设与改革发展同频共振,有力地助推企业改革攻坚和转型发展。五是深入推进"两学一做"学习教育常态化制度化。坚持全覆盖、常态化、重创新、求实效,充分发挥领导机关、领导干部表率作用,发挥党支部主体作用,引导广大党员以学促做、边学边改,做到学习教育、生产经营、深化改革同步开展、互相促进,取得明显成效。

(二)廉政建设情况

认真学习贯彻习近平总书记系列重要讲话精神和十九大精神,落实中纪委七次全会和十届省纪委二次全会工作部署,紧紧围绕"不敢腐、不能腐、不想腐"

的总目标,着力在"敢监督、能监督、会监督"上下功夫,党风廉政建设和反腐败工作取得明显成效。一是着力在运用"四种形态"上下功夫,执纪效果显著增强。注重发挥实践四种形态的导向作用,坚持对苗头性倾向性问题抓早抓小,纪挺法前,按照"五类标准"对问题线索分类处置,综合运用批评教育、诫勉谈话、通报批评、组织处理、纪律处分等手段,提升执纪审查的综合效果。2017年,驻委纪检组和省管企业纪检监察机构受理信访件859件,处置问题线索486件,其中谈话函询件113次,组织处理73人;查处违纪案件261件,给予党政纪处分427人,移送司法机关8人,刑事处理17人。其中,驻委纪检组就初核问题线索10件,立案4件,双开2人,移送司法机关2人。二是着力在提高针对性有效性上下功夫,强化教育预防功能。不断创新教育载体,丰富廉政教育内容,充分发挥教育在反腐倡廉建设中的基础性作用。在廉政教育模式上,形成"看警示教育剪辑片—听廉政党课—学法规知识"的教育模式。在廉政教育机制上,形成"早提醒、早教育、早预防、早发现、早纠正"的"五早"常态化机制,每逢节假日,都提前发文或编发廉政短信提醒告诫"过节不忘廉洁";把廉洁从业有关规定编印成小册子,督促企业党员干部认真学习,增强纪律观念;对所有新任领导人员开展任前廉政谈话,打"预防针";督促企业搭建动态风险监控平台,对各项业务进行全程实时监控预警;对违反纪律的问题发现一起纠正一起、惩处一起,做到即知即改。三是着力在作风建设上下功夫,清风正气逐步形成。坚持以作风建设"新常态"确保作风"在状态",敢于较真碰硬,紧盯重点,扭住关键,一抓到底。从严持续狠刹"四风",对执纪审查中发现的"四风"问题线索深挖细查,决不放过,对隐形变异顶风违纪的"四风"问题从重处理。查处违规收送礼金、有价证券、支付凭证人员25人,违规金额74030元;查处违反中央八项规定精神问题线索32起,党纪处分26人,政纪处分14人;查处群众身边腐败问题9起,党纪处分3人,政纪处分3人,被问责处级干部23人。四是开展以案促改,着力在打造长效机制上下功夫。扎实开展坚持标本兼治、推进以案促改工作,通过召开警示教育大会,播放廉政宣传教育片等,河南省国资国企系统有26万人接受教育,

筛选出1032件在身边的、接地气的、教育意义强的典型案件进行剖析,企业领导班子和班子成员全部撰写剖析报告,整改问题1047个、废止制度147个、修订制度1491个、新建制度821个。

(撰稿人:李选杰)

湖北省

一、湖北省国有资产监督管理工作综述

2017年,湖北省国资委认真贯彻落实习近平新时代中国特色社会主义思想和党的十九大精神,坚决落实党中央、国务院和省委、省政府决策部署,不忘初心、砥砺奋进,改革创新、攻坚克难,湖北省国有经济运行稳中有进,发展质量和效益持续提升。

(一)国有企业支撑引领作用有效发挥

一是推进重大项目建设,服务湖北省经济社会发展。2017年,湖北省出资企业实施重大投资项目296个,完成投资685.35亿元。武汉天河机场三期扩建工程全面投入运营,成为中部首家、全国第10个4F级(最高等级)机场。湖北省交通投资集团有限公司建成高速公路160多千米。武汉城市圈城际铁路4条建成通车。汉十高铁建设扎实推进,江汉平原货运铁路全线贯通。武汉地铁建成通车8条线路237千米。湖北顺丰国际物流枢纽机场项目开工建设。

二是发挥战略投资功能,推动新兴产业发展。湖北省高新技术产业投资有限公司等企业发起设立产业并购投资基金,带动社会资本投向北斗导航、智能装备制造、通用航空、激光、生物医药、新能源汽车等战略新兴产业。武汉光谷联合产权交易所有限公司积极向资本要素市场创新转型,促成中国碳排放权登记管理有限公司落户武汉,填补湖北没有国家级金融平台的空白。湖北省宏泰国有资本投资运营集团有限公司积极发挥省级国有资本投资运营平台作用。武汉市金控集团首次入围2017年中国企业500强榜

单,旗下金融及类金融企业发展到17家。

三是加强与中央企业合作,培植经济发展后劲。成功举办第四届湖北省与中央在鄂企业项目对接洽谈会,促成一批重大合作项目。2017年,湖北省新增与央企签约项目176个,投资总额5581.48亿元。其中,航天科工武汉国家航天产业基地、中国电科旗下海康威视武汉研发总部等119个项目开工,涉及投资额2790.67亿元。

四是积极履行社会责任,扎实开展精准扶贫。认真履行定点帮扶责任,推动湖北省高新技术产业投资有限公司发起设立2支总规模4亿元的丹江产业升级与发展基金,协调中国人寿等12家协作扶贫单位开展精准扶贫。认真履行行业扶贫责任,发动湖北中烟工业有限责任公司、鄂西生态文化旅游圈投资有限公司等54户归口管理企业投入资金2.74亿元,落实扶贫项目179个,下拨4160万元专项党费助力扶贫攻坚,通过"扶贫日"活动募集资金1473万元,有效发挥国企国资系统的带头作用。

(二)供给侧结构性改革持续发力

一是突出创新驱动,促进企业转型升级。湖北省高新技术产业投资有限公司累计发起设立和管理各类基金近50只,总规模近150亿元,初步形成"天使投资—创业投资—产业并购投资"的"股权投资接力棒"。中南工程咨询设计集团有限公司打造"大A工程网",85家企业入驻,获得银行授信1000亿元。武汉光谷联合产权交易所有限公司推出"海创板"特色板块,为海外留学回国人员创新创业提供全流程、专业化的立体服务。

二是突出"瘦身健体",推进企业提质增效。推动企业压缩管理层级、减少法人户数,提高运营质量和效率。推进"处僵治困"工作,省属企业通过清算注销、整体划转、依法破产、挂牌转让等方式,退出"空壳企业"85户。积极开展降本增效专项行动。2017年省出资企业成本费用支出增幅低于同期收入增幅2.18个百分点,成本压降管控初见成效。

三是突出风险防范,积极稳妥降杠杆。召开专题会议落实降杠杆减负债防风险要求,对境外投资项目开展实地监督检查。严格执行投资项目负面清单管理,严控企业非主业投资,规范与非国有基金公司、资产管理公司合作,实施负债率和负债规模双管控,防止盲目投资推高负债率。对已经完成的重大投资项目,聘请中介机构开展后评价,完善投资管理和决策,提高投资效益。

四是突出重点难点,加快剥离办社会职能。强力推进国有企业职工家属区"三供一业"分离移交和剥离企业办社会职能。成立5个督导组,对湖北省各市州、重点企业和独立工矿区进行全覆盖督导,协调中央在鄂企业、省市企业与地方签订"三供一业"分离移交协议。湖北省17个市(州)均出台实施方案和配套文件,湖北省国有企业职工家属区"三供一业"分离移交签订框架协议或正式协议88%。积极推动东风汽车集团十堰基地独立工矿区综合改革试点,得到国务院国资委肯定。

(三)国有企业改革深入推进

一是大力推进调整重组,资源配置效率不断提高。2017年,湖北省交通投资集团有限公司、中南工程咨询设计集团有限公司等6户国有企业获评首届湖北改革奖(企业奖)。积极推动企业改制重组,整合省级优质业务资源,盘活低效存量资产,放大国有资本功能。组建湖北省兴楚国有资产经营管理有限公司,为湖北省国资委转变国资监管方式和更好履行职责提供必要工具和有力保障。调整湖北省再担保集团有限公司管理体制,纳入湖北省国资委直接监管序列。组建工作专班,全力支持驻鄂部队全面停止有偿服务工作。

二是稳步推进混合所有制改革,企业发展活力动力不断增强。推进三环集团有限公司公开引进战略投资者。湖北省工业建筑集团有限公司由3家省出资企业共同持股,形成湖北的"铁塔"模式。推动湖北清能投资发展集团有限公司与碧桂园集团、保利集团等企业合作,实现股权多元化和优势互补。省出资企业二、三级子公司股权多元化改制面超过60%。宜昌市混合所有制企业覆盖面87.4%。

三是深化内部三项制度改革,市场化选人用人力度加大。湖北省交通投资集团有限公司、湖北省高新技术产业投资有限公司等企业通过市场化方式选聘一批子公司经理层人员。各市州国资委也积极推进市场化选聘职业经理人,武汉市国资委指导港发集团、商贸控股等企业在二级子公司选聘职业经理人7人。

四是进一步完善配套制度,改革政策保障更加有力。2017年,出台《湖北省国资委出资企业改制实施办法》《湖北省政府国资委出资企业投资监督管理暂行办法(2017)》等6个规范性文件,国企改革、国资监管制度体系进一步完善。组织编印《国企改革与国资监管政策法规汇编(2017版)》。

(四)国资监管得到加强

一是不断优化国资监管方式,监管有效性进一步增强。加强省出资企业章程管理,将投资融资、国有资产处置、对外担保、关联交易等监管制度内化为章程规定,明确出资人(股东会)、董事会、经理层重大事项的决策权限和权责边界。湖北省国资委按照分类考核、科学考核要求,修订完善考核办法和实施方案,下放企业工资总额预算管理权限,实行分级分类管理。武汉、襄阳、黄石等地按照"放管服"改革要求,制定出台国资监管事项清单,优化监管方式和流程。随州市国资委开始实行财务总监委派制,2户企业委派到位。

二是推进国资监管机构自身改革,管资本职能进一步强化。按照职权法定、规范行权的要求,湖北省国资委有序推进监管职能调整,建立完善国资监管的权力清单和责任清单,明确出资人监管的权责边界,推进以管企业为主向以管资本为主转变。

三是加强法治机构建设,依法监管能力进一步提升。印发《湖北省政府国资委推进国资监管机构法治建设实施方案》,全面落实机关法治建设责任。清理涉及国资监管的省政府规范性文件12件,建议废止失效7件、修订1件。开展2016年度省出资企业股东会决议执行情况检查和省出资企业法定代表人履职情况检查,督促企业落实整改。开办"湖北国资法治讲堂",建立湖北省国资委公职律师制度。

四是加强监督协同,监督作用进一步得到发挥。完善长效监督机制,严格落实监事会年度报告制度,突出专项检查重点,强化对企业的当期和事中监督,及时反映企业经营管理重大风险,督促企业抓好整改,强化风险防控。

二、湖北省国有资产总量与结构分析

(一)国有企业资产总额情况

截至2017年底,湖北省国有企业资产总额42814.51亿元,比上年增加6662.23亿元、增长18.43%。

表1　2017年湖北省国有企业指标

项　目	金　额(亿元)
资产总额	42814.51
负债总额	29593.96
所有者权益总额	13220.55
营业总收入	4267.70
利润总额	313.70
净利润	248.49
归属于母公司所有者的净利润	240.17
应交税金总额	242.68
实际上缴税金总额	230.82

(二)国有企业户数情况

截至2017年底,湖北省全级次汇编国有企业3434户,比上年增加442户,其中,一级企业831户,比上年减少15户;二级企业875户,比上年增加151户;三级企业1041户,比上年增加136户;四级企业537户,比上年增加112户;五级企业131户,比上年增加42户;六级企业18户,比上年增加15户。

表2　2017年湖北省国有企业户数情况

项　目	2016年	2017年	比上年增长(%)
户数(户)	2992	3434	14.77

(三)国有资产分布情况

表3　2017年湖北省国有资产按地区分布情况

地　区	国有资产(亿元)	占国有资产总量比重(%)
省属企业	2466.05	22.26

续表

地 区	国有资产(亿元)	占国有资产总量比重(%)
市县属企业	8613.60	77.74
其中:武汉市	4116.08	37.15
黄石市	770.27	6.95
十堰市	34.85	0.31
宜昌市	757.60	6.84
襄阳市	528.52	4.77
鄂州市	132.10	1.19
荆门市	241.78	2.18
孝感市	267.67	2.42
荆州市	272.41	2.46
黄冈市	574.29	5.18
咸宁市	254.43	2.30
随州市	250.63	2.26
恩施州	161.70	1.46
仙桃市	73.31	0.66
潜江市	63.92	0.58
天门市	95.98	0.87
神农架林区	18.06	0.16

表4　2017年湖北省国有资产按行业分布情况

行 业	国有资产(亿元)	占国有资产总量比重(%)
农林牧渔业	248.20	2.24
工业	205.02	1.85
建筑业	895.34	8.08
地质勘查及水利业	103.77	0.94
交通运输业	976.32	8.81
仓储业	20.58	0.19
邮电通讯业	0.00	0.00
批发零售业	18.73	0.17
金融业	762.26	6.88
房地产业	879.31	7.94

续表

行 业	国有资产(亿元)	占国有资产总量比重(%)
信息技术服务业	0.89	0.01
社会服务业	6637.32	59.91
卫生体育福利业	2.37	0.02
教育文化广播业	129.23	1.17
科学研究和技术服务业	20.53	0.19
机关社团及其他	179.78	1.62

表5　2017年湖北省国有资产按经营规模分布情况

经营规模	资产总量(亿元)	占国有资产总量比重(%)
大型企业	6940.81	62.64
中型企业	1741.39	15.72
小微型企业	2397.44	21.64

三、湖北省国有资本保值增值综合分析评价

2017年初,湖北省国有企业国有资本及权益总额9940.05亿元,扣除客观增加因素1413.24元,加上客观减少因素273.64亿元。2017年末,国有资本及权益11079.64亿元,比上年增加1332.26亿元,平均国有资本保值增值率102.42%,比上年下降0.95个百分点。

表6　2017年湖北省国有企业地区和行业国有资本保值增值情况

地 区	国有资本保值增值率(%)	行 业	国有资本保值增值率(%)
省级企业	102.23	农林牧渔业	101.42
省出资监管企业	102.07	工业	101.84
武汉市	102.18	建筑业	103.52
黄石市	100.57	地质勘查及水利业	93.68
十堰市	100.52	交通运输业	100.98
宜昌市	100.55	仓储业	101.93

续表

地 区	国有资本保值增值率(%)	行 业	国有资本保值增值率(%)
襄阳市	106.81	邮电通信业	
鄂州市	99.94	批发和零售业	91.21
荆门市	101.57	金融业	104.70
孝感市	101.14	房地产业	108.05
荆州市	110.86	信息技术服务业	110.65
黄冈市	103.36	社会服务业	101.82
咸宁市	100.47	卫生体育福利业	87.54
随州市	104.48	教育文化广播业	103.16
恩施州	102.06	科学研究和技术服务业	109.20
仙桃市	103.13	机关社团及其他	100.19
潜江市	107.72		
天门市	102.23		
神农架林区	101.02		
合 计	102.42		

四、湖北省国资委监管企业改革发展情况与上市融资情况

（一）企业改革情况

依法依规推进三环集团混合所有制改革，公开挂牌引进战略投资者武汉金凰实业集团，改制相关工作正有序推进。推进湖北广盐蓝天盐化公司增资扩股，以该公司现有股东、外省重点客户、有经营能力的物流商及连锁超市为目标增资扩股，完成审计评估。继续深化中南工程咨询设计股份有限公司及中南建筑设计院员工持股改革。确定武汉知识产权交易所有限公司、湖北龙腾园林工程有限公司、武汉建工集团股份有限公司等7户企业为湖北省员工持股试点，基本完成武汉建工集团股份有限公司员工持股工作。指导支持恩施大峡谷公司实施股份制改革。完成湖北省工业建筑集团有限公司多元化改制，由湖北省长江产业投资集团有限公司、湖北省联合发展投资集团有限公司、湖北省宏泰国有资本运营集团有限公司交叉持股，分别持股51%、36%、13%。

（二）企业发展情况

2017年，湖北省出资企业重大投资项目涉及高速公路、铁路、机场等基础设施建设、旅游资源开发、"一带一路"建设、农业产业投资、房地产建设、制造业实体投资等296个项目，完成投资685.35亿元。

（三）上市融资情况

截至2017年底，湖北省国有控股上市公司16户，其中湖北省联合发展投资集团有限公司控股的武汉东湖高新集团股份有限公司2017年非公开发行股票91521737股，募集资金8.42亿元。

五、湖北省国资委监管企业并购重组与完善法人治理结构情况

（一）推进企业并购重组

推动湖北省城市规划设计研究院、湖北省地厦人防工程设计审查中心与原主管部门脱钩，划入中南设计集团。整合优质业务资源，推进湖北省鄂旅投旅游发展股份有限公司成功在"新三板"挂牌。协调武汉光谷联合产权交易所有限公司和湖北省宏泰国有资本投资运营集团有限公司共同组建湖北省联合交易集团有限公司，打造湖北省统一的综合性交易平台。推动湖北省工建集团所属湖北时代汽车有限公司与湖北电梯公司重组。

（二）加强董事会建设

研究制定《湖北省国资委2017年建设规范董事会工作要点》，规范做好企业董事会换届工作，明确董事会换届工作流程，加强对董事会换届工作的指导。截至2017年底，湖北省国资委18户出资企业全部建立董事会，覆盖率100%。其中，13户出资企业建立比较规范的董事会，4户国有独资企业外部董事过半。加强董事会运作监管，及时提示企业董事会运作中存在的问题。对省出资企业董事会年度工作报告进行审议，并

逐户向企业反馈审议意见,依法履行出资人职责。

(三)强化监事会监督

坚持问题风险导向,重点关注"三重一大"事项的决策程序、决策机制、决策结果、董事会和经理层履职情况、企业内控体系建设等情况,着力强化对企业的当期和事中监督。利用信息化工作平台查核监管企业经营情况和财务状况的真实性,增强监督的及时性。针对生产经营、工程项目等方面,开展经常性财务检查,提高企业对相关法律法规和内控制度的执行力。全年累计列席企业会议357次,开展各类谈话528人次,编制各类工作底稿214份,实地检查企业集团总部及重要子企业132户,涉及资产3225.6亿元。

六、湖北省国资委监管企业建立和完善经营业绩考核体系情况

2017年5月,湖北省国资委印发实施《湖北省人民政府国有资产监督管理委员会出资企业负责人经营业绩考核办法》(鄂国资规〔2017〕2号)和《湖北省人民政府国有资产监督管理委员会出资企业负责人经营业绩考核实施方案》(鄂国资考核〔2017〕54号),确定18户省出资企业负责人经营业绩考核目标值,并与18户省出资企业负责人签订《省出资企业负责人2017年度经营业绩责任书》。同时,严格按照责任书所签订的目标,对签订2016年度经营业绩责任书的18户省出资企业经营业绩目标完成情况进行考核审定,18户省出资企业2016年度经营业绩考核结果为A级9户、B级6户、C级3户。

七、湖北省国资委监管企业负责人考核与选人用人机制改革情况

一是严格企业领导人员选拔任用。认真落实防止干部"带病提拔"工作规定,坚持全程纪实、节点把关,坚持凡提必审、必核、必查、必听,做到干部选拔任用工作程序规范、资料完善、责任落实、监督到位。根据企业领导班子建设需要,协同省委组织部选拔任用11名企业领导人员。二是加强企业领导人员管理。强化企业领导人员个人有关事项报告、出国(境)护照管理、出国(境)备案审查和档案管理工作。对14户省属企业领导班子和领导人员2016年度履职尽责工作进行考核,3户企业领导班子评定为"优秀"等次,10户企业领导班子评定为"良好"等次,1户企业领导班子评定为"差",对2户企业2名领导人员进行提醒谈话。三是积极推进市场化选聘职业经理人工作。在部分企业子公司层面通过市场方式招聘公司经理层人员,实行任期制和契约化管理。四是扎实推进企业人才工作。继续实施湖北省"123企业家培育计划",召开第一批赴美21人投融资人才座谈会,组织第二批18名投融资人才完成赴美培训工作。7名省属企业专家被评为2017年省有突出贡献中青年专家或享受省政府专项津贴人员。选派湖北能源集团股份有限公司等企业5名干部到新疆进行为期一年半的援疆工作,接收1名西藏干部到湖北省工业建筑集团有限公司进行挂职锻炼。

八、湖北省国资委监管企业党的建设和廉政建设情况

截至2017年底,党的日常工作由湖北省国资委党委管理(或协助管理)的企业84户。其中中央在鄂企业67户、省属企业17户。归口管理企业党员339888人,建立各级基层党组织17783个,其中党委1246个、党总支1356个、党支部15181个。

(一)切实加强党的领导,党建责任落地落实

坚持以习近平新时代中国特色社会主义思想和党的十九大精神为指引,深入贯彻落实全国湖北省国有企业党的建设工作会议和省委《关于在深化国有企业改革中坚持党的领导加强和改进党的建设的实施意见》(鄂办发〔2016〕46号)精神,明确4个方面30条重点任务,逐级制定国有企业党建工作责任清单和基层党建工作任务指导书。截至2017年底,各归口管理企业完成党建入章和党组织研究讨论作为董事会、经理层决策重大问题前置程序得到有效落实,进一步夯实党组织在企业治理结构中的法定地位。各企业普遍推行党建工作责任制和党委书记抓党建工作承诺制,管党治党责任落实情况切实纳入各级企业领导班子及成员履职尽责考核。持续推进企业党委向湖

北省国资委党委、企业下级党委向企业党委、基层党支部向上级党委、普通党员向基层党支部述职评议考核的"四级同述同评同考"工作机制,组织84户归口管理企业党委书记向湖北省国资委党委述职。开展2016年度归口管理企业基层党建工作考评及省出资企业党委2017年度党建工作集中督查考评,通报考评情况,形成整改清单,推动重点任务落实落地。

(二)从严加强企业领导班子建设,干部队伍进一步优化

省出资企业中党委书记兼任董事长、规模较大的企业设立专职抓党建工作的党委书记(副书记),得到较好落实,国有企业党组织把方向、管大局、保落实作用得到有效发挥。规范委管企业领导人员档案管理,认真开展个人有关事项核查、抽查工作,加强省属企业领导人员出国(境)护照管理和出国(境)备案审查工作。研究拟定企业外部董事管理办法,探索推进董事会聘请高级管理人员开展职业经理人制度试点工作,坚持党管干部的原则和董事会、经理层依法选人用人权相结合得到有效落实。

(三)强化党员教育管理,基层基础提档升级

坚持以"深学、实做、真改、带头、强基"五大重点任务为抓手,扎实推进"两学一做"学习教育常态化制度化。以规范"支部主题党日"为重点,制定支部主题党日活动规范指导书,各企业举行支部主题党日活动22.9万次,13000多个基层支部普及《党支部工作手册》,27万名党员配发《党员手册》,逐级建立党建示范点1562个、党员示范岗23498个、党员服务队2613支。省出资企业总部新设党建机构、配备党务人员和"两个1%"要求得到有效落实。全面开展"党组织书记素质提升工程",各企业举办培训班2763个,培训基层党务骨干75000人次。调整优化和新建党支部365个,基本消除党建工作盲区和空白点。企业党务工作队伍"兼职化"现象得到改善,"双经历、复合型"党务人才选拔培养机制不断完善,党务工作人员同待遇同考核同奖惩逐步落实。

(四)强化思想政治引领,企业改革发展正能量有效集聚

把党的政治建设摆在首位,编辑《习近平总书记关于国资国企工作论述摘编》。充分发挥党委理论学习中心组龙头作用,多形式、分层次、全覆盖学习贯彻习近平新时代中国特色社会主义思想和党的十九大精神,归口管理企业宣讲十九大精神3400余场,听众23.8万人次;宣讲湖北省第十一次党代会精神745场,传达湖北省国有企业党建工作会议精神861次。举办湖北省国资系统"不忘初心、牢记使命"大型主题演讲比赛,2017年通过湖北日报"国企改革进行时"专栏、电视访谈品牌《大写湖北人》、"青春国企湖北"微信公众号等媒体平台,发布宣传报道130余篇次、信息200余条。大力开展文明创建活动,159家企业获得"省级文明单位"称号、16家企业获得"全国文明单位"称号。持续开展"荆楚楷模""湖北省道德模范""劳动模范"等典型选树和"创青春"国企青年创新创业大赛,涌现一大批国企党员典型,中铁大桥局等4家企业宣传思想文化工作创新案例受到湖北省政府表彰。

(五)深入推进党风廉政建设和反腐败工作,全面从严治党向纵深发展

湖北省国资委党委成立落实主体责任工作专班,加强惩防体系建设,召开国有企业党风廉政建设和反腐败工作会议,明确具体任务、责任部门以及完成时限。联合有关部门印发《关于进一步加强和改进新形势下省属企业纪检组织建设的意见》,为企业进一步落实监督责任提供制度支撑。与各企业签订党风廉政建设责任书,推动企业积极开展主体责任纪实,加强"痕迹管理",建立层层抓落实的责任体系。重视廉政教育,对2016年以来新提拔的机关干部和企业领导人员进行集体廉政谈话,26.3万人次参与宣教月五大系列活动。注重正面教育和引导,编印《正道直行——国有企业廉洁微故事》,向企业基层一线发放书籍近万册。2017年,抽查考核27家企业落实党风廉政建设责任制情况,约谈考核排名靠后的企业党委书记,进一步筑牢拒腐防变的思想防线。

(撰稿人:陈志友 聂尧尧 李小龙 杨有福 徐勤 曾俊 刘俊 李蔓 丁磊磊 叶明丽 洪萍 邓巧)

湖南省

一、湖南省国有资产监督管理工作综述

2017年,湖南省国资委系统牢牢把握职责定位,以党的建设带动国资国企改革发展,以国资改革带动国企改革,各项工作取得明显成效。

(一)省级国资监管体制不断完善

全面完成政企政资分开工作,涉及25个省直厅局下属138户企业,其中91户企业移交省国资委管理,实现省级经营性国有资产的集中统一监管。转变国资监管职能,拟定《省国资委以管资本为主推进职能转变方案》,制定出资人权力清单、责任清单、负面清单和履职流程,明确精简国资监管事项41项、占原监管事项的29.3%。加强监事会监督,省派监事会提交年度监督检查评价报告、专项检查报告等119份,揭示问题和风险854条,提出意见建议782条,实现对省管国有企业(不含文化、金融)外派监事会监督的全覆盖。省国资委增设审计稽查处,加强出资人审计监督、效能监察和企业风险管控。探索纪检监察与监事会监督相结合的改革试点,推动省属国有企业巡视巡察全覆盖。

(二)市州国企改革稳步推进

持续加大国资监管工作力度。常德市、岳阳市、株洲市、湘潭市、张家界市、湘西自治州等全面完成监管企业公司章程修订,将党建工作要求写入公司章程。长沙市完善企业财务快报系统,加强信息平台建设,监管能力和工作水平不断提升。常德市修订年度经营业绩考核指标体系,健全国有资本经营预算制度,国有资本收益上缴比例提升至21%。积极推进国有企业深化改革。长沙全面实施政企政资分开,15户直接移交企业移交13户,17户委托监管企业完成12户。衡阳市、怀化市明确由市国资委对市属国有企业履行出资人职责,经营性国有资产集中统一监管实现历史性突破。永州市全面完成26户"僵尸企业"的清理处置,郴州完成6户劣势企业和11户市直机关所办实体的清理退出。岳阳市制定《关于市属国有企业整合重组的实施办法》,拟将市属国有企业重组整合为"城建投资、交通投资、产业投资、文旅投资"4家国有投资公司。常德市拟订旅游资源整合方案,采取市场化方式将城区旅游资源等优质资产进行分类整合。郴州市整合万华岩风景区、南岭植物园经营性资产,推进郴汽集团进行市场化重组。

(三)国有经济运行总体平稳

2017年,湖南省国资系统监管企业累计实现营业收入5000亿元,比上年增长20%;实现利润195亿元,比上年增长105%;创造税收217亿元,比上年增长25%。其中,省属监管企业累计实现营业收入4250亿元,比上年增长20%;实现利润129亿元,比上年增长464%;创造税收174亿元,比上年增长20%,均创历史新高。在省属监管企业中,有11户企业实现营业收入超过100亿元,其中华菱集团超过1000亿元、建工集团超过800亿元、中联重科超过500亿元;有16户企业实现利润超过亿元,其中华菱集团超过50亿元,中联重科、现代投资、建工集团超过10亿元。在市州国有企业中,实现利润过亿元的有长沙市、常德市、株洲市、湘潭市、邵阳市、衡阳市6个市,其中益阳市、株洲市、长沙市实现利润分别比上年增长77%、16%、14%。

二、湖南省国有资产总量与结构分析

2017年,湖南省国有企业户数2623户,比上午增加181户;年末企业职工39.23万人,其中年末在岗职工34.49万人;资产总额35108.34亿元,比上年增长16.00%;负债总额20945.11亿元,比上年增长16.03%;所有者权益14163.23亿元,比上年增长15.96%;国有资产总量12890.62亿元,比上年增长15.92%。

表1　　　2017年湖南省国有企业指标

项　　目	数　量	比上年增长(%)
户数(户)	2623.00	7.41

续表

项　　目	数　　量	比上年增长（%）
资产总额（亿元）	35108.34	16.00
负债总额（亿元）	20945.11	16.03
所有者权益（亿元）	14163.23	15.97
国有资本及权益总额（亿元）	12867.99	15.71
营业总收入（亿元）	4545.17	18.18
利润总额（亿元）	284.02	8.14
净利润	242.46	2.49
归属于母公司所有者的净利润（亿元）	202.33	－12.75
实际上缴税金总额（亿元）	295.08	51.99
资产负债率（%）	59.66	增加0.01个百分点
净资产收益率（%）	1.84	减少0.1个百分点
总资产报酬率（%）	1.74	增加0.02个百分点
总资产周转率（次）	0.14	减少0.02
国有资本保值增值率（%）	104.63	增加1.98个百分点
现金净增加额（亿元）	698.14	15.68

表2　2017年湖南省国有资产按地区分布情况

地　　区	国有资产（亿元）	占国有资产总量比重（%）
省属企业	2676.44	20.76
其中:省级监管企业	2624.60	20.36
省级非监管企业	51.84	0.40
市州区县企业	10214.18	79.24
其中:长沙市	3024.85	23.47
常德市	2234.95	17.34
株洲市	1531.60	11.88
衡阳市	833.25	6.46

续表

地　　区	国有资产（亿元）	占国有资产总量比重（%）
湘潭市	504.91	3.92
岳阳市	354.09	2.75
怀化市	360.94	2.80
永州市	451.69	3.50
邵阳市	208.20	1.62
郴州市	259.46	2.01
张家界市	195.71	1.52
湘西州	213.57	1.66
娄底市	35.21	0.27
益阳市	5.77	0.04
合　计	12890.62	100.00

表3　2017年湖南省国有资产按行业分布情况

行　　业	国有资产（亿元）	占国有资产总量比重（%）
农林牧渔业	72.45	0.56
其中:农业	45.68	0.35
林业	3.40	0.03
畜牧业	2.32	0.02
渔业	0.43	0.00
工业	460.20	3.57
其中:煤炭工业	－0.26	0.00
石油和石化工业	9.65	0.07
冶金工业	55.29	0.43
建材工业	5.74	0.04
化学工业	17.86	0.14
森林工业	0.92	0.01
食品工业	－16.41	－0.13
烟草工业	0.00	0.00
纺织工业	－13.63	－0.11
医药工业	4.40	0.03
机械工业	78.99	0.61

续表

行 业	国有资产（亿元）	占国有资产总量比重（%）
军工工业	12.80	0.10
电子工业	9.86	0.08
电力工业	147.65	1.15
市政公用工业	135.48	1.05
其他工业	20.70	0.16
建筑业	4167.18	32.33
地质勘查及水利业	252.39	1.96
交通运输业	463.16	3.59
其中：铁路运输业	1.12	0.01
道路运输业	323.08	2.51
水上运输业	78.14	0.61
航空运输业	52.54	0.41
仓储业	4.03	0.03
邮电通信业	0.00	0.00
批发和零售业	171.79	1.33
金融业	195.53	1.52
房地产业	3499.94	27.15
信息技术服务业	8.58	0.07
社会服务业	3485.87	27.04
卫生体育福利业	43.21	0.34
教育文化广播业	1.44	0.01
科学研究和技术服务业	43.23	0.34
机关社团及其他	21.60	0.17
合 计	12890.62	100.00

表4　2017年湖南省国有资产按经营规模分布情况

经营规模	户数（户）	比重（%）	国有资产（亿元）	占国有资产总量比重（%）
大型企业	81	3.09	2069.06	16.05
中型企业	432	16.47	3755.89	29.14
小型企业	1110	42.32	5926.39	45.97
微型企业	1000	38.12	1139.28	8.84
合 计	2623	100.00	12890.62	100.00

三、湖南省国有资本保值增值综合分析评价

2017年初，湖南省国有企业年初国有资本及权益总额11120.72亿元，年末国有资本及权益总额12867.99亿元，增加1747.27亿元，比上年增长15.71%，其中，客观因素增加1477.47亿元，经营积累599.63亿元；客观因素减少244.76亿元，经营减值85.05亿元。扣除客观增减因素后的国有资本保值增值率104.63%。

政府投入、资产评估及经营积累等因素增加权益2077.09亿元。主要是国家、国有单位直接或间接追加投资443.53亿元，无偿划入417.23亿元，资产评估增加272.25亿元，清产核资增加7.04亿元，产权界定增加0.06亿元，资本（股本）溢价31.79亿元，接受捐赠0.03亿元，债权转股权129.49亿元，税收返还1.07亿元，减值准备转回0.01亿元，会计调整17.59亿元，中央和地方政府确定的其他因素增加157.38亿元。主观因素增加即经营积累增加599.63亿元，占本年国有资本及权益增加的28.87%。

消化潜亏挂账、资本（股票）折价及经营亏损等因素减少权益329.82亿元。主要是经国家专项批准核销3.60亿元，无偿划出159.74亿元，资产评估减少1.22亿元，清产核资减少1.34亿元，产权界定减少3.42亿元，消化以前年度潜亏和挂账减少6.17亿元，企业按规定上缴利润11.22亿元，资本（股本）折价42.20亿元，中央和地方政府确定的其他因素减少15.85亿元；主观因素减少即经营减值85.05亿元，占本年国有资本及权益减少的25.79%。

2017年，湖南省国有企业国有资本保值增值率104.63%，比上年增加1.98个百分点。省属国有企业国有资本保值增值率101.53%，比上年增加0.83个百分点，其中，省国资委监管企业国有资本保值增

值率101.54%，比上年增加1.05个百分点；省属非监管企业国有资本保值增值率100.89%，比上年减少0.78个百分点。市州企业国有资本保值增值率105.47%，比上年增加2.45个百分点，湖南省有12个市州企业实现国有资本保值增值。

表5 2017年湖南省国有企业地区和行业国有资本保值增值情况

地 区	国有资本保值增值率(%)	行 业	国有资本保值增值率(%)	行 业	国有资本保值增值率(%)
湖南省合计	104.63	农林牧渔业	101.46	市政公用工业	101.26
省属小计	101.53	其中:农业	102.32	其他工业	108.60
省属监管企业汇总	101.54	林业	100.94	建筑业	101.46
省级非监管企业汇总	100.89	畜牧业	94.93	地质勘查及水利业	122.36
市州区县企业汇总	105.47	渔业	89.80	交通运输业	94.97
其中:长沙市	101.52	工业	103.91	其中:铁路运输业	98.68
常德市	115.26	煤炭工业	257.23	道路运输业	93.21
株洲市	104.07	石油和石化工业	100.47	水上运输业	100.92
衡阳市	103.36	冶金工业	140.58	航空运输业	99.93
湘潭市	109.58	建材工业	103.14	仓储业	106.04
岳阳市	102.62	化学工业	92.44	邮电通信业	
怀化市	100.84	森林工业	97.69	批发和零售业	102.43
永州市	116.38	食品工业	109.89	金融业	204.80
邵阳市	91.70	烟草工业	0	房地产业	103.52
郴州市	100.60	纺织工业	121.65	信息技术服务业	97.71
张家界市	100.15	医药工业	123.58	社会服务业	105.25
湘西州	100.59	机械工业	84.01	卫生体育福利业	94.05
娄底市	101.58	军工工业	97.94	教育文化广播业	103.44
益阳市	93.33	电子工业	320.42	科学研究和技术服务业	110.00
		电力工业	103.95	机关社团及其他	103.17

四、湖南省国资委监管企业改革发展情况

（一）以供给侧结构性改革为主线，企业发展质量明显提升

制定《优化省属国有资产与债务结构实施方案》，指导督促企业减少有息负债和财务费用，降低资产负债率。2017年，省属监管企业整体资产负债率降至65.9%、比上年减少3.8个百分点，有息负债2629亿元、比上年下降4.6%，支出财务费用104亿元、比上年下降6.6%。启动"僵尸企业"处置，出台《省属企业处置"僵尸企业"工作方案》，完成10户"僵尸企业"的处置。华菱集团提前完成钢铁去产能任务，实现华菱锡钢从华菱集团出表；湘煤集团累计关闭矿井9对，化解煤炭过剩产能122万吨/年。着力提高企业劳动

生产率,华菱集团采取系列措施减员增效,钢铁主业减少2000人,湘钢、涟钢劳动生产率年产钢900吨/人,进入行业先进水平。

(二)以发展壮大实体经济为根本,企业转型升级步伐明显加快

制定《省属监管企业聚焦主业工作推进方案》,逐户明确企业的发展定位,规定每户企业只能设置2~3个主业,对监管企业所属酒店、房地产、金融、投资等10类资产进行清理。指导支持华菱集团聚焦主业发展实体经济,全年实现营业收入1209.8亿元,成为首家年销售收入超过千亿元的省属企业;长丰集团回归整车主业,获得整车生产资质和新能源汽车生产资质,通过加强与中国联通、联想集团的战略合作,推动数据化、智能化应用,全年实现利润8.8亿元、比上年增长65.5%,重新进入中国制造企业500强。抓产业联盟促发展,长丰集团、湘电集团、金杯电缆等组建新能源汽车产业联盟;建工集团、华菱集团、远大住工等组建国际化基建产业联盟。

(三)以实施创新引领为抓手,企业创新能力和水平明显提高

鼓励和支持企业发挥创新主体地位作用,积极推进技术创新、产品创新、管理创新和商业模式创新。华菱集团加大科研投入,全年投入研发经费21亿元以上,占销售收入比重超过3%,在能源、油气、造船、海工等多个中高端用钢领域形成华菱品牌优势;建工集团2017年获得20项鲁班奖,连续18年获得97项鲁班奖;兵器集团自主组建兵器技术中心,与北京理工大学合作建立兵器科学院士工作站、与国防科技大学合作建立智能轻型特种装备工程技术中心,在智能化弹药等领域形成新的关键技术和高新产品;交水建集团2017年获得国家级、省部级科技、建设奖44项,专利、工法60项,其中依托矮寨大桥的"山区大跨度悬索桥设计与施工技术创新及应用"获得集团第9个国家科技进步二等奖。

(四)以对接服务国家战略为契机,企业对外开放合作力度明显加大

发挥湖南"一带一部"区位优势,华菱集团、建工集团、黄金集团、中联重科等在"一带一路"沿线国家达成合作意向或签署正式协议的项目70多项。中联重科产品销售覆盖"一带一路"沿线31个国家,中白工业园基地奠基开工,汽车起重机、塔机等产品成功下线;交水建集团2017年海外在建项目23个,合同金额62亿元;黄金集团参与南非、巴西、智利等国的黄金有色金属资源开发,首个海外矿山厄瓜多尔里奥布兰科项目正式出矿。建工集团联合部分金融机构和省属国企、民营企业发起设立湖南省"一带一路"产业促进基金,总规模200亿元,为湖南企业"走出去"提供资金支持。

(五)以完善企业市场化经营机制为重点,国有企业深化改革取得明显突破

召开湖南省深化国企改革工作推进会,部署开展公司制改制等重点改革工作,建立国资国企改革双周调度会议制度、委领导挂点联系国企改革工作制度、委领导督导市州国企办社会职能分离移交工作制度,明确企业、市州的改革任务清单。监管企业公司制改制任务全面完成,管理层级全部压缩至三级以内,减少法人单位96户。推动长丰集团、海利集团等完成混合所有制改革,启动5户二级企业开展首批员工持股试点。国有企业"三供一业"分离移交取得积极进展,81户中央及中央下放企业、省属企业的376个项目启动367个、占总任务比例的97%,其中省属企业供水供电分离移交任务基本完成。

五、湖南省国资委监管企业并购重组与完善法人治理结构情况

(一)着力推进重组整合工作

制定《省属国有资本布局结构调整与企业整合重组总体方案》和《省属国有资本布局结构调整与企业整合重组2017年实施计划》,整合4户企业组建担保集团,整合9户企业组建现代农业控股集团,完成发展集团对安居投、黄金集团对稀土集团、兴湘集团对新物产、包装、国立等共计5户企业的整合重组。

(二)着力推进完善法人治理结构

制定《省属国有独资公司章程模版》《省属国有全

资公司、国有控股公司章程模版》，将党建工作要求写入公司章程，指导34户省属监管企业全面完成公司章程修订。出台《湖南省完善国有企业法人治理结构的实施意见》《省国资委监管企业实施职业经理人制度试点工作方案》，指导9户省属监管企业完成或启动外部董事过半数的规范董事会建设，在华菱集团、兵器集团、湘电集团所属二级企业开展职业经理人试点。

六、湖南省国资委监管企业建立和完善经营业绩考核体系情况

（一）健全完善考核制度体系

制定《湖南省国资委监管企业负责人综合绩效考核办法》，考核指标体系包括经营业绩、资产资本管理、改革改制、创新发展、党建工作等五大类别，首次将党建工作和改革改制工作纳入企业负责人综合绩效考核内容，构建经营业绩和专项工作相结合的综合绩效考核制度。

（二）合理下达2017年度考核目标

结合宏观经济形势、行业发展趋势和企业实际，审核确定29户监管企业负责人2017年度综合绩效考核目标，签订《综合绩效考核责任书》。29户监管企业2017年经营业绩类指标目标为营业收入2643.1亿元，比上年增长11.2%；考核利润45.98亿元，比上年增长近1.5倍。

（三）客观核定2016年度考核结果

以企业财务决算数据为基础，结合中介机构出具的企业负责人经营业绩专项审计意见以及有关处室、监事会各办事处、驻委纪检组的意见，审核确定企业负责人2016年度考核结果。2016年，47户监管企业实现营业收入2373.7亿元，完成考核目标的110.5%，比上年增长21.7%；实现考核利润21.67亿元，超过考核目标31.26亿元，较上年扭亏增利56.4亿元。

（四）严格核定监管企业负责人2016年度薪酬水平

根据经营业绩考核结果，严格核定监管企业负责人2016年度薪酬水平和任期激励收入。2016年，省国资委核定的47户企业主要负责人度平均薪酬（含任期激励）43.5万元，较上年增长12.5%，其中34户企业负责人薪酬增长，12户企业负责人薪酬下降，1户企业负责人薪酬持平。制定印发《湖南省国资委关于进一步明确监管企业负责人因违法违纪违规扣减薪酬有关事项的通知》，对受到组织处理、党纪处分、政纪处分的15种情况，酌情扣减4%～100%的年度绩效薪酬和任期激励，充分发挥绩效考核的导向作用。

（五）积极推动监管企业深化企业内部劳动用工和收入分配制度改革工作

制定《关于进一步深化省属监管企业劳动用工和收入分配制度改革的指导意见》，全面部署推进监管企业深化劳动用工和收入分配改革，建立健全长效激励约束机制，增强企业内生活力和发展动力。

七、湖南省国资委监管企业负责人考核与选人用人机制改革情况

（一）配合开展企业领导班子换届调整工作

参与起草省属国有企业领导班子和主要负责人专项考察工作方案、实施细则以及相关文件，配合省委组织部开展省属国有企业领导班子集中换届，对18户省属国有企业主要负责人进行交流调整，全面完成省管企业党委书记、董事长"一肩挑"工作。

（二）不断完善干部监督机制

收集整理省管企业副职领导人员、委管企业领导人员个人报告事项，对其中符合继续提名条件的125名领导人员的有关个人事项进行录入和委托查核，完成2016年度个人有关事项报告随机抽查比对工作。对驻委纪检组移交的企业相关领导信访举报问题进行调查核实，提出处理建议。

（三）扎实推进监管企业人才工作

组织开展省属国有企业领导干部学习贯彻党的十八届六中全会精神、党的十九大精神集中轮训，"国企党建与现代经济理论"培训班，"现代企业管理"培

训班,提升企业领导人员政治素质和专业能力。联合省科技厅、省人社厅等部门制定印发《关于开展2017年度湖南省企业科技创新创业团队支持计划申报工作的通知》,推动企业创新创业人才队伍建设。

八、湖南省国资委监管企业党的建设和廉政建设情况

(一)加强制度建设

制定《企业党建工作责任制实施办法》,建立党委集体讨论事项全程纪实制度,全面开展企业党委书记抓党建述职评议考核工作。在《省属国企违规经营投资损失责任追究办法》等制度中明确落实党组织研究讨论前置程序要求。将党建工作纳入《企业负责人综合绩效考核办法》,党建考核结果在综合绩效考核分值中占10%,有效推动国企党建工作深入开展。

(二)着力夯实基层基础

召开湖南省国企基层党建工作现场会,举办7期企业负责人党建工作培训班。建立党支部标准化建设示范点197个。实施"千名国企支书进党校工程",培训支书5166人次。出台《加强企业党员干部理论学习的意见》,推行党员积分管理,集中培训党员5.7万人次、党员发展对象2369人。推广"红星云",创建湖南国企党建网、湖南国企党建APP,积极打造国企党建交流学习平台。

(三)深入推进党风廉政建设和反腐败工作

配合完成省国资委纪委改为省纪委派驻纪检组的重大改革,着力开展金融领域专项整治、"六涉"专项整治、纠"四风"专项整治。2017年,驻省国资委纪检组收到各类问题线索306条,对其中42个重要问题线索开展初核;对19人开展立案审查,其中实施"两规"措施5人、移送司法4人、"断崖式"处理5人、诫勉谈话11人、约谈提醒83人。加大巡视整改力度,省资委党委制定116项整改措施,逐条逐项抓落实。配合省委巡视组对2户企业开展机动巡视,指导督促企业抓好问题整改落实。

(撰稿人:黄 震)

广东省

一、广东省国有资产监督管理工作综述

2017年,广东省国资系统认真贯彻落实广东省委、省政府的决策部署,稳步推进战略性重组、大刀阔斧优化国有资本布局;持续推进体制机制改革、有效释放国企深层次活力;深入推进供给侧结构性改革,提升企业创新能力及竞争力,为进一步深化国资国企改革筑好篱笆、做好铺垫。广东省国资系统团结拼搏、开拓创新,圆满完成全年任务。

(一)国有经济布局不断优化

一是广东省国资系统紧密聚焦企业功能定位,推进分类改革。各地市高度重视国有企业功能定位的研究,努力推进分类改革、分类监管。广东省国资委制定《省属国有经济战略性重组整体方案》,将省属企业由目前的准公共性、竞争类两大类,进一步细分为准公共类、竞争类、金控类三大类,分别赋予其不同的功能定位。准公共类企业侧重于打造广东省重大基础设施建设主力军;竞争类企业按照产业化、市场化、专业化、资本化原则打造竞争力强的行业引领者;金控类企业致力于成为影响力较强的金融控股集团,有序推进省属企业整体调整重组。

二是各地市纷纷加大战略性重组力度。各地市有序推进资源重组整合,广州推动新纳入直接监管的29户企业整合进入现有企业,深圳制定整合重组"1+N"方案,重点推进金融、建工与基础设施、能源等十大领域资源整合,汕尾按照"资产同质、经营同类、产业关联"重组整合原则,盘活存量优化增量,做大平台公司资产规模。省属企业完成两项重大战略性重组:一是以交通集团、联合电服、南粤交投三家省属高速公路企业为主体的交通板块战略性重组;重组后的新交通集团运营的高速公路里程超过5500千米,管理的总资产超过5000亿元,均在全国省属交通企业排名

第一。二是以建工集团、水电集团为主体的省属建筑板块整合重组；通过两家企业资产及内部资源整合，优化管理架构、集中优势资源对新集团进行商业模式创新及再造。

三是国企主动加快推进内部资源重组。广新集团推进内部同业资产优化调整，减少5家一级企业。广业集团推动所属宏大爆破、广业清怡公司并购同行业优秀企业，进一步巩固行业龙头地位。航运集团制定琼州海峡北岸港航资源整合方案，加快推进琼州海峡港航资源一体化整合。旅控集团聚焦专业化、机制创新、流程再造，完成酒店、旅行社等板块管理架构的整合。盐业集团加大投入改造雷州和徐闻盐场，改善广东"有海少盐"、供求不平衡的市场现状。丝纺集团在广东省范围内打造23个桑果旅游文化园，抢占珠三角蚕桑特色生态休闲旅游市场。

四是成功搭建广东省统一的产权交易平台。广东省国资委及广州、深圳、珠海市国资委通过发起设立的方式，成立公司制企业广东联合产权交易中心作为广东省统一的产权交易平台，实现省内4家产权交易机构资源整合。实现广东省产权市场交易系统、交易规则、信息发布、交易鉴证、收费标准和业务监管的"六统一"，提升交易平台在全国范围的影响力，提高交易效率及价值发现能力，降低交易成本。

五是国企在广东省基础设施建设中发挥主力军作用。2017年，广东省国有企业归属母公司净资产主要分布在社会服务、交通运输、房地产、建筑业等四大行业，占比89.01%。在交通基础设施领域，截至2017年底，广东省省属企业参与建设的高速公路通车里程6168千米、铁路运营里程4257千米，为广东省高速公路通车里程、铁路运营里程位居全国前列发挥至关重要的作用；广州、惠州、揭阳、湛江、梅县等机场的旅客、货邮吞吐量7412万人次、181万吨，其中广州白云国际机场的旅客、货邮吞吐量6583万人次、178万吨，分别列世界第13位和第19位，国际及地区通航点87个，国际航空枢纽地位持续提升。在能源领域，省属企业（广东省内）装机容量2622.04万千瓦，占广东省能源领域国有企业可控装机容量的69%；发电量1045.96亿千瓦时，占广东省能源领域国有企业发电量的70%。在水利、环保基础设施建设方面，省属企业承担广东省2017年水田垦造任务27平方千米，有序落实国家耕地保护和改进占补平衡有关部署；承担粤东地区韩江下游及三角洲防洪、供水体系中的控制性工程——韩江高陂水利枢纽工程PPP项目；粤海集团原水处理量2200万吨/日，全国排名第二；广业集团污水处理量385万吨/日，广东省内排名第一。

（二）体制机制改革稳步推进

一是广东省国资系统有序推进公司制改革。截至2017年底，广州、深圳国有企业全面完成公司制改革；省属企业集团层面公司制改革全部完成，二、三级企业完成率超过99%。

二是积极推进体制机制改革创新试点工作。各地市以体制机制创新改革为切入点，通过"一企一策"度身制定整体改革方案，不断激发企业发展活力。50家省属二、三级企业体制机制改革创新试点工作初步达到预期目的，截至2017年底，18家试点企业完成国有企业改革发展基金入股，15家完成股份制改造工作，18家实施员工持股激励，7家成功挂牌新三板。广东省国资委同时根据试点企业改革创新成效，动态调整企业名单，给予相应压力。增补试点企业17家，同时调整9家试点企业为后备培育对象，6家试点企业放入调整优化培育试点。

三是有序推进国有资本运营公司、投资公司两类公司改革试点。根据国务院国资委文件精神，发动各地市选取符合条件的国有企业，积极探索试点。广东省国资委继2016年在粤海控股集团、恒健控股公司分别开展国有资本投资及运营公司改革试点后，经过深入系统调研，在原试点方案的基础上下发实施方案及新增授权清单，加大改革力度。主要针对完善公司治理结构、发挥两类公司平台功能、确保监督到位等主要改革工作进一步予以明确，并给予试点企业董事会进一步授权。在53项清单的基础上，进一步给予粤海控股集团董事会14项授权，给予恒健控股公司董事会9项授权。粤海控股国有资本投资公司试点做法得到国务院国资委肯定，并在全国国有企业改革经验交流会上交流；恒健控股公司改革试点稳步推进。

四是有序推进混合所有制企业员工持股试点。广东省分两批在5家企业开展混合所有制企业员工持股试点。其中,广州艾茉森公司完成审计评估工作和员工持股合伙企业的工商登记手续,获批新三板挂牌。其余4家企业加快推进引入战略投资者、审计评估等工作。

(三)供给侧结构性改革不断深化

2017年,广东省国资系统以勇往直前的决心,坚决打赢提质增效、"瘦身健体"、创新驱动三大供给侧结构性改革攻坚战。

提质增效方面。一是全力推进"出僵脱困"工作。截至2017年底,广东省国有"僵尸企业"处置完成3459户,其中,关停企业实现市场出清2394户,超额完成广东省政府下达的2333户任务;特困企业实现脱困1065户,超额完成广东省政府下达的1052户目标;安置职工19000多人。二是积极开展"降杠杆"工作,切实防范财务风险。根据广东省省委省政府明确国有企业资产负债率降至65%以下的要求,广东省国资委出台《关于加强债务管理严控债务风险的意见》,组织开展省属企业总体财务情况分析及债务风险分析,逐一把脉、对症下药,并建立各地市、各省属国资监管企业资产负债率月度监测体系。通过以上举措,推动广东省国资系统稳步降低杠杆率,为实现持续平稳健康发展奠定基础。三是扎实落实"降成本"任务。仅交通集团、粤电集团分别通过降低货运车辆通行费、用电市场化交易等措施降低企业成本合计约2.5亿元。广晟公司严控成本费用,全年较年初预算节约8.18亿元,集团本部"三公"经费较上年减少269万元,下降46%。

"瘦身健体"方面。一是加快推进剥离国有企业办社会职能及职工家属区"三供一业"分离移交工作。截至2017年底,广东省各级企业签订(框架)协议进展为总户数70.8万户的85%,其中省属企业签订(框架)协议进展97%,较好完成国务院国资委要求的分离移交协议70%的进度任务。市政设施、社区管理职能分离移交工作以及教育医疗机构深化改革有序推进。二是出台《关于推进省属企业压缩管理层级减少法人单位的工作方案》,各省属企业均制定具体实施方案加快推动压减工作。

创新驱动方面。一是加大科技创新投入力度。各地市加大对科技创新投入,广州安排国资收益成立国企创新投资基金,创新投资基金母基金规模30亿元。广东省国资委着重补上省属企业创新发展能力不足的短板,出台《关于推动省属企业创业创新加快发展的若干措施》,推进动能转换。省铁投集团积极探索建立"项目+资源"等综合回报模式,增强企业发展后劲。广东省国资系统积极主动落实广东省委省政府振兴粤东西北发展的战略部署,省属企业在粤东西北地区在建、拟建的投资项目260个,总投资额10386亿元,2017年新投资项目64个,总投资额1042亿元。二是广东省国资系统积极开展战略合作。建工集团与清远、湛江、梅州、韶关等地市在轨道交通、水田垦造等领域加强合作,总投资超200亿元。商贸控股与阳江、茂名等地政府签订战略合作协议,在医药健康、养老服务等领域开展合作,推动区域协调发展。南粤集团与恒健控股公司联合成立广东粤澳合作发展基金管理有限公司,完成注册手续,首期200亿元运营资金到位。江门投资公司与粤科控股、粤财控股共同成立产业专项基金,支持实体经济发展。

(四)国资监管不断改进

广东省国资系统按照以管资本为主加强国有资产监管的要求,持续推进国资监管职能转变,不断完善国资管理体系,强化依法行权履职,创新监管方式方法,增强协调服务能力,营造改革发展良好环境。

一是加快各级国资委自身建设。各地市紧紧围绕以管资本为主的要求,不断优化监管部门和职能设置。广东省国资委借鉴新加坡淡马锡管资本的理念,重新研究确立省国资委出资人职能定位,制定《广东省国资委以管资本为主推进职能转变方案》,重点管好国有资本布局、规范资本运作、提高资本回报、维护资本安全,突出知情权、日常监督权、考核权,侧重从监管的重点、强化转变的职能来凸显国资委的职能定位。

二是进一步完善监管手段。韶关稳步推进国有资产统一监管工作,将17户国有企业划转和纳入国资统一监管,组建城建板块、公用事业板块、文旅板块三大板块集团公司。中山设立产权监管中心,实时掌握整个国资系统的物业情况及产权转让和处置的方式、受让方情况等,实现对国有产权流转更为全面的监控,防止国有资产流失。潮州扎实推进财务监管,结合企业快报组织对国有企业的财务收支情况进行稽查,并对国有资本经营预算资金的使用进行监督,对发现的问题及时纠正。

三是强化风险管控。各地市加强国有企业风险管控,佛山、清远、肇庆等地出台相关文件加强风险管控,广州构建"互联网+大数据"监管平台,重点解决信息获取不对称、不及时难题,增强出资人科学决策和风险预判能力。广东省国资委开展对6户省属企业商贸业务风险专项整治;针对17户省属企业的37个主要经营风险问题,提出85条工作措施及保障措施;与广东省审计厅协同开展对16家竞争性国有企业审计调查,揭示重大风险隐患,提出解决重大问题和推动改革发展的建议;强化法律风险管控,推行总法律顾问制度和法律意见书制度,指导和帮助省属企业妥善处理涉法涉讼案件,涉案金额超7亿元,挽回国有资产损失超5亿元;继续完善国有产权首席代表报告制度,以事后监督和年度评价为主进一步规范董事长的履职行为。

二、广东省国有资产总量与结构分析

2017年,广东省国有企业(不含央企、其他省份驻粤企业,下同)的资产总额96997.86亿元,比上年增长27.27%;实现营业收入19804.21亿元,比上年增长28.82%;实现利润总额2574.04亿元,比上年增长61.07%;实现净利润(归属于母公司)956.58亿元,比上年增长50.18%。

表1　　2017年广东省国有企业指标

项　目	金　额(亿元)
资产总计	96997.86
所有者权益合计	34757.37
营业总收入	19804.21
利润总额	2574.04
净利润	1939.78
归属于母公司所有者的净利润	956.58
本年应交税费总额	2025.66
本年实际上缴税费总额	1973.68

2017年,广东省国有企业11002户,比上年增加1103户。其中省直企业3321户,各市企业7681户。在省直企业中,广东省国资委监管企业2689户(其中一级企业集团20户),其他省直部门监管的企业632户。

表2　　2017年广东省所属国有企业户数情况

项　目	2016年	2017年	比上年增长(%)
户数(户)	9899	11002	11.14

2017年,广东省国有资本总量25768.36亿元,比上年增加4334.91亿元,增长20.22%。其中省直企业4630.47亿元,各市企业21137.89亿元。在省直企业中,广东省国资委监管企业年末国有资本总量4035.95亿元,其他省直部门监管企业594.52亿元。

广东省国有企业资产仍主要集中在珠江三角洲地区,珠江三角洲地区国有企业的资产总额78211.76亿元,占广东省地市的80.63%。省属监管企业、广州市和深圳市国有企业资产总额53825.7亿元,占广东省的76.02%,是广东省国有企业的主体。特别是广州市和深圳市的国有企业,资产总额占广东省国有企业的份额从2006年的47.96%上升到2017年的61.74%,两个中心城市作为广东省区域经济发展的龙头,呈现出国有资产较快发展的态势。

表3　　2017年广东省国有资产按地区分布情况

地　区	国有资产(亿元)	占国有资产总量比重(%)
省直国有企业	4630.47	17.97
其中:省国资委监管企业	4035.95	15.66
其他省直部门监管企业	594.52	2.31
各市国有企业	16538.37	82.03
广州市	6121.52	23.76
深圳市	8188.61	31.78
珠海市	1673.59	6.49

续表

地 区	国有资产(亿元)	占国有资产总量比重(%)
汕头市	99.79	0.39
佛山市	1254.22	4.87
韶关市	124.60	0.48
河源市	128.06	0.50
梅州市	17.27	0.07
惠州市	391.46	1.52
汕尾市	38.52	0.15
东莞市	784.22	3.04
中山市	419.56	1.63
江门市	520.10	2.02
阳江市	88.69	0.34
湛江市	213.97	0.83
茂名市	243.28	0.94
肇庆市	294.82	1.14
清远市	164.64	0.64
潮州市	117.79	0.46
揭阳市	83.87	0.33
云浮市	169.30	0.66
合　计	25768.36	100.00

2017年,在国民经济16个大行业中,广东省国有企业的资产主要分布在社会服务业、交通运输业、房地产业、建筑业和工业5个行业。5个行业的国有资产总量21959.44亿元,占广东省国有企业的85.22%。

表4　2017年广东省国有资产按行业分布情况

行　业	国有资产(亿元)	占国有资产总量比重(%)
农林牧渔业	101.75	0.39
工业	1426.89	5.54
建筑业	2207.79	8.57
地质勘查及水利业	139.21	0.54
交通运输业	6825.83	26.49

续表

行　业	国有资产(亿元)	占国有资产总量比重(%)
仓储业	239.48	0.93
邮电通信业	7.59	0.03
批发和零售业	595.19	2.31
金融业	607.05	2.36
房地产业	4425.26	17.17
信息技术服务业	409.78	1.59
社会服务业	8674.40	33.66
卫生体育福利业	39.74	0.15
教育文化广播业	153.56	0.60
科学研究和技术服务业	101.50	0.39
机关社团及其他	−187.17	−0.73
合　计	25768.36	100.00

表5　2017年广东省国有资产按经营规模分布情况

经营规模	国有资产(亿元)	占国有资产总量比重(%)
大型企业	−744.31	−2.89
中型企业	7541.49	29.27
小型企业	12138.04	47.10
微型企业	6833.15	26.52
合　计	25768.36	100.00

三、广东省国有资本保值增值综合分析评价

2017年,广东省国有企业国有资本保值增值率104.07%,高于上年的103.96%。其中,广东省国资委监管企业国有资本保值增值率103.92%;其他省直部门监管企业国有资本保值增值率105.61%;各地市国有企业国有资本保值增值率104.06%。

分地区情况看,21个地市均实现国有资本保值增值。分行业情况看,16个国民经济行业中,11个行业实现国有资本保值增值。

表6 2017年广东省国有企业地区和行业国有资本保值增值情况

地 区	国有资本保值增值率(%)	行 业	国有资本保值增值率(%)
合 计	104.07	合 计	104.07
省直国有企业	104.14	农林牧渔业	96.53
其中:省国资委监管企业	103.92	工业	115.00
其他省直部门监管企业	105.61	建筑业	102.64
各市国有企业	104.06	地质勘查及水利业	113.86
广州市	104.68	交通运输业	95.91
深圳市	103.38	仓储业	116.35
珠海市	107.61	邮电通信业	99.60
汕头市	100.69	批发和零售业	108.37
佛山市	100.79	金融业	95.47
韶关市	104.49	房地产业	117.60
河源市	100.81	信息技术服务业	107.80
梅州市	103.00	社会服务业	103.52
惠州市	108.13	卫生体育福利业	103.58
汕尾市	101.27	教育文化广播业	98.01
东莞市	108.34	科学研究和技术服务业	103.62
中山市	103.56	机关社团及其他	107.41
江门市	100.71		
阳江市	100.20		
湛江市	100.62		
茂名市	100.88		
肇庆市	109.53		
清远市	100.98		
潮州市	100.25		
揭阳市	100.11		
云浮市	101.50		

四、广东省国资委强化监督转变职能情况

2017年,广东省国资系统按照以管资本为主加强国有资产监管的要求,持续推进国资监管职能转变,不断完善国资管理体系,强化依法行权履职,创新监管方式方法,增强协调服务能力,营造改革发展良好环境。

(一)产权监督

一是加强产权登记管理。广东省国资委开发广东省国家出资企业产权登记信息系统,实现广东省国资系统监管企业产权形成、变更和注销的全过程登记,掌握登记企业国有持股比例、级次、行业、地域等信息。二是严格产权流转管理。严格执行国有资产交易有关规定,除规定允许非公开协议转让和增资的情形外,国有产权转让和国有企业增资全部通过产权交易市场公开进行,确保公平公正公开,实现阳光交易,同时积极发挥产权交易市场作用,发动市场、发现价格。三是强化资产评估管理。严格执行国有资产评估有关规定,在企业改制、并购重组、产权流转等重要环节切实做好资产评估管理,以经备案的评估结果合理确定交易底价,防止国有资产流失。四是加强监督管理。包括利用企业国有资产交易监测系统,实时掌握监督国有产权进场交易情况;不定期开展广东省企业国有产权交易专项检查,以检查促规范,以规范促发展,防止和纠正产权交易过程中违法违纪现象的发生。

(二)投资监督

一是加强投资监管制度建设。广东省国资委印发《广东省省属企业境外国有资产监督管理暂行办法》《广东省省属企业投资监督管理办法》等,规范省属企业投资行为,严格境内、境外投资管理。各省属企业完善企业内部投资管理制度,细化企业投资管理规程,健全投资管理机构。各地市国资委普遍出台市属企业投资管理办法。二是明确国有资本投向。引导企业立足主业开展境内、境外投资,围绕企业功能定位,优化调整企业产业投向,将资源、资产、资金集中到主业,走精干、高效、专注的发展道路,积极寻找优质项目,打造具规模优势、竞争力强、效益明显的新

型企业。三是强化境外投资管理。一方面支持广东省国有企业贯彻落实国家"一带一路"倡议和粤港澳大湾区等重大发展战略,结合企业自身实际,立足主业开展境外投资,支持国有企业在港澳地区做强做优做大;另一方面严格境外投资监管,指导企业以投资价值分析和风险防控为重点,借助中介机构的专业服务,充分做好项目可行性分析、尽职调查、筹融资安排、效益分析、法律论证、风险评估等系列工作,依法依规履行投资决策程序,同时指导企业对投资项目各类风险进行充分评估及防控。财务、规划、产权、审计、监事会等部门联合对企业投资项目进行全过程监管。

(三)财务监督

一是优化全面预算管理。广东省国资委选取10家省属企业开展预算审核授权工作,同时加强全面预算工作的事前指导、事中定期上报预算执行情况以及事后考核评价,约束引导省属企业全面预算工作行为。二是加强决算复核整改力度。加强省属企业决算复核力度,要求省属企业就复核发现的问题认真整改,并进一步规范财务核算,提高财务决算报表编制质量。三是加强债务风险管控。实施债务规模和资产负债率双指标管控,推动省属企业降低杠杆率,提高债务风险管控能力,夯实省属企业持续平稳健康发展的基础。

(四)监事会监督

广东省国资委派驻企业监事会紧紧围绕深化国资国企改革中心任务,重点监督省属企业"三重一大"决策事项和企业领导班子的履职行为,进一步强化问题和风险导向,扎实做好监督工作,为防止国有资产流失发挥重要作用。2017年,监事会针对发现问题向企业发出提醒函及工作函98份,提交重大事项专报13份,提交监事会年度监督检查报告20份;检查省属二级以下企业252户,形成专项检查报告39份,化解企业风险问题738个,整改率达到86%,有效发挥监事会监督"防患于未然、防险于未成"的重要作用。

(五)审计监督

一是建立健全审计监督制度体系。近年来,广东省国资委相继出台《广东省省属企业审计监督管理暂行办法》《广东省省属企业内部审计管理暂行办法》《广东省省属企业重大问题监管约谈办法》等规范性文件,明确省国资委履行出资人审计监督的职能、规范程序和审计范围,并加强对省属企业内部审计工作的指导和监督。二是以管资本为主,深入开展专项审计或专项审计调查。省国资委出资人审计监督围绕资本布局、资本运作、资本回报及资本安全目标,对省属企业贯彻执行党和国家、省委省政府方针政策和重大决策部署开展跟踪审计调查;对省属企业重大投资项目、重大财务异常、重大资产损失及风险隐患、境外资产以及内部控制和风险防范体系建立健全执行有效性等开展专项审计。三是强化审计问题整改督促检查,提升审计成果运用水平。省国资委与各省属企业同步建立审计问题整改台账和整改销号机制。对企业已完成整改的问题,在台账上销号;对尚未整改到位的问题,督促企业分类梳理、深入分析原因、制定切实有效的计划措施积极落实整改。四是加强对省属企业财务决算审计组织管理。负责组织对省属企业年度财务决算审计中介机构统一公开招标选聘工作,并对中标中介机构服务质量进行有效的跟踪、监督和评价,确保省国资委对审计中介机构的管控,提高会计信息质量。

(六)考核监督

广东省国资委进一步提升防止国有资产流失考核监管的针对性。将全面预算管理纳入企业经营业绩考核,通过预算监控企业战略目标的实施进度,强化企业内部管理控制,降低经营决策和实施的随意性,从源头筑起防止国有资产流失的防线。实施会计信息质量考核,确保企业会计信息真实可靠、内容完整、及时准确,杜绝企业人为财务造假引发国有资产流失。将监管企业37个主要经营风险问题的整改作为对企业整体工作评价的主要内容,督促企业抓紧抓实风险整改,强调风险必须可控。坚决落实一票否决制度,对于企业发生违法违纪案件和"三重一大"违规行为、经营风险防控不力等造成国有资产重大损失流失的,按照事件性质和影响程度在年度考核中扣减考核得分,直至降低考核等级。

五、广东省国资委监管企业完善法人治理结构情况

(一)重点加强规范董事会建设

2017年,广东省国资委认真贯彻落实中央、国务院和广东省关于进一步完善国有企业法人治理结构的部署要求,以推行外部董事制度为切入点,加强董事会建设,规范董事会运作。一是按照新修订的《广东省省属国有独资公司外部董事管理暂行办法》,从省属企业选聘11名专职外部董事,根据外部董事专业特长,结合省属企业董事会专业结构的需要,于2017年4月分别安排到18家省属企业任职,在省属企业实现外部董事选派全覆盖。二是储备充实兼职外部董事人才。在选聘专职外部董事的同时,加快完善兼职外部董事人才库建设。以社会专业人士、知名企业家等为兼职外部董事主要来源方向,通过推荐、自荐、邀约等多种方式,增补一批法律、财务、金融、经济、管理等方面的专业人才进入兼职外部董事人才库。入库人员140多人,为下一步配备兼职外部董事,实现外部董事在董事会占多数夯实人才基础。三是督促指导省属企业规范董事会运作。广东省国资委加具贯彻落实意见转发《国务院办公厅关于进一步完善国有企业法人治理结构的指导意见》,对企业董事会推进规范运作、健全工作机构、完善规则制度等方面提出意见和要求。进一步加强对企业董事会的指导服务,与董事会工作机构和外部董事保持密切联系,针对性派员列席企业董事会会议,召开两次外部董事座谈会,深入了解掌握董事会运作及外部董事履职情况,及时指出发现问题,督促规范运作。

(二)加强监事会建设

广东省国资委出台《关于加强企业经营管理监督协同的意见》,加强监事会与委机关各处室工作的协同,强化监事会成果运用,进一步增强监管合力。广州完成31名外派监事会主席和专职监事选聘,设立监事工作服务中心,基本实现企业外派监督工作全覆盖。深圳立足破解国企同级监督难题,在直管企业全面铺开纪委书记兼监事会主席新模式。珠海改进和完善外派监事会制度,建立健全工作机制和考评机制,推动监事会规范高效运作。

(三)落实党组织在国有企业法人治理中的法定地位

严格落实党组织研究讨论是董事会、经理层决策重大问题的前置程序。2017年,省属企业集团层面全面完成公司章程修订工作,省属二、三级企业完成章程修订户数超80%,进一步明确党组织在国有企业法人治理中的法定地位。

六、广东省国资委监管企业建立和完善经营业绩考核体系情况

(一)开拓创新,对标市场大数据开展企业经营业绩考核

2017年是广东省国资委新修订的《广东省省属企业负责人经营业绩考核办法》完整实施的第一年。省国资委与各省属企业签订2017年度考核责任书,并首次将市场化对标大数据信息系统生成的标准值用于2016年度经营业绩考核工作,完成省属企业2016年度经营业绩考核,工作对接顺利,考核结果有效。

(二)强化出资人定位,全面修订优化考核指标框架体系

2017年,广东省国资委贯彻落实广东省第十二次党代会精神及省领导的指示要求,强调"重点防范重大风险"和"高质量发展"的主基调,初步拟定由领导力指标(80分)、经营业绩指标(70分)和一票否决事项三大类指标构成的考核指标框架体系,在考核中进一步突出以管资本为主的出资人角色定位,侧重评价国有资产的保值增值及安全,强化企业领导人员责任担当意识,更全面客观反映企业领导人工作成效,体现出资人对新一轮国企改革重点工作、难点工作推进的决心和力度。

(三)充分结合实际,探索设计个性化考核方案

为体现承担大量公共基础设施建设的公益类企业考核的特殊性及针对性,广东省国资委主动探索设计企业个性化考核方案。对省铁投集团,围绕委班子所明确的"进一步突出铁投集团功能定位,将省政府

布置任务作为硬指标纳入考核,突出强化按照保质完成任务和成本控制的考核"的工作要求,业务处室赴铁路设计单位、施工单位等进行多次调研,认真学习铁路建设程序、铁路建设有关法律法规及有关单位内部管理制度,与企业进行多次沟通,核实企业有关考核实施的流程性文件,并就有关事项征求相关处室意见,在此基础上设计铁投集团个性化考核方案,以突出公益类企业考核的特点。对恒健控股公司、旅控集团也进行专项工作考核指标的设计。

七、广东省国资委监管企业负责人考核与选人用人机制改革情况

广东省国资委坚持党管干部原则与发挥市场机制相结合的导向,坚持积极探索与稳妥有序实施相结合的态度,研究符合企业实际的市场化选人用人方法路径。根据2017年7月全国国有企业改革经验交流会精神,进一步加大选人用人机制改革工作力度和步伐。

(一)稳妥推进省属企业经理层成员市场化试点

坚持市场化、职业化改革方向,在对部分企业开展调研听取意见、研究借鉴兄弟省市改革经验的基础上,制定《省属企业经理层成员市场化试点工作方案》,就试点企业选择、存量人员转聘、增量人员选聘、管理模式等提出具体的意见和措施,2017年选择2～3家企业试点实施,并同步推动二、三级企业按照市场化选聘、契约化管理、差异化薪酬、市场化退出的原则开展职业经理人建设。

(二)引导企业加大内部市场化选人用人改革力度,为按市场规律管理经理层打好改革基础

将推动企业"三项制度"改革列为工作重点并作出部署,引导企业牢固树立市场化选人用人观念、营造市场化竞争择优氛围,要求企业逐步健全管理人员竞争性选聘制度和员工市场化公开招聘制度,鼓励企业结合实际大胆探索激励人才创新创业积极性的办法。2017年,省属企业在二级企业领导班子增加引进职业经理人10人,通过中介机构招聘寻聘管理人员11人,3家企业专门制定市场化选聘和职业经理人管理的制度。粤海集团在前期试点基础上,全面推开二级企业领导人员市场化改革。

(三)积极指导推动省属企业规范选人用人工作

着力在指导督促企业规范优化选人用人工作上下功夫,加强对企业内部选人用人工作的监督。组织省属企业分管领导、人力资源部门负责人及业务骨干开展选人用人集中培训,重点对选拔任用工作的原则、程序、规范和要求进行解读指导,并结合实际工作情况和企业备案职务管理工作中发现的问题,对企业完善内部选拔任用工作提出要求。加强对企业中层管理人员、二级企业正职备案职务的审核把关,督促企业规范人员配备和选拔任用程序。2017年,省属企业共制定修订人力资源管理制度101项,其中新制定或修订规范选拔任用工作制度23项,6家企业制定修订选拔任用工作规程。

八、广东省国资委监管企业党的建设和廉政建设情况

2017年,广东省国资系统紧紧围绕党的十九大精神和全国国企党建30项重点任务、广东省国企党建80项具体措施,重点是将党的建设融入公司治理结构,实现固本强基,严格按时间节点抓好任务落实。

一是大力开展学习教育活动。紧紧围绕党的十九大精神和习近平总书记对广东工作重要批示精神,广东省国资委组织开展全覆盖学习培训,先后举办"国企学习论坛"、十九大精神进企业宣讲会等活动。抓住关键少数,推动各级领导班子成员带头到基层一线开展宣讲。广泛开展深调研,坚定不移把习近平新时代中国特色社会主义思想作为推动国资国企工作的根本指南。

二是着力提升基层党组织的组织力。坚持将党的领导融入公司治理各环节,省属企业集团全部将党建工作要求纳入公司章程;二、三级企业基本完成章程修订。推动各省属企业集团全部制定党委会议事决策规则,充分发挥党组织"把方向、管大局、保落实"领导作用。开展挂点帮带服务基层党组织工作,出台《加强和改进省属企业党支部考核工作的指导意见》,全面建强基层支部。围绕企业生产经营,开展党员先

锋岗、党员责任区、党员亮身份等主题实践活动,着力发挥党员先锋模范作用。

三是强化党建责任落实。召开省属企业党建工作专题推进会,制定省国资委党建任务清单,推动各省属企业党委明确委员党内分工。开展党委书记抓基层党建述职评议和省属企业党委党建工作考核,对落实任务不力的企业予以扣分处理。集中开展增人增资工作,2017年各省属企业集团增配专职党务人员53人,党建工作力量明显增强。

四是建立省属国资国企巡察监督制度。2014年以来开展对16家省属二三级企业党组织的政治巡察,推动全面从严治党向纵深发展,向基层企业延伸。

五是加强党风廉政建设。在"小远散"企业集中的区域建立省属企业区域廉政建设联席会议,组织区域内企业党员干部开展廉政教育和学习,使监督执纪"四种形态"得到有效贯彻执行。

各地市也结合当地实际,扎实推进国有企业党的建设。广州、深圳、惠州、中山、河源、揭阳、云浮等地出台与国企党建相关的实施意见和配套文件。佛山创新管理模式,把ERP系统成熟的技术和管理模式运用到党务管理之中,开辟党建信息化新格局。

(撰稿人:刘健敏)

深圳市

一、深圳市国有资产监督管理工作综述

2017年,深圳市国资系统在深圳市委、市政府的坚强领导下,坚持以"四个全面"战略布局和新发展理念为引领,充分发扬敢闯敢试的特区精神和引领示范的使命担当,奋力拼搏、主动作为,国有企业改革发展和党的建设取得显著成效,主要体现为形成"三个优势",取得"三个突破"。

(一)形成"三个优势"

质量效益优势。截至2017年底,深圳市区两级国企总资产28547亿元,净资产11386亿元;全年实现营业收入4314亿元,利润总额967亿元,上缴税金702亿元。市属国企资产规模、营业收入、利润总额、上缴税金实现"四个翻番",其中,总资产26122亿元,增长119%;净资产9457亿元,增长47%;国有净资产6313亿元,增长28%;全年实现营业收入4052亿元,增长143%;利润总额928亿元,增长146%;上缴税金685亿元,增长201%。在全国37个省级监管系统中,深圳市属国企总资产排名上升至第5位,净资产排名上升至第4位,利润总额排名第3位,净利润、成本费用利润率排名第2位。

市场化改革优势。牢牢将市场化作为改革的主轴、方向和路径。建科院从转制科研院所成功实现IPO,为全国国企混改提供"精彩样本"。出台管理层和核心骨干持股政策,在企业范围、企业层级、持股对象、持股比例等方面为全国探索新路。在全国率先公开选聘专职外部董事,率先开展直管企业和中小企业经营班子整体市场化选聘和契约化管理,长效激励约束覆盖面、激励力度保持全国领先。深圳市国资委在全国国企改革经验交流会上作经验介绍,全年共接待56个省市98批次调研组来深学习考察。市属国企改革先进经验编入国务院国资委《地方国企改革100例》,入选案例数量居全国第一。

协同发展优势。立足国资"一盘棋",着力打破以往"单兵作战"的局面,各企业紧密配合、互通有无、抱团发展,在混合所有制改革、基础设施建设、人才安居、产业布局、基金投资、"走出去"等方面协同发展蔚然成风。市属国企之间资金协同476亿元;与罗湖、龙岗、龙华、坪山、深汕特别合作区签订战略合作框架协议,协同开展产业园区开发建设、城市更新、产业基金等重大项目,投资项目80个,投资金额近1500亿元;组团赴雄安、张家口、赣州等地积极开展产业合作;协同在芝加哥、波士顿等地布局海外并购基金及科技创新中心。深圳国资对外竞争的市场优势、技术优势、品牌优势显著提升。

(二)取得"三个突破"

创新模式取得突破。深圳市国资委大力实施圈层梯度推进战略,以"一区多园"为重要抓手,创新构建"科技园区+科技金融+上市平台+产业集群"商

业模式。倾力打造核心、基石、卫星、辐射、海外五大圈层，梯度布局创新链、产业链、价值链，全力塑造深圳园区品牌，构建良好创新生态，向外输出深圳园区商业模式，向内导入各圈层高端科技创新要素，构建创新要素全方位引流体系，加快科技产业化步伐，培育集聚一批具有核心竞争力的优势企业。深圳湾园区引进近千家高成长创新型企业，包括8家世界500强、30多家上市公司、近200家行业领军企业，"深圳湾"品牌享誉全国。深业、特区建发、深国际、特发等产业园区错位竞争、蓬勃发展，创新资源要素配置能力显著增强。

资源整合取得突破。开展深圳市国资委成立以来力度最大、范围最广的资源整合，大力提升资本集中度和资源配置效率。重组搭建全市国有出租车专业化统一运营平台，口岸中心产权调整至免税集团，完成特区建发与路桥集团整合、建安集团并购建设集团，进一步增强产业配套能力和市场竞争力。地铁以市场化、法治化方式收购万科股权成为第一大股东，对中国资本市场、金融体系健康稳定和实体经济发展具有标志性意义，获得并购市场2017年中国并购大奖，得到资本市场的充分认可和国务院国资委主要领导的高度肯定。充分发挥上市公司平台功能，赛格集团完成核心资产整体上市，推进深深房与恒大、深深宝与粮食等战略性重组。

监督体制取得突破。在直管企业推行纪委书记兼监事会主席新模式，着力破解国企同级监督难题，获得国务院国资委、省、市领导的充分肯定，入选深圳市纪检监察系统"十大创新项目"，得到《人民日报》《中国纪检监察报》等媒体广泛报道。全面设立深圳市属企业纪检监察机构，开展国企首轮政治巡察，执纪审查实现办案数量、质量"双突破"。

二、深圳市国有资产总量与结构分析

截至2017年底，深圳市国有企业总资产28547亿元，所有者权益总额11386亿元；2017年，深圳市国有企业累计实现营业总收入4314亿元，利润总额967亿元，净利润713亿元，其中国有净利润256亿元。

表1　2017年深圳市国有企业指标

项　目	金　额（亿元）
资产总额	28547
所有者权益	11386
国有资产总量	8192
营业收入	4314
利润总额	967
净利润	713
归属于母公司的所有者净利润	256
应交税金总额	743
实际上缴税金总额	702

2017年，深圳市国有企业并表企业户数1557户，比2016年净增加217户，增长16.2%。

表2　2017年深圳市国有企业户数情况

项　目	2016年	2017年	比上年增长（%）
户数（户）	1340	1557	16.2

表3　2017年深圳市国有资产按地区分布情况

地　区	国有资产（亿元）	占国有资产总量比重（%）
市属企业	6416	78.32
区属企业	1776	21.68
福田区	92	1.12
南山区	214	2.61
罗湖区	1	0.01
盐田区	41	0.50
宝安区	266	3.25
龙岗区	561	6.85
龙华区	65	0.80
光明区	118	1.44
坪山区	99	1.21
大鹏新区	48	0.59
前海管理局	270	3.30
合　计	8192	100.00

深圳市国有资产主要分布在道路运输业、房地产业、商务服务业、电力、热力生产和供应业和资本市场服务五大行业。2017年,全市国有资产总量8192亿元。其中,五大行业国有资产总量7434亿元,占比91%。交通运输业主要是地铁、机场、港口和高速公路企业;金融业主要是证券、创投和担保公司;工业主要是电力、供水、燃气等公用事业企业。

表4　2017年深圳市国有资产按行业分布情况

行　业	国有资产（亿元）	占国有资产总量比重（%）
社会服务业	3014	36.8
交通运输业	2009	24.5
房地产业	1761	21.5
金融业	376	4.6
工业	274	3.3

从国有资产总量看,深圳市国有企业仍以大型企业为主,占全市国有资产总量的85.4%,中小微型企业所占比重较小。

表5　2017年深圳市国有资产按经营规模分布情况

经营规模	国有资产（亿元）	占国有资产总量比重（%）
大型企业	6991	85.4
中型企业	457	5.6
小型企业	610	7.4
微型企业	134	1.6
合　计	8192	100

三、深圳市国有资本保值增值综合分析评价

2017年,深圳市国有企业全年经营效益良好,全部行业完成国有资产保值增值任务,整体国有资产保值增值率为103.4%,与2016年基本持平。其中,房地产业保值增值率为128.6%,保值增值水平最高;农业、信息技术服务业、金融业、仓储业、批发和零售业、卫生体育福利业等6个行业的保值增值率超过110%。

表6　2017年深圳市国有企业行业国有资本保值增值情况

行　业	国有资本保值增值率（%）
房地产业	128.6
农业	127.0
信息技术服务业	118.0
金融业	114.1
仓储业	111.7
批发和零售业	111.3
卫生体育福利业	110.3
科学研究与技术服务业	106.2
社会服务业	106.2
工业	104.1
邮电通信业	103.5
建筑业	102.6

四、深圳市国资委监管企业改革发展情况

（一）锐意进取推改革,体制机制日趋完备

全面绘就改革蓝图。以《深圳市委市政府关于深化市属国有企业改革促进发展的实施方案》为统领,涵盖权责关系、结构调整、国企党建、选人用人、激励约束等重点领域的"1+12"改革文件全面出台,形成市级统筹、部门协调、齐抓共推的工作格局,获得国务院国资委的充分肯定和中央主流媒体的广泛报道。市属直管企业全部制定改革方案,龙岗、福田、南山、盐田、龙华、大鹏等区出台一系列改革制度和配套文件。

深化重点领域改革。制定全面推进混改三年工作方案,完成城交中心、赛格物业、水规院、全程物流、综交院5家企业混改。开展3家直管企业和12家中小企业经营班子整体市场化选聘试点,面向社会公开选聘专职外部董事。下放二级企业长效激励审批权,开展8家直管企业长效激励约束工作,累计覆盖面超过50%。率先开展投控对标淡马锡综合性改革试点。

市属国企管理层级全部压缩到三级以内。推动国有文艺院团体制改革。各区全面完成国企薪酬制度改革,福田积极推进区属企业公司制改革,宝安、南山、坪山等区加快市场化选人用人改革步伐。

不断加强国资监管。制定深圳市国资委职能转变方案,实施新一轮监管权责清单,加强放权后的管理和服务,不断健全以管资本为主的监管运营体制机制。完善监管规章制度,修订投资管理规定,出台国企分类、国有产权变动监管办法及配套操作指引、中介机构库管理办法、信息安全管理工作指导意见等制度,完成"智慧国资·智慧国企"信息化规划编制。进一步优化"监督资源集中调度、监督职责统一行使、监督内容全面覆盖、监督信息成果共享"的综合监管模式,深圳市国资委评"全国内部审计先进集体"。成立深圳市国资委安全管理领导机构,出台市属国企安全管理办法、约谈办法等系列制度文件,试点安全生产标准化体系建设。南山、龙岗、盐田等区积极推进区属企业外派监事会主席、财务总监模式,进一步优化外派监督管理体制。

(二)着眼未来促创新,创新优势不断厚植

积极构建特色创新模式。构建"深圳湾"科技园区产业创新生态系统并向社会发布,分层建立深圳湾开发运营标准体系和创新指数体系,进一步擦亮"深圳湾"品牌,为推进"一区多园"模式提供支撑。推进高新区北区升级改造、高新工业村中小型上市公司总部基地、中试平台等重大项目。投控签约武汉打造汉江湾科创总部基地,启动保定产业园开发建设,硅谷科技创新中心正式运营。创智云城、中科研发园成为全市投资推广国际化重点园区,深圳湾科技生态园入选全市投资推广产业链专业园。投控加快打造金融控股平台,积极获取保险等金融牌照。创新投荣登清科中国创投机构榜首,与高新投、中小担累计为全市2万多家中小微企业、3.7万个项目提供逾4200亿元的投融资担保,以科技金融为核心的产业综合服务体系更加完善。

着力提升自主创新能力。召开首次市属国企创新发展工作会议,出台实施创新资金管理办法、创新投入视同利润、科技成果收益抵扣利润等"1+7"创新制度,探索运用"投、补、奖"联动机制支持企业创新发展。市属国企中高级职称人才突破万人,新增专利311项、制定标准66项。赛格众创空间获"国家级科技企业孵化基地"资质,并与深圳湾创新创业基地、特力珠宝产业双创示范基地入选深圳市首批"十大创新创业基地"。巴士全球首发阿尔法巴智能驾驶公交。兰科中心成功破解兰花进化之谜。水务、燃气率先利用新一代物联网技术打造智慧服务平台。联交所搭建南方大数据交易中心,推进建设区域性技术知识交易平台。排交所承接完成全国最大单笔碳排放配额置换交易,碳市场流转率连续四年排名全国第一。地铁陈湘生当选中国工程院院士。巴士、东部公交获全国交通企业管理现代化创新成果一等奖,华南物流荣获国家高新技术企业和全国示范物流园区,能源、巴士、水务、天健等企业获评"广东省自主创新标杆企业"。

前瞻布局战略性新兴产业。投控与清华大学共同开展"深海关键技术与装备"项目,与中科遥感合作开展遥感微小卫星星座群项目,与美国应用材料公司合作研发新材料项目。深业联合英国ARM公司加快推动半导体科技研发和产业化。远致战略入股杭州龙焱,与赛格联合实现碲化镉太阳能电池全产业链布局。远致创投推进市政府新兴产业股权资助扶持工作,累计资助新兴产业项目70多个。城建集团布局龙岗区打造智慧城市与空间信息产业园。深高速竞得德润环境20%股权进军环保行业。远致富海收购全球技术领先的戒毒医疗机构,布局生命健康产业。

(三)立足大局谋发展,服务功能充分彰显

扎实开展"城市质量提升年"工作。围绕供给侧结构性改革,深入推进市属国企"城市质量提升年"工作和"十大行动计划",评选首届"十佳质量提升国企"和"十大国企工匠"。积极推进企业聚焦主业稳增长、调结构、降成本,提升发展质量和效益。粮食、创新投、深国际、燃气、水务多项指标保持两位数增长。水务、能源环保获评全国质量标杆,地铁2号线、7号线分获中国土木工程詹天佑奖、国家优质工程金质奖,水务获深圳市长质量奖大奖。特发物业积极塑造政务、商务服务品牌,成为华为、阿里巴巴等知名企业物业服务供应商。

全力抓好重大项目建设。完成历年来最大规模投资,全年实际完成投资1503亿元,同比增长98%,超额完成深圳市政府考核任务。落实深圳市重大项目计划,全年共承担市政府重大项目56个,实际完成投资389亿元,占深圳市重大项目投资的1/4。组建市属国企重大项目储备库,入库重大项目268个,计划投资超1.3万亿元。地下综合管廊、深圳市立体停车设施试点、大空港围填海、外环高速、深中通道、海洋产业基地等项目加快推进;投控拜仁足球学校正式揭牌;地铁三期工程建设全面推进,前海深港基金小镇正式启动对外招商;深国际梅林关城市更新项目顺利开工。

切实提升城市运营服务水平。多渠道加大保障性住房供应,人才安居集团全年筹集建设人才住房项目26个,涉及房源1.58万套;设立深圳市规模最大的国有房屋租赁运营管理公司,与万科、建行合作成立租赁公司、物业公司,打造国内一流住房租赁平台;与创新投合作开展不动产信托投资基金等资产证券化业务。人才安居集团人才房建设、深业长租公寓项目获得市长陈如桂的肯定。天健罗湖棚改项目全面开工,成为深圳棚改"试验田"。垃圾焚烧电厂提标改造、深圳河湾排水口整治任务全面完成。燃气加快改造老旧住宅区、城中村、食街、学校、医院天然气管道。水务超额完成原特区外1000千米供水管网改造任务。地铁分担全市公共交通客流45%以上,正式运营龙华有轨电车。机场开通深中水上巴士,新增国际客运航线16条,国际旅客增长26%,服务品质位列全球同量级机场第2名。盐田港集装箱吞吐量首次突破1400万标箱,海铁联运位居全国单港第一。设立市人才集团,着力打造全球一流高端人才服务平台。

积极推进生态文明建设。市属国企深入贯彻绿色发展理念,大力推进清洁生产行动、绿色供应链管理,有效保障全市重要基础设施和公用事业绿色高效运行。巴士、东部公交全面实现公交运营车辆电动化,合计运营纯电动公交11858辆,巴士成为全球最大新能源公交运营商。充分发挥污染防治主力军作用,全年圆满完成54项市治污保洁和12项污染减排任务,能源环保、深投环保、建科院、深规院在垃圾焚烧发电、工业废物处理、绿色建筑技术、海绵城市研究等领域处于全国领先地位。

主动履行社会责任。发布全国第一份以市国资委为编制主体的社会责任报告,启动市属国企公益贡献指数研究,17家直管企业完成年报公开工作。落实对口援建工作。特区建发积极推进深汕、深河、深广园区共建,深广产业共建模式成为东西部区域合作的典范,得到四川省委的肯定。积极做好广西百色、河池产业扶贫,哈尔滨对口合作,援疆,河源精准脱贫等工作,成立"深圳市慈善会·深圳市属国资国企助学基金",资助贫困学生百余名。

五、深圳市国资委监管企业并购重组与完善法人治理结构情况

大力开展资源整合和资本运作。围绕金融、建工与基础设施、能源、房地产、商贸流通、物流、交通、先进制造与高端服务、环境水务、人才及公共安全十大领域,制定重组整合"1+N"方案,推进地面公交、环境水务、要素市场和金融平台资源整合。完善资本运作制度体系,修订规范上市公司股份转让行为制度和资本运作奖励实施细则。创新投参投企业累计上市135家,IPO数量位居国内创投界第一。建科院、中新赛克两家高新技术企业成功上市,创市国资年度IPO上市数量历史记录。83户国有"僵尸企业"全部出清。宝安、盐田、坪山、光明等区积极推动资源整合重组,宝安160家企业重组整合到4家区属直管企业。

深入实施基金群战略。率先出台市属国企基金管理工作指引,推动基金群协同发展。政策性基金方面,在深圳市委组织部、市人才办的领导下,创新投、高新投、中小担共同设立总规模80亿元的全国最大人才创新创业基金;母基金方面,鲲鹏资本联合招商银行推进设立100亿元的混改基金,鲲鹏资本参与设立总规模100亿元的盈富泰克国家新兴产业创业投资引导基金;产业基金方面,投控设立总规模100亿元的中国—瑞典技术与创新基金和100亿元的金融科技基金,远致设立总规模50亿元的远致华信新兴产业基金,深业设立总规模8亿美元的厚安创新基金,引进ARM(中国)落户深圳;创投基金方面,创新投设立总规模40亿元的前海万容平行基金,推进基金国际化运营。市属国资系统基金180支,总规模超

过3000亿元,累计投资项目超过1000个,完成投资超过1300亿元,涵盖信息科技、生物医药、新能源、新材料、高端装备制造等国家政策重点扶持领域,国有资本放大功能和先导作用进一步凸显。

稳妥有序推进国际化布局。制定市属国资国企国际化战略和市属国企境外投资管理规定,指导企业积极稳妥"走出去"。能源中标巴新拉姆二期水电站项目,收购美国加州三个光伏发电项目。盐田港开通中欧班列,打造进口商品保税展示交易中心斯洛文尼亚、西班牙国家馆,完成马来西亚皇京港项目立项。地铁签约以色列特拉维夫、越南河内轨道交通运营项目。投控深越产业园、能源菲律宾达沃省工业产业园燃机项目等有序推进。美国硅谷、波士顿和比利时等海外孵化器项目顺利推进。

适时明确治理主体法定地位。启动市属直管国企、市属控股上市公司章程增加党建内容修订工作,指导市属国企在公司章程中明确党的建设总体要求,规范党组织设置形式、地位作用、职责权限等,并针对国有资本持股比例以及党组织类型,开展分类指导。制定纪委书记兼监事会主席模式实施意见(试行),在市属直管企业推行纪委书记与监事会主席双向进入、交叉任职,进一步明确纪委书记和监事会主席在企业党委和法人治理层面的职责定位,以体制机制创新破解同级监督难题。

进一步优化董事会结构。根据市属国企领导人员队伍实际,结合班子换届和领导人员调整配备工作,通过现职企业领导人员转任和市场化选聘的方式,产生首批11名专职外部董事。进一步优化市属国有企业董事会结构,为18家市属直管企业配备专职外部董事,其中投控、深业、地铁、机场、盐田港、粮食6家企业的外部董事占董事会成员的三分之二以上。正式印发《深圳市属国有企业专职外部董事管理办法(试行)》,着手开展专职外部董事履职指引、工作记录制度、工作报告制度及年度考核评价办法等配套管理制度体系。

配强"两监"监督力量。指导市属国企设置纪检监察室(监事会办公室),并增设153个纪检监察和监事会工作岗编制,进一步充实监督力量,提升监督效能。探索建立监督与管理并重的财务总监工作模式,明确财务总监体制改革的方向和路径。推行外派专职监事制度,明确外派专职监事的职责定位,启动部分专职监事选聘工作,进一步优化直管企业监事会成员结构。对强化直管企业监督、防止国有资产流失的经验做法进行总结归纳,入选2017年度国务院国资委《地方国企改革100例》。

进一步规范治理主体权责定位。结合党的十九大精神、国务院国资委新一轮深化国企改革有关要求,深圳市委市政府关于深化国企改革促进发展的战略部署及深圳市国资委权责事项精简下放取消工作,全面启动直管企业公司章程修订,进一步理顺权利义务和责任,增强企业决策效能,提升章程规范化程度。探索制定对未实控上市公司治理的制度性文件,起草《深圳市国资委关于规范和加强市属国有股东以管资本方式参与公司治理的工作办法(试行)》,力图通过"3+1"体系对未实控上市公司实施治理,积极推进以管资本为主加快实现国资委职能转变。

六、深圳市国资委监管企业建立和完善经营业绩考核体系情况

进一步深化市属国有企业薪酬分配改革。深入贯彻中央薪酬制度改革精神,印发国企改革"1+12"系列文件之一《关于进一步完善市属国有企业收入分配制度健全能高能低薪酬分配指导意见》,构建股东、董事会、企业内部三层次薪酬考核体系,健全能高能低激励约束机制,通过负责人经营业绩考核、高管考核、长效激励、薪酬预算管控等方式,逐步形成以市场化为导向的"能高能低"收入分配格局,引导企业持续做强做优做大,更好服务于国资国企战略发展意图。

发挥经营业绩考核正向激励作用。完善经营业绩考核办法,坚持分类考核、预算考核、对标考核、社会责任考核和经济增加值考核,鼓励企业超越行业标杆,引导企业积极履行社会责任,提升价值创造能力。创新考核机制,强化对企业可持续发展和创新发展的支持。对符合供给侧结构性改革要求和企业发展转型规划的前瞻性战略性项目实施单列考核,项目前期费用和培育期形成亏损,不计入当期考核利润;出台创新投入考核工作指引,对科技研发、收购创新资源、

模式和业态的创新转型,以及建设国家级创新平台和制定行业标准的投入在考核中视同利润,鼓励企业注重长远发展和创新跨越。坚持将经营业绩考核结果同企业负责人激励约束紧密结合,积极发挥薪酬激励的杠杆作用并作为职务任免的重要依据。

落实董事会对高管人员的考核评价。完善董事会工作机制,落实董事会对高级管理人员的考核评价和薪酬分配管理职权,构建和优化企业内部激励约束机制。研究建立高级管理人员契约化管理体系,明确高级管理人员的岗位职责、薪酬水平、考核办法和退出机制;规范高级管理人员考核机制,通过签订经营责任书等协议方式,明确业绩目标和工作任务,并严格按照协议考核兑现。探索开展高级管理人员岗位价值评估,参照同行业、同规模、同职位、同业绩贡献,合理确定高级管理人员薪酬水平。强化考核结果应用,高级管理人员薪酬应与经营业绩目标完成情况紧密挂钩。对未完成考核目标的,董事会可按约定予以解聘。

鼓励企业内部绩效考核差异化。根据劳动力市场价位和企业人工成本承受能力,实行"以岗定薪、岗变薪变"为核心内容的薪酬管理制度。推进全员绩效考核,合理拉开收入差距,做到收入能高能低和奖惩分明。建立员工薪酬市场对标和动态调整机制,确保核心骨干员工薪酬的市场竞争力。支持企业实施"人才强企"战略,落实以增加知识价值为导向的分配政策,构建体现智力劳动价值的薪酬体系和收入增长机制,提高研发团队及重要贡献人员分享科技成果转化转让净收益的比例。

建立健全长效激励约束机制。推进长效激励约束机制改革,下放直管企业所属二、三级企业(非上市公司)长效激励审批权限,明确分级分类实施,鼓励企业采用市场化的激励方式,要求严守政策红线,推动企业积极构建长效激励约束机制。研究起草直管企业长效激励约束机制系列工作指引,督促各直管企业建立健全长效激励约束相关管理制度。

七、深圳市国资委监管企业负责人考核与选人用人机制改革情况

确立2017年度业绩考核指标。聚焦质量提升、创新发展,以提升企业经济运行、基础设施建设、公共服务供给质量为重点,突出预算目标考核导向,强化对企业可持续发展和创新发展的考核,高标准确立2017年度负责人经营业绩考核目标,通过对标考核,鼓励企业对标行业标杆、超越自身历史水平,力争经济效益再上新台阶,高标准、高质量完成56项市政府重大投资项目,更好地服务城市发展大局。

推进2016年度经营业绩考核。根据新出台的企业负责人经营业绩考核办法,进一步提高业绩考核的精准度,功能类企业重点关注专项任务的完成情况,公益类企业侧重考核产品质量、服务水平和保障能力,商业类重点考核经济效益企业。同时,坚持将经营业绩考核结果同企业负责人薪酬约束紧密结合,积极发挥薪酬激励杠杆作用。

深化企业高管薪酬考核改革。组织开展市属企业经营班子市场化选聘和契约化管理试点工作。以特发集团为例,按公司法人治理要求,厘清董事长和经营班子的权责关系,牢牢把握董事长职责定位,围绕股东回报、战略部署、董事会建设、党的建设等方面设置考核指标,突出战略管理、公司治理考核导向;经营班子实行契约化管理,负责具体经营管理事项,根据岗位要求设置差异化考核指标,实现差异化考核,目标薪酬采取"三对标",即对标历史、市场行业和战略规划,建立效益决定薪酬、个人绩效与团队业绩捆绑、增量业绩决定增量薪酬的收入分配机制。

完善选人用人制度体系建设。出台《深圳市属国有企业专职外部董事管理办法(试行)》(深国资委〔2017〕7号)、《深圳市推进市属国有企业领导人员能上能下能进能出若干规定(试行)》(深组通〔2017〕79号)以及《深圳市属国有企业领导人员任职交流意见(征求意见稿)》有关制度文件。

加强企业领导班子建设。完成深业、机场、燃气、深国际、农产品、免税、振业、天健、特发9家企业领导班子换届工作,指导投控公司完成建安、高新投等11家重点监管企业领导班子换届,对人才安居等14家企业领导人员进行了调整配备,完成17名企业领导人员试用期考察工作。累计调整企业领导人员129人,其中新提任33人,续任35人,免职26人,企业之间交流15人,党政机关交流到企业18人,企业调任党

政机关2人。

加强后备人才队伍建设。完成市属国企中层管理人员后备人才队伍（C、D类）组建工作，全面建成市属国企领导人员及中层管理人员后备人才库，统筹掌握、分层分类管理一支四百余人（A、B、C、D四类）素质优良、业绩突出、专业配套、梯次合理、符合新时期国资国企改革发展需要的后备人才队伍。

深入推进市属国企经营班子整体市场化选聘试点。启动直管企业经营班子整体市场化选聘试点工作，特发集团完成总经理和4名副总经理的市场化选聘工作。全面推动市属中小企业经营班子整体市场化选聘工作，10家中小企业完成市场化选聘工作，与34名经营管理者签订经营责任书和聘任合同书，其中近50%人员来自市属国企系统之外。

八、深圳市国资委监管企业党的建设和廉政建设情况

学习宣传贯彻十九大精神。认真落实省委、市委部署，组织集中收看十九大开幕式直播，第一时间召开会议传达学习十九大精神，制定学习宣传总体工作方案、学习培训实施方案等一系列文件。举办市属国资系统党的十九大精神宣讲会，组织十九大精神专题培训班，编制印发《学习宣传十九大新知识100问》，在官方网站、微信公众号等平台持续宣传，深圳市国资委领导班子成员分赴直管企业开展十九大精神宣讲，学习贯彻十九大精神成为国资系统上下的共同意志和行动。

全面夯实基层党建。深入贯彻全国、全省国企党建工作会议精神，出台国企党建若干措施、基层党组织重大问题请示报告制度、深圳市国资委委工作规则等文件，构建"1+10"国企党建制度体系。推进"两学一做"学习教育常态化制度化，在全系统开展"责任党建、规范党建、质量党建、活力党建"活动，全面推行"8+N"组织生活模式。在地方国资系统率先编制基层党建五年规划，构建起六大类21项指标体系。完成委机关党委换届，成立深圳市国资委党校，开展各类专题培训153期，培训学员近1.3万人次。成立深圳市国资委团工委，开展青年联谊，打造公益市集等青年工作品牌。深圳湾创业广场创新开展"跟党一起创业"特色楼宇党建，被选为全省城市基层党建工作会议参观点，得到省委书记李希、市委书记王伟中等领导充分肯定。机场推出卓越党建管理模式，打造"党委好声音"等党建品牌项目。区级国资加强国企基层党建工作，宝安、南山、福田、罗湖等区成立区国资委党委；宝安出台区级国企党建工作指导性文件。深圳市国资委作为唯一地方国资委在全省国企党建工作会议上作经验介绍，投控获评"广东省文明单位"，水务获评"广东省五四红旗团委"，机场张慎胜获得全国民航五一劳动奖章。

加强党风廉政建设和反腐败工作。深圳市国资委党委、纪委充分履行党风廉政建设"两个责任"，完善全面覆盖、分工明确、协同配合、制约有力的国资"六位一体"大监督体系，推进党内监督与出资人监督、财务监督、审计监督、职工监督有机融合。推动市属国企纪检监察体制改革，出台企业纪委书记、副书记提名考察办法、推行纪委书记兼监事会主席新模式实施意见，纪委书记考核评价实施方案等文件，配备专职纪检监察干部百余人。成立巡察工作领导小组，开展深圳市国资委党委首轮巡察，推进党风廉政建设和反腐败斗争制度化、规范化。深圳市国资委纪委积极落实监督责任，严肃查办违纪违法案件，全年立案审查26宗，竭力营造风清气正的干事创业环境。聚焦"讲政治、强党性、严纪律、守规矩"主题，深入开展"纪律教育学习月"活动，全系统反腐倡廉意识深入人心。

（撰稿人：杨　冰）

广西壮族自治区

一、广西壮族自治区国有资产监督管理综述

2017年，广西壮族自治区国资委内设机构16个，监事会办事处6个，工作人员106人，对23家国有企业履行出资人职责，受自治区人民政府委托，对广西

农村信用社联合社进行监督管理。

截至2017年底,全区国资委系统238户国有企业资产总额2.95万亿元,增长13.6%;营业收入6843.95亿元,增长20%;利润总额232.04亿元,增长41.8%;应交税费260.30亿元,增长7.8%。其中,自治区国资委管理国有企业资产总额1.30万亿元,增长10.9%;营业收入5352.26亿元,增长19.2%;利润总额172.92亿元,增长70.5%;应交税费179.16亿元,增长11.1%。自治区国资委管理国有企业营业收入、利润、应交税费超额完成8%的增长目标。所有企业全部实现盈利,这在自治区国资委2004年成立以来尚属首次,企业经济效益创历史最好水平。其中,广投集团再次实现营业收入超千亿元,增长12.9%;柳钢集团实现营业收入685亿元,利润46.8亿元,营业收入、利润双创建厂以来最好记录;建工集团实现营业收入905亿元,利润20.09亿元,营业收入、利润双创历史新高,向千亿企业奋进。

(一)大力推进项目投资建设,夯实企业转型升级的基础

各级国资监管机构积极帮助协调解决企业重大项目建设遇到的困难和问题,各企业通过银企合作、发行债券、设立基金等筹集足额的建设资金,一批具有标志性、引领性、示范性的重大项目取得积极进展。交投集团、北投集团、新发展集团着力推进"县县通高速",贵港至合浦、梧州至柳州等高速公路建成通车;广投集团银海铝二期、旅发集团巴马赐福景区、北海铁山港口岸、百色百矿电网一期工程等建成投产或投入使用;铁投集团南崇铁路、贵南客专,机场集团桂林机场航站楼扩建工程,物资集团广西现代物流产业孵化中心,桂林文化创意产业园,西江集团贵港二线船闸、西津二线船闸,农投集团良种良繁基地、广电网络公司广西新媒体中心、国宏集团污水处理、南宁轨道交通、贺州桂东电力动力车间等项目加快推进,柳钢集团减量环保搬迁防城港钢铁项目、林业集团国家储备林扶贫项目等开工建设,文化产业集团、出版传媒集团认真筹备自治区成立60周年艺术精品项目。

各企业以项目投资建设为契机,积极改造提升传统产业、培育发展战略性新兴产业和现代服务业。建工集团投资建设糖机核心设备生产基地,着力打造成食糖生产线世界领先的制造商;柳钢集团开发新产品,品种钢比例达到63%;港务集团旗下华锡集团加强技术攻关,产品一级品率提高15个百分点;柳工集团加速现代农业机械、工业机器人、高空作业平台等高端装备制造业发展;汽车集团以智能网联汽车为导向,促进汽车产品转型升级;广电网络公司实施"智慧广电工程",努力构建广电网络服务新体系;农信社、金融集团、北部湾银行创新金融服务产品供给,为实体经济提供金融支撑。

(二)突出发展主业、推动资源整合,构筑企业新的竞争优势

广西壮族自治区国资委印发企业内部资源整合指导意见,明确企业内部资源整合的原则和要求。完成新华书店集团与出版传媒集团重组、柳钢集团与十一冶集团战略性重组。各企业加强资源整合和兼并重组,清理低效无效资产,专注主业发展。广投集团将贵州水泥重组至西江集团鱼峰水泥,鱼峰水泥产能从600万吨跃升至1650万吨,稳居广西第二位。建工集团完成海河公司、冶建公司、江苏华晨路桥的兼并和23个"僵尸分公司"清理注销;农投集团参与收购英国英联食品在广西的五家糖厂,2016/2017榨季糖厂税前利润增长243%。新发展集团通过外部资源兼并重组,形成较为完善的公路设计施工全产业链。物资集团、港务集团、宏桂集团、铁投集团、旅发集团、西江集团以及南宁、柳州、桂林、玉林、百色、贺州市属企业整合优势资源组建新的资本运营平台,逐步构建板块化、专业化运营模式。中马钦州产业园组建园区投资控股集团,推进园区国有企业统一协调发展。

(三)加快国有资产证券化步伐,进一步优化企业资本结构

按照2020年前每户区直企业至少有1户上市企业的目标要求,继续指导推动国有企业上市,加快企业进入资本市场步伐。机场集团、宏桂集团、西江集团、新发展集团等企业加紧培育优质子企业上市,南宁、玉林、百色部分企业在"新三版"挂牌。支持上市公司通过非公开发行等方式融资,南宁绿城水务、贺州桂东电力、汽车集团五菱汽车分别募集资金16亿元、7.6亿元、1.6亿港元,上市公司资本运作水平进一步提高。

鼓励有条件的企业创新融资手段,拓宽融资渠道,调整负债结构,节约融资成本。广投集团、交投集团等10户区直企业新增境内债券储备额度762亿元、资产证券化8亿元、境外债券储备额度9亿美元。建工集团、金投集团等开展股权融资业务,融入资金130多亿元。北投集团、物资集团、旅发集团等发起设立15家基金管理公司,募集和引入外部资金,带动自治区战略性新兴产业、现代服务业发展。

(四)纵深推进国企国资改革,激发企业发展的新动力新活力

根据国企国资改革"1+27"配套文件总体要求,全面深化国企国资改革。扎实推进政企分开,自治区党政机关、事业单位和群团组织186户所属企业移交宏桂集团、林业集团等企业,自治区本级经营性国有资产统一监管格局基本形成,文化企业移交管理走在全国前列。北海、钦州、防城港、贵港、贺州、河池、崇左、来宾等市也加快经营性资产脱钩移交。做好企业功能界定与分类,为分类实施改革夯实基础。不断完善现代企业制度,自治区国资委研究制定企业董事会建设、董事会选聘经理层、试行职业经理人制度等文件,把加强党的领导和总法律顾问制度总体要求纳入公司章程,进一步完善企业法人治理结构和运行机制。抓好国有资本投资、运营公司试点,广投集团建立"小总部、大产业"的国有资本投资公司治理体系,宏桂集团建立与国有资本运营公司相适应的制度体系、组织架构。稳步发展混合所有制经济,指导引进战略投资者支持北部湾银行、柳州银行、桂林银行发展;广投集团天然气管网公司列入国家第三批混合所有制改革试点;4户企业确定为国有控股混合所有制企业员工持股试点单位。推进简政放权,出台自治区国资委职能转变方案,取消、下放、授权31项权限,资产交易、资产评估项目核准备案等部分审批事项调整为出资企业审批。修订经营业绩考核办法,明确企业当年研发费用视同利润,重大科技创新成果给予考核加分奖励。北部湾银行及南宁、梧州、百色市开展市场化选聘职业经理人试点。自治区本级、各市全部出台国有企业负责人薪酬制度改革文件,按规定公开披露企业负责人薪酬信息;企业公务用车制度改革有序推进。

妥善解决国有企业历史遗留问题,争取中央财政补助资金7.23亿元,自治区财政0.4亿元,专项用于区直企业和中央下放企业职工家属区"三供一业"分离移交、维修改造。自治区本级及各市处置注销一批"僵尸企业",为企业甩包袱、清障碍、轻装再出发提供有力支持。

(五)创新改进国资监管方式,进一步提高监管的能力和水平

积极推进法治机关建设和依法治企,继续推进企业法律顾问制度建设,集团公司及重要子企业建立总法律顾问制度,指导协调企业强化重大法律风险管理;各市及钦州中马产业园区管委会建立健全防止国有资产流失、投资管理、董事会建设等监督管理制度。积极指导企业压降"两金",全区国资委系统国有企业成本费用同比下降0.79个百分点,增加利润54亿元。印发实施《广西壮族自治区国有企业违规经营投资责任追究暂行办法》,风险管控得到有力有效落实。制定实施投资决策、投资负面清单、担保管理和基金投资管理、企业境外投资管理制度,切实加强监管,严控新的经营风险。部分企业建立风险管理委员会、战略与投资委员会等辅助决策机构,强化内控合规管理。强化产权登记、资产评估、资产交易监管等基础工作,有效发挥防流失促保值增值的作用。加强企业负责人薪酬和企业工资总额管理,规范履职待遇业务支出,做好文化企业业绩考核与收入分配管理并轨,激励约束作用进一步强化。坚持以问题和风险为导向开展当期监督和事中监督,向自治区人民政府呈报监事会年度监督检查报告和企业重大风险报告,督促整改存在问题,大力推广"广西建工模式"子公司监事会建设,构建母子公司监事会上下联动机制,监事会监督水平进一步提高、监督作用更有力有效;各市及中马钦州产业园基本实现监事会监督全覆盖。

在全国率先出台文化企业国有资产监督管理意见,制定出台《自治区国有文化企业"双效"业绩考核实施细则(试行)》《自治区直属国有文化企业负责人薪酬核定规则(试行)》,推动文化企业切实把社会效益放在首位,实现社会效益与经济效益相统一,不断强化文化企业市场主体地位。

二、广西壮族自治区国有资产总量与结构分析

表1 2017年广西壮族自治区国有企业指标

项　目	金额(亿元)
资产总额	33002.72
所有者权益	10382.43
国有资产总量	9300.95
营业收入	7178.90
利润总额	270.29
净利润	207.51
归属母公司所有者的净利润	155.50
应交税金总额	305.99
实际上缴税金总额	288.34

表2 2017年广西壮族自治区国有企业户数情况

项　目	2016年	2017年	比上年增长(%)
户数(户)	4171	4391	5.27

表3 2017年广西壮族自治区国有资产按地区分布情况

地　区	国有资产(亿元)	占国有资产总量比重(%)
省属企业	2954.48	31.77
南宁市	1153.45	12.40
柳州市	1825.48	19.63
桂林市	576.39	6.20
梧州市	339.00	3.64
北海市	155.64	1.67
防城港市	253.37	2.72
钦州市	413.64	4.45
贵港市	268.84	2.89
玉林市	350.75	3.77

续表

地　区	国有资产(亿元)	占国有资产总量比重(%)
百色市	337.37	3.63
贺州市	82.29	0.88
河池市	64.34	0.69
来宾市	275.42	2.96
崇左市	250.48	2.69

表4 2017年广西壮族自治区国有资产按经营规模分布情况

经营规模	国有资产(亿元)	占国有资产总量比重(%)
大型企业	6229.08	66.97
中型企业	1653.97	17.78
小型企业	1116.20	12.00
微型企业	301.70	3.24
合　计	9300.95	100.00

表5 2017年广西壮族自治区国有企业地区和行业国有资本保值增值情况

地　区	国有资本保值增值率(%)	行　业	国有资本保值增值率(%)
南宁市	101.45	农林牧渔业	100.95
柳州市	98.50	工业	112.07
桂林市	111.08	建筑业	102.31
梧州市	100.03	地质勘查及水利业	101.59
北海市	98.03	交通运输业	100.32
防城港市	103.04	仓储业	102.58
钦州市	101.30	批发和零售业	99.82
贵港市	100.09	金融业	102.18
玉林市	102.71	房地产业	101.49
百色市	107.56	信息技术服务业	105.71

续表

地 区	国有资本保值增值率(%)	行 业	国有资本保值增值率(%)
贺州市	98.29	社会服务业	101.42
河池市	115.94	卫生体育福利业	98.60
来宾市	99.09	教育文化广播业	107.22
崇左市	98.70	科学研究和技术服务业	108.98
		机关社团及其他	103.65

四、广西壮族自治区国资委监管企业改革发展情况

坚持国企国资改革细化政策措施、推动任务落地落实"两手抓",着力抓好我区国企国资改革"1+23"政策文件的落实落地,努力使改革向纵深延续、在企业深化。一是实施企业重组整合。为推进自治区冶金产业二次创业,打造广西沿海钢铁精品基地,推动柳钢集团与十一冶建设集团实现战略性重组,助力广西钢铁沿海发展战略。完成新华书店集团与出版传媒集团重组,成立新的广西出版传媒集团,重组后的广西出版传媒集团资产总额60亿元,成为自治区第二家资产总额超过50亿元的文化企业。自治区国资委管理企业由40多户重组到25户。二是不断完善现代企业制度。积极推进全民所有制企业公司制改革,批复纺织所、建材院、粮油所、化工院、工程院15家科研院所改制方案。修订印发2017年企业章程指引,将企业党建工作总体要求纳入公司章程,把党的领导融入公司治理各环节。研究制定《自治区直属企业董事会及董事评价办法》《自治区直属企业董事会选聘经理层成员工作的指导意见》《自治区直属企业试行职业经理人制度的指导意见》《关于推进外部董事和配备总会计师委派的工作方案》《自治区直属企业公司制改制工作实施方案》等文件,印发《关于全面推行规范自治区直属企业董事会建设的指导意见》。三是稳步发展混合所有制经济。制定分类推进后备企业上市方案,分类推进国有企业上市工作。指导引进战略投资者支持北部湾银行、柳州银行、桂林银行发展。

通过产权交易机构公开推介37户企业(项目)引进社会资本发展混合所有制经济。广西投资集团天燃气管网有限公司列入国家第三批混合所有制改革试点。指导国有控股混合所有制企业开展员工持股试点,确定4户企业作为首批试点单位。四是开展国有资本投资公司、运营公司试点。指导广投集团、宏桂集团抓好国有资本投资公司、运营公司试点,将20项履行出资人职责审批决策事项权限授权两家试点企业,依法自主开展国有资本运作。五是妥善解决国有企业历史遗留问题。大力推进剥离国有企业办社会职能和解决历史遗留问题,协调推动驻桂央企、区直企业"三供一业"分离移交工作。制定出台全区"三供一业"改造标准和资金补助政策,指导督促各市尽快出台相关标准。并纳入自治区绩效考评,提出中央下放企业和自治区直属企业专项补助资金使用方案。六是推进简政放权。将企业国有产权(资产)公开进场转让、内部非公开协议转让、内部无偿划转、资产出租、注册资本变动等部分由自治区国资委负责审批的事项调整为出资企业负责审批,通过精简监管事项、改进监管方式,加快实现以管企业为主向以管资本为主转变。七是多举措激励科技创新。修订出台经营业绩考核办法及配套实施细则,明确企业必须坚持创新发展,通过对企业当年的研究开发费用视同业绩利润,重大科技创新成果给予加分奖励等方式,鼓励企业加大科研投入,加快科技成果转化,充分发挥业绩考核对深入实施创新驱动发展战略的引导作用。八是深化国有企业负责人薪酬制度改革。加强对各设区市薪改办深化薪酬制度改革工作的指导,完成各设区市深化国有企业负责人薪酬制度改革意见批复并督促印发实施。指导各薪酬审核部门做好2015年度、2016年度企业负责人薪酬信息披露工作。做好2017年自治区本级国有企业负责人基本年薪基数测算工作。九是做好国有企业公务用车制度改革前期准备。按照自治区车改领导小组要求,承接自治区国有企业公务用车制度改革工作,负责完成国有企业车改专项调研报告;起草《广西壮族自治区本级国有企业公务用车制度改革实施方案》,会同自治区车改办公室起草《关于推进全区事业单位和国有企业公务用车制度改革工作的通知》,并经自治区车改工作领导小组审核通过。

五、广西壮族自治区国资委监管企业完善法人治理结构情况

加强制度建设,进一步完善监管企业法人治理结构。按照健全完善企业法人治理结构要求,2017年4月25日,经广西壮族自治区党委、广西壮族自治区人民政府同意,广西壮族自治区党委组织部和广西壮族自治区国资委联合印发《关于全面推行规范自治区直属企业董事会建设的指导意见(试行)》(桂组通字〔2017〕33号),2017年12月13日以广西壮族自治区党委组织部和广西壮族自治区国资委名义联合印发《自治区直属企业试行职业经理人制度的指导意见》(桂组通字〔2017〕95号)。

六、广西壮族自治区国资委监管企业建立和完善经营业绩考核体系情况

2017年,自治区国资委对企业负责人经营业绩考核办法进行修订完善,出台《自治区国资委履行出资人职责企业负责人经营业绩考核暂行办法》及其配套实施细则,新修订的考核办法及其实施细则简明扼要,对业绩考核的基本问题作出原则性、框架性政策规定,在一段时期内保持不变。

七、广西壮族自治区国资委监管企业负责人考核与选人用人机制改革情况

(一)抓好企业领导班子和领导人员年度考核工作

会同广西壮族自治区党委组织部,研究制定2016年度考核方案,及时做好与企业的沟通对接,如期顺利开展24户广西壮族自治区党委管理正职企业和4户广西壮族自治区国资委管理班子企业的领导班子及领导人员年度考核工作和企业中层领导选拔任用"一报告两评议"工作。向企业反馈领导班子和领导人员2016年度考核数据。汇总企业领导班子和领导人员2016年度考核初评等次建议。做好广西壮族自治区党委管理正职企业、广西壮族自治区管理班子企业领导班子和领导人员2016年度考核汇总分析。结合企业党委初评等次建议,对广西壮族自治区党委管理正职企业的150名副职领导人员和广西壮族自治区国资委管理班子企业23名企业领导人员考评等次提出建议意见。

(二)抓好企业领导班子的充实配备

会同广西壮族自治区党委组织部对企业领导人员进行推荐考察和调整配备。2017年,参与企业正职领导的推荐考察2人,新提任党委管理正职企业的副职领导10人,重用任职企业领导8人,交流转岗企业领导10人,企业领导交流到党政机关任职4人,党政机关交流到企业领导任职6人,办理企业领导辞职1人,涉嫌违纪免职企业领导1人,办理到龄免职退休5人,办理企业领导退居二线1人,办理企业领导挂职锻炼3人,批复职工监事人选3人次,批复企业领导人员兼职事项40人次;同时,重视对广西壮族自治区国资委管理班子企业领导班子建设,对广西国宏经济发展集团有限公司的2名主要领导进行调整配备。会同广西壮族自治区党委组织部按有关程序和规定做好广西广播电视信息网络股份有限公司领导班子升格管理的推荐考察工作,选齐配强新一届领导班子,并按干部管理权限进行重新任命。调整配备广西旅游发展集团有限公司、广西铁路投资集团有限公司、十一冶建设集团有限责任公司、广西国宏经济发展集团有限公司专职纪委书记人选,实现企业专职纪委书记全覆盖。研究制定广西出版传媒集团有限公司和广西新华书店集团股份有限公司整合重组方案,对集团领导班子安排提出意见建议,并办理新班子任职手续。会同广西壮族自治区党委组织部加强对广西北部湾银行董事会市场化选聘行级领导工作的指导,选聘1名行长、1名副行长,人员于2017年4月到位上岗;同时办理2名原体制内的副行长转为市场化选聘,实现经理层成员全部市场化。

(三)精心筹备各类培训教育

通过抓早、抓细、抓严,2017年6月18日,在英国成功举办企业高级经营管理人员资本运营能力提升培训班,培训人员21人,培训时间21天;2017年8月29日,在大连成功举办广西深化国有企业改革专题研讨班(第二期)培训班,培训人员67人,培训时间5天。

两期培训,学员们普遍感到满意,收获较大,均达到预期效果。同时,配合广西壮族自治区党委组织部在广西壮族自治区党校举办企业正职领导人员培训班。转发国务院国资委培训中心组织企业报名参加的"互联网+"推动企业创新发展新思维、推动"一带一路"建设国际化经营实务、企业战略规划与资本运作、深化国有企业改革等各类培训班文件26份,报名参加培训人数200余人,进一步提高企业经营管理人员的政策理论水平和经营管理能力,拓宽视野,增长知识,培养战略思维。同时,为进一步加大企业优秀年轻领导人员培养锻炼力度,选拔7名企业优秀年轻领导人员到区市、重点产业园区、县(市、区)挂职;帮助广西壮族自治区百色市国资委安排两批次17名企业高级管理人员到业务相关的区属企业跟班学习。

(四)加强监督管理,提高企业领导人员的自我约束力

继续加强对广西壮族自治区巡视组反馈意见中涉及企业领导班子和领导人员的事项进行重点研究,督促企业党委抓好整改落实。加强与监事会、纪委及有关业务处室的沟通联系,对派驻企业监事会、纪委巡查、专题民主生活会提出的整改落实情况、个人有关重大事项报告发现的问题,通过对企业党建工作督查、选人用人工作专项检查、协助对企业领导约谈等方式,及时跟踪核实,全方位、多层次掌握领导人员情况。严格落实领导干部个人事项报告制度,按时完成189名委管企业领导人员个人事项报告的上报、审核、录入、随机抽查,及时跟踪核实重大变动和异常事项,严格落实"凡提必查""重点抽查"。协调处理企业领导人员拟任期间的信访举报。严格企业领导人员出国(境)事项的审批,印发《关于进一步加强企业领导人员因私出国(境)管理工作的通知》,加强因私证件管理。办理因公80人次、因私17人次企业领导人员出国(境)审批手续。

(五)认真落实企业领导人员管理体制调整工作

2017年11月29日,广西壮族自治区党委办公厅印发《关于调整广西壮族自治区直属企业领导人员管理体制有关问题的通知(密件)》,按照新的企业领导人员管理体制,原由广西壮族自治区国资委管理副职的企业均由广西壮族自治区党委组织部管理,在加强广西壮族自治区国资委管理的2户企业领导班子和领导人员建设的同时,积极协助广西壮族自治区党委组织部抓好企业领导班子和领导人员相关管理工作。

八、广西壮族自治区国资委监管企业党的建设和廉政建设情况

突出全面从严治党主线,深入开展"两学一做"学习,着力抓好基层党建重点任务和党风廉政建设,充分发挥企业党组织的领导核心和政治核心作用,国有企业党建工作取得新成效,为全区国企国资改革发展稳定提供坚强的政治保证。

(一)深入学习党的十九大精神和习近平总书记治国理政新理念新思路新战略,牢牢把握前进方向

组织学习党的十九大精神、习近平总书记视察广西重要讲话精神,深入学习习近平总书记治国理政新理念新思想新战略、第十一次党代会精神等12个专题,切实用习近平新时代中国特色社会主义思想武装头脑,坚决同以习近平同志为核心的党中央保持高度一致,坚决维护党中央权威。组织编写党的十九大精神应知应会知识800题,印送区国资委机关、各市国资委、各企业基层党支部和党员学习。在广西电视台举办十九大精神知识决赛,以赛促学、以学促干,在国资系统掀起学习宣传贯彻党的十九大精神热潮。筹备成立广西国企党建书院,推动创建学习型党组织,增强党员学习干事创业本领。组建学习贯彻十九大精神自治区国资委党委宣讲团分别到有关企业和市国资委开展13场宣讲活动。向自治区直属企业、委机关党委印发《自治区国资委党委关于学习宣传贯彻党的十九大精神的通知》(桂国资党发〔2017〕72号),在学懂弄通做实上下功夫。

(二)认真履行基层党建工作责任,从严从紧抓好党建工作,确保党对国有企业的领导不动摇

认真落实全国、全区国有企业党的建设工作会议精神,坚持把加强国企党建、促进国企改革发展作为工作调研的重点。加强基层党建制度建设,配合制定《关于加强全区国有企业党建工作的实施意见》《关于

自治区直属企业党建工作责任制实施办法》，制定《自治区直属企业领导班子全面从严治党责任清单》，明确企业党委书记、专职党委副书记、纪委书记、班子成员的职责和工作流程，尤其突出企业党委书记"第一责任人"的角色。持续推行企业党委书记每年抓基层党建工作述职评议工作，向企业党委书记传导抓党建强党建是其首要职责的信号。开展各企业集团年度党建考核，考核结果与企业负责人薪酬挂钩，把"软指标"变为"硬约束"，有力压紧压实企业党建工作责任。监管的25户企业集团全部完成党建要求进章程，严格落实重大事项党委会前置研究工作程序，全部按制度要求设置党务工作机构，解决党务部门的编制和工作经费，建立基层党组织按期换届提醒督促机制和换届工作台账，按期换届率超过95%，制定修订党建工作制度100多项。强化党组织在企业领导人员选拔任用、培养教育、管理监督中的把关作用，率先在北部湾银行开展市场化选聘职业经理人，选聘行长1人、副行长1人，原经营班子2人转换为职业经理人。各企业全部实现党委书记、董事长"一肩挑"，全部配备主抓党务工作的专职副书记、主抓监督执纪问责的专职纪委书记。区国资委党委将国企意识形态工作主动权牢牢抓在手上，"一把手"负总责，与25户企业党委签订意识形态工作责任状，把意识形态工作与经营管理工作统一部署、统一落实、统一检查。

（三）扎实推进"两学一做"学习教育常态化制度化，突出建强支部，打牢党建工作基础

牢固树立党的一切工作到支部的鲜明导向，区国资委机关和各企业基层党支部均把"两学一做"作为"三会一课"的基本内容，突出政治教育，突出党性锻炼。起草印发《自治区直属企业"两学一做"学习教育常态化制度化实施方案》（桂国资党发〔2017〕37号），明确目标和要求，提出提高理论中心组学习质量、落实党支部"三会一课"制度、推进党支部主题党日活动、开展主题实践活动、查找解决突出问题、抓好基层党组织规范化建设、发挥示范引领作用、党建业务融合促进企业改革发展等8个方面的措施，督促企业抓好落实。指导推动企业在"两学一做"学习教育中广泛开展向廖俊波和黄大年学习活动，向自治区党委组织部推荐"两学一做"榜样宣传对象，其中党员领导干部1人、基层党员1人、基层党组织1个，树立广西壮族自治区国资委系统的先进典型。向自治区直属机关工委推荐"两学一做"学习教育主题征文，并获得二等奖。编纂出版《国企党建丛书》（四册），分送国企国资系统各基层党支部支委成员，为开展"两学一做"教育活动提供支撑，增强基层党支部创新力和战斗力。5—10月，举办6期基层党支部书记培训班、7期党员发展对象培训班，把"两学一做"作为主要培训内容，培训基层党支部书记和党员发展对象各1000人。

（四）着力抓党建促脱贫攻坚，为全区"两个建成"目标作出应有贡献

自治区国资委党委选派3名年富力强的机关干部担任环江县里腊村、三美村、琳琅村3个扶贫村的第一书记，重点对贫困户116户、贫困人口493人进行帮扶脱贫，充分发挥第一书记作用，帮助扶贫村党组织健全组织生活、党员管理等制度，协调推进定点扶贫村的脱贫攻坚工作。组织开展自治区国资委党委员"结一连五"、机关党员干部"一对一"精准帮扶贫困户活动，力争按计划实现定点扶贫村脱贫摘帽。结合定点扶贫村实际和产业状况，研究制定扶贫规划，做好养桑、种植红心香柚、野生猪养殖等项目的可研，依托西江集团联手佳沃集团组建佳沃西江投资公司，引导一批国际农业龙头企业进入广西壮族自治区，整合扶贫地区从事农业生产的企业，收购特色农产品，助力环江县贫困村加快脱贫步伐。根据中组部、自治区党委组织部要求，从清理收缴的补交党费中划出30万元支持区国资委定点扶贫村对党员活动场所进行修缮，计划拿出251.5万元用于各企业定点扶贫的45个村修缮党员活动场所、更新教育活动设施，拿出2638.34万元用于各企业定点扶贫县没有集体经济收入的58个村屯壮大集体经济。严格扶贫资金使用、管理和监督，严格扶贫项目申报、实施和验收，组织开展25户企业和国资委之间扶贫资金交叉检查，确保扶贫资金使用管理的精准性、安全性。

（撰稿人：秦磊鹤）

海南省

一、海南省国有资产监督管理工作综述

2017年,海南省国资委以习近平新时代中国特色社会主义思想为指引,以做强做优做大国有资本为总目标,以提高发展质量和效益为中心,同心协力,攻坚克难,务实创新,推动海南省国有企业生产经营实现稳中向好、稳中有进、稳中提质,综合实力显著增强,圆满完成各项工作任务。

资产总额和净资产保持平稳增长态势。2017年,海南省国有企业资产总额5851.25亿元,比上年增长11.67%;净资产2110.41亿元,比上年增长5.64%。其中,17家省属重点监管企业资产总额1364.5亿元,比上年增长3.98%;所有者权益总额733.7亿元,比上年增长4.52%,海口、三亚、陵水、临高等市县属企业资产规模实现稳步增长。

发展质量和效益稳步提升。海南省国有企业累计实现营业收入570.84亿元,比上年增长12.6%;累计实现利润总额24.45亿元,比上年增长31.54%。17家省属重点监管企业累计实现营业收入437.87亿元,比上年增长13.92%;已交税费32.73亿元,比上年增长56.68%;累计实现利润总额18.18亿元,比上年增长103.4%,创历史新高。重点监管企业均完成年度效益指标;新业态、新主业产生的营业收入逐步增长,贡献度逐步增强,主营业务收入占全部收入的95%;职工薪酬年均增幅10.41%,实现与经济效益同向增长。三亚、琼海、乐东、澄迈等市县属企业营收和利润比上年稳步提升。

超额完成项目建设投资计划。各省属重点监管企业全年完成投资100.46亿元,超过年度计划的25.7%。其中,海南省重点项目红岭灌区工程和大广坝二期项目超额完成年度计划,博鳌乐城先行医疗试验区、博鳌亚洲论坛"一地办会"、南海博物馆等一批体现"海南精神"和"海南速度"的重点项目得到省委省政府肯定。

"树形象、创品牌"活动成果丰硕。省项目规划院获得10多个国家级、省级奖项。海建集团入选全国第一批装配式建筑产业基地,旗下5家单位获行业内最高信用评级。海建集团、海南路桥多个项目获评省优、市优工程和全国建设工程施工安全生产标准化建设工地等称号。金林集团低空空域空管服务保障示范区项目顺利通过验收,海汽集团客运总站投入试运营。海垦集团精心打造海岛和牛等16个知名品牌及拳头产品,发展控股公司旗下莺歌海盐场打造海颐等品牌,盐业集团、海洋公司申请注册一批新商标,积极抢占市场。海南高速、联合资产旗下酒店分别获得"优质服务示范企业""知名老字号企业"等荣誉称号,海南产权交易所获得"海南省文明单位"荣誉称号。

制定配套战略规划。在出台海南国资国企"十三五"发展规划的基础上,制定8个配套专项规划,对接海南省十二大重点产业的发展,注重以项目为支撑,引导企业做精做强主业,推动产业转型升级,增强服务海南省战略布局的能力。

深化央地合作、政企合作。高规格策划中央企业助推"美好新海南"建设座谈会,签署34项合作协议,总金额1259.3亿元,涵盖新能源、海洋基础设施、现代金融服务业、旅游等领域。初步建立签约项目落实推进机制,协调解决一批问题,促进一批项目落地生根。近三年来,在与中央企业签约的101个项目中,40个项目注册成立公司,20个项目开工建设,累计完成投资额209亿元。与市县政府签约的127个项目中,53个项目落地,占总项目数的41.7%,累计完成投资46亿元。省国资委携省属企业与文昌市签署战略合作协议。

积极打造平安国企、和谐国企,为改革发展营造良好环境。

各企业选派36名优秀干部驻村助力扶贫,增强扶贫工作的实效。全系统投入帮扶资金2284万元,完成脱贫2642户11149人,完成省委布置的全年脱贫任务,一批企业和个人受到省委的表彰。全系统紧紧围绕为党的十九大胜利召开创造安全稳定社会环境,全力做好重要敏感时期信访维稳和安全生产工作,分别组织多轮矛盾纠纷突出问题和安全生产、消防隐患

的大排查、大整改,通过国家布置的督查考核,确保全年"平安国企"建设顺利推进。信访维稳和安全生产工作分别获评海南省先进单位。国有企业在重大抢险救灾、捐助捐赠、践行生态文明建设等活动中始终冲在前线、走在前列,以实际行动充分体现国企的讲政治、讲大局的责任担当。

二、海南省国有资产总量与结构分析

截至2017年底,海南省统计的国有企业资产总额5851.25亿元,负债总额3740.84亿元,所有者权益为2110.41亿元(其中:少数股东权益76.3亿元,归属母公司所有者权益2034.11亿元),资产负债率63.9%;实现营业收入570.84亿元,实现利润总额24.45亿元,净利润13.6亿元。

表1　　2017年海南省国有企业指标

项　目	金额(亿元)
资产总额	5851.25
所有者权益	2110.41
营业收入	570.84
利润总额	24.45
净利润	13.60
归属于母公司所有者的净利润	12.27
应交税费总额	55.70
实际上缴税费总额	48.50
国有资产总量	1978.97

纳入省国资委2017年度海南省经营性国有资产统计范围的企业990户,比上年增加44户。其中,一级企业272户,二级企业401户,三级及以下企业317户;省属企业620户,地市级企业233户,县级137户;大型企业16户,中型企业134户,小型企业360户,微型企业480户;国有独资公司626户,有限责任公司279户,上市股份有限公司3户,非上市股份有限公司39户,法人独资公司3户,非公司制独资企业24户,其他非公司制企业2户,企业化管理事业单位14户。

表2　　2017年海南省国有企业户数情况

项　目	2016年	2017年	比上年增长(%)
户数(户)	946	990	4.65

海南省各市、县(含洋浦开发区管委会)所属企业364户,资产总额3713.12亿元,增长13.59%;负债总额2531.69亿元,增长17.29%;所有者权益总额1181.43亿元,增长6.4%。海南省市、县级国资监管企业国有资产总量1164.46亿元,增长6.51%。从海南省看,国有资产主要集中分布在省属企业及海口市和三亚市。

表3　　2017年海南省国有资产按地区分布情况

地　区	国有资产(亿元)	占国有资产总量比重(%)
海南省	1978.97	100.00
省属企业	814.51	41.16
国资委重点监管企业	662.06	33.45
省直部门监管企业	132.79	6.71
国资委其他监管企业	19.66	0.99
市县级国资监管企业	1164.46	58.84
地市级监管企业	761.16	38.46
儋州市	71.35	3.61
三亚市	178.32	9.01
海口市	511.54	25.85
洋浦经济开发区	-0.05	0.00
县级监管企业汇总	403.3	20.38
保亭县	5.01	0.25
定安县	3.49	0.18
东方市	26.12	1.32
乐东县	7.72	0.39
屯昌县	15.26	0.77
文昌市	4.91	0.25
白沙黎族自治县	3.44	0.17

续表

地 区	国有资产（亿元）	占国有资产总量比重(%)
昌江黎族自治县	1.83	0.09
临高县	−0.07	0.00
陵水黎族自治县	71.52	3.61
琼海市	28.02	1.42
琼中县	22.67	1.15
万宁市	70.62	3.57
五指山市	2.19	0.11
澄迈县	140.55	7.10

三、海南省国有资本保值增值综合分析评价

扣除客观影响因素后，海南省国有资本保值增值率101.22%，比上年的99.6%增加1.62个百分点。从国有资产变化情况看，近年来海南省国有资产总量平稳上升，呈良好发展态势。

表4　2017年海南省国有企业地区国有资本保值增值情况

地　区	国有资本保值增值率(%)
海南省	101.22
国资委省属企业汇总	103.06
国资委重点监管企业	102.66
省直部门监管企业	104.48
国资委其他监管企业	107.91
市县级国资监管企业汇总	99.91
地市级监管企业汇总	99.09
儋州市	98.94
三亚市	101.14
海口市	98.39
洋浦经济开发区	资不抵债
县级监管企业汇总	101.27
保亭县	98.93

续表

地　区	国有资本保值增值率(%)
定安县	98.63
东方市	135.52
乐东县	100.40
屯昌县	99.65
文昌市	104.72
白沙县	101.44
昌江县	99.95
临高县	资不抵债
陵水县	98.73
琼海市	100.20
琼中县	97.53
万宁市	99.24
五指山市	99.82
澄迈县	100.00

四、海南省国资委监管企业股份制改革与上市融资情况

混合所有制改革稳步推进。进一步规范混改工作流程和操作程序，建立工作机制，省属企业和海口、三亚等市属企业相继推出一批列入混改计划的企业名单。省属企业有174户二级及以下企业开展混合所有制改革，改革面占34.7%。改变过去国有资本经营预算管理"撒胡椒面"的做法，集中统一委托改革发展基金管理和运作。农垦林产挂牌"新三板"，海南橡胶定增方案获得证监会批复，海南金控挂牌股交中心，农垦畜牧完成"新三板"申报基础工作，国改基金投资5000万元参与中国联通混改项目。

职业经理人制度试点正式启动。为积极探索市场化的薪酬制度，激发企业活力动力，省国资委出台《省属国有企业推行职业经理人制度的指导意见》，指导海汽集团制定实施方案，在集团层面开展职业经理人制度试点工作，对经营层实行"全体起立、市场聘任"，实行两年时间过渡期。

五、海南省国资委监管企业全面深化改革与完善法人治理结构情况

改革顶层设计基本完成。形成以省委、省政府《关于深化海南省国有企业改革的实施意见》为统领、以32个文件为配套的"1+N"政策体系。完成规范性文件"立改废释"工作，废止、清理和修订完善文件27件。改革的顶层设计和四梁八柱的主体政策框架已经形成，下一步将从"设计阶段"全面进入"施工阶段"的深水区。

开展"处僵治困"工作。省属企业基本完成年度37户"处僵治困"工作任务，并启动新一批困难企业整治。海口、三亚、五指山、澄迈等市县基本完成长期关停企业的改制关闭破产工作，儋州、东方、琼中、白沙、昌江、万宁、文昌市、保亭等市县已逐步开展所属国有企业改制关闭破产工作。

法人治理结构逐步完善。以修订公司章程为契机，进一步明晰出资人和企业的权责边界，明确党组织在公司治理中的法定地位，合理界定董事会、监事会、经理层的权责，全面落实"双向进入、交叉任职"，在党员人数300人以上的企业设立党委专职副书记。以建立适应市场化的现代企业制度为目标，从制度和人才队伍两方面着手，积极构建外部董事占多数、权责对等的规范董事会。初步形成董事会设立完善、规范运转、有效制衡的制度体系，通过公开选聘方式，建立一支专职外部董事队伍，推进董事会建设全覆盖。

六、海南省国资委监管企业建立和完善经营业绩考核体系情况

明确经营业绩考核指标促进企业提质增效。提出2017年度及2015—2017任期省属企业负责人经营业绩考核指标，向3家重点监管企业和2家委托考核企业下达考核通知，与14家重点监管企业签订经营业绩考核责任书；为实提质增效成果，对考核指标完成进度的企业进行跟踪督办。对未完成序时进度的企业，逐一约谈企业负责人，要求企业提出具体措施，以时间倒排、任务倒逼、责任倒追推进工作落实，确保完成年度各项目标任务。

完成企业2016年度经营业绩考核工作。向重点监管企业及委托考核、授权考核企业下发关于报送2016年度省属企业负责人经营业绩完成情况的通知，结合审计报告和相关考核情况，对省属企业2016年度经营业绩完成情况进行测算。

七、海南省国资委监管企业负责人考核与选人用人机制改革情况

健全企业负责人经营业绩考核评价机制，加强企业领导班子建设和薪酬分配管理。开展省属重点监管企业2016年度人工成本专项审计，提交人工成本分析报告。会审2017年度企业人工成本预算。按照国务院国资委的要求，做好2017年省属重点监管企业薪酬调查工作。对接省人社厅，协调安排人社部对省国资系统的工资总额调研工作。新增海南免税品公司等建立企业年金。

落实干部从严管理，严格日常监督管理。省国资委党委书记与省属企业负责人签订《党建工作责任书》和《党风廉政建设责任书》，明确国有企业党委主体责任，次年通过对企业上一年度落实党建、人才工作目标责任制情况以及选人用人工作情况进行专项检查，实现全系统干部选拔任用"一报告两评议"及向离退休干部通报组织人事工作情况制度化、常态化。

注重"人才强企"战略，拓宽人才选拔培养渠道。印发2017年度省国资委系统培训工作计划、《实施人才体制机制改革实施意见责任分工的通知》，申报人才专项资金。安排国资委厅级干部参加中央、省委组织部、省委党校举办的各类专题培训17人次；安排省国资委干部参加国务院国资委、省行政学院各类专题培训班10人次；选派5名新提拔处级领导干部参加任职培训；选派2名军转干部参加进高校脱产学习教育；选派处室人员参加省委组织部新任组工干部培训、海南人才工作专题培训、档案工作专题培训6人次。建立第三批70人的企业领导人员后备干部库，开展优秀中青年管理人员综合能力提升培训；举办60人参加的省属企业领导人员综合能力提升专题培训班；组织14名企业领导人员赴延安参加高级企业管理人员国情研修班。坚持正确用人导向，对18家企业、88名领导班子成员，10家董事会、46名董事会成

员及 2 名董秘进行年度考核评价。选拔和交流省属企业领导班子 27 人，提拔机关干部 15 人，安排双向挂职 23 人。举办各类培训班 712 期，参训人员 48452 人次。

八、海南省国资委监管企业党的建设和廉政建设情况

掀起学习宣传贯彻十九大精神高潮。省国资委党委把学习宣传贯彻党的十九大精神作为当前和今后一个时期的首要政治任务，作为头等重要的大事来抓，深入开展丰富多彩的学习宣传贯彻活动，推动党的十九大精神进机关、进企业、进车间、进工地、进矿区、进车站、进班组、进扶贫点、进农场，迅速在全系统掀起学习十九大精神的热潮。结合"两学一做"学习教育常态化制度化和学习省第七次党代会精神，不断把学习引向深入，切实用十九大精神武装头脑、指导实践、推动工作。

党建工作实施十件实事。围绕国资系统党建工作成为海南省排头兵和先锋队目标，以党建工作十件实事为抓手，深入开展"党建工作落实年"活动。编印《基层党支部规范化建设工作手册》，进一步规范企业党组织标准化建设；完成 311 家企业党建工作要求进公司章程工作；要求专职党务工作人员的数量原则上不低于其他部门的平均人数；要求党建工作经费不低于上年度职工工资总额的 1%；省免税品有限公司等企业开展"互联网+党建"试点，提升党建工作渗透力和高效性；建立 20 个党建工作示范点；召开基层党建工作现场交流观摩会，有效促进基层党组织建设规范化；做好基层党支部书记集中轮训工作，组织 4 批次 800 名支部书记参加的培训班；214 个党委按要求完成换届，规范基层党组织建设；开展"最美国资人"评选活动，表彰一批先进个人和先进集体，荣获国家级先进单位和个人 10 个、省级先进单位和个人 21 个；逐步厘清省国资委与驻琼企业上一级企业党组织的工作关系，建立责任明晰、有机衔接的企业党建工作领导体制。

党风廉政建设和反腐败工作保持高压态势。完善国资系统纪检监察工作机制。成立省国资委机关纪委，负责全系统党风廉政建设和反腐败工作，确保纪检监察机构改革后日常工作正常运转。按照"突出政治巡察"的要求，制定巡察方案，组建巡察办，完善巡察人才库，完成 2 轮巡察试点工作，查纠一批腐败问题和不正之风，推动企业整改取得明显成效。指导和督促海南发控、海钢集团、海南高速三家企业抓好巡视"回头看"整改工作，为促进企业改革发展发挥积极作用。加大问责力度。及时发现、严肃查处失职失责问题，提醒谈话 4 人次，诫勉谈话 4 人次，函询 6 人次，开除党籍处分 2 人，分类处置各类信访件 92 件次，办结 83 件，办结率 90%。对全部重点监管企业党政主要负责人进行 2 次廉政约谈，制定监督执纪第一种形态的实施办法，确保党风廉政建设和反腐败工作永远在路上。

九、海南省国资监管及国有企业改革发展具有地方特色情况

推进新一轮农垦改革取得显著成效。坚决贯彻省委省政府决策部署，以垦区集团化、农场企业化为中心，在完成 3 家直属医院和农场医疗卫生机构、公安及公办学前教育机构移交地方政府管理的同时，按期完成 78 家二级单位的清产核资工作，完成垦区 38 家农场公司制改制，成立 27 家农场公司、4 家产业集团和资产管理公司，确立集团母子公司体系。全面组建"八八战略"（八大产业、八大园区）实施主体，初步建立产权清晰、权责明确、规范运作的治理架构，激发企业市场化的活力，实现总体扭亏为盈。

高效服务和保障重大国事活动。海钢集团、海汽集团、海南高速等企业在服务保障博鳌亚洲论坛等重大活动中发挥重要作用，圆满完成各项任务。

"百日大研讨大行动"取得阶段性成果。根据省委省政府的部署，聚焦改革发展难题，坚持"边研讨、边行动、边总结"，掀起一场思想风暴，达到统一思想、凝聚共识，推动发展的目的，取得一系列阶段性成果。全系统召开专题学习会、研讨会 802 次，开展调研 639 次，发现突出问题 247 个，提出工作建议和意见 643 条，形成调研报告 257 篇、研讨文章 220 篇，为推动国资国企改革发展提供智力支持。

（撰稿人：张嘉倪）

重庆市

一、重庆市国有资产监督管理工作综述

2017年，重庆市国资系统全面贯彻落实党的十八大、十九大精神，坚持以习近平新时代中国特色社会主义思想为指导，在重庆市委、市政府坚强领导下，重庆市国资系统认真贯彻落实党中央、国务院关于国企改革发展的重大决策，扎实落实市委、市政府各项工作部署，沉心静气、攻坚克难，加强经济运行调度，"一企一策"项目化推进改革，谋发展、抓改革、促创新、调结构、强监管、抓党建，推动国企改革发展和全面从严治党各项工作取得积极进展。

一是企业发展质量效益提升。2017年，重庆市国有企业实现利润总额507亿元，比上年增长7.7%。市国资委监管的37户市属国有重点企业实现利润总额282亿元，比上年增长4.4%（剔除重庆钢铁股份公司司法重整成本50亿元，同口径增长23%）。市国资委监管企业上缴国有资本经营收益34亿元，同口径增长6.5%；上缴税费252亿元，同口径增长10.7%。市级部门所监管国有企业实现利润40亿元，比上年增长7.7%；区县所属国有企业实现利润111亿元，比上年增长12%。中央和外地在渝企业（不含在渝金融企业）实现利润361亿元，比上年下降20.2%。

二是供给侧结构性改革取得阶段性进展。重庆钢铁股份公司司法重整改革顺利完成。通过司法重整，采取市场化法治化债转股等改革措施化解417亿元债务危机，使重庆钢铁走出困境、获得重生。重庆能源集团关闭6对矿井，压减煤炭产能207万吨。清理处置"僵尸企业"192户。压缩四级以下企业法人层级109户，重庆粮食集团、重庆化医集团、重庆轻纺集团、重庆对外经贸集团、市农投集团等任务量较大的企业都超额完成。市属国有房地产企业消化库存61.8万平方米。市属国企剔除金融及类金融企业平均资产负债率63%，较2016年末下降1.1个百分点。市属国有房地产企业重组整合完成任务的75%。各区县、市级部门、市属国企密切配合，基本完成市属国企"三供一业"和29万退休人员移交社会化管理。

三是股权多元化改革稳妥实施。完成重庆建工A股上市。重庆医药股份重组建峰化工取得成功，重庆轻纺集团所属诗仙太白引入泸州老窖集团进行股权多元化改革，重庆化医集团所属科瑞制药引入全球眼药先进制造商日本参天公司共同开发眼药产品，市水务资产公司所属德润环境引入深圳高速作为战略投资者。

四是现代企业制度建设进一步加快。推进董事会制度建设，制定《市属国有重点企业董事会建设及规范运行指导意见》。深化企业薪酬分配体制改革，对市属国有重点企业经营业绩实行"一企一策"分类考核。积极探索企业市场化选人用人，重庆对外经贸集团从北京、上海、广州等地聘任11名经营管理者，重庆农商行在15家分支行公开竞聘管理人员，重庆商社集团所属马上金融选聘9名经营管理者，试点企业经营绩效大有改善。

五是国资监管体制机制改革进一步深化。制定市国资委以管资本为主推进职能转变的意见，划定国资监管部门权责边界，简政放权41项。制定出台市属国有企业投资监督管理办法、境外投资监督管理办法和投资负面清单，加强对企业投资决策的事前管理、事中监督和事后评估。履行出资人审计监督职责，深入开展经济责任审计、重大工程项目审计和专项审计。以问题和风险为导向，推动企业监事会形成日常监督、专项检查、年度检查为主的监督体系，监督效果不断提升。

六是创新发展的动力转换明显提速。市属国有工业企业R&D占营业收入比重1.91%，比上年增加0.8个百分点。市属国有重点企业拥有创新平台总数267个，比上年增长40%；授权专利数量3318件，比上年增长28%；开发市级以上新产品183项，比上年增长35%。庆铃集团获得新能源汽车生产准入资质。重庆机电集团研发的数控万能磨齿机、中国四联集团实施的智能仪器仪表等智能产品项目正培育成为企业发展新动力。重庆交运集团"同城配"、重庆商社集团"世纪购"、重庆对外经贸集团"西港全球购"等新商业模式盈

利能力明显提升。重庆银行推广"好企贷"、重庆农商行开发"线上小额信用贷"、重庆三峡银行推出"财富存"等服务中小微企业、方便客户的金融产品。

七是国企服务重庆市发展大局作出新的贡献。市属国企承担重点项目46个,计划总投资3454亿元,完成年度投资542亿元,占年度投资计划的103%,占重庆市完成投资的37%。重庆机场东航站区及第三跑道建设工程、重庆西站枢纽一期工程、轨道交通十号线一期等项目建成投用。新增高速公路205千米;新增轨道51千米;高速公路减免通行费14.79亿元。助推重庆市内陆开放高地建设,西永微电园跨境电商完成交易额占重庆市的59%;重庆交运集团实现渝新欧班列每日一班常态化开行。市属国有金融企业服务实体经济发展,优先支持中新项目、自贸试验区建设项目等重庆市重大战略。继续发挥支持"三农"和小微企业发展的中坚力量,3家市属国有商业银行涉农贷款余额1827亿元、小微贷款余额2079亿元,分别占重庆市总量的36%、40%;3家担保公司"三农"和中小微企业在保余额654亿元。

八是国企党的建设力度加大。坚持政治建设为统领,严肃党内政治生活,不断增强"四个意识",坚定"四个自信",全面贯彻落实全国国企党建工作会精神。坚持国企领导人员"二十字"要求,从严选任管理监督干部,开展"三位一体"综合考核评价,分类分层推动人才工作,统筹加强企业班子队伍建设。认真落实意识形态工作责任,国企意识形态领域总体平稳。市属国有重点企业全面完成党建工作进公司章程修订,建设中国特色现代国企制度取得重要进展。扎实推进"两学一做"学习教育常态化制度化,全面推行支部主题党日,开展支部书记全覆盖培训,落实党建工作保障。严格党建工作述职考核。加强国企党风廉政建设和反腐败工作。持之以恒正风肃纪,扎实开展巡视反馈意见整改,持续保持反腐高压态势。

二、重庆市国有资产总量与结构分析

(一)国有企业基本情况

截至2017年底,重庆市国有企业资产总额62524.3亿元,比上年增长8.9%;负债总额40746.3亿元,比上年增长7.6%;所有者权益总额21778亿元,比上年增长11.5%;国有资产总量18537.6亿元,比上年增长14.3%;营业收入5714.8亿元,比上年增长9.7%;利润总额507亿元,比上年增长7.7%;净利润391.4亿元,比上年增长7.2%,其中归属于母公司所有者的净利润349.6亿元,比上年增长1.4%;应交税费总额和实际上缴税费总额分别为431.4亿元、408.9亿元,比上年分别下降0.6%、7.4%;工业总产值1076.3亿元,比上年增长3.7%;劳动生产总值(增加值)1398.1亿元,比上年增长9.8%。

表1　2017年重庆市国有企业指标

项　目	金　额(亿元)
资产总额	62524.3
所有者权益	21778.0
国有资产总量	18537.6
营业收入	5714.8
利润总额	507.0
净利润	391.4
归属于母公司所有者的净利润	349.6
应交税费总额	431.4
实际上缴税费总额	408.9

2017年,纳入统计范围的重庆市国有企业3693户,比2016年度增加103户,比上年增长2.9%。从隶属关系看,市国资委监管企业1650户,比上年减少19户;市级部门监管企业769户,比上年增加23户;区县政府监管企业1274户,比上年增加99户。从企业规模看,大型企业134户,中型企业647户,小型企业1593户,微型企业1319户,分别占3.6%、17.5%、43.1%、35.8%。

表2　2017年重庆市国有企业户数情况

项　目	2016年	2017年	比上年增长(%)
户数(户)	3590	3693	2.9

(二)国有资产总量分析

2017年底,合并国有资产总量18537.6亿元,比上年增加2318.3亿元,增长14.3%。从隶属关系看,市国资委监管企业国有资产总量5355.2亿元,占28.9%;市级部门监管企业国有资产总量2667.2亿元,占14.4%;区县政府监管企业国有资产总量10515.2亿元,占56.7%。

2017年,国有资产总量增长的主要因素:一是国家、国有单位划入或投入资产1630.3亿元,占70.3%;二是企业经营积累380.1亿元,占16.4%;三是资产评估、资本溢价、税收返还等因素增加307.5亿元,占13.3%。

表3　2017年重庆市国有资产按地区分布情况

地　　区	国有资产（亿元）	占国有资产总量比重(%)
合　　计	18537.6	100.0
市级企业	8022.4	43.3
其中:市国资委监管企业	5355.2	28.9
市级部门监管企业	2667.2	14.4
区县监管企业	10515.2	56.7
其中:万州区	335.4	1.8
涪陵区	716.1	3.9
渝中区	118.8	0.6
大渡口区	227.1	1.2
江北区	316.3	1.7
沙坪坝区	428.5	2.3
九龙坡区	332.9	1.8
南岸区	390.7	2.1
北碚区	244.4	1.3
綦江区	861.3	4.6
大足区	647.0	3.5
渝北区	324.1	1.7
巴南区	332.8	1.8
黔江区	174.3	0.9
长寿区	476.2	2.6
江津区	475.9	2.6
合川区	345.7	1.9
永川区	434.2	2.3
南川区	396.5	2.1
璧山区	478.0	2.6
铜梁区	292.7	1.6
潼南区	135.7	0.7
荣昌区	136.7	0.7
开州区	357.8	1.9
梁平区	118.5	0.6
城口县	65.6	0.4
丰都县	176.4	1.0
垫江县	135.9	0.7
武隆区	156.9	0.8
忠县	14.3	0.1
云阳县	100.7	0.5
奉节县	180.5	1.0
巫山县	1.7	0.0
巫溪县	76.7	0.4
石柱土家族自治县	138.3	0.7
秀山土家族苗族自治县	86.8	0.5
酉阳土家族苗族自治县	105.9	0.6
彭水苗族土家族自治县	177.6	1.0

从国民经济行业分布看,国有资产总量主要集中于建筑业、交通运输业、房地产业、社会服务业四大传统行业,合计16590.2亿元,占89.5%,转型发展任务较重。

表4　2017年重庆市国有资产按行业分布情况

行　业	国有资产（亿元）	占国有资产总量比重（%）
农林牧渔业	257.6	1.4
工业	231.4	1.2
建筑业	4496.5	24.3
地质勘查及水利业	624.0	3.4
交通运输业	2080.6	11.2
仓储业	32.2	0.2
邮电通信业	1.1	0.0
批发和零售业	222.4	1.2
金融业	461.6	2.5
房地产业	3444.7	18.6
信息技术服务业	17.1	0.1
社会服务业	6568.4	35.4
卫生体育福利业	25.6	0.1
教育文化广播业	37.7	0.2
科学研究和技术服务业	36.6	0.2
合　计	18537.6	100.0

从经营规模分布看，大、中、小、微型企业国有资产总量分别为813.4亿元、6309.2亿元、8631.2亿元、2783.8亿元，分别占比4.4%、34%、46.6%、15%，大型企业国有资产总量占比依然较小，推动国有资本做强做优做大的目标任重而道远。

表5　2017年重庆市国有资产按经营规模分布情况

经营规模	国有资产（亿元）	占国有资产总量比重（%）
大型企业	813.4	4.4
中型企业	6309.2	34.0
小型企业	8631.2	46.6
微型企业	2783.8	15.0
合　计	18537.6	100.0

三、重庆市国有资本保值增值综合分析评价

2017年，重庆市国有资本保值增值率102.2%，比上年增加0.1个百分点，实现国有资本保值增值目标。

从隶属关系看，市国资委监管企业、市级部门监管企业国有资本保值增值率分别为103.6%、101.9%，分别比上年增加1.2、0.8个百分点，区县政府监管企业虽然国有资产总量上升较快，但由于大部分属于政府资产注入、资产评估等客观因素增加，企业自身经营积累较少，国有资本保值增值率101.5%，比上年减少0.6个百分点。

表6　2017年重庆市国有企业地区国有资本保值增值情况

地　区	国有资本保值增值率（%）	地　区	国有资本保值增值率（%）
重庆市	102.2	永川区	102.5
市级企业	103.0	南川区	99.3
市国资委监管企业	103.6	璧山区	99.1
市级部门监管企业	101.9	铜梁区	101.1
区县监管企业	101.5	潼南区	100.4
万州区	100.4	荣昌区	106.5
涪陵区	102.2	开州区	104.5
渝中区	100.8	梁平区	107.9
大渡口区	100.6	城口县	99.4
江北区	102.0	丰都县	98.3
沙坪坝区	102.4	垫江县	103.0
九龙坡区	101.1	武隆区	101.1
南岸区	101.3	忠县	100.2
北碚区	100.1	云阳县	98.7
綦江区	100.0	奉节县	98.7
大足区	101.4	巫山县	99.8
渝北区	100.7	巫溪县	99.8

续表

地　区	国有资本保值增值率(%)	地　区	国有资本保值增值率(%)
巴南区	100.8	石柱土家族自治县	100.0
黔江区	101.9	秀山土家族苗族自治县	97.7
长寿区	109.4	酉阳土家族苗族自治县	97.9
江津区	101.3	彭水苗族土家族自治县	101.7
合川区	104.1		

从行业分布看，有 13 个行业实现国有资本保值增值目标，其中排名前三的为批发和零售业、卫生体育福利业、科学研究和技术服务业，国有资本保值增值率分别为 111％、111％ 和 110.6％。交通运输业受机场、高速公路、通用航空等企业亏损影响，仓储业受重庆粮食集团亏损影响，未实现保值增值。

表7　　2017 年重庆市国有企业行业国有资本保值增值情况

行　业	国有资本保值增值率(%)
平均值	102.2
农林牧渔业	101.5
工业	103.1
建筑业	102.3
地质勘查及水利业	100.9
交通运输业	99.9
仓储业	79.9
邮电通信业	104.6
批发和零售业	111.0
金融业	108.6

续表

行　业	国有资本保值增值率(%)
房地产业	101.1
信息技术服务业	101.6
社会服务业	102.4
卫生体育福利业	111.0
教育文化广播业	103.7
科学研究和技术服务业	110.6

四、重庆市国资委监管企业改革发展情况

（一）供给侧结构性改革取得阶段性进展

重庆能源集团关闭 6 对矿井，压减煤炭产能 207 万吨。清理处置"僵尸企业"192 户。压缩四级以下企业法人层级 109 户，重庆粮食集团、重庆化医集团、重庆轻纺集团、重庆对外经贸集团、市农投集团等任务量较大的企业都超额完成。市属国有房地产企业消化库存 61.8 万平方米。34 户国有房地产企业清理退出 22 户，13 户国有建筑企业除 2 户存在在建工程外，其余 11 户基本完成专业化重组工作。市属国企剔除金融及类金融企业平均资产负债率 63％，较 2016 年末减少 1.1 个百分点。基本完成市属国企"三供一业"和 29 万退休人员移交社会化管理。重庆钢铁股份公司通过司法重整，采取市场化法治化债转股等改革措施化解 417 亿元债务危机，使重庆钢铁走出困境、获得重生。

（二）混合所有制改革稳妥推进

一是分层推进国企混改。在集团层面，通过引进增量、减持存量等方式积极引入各类战略投资者，推动混合所有制改革，顺利完成重庆建工 A 股上市，集团层面股权多元化企业达到 15 家。在二、三级企业层面，通过股权转让、增资扩股、并购重组等方式开展混合所有制改革，完成诗仙太白引入泸州老窖集团进行股权多元化改革。选择重庆机电集团所属长江轴承公司等 10 户子企业开展混合所有制改革试点，其中重庆化医集团所属上市公司建峰化工与重庆医药股份重大资产重组取得成功。截至 2017 年底，市属

国有重点企业及所属控股、参股企业中混合所有制企业占比50.9%。

二是推动股权投资合作。重庆渝富集团、西南证券公司等8家企业发起设立股权投资基金管理公司13家，主导发起设立基金53支，基金总规模1850亿元，已投项目金额632亿元。

三是PPP项目不断拓展。启动实施市级基础设施建设等8个PPP项目，总投资571亿元，引入社会资本金160亿元。截至2017年底，市属国有重点企业开展PPP项目20个，占重庆市项目总数的30%；总投资1695亿元，占重庆市项目总投资的45%，引入社会资本金227亿元，减少直接负债1136亿元。

四是推进国企员工持股改革试点。重庆银行推行管理人员和骨干员工持股计划，把延迟发放绩效薪酬的单纯约束机制变为股权约束和激励的双向机制。市水务资产公司下属三峰环境公司等5家商业类企业正在推进员工持股试点，2户企业完成审核备案，3户企业进一步完善方案和履行内部程序。

（三）现代企业制度建设进一步加快

推进董事会制度建设，制定《市属国有重点企业董事会建设及规范运行指导意见》。深化企业薪酬分配体制改革，对市属国有重点企业经营业绩实行"一企一策"分类考核。积极探索企业市场化选人用人，重庆对外经贸集团从北上广等地聘任11名经营管理者，重庆农商行在15家分支行公开竞聘管理人员，重庆商社集团所属马上金融选聘9名经营管理者，试点企业经营绩效大有改善。

（四）创新发展的动力转换明显提速

以大数据智能化为引领，推动市属国企创新发展，市属国有工业企业实现研发平台全覆盖。分类分层推进工业企业技术创新、产品创新，商贸企业服务创新、商业模式创新，推进金融企业运用"互联网+"实现金融产品创新。2017年，市属国有工业企业R&D占营业收入比重1.91%，比上年增加0.8个百分点。市属国有重点企业拥有创新平台总数267个，比上年增长40%；授权专利数量3318项，比上年增长28%；开发市级以上新产品183项，比上年增长35%。其中，庆铃集团获得新能源汽车生产准入资质；重庆机电集团研发的数控万能磨齿机、中国四联集团实施的智能仪器仪表等智能产品项目正培育成为企业发展新动力；重庆交运集团"同城配"、重庆商社集团"世纪购"、重庆对外经贸集团"西港全球购"等新商业模式盈利能力明显提升；重庆银行推广"好企贷"、重庆农商行开发"线上小额信用贷"金融产品。

五、重庆市国资委监管企业并购重组与完善法人治理结构情况

（一）并购重组情况

重庆市国资委以供给侧结构性改革为主线，大力推进企业并购重组。一是加快房地产企业重组整合。将36户市属国有房地产企业重组整合为3家主业为房地产的企业，截至2017年底17户完成相关程序。二是完成煤炭领域重组整合。将重庆市能源集团所属5户企业（南桐矿业公司、松藻煤电公司、中梁山煤电气公司、永荣矿业公司、天府矿业公司）的煤炭业务重组整合为重庆能投渝新能源有限公司，市属国有煤炭资产全部整合完毕。三是完成钢铁企业破产重整。引入中国宝武集团联合美国WL罗斯公司、中美绿色基金、招商局金融集团共同组建的中国第一支钢铁产业结构调整基金四源合基金完成重庆钢铁（601005.SH）破产重整，通过剥离低效资产、市场化债转股等方式化解417亿元债务，重整后重庆钢铁资产负债率由114.6%降至33%，产钢量由235.5万吨恢复到411.4万吨，2017年营业收入132.4亿元，比上年增长200%，利润总额3.3亿元，标志着重庆地区钢铁产业供给侧结构性改革圆满完成。四是基本完成ST上市公司资产重组。*ST建峰（000950.SZ）发行股份购买重庆医药股份67亿元资产获证监会审核通过，重庆医药股份基本完成"借壳"上市，公司复牌后，重庆市国资委监管的上市公司将全部实现"摘帽"。

（二）完善法人治理结构情况

截至2017年底，重庆市国资委监管的37户市属国有重点企业，全部实现公司制改造，建立章程治理机制。国有独资公司设立董事会、监事会和经理层，

股权多元化公司设立"三会一层"。董事会工作机构不断完善，其中17户市属国有重点企业建立66个董事会专门委员会。市属国有独资企业全部建立外部董事制度，形成"内部董事＋外部董事"模式；股权多元化公司形成"执行董事＋股东董事＋独立董事"模式，外部董事占多数；企业董事会内部制衡机制初步形成。除了经理层成员选聘权和个别重大财务事项管理权外，中长期发展决策权、经理层成员业绩考核权、经理层成员薪酬管理权、职工工资分配管理权等大部分董事会职权下放或归位到市属国有重点企业董事会。

此外，市国资委通过不断加强制度建设，指导企业规范运行，先后出台《关于进一步规范国有出资人派出的股东代表、董事、监事履职行为的通知》《市属国有独资公司章程指引》《市属国有独资公司董事会议事规则指引》《市属国有重点企业外部董事管理办法》《关于建立重庆市市属国有重点企业外部董事、监事人才库的通知》《关于进一步规范董事会运行的通知》《重庆市市属国有重点企业董事会建设及规范运行的指导意见》等多个规范性文件。同时，市国资委通过列席企业董事会定期会议、建立季度董事会会议资料抽查制度等方式，动态监督企业董事会运行情况，及时发现企业董事会运行存在的问题，督促企业整改落实，不断规范企业董事会建设。

六、重庆市国资委监管企业建立和完善经营业绩考核体系情况

2017年，重庆市国资委监管企业负责人经营业绩考核体系继续按重庆市国资委2016年印发的《市属国有重点企业主要负责人经营业绩考核暂行办法》（渝国资发〔2016〕13号）执行。考核体系以基本指标为主，综合指标为辅建立基本框架。基本指标权重70％，综合指标权重30％。同时引入财务绩效评价内容，以促进企业行业对标、赶超先进。

2017年，由重庆市国资委直接履行出资人职责的被考核企业董事长26人，其中，商业一类企业14户、商业二类企业5户、公益类企业7户。各企业负责人具体考核指标及指标值考虑企业分类、企业不同经营周期和规模"一企一策"设计，由重庆市国资委主任代表重庆市国资委分别与各市属国有重点企业主要负责人签订经营业绩考核责任书确定。

（一）基本指标

稳定增长的商业一类企业主要考核归属于母公司所有者的净利润、经济增加值、财务绩效评价水平；稳定增长的商业二类企业在商业一类基础上增加考核保障能力及专项任务完成目标；公益类企业主要考核服务城市经济建设发展目标、归属于母公司所有者的净利润、财务绩效评价水平。对重庆钢铁（集团）有限责任公司、重庆化医控股（集团）公司、重庆市能源投资集团有限公司、重庆粮食集团有限责任公司4户经营利润严重亏损的特别监管企业，主要考核经营利润，分别按控亏、扭亏、盈利3个梯级确定经营利润指标值，实行差异化考核。

（二）综合指标

按改革任务、创新发展、风险控制分类。改革任务包括关闭空壳和"僵尸企业"、压缩企业管理层级、退休人员社会化移交和降杠杆等。创新发展，工业企业主要考核研发费投入比率指标、新产品销售率等，商贸企业主要考核商业模式创新。风险控制类目标主要考核类金融公司风险防控、股权投资项目的投入产出等。

2017年，重庆市国资委根据《市属国有重点企业主要负责人经营业绩考核暂行办法》（渝国资发〔2016〕13号）、2016年度市属国有重点企业主要负责人经营业绩考核责任书、依据经审计的企业财务决算数据及相关资料，对直接履行出资人职责的被考核企业主要负责人2016年的经营业绩完成情况进行考核。按2016年度被考核企业主要负责人经营业绩考核得分水平，确定经营业绩考核结果分为A、B、C三个级别。A级10户、B级10户、C级4户，未定级1户，A级占比40％。其中，14户商业一类企业A级5户、B级7户、C级2户，A级企业占比35.7％；5户商业二类企业A级2户、B级1户、C级1户，未定级1户，A级企业占40％；6户公益类企业A级3户、B级2户、C级1户，A级企业占50％。

七、重庆市国资委监管企业负责人考核与选人用人机制改革情况

(一)适应国企改革需要及时优化调整企业班子

严格选拔标准程序,落实"凡提四必",根据企业经营管理和班子建设实际,及时开展班子调整配备,调整配备中注重班子成员年龄、经历、专长及性格等合理搭配、互补相容,增强班子整体功能。着力推进"能下",对履职不力、状态不好的领导人员严格调整,配合重庆市委组织部先后调整重庆钢铁集团、重庆能源集团主要领导,将改革意识强、工作有魄力的二级企业主要领导破格提拔为集团层面总经理,有力推进企业改革脱困工作。2017年,选拔任用企业领导人员31人,办理领导人员免职、退休、辞职16人,对4户企业董事会、监事会、经理层进行换届,任免外部董事、外部监事18人。

(二)规范企业党委副书记和纪委书记设置配备

根据全国国企党建工作会议精神和中央巡视组反馈问题整改要求,重庆市委组织部会同重庆市国资委党委推进全覆盖设置配备管党副书记和纪委书记,新配备党委专职副书记9人,分管党建工作副书记7人和专职纪委书记6人。35户设立党委、纪委的企业中,34户配备管党副书记和纪委书记,其中,19户配备党委专职副书记,20户配备专职纪委书记。

(三)大力加强企业领导人员后备人才培训培养

注重企业人才培养,通过企业推荐、回访调研等方式,掌握106名优秀中层正职领导人员,涵盖业务、财务、党建、综合管理等各方面人才,在重庆市委党校开展为期1个月的2期专题培训。积极开展其他各类各层次人才培训培养,2017年直接组织实施培训项目28个,培训5000余人次,其中2个项目列入重庆市2017年主体班。指导各企业自主培训经营管理人员9.4万人次、技术技能人员25.5万人次,使用培训经费1.56亿元。推进企业人才评选和平台建设,2017年新增国家千人计划专家1人、重庆市级技能大师技术能手15人、重庆市级院士专家工作站1个、博士后科研工作站7个、首席专家工作室1个、首席技能大师工作室1个、技能大师工作室4个。

(四)扎实开展企业领导班子和领导人员综合考核评价

根据《重庆市属重点国企企业领导班子和领导人员考核暂行办法》规定,对企业领导班子及成员开展经营业绩、党建工作、综合测评"三位一体"的综合考核评价。考核中严格执行、实事求是、体现差距,纳入考核的33户企业领导班子,最终评定先进8户、良好17户、一般6户,较差2户;241名企业领导人员中,最终评定优秀52人、称职178人、基本称职7人、暂不确定等次4人。

(五)深入研究企业领导人员管理体制机制

按照中央、重庆市委、重庆市政府有关改革要求,结合企业实际,探索商业类、公益类等不同类别企业领导人员以及董事会、监事会、经理层等不同治理层领导人员分类分层管理机制,研究起草《推进企业领导人员分类分层管理试点工作建议》《重庆市属重点国企开展市场化选聘和管理经营管理者试点工作的意见》《关于完善重庆市属重点国企监事会管理的建议方案》《重庆市属重点国企专职外部董事管理暂行办法(试行)》《重庆市属重点国企专职外部监事管理暂行办法(试行)》等"1+4"制度。严格执行到龄退休、兼职、经商办企业、个人事项报告等领导人员管理监督制度,并研究起草《企业领导人员不再担任现职后薪酬问题》《改进和完善企业领导人员兼职管理有关问题》等制度。

(六)积极推荐国资系统人员到新一届人大、政协任职

为发挥国企在经济社会发展中积极建言献策作用,按照重庆市委要求,结合人大、政协换届工作,经统筹考虑,向重庆市委组织部、重庆市委统战部推荐13名全国人大代表初步人选,19名重庆市人大常委或专委会副主任委员人选,27名重庆市政协常委或专委会副主任人选。积极配合重庆市委组织部、重庆市委统战部,对人大代表、政协委员人选开展审查考察、公示等相关工作。

八、重庆市国资委监管企业党的建设和廉政建设情况

（一）党的建设情况

截至2017年底，重庆市国资委党委直管党组织关系的36户市属国有重点企业有基层党组织5558个，党员11.61万人；代管党组织关系的45户中央及外地在渝大型企业有基层党组织3790个，党员9.66万人。2017年，市国资系统发展党员4501人，其中大专及以上党员3748人，占83.27％，生产和工作第一线党员3673人，占81.61％。

一是从政治上坚定落实国企听党话跟党走。把严格遵守政治纪律和政治规矩作为全面从严治党第一要求，作为国企党建首要任务推进，坚定落实国企听党话跟党走。坚定维护以习近平同志为核心的党中央权威和集中统一领导，切实增强国企"四个意识"特别是核心意识、看齐意识，旗帜鲜明讲政治，认真贯彻《关于新形势下党内政治生活若干准则》，召开党委会和班子专题民主生活会。用习近平新时代中国特色社会主义思想武装头脑、统一思想，以党委班子为重点、支部为主体，接续开展党内学习教育，切实增强对习近平新时代中国特色社会主义思想的政治认同、思想认同、理论认同，在深学笃用中筑牢听党话跟党走的思想根基，把理论学习转化为理论自信，把真理力量升华为信仰定力，把学习成果转化为推动国企国资改革发展的强大动力。

二是做好党的十九大代表候选人推荐提名和市国资委党代表会议选举出席市第五次党代会代表工作。向市委组织部报送42名重庆市出席党的十九大代表候选人推荐人选名单，配合市委组织部做好市国资系统党的十九大代表候选人初步人选考察工作，市国资系统11名党员当选重庆市出席党的十九大代表，占重庆市代表总数的25％。筹备召开市国资委党代表会议，选举产生113人出席市第五次党代会代表，占市第五次党代会代表总数的14.95％。认真组织国企广大党员深入学习贯彻党的十九大精神，向8069个党支部全覆盖发放《十九大报告学习辅导百问》《十九大党章修正案学习问答》《党的十九大报告辅导读本》3种学习资料，组织国企党支部利用"三会一课""主题党日"，深入学习党的十九大精神。

三是全面落实国有企业党组织在公司法人治理结构中的法定地位。把加强党的领导与完善公司治理统一起来，完成市属重点国企章程修改，向集团所属国有独资、全资和绝对控股二三级企业延伸100％。逐户审订企业党委会、董事会、经理层工作规则和"三重一大"决策制度，实现党的领导与国企体制、机制、制度和工作"四个对接"。全面督促国有企业落实"四步工作法"，确保党组织研究讨论是董事会、经理层决策的前置程序。

四是深入推进国企"两学一做"学习教育常态化制度化。制定印发《关于认真落实推进"两学一做"学习教育常态化制度化工作的通知》，布置国企"两学一做"学习教育常态化制度化工作。国企各级党组织2017年开展"两学一做"53709次。按照市委组织部统一部署，组建19个督导组，每季度开展"两学一做"学习教育常态化制度化督导。推荐建工集团党委在重庆市"两学一做"学习教育工作座谈会上代表国企交流发言。

五是推进国企基层党建工作严起来实起来。制定《国企基层党组织工作活动规范》，明确5个方面21条规范内容和措施，促进"三会一课"等组织生活经常、认真、严肃起来，制定印发《关于国企党支部主题党日指导性主题的通知》，将支部主题党日作为推进"两学一做"学习教育常态化制度化的重要平台和抓手，2017年全系统开展支部主题党日活动38259次，召开支部党员大会49955次，支部讲党课24025次。建立党员责任区11051个、党员先锋岗14068个。完成基层党建"四个专项排查"，规范党员管理和党费收缴使用，做好失联党员规范管理和组织处置工作，失联党员复联率96.5％；11.6万名党员补缴党费，做到应缴尽缴。专项排查出的1868个未按期换届的党组织换届1864个，占99.8％，建立基层党组织按期换届提醒督促机制，按照党建强、业务精、素质高选配支部书记、配齐委员。2017年以如何当好支部书记、如何做好支部工作为主要内容，举办培训班77期，对8623名支部书记进行全覆盖培训，全面提升国企支部书记的主业意识、主责意识和履职能力。制定并发布《关于在市属国有重点企业中持续开展后进基层党组织

整顿工作的通知》，全面排查后进基层党组织，对62个后进党组织一支一策抓好整顿，并结合三季度党建工作督查，加强对后进基层党组织整顿转化的指导、督促。在市属重点国企全面推行人事管理和基层党建一个部门抓，分属两个部门的由一个领导管，集团层面配备专职党务工作者416人；制定《国企党组织工作经费问题的通知》，按职工工资总额1%的比例落实党组织工作经费。

六是压实全面从严治党责任。全面贯彻落实全国国企党建工作会议精神，召开重庆市国企党建工作会议，认真抓好会议精神落实，制定并发布《中共重庆市国资委委员会贯彻落实重庆市国有企业党的建设工作会议精神重点任务及分工方案》，细化明确五方面35项重点工作。召开国有重点企业党委书记落实全面从严治党责任述职会，审核编印国企党委书记述职报告。牵头完成2016年市属国有重点企业党建工作考核，汇总提出《2017年度市属国企党建工作考核指标》。制定印发《关于建立党建工作情况沟通报送制度的通知》，建立党建工作报送制度，采取月报、季报、半年报、年报等方式，及时了解掌握国企党建工作推进情况，有针对性开展督查指导工作。根据中央企业党建工作责任制实施办法，起草《市属国有重点企业党建工作责任制实施办法》，进一步明确企业党委、党委书记、分管副书记、班子成员的党建工作责任。召开党建工作半年推进会，分板块督办发现问题整改，推动党建重点任务落实。坚持每季度开展党建工作督查，及时发现和解决党建工作突出问题，推动党建工作各项任务落实落地。

七是扎实推进国企统战工作。认真贯彻落实重庆市统战部长会议精神，细化提出4个方面贯彻举措。召开学习宣传贯彻中共十九大精神座谈会，组织党外代表人士深入学习贯彻中共十九大精神。起草中央统战部、国务院国资委座谈调研发言材料，参加中央统战部、国务院国资委举办的西南地区国有企业统战工作调研座谈会。选送10名青年无党派人士参加市委统战部青年无党派人士培训班，遴选推荐第九批党外代表人士实践锻炼人选。做好中央统战部调研市地产集团、重庆建工集团、重庆银行、西南兵工局、西南铝业公司统战工作的准备工作。收集汇总国有企业党外代表人士担任各级人大代表、政协委员情况。

八是加强党建带群建工作。落实全面从严治团要求，扎实开展"一学一做"教育实践，严格"三会两制一课"，广泛开展"创新创业创优"活动，做好"开放日"、办好"市民学校"。组织20户企业走进江津区、永川区等地，与区县团组织共同开展基层"面对面"交流，共话做好城乡统筹之大计。组织700多名国企青年参加"向幸福出发"活动，围绕企业"三去一降一补"开展"团团购"。与市团校联合举办市国资系统团干部培训班，培训150名团干部。开展2017年企业团支部书记岗位实践能力大比武。落实团市委、市总工会《关于企业团组织主要负责人以青年职工代表身份进入同级工会领导班子》要求，企业团委书记兼任企业工会副主席或工会委员（享受中干副职以上待遇）占69.4%。整建制接收机场集团、华电国际奉节电厂团组织关系；指导渝康公司、农投集团等公司团组织搭建团委班子；指导交通开投集团、电信公司、国家电投重庆公司等企业进行团委换届。起草完成《中共重庆市国资委委员会关于进一步加强和改进市国有企业共青团工作的意见》。大力选树先进典型，1个单位获得"全国五四红旗团委"称号，6个单位获得"全国青年文明号"称号，配合开展市级"青年文明号"考核。做好国资系统市第五届劳模推荐评选工作，97人获评市劳模，其中企业领导人员17人。推荐表彰全国三八红旗集体1个，全国巾帼文明岗2个、巾帼建功标兵1名；市级三八红旗手标兵1名、三八红旗手3名、三八红旗集体1个；向市妇联报送16名市第五次妇代会代表候选人推荐人选名单，以及5名执委候选人名单；与市妇联联合开展2017年度市国资系统"巾帼文明岗""巾帼建功标兵"的评选，评选出岗组30个、个人40人。指导企业积极开展形式多样的群众体育活动，1个集体和1个人分获全国群众体育先进单位和先进个人。

（二）廉政建设情况

一是认真监督保障十九大精神贯彻落实。督促市国资系统各级党组织深入学习贯彻党的十九大精神，用习近平新时代中国特色社会主义思想武装头脑、指导实践、推动工作，坚决服从和维护以习近平同志为核心的党中央权威和集中统一领导。印发《关于重庆市国资纪检监察系统认真学习贯彻党的十九大精神的通知》，加强对重庆市国资系统学习宣传贯彻党的十九大精神情况的监督检查。

二是压紧压实管党治党主体责任。制定《重庆市国资委党委履行全面从严治党主体责任任务分工》，督促党委班子成员认真履行"一岗双责"，开展落实主体责任工作416项。召开重庆市国资系统2017年度党风廉政建设和反腐败工作会，与各企业签订《党风廉政建设和反腐败工作责任书》。对37家企业落实"两个责任"情况开展专项检查，发现问题141个。制定《重庆市属国有重点企业党的建设工作考核评价实施细则》，将党建工作纳入企业领导班子综合考核。

三是推动中央八项规定精神落地生根。建立作风建设片区联防协作机制，全面推进"1＋3"作风建设专项整治、违规公款购买消费高档白酒问题集中排查整治等专项行动，发现问题54个，收到上缴红包礼金22万元，纠正违规发放津补贴等问题34起，清退金额76.04万元。加大违反中央八项规定精神案件查办力度，查处违反中央八项规定精神问题48起105人，给予纪律处分41人，比上年分别上升2.42倍、1.83倍、1.92倍。

四是构建作风建设长效机制，制定并发布《重庆市属国有重点企业负责人作风建设负面清单》500份，罗列11个方面56条禁止性规定，成为各企业领导人员的口袋书。

五是持续加大惩治腐败力度。2017年，重庆市国资系统受理群众信访举报1527件次，处置问题线索919件，立案164件，结案162件，给予党纪政纪处分221人，移送司法机关5人。坚决查处在企业兼并重组、生产经营、工程项目、物资采购等方面以权谋私造成国有资产流失的行为，以及侵吞国有资产、搞关联交易、利益输送、"靠山吃山"等行为，有效遏制腐败蔓延。

六是全面完成巡视整改任务。按照重庆市委巡视整改办的安排，由重庆市国资委党委牵头中央巡视组反馈的"国企腐败形势依然严峻"问题的整改。重庆市国资委党委牵头制定《关于"国企腐败形势依然严峻"问题专项整改方案》《市属国有重点企业违规投资专项治理工作方案》等"1＋5"整改方案，确定75项整改任务。截至2017年底，完成71项整改任务，完成率95%，中央巡视组交办的问题线索39件办结37件，给予党纪处分16人、组织处理41人，尚未办结的2件移送审理。中央巡视组反馈的一批典型问题得到整改，并举一反三组织开展治理违规投资、治理违规转借贷款、治理开办关联公司"围啃"国企、治理违反"三重一大"制度决策、治理违规招投标5个专项治理工作。

七是抓严抓实日常教育监督管理。约谈重庆市委委托市国资委党委管理的15户企业党委书记、纪委书记和72名市国资委机关处级干部。对42名新提任企业领导人员开展任前廉政谈话和廉洁法规知识培训考试。出具廉政鉴定1680人次，严防"带病提拔"。

八是把握运用监督执纪"四种形态"。2017年，重庆市国资系统运用"四种形态"开展监督执纪1361人次，其中通过诫勉、函询、通报批评等方式处理1050人次，占77.2%；给予党纪轻处分、组织调整227人次，占16.7%；给予党纪重处分、重大职务调整70人次，占5.1%；严重违纪涉嫌违法立案审查14人次，占1%。

九是以强力问责倒逼责任落实。2017年，重庆市国资系统实施问责100件，处理224人，其中给予党纪处分69人，组织调整59人，诫勉89人，通报批评45人。

十是加强国有企业纪检干部队伍建设。印发《关于加强重庆市属国有企业纪检干部队伍建设有关事项的通知》，要求各企业全覆盖建立健全纪检组织机构和配备专职纪检干部，全系统设立纪检机构439个，配备专职纪检干部745人，兼职纪检干部2279人。举办国企纪检干部业务培训班、案件质量评查培训班、执纪审查骨干人才培训班，培训纪检干部498人次。选派重庆市国资系统纪检干部参加中央纪委、市纪委培训72人次。

（撰稿人：隆　洋）

四川省

一、四川省国有资产监督管理工作综述

2017年,四川省国资系统以迎接党的十九大、学习贯彻十九大和四川省第十一次党代会精神为主线,认真贯彻落实国务院国资委和四川省委、省政府决策部署,牢固树立新发展理念,紧紧围绕四川省工作大局,主动作为,扎实工作,不断推动国资国企改革发展取得新进展、新成效,为四川省经济社会发展作出重要贡献。截至2017年底,包括中央在川企业在内的四川省国有企业资产总额首次突破8万亿元大关,达到8.03万亿元(居全国第六位),比上年增长15.6%;所有者权益2.84万亿元,比上年增长14.4%;实现营业收入1.46万亿元,比上年增长11.8%;实现利润总额640亿元,比上年增长43.5%;完成固定资产投资3100亿元;上缴税费940亿元。其中,省属企业资产总额9950.6亿元、所有者权益3468.9亿元、实现营业收入2677.3亿元、利润总额71.2亿元,比上年分别增长15.7%、22.1%、13.8%、10.5%,全面完成资产总额、营业收入和利润分别增长10%的年初奋斗目标。长虹集团、东方电气集团、省交投集团等7户国有企业入围中国企业500强。2017年,四川省再次在全国国有企业改革经验交流会上作大会交流发言。

(一)狠抓国企改革攻坚,重点领域关键环节改革纵深推进

2017年,列入省委改革台账的24项年度任务全部完成,四川发展、川航集团、华西集团和长虹集团4户企业改革案例入选全国《地方企业改革100例》。推动出台关于改革和完善国有资产管理体制、进一步加强和改进省属国有企业外派监事会工作等5个改革文件,构建"1+25"政策文件体系,四川省国资国企改革点面结合、上下贯通的主体框架基本形成。加快推进规范的董事会建设,21户省属企业全面修改公司章程,省属企业专兼职外部董事17人,4户企业建成"外大于内"的规范董事会。省属企业三项制度三年改革目标任务全面完成,企业劳动合同覆盖率100%,管理人员能上能下、员工能进能出、收入能增能减的市场化经营机制基本建立。混合所有制改革有序推进。在川商投、能投、富润等5户企业开展混合所有制改革试点,在能投分布式能源、泸州老窖百调酒业等8户国有控股企业开展员工持股试点。省属各层级企业混改面51%。川化股份成功恢复A股上市,华西易通股份"新三板"挂牌,交投集团参股招商公路成功上市,能投股份上市进入最后冲刺阶段,四川省地方国有控股上市公司24家,总市值突破5100亿元。

(二)着力调结构促转型,国企质量效益稳步提升

深入实施国有资本"十三五"布局结构调整规划、明确企业主营业务,推动国有资本向公共服务、战略性新兴产业等重点行业和关键领域集中,向五大经济区、优势企业和企业主业集聚。截至2017年底,四川省地方国有企业60%的资产配置在能源、交通、通讯、水利、环保、公共服务等四川省重点行业、关键领域和重点基础设施。加快实施四川发展"1+2"转型改革,四川金控集团、天府信用增进公司挂牌营运,四川银行组建积极推进,国宝人寿即将开业;川商投集团二次重组成效明显;川旅投集团顺利组建;川投、华西、能投3户企业改组为国有资本投资公司。认真落实"项目年"部署,成都天府国际机场、川南城际铁路、雅康高速等81个重点项目按进度推进。新开工项目48个,计划总投资2570多亿元。四川省地方国有企业完成固定资产投资额2336.5亿元,比上年增长25.25%。整合创新资源、搭建创新平台,省属企业累计设立国家级科技创新平台(工程技术中心、实验室)4个,获得国家级科技进步奖16项、省级科技进步奖82项。推进过剩产能化解和"三供一业"分离移交。川煤集团2017年关闭4对矿井,核减1对矿井,退出产能335万吨。川煤集团、川投嘉阳去产能置换指标进场交易,实现收入3.7亿元。同时,加快"三供一业"分离移交,省属企业完成移交协议签订的年度目标任务,整体进度居全国前列。

(三)全面深化开放合作,国企发展空间不断拓展

坚持"引进来"和"走出去"相结合,推进四川省国

企在全方位开放合作中提高发展水平。深化与央企合作。在北京成功举办四川省与世界500强中央企业对接活动,签约项目22个、总金额4365亿元。近年来央企在四川省投资项目超过500个、总金额超1.5万亿元。深化省地项目合作。推动20多户省属国有企业与资阳、乐山等地签署战略合作协议,累计签约项目超过1.5万亿元,成为推动"三大发展战略"落地生根的重要力量。深化与金融机构合作。与国开行四川省分行等16家金融机构签署战略合作协议,省属国企获综合授信1.5万亿元,加快改革发展有了坚实的金融支撑。加快"走出去"步伐。以落实"一带一路"倡议为契机,推动省属企业抢抓机遇积极有序"走出去"。四川路桥先后在挪威承建哈罗格兰德大桥、中标贝特斯塔德桑德大桥,得到挪威各界高度肯定;双流机场新开国际(地区)航线9条,累计达到104条,国际(地区)航线数位列全国第四、中西部第一。四川省国有企业设立境外办事机构80余个,实施境外项目120余个,投资金额1000多亿美元,成为四川省对外开放合作的先行军和排头兵。

(四)突出职能转变依法监管,国资监管水平有效提高

按照"简政放权、放管结合、优化服务"总要求,制定省国资委职能转变方案,推进放管结合、依法监管,提出精简出资人审批事项35项。制定省属企业投资监管、境外投资监管办法,以及主业管理办法、投资项目负面清单,形成投资监管闭环体系。制定《四川省企业国有资产交易监督管理办法》《省属企业领导人员经济责任审计结果运用办法》《省属企业财务总监委派试点实施方案》,强化制度监管。在全国率先出台加强和改进监事会工作意见,加大监督检查力度,揭示企业财务管理、资产运营、风险管控等方面问题175个,下发纠正函19份、提醒函17份,并将整改情况纳入企业年度目标考核。组建省国资委法律顾问团,全面落实国有企业总法律顾问制度,重大决策合法性审查100%。高度重视降杠杆工作,推进铁投集团、川煤集团债转股,防范债务风险。省属企业资产负债率65.14%,比上年减少1.85个百分点。

(五)切实加强国企党建,党组织政治核心作用充分发挥

牢固树立"四个意识",迅速掀起国资系统学习贯彻党的十九大精神热潮。推动114户中央和省属国企有效落实党建责任,全面完成省属国企及下属公司章程、党委议事规则、"三重一大"决策实施办法修订,明确把党委研究讨论作为企业重大决策的前置程序。出台《省属国有企业领导班子和领导人员综合考核评价暂行办法》《人才强企指导意见》等文件,提拔、交流30余名企业领导人员,加强企业领导班子队伍建设。推动"两个责任"落实,层层签订党风廉政建设责任书568份,与省纪委联合召开四川省国企党风廉政建设现场推进会。抓好巡视整改和案件查办,按照"四个一批"要求,严查违法违纪。加大系统化防治腐败工作力度,针对工程招投标、项目建设、资本运作等腐败易发多发领域出台规范性文件,建立国企重大案件集中力量快查快结等机制。

(六)充分发挥优势,国资国企精准扶贫成效显著

新增23户国有企业帮扶深度贫困县,四川省国资系统有63户企业定点帮扶"四大片区"65个贫困县、占四川省贫困县总数的74%。其中,56户企业定点帮扶45个深度贫困县,国企帮扶深度贫困县实现全覆盖。国有企业在"四大片区"投资建设能源、交通、旅游、医疗等项目56个、总投资1.2万亿元,其中总投资3000亿元的20个"国企入凉"产业扶贫项目进展顺利。近两年累计投入5亿元到帮扶村,把3950余万元补交党费支持帮扶村发展集体经济,帮助14个村成功退出。"扶贫日"募集资金近1.5亿元,得到省委省政府充分肯定。同时,在"6·24"茂县山体滑坡和"8·8"九寨沟地震抢险救灾中,国有企业第一时间组织人力物力奔赴现场紧急抢险救援,全力保障电力、通信、交通畅通,发挥主力军作用。

二、四川省国有资产总量与结构分析

截至2017年底,四川省地方企业国有资产统计报表汇编企业4981户,资产总额57300.97亿元,负债总额38362.55亿元,归属于母公司的所有者权益

17118.13亿元,年末国有资产总量16728.89亿元,国有资本增值保值率101.30%,实现营业总收入7078.57亿元,利润总额512.46亿元,归属于母公司的净利润238.32亿元,上缴税费435.48亿元。与2016年比较,资产总额增长22.07%,归属于母公司的所有者权益增长17.21%,营业总收入增长15.53%,利润总额增长2.31%,归属于母公司的净利润下降20.98%。

表1 2017年四川省国有企业指标

项 目	金 额(亿元)
资产总额	57300.97
所有者权益	18938.42
营业总收入	7078.57
利润总额	512.46
净利润	396.89
归属于母公司所有者的净利润	238.32
应交税费总额	476.62
实际上缴税费总额	435.48

表2 2017年四川省国有企业户数情况

项 目	2016年	2017年	比上年增长(%)
户数(户)	4512	4981	10.39

(一)国有资产按地区分布情况

2017年,省本级国有资产总量2728.34亿元,占四川省的16.31%,成都市国有资产总量6316.90亿元,占四川省的37.76%。省本级与成都市合计占四川省的54.07%。其他20个地区合计总量仅占四川省的45.93%,分布差异仍然较大,其中,宜宾市1392.15亿元,泸州市988.70亿元,绵阳市、眉山市超过600亿元,阿坝州、甘孜州未达百亿元。国有资产总量的地区分布状况与各地区经济发展水平基本一致。

表3 2017年四川省国有资产按地区分布情况

地 区	国有资产(亿元)	占国有资产总量比重(%)
省本级	2728.34	16.31
成都市	6316.90	37.76
宜宾市	1392.15	8.32
泸州市	988.70	5.91
绵阳市	635.83	3.80
眉山市	604.10	3.61
乐山市	448.08	2.68
巴中市	419.78	2.51
遂宁市	374.87	2.24
凉山州	317.86	1.90
自贡市	302.65	1.81
雅安市	286.91	1.72
南充市	280.31	1.68
资阳市	261.36	1.56
内江市	251.53	1.50
广元市	250.24	1.50
德阳市	238.16	1.42
广安市	173.76	1.04
达州市	165.97	0.99
攀枝花市	161.28	0.96
甘孜州	74.92	0.45
阿坝州	55.20	0.33
合 计	16728.89	100.00

(二)国有资产按行业分布情况

2017年,社会服务业的国有资产总量7621.79亿元,占四川省的45.56%,为行业总量中最高,另有4个行业国有资产总量超过千亿元,分别为交通运输业2449.05亿元、建筑业2063.15亿元、房地产业1811.42亿元、工业1741.93亿元,与社会服务业的差距明显,以上5个行业的国有资产总量合计所占比重93.77%。

其他行业中,金融业、地质勘查及水利业、批发和零售业、教育文化广播业、农林牧渔业的国有资产总量超过百亿元,分别占四川省的 1.92%、1.33%、0.90%、0.80%、0.79%;其他 4 个行业所占比重不足 1%,4 个行业国有资产总量不足 50 亿元,其中邮电通信业不足 1 亿元。

表 4　2017 年四川省国有资产按行业分布情况

行业	国有资产（亿元）	占国有资产总量比重(%)
社会服务业	7621.79	45.56
交通运输业	2449.05	14.64
建筑业	2063.15	12.33
房地产业	1811.42	10.83
工业	1741.93	10.41
金融业	321.25	1.92
地质勘查及水利业	222.94	1.33
批发和零售业	150.03	0.90
教育文化广播业	134.69	0.80
农林牧渔业	132.04	0.79
信息技术服务业	33.09	0.20
仓储业	32.69	0.20
科学研究和技术服务业	14.78	0.09
邮电通信业	0.03	0.0002
合计	16728.89	100.00

(三)国有资产经营规模分布情况

2017 年,四川省大型企业国有资产总量 8412.88 亿元,占四川省的 50.29%,小型企业国有资产总量 4626.53 亿元,占四川省的 27.65%,在四川省国有经济中的份额较大。此外,中型企业国有资产总量 2505.41 亿元,微型企业国有资产总量最小,为 1184.07 亿元。

表 5　2017 年四川省国有资产按经营规模分布情况

经营规模	国有资产（亿元）	占国有资产总量比重(%)
大型企业	8412.88	50.29

续表

经营规模	国有资产（亿元）	占国有资产总量比重(%)
中型企业	2505.41	14.98
小型企业	4626.53	27.65
微型企业	1184.07	7.08
合计	16728.89	100.00

三、四川省国有资本保值增值综合分析评价

2017 年,面对复杂严峻的经济形势,四川省国资系统紧紧围绕中央和省委省政府决策部署,以创新、协调、绿色、开放、共享五大新发展理念为指引,坚持稳中求进工作总基调,以供给侧结构性改革为主线,努力克服各种不确定因素带来的困难和挑战,迎难而上,勇于担当,抓重点破难点,纵深推进国资国企改革;调结构促转型,努力提升国有经济质量和效益;谋合作求共赢,不断拓展国企发展空间,国有企业在四川省经济社会发展中充分发挥稳定经济增长、推动结构调整、促进创新驱动、保障社会民生的积极作用。企业活力动力进一步增强,运营效率和质量效益进一步提升,全年保值增值率 101.30%。

(一)国有资本实现保值增值

2017 年,四川省国有企业实现保值增值的任务,年末国有企业国有资本及权益 16728.74 亿元,年末国有资产总量 16728.89 亿元,比上年增长 19.44%,由生产经营产生的经营净积累 183.53 亿元,国有资本保值增值率 101.30%。另外,国家及国有单位直接资金投入 1020.20 亿元,资产净划入 279.57 亿元。

(二)不同级次、不同区域和不同行业企业国有资本保值增值水平存在差异

2017 年,四川省本级企业国有资本保值增值率 100.94%,省级监管企业国有资本保值增值率 100.98%,24 户省级监管企业中 15 户实现保值增值;市州企业国有资本保值增值率 101.36%,21 个市州中 18 个市州企业实现国有资本的保值增值,宜宾市

最高105.82%,其次是泸州市102.95%和资阳市102.11%,3个市州企业未实现保值增值,分别是德阳市98.76%、甘孜州96.71%、凉山州94.82%;13个行业保值增值水平存在差异,实现保值增值的行业有9个,最高为科学研究和技术服务业110.20%,其次为金融业109.25%、工业105.2%,未实现保值增值的行业有5个,最低为邮电通信业96.81%。

表6　2017年四川省国有企业地区和行业国有资本保值增值情况

地　区	国有资本保值增值率(%)	行　业	国有资本保值增值率(%)
省本级	100.94	科学研究和技术服务业	110.20
宜宾市	105.82	金融业	109.25
泸州市	102.95	工业	105.20
资阳市	102.11	地质勘查及水利业	102.26
广安市	101.86	社会服务业	101.24
绵阳市	101.47	仓储业	101.04
成都市	101.15	房地产业	100.55
自贡市	101.12	信息技术服务业	100.45
乐山市	100.97	农林牧渔业	100.42
眉山市	100.93	建筑业	99.91
遂宁市	100.92	交通运输业	99.87
内江市	100.90	批发和零售业	98.59
阿坝州	100.76	教育文化广播业	98.47
巴中市	100.53	邮电通信业	96.81
达州市	100.49		
南充市	100.42		
雅安市	100.16		
攀枝花市	100.15		
广元市	100.04		
德阳市	98.76		
甘孜州	96.71		
凉山州	94.82		

四、四川省国资委监管企业改革发展情况

2017年,四川省国资委坚持向改革要动力,以改革促发展,抓重点,攻难点,不断推进各项改革落地见效,重点领域和关键环节改革实现新突破,走在全国前列。

(一)改革配套政策不断完善

相继推动出台关于改革和完善国有资产管理体制、进一步加强和改进省属国有企业外派监事会工作等5个改革文件,"1+25"国企改革制度体系基本形成,为四川省国资国企改革指明方向,规划好路线图。21个市州不断加大改革文件制定力度,自贡市出台市属国企发展混合所有制经济的实施意见,南充市出台深化市属国企国企改革工作方案等,有力支撑市州国企改革。四川省国资国企改革呈现出上下联动、有序推进的良好发展态势。

(二)国有股权多元化取得新的进展

省属一级企业全部完成公司制改革,近两年新设立的省属二、三级国有企业基本实现股权多元化。在川商投、能投、富润等企业的10户二级企业开展混合所有制改革试点,在能投分布式能源、泸州老窖百调酒业等8户国有控股企业开展员工持股试点。省属各层级企业混改面51%。资产证券化不断推进,川化股份成功恢复A股上市,中科信息、兴泸水务成功上市,华西易通股份"新三板"实现挂牌,交投集团参股招商公路成功上市、实现盈利30亿元,能投股份、华西证券上市进入最后冲刺阶段。截至2017年底,四川省地方国有控股上市公司24家,总市值突破5800亿元,比上年增长49.83%。四川路桥定向增发募资22.75亿元,四川发展成功发行第二期40亿元公司债。

(三)化解过剩产能、"三供一业"分离移交有序推进

加快煤炭去产能进度,2017年川煤集团关闭4对矿井,核减1对矿井,退出产能335万吨。川煤集团、川投嘉阳去产能置换指标进场交易,实现收入3.7亿元。同时,积极推进"三供一业"分离移交。全年争取中央财政"三供一业"专项补助资金8.68亿元,省级

财政配套资金4亿元,共计12.68亿元,有力保障分离移交工作资金需求。截至2017年底,四川省完成供水、供电、供气、物业管理分离移交户数分别为57.54万户、58.92万户、31.74万户、34.42万户,分别完成整体工作进度的85%、92%、83%、50%。其中,东方电机全面完成"三供一业"分离移交工作。省属企业超额完成全年"三供一业"目标任务,整体进度居全国前列。

五、四川省国资委监管企业并购重组与完善法人治理结构情况

(一)并购重组情况

围绕西部金融中心建设,四川发展加快实施"1+2"转型改革步伐,四川金控集团、天府信用增进公司挂牌营运,创立国宝人寿,积极组建四川银行,一批省级金融法人机构正逐步建立。川商投集团二次重组成效明显,实现营业收入年增长66%。川旅投集团顺利组建,企业资产、人员整合和管理、文化融合有序推进。川投、华西、能投3户企业正积极改组为国有资本投资公司。四川环交所累计完成自愿减排交易130宗,居全国第五位,超过天津、重庆两地开市以来的累计交易量,有力推动四川省能源环境企业低碳经济、绿色经济的发展。各地国资委加快推进市(州)属国企重组整合,成都市以产业化为方向推进"9+2"重组整合,泸州、资阳等地积极推进金融平台公司整合。

(二)完善法人治理结构情况

积极推进规范董事会建设,落实董事会重大决策、选人用人、薪酬分配等职权,市场化选聘力度不断加大,富润公司、国资公司2户企业完成经理层市场化选聘,能投集团实施经理层市场选聘、正面向全国选聘总经理。组建外部董事评审委员会,并召开首次评审会,遴选产生首批专职外部董事人选及数名兼职外部董事人员。先后为国资公司、四川发展、金控集团、旅游集团择优配备兼职外部董事6人,截至2017年底,省属企业专兼职外部董事17人,4户企业建成"外大于内"的规范董事会。

六、四川省国资委监管企业建立和完善经营业绩考核体系情况

(一)推进省属非上市企业开展中长期激励试点

2017年1月,印发《四川省省属非上市企业实施中长期激励试点的指导意见》,并选择创新发展、深圳川能等3户企业开展试点,采用中长期价值增值分享、附带权益计划等激励工具,充分调动关键核心岗位人员的积极性。

(二)持续推进监管企业内部三项制度改革

省属企业三项制度三年改革目标任务全面完成,企业劳动合同覆盖率100%,管理人员能上能下、员工能进能出、收入能增能减的市场化经营机制基本建立。2017年12月,印发《关于持续推进省属企业劳动人事分配三项制度改革建立长效机制的指导意见》,要求企业以市场化为导向,巩固改革成果,建立三项制度改革长效机制。

(三)持续完善全员业绩考核和差异化薪酬分配体系

一是优化全员业绩考核体系。多数企业根据发展战略、经营目标和重点,以员工业绩、能力、贡献为导向,完善科学合理的考核评价体系,逐步引入对标考核,并将考核结果作为员工进出、职位升降和薪酬高低的重要依据。二是完善突出业绩导向和岗位价值的差异化薪酬分配体系。多数企业员工收入与岗位价值、个人贡献和企业效益挂钩,打破大锅饭,一定程度上拉开企业内部收入分配差距。三是部分企业采用经营业绩比例提成、项目工资、经营业绩对赌等灵活多样的激励约束方式,提高激励的有效性。

七、四川省国资委监管企业负责人考核与选人用人机制改革情况

(一)探索监管企业负责人分类考核

一是结合企业功能定位、经营性质和业务特点实施企业负责人分类考核。将省属企业分为竞争性企业和功能性企业,并考虑企业发展阶段和行业特点,

确定不同考核重点。竞争性企业和功能性企业的基本指标相同,但权重不同;分类指标突出差异化考核,根据企业不同经营管理实际,设置管理效能短板指标、创新转型指标、重大改革任务指标、功能任务指标的组合。省国资委还结合当前经济形势,调整考核目标值的确定方式和评价计分方式,使企业考核目标值与企业预算值保持一致,引导企业加强全面预算管理,稳增长、促发展。二是根据企业负责人选任方式深入推进薪酬制度改革。对组织任命的企业负责人,严格按照薪酬改革实施意见,规范其薪酬分配;对市场化选聘的职业经理人按照《关于深化省属国有企业负责人薪酬制度改革的实施意见》及人社部门关于职业经理人薪酬管理的基本思路,探索实施市场化薪酬分配机制。

(二)强化班子队伍建设

出台《省属国有企业领导班子和领导人员综合考核评价暂行办法》《人才强企指导意见》等文件,严格按照好干部标准和省委"重品行、重实干、重公认"的用人导向,从严从实做好干部选拔任用和培养交流。2017年,提拔、交流30余名企业领导干部,大力实施创新型企业家培养计划,举办赴美、德及清华、北大等5个培训班,培训企业中高管300余人,有力提升企业领导干部的思想政治水平和治企能力。

(三)探索经理层市场化选聘

研究起草《规范省属企业高级管理人员市场化选聘的有关规定(试行)》,对高级管理人员的选聘方式、选聘机构、任职条件、选聘方案等作出明确要求。指导富润公司完成经理层整体市场化选聘,国资经营公司、产业振兴基金开展新出缺经理层人员选聘工作。配合省委组织部抓好能投集团面向全国选聘总经理工作,研究谋划集团经理层副职市场化选聘工作,努力推动实现能投集团经理层整体市场化选聘。

八、四川省国资委监管企业党的建设和廉政建设情况

2017年,四川省国资委牢固树立"四个意识",认真学习贯彻党的十九大和四川省第十一次党代会精神,全面落实全国、四川省国企党建工作会部署,按照全面从严治党要求,充分发挥国有企业党组织的领导核心和政治核心作用,有力保障国资国企改革发展。

(一)全面落实党建责任

通过签订党建责任书、严格党建考核、约谈问责、抓党建现场述职评议等方式,推动114户中央在川企业和省属国企有效落实党建责任。全面完成省属国企及下属公司章程、党委议事规则、"三重一大"决策实施办法修订,明确把党委研究讨论作为企业重大决策的前置程序,配齐配强省属国企专职副书记,抓好党建39项重点任务落实。督促8151个党组织按期换届,完成13户企业116个软弱涣散党组织整顿等工作。强化意识形态建设,制定实施细则,落实工作责任。2017年,中央和省级媒体刊发四川省国资国企改革新闻1000余条,有力地宣传和展示四川省国资国企取得的成绩,扩大国有企业的社会影响力。

(二)切实强化党风廉政建设

坚持正风肃纪不松懈,有效推动"两个责任"层层落实,修订《省属国企党风廉政建设责任制考核办法》,新增"责任追究"专章,严格党风廉政建设"一票否决"制度。2017年,签订党风廉政建设责任书568份,从严从实出具党风两张意见87份,约谈企业负责人205人次,省国资委党委会同驻委纪检组先后建立机关和企业"党风廉政重要情况报备""反映党员干部问题线索处理""党风廉政意见征求""廉政谈话"等六大协调机制,与省纪委联合召开四川省国企党风廉政建设现场推进会。加入系统化防治腐败工作力度,针对工程招投标、项目建设、资本运作等腐败易发多发领域出台规范性文件,建立国企重大案件集中力量快查快结等机制,全年四川省国企业制定完善制度525件。强化企业纪检监察建设,制定并发布《省属国企纪委监督责任考核评价办法》,首次对企业纪委和纪委书记实行年度单独考核;充实企业纪检监察力量,省属国企集团本部配备纪检专职人员平均超过5人,二级公司纪委设置大幅增加,国资系统纪检力量得到加强。抓好巡视整改和案件查办,按照"四个一批"要求,严查违法违纪,2017年初核问题线索40件,立案调查40件,党纪政纪处分33人次,分别是上年的10

倍、13 倍和 5 倍,收缴和追缴违纪所得 2100 万元。保持违纪必究、有腐必惩的高压态势,风清气正的良好环境进一步形成。

九、四川省国资委监管企业脱贫攻坚情况

2017 年,四川省国资委主动融入四川省脱贫攻坚大局,充分发挥国企主力军优势,大力实施产业扶贫和精准帮扶"双轮驱动",推动贫困地区经济社会发展和企业转型升级"双赢"。四川省国资系统有 63 户企业定点帮扶高原藏区、大小凉山彝区、秦巴山区和乌蒙山区等四大片区 65 个贫困县、占四川省贫困县总数的 74%。其中,56 户企业定点帮扶 45 个深度贫困县,国企帮扶深度贫困县实现全覆盖。

(一)深入实施产业扶贫

围绕贫困地区优势资源,积极推动在川央企、省属国企与当地政府、企业深入合作,以项目为依托破解发展困境,推动地方特色产业升级,助力区域经济发展。四川发展战略入股凉山商行,计划 5 年内在凉投放扶贫信贷余额不低于 280 亿元,提供扶贫资金保障。雅砻江公司出资 8 亿元建设磨山盘隧道和南线公路,解决盐源、木里对外交通瓶颈。四川省国资系统在高原藏区、大小凉山彝区等四大片区投资建设项目 56 个,总投资 1.2 万亿元,涉及金融、能源、康养旅游、通用航空等领域。其中总投资 3000 亿元的 20 个"国企入凉"产业扶贫项目完成 7 个,有力地助推彝区经济发展。

(二)倾情做好驻村帮扶

投入 1.2 亿元帮助打造 17 个新村、为近 2000 户贫困户解决住房安全问题;投入 7600 万元新建改建村组道路 212 千米;投入 1300 万元为 19 个贫困村建成安全饮水项目,大力改善贫困村生产生活条件。同时,大力实施人才和就业帮扶,成功举办首期藏区彝区贫困户劳动力技能培训,组织 9 户施工型企业进行现场招聘。组织贫困劳动力 2819 人次、县乡干部 964 人次参加专业培训。部分企业吸收贫困劳动力就业 2219 人次,帮助增收 2500 万元,贫困群众收入水平正逐步提高。四川省国资系统累计选派 403 名帮扶干部,精准帮扶 459 个建档立卡贫困村,7927 户建档立卡贫困户。

(三)创新打造扶贫专业平台

省市国企联合组建的四川国源农投公司,作为凉山农业产业化脱贫的实施主体,2017 年销售凉山特色农产品 2000 万元,建成越西甜樱桃生产示范基地,正积极推进凉山州核桃精深加工项目、凉山特色风情街区等重点投资项目建设。以"扶贫日"为契机,举办国资系统扶贫工作阶段性成果展示暨 2017 年"扶贫日"捐赠仪式,募集扶贫资金 1.5 亿元。积极打造国企扶贫志愿服务平台,制定并发布《搭建扶贫志愿服务平台动员国有企业职工投身脱贫攻坚实施方案》,组建志愿者服务队,持续开展扶贫志愿活动。

(撰稿人:张永海)

贵州省

一、贵州省国有资产监督管理工作综述

2017 年,贵州省国资委深入学习贯彻党的十九大精神和习近平总书记在贵州省代表团重要讲话精神,以习近平新时代中国特色社会主义思想为指导,积极践行五大新发展理念,认真落实省委、省政府决策部署,以推进供给侧结构性改革为主线,以提高供给质量为主攻方向,以深化国企改革为具体抓手,着力完善国资监管体制机制,督促指导监管企业聚焦实业主业、推进提质增效工作、维护安全稳定,牢牢守住发展和生态两条底线,主要经济指标创近 5 年来最好水平。27 户监管企业实现营业收入 3428.5 亿元,比上年增长 21.4%;利润总额 439.1 亿元,比上年增长 56.4%;增加值 1153.8 亿元,比上年增长 31.6%;应交税费总额 408.8 亿元,比上年增长 31%。其中,18 户独资及控股企业实现营业收入 2372.4 亿元,比上年增长 19.9%;利润总额 426.8 亿元,比上年增长 61.2%;增加值 876.6 亿元,比上年增长 40%;应交税

费总额345.2亿元,比上年增长36.6%;资产总额4304.7亿元,比上年增长12.4%;所有者权益2091亿元,比上年增长18%。

二、贵州省国有资产总量与结构分析

截至2017年底,贵州省国有企业1097户,国有资本主要布局在社会服务业、建筑业、工业、房地产业、教育文化广播业、金融业、交通运输业、地质勘查及水利业,国有资产总量12299.17亿元。其中,省属国有企业国有资产38261.96亿元,占全省的38.07%;市州及以下所属国有企业国有资产8483.08亿元,占全省的68.97%。

表1　2017年贵州省国有企业指标

项　目	金　额(亿元)
资产总额	38261.96
所有者权益	13441.42
国有资产总量	12299.17
营业收入	4965.97
利润总额	542.03
净利润	398.07
归属于母公司所有者的净利润	291.96
应交税费总额	504.01
实际上缴税费总额	454.77

表2　2017年贵州省国有企业户数情况

项　目	2016年	2017年	比上年增长(%)
户数(户)	1069	1097	2.62

表3　2017年贵州省国有资产按地区分布情况

地　区	国有资产(亿元)	占国有资产总量比重(%)
省属企业	3816.09	31.03
其中:省国资委监管企业	1755.84	14.28
市州企业合计	8483.08	68.97

续表

地　区	国有资产(亿元)	占国有资产总量比重(%)
其中:贵阳市	4964.24	40.36
六盘水市	219.85	1.79
黔东南州	192.23	1.56
安顺市	391.92	3.19
铜仁市	472.21	3.84
毕节市	135.70	1.10
黔西南州	294.98	2.40
遵义市	845.66	6.88
黔南州	884.64	7.19
贵安新区	81.64	0.66
合　计	12299.17	100.00

表4　2017年贵州省国有资产按行业分布情况

行　业	国有资产(亿元)	占国有资产总量比重(%)
农林牧渔业	49.05	0.40
工业	1559.78	12.68
建筑业	3157.61	25.67
地质勘查及水利业	584.01	4.75
交通运输业	617.63	5.02
仓储业	7.00	0.06
批发和零售业	49.57	0.40
金融业	621.64	5.05
房地产业	1252.96	10.19
信息技术服务业	2.40	0.02
社会服务业	3465.83	28.18
卫生体育福利业	17.30	0.14
教育文化广播业	893.37	7.26
科学研究和技术服务业	21.39	0.17
合　计	12299.17	100.00

表5　2017年贵州省国有资产按经营规模分布情况

经营规模	国有资产（亿元）	占国有资产总量比重(%)
大型企业	4055.39	32.97
中型企业	4655.57	37.85
小型企业	3401.88	27.66
微型企业	186.32	1.51
合　计	12299.17	100.00

三、贵州省国有资本保值增值综合分析评价

2017年，贵州省国有资本运行稳中有进、持续向好，总体实现保值增值目标。从企业分类看，省属企业国有资本保值增值率105.6%，比市（州）所属企业高出5.1个百分点；省国资委监管企业国有资本保值增值率113.5%，高出省属国有企业平均值7.9个百分点。从行业分类看，14个行业中，11个行业实现保值增值，3个行业未实现保值增值，保值增值率最高的是工业114.3%，最低的是交通运输业94.7%。

表6　2017年贵州省国有企业地区和行业国有资本保值增值情况

地　区	国有资本保值增值率(%)	行　业	国有资本保值增值率(%)
省属企业	105.6	农林牧渔业	100.3
其中：省国资委监管企业	113.5	工业	114.3
市州企业合计	100.5	建筑业	100.5
其中：贵阳市	100.8	地质勘查及水利业	99.6
六盘水市	96.3	交通运输业	94.7
黔东南州	99.4	仓储业	99.9
安顺市	100.3	批发和零售业	103.6
铜仁市	100.0	金融业	102.5
毕节市	100.7	房地产业	101.1

续表

地　区	国有资本保值增值率(%)	行　业	国有资本保值增值率(%)
黔西南州	100.1	信息技术服务业	108.3
遵义市	100.7	社会服务业	100.3
黔南州	100.5	卫生体育福利业	100.2
贵安新区	102.4	教育文化广播业	101.3
		科学研究和技术服务业	113.3

四、贵州省国资委监管企业提质增效工作情况

围绕做强做优做大国有资本，落实深化提质增效工作方案，综合实施降本增效系列举措，推动高质量发展，18户独资、控股企业营业收入增速19.9%，高出全国平均增速3.7个百分点，全国排名第11位；利润总额增速61.2%，高出全国平均增速23.3个百分点，全国排名第14位；增加值增速40%，高出全国平均增速20.1个百分点，全国排名第七位。一是狠抓协调服务。省国资委建立完善委领导联系服务企业制度，帮助企业协调解决资金调度、股权转让、土地划转等重大问题，着力解决影响企业改革发展的突出矛盾、消除不利要素。积极协调金融机构对困难企业不抽贷、不断贷，对改革重组企业提供必要资金支持，帮助水矿集团、开磷集团、贵旅集团等企业协调化解12.96亿元债务危机。二是狠抓实业主业。督导企业聚焦主业、做实实业，塑造品牌、拓展市场，大力发展实体经济。茅台集团专注实业，变"一品独大"为"多品开花"，完成营业收入661亿元、实现利润总额403亿元，系列酒销量比上年增长116.7%。振华集团、保利久联、机场集团等企业聚焦主业和重点业务板块，实现收入、利润、产销量比上年快速增长。三是狠抓降本增效。督导企业制定深化提质增效工作方案，综合实施降本增效，大力推动去库存、清应收，资本运营效率不断提升。18户独资及控股企业营业收入、利润总额、增加值比上年分别增长19.9%、61.2%、40%；成本费用增幅低于营业收入增幅7.4个百分点，平均

成本费用利润率比上年增加6.5个百分点,单位成本获利能力提高;总资产周转率比上年度提高0.03次,"两金"占用流动资金比重比上年减少1.37个百分点,资产运营能力增强。四是狠抓风险防控。研究制定《贵州省国资委监管企业重大经营风险管理工作规程》,严格实施风险防控机制,监管企业平均资产负债率比上年减少0.9个百分点,其中18户独资及控股企业比上年减少2.3个百分点。督促企业认真落实"党政同责、一岗双责"的要求和安全生产主体责任,全年未发生重特大安全生产事故。扎实做好中央环保督察反馈问题的整改落实,36项整改措施完成率89%。突出抓好社会矛盾风险化解防控,省国资委、机场集团被省委评为党的十九大"维稳安保工作先进单位""反恐工作先进集体"。

五、贵州省国资委监管企业供给侧结构性改革情况

以供给结构性改革为主线,以提高供给质量为主攻方向,继续狠抓"三去一降一补"五大任务落实,提高产品服务供给质量,监管企业在转型发展、创新发展上取得积极进展。一是加大过剩产能化解力度。盘江资本、水矿集团、六枝工矿等企业关闭矿井3处、去产能69万吨。首钢水钢实施去产能后,优化流程降成本,强化管理增效能,节铁增钢提质量,因地制宜推出循环经济、建材深加工、建筑安装、医疗健康、职业教育、现代服务"六个潜力板块",效益大幅提升,2017年扭亏为盈、实现利润1.14亿元,扭转连续六年亏损的被动局面。二是加快科技创新和成果转化。7户企业16个项目科技成果实现转化,转化率100%。贵绳集团加大科技创新,攻克技术难题,成功开发全球最大直径钢绳,获得"全国第二批制造业单项冠军示范企业"称号。振华集团投入4亿元支持科技创新,申请专利302项,获省部级科技成果奖项10项。三是加强培育发展新动能。利用大数据、"互联网+"等新技术,创新生产方式和运行机制,大力推进产品创新、管理创新、商业模式创新。盘江资本建成全国最大的低浓度瓦斯发电集群,开磷集团、瓮福集团智慧矿山建设力度加大,茅台集团利用大数据、"互联网+"实现全覆盖、可追溯的产品营销体系。

六、贵州省国资委监管企业并购重组情况

按照"有利于国有资本保值增值、有利于提高国有经济竞争力、有利于放大国有资本功能"的要求,坚持"企业利益共同化、全省利益最大化",强力推进各项改革举措落地生根,国有企业内在活力、市场竞争力和发展带动力不断增强。一是强力推动省属国有企业改革重组。贵州省领导亲自部署、统筹谋划,大力推动省属国有企业战略性重组,构建支撑全省经济发展的"四梁八柱",加快实现贵州国有企业"脱胎换骨""华丽转身"。省国资委牵头在开展全省国有企业大排查大摸底的基础上,提出省属国有企业战略重组的总体构想,牵头制定重组(组建)方案,第一批改革重组的贵州航投集团、贵州金控集团、云上贵州大数据集团组建方案进入组织实施阶段,第二批改革重组方案进入修改完善阶段。二是大力推动股改上市。对监管企业所属公司上市种子企业进行摸排,确定12户企业作为上市重点扶持和培育对象,明确推进时间表、路线图、梯次开发、动态推进,江苏开磷瑞阳和贵州能源2户企业实现新三板挂牌,并转入主板上市申报准备阶段。三是奋力推动现代企业制度建设。全面完成监管企业集团层面公司制改革。监管企业集团层面全部实现党建要求进公司章程,系统企业集团以下完成公司章程修订590户,监管企业中90%实现党委(党组)书记、董事长"一肩挑",党组织在企业改革发展中真正实现"把得了关、掌得了舵、说得上话、使得上劲"。以规范董事会建设为重点,进一步落实董事会职权、进一步完善治理结构,推动企业规范运行。国有资本投资运营公司试点工作扎实推进。四是倾力推动困难企业改革脱困。采取委托管理、加大扶持等办法推进遵钛集团改革脱困,企业经营状况逐步趋好。依法并采取其他系列帮扶举措,全面完成贵化破产清算主要工作。六枝工矿成为贵州省首家市场化法治化债转股企业。

七、贵州省国资委加强国资监管工作情况

依法监管、科学监管,推动监管方式由管企业为主向管资本为主转变,做到监管心中有数、手中有策、工作有效,确保国有资本保值增值。一是认真开展全

省国有企业调查摸底。省国资委牵头对全省国有资产总量、地区分布、行业布局和运营状况等情况进行大调查大摸底,为实施监管全覆盖提供坚实基础。对27户监管企业开展重点调研、"把脉会诊",一企一策提出改革发展措施。二是着力打造国企国资监管新体系。针对监管工作存在的突出问题和薄弱环节,制定印发《关于加强和改进全省国资国企监管工作的指导意见》,进一步对全省国资国企监管工作"立标准、定规矩"。结合监管企业实际,围绕"管什么""怎么管",启动项目投资、债权债务、生产经营、风险防控等10个监管机制建设。三是深入落实从严监管各项举措。突出党组织在企业法定地位,进一步提高国有企业党组织把方向、管大局、保落实的能力和定力。以管资本为主推动监管方式转变,提升执行力和落实力,提升服务效能。强化参股企业股权行使和派往参股企业人员管理,增加在参股企业话语权,维护股东权益;强化产权管理,严格落实进场交易、资产评估核准备案等制度,严防国有资产流失;强化财务监管,开展总会计师年度述职,推进总会计师委派制度落地;强化预决算管理,提升会计信息质量;强化投资事项非主业审核,严格落实投资责任。抓监事会监督,加强当期和事中监督,突出监督针对性。推进法治国企建设,探索应用大数据手段加强国资监管。

八、贵州省国资委监管企业党的建设情况

全面落实全国、全省国有企业党的建设工作会议部署要求,督促企业党组织认真履行党建主体责任,始终把坚持党的领导、加强党的建设作为首要政治任务,党的领导明显加强,管党治党责任深化落实,基层基础逐步夯实,党建工作力量显著增强,风清气正的政治生态进一步形成。一是突出抓好政治建设。严肃党的政治纪律和政治规矩,督促企业党组织认真开展"三会一课",提高政治站位和政治意识,在思想上政治上行动上同以习近平同志为核心的党中央保持高度一致,坚决防止"七个有之"。在委机关和企业分别开展"查差距、强监督,做国资忠诚卫士"和"守纪律讲规矩,做国资忠诚卫士"专题学习教育活动,狠抓42条党建具体措施落到实处。二是突出抓好思想建设。扎实推动党的十九大精神进企业,委党委班子成员及监事会主席带头赴企业开展集中宣讲41场,企业领导班子成员开展宣讲1296场;企业组建宣讲团1021个,举办各类宣讲9831场次,宣讲受众43.5万人次;举办各类培训班741个,直接培训人员4.6万人。深入开展精神文明创建系列活动,贵州电网公司等3个单位通过全国文明单位的复查,贵阳卷烟厂、贵州鸭溪发电公司等6个单位获得"第五届全国文明单位"称号,贵州金元、贵州航空等6个单位获得"全省文明单位"称号,建工集团第二建筑公司、中铁五局贵州工程公司等4个单位获得"全省精神文明创建先进单位"称号。三是突出抓好干部队伍建设。规范干部选拔任用程序,定期分析企业生产经营和领导班子运行情况、委机关干部队伍结构,有针对性地开展干部调整充实工作。建立近百人的企业后备领导人员库。将人才工作列入对企业班子成员的年度业绩考核,指导企业开展高层次创新人才申报、高技能人才培养、技能大师工作室建设等工作,企业人才队伍建设取得积极成效。四是突出抓好基层党组织建设。深入落实"一岗双责",开展企业党组织书记述职,督促企业主动适应产权多元化需要,按照"三个有利于"原则不断调整优化基层党支部设置。严把政治关、程序关、廉洁关,选举推荐的26名十九大代表候选人初步人选和73名省第十二次党代会代表完全符合省委要求,选举工作实现零投诉、零举报。抓好基层党组织换届。推动系统企业完成党组织换届1629个,达到应按期换届党组织的96.28%,24户监管企业集团层面党委换届筹备工作全面完成。开展基层党组织"达标创先"暨"样板党支部"创建活动,命名第三批样板党支部18个。举办省国资委系统党务干部培训班4期培训189人,专兼职党务干部配备占干部职工总人数的3.3%,管理班子的监管企业专职党委副书记配备率89.5%。五是突出抓好作风建设、纪律建设和反腐倡廉建设。认真贯彻落实中央八项规定和实施细则以及省委有关规定,持之以恒纠正"四风"。认真落实党风廉政建设责任制,深入贯彻中央及省委党风廉政建设的部署和要求,坚持无禁区、全覆盖、零容忍,坚持重遏制、强高压、长震慑。严肃查处各类腐败案件,积极发挥巡察"利剑"作用,积极实践监督执纪"四种形态",处理党员干部6444人次,其中第一种形态

6351人次,占"四种形态"处理人数的98.56%;第二种形态72人次,占"四种形态"处理人数的1.12%;第三种形态21人次,占"四种形态"处理人数的0.32%。六是突出抓好党建扶贫。积极抓好驻村工作,组织53家系统企业选派152名驻村干部开展同步小康驻村工作。深入推进国有企业结对帮扶工作,调整和新增的9户国有企业帮扶8个重点贫困县,实现国有企业结对帮扶全省14个深度贫困县的全覆盖,参与结对帮扶企业直接投入资金5.6亿元,帮助引进资金6.88亿元,引进项目272个,发放贷款66亿元,举办培训班2897期。挂牌成立黔晟雷山扶贫公司,以产业扶贫为重点,大力发展特色农产业、促进农户增收致富。

(撰稿人:王子铭)

云南省

一、云南省国有资产监督管理工作综述

(一)强化研判督导

2017年,云南省出台贯彻落实云南省稳增长22条措施实施意见,强化形势研判和企业运行监测分析,对重点任务、重点企业挂牌督导,严格落实责任,深挖潜力,主动作为。

(二)狠抓降本增效

2017年,云南省坚持"内降成本,外拓市场",狠抓成本管控,严控非生产性费用,生产指标持续优化;统筹推进去库存与拓市场,千方百计拓展市场份额。

(三)防范金融风险

2017年,云南省强化动态监测与预警机制,建立季度提示制度。强化省属企业之间互助合作,坚决守住不发生区域性系统性风险的底线。2017年,调剂资金200多亿元支持云南资本、物流等企业偿还到期债务。

(四)狠抓项目建设

2017年,云南省澜沧机场正式通航运营;交投新增高速公路通车里程417千米;建投香丽高速、世博特色旅游小镇等项目加快推进;富滇银行加大对重大基础设施重点领域资金支持力度。

二、云南省国有资产总量与结构分析

表1 2017年云南省国有企业指标

项　　目	金额(亿元)
资产总额	40603.05
所有者权益	13355.09
国有资产总量	10774.45
营业收入	7160.89
利润总额	175.09
净利润	100.00
归属于母公司所有者的净利润	58.31
应交税金总额	329.04
实际上缴税金总额	304.65
社会贡献总额	1545.75

表2 2017年云南省国有企业户数情况

项　目	2016年	2017年	比上年增长(%)
户数(户)	3997	4397	10.01

表3 2017年云南省国有资产按地区分布情况

地　区	国有资产(亿元)	占国有资产总量比重(%)
省属企业	3264.87	30.30
地市企业	7509.58	69.70
其中:昆明市	3648.18	33.86
保山市	657.24	6.10
玉溪市	431.10	4.00
曲靖市	330.44	3.07
红河州	290.50	2.70
楚雄州	179.36	1.66
昭通市	276.73	2.57

续表

地 区	国有资产(亿元)	占国有资产总量比重(%)
大理州	288.35	2.68
普洱市	210.46	1.95
临沧市	307.22	2.85
德宏州	197.51	1.83
西双版纳州	97.64	0.91
文山州	191.36	1.78
丽江市	115.13	1.07
怒江州	27.34	0.25
迪庆州	14.73	0.14
滇中新区	246.28	2.29
合 计	10774.45	100.00

表4　2017年云南省国有资产按行业分布情况

行 业	国有资产(亿元)	占国有资产总量比重(%)
农林牧渔业	64.06	0.59
工业	447.62	4.15
建筑业	1053.70	9.78
地质勘查及水利业	269.87	2.50
交通运输业	1092.32	10.14
仓储业	17.87	0.17
邮电通信业	0.00	0.00
批发和零售业	23.12	0.21
金融业	169.15	1.57
房地产业	527.42	4.90
信息技术服务业	25.35	0.24
社会服务业	6969.61	64.69
卫生体育福利业	21.31	0.20
教育文化广播业	67.95	0.63
科学研究和技术服务业	22.94	0.21
机关社团及其他	2.16	0.02
合 计	10774.45	100.00

表5　2017年云南省国有资产按经营规模分布情况

经营规模	国有资产(亿元)	占国有资产总量比重(%)
大型企业	5907.50	54.83
中型企业	1873.88	17.39
小型企业	2211.39	20.52
微型企业	781.69	7.26
合 计	10774.45	100.00

三、云南省国有资本保值增值综合分析评价

2017年,云南省企业国有资产总量10774.4亿元,比上年增加1401.8亿元,增幅15%,其中国家、国有单位直接或追加投资增加710.2亿元,无偿划入增加国有资本408.5亿元,资产评估增加46.3亿元,资本(股本)溢价64.2亿元,债权转股权增加国有资本56.8亿元,中央和地方政府确定的其他因素增加国有资本318.7亿元,经营积累216.5亿元,同时,无偿划出、资产评估减少、清产核资减少、经营减值等原因减少国有资本及权益480.3亿元。考虑客观因素增减变动,云南省国有资本保值增值率100.7%。

2017年,云南省国资委监管企业年末国有资本及权益总额3039.2亿元,比上年增长18.3%,国有资本保值增值率98.6%;非监管企业国有资本及权益总额225.7亿元,比上年增长9.5%,保值增值率108.5%;地州国有企业年末国有资本及权益总额7509.6亿元,比上年增长13.8%,保值增值率101.3%。

表6　2017年云南省国有企业地区和行业国有资本保值增值情况

地 区	国有资本保值增值率(%)	行 业	国有资本保值增值率(%)
昆明市	102.00	农林牧渔业	100.77
昭通市	99.94	工业	101.11
曲靖市	100.95	建筑业	102.20

续表

地 区	国有资本保值增值率(%)	行 业	国有资本保值增值率(%)
楚雄州	99.09	地质勘查及水利业	99.85
玉溪市	99.82	交通运输业	98.91
红河州	99.39	仓储业	111.09
文山州	100.21	邮电通信业	0.00
保山市	100.33	批发和零售业	89.97
大理州	104.43	金融业	104.22
普洱市	96.62	房地产业	103.60
临沧市	104.57	信息技术服务业	102.84
西双版纳州	100.08	社会服务业	100.37
德宏州	101.14	卫生体育福利业	109.95
迪庆州	98.90	教育文化广播业	112.98
丽江市	100.76	科学研究和技术服务业	116.58
怒江州	97.18	机关社团及其他	73.56
滇中新区	101.50		

四、云南省国资委监管企业改革发展情况

(一)企业收入效益大幅增长,创五年来最好水平

2017年,省国资委把稳增长作为各项工作的重中之重,认真贯彻落实云南省稳增长22条措施,强化形势研判和经济运行分析,强化责任落实,狠抓风险防控,多措并举提质增效,企业运行质量不断提升。

截至2017年底,省国资委出资企业(含国有独资、控股、参股)资产总额20062.01亿元,比上年增长21.04%;净资产5337.15亿元,比上年增长28.09%。全年累计实现收入6790.63亿元,比上年增长16.12%;实现利润206.22亿元,比上年增利149.74亿元,增长2.65倍;实现利税413.64亿元,比上年增长91.48%;累计完成增加值2029.6亿元,比上年增长9.92%,占云南省比重的12.28%。重化产业连续12个月实现盈利,全年累计实现收入2196.46亿元,比上年增长14.69%;累计实现利润34.59亿元,比上年增利130.37亿元。出资企业全年完成固定资产投资1205亿元,比上年增长11.73%。

州市监管企业继续保持良好发展态势。16个州市及下辖县市区纳入统计范围的国有企业资产总额17295.40亿元,比上年增长11.36%;净资产6803.58亿元,比上年增长8.23%;实现收入727.93亿元,比上年增长41.82%;实现利润25.20亿元。

(二)重大改革举措落地见效,改革攻坚不断向纵深推进

省国资委认真贯彻落实省委、省政府决策部署,完善工作机制,狠抓工作落实,全力打好国企改革攻坚战。一是混合所有制改革取得突破。白药控股成功引进新华都集团和江苏鱼跃公司,引进资金242亿元,建立市场化运营机制,被业界称为国企混改的"白药模式",公司市值大幅提升;工投、城投、诚泰等集团层面混改稳步推进;各企业加快推进二、三级企业混改,混改面提升7%,达到47.8%;选择9户企业开展员工持股试点。昆明市、普洱市、怒江州等因地制宜推进一批混改项目。二是省级经营性国有资产集中统一监管取得重大进展。完成交投、富滇银行、水投等83户企业移交划转,总资产5655亿元,占省级经营性国有资产总量的86.6%,同步推进章程修订、产权登记、考核分配、改革重组等工作;省政府批复同意其余274户企业集中统一监管方案。大理州实现州属企业监管全覆盖。三是市场化经营机制不断完善。健全法人治理结构,积极推进落实董事会职权试点工作,健全外部董事选聘和管理制度。深化三项制度改革,白药、世博、文投14名高级管理人员完全去行政化,实行市场化管理,富滇银行、城投、诚泰保险等企业市场化选聘试点工作取得积极进展。楚雄州完善州属企业法人治理结构改革取得实效。四是剥离企业办社会职能稳步推进。省属企业"三供一业"签订分离协议率93%。企业办市政和社区管理职能分离移交、消防机构分类处置、教育医疗机构深化改革等

工作有序推进。昆钢安宁片区办社会职能和资产已基本完成移交；云锡与个旧市签订市政设施和社区管理职能移交协议。曲靖市、文山州等州市加快剥离企业办社会职能取得积极进展。

（三）供给侧结构性改革深入推进，企业持续发展基础不断夯实

坚持以新发展理念为引领，以市场为主导、企业为主体，加大供给侧结构性改革力度，提高供给质量和效率。一是持续化解过剩产能。昆钢、煤化完成钢铁、煤炭化解过剩产能复查验收；云天化、冶金、云锡等企业稳步推进压减黄磷、合成氨、低效磷肥、电石、铅锌冶炼等过剩产能，促进产能转型和结构优化。二是有效降低企业资产负债率。与中国建设银行签署500亿元省属企业综合化降杠杆合作协议，到位资金117.65亿元，云锡、云天化资产负债率减少2~3个百分点；与中国工商银行签署600亿元综合化降杠杆合作协议，到位资金66亿元；能投组建深改基金，向云锡、云天化增资30亿元。省属企业负债率比上年减少0.88个百分点。三是加快处置"僵尸企业"。统筹运用市场、经济、法律手段处置"僵尸企业"65户，有力促进企业生产经营持续好转。红河州、迪庆州等大力推进"僵尸企业"出清工作。四是推动"瘦身健体"。各企业结合实际，大力调整优化组织结构，有效压缩管理层级，全年压减法人单位96户，运行效率大幅提升。建投总部由原66个职能部门500余人精简至22个部门189人；交投将113个下属二级单位精简压缩至14个二级单位。

（四）布局结构调整优化步伐加快，企业发展质量进一步提升

围绕提高企业发展质量这个中心任务，坚持实施创新驱动发展战略，加快结构调整步伐。一是推进整合重组。世博、文投增资扩股成功引入华侨城集团，引进资金92亿元。建投实现快速发展，营业收入突破千亿元。煤化司法重整稳妥推进，有息负债下降350亿元，经营性利润减亏35.82亿元。保山市、西双版纳州积极开展地方电力改革工作；丽江市整合重组设立旅投集团。二是聚焦主业发展。明确企业功能定位，进一步优化企业内外资源配置。云锡、冶金、工投、水投等企业实施一系列内部资源整合，处置一批低效无效资产，坚决退出非主营业务板块。各省属企业认真研究制定二级企业分类方案，实施分类改革、分类发展。昭通确定市属企业主业板块；滇中新区引导国有资本集中发展七大主导产业。三是加快转型升级。深入实施创新驱动发展战略，加快实施一批转型升级项目。"养元青"商标获得"中国驰名商标"称号；能投"能源云"大数据平台入选国家能源局首批"互联网＋"智慧能源示范项目；云投与腾讯成立合资公司，积极推进"一部手机游云南"；七彩通航正式运营；贵金属集团建立7个院士工作站；设计院集团启动以设计为龙头的工程总承包业务。四是强化资本运营。加大上市资源培育力度，确定一批重点培育对象；抓好上市公司再融资，完成锡业股份24亿元和驰宏锌锗38亿元定增。多渠道开展直接融资，全年直接融资额超1000亿元。能投成功定价发行境外6亿美元高级无抵押"一带一路"项目专项债券。玉溪市、德宏州、临沧市等积极推进市属投融资公司转型升级。五是狠抓国际化经营。中越友谊宫在中越两国元首的见证下正式移交；万象赛色塔综合开发区项目顺利通过商务部达标考核；富滇银行主动打造跨境金融特色板块；农垦成功并购老挝云锰新兴普卡胶厂；吴哥机场、缅甸500万吨炼油厂、中孟钢铁产能合作示范园区、巴基斯坦奎德光伏项目、刚果（金）LCS冶炼项目等一批项目稳步推进。

（五）国资监管职能转变加快推进，监管效能持续提升

按照以管资本为主加强国有资产监管要求，坚持"放管结合"，不断完善监管体制机制，监管质量和效率进一步提升。一是深入推进职能转变。省政府批复《云南省国资委以管资本为主推进职能转变方案》，省国资委内部组织机构设置和职能调整方案基本明确。各州市结合实际，不断健全完善国资监管体系。二是改进国资监管方式和手段。继续推进国有资本投资、运营公司试点，完善国有资本授权经营体制；制定出台《省属企业投资监督管理办法》《省属企业投资项目负面清单》等文件，健全管理制度。积极探索混合所有制企业国资监管方式方法。三是持续完善监督机制。强化外派监事会监督，开展省属企业5亿元以上重大固定资产投资和2亿元以上重大股权投资专项检查;抓好带息负债专项检查和应收账款专项检查的审核、梳理、反馈工作。四是完善收入分配制度。制定《省属企业进一步深化管理者经营业绩考核暂行办法和薪酬管理暂行办法补充规定》,严格规范省属企业负责人履职待遇、业务支出,规范开展薪酬信息公开,接受社会监督。五是加强自身建设。适应改革发展新形势需要,省国资委从省属企业公开选调三名处级干部。抓好业务培训,切实改进工作作风,提升国资监管队伍履职能力。强化对州市国资监管工作业务指导和政策培训,优化国资监管年度责任考评工作。

(六)党的建设全面加强,为企业改革发展提供坚强保障

始终把坚持党的领导、加强党的建设作为首要政治任务,把提高企业效益、增强企业竞争力、实现国有资本保值增值作为党组织工作的出发点和落脚点,紧紧围绕生产经营抓好党建。企业党组织领导作用进一步发挥,党的领导与公司治理融合更加紧密。党建工作责任制持续强化,管党治党责任层层落实;企业领导人员选拔管理不断从严,领导班子建设得到新的加强;"两学一做"学习教育常态化制度化和"基层党建提升年"活动扎实推进,基层基础工作进一步夯实;意识形态工作和宣传思想工作力度不断加大;党风廉政建设和反腐败工作深入推进;巡视巡察工作深入开展,巡视整改取得实效。

五、云南省国资委监管企业并购重组与完善法人治理结构情况

(一)并购重组情况

物流集团与昆钢控股的战略重组。云南省物流业发展步入全面升级的关键阶段,但产业总体规模小,软硬件设施、人才和服务支撑不足,物流企业小、散、弱等问题依然突出。省内10户龙头物流企业中,有6户分属于省属企业。为贯彻落实好省委、省政府关于国有企业改革的部署和要求,优化配置云南省物流资源,培育壮大龙头物流企业,助推云南省现代物流产业做强做优做大。云南省国资委提出由昆钢控股整合物流集团,争取在较短时间内培育壮大省级物流产业发展平台,促进云南省物流产业的发展壮大。两户企业整合重组方案获云南省委常委会议审议通过,云南省国资委正根据方案开展下一阶段的整合工作。

(二)完善法人治理结构情况

一是牵头完成起草《关于进一步完善国有企业法人治理结构加强董事会建设的实施意见》,对规范法人治理结构、加强董事会建设、完善外部董事制度等提出明确要求。二是起草出台《省属企业外部董事管理办法(试行)》《省属企业专职外部董事工作程序》,自2017年9月起委托云南资本对外部董事实行统一管理和服务保障,下拨2017年度外部董事服务保障工作经费,进一步推动外部董事管理科学化、制度化、规范化。

六、云南省国资委监管企业建立和完善企业经营业绩考核情况

2017年,云南省国资委认真贯彻落实国有企业改革文件精神,深入推进监管企业收入分配市场化改革,充分发挥考核分配的激励导向作用,积极引导企业深化供给侧结构性改革,强化风险防控制,促进企业提质增效,转型升级,科学发展。

(一)纳入经营业绩考核和薪酬管理的省属企业户数增加

按照省委省政府关于省级经营性国有资产监管全覆盖的要求,根据省政府授权,2017年纳入省国资委监管的省属企业从18户增加为24户(含2户金融企业和4户文化企业)。其中商业一类企业10户,为昆钢控股、云锡控股、冶金集团、云天化集团、煤化集团、物流集团、贵金属集团、工投集团、能投集团和设计院集团;商业二类企业6户,为云投集团、建投集团、交投集团、农垦集团、城投公司和云南资本;公益类企业2户,为机场集团和水投集团;金融企业2户,为富滇银行和诚泰保险;文化企业4户,为广电网络、广电传媒、报业集团和出版集团。对不同类型的省属企业,结合企业的功能定位,实行分类定责考核。

(二)进一步完善负责人激励约束机制

针对国企改革发展中出现的新问题,省国资委研究出台《省属企业管理者经营业绩考核暂行办法和薪酬管理暂行办法补充规定》(云国资分配〔2017〕348号)(以下简称《补充规定》),《补充规定》针对处于司法重整期间企业经营的特殊性,明确有别于正常经营企业管理者经营业绩考核指标内容和考核方法,调整绩效年薪的上限水平;进一步强化激励和约束机制,对亏损企业减亏的,根据减亏比例计发减亏绩效,对增加亏损的加大绩效年薪扣减力度。

(三)规范开展企业管理者经营业绩考核和薪酬兑现工作

一是省国资委与20户省属企业管理者(4户文化企业的责任书为省财政厅和省委宣传部与企业签订)签订2017年度和2017—2019年任期经营业绩考核责任书,明确年度和任期经营业绩考核目标及董事会重点工作任务,将企业科研创新投入指标和降负债的目标任务纳入考核,推动企业创新突破、提质增效,降杠杆、防风险,持续健康发展。二是对17户监管企业管理者2016年度和2014—2016年任期经营业绩进行考核,经考核,2016年度A级企业4户;B级企业8户;C级企业4户;1户企业司法重整期间不定级别。2014—2016年任期经营业绩考核A级企业6户;B级企业7户;D级企业3户;1户企业司法重整期间不定级别。三是根据年度和任期经营业绩考核结果,对企业管理者2016年年薪和2014—2016年任期激励收入进行兑现,薪酬兑现信息在省国资委网站、本企业网站上进行公开,接受社会监督。

(四)严格规范省属企业负责人履职待遇、业务支出管理

进一步细化负责人履职待遇、业务支出标准,督促指导省属企业建立内部管理的相关制度,各省属企业制定负责人2017年度的履职待遇业务支出预算方案,对履职待遇业务支出实行预算管理。

(五)推动省属企业深化劳动用工和收入分配制度改革

一是出台《关于进一步深化省属企业劳动用工和收入分配制度改革的指导意见》(云国资分配〔2017〕178号,简称《指导意见》),各省属企业按照《指导意见》的要求,结合实际制定三项制度改革方案,全面启动"三项制度"改革工作。二是稳妥开展国有控股混合所有制企业员工持股试点,2017年,省国资委会同省财政厅、云南证监局确定9户试点名单,试点企业相继启动审计评估及试点方案制定等试点前期工作。三是依照省国资委工资总额预算管理办法,坚持工资总额增长与效益增长相匹配的原则,组织开展15户省属企业2017年度工资总额预算和2016年度工资总额清算工作,根据清算结果,15户省属企业2016年度实发工资总额比预算数增长5%,扣除增(减)人增(减)资及管理者薪酬等因素后,工资总额正常增长率6%,低于省级工资指导线中线。

七、云南省国资委监管企业负责人考核与选人用人机制改革情况

2017年,云南省国资委党委深入学习贯彻党的十八届三中、四中、五中、六中全会和党的十九大精神、习近平新时代中国特色社会主义思想,认真贯彻落实全国云南省国企党建工作会议、云南省组织部长会议精神,积极推进国企改革攻坚战和国有企业党的建设,扎实做好省属企业领导班子建设、董事会建设和人才工作,为省属企业深化改革提供组织保证和人才支撑。

(一)创新机制优化结构,不断提高选人用人水平

按照"对党忠诚、勇于创新、治企有方、兴企有为、清正廉洁"的"二十字"要求,积极推进省属企业领导人员调整配备、市场化选聘高级管理人员、干部人事制度创新等工作。

选优配强省属企业领导人员队伍。一是配合省委组织部及时调整充实企业领导人员,协助办理昆明电力交易中心、云南电力设计院、中国铜业有关领导人员考察推荐、人选批复工作。完成昆钢控股等8户企业党委换届两委人选选举结果批复,完成广电网络、白药控股、交投集团党委换届和省农信社、红塔银行、云南信托党代会候选人预备人选考察、批复工作。

二是协助做好干部管理体制调整工作，配合省委组织部干部五处对25户省属企业领导班子和后备干部队伍建设情况进行调研，配合完成《关于调整完善省管企业领导人员管理体制有关问题的通知》《省管企业领导人员管理体制调整有关问题基本工作程序》等配套文件起草出台工作。

探索省属企业干部人事制度改革。一是牵头完成《云南省省属国有企业市场化选聘高级管理人员指导意见（试行）》起草出台工作，召开省属企业职业经理人座谈会，配合推进省属企业集团层面开展市场化选聘高级管理人员试点工作。二是完成《云南省国资委参股企业委派董事监事管理办法（试行）》起草出台工作，进一步促进委派董事、监事规范履职行权。三是探索做好世博旅游、文投集团与华侨城集团战略重组，白药控股与新华都集团混合所有制改革后的现有领导人员安置、委派（提名）新公司股权代表、批复组建新公司党委班子等人事工作，对14名留在新公司工作的企业领导人员全部去行政化，实行市场化管理，不再保留省属国有企业领导人员身份和相关待遇，确保企业和谐稳定、平稳过渡。撰写的《云南探索推行职业经理人制度促进国有企业建立完善市场化经营机制》调研报告，被国务院国资委《国企改革简报》《云南日报》《云南国资信息》刊发。

（二）从严从实，加强对企业领导人员的监督管理

强化从严监督。出台《省属企业领导人员选拔任用廉洁从业结论性评价办法（试行）》，加强选拔任用过程中的监督管理，切实把好人选廉洁关，防止"带病提拔"。

强化从严管理。出台《省国资委党委关于对省属企业领导人员进行提醒、函询和诫勉的实施细则》，对企业领导人员的日常监管，对班子不协调、考核结果较差等情形，利用开展谈心谈话、诫勉谈话、函询等问责方式给予提醒督查，在制度层面从严管理监督干部的延伸，促使领导干部懂规矩、守纪律。

强化刚性约束。严格执行省属企业领导人员报告个人有关事项、"一报告两评议"、述职述廉述责、兼职任职以及外出请假管理等制度。收到259名领导人员个人事项报告并录入系统，坚持凡提必核，对拟提拔、转任重要岗位任职的26人进行个人事项查核；对5名离任的党委书记进行离任检查；对32名新提拔和职务变动人员进行任免职前谈话；配合完成6名领导人员选拔任用工作进行倒查。

（三）严格程序标准，扎实开展年度和任期综合考核

考评前周密部署。按照省委组织部和省国资委党委的统一部署安排，对17户监管企业领导班子和领导人员开展2016年度及2014－2016年任期综合考核评价工作，对金融、文化类等其他8户企业领导班子和领导人员开展年度综合考核评价。向企业提前印发考核通知，要求企业对照标准开展自查、查漏补缺，认真做好各项准备工作。

考评中严格程序。由省国资委领导带队，组成9个考核组，严格按照发布考核预告、召开考核动员和民主测评会、民意调查、个别谈话、查阅资料、实地延伸检查、听取意见7个步骤展开，不简化，不变通，扎实开展考核工作。

考评后认真负责。根据民主测评、个别谈话、查阅资料、实地检查、民意调查等情况，综合考核测评得分、企业党委意见、考核组意见、驻委纪检组意见、省纪委2016年度云南省党风廉政建设责任制检查考核情况通报结果和分管省领导任期评价意见，认真做好分数评定、考核结果等次建议工作。经省国资委党委会研究，提出对领导班子和领导人员年度及任期考核等次的建议，并就综合考核工作向省委组织部部务会做汇报。根据省委常委会议研究、省委组织部批复情况，向企业反馈综合考核评价结果。

（四）严格制度规范，加强省属企业干部人事档案管理

严格落实日常管理规定。出台《省国资委省属企业领导人员干部档案管理办法（试行）》，严把"材料入口、档案整理、信息审核、日常管理"等关口，严格遵守干部人事档案查借阅规定，严格干部档案递转制度，认真做好干部档案材料的收集与归档。认真开展水投公司、贵金属集团、诚泰保险、省设计院4户企业干部人事档案的专项审核工作，积极推进省属企业干部人事档案数字化工作。

严格审核人事档案材料。坚持把干部任前档案审核作为干部选拔任用的必经程序,按照干部管理权限,以"三龄两历"为重点,对拟选拔任用、交流任职的企业领导人员的档案进行严格审核,严查材料是否齐全,严查内容是否真实,严查任职资格条件,并详实填写"干部任前档案审核表"。

严格加强监督检查通报。按照省委组织部的部署要求,下发省属企业干部人事档案审核工作集中检查的通知,于2017年8月28日至9月10日对省属企业干部人事档案审核工作进行集中检查,上报省委组织部《关于对省属企业干部人事档案审核工作集中检查情况的报告》,并对检查情况进行通报。2014年以来,指导省属企业组织人事部门完成3469名企业中层干部人事档案审核认定工作,补充完善各类档案资料4000余份,推动进一步开展一般干部人事档案专项审核工作。

(五)加大力度突出重点,加强教育培训和人才队伍建设

加大人才培训力度。制定《2017年省属企业领导人员教育培训工作要点》,举办第六期省属国有企业领导人员能力提升研究班、省属企业职业经理人制度建设专题研讨班、省属国有企业公司治理与董事会建设专题培训班、省属企业车间主任及生产管理骨干人员培训班、省属企业市场营销骨干人员专题培训班,培训各级各类人员近400人次。

加强人才课题研究。省国资委与省人才发展研究促进会、云南财经大学、云天化集团、机场集团、建投集团、能投集团合作,形成《改革攻坚战背景下云南省省属企业人才队伍建设研究咨询报告》,充分发挥人才理论研究对人才发展和人才队伍建设提供理论指导、决策支持的作用。

搭建聚才用才平台。在省人才工作领导小组的领导下,继续抓好"院士专家站""国家重点试验室""国家工程技术研究中心""国家级企业技术中心"等柔性平台建设,平台载体数量显著增加。

严格人才工作考核。把人才工作列为省属企业领导班子考核和落实党建工作责任制情况述职内容,并在2016年修订的《省属企业管理者经营业绩考核暂行办法》明确将"企业创新人才建设""加快科技创新"等纳入考核内容。

八、云南省国资委监管企业党的建设和廉政建设情况

(一)党的建设情况

截至2017年底,党组织关系由云南省国资委党委管理的企业63户,基层党组织9236个,其中党委885个、党总支498个、党支部8189个,党员169614人。2017年,云南省国资委党委认真贯彻全面从严治党要求,严格按照云南省委、云南省委组织部的部署安排,树牢问题导向,聚焦工作重点,聚力作用发挥,年度党建工作有序推进,国有企业党的建设取得新的成效。

1. 强化思想统领,着力提升政治站位。抓紧抓实思想武装工作。一是突出学习重点。扎实抓好习近平总书记系列重要讲话和考察云南重要讲话精神、党的十九大精神等的学习领会,抓实党章、《准则》、《条例》等的深入研读,持之以恒强化"四个意识"。省国资委党委组织中心组理论学习11次,各企业党委组织中心组理论学习312次。二是突出"关键少数"。开辟"党建大讲坛",省国资委党委书记3次、班子成员6次讲党课。各企业党委书记讲党课135次,班子成员讲党课426次,普通党员讲党课25000余次。三是突出支部作用。以"三会一课"为基本制度,督导委机关和省属企业8400余个党支部深入学、系统学、跟进学。先后组织集中学习9万余次,组织学习研讨3万余次。11月24日,召开"党建书屋"建设现场会,为省属企业"党建书屋"建设提供现场和示范。四是突出集中宣讲。党的十九大召开前,省国资委党委和省属企业党委组织以优异成绩迎接党的十九大胜利召开为主题的集中宣讲526场次。党的十九大召开后,委党委第一时间成立宣讲团,除省委宣讲团宣讲的企业外,组织省国资委领导班子成员、十九大代表耿家盛、朱兆云和企业党委书记,对党组织关系由省国资委党委管理的省属企业、中央驻滇企业实现宣讲全覆盖。

2. 强化主体责任,着力落实全面从严治党要求。切实把全面从严治党的责任抓在手上、落到实处。一是落实党建工作主体责任。省国资委党委全年专题研究部署企业党建工作21次。召开省属企业党的建

设暨纪检监察工作会议，层层签订抓基层党建工作责任书。结合企业改革重组，指导省国资委监管企业完成《公司章程》修订工作。指导交投集团、白药控股、广电网络3户企业党委完成换届工作。督导企业24个基层党委、14个党总支、472个党支部按期换届。二是强化党建工作顶层设计。配合起草出台《进一步加强和改进云南省国有企业党的建设的实施意见》《加强省属企业境外单位党建工作的意见》，制定《加强混合所有制企业党建工作的意见（试行）》。三是强化党建工作层级责任。制定省属企业党委书记、委党委班子成员抓党建工作责任清单，建立委党委班子成员联系企业党建工作制度。召开省属企业党委书记抓基层党建述职评议考核工作会议，组织7户企业党委书记现场述职、18户企业党委书记书面述职，现场评议考核，企业党委的主体责任意识和书记的第一责任人意识得到有效强化。

3. 强化基础建设，着力推动"基层党建提升年"工作落地。持续巩固"基层党建推进年"成果，进一步提升企业党建工作质量。一是党组织和党员组织生活实现"两个全覆盖"。根据企业项目发展等情况变化，指导企业始终做到党的建设"四个同步"，实现"四个对接"，省属企业党组织和党员组织生活覆盖面均达到100%。二是基本活动深入开展。始终强调把"双向培养""党员先锋岗"创建、劳动竞赛等党建工作各项活动的实际成效体现在助推国企改革攻坚、促进云南省经济发展上。2017年，省属企业各项经济指标均创5年来最好水平。三是党员和党务干部队伍建设稳步加强。紧扣国有企业党建工作新要求，委党委分别举办两期基层党组织书记、党务骨干和党员发展对象培训班。企业举办各类培训班150期，培训人员4260人。发展新党员3731人。四是党建工作标准化建设全面提升。召开党建工作现场推进会，围绕企业党委履行主体责任等10个方面进行经验交流，现场参观企业"先锋模范工程"和"阵地建设工程"等成果展示。指导昆钢控股和云投集团全力推进"互联网+党建"试点工作。编辑印发《云南省国有企业基层党支部工作指导手册》11000册。党组织和党员信息采集工作得到中组部检查组充分肯定。五是存在问题有效整改。制定巡视专项整改方案，召开专题民主生活会，向3户企业派出巡视整改工作指导组，组织26个督导组2轮开展交叉大检查，督导中央、省委巡视指出问题有效整改。六是党建工作保障有效强化。省属企业党委100%、二级企业党委大多数配备抓党建工作专职副书记。建立党务工作人员和经营管理人员双向交流机制，落实同职级、同待遇政策。省属企业配备专职党务干部3188人、兼职党务干部7059人，配备比例达到相关要求。党建工作经费预算全部落实。

4. 强化阵地建设，着力掌握意识形态工作主动权。抓实意识形态工作，积极为国企改革攻坚提供良好的舆论环境。一是加强组织领导。两次组织贯彻落实党委意识形态工作责任制实施细则专项调研督查，省属企业有效形成党委统一领导，党政齐抓共管、宣传部门组织协调、工会、共青团、妇联、统战等分工负责的意识形态工作格局。二是推动工作践行。指导企业各级党组织始终把践行社会主义核心价值观与培育企业文化，创建文明城市、文明家庭，积极维护职工群众利益等活动结合起来，不断凝聚改革发展正能量。专题部署企业参与支持昆明市、安宁市争创全国文明城市工作。认真开展2017"最美云岭国企人"评选活动，对3个集体、7名个人进行表彰。三是强化宣传引导。立足企业内部报、刊、台、网，借力中央、省内主流媒体，不断加强内宣和外宣工作力度。2017年，中央、省内20余家新闻媒体对云南省推进国企改革攻坚、加强国企党的建设等方面的重大举措和取得成就进行连续宣传报道，编发数量300余篇（条、幅）。其中，省国资委常委书记撰写的《努力成为党在经济领域的执政骨干，把国有企业做强做优做大》文章在《人民日报》10月18日理论版刊登。

（二）廉政建设情况

强化监督执纪问责。一是加强监督执纪"第一种形态"运用，向下级党政主要负责人谈话2935人次，任前廉政谈话2653人次，诫勉谈话278人次。二是查处违反中央八项规定精神24起，处理65人，3次通报违反中央八项规定精神问题14起；25户省属企业自查出"小金库"问题49个，涉及资金191万余元；发现省属企业34人"吃空饷"，其中21人受到处理，追缴"吃空饷"资金166万元；开展购买高档白酒问题清理整治工作，开展扶贫领域专项纪律检查。三是省属企业纪委收到举报件434件，比上年增长123.71%；纪检组收到信访举报件458件，比上年增长58.48%；处置问题线索243件，比上年增长167.03%；立案123件，比上年增长75.71%；给予党政纪处分322人，比上年增长455.17%。审理省属中层管理人员违纪案8件。实现办案安全无事故。四是问责16家单位，问责185人。

纪检组和省属企业探索创新10个项目，全面推广3个项目。推动制定出台《云南省国资委党委关于加强和改进省属企业纪检监察组织建设的意见》《云南省省属企业纪委领导人员提名考察和任免实施办法（试行）》2个规范性文件。

（撰稿人：李 进）

西藏自治区

一、西藏自治区国有资产监督管理工作综述

2017年，西藏自治区国资国企系统认真贯彻落实中央和自治区党委、政府以及国务院国资委的决策部署，以学习宣传贯彻党的十九大精神为主线，以习近平新时代中国特色社会主义思想为指导，坚持稳中求进、进中求好、补齐短板的工作总基调，落实供给侧结构性改革各项措施，积极推进全面深化国有企业改革、完善国有资产监管体制、坚守安全稳定环保底线工作，西藏自治区国资国企改革发展工作取得明显成效。

（一）国有经济运行保持稳中有进

在国际国内经济复杂多变的形势下，引导国有企业积极应对市场挑战，通过拓市场、扩投资、降成本等举措，保持国有经济平稳增长态势。一是国有经济不断壮大。截至2017年底，西藏自治区国有企业单户573户，资产总额2875.9亿元，所有者权益893.8亿元，比上年分别增长21.4%、56.07%、56.07%；实现营业收入293.5亿元，利润总额55.1亿元，比上年分别增长49.24%、29.93%。其中，区政府国资委监管企业21户，管理企业1户（西藏航空），资产总额451.4亿元、所有者权益200.3亿元，比上年分别增长18.7%、11.7%；实现营业收入104.4亿元、利润总额20.9亿元，比上年分别增长26.4%、37.1%。监管企业发展更加聚焦主业，盈利结构多数来自主营业务，占比87.1%，比上年增加7.5个百分点。发展更加均衡，监管企业中有18家企业实现盈利。其中，建材企业表现抢眼，高争股份实现利润5.7亿元，比上年增长57.7%，高争集团实现利润2.7亿元，比上年增长40.5%，高新集团实现利润3亿元，比上年增长13.3%。二是社会贡献更加突出。2017年，西藏自治区国有企业吸纳就业10281人，包括高校毕业生1778人、其他非高校毕业生1722人、农牧民工6781人。其中，区政府国资委监管企业吸纳就业6877人，包括高校毕业生705人、其他非高校毕业生151人、农牧民工5591人。协调引导央企驻藏机构吸纳西藏当地用工12919人、吸纳大学生就业1083人。积极支持自治区重点工程项目建设和扶贫开发工作，水泥生产企业全面执行政府指导价，有效平抑市场价格。拉萨市将精准扶贫任务纳入业绩考核，依托产业发展带动当地群众就业，提供就业岗位6.3万个。昌都市鼓励国有企业积极参与棚改及特色小城镇项目建设，投入24.48亿元，实施基础设施建设项目30个。区政府国资委监管企业上缴税金11.3亿元，比上年增长21.7%；14户纳入2017年自治区本级国有资本经营预算范围的出资企业上缴收益5026万元。此外，监管企业在落实宏观调控政策、实施国家和自治区重大战略部署、承担重大工程项目建设、维护社会稳定以及安全生产、节能减排等方面也发挥带头表率作用。

（二）改革主体框架基本形成

根据中央国企国资改革"1+N"政策体系文件精神和自治区改革总体部署及任务分工，相继出台15件政策文件，分为三类：第一类是改革和完善国有资产管理体制、深化国有企业负责人薪酬制度改革、深化国有企业改革中坚持党的领导加强党的建设等专项意见；第二类是国有企业职工家属区"三供一业"分离移交工作方案等方面的工作方案；第三类是国有重

点企业监事会暂行办法、国有资本经营预算收入收缴管理等监管制度。《关于全面深化改革重组促进国有企业做强做优做大的意见》《西藏自治区政府国资委以管资本为主推进职能转变实施方案》等8个文件正在履行相关程序，形成一批有西藏特色的国有企业改革制度成果。

(三)国资监管效能不断提高

一是推进国资监管机构职能转变。突出国资监管职能定位，在总结权责清单(2016版)试行经验的基础上，进一步梳理出国资监管权责事项35项，拟取消、下放、授权事项19项，推进监管职能由"管企业"为主向"管资本"为主转变。有序推进规范性文件清理工作，出台主业确认、章程指引等规范性文件17件，投资管理、企业负责人经营业绩考核等规范性文件正履行报批程序，努力提升国资监管的法治化、规范化水平。改进和完善监管方式，国资监管云平台建设正式启动。二是改革国有资本授权经营体制。贯彻落实自治区党委、政府部署要求，将原自治区国有资产经营公司改组组建国有资本投资运营公司，将国旅集团、国盛公司等6户企业改组为产业类国有资本投资公司，组建设立西藏股权投资公司。三是强化国有资产监督。重点加强规划管理、财务审计、产权管理、投资管理等监管基础工作，不断提高监管的针对性和有效性。推进国有产权转让进场交易，严格控制场外协议转让。健全企业财务数据报送机制，加强对企业财务状况和运营质量的监测分析。国有重点企业第一监事会深入企业开展监督检查，及时发现问题、揭示问题和报告问题，严防国有资产流失。强化监事会监督成果运用，分类处置、督办和深入核查监事会发现移交的问题，组织开展企业违规经营投资责任追究制度建立情况调查，形成发现、调查、处理问题的监督工作闭环。四是经营性国有资产集中统一监管进一步推进。《关于改革和完善国有资产管理体制的实施意见》(藏政办发〔2017〕42号)出台以来，自治区经营性国有资产集中统一监管工作取得积极进展，已批复设立13个产业集团中，12家授权区政府国资委履行出资人职责，行政事业单位经营性国有资产授权国资运营投资公司管理。五是加强指导地市国企国资改革。加强对地市国资委业务指导，及时协调解决改革中的重大问题，确保改革始终沿着既定方向推进。

二、西藏自治区国有资产总量与结构分析

表1　2017年西藏自治区国有企业指标

项　目	金　额(亿元)
资产总额	2875.9
所有者权益	893.8
国有资产总量	801.8
营业收入	293.5
利润总额	55.1
净利润	49.9
归属于母公司所有者的净利润	43.1
应交税金总额	26.3
实际上缴纳金总额	24.5

表2　2017年西藏自治区国有企业户数情况

项　目	2016年	2017年	比上年增长(%)
户数(户)	472	573	21.40

表3　2017年西藏自治区国有资产按地区分布情况

地　区	国有资产(亿元)	占国有资产总量比重(%)
区直国有企业	371.1	46.28
拉萨市	301.8	37.64
山南地区	16.5	2.06
那曲地区	4.5	0.56
林芝地区	14	1.75
昌都地区	12.6	1.57
日喀则地区	76.9	9.59
阿里地区	4.5	0.55
合　计	801.8	100.00

表4 2017年西藏自治区国有资产按行业分布情况

行 业	国有资产（亿元）	占国有资产总量比重(%)
农林牧渔业	20.00	2.20
采矿业		
工业	26.77	2.95
建筑业	53.78	5.92
房地产业	258.53	28.46
金融业	100.62	11.08
批发和零售业	9.77	1.08
交通运输业	13.05	1.44
社会服务业	288.84	31.80
其他行业	137.04	15.90
合　计	908.40	100.00

注：行业结构分析为汇总数据，不考虑合并抵消因素。

表5 2017年西藏自治区国有资产按经营规模分布情况

经营规模	国有资产（亿元）	占国有资产总量比重(%)
大型企业	11.16	1.23
中型企业	399.40	43.97
小型企业	387.51	42.66
微型企业	110.33	12.15
合　计	908.40	100.00

注：规模结构分析为汇总数据，不考虑合并抵消因素。

三、西藏自治区国有资本保值增值综合分析评价

表6 2017年西藏自治区国有企业地区和行业国有资本保值增值情况

地 区	国有资本保值增值率(%)	行 业	国有资本保值增值率(%)
区直国有企业	108.0	农林牧渔业	102.48
拉萨市	107.3	采矿业	
山南地区	102.55	工业	105.59
那曲地区	96.91	建筑业	105.85
林芝地区	102.05	房地产业	105.59
昌都地区	96.25	金融业	114.04
日喀则地区	102.87	批发和零售业	106.77
阿里地区	100.07	交通运输业	109.71
		社会服务业	105.05
		其他行业	

四、西藏自治区国资委监管企业改革发展情况

（一）转型升级促进企业发展

一是推进国有企业功能界定与分类。出台《西藏自治区国有企业分类的实施意见（试行）》，明确国有企业分类改革、发展、监管和考核的基本原则，完成13个新组建产业集团的功能界定分类，配套制定分类考核、差异化薪酬分配等制度措施。林芝、阿里等地市将国有企业划分为商业类和公益类。二是加快产业升级。国有企业大力实施创新驱动发展战略，加大研发投入，加强自主创新和协同创新，推动大众创业万众创新，积极发展信息技术、节能环保等战略性新兴产业，挖掘打造新的经济增长点，推动产品更新换代和产业转型升级。三是转换企业经营机制。指导企业加强内部管理，整合管理资源，补齐管理短板，提升管理水平。深化人事、用工、分配三项制度改革，建立健全更加符合市场经济要求的劳动用工、人事管理和收入分配机制。规范企业投资经营决策程序，强化财务风险管控。指导企业完成法制工作第三个三年目标总结，加强企业法律风险防范机制建设。

（二）清理退出低效无效资产

通过进场交易、兼并重组等方式，实现低效无效资产稳妥有序退出，加快退出长期亏损、产业前景不

明、缺乏控制力的资产,推进处置"僵尸企业"工作。2017年,监管企业通过产权市场处置低效无效资产676.85万元。整合重组经营困难、勉强维持生存的国有企业,矿业开发总公司、拉萨皮革公司等劣势企业划转高争集团管理,火柴厂政策性破产工作进入收尾阶段。出台《西藏自治区国有企业职工家属区"三供一业"分离移交工作方案》,国有企业分离移交"三供一业"试点工作全面推进。

(三)开放合作补齐发展短板

在国务院国资委与自治区党委、政府共同举办"央企助力富民兴藏"活动中,自治区与中央企业达成签约项目354个,签约金额13052.36亿元。截至2017年底,完工项目39个,累计完成投资802.01亿元。努力建设在藏"央企之家",41家中央企业在藏注册成立实体企业,14家中央企业党组织关系划转自治区国资委党委实行"属地化管理"。中国电建和天路股份,中国五矿和矿业股份,中核集团与国资公司,中远海运集团和中兴商贸等建立战略合作关系,中信集团定点帮扶拉萨饭店,无偿派驻管理团队,项目和人才援助合作进展有序。

五、西藏自治区国资委监管企业并购重组与完善法人治理结构情况

(一)整合重组优化资源配置

根据国家和自治区产业政策及规划,在自治区产业建设领导小组和产业专项推进组领导下,积极推动国有资本向优势企业、优势产业集中,逐步形成具有核心竞争力的大企业集团和特色优势产业集群。推动实施国际旅游、国盛园区、中兴商贸、高争建材、盛源矿业、建设投资、国土生态绿化、高驰科技信息、藏医药产业、天路置业、国资运营、农牧产业等15个产业集团和平台公司改革重组工作,提高产业集中度,减少同质化竞争。拉萨市构建国有企业"11+3"格局(市属11家、园区3家),将80%以上国有资产向净土健康产业、文化旅游产业、城市基础建设和民生保障等关键领域集中,培育一批具有竞争力和影响力的特色产业集团。日喀则市完成珠峰扶贫开发公司等9家一级企业组建工作。

(二)法人治理结构不断完善

出台国有独资公司及国有控股公司章程指引,进一步理顺出资人、董事会、监事会和经理层之间的关系,规范企业的管理和运作水平。推进规范董事会建设工作,提高企业科学决策水平和风险防范能力,监管企业中3家上市公司建立规范董事会。出台《西藏自治区政府国资委关于建立外部董事人才库的意见》,探索设立外部董事人才库。推进企业经理层成员市场化选聘和职业经理人试点,落实党组织研究讨论前置程序,权责对等、运转协调、有效制衡的决策执行监督机制逐步形成。

六、西藏自治区国资委监管企业建立和完善经营业绩考核体系情况

积极推进监管企业负责人薪酬制度改革工作,修订完善监管企业负责人经营业绩考核办法,分类设定考核指标体系和计分办法,实行任期考核与年度考核相衔接、考核结果与奖惩任免相挂钩的考核制度,增强业绩考核的针对性、导向性和有效性。在考核指标上分为基础指标和分类指标,在考核目标确认上优化目标值确定办法,努力形成以提高质量为核心、与企业行业特点和发展阶段相适应的差异化考核体系,更好地发挥考核对促进企业做强做优做大、科学发展的导向作用。

七、西藏自治区国资委监管企业负责人考核与选人用人机制改革情况

(一)强化企业领导人员考核

开展2017年度监管企业领导班子和领导人员年度考核工作,综合企业领导班子年度工作目标完成情况、企业领导人员述职述廉述法报告、职工群众民主测评情况,结合日常表现和考核情况,对企业领导人员评定年度考核等次,并对企业领导班子的整体结构、运行情况、发展趋势等作出综合评价。开展2017年度监管企业负责人经营业绩考核和薪酬分配工作,考核中注重强化企业担当意识,对党的建设、综合治

理和维护稳定、职工生产生活状况、安全生产、节能减排和环境保护等工作开展较好的予以加分,对发生安全事故、环境事故和违法违纪案件的予以扣分或降级。

(二)健全完善企业领导人员选任机制

以配强董事长,配精总经理,配优董事会、经理层、党委会成员为重点,进一步优化监管企业领导班子结构,提升班子整体合力,2017年对国资公司、西藏矿业等企业的领导班子进行调整充实。出台《西藏自治区政府国资委推进出资企业领导人员能上能下若干规定》《西藏自治区国资委出资企业中层管理人员选拔任用工作流程》,规范企业领导人员选拔任用程序,加强对企业领导人员选任工作的领导和把关。出台《关于建立职业经理人制度的指导意见》,对职业经理人实行任期制、契约化管理,推动企业加大经营管理人员市场化选聘力度。

八、西藏自治区国资委监管企业党的建设和廉政建设情况

坚决贯彻落实党中央重大决策和自治区党委部署要求,全面落实管党治党主体责任,加强党对国有企业的领导,确保国有企业党建工作严起来、实起来、强起来。一是严格落实管党治党主体责任。召开西藏自治区国有企业党的建设工作会议,明确当前和今后一个时期加强国有企业党的建设工作的总体要求和工作措施,明确各级党委定期研究国有企业党建工作的机制。深入推进"两学一做"学习教育常态化制度化和"四讲四爱"主题教育实践活动,着力查找和解决突出问题。出台《国有企业党建工作责任制考核评价办法》,把党建工作纳入领导班子综合考核。二是推动坚持党的领导与完善公司法人治理结构有效结合。全面开展党建工作要求进章程工作,明确党组织在公司法人治理结构中的法定地位,落实党组织研究讨论是董事会、经理层决策重大问题前置程序的要求,党组织设置形式、地位作用、职责权限、工作机构及人员配备、经费保障等要求制度化、具体化。坚持和完善双向进入、交叉任职的领导体制,天路股份、甘露藏药、高争股份公司等5家企业落实党委书记、董事长"一肩挑"要求。三是持续夯实党建工作基础。会同区党委组织部组建3个工作组,推动11家企业党委、107个党总支(支部)完成换届工作。认真组织开展联述联评工作,20家企业党委书记(主要负责人)进行现场述职。开展国有企业基层党组织规范化建设,国有企业党建工作"四化"问题逐步好转,企业党委"把方向、管大局、保落实"的领导作用、基层党组织战斗堡垒作用、党员先锋模范作用进一步增强。14家中央企业和2家区管重点企业党组织移交区政府国资委管理,划转企业党组织324个,党员4806人。四是坚持不懈抓好党风廉政建设和反腐败工作。认真落实"两个责任",严明政治纪律和政治规矩。2017年,驻委纪检组组长与党委班子8名成员、企业管理人员56人次、机关县处级干部42人次开展谈话约谈,对试用期满转正的9名县级干部开展任前廉政谈话。持之以恒贯彻落实中央八项规定精神,坚决反对"四风",保持惩治腐败的高压态势,全年对9人给予党政纪处分和组织处理,为国有企业挽回经济损失130余万元。

九、西藏自治区国资委监管及国有企业改革发展具有地方特色情况

(一)职工民生不断改善

坚决贯彻落实"坚定不移地增进人民福祉""放权让利、排忧解难"的指示精神,出台《关于国有企业职工待遇提升工作的意见》《关于国资委出资企业调增职工工资收入的指导意见》,积极引导企业结合经营实际将收益分配更多向职工倾斜,积极开展扶贫济困、排忧解难工作,2017年区国资委监管企业职工年平均工资11.03万元,比上年增长20.11%。

(二)稳定局面持续巩固

坚持把维护稳定作为硬任务和第一责任,严格落实维稳十项要求,及时排查化解矛盾纠纷,确保"两会"和党的十九大召开期间西藏自治区国资系统的和谐稳定。坚守安全生产和生态环保底线,坚持"党政同责、一岗双责",全面落实安全生产责任,对环境保护和生态文明建设进行全面检查整改,以铁的决心、

铁的手段、铁的纪律推动安全生产责任制落实。

（三）驻村扶贫工作深入开展

出台《区国资委关于全力扎实推进精准扶贫精准脱贫工作的指导意见》，稳步推进区国资委系统精准扶贫工作。区国资委及监管企业34个驻村工作队逐户走访，识别认定1169户4760名贫困群众，落实项目14个、资金350万元，筹集慰问金46万元，改善贫困群众生产生活条件。组织自治区国资委监管企业积极参加"10·17"扶贫日宣传活动，捐款47.01万元。

（撰稿人：马玉芳）

陕西省

一、陕西省国有资产监督管理工作综述

2017年，陕西省国资委认真贯彻落实省委、省政府和国务院国资委的各项决策部署，紧扣陕西省"追赶超越"目标和习近平总书记视察陕西时提出的"五个扎实"要求，认真落实陕西省第十三次党代会提出的"五新"战略任务，埋头苦干，攻坚克难，在稳增长优投资、深改革优机制、抓调整优结构、抓监管优服务、强党建优作风及夯责任优形象等工作方面取得积极成效，全面超额完成年度各项目标任务。省国资委监管企业（以下简称"监管企业"）营业收入迈过万亿元大关，利润总额、上缴税费均呈现大幅度增长，多项经济指标均取得历史最好成绩。陕西省国资委受到省委、省政府表彰，获得陕西省2017年度"目标责任考核先进单位"和"扶贫工作先进单位"称号。

（一）稳增长优投资，努力提升国有企业质量效益水平

一是陕西省国有企业生产经营态势良好。2017年，陕西省国有企业实现营业收入11333.15亿元，增长16.9%；实现利润总额471.08亿元，增长58%，上缴税费796.48亿元；工业总产值4891.8亿元，增长45.7%。其中，监管企业累计实现营业收入9477.6亿元，增长16.9%；利润总额279.8亿元，增长66.1%；上缴税费643.8亿元，增长16.7%。特别是陕煤集团、榆能集团、法士特集团等企业全年利润增幅均超过200%，经营态势积极向好。监管企业工业总产值4422.1亿元，增长48.6%，增加值1749.1亿元，增长21.1%。另外，延安市、榆林市及韩城市等市属企业营业收入、缴纳税费也呈较快增长，地市国有企业经营业绩逐步转好。二是陕西省工业企业产能释放销售持续增加。2017年，延长石油集团、陕煤集团、陕有色集团、陕汽控股集团及法士特集团等重要工业企业产能销售呈现持续释放增长态势。延长石油集团油气当量1332.4万吨，增长3.3%；炼油954.1万吨，销量943.1万吨。陕煤集团商品煤产量1.39亿吨，销量1.36亿吨，分别增长10.6%、9.6%；陕有色集团钼铁产销量分别增长28.6%、13.4%；陕汽控股集团重卡产销量均增长62%，跃居国内同行业前三名，国际市场产销量比上年增长40%；法士特集团重型汽车变速器产销量连续12年稳居国内外同行业第一名，继续保持行业领先优势。截至2017年底，监管企业完成固定资产投资1590.8亿元，其中延长石油集团总投资216亿元的富县煤油气资源综合转化项目主装置完成"三查四定"；陕煤集团投资168亿元的曹家滩、彬县小庄等6个重点煤矿5620万吨产能建设接近尾声；陕投集团总投资150亿元的赵石畔煤电一体化项目发电工程（2×1000MW）主体建筑完工。三是不断深化战略合作，切实改善监管企业运营质量。省国资委先后组织监管企业参加哈萨克斯坦"陕西周""丝博会暨西洽会""西部跨国采购会""杨凌农高会"等大型展销活动。榆林市国资委举办羊毛绒产业博览会，与哈萨克斯坦等6个国家的企业签约8.25亿元，为市属国有企业"走出去""引进来"搭建互动平台。陕煤集团与重庆市采取以煤炭产能置换方式进行战略合作，开创"产能置换＋保障供给＋物流投资"的深度合作模式，得到国家发改委和中煤协会的充分肯定。陕燃气集团、陕钢铁集团、陕高速集团、陕交建集团等积极开展集团层面协同合作，互通有无，"抱团取暖"，实现企业间的互利共赢。截至2017年底，通过不同地域不同行业不同层面的深度合作，监管企业主业盈利能力逐步增强，运营质量显著改善，净资产

收益率3.6%,增加1.3个百分点,应收账款周转率、存货周转率分别提高1.4次和0.4次,经营活动中的现金流量净额增长157.1%。四是进一步加强企业生产运营风险防控。按照风控有关要求,省国资委就进一步加强监管企业生产运营风险防控作出安排,及时修订完善《陕西省属企业投资监督管理办法》和《陕西省属企业投资负面清单》,开展无实质交易贸易行为专项治理活动,加大财务监督和监事会监督力度,履行好源头、过程和结果监督责任,及时发现问题,精准整改规范,防范企业投资经营风险。全年监管企业"两金"增长低于营业收入增幅10.3个百分点,"两金"占流动资产比重下降1.9个百分点,省属非银行企业平均资产负债率66.2%,下降2.5个百分点,一定程度上降低企业投资经营风险。

（二）深改革优机制，强力推动企业改革重点任务落实

一是推进"一企一策"改革,完成改革事项915项,占2016—2020年任务量的60%。二是推动"六项改革试点"工作。全年有18户监管企业的改革试点工作进入实施阶段。陕煤集团新型能源公司完成混改、员工持股试点工作,稳妥推进陕投集团等国有资本投资运营公司试点改革。铜川市国有资本投资运营公司正式启动,韩城市国资委将市属10户企业重组整合为3户。三是基本完成公司制改革任务。2017年,省属企业中有待改制企业164户,基本完成公司制改革的有117户,列入"僵尸企业"处置的43户。四是积极推进混合所有制改革。2017年3月,省国资委制定监管企业混改专项行动方案,推动延长石油集团子企业北京石化公司等49户企业混合所有制改革。五是有序推进剥离企业办社会职能工作。陕西省"三供一业"分离移交任务涉及118.5万户企业,占全国总任务的10%,是国务院国资委重点督办的省份。通过扎实工作,截至2017年底,陕西省"三供一业"分离移交完成移交或签订协议的企业占96%,超额完成国家下达的年度目标任务。国务院国资委先后两次在《国有企业改革动态》上刊登陕西省的好做法,向各省进行推广学习,陕西省剥离企业办社会职能工作得到国务院国资委的充分肯定。六是全面推动企业上市和上市企业做优做强。2017年,在陕西省国企中确定拟上市企业31户,对18户企业进行重点培育。其中,北元化工、开源证券、榆能化公司进入上市辅导期。指导13户上市企业制定做优做强工作方案,支持4户上市企业启动增发、配股、重组和股权激励工作。

（三）抓调整优结构，加快推进省属企业创新转型发展

一是加强战略规划引领作用。陕西省国资委制定省属企业布局结构调整与整合重组指导意见,提出整合重组实施方案;制定贯彻落实省第十三次党代会"五新"战略任务行动方案,明确省国资委系统的66项措施,确定路线图并狠抓落实。二是降成本去杠杆成效明显。截至2017年底,监管企业成本费用利润率3.38%,提高1.26个百分点;百元营业收入负担成本费用97元,下降2.6元。监管企业签约市场化债转股项目8个1800亿元,落地资金454亿元,债转股工作成效显著,走在全国前列。积极利用产权市场优化资源配置功能,助推企业转型创新发展,延长石油集团新能源公司等58户企业通过产权市场转让国有股权,交易额27.7亿元,实现国有资本保值增值13.3%。部分监管企业充分利用债券市场筹措资金,中陕核集团等6户企业发行票据和债券830亿元,有效降低企业融资成本。三是"瘦身健体"取得积极进展。省国资委启动监管企业"压缩管理层级、减少法人户数"工作。截至2017年底,压减省属各级企业法人108户,其中注销88户,减少管理成本1.68亿元。按照分类施策的工作思路,省国资委制定《陕西省属企业处置僵尸企业工作方案》,联合省财政厅、省委组织部等18个省级部门成立处置"僵尸企业"联席会议制度,摸清底数,建立台账,确定168户"僵尸企业",并稳妥有序推进处置工作。截至2017年底,延长石油集团、陕煤集团、陕建集团等5户企业完成所属25户"僵尸子企业"的处置工作,陕物产集团所属16户"僵尸子企业"破产清算上报法院,进入司法程序。四是进一步提升企业科技创新能力。省国资委联合省委高教工委、省科技厅制定《加强校企合作促进科技成果转化的指导意见》和《省属企业专业化众创空间工作方案》,筛选出30个重点科技项目重点支持。监管企业新建省级以上研发机构10个,承担省部级以上科技课题288个,获得省级以上奖励55项。延长石油集团"粉煤热解——气化一体化技术"通过技术鉴定,煤化工领域的研究和转化取得积极成果;陕有色集团"基于全过程污染防治的页岩钒清洁生产关键技术"获得国家科学技术发明二等奖;陕汽控股集团新能源汽车技术成熟稳定,优势凸显,新能源汽车年销售量比上年增长239.1%,取得良好销售业绩。陕煤集团、陕电子信息集团、法士特集团、秦川机床控股集团、陕建集团"双创"工作均取得明显成效,促进监管企业创新转型发展。

(四)抓监管优服务,不断增强监管效能和质量

一是加快监管职能转变。根据国务院国资委和省委、省政府的决策部署,省国资委制定以管资本为主的监管机构职能转变方案,编制监管权力清单和责任清单,科学界定监管边界,精简监管事项29项。二是完善监管体系。省国资委加强企业法治组织体系和风险防范体系建设,17户监管企业总法律顾问设置写入公司章程,延长石油集团、陕西燃气集团等实现总法律顾问专职化。整合财务审计监督、外派监事监督和专项巡察,建立工作会商机制,完善闭环、协同监督格局,不断增强监督力度和质量。三是优化监管方式。在充分调研的基础上,省国资委对监管企业的主业进行重新核定,本着突出主业,集中资源、集中精力围绕主业优化投资监管,提升企业发展效能上加强研究,加强推进。四是加强监事会监督。积极发挥监事会监督作用,深入开展当期监督,全年完成各类监督检查报告69份,揭示反映问题风险事项335件,提出监督建议215条。首次召开监事会和财务监督发现问题反馈会,逐户印发问题清单,针对典型问题开展专项重点检查,倒逼问题整改落实。

(五)强党建优作风,大力提高组织保障能力

一是学习宣传贯彻十九大精神。2017年10月,中共十九大胜利召开后,省国资委及时作出安排部署,在机关及时组织传达学习,并组建7个宣讲团深入监管企业进行宣讲,认真学习和贯彻落实十九大会议精神,并举办28场次宣讲活动,企业员工受众8000余人。二是不断加强党对企业的领导。推进党建工作总体要求进公司章程工作,各监管企业全面完成公司章程的修改,将党建内容写入公司章程,确立党组织在公司法人治理结构中的法定地位。在监管企业中基本实现董事长、党委书记"一肩挑"要求,基本配齐专职党委副书记和纪委书记,在企业集团层面落实"五同步"要求,党建工作责任制得到落实,建立健全党组织书记抓党建述职评议制度。三是加强企业党组织建设。组织第八期基层党支部书记示范培训班,100名企业基层党支部书记和党务骨干参加培训,理顺24户企业党组织管理关系,批准29户企业顺利完成换届选举工作。四是加强企业领导班子建设和干部队伍建设。以"优化企业班子结构,提升整体功能"为目标,坚持企业领导人员选拔任用标准和程序,及时配备任免企业领导干部,切实加强企业领导班子和干部队伍建设,完成5户企业主要领导的调整,对29户企业领导班子作调整补充。调整企业领导人员86人,其中提拔30人。省国资委制定《关于深化省属企业人才发展体制机制改革、进一步激发人才创新创优活力的实施意见》,加大推进企业人才强企战略,搭建监管企业首个海外人才引进平台"北美人才交流中心",为企业引智纳贤,吸引海外人才提供有力支持。五是持续开展党风廉政建设和反腐败工作。严格落实中央八项规定精神,始终坚持把纪律和规矩挺在前面,着眼于纠"四风"、惩治腐败,在省国资委系统中持续深入狠抓廉政建设和反腐败工作。2017年初,印发《省国资委党委及党委班子成员2017年度党风廉政建设主体责任清单》,与机关各处室和各监管企业党委签订《党风廉政建设责任书》,压实责任,明晰边界,警钟长鸣。深入推进机关干部"两学一做"学习教育常态化制度化学习,组织机关党员干部学习《关于新形势下党内政治生活的若干准则》《中国共产党党内监督条例》《中国共产党纪律处分条例》等法规制度,增强机关干部党性意识和纪律意识。巡察19户监管企业,听取巡察工作汇报10次,对发现的违法违纪案件线索进行梳理研究,提出处理措施和意见,严肃查处违法违纪问题。

(六)夯责任优形象,切实履行国企社会责任和担当

按照中、省关于打赢脱贫攻坚战的一系列决策部署,更好履行国企的社会责任和担当,省国资委凝聚国企力量,动员省属企业和中央驻陕企业组建9个助力脱贫攻坚"合力团",以"打包捆绑"形式,面向陕西省9个地市的56个国定贫困县,开展以产业帮扶为主的脱贫攻坚工作。截至2017年底,"合力团"对接产业扶贫项目122个,签约项目85个,开工建设项目57个,开工项目计划投资170亿元,投入资金32.3亿元,带动就业人数近1.5万人,带动贫困户脱贫7000多户。举办首届"就业扶贫"招聘会,专场招聘建档立卡贫困户子女就业,解决部分贫困户子女就业问题。组织33户监管企业分别向省慈善平台捐赠扶贫善款7402万元,积极参与陕西省慈善事业,切实履行国有企业的社会责任和担当。

二、陕西省国有资产总量与结构分析

(一)国有企业主要财务指标

2017年,陕西省国有企业发展稳中有进、稳中提质,质量效益持续向好,实现国有资本的保值增值。

截至2017年底,陕西省国有企业资产总额42236.67亿元,比上年增加5742.11亿元,增长15.73%。实现营业总收入11333.15亿元,比上年增加1635.95亿元,增长16.87%。实现利润总额471.08亿元,比上年增加172.93亿元,增长19.29%。上缴税费796.48亿元,比上年增加172.93亿元,增长58%。2017年,陕西省国有企业资本保值增值率101.88%,实现国有资本的保值增值。固定资产投资1590.75亿元,比上年增加270.07亿元,增长20.45%。

表1　2017年陕西省国有企业指标

项　目	金　额(亿元)
资产总额	42236.67
所有者权益	12376.94
营业总收入	11333.15
利润总额	471.08
净利润	359.62
归属于母公司所有者的净利润	219.18
应交税费总额	845.86
实际上缴税费总额	796.48

(二)国有企业户数情况

截至2017年底,陕西省国有企业4453户,比上年增加427户,增长10.61%。

表2　2017年陕西省国有企业户数情况

项　目	2016年	2017年	比上年增长(%)
户数(户)	4026	4453	10.61

从隶属关系看,省级企业2035户,比上年增加138户,增长7.27%,其中,省国资委监管企业1917户,下降0.93%;省级非监管企业358户,增长258%,主要因5户文化企业集团划转至省委宣传部,非监管企业户数及相关指标变动较大。市级以下2178户,增长9.39%。

从盈亏状况来看,盈利企业2523户,比上年增加241户,占56.66%;亏损企业1930户,比上年增加186户,占43.34%。

(三)国有资产按地区分布情况

2017年,陕西省企业国有资产总量9574.79亿元,比上年增加1851.56亿元,增长23.97%。

2017年,省级企业国有资产总量5003.22亿元,比上年增加726.02亿元,增长16.97%,占陕西省国有资产总量的52.25%。其中,省国资委监管企业国有资产总量4884.63亿元,比上年增加656.85亿元,增长15.54%,占陕西省国有资产总量的51.02%;省级非监管企业国有资产总量118.59亿元,比上年增加69.17亿元,增长139.96%,占陕西省国有资产总量的1.24%。市属企业国有资产总量4571.57亿元,比上年增加1125.54亿元,增长32.66%,占陕西省国有资产总量的47.75%。在市属企业中,西安市企业国有资产总量占比最大,为陕西省国有资产总量的28.94%。

表3　2017年陕西省国有资产按地区分布情况

地　区	国有资产(亿元)	占国有资产总量比重(%)
省属企业	5003.22	52.25
其中:省国资委监管企业	4884.63	51.02

续表

地　区	国有资产（亿元）	占国有资产总量比重(%)
省属非监管企业	118.59	1.24
市属企业	4571.57	47.75
其中：西安市	2871.65	29.99
宝鸡市	100.26	1.05
咸阳市	175.69	1.83
铜川市	25.00	0.26
渭南市	140.04	1.46
延安市	205.29	2.14
榆林市	468.14	4.89
汉中市	149.85	1.57
安康市	141.84	1.48
商洛市	90.90	0.95
韩城市	173.77	1.81
杨凌示范区	29.16	0.30
合　计	9574.79	100.00

（四）国有资产按行业分布情况

从行业分布来看，工业占用国有资产总量最大，为2944.22亿元，占30.75%，其中，煤炭工业、石油和石化工业、化学工业占比较大，国有资产总量分别为927.65亿元、508.47亿元、547.20亿元；其次是交通运输业，国有资产总量1467.44亿元，占15.33%。

表4　2017年陕西省国有资产按行业分布情况

行　业	国有资产（亿元）	占国有资产总量比重(%)
工业	2944.22	30.75
煤炭工业	927.65	9.69
石油和石化工业	508.47	5.31
冶金工业	264.21	2.76
化学工业	547.20	5.72
机械工业	263.38	2.75

续表

行　业	国有资产（亿元）	占国有资产总量比重(%)
电力工业	142.84	1.49
建筑业	1333.32	13.93
交通运输业	1467.44	15.33
物流业	315.86	3.30
金融业	658.35	6.88
房地产业	1273.11	13.30
社会服务业	1261.14	13.17
其他	12.86	0.13
合　计	9574.79	100.00

（五）国有资产按经营规模分布情况

从经营规模来看，2017年，大型企业国有资产总量1017.72亿元，占陕西省国有资产总量的10.63%；中型企业国有资产总量3365.09亿元，占陕西省国有资产总量35.15%；小型企业国有资产总量3136.84亿元，占陕西省国有资产总量32.76%；微型企业国有资产总量2055.15亿元，占陕西省国有资产总量的21.46%。

表5　2017年陕西省国有资产按经营规模分布情况

经营规模	国有资产（亿元）	占国有资产总量比重(%)
大型企业	1017.72	10.63
中型企业	3365.09	35.15
小型企业	3136.84	32.76
微型企业	2055.15	21.46
合　计	9574.79	100.00

三、陕西省国有资本保值增值综合分析评价

2017年，陕西省企业国有资本保值增值率101.88%，实现国有资本保值增值。

从隶属关系来看，省级企业保值增值率102.46%。

市属企业为101.19%,其中宝鸡、渭南、榆林、汉中、安康、杨凌示范区6个市(区)实现国有资本增值,保值增值率分别为108.52%、102.16%、110.21%、101.08%、109.77%和101.99%;西安、咸阳、铜川、延安、商洛、韩城6个市出现国有资本减值。

分行业看,国有资产总量在500亿元以上且实现国有资本增值的主要有工业2944.22亿元、保值增值率104.36%;金融业658.35亿元、保值增值率105.14%;房地产业1273.11亿元、保值增值率101.74%。

工业行业中,国有资本总量较大的分别是煤炭行业927.65亿元、保值增值率116.83%;化学工业547.20亿元、保值增值率96.95%;石油和石化工业508.47亿元、保值增值率98.79%;冶金工业264.51亿元、保值增值率100.85%;机械工业263.38亿元、保值增值率102.98%;电力工业263.01亿元、保值增值率108.44%。

表6　2017年陕西省国有企业地区和行业国有资本保值增值情况

地　区	国有资本保值增值率(%)	行　业	国有资本保值增值率(%)
省属企业	102.46	工业	104.36
监管企业	102.42	煤炭工业	116.83
非监管企业	104.19	石油和石化工业	98.79
市属企业	101.19	冶金工业	100.85
西安市	99.75	化学工业	96.95
宝鸡市	108.52	机械工业	102.98
咸阳市	98.19	电力工业	102.36
铜川市	99.82	建筑业	97.07
渭南市	102.16	交通运输业	98.98
延安市	98.96	物流业	120.66
榆林市	110.21	金融业	105.14
汉中市	101.08	房地产业	101.74
安康市	109.77	社会服务业	98.37

续表

地　区	国有资本保值增值率(%)	行　业	国有资本保值增值率(%)
商洛市	99.97	其他	106.54
韩城市	95.38		
杨凌示范区	101.99		

四、陕西省国资委监管企业改革发展情况

(一)扎实推进"一企一策"改革工作

按照《陕西省属企业"一企一策"改革方案(2016—2020年)》规划目标要求,陕西省国资委积极推进"一企一策"改革方案落地,起草出台《国有企业改革工作督导办法》,建立季度报告和季度督导检查制度,加大跟踪督导工作力度,积极推进"一企一策"改革工作。截至2017年底,陕西省36户企业累计完成企业分类管理、法人治理结构、集团管控模式等改革事项915项,占"2016—2020年改革方案"确定的1534项改革事项的60%,完成2017年度"一企一策"改革工作任务。此项工作陕西省的做法得到国务院国企改革督导组的充分肯定,并在国务院国资委改革工作简报上作了专题刊载。

(二)全力推动混合所有制改革和公司员工持股试点工作

根据国家大力发展混合所有制经济和《陕西省人民政府关于鼓励和引导民间投资健康发展的实施意见》(陕政发〔2010〕48号)精神,深入贯彻落实《省国资委关于积极发展混合所有制经济吸引各种所有制企业参与监管企业改制重组的指导意见》(陕国资改革发〔2011〕352号)要求,2017年,陕西省国资委继续全力推动监管企业混合所有制改革,使混合所有制经济逐步成为省属国有企业的重要组成部分和重要经济形式,成为陕西新的经济增长点。一是制定混合所有制改革专项行动方案。省国资委在前期充分调研、调查论证的基础上,制定《陕西省国资委进一步推进监管企业混合所有制改革行动方案》,印发《监管企业拟发展混合所有制经济企业基本情况一览表》《监管企

业拟发展混合所有制经济任务完成时间表》,明确混合所有制改革的目标、原则和工作程序,确定混合所有制改革的任务和时间表,推动监管企业以更加开放、更加积极的姿态,向不同行业不同领域的非公资本全面开放,进而提升企业管理效能和市场竞争力,实现优势互补、互利共赢,促进监管企业做强做优做大。二是加强指导、严格考核、促进落实。指导西部产权交易所加强政策业务学习,完善措施,提升服务质量,为省属国有企业混合所有制改革搭建高效的交易平台和优质的服务,促进混合所有制改革工作保质按时推进。省国资委还将企业混合所有制改革纳入重点专项工作考核和监事会监督检查范围,严考核促落实,扎实推进混合所有制改革工作。三是顺利推进混合所有制改革和公司员工持股试点工作。在深入企业调研,多方论证的前提下,省国资委确定延长石油集团所属北京石化公司、延长保险经纪公司,以及中陕核集团所属浩轩新能源科技开发公司等7户省属国有企业为混合所有制改革试点企业,确定陕煤集团所属新型能源公司、北元化工股份公司等4户混合所有制企业为公司员工持股试点企业,先后顺利完成各试点企业上报方案的审核和批复工作,全面进入操作实施阶段。2017年,陕西省国资委以点带面推进49户省属国有企业混合所有制改革,引入非公资本11亿余元。

(三)探索推进"两类公司"设立试点工作

陕西省国资委结合陕西省国有企业实际情况,在多次调研和组织专家审查论证的基础上,拟定《陕西省国有资本投资运营公司试点实施方案》,确定陕投集团、陕有色集团、陕粮农集团和陕金控集团等4户省属国有企业为国有资本投资运营公司试点企业。同时,根据4户试点企业的主营业务和所处行业情况,明确陕投集团为综合类国有资本投资公司,陕有色集团、陕粮农集团为产业类国有资本投资公司,陕金控集团为国有资本运营公司。陕西省国资委紧紧围绕试点企业功能定位,以管资本为主,大力推动两类公司向战略型管控和财务型管控职能转变,不断提升国有资本投资运营能力。经过不懈的努力,2017年9月,4户省属企业"两类"公司试点方案报经省国资委审核通过,"两类"公司试点工作全面进入具体实施运行阶段。

(四)全力推进剥离国有企业办社会职能和解决历史遗留问题工作

按照国务院《关于印发〈加快剥离国有企业办社会职能和解决历史遗留问题工作方案〉的通知》(国发〔2016〕19号)和《关于国有企业职工家属区"三供一业"分离移交工作指导意见的通知》(国办发〔2016〕45号)决策部署,以及国务院国资委《关于国有企业办市政、社区管理等职能分离移交的指导意见》(国资发改革〔2017〕85号)和《关于国有企业办消防机构分类处理的指导意见》(国资发改革〔2017〕79号)要求,陕西省政府高度重视,印发《关于成立省剥离国有企业办社会职能和解决历史遗留问题工作领导小组的通知》(陕政办函〔2016〕289号),及时组建陕西省剥离国有企业办社会职能和解决历史遗留问题工作领导小组,由省国资委牵头,全面负责陕西省剥离国有企业办社会职能和解决历史遗留问题等相关工作。

2017年1月,省政府出台《关于加快剥离国有企业办社会职能和解决历史遗留问题工作的实施意见》(陕政办〔2017〕2号)和《转发省国资委、省财政厅关于国有企业职工家属区"三供一业"分离移交工作实施意见的通知》(陕政办发〔2017〕2号),对此项工作作出专门安排部署。省国资委印发《陕西省剥离国有企业办社会职能和解决历史遗留问题2017年工作要点及分工》,对此项工作作安排部署,给省属市属企业下达目标任务,提出要求。省政府召开剥离国有企业办社会职能和解决历史遗留问题工作会议,省政府与各市(区)政府签订目标责任书,省国资委与各监管企业签订目标责任书,夯实各市(区)政府和各监管企业工作责任,扎实推动此项工作。省剥离办(省国资委)及时印发《国有企业职工家属区供水、供电、供气、供热分离移交工作操作流程的通知》,对"三供一业"分离移交工作操作流程进行规范,以便于操作,加快推进速度。

2017年,陕西省国有企业职工家属区"三供一业"分离移交涉及的住户118.5万户。其中,供水118.5万户、供电118.3万户、供暖101.2万户、供气98.6万户、物业管理117万户,陕西省是全国"三供一业"分离移交任务大省。面对任务重,时间紧的现实情况,省国资委积极制定方案,完善措施,明确任务,夯实责任,出台《陕西省市(区)国有企业"三供一业"分离移交工作考核办法》,成立10个督导组,先后多次对各市区、各国有企业进行督导检查,多次召开座谈会研究解决问题,及时对督查情况进行通报,狠抓整改落实。同时,将该项工作考核纳入对地方政府和监管企业的年度考核内容,持续加大推进分离移交工作力度。截至2017年底,陕西省"三供一业"供水项目完成移交18.4万户,签订协议92.4万户。其中,供电项目完成移交16.7万户,签订协议94.2万户,供热项目完成移交15.8万户,签订协议71万户,供气项目完成移交20.2万户,签订协议51万户,物业管理项目完成移交19.8万户,签订协议89.2万户,"三供一业"分离移交工作已完成陕西省总任务的96%(指已完成移交和已签订正式协议的),超额完成国务院国资委下达的2017年总任务的70%,其中供电设施完成总任务的80%的目标任务。国务院专项小组确定的陕有色集团所属金堆城独立工矿区综合改革试点工作有序推进,基本完成独立工矿区综合改革试点方案的编制工作,23项企办社会职能移交和有关方签订正式协议,试点工作取得阶段性成效。国务院国资委对陕西省推进"三供一业"分离移交和金堆城独立工矿区综合改革试点的做法给予充分肯定。

(五)"僵尸企业"处置工作有效推进

2017年,根据党中央、国务院关于推进供给侧结构性改革的决策部署,按照省政府《关于印发〈省属企业处置"僵尸企业"工作方案〉的通知》(陕政发〔2017〕36号)要求,省国资委积极稳妥推进省属国有"僵尸企业"处置工作。一是摸清底数建立工作台账。对省属监管企业所属"僵尸企业"情况进行摸底调查,确定168户省国资委所属"僵尸企业"名单。监督指导所属企业建立工作台账,全面摸清"僵尸企业"资产负债、拖欠职工工资、欠缴税费、涉诉及职工数量等情况,建立工作进度定期报告制度,要求监管企业市属企业按月报送处置"僵尸企业"进展情况。二是充分调研制定可行性实施方案。2017年9月,结合省属"僵尸企业"实际情况,按照分类施策的工作思路,省政府印发《省属企业处置"僵尸企业"工作方案》,明确工作目标、程序和主要措施,为稳妥推进省属"僵尸企业"处置工作,按期完成工作任务奠定良好基础。三是建立联席会议制度,有效发挥省级各有关部门合力。建立由省国资委牵头,省委组织部、省财政厅等18个省级部门组成的联席会议制度,专司研究处置"僵尸企业"工作中的难题,协调一致,形成合力,扎实推进"僵尸企业"处置工作取得实效。四是建立"僵尸企业"处置工作考核机制。省国资委出台《省属国有"僵尸企业"重点工作任务考核办法》;并对省属"僵尸企业"处置工作情况进行考核,并将其考核纳入有关企业经理层考核内容,压实任务,夯实责任。截至2017年底,完成延长石油集团、陕煤集团、陕建集团等所属31户"僵尸企业"的处置工作,处置资产总额19.26亿元,清理负债8.08亿元,妥善安置职工300余人。陕物产集团所属16户"僵尸企业"破产清算事宜省法院裁定破产终结。

(六)压缩企业管理层级、减少企业法人户数

截至2016年底,37户监管企业出资设立的全资或控股法人单位有2151户。其中,有22户监管企业所属1933户法人单位存在四级以下企业467户。2017年,省国资委按照全面落实"国有企业'瘦身健体'、增强核心竞争力"的要求,在深入企业调查研究的基础上,先后印发《关于开展监管企业压缩管理层级减少法人户数工作的通知》《关于完善"压减"实施方案的通知》《关于对监管企业"压减"工作进行专项考核通知》3个指导性文件,明确"压减"工作任务、路线图和措施要求。截至2017年底,监管企业压减法人108户,注销88户,减少管理成本1.68亿元。

五、陕西省国资委监管企业完善法人治理结构情况

一是完善法人治理结构制度体系设计。省国资委制定《关于进一步完善省属国有企业法人治理结构开展落实省属企业董事会职权的工作方案》,确定"2+N"制度体系;起草《关于开展落实省属国有企业董事会职权试点工作的意见》《关于进一步完善省属国有企业法人治理结构的实施意见》,以省委办公厅和省政府办公厅名义印发给各省属国有企业;修订

《省属国有企业外部董事管理办法》，出台《省属企业委派总会计师管理办法》。二是加强董事会建设，优化董事会结构。2017年，省委组织部会同省国资委党委先后调整8户企业董事10人；先后完成6户企业监事会主席、监事委派和调整工作，配备监事会主席2人、监事6人。三是扎实推进"两项"改革试点工作。省国资委在陕汽控股集团、陕西秦风气体股份公司开展规范董事会建设试点，在陕西国际信托股份有限公司、陕西秦风气体股份有限公司开展董事会聘任经理层工作试点。各项试点工作经有关监管企业上报、专家评审和修改完善，省国资委正式批复3户企业的试点方案。

六、陕西省国资委监管企业完善经营业绩考核体系情况

根据陕西省委、省政府《关于深化省属企业负责人薪酬制度改革的实施意见》（陕发〔2015〕9号）精神，按照《陕西省国资委监管企业负责人经营业绩考核办法》（陕国资分配发〔2015〕294号）和《陕西省省属金融企业负责人经营业绩考核办法》（陕国资分配发〔2015〕296号）规定要求，省国资委认真履行企业国有资产出资人职责，积极维护所有者权益，落实国有资本保值增值责任，指导和推动监管企业做优做强做大。

（一）突出高质量发展

设置利润总额目标难度系数，增加归属母公司净资产收益率、成本费用利润率等效益效率类指标权重，降低营业收入指标权重。调整年度业绩考核系数，增设全员劳动生产率指标，加大效益类系数分值，减少规模类系数分值，引导企业"瘦身健体"、提质增效。

（二）实施分类考核

按照企业的功能定位，对竞争类、金融类、公共服务类、功能类企业实施分类考核，设置"3项基本＋6项分类"差异化指标，分别重点突出考核经济效益、提供公共产品和服务质量、重大专项任务完成情况。对金融类企业进行单独考核，重点考核利润、不良贷款率、成本收入比等指标。

（三）突出"一企一策"

鼓励部分绩效评价标准值处于行业良好值的企业自加压力，力争达到行业优秀值。同时，结合宏观经济形势、所处行业发展周期、企业当前经营状况等，对于初创企业及行业周期性下降，以及处理历史遗留问题任务较重的企业，适当下浮考核基准，力争三年后全部省属监管企业绩效评价指标达到行业平均值。针对企业实际，设置短板指标进行考核。

（四）依法公正考核

按照考核办法实事求是的考核评价企业，考核时扣除非经常性收益，剔除或补加对当期经营业绩产生重大影响的客观因素，如对在陕西省"铁腕治霾打赢蓝天保卫战"行动中，为保障民生低价供气而影响的利润，在考核中予以追加补回。同时，严格按照考核分值和比例确定考核级别。在2017年度考核中，39户企业确定16户为A级，19户为B级，3户为C级，首次确定1户为D级（不合格）企业。

七、陕西省国资委监管企业党的建设和廉政建设情况

（一）党的建设情况

2017年，省国资委党委认真学习贯彻习近平新时代中国特色社会主义思想和党的十九大精神，以及全国、陕西省国有企业党建工作会议精神，始终坚持党要管党、从严治党，把坚持党的领导、加强党的建设作为首要政治任务来抓，抓党建强党建的氛围日趋浓厚，抓党建工作的组织体系日益健全，党建工作责任制有效落实，工作基础和制度体系不断完善，一些困扰多年的体制机制问题在深化改革中破题起步，党的建设各项工作取得明显成效，企业党的领导党的建设得到全面加强。

1. 管党治党的思想根基进一步筑牢。认真贯彻落实习近平总书记"各级党委和领导干部要切实担负起管党治党的政治责任和领导责任"指示精神，坚持用党的最新理论武装头脑，指导实践。一是组织引导省国资系统企业各级党组织和广大党员深入学习领

会中、省国有企业党建工作会精神和全面从严治党新要求,通过省国资委系统各级党委举办的一系列培训班、研讨会学习和研讨,党员领导干部对自己肩负的管党治党责任更加明确,"全面从严治党、加强党的建设在省国企没有特殊、没有例外,只能加强,不能削弱"已经形成共识,上下齐心协力抓党建、强党建的良好氛围日渐浓厚。二是把思想政治建设摆在首位,在真学实做上深化拓展,注重融入日常、抓在经常,着力推动"两学一做"学习教育常态化制度化,引导广大党员深入学习党章党规,深入学习习近平总书记系列重要讲话,践行"四讲四有",做到"四个合格"。三是将学习贯彻落实习近平中国特色社会主义思想和党的十九大精神作为首要政治任务,组织开展十九大精神宣讲活动,邀请党的十九大代表陕煤集团党委书记、董事长杨照乾到机关宣讲,省国资委系统组织7个宣讲团深入到各监管企业宣讲28场次,企业各级组织宣讲会400余场次。通过持续不断的科学理论武装,陕西省国资系统更加自觉地用习近平新时代中国特色社会主义思想统一认识、凝聚力量,更加坚定地增强"四个意识"、坚定"四个自信",自觉维护习近平总书记核心地位、维护党中央权威和集中统一领导,更加坚决地贯彻落实党中央的路线方针政策和省委省政府的各项决策部署。

2. 党建工作的主体责任进一步压实。围绕落实省委加强国有企业党建工作32条具体措施,着力解决弱化、淡化、虚化、边缘化问题,强化各级党组织的管党治党主体责任。一是认真贯彻省委办公厅《关于转发省委组织部、省国资委党委〈陕西省省属企业党建工作责任制实施办法〉的通知》(陕办发〔2017〕50号),层层构建起"党组织书记带头抓、班子成员分责抓、党群部门具体抓、基层支部联动抓"的党建工作责任体系,切实形成一级抓一级、层层抓落实的工作局面。二是大力推进党建工作总体要求进公司章程,确立党组织在公司法人治理结构中的法定地位。省属企业和所属全资子公司、国有控股公司基本完成公司章程修订任务,完成党建工作进公司章程的有关要求。三是建立健全党组织书记抓党建述职评议制度,组织省属企业党委书记抓党建工作述职评议会,12户企业党委书记现场述职,16户企业党委书记书面述职,企业各级党组织也层层开展述职评议活动。四是组织开展"追赶超越"季度考核点评,按季度向企业下发问题整改通知,督促企业即知即改、立行立改,推动整体工作。五是认真落实政治巡察要求,突出问题导向,聚焦国企党建和全面从严治党要求,着力发现企业党委在执行政治纪律、发挥领导作用、强化政治担当及基层党组织建设等方面的突出问题,从严从实开展巡察工作。组建由监事会主席为组长的7个巡察组,对19户企业分3批开展专项巡察工作,取得明显成效。

3. 企业干部队伍建设进一步加强。按照着力建设高素质专业化干部队伍要求,努力打造忠诚、干净、担当的企业干部队伍。一是选优配强企业领导人员。按照企业好干部的"二十字"标准要求,全面加强企业领导人员队伍建设,完成15户企业领导班子补充调整,6户企业党委、纪委换届人选考察批复,涉及130余人。二是深化企业人才队伍建设。拟定印发《省属企业追赶超越人才工作创新行动计划》,将人才工作纳入企业领导人员年度和任期考核指标体系。组织32户企业在《陕西日报》刊发人才发展成果、人才扶植政策宣传文章,组建陕西省海外引进智力工作站暨省国资委北美人才交流中心。在清华大学成功举办京津地区著名高校人才招聘会,通过现场招聘和网上招聘相结合的方式,为企业招聘高精尖人才。从2013年起每年举办,5年来累计为省属企业及部分中央驻陕企业招聘高层次人才4000多人,其中博士360多人,硕士2700多人,使省属企业人才队伍建设呈现朝气蓬勃的新气象。

4. 基层党建基础工作进一步提升。认真贯彻习近平总书记全面从严治党在国有企业落实落地工作要求,推动企业基层党建基础工作稳步提升。一是着力健全基层党组织。认真落实"四同步四对接"要求,进一步规范党组织设置,理顺接转16户监管企业、8户中央驻陕企业的党组织管理关系,指导批复29户企业党委换届选举。指导组织陕煤集团和陕汽控股集团200余名基层党支部书记和党务骨干参加为期一周的业务培训试点班,得到中组部和省委领导的充分肯定。坚持选优配强基层党组织书记,加强党员教育管理,重视在生产经营一线和青年职工中发展党员,省国资委系统企业全年发展新党员2968人。二是加大宣传工作力度。深入开展培育和践行社会主义核心价值观进企业活动，组织开展"文明家庭"和"优秀家风家训"评选表彰活动。围绕省国资系统学习宣传贯彻十九大精神、省第十三次党代会精神和深化国资国企改革等主题内容，召开新闻发布会，回应社会关切。三是加强和改进群团工作。健全完善群团组织，指导6户企业组建工会，7户企业成立团委。积极推进职代会建设和厂务公开民主管理工作，扎实开展"爱企业、献良策、作贡献"活动，企业群众基础进一步牢固。四是全力维护企业和谐稳定。全年召开4次维稳形势分析研判会，组织开展8次矛盾纠纷摸排化解工作，指导企业妥善处置6起群体性事件，认真做好企业军转干部解困维稳工作，确保党的十九大、省十三次党代会和全国、陕西省"两会"等重要时间节点和谐稳定。

5. 党建工作创新步伐进一步加快。认真贯彻落实习近平总书记关于以改革创新精神加强和改进基层党建工作要求，深入推进系统企业党建工作创新。一是推进理论创新。围绕当前省国资系统企业党建工作中的突出问题，狠抓调查研究与理论创新，先后开展弘扬延安精神加强国企党建、党的组织建设有效融入企业法人治理结构、加强和改进新时期国有企业统战工作等专项调研，形成一批新的理论成果。二是推进制度创新。着力完善基本制度，制定并出台《国有企业党委意识形态工作责任制实施细则》《关于深化省属企业人才发展体制机制改革、进一步激发人才创新创优活力的实施意见》等27个制度文件，初步形成省国资委系统企业党建工作制度体系。三是推进活动创新。成功举办"党旗红、国企兴"陕西省国有企业党建成果汇报展，组织31户监管企业、8户中央驻陕企业参展，汇编出版《铸魂追梦——陕西省国有企业文化建设成果集萃》，赢得社会良好反响。

(二) 全面贯彻落实"三项机制"情况

2017年，陕西省国资委印发《关于在省属企业中开展贯彻落实"三项机制"季度考核督导点评工作的通知》，依据省委"十三个有没有"督导点评要点，结合省属企业特点对点评内容进行细化分解。在6个专项督导小组检查点评的基础上，分季度撰写"三项机制"落实情况报告，筛选典型案例汇编成册。2017年前三季度监管企业累计上报案例3422例。其中，激励鼓励2398例，容错纠错370例，能上能下654例。省国资委通过积极推进"三项机制"落地生根，极大地调动监管企业干部的积极性、主动性和创造性，在企业凝聚干事创业的正能量。

(三) 廉政建设情况

2017年，陕西省国资委党委严格落实中央八项规定精神，始终坚持把纪律和规矩挺在前面，驰而不息纠正"四风"，着力改进作风、着力严明纪律、着力惩治腐败，省国资系统上行下效、率先垂范、上下齐心、防微杜渐，抓廉政建设工作扎实有成效，廉政风气为之一新。一是印发《省国资委党委及党委班子成员2017年度党风廉政建设主体责任清单》和工作方案，明确班子集体、第一责任人和班子成员个人责任事项，责任清单内容实行动态管理，切实做到责任到人、边界清晰。二是省国资委党委与机关各处室、与监管企业党委签订《党风廉政建设责任书》，将党风廉政建设细化为具体指标，纳入"追赶超越"季度考核和年度考核。三是全年专题研究和听取纪检工作汇报5次、企业巡察工作汇报10次，研究并同意省纪委驻省国资委纪检组对违纪案件线索提出的处理措施23条，支持和配合纪检组从严查处违规违纪问题。2017年，受理信访件1056件，初核412件，立案82件，党纪处分58人，政纪处分101人，党政纪双重处分29人，移交司法3人，在省国资委系统曝光4起违反中央八项规定精神的典型案件。

（撰稿人：田春阳）

甘肃省

一、甘肃省国有资产监督管理工作综述

2017年，面对严峻复杂的经济形势和艰巨繁重的改革发展任务，甘肃省政府国资委和省属企业坚持以习近平新时代中国特色社会主义思想为指导，按照党中央国务院和省委省政府关于国企国资改革发展决

策部署,认真践行新发展理念,以供给侧结构性改革为主线,以提高发展质量效益为中心,深入推进国企国资改革发展,各项工作取得积极进展和明显成效。

(一) 多措并举提质增效稳增长

一是促进工业止滑回稳。坚持从现有产能抓增产、停产企业抓复产、建设项目抓投产入手,全面促进工业止滑稳增。金川公司、酒钢集团、白银公司主要产品产量比上年实现较大增幅。2017年省属企业实现工业总产值2119.48亿元。二是深化内部挖潜增效。持续实施"成本管控、效益否决",推行全面预算管理,加强行业对标和精益管理,强化全员、全要素、全过程成本管控,2017年省属企业成本费用增幅低于营业收入增幅1.23个百分点,三项费用比上年下降4.29%。三是加大去库存和清应收力度。建立"两金"清理压降"重点监控"和"特别监管"制度,逐月动态监测、每季提示预警。2017年省属企业"两金"余额增幅低于营业收入增幅10.19个百分点,应收账款比上年下降8.63%,实现年度"两金"压控目标。

(二) 国企国资改革稳步推进

一是健全完善改革制度体系。对接中央"1+N"政策体系,制定省属企业功能界定与分类、违规经营投资责任追究等9项配套制度,制定省属企业提质增效攻坚实施方案、"僵尸企业"处置工作方案等33项改革方案。二是分类改革积极推进。积极推进32户省属企业集团及所属二级子公司功能界定与分类,逐步实施分类改革、分类发展、分类监管、分类考核。省属企业"5+5"改革试点梯次推进,形成一批可复制、可推广的经验做法,在《人民日报》、国务院国资委和省委改革简报等媒体学习交流宣传。三是现代企业制度不断健全。健全完善规范董事会建设"1+17"制度体系,设立外部董事监事管理中心,完成省属企业集团层面公司制改革和公司章程修订。向26户省属企业派出外部董事,21户企业整体或主业完成股份制改造,大部分省属企业管理层级压缩至4级以内。积极推进二级以下企业市场化选聘经营管理者和经理层任期制契约化管理,稳妥推进混合所有制改革,省属监管的混合所有制企业273户、占比33.8%。四是积极推进办社会职能剥离移交。完成窑煤、靖煤等9户中央下放企业的"三供一业"分离移交工作任务,启动兰石集团等16户企业办社会职能分离移交工作。

(三) 国有资本布局结构进一步优化

一是化解过剩产能,推进"处僵治困"。窑煤集团、靖煤集团、甘肃电投3户企业提前完成年度去产能任务,淘汰落后产能168万吨,妥善分流安置职工2571人。大力推进省属企业"处僵治困"工作,全年处置"僵尸企业"43户,占总户数61%。二是加快推进整合重组。整合3户煤炭企业,重组设立甘肃能源化工投资集团。完成6户破产存续和改制留存企业,重组设立甘肃新盛国资经营公司。整合发展省内金融资源成立甘肃金控集团、黄河财险。重组设立铁路投资集团。引进北方稀土战略重组甘肃稀土。结合省直部门改制脱钩,推动8个领域10户大型企业集团的组建工作。三是加快"走出去"步伐。抢抓"一带一路"建设机遇,积极"走出去"参与国际产能合作,酒钢集团牙买加氧化铝项目、金川公司印尼WP项目、白银公司秘鲁多金属尾矿项目等8户省属企业境外资产总额700亿元,营业收入450亿元。金川公司、白银公司2户企业进入中国跨国公司前100名。

(四) 科技创新发展能力持续增强

一是平台建设取得突破。金川公司与中南大学、西安航天动力研究所等10家成员单位签约成立甘肃省镍钴新材料产业技术创新战略联盟。兰石集团工业设计中心被工信部认定为国家级工业设计中心。酒钢集团紫轩酒业公司、东兴铝业公司等4户企业被认定为新一批省级科技创新型企业。二是研发投入不断增加。省属工业企业全年研发投入45亿元,比上年增长66%,研发投入占主营业务收入的1.25%。金川公司、酒钢集团、白银公司等7户企业研发投入占主营业务收入比重均超过1.5%。三是"双创"工作深入开展。省属企业不断提高创新源头供给能力,打造金川公司镍钴资源综合利用专业化众创空间、兰石集团高端能源装备专业化众创空间、白银公司有色矿冶技术专业化众创空间3个省级众创空间。

(五) 国有资产监管更加规范

一是加快转变监管职能。按照以管资本为主加强国有资产监管要求,制定出台以管资本为主推进职能转变方案,同步推进"三定"方案调整、国资监管权责清单等工作。先后修订规范性文件11件、废止44件、新制定15件,取消和下放审批事项11项,建立出资人审批事项清单。二是不断改进监管方式。强化投资管理,建立投资项目负面清单,严控非主业投资,完善重大项目投资后评价制度。加强财务和监事会监督,向26户省属企业派出财务总监,外派监事会由5个增加到12个。强化依法监管,注重运用法治思维和法治方式行权履职,发挥法律顾问和公职律师作用,健全完善重大决策合法性审查机制,努力打造国资监管法治机构。三是推进经营性国有资产集中统一监管。分两批完成省直部门管理的58户企业脱钩移交和20户全民所有制企业的公司制改制,涉及14个部门,总资产937.42亿元、职工1.5万人,实现省级经营性国有资产集中统一监管。

(六)党的建设明显增强

认真学习贯彻习近平新时代中国特色社会主义思想和党的十九大精神,坚持"两学一做"学习教育常态化制度化。组织开展争做"四讲四有"党员、争创"党员先锋岗""党员示范区"等实践活动。积极贯彻落实全国和甘肃省国有企业党的建设工作会议精神,制定印发《省属国有企业党组织把方向管大局保落实的实施意见》。积极推进党建总体要求进公司章程,规范党组织研究讨论作为董事会、经理层决策重大问题的前置程序,实现董事长、党委书记"一肩挑",建立企业党委书记抓党建述职评议制度,推进省属企业换届选举和软弱涣散党组织集中整顿。积极推进党风廉政建设和反腐败工作,着力构建不敢腐不能腐不想腐体制机制,持之以恒反对"四风",用好监督执纪"四种形态"。通过加强党的建设,省属企业党组织把方向管大局保落实的作用得到强化。

二、甘肃省国有资产总量与结构分析

(一)所属国有企业主要指标情况

截至2017年底,甘肃省国有企业资产总额19333.26亿元,比上年增长15.02%;完成营业收入5990.41亿元,比上年增长13.08%;实现利润总额138.36亿元,比上年增长151.70%;上缴税费总额179.17亿元,比上年增长15.50%,实现省委省政府确定的稳增长目标。

表1　2017年甘肃省国有企业指标

项　目	金　额(亿元)
资产总额	19333.26
所有者权益	6503.29
营业收入	5990.41
利润总额	138.36
净利润	106.89
归属于母公司所有者的净利润	94.50
应交税金总额	188.58
实际上缴税金总额	179.17

(二)国有企业户数情况

2017年,甘肃省国有企业1981户,比上年增长13.65%。其中省属监管企业1003户,比上年增长12.95%;省属非监管企业334户,比上年增长32.54%;市(州)属及以下企业644户,比上年增长6.80%。

表2　2017年甘肃省国有企业户数情况

项　目	2016年(户)	2017年(户)	比上年增长(%)
户数	1743	1981	13.65
省属企业	1140	1337	17.28
其中:省属监管企业	888	1003	12.95
省属非监管企业	252	334	32.54
市(州)属及以下企业	603	644	6.80

(三)国有资产按地区分布情况

2017年,甘肃省国有企业资产总量5777.77亿元,其中省属监管企业资产总量3179.48亿元,占甘肃省国有资产总量的55.03%;非监管企业资产总量484.81亿元,占甘肃省国有资产总量的8.39%;市

(州)属及以下国有企业资产总量2113.47亿元,占甘肃省国有资产总量的36.58%。在市(州)属国有企业中,兰州市国有企业资产总量1231.48亿元,占甘肃省国有资产总量的21.32%。

表3　2017年甘肃省国有资产按地区分布情况

地　区	国有资产(亿元)	占国有资产总量比重(%)
甘肃省国有企业	5777.77	100.00
省属企业	3664.29	63.42
省属监管企业	3179.48	55.03
省属非监管企业	484.81	8.39
市(州)属及以下企业	2113.47	36.58
其中:兰州市	1231.48	21.32
天水市	102.16	1.77
嘉峪关市	37.88	0.66
武威市	78.63	1.36
金昌市	15.89	0.28
酒泉市	93.60	1.62
张掖市	119.30	2.07
庆阳市	1.60	0.03
平凉市	89.63	1.56
白银市	130.94	2.27
定西市	31.93	0.56
陇南市	41.81	0.73
临夏州	5.57	0.10
甘南州	133.05	2.31

(四)国有资产按行业分布情况

从行业分布来看,金融业国有资产总量最大,为1972.37亿元,占甘肃省国有资产总量比重34.14%。其次是社会服务业、工业、建筑业和交通运输业,分别占甘肃省国有资产总量比重16.81%、16.80%、11.56%和7.47%。

表4　2017年甘肃省国有资产按行业分布情况

行　业	国有资产(亿元)	占国有资产总量比重(%)
农林牧渔业	55.2	0.96
工业	970.90	16.80
建筑业	668.12	11.56
地质勘查及水利业	87.79	1.52
交通运输业	431.84	7.47
仓储业	34.16	0.59
邮电通信业	0.06	0.00
批发和零售业	32.36	0.56
金融业	1972.37	34.14
房地产业	408.84	7.08
信息技术服务业	0.91	0.02
社会服务业	971.36	16.81
卫生体育福利业	33.25	0.58
教育文化广播业	1.25	0.02
科学研究和技术服务业	22.56	0.39
机关社团及其他	86.79	1.50
合　计	5777.77	100.00

(五)国有资产按经营规模分布情况

从经营规模来看,大型企业国有资产总量3060.93亿元,占甘肃省国有资产总量的52.98%;中型企业国有资产总量514.56亿元,占甘肃省国有资产总量的8.91%;小型企业国有资产总量1553.46亿元,占甘肃省国有资产总量的26.89%;微型企业国有资产总量648.82亿元,占甘肃省国有资产总量的11.23%。

表5　2017年甘肃省国有资产经营规模分布情况

经营规模	国有资产(亿元)	占国有资产总量比重(%)
大型企业	3060.93	52.98

续表

经营规模	国有资产（亿元）	占国有资产总量比重(%)
中型企业	514.56	8.91
小型企业	1553.46	26.89
微型企业	648.82	11.23
合　　计	5777.77	100.00

三、甘肃省国有资本保值增值综合分析评价

（一）行业保值增值情况

从行业来看，国有资本占有量较大且保值增值率较高的行业为金融业，比上年增长79.1%。其次为批发和零售业，比上年增长30.07%。

表6　2017年甘肃省国有企业行业国有资本保值增值情况

行　　业	国有资本保值增值率(%)
甘肃省国有企业	101.45
农林牧渔业	99.33
工业	100.41
建筑业	101.64
地质勘查及水利业	99.66
交通运输业	100.81
仓储业	101.71
邮电通信业	98.81
批发和零售业	74.10
金融业	104.38
房地产业	102.33
信息技术服务业	91.68
社会服务业	100.65
卫生体育福利业	76.25
教育文化广播业	96.76
科学研究和技术服务业	108.47
机关社团及其他	105.41

（二）地区保值增值情况

从地区来看，金昌市、酒泉市、天水市、白银市和临夏市实现国有资本增值，保值增值率分别为11%、9.89%、6.8%、3.72%和1.64%；陇南市、嘉峪关市国有资本减值较大。

表7　2017年甘肃省国有企业地区国有资本保值增值情况

地　　区	国有资本保值增值率(%)
甘肃省国有企业	101.45
兰州市	100.63
天水市	106.27
嘉峪关市	99.94
武威市	101.79
金昌市	97.84
酒泉市	102.35
张掖市	107.54
庆阳市	90.85
平凉市	98.55
白银市	103.23
定西市	97.77
陇南市	100.40
临夏州	99.77
甘南州	100.97

四、甘肃省国资委监管企业改革发展情况

（一）国资国企改革制度体系构建完成

对接中央国企改革"1＋N"政策体系，制定出台甘肃省国企改革"1＋18"配套方案，并结合甘肃省实际制定71个"自选动作"方案，构建"规定动作"与"自选动作"相结合的国企国资改革配套制度体系。

（二）企业法人治理结构不断完善

不断加强规范董事会建设，向26户省属企业派出外部董事，22户实现外部董事占多数。完成30户省属企业公司章程及各治理主体议事规则的修订完

善。大力推进公司制股份制改革，集团层面基本完成公司制改革，二级以下企业公司制改制面92%，21户企业整体或主业完成股份制改造，白银有色整体上市，西部重工成功挂牌，金川科技、华龙证券启动转板上市，长城电工启动果汁板块分拆上市，省属国有控股上市公司增至11户，新三板挂牌4户。

（三）内部经营管理机制加快转化

完成32户省属企业集团以及29户企业集团所属二级子公司的功能界定与分类，大多数省属企业管理层级压缩至4级以内，精简集团总部管理机构24%，减少法人单位8%。金川公司严抓"五自"经营落地，内业内部活力大大增强。酒钢、国投等企业积极推进经理层市场化选聘和任期制契约化管理，探索建立委任制经营管理者与职业经理人身份转换和差异化薪酬分配机制，省属二级以下企业市场化选聘经理层人员31人。

（四）企业办社会职能剥离移交有序推进

出台剥离国有企业办社会职能工作总体方案及"三供一业"、消防、市政、社区管理等专项方案，申请到位中央补助资金40.74亿元，省财政拨付2.9亿元，窑煤集团、二十一冶公司、靖煤集团白银片区、八冶公司兰州片区已签订分项移交协议，酒钢集团、金川公司、白银公司、甘肃稀土、有色金属管理公司等5户企业签订框架协议，涉及从业人员4368人，资产22.6亿元，保障职工户数20万户，完成省属企业"三供一业"分离移交总体任务的69%，靖煤集团、窑煤集团还完成15个教育机构、3个医疗机构、1个社区管理机构的分离移交。

（五）国资监管体制改革持续深化

制定出台省政府国资委推进国资监管法治机构建设方案和以管资本为主推进职能转变方案。加强财务监督，向26户省属企业派出财务总监。强化监事会监督，增设7个外派监事会，全年形成各类报告、提醒函和整改通知84份，揭示各类问题和风险线索247项。大力推进经营性国有资产集中统一监管，完成58户省直部门管理企业的脱钩移交和20户全民所有制企业的公司制改制。

五、甘肃省国资委监管企业并购重组与完善法人治理结构情况

（一）加快推进监管企业战略重组整合

按照省委省政府关于深化国有企业改革实施意见，依托甘肃长城电工集团整合重组6户改制存续企业，新组建甘肃新盛国资管理运营有限公司。整合省属煤炭企业窑煤集团、靖煤集团和省煤投集团，组建省能源化工投资集团。省国投集团整合重组长城电工股份、长风电子等电子电气企业，进一步盘活有效资产。加大战略合作带动产业升级，积极推动甘肃稀土与北方稀土、中国电子与长风电子、兰石重装与洛阳瑞泽石化、甘肃投资集团铁路公司等重组并购项目。大力推进"僵尸企业"处置，完成43户"僵尸企业"处置任务。

（二）健全完善公司法人治理结构

紧紧围绕建立中国特色现代企业制度，以建设规范、高效、协同的战略型决策型董事会为重点，推动企业健全完善法人治理结构，制定出台《省属国有企业规范董事会建设实施方案》等17个健全公司法人治理结构、规范董事会建设的配套制度。设立省属国有企业外部董事监事管理中心，对专职外部董事和企业领导人员身份的专职监事实行集中统一管理。制定出台《省属企业党委议事规则指引（试行）》，把党组织研究讨论作为董事会、经理层决策重大问题的前置程序。全面修订省属企业公司章程，明确党组织在公司治理中的法定地位。33户设立董事会的省属企业全部实现党委书记、董事长"一肩挑"，规模较大的8户企业配备专职副书记。推行财务总监委派制度，26户企业委派财务总监。新设7个企业领导人员身份的省属国有企业监事会，实现监事会监督全覆盖。选择三毛股份、兰电股份、长城电工股份公司开展董事会选聘经理层和推行职业经理人制度等改革试点工作。

六、甘肃省国资委监管企业建立和完善经营业绩考核体系情况

(一)突出分类考核,注重质量效益

按企业功能定位,将省属企业划分为商业一类、商业二类以及公益类企业进行分类考核,突出发展质量和效益,科学设置业绩考核指标及权重。商业一类企业生产经营指标考核利润总额和经济增加值,商业二类企业和公益类企业生产经营指标考核利润总额,不再考核营业收入和经济增加值。深入开展行业对标管理和全面预算管理,实行"成本管控、效益否决",分户确定企业营业成本、人工成本、资金成本控制目标,其中原材料生产企业明确吨产品成本费用控制目标;分户确定库存、应收账款压降目标。未完成成本费用控制目标和"两金"占用压降目标,考核予以扣分或降级。

(二)突出国资国企改革重点任务考核,注重提质增效稳增长

将国资国企改革重点任务纳入企业负责人年度经营业绩考核,倒逼引导企业强管理、补短板、增活力。突出供给侧结构调整,考核参与国际产能合作、提升增品种提品质创品牌的能力水平、发展战略性新兴产业和现代服务业等目标任务完成情况及成效。考核"双创"创新驱动成效、平台搭建、健全体制机制和构建唤醒员工创新活力的生态体系情况。考核企业经营管理体制机制改革,科学优化经济结构、组织结构和功能体系,引导企业减少管理层级、提高运营效率、增强市场应变能力和客户服务水平。考核深化内部三项制度改革,健全完善工资正常增长机制,推进全员绩效考核,依法规范用人制度情况。考核企业落实董事会、监事会、财务审计、巡视巡察以及法律顾问等监督主体的职责,形成协调配合、有效运作、覆盖全面的内部监督制度体系情况。考核企业加快"三供一业"及学校、医院等办社会职能的分离移交和市场化改革,推动企业减负和打造独立的市场化经营主体的情况。加强党的建设考核权重,落实全面从严管党治党要求,进一步加强党对国有企业的领导。

七、甘肃省国资委监管企业负责人考核与选人用人机制改革情况

(一)改进和加强企业负责人综合考核工作

严格落实省委省政府关于省属国有企业领导班子和领导人员综合考核评价办法要求,结合省属国有企业功能定位和领导人员岗位职责,实行分类考核,运用测评、定量考核、定性评价和分析研判等方法,将省属国有企业领导班子和领导人员政治素质、履职能力、工作实绩、作风建设和廉洁自律等情况,与监事会、处室单项工作、企业绩效和日常考核等四方面结合起来,进行综合考核评价。对财务总监实行班子成员综合考核和专项考核相结合的"双考核"制度,增强考核激励导向作用。

(二)改进和创新企业选人用人机制

始终坚持党管干部、德才兼备、以德为先原则,以重品行、重实绩、重基层、重储备为导向,积极探索完善企业领导人员管理机制。严格执行干部选拔任用工作规定,2017年涉及选拔任用调整、换届提名、脱钩移交企业公司制"翻牌"257人次,选拔任用调整108人次,全部实行票决制征求省纪委驻委纪检组意见建议,并对换届提名、提拔使用干部进行"四必核"工作。制定出台《关于加强培养选拔年轻干部工作的实施意见》,健全完善人才工作目标责任制和考核评价机制,完成21名省国资委机关与企业干部双向交流挂职工作。

八、甘肃省国资委监管企业党的建设和廉政建设情况

(一)党的领导进一步加强

深入推进企业党的建设工作,制定印发《关于甘肃省国有企业党组织把方向管大局保落实的实施意见》,将党组织研究讨论作为董事会、经理层决策重大问题的前置程序,明确党组织在法人治理中的法定地位。实行企业党委书记抓党建述职评议制度,建立健全党建工作考核评价机制,将抓党建工作纳入省属企业负责人经营业绩考核体系。落实全国国有企业党

建工作会议精神30项重点任务,制定48项工作措施跟踪督导企业落实。64户省属企业集团层面完成党建工作总体要求进章程,43户企业集团实现党委书记、董事长"一肩挑",规模较大企业配备专职党委副书记,各级党组织把方向管大局保落实的作用进一步得到强化。

(二)"两学一做"学习教育常态化制度化扎实推进

坚持规定动作落实到位、自选动作有所创新,采取中心组学习、领导干部讲党课、主题党日等活动方式开展学习教育,突出抓好学习宣传贯彻习近平新时代中国特色社会主义思想和党的十九大精神,委党委班子成员、企业领导人员深入基层一线开展宣讲,推动学习宣传贯彻工作进企业厂矿、进车间班组。突出抓好企业党组织完善细化合格党员具体标准,扎实开展争创"四强"党委、"六有"支部、"四优"党员活动,建立党员先锋岗、示范区36417个,结合生产经营实际开展各类主题实践活动6339次,企业各级党委理论中心组学习6177次,党员领导干部讲党课7959次,建立健全各项制度9346项,学习教育融入日常、发挥长效的态势逐步形成。

(三)基层党建基础工作持续加强

制定印发《甘肃省国有企业党组织工作活动基本规范》,分类提出加强基层党建的具体措施,着力补齐党建基础建设短板。指导省属企业坚持在深化改革中同步加强党的领导、建强党组织机构、配强党务工作人员,省属企业与改革重组同步建立党组织494个、设立党务部门480个、配备专职党务人员1661人。集中整顿58个软弱涣散基层党组织,轮训各级党组织书记和新任党务干部3600人次。

(四)党风廉政建设取得新成效

坚持标本兼治、综合治理、惩防并举、注重预防的方针,制定《省属企业落实全面从严治党主体责任实施办法》,健全落实党风廉政建设责任制度机制。紧盯关键环节,深入排查各类廉洁风险点,加大执纪问责力度,严肃惩治腐败行为,查处违法违纪问题,驻委纪检组和企业纪委2017年查办案件24件,给予党纪政纪处分86人、移送司法机关4人、诫勉谈话85人、函询171人。

(撰稿人:李 军)

青海省

一、青海省国有资产监督管理工作综述

2017年,青海省国资委系统认真贯彻落实省委、省政府决策部署,坚持稳中求进工作总基调,坚持践行"四个转变"新思路推进"四个扎扎实实"重大要求,坚持全面深化国资国企改革和供给侧结构性改革,推动重大改革举措扎实落地,国有经济规模不断扩大,发展质量不断提升。截至2017年底,青海省国资委系统出资企业资产总额6140.11亿元,同比增长3.1%;累计实现营业收入1008.19亿元,同比增长6.7%。

(一)把握大势,抓住结构调整和转换动力的关键,推动国企运行质量稳步提升

面对经济下行压力持续加大、多种问题相互交织、多重矛盾和困难相互叠加的严峻形势,国资监管系统和省属出资企业外抓市场,内抓管理,营业收入、实现利润、风险防控同步提升。1—12月,省国资委18户出资企业累计实现营业收入1059.43亿元,同比增长7.1%,企业效益稳步提升。一是积极拓市场增效益。各企业抓住有色金属价格回暖、主要产品价格持续攀升有利时机,千方百计拓展市场、扩大销售,11户营业收入实现同比增长,8户增幅超过10%。青海银行、国投公司、信保集团利润继续扩大,西部矿业、青运集团、物产集团分别贡献利润6.9亿元、9192万元和3860万元。二是大力挖潜力降成本。持续开展精准管理和节本增效工作,盐湖股份从原辅材料、人工费用、消耗定额等10个维度入手,全力推进生产单位降本减亏;物产集团通过股权融资和财务性融资,合力置换高利率融资,全力降低财务成本;能发集团

建立以班组核算为载体成本管理为中心的精细化管理制度,努力减少不合理开支。三是主动强合作共双赢。坚持市场化方式推动上下游业务协同、企业间业务协作,努力实现共赢。青运集团深化通勤运输服务、物流运输、商贸金融等业务合作,机电公司与盐湖股份的机电装备合作机制向深度拓展,物产集团实施物流产业链和制造业产业链深度融合;成功举办央企支持青海经济持续健康发展座谈会,与8家中央企业签订1925亿元项目合作协议,落实11个、涉及投资372亿元,为国有企业发展开辟类型空间。四是努力降杠杆化风险。加大协调服务力度,切实帮助企业解决债务兑付、资金紧张等矛盾。省投集团在境外成功发行9亿美元无抵押债券,盐湖股份完成与建设银行、中国长城资产管理公司达成债转股合作框架协议,省国投公司及时兑付到期债务210亿元,协调解决百和再生铝公司8亿元流动贷款,黄河再生铝公司债务妥善化解并完成资产债务重组。

(二)立足创新,坚持问题导向和发展指向的引领,促进国资国企改革向纵深推进

坚持一手抓改革政策研究,一手抓改革实践推进,国资国企改革呈现全面推进、重点突破、成效显现的局面。一是全面启动国企改革试点。全面启动和实施"3+10"改革试点,将改革试点任务分解细化到每户企业,并在全国率先将改革试点任务纳入企业领导人业绩考核内容。围绕开展三项制度改革,西部矿业在12个单位实行薪酬总额承包模式,对宝矿咨询等公司实行超额利润分成,给予基层单位更多管理自主权;青海银行放活经营管理人才管理机制,引进多个专业的金融领域人才25人;盐湖股份柔性引进10余名华东理工大学、中国科学院盐湖所博士。二是探索国资运营新的模式。支持企业开展战略转型、集团管控、分类授权等工作,积极探索国有资本投资运营公司的新模式。三江集团优化集团管控职能,开展土地资产评估作价,设立三江基金公司等,推动资产资本化。国投公司打造"小总部、大产业",组建金控公司,确立金融、投资、实体三大业务板块,设立13只规模113亿元基金,筹建金控公司,探索国有资本投资运营新模式;省投集团、水电集团理顺与控股、参股公司关系,基本形成以投资运营为主要手段的国有资本投资架构。三是现代企业制度不断完善。制定出台完善法人治理结构、规范企业董事会建设"1+1+5"文件和国有控股公司、独资公司章程指引,批复17户省属出资企业公司章程,在5户独资公司建立董事会,修订股东会、董事会、经理层、监事会和党委会议事规则,企业各个治理主体权责边界更加明确,企业法人治理结构不断健全。四是督查问效推进改革落地。开展"服务督导下企业"等活动,采取现场宣讲、现场办公、现场指导等方式,开展"三供一业"分离移交、企业薪酬分配、企业监事等培训,邀请国内专家开展"一对一"辅导,编印3000册改革文件汇编等,企业掌握政策、推进改革、破解难题能力和水平进一步提升。及时协调解决企业改革中的重大问题,指导地方出台的改革文件,确保改革始终沿着既定方向推进。加大国资国企改革发展的宣传,加强舆论引导,宣讲国企改革发展成效,国资国企改革发展环境得到明显改善。

(三)有进有退,挖掘创新发展和拓展空间的潜力,不断调整优化国有资本布局

紧跟新时代步伐,持续推动企业创新、产业创新、技术创新和发展模式创新,不断优化国有资产布局和结构,努力提升发展的质量和效益。一是创新驱动,增强企业竞争力。围绕实施工业强基工程,建立国家镁合金研究中心青海分中心等机构,强化与有关科研院所的协作,加大对生产技术瓶颈、关键技术、核心指标等重点难题的攻关,实施水利水电聚能钛气体放电型电子枪技术研发等10余项技术创新项目,西部矿业铅优先浮选锌硫混合浮选再分离工艺达到国内一流,盐湖股份资源保障提高到500万吨50年,省投集团平安铝业3104罐体料等产品试制成功。二是经营股权,培育企业新优势。将百和再生铝资产评估增值部分24.1亿元以国资资本金形式注入省投集团,批准设立三江原牧、盐湖国际贸易等6家新企业,核准设立省投集团桥头发电、煤业集团融资租赁等企业;多种方式推进企业优势互补,核准盐湖股份转让蓝科锂业51.42%股份,西矿股份收购新疆瑞伦矿业80%股权;引进各类投资者,加大股权投资和项目建设,批准省属出资企业产权投资18项,涉及资金人民币42

亿元,美元1200万美元,探索国有资本运营模式的新路径新方法。三是瞄准市场,拓展发展新空间。盐湖股份与比亚迪成立合资公司,共同打造千亿锂产业基地。金诃藏药集团构建形成以医疗为基础、科研为先导、教育为根本、产业为主体、文化为依托、大健康为方向、国际化为目标的"七位一体"发展模式。机电控股开展青海热处理公共服务平台建设,初步建成工程机械、齿轮零部件等热处理集聚中心。茶卡盐湖文化旅游公司推动转型升级,带动茶卡地区发展,被省委领导称赞为"国有企业转型升级的典范"。四是主动退出,提高资产优良率。采取提升、改造、重组、退出"四个一批"的方式处置僵尸企业,青海水泥等3户企业完成破产重组、挂牌转让和技术改造,15户退出企业中13户按方案停产,完成西宁特钢50万吨钢铁过剩产能压减任务,大通煤矿120万吨煤炭去产能完成省级现场考核验收。五是清洁生产,提高企业发展力。认真践行绿色低碳循环发展理念,青海银行设立绿色贷款项目以及投放青海新兴能源产业基金等,支持企业打造绿色经济。盐湖股份投资9亿元建成炉外脱硫脱硝、污水处理等五大重点环保项目,省投集团新技术新工艺应用使铝液电解交流电耗同比降低20千瓦时/吨,木里矿区完成渣山补植种植面积170.2万平方米,创安公司筹资1.3亿元完成矿山地质环境、粉尘治理等环保工程,其他各企业从制度、管理、资金等各层面加大生态环保力度,支撑国家循环经济发展先行区建设。

(四)健全制度,聚焦转变职能和放权经营的关键,增强监管的针对性和有效性

牢牢把握出资人的职责定位,探索完善国资尽管体制机制,深入推进国资监管职能的转变。一是推进管放结合,完善监管体制。研究制定以管资本为主转变国资监管职能的意见,健全完善国资委监管权力和责任清单,突出管资本的职能,强化规划投资监管、国有资本运营、出资人激励约束3个方面的职能;进一步明确国资监管边界,大力推进简政放权,再次梳理权责事项48项,确定取消、下放、授权事项14项,全面体现"管多、管少、不管"并举的出资人角色,努力把过去越位、错位的进行归位。二是优化监管方式,提高监管效能。全面推行企业分类改革、分类发展、分类监管、分类考核的有效模式,初步建立起与考核结果、企业负责人选任方式相匹配的差异化薪酬分配体系。推进省属出资企业专职外部董事、总会计师等改革试点,强化出资人的监督管理。出台推进省属出资企业信息公开的指导意见,全面公开省属出资企业治理结构、财务状况、年度考核、改革重组、履职待遇、重大事项等事项,打造法治国企、阳光国企。研究制定省属出资企业领导人违规经营投资责任管理办法、投资监督管理办法、资产交易监督管理办法等,健全规划投资、财务审计等制度,构建信息对称、责权对等、运行规范、风险控制有力的投资监督、产权交易管理体系。三是发挥监管职能,突出监管重点。加强和改进外派监事会监督,及时为盐湖股份、水电集团、西钢集团选派专职监事,规范监事会建设。定期深入企业开展生产经营、财务管理、内控制度等监督检查,对二级、三级公司开展延伸检查和关联检查,做深做实做细当期和事中监督,发现问题104个,提出意见建议32条;对部分企业开展"两个责任"落实、"三重一大"决策、审计监督等专项调查,发现问题87个,提出意见建议29条。驻委纪检组和企业纪委认真履行职责,结合整改落实省委巡视组巡察、暗访反馈意见,举一反三,加大自查整改,增强工作的针对性和时效性;通过实时监督、传导压力,各企业在纪律、制度贯彻执行力上得到提升,推进反腐倡廉工作制度化、规范化、常态化。

(五)问题导向,盯住企业党建和基层党建的难点,全面落实党管一切根本要求

认真贯彻落实全国、青海省国有企业党建工作会议精神,推进两个同步。一个是在省属出资企业深入开展"党的建设年"活动,切实解决企业党建工作"四化问题";另一个是修订公司章程,明确企业党组织的法定地位,促进企业党组织融入法人治理结构。党的十九大以后,在全系统开展学习宣传贯彻党的十九大精神大学习、大调研、大宣讲活动,推动党的十九大精神特别是习近平新时代中国特色社会主义思想进车间、进班组、到岗位,为企业改革发展凝聚新力量、注入新动力、增添新活力、拓展新空间,出资企业党的建设强基固本目标任务取得阶段性成果。一是政治自党得到提升。通过集中宣讲、集中学习,国资委系统各层级党员干部进一步深刻领会新理念、新思想、新目标,增强坚决维护习近平总书记党的领袖、党的核心地位,坚决听从以习近平同志为核心的党中央指挥和召唤的政治使命;构筑从严从实管党治党,强"根"固"魂",努力成为践行习近平新时代中国特色社会主义思想的坚强堡垒;坚定搞好国有企业,全面深化改革、推进"瘦身健体"、实施提质增效攻坚战,做强做优做大国有经济的信心恒心。二是党的建设得到强化。通过推进50项措施,落实150项任务,开展坚守阵地、固本培元、传承弘扬、建章立制、正风肃纪等5个专项党建行动,18户省属出资企业基层党组织"应建未建"问题全部销号,实现党组织100%覆盖,软弱后进党组织实现100%整治提升,13户企业党委书记、董事长"一肩挑",专职副书记基本实现"应配尽配"。三是党的作用得到发挥。建立健全重大问题决策机制,明确党组织在企业决策、执行、监督各环节的权责和工作方式,推进基本组织、基本队伍、基本制度建设,加强企业基层党组织的思想、组织、作风、制度、反腐倡廉建设,广大党员干部普遍反映,现在党组织有地位有作为,对重大问题说得上话使得上劲,党对国有企业的领导明显加强。四是廉政建设有效加强。依法落实"两个责任",细化企业纪委对权力集中、资金密集、资源富集、资产聚集部门和岗位的监督等6个方面职责,聚焦关键环节,突出重点领域,有针对性防范,企业党风廉政建设明显好转。五是党管干部成效突出。坚持党管人才,联合省委组织部、省人社厅开展省属出资企业"百千万人才培育工程",第一批40名领军后备人才已经完成赴基层艰苦企业挂职锻炼,梳理筛选企业年轻后备人才108人。成功申报"青海省高端创新人才千人计划"18人。8户省属出资企业领导班子中,50岁以下人员占比39.98%,大学本科及以上学历人员占比80.5%,获得高级职称人员占比72.88%,比"十二五"末期均有大幅提升。

2017年,坚持把安全生产、环境保护工作放到国资监管和国企改革的大局中统筹推动,将企业负责人落实安全生产、环境保护责任与业绩考核紧密挂钩,以考核压实企业主体责任,督促企业做到"五落实、五到位"和"三同时";深入企业开展安全生产、环保问题大排查、大整治,严防安全生产重特大事故和环境问题发生。各企业认真履行社会职责,从党建扶贫、产业扶贫、技能扶贫等方面入手,17家出资企业联点帮扶47贫困村,派驻扶贫工作队36个88人,党员干部结对帮扶建档立卡贫困户2190户8060人,累计投入3253.95万元,实施项目105个,实现712户2581人脱贫,脱贫率32%。

二、青海省国有资产总量与结构分析

资产总额情况。2017年,青海省国有企业平稳运行,690户地方国有企业资产总额6927.95亿元,比上年增加109.88亿元,增长1.61%。按隶属关系划分,省国资委出资企业资产总额4678.38亿元,占青海省国有企业资产总额的67.53%,比上年资产总额增加52.49亿元;省级部门管理的企业资产总额416.22亿元,占6.01%;市州企业资产总额1833.35亿元,占26.46%。

企业资产结构情况。2017年末,青海省地方国有企业所有者权益总额(净资产)2179.03亿元,比上年增长0.13%。其中,归属母公司所有者权益1946.14亿元,比上年略有增长。年末国有资本及权益(国有资产总量)1742.73亿元,剔除政府追加、核减投资及无偿划入、划出等客观增减因素后,年末国有资本及权益1724.77亿元,国有资本保值增值率96.32%。按隶属关系划分,省国资委出资企业净资产总额1359.48亿元,占青海省国有企业净资产总额的62.39%,年末国有资本及权益956.62亿元,占青海省国有企业国有资本及权益的54.89%,比年初下降8.14%,剔除客观因素后国有资本及权益975.47亿元,国有资本保值增值率93.68%;省级部门管理的企业净资产总额132.89亿元,占青海省的6.10%,国有资本及权益113.41亿元,占青海省的6.51%,剔除客观因素后国有资本及权益118.41亿元,国有资本保值增值率100.83%;市州县属企业净资产总额686.66亿元,占青海省的31.51%,国有资本及权益672.70亿元,占青海省的38.60%,剔除客观因素后国有资本及权益630.88亿元,国有资本保值增值率99.83%。

营业收入情况。2017年,青海省国有企业认真落实中央、省委、省政府的各项决策部署,以供给侧结构性改革为主线,加快推进"去产能、去库存、去杠杆、降成本、补短板"各项重点任务,企业营业收入稳步增长,全年青海省地方国有企业实现营业总收入1150.68亿元,比上年增长6.78%,再创历史新高。按隶属关系划分,国资委出资企业营业总收入1061.78亿元,占青海省国有企业营业总收入92.27%,比上年增长6.95%;省级部门管理的企业和市州县属企业营业收入分别为48.39亿元和40.5亿元,分别占青海省国有企业营业收入的4.21%和3.52%,比上年略有提升。

经营效益情况。受到钢铁煤炭行业产能过剩、主要产品价格及成本两端挤压和个别企业大量计提减值准备等因素的影响,2017年青海省国有企业累计亏损19.32亿元,比上年减少42.67亿元,企业效益呈现大幅下滑、逐月收窄特点。省国资委出资企业利润下滑是影响青海省国有企业利润的主要因素,其中盐湖股份累计亏损41.24亿元,剔除盐湖股份影响,省国资委出资企业实现利润15.29亿元。

表1　　2017年青海省国有企业指标

项　目	金额(亿元)
资产总额	6927.95
负债总额	4748.91
所有者权益	2179.03
营业收入	1150.68
利润总额	-19.32

表2　　2017年青海省国有企业户数情况

项　目	2016年	2017年	比上年增长(%)
户数(户)	638	690	8.15

国有资产按地区分布情况。从地区分布来看,省国资委出资企业、西宁市国有企业、海西州国有企业国有资本及权益总额较大,分别为956.62亿元、416.89亿元和184.39亿元,占青海省国有资产总量的54.89%、23.92%和10.58%。上述地区企业国有资产总量占青海省的89.39%。

表3　　2017年青海省国有资产按地区分布情况

地　区	国有资产(亿元)	占国有资产总量比重(%)
省级企业	1070.02	61.40
省国资委出资企业	956.62	54.89
省级非监管企业	113.41	6.51
市州企业	672.70	38.60
西宁市	416.89	23.92
海东市	40.40	2.32
海西州	184.39	10.58
海南州	22.20	1.27
海北州	5.11	0.29
黄南州	2.80	0.16
果洛州	0.73	0.04
玉树州	0.18	0.01
合　计	1742.73	100.00

国有资产按行业分布情况。2017年,从行业分布情况看,青海省企业国有资产主要集中在社会服务业、金融业和工业。其中,社会服务业企业国有资本及权益总额1055.24亿元,占青海省国有资产总量的60.55%,与上年基本持平;金融业企业国有资本及权益总额308.64亿元,占青海省国有资产总量的17.71%,同比增长2.1%;工业企业国有资本及权益总额190.85亿元,占青海省国有资产总量的10.95%,同比下降27.96%,工业企业主要集中在化学、冶金、煤炭和电力行业。国有资产总量增幅前三的行业分别是,房地产业增长41.58%、地质勘查及水利业增长10.13%、仓储业增长9.19%,下降幅度最大的是工业。

表4　　2017年青海省国有资产按行业分布情况

行　业	国有资产(亿元)	占国有资产总量比重(%)
农林牧渔业	13.91	0.80
工业	190.85	10.95
建筑业	54.10	3.10

续表

行 业	国有资产（亿元）	占国有资产总量比重（%）
地质勘查及水利业	59.71	3.43
交通运输业	10.88	0.62
仓储业	4.99	0.29
批发和零售业	10.62	0.61
金融业	308.64	17.71
房地产业	18.25	1.05
信息技术服务业	4.40	0.25
社会服务业	1055.24	60.55
卫生体育福利业	4.49	0.26
教育文化广播业	2.57	0.15
科学研究和技术服务业	4.07	0.23
合 计	1742.73	100.00

国有资产按经营规模分布情况。2017年末,青海省纳入统计范围的690户企业中,大型企业38户,占企业总户数的5.51%;中型企业114户,占企业总户数的16.52%;小型企业283户,占企业总户数的41.01%;微型企业255户,占企业总户数的36.96%。

从一级企业规模划分情况来看,大型企业国有资本及权益总额1241.97亿元,占青海省国有资产总量的71.27%;中型企业国有资本及权益总额70.87亿元,占青海省国有资产总量4.07%;小型企业国有资本及权益总额295.79亿元,占青海省国有资产总量16.97%;微型企业国有资本及权益总额134.10亿元,占青海省国有资产总量7.69%。

表5　2017年青海省国有资产按经营规模分布情况

经营规模	一级企业户数(户)	国有资产(亿元)	占国有资产总量比重(%)
大型企业	22	1241.97	71.27
中型企业	26	70.87	4.07
小型企业	92	295.79	16.97
微型企业	87	134.10	7.69
合 计	227	1742.73	100.00

三、青海省国有资本保值增值综合分析评价

2017年,青海省国资委监管企业国有资本保值增值率93.68%,从地区看,受国内外整体经济形势及青海省国资委监管企业整体产业结构影响,重点国有企业分布的西宁、海西地区国有资本保值增值幅度较小。从行业看,国有资本分布的13个重点行业中有4个行业没有实现保值增值。

表6　2017年青海省国有企业地区和行业国有资本保值增值情况

地 区	国有资本保值增值率(%)	行 业	国有资本保值增值率(%)
省国资委监管企业	93.68	农林牧渔业	100.67
省级非监管企业	100.83	工业	73.88
西宁市	99.97	建筑业	97.93
海东市	100.10	地质勘查及水利业	100.98
海西州	99.33	交通运输业	105.37
海南州	100.94	仓储业	102.92
海北州	101.30	批发和零售业	103.56
黄南州	93.66	金融业	100.53
果洛州	152.20	房地产业	98.23
玉树州	79.44	信息技术服务业	100.87
		社会服务业	100.09
		卫生体育福利业	99.23
		教育文化广播业	102.94

四、青海省国资委监管企业改革发展情况

顶层设计基本完成。将中央政策与青海实际相结合,破解改革发展难题,2017年出台10个配套文件,基本形成以关于深化国资国企改革的指导意见为

统领,加快建立和完善法人治理结构的指导意见等24个配套文件为支撑的"1+N"政策体系,青海省国资国企改革主体框架基本形成。机制创新初显成效。省属出资企业集团层面公司制改制100%、董事会建设覆盖面100%,以"管资本为主"职能正在积极转变,以企业三项制度改革推动市场化选人用人、薪酬分配等制度的突破,省属出资企业二级公司大部分实现股权多元化,企业的活力和创新能力得到提升。助企减负成效突出。三江集团办学校、办医院移交属地管理基本完成,涉及青海省8万户(包括铁路、央企等)的国有企业职工家属区供水、供电、供暖、供气和物业管理分离移交框架或正式协议分别签订97.94%、98.15%、92.81%、82.73%和92.61%,办市政、办社区、办消防等分类处置积极稳步推进。党的建设全面加强。通过修订公司章程,明确企业党组织的法定地位,将企业党组织与法人治理结构有机融合,充分发挥企业党委(党组)领导核心、政治核心作用,推动企业党委把方向、管大局、保落实责任的落地生根,18户省属出资企业基层党组织"应建未建"问题全部销号,实现党组织100%覆盖,软弱后进党组织实现100%整治提升,企业党的领导在制度层面得到前所未有的强化。

五、青海省国资委监管企业并购重组与完善法人治理结构情况

(一)并购重组情况

1. 兼并项目。青海国投以所持青海柴达木能源投资开发股份有限公司的股份作价2.4亿元,认购青海省绿色发电集团股份有限公司增发的1.9亿股股份,增资完成后,青海省绿色发电集团股份有限公司持有青海柴达木能源投资开发股份有限公司69.14%的股份。西矿集团投资4800万元收购新疆瑞伦矿业有限责任公司80%的股权。出资收购青海同鑫化工有限公司部分股权,并对青海同鑫化工有限公司进行增资8000万元,股权重组后完成后,西矿集团持有同鑫化工67.69%的股权。西部矿业股份有限公司收购西矿集团所持四川会东大梁矿业有限公司68.14%的股权,同时收购四川会东大梁矿业有限公司其他股东31.86%的股权,收购完成后持有该公司100%的股权。西部矿业股份有限公司与紫金矿业集团将各自所持青海铜业和巴彦淖尔紫金有色金属有限公司的股权进行置换重组,将所持巴彦淖尔紫金20%的股权通过市场化方式转让给紫金矿业,所得款项收购了紫金矿业集团下属全资子公司威斯特铜业所持青海铜业34%的股权。同时,西部矿业股份有限公司受让巴州若羌胜华矿业有限责任公司所持的青海铜业有限责任公司6%的股权。收购完成后,持有青海铜业有限责任公司100%的股权。盐湖工业股份有限公司收购内蒙古北方盐湖商贸有限公司4%的股权,收购完成后,盐湖股份共持有其34%的股权,实现相对控股。

2. 重组项目。西矿集团调整西矿股份增发重组方案,重组标的增加青海东台吉乃尔锂资源股份有限公司27%股权;西矿股份收购四川会东大梁矿业有限公司100%的股权、青海锂业有限公司100%股权、西矿集团所持有青海东台吉乃尔锂资源股份有限公司27%的股权。西矿集团将所持四川会东大梁矿业有限公司68.14%的股权、青海锂业有限公司74.54%的股权、青海东台吉乃尔锂资源股份有限公司27%的股权评估作价后,参与此次西矿股份的增发重组。西矿集团调整大美煤业股权重组方案,即西矿集团在受让大美煤业其他5名股东合计所持大美煤业60%股权的同时,青海国投、大美投资基金、青银投资基金同步对大美煤业增资,大美煤业注册资本由10亿元增至38亿元(实缴注册资本由3亿元增至38亿元),其中,青海国投对大美煤业增资11亿元,大美投资基金以现金对大美煤业增资10亿元,青银投资基金以现金对大美煤业增资5亿元,西矿集团合计对大美煤业出资12亿元。西钢集团收购西钢股份所持肃北博伦矿业70%的股权、哈密博伦矿业100%的股权、格尔木西钢矿业100%的股权、祁连西钢100%的股权,对其铁资源板块进行股权重组。省投集团子公司青海省三江水电开发有限公司收购同属省投集团子公司的香港业成有限公司所持青海西部水电有限公司的全部股权。

(二)完善法人治理结构情况

一是党组织内嵌到公司治理工作进一步深化。深刻把握习近平总书记"两个一以贯之"要求,从严从实推进国有企业党的建设,充分发挥国有企业党组织

的领导核心和政治核心作用,把加强党的领导和完善公司治理统一起来,加快推进党建工作总体要求纳入集团公司章程,明确企业党组织在公司治理中的法定地位,将企业党组织与法人治理结构有机融合。研究制定国有企业章程指引范本,指导出资企业全面推进党建工作总体要求纳入公司章程,在加强企业党的建设、完善国有出资人、股东会、董事会、经理层、监事会职责权限、履职要求和议事规则、工作规程等作了进一步细化,对企业履行社会责任、安全生产和突发事件处置等方面的内容进行较大幅度修改,体现党中央和省委、省政府对国资国企改革的最新要求。按照章程指引的内容对省属企业的章程进行逐一修订,在企业集团层面全面完成的基础上,2018年有序开展下属各级企业章程修订。坚持权责一致,在健全规范法人治理结构的同时,完善企业党委成员与董事会、经理层"双向进入、交叉任职"的领导体制,18户省属出资企业全部实现党委书记和行政主要领导职务"一肩挑"。认真落实"四同步、四对接"。在国有企业改制重组工作中,坚决要求把建立党的组织、开展党的工作作为重要工作内容,在工作方案和章程中约定党组织的机构、职责、保障等内容,确保党组织在新设国有企业或改制重组企业中"进得去、立得牢"。二是企业董事会建设逐步趋向规范。针对省属出资企业中部分企业未形成有效的法人治理结构,一些企业董事会机构不健全、职责权限不清、运行不够规范、缺乏有效制衡等问题,在领会国务院办公厅《关于进一步完善国有企业法人治理结构的指导意见》(国办发〔2017〕36号)精神,深入广泛调研、学习借鉴经验等基础上,上报省政府制定下发《关于省属出资企业加快建立和完善法人治理结构的指导意见》(青政办〔2017〕127号)。为健全和完善省属出资企业董事会建设,制定"1+5"规范董事会建设文件,包括《规范省属出资企业董事会建设的实施意见》以及配套文件《青海省省属出资企业董事会及董事评价办法(试行)》《省属出资企业董事会年度工作报告暂行规定》《青海省省属出资企业职工董事管理办法(试行)》等文件,主要是从基础制度入手,进一步理顺董事会、监事会、经理层及企业党委之间关系,促进企业董事会依法履职、科学决策,有效防范风险,加快完善现代企业制度。积极探索建立外部董事制度,推进外部专职董事制度建设。针对省属出资企业目前董事会建设中存在的问题,在向国务院国资委汇报、学习借鉴外地经验和多次调研的基础上,提出将外部董事尤其是专职外部董事作为省属出资企业董事会建设的突破口,逐步实现外部董事占多数的董事会结构,降低"内部人控制"风险的发生。开展建立外部董事人才库、外部董事和专职外部董事选派,薪酬管理等相关事项的前期准备工作,起草专职外部董事薪酬管理办法和考核评价办法等文件,并专报省政府申请有关专职外董薪酬和工作经费等。

六、青海省国资委监管企业建立和完善经营业绩考核情况

(一)健全完善考核分配体系

为贯彻省委省政府关于深化国有企业改革和国有企业负责人薪酬制度改革的重大部署,加强对企业分类指导、分类考核,在2016年修订完善的《省属出资企业负责人经营业绩考核办法》和《省属出资企业负责人经营业绩薪酬管理办法》基础上,制定《省属出资企业负责人经营业绩考核办法实施细则》和《省属出资企业负责人薪酬管理办法实施细则》,进一步健全完善考核分配体系,从操作层面明确企业负责人考核和薪酬管理工作的具体要求和标准,业绩考核的科学性、针对性和引领作用显著增强,与企业负责人分类管理和选任方式相适应、与业绩考核结果相挂钩的差异化奖惩体系更加有效。

(二)创新考核分配工作方法,深化考核和薪酬改革

一是完善考核指标体系,考核中引入定性考核指标,将国企改革、转型升级、风险防控等重点工作任务社会责任等纳入考核指标体系,合理确定不同企业经济效益和社会效益指标,综合评价企业对支持地方经济发展的作用。二是建立薪酬信息公开制度,首次对企业负责人年度薪酬信息在企业网站和国资委网站进行披露,接受社会公众监督。三是深化企业内部三项制度改革。制定印发《青海省省属出资企业内部三

项制度改革的实施意见》，按照统筹规划，分步实行的原则，2017年启动盐湖股份等4户企业三项制度改革试点。四户试点企业成立组织机构，制定改革方案，全面推进三项制度各项改革工作，劳动、人事和分配制度更加健全，企业内部"管理人员能上能下、员工能进能出、收入能增能减"的机制更加灵活、更加有效。四是深化工资总额管理体制改革。加快推动省国资委由管企业工资总额向管企业工资决定机制转变，下发《关于做好2017年省属出资企业工资总额管理工作的通知》，将2017年作为省属企业工资总额管理工作过渡性一年，按照企业功能定位对企业工资总额实施分类管理，加大力度授权企业自主决定工资分配，加强对企业工资总额的预算和清算管理，不再核定下达全年工资总额计划。

七、青海省国资委监管企业负责人考核与选人用人机制改革情况

（一）企业负责人考核分配工作开展情况

一是科学确定2017年度企业负责人经营业绩考核目标。按照2017年度青海省国资监管会议确定的工作目标，充分发挥考核的"指挥棒"作用，根据各企业所处行业和功能定位，结合年度重点工作任务等，突出短板，"一企一策"，分类确定2017年经营业绩考核目标，并与企业签订目标责任书。二是全面完成2016年企业负责人经营业绩考核与薪酬兑现工作。首次将金诃藏药纳入考核范围，实现监管企业经营业绩考核全覆盖。三是加强对企业考核与分配工作的精准指导。举办青海省省属出资企业负责人经营业绩考核办法和薪酬办法培训，邀请国务院国资委考核分配局领导和专家，分析考核和分配改革形势，解读政策内涵，培训操作方法，帮助企业提升考核与分配工作水平。四是督促企业稳妥推进处置"僵尸企业"。将僵尸企业处置工作纳入2017年企业负责人经营业绩考核目标中，督促企业落实好各项目标任务和政策措施，并将企业处置僵尸企业产生的成本在年底考核中视为利润，推进处置工作全面实施。五是实施经营业绩动态监控。定期组织召开经营形势分析会，研判市场，梳理企业生产经营、融资、改革、政策协调等方面存在的问题，分解至相关处室，加强与省政府、有关部门、金融机构等的沟通，切实帮企业解决实际问题。

（二）选人用人机制改革情况

一是加强省国资委管理企业领导人员和选人用人工作监督。在7户省国资委管理企业范围内，深入开展"一报告两评议"工作，对企业每年度新提任的中层干部实行民主评议全覆盖。根据民主评议结果，对认可度明显偏低、干部群众反映强烈的，约谈被评议企业党委或者组织人事部门负责人，对反映的违规选人用人问题线索，严肃按照有关规定调查处理，并督促企业党委作出说明、限期整改。同时，主动对接省委组织部，了解掌握省管企业选人用人情况，积极配合省委组织部做好省管企业选人用人"一报告两评议"发现问题的整改落实。根据省委组织部干部监督工作时间节点要求，按时组织开展企业领导干部个人有关事项的集中填报、随机抽查、重点核查等工作，并对发现的漏报、瞒报行为，按照有关规定进行严肃处理，为企业领导干部牢固树立廉洁从业、遵纪守法的思想理念，起到很好的引导教育作用。二是积极推动企业职业经理人市场化选聘制度。初步研究制定《青海省国有企业职业经理人制度指导意见》，引导省属出资企业推进实施职业经理人制度，拓宽人才渠道，激发队伍活力，防范人才短缺风险。落实"3+10"改革试点市场化选人用人工作任务，将省投资集团、盐湖股份公司、省国投公司、三江集团4户企业市场化选聘经营管理者和职业经理人列入《2019年省政府国资委国资国企改革要点》，定期检查考核，实质性推进选人用人市场化机制。三是规范国有独资企业董事会建设。研究起草《青海省省属出资企业专职外部董事考核评价办法》《专职外部董事薪酬管理办法》，经党委会研究通过；规范国投公司、三江集团、物产集团、机电控股、青鹏集团等独资企业董事会建设，委派董事长、内部董事，批准职工董事人选；初步建立由31名企业家和从事国有企业改革发展工作的专家组成的外部董事人才库，配备部分国有独资企业董事会董事。四是推进省属出资企业人才培养工作。联合省委组织部、省人力资源社会保障厅，推动实施"省属国有企业百千万人才培育工程"。"百人"层面：启动"领军后备人才培养主体计划"，在"70后"领导班子成员、

"75后"中层正职和"80后"中层副职管理人员中选拔出领军后备人才80人,完成在省委党校、中国大连高级经理学院的专业强化和能力提升系统培训,分两批赴甘肃省、青海省、新疆维吾尔自治区、西藏自治区五户艰苦边远基层一线企业进行挂职锻炼,选派20名优秀领军后备人才赴德国举办一期"制造业发展路径比较研究"专题培训班。"千人、万人"层面:实施"骨干工匠人才培养计划",举办一期"专业技术和高技能人才引育"专题高级管理人员培训班,进一步夯实企业主体责任。引导企业研究出台人才引进、培养、激励、保障方面的措施,盐湖股份、西部矿业、水电集团等多家企业均出台各自的企业人才培养规划,企业人才引育工作齐头并进、快速推进,为破解省属出资企业人才总量少、质量低、接续难的矛盾奠定坚实基础。

八、青海省国资委监管企业党的建设和廉政建设情况

(一)党建工作情况

一是推进落实全面从严治党。指导和督促18户省属出资企业和10户代管企业党委学习贯彻习近平总书记系列重要讲话精神,坚持党的领导、加强党的建设,推进全面从严治党在企业的贯彻落实。加大意识形态领域工作力度,强化思想政治建设。制定印发《关于省属出资企业落实意识形态工作责任制的实施意见》《省属出资企业2017年度100个党建课题领题研究工作通知》,积极落实国有企业党建工作会议精神。通过领导干部带头讲、落实要求集中讲、广泛动员逐级讲、代表主动现身讲、依托阵地全面讲、学贯结合深入讲,不断强化学习宣传省第十三次党代会精神。同时对党的十九大精神学习宣传贯彻工作提前进行安排部署,营造良好学习氛围。健全完善党建工作制度,强化体制机制建设。引导出资企业制定《党委议事工作制度》《支部工作考核制度》《党员工作目标考核制度》等党建工作制度。2017年,18户省属出资企业中的5户完成党建工作进公司章程工作,3户企业完成公司章程修改。大力推动完善"双向进入、交叉任职"领导体制,推行党委书记、董事长"一肩挑",其中15户实现"一肩挑"。狠抓党建基础工作,夯实国企党建基层基础。深入开展党组织关系排查、党费收缴、党组织按期换届专项检查等7项党建工作重点任务。同时,引导企业及时总结推广在加强党建工作、精神文明建设、开展思想政治工作方面的经验做法,鼓励企业各级党组织举办多种形式的职工文化活动。二是推进国企党建不断创新。特别是习总书记就加强和改进新形势下国有企业党的建设强调的"六个问题",谋划部署在省属出资企业开展"党的建设年"活动,制定印发《关于在省属出资企业开展"党的建设年"活动的实施意见》,部署坚守阵地、固本培元、传承弘扬、建章立制、正风肃纪5个专项行动,明确50项具体任务和150项工作措施。进一步完善《关于在深化国有企业改革中坚持党的领导加强党的建设的意见》,印发《关于省属监管企业党委落实"两个责任"的实施意见》,分层次落实企业党委的主体责任。深入推进"两学一做"学习教育,落实"三会一课"制度。开展"党员责任区""党员责任岗""党员先锋岗""岗位承诺、挂牌上岗""一名党员一面旗""晒成绩、亮承诺、作表率""党员直接联系服务群众"等多种形式的主题实践活动。省国资委和省属出资企业党委均成立扶贫工作领导小组,通过党建引领、项目带动等措施,全力推进精准扶贫。坚持市场导向,科技支撑,因地制宜,以点带面,形成规模发展、整体推动的产业扶贫示范效应。完善《青海省国有企业领导人员管理办法(试行)》《青海省省属国有企业领导班子建设五年规划(2011—2015年)》《青海省国有企业领导班子和领导人员综合考核评价办法》《关于省属国有企业党组织参与企业重大问题决策的意见》等制度。使一批懂经营、会管理、能力强、有魄力、威信高的优秀人才进入领导班子。配合省委组织部梳理筛选100余名年轻干部纳入后备人才库。年内实施领军后备人才省内、省外培训班各1期,培训企业班子成员及中层干部80人次;选送9人赴省外参加专题培训。同时,积极推进管理体制改革,制定《青海省国有企业职业经理人管理办法(试行)》,安排西部矿业、盐湖股份、国投公司、信保集团认领市场化选聘经营管理人员试点任务。

(二)廉政建设情况

认真落实党委主体责任,以强化责任落实、严肃

党内政治生活为主线,贯彻落实中央八项规定和省委省政府21条措施要求,不断推进监管企业党风廉政建设工作。一是组织召开省国资委监管企业党风廉政建设暨经营业绩目标责任签订会议,量身定制并与企业党委签订党风廉政建设责任书。召开省国资委党委会、委务会,专题研究部署党风廉政建设工作,听取廉政建设专项工作汇报,全面督导企业层层压紧压实"两个责任"。二是持续加大对机关、企业项目资金管理、组织人事安排、"三重一大"制度落实等关键领域的督导检查力度,依纪依规严肃查处违纪问题,全力推进廉政风险源头把控。安排班子成员利用工作调研、专题会议、个别谈话等形式与企业班子成员开展经常性谈话提醒,持续加大对企业"一把手"关键少数的监督。深入开展廉政警示教育,企业"四进"活动特色明显、成效突出。三是始终自觉增强党性修养,带头执行准则、条例等党纪党规,坚持落实民主集中制,坚持党管干部原则,带头自我规范、自我约束。绷紧纪律之弦,加强对亲属和身边工作人员教育管理。

(撰稿人:韩清明)

宁夏回族自治区

一、宁夏回族自治区国有资产监督管理工作综述

2017年是宁夏回族自治区国企国资改革持续推进、全面深化、落地见效的一年,也是国企发展质量明显提高、效益显著提升、发展动力和活力不断显现的一年。宁夏回族自治区国资委坚决贯彻落实自治区党委、政府的决策部署,以加快重组、增强活力、扭亏增盈、提质增效为重点,坚持深化国企改革、完善国资监管、加强国企党建,各项工作取得新的成效。

(一)国有企业稳步发展

面对经济下行压力和复杂市场环境等不利形势,组织企业抢抓改革红利逐步显现、市场回暖等有利条件,持续深化"借东风、鼓干劲、扭亏损、稳增长"活动,强管理、拓市场、降成本,全力以赴打赢扭亏增盈提质增效攻坚战,国有企业呈现出强劲增长势头。截至2017年底,宁夏回族自治区国资委监管和统计资产24户企业资产总额6306.7亿元,净资产1410.45亿元,分别同比增长18.14%和38.48%;全年实现营业收入820.88亿元、利润60.44亿元、上缴税费104.9亿元,分别增长17.81%、51.38%和17.8%;净资产收益率2.55%,减少0.38个百分点;国有资本保值增值率102.98%,减少0.23个百分点。各项主要经营指标增量、增幅和增速为近三年最好水平,全面超额完成全年目标任务。

(二)顶层设计继续完善

坚持将完善政策作为国企改革的首要任务和基础工作,在认真组织实施《关于深化自治区属国有企业改革的实施意见》《自治区属国有企业重组改革实施方案》等35个政策文件和配套政策基础上,针对持续深化改革的需要,坚持衔接中央政策、突出地方实际原则,继续健全完善改革政策制度体系,制定出台《关于推进自治区属国有企业混合所有制改革的实施意见》《自治区属国有企业外部董事管理办法》《自治区国有控股混合所有制企业开展员工持股试点的实施意见》等6个配套文件,完善法人治理结构实施意见、转职能方案已提请自治区国有资产管理改革专项小组研究审议,国企国资改革制度体系日臻完善。

(三)国企改革持续深化

坚持以推进企业机制转换、增强活力为核心,致力于推动企业成为真正的市场主体,不断增强内生动力和竞争力。一是加快推进企业重组改革。将优化资源配置作为企业改革的重心,在2016年对32户区属国企实施改革重组基础上,根据各集团公司发展战略和功能定位,积极指导宁夏旅投、国投等集团公司加大资源整合力度,对划入的子企业归类整合,优化资源配置,严控管理层级,指导和推进全区412户全民所有制企业公司制改制工作,企业管理链条逐步缩短、运营效率明显提升、管控能力进一步增强。二是完善企业法人治理结构。把完善法人治理结构作为

健全中国特色现代国有企业制度、深化国有企业改革的重要内容,在集团公司层面建立规范的法人治理结构,积极推行外部董事占多数制度,面向社会公开选聘一批人选进入外部董事人才库,择优向宁夏建投等8户企业委派外部董事16人,优化董事会结构。完善监事会监督体系,代表自治区政府向12户监管企业外派监事会,加强监督力量,突出监督主业,监督的权威性和独立性不断增强。研究制定《关于在自治区属国有企业开展市场化选聘高级管理人员试点工作的方案》,指导宁夏农垦、宁夏国投所属两家二级企业开展市场化选聘试点,探索建立市场化选人用人机制。三是稳妥推进混合所有制改革。将混合所有制改革作为促进企业转换机制、增强活力的重要途径,出台《关于推进自治区属国有企业混合所有制改革的实施意见》,为稳妥有序推进混合所有制改革提供政策遵循。宁夏德坤环保公司混合所有制改革试点成功,引进战略合作方,募集资金1.18亿元,为推动国企混合所有制改革积累经验。支持指导企业引入非公资本新设宁夏数据科技股份公司、宁夏国投基金管理公司等4家混合所有制企业,混合所有制改革取得新的进展。四是推进剥离企业办社会职能。将剥离企业办社会职能作为帮助企业减负增效、集中精力发展主业的重要抓手,制定《"三供一业"分离移交维修改造标准》《财政补助资金管理办法》等4个配套政策,加大协调力度,加快移交进度,签订分离移交框架协议43份,涉及企业36家、职工12.59万户,移交面积1113万平方米,划拨维修改造补助资金3.4亿元。截至2017年底,自治区企业、中央驻宁企业分离移交(签订协议)率分别达到93.7%和88.2%,超额完成国务院专项小组确定的目标任务。指导开展全区国企办学校、消防、医疗等社会职能剥离移交工作,促进企业"瘦身健体"、减负增效。

(四)监管效能有效提升

按照以管资本为主加强国有资产监管要求,进一步转变职能,精简监管事项,提升监管效能。一是加快转变职能。准确把握出资人职责定位,依据国务院国资委推进职能转变方案精神,研究制定《自治区国资委以管资本为主推进职能转变的实施方案》,拟定监管事项21项、取消下放事项34项,通过自我革命、简政放权,努力为企业创造宽松的发展环境。二是规范产权管理。制定出台自治区属企业国有资产评估管理办法、资产评估项目公示制度,推进资产评估管理"规则、过程、结果"三公开;完成宁夏建投、宁夏旅投等5家公司所属153户企业产权(股权)划转,对宁夏爆破公司等4户企业1.21亿元净资产评估结果审查备案,进场公开交易,促进国有资产流转公开透明。三是强化财务监管。落实企业财务定期评价分析制度,强化财务动态监测与风险预警,定期分析企业盈利能力、资产营运效率、债务风险等状况,督促企业降负债、去杠杆,切实防控经营风险。对14户区属国企2016年度财务决算进行全面审计,揭示会计核算和风险管理等方面问题165个,加强督促整改,企业经营管理更加规范。四是实施分类考核。根据区属国企分类分层监管办法,结合企业战略定位和主业分布,确定宁夏国运等4户企业为功能类、宁夏农垦等5户企业为营利类,实施分类考核、分类发展。按照新修订考核办法,组织完成2016年度监管企业经营业绩考核工作,依据考核结果,按照"业绩升薪酬升、业绩降薪酬降"原则,合理核定企业负责人薪酬,充分发挥考核激励约束导向作用。五是严格责任追究。提请自治区党委、政府出台《自治区属国有企业违规经营投资责任追究暂行办法》,建立权责清晰、约束有效的违规经营投资责任追究机制。全面梳理2007年以来企业资产损失情况,提出13户企业19项资产损失问题分类处理意见,报经自治区政府同意,驻委纪检组正在按程序逐项审查、开展追责,企业领导人员责任意识和廉洁从业意识进一步强化。六是改进监事会监督。加强和改进外派监事会工作,首次配备正厅级监事会主席,宁夏农垦集团监事会由内设改为外派,区属国有独资企业外派监事会实现全覆盖。坚持问题和风险导向,以检查财务、监督董事和高管人员履职行为为重点,强化监督检查,加大揭示问题建号销号和督促整改力度,切实堵塞国有资产流失风险和漏洞。截至2017年底,监事会提交各类监督报告69份,累计揭示问题185个,提出合理化建议261条,下发整改通知28份,监事会监督针对性、有效性和权威性进一步提高。

二、宁夏回族自治区国有资产总量与结构分析

2017年末,纳入国有资产统计范围的全区三级以上国有独资、国有控股和参股企业(以下简称"宁夏国有企业")674户,属于地方政府履行出资人职责的国有净资产总量2154.89亿元,比上年增长70%;户均占有国有净资产3.2亿元,比上年增加1.3亿元。

表1 2017年宁夏回族自治区国有企业指标

项　目	金　额(亿元)
资产总额	8309.21
所有者权益	2389.69
营业总收入	910.67
利润总额	75.07
净利润	63.40
归属于母公司所有者的净利润	44.77
应交税金总额	111.72
实际上缴税金总额	111.40

表2 2017年宁夏回族自治区国有企业户数情况

项　目	2016年	2017年	比上年增长(%)
户数(户)	663	674	1.66

表3 2017年宁夏回族自治区国有资产按地区分布情况

地　区	国有资产(亿元)	占国有资产总量比重(%)
区属国有企业	1193.53	55.39
地市企业	961.37	44.61
其中:银川市	736.53	34.18
石嘴山市	48.96	2.27
吴忠市	77.99	3.62
中卫市	52.00	2.41
固原市	45.89	2.13
合　计	2154.89	100.00

表4 2017年宁夏回族自治区国有资产按行业分布情况

行　业	国有资产(亿元)	占国有资产总量比重(%)
农林牧渔业	111.96	5.20
工业	501.23	23.26
建筑业	58.88	2.73
地质勘查及水利业	0.85	0.04
交通运输业	6.40	0.30
仓储业	10.41	0.48
批发和零售业	5.75	0.27
金融业	613.18	28.46
房地产业	85.94	4.00
信息技术服务业	7.63	0.35
社会服务业	751.73	34.88
卫生体育福利业	0.02	0.00
教育文化广播业	0.28	0.01
科学研究和技术服务业	0.64	0.03
合　计	2154.89	100.00

表5 2017年宁夏回族自治区国有资产按经营规模分布情况

经营规模	国有资产(亿元)	占国有资产总量比重(%)
大型企业	1170.98	54.34
中型企业	260.20	12.07
小型企业	589.56	27.36
微型企业	134.15	6.23
合　计	2154.89	100.00

三、宁夏回族自治区国有资本保值增值综合分析评价

2017年,宁夏回族自治区国有企业国有资本保值增值率103%,比上年上升1个百分点。其中,宁夏区

属国有企业国有净资产综合保值增值率102.98%,比上年减少0.23个百分点;市县属企业综合保值增值率100.89%,比上年减少0.99个百分点。

表6　2017年宁夏回族自治区国有企业地区和行业国有资本保值增值情况

地区	国有资本保值增值率(%)	行业	国有资本保值增值率(%)
宁夏回族自治区国有企业	103.00	宁夏回族自治区国有企业	103.00
区属国有企业	102.98	农林牧渔业	100.16
银川市	101.77	工业	106.48
石嘴山市	101.07	建筑业	100.73
吴忠市	100.29	地质勘查及水利业	101.35
固原市	92.93	交通运输业	95.87
中卫市	97.56	仓储业	101.62
		批发和零售业	114.47
		金融业	105.00
		房地产业	100.06
		信息技术服务业	100.36
		社会服务业	101.39
		卫生体育福利业	48.69
		教育文化广播业	103.50
		科学研究和技术服务业	121.77

四、宁夏回族自治区国资委监管企业党的建设情况

2017年,宁夏回族自治区国资委党委紧紧围绕全面从严治党要求,凝心聚力,强根筑魂,党建工作责任逐级压实、工作力度不断加大,党建优势不断转化为企业发展优势,党建成果不断转化为企业发展成果。截至2017年底,党组织关系隶属国资委党委管理36户企业,党委236个、党总支158个、党支部2442个,党员56303人。

(一)强化政治建设,筑牢思想信念根基

坚持以党的政治建设为统领,将学习贯彻习近平新时代中国特色社会主义思想和党的十九大精神作为重要政治任务,在学懂弄通做实上下功夫,确保国企国资改革和国企党建按照中央、自治区决策部署推进。研究制定学习贯彻方案,抓好全系统学习,全年召开党委理论中心组学习15次,邀请自治区宣讲团在国企系统集中宣讲党的十九大精神50余场次,开展学习研讨、知识竞赛和演讲比赛等活动70多场次,广大党员"四个意识""四个自信"不断增强,理想信念更加坚定,坚决拥护核心、维护核心、与以习近平同志为核心的党中央保持高度一致、坚决维护党中央权威和集中统一领导的政治意识更加坚定行动更加自觉。扎实推进"两学一做"学习教育常态化制度化,指导各企业党委严格规范"三会一课"、组织生活会、民主评议党员、主题党日等制度,培训各级党组织书记3079人次,各级党组织书记带头讲党课360余次,学习教育做到融入日常、抓在经常。

(二)坚持全面从严,压实管党治党责任

始终牢固树立"抓好党建是本职、不抓党建是失职、抓不好党建是不称职"的责任意识,全面履行管党治党主体责任,让党建责任真正硬起来、强起来。一是抓好主责主业。坚持把党建工作与中心工作同谋划、同部署、同推进、同考核,主持召开委党委会议21次、研究党建工作议题41项、专题传达学习贯彻中央及自治区党委重要会议和文件精神12次。将全区国有企业党的建设工作会议和石泰峰书记讲话精神细化为6个方面32项重点任务,结合党的十九大、自治区第十二次党代会新部署新要求,制定落实方案和任务台账,进一步明确工作任务和责任分工。二是层层压实责任。坚持问题导向,带头深入企业调研20余次,带动班子成员主动联系基层党组织,及时掌握情况,梳理出企业存在的具体问题10项110个,加大跟进督办。逐级建立党组织书记抓党建工作"四个清单",明晰责任主体,层层传导压力。三

是加大考核督导。出台《区属国有企业党建工作责任制实施办法（试行）》，修改完善《自治区国有企业党建工作考核办法（试行）》，组织召开企业党委书记抓党建工作述职评议会议，建立上下贯通、全面覆盖的国有企业党建工作责任制度体系。对2016年度党建工作开展不力的1户企业，降低经营业绩考核等次，调减领导班子绩效薪酬，进一步树立"抓好党建是最大政绩"的鲜明导向。

（三）夯实基层基础，落实党建重点任务

始终重视发挥企业基层党组织作用，提高基层党组织的创造力、凝聚力和战斗力，一些"老大难"问题得到有效解决，带有"补课"性质的任务已经基本完成。一是找准"牵引点"，发挥党的领导作用。以党建工作要求进公司章程为牵引，把党建工作融入企业改革发展全过程、各环节，制定或修改企业章程，实现党建工作要求进章程全覆盖，区属国企党委书记、董事长由一人担任，使国企党委发挥领导作用组织化、制度化、具体化，确保党委在企业改革发展中把方向、管大局、保落实。二是瞄准"切入点"，解决党建突出问题。指导宁夏建投、宁夏交投等36户企业党委撤销党组织57个、新设党组织135个，指导督促中铝宁夏能源公司、黄河银行等27户企业757个基层党组织按期完成换届选举，全面解决基层党组织"应建未建"和"应换未换"问题，国有企业党组织覆盖率、健全率均为100%。三是突出"着力点"，落实党建重点任务。积极指导各企业党委发展党员1491人，其中生产一线人员占73.8%。认真做好清理收缴党费的规范管理使用，向各企业党委拨付近900万元党费用于全面建强基层党支部。委机关选派4名政治过硬、责任心强、熟悉群众工作干部驻村开展帮扶工作，筹措资金200余万元帮助发展村集体经济、致富产业和村级阵地建设。积极协调区属国企认真履行社会责任，开展定点帮扶，助力全区脱贫攻坚。会同自治区有关部门出台《关于国有企业党组织工作经费问题的通知》，明确党组织工作经费按比例落实的要求，确保党建工作有人干事、有钱办事、有为有位。四是把握"结合点"，激发基层党建活力。在各级党组织开展以"互查互促、专题党课、专题讨论、红色主题教育、集中走访慰问、建言献策"为主要内容的"党建促进月"活动。不断深化星级基层服务型党组织建设，创建五星级基层党组织21个、四星级289个、三星级906个、二星级1018个；指导国网宁夏电力、宁夏建投、中铝宁夏能源等企业党委打造"旗帜领航·三年登高"计划、"党建＋项目""三型"党组织创建等一批党建品牌项目，推动生产经营工作与党建工作深度融合。

（四）加强人才队伍建设，激发干事创业激情

认真贯彻落实《关于激励干部想干事能干事干成事的若干意见》，坚持把人才队伍建设作为企业改革发展的关键举措，实施"企业经营管理人才素质提升工程"，着力培养一批高素质专业化的企业经营管理人才。一是专业培训提升能力素质。抓实区属国企资本运营（投融资）研修项目，举办投融资管理与资本运营专题培训班等各类培训研讨班和国资国企大讲堂13期，培训各类经营管理人才1500余人次。二是公开选聘增强企业活力。配合宁夏区党委组织部公开选聘7名区属企业高级管理人员，优化企业领导班子结构。指导宁夏农垦、宁夏国投所属2户二级企业开展高级管理人员市场化选聘试点，探索市场化选人用人机制。三是营造环境助力人才成长。与自治区科协等部门设立创新争先奖，指导国企积极建立科协组织，加强科研工作，提升企业自主创新能力、促进人才成长。推荐各类优秀人才享受人才待遇政策，神华宁煤"神宁炉"多个创新团队和多名优秀人才受到自治区表彰。

五、宁夏回族自治区国资委监管企业廉政建设和反腐败工作情况

2017年，在自治区党委、纪委的正确领导下，宁夏回族自治区国资委党委和驻国资委纪检组以推进"两个责任"落实为主线，以强力反腐和精准监督为突破，统筹推进制度建设和宣传教育，聚焦主责主业，忠诚履职担当，在全面从严治党中强化派驻监督，充分发挥好"探头"和"前哨"作用，为深化国企国资改革提供坚强保证，区属国资系统管党治党各项工作取得新的成效。

(一)坚持全面从严,责任落实形成新格局

始终把压实"两个责任"摆在首要位置。一是严守职责定位。紧盯学习研究、部署落实,自治区国资委党委先后10次召开专题会议,及时用上级的指示精神和法规条款指导推动工作。按要求调整区属企业纪委书记职责分工,专司纪检监察、审计等监督工作;新设立的5个投资集团公司,全部实现纪委机构单设、人员专职、经费单列;截至11月底,党组织关系在自治区国资委的区属国有企业18家(不含未参股的中央在宁企业、5家区属文化企业),中共党员39850人,党组织2029个,其中党委155个,全部设立纪委;专兼职纪检监察干部590余人,其中专职人员310余人(专职纪委书记146人)。2017年初,召开企业党委纪委书记座谈会,以政治视角、政治勇气清醒研判国企国资系统政治生态状况,坚决向自治区纪委的新思路新举措看齐。二是严明责任担当。认真落实自治区党委《关于推进全面从严治党若干问题的意见》,完善责任清单、问题清单、问责清单,逐级签订责任书2157份,将年度党风廉政建设任务分解量化为六类33项具体工作,构建明责督责追责的责任落实链条。持续传导压力,落实"两个责任"专题报告制度,3次实地监督检查,将责任压紧压实到各级党组织和党员领导干部身上。三是严肃失责追究。坚持问题导向,开展谈话约谈,把谈问题、定措施作为重点,确保谈出压力、谈出动力。坚持有责必问、失责必究、追责必严,各企业党委纪委主动对表聚焦,抓本级、带下级,形成"两个责任"层层压茬的格局。全年纪检组约谈6人,组织处理6人,对7户企业资产损失风险问题正在进行追责。

(二)坚持挺纪在前,遵规崇廉呈现新气象

着眼让党员干部受警醒、明底线。一是深化纪律教育。围绕"不忘初心、牢记使命"主题,把党章等党内法规作为党委中心组学习、党员教育培训的重要内容;分批组织委机关和17户企业党员到自治区廉政警示教育中心接受教育,组织200余名企业中层干部旁听宁夏环科院原副院长陈燕贪污案的庭审;对26名新任职企业领导干部进行集体廉政谈话和廉政知识测试,组织观看《权力之殇》《只有进行时》《巡视利剑》《胜利之盾》等警示教育片6场次16集,开展"国有企业廉洁齐家好故事"征集活动,从200余篇征文中遴选50篇内容鲜活、生动感人的廉洁故事予以表彰奖励;纪检组同志先后8次深入宁夏银行等企业宣讲辅导反腐倡廉课程,有效启发"不想腐"的政治自觉。二是硬化纪律执行。加强对党的十九大和自治区第十二次党代会精神贯彻落实、党章党规执行情况的监督检查,紧盯"一把手",督促企业各级党组织严肃党内政治生活,确保规矩立起来严起来。探索构建企业"不能腐"体制机制,制定权力清单,规范履职程序,督促企业严格按制度规则办事。落实"纪检监察机关意见必听,线索具体的信访举报必查"要求,严把政治关廉洁关,回复党风廉政意见81人次,防止"带病提名""带病提拔"。三是强化纪律约束。由"惩治极少数"向"管住大多数"拓展,从"盯违法犯罪"向"盯违规违纪"转变,坚持纪在法前,用党章党纪衡量党员言行,在强化日常监督上下功夫,更加注重抓早抓小。重视提高思想政治水平和把握政策能力,把谈话函询过程变成教育引导党员重建对党忠诚的过程。在线索处置、执纪审查中,把主要精力放在违纪问题的分析和查处上,不断推动执纪方式和理念的转变;对7件日常监督中发现的国资委机关、区属企业在加强党风廉政建设方面的一般性、倾向性问题,及时谈话提醒、约谈函询,让"红脸出汗"成为常态,既严肃党纪,又遏制苗头。

(三)坚持严督实查,正风反腐取得新成效

围绕构建"不敢腐"的惩戒机制。一是推行联动监督。与委机关相关职能处室建立联席会议制度,与6个监事会建立发现问题的共商机制、问题整改的协作机制,形成"纵向贯通、横向协同、上下联动、合力监督"的格局。先后2次组成联合调研督查组,对企业党建和党风廉政建设情况督导检查,实现日常工作随机督查、重点工作重点督查、热点问题跟踪督查。监事会向纪检组通报情况6次,对5户企业党委下发通知、责令整改。二是从严正风肃纪。采取日常检查和重点督查相结合、教育提醒与发送廉政短信相促进、查阅台账与实地察看相验证等方式,先后3次对16户区属国有企业落实八项规定精神开展"回头看",4次对节日期间隐形变异"四风"问题专项督查,对违规公款购买消费高档白酒问题集中治理;采取违反中央八项规定精神问题下查一级的方式,对神华宁煤集团梅花井煤矿党委书记违规举办岳父去世祭礼等问题进行直接审查,给予5人党纪处分,通报典型问题2起。紧盯敏感假期节点,建立节日廉洁纪律情况报告机制,实化履责守纪的行为规范。三是持续惩贪治腐。聚焦纪律审查主责主业,积极改变过去"聚焦主业就是多办案、办大案"的片面认识,不断树立"用纪律和规矩管住大多数是最大政绩"的理念,突出"挺纪在前",努力使违纪问题成为纪律审查的重点。不断加大对国有企业改制改革、兼并重组、产权交易、"三重一大"决策、物资采购等违纪违法行为易发多发领域进行监督检查,规范纪律审查程序,提高成案率。完善问题线索甄别排查机制,每月研判信访举报形势和腐败问题发生规律,找准执纪审查切入点,严格分类处置。在2017年4月全区信访工作会议上作交流。注重执纪审查政治效果,做到查办一批案件、完善一批制度、堵塞一批漏洞、警示一批干部。严肃查处宁夏环科院原副院长陈燕涉嫌贪污严重违纪案件,持续形成强力震慑。2016年11月26日至2017年11月25日,受理问题线索和信访举报83件(重复举报18件),给予党政纪处分8人,组织处理11人(其中免职3人,诫勉谈话3人,批评教育4人,其他处理1人),移交司法机关2人,向上级纪委移交信访举报件和问题线索9件,向不隶属纪委移交问题线索查实处理30人。收缴违纪违规资金195.31万元。四是切实加强管理。在国资委办公楼设立简单的谈话室,与神华宁煤集团纪委共建"纪律审查工作点",审查谈话和重要涉案人员谈话,一律安排在自治区纪委警示教育中心或国资委纪律审查工作点进行,24小时录音录像。谈话室和工作点的建立,为监督执纪打下良好基础,有力推动国资国企系统的党风廉政工作,既充分发挥震慑作用,也展示国资委党委、驻国资委纪检组坚决惩处腐败的决心。严格执行纪律审查安全工作规定,指定专人担任安全员,每一起案件,由纪委负责人与案件主办人签订《安全责任书》和《保密承诺书》,做到审查工作与审查安全无缝衔接、紧密相连。

(撰稿人:李 巍)

新疆维吾尔自治区

一、新疆维吾尔自治区国有资产监督管理工作综述

2017年,新疆国资系统在自治区党委、人民政府的坚强领导下,在国务院国资委的大力支持和悉心指导下,全面贯彻落实党的十八大以来历次全会精神和十九大精神,坚持以习近平新时代中国特色社会主义思想为指导,坚定坚决贯彻落实党中央治疆方略和自治区第九次党代会以来的各项决策部署,紧紧围绕社会稳定和长治久安总目标,落实新发展理念,以提高质量效益和核心竞争力为中心,以推进供给侧结构性改革为主线,坚持理直气壮做强做优做大国有资本不动摇,着力稳增长、转方式、促改革、补短板、防风险,推动国企国资改革发展各项工作取得积极进展和明显成效,为服务新疆社会经济发展作出重要贡献。

(一)国有经济发展稳中有进

2017年,新疆维吾尔自治区国有及国有控股企业资产总额13618.79亿元,比上年增长25.91%;净资产4636.78亿元,比上年增长19.23%;实现营业总收入2103.88亿元,比上年增长43.9%;利润总额129.92亿元,比上年增长14.12%;上缴税费93.13亿元,比上年增长31.95%。其中,区本级监管企业资产总额3737.43亿元,比上年增长19.21%;净资产1304.65亿元,比上年增长25.52%;实现营业总收入1489.96亿元,比上年增长64.22%;利润总额65.35亿元,比上年增长37.46%;上缴税费46.93亿元,比上年增长29.96%。交建控股、交建集团、国际合作、中泰集团资产增幅45%以上,交建控股、雪峰控股、能源集团、中泰集团净资产增幅30%以上,雪峰控股、交建控股、交建集团、中泰集团、有色集团、新能源集团营业收入增幅60%以上,中泰集团、雪峰控股、交建集

团、交建控股、新业集团、金投公司利润均净增1亿元以上。13户改制重组企业中,中建新疆建工集团、国家电投新疆公司、神华新疆能源公司、华融国际信托公司、天山建材集团资产总额和净资产均实现两位数增长,神华新疆能源公司、双钱集团新昆轮胎、国家电投新疆公司、潞安新疆化工、昌源水务营业收入与利润均实现两位数以上增长。

(二)供给侧结构性改革不断深化

新疆维吾尔自治区国资委牢牢把握供给侧结构性改革这条主线,坚持服务自治区整体发展战略,坚持发挥国有经济功能作用,坚持突出问题导向,积极谋划国有经济布局结构,推动创新发展。一是进一步优化企业发展环境。编制《新疆维吾尔自治区区级国有经济"十三五"发展规划》,完善考核分配政策,加大对直管企业的实地调研,拓展企业在主业方面的自主决策空间,为支持企业做强做优做大提供良好的政策环境和工作环境,引导企业发展求质不求量、求好不求快,始终沿着正确方向发展。二是进一步落实"三去一降一补"。制定《新疆维吾尔自治区国资委监管企业降杠杆防风险工作方案》,建立分行业资产负债率警戒线制度,企业资产负债率比上年减少1.36个百分点,企业运行质量不断提升。全力以赴降成本,区本级监管企业每百元收入负担的成本费用比上年降低1.2元,仅中泰集团、新投集团就节约成本超5.5亿元。有色集团、国际合作集团等企业加快处置低效无效资产,交建集团对下属13家公司开展业务整合,"瘦身健体",做强主业。全力配合做好去产能工作,化解煤炭过剩产能180万吨。三是进一步优化布局结构。按照自治区"十三五"发展规划和产业布局要求,坚持以市场为导向、以企业为主体,发挥优势、突出特色,积极推动国有资本投向传统优势产业,化工、交通基础设施等行业发展迅猛,新疆维吾尔自治区千亿资产规模国企较十八大前新增3户,百亿规模国企新增14户。加快在新材料、环保、物流等战略新兴产业、现代服务业布局,收入、利润贡献率上升至11%和32%。全力加大固定资产投资,投资额比上年增长50%以上。大力推进新一轮中央企业和19个援疆省市国有企业产业援疆推进会,积极推介优势产业项目,吸纳外部投资,不断壮大新疆特色优势产业,构建新疆特色现代产业体系。积极设立资产管理公司、产业基金等,参与"一带一路"倡议和丝绸之路经济带核心区建设。四是进一步加快创新发展。积极引导企业强化创新驱动,利用新理念、新方式、新手段增强企业高质量发展活力和竞争力,设立自治区国有资本产业投资基金,加大企业创新科研投入,2017年新疆维吾尔自治区国企科技创新投入6.5亿元,建立各类技术中心223个,创新工作室230多个,开展重点技术创新攻关项目462个。推进工业化与信息化深度融合,运用"互联网+"引领商业模式创新,企业在持续不断的创新中焕发生机与活力。

(三)国资监管能力水平明显提高

一是进一步转变监管理念和职能。确立"在监管中优化服务,在服务中强化监管"的理念,不断提升指导服务水平,使监管在服务中得到更好体现。制定《关于落实〈国务院国资委以管资本为主推进职能转变方案〉的工作方案》,调整优化监管职能,明确监管重点,提高监管效能。进一步加大"放管服"力度,修订《自治区国资委履职事项清单》,加大简政放权力度。二是进一步优化监管方式和手段。开展企业功能界定与分类,完善经营业绩分类考核制度,全面落实企业负责人薪酬制度改革。充分发挥产权管理在优化布局中的作用,加大国有资产进场交易力度,成交项目84宗,增值率5.34%,提高产权配置和运营效率。提升国有资本收益上缴公共财政比例至22%,加大国有资本经营预算对发展战略性新兴产业、支付改革成本以及扶贫攻坚的支持。强化投资管理,对重大投资项目实施事前可行性论证、现场调研和事中跟踪把控。印发《自治区国资委党委关于监管企业进一步履行重大事项报告职责的通知》,强化对企业重大事项事前、事中、事后全过程管控,促进企业科学审慎决策,企业经营风险有效防控。推动直管企业软件正版化工作,提升国资系统网络安全保障能力,推进国资监管信息化建设。三是进一步强化监事会监督。完成监事会换届工作,召开监事会工作专题研讨会,明确年度10项重点工作任务。各监事会开展新一轮企业调研工作,形成专项报告,全面分析企业现状及问题风险,理清发展思路,增强企业与出资人的工作联合,促进企业对风险的控制。创新工作方式,充分发挥监事会专用函和工作要情的作用,建立企业问题台账和整改销号制度,探索购买中介服务进行专项监督核查,监事会监督水平进一步提升。四是加强对地州市国资监管工作的指导监督。制定《新疆维吾尔自治区国资委2017年度指导监督地州市国资工作计划》,进一步加强对地州市国资监管工作的指导监督和服务,推动形成新疆维吾尔自治区国资工作"一盘棋"。

(四)国有企业责任担当进一步体现

一是全面履行政治责任。按照"队员当代表、单位作后盾、一把手负总责"要求,选派50名党员干部进驻2个集中整治村和4个贫困村开展"访惠聚"工作,投入503万元建成小工程小项目18个,帮扶1742户贫困户7101人次;配合自治区"严打"行动,深入开展"挖减铲"工作,有效挤压宗教极端势力生存蔓延的空间。选派5名机关干部开展学前双语教育干部支教工作。深入开展"民族团结一家亲"活动和民族团结联谊活动。二是全面落实稳定责任。印发《2017年综治维稳和平安建设工作计划及责任分工》,加强社会治安防控体系建设,做好节假日、重大会议及活动期间、敏感时间节点的维稳工作。严格落实信访首办责任制,开展"横向到边,纵向到点"的拉网式排查和带案下访,做好重要节点、重点人员信访维稳工作,妥善处置原白云棉纺厂、五元线缆厂等企业职工上访事件等。制定《新疆维吾尔自治区国资委关于推进安全生产领域改革发展的实施办法》及监管职责清单,健全安全生产制度体系,定期开展企业督查,强化执纪问责,全年累计整改问题隐患4087项,年度安全生产现场考核(总分700分)得分684分。积极配合中央第八环保督察组督察工作,中泰集团环鹏公司后峡工业基地厂矿关闭、人员与住房安置、转型升级等工作积极有序推进。在疆国企50余万不同层次的各族干部职工在不同地点持续深入向"三股势力"和"两面人"宣战,实现全覆盖,全年共计16630场次,发表署名文章8820篇,在履行稳定责任上体现国企担当。三是不断彰显社会责任。积极组织喀什、和田地区城乡富余劳动力有组织转移就业,自治区国资委监管企业和部分央企完成吸纳就业10680人。制定《新疆维吾尔自治区国资委加快推进深度贫困地区脱贫攻坚工作方案》《新疆维吾尔自治区国资委包村联户推进脱贫攻坚工作实施方案》等,完善长效工作机制,强化国资特色,突出产业精准扶贫,围绕南疆优势资源,积极开展红枣、核桃等特色农副产品深加工产业可行性研究。2017年,自治区国资委及监管企业在南疆四地州投资1.42亿元,建设18个项目,在贫困村投入2.7亿元,带动就业2.6万人。

二、新疆维吾尔自治区国有资产总量与结构分析

截至2017年底,纳入国资委统计报表范围的一级企业982户,比上年增长3.81%。新疆维吾尔自治区国有及国有控股企业国有资产总量4703.20亿元,比上年增长24.59%。从地区分布看,主要集中在乌鲁木齐市和自治区本级,占新疆维吾尔自治区国有资产总量的59.37%;从行业分布情况看,主要集中在租赁和商务服务业,占新疆维吾尔自治区国有资产总量的68.62%;从规模分布看,主要集中在大型企业,占新疆维吾尔自治区国有资产总量的57.20%。

表1　2017年新疆维吾尔自治区国有企业指标

项　目	金　额(亿元)
资产总额	13618.79
所有者权益	4636.78
国有资产总量	4703.20
营业收入	2103.88
利润总额	129.92
净利润	102.52
归属于母公司所有者的净利润	60.93
应交税金总额	103.75
实际上缴税金总额	93.13

表2　2017年新疆维吾尔自治区国有企业户数情况

项　目	2016年	2017年	比上年增长(%)
户数(户)	946	982	3.81

表3　2017年新疆维吾尔自治区国有资产按地区分布情况

地区	国有资产（亿元）	占国有资产总量比重（%）
自治区属企业	1099.34	23.37
伊犁州	214.67	4.56
阿勒泰	85.98	1.83
塔城地区	20.73	0.44
博州	86.55	1.84
克拉玛依市	345.53	7.35
石河子市	34.22	0.73
昌吉州	228.42	4.86
乌鲁木齐市	1693.02	36.00
吐鲁番市	24.67	0.52
哈密市	238.78	5.08
巴州市	249.87	5.31
阿克苏地区	268.79	5.72
克州	1.20	0.02
喀什地区	93.52	1.99
和田地区	17.91	0.38
合计	4703.20	100.00

表4　2017年新疆维吾尔自治区国有资产按行业分布情况

行业	国有资产（亿元）	占国有资产总量比重（%）
农林牧渔业	98.65	2.10
建筑业	308.32	6.56
批发业	20.29	0.43
零售业	17.27	0.37
交通运输业	214.75	4.57
仓储业	14.3	0.30
住宿业	18.01	0.38
餐饮业	-0.04	0.00
信息传输业	7.28	0.15

续表

行业	国有资产（亿元）	占国有资产总量比重（%）
软件和信息技术服务业	14.07	0.30
房地产开发经营	201.46	4.28
物业管理	0.67	0.01
租赁和商务服务业	3227.31	68.62
其他未列明行业	244.02	5.19
工业	316.84	6.74

表5　2017年新疆维吾尔自治区国有资产按经营规模分布情况

经营规模	国有资产（亿元）	占国有资产总量比重（%）
大型企业	2690.37	57.20
中型企业	664.89	14.14
小型企业	923.92	19.64
微型企业	424.02	9.02
合计	4703.20	100.00

三、新疆维吾尔自治区国有资本保值增值综合分析评价

2017年,新疆国有及国有控股企业国有资本保值增值率101.97%。

按产业结构划分:第一产业企业164户,国有资本保值增值率99.51%;第二产业企业209户,国有资本保值增值率104.46%;第三产业企业609户,国有资本保值增值率101.91%。

按企业规模划分:大型企业36户,国有资本保值增值率103.04%;中型企业167户,国有资本保值增值率102.86%;小型企业471户,国有资本保值增值率100.18%;微型企业308户,国有资本保值增值率100.19%。

按监管类型划分:区本级监管企业62户,国有资本保值增值率102.91%;地州市监管企业331户,国有资本保值增值率101.87%;区非监管企业589户,

国有资本保值增值率102.21%。

表6 2017年新疆维吾尔自治区国有企业地区和行业国有资本保值增值情况

地 区	国有资本保值增值率(%)	行 业	国有资本保值增值率(%)
乌鲁木齐市	102.15	农林牧渔业	100.67
昌吉州	99.16	建筑业	104.27
吐鲁番市	97.85	批发业	103.80
和田地区	97.87	零售业	107.94
石河子市	99.93	交通运输业	98.58
克州	89.50	仓储业	98.22
喀什地区	100.19	住宿业	100.33
阿克苏地区	102.28	餐饮业	106.23
巴州	101.22	信息传输业	106.12
伊犁州	99.53	软件和信息技术服务业	101.21
塔城地区	99.15	房地产开发经营	101.44
博州	100.66	物业管理	106.51
阿勒泰	99.42	租赁和商务服务业	102.18
克拉玛依市	108.24	其他未列明行业	100.95
哈密市	100.48	工业	104.62

四、新疆维吾尔自治区国资委监管企业改革发展情况

2017年，新疆维吾尔自治区国资系统坚持把改革作为增强内在活力、市场竞争力、发展引领力的重要手段，牢牢抓住体制机制改革这个关键，不断推进国企国资重点难点领域改革。

一是起草、修订改革文件17个，正式印发《自治区党委、自治区人民政府关于深化国有企业改革的实施意见》等15个文件，新疆国企改革"1+17"政策体系基本形成，改革顶层设计渐近完成。

二是在10户监管企业梯次开展混合所有制改革等9项改革试点，其中，中泰集团围绕优化产业布局实施20个混改项目，资产规模增长超过200亿元；交建集团以市场化选聘方式选聘4名高级经营管理人员和职业经理人；广电网络筹建新公司实施员工持股试点；国际合作集团发展15家混合所有制企业，有效提高国有资本配置和运行效率；新投集团蓝山屯河混合所有制改革和薪酬分配差异化试点取得实效。截至2017年底，自治区国资委直管企业及各级子企业混改率53%。

三是探索和推进市场化债转股试点和资源资本化工作，有色集团五鑫铜业公司与建设银行新疆分行开展15亿元债转股业务。自治区政府向能源集团、交建集团注入矿产资源充实注册资本金，推进资源优势向经济优势转换。协调推动交建集团、蓝山屯河、亚欧稀有、宝地矿业、西域旅游、喀纳斯旅游等企业加快上市进程。

四是加快推动区级机关所属企业脱钩统一纳入国资监管工作，督促区级机关加快所属企业改革改制、整合重组和破产退出。积极推动驻疆部队全面停止有偿服务工作。

五是制定《自治区2017年"三供一业"分离移交重点工作方案》，明确年度工作目标和重点任务，全面铺开区属国有企业职工家属区"三供一业"分离移交试点工作。

五、新疆维吾尔自治区国资委监管企业并购重组与完善法人治理结构情况

（一）并购重组情况

2017年，新疆区属国有企业和各地州国有企业兼并重组项目51项，项目规模87.96亿元，融资规模163.91亿元。自治区国资委从国有资本金预算中安排专项资金1000万元，对区属11个兼并重组项目和各地州10个兼并重组项目给予补助，支持国有企业大力推进兼并重组工作，发展壮大自治区国有经济。并在中泰集团开展兼并重组试点工作，中泰集团成功兼并重组美克化工，在加快企业产业布局、延伸电石法精细化工产业链等方面实现重要突破。

(二)完善法人治理结构情况

新疆维吾尔自治区国资委以建强企业领导班子为基础,以董事会职权试点为突破口,推动规范董事会建设,完善企业决策机制,逐步建立权力机构、决策机构、监督机构和经营管理者之间权责清晰、管理科学、协调运转、有效制衡、失职问责的企业法人治理结构。

一是强化企业领导班子建设。合理制定企业领导班子和领导人员调整工作方案,不断完善监管企业领导班子和领导人员队伍建设。2017年,对雪峰控股公司、雪峰科技公司、新疆产权交易所、国际合作等4家监管企业领导人员进行考察调整;对潞新公司、国家电投新疆能源化工集团2家参股企业拟任我方董事人选进行考察任命。配合自治区党委组织部,制定自治区国有企业配备专职党委副书记方案,分批次对交投控股等国资委党委管理领导班子企业配备专职党委副书记。与自治区党委组织部积极对接,选派人员前往国家开发银行挂职锻炼,进一步加大企业优秀干部挂职培养力度。

二是加快建立规范有效的董事会。研究起草《国资委监管企业外部董事管理办法(征求意见稿)》,对加强外部董事队伍建设和外部董事管理进行规范,不断提升董事和董事会履职能力,使董事会真正成为决策主体。继续开展董事会职权试点,进一步健全企业董事会各专门委员会,充分发挥企业董事会决策作用。将交建集团作为董事会职权试点企业,并指导企业制定《新疆交通建设集团股份有限公司落实董事会职权试点工作实施方案》。

三是加强企业法人治理结构制度体系建设。以配备专职党委副书记工作为契机,把完善法人治理治理结构和加强企业党组织建设结合起来,坚持"双向进入、交叉任职",将发挥企业党委班子政治核心和领导核心作用与企业法人治理结构有机融合,推动国有企业领导班子建设,进一步完善企业法人治理结构体系。

六、新疆维吾尔自治区国资委监管企业建立和完善经营业绩考核体系情况

一是根据《中共中央 国务院关于深化国有企业改革的指导意见》《自治区党委办公厅 自治区人民政府办公厅关于印发〈自治区深化区属国有企业负责人薪酬制度改革实施方案(试行)〉的通知》,参照《中央企业负责人经营业绩考核办法》,经自治区深化国有企业负责人薪酬制度改革领导小组办公室会商,并报请自治区人民政府党组会议审议通过,于2017年6月27日正式印发《自治区国资委监管企业负责人经营业绩分类考核暂行办法》《自治区国资委监管企业负责人薪酬管理暂行办法》。遵循社会主义市场经济规律和企业发展规律,结合企业功能定位、经营性质和业务特点,对企业负责人实行分类定责、分类考核,突出考核导向,明确考核标准,引导企业提高国有资本运营效率,不断提升价值创造能力,增强国有经济活力,放大国有资本功能,实现国有资本保值增值。

二是按照《自治区国资委监管企业负责人经营业绩分类考核暂行办法》和《自治区国资委监管企业负责人薪酬管理暂行办法》的相关规定,对21家监管企业负责人2016年度和20家监管企业负责人2014—2016年任期进行经营业绩考核。根据考核结果,制定薪酬兑现方案,及时兑现企业负责人年薪。

三是明确2017年度和2017—2019年任期考核目标。在突出运营质量、效率和效益同时,将科技创新、品牌建设、上市融资、安全生产、节能减排、环境保护、吸纳就业、执行自治区党委人民政府重大决定等内容纳入考核体系,引导监管企业全面担当,并与23户监管企业签订年度和任期经营业绩考核责任书。

七、新疆维吾尔自治区国资委监管企业负责人考核与选人用人机制改革情况

(一)负责人考核情况

会同自治区党委组织部研究制定《自治区国有企业领导班子和领导人员2016年度考核工作方案》,对直接监管企业领导班子一并纳入统一考核标准。结合国有企业实际不断完善考核内容,将经营业绩和安全生产、完成年度重点工作、组织建设和意识形态工作、维稳综治、党风廉政建设等项目纳入绩效考核部分,结合民主测评,科学分配考核项目评分比重。在领导班子总结和领导人员述职中,针对企业党委、董事会、经理班子成员的职责分工,明确考

核重点,提高考核针对性。经综合考核,13家监管企业中,5家定等为"好"、7家为"较好"、1家为"一般"。参加考核的82名领导人员中,22人评为优秀、52人评为称职。

(二)选人用人机制改革情况

一是树立正确的选人用人导向。深入贯彻落实党的十九大精神,将"事业为上、公道正派"作为选人用人原则,全面贯彻落实"二十字"好干部要求,把牢固树立"四个意识"、"四个自信"和新疆工作总目标意识作为政治合格的标尺,选优配强监管企业领导班子和领导人员。

二是推进落实董事会职权试点工作。研究起草《自治区国资委监管企业落实董事会职权试点工作方案》,将交建集团作为董事会职权试点企业,开展落实董事会选人用人权试点工作。

三是继续推进市场化选聘高级经营管理者和职业经理人制度建设试点工作。将交建集团作为市场化选聘高级经营管理人员和职业经理人制度试点企业,起草《国资委监管企业市场化选聘经营管理者试点工作方案》《国资委监管企业推行职业经理人制度试点工作方案》印发交建集团进行试点。交建集团严格按照试点方案,于10月完成对4名市场化选聘高级经营管理人员及职业经理人员的聘任。

八、新疆维吾尔自治区国资委监管企业党的建设和廉政建设情况

(一)党的建设情况

2017年,新疆国资委党委以强烈的政治意识、看齐意识,认真贯彻落实从严管党治党要求,切实加强国有企业基层党组织和党员队伍建设,为促进国有企业做强做优做大提供坚强组织保障。

一是认真学习贯彻党的十九大精神。把学习宣传贯彻党的十九大精神作为首要政治任务,坚持以上率下,丰富学习形式,开展联学督学活动,切实在学懂弄通做实上狠下功夫。研究制定《新疆维吾尔自治区国资委系统关于认真学习宣传贯彻党的十九大精神工作方案》,全面部署学习宣传贯彻工作,确保做到人员、时间、内容、效果"四落实",全力推动十九大精神进机关、进企业、进车间、进班组、进农村。坚持用十九大精神统揽国资工作全局,围绕十九大报告中关于国企国资改革发展的重要论述,安排国资委领导班子成员深入企业、地州市国资监管机构广泛调研,科学谋划2018年及今后一个时期国企国资改革发展的新思路、新举措,确保将十九大精神转化为深化改革、推动发展的强大动力。

二是认真贯彻落实全国和自治区国企党建工作会议精神。会同自治区党委组织部研究制定《关于加强自治区国有企业党的建设实施意见》《自治区国有企业党的建设工作细则》,并在区属企业全面完成党建工作要求写入公司章程工作。按照"四同步四对接"要求,调整区属大中型企业党群或组织(人事)部门,配齐专兼职党务干部,基本实现党群和人力资源部门合并或由同一名领导分管,调整优化基层党组织设置420个。完善"双向进入、交叉任职"领导体制,86%的党委书记、董事长实行"一肩挑",80%的党员总经理任党委副书记。新疆维吾尔自治区国企1400个党委(含驻疆央企)均对党委议事规则和决策程序进行修订完善。

三是全面落实党建主体责任。扎实开展直管企业党委书记述职评议考核工作,全面落实党建工作责任制。扩大组织覆盖,在企业各个层面构建严密党建网络,把党的组织建到车间班组、经营网点、工程项目、服务窗口上,做到党组织全覆盖并发挥作用。严格落实理论中心组学习、"三会一课"、民主生活会和组织生活会等制度,国资系统各级党组织书记上党课21682人次,修订党建工作制度320项,编制基层党组织工作手册58类,绘制党建工作流程图1140份。加强基层党组织书记和党务干部队伍建设,新疆维吾尔自治区国企选拔调整专兼职党组织书记1834人、党务工作人员2430人,轮训党组织书记、党务干部21126人。

四是持续抓好"两学一做"学习教育和"学转促"专项活动。制定《新疆维吾尔自治区国资委开展"学讲话、转作风、促落实"专项活动实施方案》,国资系统共召开推进会、观摩会和报告会1430余次,学习会、座谈会、讨论会3397次,对"十项整治""四气"问题督

查1864次。

（二）廉政建设情况

2017年，新疆国资系统深入贯彻落实党中央、自治区党委关于党风廉政建设和反腐败工作的系列重要部署，不断压实国企各层级全面从严治党"两个责任"，持之以恒正风肃纪反腐，推进全面从严治党，为国企国资改革发展提供坚强纪律保障。

一是推动"两个责任"落到实处。细化分解落实党风廉政建设和反腐败工作9个方面目标任务和责任，分级、分层与直接监管企业党委书记和国资委领导班子成员及机关各处室、各监事会办事处负责人签订党风廉政责任书，实现责任领导全覆盖。各监管企业与集团总部各层级责任人和分支机构责任人签订责任书，切实将全面从严治党"两个责任"向企业各层级延伸。指导监管企业制定《党建工作责任制实施方案》《全面从严治党"七个一"工作机制》，推动党委主体责任和纪委监督责任落实。对22家企业领导班子及132名领导班子成员抓落实党风廉政建设和廉洁自律情况进行检查考核。对落实主体责任不力的4个党组织进行问责，直接挽回经济损失1.3亿元。其中，严肃查处违反政治纪律案件17起，给予党政纪处分11人，组织处理21人。新投集团通过落实纪检、审计处理意见解除担保2亿元、追回风险投资2.03亿元。

二是坚决查处违纪违法案件。2017年，国资国企受理信访举报140件次（比上年增长29.62%），初核线索94件，立案核查54件，核查结案53件，给予通报批评、诫勉谈话等处理51人次，给予纪律处分41人，移送司法机关4件4人，挽回损失8192.67余万元。驻国资委纪检组接收信访举报68件，占总数48.57%，初核51件，占总数54.26%，谈话函询5件，了结12件。立案19件，占总数35.19%，结案19件，给予党纪政纪处分9人，给予诫勉谈话、通报批评等处理17人，问责4个企业党组织，点名曝光案件54起42人。

三是持续推进国企国资执纪"一盘棋"制度建设。按照"委企纪检联动、整合监督资源、案件信息共享、分级分权追责"监督格局，大力开展国资国企监督执纪"一盘棋"七项制度建设。制定印发《国资委纪检组工作例会制度》《国资纪检系统执纪审查人才资源库管理制度》《国资系统900余名处级领导干部的廉政档案信息库》，起草《监事会监督与纪检再监督工作机制》《运用执纪程序格式化"法规"文书制度》《国资国企监督执纪问责的规范办法》《国资纪检组织与司法机关、审计机关经常性沟通协调机制》等制度文件。

四是加强国资纪检干部队伍建设。将政治思想和执纪能力建设作为纪检监察干部履职尽责的重要保证。深入开展"两学一做"学习教育、"学转促"专项活动，坚定"四个意识"，践行"打铁必须自身硬"，打造忠诚干净担当的国资特色纪检干部队伍。推行"由面到线、由线到点"的"会计型"监督执纪，突出"会计信息"出线索、司法跟进的办案理念，强化干部培训。2017年，选派32名国资国企纪检干部赴中纪委7个培训班学习（其中厅级干部1人，处级干部16人）；组织12家监管企业27名纪检干部，开展执纪审查业务流程、案件管理等方面的培训。

（撰稿人：雷中伟）

新疆生产建设兵团

一、新疆生产建设兵团国有资产监督管理工作综述

2017年，新疆生产建设兵团国资委认真贯彻党的十九大精神，以习近平新时代中国特色社会主义思想为指导，紧紧围绕贯彻落实中发〔2017〕3号文件和中央关于国资国企改革"1+N"文件精神，全面落实自治区党委和兵团党委战略部署，进一步深化国资国企改革，壮大国有经济实力，提升国有资本运行效率，完善国资监管体制，各项工作取得积极成效。

截至2017年底，兵、师国资委监管企业资产总额

4679.91亿元,同比增长16.72%;所有者权益总额1156亿元,同比增长27.03%;实现利润总额57.04亿元,同比增长250.85%。兵团国资委监管企业资产总额690.02亿元,负债总额498.13亿元,所有者权益总额191.89亿元;实现营业收入465.35亿元,利润总额13.14亿元,上缴税金8.5亿元。

(一)聚焦稳增长,确保国有经济总体平稳运行

一是多措并举,抓实细化目标任务。紧紧围绕新疆工作总目标,牢牢把握年初确立的"稳中求进"总基调和增长10%的目标任务,以提高质量和效益为中心,采取多种措施,稳增长,增效益。坚持建立健全领导联系重点企业工作机制,持续开展重点任务督导检查,狠抓各项决策部署落实,推动经济运行处于合理区间。二是加强企业经济运行动态监测与分析。面对全国经济下行压力持续加大局面,认真分析监管企业实际情况,指导企业狠抓经营管理、深化结构调整,不断提高风险防范和市场竞争能力。密切关注企业运营动态,及时分析经济运行情况,重点加大对财务快报中集团企业整体经营情况、效益状况和所属重要二级子企业经济运行情况的分析审核力度,对企业收入、利润、成本费用等指标同比增长(或下降)超过一定幅度的企业,及时进行督查。三是强化财务预算管理和财务内部审计。加大对监管企业财务预算编制的指导力度,要求监管企业按照全面预算管理的要求,认真做好2017年度预算报表的编制工作。同时对财务预算执行情况进行跟踪监测,对企业财务预算主要指标执行进度进行分析、指导和督促,加大预算的管控力度。通过做好中介选聘工作、规范财务决算审计内容、对财务决算审计质量进行抽查等方式,强化决算审计质量,督促企业加强审计整改落实工作。四是开展财务绩效评价工作。依据企业上报的2016年度财务数据,通过财务绩效评价等手段,对监管企业的盈利能力、资产质量等方面财务指标与全国同行业水平进行对标分析,形成《2016年度国资委监管企业财务绩效评价结果通报》,督促企业对通报中提出的问题不断加以改进,推动企业加强财务管理,提升经营管理和资本回报水平。五是拓宽融资渠道。鼓励各监管企业利用自身的资信评级优势,发挥融资平台作用,积极推进短期融资券和中期票据的发行,拓展融资渠道,为各企业解决融资难题,保障企业平稳较快发展。2017年,兵团国资委监管企业直接融资共计25.3亿元,其中兵团国资公司发行20亿元可续期公司债券。

(二)聚焦深化改革,稳步推进国资国企改革工作

一是深入调研,摸清家底。2017年,先后对7个师国资委和23家企业进行多层次调研,梳理问题十类34条,形成《兵团国资国企调研主要问题清单》。摸清兵、师、团国有及国有控股、参股企业基本情况,共计2991户,资产总额4569.41亿元。二是抓好顶层,做好配套。聚焦中发〔2017〕3号文件要求,围绕确立"企"的市场主体地位这个中心任务,坚持问题导向,研究起草《兵团党委关于深化国资国企改革的实施意见》《关于加强和改进兵团企业国有资产监防止国有资产流失的意见》《新疆生产建设兵团企业国有资本收益收取管理办法》等相关改革配套文件。三是分类推进,试点先行。针对国资国企改革面临的重点和难点问题,围绕落实董事会职权、市场化选聘经理人、国有资本投资运营公司等十项改革任务开展试点。加快推进公司制改制工作,印发《关于加快完成国有企业公司制改制工作的通知》。以混合所有制改革为突破口,推动新疆通用航空有限责任公司纳入全国混合所有制试点企业名单,选择兵团投资公司下属的新疆生产建设兵团招标有限公司,开展员工持股试点。

(三)聚焦结构调整,优化国有资本结构布局

一是加快推进产业转型升级。紧紧围绕兵团和兵直国有企业"十三五"规划,以优化国有资本配置为中心,积极引导国有资本向基础产业、支柱产业和战略性新兴产业投入,研究起草《兵团国资委监管企业重组整合建议方案》,提出以资本为纽带,进一步优化国有资本配置,促进兵团国有企业转型升级。积极筹建中联农业保险股份公司、兵团再担保公司等公司。充分利用IPO绿色通道政策,支持企业上市及新三板挂牌,天科合达、中山学校顺利挂牌,中山学校也成为新疆教育板块第一家挂牌股份制企业。二是积极推动高层次战略合作。研究起草《兵团与国务院国资委产业对接工作方案》等3个对接方案,对人才挂职交流进行摸底,形成互派人才挂职交流计划。进一步加大与央企、援疆省市企业的合作力度,泽众水务采用PPP方式,引入北京首创先进的污水处理技术和企业管理模式。大力推进兵团与中国中铁、信达资产管理公司、北京首都创业集团、中煤能源集团等合作项目。三是抓好兵团产业向南发展工作。围绕兵团向南发展总目标,持续加大向南发展力度,以新型工业化为主要途径,通过发展壮大产业为抓手,积极引导有条件的企业在南疆城镇注册或设立分公司,兵直企业在建、拟建企业已有多家企业在兵团所辖师市范围内注册。进一步加强喀什、和田地区城乡富余劳动力转移兵团国有企业务工就业工作,已完成482个转移就业岗位目标任务。四是做好"三供一业"分离移交和"僵尸企业"处置工作。印发《兵团国有企业职工家属区"三供一业"分离移交工作实施方案》和《兵团国有企业处置"僵尸企业"工作方案》。主动与国家相关部委沟通协调,争取到国家对兵团国有企业"三供一业"分离移交专项补助资金计划26.46亿元,到位7.14亿元,积极开展62户国有企业分离移交工作。

(四)聚集监管职能转变,提升国有资本监督管理水平

一是完善制度建设,强化监管。研究出台《关于建立国有企业违规经营投资责任追究制度的实施意见》和《兵团国资委监管企业境外国有产权管理暂行办法》,坚持职权法定,继续深化权力清单和责任清单建设,对8家监管企业进行功能界定与分类,指导6家监管企业对其所属企业进行功能界定与分类。加强监事会监督,坚持问题导向,在借鉴外省市工作经验基础上,制定《兵团国有企业监事会监督工作改进举措》,为加强和改进监事会监督提供制度依据。二是推进职能转变。按照以管资本为主推进监管职能转变的要求,研究起草《兵团国资委以管资本为主推进职能转变方案》,进一步加大简政放权的力度,提出拟精简事项18项,其中取消5项、下放5项、授权8项。三是夯实管理基础。编印《中央关于国有企业改革"1+N"文件汇编》《国家关于国资国企改革法律法规汇编》《兵团深化国资国企改革开展五个一批工作企业基础资料》等汇编文件和基础资料,为兵团出台深化国资国企改革实施意见提供有力支持。

二、新疆生产建设兵团国有资产总量与结构分析

截至2017年底,纳入统计范围的兵团各级次国有及国有控股企业(以下简称"兵团企业")1640户(含农牧团场,下同)。兵团企业资产总额6680.16亿元,同比增长15.9%;负债5149.27亿元,同比增长14.74%;所有者权益1530.88亿元,同比增长19.98%。资产负债率77.08%,与上年基本持平。全年实现营业收入2459.50亿元,同比增长7.82%,实现利润总额61.43亿元,同比增长109.87%,扣除所得税费用后,实现净利润44.49亿元,同比增长243.02%。

表1　2017年新疆生产建设兵团国有企业指标

项　目	数　量
资产总额(亿元)	6680.16
所有者权益(亿元)	1530.88
国有资产总量(亿元)	1220.11
营业收入(亿元)	2459.50
利润总额(亿元)	61.43
净利润(亿元)	44.49
归属于母公司所有者的净利润(亿元)	25.08
应交税费总额(亿元)	89.74
实际上缴税费总额(亿元)	92.61
平均职工人数(人)	511347
实际发放职工工资总额(亿元)	202.88
劳动生产总值(亿元)	678.07

(一)国有企业户数情况

截至2017年底,兵团国有企业1640户(含农牧团场),比上年增加173户,增长11.79%。

表2　2017年新疆生产建设兵团国有企业户数情况

项　目	2016年	2017年	比上年增长(%)
户数(户)	1467	1640	11.79

(二)国有资产按地区分布情况

从地区分布来看,兵团国资委监管企业、八师、十一师、二师和四师国有企业占用国有资产比重较大,其中,兵团国资委监管企业及兵团直属企业占用国有资产总量160.61亿元,占全兵团国有资产总量的13.16%;八师占用国有资产总量136.30亿元,占全兵团国有资产总量的11.17%;十一师占用国有资产总量125.75亿元,占全兵团国有资产总量的10.31%;二师占用国有资产总量122.78亿元,占全兵团国有资产总量的10.06%;四师占用国有资产总量91.52亿元,占全兵团国有资产总量的7.5%。上述单位占用兵团国有资产总量合计52.2%。

表3　2017年新疆生产建设兵团国有资产按地区分布情况

地　区	国有资产(亿元)	占国有资产总量比重(%)
兵团国资委监管企业及兵团直属企业	160.61	13.16
各师国资委监管企业合计	1059.50	86.82
其中:一师	89.64	7.35
二师	122.78	10.06
三师	73.87	6.05
四师	91.52	7.50
五师	44.78	3.67
六师	83.47	6.84
七师	56.41	4.62
八师	136.30	11.17
九师	29.50	2.42
十师	40.90	3.35
十一师	125.75	10.31
十二师	87.89	7.20
十三师	51.66	4.23
十四师	25.03	2.05
合　计	1220.11	100.00

(三)国有资产按行业分布情况

2017年,从行业分布情况看,兵团企业国有资产主要集中在农林牧渔业、工业和社会服务业。其中,农林牧渔业国有资产总量401.44亿元,占32.90%;制造业国有资产总量80亿元,占6.56%;租赁和商务服务业国有资产总量364.33亿元,占29.86%。制造业主要集中在农副食品加工、化学原料和化学制品制造、非金属矿物制品行业。

表4　2017年新疆生产建设兵团国有资产按行业分布情况

行　业	国有资产(亿元)	占国有资产总量比重(%)
农林牧渔业	401.44	32.9
采矿业	20.28	1.66
制造业	80.00	6.56
电力、热力、燃气及水生产和供应业	54.60	4.47
建筑业	31.79	2.61
批发和零售业	38.08	3.12
交通运输、仓储和邮政业	7.34	0.60
住宿和餐饮业	1.24	0.10

续表

行　业	国有资产（亿元）	占国有资产总量比重(%)
信息传输、软件和信息技术服务业	0.06	0.01
金融业	209.34	17.16
房地产业	0.67	0.05
租赁和商务服务业	364.33	29.86
科学研究和技术服务	6.35	0.52
水利、环境和公共设施管理业	4.60	0.38
合　计	1220.11	100.00

（四）国有资产按经营规模分布情况

兵团企业中，大型企业国有资产总量300.38亿元，占24.62%；中型企业国有资产总量306.31亿元，占25.11%；小型企业占用国有资产总量436.47亿元，占33.77%；微型企业占用国有资产总量176.95亿元，占14.50%。

表5　2017年新疆生产建设兵团国有资产按经营规模分布情况

经营规模	户数（户）	国有资产（亿元）	占国有资产总量比重(%)
大型企业	207	300.38	24.62
中型企业	378	306.31	25.11
小型企业	513	436.47	35.77
微型企业	542	176.95	14.50
合　计	1640	1220.11	100.00

三、新疆生产建设兵团国有资本保值增值综合分析评价

2017年，兵团16家单位有14家实现保值增值，其中保值增值率超过110%的有1家，为十一师，保值增值率115.07%。未实现保值增值的单位有2家，分别为一师，保值增值率94.92%；六师，保值增值率95.48%。

表6　2017年新疆生产建设兵团国有企业地区国有资本保值增值情况

地　区	国有资本保值增值率(%)
一师	94.92
二师	102.33
三师	104.86
四师	103.14
五师	103.25
六师	95.48
七师	108.17
八师	103.90
九师	101.87
十师	101.33
十一师	115.07
十二师	100.09
十三师	102.78
十四师	100.13
兵团国资委监管企业	102.83
兵团直属企业	104.00
兵团企业汇总	102.69

2017年，兵团企业从行业分析上看，大部分行业实现保值增值，其中，科学研究和技术服务业保值增值率121.73%，建筑业保值增值率113.25%，金融业保值增值率108.58%，房地产业保值增值率107.32%，农林牧渔业保值增值率100.95%，租赁和商务服务业保值增值率100.64%，制造业保值增值率103.70%。

表7　2017年新疆生产建设兵团国有企业行业国有资本保值增值情况

行　业	国有资本保值增值率(%)
农林牧渔业	100.95

续表

行 业	国有资本保值增值率(%)
采矿业	99.62
制造业	103.70
电力、热力、燃气及水生产和供应	97.65
建筑业	113.25
批发和零售业	104.91
交通运输、仓储和邮政业	94.55
住宿和餐饮业	102.19
信息传输、软件和信息技术服务业	86.21
金融业	108.58
房地产业	107.32
租赁和商务服务业	100.64
科学研究和技术服务业	121.73
水利、环境和公共设施管理业	100.52
兵团企业汇总	102.69

四、新疆生产建设兵团国资委监管企业公司制股份制改革情况

深入贯彻落实中发〔2017〕3号文件精神，扎实推进国资国企改革，在公司制股份制改革方面取得积极成效。一是印发《关于加快完成国有企业公司制改制工作的通知》（兵国资发电〔2017〕39号），对兵、师、团三级全民所有制企业开展摸底调查，并督促各师和有关企业通过改制、清理、重组整合等方式在2017年底前基本完成公司制改制任务。截至2017年底，兵师团148户全民所有制企业中，已完成改制工商登记的企业19户，正在实施改制的企业47户，纳入团场综合配套改革"重组一批"范围的企业82户。二是开展压缩管理层级、减少法人户数工作。为解决企业法人管理层级多、管理链条长、机构臃肿、效率低下的问题，兵团国资委印发《关于兵团国有企业开展压缩管理层级减少法人户数工作的通知》（兵国资发〔2017〕117号），要求在1~2年内基本实现兵师国资委监管企业或上市公司管理层级压缩到3级以内，实现企业瘦身

健体、提质增效的目标。三是开展国有企业混合所有制改革试点。新疆通用航空有限责任公司于2017年11月列入国家发改委第三批混合所有制改革试点企业名单。新疆通航拟通过增资扩股的方式，引进2~3家战略投资者进行股份制改革。新疆通航与中信海直等6家有入股意向的企业进行首轮谈判。四是开展员工持股试点。按照国务院国资委（国资发改革〔2016〕133号）的文件精神和要求，兵团经过筛选，选择兵团招标公司、昆仑工程监理等5户企业开展员工持股试点。

五、新疆生产建设兵团国资委监管企业兼并重组与完善法人治理结构情况

2017年，兵团国资委紧紧围绕兵团深化国资国企改革的部署要求，按照行政引导、市场主导、企业主体、政策支持的原则，优化国有经济布局，促进国有资本重组整合。为提升兵团直属企业国有经济发展质量，解决国资委监管企业同质化经营和"小散弱"等问题，研究起草《兵团国资委监管企业重组整合建议方案》，提出以资本为纽带，进一步优化国有资本配置，推进国有资本重组，促进兵团国有企业转型升级。拟定《关于兵团国有番茄酱企业整合重组的建议方案》，以现有番茄酱骨干企业为依托，以资本为纽带，通过引入社会资本发展混合所有制，推进番茄企业跨兵师团、跨区域、跨所有制并购重组、合资合作，做好存量优化，解决番茄酱企业同质化经营问题。第六师将五家渠城投公司、新疆准噶尔物资公司、新疆青格达生态区投资开发集团有限公司整合重组组建为新疆汇丰城市建设投资管理集团有限公司，组建后的公司总资产总额109.8亿元，净资产13.33亿元。十一师以国有资产经营有限责任公司为重组主体，通过将建工集团、盛天投资公司通过股权划转进行有效整合，将十一师国资公司打造为一家资产总额400亿元，净资产100亿元，年均净利润7亿元的集团公司。

2017年，兵团国资委继续大力推进监管企业法人治理结构建设，以董事会建设和监事会为抓手，指导监管企业强化制度建设，明确权责，优化运行机制。董事会结构发生积极的变化，外部董事人数占董事

数比例逐年提高，职能进一步到位，企业普遍建立权责明确、有效制衡的法人治理结构。加强监事会监督，坚持问题导向，在借鉴外省市工作经验基础上，制定《兵团国有企业监事会监督工作改进举措》，为加强和改进监事会监督提供制度依据。

六、新疆生产建设兵团国资委监管企业建立和完善经营业绩考核体系情况

一是制定出台《关于进一步深化兵团国资委监管企业劳动用工和收入分配制度改革的指导意见》。指导企业深化内部三项制度改革，提出通过完善以岗位职责和任职条件为核心的管理人员职级体系，健全管理人员选拔任用、考核评价机制，开展市场化选聘经营管理者和职业经理人试点等方式，实现管理人员能上能下；通过全面推行公开招聘制度，加强劳动合同管理，构建员工正常流动机制等方式，加强劳动用工契约化管理，实现员工能进能出；通过完善工资总额预算管理，推进与效益紧密挂钩的内部薪酬制度改革，规范员工福利保障制度等方式推进收入分配市场化改革，实现收入能增能减。二是完成与监管企业负责人 2017 年度经营业绩目标责任书的签订工作。2017 年，结合监管企业前三年财务决算（审计）数据，按照考核办法的有关规定，对企业负责人 2017 年度经营业绩考核目标值认真进行测算，并根据"同一行业，同一尺度"原则，综合考虑兵团经济发展预期目标、企业发展规划、国内同行业水平及企业实际情况，确定 2017 年度企业负责人经营业绩考核目标值，与监管企业负责人 2017 年度经营业绩责任书。三是完成监管企业负责人 2017 年度经营业绩成果的审核和确认工作。按照业绩考核办法的相关规定，对 6 户监管企业和供销公司 2017 年度业绩考核结果进行严格的审核和确认。审核确认结果为 4 户企业考核结果为 A 级，3 户企业为 B 级。

七、新疆建设生产兵团国资委监管企业负责人考核与选人用人机制改革情况

一是进一步完善考核测评体系。在突出企业领导班子和领导人员切实履行经济责任的同时，加大对履行政治责任、社会责任考核力度，将履行维稳戍边、促进民族团结方面的尽责情况纳入《兵团党委关于深化国资国企改革的实施意见》《兵团国资委监管企业领导班子和领导人员综合考核评价办法》，充分发挥业绩考核的导向作用。二是完善企业领导人员管理体制机制建设。着力推进企业经营管理人员身份与行政彻底脱钩。按照"简政放权、放管结合、优化服务"的原则，取消监管企业职工董事履职管理，将职工董事管理权限下放给企业，由企业董事会对职工董事进行管理。组成调研组，深入部分师、团场、企业就管理体制、选人用人、经理层选聘等内容进行调研。三是切实做好人才培训工作。实施"兵团英才"第一周期第一、第二层次人才年度项目进展完成情况考核。落实监管企业第 18 批博士服务团需求摸底及第 17 批博士服务团成员考核总结。开展 2017 年国家百千万人才工程人选推荐工作。四是从严管理企业领导人员。在严格执行企业领导人员选拔任用有关规定的基础上，突出做好个人重大事项报告审核、人事档案基础管理、出国境审批等工作，进一步将对企业领导人员的从严管理落到实处。

八、新疆生产建设兵团国资委监管企业党的建设和廉政建设情况

一是推动党建工作与监管企业生产经营深入融合，彰显党组织领导核心和政治核心作用。以贯彻落实全国国有企业党建工作会议精神为主线，在研究起草兵团国资国企业改革实施意见中把"坚持党的领导"作为深化国资国企改革的基本原则之一，起草印发《将党建工作纳入公司章程的相关条款》，明确党组织在公司法人治理结构中的法定地位，落实党建工作"四同步""四对接"，并丰富载体，通过开展"两学一做"学习教育制度化常态化工作、"发挥兵团特殊作用大学习大讨论"、"学转促"、学习习近平总书记系列重要讲话专题培训班等活动，有效地发挥监管企业党组织把方向、管大局、保落实作用。二是抓好党建工作责任制落实，强化基层基础工作。制定《兵团国资委监管企业党建工作责任制实施办法》《兵团国资委监管企业 2017 年度党建工作要点》，与监管企业党组织

书记签订抓党建工作责任书,切实加检强查落实力度,将党建工作纳入监管企业综合考评体系,层层压紧管党治党责任。组织监管企业17名党务工作人员,前往湖南、广东等大型国有企业进行现场学习,主动找差距、思不足、明方向。注重典型作用发挥,协调《兵团日报》等有关新闻媒体,对监管企业党建工作进行深入挖掘和广泛宣传。强化制度规范,严格按照党章和党内有关制度规定,指导各监管企业做实做细做优党员发展、基层组织换届选举、党费收缴、党组织关系管理、"三会一课"等工作,把从严治党要求落细落小落实。三是整风肃纪,反腐倡廉教育不断深化。坚持把严明党的政治纪律和政治规矩摆在首要位置,严格落实中央八项规定和兵团党委二十六条规定精神,深入开展"四风"及隐形变异"四风"问题、企业干部损害职工利益问题专题治理工作,一些群众反映强烈的突出问题得到及时解决。针对监管企业对巡视组巡视反馈意见整改落实不到位等,开展"回头看"行动,组织专门力量对监管企业巡视整改情况进行逐项逐条检查。

(撰稿人:胡杨军)

中央企业改革与发展

2018 CHINA'S STATE-OWNED ASSETS SUPERVISION AND ADMINISTRATION YEARBOOK

中国国有资产监督管理年鉴

第四篇

中国核工业集团有限公司

【基本概况】 2017年是党和国家事业发展极其重要的一年,也是中国核工业集团公司(以下简称"集团公司")改革发展取得显著成绩的一年。面对错综复杂的国际国内经济环境和市场变化的挑战,集团公司深入学习领会党的十九大精神,贯彻落实党中央、国务院、中央军委的各项战略部署,围绕年初制定的"一个坚持、五个必须"的工作思路,集团公司全体员工齐心协力、奋力拼搏,各项工作取得显著成绩。

【主要指标】 2017年,集团公司克服核电调峰降荷、限发、降价等不利因素,采取提质增效、去杠杆等有效措施,积极应对风险挑战,全面实现经营目标。全年实现总产出1080亿元,同比增长8.4%;实现营业总收入873亿元,同比增长13.1%;实现利润总额138.67亿元,同比增长7.75%;经济增加值(EVA)78.4亿元,"两金"占比49%,全面优于国资委年度考核目标。

2017年中国核工业集团有限公司主要经济指标

项　目	2016年	2017年	比上年增长(%)
资产总额(亿元)	4742.04	5177.76	9.19
所有者权益(亿元)	1431.25	1551.32	8.39
营业收入(亿元)	772.01	873.09	13.09
利润总额(亿元)	128.70	138.67	7.75
净利润(亿元)	109.84	114.00	3.79
归属于母公司所有者的净利润(亿元)	57.57	60.96	5.89
技术开发投入(亿元)	52.19	63.21	21.12
利税总额(亿元)	193.56	204.18	5.49
应交税金总额(亿元)	103.30	111.69	8.12

续表

项　目	2016年	2017年	比上年增长(%)
全员劳动生产率(万元/人·年)	46.42	53.19	14.58
净资产收益率(%)	8.09	7.64	减少0.45个百分点
总资产报酬率(%)	3.81	3.78	减少0.03个百分点
国有资本保值增值率(%)	106.22	107.64	增加1.42个百分点

【改革发展】 2017年,集团公司积极贯彻国有企业改革的各项要求,以深化供给侧结构性改革为主线,调整改革步伐不断加快。

现代企业制度建设取得新进展。集团公司完成公司制改制。修订并发布"三重一大"决策制度,为提升集团公司治理效能奠定更加科学的制度基础。完善子公司法人治理结构,在一批单位建立董事会。上市公司管理、资本运作进一步强化,中国核电资本运作迈出新步伐。组建中国铀业、中核环保公司,集团公司事业部全部完成实体化。华龙国际公司股权结构与公司治理不断优化。新闻宣传中心成功改制。同辐公司上市工作进展顺利。

组织机构和产业架构持续完善。总部部门结构调整优化,成立市场开发与资本经营部、核技术应用/军民融合办公室。新设国际市场、装备制造、集中采购3个平台。核动力院、核电工程公司、监理公司成为集团公司直属单位。原子能公司和核燃料公司重组整合。汇能公司、105所并入中国核电。调整设立区域核工业局与联络部,强化区域统筹发展。

全面落实"三去一降一补"工作要求,供给侧结构性改革顺利推进。中国铀业调整改革全面完成人员分流安置,7户硬岩铀矿山企业改革任务三年目标两年实现。全面实现28户企业"压减"第一阶段目标。"三供一业"分离移交提前完成年度任务,签订协议26.4万户,完成总任务86.4%,全面超过国资委年度目标。

【重大项目】 深入推进核电、核燃料产业重大项目。核电始终保持安全高效运行,在役核电机组17台,总装机容量1435万千瓦,年度发电量首破千亿千瓦时,整体运行指标连续五年国内领先,达到世界先进水平。在建核电机组9台,装机容量991万千瓦。霞浦示范快堆工程土建开工,中国核能"三步走"战略的关键环节实现重大突破。"华龙一号"示范工程福清5号机组提前实现关键工程节点目标,福清4号机组商运,创造压水堆单机组工期全球最短纪录。三门1号机组完成装料前准备。松辽盆地发现大型砂岩铀矿床。404、272铀转化生产线建成。AP1000燃料组件实现中国造,首炉换料产品下线。全球首条高温气冷堆燃料元件生产线实现规模化工业生产。821中低放废液处理处置能力全面形成。

加快核技术应用及非核产业拓展。中国同辐三大药物基地建设取得新进展,首批医用钴-60正式生产,百万居里钴-60实现规模化出口。发挥中核控股质子治疗、核素诊疗等特色优势,医养结合产业发展驶入"快车道"。集团公司地热产业联盟成立,向世界地热领军企业迈进。核服务产业拓展步伐加快。

积极深化与各级政府、中央企业多维度合作。加强区域统筹,积极推进与上海、甘肃、天津、浙江、四川、西藏等省(自治区、直辖市)的纵深合作。成功竞得"月亮船"地块,上海产业集群建设迈出关键一步。与衡阳市共建白沙绿岛军民融合产业园。与多家中央企业联合推动行波堆、海洋浮动平台、先进设备制造等重点领域的科研和产业合作。

【走向海外】 2017年,集团公司持续加大海外开发力度,充分发挥全产业链优势,整合开发平台,国际市场开发取得新突破。

继续深耕巴基斯坦市场。海外第三座"华龙一号"C5项目签订商务合同。恰希玛C4核电站提前32天并网发电,恰希玛一期工程全面建成。"华龙一号"海外首堆K2项目成功实现穹顶吊装,K2/K3项目建设进展顺利。

加大国际核能市场开发。在习近平主席与阿根廷总统的共同见证下,与阿方签署重水堆和"华龙一号"总合同,"一个合同、分步实施"的中阿核电合作战略全面落实。在习近平主席与沙特国王的共同见证下,中沙签署铀钍资源合作协议,正式开启核能全产业链合作新篇章。援助柬埔寨打井找水一期工程顺利实施。加纳微堆低浓化改造圆满完成,高浓铀燃料安全返运回国。积极稳妥推进LH项目股权收购。

深化与核大国合作。行波堆中美合资公司成立,中美两国核能合作迈入新阶段。对俄合作取得重要突破,快堆、田湾7号、8号,新厂址项目等一揽子合作加快推进。中法核循环项目合作商务合同谈判取得积极进展。积极参与国际热核聚变试验反应堆(ITER)研究,提供技术和装备。与加拿大坎杜能源公司深化核能合作。中英核技术联合研发中心取得新进展。

【重大创新】 管理能力持续提升。加强集团公司战略研究,重大问题研究工作取得新的成效。集团公司当选中央企业智库联盟第二届理事长单位,技术经济总院入选中国核心智库。不断完善权责体系,梳理总部对二级单位审批、审核、监督等权力事项210项。信息化建设持续完善,集团公司商网实现全覆盖。"法治中核"建设深入推进,法治工作组织领导不断加强,总法律顾问行权履职有效落实。建立向董事会负责的审计工作机制,实现风险管理与具体业务的融合。

开展"安全管理提升年"活动,坚决筑牢安全环保基石。核与辐射安全总体保持良好记录,核设施运行状况良好,环境安全受控,核设施周边辐射环境处于本底水平,核设施退役、放射性废物贮存、尾矿库、放射源等处于安全受控状态。职业危害得到较好控制,无急性职业病发生。全年未发生影响安全考核的扣分项。

【党建工作】 集团公司深入学习贯彻党的十九大,十八届六中、七中全会精神,强化"四个意识",提高政治站位,党的建设不断加强。突出政治引领,第一时间掀起学习宣传贯彻十九大精神的热潮,组织开展集团化多层次互动式宣讲。不折不扣落实全国国企党建会精神,圆满完成集团公司及所属三级以上企业党建工作要求进章程工作,基本实现全覆盖、无盲区。对集团总部、全系统党组管理班子的党政一把手进行党性教育培训。强化责任担当,发布《党建工作责任制实施细则》,明确基层单位党委责任清单。夯实基层基础,树立党的一切工作到支部的鲜明导向。

"两学一做"学习教育呈现常态化,集团公司涌现出以"央企楷模"邢继、"大国工匠"王多明、"华龙一号"和快堆创新团队、衢州铀业党支部等为代表的一大批先进典型。

认真部署落实党风廉政建设和反腐败工作。严格执行政治纪律规矩,坚持严厉监督执纪问责与严肃党内政治生活相结合,责成12家单位召开针对问题民主生活会,制定出台《党组关于针对问题召开专题民主生活会的实施办法》。认真贯彻监督执纪"四种形态"要求,运用第一种形态监督执纪106人次。全年接收有效问题线索430件。政治巡视6家单位,震慑作用进一步彰显。认真落实"三个区分开来",印发容错纠错意见。加大领导干部个人事项报告核查力度,如实报告率显著上升。坚持惩处力度与关爱干部的温度相存,向经函询了结的37名党组管理干部进行书面反馈。经过正风肃纪综合施策,严重违纪问题蔓延的势头得到有力遏制,反腐败的压倒性态势已经形成,全面从严治党成效显著。

【其他情况】 2017年,集团公司保密管理工作登上新台阶。加大精准扶贫,召开首次扶贫帮困工作会。坚持扶贫与扶智、扶志相结合,培训定点贫困县企业家及干部80人。开展系统内帮扶困难职工募捐活动,募集资金620多万元。全年帮扶困难职工1.7万人次。发挥青年突击队的品牌作用,青年创新创效工作取得新进展。离退休工作不断加强,老干部"两项"待遇得到切实落实,"畅谈"和"建言"活动取得积极成效。新闻宣传工作取得新突破,华龙主题化宣传在《人民日报》发稿14条,央视报道超120次。在军事博物馆设立核工业常设展厅,进一步提升集团的知名度与美誉度。排查化解信访积案,加强源头预防管理,依法维护职工利益,保持职工队伍总体稳定。

(撰稿人:王 健)

中国航天科技集团有限公司

【基本概况】 2017年,中国航天科技集团有限公司(以下简称"集团公司")认真学习习近平新时代中国特色社会主义思想和党的十九大精神,贯彻落实中央、上级部门重要部署,保持冷静头脑、坚定发展信心,坚持深化改革、努力提质增效,深入推进全面从严治党。面对长征五号遥二运载火箭发射失利的不利局面,深入开展形势任务教育和质量整改工作,初步扭转被动局面,圆满完成以天舟一号、北斗三号为代表的16箭29星(船)发射任务,完成6次商业发射服务,发射10颗商业卫星,完成1颗通信卫星和1颗遥感卫星整星出口。多型战略战术导弹武器装备研制、生产、试验和演习保障任务取得一系列重大突破和重大进展,出色履行富国强军使命,为中国国防现代化建设、维护国家安全与世界和平作出重要贡献。与此同时,集团公司在党的建设、产业转型升级、技术创新、市场拓展、军民融合、改革调整、人才队伍建设等各方面工作都取得突出成绩。全年先后获得"感动中国"年度人物、"时代楷模"荣誉称号、"全国文明单位"、"全国五一劳动奖状(奖章)"、"中国青年五四奖章"等国家级荣誉44项,省部级荣誉100余项。经济规模实现快速增长,在2017年财富世界500强中排名第336位,较首次入榜名次上升101位。较好地完成全年航天型号任务和产业发展目标,实现经济规模、效益和质量同步提升,为建设航天强国奠定重要基础。

【主要指标】 2017年,集团公司资产总额4106.31亿元,同比增长6.04%;营业收入2315.07亿元,同比增长8.58%;利润总额196.31亿元,同比增长10.9%;资产负债率48.58%,成本费用率92.69%,增加值623亿元,同比增长12%,圆满完成全年经济指标任务和国资委经营业绩考核指标,连续13年获得国资委经营业绩考核A级。

表1 2017年中国航天科技集团有限公司主要经济指标

项　目	2016年	2017年	比上年增长(%)
资产总额(亿元)	3872.32	4106.31	6.04
所有者权益(亿元)	1825.02	2111.64	15.71
营业收入(亿元)	2132.10	2315.07	8.58

续表

项 目	2016年	2017年	比上年增长(%)
利润总额（亿元）	177.02	196.31	10.90
净利润（亿元）	158.00	173.54	9.84
归属于母公司所有者的净利润（亿元）	132.61	150.40	13.42
技术开发投入（亿元）	689.98	862.38	24.99
利税总额（亿元）	231.01	261.01	12.99
应交税金总额（亿元）	53.99	64.70	19.84
全员劳动生产率（万元/人·年）	31.50	35.10	11.40
净资产收益率（%）	9.24	8.82	减少0.42个百分点
总资产报酬率（%）	4.95	5.07	增加0.12个百分点
国有资本保值增值率（%）	110.59	110.38	减少0.21个百分点

【改革发展】 2017年，集团公司积极推进以战略管控为核心的母子公司体制建设，实施集团公司总部部分机构与职能调整；研究制定成员单位差异化考核指标体系，启动板块子公司建设工作。加快资产证券化进程，无人机业务顺利重组上市，打造中国证券市场首家以无人机业务为主业的上市公司；航天机电并购韩国公司股权顺利交割，实现海外首次重大并购；九院企业资产整体上市、四院上市平台组建、中国卫通股改均顺利完成，新中国四维公司组建成立。2017年，集团公司本级及32户全民所有制子企业完成公司制改制及工商变更；741户子企业进行功能界定与分类；启动军工科研院所转制工作。实施型号管理模式调整，有针对性制定《航天型号质量保证措施（16条）》，发布《航天型号精细化质量管理要求（2017版）》等，启动航天型号供应商管理及体系建设工作，建立运载火箭质量监理制度，提出武器产品研制生产流程精细化再造总体构想，推动航天型号管理模式创新。推进军民融合发展，召开2017年战略管理委员会会议，提出到2020年集团公司军民融合产业占比达到60%以上，军民两用成果转化数量年增长率达到20%以上等量化目标；牵头发起设立中央企业国创投资引导基金，首期募集资金1139亿元，是军工集团中最大规模军民融合产业基金。持续推进"瘦身健体、提质增效"，全年净压减法人单位86户，提前一年完成国资委任务指标，完成7户"僵尸"特困企业处置，多措施扭亏治亏，长江动力实现减亏1.2亿元；累计完成"三供一业"分离移交或签订正式协议、框架协议的居民户数超过80%，其中供电97%，超额完成国资委下达的年度工作目标；严控融资性贸易，全面遏制"空转""走单"等虚假贸易业务。积极探索人力资源管理市场化运作手段，不断深化人才发展机制改革。干部管理更加规范，出台有关干部交流、年轻领导人员培养选拔以及职业经理人制度试点等意见办法，加大领导人员调整配备力度。人才工作体系更加完善，实现引才全范围、全口径管理，印发进一步加强科技人才队伍建设工作意见，开展职业技能竞赛和技能大师工作室评估。全年新增2名院士、4名百千万工程人选、3名千人计划专家、8名万人计划科技领军人才，1人获得何梁何利奖，3人获得中央军委卓青基金资助。实施骨干人才激励措施，创新工资总额管理模式，单列11.04亿元工资总额用于保成功、保增长以及骨干人员激励。完成五院西安航天恒星、六院801所上海航天动力、乐凯医疗岗位分红，一院天津航天瑞莱、八院149厂航天装备、长征国际虚拟股权，五院529厂北京星达、财务公司超额利润奖励，以及神软公司EVA奖励等骨干人员激励计划的第一年激励兑现，审批八院149厂航天装备公司首家股权激励方案。制定《关于进一步做好一线骨干人才激励工作的实施意见》，着力开展骨干人才中长期激励工作，稳步推进事业单位养老保险制度改革。

【重大项目】 2017年，集团公司圆满完成以天舟一号、北斗三号为代表的16次宇航发射任务。天舟一号与天宫二号圆满完成交会对接和推进剂在轨补加试验，载人航天工程二步二阶段圆满收官；北斗三号中圆轨道（MEO）01组卫星成功发射，北斗导航全球系统组网正式开启；实践十三号卫星开辟中国Ka频段宽带通信的新领域；风云四号、高分三号卫星顺利交付，实现业务接替。截至2017年底，集团公司有162颗航天器在轨稳定运行，为推动天基装备建设和国民经济发展发挥重要作用。商业航天发展取得突出成效，阿尔及利亚通信卫星和委内瑞拉遥感二号卫星顺利实现整星出口，进一步扩大中国航天的国际影响力；长征六号运载火箭一箭三星成功发射吉林一号视频星，圆满完成首次商业发射。积极开展以进出空间、利用空间以及空间系统基础服务为主体的商业航天体系论证和建设，4颗高景一号卫星顺利组网，中国首个0.5米高分辨率商业遥感卫星星座正式建成；15颗通信卫星在轨服务，极大提升卫星通信运营服务能力和水平。国内型号立项和竞标顺利实施，多个军民航天项目获得立项。进一步深化与地方政府的合作，先后与青海省、河南省、贵州省、湖南省、宁夏回族自治区等地签署战略合作协议，搭建新的合作平台，大力推动在卫星应用、智慧城市、节能环保、高端装备以及商业航天等领域的广泛合作，并结合地方发展情况各有侧重，积极推进三江源国家公园体制试点与生态保护、新能源汽车充换电站示范、航天科普展厅等一批合作项目；同时，与陕西省、广东省、四川省、福建省、甘肃省、黑龙江省、海南省、山西省、山东省、西藏自治区、新疆维吾尔自治区，以及天津市、深圳市、珠海市、龙岩市、中卫市等地方政府积极对接，围绕城市生活垃圾处理、环境监测、智能制造、智慧农业、无人机应用、航天科普体验等地方迫切需求的项目进行合作交流。同时，巩固并不断拓展与大企业集团的合作，丰富合作领域，务实推进合作项目，积极发展新的战略合作伙伴，持续加大航天技术应用及服务产业的市场开发力度。先后与华润集团、中国航油、东方电气集团等签署战略合作协议，积极推动在微电子、燃气、电力、医疗医药、金融服务以及科技研发创新中心等方面的多形式合作；面向中国航油集团航油业务、油化贸易、物流业务、国际业务四大板块业务需求，为中国航油集团信息化建设进行顶层设计与实施，这是集团首个为大型央企开展信息化系统总体设计与实施项目，对于提升集团公司大型信息化系统集成能力具有重要意义；深入推进与神华集团、国机集团的战略合作，与神华集团积极探讨推广矿用电力电缆和矿用橡套电缆来料加工商业模式，与国机集团围绕长江动力相关业务寻求在装备制造领域更为深入的合作；同时，与中核集团、兵器工业集团、中国邮政集团以及百度公司等积极对接，大力推进产业合作与项目落地，在智能装备、卫星遥感数据应用、科技文化等方面稳步推进项目合作。积极开拓产业市场，煤气化项目与安徽晋煤、山西焦煤集团等单位新签大单合同14亿元；与华润集团开展战略合作，引入8亿元战略投资；彩虹四号无人机项目成功中标大兴安岭塔河站森林防火设备建设项目，成为国内首例民用大型无人机订单。规范重大产业化项目管理，卫星应用系统集成及特色终端、节能环保及能源装备、燃气输配设备、印刷影像材料等项目进展良好，主推项目收入126亿元，同比增长7.4%，利润总额15.9亿元，同比增长3.5%，市场地位得到持续巩固。集中力量发展系统级大项目，航天热解生活垃圾处理项目，成为工信部2017年军转民首选重点推荐项目，着力打造利用航天优势技术解决城市发展难题，服务地方经济发展的示范工程，太赫兹安检产品、工业机器人等项目实现市场突破；太阳电池背板销售收入突破8亿元。

【走向海外】 2017年，集团公司实现国际化经营收入276.5亿元，同比增长23.1%，国际化经营收入占营业收入的比例11.9%。截至2017年底，集团公司纯境外资产总额175.2亿元。国际市场持续扩大，完成签约6.1亿美元，其中，印尼PALAPA-N1通信卫星和苏丹遥感卫星整星出口、阿根廷NewSat-06/07/08星和加拿大Kepler小卫星搭载发射服务合同成功签约；通过租赁香港亚星公司卫星的方式，促成巴基斯坦过渡通信卫星项目签约，为巴基斯坦多功能通信卫星项目奠定基础。成功发射委内瑞拉二号遥感卫星和阿尔及利亚一号通信卫星。成功搭载发射阿根廷Satellogic公司NewSat-03卫星。加强与"一带一路"沿线国家航天技术国际市场开发与合作，"中国-东盟空间技术应用服务论坛"被纳入2017年度亚洲专项资金支持的项目，成为年度唯一获批的航天领域项目。发挥宇航出口溢出效应，探索航天技术应用产业及服务业领域国际市场。澜沧江湄公河空间信息交流合作中心项目进入实施阶段。为"蒙内铁路"（蒙巴萨-内罗毕）、瓜达尔港自贸区项目等"走出去"项目建设和运营管理提供全程通信保障。实现老挝、柬埔寨导航电子地图数据的生产与应用。中标印尼重点城市卫星地面系统项目改造项目。实施塞内加尔路桥等工程项目。利用老挝卫星项目成功契机,实现工程机械在老挝等东南亚国家的销售。大力推动开展境外并购和国际产能合作工作,航天光伏土耳其公司成为土耳其乃至中东境内规模最大和产能最先进的光伏生产制造基地。航天机电收购韩国汽配公司,成为中国乃至世界主流汽车热交换系统主要供应商之一。

【重大创新】 2017年,集团公司着力谋划前沿项目,加快重大预研项目实施和立项论证,全力实施关键技术攻关,重要型号产品研制实现重大进展,为中国航天技术和武器装备研制升级换代奠定重要基础。健全创新体系和知识产权管理,"高能固体推进剂技术国防科技重点实验室"立项,"液体火箭发动机技术国防科技重点实验室"通过试运行评估;3个国防科技工业技术创新中心顺利组建,集团公司知识产权与科技成果转化中心正式运行。2017年,集团公司获得专利授权3710项,获得国家技术发明一等奖1项、获得二等奖1项,国家科技进步一等奖1项、二等奖2项,国防技术发明一等奖2项、国防科技进步一等奖7项、创新团队奖1项,在军工企业集团名列前茅。

【党建工作】 2017年,集团公司始终把党的建设和党风廉政建设摆在重要位置,认真履行全面从严治党责任,坚决反对"四风",严肃执纪问责,努力营造风清气正的良好发展环境。在全系统开展以"学习贯彻十九大精神,加快推进航天强国建设"为主题的系列活动,切实增强"四个意识"、树立"四个自信",坚决维护党中央权威和集中统一领导,自觉地在思想上政治上行动上与以习近平同志为核心的党中央保持高度一致;加强新闻宣传和舆论引导,全方位展示集团公司重大成就和良好形象。稳步推进党的建设,颁发党建和党风廉政建设责任书,实施党建工作述职考评,逐级落实责任;推进"两学一做"常态化制度化和党建工作要求进公司章程等党建重点任务落实;组织开展各级"强化责任、狠抓落实、确保成功"专题民主(组织)生活会和形势任务教育,开展"学习总书记讲话做合格共青团员"教育实践。保持纠正"四风"高压态势,严格落实中央八项规定精神,开展违规公款购买消费高档白酒问题集中排查整治工作,对违反中央八项规定精神问题严格查处。严肃执纪问责,强化权力制约监督,加强对关键岗位、重要人员特别是对一把手加强监管,突出工程招投标、改制重组、产权变更和交易等方面的监督。坚持严明党的纪律,强化执纪审查,对信访举报涉及的问题线索规范、分类处置,做好受理。2017年全系统立案81件,结案79件,给予党纪政纪处分93人。认真开展内部巡视工作,全年完成全部二级单位共20家主要单位的巡视任务,及时谈话提醒,严格督促整改、严肃追究责任。

【信息化建设】 2017年,集团公司积极贯彻"中国制造2025"战略,助力航天强国建设,深入推进信息化建设工作。完成4个智慧院所、智能车间项目的论证及申报。开展2017年看齐计划工作,明确集团公司信息化短板。长征五号、天舟飞船等4个重点型号的设计制造协同能力显著提升。基于统一管控平台完成人力、党群、审计等业务系统建设,实现人力、保密、门户通讯录人员信息的统一。移动请销假系统、财务管理系统正式上线发挥效能。全年做好网络安全保障工作,顺利通过国家军工一级保密资格认定,获得"2017年度中央企业网络与信息安全信息通报工作先进单位"称号。

【履行社会责任】 2017年,集团公司积极履行社会责任,348人次到扶贫县调研和帮助工作,投入专项扶持资金1228.7万元(含物资折款13.7万元),帮助建档立卡贫困人口脱贫数4197人。承担的广播电视播出任务在敏感时期和重要时段安全无误。探索养老服务新模式,引进社区养老服务机构,开展精准帮扶。集团公司所属8家单位纳入政府"万家企业",加入"百千万"行动,践行绿色航天。狠抓节能减排与环保管理,全集团万元增加值能耗0.149吨标煤/万元,同比下降4.40%;二氧化硫排放量1390.89吨,同比下降3.12%;化学需氧量排放量875.57吨,同比下降2.04%;氮氧化物排放量976.73吨,同比下降3.08%;氨氮排放量204.71吨,同比下降1.86%。全面完成国资委考核要求。

表2　　　　　　　　2017年中国航天科技集团有限公司长征系列运载火箭发射情况

序号	空间飞行器	运载火箭	发射时间	发射地点
1	通信技术试验卫星二号	长征三号乙运载火箭	2017年1月5日	西昌卫星发射中心
2	实践十三号	长征三号乙运载火箭	2017年4月12日	西昌卫星发射中心
3	天舟一号—货运飞船	长征七号运载火箭	2017年4月20日	海南文昌航天发射场
4	硬X射线调制望远镜卫星,乌拉圭NewSat3卫星,欧比特星—1(2颗)	长征四号乙运载火箭	2017年6月15日	酒泉卫星发射中心
5	中星9A	长征三号乙运载火箭	2017年6月19日	西昌卫星发射中心
6	实践十八号	长征五号运载火箭	2017年7月2日	海南文昌航天发射场
7	遥感三十号01组卫星	长征二号丙运载火箭	2017年9月29日	西昌卫星发射中心
8	委内瑞拉遥感二号卫星	长征二号丁运载火箭	2017年10月9日	酒泉卫星发射中心
9	北斗三号MEO01组—1,北斗三号MEO01组—2	长征三号乙运载火箭	2017年11月5日	西昌卫星发射中心
10	风云三号04星,和德一号	长征四号丙运载火箭	2017年11月15日	太原卫星发射中心
11	吉林一号视频04/05/06星	长征六号运载火箭	2017年11月21日	太原卫星发射中心
12	遥感三十号02组	长征二号丙运载火箭	2017年11月25日	西昌卫星发射中心
13	陆地勘查卫星一号	长征二号丁运载火箭	2017年12月3日	酒泉卫星发射中心
14	阿尔及利亚一号通信卫星	长征三号乙运载火箭	2017年12月11日	西昌卫星发射中心
15	陆地勘查卫星二号	长征二号丁运载火箭	2017年12月23日	酒泉卫星发射中心
16	遥感三十号03组	长征二号丙运载火箭	2017年12月26日	西昌卫星发射中心

（撰稿人：杨　楠）

中国航天科工集团有限公司

【基本概况】　中国航天科工集团有限公司（以下简称"航天科工"）是战略性高科技国家级创新型企业。2017年，面对错综复杂的宏观形势和艰巨繁重的转型升级任务，在党中央、国务院、中央军委的坚强领导下，在国家有关部门和有关地方各级党委和政府的大力支持下，航天科工以习近平新时代中国特色社会主义思想为指导，奋勇拼搏，砥砺奋进，圆满完成年度各项任务，实现年度经营计划指标和国资委考核的经营业绩目标，在下大力气、投入较多精力集中处理一系列历史遗留问题的同时，企业运行保持平稳较快发展的良好态势，朝着到2020年初步建成国际一流航天防务公司的目标又迈进扎实的一大步。连续11年位居央企A级行列；位列世界企业500强第346位、中国企业500强第79位、中国500最具价值品牌第45位。

【主要指标】　2017年，航天科工实现营业总收入2302.9亿元，同比增长14.1%；利润总额167.4亿元，同比增长11.8%；净利润142.7亿元，同比增长10.3%；经济增加值113亿元，同比增长8%；全员劳动生产率30.91万元/人·年，同比增长10.6%；国有资本保值增值率110.97%，处于行业优秀水平。

2017年中国航天科工集团有限公司主要经济指标

项 目	2016年	2017年	比上年增长（%）
资产总额（亿元）	2573.12	2883.10	12.05
营业总收入（亿元）	2019.01	2302.86	14.06
利润总额（亿元）	149.74	167.39	11.79
净利润（亿元）	129.33	142.66	10.31
全员劳动生产率（万元/人·年）	27.95	30.91	10.59
净资产收益率（%）	10.72	10.68	减少0.04个百分点
总资产报酬率（%）	6.35	6.53	增加0.18个百分点
国有资本保值增值率（%）	110.00	110.97	增加0.97个百分点

【改革发展】 2017年，航天科工深入贯彻"一主两翼三创新"战略思路，产业的战略地位得到巩固和加强，"三创新"体制机制不断完善；"两工程"有效控制成本提升价值；"三挂钩"政策持续发力，投资观、人才观和效益观逐步转变；"四方案"在转型升级提质增效中发挥基础性作用；"五重大一专项""N重点创新项目"有序推进。

"1+N+23"深化国企改革政策措施全部出台。全级次单位完成功能界定与分类。首批10家科研院所转制方案正式上报。完成"1+15+4"全民所有制企业公司制改制。湖南航天成为国家第二批混改试点唯一军工单位；全面打响东北地区困难企业转型升级攻坚战；按照国资委和地方政府统一部署，完成"三供一业"等办社会职能分离移交年度任务；10家单位开展职业经理人试点；工资产出比纳入工资总额调控参数，挖掘企业可持续发展潜力。改革创新的特色实践在全国国企改革经验交流会上作经验交流。

资本（资产）结构不断优化，资本运营能力进一步增强。全年压减企业法人206户，全级次企业法人单位压减至500户以内。完成11户"处僵治困"任务，连续两年完成国资委考核指标。并购英国赛宁、德国WKS、江苏大洋等企业；并购宏华公司，成为航天科工首家境外上市公司。航天科工三院墨西哥工厂开工建设，航天云网德国公司、伊朗公司完成当地注册运行。虹云、行云、工业大数据、财税互联网和金融租赁等战略性和新动能产业公司组建并运行。火箭公司完成首轮融资；湖南航天等社会化融资工作有序推进。设立长江航天产业基金、成都工业互联网基金等投资基金。资产证券化率25.01%，同比增加3.98个百分点。

人才（智力）资源结构有序调整，人才队伍建设卓有成效。加大优秀年轻干部选拔使用力度，健全干部监管制度。开展重大工程项目专项科技创新团队和管理、技能创新团队评选建设。建立在线"专家池"，盘活并用好航天科工内外部人才智力资源，高层次人才队伍不断壮大。建立人才利用专有云开展双创活动的保障机制，以及高层次人才选拔和交流共享机制。深化劳动用工和收入分配制度改革，人工成本利润率指标持续优化。

【重大项目】 2017年，国家重点工程和重点型号及能力建设任务取得重大进展。参与完成天舟一号、北斗三号飞行任务。天鲲一号顺利入轨并完成在轨任务；快舟十一号完成合练箭产品齐套和多项大型地面试验。飞云工程完成高空太阳能无人机研制；快云工程缩比原理样机验证试验取得成功；行云二号卫星总体方案通过评审；虹云工程完成技术验证系统外场联调试验；腾云工程实现组合发动机模态转换国内首次飞行验证；飞行列车工程总体方案论证及关键技术梳理进展较快。武汉国家航天产业基地完成首批项目入驻；第三届商业航天高峰论坛推动同行交流与产业合作。

军民融合产业发展势头强劲，信息安全、智能传感器等9个新兴领域保持20%以上增速。年度新签合同同比增长23.5%；新签7项集团级战略合作协议，深化14项战略合作。智能化改造等6个重点领域协同发展局面初步形成，激光装备等14个重点产业化项目稳步推进。专有云平台建设扎实稳步推进。航天云网注册用户125万户，实现线上采购与协作配套额1351.55亿元。工业互联网公共服务云平台架构INDICS正式发布，有2558家企业业务嵌入云平台。智慧企业运行平台完成智慧党建等10项业务上线运行，全面实现监控预警自动化。国家工业大数据工程实验室获批组建。智慧食药监项目纳入国家促进大数据发展重大工程。获得国家级"安全可靠重点企业"资质。国家级城市基础设施综合管控平台建设领军地位初步确立。产品体系与营销体系协同作用更加突出,主办的工业互联网技术、激光技术产业、智慧产业论坛较好发挥与业界和市场的对接作用。

【走向海外】 国际化经营业务结构持续优化,国际化经营实现营业收入同比增长37.2%;其中,自营产品出口增长133%,境外企业收入占比34%。成功接待乌兹别克斯坦总统高级代表团访问,推动多领域合作。在习近平总书记和默克尔总理见证下,与西门子公司签署工业互联网与智能制造领域合作协议。国际工业互联网实现8个语种上线运行,并在四国落地。

【重大创新】 2017年,航天科工创新型企业建设取得新进展。20个"三创新特区"发挥积极作用,激光装备等36个新经济业务快速增长,新经济收入占比37.5%。设立网络信息等3个总体部和新一代材料应用研究(湖南)中心等10个技术研究支撑机构。8个民用产业研发中心纳入省部级研发体系。系统性推进"双创"工作,内部活跃着1000余个创客团队,72个内部"双创"项目实现落地;引导并帮扶社会"双创"项目4796个;200余支"双创"团队在核心人才特训营接受辅导;全国青年双创平台带动500万名央企青年开展"双创"活动。"双创"工作获李克强总理肯定,创新团队在央企熠星大赛中获得优异成绩。获得国家科技进步特等奖1项、二等奖1项;获得国防科技进步奖39项,其中特等奖1项。

【党建工作】 航天科工党组始终把党的政治建设摆在首位,坚决维护习近平总书记党中央的核心、全党的核心地位,坚决维护党中央权威和集中统一领导。深入学习贯彻习近平新时代中国特色社会主义思想和党的十九大精神,制定学习贯彻工作方案和意见,部署三方面20条措施。实施处以上领导干部5天集中轮训,党组成员分赴一线,并以全系统党课或到党校作专题辅导的形式进行宣讲。贯彻落实全国国企党建工作会精神,持续推动对表30项重点任务,细化分解的52项措施落实。旗帜鲜明加强党的领导,全级次457家公司将党建工作要求写入公司章程,并将该要求作为与收并购企业谈判先决条件。毫不动摇落实前置程序,明确将党委(党组)研究讨论作为董事会、经理层决策重大问题的前置程序。不断增强抓党建工作力量,全面推行党组织书记、董事长"一肩挑",领导班子职数7人以上的增配一名党委副书记。推动党建工作与科研生产深度融合,将党建工作融入型号研制全过程,型号靶场试验队实现临时党组织100%全覆盖,出现重大质量问题,不仅开展技术和管理归零,还以民主生活会或组织生活会等方式进行"党性体检",确保思想认识归零。圆满完成从严治党能力提升三年专项工作,着力打造想干事、能干事、干成事干部人才队伍。实施党建工作考核评价、党组织书记抓党建工作述职评议、党组织书记季度例会、基层党委向上级党组织报告党建工作、履职不力问责,构建"五位一体"党建工作责任落实机制。

落实中央八项规定精神,持续防控"四风"回潮。开展"坚定理想信念情怀,坚守使命底线担当"反腐倡廉主题教育活动,举办纪律和廉洁教育2000余场次。启动内部巡视第二轮三年全覆盖工作,相关课题获得央企党建政研成果一等奖。自查自纠、深化中央专项巡视整改工作获得国资委党委督查组高度评价。首次开展境外廉洁风险防控专项督查。

【履行社会责任】 航天科工党组高度重视定点扶贫工作,党组领导带队多次赴扶贫点就助力精准扶贫、精准脱贫工作与地方深入研究并推动扶贫项目落实。

航天科工创新帮扶方式,开展航天特色扶贫。一是实施科技扶贫,将军民融合技术用于防灾减灾,先后拨付扶贫资金407.5万元,完成云南省昆明市东川区无线电应急通信指挥系统四期工程和曲靖市富源县气象局气象应急通信指挥系统四期工程;在东川区跑马村实施继续10.67万平方米蓝莓基地的"水肥一体化"的智能灌溉系统,使200个建档立卡户600余人受益。二是实施教育扶贫,建立航天特色学校和爱国主义教育基地,先后投入220万元建立1个航天小学、2个航天幼儿园和1个农民文化室。三是实施医疗扶贫,为父老乡亲搭建一条救死扶伤专线。将富源县中医医院作为重点扶持对象,投入资金43.4万元购置医疗设备,代培9名医生,派专家团队到当地义诊,1930人次得到诊治,其中筛查先心病患儿疑似患儿317人次,确诊阳性32例。四是采用"互联网＋扶贫"新模式,拓宽农产品的销售渠道。联合最高人民检察院、国务院参事室、中国邮政集团公司等4家单位共同开展电商平台扶贫工作,多方携手合作,优势互补,促进电子商务与精准扶贫有机结合。

定期发布年度企业社会责任报告,这是自2008年以来连续发布的第九份社会责任报告。报告立足于党和国家赋予航天科工的责任与使命,着眼于社会各界给予航天科工的信任与关注,详实展现国家安全、经济发展、创新驱动、战略合作、员工成长、诚信守法、低碳环保、社会公益八大社会责任的履责实践,深度诠释"您的安全——我们的责任"社会责任价值观。

(撰稿人:崔云霞)

中国航空工业集团有限公司

【基本概况】 中国航空工业集团有限公司(以下简称"航空工业")是中央直接管理的特大型航空军工集团,是我军先进航空武器装备研制生产责任主体。2017年是党的十九大胜利召开之年,在党中央、国务院的坚强领导下,在国务院国资委等上级机关的关心帮助下,航空工业党组带领全体干部职工,大力弘扬"航空报国"精神,不忘初心、牢记使命、扎实工作、担当作为,全面完成国资委下达的各项工作任务,航空武器装备建设取得新的跨越,全面深化改革取得新的进展,各项工作全面加强,在中央企业负责人经营业绩考核中获得A级,为建设新时代航空强国奠定良好基础。

【主要指标】 2017年,航空工业实现营业收入4048.2亿元,同比增长9.06%;资产总额8711.2亿元,同比增长0.37%;所有者权益总额2904.8亿元,同比增长1.30%。利润总额考核指标完成数165.5亿元。经济增加值(EVA)25.2亿元。

2017年中国航空工业集团有限公司主要经济指标

项 目	2016年	2017年	比上年增长(%)
资产总额(亿元)	8679.3	8711.2	0.37
所有者权益(亿元)	2867.4	2904.8	1.30
营业收入(亿元)	3712.0	4048.2	9.06
利润总额(亿元)	167.8	165.5	1.37
净利润(亿元)	108.8	96.1	−11.67
归属于母公司所有者的净利润(亿元)	30.6	24.5	−19.93
技术开发投入(亿元)	240.2	259.7	8.12
利税总额(亿元)	221.1	238.4	7.82
应交税金总额(亿元)	53.3	72.9	36.77
全员劳动生产率(万元/人·年)	19.4	20.4	5.15
净资产收益率(%)	3.9	3.3	减少0.6个百分点
总资产报酬率(%)	2.8	2.9	增加0.1个百分点
国有资本保值增值率(%)	102.2	106.5	增加4.3个百分点

【改革发展】 落实国企改革"1+N"文件体系要求,成立集团深化改革领导小组、军民融合领导小组并设立办公室,强化改革顶层设计。研究制定集团党组《关于深入贯彻落实国家军民融合发展战略的决定》,做出全面部署,明确到2018年后,集团不再核批非核心零组件能力建设投资;到2020年,航空产业链中一般能力的社会化配套率、军民融合产业收入占比、集团资产证券化率都要超过70%;内部选择四家单位进行军民融合混改试点,其中沈飞公司军工核心资产实现整体上市,江航混改方案获发改委批复,安吉精铸完成引入内部战投和核心骨干持股。积极推进航空产品社会化配套,运—20项目民口配套企业600多家,其中民企400多家;AG600水陆两栖飞机98%的零部件由集团外部单位配套。与四川省、重庆市、国投公司、中车集团等签署军民融合战略合作协议;围绕雄安新区建设、振兴东北战略梳理出重大项

目166项,发布振兴东北战略第一批17个项目行动计划。

以军民融合党组决定为总纲,制定配套文件,初步搭建集团全面深化改革的"1+N"文件体系,系统推进改革。集团完成公司化改制,成为国有独资公司;完善集团治理结构和决策制度体系,出台决策结构清单和"三重一大"事项清单。持续推进"瘦身健体"提质增效工作,全年减少企业396户,完成国资委下达的27家"处僵治困"目标任务,法人层级、管理层级缩减为6级,提前和超额完成任务,在国资委2016—2017年度压减工作考核中获得满分。完成微电子、粮贸、煤炭等以及41户地产子企业等非主业退出,集团业务涉及国民经济行业由2015年的75类降至62类,回收资金451亿元,回馈主业发展。完善投资管理体系,制定《投资项目负面清单(2017版)》和《境外投资项目负面清单(2017版)》,开展"清理整顿参股企业及控股未控权企业"专项工作。推进资本化运作,完成沈飞公司、深南电路上市,全年在证券市场融资55亿元,集团资产证券化率超过66%,同比增加6个百分点。剥离企业办社会职能,2017年"三供一业"协议签订率92%,开工率50%,移交率35.4%。

完善激励和约束机制。研究制定集团公司《中长期激励办法》,明确上市公司、非上市公司、科技型企业的中长期激励政策,成飞集成股票期权激励计划获国资委原则同意;成飞公司等7家科技型企业试点实施岗位分红权激励;制造院等10家科研院所实施基于科技成果转化的项目分红激励;中航联创试点股权激励获国资委批准;新设立中航空管系统装备公司,核心团队人员主动脱离事业编制,投入现金持股。

持续推进组织优化和管理提升。完成主机厂所和64家成员单位机构设置和"三定"工作,机构和人员编制大幅压减,管理层级大幅压缩;机电公司"三定"工作成果入选国资委央企改革150案例集。实施集团总部和19家单位"航空工业管理体系(AOS)"建设试点工作。组建集团审计中心,首次实施审计问责,重大法律纠纷案件100%督办,依法维权避免和挽回经济损失7.8亿元。集团总部搬迁北区并高分通过新一轮军工保密资格审查认定,在国资委信息工作的排名由第52名上升到第三名。航空工业差旅平台全面上线,两年节约差旅经费4000万元。

【重大项目】 落实强军首责,全力以赴推进航空装备研制生产。"集团抓总、主机牵头、体系保障"军品管理新机制逐步落地生效,军品任务完成情况明显好于往年,均衡生产持续改善,批产交付数量持续攀升。特别是歼—20四代机、运—20大型运输机交付部队,实现现役航空主战装备的跨代升级。全力以赴做好建军90周年阅兵保障工作,全部由集团公司研制生产的18型129架先进战斗机集中亮相,扬国威、壮军威,集团及下属13家单位被授予"装备优质服务单位"奖牌。

积极推进民机产业发展。全年交付民机419架,新增订单458架。AG600大型水陆两栖飞机成功首飞,党中央、国务院发来贺信,国务院副总理马凯、国资委主任肖亚庆出席首飞活动。"新舟"700完成初步设计并转入详细设计,拥有国内外11家用户共计185架启动订单。"新舟"60遥感飞机获得国内型号合格证,首架"新舟"60海洋监测飞机交付;中法合作研制的AC352中型直升机完成调整试飞。西锐公司飞机交付数量连续四年超过300架,稳居全球固定翼通用飞机第一位。国内参与研发的西锐SF50轻型喷气公务机订单600多架,并开始交付用户;西锐公司也参与国内AG300、AG100等新型通用飞机项目研发。推动民机客舱业务整合,FACC、Thompson、AIM、嘉泰、菲舍尔等相关企业实现销售收入6亿美元。转包生产交付17.6亿美元,成飞民机荣获空客全球供应商最佳表现奖,西飞公司获得波音年度供应商奖,西飞、成飞民机分别获得中国商飞供应商银奖。全力支持中国商飞完成C919项目首架机首飞。

发挥航空军工优势,按照"技术同源、产业同根、价值同向"的"三同"原则和"高端装备、高新技术、高附加值"的"三高"方向发展战略性新兴产业。发布《军民融合产业拓展行动指南》;开展军用航空核心优势技术衍生谱系梳理工作,筛选出28个重点项目;研究制定产业拓展基金组建方案工作;编制印发《航空专用装备与机器人产业发展实施方案》,整合内外部资源发展产业;成立航空工业虚拟现实产业联盟,加快产业化发展。积极推进重大项目发展,武汉天马第

6代LTPS AMOLED产线全线贯通,项目用时刷新行业纪录,技术规格达到行业领先水平。

【走向海外】 贯彻落实国家"一带一路"倡议和国资委"走出去"工作部署,积极推进国际化发展。针对"一带一路"沿线国家与地区在航空产业基础和能力薄弱,客户对系统解决方案需求较大的情况,积极发挥自身优势,按照军民融合的思路,联合国内相关行业和企业,策划"空中丝路"计划方案,推动国内航空及相关产业资源抱团"走出去",得到国家商务部等上级机关的肯定和支持。积极推进军贸出口,全年出口成交和交付态势良好,均完成年初设定的目标;翼龙Ⅱ无人机系统、枭龙双座战斗教练机、直—19E直升机、L15高级教练机等5个型号成功实现首飞;与赞比亚签署警航2架H425和3架AC311A直升机合同,AC311A直升机首次出口;首批FTC—2000高级教练机成功交付首个国外用户。组织参加第52届巴黎航展、第13届莫斯科航展、第15届迪拜航展。2017年,航空工业实现国际化收入932亿元,初步构建境外投资管理、财务管理、风险管理等国际业务管理体系,在全球84个国家和地区设立295家境外机构,海外雇员近3万人;在"一带一路"沿线国家中的26个国家设有代表处,在28个国家开展业务和项目,执行和在谈的各类贸易、投资、工程等项目超过300个,总金额超过900亿美元。

【重大创新】 围绕航空重点型号研制生产,积极推进各项科研和技术攻关工作,保障重点型号建设需要。"天脉"嵌入式操作系统在2017年第十九届中国工业博览会上荣获创新金奖,打破国外垄断。深入落实集团"两化"融合"十三五"蓝图,41家单位通过工信部"两化"融合贯标评定,排名央企第一;研究形成智能制造系统成熟度评价标准总体框架;基于模型的系统工程(MBSE)在多个型号中形成应用能力。编制印发《实施科技成果转化指导意见(试行)》,选取10家航空单位作为试点,评选出67个转化项目,奖励764名科研人员,单人最高奖励31.37万元。编制印发《关于进一步全面、深入推进创新创业活动的通知》,加大推进工作力度,"中航爱创客"8个项目落地;成为国家"双创"示范基地,并制定基地建设方案,明确"五类双创基地"(北京科技创新基地、上海国际合作基地、成都央地联合基地、珠三角技术转移基地、洛阳内部孵化基地)和"三大网络平台"(工业资源共享平台、航空科技成果转化平台、电子设计云平台)的建设内容。制定发布《绿色航空工业评价准则》及考评细则,设立节能研发中心,完成11家高能耗高污染企业的达标创建工作。全年申请专利8798件,同比增长11%。

【党建工作】 扎实做好党的十九大精神、习近平总书记系列重要讲话精神、中央有关会议和文件精神的学习宣贯工作,用习近平新时代中国特色社会主义思想武装头脑,筑牢"四个意识",坚定"四个自信"。运用系统工程管理理念,结合集团党建工作实际,创新构建"1122"党建工作体系,即"1种精神、1个规范、2个手册、2个办法":凝练和弘扬"航空报国"精神,编制《党建工作规范》《党委工作手册》《党支部工作手册》,制定《基层党组织星级管理考核办法》《党组织书记抓党建述职评议考核办法》。党建基础性工作持续夯实,科学化水平不断提升。修订集团公司和所属单位公司章程,明晰党组织在公司治理中的地位和作用。贯彻落实习近平总书记关于国企领导人员的"二十字"标准要求,研究制定集团党组《关于认真落实"二十字"标准 切实加强领导班子和领导人员队伍建设的决定》及配套文件,推动选人用人科学化。制定集团党组《关于坚持党管干部、党管人才,进一步加强集团公司人才队伍建设的意见》,持续推进人才发展体制机制改革。在中组部人才体制机制改革经验交流会上,集团作为唯一央企代表发言。歼—20总设计师杨伟当选中央候补委员和中国科学院院士;雷电院李晓明入选"万人计划";成飞公司隋少春入选"百千万人才工程国家级人选"。出台关于加强文化宣传工作的党组决定,组建集团文化中心,构建上下联动、统一发声的新闻宣传工作体系,围绕迎接党的十九大召开整体实施系列宣传活动。落实全面从严治党要求,严格监督执纪问责,正气充盈的政治生态持续形成;持续推进中央巡视整改,接受国资委对央企开展自查自纠巡视整改工作情况的专项督查;坚决落实中央八项规定精神,修订完善集团党组进一步加强作风建设的具体措施。

【履行社会责任】 认真落实中央精准扶贫工作部署,集团公司党组成员分赴陕西、贵州定点扶贫地区调研考察,指导推动驻村帮扶工作;2017年集团公司在陕西、贵州两省五县投入扶贫资金900万元,完成重点帮扶项目20项,走访慰问在任扶贫干部16人;贵州省普定县化处镇水井村驻村第一书记王泽勇获得国务院国资委推荐参评全国脱贫攻坚创新奖。进一步巩固拓展以"蓝粉笔"乡村教师培训公益行动、"爱飞客"公益行动、新舟幸福之旅、援藏医疗队等为代表的公益慈善项目,积极组织职工帮扶、公益捐赠、志愿行动等公益活动,向社会传递爱心和力量。积极履行海外社会责任,持续推进"非洲职业技能挑战赛",累计为非洲培训1.5万余名高级技能人才。大力推进非洲"移动医院"公益项目,年接诊量10万余人次。

(撰稿人:邢琬叙)

中国船舶工业集团有限公司

【基本概况】 作为中国海军装备建设的中坚和船舶工业的骨干力量,中国船舶工业集团有限公司(以下简称"中船集团")成立于1999年7月1日,前身是1982年六机部和交通部联合组建的中国船舶工业总公司,主要力量发源于1865年洋务运动时期的江南制造总局,旗下拥有一批历史悠久的成员单位。150多年来,中船集团创造无数个第一。

中船集团旗下聚集一批世界一流的科研院所、大型船舶建造企业、高端动力机电装备制造企业,截至2017年底,全集团资产总额2909亿元,员工人数13万余人,总部及下属全资控股法人单位316户,分布在北京、上海、广东、江苏、安徽、江西、广西、香港等地,在美国、俄罗斯、德国、瑞士、新加坡等12个国家和地区设有驻外机构和企业。2016年、2017年,中船集团连续两年入选《财富》全球500强,是中国第一、世界第二造船集团。

中船集团能够设计、建造符合世界上任何一家船级社规范、满足国际通用技术标准和安全公约要求、适航于世界任一航区的现代船舶及海洋工程装备,为国防和军队现代化建设以及国民经济发展提供有力装备保障和技术支撑。通过近年来的改革发展,中船集团在业务上形成以军工为核心主线,立足船海主业,非船装备、现代服务业、科技产业等多元产业协调发展的产业格局。中船集团能够设计、建造符合世界上任何一家船级社规范、满足国际通用技术标准和安全公约要求、适航于任一海区的现代船舶和具有国际先进水平的大型海洋工程装备,产品种类从普通油船、散货船到具有当代国际先进水平的液化天然气(LNG)运输船、20000TEU以上超大型集装箱船、大型液化气体运输船(VLGC)、液化乙烯(LEG)运输船、超大型油船(VLCC)、自卸船、各型化学品船、豪华客滚船、超深水半潜式钻井平台、自升式钻井平台、大型海上浮式生产储油船(FPSO)、多缆物探船、深水工程勘察船、大型半潜船等,形成多品种、多档次的产品系列,产品已出口到150多个国家和地区。

【主要指标】 2017年,在以习近平同志为核心的党中央坚强领导下,中船集团牢固树立"四个意识",坚定"四个自信",认真贯彻落实党中央、国务院决策部署,认真履行军工央企职责使命,牢记央企姓党、突出军工本色,推进党的建设与中心工作有机融合,聚精会神抓党建、一心一意谋发展,直面危机、攻坚克难,坚持"改革创新、开放合作、调整结构、持续发展"的工作方针,不断强化"创新驱动、人才驱动、资本驱动、改革驱动、管理驱动",军工工作实现新跨越,经济实力跃上新台阶,改革创新取得新突破,党建工作呈现新气象,各项工作取得来之不易的成绩,保持持续增长、持续盈利,营业收入首次迈上2000亿元新台阶,利润总额同比增长30.2%。2017年,中船集团认真做好迎接党的十九大胜利召开和学习宣传贯彻党的十九大精神各项工作,党建重点任务全面有效落实,党风廉政建设和反腐败工作向纵深推进,经济发展实现稳中有进,各项军工任务按期优质完成,民船经营生产总体好于预期,多元产业增收创效能力不断提升,创新驱动作用更加突出,供给侧结构性改革初见成效,重点领域改革扎实推进。

【改革发展】 2017年,中船集团深入推进供给侧结构性改革,着力化解落后产能、防控债务风险、推进提质增效、提高核心竞争力,企业内生活力和发展动力持续增强。

2017年，中船集团大力实施"改革驱动"战略，修订集团发展战略；不断完善现代企业制度，健全法人治理结构；完成集团和17家成员单位的公司制改制，稳步推进成员单位混合所有制改革试点工作；推进成员单位经营业绩考核和收入分配机制改革；建立起审计垂直管理体系；全面推进"法治中船"建设，积极应用法律武器保障经营；扎实推进产能压减、资产处置，全面启动广船国际荔湾厂区产能搬迁，调整中船钦州基地、中船澄西扬州基地造修船设施设备转产。中船集团深入实施"管理驱动"战略，重点开展"两金"压控、处僵治困；全面推进"成本工程"；强化集中采购，开通中船商城；加强固定资产采购招标管理；安全生产稳中向好，产品质量总体受控，工业企业总能耗持续下降，保密管理不断加强。中船集团积极推动"资本驱动"战略，持续优化股权投资；签署市场化债转股投资协议，完成专项债转股基金组建和首期75亿元资金投放；启动两家上市公司债转股资产重组；中船租赁境外上市、九江精达新三板挂牌稳步推进。

【重大项目】 2017年，在中央军委和有关机关的领导下，中船集团积极顺应国防与军队重大改革，积极适应人民海军转型发展新要求，始终将最强的科研力量、最优的生产资源投入军工研制任务，高质量完成全年军工任务，保军履责实力进一步增强。中船集团坚持以作战需求为根本牵引，着眼装备体系建设和实战化运用，实现军工科研生产从交付装备到交付战斗力的转变，形成研发设计与建造并重，水上水下并进，大中小型号齐全，以为海军提供装备为主，兼顾为陆军、火箭军、战略支援部队、海警提供产品和技术支持的军工科研生产格局。

中船集团实现重点装备研制生产稳步推进，圆满完成多型舰船的研发设计和总装建造任务以及舰炮武器系统、舰船动力装备等电子武器系统和核心设备的研制任务，为我国国防建设提供坚强支撑；中船集团重点承担并出色完成海警系列公务执法船的研制建造任务，为维护国家海洋权益作出突出贡献；中船集团全面落实国家"一带一路"倡议，积极开拓军贸市场，做大做强军贸业务，持续加强装备服务保障，为海军重大任务执行、维护国际和地区和平稳定提供有力保障。中船集团深入实施"军民融合"发展战略，全力提升军工核心能力，重点项目保障条件建设稳步推进，产业园建设扎实开展，资源设施共享与军民业务互动不断深化，推动着军民融合向深度发展。

2017年，中船集团认真贯彻新发展理念，坚持做稳船海主业，积极推动多元产业发展，不断调整产业结构，全力打好提质增效攻坚战。

船海领域，经营接单稳步回升，产品产业结构进一步优化。2017年，中船集团成功承接一批引领国际市场的高端船型订单，22000箱集装箱船、双燃料动力LNG船、FSRU、FPSO、VLGC，新接民船订单修载比提升至0.37；造船完工量，以修正总吨计，创历史新高。中船集团扎实推进"建模2.0"，不断加大关键共性技术攻关和先进制造技术应用；强力推进信息化重塑工程，加快先进设计软件在"六厂二所"应用。配套领域，船用低速机、中速机产量稳居国内第一，WinGD低速机全球份额大幅提升，中船服务开业运营，集研发、制造、服务于一体的海洋动力装备产业链初具规模；船用起重机产量保持国内领先，压载水处理系统、船舶电气自动化系统向高端拓展。非船装备领域，地下空间工程装备、环保工程装备、能源装备、医疗电子、钢结构等产业，经营稳步增长，"中船制造"竞争力不断增强。现代服务业领域，业务布局继续优化，玖隆物流园区"三纵三横"格局基本完成，5座海上浮舱完成布局；重点城镇化项目深入推进，进一步打开未来的成长空间。2017年，中船集团科技产业化发展不断加快，智能制造、节能装备、风电设备等项目取得实质性突破。

2017年，中船集团坚定不移实施"创新驱动"战略，坚持"创新是引领发展的第一动力"，强化顶层设计，加大创新布局。

【科技创新】 2017年，中船集团科技成果不断涌现，获得国家科技进步奖1项、国防科技进步奖8项，主导编制国际标准2项、国家标准24项、行业标准29项，累计有效专利4703件，其中发明专利1100件，分别增长38%和31%。中船集团承担的多个重大科技专项取得突破，"智慧海洋"工程应急通信专项获批立项;全球首艘智能船舶建成交付并成功入选"中国智能制造十大科技进展",中国智能船舶创新联盟成立;大型邮轮创新工程(一期)通过中咨公司评审,大型邮轮技术引进工作完成;21000箱集装箱船顺利出坞;17.4万立方米LNG-FSRU完成开发;自主品牌大型LNG船液货围护系统模拟舱完成样舱制造。低速机创新工程完成原理样机概念设计,一批自主品牌配套产品研发实现多点突破。研发机构建设进一步加强,创新体系更加完善。"双创"工作深入推进,创新创业蓬勃开展。2017年,中船集团更加注重协同发展,不断推动与大型跨国集团的密切合作;巩固与高校、科研院所、船级社的合作关系,形成多方共举、共同发展的协同创新格局。

【党建工作】 2017年,中船集团以迎接党的十九大和学习宣传贯彻落实党的十九大精神为主线,始终坚持党对一切工作的领导,坚定不移贯彻全面从严治党。

中船集团始终把党的政治建设摆在首位,全面完成把党建工作要求写入公司章程等国企党建重点任务;扎实推进"两学一做"学习教育常态化制度化,树立党的工作到支部的鲜明导向,实现对成员单位党委书记抓基层党建工作述职评议和考核评估全覆盖。中船集团进一步加强老干部工作,加强对工会、共青团等群团组织的领导,积极履行社会责任,助力鹤庆脱贫攻坚。中船集团坚定不移把纪律和规矩挺在前面,全面落实中央八项规定精神,开展"四风"问题政治情况"回头看"再检查再整改;全面开展中央和集团巡视整改情况"回头看";重点查办442厂有关领导人员严重违纪违法案,反腐败斗争压倒性态势已经形成并巩固发展。

中船集团全面贯彻"人才驱动"战略,在人才工作改革"1+N"制度体系框架下,大力推动人才梯队建设;加大对干部的日常管理和监督力度,开展覆盖各层级干部的教育培训;深入推进校企人才培养合作、"高级专家示范工程",人才优势成为助推集团改革发展的新引擎。

(撰稿人:刘 梁)

中国船舶重工集团有限公司

【基本概况】 中国船舶重工集团有限公司(以下简称"中船重工")是我国海军舰艇和武器装备总体设计、总装建造、系统集成、设备配套、试验试航和装备保障的主要力量,承担绝大部分海军主战装备型号的科研生产任务;是以海洋防务装备、海洋运输装备、海洋开发装备和海洋科考装备的研发、设计、制造为核心业务的军民融合型企业集团;中船重工充分发挥海军装备技术高端、全面的科技和智造优势,坚持军民融合、创新引领,"让海洋装备驰骋深远海、让海洋装备技术跨进陆空天",逐步形成海洋装备、动力机电装备、战略新兴产业和生产性现代服务业四大产业领域、十个军民融合产业方向,实现专业化、规模化、集约化、国际化发展,为海军装备建设和国民经济发展作出重要贡献。

2017年,中船重工把深入贯彻落实习近平总书记重要批示与学习宣传贯彻党的十九大精神和习近平新时代中国特色社会主义思想紧密结合,旗帜鲜明提高政治站位,强化责任担当,不折不扣开展中央巡视整改任务,以整改促改革深化、以改革促高质量发展,聚精会神推进航母、核潜艇等工程项目和武器装备建设,发挥高新技术为核心的同心圆作用,发展壮大军民融合产业,以服务军工科研生产和军民融合发展为目的推进产融结合、以资产证券化实现混合所有制改革。2017年,在《财富》世界500强以排名第233位,名列世界第一造船企业,综合实力和国际影响力进一步增强。

【主要指标】 2017年,中船重工实现营业收入3002.92亿元、同比增长7.25%,增加值331.7亿元、同比增长4.7%,利润66.40亿元、同比增长20.51%,经济增加值(EVA)8755.45万元、同比增长42.84%,承接合同金额3464亿元、同比增长6.2%,"两金"占流动资产比重降至41.82%,经营活动现金流量净额同比增加50.92亿元。

2017年中国船舶重工集团有限公司主要经济指标

项　　目	2016年	2017年	比上年增长（%）
资产总额（亿元）	4838.80	4962.16	2.55
所有者权益（亿元）	1719.21	2018.60	17.41
营业收入（亿元）	2800.00	3002.92	7.25
利润总额（亿元）	55.10	66.40	20.51
净利润（亿元）	40.04	51.79	29.35
归属于母公司所有者的净利润（亿元）	32.21	48.41	50.29
技术开发投入（亿元）	207.55	222.89	7.39
利税总额（亿元）	117.04	127.25	8.72
应交税金总额（亿元）	65.12	66.73	2.47
全员劳动生产率（万元/人·年）	17.39	19.15	10.12
净资产收益率（%）	2.47	2.77	增加0.3个百分点
总资产报酬率（%）	1.80	2.02	增加0.22个百分点
国有资本保值增值率（%）	102.17	104.74	增加2.57个百分点

【改革发展】

1. 现代企业制度加快建立。中船重工由全民所有制企业改制为国有独资公司、更名为中国船舶重工集团有限公司，26家成员单位43户子企业完成公司制改制。中船重工被国务院国资委认定为承担国家战略性任务的商业二类企业，完成全级次控股及参股子企业功能界定与分类。

积极开展混合所有制改革，新批复设立企业中混合所有制企业24户、占比56%。扎实推进资源重组整合。

2. 重组整合深化拓展。积极落实中央加强供给侧结构性改革要求，造修船资源军民融合式重组整合迈出坚实步伐，新武船、新大船军民船设施资源统筹使用，军民产业发展与资源协调能力显著增强。完成3家低速机企业重组整合，设立中国船舶重工集团柴油机有限公司，增强市场竞争力；中国动力获得金骏马成功转型上市公司奖。中电广通完成重组上市并更名为中国船舶重工集团海洋防务与信息对抗股份有限公司，成为信息电子板块军民融合重组整合与资本运作平台，723所与724所专业化整合、合署经营试点稳步进行。华舟应急更名为中国船舶重工集团应急预警与救援装备股份有限公司，逐步整合相关应急技术和产业资源，打造具有全球竞争力的中国应急装备制造领军企业。

3. 加强干部和人才队伍建设。加强领导班子建设，对38家成员单位进行49次领导干部考察，开展离任经济责任审计24项，任免成员单位领导干部369人次，提拔新进班子25人中，"70后""80后"22人、占比88%。建立成员单位领导人员常态化岗位交流机制，57名领导人员跨单位交流任职。充实加强中船重工高级人才团队，新聘任249名高级人才。

中船重工是国家创新型企业，拥有28个科研院所、6个国家级研发中心、12个国家级企业技术中心、9个国防科技重点实验室、5个国家工程实验室，2个国防科技工业创新中心，150多个专业实验室；有12名院士、21名首席专家和6万多名科技人员，从事300多个专业方向的研发设计工作；专业门类齐全、专业人才荟萃、机制健康高效、科研设施设备先进，形成比较完整的海军装备和军民融合科技创新体系，自主创新能力和核心竞争力持续增强。

【重大创新】 我国完全自主研制的舰船大功率柴油机，样机一次启动成功。研制的4500米载人作业潜器"深海勇士"号研制成功并交付用户，实现我国载人作业潜器由集成创新向自主创新的历史性跨越。拥有自主知识产权的32万吨原油船、DSJ和DSAJ两型自升式平台等开发成功并达到世界领先水平，30万吨级原油船全球市场占有率10%以上。首型商用地效翼船完成海上试验并入级中国船级社；国内首台绿色环保W6X72船舶主机研制成功。国内最大功率超低温余热回收发电装置填补国内空白。

一批新产品促进转型发展。批量建造油船、散货船、集装箱船三大主流船型，新型滚装船、自升式钻井平台、半潜式钻井平台海洋石油982、浮式生产储油船（FPSO）等高技术、高附加值船舶海工装备。成功研制第一座出口的3050米深水半潜式钻井平台、第一艘出口的23万吨FPSO、世界最大水下浮体系统，建造质量和周期达到或接近国际先进水平。2万箱集装箱船是首艘采用国产止裂钢材料的集装箱船，打破日韩船厂技术垄断；40万吨矿砂船顺利交付，8000车位汽车滚装船首制船完成试航试验。世界首座半潜式大型海上智能渔场、液态硫磺运输船等海洋装备成功交付。设计建造的海警船、科考船等公务船满足国家海洋维权、执法和科考开发的急需。

围绕战略新兴产业和国家重大工程，中船重工充分发挥军工技术、设施和人才优势，持续向高端船舶及海工装备、水下攻防装备、动力装备、机电装备、电子信息装备、智能制造及智能装备、新能源、新材料、节能环保、生产性现代服务业10个军民融合产业方向发展。其中，承担的三峡升船机、港珠澳大桥、射电望远镜——"天眼"等国家重大工程项目交付使用；替代进口的西气东输30兆瓦级燃驱压缩机组正常在线运行超过5000小时，风帆蓄电池享誉海内外；3兆瓦陆上风机成功下线，自主研发的5兆瓦海上风机实现批量交付，凭借优良性能中标英国浮动海上风电项目；自主研发的机场行李分拣系统在昆明长水机场和武汉天河机场运营良好，尼日利亚阿布贾机场行李分拣系统等航空运输工程项目相继交付；水上智能船舶交通管理系统成为我国智慧海洋先行先试的示范项目，云计算、大数据中心等智慧城市项目不断拓展；多个城市、工业污水处理系统投入运行，国内最大螺杆膨胀机蒸汽余压发电试验平台正式投入使用；新型高性能LNG气化器刷新气化器极限水温下运行新纪录；水电解制氢设备国内市场占有率60%以上；三氟化氮覆盖全球用户的30%、国内市场占有率90%，六氟化钨覆盖全球用户的44%，打破美、日、韩企业对我国市场的垄断。

【党建工作】 坚决贯彻落实习近平总书记全国国有企业党建工作会重要讲话精神，加强党的建设、全面从严治党，强化"四个意识"、看齐核心统帅，坚定"四个自信"，坚持党对中船重工的全面领导，狠抓党建领导体制、运行机制、制度体系等"顶层"建设以及基层组织、先进典型、企业文化等"基层"建设，持续筑牢"根"和"魂"。不折不扣落实中央巡视整改任务，认真贯彻落实国资委党委关于巡视整改自查自纠各项要求，高标准持续整改。

坚持标本兼治，严格落实"两个责任"，着力完善不敢腐不能腐不想腐的体制机制，不断把中船重工党风廉政建设和反腐败工作引向深入。强化内部巡视巡察，推动全面从严治党向基层延伸。实践运用"四种形态"，持之以恒落实中央八项规定精神。

推动形成"两学一做"学习教育常态化制度化长效机制，把组织开展"两学一做"学习教育常态化制度化纳入对各级党组织考核，开展党委书记抓党建述职评议考核。持续开展"学张进、当先锋、作表率、比贡献"活动。精神文明建设与重点工程、典型人物新闻宣传广泛开展。在航母、核潜艇、载人深潜、南海岛礁等重大工程现场设立党组织，把工程现场来自五湖四海的党员组织起来，凝聚在党的旗帜下，用习近平新时代中国特色社会主义思想统一认识、统一行动，做到关键工序有党小组把关、关键岗位有共产党员值守，确保工程建设顺利进行。5家单位获得"全国文明单位"称号。黄旭华被评为全国道德模范。

【履行社会责任】 中船重工2002年定点帮扶云南省勐腊县，2012年定点帮扶云南省丘北县，自党的十八大以来，深入学习领会习近平总书记精准扶贫战略思想，认真贯彻落实党中央国务院和国资委脱贫攻坚决策部署，把定点扶贫作为重要的政治任务，紧紧围绕精准扶贫、精准脱贫和定点帮扶县脱贫攻坚目标，强化组织领导，加大帮扶力度，细化工作方案，强化方式创新，构建集团党组、总部各部门、成员单位和挂职干部四位一体定点扶贫工作新格局。

2017年，中船重工党组和班子成员主持召开6次专题会议研究部署定点扶贫工作；4位党组和班子成员5次赴两县推进精准扶贫工作；制定中船重工2017—2020年定点扶贫工作计划，明确19方面工作、33项重点任务；总部9个部门、10余个成员单位、16批次、146人次赴两县对接帮扶项目，形成研究报告、方案10余项，与两县共商脱贫攻坚之策。2017年投入扶贫资金1.64亿元，其中，认缴中央企业贫困地区产业扶贫基金1亿元，直接投入两县6072万元，帮助引入资金275万元，实施帮扶项目22个，帮助两县1163个建档立卡贫困人员脱贫。

1. 发起设立首家县级央企产业扶贫基金。中船重工联合两县和太证资本基金公司发起设立产业扶贫基金,积极探索产业化、市场化扶贫路子,增强两县造血功能和内生动力。两县产业扶贫基金规模分别为5亿元,一期中船重工认缴出资总额2亿元,撬动社会资本2.31亿元,投向两县域内符合国家脱贫攻坚战略、具有较好发展潜力、吸纳就业人数多、带动力强、脱贫效果好的项目,与贫困户建立利益联结机制,实现精准脱贫。

2. 批准在定点扶贫县设立贸易公司。中船重工发挥在国际贸易、销售渠道、品牌人才等方面优势,结合勐腊县资源和区位优势,在勐腊县设立中船重工物贸集团勐腊有限公司,创造就业机会,增加地方财政收入,带动地方和区域经济的发展。贸易公司注册资金500万元,主要经营橡胶、有色金属、机电设备、食品等大宗商品,是首家进驻勐腊县的中央企业。

3. 中船重工6万余名党员向两县捐资助学。中船重工广大党员踊跃捐款,捐善款487余万元,捐款全部用于两县建档立卡户非义务教育阶段在校生,捐款资助连续实施3年,至两县脱贫摘帽。2017年资助学生688人,合计153.4万元,其中,丘北县243人、79.8万元;勐腊县445人、73.6万元。

4. 开展多层次人才培养。中船重工组织两县20名领导干部参加中船重工领导干部培训班,搭建两县与中船重工成员单位间的交流新平台,提升两县干部脱贫攻坚能力;批准出资1043万元援建2所希望小学,为当地近千名师生创造优质的教学和学习环境,根据项目进度,2017年实际拨付资金750万元;组织52名优秀师生赴北京、昆明、武汉三地学习参观,感受国家的高速发展,体验军工企业文化,增强海洋意识和国防意识,激发师生追求理想和树立远大志向的内在动力;结合定点扶贫县独特的旅游资源,举办旅游专题培训班,对丘北县140余名旅游管理和从业人员进行专业培训,发挥旅游产业对脱贫致富的带动作用。

(撰稿人:常彭辉)

中国兵器工业集团有限公司

【基本概况】 中国兵器工业集团有限公司(以下简称"集团公司")是国家国防安全的基础、陆军装备研制生产的主体、全军毁伤打击和信息化装备发展的骨干、国家实施"走出去"和"一带一路"倡议的支撑、国家推进军民融合深度发展的主力。集团公司始终坚持国家利益至上,将军品科研生产保障放在首要位置,是各大军工集团中唯一一家面向陆军、海军、空军、火箭军、战略支援部队以及武警公安提供武器装备和技术保障服务的企业集团,除了为陆军提供坦克装甲车辆、远程压制、防空反导等主战装备之外,还向各军兵种提供智能化弹药、光电信息、毁伤技术等战略性、基础性产品。在全面履行好军品科研生产核心使命的同时,坚持走军民融合发展道路,积极推进军工技术民用化、产业化,集中力量打造汽车零部件、工程机械设备、铁路产品、石油化工、特种化工、民爆、光电信息、北斗产业、智能制造、应急产业等先进制造业板块和贸易流通、工程技术管理、金融服务等现代服务业板块;大力发展军贸、战略资源开发、国际工程承包、产品出口及技术引进等国际化经营业务,深入贯彻落实国家"一带一路"倡议,着力推动我国装备"走出去"和国际产能合作,为服务国家国防安全和国民经济建设作出积极贡献。2107年,连续13个年度和4个任期蝉联国务院国资委业绩考核A级,获得中组部、国资委党委中管企业领导班子2013—2015年任期综合考核评价优秀等级,世界500强排名第135位。集团公司有51家子集团和直管单位,主要分布在北京、陕西、内蒙古等30多个省(自治区、直辖市),在全球73个国家和地区设立144家境外分子公司和代表处。2017末资产总额3779.9亿元,人员总量24.1万人。

【主要指标】 2017年,集团公司继续全面深入推进实施全价值链体系化精益管理战略,高质量完成军品科研生产等各项重点任务和年度预算目标,呈现出效益规模加快提速、盈利结构加快优化、发展质量加快改善的良好势头，经济运行质量稳步提升。

2017年中国兵器工业集团有限公司主要经济指标

项 目	2016年	2017年	比上年增长（%）
资产总额（亿元）	3692.95	3779.85	2.35
所有者权益（亿元）	1460.05	1510.98	3.49
营业收入（亿元）	4071.24	4365.93	7.24
利润总额（亿元）	135.26	151.24	11.81
净利润（亿元）	105.04	114.70	9.20
归属于母公司所有者的净利润（亿元）	56.67	57.97	2.29
技术开发投入（亿元）	107.16	116.99	9.17
利税总额（亿元）	220.11	230.60	4.77
应交税金总额（亿元）	115.07	116.66	1.38
全员劳动生产率（万元/人·年）	21.50	23.56	9.58
净资产收益率（%）	7.55	7.72	增加0.17个百分点
总资产报酬率（%）	5.05	5.31	增加0.26个百分点
国有资本保值增值率（%）	107.35	105.26	减少2.09个百分点

【改革发展】 集团公司强力推进"处僵治困"工作，51家子企业纳入国资委"处僵治困"政策范围，亏损企业专项治理工作初见成效，全年分流安置职工1万余人，同比减亏14.3亿元。按照"因企施策、分类处置"的原则，稳步推进"压缩管理层级、减少法人户数"工作，全年清理子企业101户，管理层级由6级压缩为5级，超额完成国资委第一阶段考核要求，获得国资委"压减"工作专项考核满分和满额加分。统筹协调推进涉及17省45市20多万户职工家属区的"三供一业"分离移交，供电移交全部签订协议，供水移交签订协议99.5%，供热移交签订协议98.7%，物业管理移交签订协议92.5%。积极稳妥地开展混合所有制改革，列入全国军工企业混合所有制改革试点的一机集团完成军工资产整体上市，凌云股份以限制性股票方式实施骨干员工股权激励，集团公司总部及各子集团和直管单位改制工作顺利推进。集中力量打造汽车零部件、工程机械设备、铁路产品、石油化工、特种化工、民爆、光电信息、北斗产业、智能制造、应急产业等先进制造业板块和贸易流通、金融服务等现代服务业板块，其中，人造金刚石、硝化棉产销量位居世界第一，矿用车、火车轴等产品产销量居国内第一。

【重大项目】 集团公司认真贯彻落实党中央、国务院、中央军委决策部署，出色履行核心使命，成功交付一批高新技术武器系统，突破和掌握一批重大核心关键技术，实现兵器科技由战术层面向战略层面的突破，步入与发达国家同台竞技和局部领域领跑并存的新阶段。战略性基础性行业结构调整取得重大突破，习近平总书记批准五部委联合上报的《关于解决火炸药企业有关问题的报告》，集团公司制定启动以去产能、促创新、强能力为主要内容的实施方案。坚持军民融合深度发展的战略方针，大力发展北斗产业，构建北斗地基增强系统"全国一张网""全国一个平台"，提前两年完成北斗基地增强系统一期建设，具备在全国主要经济区域提供实时动态厘米级、事后处理毫米级和快速辅助定位能力，千寻位置服务平台总用户数超过9000万个，A－北斗/GNSS快速定位平台服务覆盖全球200多个国家和地区；成功中标阿尔及利亚卫星导航基准站网络建设项目，迈出北斗应用成体系"走出去"的第一步。

【走向海外】 集团公司坚决贯彻落实党中央决策部署，积极促进军贸与海外能源资源开发、国际产能合作、国际工程承包、民品出口的良性互动。2017年末，集团海外净资产242亿元，占集团净资产总额的16%；海外业务实现营业收入1786亿元，占集团营业收入的40.9%；海外业务实现利润总额54.5亿元，占集团利润总额的36%。军贸溢出效应发挥积极成效，全年生产油气当量910万吨，完成石油贸易6600万吨，同比持平，有效克服国际油价持续低迷等不利因素影响，石油业务实现销售收入1336亿元、利润23.1亿元；矿产业务实现营业收入241.5亿元，同比增加66.1亿元，增幅37.7%。合计生产阴极铜11.5万吨、铜钴精矿5.4万吨；海外资源获取取得新成果，获得刚果（金）庞比铜钴矿项目75%权益，完成交割，新增铜资源量81.2万吨、钴资源量12.2万吨；缅甸S&K矿开展补充勘探，K矿新增铜资源量50.6万吨；民品国际化经营继续抓住"一带一路"倡议机遇，国际工程承包实现项目成交38.3亿美元、生效8.2亿美元；着力打造具有兵器特色的石油石化产业链，与世界最大的产油公司沙特阿美公司签署合资合作协议，项目规划年收入1000亿元，成为集团公司"一带一路"重大标志性项目；巴基斯坦拉合尔轨道交通橙线、老挝南湃水电站等重点项目进展顺利。

【重大创新】 集团公司坚持技术创新和体制机制创新"双轮驱动"，积极推进"科技创新20条"落地见效，组织各子集团和直管单位结合自身实际，制定实施加大成果激励力度、组建模拟独立法人实体、科技成果转化收益分成等措施，在市场竞争激励、科技成果转化、科技创新专项奖励等方面取得积极成效，进一步激发科技人员干事创业的激情和活力。持续推进科技创新人才队伍建设，组织制定"20个领域、144个分领域、550个关键子领域"的三级兵器科技专业体系，评选集团公司首席科学家47人、科技带头人398人；新增双跨院士3人、"千人计划"专家3人、"万人计划"专家1人，集团公司"千人计划"人数65人，继续位居央企首位。获批设立"国防科技工业火炸药制备工艺技术创新中心"，火炸药、动力传动专项等项目获得"强基工程"国拨经费的支持力度大幅增加。一批科技成果获得国家科技进步奖、国家级技术发明奖，获得国防科学技术奖62项，其中科技进步一等奖6项、二等奖18项、三等奖38项。全年新产品贡献率33.8%，申请专利4399件、授权2671件。

【党建工作】 集团公司以习近平新时代中国特色社会主义思想为指导，把学懂弄通做实党的十九大精神作为首要政治任务，坚决维护习近平总书记在党中央和全党的核心地位，确保党建取得突出成效。以开展中心组学习、领导带头讲党课、举办培训班、加强宣传引导等方式，全面落实"五个全覆盖"要求。认真贯彻落实全国国企党建会精神和中组部、国资委党委部署的30项重点任务，积极推进党建工作总体要求进公司章程，集团公司和41户子集团、直管单位顺利完成公司章程修改工作，11户境内上市公司10户股东大会高票通过修订内容。深入开展固"根"聚"魂"工程、党组织强基工程、党员创新工程，全面推动"两学一做"学习教育常态化制度化。在《求是》杂志刊发党组领导《把一切献给党——纪念吴运铎同志诞辰100周年》署名文章。累计开展寻根式、体验式党性教育培训152期，多措并举让人民兵工精神"立起来""红起来""火起来"。组织开展支部特色工作法评选，对50项特色工作法进行表彰和交流推广，对49个先进基层党组织、50个党员创新工程示范点、100名优秀党员、50名优秀党务工作者进行表彰，北重集团防务事业部601车间党支部被国资委党委授予"中央企业基层示范党支部"称号。"党员创新工程"立项14369项、设立责任区1117个、实现节创价值4.2亿元。《中央企业"两学一做"简报》分别以"实施三大工程，夯实党建基础""学习教育显实效，阅兵保障当先锋"为题进行专题报道。以作风建设永远在路上的执着，持续推动中央八项规定精神深入落实。着力靠实"两个责任"，坚持挺纪在前，用好监督执纪"四种形态"，对违规违纪行为保持严厉惩处的高压态势。扎实开展中央专项巡视整改落实情况"回头看"，实现内部巡视"全覆盖"。落实意识形态工作责任制，借助新媒体、融媒体等传播手段开展系列专题宣传，生动讲述强军卫国、科技创新、"一带一路"建设、加强党建工作的兵器故事，树立忠诚、创新、担当、奉献的企业形象。

【信息化建设】 集团公司作为全国11家企业级示范平台之一，"兵器军民融合云平台试点示范"项目入选工业和信息化部"2017年制造业与互联网融合发展试点示范项目"。兵器云平台为兵器行业内外的军民工业企业提供协同研发设计、网络化协同生产、一体化经营管理、互联网创新创业等云应用服务，促进制造资源、生产能力、市场需求的集聚与对接，服务于集团军民品产业技术创新和模式创新，全面支撑中国特色先进兵器工业体系建设。集团公司组织成员单位网站群建设，站点数量76个，网站集群优势效应初显，规范集团公司互联网网站的建设和运维，提升集团公司互联网网站整体安全防护水平和良好统一的对外形象。

【履行社会责任】 集团公司高度重视社会责任实践活动,在节能减排、扶贫开发、公益捐赠等方面作出积极的探索与实践。认真贯彻执行国家节能减排法律法规和国资委节能减排工作部署,积极淘汰落后工艺、设备和装置,改造、停用燃煤锅炉,原煤使用量较2016年下降1.23%;实现万元可比价产值综合能耗、万元可比价产值化学需氧量排放量、万元可比价产值二氧化硫排放量、万元可比价产值氮氧化物排放量同比下降9.74%、9.24%、23.65%、15.89%,全集团未发生环境污染责任事故。保持监督检查高压态势,开展环保飞行检查、能源环保专项检查及能源环保统计专项检查,狠抓环境风险管控。积极参与抢险救灾、扶贫捐赠等社会公益事业,对云南红河、黑龙江甘南两个扶贫县实施15项定点扶贫,创新"互联网+扶贫"工作模式取得显著效果,定点扶贫工作案例入选《企业扶贫蓝皮书(2017)》,电商扶贫案例入选《国资工作交流》第68期,集团公司2017年度定点扶贫工作获国务院扶贫开发领导小组"较好"考核等次。持续提升社会责任管理能力和水平,社会责任发展指数连续6年获得五星评级,是唯一一家连续六年获此殊荣的军工集团。获得金蜜蜂2017优秀企业社会责任报告·长青奖,获得中国企业200强公众透明度奖中的最佳环境信息披露奖。

(撰稿人:王富强)

中国兵器装备集团有限公司

【基本概况】 中国兵器装备集团有限公司(以下简称"兵器装备集团")是中央直接管理的国有重要骨干企业,是国防科技工业的核心力量,是国防建设和国民经济建设的战略性企业,是我国最具活力的军民结合特大型军工集团之一。拥有长安汽车、长安工业、保变电气等50多家企业和研发机构,拥有特种产品、汽车、输变电、装备制造等板块,培育出"长安汽车"等一批知名品牌。

2017年,兵器装备集团紧密团结在以习近平总书记为核心的党中央周围,在党中央、国务院、中央军委的正确领导下,坚持稳中求进工作总基调,按照"五位一体"总体布局和"四个全面"战略布局的要求,贯彻落实新发展理念,大力实施领先发展战略,全力抓好改革发展党建工作,各项事业取得新进步。经济总体保持平稳发展,盈利能力保持军工集团首位;事业单元发展稳健,保军能力实力稳步提升,保质保量完成特种产品科研生产任务;汽车产业全年销量排名行业第四,自主品牌汽车销量排名行业第一,行业地位保持稳定;保变电气、摩托车板块、光电信息、医药化工、金融板块等改革调整步伐加快,取得一定成效。

【主要指标】 2017年,兵器装备集团实现营业收入3026.87亿元,较上年减少35.96%(剔除合并范围变化因素,同口径同比减少3.68%),完成年度目标的93.13%;实现利润总额212.59亿元,较上年减少30.44%(同口径同比减少17.39%),完成年度目标的75.93%;实现净利润170.75亿元,较上年减少28.34%(同口径同比减少17.39%),其中归属于母公司净利润49.99亿元,同比增长29.68%。全年实现利税总额516.48亿元,较上年减少25.76%(同口径同比减少18.3%)。

2017年末,兵器装备集团资产总额3672.42亿元,同比增长1.9%;所有者权益1139.93亿元,同比增长5.1%。国有资本保值增值率108.78%,较上年增加1.55个百分点;净资产收益率15.35%,较上年减少5.13个百分点;总资产报酬率6.47%,较上年减少2.72个百分点。

2017年中国兵器装备集团有限公司主要经济指标

项 目	2016年	2017年	比上年增长(%)
资产总额(亿元)	3603.82	3672.42	1.90
所有者权益(亿元)	1084.59	1139.93	5.10
营业收入(亿元)	4726.77	3026.87	-35.96
利润总额(亿元)	305.63	212.59	-30.44
净利润(亿元)	238.27	170.75	-28.34
归属于母公司所有者的净利润(亿元)	38.55	49.99	29.68

续表

项　目	2016年	2017年	比上年增长(%)
技术开发投入(亿元)	172.65	176.61	2.29
利税总额(亿元)	695.70	516.48	-25.76
应交税金总额(亿元)	386.07	294.94	-23.61
全员劳动生产率(万元/人、年)	38.55	33.05	-14.27
净资产收益率(%)	20.48	15.35	减少5.13个百分点
总资产报酬率(%)	9.19	6.47	减少2.72个百分点
国有资本保值增值率(%)	107.23	108.78	增加1.55个百分点

注：2016年数据为年度财务决算实际值，未剔除合并范围变化影响。

【改革发展】

1. 全面深化改革稳步推进。进一步加强深化改革组织领导工作力度，不断夯实工作机构，进一步完善顶层设计和制度方案，重点领域改革任务取得明显成效。一是进一步完善现代企业制度，集团及所属正常经营的子公司全部完成公司制改制。二是扎实推进"处僵治困"和"压减"工作，完成20户"僵困"企业处治任务，清理资产7.2亿元，整体负债减少9.1亿元，分流安置人员4576人，压缩管理层级，减少法人户数28户。三是持续深化三项制度改革，人事费用率、人工成本利润率分别为8.5%和85%，投入产出水平保持军工集团领先。四是混合所有制改革积极稳妥推进，3家单位纳入国家发改委试点范围，占中央企业试点单位的10%，居军工集团前列。五是推进剥离企业办社会职能和解决历史遗留问题，"三供一业"分离移交完成率88%，16户企业棚户区改造有序开展。

2. 着力布局战略性新兴产业。战略性新兴产业是兵器装备集团深化领先发展、产业迈向中高端、获取未来竞争新优势的战略着力点，2017年集团公司重点围绕智能汽车、新能源汽车、智能电网、智能安防、高端装备、工业机器人、新材料、3D打印等战略新兴产业相关领域着力布局，取得一定进展。

3. 多措并举纵深推进三项制度改革。2017年，将三项制度改革作为做强做优做大、提质增效升级、催生动力活力的重要抓手和率先突破口，人力资源价值创造能力显著提升，取得重要阶段性成果。集团公司获评2017年央企考核分配先进部门。一是突出能力导向，进一步深化人事制度改革，管理人员能上能下机制基本建立；完善领导人员选拔任用机制，制定《建立容错纠错机制鼓励领导人员改革创新干事创业的实施办法(试行)》，并建立追溯追究机制，强化选人用人全程监督和倒查追责。二是突出效率导向，进一步深化用工制度改革，员工能进能出机制基本建立。2017年从业人员较2016年末减少11556人，减幅5.2%；28家单位的劳动生产率同比提升61%；每万名职工中研发人员1191人，同比提高6.53%；高技能人才占技能人员比例35.95%，同比提高3.84%。三是突出效益导向，进一步深化分配制度改革，员工活力得到激发，2017年，集团公司各单位精简机构125个，平均精简机构2.7个，压缩管理人员3000余人，管理人员比例下降到15%以内。

【重大项目】

1. 重大投资决策情况。2017年，兵器装备集团董事会审议固定资产投资项目1个，合肥长安调整升级项目，建设投资30亿元，设计产能24万辆/年。研究审议1项重大制度，修订完成《投资管理办法》，同时修订《境外投资及境外企业监督管理办法》，建立与国有资产监管授权、分类改革、功能定位相适应的投资监管模式和整体管控、适度授权、有效监督的"核准＋备案＋负面清单"的投资管理制度体系。

2. 重大投资项目执行情况。2017年，投资预算计划200亿元，实际完成投资173.4亿元，预算执行率86.6%。其中，固定资产投资预算计划158亿元，实际完成投资130.2亿元；长期股权投资预算计划41.8亿元，实际完成投资43.2亿元。

3. 重大科研开发情况。兵器装备集团整体被认定为国家创新型企业，2017年累计科技投入176亿元，占比5.8%，研发投入115亿元，新产品贡献率52.6%，获得中国专利奖优秀奖2项，第22届全国发明展金奖4项。专利拥有量超过15000件，位居中央企业第八位,其中发明专利超过3000件。2017年,重庆长安汽车和保变电气获得"国家技术创新示范企业"称号。

【走向海外】 截至2017年底,兵器装备集团境外企业资产总额33704.63万美元,所有者权益23702.43万美元,2017年境外企业营业收入9427.9万美元。

集团公司所属6家境内企业设立境外公司18家,遍布全球五大洲。其中,中国香港3家、欧洲2家(意大利和英国)、美国2家、日本2家、"一带一路"沿线国家9家,覆盖兵器装备集团汽车、摩托车、输变电等产业。境外直接投资累计净额(存量)3亿美元,其中对发达经济体的投资存量2.2亿美元,占73.3%。

【重大创新】 兵器装备集团整体被认定为国家创新型企业,科技投入力度不断加大。

1. 不断完善技术创新体系建设。集团公司拥有12个国家级、22个省级企业技术中心、1个国家重点实验室、1个工程实验室、1个国家级工业设计中心,形成以市场为导向、企业为主体、产学研深度融合的技术创新体系。

2. 积极开展协同创新。集团公司把对外合作(国内)的目标分为三大类,即利用技术资源、利用设备设施资源、利用及培养人才资源;根据合作目标的差异,采用共同建立协同创新平台、联合开展基础技术研究、设立产业发展基金、联合培养人才、开展战略合作等多种不同的合作方式,产学研的创新研究成果成为发展的新动力。

3. 持续深化推进管理创新。集团公司持续深化科学管理,深化管理工具运用,推动精益管理和精益生产,2017年实现全价值链精益降本9.6亿元。积极培育管理创新成果,2017年以长安汽车、建设工业等企业为代表的18项管理创新成果获得国家和行业级荣誉。

【党建工作】

1. 党的建设。2017年,兵器装备集团认真贯彻落实党的十九大和全国国有企业党的建设工作会议精神,党建各项工作取得明显成效。集团公司获得"中央企业信息工作先进单位"称号,所属三级企业北京长安被中组部列为基层党建现场教学示范点。一是扎实开展党的十九大精神学习宣传贯彻工作,精心谋划、广泛宣传,特色鲜明、入脑入心。二是持续加强党建工作。开展企事业单位党建述职评议考核,推动管党治党责任逐级落实;组织开展党建片区学习交流,取长补短,整体提升;制定《党建领先战略纲要(2018—2020年)》,加强对企业的指导和督导。三是进一步推进党组(党委)理论学习中心组学习制度化、规范化,提高领导干部的理论水平和工作能力。四是深入开展思想政治研究工作。落实国资委相关部署,思想政治研究工作成果显著。"国有企业党建工作考核评价体系研究""党建标准化体系的研究构建与理念创新"等党建课题获得中央企业思想政治工作研究优秀成果二等奖。五是切实加强意识形态工作。认真落实意识形态工作责任制,强化阵地建设和队伍建设,积极培育和践行社会主义核心价值观,弘扬"忠诚、担当、拼搏、创新、奉献"的兵装精神,不断把广大干部员工的智慧和力量凝聚到集团公司事业发展上来。

2. 反腐倡廉。一是深刻领会全面从严治党决策部署,落实管党治党政治责任。兵器装备集团新一届党组以上率下,提出自身建设"十条要求",强调对党忠诚、牢记使命、勇于担当、作风优良、清正廉洁,强化担当意识。纪检组加强对下级党组织严肃党内政治生活的监督,严肃党内政治生活,维护政治生态。各单位党组织认真落实"两个责任",加强约谈和监督检查,推动全面从严治党向基层延伸,强化责任追究。二是锲而不舍落实中央八项规定精神,抓常抓细抓实,加强教育提醒和监督检查,持之以恒正风肃纪,坚决查处违反中央八项规定精神问题,驰而不息纠正"四风",扎牢制度笼子,完善长效机制。三是严明党的纪律,有效运用监督执纪"四种形态",净化政治生态。强化党规党纪教育,构筑"不想腐"的堤坝,把握"树木"与"森林"关系,实践监督执纪"四种形态",严明换届和选人用人纪律,把好政治关、廉洁关。四是落实中央巡视整改任务,扎实推进内部巡视,督促问题整改,发挥利剑作用。五是强化廉洁风险防控,健全"不能腐"的体制机制。加强制度建设,让制度的笼子越扎越紧,开展扶贫领域监督检查工作,逐步规范体制机制。

【信息化建设】 兵器装备集团信息化投入逐年增加,综合能力持续提升。2017年投入超过12亿元,信息安全体系建设不断加强。一是集团公司总部构建形成综合管控平台,上线综合统计、管理会计、OA以及高清视频会议等24个应用系统,与业务融合不断深化,为业务办理、协同管控等提供有力的信息化支撑。二是以构建"价值创造型财务管理体系"为目标,推广成员单位管理会计应用,提升财务信息质量和实效性,2017年财务核算系统推广到45家、全面预算系统覆盖49家、标准成本部署21家,促进财务管理与业务工作的融合。三是信息化基础设施条件和水平显著提升,73%的成员单位计算机辅助设计应用覆盖率100%,70%的单位建立PDM系统,68%的单位建立ERP系统,41%的单位建立MES系统,具备一定的智能制造基础。

【履行社会责任】 兵器装备集团积极引导各子公司系统开展社会责任工作,持续编制发布年度社会责任报告,被权威机构评为四星半级别,系统性展示兵器装备集团积极履行经济责任、社会责任、环境责任的良好形象。一是坚定走可持续发展道路,绿色制造能力持续提升。坚持绿色发展,着力构建可持续发展模式,推进产业结构调整,健全节能减排管理体系。2017年,集团公司实现综合能耗同比下降7.88%,实现节能量(可比价)0.8万吨标准煤,二氧化硫、化学需氧量、二氧化碳排放量分别同比下降16.2%、9.5%、0.52%。二是积极开展精准扶贫工作,履行应担的社会责任。认真贯彻落实党中央、国务院扶贫开发工作部署,积极推进精准扶贫、精准脱贫。2017年,集团公司紧紧围绕教育扶贫、产业扶贫、民生扶贫,向云南省泸西县、砚山县投入定点扶贫资金6085.6万元,启动实施35个扶贫项目,两县4831户建档立卡贫困户从中受益,为改善云南省泸西县和砚山县贫困落后的状况作出重大贡献。

(撰稿人:张 迪)

中国电子科技集团有限公司

【基本概况】 中国电子科技集团有限公司(以下简称"中国电科")是中央直接管理的国有重要骨干企业,主要从事国家重要军民用大型电子信息系统的工程建设,重大装备软件和关键元器件的研制生产。

2017年,中国电科深入贯彻落实党中央、国务院、中央军委及上级机关决策部署,贯彻新发展理念,牢记"国防、科技、电子信息"的使命责任,以"一五五三"战略为引领,按照"稳增长、强动能、增能力、提效率"工作总基调,加强和完善党的领导、加强和改进党的建设,深化体制机制改革,加快中国特色现代国有企业制度建设,全面推进"十三五"规划实施,强化创新驱动发展,推进军民深度融合,经济持续保持平稳增长,科研生产经营圆满完成,各项改革发展任务取得重大突破,集团公司的活力、控制力、影响力、国际竞争力和抗风险能力稳步提升,连续13年获得中央企业经营业绩考核A级,切实履行央企的政治责任、经济责任和社会责任,"大国重器"的地位和作用进一步彰显,加快向世界一流创新型领军企业迈进步伐。

【主要指标】 2017年,中国电科实现营业收入2039.44亿元,同比增长12.48%;利润203.67亿元,同比增长12.13%。

2017年中国电子科技集团有限公司主要经济指标

项 目	2016年	2017年	比上年增长(%)
资产总额(亿元)	2494.69	3046.99	22.14
所有者权益(亿元)	1391.28	1627.10	16.95
营业收入(亿元)	1813.08	2039.44	12.48
利润总额(亿元)	181.64	203.67	12.13
净利润(亿元)	164.98	185.18	12.24

续表

项 目	2016年	2017年	比上年增长(%)
归属于母公司所有者的净利润（亿元）	107.06	119.91	12.00
技术开发投入（亿元）	340.83	366.30	7.47
利税总额（亿元）	70.87	82.21	16.00
应交税金总额（亿元）	78.12	90.85	16.30
全员劳动生产率（万元/人·年）	32.90	33.61	2.16
净资产收益率（%）	10.38	10.22	减少0.16个百分点
总资产报酬率（%）	8.00	7.36	减少0.64个百分点
国有资本保值增值率（%）	111.17	110.89	减少0.28个百分点

【改革发展】 2017年，完成集团公司本部以及下属13家全民所有制企业的公司制改制工作，整合内部27家研究所组建9家子集团，现代企业制度建设加快推进，公司法人治理结构进一步完善。以具备条件的中电仪器为示范，积极申请国家第三批混改试点，深化体制机制改革。按照国家关于分类推进事业单位改革总体部署，启动首批4家研究所转制实施方案编制工作，军工科研院所改革正式进入实施阶段。以"瘦身健体"、提质增效为目标，将非主业、落后产业、低效无效资产、"三无企业"的清理作为"压减"工作的重点，累计完成法人户数压减96家，管理层级控制在五级以内。持续提升企业治理的能力和水平，切实加强企业经济运行管理、财务管理、风险防控等工作，进一步完善科学管理机制。深化人才发展体制机制改革，激发和释放人才创新创业活力。2017年，中国电科成功入选"中央企业15家改革样板"。

2017年，统筹推进干部队伍建设，选优配强班子，优化考察组结构，选派80余人次成员单位主要领导参与考察，组织进行10家单位领导班子换届考察，16家单位班子补充调整工作，选拔任用党组管理领导干部265人次，领导班子建设成效显著；大力加强高层次人才队伍建设，制定《深化人才发展体制机制改革的指导意见》，有效激发和释放人才创新创业活力。系统谋划院士申报推荐工作。搭建海外引才渠道，构建高层次人才资源网络；建立干部人才教育培训课程体系，初步入选中国共产党中央委员会组织部《党的十八大以来干部教育培训工作特色做法100例》。实现现职干部、新任职干部岗前培训、后备干部调训等年度脱产培训全覆盖，全年举办18个专题，44个班次，培训超过3000人次；加强薪酬体系建设，强化规范管理，重点单位100%通过五元薪酬体系基础达标考核。

【重大项目】

1. 重大民品项目。

2017年，聚焦电子信息行业的重要领域和关键环节，着力国家安全和信息化领域的应用，以网络安全与信息化、军民融合示范工程、智能制造工程、自主可控工程为工作主线，在关系到国计民生的重要领域积极布局。

2017年，积极参与安全可靠工程，获得安可工程省市第一单和部委第一单。获得央企网络安全整体保障第一合同。

与重庆九龙坡区、青岛市、扬州市、拉萨市、宁夏回族自治区、巴彦淖尔市、濮阳市、六盘水市、榆林市等地建立合作关系，积极推动新型智慧城市建设。积极推动京津冀一体化重大专项，成为首家与雄安新区签署战略合作协议的央企，积极参与城市副中心智慧城市建设。

积极参加国家"智慧海洋"工程建设实施方案论证并担任核心单位，"智慧海洋应急通信试验网络建设项目"作为"智慧海洋"首个项目获得国家发改委立项批复；通信导航系统首次在国产大飞机上使用并首飞成功。积极推动与中车集团、中国铁建等有关央企的战略合作。

推动PERC电池智能制造生产线、LTCC智能制造生产线的示范建设工作，并成功成为工信部、湖南省智能制造示范试点，首条全自动PERC 21.5%光伏电池生产线开工并达产。

2. 对外投资与经营、并购重组。

2017年，累计完成投资198.25亿元，完成法人户数压减96家；完成资产注入及融资运作工作；筹划并成立力神子集团；中电仪器仪表公司正式由国务院审定列入国家混改第三批试点单位；完成9家子集团组建或实施方案制定工作；制定集团公司总部改制实施方案，并完成改制工作；完成奥地利科创园的收购接收、完成对成都深思科技公司收购；策划组建基金总规模1000亿元的军民融合发展基金，推进集团公司在产融结合、军民融合等方面的快速发展。

3. 重大科研开发。

(1)核高基科技重大专项。中国电科承担的74项在研课题总体按计划实施，计划执行率良好。多项技术能力得到显著提升、产品应用实现重大突破。

核心电子器件领域，固态微波功率器件产品覆盖Ku波段及以下应用需求，器件性能实现与国际先进水平对标，获得国防科学技术进步奖一等奖；真空微波功率器件完全实现自主可控；高精度探测器件综合性能达到国际领先水平；成功应用于国际首台地球静止轨道高分辨率遥感相机，填补我国高轨道高分辨率红外光学遥感领域的空白，实现我国宇航工程用红外焦平面组件技术的重大突破。

高端通用芯片领域，提出并实现我国完全自主体系的通用DSP，性能超过同期国际同类产品4倍以上；魂芯1号DSP在"空警500"等十多型重大装备中取得大批量应用，在性能、功耗、可靠性等各方面超过进口同类产品；魂芯2号实现ADC与DSP直接互联；华睿2号DSP在反导和舰载等两型产品上完成应用验证。

基础软件领域，突破多级多域信息系统软件服务化集成架构、多源异构数据集成与智能检索等关键技术，实现国内首创。

(2)极大规模集成电路制造装备与成套工艺科技重大专项。积极利用地方科技资源投入，打造6英寸宽禁带半导体制造装备研发验证平台；建设起一条新一代军民融合8英寸集成电路特色工艺线，打破国外关键装备禁运。

建立45—22nm低能大束流离子注入机智能化控制系统、长寿命宽带大束流离子源等相应关键技术实验研究平台，研制出2台满足大生产线工艺要求的45—22nm低能大束流离子注入机；形成中束流、低能大束流和高能离子注入机系列产品，填补具有自主知识产权的200mmCMP商用机空白。

(3)新一代宽带无线移动通信网科技重大专项。对标国际著名企业，编制《中国电科第五代移动通信(5G)工作报告》。先后在六安、溧水两基地进行5G气球基站系统演示试验，该系统整体达到国际先进、国内领先技术水平。

在核心芯片和模块领域，GaN功放和MEMS滤波器等产品最高频率可覆盖100GHz，在军事通信、民用移动通信等领域得到大规模应用。在特殊应用系统设备领域，突破新型调制编码、大规模天线等多项关键技术，成功研制出国际先进水平多媒体集群系统，在轨道交通、电力等领域得到广泛应用。在测试仪器仪表领域，拥有基站测试、终端测试、外场模拟与监测、芯片与元部件测试四大门类产品，多款产品达到国际先进水平，部分产品达到国际领先水平。

(4)大飞机专项。承担C919通信导航系统、数据链系统、客舱核心系统、机载娱乐系统和信息系统5个工作包，圆满完成C919首飞保障工作，获得中国商飞授予的"年度优秀供应商"称号。

(5)为世界最大的球面射电望远镜(FAST)提供500米口径天线和馈源，有力支撑我国深空科学研究。

【走向海外】 2017年，中国电科紧密围绕"一带一路"建设，聚焦防务电子、安全电子、网络安全与信息化业务，积极培育新动能，国际化经营工作整体取得新发展新提升新突破。2017年，国际业务收入263亿元，同比增长8.6%；国际业务新签合同生效215亿元，同比增长11.2%，呈现良好的整体发展态势。

军品出口依托优势产品进一步巩固传统市场，并积极探索联合研发、合作生产技术转让等业务新模式，取得显著成效。民品出口与海外工程业务保持良好发展态势，安防监控产品出口同比增长30%，全球市场份额继续保持第一；电能源产品出口同比增长40%，消费电池位居全球市场份额第五。海外经营稳步拓展，2017年批复新增20个境外机构，境外资产总额超过100亿元，进一步完善国际市场营销网络体系。国际合作有效推进，首次牵头SKA国际大科学工程核心工作包，牵头发起国际子午圈大科学计划，有效推进与俄罗斯国家技术集团、法国泰雷兹集团、西班牙英德拉公司等国际知名企业合作，有力支撑中央网信办实施国家信息化援外培训,积极参与中俄航天合作、中乌航天合作、亚太空间合作组织等政府间科技合作,助力集团公司产业与科技创新能力提升。

【重大创新】

1. 技术创新。

无人机集群。2017年,在网络化集群控制数量方面,连续两次打破世界纪录:分别完成119架和200架固定翼无人机集群组网编队飞行试验。

量子应用。研制量子加密终端,构建多节点演示验证系统,达到国内领先水平;与南京大学开展科研合作,开发出基于平面Transmon量子比特的6位超导量子比特原型机;开展全天时环境下的探测试验验证,单光子检测有效动态范围比上年提高100倍,保持国内领先水平;研制量子测风雷达,相比国外同类雷达,在整机规模小10倍以上获得更优异的测风性能;量子器件方面,研制的产品,应用于量子通信城域网。

基础领域。研制成功全球首个基于石墨烯材料射频功率器件,研制金刚石场效应晶体管,实现太赫兹频段瓦级输出;三代超大面阵红外焦平面探测器研制取得重大突破。

2. 管理创新。

"以'协同创新'为核心的社会安全产业军民融合发展实践"以军民融合战略为基本途径,以巴斯德象限理论为指导,以"四大协同"为核心,以"1+1+1"协同创新平台为枢纽,形成以"协同创新"为核心的社会安全产业军民融合发展新路子,取得巨大社会效益和经济效益。

"基于科技创新开放式布局的人力资源柔性管理体系构建与实践"支撑集团内外(含国外)开放式协同创新需要,突破现有"组织"的限制,实现人才"不求所有、但求所用"。根据《中国电科深化人才发展体制机制改革指导意见》,在创新院先行先试,搭建科技人才流动的平台。

"基于数字化、可视化、智能化的复杂军工电子装备生命周期质量管理"以信息化平台为支撑、创建装备全生命周期"精益化""敏捷化""信息化"的质量管理模式,系统建立相应质量管理与技术标准体系,实现装备质量实现过程状况全面显性和实时监测。

"基于双平台的经营管控体系构建与实施"构建"经营目标-监测预警-经济分析-运行调度-考核评估"五维联动和"红网-蓝网"双平台架构,综合运用管控数据进行归集、感知、分析和预警,持续提升经营管控能力水平,为经营决策提供支撑,推进集团战略目标落地。

2017年,中国电科获得国防工业企业协会管理创新成果一等奖8项、二等奖13项、三等奖11项,荣获中国企业联合会管理创新成果一等奖1项、二等奖4项。

【党建工作】

1. 党的建设。

2017年,全系统以迎接党的十九胜利召开和学习宣传贯彻党的十九大精神为工作主线,印发指导意见,确保学习全覆盖,广大干部和党员的政治站位、政治担当进一步提高。认真贯彻落实《中央企业党建工作责任制实施办法》,出台实施细则,推进党委书记抓基层党建工作述职评议全覆盖,实施党建工作关键绩效指标考核,开展全系统党支部书记轮训工作。深入贯彻落实全国国有企业党建工作会精神,完善党委工作规则,落实党建工作要求进章程,推动加强党的领导和完善公司治理相统一。扎实推进"两学一做"学习教育常态化制度化,推广"四学法""学思践悟"移动平台,党员党性得到进一步锤炼。坚持党管干部、党管人才原则,改进干部考察方式,切实选优配强领导班子;按照4:4:2原则,用好各年龄段干部;制定出台关于深化人才发展体制机制改革、海外高层次人才管理等指导意见,干部人才队伍建设得到全面加强。深入开展党风廉政建设和反腐败工作,党组巡视实现全覆盖,巡察工作试点启动,利剑作用有效发挥。不断强化企业文化和群团工作,制作5集专题电视片《中国之盾》,展现"大国重器"风范;组织举办两个工种的国家级技能大赛,拓宽技能人才成长通道,进一步为改革发展凝心聚力。

2. 反腐倡廉。

中国电科党组坚决贯彻落实中央八项规定精神,不断深化作风建设。全系统全年督促整改各类问题106个,16人因违反中央八项规定精神被严肃处理,其中8人被给予党政纪处分。党组牢牢抓住管党治党的"牛鼻子",将责任落实情况纳入巡视重点和专项检查范围,坚持有权必有责、有责必担当、失责必追究,对在虚假贸易行为中负有领导责任的有关人员严肃问责,扣罚落实党建工作责任制不力的5家单位整体绩效和9名党组管理干部的个人绩效。严把廉洁意见"回复关",总部纪检监察与审计部规范廉洁意见回复流程,全年回复廉洁意见319人次,对5名有信访举报的人员进行初步核实,并提出相应意见。

中国电科党组始终保持反腐败高压态势,严肃查处违纪问题,2017年全系统初步核实119件,立案审查37件,给予36人党政纪处分。深刻把握监督执纪"四种形态",全系统谈话提醒、批评教育、诫勉的117人次,组织处理2人次,党政纪轻处分21人次,党政纪重处分12人次,开除党籍、移送司法3人次。

中国电科党组按照国资委党委的要求,针对中央巡视反馈问题的整改情况和党的领导、党的建设、全面从严治党等方面工作情况,组织开展为期3个月的自查自纠活动,发现13个问题,制定21项整改措施,形成4份专题报告。国资委第四专项督查组对中国电科深化巡视整改取得的成效给予充分肯定。中国电科党组持续加大巡视力度,基本实现巡视全覆盖,2017年先后组织完成对19家二级单位的巡视,开展73个专项、366个专题,发现309个问题,两次对发现的问题进行集中通报。

深入开展党风廉政教育,汇集党的十八大以来党中央历次重要会议、中央纪委历次全会以及习近平总书记关于全面从严治党的重要论述,编印成《从严治党应知应会900题》作为辅导材料下发各单位,同时设计开发网络答题平台,组织开展"从严治党应知应会"知识答题活动,让党员干部先学后答、以答促学。全系统33800余名党员参加答题活动,参与率100%。深入开展警示教育活动,分批组织全系统党员观看《央企领导人员违纪违法警示录(一)》《褪色的人生》等专题片,全面增强干部职工廉洁从业意识,积极营造"不想腐"的氛围。

中国电科党组深入贯彻落实党内法规,不断修订完善制度,规范各项工作。先后制定贯彻落实"三个区分开来"重要思想的容错纠错办法、贯彻《中国共产党问责条例》的实施办法,将监督执纪问责的有关情形和流程进行细化。研究制定《构建"不能腐"体制机制的实施方案》,拟定为期三年的工作计划,明确4条指导原则、15项重点任务和3种推进方式,为下一阶段开展工作奠定坚实基础。

中国电科党组指导纪检组深化工作机制创新,实现纪检监察审计区域中心建设全覆盖。在原有3家中心的基础上,按照区域就近和工作便利的原则,新设立北京、天津、上海、石家庄4家区域中心,实现有党委的成员单位全覆盖,为全面统筹监督资源,深入开展党风廉政建设和反腐败工作奠定基础。

【信息化建设】 2017年,中国电科信息化建设深入贯彻落实党的十九大精神,以信息技术和企业生产经营深度融合为重点,以网络安全为保障,强化创新、加强协同,全面提升网信水平,加快建设"数字企业",推动企业向"智慧企业"迈进,加快转型升级提质增效。

在信息化基础设施建设方面,搭建安全、高效、贯通的三大基础平台。包括扩展、完善电科红网,构建电科红网统一的安全体系,接入终端从876个增加到2440个,承载17个战略管控应用,并为应用系统纵向打通具备条件;优化、延伸电科蓝网,380家单位的704台终端接入电科蓝网,承载统计、集中采购、互联网网站群等应用;搭建安全移动办公平台,承载移动OA、数据统计、会议管理、日程管理等10个应用。

在信息化应用系统建设方面,逐步构建战略管控平台。加强信息化与战略决策、经营管控、主营业务的融合,优化、拓展统计信息化、财务、人力资源、资产经营等系统,建设管理驾驶舱、集中采购、计划考核、安全生产等系统,逐步构建起覆盖所有业务部门和全级次成员单位的战略管控平台,实现从分散建设向成体系的协同应用转变,在强化管控能力、降低运行成本、推动流程再造、组织变革和管理创新方面,成为重要的驱动力。

在主营业务信息化建设方面,初步形成智能制造总体框架和行动计划。紧跟国家"中国制造2025"战略发展方向,落实中国电科"十三五"信息化专项规划,组织成员单位进行智能制造调研与集中研讨,初步形成以平台服务层、核心产品层、关键技术层、共性基础层为核心的集团公司智能制造总体框架,初步拟定以协同论证与设计、协同制造与制造资源共享、协同测试、工业安全体系等为先导的六项示范工程行动计划,争取列为2018年专项工程。

在信息安全建设方面,初步构建中国电科网络安全整体防护体系,压实集团公司网络安全责任制,发布《中国电子科技集团有限公司党组(党委)网络安全工作责任制实施办法》,建立全集团全级次单位网络安全工作组织体系;将集团公司所有互联网网站302个纳入网安公司统一防护体系,每月发布《集团公司网络安全监测预警报告》,确保集团公司网络安全万无一失。

【履行社会责任】 中国电科以"十九大"会议精神为指引,全面把握中国特色社会主义进入新时代的要求,持续发挥中国电科社会责任在中央企业和电子信息行业中的引领带动作用。

2017年,组织成员单位与龙岩市、区、县政府和企业,在党性教育、人才交流、技术支持、供应链合作、产业落地、智慧县城建设等方面"六位一体"开展立体化、多维度的深度军民融合合作。中国电科被龙岩市干部群众誉为十大军工集团中与龙岩革命老区合作项目对接最多、合作领域最广泛、取得成效最显著的单位,得到国务院国资委、福建省政府的高度赞誉。

2017年,中国电科承担陕西省绥德县、四川省叙永县两县定点扶贫任务。策划实施智慧党建综合扶贫、特色农牧产业帮扶、大爱电科"梦想1+1"等系列志愿服务、"应急难"特困人群帮扶等一系列特色扶贫项目,受到当地群众和政府好评,中国电科扶贫案例入选中国社科院《2017年企业扶贫蓝皮书》优秀案例。

持续发挥中国电科社会责任在中央企业,特别是电子信息行业中的引领带动作用。中国电科先后获得"国资委社会责任管理提升先进单位""国资委和谐发展战略重点联系单位"称号,连续四年获得"年度优秀企业公民"称号,发布的7份社会责任报告连续五年获得中国社科院"五星卓越级"报告,两次获得"金蜜蜂"社会责任领袖型企业,社会责任管理创新工作获得国防科技工业管理创新二等奖。

特别是在电子信息行业,作为中电标协社会责任委员会主任委员单位,发起并组织国内外电子信息行业企业,共同发布社会责任宣言、牵头组织编写社会责任行业指南、标准,集中组织社会责任报告发布,为电子信息行业社会责任发展,发挥骨干引领作用。连续四年被评为"电子信息行业社会责任优秀示范企业"。《电子信息行业社会责任指南》(SJ/T 16000—2016)行业标准为主要起草单位,《电子信息行业社会管理体系》(SJ/T 16001—2017)行业标准为牵头起草单位,《电子信息行业社会责任治理水平评价指标体系》(T/CESA 16003—2017)为主要起草单位。

认真贯彻国家节能减排部署,连年超额完成节能降耗减少排放的任务指标;大力发展绿色科技,打造产能、储能、用能、节能的绿色能源产业链,促进全社会会节能环保事业发展。承建的地面光伏电站涉及北京通州、内蒙古、合肥庐江、新疆兵团等项目,装机容量160兆瓦,年均发电量17000万千瓦时,每年减少碳排量50吨。

(撰稿人:蒋晓琳)

中国航空发动机集团有限公司

【基本概况】 中国航空发动机集团有限公司(以下简称"中国航发")是中央直接管理的国有特大型企业,由国务院、北京市人民政府、中国航空工业集团有限公司、中国商用飞机有限责任公司共同出资组建。2017年,中国航发以习近平新时代中国特色社会主义思想为指引,深入贯彻党中央、国务院和中央军委各项决策部署,积极践行"创新、协调、绿色、开放、共享"五大发展理念,始终秉持国家利益至上的价值观,牢固树立"四个意识",坚定"四个自信",坚持聚焦主业,坚持强军首责,大力推进"12345"战略框架体系落地,突出抓好"两机"专项实施,全力推进集团高质量发展,集团科研生产、经营管理、党的建设全面驶入平稳有序发展快车道,向着建成世界一流航空发动机集团的远景目标迈出坚实的一步。

【主要指标】 2017年,中国航发实现营业收入467.6亿元,同比增长4.84%;利润总额19.1亿元(实际利润总额24.1亿元,当年消化处理历史遗留不良资产5.0亿元),同比减少5.45%(实际利润总额同比增长19.3%);经济增加值(EVA)-2.9亿元;成本费用总额占营业收入比率96.6%;主业收入占比81.2%,聚焦主业成效显著。

2017年中国航空发动机集团有限公司主要经济指标

项　目	2016年	2017年	比上年增长(%)
资产总额(亿元)	1263.35	1326.72	5.02
所有者权益(亿元)	575.27	741.57	28.91
营业收入(亿元)	446.00	467.60	4.84
利润总额(亿元)	20.20	19.10	-5.45
净利润(亿元)	16.00	13.80	-13.75
归属于母公司所有者的净利润(亿元)	10.01	9.95	-0.60
技术开发投入(亿元)	66.42	136.01	104.77
利税总额(亿元)	31.90	30.90	-3.13
应交税金总额(亿元)	11.70	11.80	0.85
全员劳动生产率(万元/人·年)	19.20	20.80	8.33
净资产收益率(%)	2.99	2.10	减少0.89个百分点
总资产报酬率(%)	2.80	2.40	减少0.4个百分点
国有资本保值增值率(%)	102.93	103.84	增加0.91个百分点

【改革发展】 全面推进深化改革,开展"瘦身健体",压减管理层级。对集团总部12个职能部门进行优化调整,组建集团园区办、新闻中心、中国航发北京公司等。逐步调整完善管理关系,确定集团二级单位股权梳理方案,逐项实施股权调整工作。强力推进投资清理,全年完成投资清理项目73个、压减49户,提前超额完成国资委压减任务;集团产权层级由7级减少至5级,集团全级次并表单位由157户减少至126户。

实施人才强企战略,大力推进人事、分配、考核、薪酬制度改革。一是落实党管干部要求,不断强化党组织在规范公司治理中的作用,建成"双向进入、交叉任职"的领导体制,实现党委书记、董事长"一肩挑"。二是创新型号领导人员管理机制,试点重点型号总师专职化,减少总师行政事务负担,树立总师权威。三是优化劳动用工及收入分配管理。实施全口径人工成本管理,构建符合集团特点的工资总额预算管理机制。推进机械化换人、自动化减人,全年用工总量减少4500人,技术人员占比提高至28.47%。四是推进直属单位负责人薪酬分配制度改革。确立由承担型号任务情况、管理幅度、管理难度等要素决定年薪基数,由年度经营业绩考核结果决定实际年薪的新思路,实施差异化分类管理,优化分配关系,突出研发导向,提升科研院所负责人薪酬水平。

【重大项目】 2017年,军机、民机、燃机重点型号研制取得重要进展,多个型号实现定型/鉴定、首飞,部分重点型号试制周期大幅缩短,试制质量明显提升,多个型号首台整机和核心机相关试验实现一次成功,某型发动机实现均衡生产并提前完成交付任务。大型客机发动机验证机完成首台整机总装,原型机通过概念设计评审。涡轴-16发动机适航取证工作取得积极进展,配装AC352直升机在天津直升机博览会上进行首次飞行表演。1000千瓦级民用涡轴发动机项目完成首台发动机和第二台核心机试制,首台核心机点火一次成功并提前实现转速达标。5000千瓦级涡桨发动机工程验证机完成概念设计阶段工作,完成首台核心机试制及燃气发生器工程设计。宽体客机发动机通过概念设计方案评审,完成2项关键技术攻关项目,开展第一轮部件系统试验件试验验证。

积极开展投融资业务,推进产融结合、军民融合发展,全年股权投资94.27亿元,股权融资98.35亿元。完成航发动力非公开发行股份募集资金项目,募集资金96.3亿元,降低相关主机厂资产负债率,该项目是军工企业历史最大的非公开发行股份募集资金项目。研究融资发展新模式,确定募资金额为100亿元的航空发动机产业发展基金方案,初步制定集团债转股方案。

【国际合作】 持续推进国际合作向服务自主创新能力提升转变,积极拓宽对外合作渠道,深化与国际主要航空发动机企业的沟通与合作。与法国赛峰集团召开首届战略合作委员会会议。积极参与中法、中英、中荷、中欧、中俄等民用航空工作组合作,与国外高校、研究机构开展联合研究项目。利用第四届天津直升机展和第十七届北京国际航空展契机,与美国、法国、英国、俄罗斯、德国等10余个国家20多家知名企业开展合作洽谈。集团科技委联合中国工程院借助北京航展平台成功主办首届国际航空发动机论坛,组织开展高层次、高水平、高质量的技术交流。

【重大创新】 推进创新型集团建设,全年投入研发费用113.5亿元,设立10亿元规模的自主创新专项资金。加强基础研究和材料、制造、仿真、标准、计量等共性基础技术的应用研究,不断夯实自主创新基础。完成"两机"专项基础研究47个项目申报和工信部、国防科工局等40项基础技术项目立项;获得军方30余项专用技术和背景预研课题支持。创新平台建设取得新进展,国防科技工业航空发动机创新中心通过国防科工局审查,航空发动机高空模拟技术和直升机传动技术国防科技重点实验室通过现场考察。设立集团9个重点实验室。2017年获得国家技术发明二等奖1项,国家科技进步二等奖1项,国防科学技术奖20项,申请发明专利1528件。

全面启动中国航发运营管理系统(AEOS)建设,开展管理理论、工具和方法的创新应用工作,全面提升管理水平。发布AEOS建设指南,开展产品研发体系技术基础要素、流程和协同工作机制建设,深入推进航空发动机生产制造精益化转型,构建集团供应商管理体系框架,启动4家主机厂所试点服务保障体系建设。

【党建工作】 2017年,中国航发将学习宣传贯彻习近平新时代中国特色社会主义思想和党的十九大精神作为首要政治任务,广泛开展宣讲领学、干部带学、征文竞学、交流促学、专家讲学等活动;深入解读习总书记对集团的重要指示精神,开展"使命、责任、担当"主题实践活动,开设"遵总书记重托、铸大国之重器"系列专栏,引导党员干部牢固树立"四个意识"。实施党建"铸心"工程,聚焦科研生产重点难点任务,组建198支"铸心"新长征党员突击队,涉及项目近200个,参与党支部881个,年底突击队任务完成率95%以上,有力推动型号研制;着眼提升基层一线质量意识、质量水平,开展"争创质量放心党支部、争做质量放心党员"活动,查找质量问题2.27万个,提出改进措施2.42万条,质量问题归零率91.5%,筑牢基层质量堡垒。

推进"两个责任"落实,将落实情况纳入直属单位经营业绩考核体系。自上而下逐级签订党风廉政建设责任书1703份、岗位任职责任书2776份,开展廉政逐级约谈1.3万余人次。坚持零容忍、无禁区、全覆盖,强化监督执纪问责,持之以恒落实中央八项规定精神,严防"四风"问题反弹,运用"四种形态",严肃查处各类违规违纪问题,增强"不敢腐"的震慑;制定党风廉政建设和反腐败工作"十三五"规划,发布各类制度20余项,规范权力运行约束机制,扎紧"不能腐"的笼子;开展党风廉政建设"守心"子工程建设,筑牢党员领导干部廉洁意识,提升"不想腐"的自觉。完成对12家直属单位的巡视,加大整改问责力度,推进标本兼治,发挥"政治巡视"震慑遏制作用,体现党内监督的严肃性和权威性。

【信息化建设】 启动"数字化航发125工程"建设,获得2017年中国工业数字化年度卓越实践奖。开展"互联网+航空发动机"规划论证,推动建立科研生产新模式。选取AEP500等三个重点项目试点,推进集团级协同研制平台建设和应用。开展智能制造关键技术研究,推进中国航发西航精锻叶片等数字化生产线和精益单元建设;以业务需求为牵引,推进科研、生产、服务保障管控等主要应用系统建设,基本形成"业务牵引、信息支撑、型号应用、建用结合"的两化深度融合建设机制。

【履行社会责任】 制定中国航发《企业社会责任工作方案》,在创新发展与质量保证、协调发展与和谐关系、绿色发展与安全环保、开放发展与诚信共赢、共享发展与公益慈善5个方面开启社会责任新任务。启动中国航发首份企业社会责任报告编制工作,提升集团社会影响力。扎实推进扶贫工作,编制中国航发首份《扶贫工作方案》;投入经费1亿元参与中央企业扶贫基金建设;指导相关直属单位定点扶贫8个村,累计投入资金265.24万元;援建学校2所,资助贫困生184人,在助力国家扶贫攻坚中彰显集团形象。

(撰稿人:程 勇)

中国石油天然气集团有限公司

【基本概况】 中国石油天然气集团有限公司(以下简称"中国石油")是国有重要骨干企业和中国主要的油气生产商和供应商之一,是集油气勘探开发、炼油化工、销售贸易、管道储运、工程技术、工程建设、装备制造、金融服务于一体的综合性国际能源公司,在国内油气勘探开发中居主导地位,在全球38个国家和地区开展油气业务。在《美国石油情报周刊》公布的世界50家大石油公司综合排名中位居第三,在《财富》杂志公布的全球500家大公司排名中位居第四。

【主要指标】 面临国际油价中低位震荡、成品油市场竞争加剧、天然气需求峰谷差加大,特别是冬季保供任务异常艰巨等严峻挑战,中国石油充分发挥整体优势,强化统筹协同,积极应对市场变化,全力优化生产运行,持续打好开源节流降本增效攻坚战,实现生产指标稳中有增、经营效益稳定向好。全年实现营业总收入23403亿元,利润总额533亿元,实现税费3774亿元。

表1 2017年中国石油天然气集团有限公司主要经济指标

项 目	2016年	2017年	比上年增长(%)
资产总额(亿元)	40698	40987	1
所有者权益(亿元)	24449	24036	-2
营业总收入(亿元)	18719	23403	25
利润总额(亿元)	507	533	6
净利润(亿元)	268	176	-35
归属于母公司所有者的净利润(亿元)	124	-467	-477
应交税费总额(亿元)	3497	3774	8

【改革发展】 企业改革持续深入推进,完成中国石油整体改制,全面完成除关闭注销以外151家所属各级全民所有制子企业改制工作,海外油气业务体制机制改革有序实施,工程技术业务专业化重组基本完成,中油工程、中油资本成功上市,扩大企业经营自主权改革试点不断深化,内部油气产品和服务价格机制进一步理顺,首批矿权内部流转进展顺利,有效激发企业的动力活力。通过优化投资结构,严控非生产性支出,坚持生产经营计划刚性执行,持续实施开源节流降本增效等措施,中国石油整体运行效率明显提升。

【重大项目】 天然气水合物试采取得实质性进展。2017年3—7月,中国石油作为总承包商,进行我国首次南海神狐海域可燃冰试采,成功实现连续产气60天,总产气量30.9万立方米,平均日产气量5151立方米,创造采气时间最长和总产量最高的世界纪录。可燃冰被命名为中国第173号新矿种,党中央、国务院专门发贺电祝贺可燃冰试采成功。

重点油气管道建设项目进展顺利。西气东输三线中卫—靖边联络线于2017年11月27日建成投产,管道全长377千米,设计输气能力300亿立方米/年;陕京四线输气管道于2017年11月27日建成投产,线路总长度1098千米,设计输气能力250亿立方米/年;云南成品油管道干线于2017年12月22日建成投产,设计输油能力721万吨/年。

重点炼化工程建设项目进展顺利。云南石化1300万吨/年炼油工程一次开车成功,截至2017年底已稳定运行4个月;华北石化、辽阳石化改扩建工程有序实施,进入配管阶段;广东一体化项目,大庆石化炼油结构调整项目,长庆、塔里木油田乙烷、液化气和轻烃项目有序推进。

【油气业务】

1. 国内油气业务。

国内新增探明石油地质储量6.59亿吨,连续12年超过6亿吨;新增探明天然气地质储量5698亿立方米,连续11年超过4000亿立方米。其中,在新疆准噶尔盆地玛湖凹陷中心区发现10亿吨级玛湖砾岩大油区,是世界上发现的最大砾岩油田。

国内原油产量10254万吨、天然气产量1033亿立方米,分别占全国原油、天然气总产量的53.6%和71.1%。国内加工原油15245万吨,生产成品油10351万吨,生产乙烯576万吨,化工产品销售量2798万吨,成品油销售量11416万吨,占国内市场份额37.2%。国内天然气销售量1518亿立方米,占国内市场份额的66.2%。油气管线延展长度8.56万千米,2017年中国石油天然气长输管道年度一次管输量首次突破1000亿立方米。

2. 国际油气业务。

以"一带一路"倡议为契机推动海外油气合作,新签一批油气合作协议,国际油气业务稳步拓展;海外投资持续优化,国际化经营水平进一步提升;海外主要勘探区域取得一批重要油气发现,多个重点建设项目陆续投产。

海外油气勘探坚持低成本战略,严格控制高风险、高投入勘探,注重优质可快速动用储量发现,将勘探投资向重点地区和重点项目倾斜,取得多项勘探新成果。全年海外新增油气可采储量当量9093万吨,其中原油6280万吨,天然气353亿立方米。

海外油气生产根据油价走势和项目开发效益动态调整工作量,有序推进老油田注水工程和措施优化,加快新井投产和重点项目建设,油气生产实现稳定增长。全年实现海外权益当量产量8908万吨。其中,原油权益产量6880万吨;天然气权益产量255亿立方米。

海外运营的油气管道总里程16500千米。其中,原油管道8597千米,天然气管道7903千米。全年输送原油3347万吨,天然气476亿立方米。重点海外管道建设顺利推进。中缅原油管道、中俄原油管道二线工程相继投产,中俄东线天然气管道北段全面开工建设,中亚天然气管道D线项目启动。中哈天然气管道二期(哈南线)巴佐伊压气站和卡拉奥杰克压气站先后投运,管道全线输气能力达到100亿立方米/年。加拿大激流管道实现投油,月输油量10万吨。

海外炼厂生产安全平稳,全年加工原油4578万吨。哈萨克斯坦奇姆肯特炼厂现代化升级改造一期工程投产,生产出符合欧Ⅳ/欧Ⅴ标准的车用燃油;项目二期工程实施过半。苏丹喀土穆炼厂顺利完成管理主体交接并签署技术服务协议。乍得恩贾梅纳炼厂和尼日尔津德尔炼厂积极开拓销售市场,顺利完成原油加工任务。

海外油气合作得到持续深化和拓展。2017年5月,在北京举办"一带一路"国际合作高峰论坛之际,中国石油首次成功主办"一带一路"油气合作圆桌会议,会议阐述中国石油主张,推进国际油气合作。其间,中国石油与多家油气企业签署协议,持续深化和扩大与合作伙伴在项目融资、管道运输、储气库建设、油气供应及天然气发电等多领域合作。2017年12月8日,全球纬度最高、规模最大的LNG项目——俄罗斯亚马尔LNG项目一期工程正式建成投产。该项目是"一带一路"倡议提出后,中国石油参与规模最大的海外油气合作项目。通过全产业链参与项目运作,中国石油正在成为国际LNG产业发展的重要参与者。

【科技创新与信息化建设】 围绕生产经营开展的一批关键核心技术攻关应用取得重要成果。岩性地层油气藏勘探评价和开发技术、3500米以浅页岩气开采配套技术、高价值油品及高附加值合成材料新产品等开发应用技术及油气长输管网集中调控SCADA系统等为主营业务发展提供强有力的技术保障。ERP应用集成建设全面完成,云技术平台深化应用,数据共享及集成应用能力增强,数字化与智能化建设稳步实施,信息系统应用成效日益显著。

5项重大科技成果获得国家科技奖励。"三元复合驱大幅度提高原油采收率技术及工业化应用""高汽油收率低碳排放系列催化裂化催化剂工业应用""重型压力容器轻量化设计制造关键技术及工业应用""煤层气储层开发地质动态评价关键技术与探测装备"4项研究成果获得国家科技进步二等奖,"深层油气藏靶向暂堵高导流多缝改造增产技术与应用"获得国家技术发明二等奖。全年申请国内外专利5050件,其中发明专利2850件;获得授权专利4879件,其中发明专利1225件。

【党建工作】 修订公司章程,将党建总体要求纳入公司章程,明确党组在公司法人治理结构中的法定地位。把党的领导融入公司治理各环节,将党组研究讨论作为决策重大问题的前置程序,使党组发挥"把方向、管大局、保落实"作用组织化、制度化、具体化。从严管党治党制度机制更加健全。制定《关于落实全面从严治党要求加强党的建设的意见》等制度文件，健全党建工作责任体系和党务机构，组织党委书记抓党建述职评议，开展落实党建责任专项督查，党组织的决策议事制度、企业党建工作考核评价制度逐步完善，党建工作研究平台、交流平台和信息平台加快建立，党组（党委）统一领导下的"大党建"格局基本形成。健全反腐倡廉制度体系，完善区域纪检监察中心建设，推进纪委书记专职化和巡视工作专业化，开展派驻纪检组试点，建立纪检监察与法律、审计、内控等联合监督机制，实现党内巡视全覆盖和党内监督全覆盖；坚持把纪律和规矩挺在前面，大力正风肃纪，坚决清除政治雾霾，反腐败斗争压倒性态势已经形成。

【履行社会责任】 中国石油始终坚持将企业发展与业务所在地可持续发展结合起来，关注民生和社会进步，与当地分享发展机遇和资源价值，积极参与社区建设，促进经济和社会和谐发展，做当地优秀的企业公民。全年在全球主要社会公益上的总投入超过10亿元。

表2　2017年中国石油天然气集团有限公司社会公益投入情况

类　别	投入金额（万元）
扶贫帮困	21817.0
赈灾捐赠	7975.0
支持教育	10091.9
公益捐赠	46611.8
环保公益	22076.3
总　计	108572.0

1. 扶贫减困。继续开展定点扶贫和对口支援，在新疆、西藏、青海、重庆、河南、江西、贵州7个省（自治区、直辖市）13个县（区）投入7785万元开展基础设施改造、教育培训、健康医疗和产业合作等扶贫项目45个，直接受益的建档立卡贫困户2万多人。在新疆定点扶贫县中的巴里坤哈萨克自治县、察布查尔锡伯自治县、托里和青河县通过国家专项评估检查，实现脱贫。

2. 教育事业。继续推进传统的支持教育项目，包括设立奖学金和助学金，资助家庭经济困难学生，改善贫困地区教学条件，支持科技文化教育及相关赛事活动等。2017年，中国石油奖学金表彰优秀学生1270人，发放奖学金798万元。连续第七年支持昆仑润滑油杯中国大学生方程式汽车大赛，搭建"政产学研用"平台，帮助培养汽车产业人才。探索支持教育新模式，倡导全社会关注并携手解决教育公平问题。中国石油与中国扶贫基金会、北京史家教育集团、腾讯公益等机构合作，开展"旭航"助学、"益师计划"及"乡村·中国梦"等公益项目，帮助更多贫困地区的学子实现求学梦想。

3. 带动地方发展。坚持开放合作、互利共赢，在上中下游领域，全面扩大与当地资本的合资合作，在建设运营中培养本地供应商和承包商，创造就业岗位，带动关联产业发展，回馈当地民众。2017年，中国石油昆仑信托与昆仑天玺携手合作，达成期限10年、总规模5亿元的"昆仑天玺财产权1号信托计划"，支持克拉玛依社会经济和地方企业发展。

4. 服务海外社区。尊重业务所在国的文化习俗，致力于与东道国建立长期稳定的合作关系，将中国石油发展融入当地经济社会发展中，积极创造社会经济价值，共同促进当地社区的繁荣发展。2017年，凭借在海外社区建设中的卓越表现，中国石油获得哈萨克斯坦"2017年度企业社会贡献特等奖"。

5. 发展当地经济。积极落实本地化战略，优先考虑采购和使用当地产品和服务，为当地承包商及服务商提供参与项目服务机会，支持当地中小企业和社区创业者发展，为当地创造就业机会。中国石油在南美洲的安第斯公司十多年来在当地年均投资4亿美元，每年直接或间接创造就业机会3000多个，包括分包商在内创造的就业机会6000多个，并通过创建社区医院、学校和设立奖学金为社区和地方经济发展注入活力。中缅管道高峰期每天可为当地发电厂与沿线工业用户提供天然气270万立方米，有效缓解缅甸电力紧张的局面，为促进缅甸工业化、电气化作出积极贡献。

6. 依法透明纳税。严格遵守所在国法律法规，依法向当地政府纳税，为当地经济发展做出应有贡献。支持并响应反税基侵蚀和利润转移（BEPS）行动计划,遵循《中国石油税收政策》,并承诺在经济活动发生地和价值创造地依法纳税,为社会经济发展作出应有贡献。2017年中国石油境外累计实现税费473.8亿元。

(撰稿人:任洁江)

中国石油化工集团有限公司

【基本概况】 中国石油化工集团有限公司(以下简称"中国石化")是1998年7月国家在原中国石油化工总公司基础上重组成立的特大型石油石化企业集团,注册资本2749亿元,董事长为法定代表人,总部设在北京。对其全资企业、控股企业、参股企业的有关国有资产行使资产受益、重大决策和选择管理者等出资人的权力对国有资产依法进行经营、管理和监督,并相应承担保值增值责任。主营业务范围包括:实业投资及投资管理;石油、天然气的勘探、开采、储运(含管道运输)、销售和综合利用;煤炭生产、销售、储存、运输;石油炼制;成品油储存、运输、批发和零售;石油化工、天然气化工、煤化工及其他化工产品的生产、销售、储存、运输;新能源、地热等能源产品的生产、销售、储存、运输;石油石化工程的勘探、设计、咨询、施工、安装;石油石化设备检修、维修;机电设备研发、制造与销售;电力、蒸汽、水务和工业气体的生产销售;技术、电子商务及信息、替代能源产品的研究、开发、应用、咨询服务;自营和代理有关商品和技术的进出口;对外工程承包、招标采购、劳务输出;国际化仓储与物流业务等。

截至2017年底,中国石化是中国最大的成品油和石化产品供应商、第二大油气生产商,是世界第一大炼油公司、第二大化工公司,加油站总数位居世界第二,在2017年《财富》世界500强企业中排名第三位。

【主要指标】 2017年,是党和国家发展历程中具有里程碑意义的一年,也是中国石化付出艰辛努力、取得良好业绩的一年。在以习近平同志为核心的党中央坚强领导下,中国石化各级领导班子团结带领广大干部员工,把迎接党的十九大胜利召开、学习宣传贯彻党的十九大精神转化为强大动力,认真落实新发展理念,坚持稳中求进工作总基调,统筹推进各方面工作,圆满完成全年各项目标任务,取得好于预期的经营成果,公司发展呈现稳中有进、稳中提质、稳中向好势头。

2017年中国石油化工集团有限公司主要经济指标

项　目	2016年	2017年	比上年增长(%)
资产总额(亿元)	21593.91	22566.98	4.51
所有者权益(亿元)	10729.01	10785.66	0.53
营业收入(亿元)	19692.20	24003.18	21.89
利润总额(亿元)	529.03	582.05	10.02
净利润(亿元)	281.99	389.60	38.16
归属于母公司所有者的净利润(亿元)	83.57	103.93	24.36
利税总额(亿元)	3747.11	3831.05	2.24
应交税费(亿元)	600.20	774.18	28.99

【生产经营】 2017年,中国石化生产经营优化运行。国内上游初步扭转油气储量替代率下滑和油气单位成本上升势头,生产原油3505.36万吨,生产天然气257.38亿立方米;境外上游桶油现金操作成本进一步降低,海外权益油气当量产量4372万吨。炼油和油品销售联手应对市场,市场攻坚战取得初步成效,加工原油2.4亿吨,境内成品油经营量1.78亿吨,圆满完成汽柴油质量升级任务。化工结构调整成效显著,生产乙烯1160.97万吨,生产对二甲苯462.5万吨,乙烯收率、三大合成材料高附加值比例均创历史新高;化工产品经营总量7850万吨,达到历史最好水平。炼油销售市场份额进一步做大,天然气市场占有率进一步提高,润滑油高档产品比例进一步提高,催化剂出口进一步增长。全年实现营业收入2.4万亿元、同比增长21.8%,实现利润582.05亿元、同比增长10%,实现税费3623亿元、同比增长2.5%。

转型发展积极推进。涪陵页岩气百亿立方米产能全面建成,在新疆等地区获得一批油气新发现。全年新增石油、天然气经济可采储量分别为4106万吨、205亿立方米,新建原油、天然气产能分别为200万吨、41.2亿立方米。中科炼化一体化等项目开工建设,上海赛科股权收购完成交割,中天合创煤化工项目实现商业运营。天津LNG、仪长复线等储运设施建成,新发展加油(气)站1163座,新建成品油管道700千米。非油业务实现量效大幅增长,易派客物资采购平台被列为金砖国家合作2017年八项核心成果之一,石化e贸电商平台等新业态快速发展,地热业务融入雄安新区规划取得进展,金融业务发展稳步推进。积极参与"一带一路"建设,成功中标巴西海上两个勘探区块,一批项目取得积极进展,石油工程、炼化工程海外收入占比明显提高,国际贸易持续增长。

【改革发展】

1. 企业改革管理。

2017年,中国石化认真贯彻落实党中央、国务院关于全面深化国有企业改革的一系列决策部署,坚持稳中求进工作总基调,以供给侧结构性改革为主线,扎实推进深化改革,不断深化企业管理,全力提效率增活力打造竞争力。

深化改革扎实推进。印发《关于中国石化深化改革的实施指导意见》,明确中国石化深化改革的总体思路、原则、主要目标和九大领域改革任务,研究制定2017—2020年深化改革工作计划,初步建立中国石化全面深化改革框架体系。完善建立常态化工作机制,加强对"处僵治困"重点企业的帮扶指导,国务院国资委重点督导的8家困难企业治理任务全部完成,杭州石化完成关停退出,浙江金甬注销清算完成职工签约,东方石化等7家企业提前完成治理任务。全级次亏损企业治理成效明显,企业亏损面下降15.9个百分点。"瘦身健体"进展顺利,压减法人户数116户。公司制改制基本完成,113家单位完成改制。"四供一业"分离移交框架协议签署完成总任务量的70%以上,其他办社会职能移交稳步推进。石油工程完成定向增发,资本结构得到改善。销售公司股改上市工作稳步推进,新星公司地热业务混改方案初步形成。三项制度改革和相关试点统筹推进,人力资源优化配置不断深化。共享服务公司正式成立,资源共享作用进一步发挥。东北油气分公司自主经营试点初见成效,油气区块内部流转实现突破。存续经营性业务分类改革有序推进。

企业管理不断深化。修订发布"三基"工作指导意见并推动实施,完善"三基"工作评价标准,以石油工程公司为试点初步形成基层岗位操作手册和基层岗位管理手册编写应用模板,总结推广基层单位经验,不断提升企业基础管理水平。修订发布绩效考核管理办法,更加注重差异化分类考核,绩效考核导向作用进一步发挥。修订发布制度管理办法,推进制度表单化流程化建设,加强制度审核把关,督促指导企业制度建设,制度执行力持续强化。修订发布2017年版总部和企业内部控制手册,重大重要风险实施动态监控,加强境外投资风险管理,督促企业问题整改,不断提升公司风险防控能力。

2. 人事管理。

2017年,中国石化在人事工作中着力抓改革、增活力、提素质、调结构、强基础,在领导班子和干部队伍建设,劳动用工、薪酬分配,人才队伍建设和培养开发等方面均取得积极进展。

领导班子和干部队伍建设。研究起草《关于进一步规范和加强直属单位领导人员年度绩效考核工作的意见》,修改完善《关于进一步提高党员领导干部民主生活会质量的意见》《领导人员异地交流若干规定》,干部管理相关制度进一步完善。首次开展职业经理人选聘,领导人员竞争性选拔和职业经理人选聘工作进一步推进。开展领导班子和领导人员考评数据库建设,为多维度考评、多途径了解领导班子和领导人员提供有效依据和支撑。推进干部考察纵深拓展,推进领导人员能上能下,干部队伍结构得到一定程度优化,选人用人满意度创近年来新高。严格直属单位中层机构和职数管理,健全完善干部监督体系,选人用人监督相关经验做法得到中组部肯定,作为干部监督成果予以宣传。

劳动用工、薪酬分配、改革统筹。制定和完善机构和定员标准,组织全面开展对标先进严格"三定"工作。建立工效联动的增补用工核定机制,推进年度用工控制计划、毕业生招聘和成熟人才引进计划一体化优化。修订《用工总量管理办法》,调整完善专项激励等政策。完善人力资源统筹配置平台,加强用工内部统筹配置。修订印发《人工成本管理办法》，完善人工成本预算机制和人工成本与效益联动机制，强化整体薪酬理念，改进人工成本调控机制。强化效益效率分配导向，改进工资总额预算办法。完善薪酬分配制度体系，提出党组管理领导人员薪酬制度调整思路。探索市场化薪酬管理办法，为强化薪酬分配市场化机制打好基础。起草完善《海外人工成本预算管理办法》《海外员工薪酬福利管理办法》等制度，选择国际化经营单位进行试点。落实《科技成果转化推广与激励管理办法》，科技人员科技成果转化收益较大幅度提高。研究制定统筹开展三项制度改革和深化人才发展体制机制改革两项改革试点工作方案，明确6个方面改革重点任务、28个重点改革项目。积极推进试点工作，组成调研督导服务组及时跟进指导。江苏石油分公司、东北油气田等单位三项制度改革取得显著成效，销售公司整体改革方案得到党组充分肯定。新项目人力资源管理新模式、岗位管理等方面试点取得较好成效。

人才队伍建设与培训开发。进一步拓宽人才发展空间、畅通发展通道，建立纵向畅通、横向贯通的职位发展体系。印发《中国石化专业技术职务任职资格评审工作管理规定》《中国石化专业技术职务任职资格评审组织建设管理办法》《中国石化教授级（正高级）、高级专业技术职务任职资格评审办法》《中国石化教授级（正高级）、高级专业技术职务任职资格评审条件》《业务竞赛管理办法》《业务竞赛奖励办法》，推进职称评审与业务竞赛管理的体系化建设。加大高端人才选聘力度，推动高端人才作用发挥。打破内外部人才流动配置壁垒，推进人才引进使用多元化。印发《出国（境）访问学者选派管理办法》，起草《加强基本功训练工作的指导意见》，推动岗位培训课程体系开发，培训基础建设取得积极进展。优化毕业生引进考试方案，指导开展对"优才"毕业生进行跟踪回访，改进优化毕业生引进工作。强化机构编制、定员管理和职能梳理，修订印发《总部机关处级领导人员选拔任用实施办法》，加大总部机关人才队伍建设力度。

信息共享服务工作。完成共享服务建设、员工自助服务建设、HR系统深化应用、专项业务信息化建设应用等主要工作。圆满完成业务共享扩大试点，完成25家单位上线实施，服务员工21.6万人，业务处理准确率100%。推动业务标准化、规范化建设，推动电子考勤系统试点应用，在胜利油田、南化公司试点应用，实现考勤全过程在线管理，提高工作效率50%以上。形成九类38项158个业务活动，统计报表、学历学位认证业务随业务共享实施同步在25家试点企业上线。组织起草公司《人力资源信息应用管理办法》《员工自助运行管理办法》《知识库管理办法》3项制度办法。提前完成25家企业上线应用，员工满意度明显提高。推动知识库建设，进一步优化提升系统功能。推动一体化员工自助服务体系建设，总部机关试点工作稳步推进。加强数据质量建设，优化系统功能，加强信息集成和系统间业务互联互通。建成人力资源优化配置平台，全面推广职称评审系统上线，启动专家遴选系统开发工作。

【重大项目】 2017年，中国石化紧紧围绕"五大发展战略"和"十三五"发展规划，以转方式调结构、提质增效升级为主线，大力弘扬"苦干实干""三老四严"的石油精神，坚持稳中求进，不断完善工程建设"3557"管理体系，扎实抓好"五大控制"和7个专项管理，保重点工程项目建设，推进管理体制机制创新，提高工程建设国际化水平，突出质量和效益，为公司持续健康发展提供坚实保障。

重点工程有序推进。全年完成24套炼化装置、4条长输管道、6座油气储运设施建成投用；完成14家企业367套装置的重点大修改造任务。油气田地面工程项目，排612产能建设地面工程、孤罗东、孤永东输油管道隐患治理项目顺利投产；埕岛油田西北部新区产能建设工程两座平台建成投产，SH201采修一体化平台达到开钻条件；东胜气田产能建设地面工程6座站场全部投用。炼化工程，金陵亨斯迈环氧丙烷、长岭和安庆催化柴油转化、荆门和金陵渣油加氢、镇海柴油加氢等装置按期建成投产，中天合创煤化工项目剩余装置全部顺利投产，产出效益；中科炼化一体化、中安联合煤化工、海南第二套芳烃正在全力推进项目建设，古雷炼化一体化项目正式开工建设，福建腾龙芳烃项目PTA装置开车成功，剩余装置有序开展检测与修复工作，镇海炼油老区结构调整提质升级、扬子石化EVA等项目积极推进。管道储运工程，仪征—长岭原油管道复线工程、日照—仪征原油管道增输工程、川气东送增压工程顺利投用；甬台温成品油管道具备投用条件，重庆涪陵LNG工厂建成中交，进入生产准备阶段；天津LNG接收站达到接气投产条件，外输管道工程正在加紧施工；文23储气库项目全力推进建设。埕岛中心三号平台及海上配套工程、塔河油田四号联合站及系统配套工程获国家优质工程奖。

安全质量管控有力。工程建设安全质量联合大检查取得实效，4个检查组，对14家企业、15个重点项目、24个建设工地进行安全质量联合大检查，范围涵盖油气田地面工程、炼化工程、储运工程和大修改造项目，查出安全问题315项、质量问题722项；重点督导企业做好建设项目HSE管理体系文件的执行和落实，发布中国石化标准化工地建设指南，海南炼化及相关单位开展实施应用，中安煤化工项目建成投用规范化的HSE实操培训基地。充分发挥监督、监检、监察、监测、检查"五位一体"质量管控体系作用，全年组织37次质量大检查，发现各类质量问题3040项；组织12次质量监察，发现问题228项；质量监督系统在日常监督和检查中发现各类质量问题16099项。约谈9家问题责任单位，督促深入分析问题原因，提高安全质量意识。

工程建设"3557"体系基本完善。除了境外项目管理路线图外，境内项目管理路线图和大修改造项目管理路线图体系建设基本完成。在总部工程部层级和建设单位层级大修改造项目管理路线图的基础上，组织编制施工单位层级、监理单位层级大修改造项目管理路线图文件。完成企业级工程项目管理路线图编写和项目管理手册的升级工作，企业级工程项目管理路线图包括程序文件190个、承包商管理规程217个。初步形成建设工程诚信考核细则，完成建设工程承包商考核办法初稿。修订印发16项工程设计管理标准。发布建设项目绩效考核管理办法（试行），组织试点测试。组织中国石化主要工艺装置及公用工程定额工期编制工作，杜绝因不科学抢工期带来的安全质量风险。

【走向海外】2017年，面对瞬息万变的国际经营环境和严峻的安全形势，中国石化紧紧围绕"建设世界一流能源化工公司"的战略目标，发挥集团化、一体化优势，积极稳妥发展国际化经营业务。

境外油气勘探开发。通过狠抓责任落实和节点运行，优化决策部署，HSSE风险管控继续强化，现金流紧张局面得到改善，勘探开发工作取得新进展，现有资产创效能力得到提升，海外上游事业呈现稳中向好的态势。全年在埃及Apache项目获得13项勘探发现，在加拿大、澳大利亚等获得3项勘探进展和2项勘探突破，探井成功率76%，新增2P+2C储量851万吨油当量。安哥拉15/06东区提前2个月投产，全年权益油气产量4372万吨油当量。降本增效工作成果显著，全年累计投资比计划节省35.7%。截至2017年底，在全球26个国家拥有50个油气勘探开发项目。

境外石油工程服务。面对国际油价持续低位震荡、全球油服市场竞争异常激烈、经营压力巨大等严峻形势，灵活调整经营策略，推动项目提质增效，努力破解生存发展困局。截至2017年底，中国石化在40余个国家执行项目845个，合同总额218.15亿美元。2017年新签合同额24.12亿美元，完成合同额21.71亿美元。

境外炼化合资合作。继续积极稳妥地推进和发展境外炼化投资合作项目。一批已投资的境外炼化项目，如沙特延布炼厂项目、参股西布尔项目、阿联酋富查伊拉仓储项目、俄罗斯克拉斯诺雅尔斯克丁腈橡胶项目、新加坡润滑油脂项目、荷兰VESTA仓储项目等运营良好。重点推进雪佛龙南非及博茨瓦纳公司下游资产收购项目，签署股权收购协议，等待当地政府的有关审批；俄罗斯阿穆尔天然气化工项目、俄罗斯甲醇—MTO项目、沙特合成橡胶项目等一批境外炼化项目按计划积极推进前期工作。截至2017年底，中国石化在全球7个国家拥有6个炼油化工、仓储物流项目。

境外炼化工程服务。2017年，炼化工程板块在境外13个国家执行71个承包合同（50个项目），合同总额107.66亿美元。全年新签境外合同额15.29亿美元，完成合同总额21.34亿美元。其中，与TECNIMONT在俄罗斯联合中标阿穆尔AGPP总承包项目，成为炼化工程板块首个在俄罗斯中标的EPC总承包项目。完工项目包括泰国IRPC公司聚丙烯总承包项目、沙特硫酸总承包项目、POM聚甲醛施工项目等项目。2017年，境外项目管理和作业人员月均18688人，其中中国石化员工1283人、国内雇佣及分包人员7923人、国外雇佣及当地分包人员9482人，累计实现5823.44万安全人工时。

【科技创新】 2017年，中国石化认真贯彻党的十九大精神，深入实施创新驱动发展战略，积极推进科技体制机制改革和重大关键技术攻关，取得丰硕成果。

解放思想，科技改革试点取得新进展。2017年是科技改革的攻坚之年，在进一步深化科技项目、科技经费、科技成果转化推广与激励等改革的基础上，大力推进引领型研究院和创新型企业建设，持续深化开放创新，加快科技孵化器建设，充分激发创新活力。一是推进引领型研究院建设。完善直属院"基础+可变"经费管理模式，强化竞争获取机制。着眼引领未来业务发展，研究提出10个重点发展的前沿技术领域，提高直属研究院前沿技术研究目标任务考核比重，推动技术研发储备。二是推动创新型企业建设。完善创新型企业标准，评选出第三批创新型企业10家。完善企业研发支出视同利润考核机制，进一步调动企业科技创新的积极性。三是进一步深化开放创新。邀请国内外50余所大学与科研院所的院士、专家，成功召开中国石化首届产学研座谈会，深化交流与合作。组织召开第三届科技委第三次外部委员咨询会议，邀请相关院士、专家对公司产业和科技发展建言献策。四是强化创新成果转化激励机制。进一步加大直属院、工程设计单位科技成果转化奖励力度，并首次对生产企业进行成果转化奖励，提高奖励金额，进一步激发科研人员的创新积极性。落实重大科技项目过程激励机制，对首批项目实施奖励。试点实施岗位分红激励机制。设立优秀青年创新基金，授予首批6位课题负责人"优青"称号，支持优秀青年人才围绕科技前沿进行探索。五是加快科技孵化器建设。印发《关于建设中国石化科技孵化器的试行方案》《关于鼓励科技人员创新创业、加快建设中国石化科技孵化器的指导意见（试行）》，推进以"创新空间""新领域培育""创新企业孵化器"为主要内容的科技孵化器建设。举办首届"中国石化杯"创新创业大赛，共征集创新创意项目561项，评选出一等奖3项、二等奖7项、三等奖10项。向10家科技孵化器试点单位征集"新领域培育"方案和计划。探索在试点单位设立新材料、新技术、新商业模式的创新公司。

以重大问题为导向，强化科技攻关的顶层设计与布局。积极承担"大型油气田及煤层气开发"国家科技重大专项任务。5个国家重点研发计划项目获批立项并启动实施。持续推进"十条龙"科技攻关，在研项目22个。8个项目被列入2017年中国石化重大科技攻关项目（试点）计划。

知识产权工作取得新进展，专利申请与授权数量继续保持央企领先，贯彻"数量布局，质量取胜"的专利管理理念，持续加大专利申请质量管控力度，建立专利申请质量评估系统；开展专利价值分析评估，放弃低价值专利，优化维护成本。针对热点、活跃领域，推进24项知识产权战略研究。印发《中国石化对外技术许可清单（2017版）》，鼓励推广转化科技成果，技术贸易工作持续提升。全年申请专利6830件，获得授权专利4239件，持续保持央企领先地位；获得中国专利优秀奖11项。"马永生星"获批命名并翱翔在星空。获得国家科技进步一等奖3项、二等奖1项，国家技术发明二等奖2项。戴厚良、谢在库分别当选中国工程院、中国科学院院士。

【党建工作】 2017年，公司党组紧紧围绕迎接学习宣传党的十九大这条主线，深入学习领会习近平新时代中国特色社会主义思想，坚持思想建党与制度治党相结合，坚持党的领导与公司治理相统一，坚持党建工作与企业生产经营深度融合，坚持抓基层打基础，扎实推动全面从严治党向纵深发展，充分发挥各级党组织和广大党员作用，为中国石化全面可持续发展提供坚强保证。

深入学习宣传贯彻党的十九大精神。坚持把学习宣传贯彻党的十九大精神作为首要政治任务，在学懂弄通做实上下功夫，多形式、多层次、多方位组织开展学习宣传贯彻工作，推动十九大精神进车间、入班组、到岗位。

推动党的领导与公司治理相统一。按照"两个一以贯之"的要求，把党建工作总体要求写入各级公司章程。公司章程单设"党组"一章。全系统8家上市公司顺利完成"党建入章",其他各级法人单位"党建入章"也基本完成,完善公司治理取得重大突破。

坚持大抓基层党建。召开中国石化基层党支部建设工作会议,对推动全面从严治党向基层延伸,加强基层党支部建设作出全面部署,明确党支部职能定位和主要任务,制定实施3项基层党建工作制度,启动基层党支部书记集中轮训,进一步树立和落实大抓基层和"党的一切工作到支部"的鲜明导向。

认真落实管党治党责任。连续第四年开展覆盖全系统的党建考核工作,全面推行各级党组织书记抓党建述职评议,组织开展党建重点难点问题实践性研究,促进党建工作整体水平提升。深入推进"两学一做"学习教育常态化制度化,全面推广应用党群工作管理系统,推动"三会一课"等党内组织生活严在日常、抓在经常。

加强党对群团工作的领导。大力开展"当好主力军、奉献在岗位、建功十三五"等群众性劳动竞赛,持续开展"走基层、访万家"和"走基层、访青年、寻最美"活动,2017年各级干部走访1.2万多个班组、近20万名员工,解决实际问题8000多个,帮扶救助各类困难群体23万人次。

【"两化"融合】 2017年,中国石化积极落实国家信息化战略要求,聚焦提质增效升级,强化信息化"六统一"管理,以"智能制造"和"互联网+"为主攻方向,按照"统筹推进、融合发展、集成共享、协同智能"工作方针,全面推进信息化"421工程"建设,大力实施"深化应用创新创效行动计划",积极推进"两化"深度融合。2017年,通过各部门各单位的共同努力,智能制造试点示范、统一电子商务推广应用、经营管理平台集中集成、一体化共享服务、互联网出口集中管控、网络与信息安全管理等信息化工作取得新进展,在管理创新、优化增效、拓市扩销、安全环保等方面发挥重要作用。

推进智能制造,推动生产运营模式创新。成功研发智能制造工业云平台(ProMACE),开创"平台+服务"的工业互联网应用新模式,完成智能工厂2.0版方案设计。智能工厂建设保持国内流程行业领先水平,多项成果得到国家部委的充分肯定,其中茂名石化智能工厂试点和中原普光智能气田试点入选工信部"2017年智能制造试点示范项目"、《石化行业智能工厂解决方案》入选工信部"2017年制造'两化'融合业和互联网融合发展试点示范"、《大型国产化芳烃智能工厂建设项目》入选工信部"2017年智能制造新模式应用项目"、石化盈科公司被选入全国"第一批智能制造系统解决方案供应商推荐目录"。燕山石化、茂名石化、镇海炼化、九江石化4家试点企业深化智能工厂应用,促进生产效率、经济效益提升。完成总部生产营运指挥系统改造升级,为总部及时掌握生产动态、统筹调度、应急支持提供支撑。

积极培育"互联网+"新业态,推动商业服务模式创新。2017年4月18日,中国最大的工业品电子商务平台—"易派客"国际业务平台(英文站)正式启动运行。"易派客"电商平台入选"2017年制造业与互联网融合发展试点示范项目",被列为金砖国家工商理事会2017年8项核心成果之一,平台年交易额突破1300亿元。"石化e贸"(化工品销售电商)致力于整合中国石化上、下游间的纵向产业链和企业间互融互通的横向供应链,实现工厂到客户端的高效对接,助力供给侧结构性改革,全年网上交易量增加47万吨,累计增效7800万元。完成"95388"统一客服应用建设,实现加油卡、化工品销售、润滑油、易派客等客户服务统一受理,受理电话呼入27万余次、发送短信592万条。推进统一支付平台建设与推广应用,建立多种支付结算方式,覆盖B2B各类业务,通过商业银行账户实时划转资金,实现订单流与资金流的线上闭环。

推进集成共享的经营管理平台建设,构建一体化经营管控新模式。公司直属单位ERP建设取得新进展,炼化工程公司ERP在境内11家单位全面推广上线,石油工程公司完成ERP模板建设并完成本部机关和5家试点企业实施上线,开展ERP大集中上线"回头看"活动,促进企业ERP应用水平提升。完善共享服务技术平台,支撑财务、人力资源、IT等多专业一体化共享服务运营。加强工程电子招投标交易平台的推广应用,实现工程项目招投标关键业务环节全部公开、历史信息全程追溯、多方位多角度全程监督。

【履行社会责任】 健康快车。2017年,"中国石化光明号"健康快车驶入新疆喀什、吉林白山、广西桂林三地,免费治愈3126名白内障患者。截至年底,中国石化累计捐资超过1.4亿元,建造1列健康快车、1所显微眼科手术培训中心及18所健康快车/中国石化白内障治疗中心,先后开进新疆、青海、宁夏、西藏、四川等18个省(自治区、直辖市)、33个地区,共停靠计38站次,免费救助超过4万名贫困白内障患者。连续13年获中华健康快车基金会颁发的光明功勋特别奖,并获评中宣部全国最佳志愿服务项目和中央企业优秀志愿服务项目。

情暖驿站·满爱回家。2017年,中国石化继续在广东、广西两省(区)所属的238座加油站建立"情暖驿站"。免费为车主提供1万份加油"爱心红包"(1次免费加油资格、1份太平短期意外保险、1套安全防护衣物、1份易捷福袋);为返乡摩骑免费邮寄1万份"爱心速递";继续免费开通15条"爱心大巴"线路;依旧为数百万春运返乡车主提供"1+10+X"免费服务;为车主提供2万张"100减50"电子抵扣券。

爱心加油站。中国石化精心打造"爱心加油站"志愿服务品牌,标志着公司志愿服务活动向规范化、常态化、品牌化的趋势发展,更加彰显公司的品牌形象,更好地传递社会正能量。江苏石油分公司持续推进爱心加油站——环卫驿站建设工作,截至2017年底,设立环卫驿站171座,累计接待环卫工人1.34万人次。

支持社会普法。2017年,中国石化连续第6年向中国法律援助基金会捐赠资金,支持"1+1"中国法律援助志愿者行动项目。截至2017年底,累计向中西部地区的392个县(区)派出1300余人次法律援助志愿者,办理法律援助案件5.4万余件,开展普法宣传和法治讲座超过1.8万场,直接受益群众1570万人,为受援群众挽回经济损失近30亿元。2017年,中国石化获评法律援助基金会20周年法律援助公益事业突出贡献单位称号。

服务农忙。2017年,为保障"春耕""三夏""三秋"等农忙期间农业生产顺利进行,中国石化积极加大资源投放,优化资源调运,制定惠农便农措施,切实做好农业用油供应与服务工作,保障农业丰产丰收。

抢险救灾。2017年6月,四川茂县发生高位山体垮塌事件,中国石化全力保障油品供应,将10个罐装油桶(2160升柴油)、2400瓶卓玛泉和15箱方便食品送达救援现场。8月,四川阿坝州九寨沟县发生7.0级地震,中国石化开通绿色通道,确保救援车辆随到随加,设置救灾援助点,免费为救灾人员提供水和食物。

志愿服务。中国石化积极开展志愿服务活动,传递社会正能量,提升员工自豪感。截至2017年底,中国石化注册志愿者20余万人、志愿服务队1500余支,建立各种志愿服务基地2000余个。2017年,中原油田第十社区管理中心社区居民调解员兼志愿服务站站长宋丽萍当选中央企业首届"央企楷模"。中国石化销售浙江宁波石油分公司连续第5年开展"爱在培智"志愿活动,为患有自闭症、孤独症、唐氏综合症等特殊儿童送爱心、送温暖。直属机关开展"爱心加油站——捐衣换书"活动,受捐衣服1.28万余件,统一捐赠到贫困地区。

定点扶贫及对口支援。定点扶贫。2017年,中国石化在安徽岳西县和颖上县、湖南凤凰县和泸溪县、甘肃东乡县、新疆岳普湖县6个定点扶贫县实施44个扶贫项目,投入扶贫资金9292万元,受益贫困户7929户,受益贫困人口28484人;与中国扶贫基金会合作,在湖南凤凰县、泸溪县和甘肃东乡县实施3个美丽乡村旅游开发扶贫项目,投入资金1600万元。对口支援。中国石化承担西藏班戈县、青海泽库县的对口支援任务。投入援藏资金3289万元,在西藏班戈县实施合作社运输、资助贫困大学生、扩建医疗卫生服务中心等援藏项目11项;援助青海泽库县1045万元,受益人口4602人。创新发布《中国石化在西藏(2002—2017)》白皮书,是中央企业发布的首部援藏白皮书。

(撰稿人:单新东)

中国海洋石油集团有限公司

【基本概况】 2017年,中国海洋石油集团有限公司(以下简称"中国海油"或"公司")党组深入贯彻落实中央决策部署以及国务院国资委要求,在喜迎十九大的浓厚氛围和学习贯彻十九大精神的热潮中,团结带领全体干部员工，强化责任担当，以改革创新促转型升级，以提质增效促稳健运营，以新型业态促服务提升，狠抓工作落实，圆满完成各项主要生产经营任务，取得好于预期的经营业绩。一是油气勘探开发取得丰硕成果。在中国海域，完成探井116口，获得17个新发现，成功评价14个含油气构造。在海外，钻探井12口，获得2个新发现，成功评价2个含油气构造。开发生产作业继续保持较高生产时率，油气净产量470.2百万桶油当量，超额完成年初设定的产量目标。二是专业技术服务水平稳步提升。突出技术创新，强化装备能力，作业能力实现重大突破，国际竞争力和影响力持续提升。中海油服大力开拓国内外市场并取得新突破，改革创新驱动技术加速发展，技术产品系列化、产业化布局进一步完善，竞争优势凸显。海油工程着力打造亚太地区领先的海洋石油工程设计、采办、建造、安装（EPCI）总承包能力，作业能力和效率持续提升，LNG新业务实现里程碑式突破。海油发展构建独特的"技术＋服务＋产品"业务模式，四大核心业务板块经营均同比向好。其中，能源技术服务重回高速增长轨道。三是炼化业务产销一体化优势充分发挥。坚持炼化产业整体价值最大化，持续优化生产经营，增加高附加值产品生产，提升炼厂盈利能力。积极开展油品质量升级，中沥公司和中捷石化按时完成国Ⅵ油品生产。深化改革创新，大力推动智能生产，其中惠州石化获选"全国智能制造试点示范项目"。四是天然气及发电业务助力"美丽中国"建设。中国海油持续开拓天然气供应网络，积极建设LNG接收站、天然气管道和加气站，为经济社会可持续发展提供清洁能源。面对国内尤其是华北地区天然气供应压力，公司扎实做好天然气应急保供等重大专项工作，加强资源调度、充分挖掘潜力、平抑市场价格，顺利完成全国"两会""金砖会议""十九大"等重要时段和华北地区天然气的保供任务，有效应对浙江特高压故障和台风袭击等突发情况，有力彰显国企担当。公司天然气业务分布国内18个省级行政区、70个地市，继续保持国内LNG行业领先地位。五是金融业务支撑公司稳健发展。金融板块依托集团产业发展，加强产贸融结合和风险管控，创新服务模式，拓展服务网络，金融资产质量和盈利能力持续提升。

2017年，公司在《财富》杂志"世界500强企业"排名中位列第115位；在《石油情报周刊》杂志"世界最大50家石油公司"排名中位列第31位。截至2017年底，公司的穆迪评级为A1，标普评级为A＋，展望均为稳定。连续13年获评国务院国资委经营业绩考核A级。

【主要指标】 2017年，中国海油生产原油7551万吨，天然气259亿立方米；加工原油3592万吨，进口LNG 2046万吨，天然气发电213亿千瓦时，油品贸易量9250万吨。实现节能量33万吨标准煤，超额完成年度计划指标。全年实现营业收入5507.06亿元，同比增长25.81%；利润总额481.63亿元，同比上升357.39%；净利润341.03亿元，同比上升231.1%。全年缴纳利税费959.4亿元，同比增长31.38%；资产总额11292.35亿元，净资产6722.3亿元；全员劳动生产率184.64万元/人·年，同比增长33.66%；总资产报酬率4.8%；国有资本保值增值率102.78%。

2017年中国海洋石油集团有限公司主要经济指标

项　目	2016年	2017年	比上年增长(%)
资产总额（亿元）	11577.55	11292.35	－2.46
所有者权益（亿元）	6750.09	6722.30	－0.41
营业收入（亿元）	4377.41	5507.06	25.81
利润总额（亿元）	105.30	481.63	357.39
净利润（亿元）	103.00	341.03	231.10
归属于母公司所有者的净利润（亿元）	116.42	204.01	75.24
技术开发投入（亿元）	47.80	72.90	52.51
利税总额（亿元）	730.25	959.40	31.38
应缴税金总额（亿元）	611.64	681.06	11.35
全员劳动生产率（万元/人·年）	138.14	184.64	33.66
净资产收益率（%）	1.53	5.06	增加3.53个百分点

续表

项 目	2016年	2017年	比上年增长(%)
总资产报酬率(%)	1.55	4.80	增加3.25个百分点
国有资本保值增值率(%)	104.08	102.78	减少1.3个百分点

【改革发展】 2017年,中国海油积极顺应国企改革新趋势,坚持目标导向和问题导向,推动各项改革驶入"快车道"。扎实推动供给侧结构性改革。全面开展全民所有制企业公司制改制,在中央企业中第一批完成改制任务。全力抓好"处僵治困""压减""两金"压降和"降杠杆减负债"等专项工作,提质增效,"强身健体",推进高质量发展。截至2017年底,累计压减法人户数124户,完成三年总任务的95%,管理层级控制在四级以内,超时间进度完成任务目标。"三供一业"分离移交项目均已签署分离移交正式协议或框架协议。深入推进重点领域改革。扎实推进混合所有制改革,中海油油气勘探开发中中合作项目列入国家第三批混改试点名单。有序推进大同煤制气项目股权多元化等合资合作项目。深入推进三项制度改革,稳妥实施领导人员退出领导岗位制度,推进科技型企业股权和分红激励落地实施。启动贸易体系改革,推动建设区域性贸易运营中心。

【重大项目】 2017年,中国海油国内上游建设项目13个,其中涠洲12-2油田二期开发项目顺利完工投产。全年安装导管架4座,组块3座,铺设海管163千米,建设产能143万立方米。公司国内中下游1亿元以上在建工程项目14个,包括炼化板块8个,其中机械完工项目4个,分别为惠炼二期2200万吨/年炼油改扩建项目、惠炼二期100万吨/年乙烯工程、惠州国储项目和山东海化石化盐化一体化项目一期工程;LNG及管道相关项目6个,其中机械完工2个,分别为深圳LNG项目和粤东LNG项目。新增原油一次加工能力每年1200万吨;新增液化天然气储运能力600万吨,新增原油储备能力500万立方米。

【走向海外】 2017年,中国海油坚持以突出效益为中心,继续深化对外合作,持续优化全球业务布局,平稳提升海外业务管理水平,提高海外资产价值,实现海外业务可持续发展。截至2017年底,公司海外业务覆盖40多个国家和地区,建立多个海外油气生产基地,海外资产占总资产36.8%。公司海外生产原油3273万吨、天然气116亿立方米。中海油服奋力拼抢海外市场,海外新签合同140个,合同金额100.65亿元。海油工程再创国际项目佳绩,实施8个海外项目,其中俄罗斯Yamal项目单月完成11个模块的结构封顶工作,创造公司大型吊装单月数量最新纪录;巴西FPSO P67/P70项目得到巴西业主高度赞誉。海油发展成功中标米桑油田清罐、QHSE服务、管线供应等三个大项目,其中清罐和管线供应业务都是首次实现海外突破。进出口公司继续深耕国际油品市场,加强海内外一体化运作,全年实现贸易量9250万吨,贸易量等关键指标创历史新高。

【重大创新】 2017年,中国海油坚持创新驱动战略,以油气主业为基石,聚焦关键核心技术,不断探索海洋新型能源,为公司的可持续发展提供不竭动力。全年科技投入72.9亿元,其中研发投入27.9亿元。全年完成科研项目验收课题82项,形成"海上天然气水合物固态流化试采方法"等20多项阶段标志性成果。稳步推进科研条件平台建设,完善科技创新体系,自主创新能力显著提高,全年取得省部级以上获奖成果48项,其中国家级科技成果奖1项、省部级科技成果奖21项、行业科技成果奖26项。"南海高温高压钻完井关键技术及工业化应用"获得国家科技进步一等奖;公司起草的ISO18647"石油与天然气工业——海上固定平台模块钻机规范"国际标准正式出版发布;气电集团荣获世界LNG行业技术创新奖;公司申报的"天然气水合物国家重点实验室"获得国家科技部批准建设。全年获得授权专利840件,其中发明专利508件;发布技术标准126项,其中国际标准1项、国家标准15项、行业标准34项、企业标准76项。

【提质增效】 2017年,中国海油持续深入开展以提质增效为核心的"质量效益年4.0版"活动,以追求质量安全基础上的效益为根本要求,以创新驱动发展为核心要义,以建立长效机制为工作重点,将精益管理理念贯穿于生产经营管理的全过程,推动公司经营管理更加科学化、精益化。公司全系统千方百计挖掘降本提质增效潜力,持续四年的活动每年创造效益百亿元以上。2017年,公司持续开展质量提升行动,推广质量管理小组活动,7个QC质量小组获得"全国优秀QC小组"称号,369项成果获评行业优秀QC成果。中海油"秦皇岛32-6CEPI"平台鹰眼等8个班组获得"全国质量信得过班组"称号;海油工程、气电集团珠海LNG获得全国实施卓越绩效模式先进企业奖,其中气电珠海LNG连续三年获奖,被授予全国实施卓越绩效模式先进企业特别奖。

【党建工作】 2017年,中国海油各级党组织认真学习贯彻习近平新时代中国特色社会主义思想和党的十九大精神,深入落实新时代党的建设总要求,坚持和加强党的全面领导,扎实推进全面从严治党,党建工作整体水平明显提升。掀起学习宣传贯彻党的十九大精神热潮,做到学习收看全覆盖、学习部署全覆盖、集团党组领导班子讲党课全覆盖、集中轮训全覆盖和学习宣传全覆盖。认真落实"一岗双责",促进党建与生产经营深度融合。认真落实党建工作责任制。扎实开展"两学一做"学习教育常态化制度化。严格落实党组织前置决策程序,确保党组织发挥领导作用。坚持党管干部原则,强化干部的教育监督管理。积极践行"好干部"标准,重点管好选人用人的方向、标准、制度和程序。持续深化干部人事制度改革,加强领导干部监督、选人用人监督和制度执行监督,严格落实个人有关事项报告和抽查核实制度。严格执行组织人事部门对领导干部的提醒、函询和诫勉制度。大力加强基层党建标准化管理,开展支部达标工作。连续三年举办基层党支部书记示范培训班,实现对基层支部书记培训的全覆盖。开展党组领导形势任务巡回宣讲、"弘扬石油精神大讨论"等活动,加强企业文化建设,扎实推进群团和统战工作,最大限度凝聚推动公司发展的磅礴力量。持续正风肃纪,积极营造风清气正的环境氛围。认真落实中央八项规定精神、驰而不息纠正"四风"。大力推进党风廉政建设责任制落实,以零容忍的态度惩治腐败,加大问题线索核查和案件查办工作力度,形成强有力的震慑效应。扎实做好巡视巡察工作,向所属单位派驻纪检组,实现巡视、派驻全覆盖。

【信息化建设】 中国海油坚持"推动互联共享、加快两化融合、促进数字转型"的总基调,加强基础能力建设,初步形成"集约化、一体化、全球化"的海油云布局,"两地三中心"的灾备体系全面运行。中海油智能油田试点项目生产作业协同指挥平台二期等重点项目陆续上线运行,主要工程设施数字化工作持续推进。积极推进信息技术与生产经营管理深度融合,ERP推广实施工作全面启动、采办系统通过国家信息技术安全中心认证、合同管理信息系统打通业务和合同的管理链条、科技管理信息系统上线试运行等。推进"互联网+"工作。截至2017年底,拥有电商平台商铺12家、注册认证用户数470家。海油一卡通持续推广,零管系统覆盖630座加油加气站,发行海油卡123万张。持续打造海油移动平台,实现集团各业务系统应用的快速移动化、便捷安全审批和资讯查询。统筹海外资源布局,完善和推进海外信息技术共享服务支持体系的实施和落地。保障网络信息安全,持续推动网络安全综合治理、风险评估、安全监测和终端安全管理,实现网络安全零事故。

【履行社会责任】 2017年,中国海油积极履行社会责任,认真贯彻习近平总书记扶贫思想和关于脱贫攻坚的重要指示精神,持续加大精准扶贫、精准脱贫力度,向"造血"项目和建档立卡户脱贫项目倾斜。持续做好公益慈善、志愿服务与社区共建等活动。全年投入资金9304万元,其中中国海油公益基金会社会公益投入6429万元。在2017年310家中央单位定点扶贫工作考核中,集团公司考核成绩为"好";在民政部组织的社会组织评估中,中国海油公益基金会被评为4A级基金会;获得中国妇女儿童慈善奖、光明功勋奖、最具爱心机构与团体奖等多项荣誉。持续倡导和推动志愿服务,打造"蔚蓝力量"志愿服务品牌,宣传普及海洋知识,捐资助学支持教育,践行海洋环境保护行动,践行服务社会、创造和谐、造福于民的承诺,努力将自身资源与社区共享,积极开展社区共建,以自身发展回馈社区。

(撰稿人:万友元)

国家电网有限公司

【基本概况】 国家电网有限公司(以下简称"公司")成立于2002年12月29日,是根据《中华人民共和国公司法》规定设立的中央直接管理的国有独资公司。公司连续13年获评中央企业业绩考核A级企业,2017年蝉联《财富》世界500强企业第二位、中国500强企业第一位,是全球最大的公用事业企业。

公司以投资建设运营电网为核心业务,作为关系国家能源安全和国民经济命脉的特大型国有重点骨干企业,在深化电力体制改革和国资国企改革中,坚持创新、协调、绿色、开放、共享发展理念,不断做强做优做大,致力于成为党和国家要求的"六个力量"。

公司供电区域覆盖26个省(自治区、直辖市),服务人口超过11亿人,并网发电装机规模居全球首位;在境外投资运营7个国家和地区的骨干能源网,承包建设众多国家级输变电工程,带动电工装备出口80多个国家和地区。

2017年,公司坚决贯彻党中央、国务院决策部署,以党的建设为统领,以推进供给侧结构性改革为主线,全面落实三届二次职代会暨2017年工作会议精神,各项工作取得新成绩。

【主要指标】 2017年,公司资产总额38088.3亿元,营业收入23236.5亿元,实现利润910.2亿元,资产负债率57.6%。固定资产投资5066亿元,其中电网投资4854亿元。公司开工110(66)千伏及以上输电线路4.9万千米,变电(换流)容量2.6亿千伏安(千瓦);投产线路5.5万千米,变电(换流)容量3.5亿千伏安(千瓦)。完成售电量38745亿千瓦时,同比增长7.5%。全员劳动生产率77.11万元/人·年,增长8.76%。

【改革发展】 2017年,公司印发《国家电网公司关于全面深化改革的意见》(国家电网办〔2017〕1号),制定18个方面52项重点改革任务及落实措施,编制全面深化改革工作台账。各级改革领导小组和工作机构协同联动,严格按计划推进各项改革任务。组织召开公司深化改革领导小组办公室会议4次、国企改革和电力改革专项协调会20次,研究安排改革重点任务。编发改革工作月报12期,制定印发《2017年度公司系统改革工作评价方案》(国家电网体改〔2017〕717号),分单位编制个性化改革工作评价指标体系,激发改革创新积极性。

深化电力改革,有效释放红利。完成省级输配电价改革。落实国家降价降费措施,通过输配电价改革、取消城市公用事业附加费、电铁还贷电价、直接交易等措施,全年降低用户电费支出737亿元,有效降低实体经济用能成本。加快电力市场化改革步伐。发起成立全国电力交易机构联盟,公司经营范围内"1+27"家电力交易机构均实现公司化相对独立运作,"一地注册、全网通用"的两级交易平台实现定期开市、协调运营。2017年市场化交易电量12095亿千瓦时,同比增长49.6%。推进配售电业务放开。国家启动第一批、二批增量配电试点,经营区内共150个项目。公司主动服务并参与增量配电试点,与相关方签订合作协议37个,在27个项目中获得投资运营权。持续推进售电侧放开,累计注册各类售电公司2176家,直接交易用户数量26719家。服务清洁能源发展。严把新能源入口关,加强全网统一调度,组织跨省区清洁能源中长期交易,开展富余可再生能源跨区现货交易,促进大范围消纳。2017年经营区风光可再生能源发电量3230亿千瓦时,同比增长40%;占比增加1.8个百分点;弃风弃光电量412.4亿千瓦时,同比下降11%,弃风弃光率降低5.3个百分点。

推进国企改革,完成公司制改制任务。修订公司及所属二级单位章程,确立党组织在法人治理结构中的法定地位。全部二级单位实现党委书记、董事长"一肩挑"。按照国务院国资委要求,完成所属1163家子企业功能界定与分类。推进混合所有制改革。以混合所有制方式参与增量配电试点项目,与36家民营资本签订合作意向书,已组建8个混合所有制项目公司。公司改革重大成效以及国网吉林电力、国网国际公司、国网电商公司3家基层单位改革经验入选《国企改革探索与实践》系列丛书,公司作为唯一一家央企代表在系列丛书新书发布会上作典型发言。

【电网建设】 纳入国家大气污染防治行动计划

的"四交四直"工程竣工,新增跨区跨省输电能力超过5000万千瓦。山东—河北环网特高压交流工程获得核准,核准在建特高压"三交一直"工程。在建在运特高压线路长度3.2万千米、变电(换流)容量3.4亿千伏安(千瓦)。特高压跨区跨省输送电量2496亿千瓦时,同比增长30%,其中输送西南水电1101亿千瓦时,同比增长2.3%。750千伏及以下各级电网协调发展。川渝第三通道、红沿河核电站送出等重点工程投运,推进舟山500千伏联网、湘潭换流站调相机等工程,张北柔直、藏中联网、拉林电铁供电等工程获得核准。西北750千伏新增线路长度899千米、变电容量1740万千伏安,形成覆盖陕、甘、青、宁、新五省(区),连接大型煤电、水电、风电和光伏基地的750千伏坚强送端网架。优化和完善500千伏电网,截至年底,500千伏线路长度13.5万千米、变电(换流)容量10亿千伏安(千瓦),同比增长5.5%、7.5%。依托500千伏电网,逐步实现220千伏电网分区运行。高起点、高标准、高质量完成雄安新区电网规划。贯彻中央关于重点攻克深度贫困地区脱贫任务部署,编制完成"三区两州"电网专项规划。提前打赢新一轮农网改造升级"两年攻坚战",共计完成153.5万眼机井通电、6.6万个小城镇(中心村)电网改造升级、7.8万个自然村通动力电。助力打赢蓝天保卫战,累计完成京津冀及周边地区199万户居民"煤改电"。

世界上电压等级最高、容量最大的苏南500千伏统一潮流控制器建成投运,实现500千伏电网潮流的灵活、精准控制。全球规模最大的冀北新能源虚拟同步机系统实现并网,为新能源友好并网提供标准典范。完善智慧车联网平台功能,新增接入充电桩6.3万个;建成"九纵九横两环"高速公路快充网络,覆盖3.1万千米高速公路和19个省150个城市。建成全国最大光伏云网,接入74万户、装机容量2818万千瓦。适应用户多元化服务需求,布局综合能源服务业务。新增"多表合一"信息采集167万户,建成5个应用示范区,智能电能表和用电信息采集覆盖率超过99%,智能交费客户占比超过70%。

【国际业务】 树立开放理念和全球视野,服务和推进"一带一路"建设,加快电网互联互通,推动国际化发展规模、质量、效益再上新水平。完成收购希腊国家电网公司(IPTO)24%股权,分两次共计收购巴西最大配电和新能源公司CPFL公司94.75%股权。继续保持菲律宾、巴西、葡萄牙、澳大利亚、意大利、希腊和中国香港等国家和地区的境外资产稳健运营,收益情况良好。

深化国际产能合作。巴西美丽山水电特高压直流送出特许权一期项目投入商业运行,二期项目正式开工;巴西特里斯皮尔斯(TP)水电送出特许权二期项目启动施工建设。巴基斯坦新拉合尔项目500千伏线路段投运。泰国规模最大的室内变电站——曼谷市区115千伏变电站EPC总包项目建成投运。埃及EETC 500千伏输电线路工程、埃塞俄比亚—肯尼亚直流联网工程等重大工程项目按施工计划有序开展工程建设工作。巴基斯坦默拉±660千伏直流输电项目获得中国国家发展改革委核准。缅甸北克钦邦与230千伏主干网连通项目正式开工,设计和设备标准均采用中国标准。

拓展与国际组织和重要伙伴的交流与合作。发挥B20中国工商理事会主席单位作用,召开B20中国工商理事会成立大会,策划和举办系列主题活动,加强B20信息共享,对外宣传中国工商企业成就。主导发起的IEC分布式电力能源系统分技术委员会获批成立,累计主导编制国际标准47项、正式发布26项。

【科技创新】 获国家科学技术奖9项,中国专利19项,中国电力科学技术奖48项,其他省部级科学技术奖223项。其中,特高压±800千伏直流输电工程获得国家科技进步奖特等奖。专利拥有和发明申请量连续七年位居央企首位。

重大科技攻关。攻克特高压直流分层接入仿真分析、工程设计等关键技术,在世界上率先实现特高压直流受端分层接入500千伏和1000千伏交流系统,在国际上首次研制特高压交流GIL试验线段并通过型式试验。建立柔性直流接入弱交流电网综合评价指标和协调控制策略。攻克大规模负荷精准控制等大电网安全技术,实现2000兆瓦负荷毫秒级控制。研究新能源电站快速调节、风光水气联合优化调控等关键技术,实现青海电网168小时全部清洁能源供电,研发风电—储能—储热系统联合运行调控系统。

科技创新体系建设。入选国家第二批双创示范基地,牵头组织实施"科技创新2030"智能电网重大项目,打造创新资源集聚、组织运行开放的综合性产业技术创新平台。完成公司第五批实验室命名,新增实验室10个,公司级实验室达91个。申请国家技术标准创新基地(智能电网)并获国家标准委正式批复。能源行业电力机器人标准化技术委员会、中电联地理信息应用等8个标准化技术委员会获批筹建。2017年申请专利14208件,其中发明专利9118件;获得授权专利9586件,其中发明专利3864件。累计拥有专利73350件,其中发明专利16064件。专利申请量、授权量和累计拥有量连续七年排名央企第一。

【信息化建设】 优化发布2017版信息化架构和一体化业务应用、全业务统一数据中心、国网云、信息系统灾备4项顶层设计和业务应用典型设计。北京、上海、西安三地灾备中心更名为数据中心并挂牌,初步具备数据互备、应用互备、关键系统远程双活力。公司入选"十大最具影响力的大数据企业",《大数据应用解决方案》入选工信部十大优秀案例,《红蓝对抗体系提升网络安全防护综合解决方案》获国资委央企网络安全十佳创新奖。

推进特高压配套通信工程、系统保护通信网建设,通信装备水平、覆盖范围、支撑能力及安全运行水平保持领先。新增通信光缆8.46万千米、设备2.96万台(套)、业务通道3.52万条,同比增长6.9%、6.9%和8.6%;110千伏及以上变电站电力光纤100%覆盖,66、35千伏变电站及供电所电力光纤覆盖率提升,分别达到98.67%、93.53%和93.39%。

推进重点领域创新应用、基础平台优化提升、基层单位创新试点三方面74项任务,完成年度创新应用试点示范工作,在生产建设、营销服务、经营管理、信息通信4个领域取得创新成果,75个项目获评2017年行动计划优秀成果,有效促进创新成果分享。

【党建工作】 截至2017年底,公司系统党组织总数37844个,其中党委2548个、党总支2267个、党支部33029个。党员64.08万人,共产党员服务队4284支。深化"电网先锋党支部"创建,贯穿电网建设、安全生产、优质服务等各个领域,评选表彰1026个公司级"电网先锋党支部"。

党的十九大代表选举。根据中组部、国资委党委和公司党组统一部署,组织开展党的十九大代表候选人、中央企业系统(在京)党代表会议代表候选人推荐提名,做好代表选举各项工作。公司系统有16名党的十九大代表、1名列席代表、1名特邀代表、1名列席人员参会,代表数量位居中央企业首位。

学习宣传贯彻习近平新时代中国特色社会主义思想和党的十九大精神。印发公司党组学习宣传贯彻实施意见和50项重点任务,自觉用习近平新时代中国特色社会主义思想武装头脑、指导实践、推动工作。公司领导班子成员分赴基层单位开展面对面宣讲,各级领导干部结合实际开展宣讲调研活动,各级党组织通过多种方式推动十九大精神进基层、进班组、进现场,在公司系统掀起学习宣传贯彻十九大精神的热潮。中心组学习6831次、专题党课13370次、集中宣讲16670场,参加学习率100%。

党建工作成果宣传。主动向中组部、中宣部、国资委等报告公司党组的各项决策部署以及公司党建工作成果,全年在各大主流媒体,中组部《党建研究》、中宣部《思想政治工作研究》等杂志上稿31篇。在2017年度中央企业党建政研会优秀研究成果评选中,获得一等奖1个、二等奖1个、三等奖4个。

【履行社会责任】 2017年,公司获评"中国工业企业履行社会责任五星级企业""社会责任杰出企业奖",公司社会责任报告连续四年获得"金蜜蜂优秀企业社会责任报告长青奖",公司"可持续的能源供应"案例获联合国全球契约"2017中国企业最佳实践"称号。

加强社会责任交流沟通合作。落实联合国2030可持续发展议程。与联合国全球契约中国网络共同开展联合国可持续发展目标示范基地建设和最佳实践案例推选。配合国资委开展中央企业海外社会责任研究,梳理海外股权公司社会责任实践。

培育"国网阳光扶贫"品牌。"国网阳光扶贫"成为央企扶贫开发工作的响亮名片和知名品牌,相关经验获得国务院扶贫办高度评价并在全国予以推广,相关案例入选国务院扶贫办社会扶贫司、中国社科院企业社会责任研究中心《企业扶贫蓝皮书(2017)》优秀案例,公司获推动中国能源产业扶贫特别贡献奖。

"善小""绿色生命线路""用心点亮金刚台""三江源环保行动""春苗之家""电力爱心教室""点亮玉树""电骡子"等公益品牌形成一定影响力。

(撰稿人:王春娟 周秋慧)

中国南方电网有限责任公司

【基本概况】 2017年,中国南方电网有限责任公司(以下简称"公司")着力保安全守底线、稳增长提效益、优服务惠民生、抓改革促落实、强党建作保障。公司系统没有发生较大及以上人身事故,没有发生设备和电力安全事故,没有发生对公司和社会造成重大不良影响的电力安全事件。全网统调最大负荷1.63亿千瓦,同比增长10.5%;完成售电量8902亿千瓦时,增长7.3%;西电东送电量2028亿千瓦时,创历史新高;客户平均停电时间20.08小时,下降10%;中心城区客户年平均停电时间2.14小时,下降21.3%;第三方客户满意度测评81分,提升1.5分,广东、广西电网公司及广州、深圳供电局连续多年在地方公共服务评价中名列第一。公司在世界500强企业排名中位列第100位,连续11年获评国资委年度经营业绩考核A级。

【主要指标】 2017年,公司营业收入4919.41亿元,增长3.94%;资产总额7416.27亿元,增长7.59%;利润总额181.12亿元,完成国资委考核目标。

2017年中国南方电网有限责任公司主要经济指标

项 目	2016年	2017年	比上年增长(%)
资产总额(亿元)	6892.98	7416.27	7.59
所有者权益(亿元)	2716.93	2916.53	7.35
营业收入(亿元)	4732.81	4919.41	3.94
利润总额(亿元)	212.66	181.12	−14.83
净利润(亿元)	160.26	137.31	−14.32

续表

项 目	2016年	2017年	比上年增长(%)
归属于母公司所有者的净利润(亿元)	154.78	130.98	−15.38
技术开发投入(亿元)	50.63	75.67	49.46
利税总额(亿元)	530.38	456.10	−14.01
应交税金总额(亿元)	384.90	322.18	−16.30
全员劳动生产率(万元/人·年)	53.34	51.31	−3.83
净资产收益率(%)	6.19	4.86	减少1.33个百分点
总资产报酬率(%)	4.65	3.85	减少0.80个百分点
国有资本保值增值率(%)	106.19	103.44	减少2.75个百分点

【改革发展】 实现输配电价改革省级电网全覆盖,有序推进跨省跨区输电价格核定。省级电力交易中心全部设立。建立健全市场规则和技术平台,不断丰富交易品种,现货及辅助服务市场建设纳入国家首批试点并正式启动。持续扩大市场化交易规模,全年省内市场化交易电量2680亿千瓦时,占全网售电量的30.1%。通过输配电价改革、市场化交易和减税降费,降低实体经济用电成本545亿元。积极引导社会资本参与增量配电改革试点,第一批18个试点项目全部实现多方主体共同投资。新接收独立供电区324个。坚持互利合作,云南保山等地方电网改革取得历史性突破。积极推进国企改革,138家子企业公司制改制全面完成。积极推进深圳前海混改试点,实现供电、竞争性售电、综合能源服务三类业务实体化运作。稳步推进内部体制机制改革,进一步优化组织架构。完成调峰调频公司改制。"管办分离"的物资和招投标管理新体制基本建立。

【重大项目】 制定印发《南方电网"十三五"智能电网发展规划》《28个重要城市保底电网规划》,开展更高标准的对港澳供电保障能力建设。滇西北直流双极低端及受端配套工程、鲁西背靠背直流扩建工程、海蓄、深蓄电站首台机组等分别提前或按期投产，海南联网二回工程按计划推进。17项工程获得国家级电力行业优质工程奖。新一轮农网改造投资340.6亿元，全面完成7665个小城镇、中心村电网升级改造、4709个机井通电、262个贫困村通动力电任务。提前完成第一批34个边防部队电网建设项目，得到中央军委后勤保障部的充分肯定。

【走向海外】 公司与周边国家电网互联互通取得新进展，中国政府同意支持南方电网公司投资建设老挝国家骨干电网建设项目写入中老两国领导人见签谅解备忘录。越南永新一期项目和老挝南塔河1号水电站项目优于建设计划进度推进，越南永新项目总体进度完成90%，老挝南塔河项目总体进度完成94%。国际电网投资实现零的突破，智利输电网（ETC）项目签署股权收购协议，进入交割准备阶段，马来西亚埃德拉项目即将交割，公司境外资产新增93亿元，占比3.9%。完善驻外办事机构布局，海外服务分公司、公司驻欧洲代表处挂牌成立，驻柬埔寨办事处完成注册。全年接待52批次、374人次国外代表团来访交流。

【科技创新】 新增有效专利数3310件，累计10834件。公司与国家电网公司联合申报的"特高压±800千伏直流输电工程"成果获得国家科技进步奖特等奖，牵头完成的"特大型交直流电网技术创新及其在国家西电东送中的应用"项目获得国家科技进步奖二等奖。成功研制世界首台500千伏电压等级高温超导限流器工程样机和首台特高压柔直换流阀，建成投运集成可再生能源主动配电网示范工程，成功挂网运行世界首台机械式高压直流断路器，3个国家重大科技项目通过验收。职工"双创"解决生产问题1558个，获得专利授权581项，获得全国电力职工技术成果奖83项。

【提质增效】 积极适应输配电价改革新机制，深入开展8个专项行动。经营绩效持续提升方面，全面完成8户"僵尸企业"处置和6户特困企业治理，贵州电网公司提前完成扭亏。全民所有制子企业改制全部完成，累计压减法人户数163户。落实降杠杆减负债要求，负债率超80%的企业户数同比减少23户，亏损企业数量和数额分别下降67%、82%。清理低效无效投资15项。"两金"余额232.8亿元，同比降低0.3%。抓好现金流精细化调度，实现资金运作收益25亿元。成功发行15亿美元国际债券。全面落实"营改增"政策，减免税款18亿元。环保风险治理方面，全面完成104项环保风险点整改和9项重大变动项目补充环评，基本化解存量环保风险。信息系统实用化提升与数据质量治理方面，全网四级单位功能应用覆盖率、业务线上办理率、基础数据一致性均为100%，站线变户一致性99.4%，主网设备账卡物一致性98.7%。结构性缺员治理方面，完成转岗培训7662人次，累计解决结构性缺员1.2万人，基本解决关键专业领域和生产一线关键岗位的缺员问题，用工总量实现"负增长"。历史遗留问题清理方面，完成1058家职工持股企业股权清退工作，清退非公股东21万人次、股本60.12亿元。"三供一业"供电设施完成接收或签订协议96%。妥善解决松山电厂购售电案等重大法律案件，全年避免或挽回经济损失10.6亿元。审计整改治理方面，开展审计项目1472项，促进增收节支7.35亿元；开展历次内外部审计整改专项治理，收回金额9936.5万元。资产产权证明清理方面，积极解决权属证书缺失问题，公司系统存量未办证房屋、土地数量下降38.2%。清洁能源消纳方面，制定落实公司促进云南水电消纳20条措施，充分发挥大电网资源优化配置平台功能，全年累计增送云南水电277亿千瓦时，云南水能利用率88%，超额完成国家发改委下达目标。突破性实施云贵水火发电置换交易，开创西电东送交易机制新格局，实现多方共赢。精益管理体系初步建立，公司78家单位达到或超过国内、行业一流水平，38个班站所达到五星标准。开展班站所7S管理劳动竞赛，收集合理化建议8万余条，现场改善成果5万余项。

【安全生产】 有效管控云南异步电网频率失稳、海南"大机小网"、直流入地电流超标等风险，220千伏及以上故障快速切除率和安自装置正确动作率继续保持100%。出台针对地方电网、自备电厂的调度管理规定，依法依规处置违反调度纪律事件。实现地市供电局调控一体化运行。强化设备全生命周期技术监督，严控入网设备质量，因设备原因导致的电力三级及以上安全事件同比下降65%,变压器和GIS设备故障率同比分别下降63%、65%。基建安全管理进一步强化,全系统没有发生基建安全事故。深圳、佛山、中山、珠海供电局获得安风体系"五钻"评级。"灾前防、灾中守、灾后抢"机制有效运转,沿海地区防风加固项目按时完成,成功抵御台风"天鸽""帕卡""玛娃"连续袭击,第一时间全面恢复灾区供电和对澳门供电,获得各级政府和社会各界的充分肯定。圆满完成党的十九大、博鳌亚洲论坛、广州财富全球论坛等7项特级保供电任务。涉电公共安全隐患排查治理长效机制进一步健全,全年社会人员触电事故事件同比下降71%。成功防范新型网络病毒勒索等攻击,没有发生二级以上网络安全事件。

【客户服务】 发布新版供电服务承诺,承诺指标高于国家标准。珠海、深圳、广州和中山供电局连续两年位列全国供电可靠性前四名。第三方客户满意度连续七年稳步提升。落实减少"12398"投诉十项举措,五省区"12398"投诉数量退出全国前列。营销创新扎实推进,全网智能电表覆盖率93%,低压集抄覆盖率73%,分别提高12和34个百分点,海南、广州、深圳实现全覆盖。完成五省区"95598"省级集中管理,"95598"坐席人员减少27%,越级投诉下降79%。公司获得国家质检总局专项计量授权证书,网省两级集中式计量自动化系统全面建成。建成公司互联网统一服务平台,注册客户突破1300万人。建成网省两级营销监控平台,初步实现对电费、投诉、业扩等营销关键指标的在线监控。业扩报装效率进一步提升,业扩报装时间在完成国家要求压缩1/3的基础上再压缩11%,增加售电量22亿千瓦时。彻底解决存量用电受限问题,全年没有新增用电受限。加快推进业扩投资界面延伸和客户资产接收,延伸投资82亿元,接收客户资产85亿元。

【党建工作】 学习宣传贯彻习近平新时代中国特色社会主义思想和党的十九大精神,做到"全过程部署、全覆盖学习、全媒体宣传、全方位贯彻"。认真落实全国国有企业党的建设工作会议精神,履行管党治党责任,围绕"增强先进性、纯洁性、增强学习力、执行力",常态化制度化开展"两学一做"学习教育。完成公司和各级子公司党建条款进章程工作。修订公司集体决策议事规则,确保把党组织研究讨论作为董事会、经理层决策重大问题的前置程序。完成二级单位党组改党委工作,实现二级单位党委书记和董事长"一肩挑",10家分子公司配备专职副书记。落实党管干部原则,按照好干部标准和国有企业领导人员"二十字"标准,选优配强各级领导班子和领导人员。加大年轻干部选拔培养力度,二级单位班子中11家配备45岁以下的班子成员。积极对外讲好南网故事,在《人民日报》、新华社、中央电视台三大央媒刊发报道265篇次,公司首次入选世界品牌500强,位列第299位。持续推进党风廉政建设和反腐败斗争,坚持把纪律和规矩挺在前面,保持惩治腐败的高压态势,发挥巡视利剑作用,运用监督执纪"四种形态",各级纪检监察机构受理信访举报423件,处置问题线索978条,立案审查185件,给予党纪政纪处分458人,腐败存量大为减少,腐败增量得到有效遏制。认真抓实中央巡视反馈意见整改,持续深入开展"五个专项治理",得到国资委党委巡视整改专项督查组的高度评价。在央企中率先出台产业工人队伍建设实施意见。广泛开展岗位练兵、技术比武活动1082项。全面深化职工小家建设,投入资金1.5亿元,改善2218个基层班站所职工工作生活条件,充分关心离退休干部,落实政治和生活待遇,提升职工的获得感和归属感。

【履行社会责任】 积极推动能源结构转型升级,非化石能源装机和发电量占比分别达到50.2%和50.8%,远超全国平均水平。全力消纳清洁能源,西电东送电量中清洁能源占87%,增加5.3个百分点。节能发电调度减少标煤消耗1766万吨,分别减排二氧化碳、二氧化硫4698万吨、34.6万吨。并网接入风电、光伏等新能源容量640万千瓦,同比增长30%,风电、光伏发电量消纳比例分别达到97.74%、99.41%。综合线损率6.52%,比计划低0.11个百分点。新建充电站225座、充电桩4992个。完成电能替代项目4232个,新增电量114亿千瓦时。

全力服务脱贫攻坚,完成电力行业扶贫建设投资197亿元,有效提高贫困地区供电质量,公司供电范围内216个贫困县售电量同比增长13%,促进贫困地区经济社会发展。全力做好485个帮扶点的帮扶任务,派出扶贫干部502人,直接帮扶3.6万贫困人口脱贫。公司在国务院扶贫开发领导小组首次组织的2017年中央单位定点扶贫工作试考核中,获得最高等次"好",并连续两年获得广东省"红棉杯"金杯。

（撰稿人：刘之阳）

中国华能集团有限公司

【基本概况】 2017年,中国华能集团有限公司（以下简称"中国华能"或"集团公司"）系统坚持以习近平新时代中国特色社会主义思想为指导,坚决贯彻党中央、国务院各项决策部署,认真落实集团公司年度、年中工作会议和党的建设工作会议精神,始终坚持以提高发展质量和效益为中心,以供给侧结构性改革为主线,以提升竞争力为总抓手,以深化全面从严治党为重要保障,积极应对各种困难挑战,各项工作取得新成效。安全生产总体保持稳定态势。安全生产基础得到夯实。制定集团公司安全生产领域改革发展意见实施方案,全面开展"安全生产责任制深化落实年"活动,扎实推进安全生产责任制巡查评估,突出抓好违章整治和隐患排查治理。基建工程连续五年零伤亡。煤炭企业全年实现零伤亡目标,创历史最好水平。核电、煤化工、物流贸易、境外企业安全形势保持稳定。设备治理取得新成效。扎实推进"降缺陷、控非停"工作,加强标准化管理,深入开展状态检修。节能减排水平稳步提高,强化环保设备运行管理。结构调整迈出新步伐。投资管控力度不断加大。制定和完善投资项目管理制度规定。明确投资项目和境外项目负面清单。从严从紧控制投资。电源结构调整有序推进。低碳清洁能源装机比重31%。公司首个、亚洲装机容量最大海上风电项目——江苏如东海上风电30万千瓦投运。协同产业稳步发展。国际化发展扎实推进。巴基斯坦萨希瓦尔煤电项目实现高质量双投,填补1/4的用电缺口。柬埔寨最大水电工程——桑河二级水电站投产发电,被誉为"柬埔寨的三峡工程"。资本资金运作取得重大进展。资本运营成效显著。澜沧江水电在A股上市。资金管理更加高效。夯实财务管理基础,加强资金精细化管理。改革创新持续深化。全面深化改革扎实推进。落实集团公司全面深化改革指导意见,健全完善相关配套文件。混合所有制改革稳步开展。深化三项制度改革,加快推进"压减"工作,完成国资委第一年度消减高限目标。"三供一业"分离移交签约率100%,提前完成国资委年度计划。"处僵治困"成效显著,超额完成国资委阶段性任务。适应电力市场化改革,构建三级营销体系。内部管理持续提升。推进创一流工作,制定各领域专项规划。修订"三重一大"事项决策管理制度,制定容错纠错实施办法。信息化建设取得新进展,生产大数据平台开发应用初见成效,移动办公试点运行。科技创新成果丰硕。关键前沿技术研发迈出新步伐,IGCC机组性能大幅提高,光伏储能、多能互补集成技术等实现新突破。围绕生产经营开展重大技术攻关,加快推进科技产业化步伐。全面从严治党不断深化。把学习宣传贯彻党的十九大精神作为首要政治任务和头等大事,牢牢把握习近平新时代中国特色社会主义思想是党的十九大的灵魂这条主线,抓紧抓实抓好。深入贯彻全国国有企业党的建设工作会议精神。建立健全党建工作责任制,压实管党治党责任。抓基层、打基础,基层党组织覆盖率100%。党风廉政建设深入推进。推广监督意见书,强化职能监督,建立领导干部廉洁情况"活页夹"。深化中央巡视整改和国资委专项督查发现问题的整改,开展业务领域专项巡察和机动式巡察。严格执行中央八项规定精神,坚决纠正"四风"问题。深入开展"四种形态"下的纪律谈话工作,让"咬耳扯袖、红脸出汗"成为常态。队伍建设进一步加强。坚持党管干部、党管人才原则,优化班子结构,加强后备干部和年轻干部队伍建设。和谐企业建设取得新成效。加强职代会规范化建设,深化厂务公开民主管理。紧扣中心工作开展厂际竞赛和技能竞赛。深化职工之家建设,精准帮扶困难职工。广泛开展"华能榜样"选树活动。天津IGCC等3家单位被评为全国文明单位,小湾电站被命名为"全国企业文化示范基地",日照电厂被授予"全国五一劳动奖状",布尔津风电公司等5家单位被授予"全国工人先锋号"称号。大力推进扶贫攻坚,扎实开展新疆、青海、陕西等地的扶贫援助工作,帮扶云南"直过民族"精准脱贫。信访维稳工作扎实推进,有效保障公司安全稳定。

【主要指标】 安全绩效方面:未发生较大及以上安全事故,生产、经营、政治、形象安全保持良好态势。

经营绩效方面:发电量6608亿千瓦时,其中,国内发电量6496亿千瓦时;供电煤耗300.11克/千瓦时,同比下降2.24克/千瓦时。

发展绩效方面:截至2017年底,集团公司境内外全资及控股电厂装机17182万千瓦,同比增长3.8%;低碳清洁能源装机比重31%,同比增加2个百分点。

2017年中国华能集团有限公司主要经济指标

项 目	2016年	2017年	比上年增长(%)
资产总额(亿元)	10028.52	10396.07	3.67
所有者权益(亿元)	1756.13	2195.92	25.04
营业收入(亿元)	2460.71	2607.50	5.97
利润总额(亿元)	138.80	118.53	-14.60
净利润(亿元)	68.09	68.98	1.31
归属于母公司所有者的净利润(亿元)	-5.70	14.57	
技术开发投入(亿元)	4.14	4.24	2.42
利税总额(亿元)	292.59	228.04	-22.06
应交税金总额(亿元)	298.74	235.35	-21.22
净资产收益率(%)	3.96	3.48	减少0.48个百分点
总资产报酬率(%)	3.88	3.64	减少0.24个百分点

【改革发展】 2017年,集团公司全力推进股权融资,进一步提高直接融资比重,全年完成股权融资270.35亿元。其中,华能资本公司增资扩股是华能历史上单笔融资金额最大的股权融资项目,也是2017年度中央企业非上市公司融资规模最大的项目;华能水电成功IPO是2006年以来发电央企在A股的第一单主业IPO。同时,稳妥有序推进混合所有制改革,组建云成金服公司,通过员工持股等安排,进一步激发企业活力。

在人事、分配、薪酬等方面,集团公司深入推进所属企业董事会建设、三项制度改革及供给侧结构性改革等重点任务。一是加强制度建设。印发《关于进一步深化三项制度改革的指导意见》《董监事管理及所属企业领导班子架构方案》等4项制度。二是推进所属企业董事会建设。90%以上的二级法人单位实现董事长(执行董事)、党委书记"一肩挑"以及党员总经理兼任党委副书记,9家二级单位配备专职党委副书记,另有2家4岗基层单位也完成配备,向3家二级单位选派2名专职董事。三是推进三项制度改革。推进市场化选聘清能院总经理工作;新能源雄飞公司和科技研发中心、聚鸿物业公司、能交公司南方企业积极探索市场化用工模式;修订工资总额管理、绩效挂钩等3个办法,指导构建聚鸿物业公司市场化薪酬体系,选取西热锅炉环保工程公司试行项目分红激励。四是推进供给侧结构性改革。成立集团公司剥离办社会职能和解决历史遗留问题工作领导小组,加强顶层设计,11个幼儿园(托儿所)停办5个、移交1个,8家医院移交地方1家、停止业务并完成职工安置1家;印发《厂办大集体改革方案》和《规范多经企业人力资源工作》2项文件。

在企业考核方面,根据企业功能定位和分类结果,对子企业进行分类定责、分类考核。修订绩效管理制度,针对子企业的功能定位和行业特点设置差异化考核内容,其中充分竞争类企业、一般竞争类企业,突出传递国资委考核压力;协同服务类企业突出协同服务效果考核;科技研发类企业突出科技创新能力考核等。加强制度宣传贯彻,通过培训班、座谈会等方式组织所属企业学习掌握新考核制度和管理要求,发挥好绩效考核的激励约束作用。

【重大项目】 2017年4月17日,中国华能集团有限公司召开中层以上管理人员大会。中共中央组织部副部长高选民宣布党中央、国务院关于中国华能集团公司主要领导调整的决定:按照加快建立中国特色现代国有企业制度的有关精神,中国华能集团有限公司建立董事会。曹培玺任中国华能集团有限公司董事长、党组书记,免去其中国华能集团有限公司总经理职务；黄永达任中国华能集团公司总经理，免去其中国华能集团有限公司党组书记职务。同时，国务院国资委党委决定：黄永达任中国华能集团有限公司董事、党组副书记。上述职务任免，按有关法律和章程办理。

2017年4月28日，华能集团有限公司与法电集团公司签署《华能与法电交流合作培训合作计划》，双方人力资源部负责人在计划书上签字。双方就进一步加强合作、实现互利共赢进行交流。

2017年5月11日，中国华能集团有限公司与奥地利安德里茨股份公司在集团公司总部签署战略合作框架协议。

当地时间2017年5月24日7时10分，华能巴基斯坦萨希瓦尔燃煤电站1号机组顺利通过168小时满负荷试运行，成为中巴经济走廊首台投产的高效清洁燃煤发电机组。7月3日，华能巴基斯坦萨希瓦尔燃煤电站竣工庆典仪式在巴基斯坦旁遮普省萨希瓦尔举行。10月27日，巴基斯坦电监局签署华能巴基斯坦萨希瓦尔燃煤电站发电执照的行政命令，中央购电局随后发布萨希瓦尔电站商业化运营信函。

2017年6月13日，"央企助力富民兴藏"会议暨战略合作签约仪式在西藏拉萨举行，华能集团与西藏自治区人民政府签署《西藏自治区人民政府与中央企业"十三五"时期"央企入藏"项目战略合作协议》，华能雅江公司与农行西藏自治区分行签署《中央企业与中央金融企业"十三五"时期金融支持"央企入藏"项目合作协议》。

2017年7月3日，"债券通"开通仪式在中国香港举行，中国华能集团有限公司成为首批4家发行"债券通"信用债券的企业之一。

2017年7月3日，中国华能集团有限公司与巴基斯坦旁遮普省在巴基斯坦拉合尔签署电力开发、社会责任、技能培训合作协议。

2017年7月4日，中国华能集团有限公司沾化电厂清风湖100兆瓦光伏扶贫电站项目顺利并网发电。该电站是国家第一批光伏扶贫项目、集团公司第一个光伏扶贫电站项目，也是集团公司最大的"6·30"光伏投产项目。

2017年7月12日，中国华能集团有限公司最大的下水煤码头曹妃甸港正式开通，进入内部试运行阶段。

当地时间2017年9月25日，亚洲第一长坝、柬埔寨最大的水电工程——华能桑河二级水电站开始蓄水。当地时间12月9日，亚洲第一长坝、柬埔寨最大的水电工程——华能桑河二级水电站首台机组顺利通过72小时试运行，正式投产发电。12月30日，桑河二级水电站2号机组顺利完成72小时试运行，提前投产发电，顺利实现"一年两投"目标。

2017年9月30日，中国华能集团有限公司江苏如东八仙角海上风电项目顺利完成240小时试运行，全面进入商业运营阶段。

2017年11月12日，中国华能集团有限公司北京热电厂三期燃气－蒸汽联合循环供热机组一次性通过168小时满负荷试运行，在北京正式供暖前实现投产发电目标。

2017年11月16日，中国华能集团有限公司与深圳华侨城集团有限公司、云南省能源投资集团有限公司、中国国新控股有限责任公司、中国诚通控股集团有限公司、北京城建集团有限责任公司5家企业在集团公司总部签署华能资本服务有限公司增资协议。

2017年11月24日，中国华能集团有限公司2017年度第一期资产支持票据在银行间市场顺利发行，该项目是我国首单以可再生能源电费补贴款为基础资产的资产证券化产品。

2017年12月5日上午，中国华能集团有限公司技术经济研究院联合意大利国家电力公司（Enel）研究院在北京举办"世界能源变革和电力企业转型"研讨会，双方共同发布合作的研究报告《欧盟能源转型及Enel战略转型——对中国的启示及对华能的借鉴》。

2017年12月15日，华能澜沧江水电股份有限公司在上海证券交易所开始挂牌交易。华能水电此次发行价格为2.17元/股，募资总额39.06亿元，创2016年以来上市企业最大发行规模及投资者中签率最高纪录。华能水电首个交易日开盘后，即快速涨停，报每股3.12元，涨幅43.78%。

2017年12月28日，中国华能集团公司完成公司制改制的工商变更登记。改制后，公司由全民所有制企业变更为国有独资公司,公司名称由"中国华能集团公司"变更为"中国华能集团有限公司",注册资本349亿元。

【走向海外】 2017年,中国华能集团有限公司认真贯彻落实国家关于实施"走出去"战略和"一带一路"倡议,积极推进国际化发展战略,稳步开拓海外市场。2017年,柬埔寨桑河二级水电项目1号、2号机组投产发电;巴基斯坦萨希瓦尔煤电项目作为中巴经济走廊"优先实施项目",于2017年6月实现全部机组投产发电。截至2017年底,中国华能境外电力装机容量超过1000万千瓦,项目分布澳大利亚、新加坡、缅甸、英国、墨西哥、巴基斯坦、柬埔寨7个国家;境外金融、技术服务和技术出口超过20个国家和地区。

【重大创新】 2017年,中国华能取得多项重大科技成果,其中"燃煤电站烟气多污染物协同治理关键技术"等10余项成果达到国际先进水平。公司下属单位清能院参与完成的"600MW超临界循环流化床锅炉(CFB)技术开发、研制与工程示范"项目获得国家科技进步一等奖,"660兆瓦高效超超临界燃煤发电机组技术创新和应用"等22项科技成果获得省部级科技进步奖,"节能/超低排放循环流化床锅炉关键技术研发及应用"等2个国家科技支撑计划项目顺利通过科技部验收。

石岛湾高温气冷堆示范工程建设完成2号反应堆压力容器顶盖扣盖和汽轮机盘车等里程碑节点;我国首个700℃超超临界燃煤发电机组关键部件验证试验平台实现累计运行1.5万小时,总体运行情况良好;超临界二氧化碳5MWe循环试验台完成核心设备研制招标和设计方案审查;天津IGCC示范机组完善及运行优化研究取得新的进展,机组效率提高1‰;华能如东300兆瓦海上风电项目建成亚洲装机容量最大的海上风电场,公司藉此掌握海上风电开发与建设关键技术。2017年新获得专利授权542件,其中发明专利175件,国际专利1件,公司专利申请和授权数量创新高。

中国华能立足企业实际积极推动管理创新工作。2017年,中国华能12项管理创新成果在国家、行业的评审中获奖,长兴电厂创造的"国内首座蜂窝型集束煤仓管理创新与实践"成果,研究提出煤仓的防超温措施,同步有效提升机组配煤掺烧水平;沁北电厂创造的"基于发电机组节能减排改造工程的探索与实践"成果,使发电机组超低排放改造效果显著,节能减排水平进一步提升;安源电厂创造的"高参数超超临界二级再热关键技术研究及工程示范"成果,通过构建火电基建全过程管理体系,全面提升工程整体质量。

【党建工作】 中国华能认真学习宣传贯彻习近平新时代中国特色社会主义思想和党的十九大精神,推进"两学一做"学习教育常态化制度化,牢固树立"四个意识",坚定"四个自信",在政治立场、政治方向、政治原则、政治道路上同以习近平同志为核心的党中央保持高度一致。深入贯彻新时代党的建设总要求,贯彻落实全国国有企业党的建设工作会议精神,党建要求进章程等各项重点任务全部落实。健全完善党建工作责任制,建立责任书、重点任务、考核办法"三位一体"考核体系,层层压实管党治党责任。推进规范化党支部建设,完善"三会一课"、组织生活会、民主评议党员等制度,基层党组织覆盖率100%。推进党建工作与生产经营深度融合,围绕"瘦身健体"提质增效等重点工作,广泛开展党员示范行动,充分发挥基层党组织战斗堡垒和党员先锋模范作用。广泛开展"华能榜样"选树活动。天津IGCC等3家单位被评为"全国文明单位",小湾电站被命名为"全国企业文化示范基地"。扎实做好群团、统战和信访维稳工作。

2017年,中国华能党组、纪检组坚决扛起管党治党政治责任,推动监督全覆盖。抓全面监督,落实各级党组织管党治党主体责任。坚持逐级约谈制度,党组书记约谈47家二级单位主要负责人,党组成员约谈316人次,推进责任和压力层层传递。问责80个党组织、453名党员领导干部,倒逼责任落实。抓专责监督,严格执纪问责。全年立案40件,党纪处分47人。创新实践《监督意见书》,对发现的问题及时提出意见建议。深入开展"四种形态"下的纪律谈话,设置339个标准纪律谈话室,谈话2.9万余人次。着力抓"关键少数",建立廉洁情况"活页夹",开展各级领导班子成员履行主体责任情况评价,提出监督意见1275条。抓职能监督，强化各领域的"管"和"治"。印发进一步加强部门职能监督的通知，党组与总部各部门签订责任书，党组成员会同纪检组组长逐一约谈总部部门主要负责人。总部各部门先后开展职能监督检查425次，发现问题3815个，制定措施3943项。系统各单位编写职能监督报告1926份，发现问题7737个，挽回经济损失4110万元。抓巡视监督，切实发挥利剑作用。牢牢把握政治巡视定位，开展6轮内部巡视，巡视34家二级单位和160家基层企业，发现各类问题1121个。推动所属单位党委开展巡察95轮次，覆盖248家三级企业，发现问题3044个，清退违规费用7187万元。针对突出问题，探索开展4次机动式、点穴式巡视。以巡视巡察推动改革、促进发展，解决一批重点、难点和历史遗留问题，各级党组织"把方向、管大局、保落实"的作用进一步发挥，企业改革不断深化。

【信息化建设】 2017年，中国华能认真贯彻落实党和国家关于信息化发展的重要战略部署，按照国资委关于加快推进中央企业信息化建设的具体要求，紧紧围绕公司提质增效、结构调整、全面深化改革的目标，积极推动"十三五"信息化规划落地，保障信息安全，在提升信息化应用水平、完善建设模式、加强基础工作等方面，都取得重要进展。

在统一燃料业务管理规范的基础上，对现有燃料管理相关的应用系统进行规范化改造和集成，实现燃料业务三级管理纵向贯通横向集成，业务流程的操作规范化，实现燃料门户管理，对各类系统进行整合挂接、利用规范化的业务数据自动生成报表。

在全面预算管理、网络版财务报表等业务系统建设中充分考虑相关业务数据的统一管理和共享，将实现财务数据和经营数据从集团数据中心自动取数，合并报表数据回写到数据中心，减少数据重复填报、提高工作效率并为实现数据的充分共享奠定基础，相关项目也进入实施阶段。

为在加强信息安全工作同时满足互联网时代应用需求，启动网络与信息安全软科学研究项目。主要研究内容包括：为满足传统业务和"互联网＋"业务并存，在原有双网体系架构基础研究网络体系优化，形成构建新网络安全体系的基本标准。

为保证集团公司信息系统的安全，减小意外灾情对信息系统造成巨大损害，按照"两地三中心"工作计划，在北京临时灾备中心运行的基础上，启动异地容灾系统技术规划工作，编制容灾预案、开展容灾演练，建立与完善容灾运维体系。

移动应用系统架构、安全与集成方案制定完毕，统一移动门户、OA手机移动办公成功在试点单位上线运行，新能源公司、北方公司建设远程集控中心，实现试点风场的WIFI全覆盖，开发风电场移动巡检系统。

实时大数据分析项目通过实时数据与人工智能、深度学习相结合，以特征值为基础建立分析模型，为机组优化运行、设备状态检修提供更加科学的辅助决策。开发火电厂锅炉、送风机、一次风机、引风机和磨煤机设备的大数据分析，人工智能算法模型；开发水电100多个分析模型，对水电站的设备状况进行全面诊断；部分风电试点单位数据接入并试点开展为设备状态检修工作提供决策支持。

【履行社会责任】 2017年，中国华能全面贯彻落实党的十九大精神，以习近平新时代中国特色社会主义新思想为指导，深入推进"五位一体"总体布局和"四个全面"战略布局，认真贯彻能源发展"四个革命、一个合作"战略部署，认真履行国有企业经济责任、政治责任和社会责任，始终秉承"三色公司"使命，争做可持续发展的"五个表率"，努力践行"五大发展"理念，坚定不移地把公司和国有资本做强做优做大，创建具有全球竞争力的世界一流企业，为决胜全面建设小康社会、全面建设社会主义现代化国家贡献力量。

在改革创新方面，集团公司国企改革基础工作全面完成，供给侧结构性改革深入推进，超额完成煤炭去产能任务，科技创新成果丰硕，获得国家科技进步一等奖一项，省部级科技进步奖22项，授权专利542件，提质增效成果显著，主要经营指标保持行业领先。在环境保护方面，集团公司结构调整成效凸显，低碳清洁能源装机占比不断提升，东八仙海上风电项目实现并网发电，超额完成煤电机组超低排放改造任务，清洁化水平保持行业领先。在开放合作方面，集团公司"一带一路"建设取得重大进展，建成中巴经济走廊首座清洁高效大型燃煤电站巴基斯坦萨希瓦尔煤电项目,柬埔寨桑和二级水电站两台机组投产发电。在以人为本方面,集团公司以开展"安全生产责任制深化落实年"活动为载体,夯实基础,强化责任,全年未发生较大及以上安全事故;坚决履行员工责任,评选树立华能榜样,助力员工职业发展。在感恩奉献方面,集团公司扎实推进定点扶贫和对口支援工作,指导系统各单位结合实际积极参与扶贫帮困。集团公司主要领导、分管领导分别带队,深入新疆维吾尔自治区阿合奇县、陕西省横山县、青海省尖扎县等中西部贫困地区调研,传达中央扶贫精神,视察脱贫攻坚情况。结合贫困县脱贫实际,突出精准扶贫、精准脱贫要求,集中向教育事业、医疗卫生、富民安居、产业发展等领域倾斜,扎实推进中央企业"百县万村"、驻村帮扶、引进项目等重点工作。2017年,集团公司对外捐赠总金额55609万元,其中用于扶贫54966万元,派出扶贫工作队21支、扶贫干部90人、第一书记29人,深入扶贫一线开展工作。

【其他情况】 2017年1月9日,国家科学技术奖励大会在北京人民大会堂隆重举行并颁发2016年度国家科学技术奖。其中,中国华能集团公司"250MW级整体煤气化联合循环发电关键技术及工程应用""大型汽轮发电机组次同步谐振/振荡的控制与保护技术、装备及应用""高混凝土坝结构安全关键技术研究与实践"获得国家科技进步二等奖。

2017年4月27—29日,中国华能集团公司参加第十二届中国国际核电工业展览会。战略支援部队司令员高津,国防科工局副局长、党组副书记张克俭,国防科工局副局长、中国国家原子能机构副主任王毅韧,国家核安全局副局长郭承站,中国核能行业协会理事长张华祝等先后来到华能展台,了解高温气冷堆核电站示范工程最新进展情况。

2017年5月13日,中国华能集团公司董事长、党组书记曹培玺会见来北京出席"一带一路"国际合作高峰论坛的柬埔寨王国首相洪森。双方就加强在柬电力合作,推动合作项目如期投产进行友好会谈。

2017年7月12日,国务院国资委公布2016年度中央企业负责人经营业绩考核结果,中国华能集团公司圆满完成考核指标,获评年度A级企业,稳增长、"压减"工作获得加分。

2017年7月20日,《财富》发布2017年世界500强排行榜。中国华能集团公司以375.426亿美元的营业收入位列第274位。

(撰稿人:王晓茜)

中国大唐集团有限公司

【基本概况】 中国大唐集团有限公司(以下简称"大唐集团")成立于2002年12月29日,是中央直接管理的国有特大型发电企业集团,是国务院批准的国家授权投资的机构和国家控股公司试点。2017年11月,大唐集团完成公司制企业改制工作,注册资本金370亿元。

大唐集团实施以集团公司、分(子)公司、基层企业三级责任主体为基础的集团化管理体制和运行模式。拥有上市公司5家、区域分(子)公司29家、专业公司13家、直管企业2家。截至2017年底,大唐集团在役及在建资产分布在全国31个省(自治区、直辖市)以及境外的缅甸、柬埔寨、老挝等国家和地区,资产总额7208亿元,营业收入1710亿元,装机规模1.37亿千瓦,全年完成发电量5169亿千瓦时,净利润50.81亿元,资产负债率降至79.96%。自2010年起,大唐集团连续第八次位列世界500强。

【主要指标】 2017年,集团公司实现利润总额64.68亿元,净利润50.81亿元,归属于母公司所有者净利润23.09亿元,利润、经济增加值、费用总额占营业收入比重和资产负债率均完成国资委年度考核指标任务。

2017年中国大唐集团有限公司主要经济指标

项　目	2016年	2017年	比上年增长(%)
资产总额(亿元)	7062.90	7208.06	2.06
所有者权益(亿元)	1305.69	1444.53	10.63
营业收入(亿元)	1585.83	1710.30	7.85

续表

项 目	2016年	2017年	比上年增长（%）
利润总额（亿元）	107.13	64.68	-39.62
净利润（亿元）	83.56	50.81	-39.19
归属于母公司所有者的净利润（亿元）	13.63	23.09	69.41
技术开发投入（亿元）	24.86	27.82	11.91
利税总额（亿元）	328.06	230.30	-29.80
应交税金总额（亿元）	220.93	165.62	-25.04
全员劳动生产率（万元/人·年）	83.38	65.35	-21.62
净资产收益率（%）	6.36	3.68	减少2.68个百分点
总资产报酬率（%）	4.02	3.44	减少0.58个百分点
国有资本保值增值率（%）	104.02	104.80	增加0.78个百分点

【改革发展】 大唐集团全面贯彻落实党中央各项决策部署，以提质增效为中心，以结构调整为主线，以改革创新为动力，以加强党建为保证，将改革作为企业的中心工作，深入推进各项改革任务，取得积极进展。

加快"瘦身健体、处僵治困"工作。结合"瘦身健体"，配套开展对大唐集团股权结构的梳理优化工作，印发《集团本部及各分、子公司股权优化方案（含"瘦身健体"）》。截至2017年底，累计减亏106户，压减法人实体107户，处置"僵尸企业"10家，较2014年底减亏56.15亿元，超额完成国资委下达的指标。

开展全面提升，深化对标管理。落实《全面提升工作计划》，持续加强计划管控。充分发挥"四全管理"体系和"四大中心"功能，狠抓火电、水电、风电等专项全面提升活动，深化对标管理，全方位降本增效。持续加强统计分析管理，加大统计对外交流力度，为对标提供统计支撑，聚焦专题，开展全面对标分析。按照"一流牵引、机制驱动、对标推进、持续改善、全面提升"的要求，持续有效地开展发电量、利用小时等主要经营指标的对标活动。

落实全面深化改革方案。2017年，大唐集团总部集中办公工作正式启动，仅用时9天，圆满完成第一阶段"机构到位，人员到岗"的目标。启动山西省、江苏省和云南省区域化管理，在精简机构、管理提升、提高区域竞争力等方面初步取得成效。继续推进大部制改革，累计完成22家二级企业的大部制改革。在市场化营销体系建设方面，组建省级营销公司21家，参股2家、控股2家。

电源结构持续优化。完成核准电源项目598万千瓦，清洁能源占比60.67%。全年投产发电容量844.5万千瓦，清洁能源占比55.31%。截至2017年底，大唐集团在役装机总量13775.81万千瓦，其中水电2685.10万千瓦，火电9470.48万千瓦，风电1519.67万千瓦，光伏100.57万千瓦，清洁能源占比31.25%。内蒙古托克托五期火电项目，大唐集团投产的首台620℃高效超超临界机组，为国内空冷机组最高参数机组；长河坝水电项目，成功实践高地震烈度、深厚覆盖上世界第一高土石坝多项关键筑坝技术；郓城630℃超超临界二次再热项目通过评优成为国家电力示范项目。

【重大项目】

1. 大唐托克托电厂五期2×660MW扩建项目。2017年2月25日15时18分，内蒙古大唐国际托克托发电有限责任公司五期工程10号620℃高效超超临界机组顺利通过168小时试运行。该公司五期扩建工程2台国产66万千瓦超超临界机组全部投产，该公司总装机672万千瓦，其中包括8台60万千瓦机组、2台66万千瓦机组、2台30万千瓦机组，成为世界在役最大火力发电厂。

2. 大唐甘孜公司长河坝水电站4×650MW新建项目。2017年1月6日11时56分，国家西部大开发重点工程、国家支持藏区发展重点项目、大唐集团"转方式、调结构"重要战略支撑点——甘孜公司长河坝水电站首台（4号）机组顺利通过72小时试运行，正式投入商业运营。4月24日4时27分，3号机组通过试运。6月29日14时50分，2号机组通过试运。12月1日15时，长河坝水电站最后一台（1号）机组顺利通过72小时试运行,正式投入商业运营。大唐长河坝电站累计装机容量260万千瓦机组全部投产,实现首台机组提前5个月投产等8个关键性提前,最终圆满实现一年四投。

【走向海外】 秉持着"一带一路"倡议的"共商、共建、共享"原则,充分发挥自身优势,以基础设施互联互通为突破口,重点推进对"一带一路"建设起基础性作用和示范效应的项目。

重点在役项目运行稳定。大唐集团境外投产运营项目有缅甸太平江一期水电站、柬埔寨斯登沃代水电站、柬埔寨金边至马德望输变电网项目,装机总量36万千瓦,三座230千伏变电站和294千米线路,柬网项目被柬埔寨政府誉为"中资企业与柬政府合作的典范"。

重点前期项目取得突破。葡萄牙Novenergia 61.3万千瓦清洁能源收购项目交割协议文本内容初步达成一致;以联合体中标印尼国家电力公司2×22.5万千瓦火电项目,预计2018年开工建设;老挝北本水电项目开展各项开工前的准备工作;巴基斯坦卡西姆港2×35万千瓦火电项目取得突破性进展;对法电新能源希腊收购项目已完成基本情况调研报告。

对外承包工程带动中国技术装备"走出去"。印度古德洛尔脱硫项目稳步推进,该项目利用中国设备达到95%以上,成为印度国家脱硫工程的标杆项目;泰国NPP5A项目和PP9项目,均已移交业主;与泰国TPC能源控股公司签署TPC 50MW生物质电厂总承包项目,项目覆盖电厂设计、采购、制造、运输、施工、安装、调试、试运行和性能试验等工作范围。

【重大创新】 软科学研究取得丰硕成果。主创的"大型发电企业集团以战略为引领的全面创新管理"获得第二十三届国家级企业管理现代化创新成果奖一等奖,主创的"以文化引领全面创新建设实践,推动企业转型升级与提质增效"成果获得2017年全国电力创新大奖,主创的"中国特色现代国有企业制度研究与治理机制设计"成果获得首届中央企业智库联盟优秀课题一等奖。在"中国能源创新奖"评比中,大唐集团有13项成果获奖,获奖数量及等级在能源企业中名列前茅,居五大发电集团首位。同时大唐集团获得"2017年度中国管理创新先进单位"等荣誉称号。

科技获奖数量和等级再创新高。2017年,大唐集团荣获国家科技进步二等奖,同时获得国家科技奖、行业及以上科技奖励131项,其中一等奖及以上奖项数量17项。科技成果及专利转化、推广应用为大唐集团增收39.17亿元,增利13.14亿元。

专利数量、质量持续增长。新增授权专利1245件,连续三年保持每年1000件以上的增长量。在确保总量稳定增长的基础上,大力提升专利质量,年度新增发明专利申请量204件,同比增长42%。大力推广专利应用,其中大唐河南公司专利应用率、企业覆盖率均为100%。新增主持、参与行业及以上技术标准54项,其中国际标准6项。获得IEEE协会年度卓越贡献企业奖。1人获得IEEE标准贡献奖。

全面提升科技研发水平和科技活动质量。"郓城630℃超超临界二次再热"项目通过评优成为国家电力示范项目。"燃煤机组机炉耦合深度节能技术""数据挖掘与设备状态智能预警技术""富氧微油点火与稳燃技术""水资源梯级利用及废水零排放技术""燃煤清洁高效热电冷分布式能源技术"等项目取得阶段性成果。"深度掺烧准东高钠、高钾、高水分煤"创新成果取得良好效益。"NCB技术及离合器国产化"研究课题取得阶段性成果,研究成果将实现供热能力最大化,提高运行灵活性。

【党建工作】 深入学习贯彻党的十九大精神。印发大唐集团党组《关于认真学习宣传贯彻落实党的十九大精神的通知》,以"学懂、弄通、做实"为总要求,以"贯彻落实党的十九大精神、建设国际一流能源集团"为总目标,确保学习宣传贯彻工作落实落细。组织全系统2.3万名党员干部职工集中收听收看党的十九大开幕会盛况。大唐集团党组先后举行3次理论学习中心组专题学习,系统各级中心组均开展专题学习研讨,二、三级领导班子研讨学习1100多次。实现集中专题研讨对各级领导班子成员全覆盖。

坚持和加强党的全面领导。大唐集团完成全民所有制企业变更为公司制企业的改制工作,中国大唐集团公司正式更名为中国大唐集团有限公司。集团公司章程修订并报经国资委批准后执行,用专门一章明确党组织在法人治理结构中的法定地位,使党组织发挥作用更加制度化具体化。二级公司党建工作进章程工作全部完成,三级企业基本完成。

实践运用监督执纪"四种形态"。坚决贯彻"惩前毖后、治病救人"方针,把"四种形态"运用落实到监督执纪的全过程。全年运用第一种形态223人次,占"四种形态"处理总人数的75.08%,第二种形态42人次,占总人数的14.14%。

健全党组织决策制度流程。在总部设立党组与董事会办公室,下设党组秘书处和专职党组秘书,具体负责党组工作的组织协调及"三重一大"制度落实和督办。修订《党组工作规则》,规范党组工作原则、职责及讨论决定重大事项的主要内容、决策程序等。坚持党的全面领导,坚持民主集中制原则,把党组织研究讨论作为重大决策前置程序。2017年,集团公司党组累计召开会议25次,董事会5次,战略与投资委员会会议5次,集体研究决定重大事项239项,审议并通过大唐集团全面深化改革方案等32项议案。严格决策流程,建立完善的《董事会议事规则》《总经理工作规则》等制度。

【信息化建设】 全面提升信息化建设与管理水平。燃机数据中心建设基本完成,煤电机组试点工作加快推进,并取得较好成果。实施"四大中心"大屏展示优化提升。二期建设全面启动,财务及相关业务一体化系统建设正常进展,全面计划系统、项目全过程系统完成初步验收工作,办公及综合管理系统顺利切换并实现正常、稳定运行。积极推动大唐集团北京数据中心建设,有望2018年建设第一个"大唐私有云"。将煤炭、煤化工生产管理相关内容纳入大唐集团生产调度中心二期建设范围。

全面提升网络与信息安全水平。加强顶层设计,组织系统内外专家,结合《中华人民共和国网络安全法》实施及大唐集团实际情况的变化,在前期研究成果的基础上,进一步完善网络安全规划,"CDT132"网络安全架构基本确立,使规划更具有指导性和引领性。积极参加央企网络安全大赛,获得优异成绩,是发电集团唯一获奖单位,大唐集团网络安全综合解决方案被评为央企"十佳"方案。再次获评中央企业网络与信息安全通报工作先进单位。

【履行社会责任】 安全生产保持平稳。贯彻落实党中央、国务院有关安全生产工作的指示精神,牢固树立"大安全"理念,全面对标提升安全生产管理水平,安全生产形势持续平稳。圆满完成十九大期间的保电、保空气质量任务。

环保工作水平逐步提升。2017年,完成大唐集团102家发电企业排污许可证申领。完成36台机组超低排放改造任务,累计完成超低排放机组改造202台8441万千瓦,占在役燃煤机组容量的87.5%。健全重污染天气应急管理,强化污染物排放控制,全年二氧化硫、氮氧化物、烟尘和废水排放绩效分别完成0.21克/千瓦时、0.26克/千瓦时、0.06克/千瓦时、80克/千瓦时,环保运行水平持续提升。供电煤耗完成305.28克/千瓦时,同比降低1.57克/千瓦时。

精准施策定点扶贫取得新成效。大唐集团严格按照党中央、国务院脱贫攻坚决策部署,切实履行中央企业"经济、政治、社会"责任,坚持精准扶贫、精准脱贫基本方略,大力实施一批脱贫工程。在陕西省延安市,建设2台35万千瓦超临界热电机组,并录用50名延安老红军、老革命后代进入延安电厂工作。在江西省,抚州电厂两台百万机组每年可向当地政府缴纳5亿元左右税款,并可为当地老百姓提供1000人的就业机会。在新疆维吾尔自治区,积极推进5个项目,合计10台机组,总容量7400MW清洁高效大容量火电项目的前期工作。在西藏自治区,2017年,波堆电站总发电量6255.86万千瓦时,汪排电站总发电量1666.05万千瓦时,玉曲河流域梯级电站共完成投资9260万元。在青海省,确定多合旦寺人饮工程等6个援建项目,落实援建项目资金350万元。在四川省藏区,长河坝水电站实现一年四投,黄金坪项目六台机组全部投产,截至2017年底,两个项目累计向地方缴纳税金7.5亿元。

(撰稿人:徐一鸣)

中国华电集团有限公司

【基本概况】 中国华电集团有限公司(以下简称"中国华电")是国务院国资委监管的特大型中央企业,前身为2002年底国家电力体制改革组建的中国华电集团公司,2017年底改制为国有独资公司,注册资本370亿元。公司主营业务:电力生产、热力生产和供应;与电力相关的煤炭等一次能源开发以及相关专业技术服务。公司资产主要分布在全国32个省(自治区、直辖市)以及俄罗斯、印尼、柬埔寨、西班牙等多个国家。管理实体单位494家,其中二级单位43家,三级单位450家,控股7家境内外上市公司,职工10.5万人。世界500强排名第382位。公司发电、煤炭、金融、科工四大产业均保持良好发展态势。发电产业拥有煤电9100万千瓦、水电2700万千瓦、天然气发电1432万千瓦、风光电1589万千瓦、生物质能5.3万千瓦,水电和天然气发电规模处于国内同类型企业领先地位。煤炭产业控股煤矿32处,资源量220亿吨,产能5580万吨/年,拥有4个千万吨级煤矿,2017年煤炭产量4466万吨。金融产业拥有6家金融机构,取得财务公司、信托公司、证券、保险经纪四类金融牌照。科工产业包含3家二级单位,涵盖自动化、信息化、环保水务、高端装备制造等业务,拥有国家级企业技术中心、国家能源分布式能源技术研发中心等多个科技创新平台。

中国华电在以习近平同志为核心的党中央坚强领导下,深入学习贯彻习近平新时代中国特色社会主义思想和党的十九大精神,坚持稳中求进、进中调整,贯彻新发展理念,以推进供给侧结构性改革为主线,明确"五个坚持、五个转型"的发展思路,即坚持党的领导、坚持战略引领、坚持价值创造、坚持改革创新、坚持以人为本;"两低一高"发展要求,即低能耗、低排放、高效率;"2218"发展目标,即到"十三五"末,公司单位电能污染物排放量较"十二五"末下降超过20%,单位电能化石能源消耗较"十二五"末力争降低20克/千瓦时,国际业务收入占比力争达到10%,净资产收益率力争达到8%,全力推动新时代公司高质量发展,努力建设具有全球竞争力的世界一流能源企业。

【主要指标】 截至2017年底,中国华电资产总额7968亿元,发电装机1.48亿千瓦,清洁能源占比38.6%。2017年,实现销售收入2001亿元,同比增长6.8%;实现利润67亿元,超额完成国资委48亿元的年度考核目标;完成发电量5123亿千瓦时,同比增长4.1%;资产负债率80.8%,连续九年下降;近三年国有资本保值增值率127.7%;单位电能烟尘、二氧化硫、氮氧化物、二氧化碳排放量比"十二五"末分别下降58.5%、21.9%、36.6%、7.6%,单位电能化石能源消耗比"十二五"末下降6.71克。成立15年来,公司累计营业收入近2万亿元;利润总额从9亿元增加到67亿元,增长6.4倍,累计实现利润超过1000亿元;资产总额从835亿元增加到7968亿元,增长8.5倍;发电装机从2554万千瓦增加到14827万千瓦,增长4.8倍;发电量从1161亿千瓦时增加到5123亿千瓦时,增长3.4倍,累计完成发电量超过5万亿千瓦时;煤炭总产量3亿吨。公司连续第六年被国资委评为A级企业,全面实现国有资本保值增值。

2017年中国华电集团有限公司主要经济指标

项　　目	2016年	2017年	比上年增长(%)
资产总额(亿元)	7791.45	7967.75	2.26
所有者权益(亿元)	1438.93	1536.86	6.81
营业收入(亿元)	1873.71	2001.35	6.81
利润总额(亿元)	131.23	67.25	-48.75
净利润(亿元)	85.45	47.52	-44.39
归属于母公司所有者的净利润(亿元)	23.96	22.53	-5.97
技术开发投入(亿元)	6.91	34.59	400.58
利税总额(亿元)	291.84	278.30	-4.64
应交税金总额(亿元)	203.00	226.30	11.48
全员劳动生产率(万元/人·年)	71.80	69.34	-3.43

续表

项 目	2016年	2017年	比上年增长(%)
净资产收益率(%)	6.02	3.20	减少2.82个百分点
总资产报酬率(%)	4.44	3.40	减少1.04个百分点
国有资本保值增值率(%)	104.29	104.10	减少0.19个百分点

注：2017年数据为决算后数据。

【项目发展】 印发实施集团公司加快改革创新推动转型发展的一号文件，修订公司"十三五"规划，公司聚焦发电主业，推动煤炭、金融、科工产业协同发展，呈现出转型发展良好态势。一是结构布局持续优化。较早地停建、缓建12个煤电项目1500万千瓦，关停淘汰煤电机组147万千瓦，圆满完成关停计划。全年核准电源项目1049万千瓦均为清洁能源，新投项目清洁能源占70%。金沙江上游苏洼龙、叶巴滩两级电站开工建设，巴塘电站取得核准；与河北省政府正式签署金上电力送冀战略合作协议；金沙江中游龙头水库完成坝址比选。加快发展天然气发电，广东增城、山东章丘、河北裕华等7个重型燃机和4个天然气分布式项目共计652万千瓦获得核准，投产235万千瓦，装机1432万千瓦。投产风光电130万千瓦，装机1589万千瓦。设立雄安公司，积极融入雄安新区规划建设。上海奉贤南桥、江苏戚墅堰二期获得国家优质工程奖。二是相关产业协同发展。小纪汗、下梨园煤矿取得安全生产许可证，隆德改扩建、西黑山一期获得核准。退出煤矿4处、产能99万吨/年，提前完成煤炭去产能2020年目标任务。金融产业管理资产规模5119亿元，同比增长14%；回收金融产业涉险项目本金4.49亿元。科工产业新签系统外合同额120亿元，同比增长16.3%，华电水务在建在运规模55万吨/天。

【生产经营】 认真落实国务院国资委工作部署，早启动，强督导，抓短板，压责任，确定提质增效5个方面40项工作任务，成立5个督导组进行重点督导，稳增长目标如期实现。全年利润剔除煤价减利因素后，可比利润同比增加135亿元。公司各产业板块中，水电盈利35.4亿元，新能源盈利34.4亿元，煤炭产业盈利25.5亿元，金融产业盈利29.4亿元，有力发挥产业支撑作用。一是市场营销取得成效。争取市场电量1800亿千瓦时，同比增加457亿千瓦时，市场电量电价比2016年少降1.62分/千瓦时。24个煤电区域中有21个煤电利用小时超过"三同"。深入开展运营优化，火电优化转移电量220亿千瓦时，水电优化调度增发电量11亿千瓦时，合计增收6.7亿元。供热面积增长18.7%，热力收入增长16.5%，供热装机占比58%，同比提高6.4个百分点。二是成本费用有效控制。通过掺配掺烧和优化海运煤节支22亿元。开展集中统一招标和大宗物资集中采购，集团公司节资率19.7%。深挖降本增效潜能，三项费用节约11.9亿元，压降9.3%。发行公司债、绿色债等129.6亿元，完成综合资金成本率4.43%，资金归集率87.4%。清收科工企业存量应收账款109亿元，存量"两金"压降超过55%。三是资本运作有序推进。积极推进降杠杆减负债工作，进一步筑牢不发生重大风险底线。农行100亿元债转股项目落地。通过股权注入完成云南区域资产整合。全年引入权益资金67.6亿元。完成140亿元可续期产品注册，发行永续债40亿元。金上公司和华电水务成功引入战投资金21亿元，国电南自非公开发行A股募集资金3.8亿元。处置低效无效资产77项，回收资金11亿元。

【深化改革】 集团公司完成公司制改制，由全民所有制企业改制为国有独资公司。修订党组会、董事会、董事长办公会、总经理办公会议事规则和"三重一大"实施办法。明确总部和区域公司定位及管理界面，调整优化跨区域上市公司管控模式，配套完善绩效考核与工作流程机制。在18个区域建立售电公司或增项售电业务，区域一体化营销体系基本建立。深化金融改革，基本建立起以资本控股为基础的统一金融运作平台。创新监督体制机制，成立集团公司监督委员会、北京和济南2个监督中心以及8个派驻纪检组，进一步整合监督资源，强化提级监督。加大人才培养力度，全年组织各类培训班3400余期，培训32万余人次。加强精神文明建设，27家单位获得"全国文明单位"称号。深化"三力"工会建设，大力开展技能大赛和职工创新创效活动；实施素质登高和岗位建功工程,助力公司青年员工成长。

【走向海外】 俄罗斯捷宁燃机电站投产,成为我国在俄投产的第一个电源项目。印尼玻雅燃煤电站签订购电补充协议。越南沿海二期燃煤电站通过财政部政治保险审批,取得中信保保险责任生效通知书。公司海外在运和在建装机271万千瓦,重点跟踪并且已经发起决策的项目超过1500万千瓦。

【科技创新与信息化建设】 实施创新驱动,研发攻关292项科技和技术标准项目,"燃煤电厂新型高效除尘技术及工程示范"获得国家重点研发计划重大专项立项,并获得2307万元中央财政经费;"多能互补分布式能源"项目获得中国电力创新大奖;国电南自参与研发的"电力线路行波保护关键技术及装置"成果获得国家技术发明奖二等奖。国家能源火电能效检测平台完成能效远程监测系统开发,国家能源分布式能源研发中心基本建成。探索研究数字化电厂,推进水电、新能源"远程集控和诊断"两个平台建设。试点建设办公自动化、档案、商密"三合一"信息系统,推进战略经营驾驶舱、财务共享中心等信息系统建设,ERP推广实现发电产业全覆盖。

【安全环保】 圆满完成党的十九大、全国"两会"、"一带一路"峰会、厦门"金砖会晤"等重大活动和重要时段的保电和空气质量保障工作。大力推进本质安全型企业建设,建立本质安全管理体系,实现公司各级企业全覆盖。健全完善全员安全生产责任制,重点强化区域公司安全监管体制和队伍建设,深入开展春检暨安全专项整治和"电力建设工程施工安全年"活动。火电机组台均非停0.44次,在逐年降低的基础上同比再降12%。全年未发生信息安全事件。坚决打好污染防治攻坚战,累计170台6818万千瓦煤电机组完成超低排放改造,容量占比77%,东部地区煤电机组全部实现超低排放,圆满完成京津冀及周边"2+26"城市大气污染防治攻坚任务。开展"排污许可宣贯年"活动,火电企业全面完成排污许可证申领。加强水电站生态保护,全年放流珍稀特有鱼类280万尾。圆满完成碳排放权试点履约。截至2017年底,公司脱硫机组比例99.97%,脱硝机组比例97.34%,另有8台330.8万千瓦燃气脱硝机组和2台2.5万千瓦生物质能脱硝机组;燃煤机组二氧化硫、氮氧化物、烟尘排放达标率分别为99.96%、99.77%、99.93%。

【党建工作】 深入学习宣传贯彻党的十九大精神,切实在学懂弄通做实上下功夫,通过集中学习研讨、讲党课、举办宣讲报告会等多种形式,在公司系统迅速掀起学习宣传贯彻十九大精神热潮。扎实推进"两学一做"学习教育常态化制度化,用好"党员活动日",创新微党课、红色讲堂等学习教育形式。充分发挥基层党组织战斗堡垒和党员先锋模范作用,服务企业经营发展中心工作。开展红色教育,征集红色故事404篇、企业好传统326个,创作报告文学集《红色品格》。命名集团公司首批红色教育基地,其中,3家获得"中国红色文化教育基地"授牌。层层落实"两个责任",严明党的纪律,加大执纪审查力度。围绕生产经营重点,聚焦违规违纪易发多发领域和关键环节,深入开展"四项治理"(招标管理、煤炭营销、融资性贸易、个人经商办企业)、"一个清理"("小金库"和违规发放薪酬清理检查)集中整治,着力发现问题,强化整改问责。

【履行社会责任】 中国华电坚决贯彻习近平总书记关于打好精准脱贫攻坚战系列重要讲话精神,认真落实党中央、国务院以及国务院国资委扶贫工作总体部署,自觉履行央企社会责任,持续推进项目发展、民生设施、特色产业、就业、教育、人才和"救急难"7个方面扶贫工作,得到贫困地区政府和人民群众的认可,2017年公司在新疆、西藏、青海、四川、云南等地深度贫困区投入扶贫资金6877.5万元,较好体现中央企业责任担当。举办社会责任月和公众开放日活动,连续十年发布社会责任报告,社会责任发展指数连续三年排名全国第二,树立"中国华电"良好品牌形象。

(撰稿人:谢一骏)

国家电力投资集团有限公司

【基本概况】 国家电力投资集团有限公司(以下简称"国家电投")成立于2015年6月,由原中国电力投资集团公司与国家核电技术公司重组组建。国家电投以建设国有资本投资公司为方向,高标准、高起点规划建设新集团,努力做国企改革的先行者,努力建设世界一流综合能源集团。

国家电投是中国五大发电集团之一。是一个以电为核心、一体化发展的综合性能源集团公司。截至2017年底,电力总装机容量12613万千瓦,其中,火电7423万千瓦、水电2203万千瓦、核电448万千瓦、太阳能发电1166万千瓦、风电1383万千瓦,在全部电力装机容量中清洁能源占比重45.14%,具有鲜明的清洁发展特色。年发电量4226.09亿千瓦时,年供热量1.71亿吉焦。煤炭产能7860万吨/年,电解铝产能253.5万吨/年,铁路运营里程627千米。

国家电投是我国三大核电开发建设运营商之一。拥有辽宁红沿河、山东海阳、山东荣成等多座在运和在建核电站以及一批沿海和内陆厂址资源,是实施三代核电自主化的主体、载体和平台以及大型先进压水堆国家科技重大专项的牵头实施单位,肩负着推进国家三代核电自主化、产业化、国际化的光荣使命,具备核电研发设计、工程建设、相关设备材料制造和运营管理的完整产业链和强大技术实力。

国家电投是世界500强企业。连续六年荣登榜单,2017年居第368位。公司注册资本金350亿元,资产总额10012亿元,员工总数13万人。拥有9家上市公司、公众挂牌公司,包括2家香港红筹股公司和5家国内A股公司。

国家电投是一家致力于全球业务的国际化公司。境外业务分布在日本、澳大利亚、马耳他、印度、土耳其、南非、巴基斯坦、巴西、缅甸等41个国家,涉及电力项目投资、技术合作、工程承包建设等。境外资产780亿元,设有13个海外代表处,海外在运装机容量301万千瓦,全部为清洁能源;在建装机容量1290万千瓦;正在执行的电站工程承包项目12个,装机容量1288万千瓦;电站咨询设计、运维培训及其他服务项目36个。获得穆迪、惠誉、标普三大国际信用评级机构A类评级。

【主要指标】

表1 2017年国家电力投资集团有限公司主要经济指标

指 标	2016年	2017年
装机容量(亿千瓦)	1.17	1.26
火电(含汽电)(万千瓦)	7145.70	7423.00
水电(万千瓦)	2159.70	2374.00
风电(万千瓦)	1198.20	1383.00
太阳能(万千瓦)	711.80	1166.00
核电(万千瓦)	447.50	448.00
煤炭产能(万吨)	8010.00	7860.00
电解铝产能(万吨)	248.50	253.50
煤炭产量(万吨)	6484.00	7531.00
电解铝产量(万吨)	225.00	235.00
资产总额(亿元)	8761.07	10012.00
归属母公司净资产(亿元)	207.83	621.07
营业总收(亿元)	1959.35	2029.00
利润总额(亿元)	132.12	93.53
归属母公司净利润(亿元)	29.01	13.42
上缴税金(亿元)	207.83	191.23
净资产收益率(%)	6.05	3.18
全员劳动生产率(万元/人·年)	58.88	51.43

表2 2017年国家电力投资集团有限公司环境绩效情况

指 标	2016年	2017年
清洁能源比重(%)	42.90	45.14
供电煤耗率(克标准煤/千瓦时)	304.90	302.60

续表

指　标	2016 年	2017 年
综合厂用电率(%)	5.55	5.57
SO_2 排放绩效同比降幅(%)	21.11	32.14
NO_X 排放绩效同比降幅(%)	6.03	29.03
脱硝装备率(%)	100.00	100.00
脱硫装备率(%)	100.00	100.00

表3　2017年国家电力投资集团有限公司社会绩效情况

指　标	2016 年	2017 年
重大人身伤亡事故(次)	0	0
重大设备事故(次)	0	0
在岗员工人数(人)	127343	127083
集体合同覆盖率(%)	100	100
女性员工数(人)	28016	28330
扶贫总投入(万元)	3245	5511.7
挂职干部数(人次)	58	49
扶贫调研(次)	89	118
入户调查(次)	2459	7228
调查贫困村次(次)	32	32
减贫人数(人)	4494	2461
扶贫项目(个)	25	32
重点帮扶村镇(个)	7	11
贫困村人均收入增长(元)	6700	3786
重点帮扶贫困户(个)	441	2771
带动就业人数(人)	2210	2812

【**主营业务**】　核电方面。核电研发设计、核电投资运营、核电站运行服务、核电相关设备制造、核电科技基础研究。

火电方面。火电设计咨询、工程总承包、投资运营等全产业链服务。

可再生能源方面。水电投资运营和工程总承包、太阳能发电全产业链服务、风电投资运营。

电站服务业方面。电站设计咨询、工程总承包、输变电工程设计等全产业链服务。

环保方面。环保工程总承包、脱硫脱硝特许经营、产品制造、节能技术服务、核废物处置等。

电力协同产业方面。煤炭采购、光伏制造和综合产业、物流运输、铝土矿开采和铝产品。

国际业务方面。投资、工程承包、电站设计咨询等。

金融方面。保险经纪、信托、期货、租赁、保理、基金、资产管理等。

【**重大项目**】　滨海北H1号海上风电项目获得风电行业首个国家优质工程金奖。11月10日，国家电投滨海北H1号100MW海上风电项目荣获国家优质工程金质奖，成为国内风电行业首个国家优质工程金质奖项目。

国家电投百亿级市场化债转股基金成功落地。12月7日，国家电投与中国人寿资产管理有限公司共同发起设立总规模超100亿元的市场化债转股基金——电投黄河(嘉兴)能源投资合伙企业(以下简称"债转股基金")募集资金全部到位。国家电投认真贯彻党中央、国务院关于切实做好去杠杆减负债的工作部署。该债转股基金以增资扩股方式投资于国家电投所属企业青海黄河上游水电开发有限责任公司，用于偿付金融机构借款等存量债权。基金管理人为国家电投集团产业基金管理有限公司。

国家电投发布具有完全自主知识产权NuPAC平台。1月5日，国家电投在北京宣布，我国具有完全自主知识产权的核电站反应堆保护系统平台(NuPAC平台)，通过中国国家核安全局和美国核管理委员会的许可，成为全球首个通过中美政府核安全监管机构行政许可的核电站反应堆保护系统平台。这意味着该系统不仅可以用于国内，同时可以用于美国的核电站项目，是我国重大装备制造领域的又一重大成果。

湄洲湾项目获得国际卓越项目管理大奖金奖。山东电力工程咨询院有限公司总承包建设的国投湄洲湾第二发电厂2×1000MW工程项目获得"国际卓越项目管理大奖金奖"。湄洲湾项目经理、山东院副总经理宫俊亭获得"IPMA成就奖·年度项目经理金奖"。

国家电投光伏发电总装机突破千万千瓦。8月31日,国家电投黄河公司青海海南州太阳能生态发电产业园区100兆瓦地面光伏电站并网。集团公司已投运的光伏发电装机达到1002万千瓦,继续高居全球第一,进入"千万千瓦"里程碑式的发展阶段。截至2017年8月底,国家电投光伏产业覆盖全国27个省区市,并走出国门落户日本,光伏发电装机总量继续领跑全球,是全球最大的光伏电站运营商。

巴西圣西芒水电站特许经营权完成交割。11月28日,国家电投海外公司顺利完成巴西圣西芒水电站特许经营权费支付工作,项目交割完成,获得圣西芒水电站30年特许经营权。国家电投在巴西拥有2个风电场,1个水电站的特许经营权,总装机容量176.82万千瓦,在南美洲地区(智利、巴西)总装机容量226.02万千瓦。

CAP1400核电站数字化仪控系统样机研制成功。9月8日,重大专项"CAP1400核电站数字化仪控系统研制"课题在上海通过国家能源局组织的正式验收。通过多年自主创新和攻关,国核自仪研制出完整的Nu系列核电站数字化仪控产品,技术先进、功能齐全,完全覆盖核电站的全部系统。

先融期货在"新三板"敲钟开市。1月6日,中电投先融期货股份有限公司在全国中小企业股份转让系统举办"新三板"挂牌仪式。

中巴经济走廊胡布燃煤电站项目开工。3月21日,中国电力国际有限公司参与投资建设的胡布燃煤电站项目21日在巴基斯坦俾路支省胡布地区举行开工仪式。

国家电投收购太平洋水电获评"2016年度跨境并购交易奖"。《拉丁金融》杂志将国家电投对澳大利亚太平洋水电公司的收购评选为"2016年度跨境并购交易奖"。

【安全管理】 1. 筑牢核电安全。核安全是国家电投对社会公众的承诺,是每一个核从业人员的责任。国家电投秉持安全第一原则,进一步强化"红线"意识、"底线"思维,健全安全发展理念、落实安全责任、普及安全知识、提升安全素质,2017年实现"六不发生、两下降"的年度安全目标。

国家电投将对能源安全性保障的责任置于顶层,开展安全督查,排除安全隐患;严格按相关规定处理核废料,全年未发生超剂量照射事件。2017年,国家核电系统开展各类监督检查803次,组织开展核电安全管理培训,全员安全意识得到显著提升。

2. 夯实安全基础。国家电投全面强化安全责任落实、着力推进"三基"工作、深入开展班组安全建设、严肃进行事故追究,以"零事故、零死亡"作为目标,建立具有国家电投特色的安全管理体系。

国家电投对安健环体系管理手册、安健环管理体系指南及评估指南等进行升版,并编制安健环体系管理工具。广泛推行安全管理支持系统,实现"三防"的完美结合,提高安全管理实效。2017年,国家电投生产安全事故起数、伤亡人数实现同比"双下降"。

3. 普及安全文化。国家电投高度重视安全文化建设,将"四个凡是""一次就把事情做对"等核安全理念和方法引入到非核产业,全年定期组织开展电力产业宣贯培训和安全月活动,所属单位因地制宜开展应急演练,效果显著。组织编制安全教育动漫片,采取"三分离"物防措施,采用模块化技术施工,注重"三防"应用。全年定期召开国家电投HSE管理提升经验交流会暨核安全文化宣传贯彻会,学习推广良好实践。2017年,东北公司朝阳燕山湖发电公司获得中国安全生产协会授予的"2017年全国安全文化示范企业"称号。

2017年,国家电投修订《基层单位应急能力评估标准》,发布电力建设企业和发电企业评估标准;通过开展应急能力评估和应急预案现场评审工作,在全系统推广应急处置卡试点成果,显著提高各二级单位应对突发事件的能力。

【生产经营】 2017年,国家电投营业收入2029亿元,比上年增长3.4%。利润93.69亿元,净利润56.95亿元,均居五大发电集团第二位。市场化交易电量1241亿千瓦时,与标杆电价相比相当于让利62亿元。在火电严重亏损的情况下,风电和光伏发电发挥重要的利润支撑作用,金融、核电效益稳定增长,煤炭、铝业实现利润均创历史新高。全年发电量4226亿千瓦时,比上年增长6.47%。供电煤耗303.5克/千瓦时,下降1.5克/千瓦时。2015年、2016年连续两年获得国资委年度业绩考核 A 级。标准普尔、穆迪、惠誉三大国际评级机构维持对集团公司 A 类信用评级。

1. 保障电力供应。经济发展,电力先行。电力工业是国民经济发展的重要基础行业,是国家经济发展战略中的重点和先行产业。国家电投作为我国重要的发电集团之一,积极开拓电源建设,保障电力的安全稳定供应,服务国民经济发展,服务民生。

2017 年,国家电投积极响应国家对能源领域供给侧结构性改革的要求,加快促进电源结构优化,实现电源结构的清洁化、低碳化发展;积极开拓智慧能源,满足更多用户的需求,全年新增水电、风电、光伏、核电等装机 660.6 万千瓦。

截至 2017 年底,国家电投电力总装机容量 12613 万千瓦,年发电量 4226.09 亿千瓦时,圆满完成春节、"两会"、"一带一路"国际合作高峰论坛、迎峰度夏、厦门金砖会晤、十九大等重大事件、重要时段的电力稳定安全供应。

2. 保障热力供应。国家电投始终将保供热、暖人心、惠民生、促发展放在首位,促进产业升级,为用户提供清洁、稳定的热力供应;统筹规划发展,提升设备可靠性,保证供热需求;实施清洁供热替代,促进绿色,确保服务质量。2017 年,总供热量 28757 万吉焦,供热面积 21931.5 万平方米。

3. 保障煤炭供应。国家电投以电为主体,协同发展煤炭产业,拥有煤炭产能 7860 万吨/年,生产煤矿 9 个,主要分布在内蒙古、新疆、贵州等地区。2017 年,煤炭产量 7531 万吨,确保十九大、夏季电煤高峰、冬季供暖用煤高峰等关键时期煤炭稳定供应。

面对 2017 年电煤供应紧张的市场环境,国家电投发挥国有企业在保电煤中的带头作用,全力保电煤稳定供应。积极化解煤炭产能,煤炭产业结构更加优化。2017 年,贵州区域关闭退出桂箐、贝勒和左家寨 3 处煤与瓦斯突出矿井,退出产能 150 万吨/年。内蒙古区域产业集群中煤炭基础保障作用进一步提高,区位优势进一步增强。

【科技创新】 2017 年,国家电投完善科技创新体系,创新驱动能力不断增强。牵头组建核电材料产业发展联盟、光伏发电产业技术创新战略联盟,筹建重燃产业创新联盟。建立技术专家库。开展科技企业股权分红权激励试点。设立能源技术创新投资基金。制定推进"大众创业、万众创新"工作方案,建设双创线上平台"和创网",构建"创客空间"。推进先进高效太阳能电池技术研发,启动光伏产业新兴技术研发平台建设。建立氢燃料电池和铁铬液流电池研发实验室。加强对小堆、海上核动力平台、熔盐堆等前沿技术研究。推进 630℃ 二次再热燃煤发电、火电超临界二氧化碳循环发电、火电综合节能一体化、深度调峰能力、低热值褐煤发电以及生物质耦合发电等技术研究。以中国重燃为平台和小核心,组织三大动力集团等企业、相关科研院所、高校初步建立产学研用紧密结合的"大协作"平台,全力推进重燃项目各项工作,取得积极进展。

1. 大型先进压水堆核电站。

2017 年,大型先进压水堆核电站 CAP1400 重大专项总体进展顺利,示范工程具备开工条件。专项课题立项、验收工作进展顺利。完成 2017 年 16 个课题立项,2018 年 15 个课题通过国家能源局立项审查。截至 2017 年底,54 项课题通过国家能源局组织的正式验收。

形成一批知识产权成果。截至 2017 年底,形成知识产权成果 3492 项,申请中国专利 1622 件(其中发明专利 700 件),已获得中国授权专利 1109 件(其中发明专利 250 件),各类标准 751 份,形成新产品、新材料、新工艺、新装置 293 项,新建 43 个试验台架,改造 11 个试验台架。

2017 年,反应堆保护系统平台(NuPAC)研发成果获得国际发明专利授权,工程样机通过鉴定,达到国际领先水平;CAP1400 首台全范围模拟机(NuSIM)启动集成测试工作,255 项功能和性能测试完成 170 项;核电厂设计与安全分析软件(COSINE)取证工作取得实质性进展,完成组件参数程序取证报告并提交国家核安全局;CAP1400 自主化高性能燃料定型组件完成设计和研制并通过审查,小组件辐照考验工作稳步推进;控制棒驱动机构 900 万步寿命考核试验顺利完成;CAP1700 完成概念设计并通过内部专家审查;CAP1400 屏蔽主泵完成电机空载试验、样机带载试验,压力、流量、扬程等主要性能指标满足设计要求;

CAP1400反应堆压力容器、蒸汽发生器及常规岛汽轮、发电机组等主要设备均完成研制,具备向示范工程的供货能力。CAP1400定型燃料组件设计及研制工作通过全面审查。

2. 重型燃气轮机。

2016年底,国家"两机"重大专项领导小组正式确定国家电投为重燃专项的责任主体,开启重型燃机自主化研发旅程。

2017年,国家电投组建"中国联合重燃公司",构建"小核心、大协作、专业化、开放式、轻资产"的技术创新体系,初步完成300兆瓦F级重型燃机概念设计,400兆瓦G/H级和1600℃重型燃机技术方案概念设计,条件建设和试验验证基地建设可行性研究通过评审,重燃专项实现开好头起好步的目标。

重燃项目实施以来,国家电投基本建立重燃项目组织管理体系和制度体系。

创新体制机制,不断加强中国重燃自身建设,初步建成核心团队。

【走向海外】 国家电投积极拓展发展空间,国际化经营取得新突破。以最低溢价中标巴西圣西芒水电站30年特许经营权并完成交割。巴基斯坦中电胡布项目实现融资关闭,越南永新、土耳其胡努特鲁等项目进展顺利。积极推进巴基斯坦卡拉奇电力公司并购交割和缅甸伊江水电项目重启。组建香港财资中心,初步形成全球统一资金池,打造服务跨国经营的金融体系。境外业务涵盖41个国家(地区),境外资产总规模700亿元,在运电力装机容量301.5万千瓦,在建及储备项目1150万千瓦。

在稳健发展中巩固扩大差异化竞争优势,在突破提升中取得关键问题实质性突破。国家电投的可持续发展能力显著增强,为迈向世界一流积淀深厚基础。

【节能减排】

1. 加强环境管理。

国家电投严格遵守国家环保法律政策,确保合规运营。建立环保管理体系,开展环境风险评估,强化环保监督检查,开展环保合规培训。新建项目100%完成环境社会影响评估,全年未发生环保事件,污染物达标排放水平显著提升。

建立环保管理体系。修订《环境保护管理办法》《环境保护考核实施办法》《火电环保设施及信息系统运行监督管理办法》,制定《环境保护督查实施办法》,不断提升环保管理工作水平。

开展环境风险评估。开展企业环境风险评估及环境应急预案管理调查分析,修订并发布国家电投突发环境事件应急预案,不断完善环境风险评估及环境事件应急管理。

强化环保监督检查。加强环保监管能力建设,持续发挥环保监管信息系统远程监控作用,严控污染物达标排放。加大对煤电机组超低排放改造监督,对国家环保督察区域内重点企业进行环保调研、舆情跟踪和检查指导。

2. 坚持资源节约。

2017年,国家电投狠抓节能管理,加大改造力度,有效控制能耗水平。2017年,投入节能改造资金13.61亿元用于降低机组能耗指标,火电机组供电煤耗完成302.65克/千瓦时,同比降低2.25克/千瓦时,降幅在五大发电集团中排名第一。

持续开展行业内同类机组能耗对标,狠抓能耗高于全国同类平均水平的机组,完成61台供电煤耗超330克/千瓦时火电机组的节能诊断分析报告,制定针对性节能降耗方案与措施。通过实施供热改造、通流改造、综合节能一体化改造、机组诊断分析等项目,切实降低机组能耗指标。

推进火电清洁转型,加快推进煤电机组超低排放改造。2017年,国家电投环保改造资金投入26.94亿元,全年改造机组33台,容量1390.4万千瓦,累计完成改造99台,完成国家电投"十三五"超低排放计划2017年改造任务。

3. 发展循环经济。

国家电投注重资源的综合利用,开发循环技术,发展循环经济项目,加强对中水废水、垃圾、粉煤灰、脱硫石膏等的循环再利用,提升资源利用率,形成人与自然生态和谐发展现代化建设新格局。

【党建工作】 国家电投把学习贯彻习近平新时代中国特色社会主义思想作为首要政治任务,积极践行新思想、新理论,全面坚持党的领导加强党的建设,努力使党建成为企业最大的价值创造,为建设具有全球竞争力的世界一流综合能源集团提供坚强保证。

1. 深入学习贯彻党的十九大精神。积极完善党组领导核心、党委政治核心和基层党支部战斗堡垒作用,深入开展"四好"领导班子创建活动,创新和落实党委(党组)中心组学习制度,提出6个方面、25项重点任务,使监督"三重一大"决策、选人用人等各项制度得到切实执行。

把深入学习宣传贯彻党的十九大精神作为首要政治任务,精心作出部署,举办各种学习会、宣贯会、研讨会1300多场次,举办20多万人次参加的十九大精神集中培训、轮训,推动党的十九大精神落地生根、开花结果。高举习近平新时代中国特色社会主义思想伟大旗帜,坚持把讲政治放在第一位,坚定不移地贯彻执行党中央重大决策部署,坚决维护以习近平同志为核心的党中央权威和集中统一领导,不断增强"四个意识"、坚定"四个自信",强化"四个服从",推动国家电投在建设具有全球竞争力世界一流综合能源集团的道路上阔步前行。

2. 进一步完善"大党建"工作总体思路。始终把坚持党的领导摆在首要位置,着眼于中央全面从严治党新要求,牢固树立"四个意识",与党中央同频共振,始终把加强党的领导和完善公司治理统一起来,明确党组织的法定地位。完善形成"大党建、强体系、聚人心、创价值"的党建工作总体思路。制定《国家电投党建工作五年规划》,明确提出2017—2021年分"两步走",完成"强基固本"和"系统深化"两大阶段性目标,推动国家电投党建工作进入央企前列,实现党建工作作用和价值的整体提升。将党建总体要求纳入企业章程;坚持"三会一课"、党性分析、民主评议和主题党日等活动,提高党内生活的政治性、原则性、战斗性。

3. 扎实推进党建主体责任落实。认真落实《中央企业党建工作责任制实施办法》,研究制定《国家电投党建工作责任制实施办法》,对各级领导班子成员的党建工作责任进行深化、细化,把管党治党的主体责任牢牢抓在手上、扛在肩上。健全完善党建联系点制度,开展标准量化的党建考核和党组织书记述职评议考核,推动党建工作责任全面落实落地。

4. 重视发挥党组织的领导作用。坚持把党的领导与完善公司法人治理结构统一起来,把党建工作要求纳入公司章程,把党组织研究讨论作为董事会、经理层决策重大问题的前置程序,明确党组织在公司治理中的法定地位。坚持和完善"双向进入、交叉任职"的领导体制,56家二级单位实现党委书记、董事长(执行董事)"一肩挑",17家二级单位设立专职副书记,切实发挥党组织把方向、管大局、保落实的重要作用。

5. 建设完善党建工作体系制度。坚持和完善"双向进入、交叉任职"的领导体制,设立专职党建工作党委(党组)副书记,建立与企业发展相适应的党建工作组织体系,依法依规建立健全各级党的组织,积极探索新模式,实现新发展。

以价值为导向完善党建工作考核评价体系,全面推行述职评议考核制度,将党建履责作为年度和任期考核重要内容并与人员奖惩任免挂钩,发挥督促和激励作用。

6. 坚决落实全面从严治党。从严落实"两个责任",全年就落实管党治党责任与所属单位负责人谈话260人次;对42家直管单位进行党风廉政建设责任制检查;从严落实"5条禁令、30个不准",对驻京办等问题反映集中领域进行监督。2017年,查处违反中央八项规定精神问题16起,党政纪处分37人。

持之以恒正风肃纪,制定纪检监察工作指导手册,完善纪律审查集体决策机制;严肃查处违纪渎职失责等问题,全年立案41起,党政纪处分83人;坚持抓早抓小抓严,有针对性约谈函询、警示诫勉,发挥警示震慑作用。

不断加强反腐倡廉宣传教育工作,组织培训570场次,组织"三会一课"2890场次,46595人参加党纪党规测试,29745人次观看廉政视频专题片;扎实开展新能源和扶贫项目专项监察,坚决防止不正之风;狠抓重点领域监督,建立廉洁档案376份。

7. 大力推进党建工作创新。积极探索创新党建工作方式方法,初步构建形成"工程化、项目化、标准化、模块化、信息化"的"五化"党建管理模式。健全完善决策会议制度、季度例会制度、闭门研修制度、区域沟通协调机制和工作复盘制度五个"1+1+N"

的工作机制,形成系统党群工作纵向高效联动的工作格局。

【履行社会责任】 2017年,国家电投承担的扶贫与援助任务,遍布整个中西部地区。其中包括国家级定点扶贫县3个、省级定点扶贫县34处。累计投入扶贫与援助资金5.42亿元,累计投入光伏扶贫资金93.5亿元,投入无电区建设资金1.1亿元,实施扶贫与援助项目160余个、培训各类骨干2023人,派遣扶贫援助干部135人,惠及贫困人口11.9万余人。

在国家电投的帮扶和援助下,河南商城、陕西延川、四川美姑等13个贫困地区人民的用电难、吃水难、出行难、住房难、上学难、产业难、就业难"七大历史难题"得到有效解决,助力减贫8434人。2017年,12名扶贫干部获得优秀第一书记、先进个人、优秀共产党员等荣誉称号,多个驻村工作队被评为扶贫先进集体。

(撰稿人:李 层)

中国长江三峡集团有限公司

【基本概况】 1993年9月27日,为建设三峡工程、开发治理长江,经国务院批准,中国长江三峡工程开发总公司正式成立;2009年9月27日更名为中国长江三峡集团公司;2017年12月28日完成公司制改制,由全民所有制企业变更为国有独资公司,名称变更为中国长江三峡集团有限公司(以下简称"三峡集团"或"集团")。三峡集团战略定位为以大型水电开发与运营为主的清洁能源集团,主营业务包括水电工程建设与管理、电力生产、国际投资与工程承包、风电和太阳能等新能源开发、水资源综合开发与利用、相关专业技术咨询服务等方面。经过20多年的持续高质量快速发展,三峡集团成为世界最大的水电开发运营企业和我国最大的清洁能源集团之一。

【主要指标】 2017年,三峡集团完成发电量2846亿千瓦时,同比增长8.4%;实现营业收入900亿元,同比增长14.9%;实现利润总额420亿元,同比增长10.5%。截至2017年底,集团可控装机7002万千瓦,其中清洁能源装机占97%。集团资产总额7009亿元,同比增长6.2%;净资产收益率9.5%,国有资本保值增值率108.8%。全面超额完成年度生产经营目标任务,为国民经济稳增长、促改革、调结构、惠民生、防风险作出新贡献。

2017年中国长江三峡集团有限公司主要经济指标

项　　目	2016年	2017年	比上年增长(%)
资产总额(亿元)	6600.63	7008.97	6.19
所有者权益(亿元)	3502.63	3713.55	6.02
营业收入(亿元)	783.10	900.03	14.93
利润总额(亿元)	380.31	420.36	10.53
净利润(亿元)	239.17	342.99	43.41
归属于母公司所有者的净利润(亿元)	138.88	238.27	71.57
技术开发投入(亿元)	16.92	20.22	19.50
利税总额(亿元)	489.74	553.17	12.95
应交税金总额(亿元)	265.08	217.27	-18.04
全员劳动生产率(万元/人·年)	294.81	321.50	9.05
净资产收益率(%)	7.25	9.51	增加2.26个百分点
总资产报酬率(%)	7.69	7.51	减少0.18个百分点
国有资本保值增值率(%)	110.83	108.78	减少2.05个百分点

【改革发展】 2017年,三峡集团坚持以党的十九大精神和习近平新时代中国特色社会主义思想为指引,深入学习贯彻习近平总书记关于三峡集团公司改

革发展的重要批示，认真落实国务院关于三峡集团改革发展专题会议决策部署，准确把握深化国有企业改革"1+N"系列文件精神，始终聚焦重点领域和关键环节，持续深化改革，坚定不移做强做优做大。一是始终将落实中央的决策部署作为最大的政治任务，将服务国家战略作为公司最大的发展战略，坚持服务国家战略和推进市场化改革相结合，探索商业二类国有企业改革新路径。二是认真落实国家能源产业政策和国有资本布局结构调整要求，坚持优化业务布局和促进能源转型升级相结合，探索国有资本投资公司改革试点新模式。三是认真贯彻落实全国国有企业党的建设工作会议精神，把加强党的领导和完善公司治理统一起来，探索建立中国特色现代国有企业制度。四是适应市场化改革、国际化发展的要求，不断优化集团管控模式，在落实二级单位市场主体地位、增强改革发展活力的同时，构建决策高效、执行有力、监督有效的集团管控体系。五是稳步推进所属子企业混合所有制改革，其中重庆区域配售电混合所有制改革纳入国家试点，通过搭建由中央企业、地方国企、民营资本共同参与的混合所有制配售电平台，引入社会资本发展增量配售电业务。六是坚持顶层设计和试点先行相结合，按照统筹谋划、分步实施、重点突破、试点先行的原则，并充分发挥子企业主观能动性，尊重基层首创精神，不断将改革向纵深推进。

【**重大项目**】 2017年，三峡集团继续推进三峡—葛洲坝梯级和金沙江下游梯级水电站的建设和运营管理，积极发展风电、太阳能发电等新能源业务，稳步实施"走出去"战略，不断拓展国际业务。全年新增装机101万千瓦，累计可控、在建、权益总装机规模1.24亿千瓦。

重点工程项目建设取得新成果。金沙江乌东德、白鹤滩水电站建设稳步推进，溪洛渡、向家坝水电站建设收尾有序。新能源业务发展稳步提升。全年新增装机82万千瓦，新增核准（备案）338万千瓦，发电量突破130亿千瓦时。海上风电引领者战略取得重大突破。全年新增投产装机容量2万千瓦，新增核准95.74万千瓦，新增资源获取330万千瓦，累计获取海上风电资源1319万千瓦；大连庄河、江苏大丰、广东阳江以及福建兴化湾二期4个海上风电项目陆续开工建设。

【**走向海外**】 2017年，三峡集团充分发挥公司资金、技术、品牌优势，积极实施"编队出海"，探索出多种国际化经营模式和内部专业化协同机制，国际化经营取得新突破。

国际投资并购取得新成果。参股33.33%股权的巴西圣马诺埃尔水电项目（70万千瓦），首批机组投产发电；参股巴西风电项目（32.1万千瓦）49%股权；参股秘鲁圣加旺3水电站（20.93万千瓦）正式开工建设；全面启动巴西朱比亚和伊利亚水电站技改工作。葡电股权管理取得新成效，实际持股增至23.26%；与葡电联合中标英国马里湾海上风电项目（95万千瓦），同步开展法国海上风电等前期工作。巴基斯坦卡洛特水电站项目（72万千瓦）融资关闭，全面启动主体工程建设；巴基斯坦科哈拉水电站前期工作有序推进，筹备期建设工作启动。

截至2017年底，境外可控、在建、权益总装机规模近1700万千瓦，"走出去"取得一系列重大成果，"三峡品牌"已经成为代表中国水电企业带领中国水电产能"走出去"的一张闪亮名片。

【**重大创新**】 三峡集团深入贯彻落实创新、协调、绿色、开放、共享等新发展理念和创新驱动发展战略，加强自主创新和协同创新，加大大坝智能建造、高水头大容量发电机组、海上风电等科研项目攻关力度，在300米级特高拱坝安全控制和坝基开挖保护、流域梯级水库群联合调度和电力生产安全管理、GIL关键检修技术等方面取得一批重要成果；以创建精品、创新、绿色、民生、廉洁"五大工程"为引领，高标准推进乌东德、白鹤滩两座水电站建设，攻克柱状节理玄武岩坝基处理、全坝使用低热水泥混凝土、地下洞室群开挖稳定等关键技术难题。深入推进"双创"工作，不断完善科技工作管理体系和制度，开展科技型企业股权激励政策研究和岗位分红试点，大力推动开展科技创新活动，加大科技创新奖励力度，进一步激发员工自主创新活力，取得丰硕的双创成果。

三峡集团大力实施创新驱动战略，高度重视管理创新工作，使管理创新成为公司创新体系的重要组成部分，发挥管理创新在推动公司战略实施、转型升级、提质增效等方面的积极作用。一是注重先进管理理念经验、管理方法手段的总结与提炼，组织开展2015—2017年管理创新成果的评审，对具有创新性、科学性、实践性、效益性和示范性的创新成果进行奖励和推广应用。二是不断加强创新体系建设，推进管理创新在绩效考核、推优评优中的应用。三是倡导创新文化，营造崇尚创新的浓厚氛围，调动广大员工开展管理创新的积极性与主动性。

【党建工作】 2017年，三峡集团党组切实增强"四个意识"，认真贯彻落实党中央和国资委党委决策部署，以迎接党的十九大胜利召开、学习贯彻党的十九大精神为主线，以严肃党内政治生活和强化党内监督为重点，认真贯彻落实全国国有企业党的建设工作会议30项重点任务，不断夯实基层基础，扎实推进"两学一做"学习教育常态化制度化，坚定不移推动全面从严治党向纵深发展，为建设世界一流清洁能源集团提供坚强保证。一是坚持把学习贯彻十九大精神作为首要任务紧抓不放；二是狠抓国企党建工作会议重点任务落实；三是层层压实党建工作责任；四是加强基层党组织建设；五是加强对宣传思想工作领导；六是积极开展党建工作创新。

三峡集团认真贯彻上级决策部署，统筹推进各项工作，63项工作任务全部完成；开展党风廉政建设责任制检查考核，推进纪委书记专项考核，开发"两个责任"信息化平台，实现责任共担；紧盯重要节点开展监督检查，推进高档白酒专项治理和重点扶贫项目监督检查，驰而不息纠正"四风"，推动中央八项规定精神落地生根；坚持"五个到位"，实现一级单位和总部部门内部巡视全覆盖；全面加强党的纪律建设，强化警示教育和正面引导，建立干部廉政档案；强化制度建设，全年制修订制度20项，被中央纪委、驻国资委纪检组给予充分肯定，个别制度得到中央纪委领导的亲自指导；不断加强对选人用人、招标采购、合同管理、境外业务的监督，强化对权力的监督制约；坚持"零容忍"和"零存查"，保持惩治腐败高压态势；坚持打铁必须自身硬，持续深化"三转"，严防"灯下黑"，打造忠诚干净担当的纪检监察干部队伍。

【信息化建设】 2017年，三峡集团信息化工作成效显著。乌东德、白鹤滩大坝智能建造信息管理平台为全面打造精品工程提供可靠的技术支撑。工程管理系统在水电工程建设管理中创新并深化应用。移民管理系统在乌东德、白鹤滩实施提高移民工作效率。电力生产管理系统开展流域检修和设备故障诊断的远程技术支持的智慧型应用。建成新能源业务多地域、多项目集群管理信息化平台。建成集团第一个海外财务共享服务中心和海外投资项目管理系统，完成香港网络接入中心建设。集团生产建设指挥调度中心大屏展示系统不断完善，办公系统、邮件系统升级改造完成，党建管理系统、科技管理系统初步建成，预算管理系统、"三峡微视"App上线运行，财务、人力资源、计划与统计管理等各类信息系统稳定运行，为集团管控和高效运转提供信息化支撑。

【履行社会责任】 2017年，三峡集团以树立"责任央企"形象、实现经济、社会和环境的综合价值最大化为目标，在助力国家能源供给侧改革、服务长江经济带战略、响应"一带一路"倡议、落实长江大保护战略、贯彻国家精准扶贫政策等方面勇担央企使命。以习近平新时代中国特色社会主义思想为指引，坚决贯彻落实党中央打赢脱贫攻坚战和扶贫领域作风问题专项治理的工作部署，充分发挥水电工程建设对地方经济发展的辐射带动作用，充分发挥三峡集团公益基金会的平台作用，建立水电开发利益共享机制和移民后续帮扶长效机制，全力以赴做好移民搬迁安置和后续帮扶工作，认真做好帮扶川滇少数民族脱贫攻坚，积极做好定点扶贫、对口支援、援疆援藏、公益慈善等工作，为打赢脱贫攻坚战、决胜全面建成小康社会作出积极贡献。2017年，三峡集团累计对外捐赠资金13.83亿元。获评第八批中央和国家机关、中央企业援疆工作先进集体以及精准扶贫社会效应奖。

（撰稿人：严　艺）

国家能源投资集团有限责任公司

【基本概况】 国家能源投资集团有限责任公司（以下简称"国家能源集团"）是经国务院批准，由中国国电集团公司与神华集团有限责任公司合并重组而成，2017年11月28日正式挂牌成立，属中央直管国有重要骨干企业，主要经营国务院授权范围内的国有资产，开展煤炭等资源性产品、煤制油、煤化工、电力、热力、港口、各类运输业、金融、国内外贸易及物流、房地产、高科技、信息咨询等行业领域的投资和管理，注册资本1020亿元。总部设在北京。

国家能源集团拥有煤炭、火电、新能源、水电、运输、化工、科技环保、产业金融等业务板块，煤炭产能5.2亿吨，电力总装机2.3亿千瓦，其中60万千瓦及以上火电机组占比接近60%，风电装机规模居世界第一；拥有2155千米的自营铁路、2.7亿吨吞吐能力的港口和煤码头，自有船舶62艘；建设并成功运营400万吨级煤间接液化、百万吨级煤直接液化、60万吨级煤制烯烃等多个国家级示范工程；节能环保及高科技产业在行业内处于领先地位，拥有3个国家重点实验室，建立9个国家级研发平台；拥有集财务公司、财险、寿险、保险经纪、商业银行等业务于一体的产业金融平台。资产总额1.8万亿元，职工总数35万人。在世界500强排名第101位。

【主要指标】 2017年，国家能源集团坚持以学习贯彻党的十九大精神为统领，充分发挥集团党组的领导作用，扎实做好重组过渡期党的建设、顶层设计、经营发展、安全稳定等各项工作，生产经营再创佳绩。公司完成煤炭销量6.6亿吨，煤炭产量5.1亿吨，发电量8880亿千瓦时，铁路运量4.4亿吨，自有港口装船量2.5亿吨，航运量9313万吨，煤化品产量1156万吨，实现利润总额652.5亿元。煤炭销售总量、下水煤销量、发电量、铁路运量、两港装卸量、航运量等多项经营指标创历史最好水平，利润名列中央企业第四位，在国资委2017年度中央企业经营业绩考核中获评A级。

2017年国家能源投资集团有限责任公司主要经济指标

项　目	2016年	2017年	比上年增长(%)
资产总额（亿元）	17740.6	17871.6	0.74
所有者权益（亿元）	6601.9	6897.7	4.48
营业收入（亿元）	4236.8	5104.3	20.48
利润总额（亿元）	489.8	652.5	33.22
净利润（亿元）	336.2	434.7	29.30
归属于母公司所有者的净利润（亿元）	143.8	168.6	17.25
技术开发投入（亿元）	46.0	25.5	－44.50
利税总额（亿元）	1162.7	1517.3	30.50
应交税金总额（亿元）	743.8	908.3	22.12
全员劳动生产率（万元/人·年）		167.0	
净资产收益率（%）	3.85	4.30	增加0.45个百分点
总资产报酬率（%）	4.55	5.34	增加0.79个百分点
国有资本保值增值率（%）	104.56	105.17	增加0.61个百分点

【发展战略】 国家能源集团重组成立后，深入学习习近平新时代中国特色社会主义思想，全面贯彻党的十九大精神，牢牢把握国企改革大势和能源变革趋势，立足"6个成为"的战略定位，积极构建集团战略，初步形成由一个总体战略目标、一项根本政治原则、六项核心理念、九项治企方略构成的"1169"战略体系。

"6个成为"的战略定位具体指：努力成为习近平新时代中国特色社会主义思想的忠实践行者；成为落实全面从严治党、坚持和加强党的全面领导的坚定执行者；成为贯彻新发展理念、推进供给侧结构性改革的主力军；成为推动能源革命、建设美丽中国的排头兵；成为推进"一带一路"建设、参与全球能源治理的骨干力量；成为保障能源供应、维护国家能源安全的稳定器和压舱石。

"1169"战略体系主要包括：一个总体战略目标，即建设具有全球竞争力的世界一流能源集团；一项根本政治原则，即牢固树立"四个意识"，坚定"四个自信"，坚决与以习近平同志为核心的党中央保持高度一致，坚决贯彻中央决策部署，确保党的基本理论、基本路线、基本方略在集团有效落地；六项核心理念，即创新、效益、安全、绿色、廉洁、幸福；九项治企方略，即加强党建、强根铸魂，做强主业、转型升级，深化改革、完善机制，强基固本、筑牢安全，创新驱动、绿色发展，强化管理、提质增效，优化资产、防范风险，扩大开放、合作共赢，以人为本、创建和谐。

【经营管理】 深化供给侧结构性改革，进一步突出质量效益导向。严格投资管控，着力做强做优煤炭、新能源、运输等主营业务，电源投资占总投资的68%，水电、风电等可再生能源投资占主业投资的30%，战略布局持续优化。加大去产能力度，加快从速度规模型向质量效益型转变，2017年退出煤矿2处、产能270万吨，退出火电前期项目5个、装机384万千瓦。坚持绿色低碳发展，深入推动能源革命。建设绿色矿山，在2017年中国煤炭企业科学产能百强排行榜中上榜22家；发展清洁高效火电，脱硫、脱硝机组比重均100%，1.35亿千瓦76%的现役煤电机组实现超低排放，清洁和可再生能源装机占比24%，煤电60万千瓦及以上机组占比59.2%，超临界、超超临界机组占比53.4%，百万千瓦机组27台，占全国25.9%。

打好提质增效攻坚战，有效推动管理运营效率大幅提升。强化对标指引，加大成本管控，在效益同比大幅增长的情况下，各板块单位成本均实现同口径同比下降，成本下降同比增利72.2亿元。煤矿全员工效是全国煤矿平均水平的3.6倍，国内首家电力专业产品电商平台——国能e购正式上线运行，开辟电力及煤化工产品电商化采购新模式。煤炭板块强化生产组织，灵活调整价格政策和经营策略，全年煤炭产量、销量、北方港口下水煤市场占有率均创历史新高。

电力板块完善营销考核体系，全面抢抓市场电量，火电利用小时高于全国207小时，风电弃风限电比例同比减少5.5个百分点，水电发电量同比增长10.5%，直接交易电量同比增长38.3%。运输板块铁路总运量同比增长10.4%，朔黄、准池、甘泉铁路年度运量、两港卸车与黄骅港装船量、珠海煤码头吞吐量均创历史新纪录。

全面落实安全环保责任，持续推动各项指标不断改善。认真贯彻《中共中央国务院关于推进安全生产领域改革发展的意见》，坚决落实"安全第一，预防为主，综合治理"方针，按照"党政同责、一岗双责、齐抓共管、失职追责"原则，扎实推进风险预控体系和安全生产标准化建设，深入开展安全环保大检查和安全环保管理审计，集团安全环保指标持续向好。安全方面，全年未发生较大及以上事故，2017年煤炭业务百万吨死亡率0.0098，继续保持世界先进水平，97.8%的发电企业实现安全生产无事故。主要水电机组实现汛期零非停，风电设备故障小时大幅减少，均为历年最优水平。在2016年火电机组可靠性和能效对标竞赛中，公司16台机组荣获可靠性优胜机组，入选台数全国第一。铁路、港口、航运业务全部实现"零死亡"安全目标。环保方面，公司完成供电煤耗307.9克/千瓦时，同比降低2.8克/千瓦时；二氧化硫、氮氧化物排放量为11万吨和17万吨，同比分别下降26%和11%；所属燃煤机组全部实现烟气排放达标。大力开展生态建设，致力做好水土保持、防风固沙、塌陷区治理、复垦绿化、生态建设等工作，努力保护并改善当地生态环境。环保实现"零事件"。

【重大项目】 落实中央指示精神，主动参与雄安新区建设。集团党组认真学习贯彻习近平总书记关于河北雄安新区规划建设的重要指示精神，主动加强与河北省沟通联系，组织编制参与雄安新区规划建设工作方案、支持参与雄安新区建设行动计划，形成集团全面参与雄安新区建设的总体规划书和行动路线图。

加强基建过程管控，全力打造精品示范工程。自主建设的能效、环保指标世界最优的泰州百万千瓦二次再热机组，哈密大南湖煤电一体化工程双获得国家优质工程金质奖；大渡河深溪沟水电站等8个项目获得国家优质投资项目奖;补连塔煤矿2号辅运平硐等4项工程获评2017年度煤炭行业优质工程和"太阳杯"工程。

1. 四川大渡河猴子岩水电站项目。该项目是国家及四川省"十三五"规划建设的重大工程,是国家支持藏区经济社会发展的重点建设项目,2010年被列为国家西部大开发重点工程。电站装机容量170万千瓦,多年平均发电量73亿千瓦时。2011年核准开工,2017年1月首台机组投入商业运行,2017年11月全部机组如期实现投产和商业运行。

2. 宁夏宁东电厂二期项目。国华宁东电厂二期2×660MW扩建工程,2015年1月取得核准批复。该项目采用EPC工程建设模式,于2015年9月开工建设,成功应用主厂房两列式布置、联合侧煤仓、四塔合一、辅机单列、混凝土薄壁吸收塔等25项"六新技术"。两台机组分别于2017年8月31日、12月26日转入商业运营,机组试运期间各项经济、技术指标均达到或优于设计值。

3. 黄大铁路项目。黄(黄骅南)大(大家洼)铁路纵跨河北、山东两省,经沧州、滨州、东营、潍坊4市12个区县(市)。线路全长216.8千米,设计标准为国铁I级、单线、电气化铁路,设计运量近期(2020年)3197万吨,远期(2025年)4752万吨。2013年8月获得国家发展改革委核准,2015年7月开工建设。截至2017年底,累计完成路基土方1332.8万立方米,桥梁46千米,涵洞10662横延米,水泥搅拌桩316万米,钢桁梁加工20346吨。全线控制性工程黄河特大桥主桥已完工。

4. 宁煤400万吨/年煤炭间接液化示范项目。该项目是国家"十二五"期间重点规划建设的煤炭深加工示范项目,也是宁夏产业结构调整的"一号工程",承担着37项重大技术、装备及材料自主国产化任务。先后获得2017年度中国项目管理成就奖、全国化学工程优质工程奖和全国五一劳动奖章。项目建设规模为年产油品405万吨,副产硫磺20万吨、混醇7.5万吨、硫酸铵14.5万吨,年转化煤炭2448万吨。2013年9月28日,开工建设;2016年12月21日,第一条生产线打通工艺流程,产出合格产品;2017年12月17日,全工艺装置实现满负荷运转。

【走向海外】 国家能源集团坚持实施"走出去"战略,积极参加"一带一路"建设,广泛参与各类国际合作机制,加强国际化业务平台搭建。坚持以质量和效益为中心,立足自身优势,实施海外业务差异化竞争策略。以"一带一路"沿线支点国家和重点区域为突破口寻找合作机会,通过项目投资带动产品设备和技术服务等相关产业"走出去",努力形成多个上下游一体化能源生产产业链,在火电、煤炭、风电等领域的国际竞争力持续增强。

1. 境外投资情况。

印尼火电项目。2008年成功建设并运营印尼南苏2×150MW电厂;2015年11—12月先后中标印尼南苏1号和印尼爪哇7号项目。印尼南苏电厂获得"2017年度最佳创新电力企业"称号,综合评比排名第一。

加拿大德芙林风电项目。项目总装机9.91万千瓦,2014年11月投产,投产当年即实现盈利,三年来年均利润2000万元,项目IRR 12.8%。该项目是中国发电企业在海外第一个风电项目,获得"加拿大原住民社区贡献奖"。

南非德阿风电项目。2013年集团所属龙源电力开发的德阿风电项目在南非政府第三轮可再生能源招标中以最高价中标(0.82兰特/千瓦时),由本地银团提供无追索项目融资,全部采用国电联合动力公司生产的风机,实现全产业链"走出去"。该项目总装机容量24.45万千瓦,于2017年11月投产,是中国企业在非洲自主投资、建设和运营的第一个风电项目,也是我国风机出口最大的项目,于2014年获得南非风能协会唯一优秀开发奖,被誉为"金砖"国家能源合作典范。

澳大利亚风电项目。2012年2月27日,成功完成澳大利亚塔斯马尼亚州乌淖斯风电场75%的股权收购;2013年2月5日,完成马斯洛风电场75%股权收购。集团在澳洲风电权益装机达到30.775万千瓦,项目投资收益超过10%。

希腊风电项目。2017年5月,与希腊国家电力公司(PPC)签署能源开发合作协议,合作涉及三个项目,46个风电场,总计规模121万千瓦。其中,色雷斯项目包括4个风电场,7.82万千瓦。2017年10月,国家能源集团与希腊 Copelouzos 集团（CG）正式签署色雷斯项目股权收购协议，成为第一家在希腊控股风电场的中资企业。

美国项目。2017年11月9日，在习近平主席和美国总统特朗普的共同见证下，国家能源集团与美国西弗吉尼亚州签署框架协议，开展页岩气、电力和化工生产等项目投资，此次签约是西弗吉尼亚州有史以来吸引的最大一笔投资。根据该协议，国家能源集团将分期分阶段投资建设页岩气分离储存枢纽、下游燃气电厂和页岩气化工深加工项目。

2. 技术、产品出口情况。

国家能源集团坚持实施科技强企战略，强化科技引领作用，以节能环保、装备制造为主的高科技产业处于发电行业领先地位。集团所属国电科环在印尼、越南、菲律宾、柬埔寨、韩国、土耳其、南非等国家广泛开展 DCS 控制系统、等离子点火、脱硫脱硝、风机装备出口等相关业务，累计出口合同金额超过40亿元。

3. 推动科技研发合作情况。

2017年初，公司与上海电气及德国曼兹集团就铜铟镓硒 CIGS 薄膜电池合作签署三方合作协议。根据协议，公司收购曼兹集团所属 MCT 公司全部股权。MCT 公司技术力量雄厚，是世界一流的 CIGS 电池技术研发公司。该项并购启动集团 CIGS 光伏产业链的战略布局，将有力推动集团 CIGS 薄膜技术本土化以及设备和原材料国产化进程。

【企业改革】 稳步推进公司重组整合。一是扎实做好过渡期各项工作。自2017年11月20日宣布国家能源集团领导班子以来，公司党组坚决贯彻党中央决策部署，研究明确议事规则，建立总部联合办公机制，明确班子分工、生产经营管理体系、安全生产环保稳定责任"三个不变"，确保工作的连续性和稳定性。二是扎实做好新集团顶层设计。坚持开门搞整合，加强调查研究，广泛听取意见，积极稳妥设计总体方案，全方位推进资产、业务、机构、人员、管理、文化和党建整合融合。

创新搭建总部组织架构。按照国有资本投资公司的框架，创新构建"职能部门＋产业中心＋服务中心"的组织模式。公司新总部职能部门21个，比重组前两总部职能部门数量减少30个，总部更加精干高效。同时，产业经营职能下沉，充分发挥全集团横向一体化、纵向一体化的优势，成立煤炭产业运营管理中心、火电产业运营管理中心等八大产业中心，对各产业进行专业化管理。设立生产指挥调度中心、财务共享中心等9个服务支持中心，为实施集约化管理提供服务支持。

持续深化三项制度改革。推行收入分配差异化。深入贯彻落实国务院国有资产监督管理委员会《关于进一步深化中央企业劳动用工和收入分配制度改革的指导意见》，进一步完善工资与效益联动机制，切实做到收入能增能减。建立健全差异化工资总额管理机制，结合企业内部各业务板块特点，在充分考虑企业历史沿革和经营现状的基础上，加强分类管理，持续优化企业内部分配结构。创新激励机制，搞活分配方式。落实"首席师"和艰苦边远地区人员津贴。开展员工持股、岗位分红激励试点，在市场化程度较高的科技型企业开展职业经理人选聘试点，充分激发科研和骨干人才的积极性创造性。

大力推动企业"瘦身减负"。认真贯彻落实关于机构压减的具体要求，全力推进管理层级压减工作，管理层级全面压缩至四级以内，累计精简各级法人机构164家。坚决贯彻落实加快剥离国有企业办社会职能和解决历史遗留问题的政策精神，全面完成年度"三供一业"分离移交，89家企业签订"三供一业"分离移交协议，圆满完成"三供一业"分离移交年度任务。

【重大创新】 国家能源集团高度重视科技创新工作，深入落实国家创新驱动发展战略，坚持完善科技创新体制机制，加大科技投入力度，科技研发能力不断提升。截至2017年底，公司拥有12个国家级研发平台，其中国家重点实验室3个；拥有4个直属科研机构，自主培养院士4人、千人计划专家38人，获得"国家创新型企业""国家知识产权示范企业"等荣誉称号。

2017年，公司持续加强核心技术攻关，取得一系列重大科技成果。"煤制油品/烯烃大型现代煤化工成套技术开发及应用"和"600MW 超临界循环流化床锅炉技术开发、研制与工程示范"2项成果获得国家科技进步一等奖，"一种旋流干煤粉气化炉"获得十九届中国专利金奖；获得省部级及以上科技奖励80余项。7项国家重点研发计划项目获科技部批复，"盾构施工煤矿长距离斜井关键技术研究与示范"等4项国家级科研项目（课题）通过科技部验收。截至2017年底，累计主持和参与制订国家标准和行业标准203项，累计获得专利授权7499件，其中发明专利1757件。

1. 重大科技项目。

煤制油品/烯烃大型现代煤化工成套技术开发及应用。该技术成果攻克煤制油品/烯烃首次工业化的系列世界性难题，在全球率先掌握百万吨级煤直接液化和60万吨级煤制烯烃成套技术，首创煤制油品/烯烃大型现代煤化工工程化技术，开辟以煤制取清洁油品和化学品的新路径；突破超大超厚装备设计及制造技术，实现现代煤化工核心装备的中国制造；首创现代煤化工系统集成与运行技术，建成世界首套煤制油品/烯烃示范工程，实现安全稳定长周期运行；突破煤化工高难度废水处理技术难题，解决水资源制约问题；首创煤化工CO_2捕集封存（CCS）与监测成套技术，建成世界首个10万吨级煤化工CCS工程。该技术成果在鄂尔多斯、包头等地18套装置中予以应用。

600MW超临界循环流化床锅炉技术开发、研制与示范工程。公司在国际上率先开展超临界CFB锅炉关键技术的研究开发、研制与工程示范，建立超临界CFB锅炉设计理论和整套技术体系，研制世界上容量最大、参数最高的600MW超临界CFB锅炉，建成世界首台600MW超临界CFB锅炉发电示范工程，实现CFB锅炉从亚临界到超临界的参数突破、300MW到600MW的容量跨越，被国际能源署认为是国际循环流化床燃烧技术发展的里程碑，提高我国CFB锅炉的国际竞争力。

高效率低排放的超600℃百万千瓦等级超超临界机组关键技术研究与工程应用。公司依托国家科技支撑计划和能源局示范项目，组织相关单位针对"百万千瓦二次再热关键技术"进行联合攻关，建设完成全球首台、综合指标最优的百万千瓦超超临界二次再热燃煤发电机组，实现"自主设计、自主制造、自主建设和自主运行"，形成包含策划、研发、设计、制造、施工、调试、运行、维护的具有自主知识产权的一系列成套核心技术，奠定我国在该领域的国际领先地位。机组发电效率47.77%，汽轮机热耗7067kJ/KW·h，综合指标世界最优。

世界首创8.8米大采高综采成套装备研制。该装备在神东集团上湾矿试验成功、投入生产。首次开发最大支撑高度8.8米成套液压支架、超前支架、三机（刮板机、转载机、破碎机）、回撤垛式支架、6000米单点驱动胶带机整机、100吨支架搬运车、蓄电池铲板车等装备。8.8米大采高首采综采面可多回收煤炭资源163.5万吨，创造利润3.27亿元。

海上风电施工大型钻机研制。江苏龙源振华海洋工程有限公司联合平煤建工集团特殊凿井工程有限公司开发研制海上风电施工大型钻机，型号为ZDZD－100。该钻机为施工的关键装备，其成功研制推动海上施工专用装备国产化。ZDZD－100钻机制造成本3000万元/台，而国外相关钻机则为7000万元/台，可降低钻机近50%的费用。

30t轴重条件下既有重载铁路工务设备强化改造关键技术研究与应用。在既有铁路基础设施强化改造基础上，提高轴重至30t及以上、规模开行20000t及以上重载列车等技术途径。项目依托朔黄铁路，走工程化道路，通过理论研究、室内试验、现场试验与应用验证等一系列工作，最终形成30t轴重下线、桥、隧、路基的适应性评估与强化改造技术体系，研究成果应用于朔黄铁路基础设施强化改造，通过30t轴重实车试验，实际检验各项成果的应用效果。该成果达到国际领先水平，获得2017年度中国铁道学会科技一等奖。

光伏建筑一体化（BIPV）技术研究。公司围绕太阳能建筑组件材料，以世界领先铜铟镓硒薄膜太阳能（CIGS）组件技术为依托，持续推进BIPV的应用推广。

氢能研究。公司以北京低碳所"35/70MPa加氢站控制技术"为基础，成功赢得江苏如皋的商业化加氢站竞标，开始进行全国首个商业化双模式大型加氢站的建设。搭建加氢站全站的仿真和工艺优化模型，及开发加氢站控制方案，主要研发方向为氢气的运输与储存、优化制氢技术、燃料电池应用开发等。

"面向2030——煤炭清洁高效利用"重大项目。2017年国家能源集团牵头组织"面向2030——煤炭清洁高效利用"重大项目申报,获国家批准立项,列入《"十三五"国家科技创新规划》,成为国家面向2030年的15个重大科技项目之一。经过多轮修改完善,完成项目实施方案编制工作,明确煤炭绿色开发、煤炭高效发电、煤炭清洁转化、煤炭污染控制、碳捕集利用与封存、煤炭清洁高效利用决策支持平台与政策体系等6个方向、15个子方向和45个任务,上报审批。

2. 重大技术创新成果。

一种旋流干煤粉气化炉。神华宁夏煤业集团立足自身需求,瞄准煤化工行业发展最前沿,开发出具有自主知识产权的干煤粉气化技术,即"神宁炉"。该技术解决神华宁夏煤业集团原引进气化技术的一系列设计缺陷和技术难题,并成功在神华宁夏煤业集团400万吨/年煤碳间接液化项目上应用,保证煤化工项目中煤气化技术的经济性、高效性和稳定性。截至2017年底,"神宁炉"对外授权转让23台,并成功进入美国市场,累计产生经济效益3.9亿元。

【党建工作】 国家能源集团把迎接党的十九大召开和学习贯彻十九大精神作为首要政治任务。会议期间,狠抓生产运营,强化安全管控,做好应急处置,全力确保安全生产稳定,煤炭电力可靠供应,未发生人身和设备事故,未发生环境污染事故,未发生具有负面影响的稳定事件。会议召开后,深入学习贯彻党的十九大精神,举办15期专题培训班,成立50个宣讲团,坚持"六聚焦""五到位""五个全覆盖",掀起全集团宣传贯彻十九大精神的热潮,经验做法在国资委党委组织的中央企业学习会上进行交流。

坚决履行管党治党主体责任。坚持抓党建工作"把责任扛起来、把旗帜竖起来、把制度硬起来、把堡垒强起来、把考核实起来、把廉政严起来"的"六个起来"总要求,修订集团公司章程,制定完善党建工作规划与规章制度,确立党组在公司治理中的法定地位。修订党组及所属企业"三重一大"决策制度,把党组织研究讨论作为重大决策的前置程序制度化。加强基层党组织建设,严格落实"四同步、四对接"要求,实施党员素质提升工程,推进标准化党支部建设,实现基层党建与生产经营同步推进。强化责任考核,建立"一岗双责"责任体系和责任清单。

全面强化监督执纪问责。忠诚履行党章赋予职责,推动"两个责任"落地生根,形成一级抓一级、层层抓落实的监督责任体系;坚持以上率下,驰而不息落实中央八项规定精神,推动党风企风持续向善向上;实践监督执纪"四种形态",精准把握"惩"与"治"的关系,不断增强监督执纪的综合效果;始终保持高压态势,以常态问责倒逼管党治党责任落实。

持续加大巡视巡察力度。规范制度流程,固化经验成果,修改完善集团公司巡视工作实施办法、巡视工作领导小组议事规则、被巡视党组织配合巡视工作的规定和巡视工作人员选配考核管理办法等制度,制定四方面十二大类巡视要点,在央企系统较早实现对所属二级单位党委巡视全覆盖。建立巡视反馈、分类处理、整改督办"三位一体"成果运用机制,确保整改落实件件有着落、事事有回音。突出问题导向,梳理归纳巡视发现的共性问题,综合施策、集中整治。积极推动子分公司党委开展巡察工作,使巡视巡察上下联动、同向发力、同频共振,推进全面从严治党向基层延伸。

国家能源集团党建责任制体系建设和党建科学化信息管理做法受到中共中央组织部、国务院国资委等上级部门充分肯定。神东煤炭集团、龙源电力等多家单位获得"全国文明单位"称号,266个基层党组织、425名党员获得省部级以上表彰。涌现出全国先进基层党组织大同二电厂党委、央企楷模张晞和全国交通技术能手李信、王开文、张磊等先进集体和个人。打造一批"党员红卡示范岗""党员创新工作室"等精品党建项目以及衡丰公司"精益党建"等优秀党建品牌。

【信息化建设】 构建信息化管控模式。探索建立并巩固信息化的大集中建设部署模式和管办分工协同机制,实行大集中的信息系统建设和部署、规划计划管理、基础设施建设和部署、项目群管理,以及统一的系统使用水平评价机制和管办分工协同机制。

加强信息化建设与应用。依托智慧矿山、智慧电厂、智慧铁路、智慧港口等业务板块加强信息化建设与应用,构建覆盖设备层、控制层、生产执行层、经营管理层、决策支持层的一体化集团级信息系统和应用架构,数字化矿山建设、大渡河公司智慧企业建设、北京燃气智能电站成为能源行业"两化"融合的试点标杆。自主研发的数字矿山一体化平台达到世界领先水平；数字电厂一体化平台、数字港口码头自动堆取集控系统具有行业领先优势；能源行业 ERP 系统、大宗销售电子商务、综合统计管理系统等 10 多个专业解决方案，具有行业推广价值。

打造信息化管理平台。依托 SH217 信息工程，瞄准经营管理集约化、生产效率最大化、生产流程最优化目标，通过建设产运销协同调度指挥、人财物协同资源整合两大横向平台与一体化纵向管控平台，初步建立以"大数据"应用为核心的决策支持体系，搭建以 ERP 系统为核心的经营管理平台、电子交易销售平台，全面提升集团管控、资源整合、业务协同、专业管理、本质安全管理、集约化服务、综合管理七大业务能力。该工程优化业务流程 721 个，建立业务和技术标准 200 余项，形成管理创新成果 300 项。

强化 IT 服务一体化运维。搭建以企业私有云为中心的信息基础架构，提升集团 IT 资源利用效率。设计同城双中心加异地灾备中心的"两地三中心"灾备模式，建成具有国际先进水平的同城生产和灾备数据中心；实施集团广域网调整优化方案，形成以集团环形万兆骨干网为基础的信息高速通道；搭建基础软件技术平台，实现 14 万用户的统一身份验证、业务集中应用和网络化桌面定制，为集团统建应用系统提供安全、稳定、高性能的基础保障。按照一体化大运维的管理理念，由信息公司负责 ERP、OA、法务等 70 余套集团级管理应用系统以及集团总部、北七家科技园区等 16 处办公场所、2 座数据中心、11 座机房、1630 台套设备、4000 余台计算机终端的全面运维。ERP 系统一级、二级故障平均响应时间低于 20 分钟，达到国内先进水平。

建立信息安全保障机制。制定信息安全规划，完成信息安全管理平台、商业秘密保护、统一防病毒安全管理等一系列重大信息安全项目，实时监控集团重要信息系统和硬件设施，每天分析处置 2 亿条日志信息，及时发现和阻断多起恶意网络攻击事件，获得中共中央网络安全和信息化委员会办公室、国务院国有资产监督管理委员会、中华人民共和国公安部专项检查组的高度评价。与中国电子集团联合建设集团数据中心安防体系、外部应急支撑体系、终端安全防护体系、工控系统安全防护体系，被国资委评价为"中央企业联合创新的典范"。

【履行社会责任】 全力做好定点扶贫、精准扶贫工作。坚持以"兜底线、保民生、促发展"为宗旨，积极开展援藏援青，对口援助西藏自治区聂荣县、青海省刚察县，全年安排援助资金 4850 万元，援助资金、援建项目、派驻干部继续位居央企前列。出资 6 亿元参与设立中央企业扶贫产业投资基金。与中国银行共同发起成立扶贫战略联盟，联合首农集团实施"首农—宁城国际农产品物流园区"等扶贫项目，开展基础设施建设、安居工程、产业帮扶、教育医疗文化等一系列民生项目，内蒙古自治区宁城县、山西省右玉县、青海省曲麻莱县、四川省布拖县和普格县、陕西省米脂县和吴堡县 7 个县定点扶贫工作取得积极成效。

持续开展爱心品牌公益项目。用心打造爱心行动、爱心书屋、爱心学校、集团党员爱心专项基金等项目和活动，其中爱心行动项目荣获中共中央宣传部、中央精神文明建设指导委员会办公室颁发的 4 个 100 最佳志愿服务项目奖。国家能源集团公益基金会自成立以来，累计救助 25919 名白血病、先天性心脏病患儿，开展新生儿先心病免费筛查 44790 人；援建 17 所爱心学校，捐建 12855 个爱心书屋，向全国 15 个省（自治区、直辖市）的中小学捐赠 2438 万册图书，受益学生 984 万人。集团积极推进棚户区改造和沉陷区治理，累计投资 90 多亿元，建设住房 5.8 万套，近 20 万居民乔迁新居。

倾力救灾济困彰显央企担当。2017 年 4 月 19 日，陕西省神木县地方煤矿发生透水事故，公司积极救援，连续奋战 77 小时，6 名被困矿工全部成功救出。积极参与榆林市子洲、绥德两县城区抗洪抢险工作，帮助灾民度过难关，受到当地政府和兄弟企业高度评价。

坚持发展成果与职工共享。建立劳模工作室，推行"首席制"，组织开展系列劳动技能竞赛，促进职工成才成长。开展困难职工送温暖活动，走访慰问困难职工、劳模等 3.8 万人次，慰问一线职工 9 万人次，让职工群众拥有更多的获得感、幸福感，激发干事创业的活力，增强企业发展动力，为建设具有全球竞争力的世界一流能源集团凝聚力量。

（撰稿人：简金芝　李　伟　刘巍巍）

中国电信集团有限公司

【基本概况】 2017年,中国电信集团有限公司(以下简称"中国电信")深入贯彻习近平新时代中国特色社会主义思想,全面贯彻落实党的十九大精神,以党建统领发展全局,加强战略引领,深化改革创新,顺利完成国有资本保值增值任务,各项工作成效显著。一是实现国有资本保值增值。国有资本及权益总额从2017年初的3538.6亿元增长到2017年底的3608.9亿元,剔除客观因素影响后,国有资本保值增值率106.4%。二是业务生态形成规模。业务生态融通互促成效彰显,成为全球最大的FDD 4G、光纤宽带、IPTV和固定电话运营商。移动用户2.6亿人,其中4G用户占比67.3%;固定宽带用户1.5亿户,其中百兆以上用户占比46.7%;天翼高清用户近1亿户,家庭云用户突破1000万户;物联网生态实现"弯道超车",在全球物联网百强榜中,中国电信位居第五位。三是基本建成精品网络。建成全球最大的光纤到户网络,南方城区及乡镇住宅基本实现光网全覆盖,千兆光端口超过3000万个;建成国内首张FDD 4G全覆盖网络,基站总数117万个,人口覆盖率98%;率先建成全球首张全覆盖的NB-IoT物联网网络,开通NB-IoT基站30万个,物联网网络能力显著提升;基本建成全网统一的云基础设施,IDC机架总数28万个,CDN容量并发能力100T。四是改革创新激发企业活力。划小承包深入推进。搭建一线员工内部创业平台,竞争性选拔承包人、团队成员双向选择、增量收入提成等市场化机制促进广大员工普遍从"要我干"转变为"我要干"。专业化运营体系正在形成。各级专业部门下基层、带队伍、送培训、给帮扶、做支撑,解决一线能力不足等问题制度化。倒三角支撑体系不断完善。以"一线派单、逆向考评"为核心,推动权力下放、服务下沉、组织扁平、集约支撑,"一线围绕客户转、部门围绕一线转"的新型运营管理模式逐步成型。

【主要指标】 2017年,中国电信实现营业收入4323.8亿元,同比增长4.3%;实现利润总额255.7亿元,同比增长4.2%;净利润189.5亿元,同比增长4.5%,其中归属于母公司所有者净利润123亿元,同比增长4.9%。截至2017年底,中国电信集团有限公司合并资产总额8252.4亿元,同比增长2.5%;所有者权益4712亿元,同比增长2.3%。

2017年中国电信集团有限公司主要经济指标

项 目	2016年	2017年	比上年增长(%)
资产总额(亿元)	8048.8	8252.4	2.5
所有者权益(亿元)	4607.1	4712.0	2.3
营业收入(亿元)	4144.6	4323.8	4.3
利润总额(亿元)	245.5	255.7	4.2
净利润(亿元)	181.3	189.5	4.5
归属于母公司所有者的净利润(亿元)	117.2	123.0	4.9
技术开发投入(亿元)	124.5	138.4	11.2
利税总额(亿元)	355.6	325.6	-8.4
应交税金总额(亿元)	110.1	69.9	-36.5
全员劳动生产率(万元/人·年)	41.2	43.5	5.4
净资产收益率(%)	4.0	4.1	增加0.1个百分点
总资产报酬率(%)	3.2	3.2	持平
国有资本保值增值率(%)	108.0	106.4	减少1.6个百分点

收入、成本费用分析。在收入拓展方面,企业围绕生态拓规模,打好4G格局战,巩固光宽主导地位,分类推进枝繁叶茂业务发展,营业收入及市场份额稳步提升。在成本费用管控方面,企业通过优化资源配置,推动划小承包、倒三角支撑和专业化运营"三维联动",全面落实"两金压降",加强提质增效和节能减排工作,努力提高成本投入产出效益。2017年成本费用占营业总收入比率94.1%,保持稳定水平。

资产运营指标分析。2017年,企业总资产周转率0.53次,与上年持平,其中,流动资产周转率3.2次,较上年增加0.2次。存货、应收账款周转率分别为28.2次、12.2次,较上年均有显著提升。风险指标方面,资产负债率42.9%,较上年同期增加0.1个百分点,已获利息倍数33.3,整体稳健,风险可控。

盈利能力指标分析。2017年,企业营业利润率5.9%,较上年增加0.2个百分点;净资产收益率实际完成值4.1%,较上年增加0.1个百分点,企业整体盈利能力稳步增长。

【改革发展】 积极推动"划小承包、专业化运营、倒三角支撑"三维联动的中国电信特色改革模式,有效解决承包人及承包团队"想干、会干、易干"问题,员工获得感、企业凝聚力和向心力不断增强,得到中央和相关部委领导的高度评价。划小承包深入推进。搭建一线员工内部创业平台,竞争性选拔承包人、团队成员双向选择、增量收入提成等市场化机制促进广大员工普遍从"要我干"转变为"我要干"。专业化运营体系逐渐形成。

全面落实行风建设和纠风工作,推进智能化服务,持续提升4G、光纤宽带等业务的服务能力,客服机器人月均服务量3000万次,手机上网和固定上网等重点业务满意度保持行业领先。

加强人才队伍建设,为转型变革提供人才支撑。一是以党建为统领,加强经营管理人才队伍建设。二是进一步完善专业人才管理体制机制,加强高层次专业人才队伍建设。集团人才工作站在行业应用和网络运营等领域试点初见成效。三是系统加强"小CEO"能力培养。重点面向支局长、店长、实体渠道经理、商客渠道经理以及后端维护单元负责人等5支前后端重点"小CEO"骨干队伍,连续第三年开展大规模的"小CEO"骨干和师资的千人培训,一线实战式培训形成规模。

分配、薪酬改革方面,按照国资委对公司2017年度工资总额预算批复,结合所属单位的发展特点及具体实际,对各单位2017年度工资总额实施差异化分类配置。其中,对省公司继续实施工资总额与人均工资水平的双重调控,根据各省公司收入认领及预计完成情况、南北发展差异、人均工资水平等多重因素,分省设定差异化的工资增幅;对新兴业务单位按照行业发展、市场化要求,实施工资总额的总量管控并予以适度倾斜,同时对人均工资水平进行监控;对于总部和所属成本单位等严格按照人均工资水平增长管控。

在日常预算执行过程中,按月跟踪各单位预算使用进度,及时提醒和指导预算使用异常单位,确保年度工资总额按预算要求执行,在更好地支撑企业发展的同时有效承接国资委的工资总额预算管理。

【重大项目】

1. 重大决策。

2017年,中国电信按照国务院国资委的统一部署开展公司制改制工作,从全民所有制企业改制为国有独资公司,并于2017年12月15日在北京市工商行政管理局办理工商变更登记手续。集团公司和股份公司分别设立投资公司(中国电信集团投资有限公司、天翼资本控股有限公司),通过资本手段助力五大业务生态圈的发展。

2. 重大项目。

2017年,中国电信积极贯彻落实国务院宽带中国国家战略、推进网络提速降费等相关工作要求,加快光网、4G等新一代信息基础设施建设,南方城区及乡镇住宅基本实现光网全覆盖,北方城区及乡镇住宅覆盖率大幅提升;按需部署千兆光网,有效保障光网领先优势;依托800M LTE低频网络,率先低成本建成全球首张全覆盖的NB-IoT网络;基本建成全网统一的云基础设施,IDC机架总数28万个。

3. 重大科研开发。

一是深入开展5G研发与试验,做好战略布局。深度开展5G标准制定、技术研究和网络试验,联合产业伙伴合作开展业务模式创新和新业务创新研究,共同打造5G生态,力促5G早日商用。组织开展5G重点研究课题研究,发布5G创新示范网白皮书,统筹启动在深圳、雄安等6市(地区)的5G现场试验。二是推进新技术应用与标准化,支撑网络建设运营。发布网络重构技术研究报告和NFVI技术白皮书。积极参与SDN/NFV相关标准组织、开源组织、技术论坛等活动,主导完成"SDN/NFV网络架构技术白皮书"及标准。推动六模全网通成为全球通行的终端认证标准行业标准发布。研究宽带接入网引入SDN/NFV关键技术,自主开发支持PON网络切片功能的SDN控制器原型,完成400G WDM行业标准送审稿,开展5G承载研究实验。三是为业务规模发展和运营智慧化提供技术支撑,助力生态圈构建。提出智慧家庭核心技术架构体系和开放标准，初步形成基于 e-Link 的"智慧家庭生态圈"模式；主导完成家庭网络联网相关的行业标准制定，通过核心联网协议、智能 OS 和应用插件的自主开发，初步形成深度定制、智能连接的智能终端核心能力。联合中国联通发布智能机顶盒白皮书。发布物联网全连接技术快速指南、物联云技术指南、新 ICT 技术白皮书等技术策略，在 ITU 完成两项物联网国际技术标准，填补中国电信车联网领域国际标准的空白，在视频监控云存储、云网融合、云互联功能架构等领域国际标准成果显著。

【走向海外】 2017 年，中国电信国际化经营取得显著成果。一是继续完善全球关键战略性资源布局，加速"全球传输通道＋全球互联网＋全球云节点"部署。加大对新技术、新资源的投入力度，整合发布 6 个行业解决方案。探索新兴业务的发展与管理模式，促进云计算业务的快速发展，提升自主经营灵活性。按照"产品、运营、销售、支撑、服务"五位一体，推动"专业主建、属地主战"体系落地。二是逐步建立起在全球主要业务区域的 ICT 服务实施能力，打造全球支撑队伍，在全球成功交付多个智慧城市的行业标杆性项目。三是 2017 年 4 月，正式开通 4G 纯数据来访漫游业务，是国内首家向境外 4G 纯数据用户提供漫游服务的运营商；开通 137 个 4G 漫游方向，141 个方向开通数据漫游包天流量包。美洲 MVNO 用户数约 11.5 万人，积极部署香港 MVNO，推进上市上线。四是推动战略通道建设，东南亚区域大湄公河信息高速公路、南亚区域中巴信息走廊、中西亚区域丝路光缆网络、中欧战略通道分别取得相应进展。

【重大创新】

1. 业务创新。

准确把握流量经营节奏，积极释放流量价格弹性，有效区格，针对性推广不限量套餐、大流量套餐、互联网合作产品，实现流量业务量收同步增长，手机上网收入同比增长 34%，手机上网流量同比增长 144%。优化产品管理体系、提升生态化核心竞争力，完成智慧家庭生态圈产品布局，搭建从无缝覆盖，到云化设施，到智慧入口，到内容产品，到应用汇聚的五级产品体系；实现智能组网、家庭云等智慧家庭产品上线销售，开通家电维修、清洗、延保及手机维修、延保等领域服务。

2. 管理创新。

2017 年，"中国电信大数据智慧审计体系的构建与应用"等 23 项成果在中国通信企业协会组织的评审中被评为通信行业管理创新优秀成果。继续大力推动质量管理小组活动的开展，全年有 42 项成果被中国质量协会评为全国优秀 QC 小组活动成果，78 项成果被中国通信企业协会评为通信行业优秀 QC 小组活动成果。

3. 技术创新。

加强集团科技创新工作的统筹和协同，组建集团科技创新委员会。制定核心能力清单，建立中国电信可以自主掌控或主导引领的关键能力，形成差异化竞争优势。成立物联网开放实验室，作为服务于"天翼物联产业联盟"生态推进的载体，面向合作需求，结合自主创新，广泛帮助合作伙伴快速推出更多集成中国电信核心能力的商用产品和方案，助力物联网业务规模发展。中国电信移动互联网系统与应用安全国家工程实验室在国家科研项目承接、国内外标准制定、安全评估测试等方面持续开展工作，发挥影响力。积极参加国际标准化工作，2017 年被各国际标准化组织接受文稿 322 篇，在国际标准组织中的在任职位 148 个，完成国际标准化项目 45 项，其中 ITU-T 项目 17 项。全年发布 45 项企业标准，牵头完成 23 项行业标准制定。申请专利 900 件，获得专利授权 677 件，获得中国专利优秀奖 1 项。在 2017 年中国通信学会科学技术奖评选活动中，中国电信获得二等奖 4 项、三等奖 3 项。

【党建工作】 2017 年，中国电信以习近平新时代中国特色社会主义思想为指导，积极贯彻党的十九大精神，全面落实国企党建会议精神，首次召开全集团党建工作会议，制定 35 项重点任务清单，企业党建工作得到全面提升。

一是以政治建设为统领，全面深入学习宣传贯彻党的十九大精神。在全集团开展党的十九大精神"大学习、大宣传、大落实"。党组以上率下，对党组学习宣传贯彻十九大精神进行全面安排，邀请集团十九大代表和有关专家宣讲十九大精神，开展十九大精神专题研讨。党组成员带头到基层单位做宣讲。所属各级企业开展多形式、分层次、全覆盖的专题研讨、宣讲辅导、学习培训,做到学习宣传贯彻不留死角。利用内外部各种平台以及"两微一端"等新媒体,深入解读、全面准确宣传党的十九大精神。开展形式多样的主题活动,推动党的十九大精神走进基层、走进群众。

二是以党建进章程为切入点,企业党的领导得到切实加强。将党建工作要求进章程列入重点任务清单,对集团所属企业进行分类指导,完成集团公司及所属独资、控股、参股公司章程修改。健全党委(党组)议事决策机制,研究制定《集团公司党组研究决策"三重一大"事项清单》,厘清党委会与董事会或总经理办公会的权责边界;各省级公司党委制定党委工作规则、"三重一大"决策制度,明确党委会与总经理办公会的权责边界。完善"双向进入、交叉任职"领导体制,对于设立董事会的子公司、控股公司已全部实行党委(党组)书记与董事长"一肩挑",其中由上级领导担任董事长的,实行党委(党组)书记与总经理"一肩挑"。在企业发展转型中,做好"四同步、四对接",把党的领导在落到实处。

三是以"两学一做"为主线,基层党建工作得到有力夯实。扎实推进"两学一做"学习教育常态化制度化,在全集团进行全面深入的部署和动员;落实"一制度三机制四要求",做到抓常抓细抓长;坚持从严肃党内政治生活做起,以党支部为基本单位,以"三会一课"为抓手,开展"迎七一、话转型"党课评选和优秀党课展示,将党员教育管理融入日常、抓在经常。大力推进支部建在县区分公司、建在部门,对没有党员的县区分公司和业务单元,全部配备党建指导员,实现党的工作全覆盖。坚持"三个倾斜",落实"双培养"要求,做好党员发展工作,不断优化党员队伍结构。积极推广"一部一品"创建、主题党日、党员过政治生日活动,不断激发基层活力。

四是以建立考核机制为根本,党建工作责任得到层层落实。修订《中国电信集团公司党建工作责任制实施办法》,集团公司党组与二级单位党组织签订2017年度党建工作责任书。二级单位党委(党组)全部向集团公司党组报告年度党建工作。开展二级单位党委(党组)书记抓基层党建述职评议,组织6家省级单位书记述职。制定并落实《党建工作责任制考核实施细则》,组织3批62人次15个工作组,深入到省、区、县分公司,首次实现基层党建工作检查全覆盖。反馈党建检查考核结果,下达整改通知单,并与经营业绩挂钩,推动落实党建责任的严实硬。

五是将制度建设贯穿始终。组织编印《支部工作实用手册》,印发《关于加强基层党支部规范化制度化建设的通知》,持续推进党支部规范化建设;印发《中国电信集团公司党费管理使用办法》,开展党费工作专项检查,进一步规范和加强全集团党费管理使用;制定党组织工作经费管理有关要求,制定《党委办公室工作职责》《关于加强境外党建工作的意见》《关于加强非合同制党员队伍教育管理的意见》,规范日常管理。

六是以队伍能力建设为基础,党建保障机制得到进一步完善。大力加强党务队伍建设,分层分批开展党务人员培训。开展基层党组织书记集中轮训,举办支部书记培训示范班;举办地市公司分管党建工作领导培训示范班,举办党群部主任和党务人员培训班。所属各级企业分别开展大规模集中轮训,基本完成支部书记的普遍轮训。强化党群机构设置和党务人员配备,地市级分公司党群部单设的300多家;所有省级公司成立党委办公室,并明确职责和人员配备;党务人员较巡视整改前增加598人、全集团1103人;落实党群部门的待遇,实现同岗级、同薪酬。党组织活动经费按工资总额的1%列入预算,党组织活动场所和资源配置得到有效保障。

七是以服务中心为落脚点,党建工作与生产经营进一步融合。创新党建活动方式和内容,总结推广河北石家庄分公司党建工作经验,开展"天翼先锋""三亮、三比、三评"等主题实践活动,党组织和党员发挥作用显性化。围绕中国电信转型升级战略和年度工作各项部署,层层开展企业形势任务宣传教育,统一思想。深化"翼家人"团队文化建设,开展企业文化主题活动、第二届企业文化建设示范单位和示范点评选,推进企业文化进基层、进班组。注重发现、培育、宣传先进典型,杨春泽被评为首届央企楷模,邱浩庆被评为中央企业优秀党务工作者标杆,总结提炼瑞金红色电信精神,开展第四届中国电信十大感动人物评选,用身边人身边事激励党员与员工。

八是积极推进党风廉政建设和反腐败工作。推动巡视监督、纪检监察和专项治理。2017年2月和6月,分两轮巡视集团公司总部部门在内的39个单位,在两年时间内完成对65个二级单位的政治巡视,实现在十九大前巡视全覆盖目标。省公司党委2017年以来主动开展向下巡察,除西藏以外的30个省公司开展巡察工作,把党内监督延伸到基层公司。对严重违纪问题坚决查处,以执纪手段攻坚克难。推动教育预防、制度监督和惩治问责。教育预防方面,建成微信、易信两大平台,覆盖30万名党员。制度监督方面,从更高层面整合监督资源,以选人用人、"三重一大"、党内政治生活等党内监督为重点,推进采购招标、市场合作、风险管控等管理监督。惩治问责方面,截至2017年底,中央巡视移交检控类信访全部得到处置。严格贯彻中央八项规定精神,坚决杜绝"四风"问题反弹。

【信息化建设】 2017年,中国电信积极落实国家"互联网+"战略,持续推进国家信息化建设。一是提升云和大数据能力。全国实现一省一池的天翼云3.0资源布局;聚焦政企客户,打造云网融合、安全可信、专享定制的天翼云产品差异化能力。全国发起"企业上云"专项行动,举办"企业上云"主题发布会24场,"天翼云·中国行"推介会135场。打造上海市政务云、中保信双录云、西安工业云、溧阳教育云等一批重点行业天翼云标杆项目。大数据飞龙PaaS平台初见规模。二是规模发展物联网业务。建成全球首张低频全覆盖NB-IoT网络并商用。推进全球连接管理平台、国内连接管理平台和使能平台建设,平台能力逐渐凸显,与一线品牌丰田、通用以及博泰、康迪、江淮等国产新能源汽车陆续签约。构建应用场景解决方案,聚焦47个重点场景,收集模组信息72个,终端信息250个,平台厂商188个,集成商155个。领先国内其他运营商发布物联网开放实验室,实验室平台对接客户超500个,天翼物联产业联盟单位233家。与中国家电研究院共同发布智能家电白皮书。三是深耕重点行业,"互联网+融合"发展取得新成效。聚焦政务、教育、健康医疗、工业互联网四大重点行业,加大开放合作,拓展信息化应用,推动产业转型升级。

【履行社会责任】 中国电信认真学习贯彻党的十九大精神,以习近平新时代中国特色社会主义思想为指引,提出"建设网络强国、打造一流企业、共筑美好生活"的责任战略,践行新时代责任。

在建设网络强国方面,持续扩大网络覆盖,覆盖广度和规模在全球处于领先水平。大力实施"提速降费",有线宽带用户平均接入速率提升至76Mbps,较2016年提升51%,单位带宽价格下降44%;4G网络速率达到行业领先水平,手机流量资费较2016年下降52%。积极参加政府的普遍服务试点项目,两年完成4万个行政村通信网络的建设任务。网络智能化演进取得新进展,云计算基础设施和云网融合持续推进,全部实现传统的程控电话交换机退网,成为具备全光网络、全IP组网的运营商。持续提升维护网络信息安全的能力,防范打击通讯信息诈骗。忠实履行保障通信安全畅通的使命,全力抗击九寨沟地震、"天鸽"台风等自然灾害,圆满完成"一带一路"国际合作高峰论坛、金砖国家领导人厦门会晤等重大活动的通信保障任务。

在打造一流企业方面,深化企业改革,探索出"划小承包、专业化运营、倒三角支撑"三维联动的中国电信特色改革模式。完成集团公司公司制改制工作,以及国务院国资委部署的法人压减、处僵治困、亏损企业治理、高资产负债率企业治理、三供一业剥离等企业改革的目标要求。智慧化运营持续推进,企业中台初步形成,支撑精准营销、精细服务、精益网运、精确管理有序开展;智能客服机器人逐步普及,月均使用量2600万次。

在共筑美好生活方面,积极与客户及商业伙伴拓展合作,建设智能连接型业务、智慧家庭、互联网金融、新兴ICT、物联网等五大生态圈,创新提供便捷实用的智能应用业务。依法保护客户权益,持续提升服务水平,客户申诉率优于工业和信息化部的管控目标,处于行业较低水平,手机上网和固定上网的客户满意度保持行业领先水平。加强安全文明生产,持续改善基层员工的工作生活条件。积极促进员工成长,为各类人才提供多种形式的成长舞台,集团公司表扬最佳"小CEO"500人。深入推进节能减排,单位信息流量综合能耗较2016年下降19%。持续做好扶贫援藏援疆工作,积极以大数据平台、益农平台等信息化应用助力精准脱贫工作,精准扶贫大数据管理平台推广到15省(自治区、直辖市)的718个县(区),服务3100多名万贫困人口;益农合作社6.5万家,覆盖23

个省（自治区、直辖市）的 579 个县（区），服务农民人数超过 900 万人。

2017 年，评选表彰 32 个"中国电信集团年度社会责任优秀案例"，连续第七年发布社会责任报告，获得中国社会科学院经济学部企业社会责任研究中心"五星级"评级。

（撰稿人：蒋小金）

中国联合网络通信集团有限公司

【基本概况】 2017 年是中国联合网络通信集团有限公司（以下简称"中国联通"）历史上具有里程碑意义的一年。公司上下深入学习贯彻习近平新时代中国特色社会主义思想，牢固树立"四个意识"，认真贯彻落实中央决策部署，坚持新发展理念，深化供给侧结构性改革，全面深化实施聚焦战略，按照"抓党建、促发展、控成本、转机制"的要求，保持战略定力强基础，坚持问题导向破瓶颈，经营业绩实现反转，混合所有制改革取得实质性突破，经营模式转型达到突出效果，文化兴企激发强大正能量，公司在转型发展之路上迈出坚实步伐。

【主要指标】 截至 2017 年底，中国联通资产总额 6188.3 亿元，负债总额 2929.54 亿元，所有者权益 3258.7 亿元。2017 年，实现营业收入 2763.5 亿元，利润总额 11.3 亿元，净利润 3.7 亿元。

2017 年中国联合网络通信集团有限公司主要经济指标

项　目	2016 年	2017 年	比上年增长(%)
资产总额（亿元）	6628.4	6188.3	－6.6
所有者权益（亿元）	2502.1	3258.7	30.2
营业收入（亿元）	2757.4	2763.5	0.2

续表

项　目	2016 年	2017 年	比上年增长(%)
利润总额（亿元）	0.9	11.3	1155.6
净利润（亿元）	－0.4	3.7	
归属于母公司所有者的净利润（亿元）	－2.3	－1.8	
技术开发投入（亿元）	47.7	58.0	21.6
利税总额（亿元）	78.2	83.3	6.5
应交税金总额（亿元）	77.4	80.2	3.6
全员劳动生产率（万元/人·年）	37.2	40.8	9.7
净资产收益率（%）	－0.01	0.13	增加 0.14 个百分点
总资产报酬率（%）	0.85	1.12	增加 0.27 个百分点
国有资本保值增值率（%）	105.64	105.64	持平

【改革发展】 一是经营业绩实现根本好转。2017 年，中国联通经营业绩彻底改变过去两年负增长的局面，实现"V"型反转。主营业务收入实现 2474.2 亿元，增幅从 2015 年的－5.3% 扭转为 4.4%，彻底改变过去两年负增长的局面。效益水平明显改善，实现利润总额 11.1 亿元，较上年同期增长 10.3 亿元。随着公司转型、混改实施和"六张网"控成本工作的深入开展，企业运营指标日益趋好、健康度明显提升，负债状况明显好转，资产负债率由 2016 年的 62.3% 降至 47.6%，保持在安全线以内。

二是业务转型迈出坚实步伐。2I2C 业务迅速崛起，成为拉动收入增长和效益改善的关键动力，并为公司深化经营模式创新、探索互联网化运营积累宝贵经验。打造 2I2C 互联网化运营新模式，截至 2017 年底，2I2C 用户规模接近 5000 万户，实现收入 124.6 亿元，成为驱动用户快速增长、拉动增收的主要动力。着力提升创新业务领域的关键能力，加快发展 IDC、ICT、物联网、大数据等新兴业务，累计实现新兴业务收入 1182.9 亿元，同比增长 221.1 亿元，新兴收入占营业收入比 42.8%。聚焦重点行业，运用云、大、物等平台能力和产业互联网综合解决方案服务能力,形成信息化应用产品解决方案设计、运营和服务支撑能力。面向全国提供联通"沃云"服务,专享私有云服务于最高人民法院、铁塔公司、内蒙古自治区经济和信息化委员会、河北省、辽宁省、保定市智慧城市等多个政府和行业客户;承担环保建设项目30余项,完成国内首个省级河长制平台。从成本费用总额占营业收入比完成情况来看,公司成本费用总额累计发生2714.7亿元,成本费用总额占营业收入比重98.3%,同比减少1个百分点。一些地区在社会化资本合作、新零售等方面进行积极尝试。围绕发展转型,推进客户感知攻坚专项行动,NPS口碑首次由负转正。

三是混合所有制改革取得历史性突破。作为首家集团层面整体混改的中央企业,在党中央、国务院的有力领导下,在国资委等上级部委的指导支持下,中国联通按照习近平总书记提出的"完善治理、强化激励、突出主业、提高效率"十六字混改方针,以高度的责任感和紧迫感,扎实高效推进混改各项工作。自2017年3月中国联通上报混改试点方案后,经过大量细致艰苦工作,6月正式获批,8月对外公告混改方案及非公开发行方案。2017年10月25日,面向大型互联网公司、垂直行业领先公司、实力雄厚的金融企业和产业集团、国内领先的产业基金等在内的14家战略投资者,通过非公开发行和转让老股等方式募集的747亿元资金全额到位。混改完成后,国有股东持有联通A股公司53.1%股份,联通集团持有A股公司股份由62.7%降至36.7%,仍为单一最大股东;新引入14家战略投资者合计持有公司35.2%股份;员工限制性股票激励计划2.7%;公众股东持有25.4%股份。联通集团仍持有红筹公司52.1%,保持绝对控股,确保电信网络和信息安全。"落一子而活全局",混改工作带动公司各项工作的开展,在"混"的同时,公司与百度、阿里巴巴、腾讯、京东等互联网企业的业务合作开始起步,内部各项"改"的工作也以点带面、不断推进。"瘦身健体"精简机构取得明显效果,总部部门由27个精简为18个,处室由238个精简为121个,实现管理职能和生产职能分离;31省分公司本部机构平均减少20.5%、本部管理人员职数减少15.5%;地市公司机构减少26.7%,班子职数减少4.2%;子公司本部机构减少4%。推进划小承包改革,竞争性选拔"小CEO",搞活激励分配。形成人力资源市场化改革顶层设计方案,聚焦资源配置、活力激发、人才发展三大主题,体系化推动机制创新,二级机构管理人员首聘退出率6.3%,省公司中层平均退出率15%,总部三级经理退出率13.6%。全口径用工总量同比减少4.6%、劳动生产率同比提升9.6%,遴选人才4340人,强化利润在人工成本总量配置中的主导作用,在创新领域对标实施差异化的人工成本配置管理,将人工成本的配置权授予治理规范的子公司董事会。组建联通在线、大数据、视频、投资、物联网等专业子公司。"沃创客"二期22个优秀项目顺利入孵。

四是支撑保障能力有新的提升。认真落实"网络强国"部署,打造"匠心网络",加快建设一流信息基础设施。全面建设高品质的4G网络,截至2017年底,4G基站85.2万站,4G人口覆盖率83%,4G无线资源利用率从15%提升至53.5%。加快试点城市5G研发和外场试验,为未来5G商用做好准备。落实宽带中国战略,加快光纤宽带网络建设,2017年宽带端口总量2.02亿个,其中光纤端口1.60亿个,占79.2%。北方行政村光纤通达率90%。推进运维集约化转型,实施固网装机抢单制,减少装机历时,全国16省具备智慧到家延伸服务能力。推进IT自主能力建设,cBSS支撑出账用户1.8亿户,占B域出账用户43.7%。完成全网宽带业务自动开通能力建设,业务自动开通率95%。

【重大项目】

1. 携手北京2022年冬奥会。2017年12月26日,中国联通与北京2022年冬奥会和冬残奥会组织委员会签约,成为北京2022年冬奥会和冬残奥会唯一官方通信服务合作伙伴,跻身北京冬奥组委市场开发计划最高级别的赞助企业之列。奥运会的通信保障,联通着奥运健儿和热情观众,联通着好客中国与广阔世界,联通着伟大复兴中国梦与现代奥运精神。中国联通将围绕"智慧冬奥、联通未来"这一主题,将"绿色、开放、共享、廉洁"的奥运理念融入奥运通信服务体系,努力释放冬奥会冰雪运动特有的速度与激情,为冬奥会的成功举办、为中国力量的再次彰显,注入强劲新动能。

2. 助力雄安新区千年大计。中国联通将河北雄安新区服务支撑保障工作列为集团公司层面的重大政治任务,以高规格组织保障、高标准规划建设、高效率对接服务,全力服务保障雄安新区建设。编制完成《雄安新区信息基础设施预规划报告》和《雄安新区市民服务中心智慧化建设方案》,积极开展《数字雄安规划》编制工作,用最先进的理念和技术对雄安新区的信息通信服务进行规划设计,努力建设智慧城市标杆工程,打造行业典范。在雄安新区率先开辟准5G网络体验区,启动基于NB-IoT的智慧停车、智慧灯杆等多项智慧应用,积极推进京雄量子通信干线试验工作等。

【走向海外】 依托联通国际公司为用户提供国际信息服务,在全球设立30个机构,为国家"一带一路"倡议提供高效、全方位的信息服务,包括全球连接服务、综合信息服务、国际语音和移动服务等。截至2017年底,联通国际与超过300家国际运营商建立长期合作伙伴关系,为1000多家企业客户提供跨境数据业务解决方案,被评为最佳国际网络营运商金奖。

着力践行国家"一带一路"倡议,加大世界主要经济走廊和信息港的国际网络资源部署。2017年,参与建设互联亚、非、欧三大洲的"亚非欧1号"海底光缆全程投产,自主建设的"中国缅甸国际陆地光缆"投入试运营,与喀麦隆电信、华为海洋共同签订《南大西洋国际海底光缆"建设协议》,正式启动港美海缆建设。在2017年6月于上海举办的中国联通国际合作伙伴会议中,中国联通提出共建"一带一路"信息光通道倡议,呼吁合作方积极参与"一带一路"主要经济走廊和信息港的国际网络资源部署,建设全球高速安全的传输网络,打造高质高效的国际一流通信服务。包括加大亚欧非大陆及附近海洋互联互通,与沿线国家共建国际海陆缆;建设国际金融专网,为金融客户提供低时延、高可靠国际专用网络;积极探索未来智能网络,推动"一带一路"数字化经济;积极推动行业及产业链合作,构建"一带一路"合作生态圈;推出"丝路"六大行业应用,面向金融、交通/物流、互联网、能源/资源、传媒、制造/零售六类重点行业提供综合解决方案。

【重大创新】 产品创新方面,中国联通全面打造互联网化产品体系,建立流量型产品体系,以行业首创的流量不限量产品"冰激凌"套餐为重点,逐步改善用户结构,实现中高端占比及用户价值双提升。与腾讯、阿里、百度、滴滴等35家互联网公司深入合作,开展2I2C项目,突破传统运营商营销模式,打造低门槛、大流量、体验式的定制化产品,并利用双方资源进行产品深度融合,构建完备、灵活的2I2C应用和特权体系,向用户提供更高价值的产品和更高品质的服务。推出腾讯王卡、滴滴王卡、百度圣卡等2I2C产品95款,满足用户多样需求。创新手机视频产品体系和营销模式,推出"视频风暴"、畅视计划、沃视频等新产品。构建权益运营一级运营体系,自主研发的特权中心在手机营业厅上线,引入31家合作伙伴特权,上线联通专属权益活动45个。

科技创新方面,中国联通始终将技术创新摆在公司发展的突出位置,全年申请专利648项,授权专利346项。其中,"六模全网通系列标准及应用部署""SDN/NFV网络演进及应用研究""cBSS1.0-计费应用云化创新项目""基于自主研发的全云化平台集中号卡资源管理系统"等项目获得科技进步一等奖。组织实施工信部"新一代无线宽带移动通信网03专项"、科技部国家重点研发计划、国家发改委"TD-LTE专项"等51项国家级科研课题,5个课题通过验收。牵头及参与编制行业标准209项,5人在通信标准化协会(CCSA)担任TC主席/副主席职务,24人担任组长/副组长职务,具有重要的影响力和发言权。参加11个国际标准组织和5个国际开源社区的跟踪研究,提交国际标准文稿649篇,主导标准新立项29项(其中ITU-T16项),主导标准发布21项(其中ITU-T13项),在ITU-T、GSMA、ONF(ONOS)等重要国际组织中承担多项职务。

【党建工作】 一是积极学习贯彻习近平新时代中国特色社会主义思想和党的十九大精神。党的十九大以来,中国联通党组始终坚持把学习贯彻习近平新时代中国特色社会主义思想和党的十九大精神作为首要政治任务来抓。按照"学懂、弄通、做实"的要求,强化系统深入学习,以集体学习、专题讲座、座谈研讨、系统辅导等形式,进行深入学习研讨。班子成员带头讲党课，做专题辅导。以党支部"三会一课"、网上党校形式确保全体党员全覆盖。按照分级实施、分工负责的原则，确保开展处级以上干部集中轮训。联系实际进行重点问题研究，把学习贯彻党的十九大精神同学习马克思主义基本原理结合起来，同推动企业改革发展结合起来，同加强企业党的建设结合起来，融会贯通，指导实践。围绕党的十九大提出的新目标、新任务、新要求，紧密结合企业实际找准结合点和切入点：紧扣互联网、大数据、人工智能和实体经济的深度融合等方面的部署要求，探索推进互联网化转型；围绕深入贯彻新发展理念，研究探讨如何提升创新发展能力，推动实现质量、效率、动力"三个变革"等。

二是深入贯彻落实全国国有企业党建工作会议精神。先后6次召开党组会学习研究，并以党组中心组（扩大）学习会形式，组织二级单位主要负责人集中学习。对照会议精神和30项重点任务，成立专项工作组，梳理6个方面28项整改任务。在此基础上，研究制定《中国联通党组关于贯彻落实国企党建会精神的实施意见》，指导基层单位全面推进实施。围绕贯彻落实工作，召开中国联通首次党建工作会，安排部署20项重点落实任务，并召开基层党建重点任务推进会进行再动员、再部署。及时在全系统内开展"回头看"，并将整改落实情况、"回头看"情况纳入党建督导、年底考核，把各项措施落到实处。

三是把加强党的领导和完善公司治理统一起来。始终坚持"两个一以贯之"，在推进混合所有制改革中坚持党的领导、加强党的建设，把加强企业党建、健全党的组织、开展党的工作作为推进企业改革的必要前提。积极落实将党建工作总体要求写入公司章程，明确党组织在公司法人治理结构中的法定地位。在集团公司层面，经过认真妥善与外部董事沟通，争取理解和支持，分别于2016年12月、2017年5月率先完成A股公司和集团公司章程的修订。在所属各级子公司层面，按党组织建制、管理结构、公司规模和党员人数进行分类，一对一沟通具体内容。截至2017年底，集团公司所属子公司均已完成。不断完善"双向进入、交叉任职"领导体制，在做实董事会的子公司中，实现党委成员通过法定程序进入董事会、监事会和经理层。制定《贯彻落实"三重一大"决策制度实施办法》，针对"三重一大"细化决策事项，厘清党组织和其他治理主体的权责边界，坚决把党组织研究讨论是董事会、经理层决策重大问题的前置程序落到实处。

四是层层推进党建主体责任的落实。建立从党委到支部一贯到底的党建责任体系，明确从党委书记到支部书记七类主体的责任。建立完善党建工作考核评价体系，制定党建工作考核评价办法，细化5个方面46项关键指标，强化结果应用。不断完善和深化各级党组织书记抓党建述职评议考核机制，作为中组部首批4家央企试点单位之一，在总结连续四年来的经验做法基础上，不断完善和深化，并逐步向市县级分公司延伸。截至2017年底，完成31个省级分公司党委书记现场述职轮流一遍。探索建立常态化督导机制，成立10个督导组，采用"听、查、看、问、谈"等工作形式，分类、分级、分阶段对集团总部和省级分（子）公司70余个单位，进行全覆盖常态化督导。

五是着力推动解决"两张皮"问题。印发《基层党支部规范化建设指导意见》，明确党支部8个方面35项建设内容，推动支部在参与决策、推动工作、促进发展等方面发挥积极作用。结合支部组织生活会推进解决突出问题。针对"灯下黑"问题、"四不"问题、不良文化现象、党组巡视发现问题等实际，在集团总部层面组织召开3次专题组织生活会，推动广大党员带头查摆整改。以党建为引领深入推进文化兴企。不断用党的创新理论和实践要求丰富和发展企业文化内涵，加快推动企业文化重构，大力弘扬企业家精神、工匠精神和劳模精神，不断提升企业凝聚力。结合生产经营实际开展创先争优活动，推行党员承诺践诺、设立党员责任区、组建党员先锋突击队等，围绕急难险重任务充分发挥党员先锋模范作用。

六是保持正风反腐高压态势。认真做好信访举报件和问题线索查核，紧盯"关键少数"及重要领域，做到有腐必反、有案必查。开展光改专项检查，点面结合推动正风肃纪，挽回巨大损失，企业风气出现明显改观。深化巡视巡察，完成对二级单位的第一轮巡视，按照全覆盖无盲区的要求扎实推进市、县级公司巡察。在全系统扎实推进廉洁风险防控，把防控措施落实到每个单位和具体岗位，取得明显成效。建立供应商黑名单制度，营造有利于反腐防腐的外部环境。推行地市级公司纪检机构派驻制改革，解决组织监督层层衰减问题。在县级公司班子副职以上党员领导干部中，全面实施党员领导干部个人遵守党的六项纪律情况年度报告制度。

【信息化建设】 一是加快提升业务支撑能力。cBSS核心系统稳定性和健壮性稳固提升，支撑出账用户数占B域出账用户持续提升。cBSS2.0规划建设迅速推进，采用全新互联网云化架构和需求众筹的自主研发模式的号卡项目完成全国上线，eSIM、容器化、数据业务消息计费等项目取得良好进展。冰激凌套餐、2I/2B2C、营收资金线上线下一体化、全场景划小改革、实名制、取消长漫、账户互通、沃信用分、数字化营业厅等战略性、创新性重点业务需求支撑取得较好效果。

二是不断增强管理支撑能力。电子商城2.0和合同系统迭代开发，提升采购和合同管理工作效率；电子招投标交易平台实现在线开标评标。PMS3.0实现全集团投资建设项目从规划到建设的全流程贯通；ERP结算管理系统、税务系统、房地产运营系统、人力2.0、"互联网＋党建"等系统持续建设为财务、资产、人力、法律、党群等各专业工作开展提供有力的管理支撑手段。"随沃行"移动办公应用向全国推广，集成（包括考勤和钉钉）内部及外部应用50个、省分公司应用21个，内网M域系统APP统一入口能力初步形成。

三是持续提升数据平台和服务能力。搭建数据平台能力体系，基础平台能力进一步优化。数据生产与应用服务水平显著提升，经分日报发布及时率提升24%；经分移动客户端"掌沃"上线推广，为经营决策提供有力支撑；建立对内数据应用产品体系，重点保障精准营销、异网营销支撑，强化场景化营销建模，实现对承诺低消、畅视、门店送红包等全国性活动的精准推送；基于数据平台的电子围栏能力，支撑国际出访智能营销项目。大数据能力开放平台运营成效明显，有力支撑开展坏账用户验证、数据验证等各类应用。

【履行社会责任】 一是深入落实"提速降费"要求，推出惠民新举措。加快推进提速降费，宽带普及速率提升至20M以上，2017年底百兆以上宽带用户占比39%，固定宽带降费累计减收让利28.7亿元，单位带宽平均单价降至0.53元/M，降幅66%。移网手机流量降费减收让利321亿元，流量平均单价降至0.0117元/M，降幅74%。2017年9月1日取消手机国内长途、漫游费，惠及1.17亿用户。国际长途直拨资费平均降幅超过50%，"一带一路"区域国际漫游资费平均降幅75%。下调互联网专线资费23.5%，惠及1000万中小微企业用户，助力中小企业发展。

二是严厉打击通讯信息诈骗。深入开展防范打击通讯信息诈骗专项行动，以三大行动确保工作成效：开展"冲刺行动"，实现电话用户实名率100%；开展"清源行动"，实现400、语音专线等业务实名率100%、主叫鉴权率100%；开展"堡垒行动"，实现诈骗电话的精准拦截。加强网络系统安全管理，进一步提升网络系统信息安全监测预警和应急响应能力，快速处置各类系统漏洞和网络攻击事件。不断开展信息安全创新实践，在行业内独家推出防欺诈公益服务，获得《人民日报》、中国互联网协会、中央企业安全通报中心等颁发的3项大奖，受到用户广泛赞誉。

三是扎实推进扶贫援藏工作。认真贯彻落实党中央精准脱贫部署，完善组织机构，健全扶贫决策、日常管理和落地执行的三级管理体系。集团公司设立定点扶贫工作领导小组和定点扶贫工作办公室，相关省分公司设立省公司定点扶贫工作办公室，选派挂职干部赴定点扶贫县落实帮扶任务，全面推进定点扶贫工作，中国联通定点扶贫工作得到当地省委、省政府的充分肯定，先后两次被河北省委、省政府授予"中直单位定点扶贫工作先进集体"称号。编制《中国联通"十三五"定点扶贫与对口援藏规划》，在产业扶贫、旅游扶贫、医疗扶贫、教育扶贫等方面，实施精准扶贫，安排扶贫项目，投入扶贫援藏资金，帮助建档立卡贫困户实现脱贫。2017年，公司启动的扶贫援藏项目52个，累计拨付扶贫援藏资金0.6亿元。

四是圆满完成重要通信保障工作。成立重大活动通信保障工作领导小组，制定专项保障方案，全力确保各项重大活动通信畅通，为十九大、"一带一路"峰会、"金砖会晤""朱日和阅兵"等8项重大活动，提供及时高效的通信保障服务。进一步修订通信保障应急预案,有效确保汛期应急调度。全年累计投入救灾资金15967万元、救灾人员172776人次、抢险车辆61678辆次、应急设备7597台次、应急油机78713台次。

五是积极承担电信普遍服务试点任务。2016年以来,累计在18省78个地市承担电信普遍服务试点项目,承担16134个行政村通宽带建设任务。2017年继续加大农村边远及西部贫困地区网络建设力度,根据行政村优先等级不断提升4G网络覆盖水平,在行政村建设1.6万个4G基站,2017年4G行政村覆盖率较2016年增长5%,达到55%;北方十省行政村光纤通达率90%。

(撰稿人:史全水)

中国移动通信集团有限公司

【基本概况】 中国移动通信集团有限公司(以下简称"中国移动")是按照国家电信体制改革总体部署,于2000年组建成立的中央企业,是全球网络规模最大、客户数量最多、盈利能力和品牌价值领先、市值排名位居前列的电信运营企业。2017年,中国移动深入学习贯彻习近平新时代中国特色社会主义思想和党的十九大精神,认真贯彻落实党中央、国务院决策部署,在国资委等上级部门的指导支持下,致力于推动信息通信技术服务经济社会民生,坚持以实施"大连接"战略为主线,以推进移动市场、家庭市场、政企市场和新业务"四轮驱动"融合发展为着力点,全面抓好稳增长、提能力、促改革、强党建等各方面工作,取得明显成效。连续13年荣获国资委经营业绩考核A级;连续17年入选《财富》世界500强企业,2017年位列第47位;连续10年入选道·琼斯可持续发展指数。

【主要指标】 2017年,中国移动牢固树立和贯彻落实新发展理念,积极应对市场竞争更加激烈复杂、传统业务持续下滑的困难挑战,在全面完成网络提速降费任务的情况下,主营业务收入增幅高于2016年增幅、高于行业平均水平,利润总额超过考核目标、继续保持中央企业首位,为中央企业稳增长作出积极贡献。

2017年中国移动通信集团有限公司主要经济指标

项　　目	2016年	2017年	比上年增长(%)
资产总额(亿元)	17127.00	17214.00	0.5
所有者权益(亿元)	11663.00	11864.00	1.7
营业收入(亿元)	7116.00	7445.00	4.6
利润总额(亿元)	1296.00	1391.00	7.3
净利润(亿元)	936.00	1051.00	12.3
归属于母公司所有者的净利润(亿元)	639.00	739.00	15.7
技术开发投入(亿元)	240.00	186.00	-22.5
利税总额(亿元)	1892.00	1884.00	0.4
应交税金总额(亿元)	596.00	493.00	-17.3
全员劳动生产率(万元/人·年)	72.99	75.42	3.3
净资产收益率(%)	8.20	8.94	增加0.74个百分点
总资产报酬率(%)	7.77	8.11	增加0.34个百分点
国有资本保值增值率(%)	109.80	108.70	减少1.1个百分点

【改革发展】 2017年,中国移动深入贯彻落实中央关于深化国有企业改革部署要求,下大力气推动公司改革各项措施落地生根。完成集团公司公司制改革,由全民所有制企业改制为国有独资公司。全面推进"瘦身健体"改革任务,大力开展存量法人子企业"压减"工作,注销法人单位27户,超额完成国资委阶段考核目标。围绕"组织机构调整、新能力布局、运营管理模式改革"等重点领域和关键环节部署改革项目,不断增强发展活力。整合下属工程企业,推动成立中移建设有限公司,电商、位置专业化运营改革和垂直领域研发布局全面启动。成立IT管理委员会,组建IT专业机构,对内运营支撑、对外服务拓展,IT专业化能力得到提升。推动在省市公司建立政企市场发展责任机构,在省公司建立新业务发展中心,业务协同发展效应持续增强。成立省市两级渠道运营专业机构,搭建省

级集中渠道管理平台，全网实体渠道基本实现省级集中化管理。以省为单位的业务稽核、网络费用稽核、资金支付集中化试点成效明显。在集团总部设立服务管理和监管事务部门，进一步提升客户服务水平，强化监管事务统筹管理，营造有利政策环境。

【走向海外】 2017年，中国移动积极响应"一带一路"倡议，通过资本投资、多边合作和业务拓展等方式，扎实开展国际化运营。加强国际信息通信基础设施建设，联合海外运营商建设7条国际海缆、9条跨境陆缆、13个国际信道出口，国际传输带宽超过23T，自建POP点106个。积极拓展国际漫游业务，全球漫游业务覆盖方向257个，4G漫游开通方向172个，加大与"一带一路"沿线107个运营商漫游业务的合作力度。推动海外已投资企业经营业绩持续改善，巴基斯坦公司2017年收入比收购时增长28倍，4G客户数跃居巴基斯坦行业首位。与泰国True公司共同开展超过80个合作项目，推动东南亚光缆、国际专线等业务取得新进展。发起"牵手计划"合作项目，吸引24个来自全球电信、终端、互联网行业生态圈内领先合作伙伴的广泛参与，总覆盖客户28亿户，占全球客户总数的58%。

【重大创新】 2017年，中国移动牢牢牵住核心技术自主创新这个"牛鼻子"，不断提升技术研发能力。引领TD-LTE国际发展，带动全球55个国家和地区部署105个TD-LTE网络，在通信领域首次实现中国主导技术、全球规模应用的良好局面。推进5G研发试验，抢占5G国际发展先机，带动产业开展5G核心技术之一的大规模天线（3D-MIMO）研发并应用于4G。牵头制定由我国主导的第一版5G系统架构国际标准，成为ITU、3GPP等国际标准化组织中负责5G项目最多的公司之一，率先启动5G中频段外场测试。探索推进应用模式创新，牵头联合国内外厂商成立"5G联合创新中心"，助力跨行业应用创新研究。"双创"工作蓬勃开展，利用"众创、众包、众扶、众筹"机制促进内外部创新创业，开放上百项核心能力，通信能力开放平台服务企业超12万家，促进大中小企业融通发展。

【提速降费】 2017年，中国移动全面落实政府工作报告部署要求，推进网络提速降费迈出更大步伐。提速方面，完成固定资产投资1800亿元，移动电话基站累计330万个，其中4G基站187万个，覆盖人口超过13亿人，4G网络平均下载速率42Mbps；传输线缆1282万皮长千米，家庭宽带覆盖4亿户，其中光纤到户（FTTH）覆盖超过3.7亿户、均具备100M以上接入能力；内容分发网络（CDN）基本实现地市全覆盖，网络平均速率提升3倍。降费方面，2017年9月1日提前一个月全面取消手机国内长途和漫游费，2017年底手机上网资费较2016年底下降43%；推出"七项降费举措"，大幅下调70个国家和地区国际长途直拨资费，覆盖超过90%的国际直拨长途话务量；全面下调"一带一路"沿线国家和地区漫游资费；开展"速率倍增行动"，推出"小微宽带"特惠产品，中小企业互联网专线接入资费降低25%。各项降费举措在提高广大客户获得感、扩大公司业务量的同时，降低社会总成本。

【党建工作】 2017年，中国移动坚决贯彻中央加强党的全面领导、全面从严治党部署要求，以抓好全国国有企业党的建设工作会议重点任务落实和推动"两学一做"学习教育常态化制度化为主线，坚持问题导向，系统整体推进，公司各级党组织工作的主动性和规范性有明显提高，各级党员领导干部落实管党治党责任的使命感和紧迫感有了明显增强，广大党员党的意识、政治意识、先锋意识有明显提升，党的建设工作得到全面加强。组织召开集团公司党的建设工作会议，把落实全国国有企业党的建设工作会议精神30项重点任务细化分解成70项具体举措，逐项狠抓落实，大部分工作已经完成。制定党建工作责任制实施办法和考核评价办法，开展党组织书记述职评议工作，加大主体责任落实和约谈问责力度。大力开展干部队伍建设。落实"信念坚定、为民服务、勤政务实、敢于担当、清正廉洁"二十字标准要求，修订领导人员管理规定、领导班子和领导人员综合考评办法等制度。完善"党委推荐、竞争择优、民主评议、注重业绩、因事择人"的选拔任用机制，完成高管人员副职岗位竞争性选拔工作，干部队伍结构不断优化，选人用人总体满意率明显提升。加强员工关心关爱，深入推进职工小家"五小"（小食堂、小浴室、小休息室、小活动室、小书屋）建设暖心工程。不断夯实党建基础工作。制定印发党组织管理办法和基层党支部"三会一课"制度，部署开展"六好"党支部创建工作，推进"互联网+党建"创新，中国移动党建云平台被评为中央国家机关党建信息化优秀案例。注重选树典型，获得"全国文明单位""央企楷模""中央企业基层示范党支部"等一批荣誉称号。深入开展内部巡视，发现问题600余个，问责700余人次。锲而不舍落实中央八项规定精神，具有特色的"1+N"作风建设制度体系逐步健全。加大执纪问责力度，积极运用"四种形态"，处置问题线索2164条，立案查处违纪违法案件332件，释放严肃惩治腐败、执纪越往后越严的强烈信号。

【信息化建设】 2017年，中国移动加速促进信息通信技术与实体经济深度融合，以数字化培育信息消费新业态、转型发展新动能。加快移动物联网发展，建成全球最大的物联网专用网络，2017年物联网智能连接数净增1.2亿个、总数2.3亿个。在全球运营商中率先推出物联网开放平台（OneNET），已聚集开发者超过5万人，服务企业突破5000家，接入设备超过3000万台，推出应用近3万个。聚焦垂直领域，大力拓展行业信息化，与155家产业龙头强强联合，在政务、医疗、教育等领域积极探索"互联网+"，助力行业云平台建设。推动工业互联网发展，提升工业互联网基础设施能力，推进智能制造、智慧能源、智能汽车等深度研究，有效支撑重点行业数字化、智能化转型。

【履行社会责任】 2017年，中国移动秉承"正德厚生，臻于至善"企业核心价值观，在加快自身发展的同时注重回馈社会，持续打造负责任的企业形象。加强通信保障，圆满完成党的十九大、"一带一路"国际合作高峰论坛等重大活动的通信和信息安全保障工作，2017年完成各类应急通信保障4085次。扎实开展电信普遍服务，累计完成超过2.6万个宽带未通村和升级村的宽带网络建设。保障信息安全，构建"监控、防护、溯源"三位一体技术支撑体系，全力参与打击治理电信网络新型违法犯罪专项行动，持续做好诈骗电话拦截、不良信息治理等工作。助力精准扶贫，投入4415万元，支持8个对口支援和定点扶贫县惠民项目建设。支持社会公益，完成近千名贫困先心病患儿救治和超1万名中西部乡村校长培训。致力节能减排，连续第二年作为唯一内地企业入选CDP全球气候变化最高评级名单，单位信息流量综合能耗较2016年下降40%。

（撰稿人：郝　峰　程　东）

中国电子信息产业集团有限公司

【基本概况】 2017年，中国电子信息产业集团有限公司（以下简称"中国电子"）以习近平新时代中国特色社会主义思想为指引，深入贯彻落实党中央、国务院决策部署，保增长、调结构、促转型、强管理，改革发展党建各项工作取得积极进展。一是综合实力持续提升，全面完成国资委下达的各项年度经营业绩考核指标，第五次获评中央企业经营业绩考核A级企业，连续七年入选世界500强企业，排名第362位。二是产业地位持续提升，形成以面板为中心、整机为龙头、基板为核心的新型显示产业链；基本形成覆盖本质安全、过程安全和工控安全的自主可控网络安全产业体系；着力打造覆盖集成电路设计、制造、封测的集成电路产业体系；积极布局智能制造、工业互联网、人工智能、健康医疗大数据等新兴业态。三是财税贡献持续增加。中国电子严格遵守和执行国家相关税收法规，积极为国家财政作贡献，2017年度上缴税金总额60.09亿元。

【主要指标】 截至2017年底，中国电子资产总额2630.8亿元，同比增长3.5%；实现营业收入2162.1亿元，同比增长8.4%；实现利润总额42.5亿元，其中经营性利润20.2亿元，同比增加18.5亿元；科技开发投入71.3亿元，同比增长10.2%；全员劳动生产率16.3万元/人·年，同比增长22.6%；国有资本保值增值率107.4%，同比增加2.19个百分点；应收账款周转率6.8次，存货周转率5.2次，提质增效取得显著成效。

2017年中国电子信息产业集团有限公司主要经济指标

项　目	2016年	2017年	比上年增长（％）
资产总额（亿元）	2541.8	2630.8	3.5
所有者权益（亿元）	787.9	816.1	3.6
营业收入（亿元）	1993.6	2162.1	8.4
利润总额（亿元）	51.0	42.5	−16.7
净利润（亿元）	31.4	28.7	−8.6
归属于母公司所有者的净利润（亿元）	21.4	11.3	−47.3
技术开发投入（亿元）	64.7	71.3	10.2
利税总额（亿元）	108.9	95.9	11.9
应交税金总额（亿元）	57.9	53.4	−7.8
全员劳动生产率（万元/人·年）	13.3	16.3	22.6
净资产收益率（％）	6.56	3.25	减少3.31个百分点
总资产报酬率（％）	3.23	2.94	减少0.29个百分点
国有资本保值增值率（％）	105.21	107.40	增加2.19个百分点

注：2016年数据为2017年决算数的上一年同期数。

【改革发展】 为增强发展活力，中国电子深入推进具有中国电子特色的市场化结构性改革，取得显著成效。一是全面加强专业化重组整合。资本市场上的重大无先例"爱诚信"项目全面完成，当年实现利润总额8亿元，盈利能力大幅提升，重组效果凸显，自主可控整机产品在国产化替代重大项目中的市场占有率处于领先地位。将冠捷科技提升为集团总部直接控股的二级企业，进一步加强对新型显示业务的管控和支持。二是坚决推进清理压缩、"瘦身健体"。2017年，清理退出52户控股企业，完成8户"僵尸企业"处置和9户特困企业治理，企业法人层级由十一级压缩至八级，企业管理层级压缩至五级。全面完成国务院国资委部署的2016—2017年度清理压缩任务，获得考核满分。三是全面完成公司制改制。着力推动集团公司下属企业由全民所有制企业改制为按照公司法登记的有限责任公司或股份有限公司，半年时间高效率完成88户全民所有制企业公司制改制。四是全力推进资本运作。彩虹股份非公开定向增发成功募集资金192.2亿元，成为2017年非金融类上市公司最大规模的股权融资项目，也是中国电子历史上规模最大的股权融资。中电港获得国家集成电路战略基金投资，完成B轮12亿元融资。加快打造中国电子深圳平台公司，正式取得深圳湾总部基地土地使用权。组织启动军工企业"混改"工作，中软信息、熊猫汉达纳入国家发展改革委第三批混改试点范围，军工混改实现突破。五是狠抓人才队伍建设。进一步完善市场化选人用人机制，探索建立专业化董监事队伍，推进中长期激励试点。全面梳理人力资源各类制度，统筹"废、改、立"工作，选人用人制度体系初步形成。贯彻业绩能力导向，组织集团公司总部机构职责调整和新一轮全员聘任工作。加强人才培训工作，成立中国电子网信学院（中国电子党校）。六是着力推进企业文化建设。中国电子改革发展进入新阶段，创造性地融合央企使命与市场化经营理念，研究提出并正式对外发布"建设网络强国、链接幸福世界"核心主张，发布中央企业首份社会价值报告，推出新的理念型宣传片，扩大中国电子的社会影响力，得到广大干部职工的充分认同。

【重大项目】 2017年，中国电子创新践行新发展理念，加快构建中国电子新发展体系，推动主导产业转型升级。网络安全领域，"中国电子网络安全与信息化科技创新工程"获得2017年度国家科技进步一等奖。在第四届世界互联网大会上，牵头并携手ARM、谷歌、微软、华为正式发布ARM服务器标准和"PK"体系（飞腾CPU＋麒麟OS）。强化应用推广，配合中央有关部门启动实施"南风"二期项目，自主可控整机产品在国产化替代中逐渐成为主流。网络攻防技术研发取得阶段性突破，实现业务首次走出国门。新型显示领域，布局高世代液晶面板，总投资500多亿元的咸阳和成都两条8.6代液晶面板生产线项目相继点亮投产。与康宁公司在咸阳、成都成立合资公司，布局建设2条8.6代LCD玻璃基板后段加工生产线。集成电路领域，投资1000亿元在上海布局工业控制组件项目（"611工程"）和新一代存储器项目（"大白鱼项目"），其中工业控制组件项目被列入国家重大生产力布局。积极争取国家集成电路产业投资基金支持，获得200亿元投资额度。高新电子领域，狠抓规划落地和内部协同，加强军民融合和创新驱动，科研生产总体进展顺利，军贸业务稳定增长。信息服务领域，强化平台建设，积极拓展新空间。中国电子承担的国家"金税"三期工程，是世界上处理能力最强大、最复杂、最先进的电子政务工程，每年为80多万名税务干部、4500多万纳税法人、近9亿自然人提供7×24小时税费服务，覆盖所有税务机关、所有税种、所有征收管理环节。中国电子组织推进成都"芯谷"建设，努力打造千亿级新型电子信息产业生态圈。

中国电子主动适应智能化时代发展趋势，加快推动智能制造、工业互联网、人工智能、健康医疗大数据等产业发展，谋划新兴业态布局落地。智能制造领域，协同推进智能制造产业发展，制定《中国电子新型智慧城市业务推进方案》和智能制造平台公司组建方案。依托旗下400多家制造业企业的智能化升级改造需求，推进智能工厂建设，通过建立MES集成模式，打造互联互通智能工厂，并延伸到供应链及客户端，形成中国电子智能制造产品整体解决方案。中国电子拥有智能化水平达到国际领先水平的新型显示生产线，在生产关键环节大量应用智能设备、智能元器件和智能系统。工业互联网领域，依托旗下35家产业园、50万平方米众创空间和园区内1万多家民营企业，推进园区智能制造和工业互联，打造工业互联网生态圈。联合长沙市政府建成长沙工业云平台，接入制造业企业1000多家，规模效应和协同效应已经显现。人工智能领域，中国电子基于自身在网络安全领域核心优势，运用人工智能、物联网、大数据等一系列技术，打造城市"神经系统"，涉及轨道交通、公安、政务、医疗、税收等众多领域，推动现代化城市治理向精准化、智能化方向迈进，已在上海市、河北省、湖南省等全国24个省（自治区、直辖市）开展城市现代化建设工作。健康医疗大数据领域，加速布局健康医疗大数据产业，与福建省共同建设国家健康医疗大数据平台（福州），健康医疗大数据产业国家队地位初步树立。与IBM战略合作，将Watson Health相关解决方案引入中国，推动大数据技术在国民医疗健康领域的应用，已覆盖福建、湖北、河南等省份的数亿人口。

【走向海外】 2017年，中国电子境外实现营业收入820.86亿元，利润总额13.68亿元，纯境外企业资产总额370.36亿元，同比增加37.3亿元，增长11.2%。截至2017年底，中国电子所属各级境外投资企业107户。中国电子海外经营主要依托冠捷科技有限公司（以下简称"冠捷科技"）、深圳长城开发科技（以下简称"深科技"）、中国电子进出口总公司（以下简称"中电进出口"）三家公司。2017年，中国电子实施境外股权投资项目4项，合计投资额2638.11万元。一是冠捷科技增资冠捷电子（墨西哥）有限公司，在当地开展电视机、显示器销售业务；二是深科技在日本设立存储芯片封测研发中心；三是深科技设立菲律宾子公司并建设制造工厂，开拓当地及东南亚的其他客户和业务；四是深科技设立美国子公司，开拓和培育美国市场。中电进出口参与"一带一路"信息互联互通，中标厄瓜多尔震后交通基础设施重建项目一期工程；公共安全一体化项目在非洲市场实现零的突破。

【重大创新】 "中国电子网络安全与信息化科技创新工程"获得2017年度国家科技进步一等奖，这是国家对中国电子网信产业创新成果的充分肯定，也是集团公司首次以整体形式获得科技领域最高奖项。在第四届世界互联网大会上，中国电子携ARM、谷歌、微软、华为等合作伙伴，正式发布ARM服务器标准和"PK"体系（飞腾CPU+麒麟OS），引起业界热烈反响，历史性地参与掌握国际标准制定的话语权。中国电子自主可控创新团队当选2017年度国防科技工业十大创新人物（团队）。推动"双创"工作亮点突出，参加中央企业熠星创新创意大赛，囊括一、二、三等奖；获评央企"双创"首批示范企业，入选国家"双创"示范基地，得到国务院总理李克强等中央领导的充分肯定。新增7个国家级科技创新平台、5个国家级众创空间。

【党建工作】 深入宣传贯彻党的十九大精神，深刻学习领会习近平新时代中国特色社会主义思想的精神实质和丰富内涵。修订公司章程并将党的领导融入公司治理环节,规范党组、董事会和经理层等决策主体的决策权限和程序,充分发挥党组在集团公司的领导核心和政治核心作用。加强基层党组织建设,重点推进集团总部各支部、在京企业基层党支部"三会一课"制度的落实。成立集团公司总部机关党委和"互联网+党建"研究中心,加速党建云手机端在全系统推广使用。加强执纪问责,自觉推进"全面从严治党"在中国电子的全面贯彻落实,探索"常规+补位"巡视工作模式,通过专项巡视发现企业有关问题91个,提出整改意见26条,给党组提出建议19条。加强监督执纪,受理问题线索126件,谈话函询20人次,立案14件,党纪政纪处分22人。加强作风建设,贯彻落实党的十九大对持之以恒正风肃纪的新部署、新要求,制定《中国电子信息产业集团有限公司党组贯彻落实中央八项规定精神实施办法》,进一步纠正"四风"、转变作风,大兴学习之风、调研之风、实干之风,旗帜鲜明反对事务主义。

【信息化建设】 2017年,中国电子以集团总部信息化建设工程为牵引,以信息化手段带动管理方式变革和工作效率提升。一是涉密网项目建设实现重要突破。完成未来城涉密数据中心机房、保福寺涉密机房和涉密会议室建设;完成生产管理、质量管理、军品军贸管理等应用子系统的开发工作。二是商密网项目建设取得里程碑成果。完成移动办公、公文交换、会议管理、电子文件柜、IT运维管理、网络传真、电子邮件、生产运营等15个应用子系统的上线试运行;完成集团数据资源管理平台和全面风险系统自主可控改造建设工作。集团总部自主可控商密网正式投入使用并顺利通过公安部信息安全等级保护评估中心的等级保护三级现场测评。三是基本完成《2018—2022年集团信息化总体规划(征求意见稿)》的编制,并进一步完善企业信息化工作情况定期报送机制,对重点企业进行实地调研和对标评价,提出有针对性的企业信息化考评关键指标。

【履行社会责任】 在绿色发展方面,认真履行社会责任,对内抓好安全生产和环境保护,对外推动实施绿色能源、智慧环保等项目,全年未发生重大及以上突发环境事件,未发生重大及以上安全生产事故。在精准扶贫方面,创新提出"聚力聚智扶贫"新思路,定点帮扶海南省临高县、四川省阆中市、贵州省松桃县、陕西省镇安县4个贫困县,派出挂职干部6人,累计投资570.68万元,实际帮扶3172人脱贫,帮助定点帮扶单位完成脱贫人口计划总计44322人,捐资建设党建扶贫工作站16个,援助建设电脑云教室11个。

2017年,发布中央企业系统首份社会价值报告——《中国电子2016年度社会价值报告》,全面展示中国电子在履行政治责任、经济责任、社会责任、国际责任等方面的价值贡献。报告被评为五星级报告并获得特别创新奖,专家认为,"中国电子2016年社会价值报告成功拓展企业社会责任的理论新境界和实践新高度,将对社会责任报告编制领域产生深远的影响"。

(撰稿人:安 超)

中国第一汽车集团有限公司

【基本概况】 2017年,中国第一汽车集团有限公司(以下简称"中国一汽")深入学习贯彻习近平新时代中国特色社会主义思想和党的十九大精神,落实中央经济工作会议、国资委央企负责人会议部署,坚定履行国企经济责任、政治责任、社会责任,工作成效受到政府、行业、媒体以及社会各界的充分肯定,企业形象和社会影响力持续提升。在《中国500最具价值品牌》中,中国一汽品牌价值2301.93亿元,较2016年提升383.65亿元,位列第九位,连续14年位居汽车行业榜首。位列世界500强第125位,中国企业500强第27位。在国务院国资委公布的"2016年度中央企业负责人经营业绩考核A级企业名单"中位列第九位,位居汽车行业央企第一位。

中国一汽凭借在行业贡献、责任引领以及创新研发等方面的优秀表现,获得"2016—2017年度中国最受尊敬企业""2017中国十大杰出责任品牌企业""社会责任五星级企业"等称号,获得"2017中国年度最佳雇主"第九名、2017年中国社会责任扶贫奖、2017年优秀社会责任报告领袖企业奖。

2017年,中国一汽根据《国务院办公厅关于印发中央企业公司制改制工作实施方案》的要求,进行公司制改制,于2017年12月14日完成工商变更登记。名称变更为"中国第一汽车集团有限公司",中文简称沿用"中国一汽",英文简称"FAW"。集团总部设有20个职能部、4个研发院和2个工厂。集团企业管理层级分五层。其中二级分公司5家、子公司10家;三级分公司22家、子公司37家;四级分公司38家、子公司42家;五级分公司10家、子公司3家。截至2017年底,在册员工总数118128人。

【主要指标】 2017年,中国一汽实现销售整车334.6万辆,实现营业收入4698.9亿元,实现利润420.5亿元,全面完成国务院国资委下达的利润目标。

2017年中国第一汽车集团有限公司主要经济指标

项　目	2016年	2017年	比上年增长(%)
资产总额(亿元)	3806.36	4367.84	14.75
所有者权益(亿元)	2055.98	2086.44	1.48
营业收入(亿元)	4303.82	4698.88	9.18
利润总额(亿元)	410.36	420.51	2.47
净利润(亿元)	285.83	308.20	7.83
归属于母公司所有者的净利润(亿元)	160.19	193.01	20.49
技术开发投入(亿元)	85.10	138.92	63.24
利税总额(亿元)	934.10	943.10	0.96
应交税金总额(亿元)	648.27	634.88	-2.07
净资产收益率(%)	14.20	14.88	增加0.68个百分点
总资产报酬率(%)	11.52	10.30	减少1.22个百分点
国有资本保值增值率(%)	107.67	109.69	增加2.02个百分点

注:1. 技术开发投入为国资委决算基本情况表中年度科技支出。
2. 净资产收益率含少数股东净资产收益率。

【改革发展】 优化和完善集团管控。初步搭建集团运营管理新平台,构建以品牌为核心的业务单元。总部直接运营"红旗",成立红旗经管会;成立"奔腾事业本部"负责奔腾品牌业务板块运营;成立"解放事业本部"负责解放品牌业务板块运营。按照专业化的思路,成立合资合作部,统一管理合资合作业务。成立新能源办公室,负责新能源业务板块运营。成立智能网联办公室、智能网联研究院,负责智能网联业务板块运营。成立出行业务筹备办公室,负责出行业务板块运营。分别成立品牌部、客户中心,负责品牌管理和客户经营管理。对集团旗下不同业务板块和分子公司进行分类,并据此采取不同的管控办法。认真落实各业务板块、运营平台及分子公司的权利,实现"责权利对等,研产供销一条龙",做到"该管的管住,不该管的坚决下放"。

调整与变革。伴随集团战略、组织结构等方面大调整,优化精简集团总部职能管理机构和管理人员,实现总部从原来单纯"管"向"管""干"结合的重大转变。启动"全体起立、竞聘上岗、双向选择"人事制度改革,涉及总部27个单位和20个二级公司的20818名干部员工,初步实现"四能",努力达到"四力"。优化人力资源配置,构建形成"管理类""专业类""操作类"3个职位序列,努力拓宽干部员工的职业成长通道。

整车品牌发展情况。红旗品牌:制定并发布新红旗品牌战略,提出红旗全新定位和战略目标;新红旗的品牌理念是"中国式新高尚精致主义";发展目标是成为"中国第一、世界著名"的"新高尚品牌"。奔腾品牌:通过品牌体验、线上线下互动等多种方式,提升品牌知名度和美誉度;发展目标是进入自主主流乘用车第一阵营,并在全球展现竞争力。解放品牌:发展目标是巩固自主商用车第一品牌的位置,进入全球先进行列。一汽-大众品牌:加强股东双方以及合资公司的合作,合作关系、合作效率不断提高;明确未来十年发展战略,通过定期研究和回顾加强对战略的审核,并采取完善措施。一汽丰田品牌:加快管理整合,实现三大基地一体化管理。

体系建设和工作机制。基本建立集团总体、专业职能和各业务板块运营管理体系和流程,覆盖所有业务和活动。积极推进管理和专业业务信息化和数字化。构建高效循环工作机制,通过建立循环工作机制,使各项工作建立在标准化、专业化、常态化的机制上。

【重大创新】 解放步入智能时代,开中国商用车无人驾驶先河。4月13日,在吉林长春一汽技术中心农安试验基地,一汽解放自主研发的无人驾驶智能卡车进行首次开放演示,获得圆满成功。这也是国内商用车行业第一次智能驾驶实车演示。一汽解放还与百度、恒润、爱立信、中国移动等多家企业签订战略合作协议,将在智能商用车的开发、核心技术研究、市场推广运营等方面开展广泛的合作。

智能网联。7月,中国一汽与百度签署战略合作框架协议,双方将就"汽车+互联网"的合作模式展开进一步探索。双方将在车联网产品、自动驾驶、品牌推广及创新营销、云服务等领域开展深入合作,达成工业化与信息化的高度融合,为用户提供车内一站式服务。

11月17日,新华网与中国一汽合作成立"车媒体"智能生态联合实验室在北京揭牌。双方将从各自优势出发,共同研发"车媒体"智能生态系统,实现传媒和汽车领域的跨界创新。传媒业和汽车业进行跨界深度融合将拥有全新的生长空间,中国一汽积极布局智能网联产业生态,与新华网成立"车媒体"智能生态联合实验室,意味着在前瞻技术的探索之路上迈出坚实的一步。

【走向海外】 随着国家"一带一路"倡议的快速推进,中国一汽海外合作全面开花,硕果累累。海外业务遍布东南亚、非洲、中东、拉美等五大片区,覆盖48个国家,成为中国自主品牌汽车企业"走出去"的重要力量。

中国一汽竞得中铁二十局巴基斯坦项目78辆工程车采购订单,首批车辆于2月25日交付;4月26日,在俄罗斯组装生产的首款SUV奔腾X80上市;6月12日,一汽自主品牌产品进入埃及市场,推出奔腾B30、X40、B50乘用车,V60微型车以及一汽青岛解放牵引车、自卸车、水泥搅拌车;8月12日,一汽威志V2轿车在巴基斯坦工厂组装下线,实现在巴事业由整车进口向KD组装的发展升级,1—8月,威志V2收到订单近2000辆,成为巴基斯坦市场成长最快的单一轿车品牌;8月17日,首辆海外组装的奔腾B30在伊朗下线,标志着中国一汽乘用车在争取伊朗万辆级年销目标的征途中又向前跨进一步;8月25日,中国一汽南非库哈工厂迎来第3000辆卡车下线。

中国一汽向拉美市场单批次出口汽车640辆,其中森雅R7和骏派D60合计300辆,实现海外销售以来最大单次出口量。

中国一汽与柬埔寨优联发展集团签署合作意向书。该项目在"一带一路"倡议背景下提出,有利促进中柬合作交流,帮助当地民族汽车产业发展,同时也是中国一汽在推动国际产能合作,实现从产品输出向产能输出转变方面以及联合吉林省政府、打包地方项目一同"走出去"方面的又一次有益实践。

中国一汽与吉林股权基金、中改投资基金、中信银行、惠华集团、华阳集团共同注资成立一汽海外投资公司。通过集聚各方优势资源,中国一汽将进一步开拓"一带一路"沿线汽车服务保障、金融贷款等后市场领域,不断打造、巩固在国际市场的全产业链优势。

【党建工作】 认真学习贯彻落实十九大精神。坚持读原著、悟原理,实现自主学习与交流研讨相结合,组织开展中心组学习和基层党委学习十九大精神主题活动。集团公司班子成员带头自编课件,紧密围绕"认真学习贯彻党的十九大精神,以党建新作为推动一汽新发展"等开展专题讲座,处级以上领导人员全部参加。

学习教育常态化、制度化扎实推进。不折不扣严格落实组织生活制度。集中组织各级党委召开"我为一汽做什么"专题民主生活会、"两学一做"专题组织生活会等。制定集团公司班子和基层党委"1+1"落实方案,出台《政治理论学习制度》《党支部工作标准化指导手册》,强化督导服务。

各级党委狠抓党建工作,做到有计划、有部署、有落实、有检查。坚持贯彻国有企业党建工作要求,将党委工作纳入制度化轨道。不断完善党委工作在公司治理中的地位和作用,充分实现党委工作的意志。不断加强党委日常工作,发挥党委领导的核心作用。不断创新党建,增强党建的吸引力,加强党建和生产经营的融合,实现双促进、双提高。

集团公司党委和各级基层党委紧密联系群众,加强和普通群众的血肉联系,努力为群众排忧解难。党委常委定期深入基层,开展调研,并积极参加各自所在支部的活动。发挥群团合力作用,关心关爱员工。大力弘扬劳模精神和工匠精神,促进职工队伍素质提升。

【履行社会责任】 切实履行社会责任。发布《中国一汽社会责任报告（2016）》。开展"中国一汽蓝途公益计划——走进龙井市""红旗少年一汽行"等项目。完成对外捐赠8254.7万元。获得中国企业公民委员会"优秀企业公民"称号。抓好援藏和精准扶贫工作。对广西壮族自治区凤山县、吉林省镇赉县等地开展精准扶贫,2017年扶贫（援藏）项目投入5700万元。设立"红旗扶贫梦想基金",助力贫困家庭学子实现人生和家庭梦想。

（撰稿人：王艳红）

东风汽车集团有限公司

【基本概况】 东风汽车集团有限公司（以下简称"公司"）是中央直管的特大型汽车企业,始建于1969年。2017年11月按照国有企业公司制改革要求,东风汽车公司更名为东风汽车集团有限公司。

截至2017年底,公司总资产3256亿元,从业人员16万余人,经营规模超过410万辆,位居中国汽车行业第二位、中国制造业500强第三位、世界500强第68位。

公司主要事业基地分布在武汉市、十堰市、襄阳市、广州市等全国20多个城市；在瑞典建有海外研发基地,在俄罗斯设有海外销售公司,是法国PSA集团三个并列最大股东之一。科技实力行业领先,研发投入占销售收入3.5%以上。

公司目标是成为具有国际竞争力的世界一流企业。2017年,面对增速放缓、竞争加剧、走势分化的行业环境和艰巨的发展、改革、稳定任务,公司坚定贯彻新发展理念,以提高质量效益和核心竞争力为中心,整体经营保持高质量,各项工作取得新进展,为公司"十三五"时期成为"为用户提供全方位优质汽车产品和服务的卓越企业"打下坚实的基础。

公司坚持稳中求进工作总基调,以新发展理念为引领,全面贯彻落实供给侧结构性改革要求,牢牢把握统筹推进、重点突破的工作主题,坚持乘势而进、党建强企、改革突破、持续创新、优化体系的方针重点。坚持做强做优不动摇,经营保持高质量发展；坚持深入破解"四大挑战",自主核心能力构建迈出新步伐；坚持强化合资合作中的主动主导,推动合资事业持续平稳发展；坚持在深化改革上聚焦发力,改革瓶颈取得突破、向纵深发展；坚持全面从严治党,党的建设进一步加强。

【主要指标】 公司整体经营保持稳定健康,经营质量进一步提升。2017年,销售汽车412.1万辆,销量规模稳居行业第二,其中商用车重回行业第一。实现销售收入6283.4亿元,比上年增长10.1%；上缴税费589.2亿元,比上年增长6.7%。坚持交付导向,加快结构调整,终端交付量421.7万辆,大于批发量9.6万辆；库存降低8.3万辆,库存结构进一步优化；中高端产品比例比上年增加5.6个百分点。

2017年,投放乘用车20多款新车型；中高端车型的销量比例增加5.5个百分点；SUV占比增加7.1个百分点。重卡尤其是牵引车销量占比快速提升。公司单车收入、单车利润分别比上年增长13.1%、16.5%。坚持交付导向,全年零售量高于批发量,整车库存下降8万辆。坚决出清"淤泥库存",3个月以上超期库存比例持续下降。全价值链降本增效成效显著。全面完成国务院国资委下达的利润总额、经济增加值、成本费用总额占营业收入比重、流动资产周转率四项考核目标。

【改革发展】 公司坚持按照"三个有利于"的改革要求,蹄疾步稳推动改革全面发力、重点突破。独立工矿区改革试点工作取得突破,基本完成十堰基地7万多户职工家属区"三供一业"业务对口移交和集中管理。厂办大集体企业改革基本完成,东风实业公司新立。三项制度改革深入实施,推进决策授权体系（DOA）建设,建立健全与市场接轨的激励机制,进行公司总部、神龙公司等体制机制改革。"压减"和"处僵治困"取得阶段性成果。通过改革创新,公司主业更加清晰,市场化体制机制逐步建立,员工思想大幅转变。

【走向海外】 公司坚持主动主导,提升开放合作水平。与合资伙伴的高层交流常态化展开,战略互动能力明显增强,在合资事业战略规划中的主导力、资源配置的话语权进一步提升,推动合资事业整体保持健康快速发展。东风日产乘用车销量跨越110万辆新台阶,东风本田汽车销量突破71万辆,比上年增长25.3%,领涨国内主要合资企业。深化与合作伙伴在国际化人才联合开发、新能源汽车等领域的合作,努力促进自主能力提升。

抓住"一带一路"机遇,加强沿线市场开拓,加快海外出口转型,取得重要进展。2017年,海外出口汽车6.5万辆,比上年增长55.3%,增幅远高于行业。海外战略积极推进,东风风神伊朗KD项目销量大幅增长,俄罗斯等战略市场稳步开拓,东风品牌海外推广力度加大。

【重大创新】 公司实施创新驱动战略,加快创新发展步伐。强化研发能力建设,公司技术中心二期项目投入使用。公司12个项目获得2017年度中国汽车工业科学技术奖,获奖数量位居行业第一。把握汽车产业轻量化、电动化、智能化、网联化、共享化趋势,加快推出"五化"商品,东风风神AX4获得行业轻量化优秀车型一等奖,无人驾驶汽车达到L2~L3水平,车联网品牌WindLink3.0搭载多款自主品牌车型,新能源汽车共享平台初步搭建。加强协同创新,与一汽、长安签订战略合作框架协议,在四大领域开展全方位合作。

【省内发展】 公司在湖北省内事业发展的主要指标再创新高,整体呈现质量更好、结构更优、活力更强的发展势头。2017年,省内企业实现汽车销量208.4万辆,比上年增长2.2%;销售收入3272亿元,比上年增长17.6%;工业总产值2915.4亿元,比上年增长20.3%;上缴税费325.8亿元,比上年增长18.2%。

重大项目稳步推进,发展后劲持续增强。加大研发投入,新建一批高水平的试验室。东风本田三工厂项目加快建设,预计2019年建成投产。东风格特拉克自动变速箱25万台二期工程按计划推进。神龙公司襄阳动力总成商品及能力提升项目、襄阳达安试车场三期与检测能力建设等项目稳步推进。

加强政企沟通与合作,共同推动省内事业转型升级和结构调整。公司与湖北省及各大基地所在的市委市政府达成战略共识,省内事业发展的定位和战略进一步明确。公司与武汉市签订战略合作协议,力争到2021年武汉基地实现整车销量240万辆,把武汉基地建设成为乘用车整车与零部件基地、新能源汽车基地、汽车出口基地和智能制造示范基地。

【自主品牌】 公司积极构建核心能力,推动自主品牌加快发展。自主品牌推出10多款新品,销售143.9万辆,比上年增长4.5%。提升自主乘用车核心能力,自主乘用车发动机形成三代、国六排放、共7款的"367"产品格局。加快重塑商用车领先优势,新一代中重卡商品加速开发,发动机、变速箱等动力总成实现换挡升级。落实军民融合发展战略,加快东风猛士平台化、系列化、车族化,预研第四代轻型战术车辆,圆满完成朱日和阅兵保障任务。

【新能源汽车】 公司积极抢占制高点,推动新能源汽车快速发展。新能源汽车销售5.5万辆,比上年增长118%,其中新能源商用车销量居行业第一,燃料电池物流车在行业率先投入示范运营。新上市的东风风神纯电动车E70续航里程在标准工况下500千米,位居行业领先水平。电池、电控和电机战略逐步清晰,"三电"工业化建设加速推进。积极推进商业模式创新,依法合规经营,新能源事业整体保持盈利。

【合规运营】 公司巩固中央巡视整改成效,积极推进国家审计署、监事会发现问题整改落实。构建公司层面合规管理体系,"一个平台,两个循环"(合规管理平台,体系建设循环与合规评价循环)的合规体系初步构建并开始运行。深入推进全面风险管理,经营重大风险有效管控。健全董事会运行机制、议事和决策制度,董事会运行高效规范。纵深推进依法治企,与合作伙伴廉洁共建,促进全价值链合规运营。

【党建工作】 2017年是党的十九大召开之年,公司周密部署,持续开展迎接和学习宣传贯彻党的十九大精神活动,坚定自觉用习近平新时代中国特色社会主义思想武装头脑、指导实践、推进工作,以完善和推进党建事业计划为抓手,扎实推进"两学一做"学习教育常态化制度化,深入落实全国国有企业党建工作会议精神和党建重点任务,努力提高党建质量和水平,不断增强干部政治素质和专业本领,坚决抓好正风肃纪和党风廉政建设,深入推进中央巡视整改,努力营造风清气正的政治生态和经营生态,各级领导干部的作风进一步转变,各级党组织引领和促进中心工作的能力和作用进一步发挥。

【履行社会责任】 公司主动履行央企社会责任,坚持安全绿色发展。开展援藏、援疆、援桂和润楚工程等工作,获得国务院国资委颁发的中国社会责任扶贫奖。公司严格履行安全生产责任制,安全生产形势总体平稳。实施"绿色东风2020"行动,启动21亿元的投资计划开展工业废气专项整治,实施节能环保水平评价,积极构建"双积分"管理体系,全面达成节能环保各项目标。公司职工共创共享深化发展。完善收入增长与绩效联动机制,公司全员人均工资比上年增长13.1%,不同地域、不同业务单元增长体现不同。海外中高端引才增长167%,公司国务院政府津贴专家、千人计划、楚天名匠、黄鹤英才新增12.9%。与国际合作伙伴联合培养人才,向PSA集团、雷诺—日产联盟等派出42人,PSA集团有7人到公司学习。持续推进"健康东风"等工程,困难职工精准帮扶、职工心理援助项目试点、"女职工特病险"、离退休职工关爱等深入实施。职工开心工作、快乐生活的氛围进一步形成。

(撰稿人:王 英)

中国一重集团有限公司

【基本概况】 按照国资委统一部署,2017年11月,中国第一重型机械集团公司改制成国有独资公司,更名为"中国 重集团有限公司"(以下简称"中国一重")。

中国一重始建于1954年,是"一五"期间建设的156项重点工程项目之一,是中央管理的涉及国家安全和国民经济命脉的国有重要骨干企业之一,是国家创新型试点企业、国家高新技术企业,拥有国家级企业技术中心、重型技术装备国家工程研究中心、国家能源重大装备材料研发中心。60多年来,为国民经济建设提供机械产品350多万吨,开发研制新产品400多项,填补国内工业产品技术空白400多项。中国一重具备核岛一回路核电设备全覆盖制造能力,是中国核岛装备的领导者、国际先进的核岛设备供应商和服务商,是当今世界炼油用加氢反应器的最大供货商、冶金企业全流程设备供应商。

2017年,中国一重认真贯彻落实党中央、国务院各项决策部署和国资委具体工作要求,以供给侧结构性改革为主线,着力推动国企改革"1+N"文件精神落地。尤其是党的十九大胜利召开以来,中国一重认真学习贯彻习近平新时代中国特色社会主义思想和党的十九大精神,积极抢抓发展机遇,大力推进改革创新,勇于开拓进取,圆满完成2017年既定经营计划和预算目标,成功扭转连续三年亏损的不利局面。

中国一重加快推动传统产品优化升级,在做好装备制造板块的同时,大力发展新能源、节能环保、新材料、农业机械、金融等新业务板块,努力形成优势突出、结构合理、创新驱动、开放协同的发展新格局,努力把中国一重构建成为多元发展、多极支撑的现代化企业集团。

【主要指标】 2017年,中国一重实现营业收入80.14亿元,同比增长150.09%;利润总额1.08亿元,同比增加55.82亿元,完成全年考核目标的363%。主要经济指标均实现同比大幅增长,营业收入等多项指标创历史最好水平。

2017年中国一重集团有限公司主要经济指标

项 目	2016年	2017年	比上年增长(%)
资产总额(亿元)	343.75	357.41	3.97
所有者权益(亿元)	133.28	134.13	0.63
营业收入(亿元)	32.05	80.14	150.09
利润总额(亿元)	−54.74	1.08	
净利润(亿元)	−57.30	0.72	
归属于母公司所有者的净利润(亿元)	−35.01	0.50	
技术开发投入(亿元)	2.83	3.48	22.74
利税总额(亿元)	−51.39	7.85	
应交税金总额(亿元)	3.72	7.31	96.05

续表

项　　目	2016 年	2017 年	比上年增长（％）
全员劳动生产率（万元/人·年）	−30.41	26.11	
净资产收益率（％）	−36.80	0.54	增加 37.34 个百分点
总资产报酬率（％）	−12.92	2.17	增加 15.09 个百分点
国有资本保值增值率（％）	72.24	100.66	增加 28.42 个百分点

【改革发展】 2017年，中国一重牢牢把握供给侧结构性改革主攻方向，全面落实深化供给侧结构性改革重大举措，实现"止血""瘦身"，提质增效。一是全面完成公司制改革，持续推进现代企业制度建设。2017年11月，中国一重由全民所有制企业改制为国有独资公司，并相继组建4家子公司，为进一步深化改革打下坚实基础。二是继续深入推进三项制度改革。坚持"市场化选聘、契约化管理差异化薪酬、市场化退出"的原则，完成全员岗位合同和劳动合同签订工作，薪酬分配重点向营销、高科技研发、高技能、苦险脏累差、高级管理五类人员倾斜，有效发挥薪酬分配的激励约束作用，进一步激发企业内生活力。三是深入推进"三去一降一补"。开展标准成本制定工作，通过内外部对标，形成产品标准成本体系。四是积极推进产业结构调整。坚持"小核心、大平台、轻资产、精协作、聚人才"原则，由传统装备制造业向高端装备制造业升级、向制造服务业和现代服务业转型，注册成立一重集团国际发展有限公司、国际资源有限公司、融资租赁有限公司、农业机械发展有限公司。同时，积极做好"处僵治困"和厂办大集体人员安置及"三供一业"分离移交工作。

【重大项目】 2017年，中国一重创新建立和完善以营销为龙头的生产经营机制，主动贴近市场、服务用户，深挖市场需求，深化二次市场开发。其中，签订的"中广核惠州反应堆压力容器""中核昌江模式块小堆"等项目具有核电领域小堆国产化重大意义。同时，中国一重优质高效完成"惠州环氧乙烷加氢反应器""山钢2050热轧粗轧机组""江淮高端新能源冲压线"等重点项目的生产。特别是中国一重承制的全球首台"华龙一号"——福清5号核反应堆压力容器和"华龙一号"海外首堆——卡拉奇2号核反应堆容器成功交付用户，标志着中国一重核电生产制造能力进一步提升。首台国产电力驱动大型盾构机在中国一重天津重工有限公司下线，拥有完全自主知识产权，填补我国隧道施工高端装备一项空白。

【走向海外】 2017年，中国一重进一步加强与44家中央企业及所属企业建立沟通联系，不断深化多层次沟通联系机制，与鞍钢、中钢研等10余家大型企业签订战略合作协议，为市场开拓提供有力支撑。同时，积极参与"一带一路"建设，不断拓展国际市场，与达涅利合作，在越南河发钢厂连铸连轧项目上，实现冶金高端装备直接出口；通过与中石化SEI紧密合作，成功中标伊朗阿巴丹炼油反应器项目，实现首次与国内石化行业高水平工程公司共同"走出去"。

【重大创新】 一是科研管理方面，中国一重组织主管部门和相关人员制定《科技创新资金管理制度》，修订《科研新产品开发考核管理办法》，全年完成国家课题验收10项、预验收2项。二是科研新产品开发方面，核电常规岛AP1000整锻低压转子、国核示范项目CAP1400整锻发电机半速转子等产品实现首件国产化；核动力DC项目蒸发器一体化下封头研制获得成功；620℃超超临界汽轮机缸体材料设计及制造工艺开发完成试验件综合评价；自主开发镍基全位置窄间隙TIG焊接工艺，攻克大管径、深坡口镍基合金焊接难题；组织完成蒸发器内构件"板式分离器和旋风分离器"制造安装。三是扎实推进"双创"工作方面，设立党员创新活动室34个、劳模创新工作室42个、创新小组127个，全年立项基层创新课题193个，在提高产品质量、缩短加工周期、降低生产成本等方面取得显著成效。

2017年，中国一重入选国家技术创新示范企业。参与完成的"煤制油品/烯烃大型现代煤化工成套技术开发及应用"项目获得国家科技进步一等奖，"压水堆核电站核岛主设备材料技术研究与应用"项目、"重型压力容器轻量化设计制造关键技术及工程应用"项目获得国家科技进步二等奖。

【党建工作】 中国一重坚持党对国有企业的领

导不动摇,将加强党的领导和完善公司治理统一起来,完成集团公司及所属二、三级子公司党建进章程工作,修订"三重一大"决策实施办法,完善党委常委会议事规则,完善"双向进入、交叉任职"领导体制。首次完整性提出"坚持以习近平新时代中国特色社会主义思想为指导,深刻把握新时代党建工作的总要求,发挥公司党委的领导作用和各级基层党组织的战斗堡垒作用,发挥党员领导干部的示范带头作用和党员的先锋模范作用;坚持使党建工作为公司全面振兴发展提供制度保证、组织保证和监督保证;在各级组织中深化创新、创业、创优、创效工程;完善党建工作指标、责任、跟踪、凭借、考核五大体系;通过坚持和加强党的全面领导,坚持党要管党、全面从严治党,为做强做优做大中国一重提供坚强保证"的"23451"党建工作总体思路。首次系统性制定党建"十三五"规划、首次针对性成立公司党建项目推进组、首次全面性构建党建保障体系,深入推进"干部深学"和"职工全学"工程,扎实抓好"两学一做"学习教育常态化制度化,全面落实党建工作责任制。

【企业文化建设】 2017年,有效推进企业文化建设和对外宣传,搭建企业文化传播平台,启动新展览馆筹建工作;完善企业文化建设理念体系和考核体系,修订《企业文化管理制度》《企业文化建设考评办法》。在《人民日报》、新华网等媒体发表新闻稿件68篇。为进一步加强形势宣传教育,2017年出版《中国一重报》51期。同时,通过微信公众号、官方微博等新媒体,充分展现公司改革发展最新成果,扩大一重品牌知名度和影响力。

【履行社会责任】 一是成立中国一重安全生产委员会,制定印发《安全生产红线管控规定》《环境管理制度》等,进一步强化安全生产和环境保护"红线意识",完成五级《安全环保责任状》签订工作,进一步压实安全环保责任。2004年以来的12个环保项目全部完成验收。大力开展"岗位达标、现场达标"工作,强化隐患排查管控,全年无重大安全生产责任事故、重大火灾事故和重大环境污染事件,主要污染物排放量均控制在国家标准以内。二是积极响应党中央号召,认真履行央企责任,定点扶贫工作有序推进。

(撰稿人:米英心)

中国机械工业集团有限公司

【基本概况】 2017年,中国机械工业集团有限公司(以下简称"国机集团")坚决贯彻落实党中央、国务院及国资委各项决策部署,认真研判形势,坚持稳中求进,全面深化改革,奋力攻坚克难,推动集团生产经营和党的建设各项工作取得显著成绩。集团全年实现营业收入2881.7亿元,利润总额112.1亿元,首次突破百亿元利润大关,上缴税费146.2亿元,创历史新高,全面完成国资委考核目标任务。连续第十年保持国务院国资委中央企业业绩考核A级,并蝉联"中国机械工业百强"首位,位居"世界500强企业"第256位,比上年跃升78位。

【主要指标】

2017年中国机械工业集团有限公司主要经济指标

项 目	2016年	2017年	比上年增长(%)
资产总额(亿元)	2720.2	3815.7	40.3
所有者权益(亿元)	863.6	1225.9	42.0
营业总收入(亿元)	2141.6	2881.7	34.6
利润总额(亿元)	86.7	112.1	29.3
净利润(亿元)	60.5	81.4	34.5
归属于母公司所有者的净利润(亿元)	33.4	31.9	-4.5
科技支出投入(亿元)	49.8	61.0	22.5
利税总额(亿元)	182.2	242.7	33.2
应交税金总额(亿元)	110.5	121.4	9.8
全员劳动生产率(万元/人·年)	26.2	23.6	-9.9
净资产收益率(%)	7.3	4.7	减少2.6个百分点
总资产报酬率(%)	4.1	4.1	持平

续表

项 目	2016年	2017年	比上年增长(%)
国有资本保值增值率(%)	105.2	103.1	减少2.1个百分点
经济增加值(亿元)	43.6	36.1	-17.2

【改革发展】 一是全力推进全民所有制企业改制工作。截至2017年底，完成54户企业（不含恒天）改制实施方案的审批工作，为集团所属企业建立现代企业制度、优化法人治理结构奠定基础。

二是稳步开展混合所有制及员工持股改革试点工作。加强顶层设计，集团所属企业通过增资扩股、股权转让、投资新设、股权收购等方式，积极开展混合所有制改革。截至2017年底，国机集团所属企业中混合所有制企业602户。中央企业员工持股改革试点企业——中国电器科学研究院有限公司混合所有制及员工持股改革工作于2017年5月底全面完成。集团所属三级企业哈尔滨电站设备成套设计研究所有限公司获得黑龙江省员工持股改革试点名额并制定哈成套混合所有制及员工持股改革初步方案，启动审计评估工作。

三是为企业深化改革提供组织保障。围绕集团全面深化改革的总体部署和要求，及时为企业选优配强党政领导班子，探索授权企业董事会决定工资总额和主要负责人薪酬，为企业深化改革提供坚强组织保障。推进授权企业董事会选聘经理层副职试点工作，进一步严格任前沟通、任后备案等程序，有效促进企业法人治理结构运作，激发企业发展活力。

【重大项目】 一是积极执行国家项目。2017年，国机集团所属企业执行的国家项目、省市项目、集团重点项目以及企业自立项目788项，其中国家重点项目250项。

二是外部重组进展顺利。与恒天集团重组基本完成，上海工锅所重组工作顺利完成，南京汽轮电机集团、上海电缆所重组并购工作稳步开展，与通用电气业务合作积极推进。协调推进所属企业并购重组项目，组织开展中航发所属锦西化工、中国航天所属长江动力集团等重组项目的前期论证工作，配合中国机械设备工程股份有限公司（CMEC）、国机智能等所属企业开展重组浙江水电院、并购泰国橡胶公司和瑞士联合磨床集团项目的前期论证工作。

三是内部重组有序推进。继续推进国机重装平台搭建工作，扎实推进CMEC与中国电工重组工作，着力推进轴研科技与国机精工重组，认真做好中国中元与北起院重组收尾及合肥院重组中通公司启动工作。协同推进所属企业核心业务整合工作，促进所属企业进一步优化布局结构。

四是上市工作稳步推进。国机集团所属长春机械院股改工作重新启动，股改方案获国资委批准，并完成股份公司设立。11月底，股转系统正式受理中机试验装备股份有限公司（原长春机械院）挂牌申请。国机集团所属中机国际股改方案获国资委批准，同期完成股份公司设立工作。

【走向海外】 2017年，国机集团进出口总额118亿美元。其中，进出口总额前五名的国家分别是美国、英国、德国、日本和巴基斯坦。截至2017年底，执行工程成套（含船舶）及设计咨询项目13725个，其中境外项目729个。

【重大创新】 一是科技创新成果突出。2017年，国机集团获得省部级和全国行业性以上各类优秀成果奖360项，其中科学技术奖135项（含国家技术发明二等奖1项，国家科技进步二等奖3项），勘察设计咨询奖168项。申请专利1990件，其中发明专利790件；授权专利1542件，其中发明专利621件。登记软件著作权246项。主持或参加标准制修订739项，其中国际标准15项、国家标准274项。截至2017年底，国机集团累计拥有专利11713件，其中发明专利2897件；获得省部级（全国行业性成果奖）以上各类成果7572项，其中，国家科学技术奖185项。

二是科技创新体系及平台建设成果丰富。2017年，国机集团申请省部级以上科研与服务平台34家，其中国家级平台11家。5个国家级科技创新平台获批建设。截至2017年底，国机集团国家级科研及服务平台数量超过160家。

【党建工作】 2017年，国机集团党委深入贯彻国资委党委"中央企业党建工作落实年"各项部署，坚决落实管党治党责任，带领集团各级党组织和广大党员全面加强政治建设、思想建设、组织建设、作风建设、纪律建设和制度建设,集团党建工作取得实质性进展。

1. 贯彻落实全面从严治党要求。一是贯彻中央有关精神,统筹推进党建工作,集团党建工作与业务工作同部署、同考核的工作布局初步形成。二是推动党建述职评议,落实党建工作责任,各级党员领导干部关注党建、思考党建、抓好党建的工作格局初步形成。三是建立党建制度框架,构建管党治党体系。集团将党委职责权限和运行保障纳入公司章程,对所属企业公司章程进行及时调整修订,将党建工作总体要求和议事程序纳入章程,实现党的领导与公司治理结构有机统一。同时,研究制定、修订一批制度,集团管党治党的制度体系初步形成。四是开展专项督促检查,夯实党建工作基础。以检查推落实,以督导促整改,逐级负责、整体联动的党建工作机制初步形成。

2. 全力以赴做好党的十九大有关工作。组织在京企业党组织认真做好十九大代表推荐提名和中央企业系统党代表会议代表选举工作,基层党组织推荐参与率100%,党员推荐参与率98.5%。深入发动各级党组织,切实做好维护和谐稳定各项工作,为党的十九大的胜利召开努力创造良好环境。党的十九大召开后,国机集团党委牵头部署,采取多种形式在全集团广泛掀起学习宣传贯彻十九大精神热潮。

3. 深入推进"两学一做"学习教育常态化制度化。一是以各级党委为标杆,示范引领全系统学习教育。二是以党支部为基本单位,融入"三会一课"基本制度。三是以党务工作者队伍为推动力量,创新活动载体。四是以品牌活动为工作亮点,营造学习教育整体氛围。五是以问题为导向,抓好整改提高。

4. 抓实抓好党建基层基础工作。一是将主题党日活动融入日常工作。二是全面加强党务干部队伍建设。三是构建党建工作协作平台。四是推进境外党组织建设。五是进一步规范党费的收缴、使用和管理工作。六是认真做好党组织党员信息采集、失联党员管理处置、发展党员等基础性工作。七是细致深入做好企业和谐稳定工作。

5. 国机集团党委紧紧围绕集团战略发展需要和深化改革内在需求,不断完善干部选拔任用程序。一是完善干部选用程序,加强领导班子建设。二是推进干部选拔任用制度改革,激发干部干事创业积极性。三是持续加强干部监督,坚持严管厚爱并重。四是深化干部人才交流,着力加强后备干部选拔培养。五是加强人才培训开发,创新激发人才活力。

6. 深入做好党风廉政建设和反腐败工作。一是严格落实党风廉政建设"两个责任"和"一岗双责"。二是持续落实中央八项规定精神。三是大力加强纪律审查。2017年,国机集团各级纪委立案17件,处分24人,保持惩治腐败的高压态势,进一步强化震慑警示作用。

7. 全面启动党委巡视巡察工作。成立以集团党委书记为组长的巡视巡察工作领导小组及其日常办事机构,建立巡视工作人员信息库,制定一系列制度,并组织开展巡视人员培训,提高巡视队伍的综合素质和业务能力。重点完成对中国中元、中国重机等8家所属企业党组织的巡视督导工作,围绕各企业存在的突出问题,提出针对性的整改要求和建议。

【信息化建设】

1. 持续深化信息系统建设和应用。适应集团大部制改革要求,优化整合信息集成管理平台功能,充分发挥信息化平台固化管理要求、优化管理流程的作用,新建和升级6个管理系统。

2. 加强基于互联网通用系统的管理。完成国机集团网站群二期项目175个站点建设,启动国机集团统一电子邮件系统设计和建设工作,切实保障互联网邮件系统运行安全和数据安全。

3. 加强国机集团全球协同办公平台建设,完成覆盖集团三级企业的协同办公云平台的设计和建设;启动国机集团档案信息管理系统和党建信息管理系统建设。

4. 加强信息化基础设施建设。升级北京数据中心电力系统,持续推进国机集团专网系统和视频会议系统建设。

5. 加强网络与信息安全保障能力建设。一是开展《网络安全法》普法培训。二是建立国机集团网络与信息安全信息通报工作机制,实现所属二级企业信息通报全覆盖,获得2017年度国家网络与信息安全信息通报先进单位和先进个人表彰。三是做好全国两会、党的十九大等重要活动期间网络安全重保工作,确保国机集团网络安全"零事件"。四是加强网络安全人才队伍建设,切实提升国机集团网络安全综合防护能力。组队参加国家网络与信息安全信息通报中心举办的2017中央企业网络安全技术大赛和安全方案评选,获得优秀方案奖。

6. 加强软件资产保护工作。健全软件资产保护工作体系,组织开展办公软件、操作系统软件集采工作,降低企业软件采购成本,规避企业软件知识产权诉讼风险;持续开展软件应用管理培训,提升软件资产使用价值。

【履行社会责任】

1. 编制《国机集团社会责任报告(2016)》中英文版。对外发布第七份社会责任报告,并获得"金蜜蜂2017年优秀企业社会责任报告·长青奖"。报告对标最新的联合国可持续发展目标(SDGs),接轨国际社会可持续发展的最新趋势,充分彰显国机集团致力于贡献全球可持续发展的履责理念、实践和成效。

2. 海外履责案例收录《中央企业社会责任蓝皮书(2017)》。参加国资委与中国社会科学院共同主办的关于《中央企业社会责任蓝皮书(2017)》暨"中央企业海外社会责任研究"的研究课题。国机集团海外履责案例《光明的使者友谊的丰碑》收录于《中央企业社会责任蓝皮书(2017)》中的"海外履责篇"。该案例主要介绍CMEC承建的白俄罗斯别列佐夫400兆瓦联合循环电站项目为当地经济、社会发展和人民生活品质的提升提供的支持。

3. 热心支持社会公益事业。国机集团在改善国内外就业环境、抢险救灾、农村支援、教育支援、社会福利等诸多领域进行捐资捐物,实现企业与社会的和谐发展。2017年累计对外捐赠金额2000多万元。

(撰稿人:刘 为)

哈尔滨电气集团有限公司

【基本概况】 2017年是哈尔滨电气集团有限公司(以下简称"哈电集团")改革攻坚、转型升级的一年,也是备战"严冬"、主动求变的一年。面对严峻形势,在党中央和国务院的坚强领导下,全体干部职工凝心聚力、攻坚克难,奋力打好"六场硬仗",全面完成国资委考核指标,集团整体发展稳中向好。全年实现营业收入339.6亿元,利润总额2.3亿元,发电设备产量1417万千瓦,产品综合毛利率14%,资产总额695.2亿元。一是产业结构进一步调整和优化。加强、优化主业投资,严控非主业投资,进一步提高资源的整体利用效率,配置更加有效。做强做优传统水火电产业,对标国际先进标杆企业,煤电方面,在原有二次再热燃烧技术基础上,持续巩固优势产品市场地位,努力拓展市场空间;水电方面,加快水电机组的大型化和多样化发展,实现高水头、可变速抽水蓄能机组设计制造的自主化,不断增强核心竞争力。加大核电投资力度,核电产业核心能力明显提升。加快新产业布局,分别组建风电产业和光热产业协调推进工作组,快速实现产业化发展。二是全年实现正式合同签约额360.6亿元,订单总量与上年基本持平。三是安全生产形势总体持续稳定,全年安全生产投入3406万元,开展应急演练120次,参加人员6474人次。全年发生安全生产死亡事故1起,死亡1人,无重伤事故发生,轻伤事故率同比下降20%。四是节能减排有序推进,全年实现万元产值综合能耗(现价)同比下降14.4%,SO_2排放量同比下降0.15%,COD排放量同比下降4.11%。同时,企业管理水平进一步提升,改革与发展的基础更加坚实。

【主要指标】

2017年哈尔滨电气集团有限公司主要经济指标

项 目	2016年	2017年	比上年增长(%)
资产总额(亿元)	704.3	695.2	−1.3
所有者权益(亿元)	210.7	213.8	1.5
营业收入(亿元)	332.0	339.6	2.3
利润总额(亿元)	2.1	2.3	9.5
净利润(亿元)	0.6	2.1	250.0
归属于母公司所有者的净利润(亿元)	0.2	0.1	−50.0
技术开发投入(亿元)	13.8	14.3	3.6
利税总额(亿元)	20.4	13.0	−36.3

续表

项　目	2016年	2017年	比上年增长(%)
应交税金总额(亿元)	16.8	12.9	−23.2
全员劳动生产率(万元/人·年)	22.8	23.7	4.1
净资产收益率(%)	0.3	1.0	增加0.7个百分点
总资产报酬率(%)	0.6	0.6	持平
国有资本保值增值率(%)	101.4	100.2	减少1.2个百分点

【改革发展】 2017年,哈电集团完成4户企业(含集团总部)公司制改制工作。积极推进"压缩管理层级、减少法人户数"专项工作,通过工商注销、股权转让等方式,减少法人户数9户。积极推进"处僵治困"专项治理工作,2017年分流安置人员2834人;"僵尸企业"完成与集团主业相关工业业务剥离,加快改革步伐;特困企业哈尔滨汽轮机厂有限责任公司和哈尔滨电气集团佳木斯电机股份有限公司均实现扭亏为盈。全力解决历史遗留问题,推进大集体改革,完成参加改革职工安置工作。深入研究剥离企业办社会职能,成立哈尔滨哈电医院管理有限公司,加快推进医院改革工作;完成消防队移交,技校、幼儿园分离移交工作积极推进。

人才管理方面,深入贯彻党管人才原则,不断创新人才发展体制机制,大力实施"45411"人才强企战略,倾力打造核心人才队伍。出台《哈尔滨电气集团有限公司"十三五"人力资源发展规划(2016—2020年)》《哈尔滨电气集团有限公司"百名英才"引进暂行办法》《哈尔滨电气集团有限公司领导联系服务专家工作制度》等文件,评聘3名集团首席技术专家和12名集团技术专家,校园招聘签约285人,其中博士8人、硕士139人、本科138人。

劳动用工方面,稳步推进"减员瘦身"工作。2017年,制定《哈尔滨电气集团有限公司富余人员分流安置指导意见》,为富余人员合理退出工作提供依据与参考。集团内部企业通过依法解除劳动关系、内部退养、商务外包、业务关闭、企业改革整建制安置及整体移交等措施减员2330人。

考核与薪酬分配方面,出台《哈电集团加强企业人工成本管控指导意见(试行)》,坚持效益导向、科学管控、分类调控、全口径管控、严控用工总量原则,加强人工成本及工资总额管控,亏损企业暂停企业年金缴费。坚持业绩导向,强化工资总额与效益同向联动机制。深化分配制度改革,强化收入分配向科技、生产、管理核心骨干倾斜的导向作用,不断补充完善员工的分配考核体系。

【重大项目】 2017年,哈电集团全力推进投资项目建设,完成投资9.3亿元。所属企业汽轮机公司核电汽轮机核心能力建设技术改造项目新建核电重型厂房完工,数控叶根铣床、三坐标测量机等110台设备投入使用;动装公司核主泵机组制造基地能力完善项目新建厂房及档案中心完工,工业视频内窥镜、曲臂式升降机等30台设备投入使用;动装公司关键核级泵及天然气长输管道关键设备制造能力提升项目中数控落地铣镗床、中频感应钎焊等设备完工投入生产使用;锅炉公司购买房产和土地项目进入办理房产证等相关手续阶段;哈电国际为执行迪拜哈翔项目在迪拜购置公寓楼项目完工,过户手续办理完毕。

重点项目市场开发方面。一是煤电方面,成功签订甘电投常乐2台100万千瓦机组、神华陕西府谷二期2台66万千瓦机组、大连国宏普兰店2台35万千瓦机组、宁夏合普生6台20万千瓦机组合同,20万千瓦至100万千瓦各容量等级均实现三大主机成套业绩;中标大唐新余2台100万千瓦机电设备、华润浑南2台35万超临界循环流化床锅炉设备以及金州电力安龙、贞丰6台35万超临界机电设备供货合同。电站汽轮机、发电机市场占有率分别为43%和41%,位列国内第一,电站锅炉市场占有率36%。二是水电方面,成功签订中国三峡白鹤滩8台100万千瓦水轮发电机组项目合同;抽水蓄能中标山东文登6台30万千瓦水轮发电机组、福建周宁4台30万千瓦水轮发电机组,市场占有率24.4%。三是核电方面,中标中核集团海南小堆1台10万千瓦汽轮发电机组项目。四是气电方面,成功签订华电军粮城1台60万千瓦国内首个H级燃机项目和国家电投廊坊2台

40万千瓦国内首个新型9F级燃机项目合同,市场占有率31%。

【走向海外】 2017年,哈电集团积极践行"一带一路"倡议,进一步加大国际市场开发力度,哈电集团国际工程公司在全球最大250家国际承包商排名第67位,提升21位,在中国企业中排名第13位,提升4位。截至2017年底,哈电集团国际业务收入再破百亿元,在国内煤电市场订单严重下滑以及其他产业板块贡献不足的背景下,为公司实现可持续发展作出贡献。一是签订印尼南苏一号锅炉2台35万千瓦锅炉和印尼明古鲁2台11万千瓦机电设备;中标巴基斯坦贾姆肖罗2台66万千瓦超超临界燃煤电站总承包项目。二是签订运维、改造合同12.7亿元,同比增长近4倍,在国际市场项目进展缓慢的情况下,国际电站售后市场成为公司发展的新增长点。三是签订埃塞俄比亚千禧机电设备总承包项目、几内亚苏阿皮蒂4台11.25万千瓦项目,水电设备出口10.6亿元,同比增长30%,水电产品得到国际市场的认可。四是阿联酋迪拜哈翔清洁燃煤电站项目进展顺利,1号锅炉受热面开始安装,项目执行状况良好,受到业主高度赞扬。

【重大创新】
1. 管理创新方面。

实现事业部制运行,事业部制改革是集团历史上的一次重大变革。2017年蒸汽发电事业部、电站服务事业部组建完成,人员基本到位,营销全面启动,运转进入常态,实现营销统一一级管理,项目、质量、服务管控二级管理;燃机事业部进一步强化营销队伍建设,按区域划分市场,制定《中小燃机及分布式能源发展实施意见》;核电事业部推行"一对一"营销、TOP10管理,启动核电"取大证"工作;电站服务事业部建立"三级预警、二级督办、一级考核"及一线驻厂制的项目管理模式,利用信息化手段拓展营销渠道;蒸汽发电事业部在成套供货上取得突出业绩。

2. 科技创新方面。

一是重点科研课题取得新进展。常规岛关键设备自主设计和制造课题完成半转速饱和蒸汽汽轮机1800毫米核电末级动叶片研制,CAP1400核电机组MSR研制,CAP1400高、低压加热器研制及半转速饱和蒸汽汽轮机整锻转子设计及锻件研究;"电力行业低碳技术创新及产业化专项示范工程"项目通过验收。二是新产品开发取得新突破。垃圾焚烧与大型燃煤机组耦合发电技术取得新成果;"大型火电百万单系列高压加热器及蒸汽冷却器"和"自主研制零号高加加热器"成果国内领先;首台优化型超超临界660MW湿冷和空冷汽轮机组分别在魏桥邹平一电和国华宁东成功投运;开发完成具有完全自主知识产权的水氢冷1000MW等级汽轮发电机,达到国际先进水平;世界首台300MVar空冷隐极同步调相机一次并网成功;首台国产化AP1000追加主泵屏蔽电机完工交付。

2017年,哈电集团完成科研课题289项,新产品110项,获得科技奖励30项,其中省部级以上17项。获得专利授权319件,其中发明专利101件。主持和参与制、修订国际标准2项,国家标准22项。

【党建工作】 2017年,哈电集团认真学习宣传贯彻党的十九大精神,以习近平新时代中国特色社会主义思想为指导,深入贯彻落实全国国有企业党的建设工作会议精神,坚持围绕中心推进党的建设各项工作,为集团平稳发展提供坚强保证。

提高政治站位,统筹安排、多措并举,迅速掀起学习贯彻习近平新时代中国特色社会主义思想和党的十九大精神热潮。以落实中组部30项重点工作、国资委党委23项重点工作为抓手,持续深入贯彻落实全国国有企业党的建设工作会议精神,充分发挥党组织把方向、管大局、保落实作用。坚决落实党管干部原则,坚持好干部标准,加强公开选拔工作力度,持续强化干部培训和监督力度,干部队伍能力素质持续提升。坚持抓基层、打基础,进一步健全党建工作基本制度,加强基层组织建设和党员队伍建设,推进"两学一做"学习教育常态化制度化,基层党建基础进一步夯实。从严抓党内政治生活、作风建设和执纪问责,全面从严治党持续深入推进。紧扣集团实际和中心工作开展形势任务教育、加强思想引领,落实意识形态工作责任;围绕"两会"、十九大、"一带一路"等专题讲述哈电故事,提升哈电品牌形象,宣传思想文化工作取得新成效。

【信息化建设】 落实国资委相关要求,进一步明确并印发哈电集团《信息化"十三五"规划》。与咨询公司合作,制定并下发信息化总体解决方案,成为未来五年信息化技术指南。完善信息化相关管理制度,形成四大类34个制度。加强信息化项目管理,编制项目建设申报模板。完成在哈制造企业互联网统一出口改造,实现"提速降费"。开展数据标准化工作,初步完成物料类和产品类的分类标准及说明。办公自动化系统持续优化,初步实现"无纸化办公"并开展与部分所属企业的集成工作。完成电站服务业务系统集团侧建设,科技管理信息服务平台实现试运行。综合数据采集系统完成项目验收,档案和电子业务文档信息化平台上线试运行。所属企业信息化建设有序推进,锅炉公司实施物资管理系统,电机公司完成供应链系统整体优化,国际公司优化升级PMS系统,佳电股份持续优化SAP系统。智能制造取得阶段性成果,组织申报工信部"水力发电设备智能远程运维新模式"项目,获得国家工信部政策资金支持;中央研究院完成工业大数据实验平台基础支撑环境建设,开展"发电设备工业互联网平台"建设;汽轮机公司推进叶片数字化车间建设,获得"黑龙江省数字化示范车间"称号。集团公司与各所属企业开展《网络安全法》宣传周活动,持续开展信息系统安全等级保护测评及防护工作,保障"两会"、十九大等活动期间的网络安全,全年无重大网络安全事故。

【履行社会责任】 哈电集团总结提炼并认真践行"友好环境,温馨家园"的社会责任观,通过制定和修订相关制度,紧抓事物主要矛盾,详细分解各项社会责任措施,努力寻求经济、社会、环境综合效益最大化,实现"全过程覆盖、全员参与和全方位融合"的"三全"社会责任管理体系,通过领导小组、领导小组办公室统筹组织,构建以联络员为重要节点的网格化社会责任组织构架和覆盖体制。注重利益相关方管理,与各利益相关方建立良好合作关系并保持紧密沟通交流;积极应对严峻的市场形势,依靠改革创新加快培育发展新动能,以"二次创业、再上一流、世界名企"为目标,推动质量变革、效率变革、动力变革,适应行业发展新常态,确保企业健康和谐稳定发展;积极推进科技创新,参与"一带一路"建设,大力发展核电、气电、清洁煤发电等高效、环保、节能产品,推动装备制造业转型升级;认真贯彻落实国家深化国企改革各项决策部署,深化三项制度改革,完善事业部制模式,持续推进"瘦身健体",切实提高国有资产质量;实施赈灾、扶贫项目,推进公益管理;坚持创新、协调、绿色、开放、共享五大发展理念,大力推进安全生产、节能减排、环境保护等工作,以人为本共建和谐家园。

(撰稿人:刘玉帅)

中国东方电气集团有限公司

【基本概况】 中国东方电气集团有限公司(以下简称"东方电气集团")是党中央确定的涉及国家安全和国民经济命脉的国有重要骨干企业之一,是全球最大的发电设备制造和电站工程总承包企业集团之一,发电设备产量累计超过5亿千瓦,连续14年发电设备产量位居世界前列。东方电气集团在重视传统能源高效清洁利用的同时,践行"创新、协调、绿色、开放、共享"的发展理念,大力发展新能源和可再生能源产业,拥有"水电、火电、核电、气电、风电、太阳能"六电并举的研制能力,可批量研制1000MW等级水轮发电机组、1350MW等级超超临界火电机组、1000MW~1750MW等级核电机组、重型燃气轮机设备、直驱和双馈全系列风力发电机组、高效太阳能电站设备、大型环保及水处理设备、电力电子与控制系统、新能源电池及储能系统、智能装备等产品。东方电气大力拓展海外市场,积极参与"一带一路"建设,大型装备产品和服务出口近70个国家和地区,创造中国发电设备出口历史上若干个第一,连续24年入选ENR全球250家最大国际工程承包商之列。

2017年,东方电气集团紧密团结在以习近平同志为核心的党中央周围,坚定以习近平新时代中国特色社会主义思想为指导,进一步强化战略导向,明晰发展愿景,优化"12345"发展战略,推动东方电气集团发展质量变革、效率变革、动力变革,实现营业收入、利润总额、职工收入同比增长,顺利完成年度经营目标,为"十三五"做强做优,实现高质量发展奠定良好基础。

【主要指标】 2017年,东方电气集团经济运行企稳向好,累计实现利润总额6.66亿元。截至2017年底,应收账款余额200.85亿元,较年初压降32.62亿元,降幅13.97%;存货余额223.34亿元,较年初压降14.14亿元,降幅5.95%。受国家能源调控政策影响,东方电气集团有40多个煤电项目和8个风电项目要求停建缓建,导致全年累计实现营业收入完成353.29亿元,比上年同期减少17.07亿元,降幅4.61%。

2017年中国东方电气集团有限公司主要经济指标

项目	2016年	2017年	比上年增长(%)
资产总额(亿元)	1043.50	944.16	−9.52
所有者权益(亿元)	290.47	298.41	2.74
营业收入(亿元)	370.37	353.29	−4.61
利润总额(亿元)	−20.98	6.66	
净利润(亿元)	−19.55	7.32	
归属于母公司所有者的净利润(亿元)	−9.08	3.59	
技术开发投入(亿元)	14.98	15.72	4.97
利税总额(亿元)	5.78	26.36	356.11
应交税费总额(亿元)	32.24	23.69	−26.52
全员劳动生产率(万元/人·年)	134.57	136.89	1.72
净资产收益率(%)	−6.80	2.49	增加9.29个百分点
总资产报酬率(%)	−1.69	0.98	增加2.67个百分点
国有资本保值增值率(%)	90.60	100.69	增加10.09个百分点

【改革发展】 2017年,东方电气集团坚持问题导向,深入推进人力资源管理理念重塑、机制创新、流程优化。一是积极助力集团改革发展。稳步推进峨半所、东方辅机、东风电机改制改革,集团和股份"两总部"合并改革、事业部职能职责调整、企业用工总量压减和人员结构优化工作。2017年,全集团从业人员减员率10.8%,在岗职工减员率8.17%,人工成本总额同口径下降2.89%,减少人工成本费用开支1.12亿元,为集团公司降本增效、扭亏脱困作出积极贡献。二是坚持推进人才强企战略。围绕"聚才、育才、惠才、暖才"要求,先后制定出台"十三五"人力资源规划、集团人才工作指导意见、企业"优才计划"、专业职务管理办法、职称管理办法等规章制度,开展首届首席技术专家、第六届有突出贡献专家和有突出贡献高技能人才评聘工作。三是深化考核分配制度改革。集团公司强化工资总额分类、分项调控,全集团经济效益实现"扭亏为盈",职工工资总额、在岗职工平均工资在三连降后首次增长,改革红利得到广大干部职工分享。持续推进收入分配向"四个一线"倾斜,实施企业负责人薪金契约化管理,建立市场开拓、重大科技专项奖励制度,累计核定市场开拓奖励超过500万元,设立重大科技专项奖励1000万元,各类骨干人才积极性得到充分调动,激励效果不断提升。

【重大项目】 2017年,东方电气集团进一步强化战略导向,明晰发展愿景,优化"12345"发展战略,即凝聚一个愿景,打造"中国的GE",实现能源装备制造的中国梦,成为具有全球竞争力的世界一流企业;实现两个跨越,实现发展方式和发展规模的跨越,由高速增长转向高质量发展,"十三五"末营业收入突破500亿元;打好风电产业振兴、现代服务业做大、国际业务做强三大攻坚战;打造新能源、国际板块、现代服务业和新兴成长产业4个百亿产业;实施深化改革、科技创新、质量立企、成本领先、管理提升五大工程。

1. 重大项目。年产5GW高效晶硅组件项目完成两条线的建设并投入生产。50MW燃机整机试验台建设项目,试验厂房主体及辅助用房装修完工。大型清洁高效发电设备智能制造数字化车间建设项目,总体方案完成。

2. 对外投资与经营。2017年,东方电气集团完成股权投资金额总计309789万元,其中,境内投资308657万元,境外投资1132万元。主要是股份公司将以前年度获得的国拨资金转增为对下属企业的资本金,投资额248250万元。其他投资方向为新能源产业升级、重型燃气轮机研发、智能装备共性技术研发等。

3. 并购重组。将东方电气集团持有的东方财务95%股权、国际合作100%股权、东方自控100%股权、东方日立41.24%股权、物资公司100%股权、大件物流100%股权、清能科技100%股权、智能科技100%股权和中央研究院的设备类资产及知识产权等无形资产注入东方电气股份有限公司(以下简称"东方电气")。标的资产估值总计67.9亿元,东方电气发行股份7.54亿股,发行股份价格为9.01元/股。彩虹项目完成后,东方电气集团总资产占集团总资产的比例由原来的81%提高到92%以上,营业收入占集团总收入的比例将从90%提高到96%以上。集团公司持有上市公司股份比例将由当前41%提高到56%,实现整体上市。

4. 重大科研开展。大唐山东郓城630℃百万千瓦超超临界二次再热示范项目在国家能源局示范项目优选中脱颖而出,占领高端火电和技术市场制高点,完成总体方案设计,开展高温材料研究。自主知识产权的50MW燃气轮机压气机完成试验,设计定型,样机大部件开始制造;白鹤滩百万千瓦等级巨型混流式水电机组完成水轮机方案优化和主要部件设计,首台机组投料制造;霞浦四代核电快堆示范项目核岛主设备研制、长龙山高水头抽水蓄能机组研制等按计划推进,实现年度重点工作目标。

【走向海外】 2017年,东方电气集团以打造"中国的GE"为目标,贯彻落实"12345"战略,积极参与"一带一路"建设和国际产能与装备制造合作,国际化经营水平不断提升。

1. 建立大国际业务平台。在调整优化驻外机构管理模式的基础上,进一步推进国际合作公司、国际工程分公司等相关国际业务资源的整合,并实现大件物流、工程设计、海外服务等业务统一进入大国际平台。

2. 国际市场营销取得进展。新增国际订单7.8亿美元,成功签订乌兹别克斯坦扎尔乔布水电、安哥拉柴油机光伏互补分布式发电总承包等具有一定影响力的项目合同,呈现出"多点开花、多元并进"的良好局面,为后续发展奠定坚实的基础。

3. 海外项目执行稳步推进。首个海外BOT投资项目——老挝南芒河水电站实现3台机组全部进入商业运行,并实现盈利。首个海外太阳能电站总承包项目——泰国23MW太阳能电站正式进入商业运行。印度科瑞希纳火电项目完美收官,取得两台机组最终完工证书,在海外第一个燃机联合循环总承包项目巴基斯坦南迪普项目获得最终完工证书。

【重大创新】
1. 技术创新。

300MW深圳抽水蓄能机组完成安装调试,成功并网发电。东方电气自主设计的660MW超超临界循环流化床锅炉方案通过国家级评审。安源电厂国际首台超超临界660MW二次再热机组优化完善后运行良好,产品定型。

6月9日,东方电气为中广核德令哈项目研制的国内首台50MW大功率光热汽轮机组成功试车,抢先进入大型光热汽轮机市场。哈密光热发电项目东方电气首次实现光热岛、发电岛全套中标,签订成套供货合同。

以国内领先水平为目标,5MW海上风电机组完成优化,9月8日东方电气福清兴化湾首台抗台风型5MW机组顺利完工下线,实现从III类风场到I类风场的升级,标志着东方电气具备大型海上风电机组批量化制造能力和商业化条件。

10月17日,东方电气为中核集团福清核电站5号机组研制的"华龙一号"首台蒸汽发生器发运现场,标志着我国具有完全自主知识产权的三代核电"华龙一号"首堆示范工程机组的蒸汽发生器完成研制。11月6日,集团为中核集团福清核电站研制的首台具有完全自主知识产权的"华龙一号"半转速核能汽轮发电机成功通过厂内型式试验,标志着我国三代核电自主品牌"华龙一号"半转速核能汽轮发电机研制成功,达到国际先进水平。

10月25日,燃料电池动力系统研发取得成果,首台燃料电池客车下线,获得四川省支持,取得示范项目。

11月12日,国内首台第五代F级燃机M701F5重型燃机在华能北京热电厂顺利完成168小时试运行,成功投入商业运行,性能参数达到世界已投运F级机组的最高水平,为北京市重大民生工程和北京东南供热中心核心工程建设提供至关重要的装备支撑。

2.管理创新。

2017年,为提升管理效率,东方电气压缩管理层级,整合集团公司和上市公司两个总部,按一体化管控原则调整集团公司、股份公司组织机构设置。整合后集团公司管理层级由四级减至三级,总部部门级单位数量由21个减至13个,处级单位数量由70个减至50个。

建立产业化运营体系:2017年,集团公司根据"集团化管控、产业化经营、精益化生产"的发展导向,建立包括发电设备、工程服务及贸易、电力电子及输变电三大板块的集团公司产业化经营体系。

发电设备板块产业化经营体系。按照"资产分置、业务协调、主要领导双向交叉任职、统一考核"的原则对相关成员企业东方重机、东方武核的管理方式进行调整,理顺核电产业管理关系,集中核电产业资源,明确核电产业发展方向。设立可再生能源事业部,明确集团公司可再生能源发电全产业联调统筹协调主体。

工程服务及贸易板块产业化经营体系。明确由成员企业国际合作公司受托管理大件物流公司,加强国际物流市场开拓,做强做大物流服务产业,不断拓展国际业务产业链。将原中央研究院系统集成所改建为东方电气(成都)工程设计咨询有限公司,构建包括工程设计、工程管理、工程服务及物流在内的产业链服务体系。设立新疆、内蒙古两个电站服务基地,初步实践"4S"服务模式。

电力电子及输变电板块产业化经营体系。按照"协同发展、融合发展、创新发展、开放发展"的思路,整合电控产业资源,激发和增强经营活力,推动产业发展。撤销电力电子与控制事业部,明确东方控制公司负责集团电控产业的归口管理并编制集团公司电控产业发展规划,组织实施集团内电控产业相关业务单元的初步整合。

【党建工作】 2017年,东方电气集团各级党组织坚持以习近平新时代中国特色社会主义思想为指导,牢固树立"四个意识",坚定"四个自信",深入贯彻落实党的十九大和全国国有企业党的建设工作会议精神,坚决同以习近平同志为核心的党中央保持高度一致,旗帜鲜明坚持党的领导、全面加强党的建设,层层落实党建工作责任制,扎实推进"中央企业党建工作落实年"各项重点工作,充分发挥把方向、管大局、保落实的领导作用,推动党的建设与生产经营有机融合,确保党中央决策部署、国务院国资委工作要求在集团公司不折不扣落实,为全集团实施"12345"新发展战略、顺利实现脱困振兴、加快改革发展提供坚强的政治保证。

在反腐倡廉工作中取得的经验和成绩。坚决贯彻落实党中央全面从严治党治企战略部署,坚持使命引领和问题导向相统一,切实履行党组主体责任、纪检组监督责任,坚持标本兼治,强化责任担当,把纪律和规矩挺在前面,反腐败斗争压倒性态势已经形成并巩固发展。强化不敢腐的震慑,聚焦监督执纪问责,打"21虎"拍"27蝇",不敢腐的目标初步实现。扎牢不能腐的笼子,深入开展关联交易专项清理、房屋土地清理盘活、办公场所植物租摆清理、机票App平台集中采购等专项检查,关权进笼,持续推进深化巡视整改长效机制建设"两个集中",实现采购降本37余亿元,拆腐败温床净化经营环境、净化政治生态。增强不想腐的自觉,以建廉洁东方电气展馆、办廉洁东方电气网站、选树廉洁自律典型、聘任党风廉政监督员、用东方电气自办案件编《读书思廉》教育读本、成立廉洁东方电气研究会、发布作风建设指引、出版《国企纪律审查实战方略》、出版纪检全媒体《新时代公文写作基础及实例》等廉洁文化"九项工程"为载体,构筑"不想腐"思想堤坝,构建起具有东方电气特色的"三不腐"体制机制,筑牢全面从严治党根基。

【信息化建设】 东方电气集团信息技术中心完善集团集中采购管理平台,为采购降本5%~10%目标实现提供技术保障。推进集团ERP深化应用,完成集团备品备件防伪项目上线;推进薪酬福利全口径纳入系统管理,并在集团总部上线;优化完善人工成本预算管理系统;主要子企业推进所属企业覆盖上线。推进MES开发应用,数字化车间建设取得较大进展,东重MES系统全面上线,其他子企业部分车间上线。加大协同办公开发应用力度,集团总部与企业系统移动应用上线;集团办公门户系统覆盖全集团所有员工,8000余职工在线参加党的十九大知识竞赛活动。积极开展工业互联网和大数据技术研究,助推东方电气由生产型制造向服务型制造转型,完成集团电厂发电机组远程监测诊断分析平台安装部署。完成集团数据中心系统管理员行为审计系统建设。

【履行社会责任】 东方电气集团从2007年起连续发布社会责任报告,向公众披露社会责任履行情况。认真贯彻落实党中央国务院关于打好"精准脱贫"攻坚战的决策部署,扎实做好四川昭觉、壤塘和山西吉县的定点扶贫工作。开展教育扶贫,建立东方电气昭觉希望小学、"东方电气昭觉优秀学子奖学金"、"东方电气昭觉贫寒学子助学金",援建芦山县双石中学和吉县职业技术学校机械加工实训车间,建设10个"东方电气昭觉彝族幼教点",改建"东方电气昭觉民族中学"。开展产业扶贫,建设凉山风电基地,扶持昭觉光伏开发、吉县苹果种植、壤塘牦牛养殖等特色产业,出资参与国务院国资委发起设立的产业扶贫基金。开展智力扶贫,先后派出10余名优秀干部前往定点县扶贫挂职,为打赢脱贫攻坚战贡献央企力量。同时,东方电气积极参与企业和项目所在地,特别是"一带一路"沿线国家的海外帮扶、爱心捐助活动,积极支援受灾地区的救灾和重建,组织专业队伍参与青海玉树、云南彝良、四川雅安等地的抗震救灾,树立有责任有担当的中央企业社会形象。

(撰稿人:康 莉)

鞍钢集团有限公司

【基本概况】 鞍钢集团有限公司(以下简称"鞍钢集团")是由钢铁、矿业、钒钛、金融贸易、工程技术、化工事业、综合实业、信息产业、物流能源和地产等多个产业组成的特大型钢铁企业集团,拥有热轧板、冷轧板、镀锌板、彩涂板、冷轧硅钢、重轨、无缝钢管、型材、建材、特钢(不锈钢)等完整的产品系列,世界领先的钒产业和中国最大的钛产业,广泛应用于铁路、建筑、汽车、机械、造船、家电、集装箱、石油石化、航空航天等数十个行业。2017年,鞍钢集团把迎接党的十九大召开和学习宣传党的十九大精神、认真贯彻习近平总书记"三个推进"重要讲话精神作为主线,按照一届八次全委(扩大)会议、一届四次职代会确定的目标任务,坚持"保生存、求发展"工作思路,抓好"五个强化",全面打胜扭亏脱困攻坚战,落实习近平总书记对鞍钢"凤凰涅槃、浴火重生"的要求,为实现新发展奠定基础。

【主要指标】 2017年,鞍钢集团坚持稳中求进,开创生产经营新局面。全集团实现扭亏为盈,同比大幅增利,进入央企效益增量排名前列,超额完成奋斗目标,一举结束连续五年亏损历史。主要经营指标明显改善,全集团铁精矿、铁、钢、钢材产量同比大幅增长;实现营业收入同比增长33.79%。资产负债率持续下降,偿债能力不断提升。市场影响力显著增强,鞍钢位列2017年中国500最具价值品牌第55位,品牌价值增至570.55亿元,比上年增值123.37亿元,在钢铁企业中排名第一。

在战略布局调整上,强化战略调整,构建多元产业新格局。明确"631"产业结构调整目标,确定稳步发展钢铁产业、优先发展非钢产业、协调发展资源产业的战略布局。钢铁产业提质增效稳步推进。全集团放行技改项目213项,鞍钢股份鲅鱼圈分公司3.8米中厚板项目按期投产,攀钢西昌钢钒热轧E1R1初轧机及定宽压力机改造、棒线材、彩涂线建设等项目实现预期目标。鞍山钢铁开展12个大项62个课题攻关,攀钢实施八大降本增效措施和系统量化降本专项行动,降低工序成本13.82亿元。非钢产业新业态不断拓展,资本控股取得基金管理、融资租赁、商业保理、期货4项业务牌照,财务公司强化金融服务和价值创造,金融产业实现利润同比增长5.44%。国贸公司创新原料贸易期现结合、钢材买断式经营、钢材社会贸易等商业模式,实现利润同比增长20.85%。推动健康产业发展,组建健康产业公司,实现利润同比增长185.71%。积微物联成立四川工业大数据创新中心,打造专业化闲废资源第三方处置平台,交易量1380万吨,交易额670亿元。鞍山钢铁汽运公司组建德邻陆港,开展绿色物流等业务,实现销售收入同比增长65.3%。资源产业协调发展成效显现。矿业着力提升资源保障能力,全方位实施降本增效,大力推动改革创新,初步形成产业化发展格局,竞争力明显提升。加快钒钛产业发展,拓展市场空间,实现利润大幅增长。

【改革发展】 2017年,鞍钢集团强化改革引领,激发内生发展新活力。坚持市场化改革方向,推动13个方面、72个项目、323项具体改革任务落地。法人治理结构进一步完善,27家全民所有制企业完成公司制改制。推进子企业董事会建设,落实董事会职权,建立健全有效制衡的法人治理结构,提升治理能力;成立专职董(监)事办公室,选聘专职外部董监事,建立与企业经营业绩挂钩考评机制。市场主体地位进一步落实。完善差异化管控体系,深化"放管服"改革,对授权体系进行第4次修订,将市场化经营权归位于各级市场主体,进一步放权搞活。全面推进契约化管理,建立以"两书三办法"为核心的配套制度,完善市场化运营机制。建立健全涵盖16项管理职能、48个业务模块、192项管理制度的规章制度体系。"处僵治困"成效进一步凸显,狠抓亏损企业治理,全集团法人企业亏损户数、亏损面、亏损额大幅减少。国资委挂牌督导的27户"僵尸企业"和特困企业大幅减亏,减幅73.36%,完成国资委下达的"处僵治困"阶段性任务,铸钢公司、西昌钢钒、攀长特等多年亏损企业扭亏为盈。扎实推进"压减"工作,完成33户法人企业"压减"任务。三项制度改革进一步深化,推进干部人事制度改革,建立市场化选拔任用机制,层层签订年度和任期经营业绩责任书。推进人力资源优化改革,推行"岗位序列、岗位层级、岗位职级、岗位薪级"四维全面岗位管理,推动由"身份管理"向"岗位管理"转变。推进薪酬分配制度改革,按照"职工收入有保障、管理人员收入有约束、经营者收入有激励"的原则,对职工、管理人员、经营者年度工资总额预算实行分类管理,与效益挂钩联动,收入弹性增大,激励作用进一步增强。

【技术创新】 2017年,鞍钢集团全面推进科研设计机构市场化改革,增强创新能力和创效水平。创新动力充分激发,初步形成科研院所有活力、研发团队有干劲、企业有效益、个人有收益的创新机制。"五大院"签订技术开发合同825项,合同额5.1亿元,同比分别增加156项、1.3亿元;签订技术输出合同219项,合同额7096万元。15个项目通过国家科技部"十三五"重点专项项目(课题)立项。启动科技成果基金转化项目,百吨级纳米TiO_2示范线主体投入使用。推动全员创新,职工创新工作室增至177个,完成项目242个,创效近4000万元。李超创新工作室获得"全国示范性劳模和工匠人才创新工作室"称号。科技投入持续加大,建立研发经费稳定精准投入机制,全年增加投入7亿元。围绕打造重轨、汽车钢、海洋装备用钢、钒钛制品、军工钢等一流产品,设立研发专项。鞍山钢铁新产品、独有领先产品、战略产品销量占比大幅提高,攀钢独有领先产品销量明显增大。创新成果不断涌现,实现"三新"科技创效38.42亿元。研制生产的高端桥梁钢应用于世界最大跨径公铁两用斜拉桥沪通长江大桥、马尔代夫"中马友谊"大桥等国内外重大桥梁工程。自主研发的转向架高端用钢应用于中国标准动车组,在世界上首次实现时速420千米交会和重联运行。开发出5米以上超宽规格钢板的轧控+热处理全流程生产工艺,成为世界首家5米以上超宽压力容器CrMo钢板供货企业。全集团获冶金科学技术奖6项。受理专利1620件,其中发明专利1010件,1件发明专利获第19届中国专利优秀奖。在第22届全国发明展上,获得金奖19项、银奖30项、铜奖19项。

【节能环保】 2017年,鞍钢集团环保工作不断改进,顺利通过中央环保督察,实现重大环境污染事故为零,西昌钢钒获评"中国钢铁工业清洁生产环境友好企业",鲅鱼圈分公司获评国家首批"绿色工厂"示范单位。

【企业管理】 2017年,鞍钢集团强化管理提升,促进运营效能新提高。建立健全职能、授权、监督、制度"四大体系",开展一体化管理信息平台建设,层层推进管理升级。资金管理不断强化,坚持"分灶吃饭"原则,严格资金预算管理,提高资产运营效率,财务费用同比降低5亿元,完成国资委下达的"两金"占用控制指标。扎实推进去杠杆,与金融机构签署债转股合作协议,完成市场化债转股。全集团资产负债率持续下降,偿债能力不断提升。强化安全生产责任落实,抓好安全隐患排查整治。管理平台不断健全,推进财务共享平台建设,提升财务管理信息化水平。推进人力资源共享服务平台建设,提升人力资源管理效率和服务质量。推进招标采购平台建设,建立供应商信息共享系统,开展采购管理对标,公开招标采购比例70%,集中采购率80%。审计中心充分发挥监督职能,促进运营改善、管理提升和风险控制。绩效考核不断加强,全面推行市场倒逼模式,建立"效益分区、人员分类、利益共享、风险共担、年度与任期相结合"的绩效考核体系,强激励、硬约束、严考核,确保主体责任有效落实。优化总部职能,细化量化任务,压实岗位责任,实施精准考核。建立完善关键人才中长期激励约束机制。依法治企不断深入,健全法治组织体系,推进20项法治重点工作任务落实,促进企业依法经营管理。

【党建工作】 2017年,鞍钢集团党的组织建设得到新加强。一是党建工作"三个体系"全面形成。完善责任体系,制定党建工作责任制实施办法,明确"五个责任"。完善考核体系,量化党建考核,明确62个日常工作和78个重点任务考核指标。完善制度体系,形成有效管用的制度保证。二是党建工作重点任务落地落实。从4个方面承接中组部、国资委党委提出的28项重点任务,制定101条具体措施,完成26项,2项正在推进中。三是集团公司率先实现党建工作进章程,111家单位公司章程全部修改完毕。四是完善"双向进入、交叉任职"领导体制,9个全资子企业党委书记、董事长实现"一肩挑",党员总经理担任党委副书记。五是领导班子和干部队伍建设不断强化。开展"四好"领导班子创建活动,选树4个"四好"班子和11名优秀领导人员。六是落实好干部标准,突出"五注重"用人导向,提拔重用经营业绩显著的企业负责人,集中调整领导人员10次,调整任用134人次。七是推进干部作风转变,制定《关于扎实推进干部作风转变的工作实施方案》。八是"两学一做"学习教育常态化制度化深入展开。抓安排部署,制定实施方案,从深"学"、实"做"、严"改"、真"带"等方面进行安排。九是基层党组织建设全面加强。树立党的一切工作到支部的鲜明导向,坚持"抓两头、带中间",开展"基层党支部建设提升年"活动,启动党建信息管理网建设,以信息化助推基层党建工作创新。

党风廉政建设和反腐败工作取得新进展。中央巡视整改持续深化,借力加力,全面启动持续深化整改工作,中央巡视办、巡视组和国资委第二督查组给予充分肯定。完善鞍钢党委巡视工作办法,有效开展内部巡视巡察,不敢腐的目标初步实现,不能腐的笼子越扎越牢,不想腐的堤坝正在构筑。监督体系创新构建,建立资源整合、信息共享、职能互补、整体联动的"1+3+5"大监督体系,成立监督委员会,建立专职巡视员队伍,实现对各企业行权行为的有效监管。开展"廉洁风险地图"建设,防范腐败风险。贯彻落实中央八项规定精神,坚决纠正"四风",点名道姓通报曝光违纪违法案件和典型"四风"问题,坚持惩治腐败零容忍。

【职工生活】 2017年,鞍钢集团强化和谐保障,汇聚共建共享新能量。落实工资效益联动机制要求,按照各子企业经营状况,职工收入实现不同程度增长。依靠职工办企业持续深化,积极推进以职工代表大会为主要形式的民主管理和厂务公开,大力弘扬"鞍钢宪法"精神,深入开展"网络问企"活动,有效办结意见和建议5.54万条。开展技能培训、岗位练兵、技术比武等活动,涌现鞍钢"技术状元"23人、"技术能手"311人。开展首届"鞍钢工匠"评选活动,14人当选"鞍钢工匠",其中5人当选首批"辽宁工匠"。开展"治理设备漏油、实现清洁生产"专题攻关竞赛,完成攻关项目513项,节省油脂1455吨。开展炼钢系统纯净钢冶炼主题攻关竞赛,89项次指标达到D级标准。启动治理厂区扬尘专项活动,扬尘明显减少。关爱职工专项行动扎实开展,启动"践行共享理念、关爱一线员工"专项服务行动,围绕增加职工收入、改善工作环境、完善生活福利设施等6个方面,确定集团项目38项、子企业项目120项、基层单位项目899项。研究制定多项收入分配新政策,建立职工正常的薪酬增长机制,规范生活补贴,合理调整加班费,从12月1日起提高夜班津贴、班组长津贴、女职工卫生保健费标准。对职工操作室、值班室实施改造,对职工活动室、浴池进行维护更新。鞍钢人才公寓投入使用。帮困扶贫工作逐步精准,加大"一帮一"、"群帮一"结对帮扶力度。开展"温暖送万家"大走访、大下访活动,走访救济困难职工、困难退休人员4.67万人次,发放慰问金1659万元。审核下发医疗救助金1211万元,惠及2146人。积极承担央企社会责任,制定扶贫规划,同比增加扶贫资金882万元。向新疆塔县地震灾区捐赠 100 万元。参加辽宁岫岩抗洪抢险工作,并捐赠 500 万元。

(撰稿人:赵 艳)

中国宝武钢铁集团有限公司

【基本概况】 中国宝武钢铁集团有限公司(以下简称"中国宝武")由原宝钢集团有限公司和原武汉钢铁(集团)公司联合重组而成,2016 年 12 月 1 日正式揭牌成立。中国宝武是国家授权的国有资本投资公司,对授权范围内的国有资产向国务院国资委承担保值增值责任,注册资本 527.91 亿元,资产规模逾 7000 亿元,总部设在中国(上海)自由贸易区世博大道 1859 号。截至 2017 年底,在册员工 177007 人。

中国宝武以成为"全球钢铁业引领者和世界级企业集团"为愿景,以"驱动钢铁生态圈绿色智慧转型发展,促进企业各利益相关方共同成长"为使命,以"钢铁产业为基础,相关产业协同发展"为战略,以"诚信、协同、创新、共享"为核心价值观,致力于通过改革和发展,构建在钢铁生产、绿色发展、智能制造、服务转型、效益优异等五方面的引领优势,打造以绿色精品智慧的钢铁产业为基础,新材料、现代贸易物流、工业服务、城市服务、产业金融等相关产业协同发展的格局,最终形成若干个千亿级营业收入、百亿级利润的支柱产业和一批百亿级营业收入、十亿级利润的优秀企业。

2017 年,中国宝武的业务涉及钢铁及相关制造业、钢铁及相关服务业、产业金融业、城市新产业及武钢集团五大领域。钢铁业是主营业务,拥有宝山钢铁股份有限公司(以下简称"宝钢股份",含宝钢股份直属厂部、上海梅山钢铁股份有限公司、宝钢湛江钢铁有限公司、武汉钢铁有限公司)、新疆八一钢铁有限公司、广东韶关钢铁有限公司、宝钢不锈钢有限公司、宝钢德盛不锈钢有限公司、宁波宝新不锈钢有限公司、宝钢特钢有限公司、鄂城钢铁有限公司等钢铁企业,粗钢产量居中国第一、全球第二,产品定位高端,涵盖普碳钢、不锈钢、特钢等三大系列,广泛应用于汽车、家电、石油化工、机械制造、能源交通、金属制品、航天航空、核电等行业。钢铁相关服务业包括电商、物流、加工、数据、资源服务、信息技术、工程、生产及生活服务等业务,拥有上海宝信软件股份有限公司、上海宝钢包装股份有限公司两家上市公司。产业金融业包括助推钢铁产业转型升级的产业链金融业务,提升国有资本运营效率的投资融资、收购兼并等资本运营业务,支撑业务创新的创业投资业务等。城市新产业包括配合钢铁去产能、提升土地要素资源价值、拓展业务发展载体的不动产开发运营及城市新产业发展等业务。武钢集团业务包括物流贸易与深加工、资源利用与新材料、城市服务、城市建设与环保等。这些业务通过遍及全球的营销网络,为 75 个国家和地区的用户提供产品和服务。

2017 年,中国宝武位列《财富》世界 500 强第 204 位,在全球钢铁企业中排名第二,维持《财富》最受赞赏的中国公司评价,并保持全球综合类钢铁企业最优评级水平。宝钢广东湛江钢铁基地项目在建工程全部竣工投产。

【主要指标】 2017 年,中国宝武面临钢铁行业去产能、调结构的形势,明确战略定位,抓住市场机遇,整合协同挖潜,创新转型发展,联合重组元年取得经营佳绩,完成工业总产值(现行价格)4192.93 亿元,工业销售产值 4228.42 亿元,资产总值 7456.07 亿元,营业总收入 4004.82 亿元,实现利润总额 142.69 亿元,净资产收益率 2.75%。全年完成铁产量 6147.01 万吨,钢产量 6539.27 万吨,商品坯材产量 6529.10 万吨,商品坯材销量 6555.89 万吨,出口钢材 336.41 万吨。

2017 年中国宝武钢铁集团有限公司主要经济指标

项 目	2016 年	2017 年	比上年增长(%)
资产总额(亿元)	7416.83	7456.07	0.53
所有者权益(亿元)	3371.57	3434.85	1.88
营业收入(亿元)	3076.75	4004.82	30.16

续表

项 目	2016年	2017年	比上年增长(%)
利润总额(亿元)	64.03	142.69	122.85
归属于母公司所有者的净利润(亿元)	23.14	1.48	−93.60
利税总额(亿元)	194.12	313.59	61.54
应交税金总额(亿元)	178.46	243.33	36.35
净资产收益率(%)	1.61	2.75	增加1.14个百分点

【深化改革】 2017年,中国宝武深化国有资本投资公司管理体系变革,形成国有资本投资公司试点框架方案,完成首轮战略规划修编。深化总部变革,坚持"管办分离",明确钢铁及相关制造业、钢铁及相关服务业、产业金融业、城市新产业四大业务中心的功能定位和职责界面,实施经济与规划研究院、人才开发院和中央研究院的改革,明确宝武设计院的职责与使命,探索以集团总部为核心、武汉区域总部为职能延伸的新型总部建设。产权制度和投融资管理体制改革取得进展,欧冶云商股份有限公司完成首轮股权开放,实现混合所有制和核心员工持股;宝钢股份和宝信软件分别启动第二期和首期限制性股票计划,通过利益捆绑激发核心骨干创业活力;发起设立宝嘉轻量化、武钢绿色城市、宝地城市更新和吴淞口创投等产业投资基金。剥离企业办社会职能并解决历史遗留问题,提前全面完成18家全民所有制企业公司制改制,超额完成职工家属区供水、供电、供气(供热)及物业管理分离移交协议签订工作,稳步推进八钢佳域公司厂办大集体"瘦身"改制。

【湛江项目建设】 8月17日,湛江钢铁1550冷轧智能化生产线全线贯通,进入生产试运行状态,标志着湛江钢铁在建工程全部竣工投产。1550冷轧工程于2015年5月5日打下第一根桩。该生产线是湛江钢铁第二条冷轧生产线,由1条酸洗机组、1条酸轧机组、1条连退机组、1条热镀锌机组、2条硅钢机组、2条重卷机组、3条包装机组以及相应配套公辅设施等组成,采用世界先进的冷轧生产工艺,运用无人化行车、自动缠绕式包装、自动贴标签、自动取样等新技术,并达到国际清洁生产先进水平,年产能255万吨,生产的酸洗产品应用于汽车、压缩机和通用机械行业,普通冷轧及热镀锌产品应用于汽车、家电和建筑行业,硅钢产品应用于电机行业。

【化解过剩产能】 2017年,中国宝武落实供给侧结构性改革,化解过剩钢铁产能545万吨,2016—2017年累计化解1542万吨,提前完成国务院国资委下达的"去产能"三年目标。全年累计压减法人160户,法人户数控制在500户以内,提前、超额完成国务院国资委下达的法人"压减"任务。2017年亏损子公司户数比上年下降61户,完成7户"僵尸"企业和26户特困企业的处置。

【技术创新】 2017年,中国宝武以宝钢股份为重点全面推进智慧制造。各生产基地智能装备改造、产成品仓库无人化改造和出厂效率提升等项目开始启动;宝钢股份1580热轧智能车间示范试点基本建成,技术经济指标明显改善,工序能耗、内部质量损失分别下降6.5%、30.6%,劳动效率提升11%,为钢铁车间级智慧制造升级提供可推广、可复制的经验;冷轧数字化车间项目成为工业和信息化部2017年智能制造试点示范项目。各钢铁单元实施差异化创新策略,持续推进精品研发。新一代汽车用先进高强钢、薄规格取向硅钢、低噪音取向硅钢、耐蚀马氏体不锈钢复合板等高性能产品实现全球首发;大厚度大型集装箱船用止裂低温钢国内首家获得挪威、德国、美国、法国和中国船级社认证;高强海洋工程用钢向中国自主建造的全球最先进超深水钻井平台"蓝鲸一号"供货,支撑国家高端能源装备制造;新一代汽车排气系统用不锈钢通过合资汽车品牌认证;成为全球第二家可供应薄膜型液化天然气船用殷瓦合金的供应商;630℃火电机组锅炉耐热钢管G115通过全国锅炉压力容器标准化技术委员会评定;开发第四代核电设备用哈氏合金板材,全面掌握哈氏系列合金的全流程制造工艺;核电蒸汽发生器用690U形合金管实现多个工程项目的配套材料制造交付。

【节能减排】 2017年,中国宝武吨钢综合能耗593千克标准煤,比上年下降9千克标准煤;万元产值能耗1.22吨标准煤,比上年下降10.3%;二氧化硫、氮氧化物、化学需氧量排放总量分别为30983吨、71000吨、2112吨，分别比上年下降8.7%、10.8%、1.1%。上海地区用能和用煤总量分别为1346万吨标准煤和1299万吨，完成上海市下达年度考核目标。宝钢股份钢渣处理中心项目建成投运，八一钢铁实现失效树脂焚烧无害化处置，武钢高炉矿渣微粉应用于武汉绿地中心在建工程。

【安全生产】 2017年，中国宝武保持事故总量及伤亡人数全面下降、不发生较大及以上生产安全事故的安全工作目标。全年区域内发生生产安全事故总量比上年下降20%，其中发生工亡事故2起，工亡2人，比上年下降75%；发生重伤事故2起，重伤2人，比上年下降78%；发生轻伤事故71起，轻伤74人，比上年下降9%。

【整合融合】 2017年，中国宝武按照宝钢与武钢联合重组后的总体路径设计，加快管理对接，实现主要管控共享系统的延伸对接，以信息系统覆盖促进管理整合，快速提升整合协同效率；推进文化融合，明确中国宝武"诚信、协同、创新、共享"核心价值观。钢铁业整合协同成效显著：以资产关系整合为基础，宝钢股份与武钢股份680个整合项目完成年度节点，基本实现职能管理全覆盖，采购、销售等部分业务集中统一，体系能力大幅提升，全年实现协同效益逾20亿元；推进钢铁板块结构调整，推进华东、华南两大高端棒线材生产基地建设，先后完成宝钢特钢长材有限公司委托宝钢股份管理、宝钢特钢韶关有限公司回归韶关钢铁实施属地化管理，宝钢德盛、宁波宝新、鄂城钢铁等由中国宝武统一管理；推进非钢业务跨单元协同整合，完成上海宝钢化工有限公司受托管理武钢焦化相关业务、欧冶云商收购武钢集团江北公司下属武汉易琴台电子商务有限公司资产等工作。

【非钢产业】

1. 武钢集团。加快聚焦向外、转型发展，明确重塑以城市服务为主业、优化发展工业技术服务的专业化产业公司。

2. 现代贸易物流业。欧冶云商平台交易规模持续增长，GMV（成交总额）交易量6638万吨，比上年上升18%；八一钢铁建成具备国际铁路集装箱发运能力的"宝武班列"始发站点，全年累计发运148列。

3. 工业服务业。宝信软件获得首钢集团信息化建设项目；宝钢包装作为中国宝武一级子公司直接管理。

4. 城市服务业。上海"互联网+"产业园东区基本建成，宝钢不锈钢有限公司和上海不锈钢有限公司、宝钢特钢有限公司和上海吴淞口创业园有限公司实施管理关系优化。

5. 产业金融业。华宝投资有限公司作为出资主体，成立国内第一只钢铁产业结构调整基金——四源合基金，并成功主导重钢股份的重组；聚焦冶金及相关行业不良资产管理，筹备冶金资产管理公司；以宝钢股份为投资主体收购上海农村商业银行股份有限公司10%股权；中国宝武以宝钢股份为标的资产，成功发行150亿元可交换债券；华宝投资有限公司累计为武钢集团及下属单位盘活闲散资金12.6亿元。

【国际化经营】

1. 钢材出口业务。2017年，中国宝武出口钢材336.41万吨。

2. 现代贸易物流业务。宝钢资源（国际）有限公司完成境外销售量2984.2万吨；新疆八一钢铁有限公司开行宝武西行班列148列，其中出口钢材班列60余列；欧冶国际电商有限公司实现跨境电商平台交易流量200.5万吨，合同金额2.9亿美元。

3. 工业服务业务。宝钢工程技术集团有限公司境外新增手持订单12.2亿元，其中工程设备贸易9亿元；武汉钢铁集团耐火材料有限公司完成境外工程承包收入3850万元；武汉钢铁工程技术集团有限责任公司联合宝钢工程技术集团有限公司，中标印度尼西亚卡钢项目，合同额3000多万元；上海宝信软件股份有限公司新签境外合同额3800万美元。

4. 金属制品业务。越南宝钢制罐（平阳）有限公司产销量6.3亿罐，越南宝钢制罐（顺化）有限公司产销量5.2亿罐，宝钢包装（意大利）有限公司产销印涂铁4.4万吨，宝钢金属制品（香港）工业有限公司完成对意大利汽车零部件制造商EMARC公司75%股权的收购；南通线材制品有限公司出口土耳其高强度悬架弹簧钢丝670吨，江苏宝钢精密钢丝有限公司出口钢帘线产品4758吨。

【履行社会责任】 2017年，中国宝武新增43个对外捐赠项目,在西藏自治区仲巴县、八宿县、丁青县、新疆维吾尔自治区岳普湖县、青海省同德县、湖北省罗田县、广西壮族自治区上林县、云南省宁洱县、镇沅县、江城县、广南县等地区开展援助、扶贫工作,项目涵盖民生领域、基础设施、教育事业、产业支持等方面,促进受援地的经济建设发展和民生改善。中国宝武援藏项目还结合受援地需求,组织技术、施工团队,克服工期紧、交通难、气温低、高原反应重等困难,在日喀则市桑珠孜区江当乡、仲巴县拉让乡、仲巴县隆嘎尔乡,建设完成10套钢结构装配式样板房。2017年,中国宝武实际对外捐赠12716.89万元。

(撰稿人:张文良)

中国铝业集团有限公司

【基本概况】 中国铝业集团有限公司(以下简称"中铝集团")成立于2001年,是国家授权的投资管理机构和控股公司,是中央管理的国有重要骨干企业。主要从事矿产资源开发、有色金属冶炼加工、相关贸易及工程技术服务等业务,是中国最大的有色金属产品供应商,铝产业在全球具有重要影响力,铜业综合实力位居中国第一,稀土产业占据行业主导企业地位。

经国务院国资委批复,2017年12月中国铝业公司正式更名为中国铝业集团有限公司,由全民所有制企业改制为国有独资企业。

中铝集团总部设在北京。截至2017年底,集团注册资本252亿元,资产总额5313.37亿元,从业人员11.53万人,所属66家企业分布在23个省(自治区、直辖市),拥有5家境内外上市公司。境外资产总额1877.44亿元,境外营业收入207.22亿元,境外机构21家,主要分布在中国香港、越南、老挝、印尼、秘鲁、英国、英属维尔群岛、澳大利亚、新加坡、委内瑞拉、巴西、开曼群岛、印度等国家和地区。连续10年入选《财富》世界500强企业,2017年度排名第248位。

2017年,中铝集团实现整体盈利20.5亿元,全面完成国资委考核目标。

【主要指标】 2017年,中铝集团实现营业收入总额3155.15亿元,比上年增加17.91%。有色金属原矿产量3139万吨,比上年减少4.2%。氧化铝产量1437.1万吨,比上年减少2.2%;电解铝产量360.7万吨,比上年增长18.9%;铝加工材产量167.7万吨,比上年增长14.6%;精炼铜产量62.7万吨,比上年增长7.5%;铜加工材产量30.4万吨,比上年增长16%;稀土分离产品产量13295吨,比上年增长87%。

2017年中国铝业集团有限公司主要经济指标

项 目	2016年	2017年	比上年增长(%)
资产总额(亿元)	5218.31	5313.37	1.80
所有者权益(亿元)	841.00	1952.28	132.14
营业收入(亿元)	2675.80	3155.15	17.91
利润总额(亿元)	1.67	20.50	1200.00
净利润(亿元)	-5.80	0.0012	
归属于母公司所有者的净利润(亿元)	-18.77	-28.97	
技术开发投入(亿元)	38.46	49.18	27.87
利税总额(亿元)	75.80	104.44	37.78
应交税金总额(亿元)	112.20	102.61	-8.55
全员劳动生产率(万元/人·年)	24.30	31.45	29.42
净资产收益率(%)(不含少数股东)	-11.87	2.89	增加14.76个百分点
总资产报酬率(%)	2.53	2.82	增加0.29个百分点
国有资本保值增值率(%)	135.87	77.60	减少58.27个百分点

【改革发展】 一是科学做好加法。完成投资188.6亿元。普朗铜矿等一批资源项目建成投产,河南分公司等一批技改项目使老企业脱胎换骨,内蒙古

华云等一批轻合金项目建成投产,瑞闽蓝园等项目加快建设,四大铝产业基地初具规模,构建西南、东南、北方三大铜冶炼基地。

二是敢于做好减法。关停转移电解铝产能16万吨,抚顺钛业完成破产,抚顺铝业"脱铝向炭",炭素实现商品化生产。上海铜业主业关停,设备内迁华中铜和洛铜,盘活土地收入7亿元。管理层级从七级压缩到五级,法人户数同比减少72户。

三是积极做好乘法。科技投入41亿元,聚焦15项重大科技专项,300余个科技项目,新增18个国家认定高新技术企业,大力开发高铁、船舶、汽车轻量化铝材,推广应用铝天桥、铝模板、铝托盘、铝挂车、全铝家具等一系列终端新产品,初步实现乘用车用铝合金材料及零部件产品类型研发的全覆盖,实现材料到产品的转变。

四是善于做好除法。力拓外汇贷款债转股项目落地,集团资产负债率降低19个百分点;中铝股份丰收项目增加126亿元净资产。颐和园项目通过证监会上市发审会。创建环保节能、创新投资、海外开发三大平台。

【重大项目】 几内亚铝土矿前期开发顺利推进。国内大型基地建设初具轮廓,一批重点项目加快建成投产。内蒙古华云、广西华磊、贵州华仁等轻合金材料项目提前通电投产。宁夏能源银星一井项目获国家能源局核准,进入联合试运转。普朗铜矿、铜厂沟铜钼矿、青海牛苦头铅锌矿等项目投料试车。河南分公司氧化铝等技改项目达产达标。上海铜业加工生产线向华中铜、洛铜转移,搬迁工程有序推进。山西中润、东南铜业、赤峰云铜、瑞闽蓝园项目加快建设。中铝齐鲁工业园铝基新材料产业一期项目开工建设。港口氧化铝、秘鲁铜矿二期等项目前期工作全面推进。设立中铝雄安总部筹备工作办公室、中铝国际雄安开发办公室,积极对接雄安规划,参与新区建设。

【走向海外】 几内亚Boffa铝土矿基地建设按时完成项目可行性研究、环境与社会影响评价等申请矿权的重要报告的编制与提交等前期工作。秘鲁铜矿二期前期工作顺利推进。中铝香港会同沈阳院完成印尼国际产能合作项目预可研优化工作,中铝国际沈阳院顺利中标。中铝材料院与英国布鲁内尔大学分别签署战略合作协议。中铝海外平台建设启动。

【重大创新】 召开2017年科技工作暨成果产业化推广会议,成立中央研究院分院13家、分技术中心3家。

2017年,聚焦15项重大科技专项,300余个科技项目,科技投入41亿元。突破一批重大关键技术,科技增效10亿元以上,提高科技进步贡献率。完成地下采空区无人自动探测机器人的研制;在包铝建成首条1万吨/年废槽衬无害化处理示范线,完全达到无害化标准和国家Ⅰ类固体废物标准,是国内稳定运行时间最长、处理量最大的生产线;郑州研究院采用"新型双碱法"首次成功应用于华兴3台大型锅炉脱硫,达到超低排放要求。

大力开发高铁、船舶、汽车轻量化铝材,推广应用铝天桥、铝围护板、铝模板、铝托盘、铝挂车、全铝家具等一系列终端新产品,实现材料到产品的转变。搭建轻量化中试平台,初步实现乘用车用铝合金材料及零部件产品类型研发的全覆盖,引领轻量化发展。

2017年,承担军工科研项目28项,配套能力建设项目6项,实现到位国拨经费1.34亿元,超出考核指标34%。争取专用电解铜20510吨,为企业减少原材料采购成本3200余万元。配套科研和建设项目计划完成率88%,完成6个配套科研项目的验收和1项固定资产投资项目的验收。

【党建工作】 加强思想建设,提高政治站位。集团上下深刻领会习近平新时代中国特色社会主义思想,认真学习和宣传党的十九大精神,狠抓党员干部的政治学习,深入推进"两学一做"学习教育常态化制度化,"四个意识"更加牢固,与党中央在思想和行动上保持高度一致。

夯实党建基础,发挥核心作用。全面落实党建进章程的要求,坚决整改各级党建存在的"四个化"问题,制定实施细则和"一岗双责"清单,创新"双百分"考核,认真开展党组织书记述职评议,切实履行主体责任。创新党建载体,开展党组织带领党员创效、党员带领群众创新的"两带两创"活动,得到中组部肯定,在中央企业推广。从严执行党内监督和"三重一大"决策,充分发挥党组织把方向、管大局、保落实的作用。

从严管理干部,强化队伍建设。坚持治庸问责,创新"闲官"治理法,全年排查"闲官"213名,"闲岗"108个。提拔14名70后干部担任正职或进入领导班子,3人担任总经理助理职务。面向国家部委和央企引进优秀人才,面向社会积极招聘专业化人才。持续加强能力建设,分片区开展12次"勇于创新"谈心活动,与48户企业424名干部面对面互动,交流创新经验,分享实战心得。选送67名干部参加中组部、国资委等部委组织的调训,组建中铝大学,全年培训干部2500多人次。

推进党风廉政建设,营造良好政治生态。完善全面从严治党责任分解、监督检查、评价考核工作机制,进一步夯实"一岗双责"。强化干部行权履职监督,完善制度体系。建立完善问题线索"大数据"和分类处置机制,处置问题线索926件,处置"二次大起底"线索1700余件。严肃查处违反中央八项规定精神问题和违反六大纪律案件,给予党政纪处分385人次、移送司法机关24人。创新巡视方式方法,完成巡视全覆盖,巡视发现问题准、分析问题透,有力形成震慑。每季度召开一次警示教育会,组织拍摄警示教育专题片,进一步夯实小节、规矩、纪律、法律"四道防线"。开展纪委书记"接地气"工作,发现问题9104项,整改7019项,问责1054人,得到中纪委领导的肯定。

【信息化建设】 全景仿真视频会议系统建设持续完善,覆盖总部及49家实体企业。组织建设集团财务管控信息化平台、人力资源管理信息平台。实现通过手机App监控企业生产现场。开展"互联网+云服务"平台建设,提升管理效率。包头铝业电解铝智能制造等一批试点项目全面启动,氧化铝及矿山智能制造顶层设计和实施方案即将编制完成。网络安全等级保护管理和预警通报平台建设完成,实现对集团总部和各板块事业部32个网站、11个重要信息系统的集中监控和防护。

【履行社会责任】 管理体系得到完善。印发实施《2017年度社会责任工作要点》《社会责任管理模块和负面清单(2017修订版)》《社会责任管理2016年度评估报告》。梳理整合公司公益品牌,确定"同心缕+"公益品牌名称及标识,印发《中铝公司关于加强公益品牌建设与管理的指导意见》。

责任实践亮点涌现。社会责任试点单位增加到17家,范围覆盖集团铝、铜、稀有稀土、工程技术、铝加工等主要板块及在建项目。中铝特罗莫克铜矿的社会责任工作获得《人民日报》专栏报道。中铝宁夏能源开发清洁能源,致力自主贡献荣获"全球契约实现可持续发展目标先锋企业"称号。

联合降碳行动影响突出。与供应链合作伙伴率先发起联合降碳行动,发布首份降碳报告,举办"中铝降碳节"。国务院国资委综合局、国家发展改革委气候司领导给予联合降碳行动充分肯定,引起社会各界关注和赞赏,树立了公司绿色发展新形象,发挥了行业引领作用。

(撰稿人:韩　露)

中国远洋海运集团有限公司

【基本概况】 中国远洋海运集团有限公司(以下简称"中远海运集团"或"集团")2016年2月18日正式挂牌成立,由原中国远洋运输(集团)总公司与原中国海运(集团)总公司重组而成,总部设在上海,是中央直接管理的特大型国有企业。

重组后,中远海运集团坚持创效、创业、创新,着力布局包括航运、物流、航运金融、装备制造、航运服务、社会化产业和"互联网+相关业务"在内的"6+1"产业集群,促进航运要素的整合。截至2017年底,集团运营各类船舶1123艘,综合运力8635万载重吨,排名世界第一,其中,集装箱船队规模世界第四;干散货船队、油气船队、特种船队运力规模均居世界第一;集装箱码头总吞吐量世界第一;拥有全球最大的船员管理公司。全球船舶燃料销量、海洋工程装备制造接单规模及船舶代理业务也位居世界前列。

集团远洋航线现覆盖全球160多个国家和地区的1500多个港口,形成以中国香港、日本、韩国、澳大利亚、东南亚、西亚、北美、南美、欧洲、非洲等区域为辐射点,以船舶航线为纽带,遍及世界各主要地区的跨国经营网络。在2017年世界500强企业排名中,集团位居第366位;在福布斯全球最受信赖公司2000强榜中排名第104位,成为全球唯一上榜的航运企业,位居中国大陆企业首位。

【**主要指标**】 截至2017年底,中远海运集团资产总额7101亿元,所有者权益2638亿元。全年实现营业总收入2343亿元,利润总额193.7亿元,净利润150.4亿元。

2017年中国远洋海运集团有限公司主要经济指标

项　目	2016年	2017年	比上年增长(%)
资产总额(亿元)	6582.00	7101.00	7.89
所有者权益(亿元)	2387.00	2638.00	10.52
营业收入(亿元)	1976.00	2343.00	18.58
利润总额(亿元)	165.90	193.70	16.77
净利润(亿元)	45.00	150.40	233.93
归属于母公司所有者的净利润(亿元)	103.30	94.90	−8.12
技术开发投入(亿元)	9.00	9.33	3.67
利税总额(亿元)	199.30	222.10	11.45
应交税金总额(亿元)	70.34	55.67	−20.86
全员劳动生产率(万元/人·年)	21.57	33.34	54.57
净资产收益率(%)	1.83	5.98	增加4.15个百分点
总资产报酬率(%)	3.97	4.32	增加0.35个百分点
国有资本保值增值率(%)	96.94	108.22	增加11.28个百分点

【**改革发展**】 2017年,集团以战略为引领继续推动落实改革重组,相继完成船员管理体制改革,科技与信息化平台资源整合。进一步推进船员资源专业化和集约化管理,推动集团"数字化转型"。此外,集团船舶管理体制改革、地区公司发展,以及财务公司、燃供业务、教育资源等航运产业链配套改革工作也稳步推进。

集团以发展质量为着力点,持续开展"瘦身健体"工作,推动供给侧结构性改革。截至2017年底,压减比例为26%,管理层级压至四级,"压减"工作继续走在央企前列;坚持去产能,累计拆解老旧船舶70艘、378万载重吨,大幅缩减造船产能,缩减海工产品产能7个。

集团以激发动能为落脚点,积极推动体制机制改革。启动实施泛亚"混改"工作,顺利完成国资委试点改革;推进职业经理人试点,在金控平台试点改革,以市场化方式公开招聘公司高层;创新人才招录和培养模式,上线人才招聘平台,开设网络学习平台。

【**重大项目**】 2017年,集团继续深化战略合作,与一汽、宝武、奇瑞、海信、东风、中车、中国铁路总公司等11家合作伙伴签署战略合作协议。进一步推进国货国运,与国家能源、华润电力、国投电力、大唐国际、中建材集团等大客户签订年度合同,内贸COA货源同比提升27.5个百分点。

2017年,集团充分发挥资本作用,推动具有全球影响力的行业性并购和产业链合作。先后收购青岛港集团20%、上港集团15%股份,进一步深化港航合作;收购上海农商银行10%股权,加快在航运金融板块关键领域的布局。立足于引领集装箱运输行业发展,与上港集团联合要约收购东方海外股权,稳步向全球集装箱运输第一梯队迈进。

【**走向海外**】 集团以海外区域公司为支撑,全力开拓"一带一路"市场,在"一带一路"沿线布局主要航线132条,为沿线地区提供全方位的综合物流供应链服务。稳步推进远东通往欧洲的第三条贸易大通道建设,成立陆海快线有限公司,围绕比雷埃夫斯港,全力打造"中欧陆海快线"。积极推进"一带一路"沿线港口和网点布局,相继收购西班牙、比利时和新加坡等码头,完成哈萨克斯坦霍尔果斯无水港、阿联酋阿布扎比场站等项目投资,完成新加坡物流公司收购。

【**重大创新**】 2017年,集团向创新要动力、要实力,持续在商业模式、科学技术方面推动创新发展,为集团长远发展注入活力。

积极推进"互联网+"业务,与阿里巴巴合作电商平台拼箱业务,与京东签署战略合作协议,进一步深化商业合作创新模式。在业内首次合作运用区块链技术打造全程可追溯货物运输，不仅为全球客户带来优质服务，更在数字化转型方面推动大数据、智能化、云计算、物联网等领域运用的创新升级，为全球客户提供更美好的增值体验。

重点打造智能船舶、智能制造项目，科技创新成果不断涌现。集团推广的"智能系统"在新建6艘21000TEU集装箱船和其他船舶上实施应用；"基于两化融合的智能船厂建设项目"成功列入工信部《2017年制造业与互联网融合发展试点示范项目名单》；深水半潜式支持平台研发项目形成总体方案，项目的实施将推动集团海工产品迈向产业链中高端水平。2017年，集团在船舶和海工建造方面分别获得两个国家科技进步二等奖。"新一代中远海特型28000载重吨重吊多用途船研制"获得中国航海科技一等奖，"大型多点系泊FPSO设计与建造技术"获得中国航海科技二等奖，"船舶主动力监控系统研究与应用"获得中国航海科技三等奖。2017年，集团申请各类专利220件，其中发明专利101件、实用新型80件，获得授权专利149件，其中发明专利55件、实用新型63件，登记软件著作权及软件产品23件。

【党建工作】 深入学习贯彻党的十九大精神，及时传达、专题研究、布置落实十九大及全国国企党建工作会议精神，增强"四个意识"，坚定"四个自信"。集团党组成员深入境内外各基层单位，集中宣传党的十九大精神；紧盯改革发展，精心组织党组中心组学习，及时传达贯彻中央有关精神；落实"四同步""四对接"，做好思想引领、党建方案设置等工作，召开2017年党建工作会议，制定《2017－2019年基层党建工作规划》《党建工作责任制实施办法》；扎实推进"两学一做"学习教育常态化制度化；召开集团党建思想政治工作研究会，理论实践相结合促进思想政治工作；着力推进干部人才队伍建设，建立完善干部选拔任用工作机制，加强干部监督管理；深入推动企业文化建设和宣传，发布《企业文化核心价值理念纲要》，打造企业文化理念体系主体框架。

【信息化建设】 2017年，集团发布"十三五"信息化规划，按照"集团规划＋专项子规划＋各单位总体方案"规划框架，坚持"5个1"蓝图架构，明确集团"十三五"期间的信息化建设方向。深入推进信息化改革，建设面向产业链的、创新的全球信息平台。在信息化项目建设方面，大力推进集团OA系统使用和航运标准化管理平台船舶管理模块的应用，完成集团主数据项目（一期）实施工作，为系统间数据共享以及大数据分析夯实基础，不断提升数字化管理水平。在信息化基础设施整合方面，规划实施数据中心"关停并转"思路和计划，推进数据中心整合工作；启动集团境内广域网专线整合项目；通过虚拟化应用，初步完成集团混合云部署。在网络信息安全建设方面，集团成立网安委、网安办和专业技术团队等自上而下的分级组织，完成网信安全平台搭建，启动集团网信安全专项规划编制，为集团网信安全工作提供指导。

【履行社会责任】 2017年，集团自觉履行社会责任，加大扶贫援藏工作投入，签署"中央企业参与西藏国有企业改革发展战略合作协议"和"'十三五'中央企业对口援藏合作协议"。为对口贫困地区组织培训班14期，培训干部、专业技术人才和劳务人员398人次，向定点帮扶地区派出9名挂职干部，在教育、公共设施、新农村建设、医疗卫生改善、扶贫济困等方面开展大量卓有成效的工作，集团扶贫援藏资金投入4000万元，为推动当地经济社会稳步发展、加快实现小康社会和长治久安作出突出贡献。同时，主动为云南永德地方特色产品扩大销路，为当地茶农创收1500多万元，有效推动产业扶贫。此外，集团还践行绿色航运，保护生态环境，得到国家有关部门和社会各界的广泛认可。

（撰稿人：周家恺）

中国航空集团有限公司

【基本概况】 2017年，中国航空集团有限公司（以下简称"中航集团"）认真贯彻落实党中央、国务院的决策部署，以迎接保障党的十九大胜利召开、学习贯彻党的十九大精神为主线，全力抓好安全管理，努力提升经营效益，稳步推进深化改革，积极改善服务品质，着力加强党的建设，顺利实现与中国国际航空股份有限公司(以下简称"国航股份")的两级一体化运行,各方面工作都保持积极稳健的态势。

深入学习领会中央领导对安全工作重要指示批示精神,贯彻《中共中央国务院关于推进安全生产领域改革发展的意见》,把安全发展理念落实在工作中、行动上,为改革发展不断筑牢安全基础。一方面,严格落实安全责任,紧密结合生产实际,加强对重复性事件和无后果违章行为的问责力度,有序开展各类安全检查并及时整改问题和隐患。另一方面,强化安全风险管控和强化空防安全管理,从飞行员训练、飞机故障监控排查、应急体系建设和专业队伍作风建设等方面着力提高安全保障能力。

深入贯彻落实供给侧结构性改革要求,牢牢把握稳中求进总基调,优化调整经营策略,深入开展降本增效,取得较好的经济效益。航空主业克服油价、起降费成本大幅增长、投资收益大幅减少等不利影响,加强客运市场研判,积极引领市场,动态调整运力投入规模,实现生产组织平稳有序、投产收正向增长,利润实现同比提高,盈利能力持续提升。所属专业公司强化市场意识,增强专业化经营能力,实现全面盈利。

坚决落实党中央、国务院关于国有企业改革的决策部署和要求,以新发展理念为引领,围绕集团战略目标以及需要着力破解的矛盾和问题,持续优化顶层设计,强化组织领导与机制保证,动态管控改革进度和质量。推进现代企业制度建设,规范建立中航集团董事会,优化国航董事会结构,有序推进公司制改制工作,中航集团和国航股份实现一体化运行。大力推进提质增效、"瘦身健体"、优化债务结构,加强资金集中管理,子企业亏损问题基本解决,"两金"占用比率持续下降,"压减"工作有序推进,"三供一业"分离试点工作基本完成,启动北京地区移交工作。

坚持把提升服务作为长期性、全局性的重要工作抓紧抓实,对标国际一流和社会期待,结合"民航服务质量规范"专项行动的开展,转变工作观念、明确工作目标、统一工作思路,从提升服务能力和服务管理能力、改善客户体验等方面入手,持续发力改进服务工作。

始终把强化基础管理作为可持续发展的重要保障,通过管理创新、机制优化、体系完善促进管理水平全面提升。加强人才队伍建设,推进干部交流常态化,加大后备人才培养力度,推动市场化人才招聘。整合相关职能成立法律部,为依法合规运营提供组织保障。认真开展内控评价,加强经济责任审计和专项审计,制定工程建设项目全过程跟踪审计办法,防范工程建设领域廉洁风险。

【主要指标】

1. 主要生产经营指标。2017年,安全飞行211.7万小时,比上年增长4.2%;完成运输总周转量253.9亿吨千米,比上年增长7.1%;运输旅客10157.7万人次,比上年增长5.2%;运输货邮184.2万吨,比上年增长4.1%;正班客座率81.1%,比上年增加0.5个百分点;货运周转量75.5亿吨千米,比上年增长8%;飞机日利用率9.5小时,比上年降低0.1小时。

2. 主要特点分析。一是客运持续向好,增投和客货收益品质上升是同比增利的主要因素;二是货运走出低谷,经营改善明显;三是汇率带来升值利好;四是成本控制良好。通过开展航路优选、提高燃油效率、推进提直降代等措施,成本得到有效控制。

2017年中国航空集团有限公司主要经济指标

项 目	2016年	2017年	比上年增长(%)
资产总额(亿元)	2369.54	2486.70	4.94
所有者权益(亿元)	874.50	1025.11	17.22
营业收入(亿元)	1145.98	1238.47	8.07
利润总额(亿元)	105.88	120.36	13.68
净利润(亿元)	80.24	90.55	12.85
归属于母公司所有者的净利润(亿元)	39.13	41.95	7.21
技术开发投入(亿元)	0.36	0.32	-11.11
利税总额(亿元)	119.15	134.04	12.50
应交税金总额(亿元)	65.42	82.59	26.25
全员劳动生产率(万元/人·年)	52.40	55.88	6.64
净资产收益率(%)	9.79	9.53	减少0.26个百分点

续表

项　目	2016年	2017年	比上年增长(%)
总资产报酬率(%)	6.02	6.30	增加0.28个百分点
国有资本保值增值率(%)	113.84	109.12	减少4.72个百分点

【改革发展】 1.顶层设计不断完善,改革迈出实质性步伐。中航集团坚持发展出题目、改革作文章,着力解决制约企业发展的体制机制弊端,破除影响效率提升的各种障碍,逐步明确增强主业核心竞争力和主专业公司协同发展的改革方向。2017年,根据两级一体化运行后的新形势,及时调整全面深化改革领导小组以及专项改革任务的负责领导,成立改革专职工作机构,出台改革督察与考核评价实施办法,进一步压实改革责任。

2.重大举措相继落地,改革成效逐渐显现。一是完善现代企业制度,增强发展动力。规范建立集团公司董事会,优化国航股份董事会结构,顺利实现集团与国航两级一体化运行。集团公司按期完成公司制改制,下属企业改制工作有序推进。将党建工作总体要求纳入集团公司章程,把加强党的领导和完善公司治理统一起来。二是优化业务布局,提升资源配置效率。集中采购一体化模式初步建立,信息化建设一体化初见成效,金融服务平台业务框架基本建立,碳资产交易业务实现零的突破,租赁业务专业化模式初步确立,航食供应管理一体化取得进展,传媒业务专业化加快实施,综合保障专业化持续深化,物流专业化取得进展,人力资源共享服务平台初步搭建。三是"瘦身健体",提质增效,强化企业竞争力。进一步优化债务结构,提高资金集中度,全面加强风险防控和杠杆风险管控。按计划推进压减企业工作,亏损企业治理工作取得阶段性成效,加快推进剥离企业办社会职能,着力解决历史遗留问题,"三供一业"分离移交工作稳步实施。四是转型升级,补齐短板,夯实发展基础。积极推进枢纽建设,完成首都机场枢纽改造设计项目招投标,加快商业模式转型步伐,持续提升服务品质,全面提升国际化经营能力。五是管理体制机制日趋完善,提升保障能力。加强党的建设,强化审计监督,有效开展内控评价,三项制度改革稳步推进,差异化劳动合同管理体系和员工正常退出机制基本建立,干部能上能下、轮岗交流、市场化薪酬体系建设及岗位绩效管理等制度初步完善。

【重大项目】 2017年1月6日,国航股份在上海联合产权交易所以打包形式挂牌批量出售8架B737-800和3架A320飞机给WWTAI AIROPCO1 BERMUDA LTD,为北京飞机维修工程有限公司(Ameco)带来近3000万美元工作量,实现飞机资产价值利用最大化。

2017年3月13日,国航股份非顺利完成公开发行A股工作,发行公司A股股票14.4亿股,实际募集资金为112亿元,目标完成率93.48%。

2017年4月21日,国航作为A股和H股上市公司发布《关于公司控股股东中国航空集团公司进行航空货运物流混合所有制改革的公告》。按照国家发改委关于中航集团航空货运物流混合所有制改革方案的复函意见,中航集团启动混改工作。

2017年8月23日,国航股份正式签约成为北京2022年冬奥会和冬残奥会官方航空客运服务合作伙伴。

【走向海外】 中航集团始终坚持把自身发展与服务国家战略紧密结合,加快国际市场拓展步伐。一是推进枢纽网络战略,增强国际竞争力;二是提升国际化经营能力,增强品牌的国际影响力;三是开拓星空联盟内外合作,拓展代号共享和联运合作;四是加快产品与服务创新,提升客户全流程体验;五是推进国际化人才培养。

【重大创新】 1.商业模式创新项目——积分兑换平台。为适应单一的客票销售无法满足航空客户的多样化需求这一变化,国航借助电子商务化手段寻求商业模式转型,尝试对产业链结构进行延伸调整,大力拓展附加产品、非航产品的销售。

2.青年创新大赛。中航集团不断完善创新项目管理制度,搭建创新舞台,孵化创新项目,实现创新发展。青年创新大赛是中航集团践行大众创业万众创新的重要举措,2017年收到204个创新项目,形成10

强创新项目。

【党建工作】 2017年，中航集团深入学习宣传贯彻习近平新时代中国特色社会主义思想和党的十九大精神，持续推进全面从严治党，认真落实全国国有企业党建工作会议精神，为改革发展提供坚强的政治保证和动力支持。一是深入学习习近平新时代中国特色社会主义思想，把学习贯彻习近平总书记系列重要讲话精神作为主线，贯穿各层级、全年度的政治理论学习。二是加强党的领导，管党治党责任逐级压实。中航集团和国航股份两级机关一体化运行，集团党组、集团直属党委、国航党委实现统筹。党建工作纳入中航集团和上市公司章程。开展党建专项督查，开展党建述职评议工作164人次。三是落实"党管干部"原则，强化领导干部队伍建设。深化干部人事制度改革，修订干部管理规定，有序推进后备干部、国际化人才队伍建设。四是党建基层基础工作进一步夯实。扎实推动738个基层党组织进行换届选举。抓好境外党建工作，制定优化境外党建的工作方案，推动境外党建工作水平提升。五是推动全面从严治党向纵深发展。把党政主要领导履行主体责任情况纳入"四好"领导班子考核重要内容。在深化中央巡视整改同时，制定下发党组巡视工作规定，对5个单位党组织开展首轮巡视工作。注重发挥案件查处的治本功能，加强制度建设，增强纪检审计监督合力。六是牢牢抓好意识形态和宣传文化工作。提高舆情管理能力，妥善应对多起舆情事件。组织策划系列主题宣传活动，配合主流媒体讲好"一带一路"航线故事。加强企业文化建设，开展"天空第一课"等活动。七是充分发挥工会和共青团凝心聚力作用。召开集团一届十次职工代表大会，选举产生集团职工董事和兼职监事。以提升岗位能力为重点，组织各类技能竞赛，促进职工队伍素质提升。高度重视青年工作，持续提升"青春国航"新媒体平台建设水平。

【信息化建设】 2017年，中航集团借势移动社交、物联网、大数据、云平台等数字技术的广泛应用，不断加强信息技术与业务的融合，全力推进信息化建设。持续优化电商平台功能打造全接触点客户关系互动平台。打造"大运行"平台，有效支撑飞行员和乘务员资质审定和生产运行；数字化运行风险评估系统每日为近1300个航班提供实时辅助决策参考及监控；BRS和不正常行李处理系统支持北京日均300架次出港航班的行李服务。人力资源开发与应用系统、采购管理平台上线，同时深化数据整合与分析，扩展数据平台能力。

【履行社会责任】

1. 定点扶贫。中航集团于2012年起承担内蒙古自治区苏尼特右旗和广西壮族自治区昭平县的定点扶贫工作，通过强化组织领导，深度调研，健全帮扶体系，扎实推动落实，累计投入帮扶资金财物3400余万元，协助两个扶贫点顺利完成2017年脱贫指标和任务。

2. 环境保护。中航集团高度重视节能减排工作，从集团层面部署节能减排任务，引进环保新机型，打造绿色机队，加强航班节油管理，积极参与国内外碳交易机制设计，建立集团碳资产统一管理体系，开展中美绿色航线项目，积极推进机场特种车辆"油改电"工作，加强节能减排宣传，取得较好效果。

3. 航空运输。2017年，中航集团在国内外各种特殊飞行和重大自然灾害航班任务中不畏艰难、不计得失，彰显载旗航空公司的使命和责任，顺利完成党的十九大、"一带一路"国际合作高峰论坛等重大活动运输保障任务，完成斯里兰卡、九寨沟等救灾航班保障任务。

（撰稿人：李　楠）

中国东方航空集团有限公司

【基本概况】 中国东方航空集团有限公司（以下简称"东航集团"）总部设于上海，为国务院国资委监管的三大国有骨干航空运输集团之一。其前身可追溯到1957年原民航上海管理处筹建成立的第一支飞行中队。东航集团系由原东方航空集团公司为主体，兼并原中国西北航空公司、联合原云南航空公司，于2002年10月组建而成，并于2010年完成与上海航空公司的联合重组。2011年6月，东方航空正式加入天合联盟。2017年12月30日，东航集团完成公司制改制，并更名为中国东方航空集团有限公司。

经过持续的产业结构调整和资源优化整合,东航集团已成为以航空运输及物流产业为核心,航空地产、航空金融、配餐饮食、传媒免税、贸易流通、实业发展和产业投资等相关产业协同发展的大型航空运输产业集团。东航集团旗下有各级投资企业177家,其中全资及控股137家,参股40家。作为东航集团核心主业的中国东方航空股份有限公司,在全球拥有10家分公司、61家海外营业部及办事处、21家全资和控股子公司及20家持股公司。截至2017年底,东航集团拥有员工94335人,总资产2713亿元,机队规模637架。作为三大国际航空联盟之一的天合联盟成员,东航航线网络可通达全球177个国家1074个目的地,年旅客运输量逾1.11亿人次,在全球航空公司中名列前茅。

【主要指标】 2017年,东航集团实现营业收入1115.73亿元,比上年增长9.55%;利润总额91.04亿元,比上年增长20.34%。东航股份全年完成运输总周转量188.56亿吨千米,比上年增长8.79%;旅客运输量11081万人次,比上年增长8.91%;货邮运输量93.33万吨,比上年下降0.44%;客座率81.06%,比上年减少0.17个百分点;综合载运率68.83%,比上年减少0.23个百分点。

东航集团坚决贯彻"安全隐患零容忍"的重要指示精神,在安全管理制度完善、安全责任落实、安全风险整治、安全关口前移、加强"三基"(基层、基础、基本功)建设等方面全面发力,确保安全形势的总体平稳。东航股份公司全年安全飞行207.3万小时,起降87.97万架次,比上年分别增长8.02%、6.97%,公司连续安全飞行157个月,超过1650万小时。

2017年中国东方航空集团有限公司主要经济指标

项　目	2016年	2017年	比上年增长(%)
资产总额(亿元)	2407.14	2712.96	12.70
所有者权益(亿元)	565.38	647.69	14.56
营业收入(亿元)	1018.48	1115.73	9.55
利润总额(亿元)	75.65	91.04	20.34
净利润(亿元)	57.80	66.11	14.38

续表

项　目	2016年	2017年	比上年增长(%)
归属于母公司所有者的净利润(亿元)	34.95	29.33	－16.08
利税总额(亿元)	168.28	175.19	4.11
应交税金总额(亿元)	117.72	117.77	0.04
全员劳动生产率(万元/人·年)	56.64	59.20	4.52
净资产收益率(%)(含少数股东权益)	12.24	10.90	减少1.34个百分点
总资产报酬率(%)	4.58	4.75	增加0.17个百分点
国有资本保值增值率(%)	115.13	109.41	减少5.72个百分点

【改革发展】 2017年,东航集团按照中央关于国企改革系列重要指示精神和部署要求,用深化治理结构谋发展,用创新机制促发展,用优化产业布局促增长。一是国企改革有突破。集团层面公司制改革顺利完成,两级班子和两级机关融合正式启动。东航物流公司混改圆满完成,获得多方好评和主流媒体的广泛报道。与中国航材公司签署东方通航、南苑机场、佛山机场国有股权无偿划转协议,东方通航战略重组顺利完成。完成9家法人企业清理任务。推进营销服务领域重组改革,成立商务委员会、销售委员会、客户委员会。地面服务部发挥内部市场化机制活力,工时投放率、利用率、产出率进一步提升。二是产业布局有突破。调整航空租赁、产业投资板块管控模式;和阿里巴巴、平安保险、京东等开展一系列战略合作;组建积分联盟公司;研发中心投入运营。三是转型发展有突破。中国联合航空公司转型成果显著,实现利润比上年增长70.80%;直销收入32.17亿元,直销收入占比74.67%;非航收入3.09亿元,比上年增长23.11%。公司74架宽体客机全部实现空中互联服务,空中互联机队规模国内领先,覆盖欧美澳及国内重点商务航线,航班率先解禁便携式电子设备,社会反响特别热烈;上海航空国际旅游公司组建营销联盟,深度挖掘航空资源和旅游目的地资源。四是增值

产品有突破。充分利用旅客接触点资源引流,加快电商平台迭代升级;完善"优选座位"和"升舱产品",推出逾重行李兑换等多样化积分兑换产品,消耗航空类积分176.6亿分;拓展多式联运产品,新增12个站点,总数达到68个,联运虚拟航班总量接近700班。

【**运营管理**】 面对国际市场竞争激烈、国内高铁冲击增大、油价上涨等多重因素影响,东航集团坚定不移贯彻落实新发展理念,以创新转型、提高质量、降本增效为手段,做强创利大户和拓展利润源,大力推进困难企业减亏扭亏;调整债务结构,管控资金风险,全面压缩成本,生产总量、经营收入、利润指标均创历史新高。一是发力全网全通。持续强化核心枢纽,浦东、西安、昆明三大枢纽中转衔接全航程(OD)比上年增长6.8%;中转联程人数整体达到1275.15万人,增长7.58%。二是发力国际短板。维持欧美澳航线时刻长期稳定,采取减运力、大换小策略应对韩国市场变化,拓展非直飞航点销售能力。重视与境外商旅管理公司(TMC)、在线服务商(OTA)、大客户等渠道合作,借助联盟,深化联营项目,扩大代号共享。三是发力销售转型。线下激活"机票集市"活动,线上搞活网站流量,升级11个海外网站;落实国资委提直降代要求,实现直销收入比上年增长34.4%;代理手续费支出比上年下降15.4%;整合相对分散的产品销售体系,实现规则、价格、订单、工单"四统一"。四是发力数据应用。上线O&D收益管理系统,推广到64条国际航线;开发智能定价策略系统,升级运价管理系统;搭建统一产品数据平台和产品中台项目。五是发力降本增效。全面梳理土地房屋资产,降低企业杠杆,处置低效无效资产,出售长期闲置资产;分三批开展307项降本增效项目,增效8.6亿元。

东航集团其他九大产业经营业绩显著增长。东航金控防风险和保增长并举,积极打造资金融通、金融交易、资产管理三大平台,盈利比上年增长17.5%。东航投资盈利比上年增长142%,加快航空配套保障综合体建设及运营,虹桥东区等自有土地盘活取得重大突破。东航进出口加快航空供应链布局,建立国内56个城市异地通关能力,非航贸易借力借势快速增长。东航食品以"验收电子秤"和"成品库扫码"为突破口,加强航食全流程信息化管控,全力提高航食配餐品质。东航实业在吹雪车、除冰车研发制造领域取得新突破。传媒股份积极应对大客户撤单、同行大幅降价等不利因素,发力"全网、全媒、全员"营销平台,整合营销资源,创新营销二次接触互补模式,增强客户锁定能力。东航产投成立一年来,建立30多项管理制度,聚焦航空产业链,成功开展入股法荷航、物流混改、中信物流环保投资项目。东航租赁2017年完成租赁业务贷款146.5亿元,租赁期内为航空主业节约融资成本7.74亿元,同时大力开拓外部融资租赁业务,盈利比上年增长42.7%。东航物流狠抓全货机利用率、运价、客机腹舱经营和货站增值服务,拓展跨境电商、医药航材等转型业务,盈利比上年增长65.1%。

【**品牌建设**】 东航集团深入开展民航服务质量规范专项行动,持续打造智能服务新亮点。圆满完成紧急转移受困多米尼克、滞留巴厘岛中国公民运送任务,赢得好评赞誉。一是优化服务管控。对标达美、法航等航企,完善服务标准和业务流程,细化明确小动物运输等特殊服务标准;建立机上医疗急救机制,完善快速补救措施,在线处置逾千次寻找旅客遗留物品。二是优化数字化体验。结构性提升手机、网上及海外自助值机率,国内自助值机率71.17%,比上年提高13.35%;国际自助值机率22.69%,比上年提高36.03%;成功开通"座位预留"等线上特殊服务,推出服务机器人等一系列服务创新。三是优化空地服务体验。启动新一代客舱服务系统研发升级,从航线服务特色、机供品品位和机上餐食品质等维度提升服务水平,"东航那碗面"和"空中一碗饭"成为特色餐食品牌。虹桥T2航站楼F岛值机区盛装亮相;虹桥T1贵宾室投入使用。四是优化运行效率。构建"三大平台"(运行资质符合性验证、电子调配、航班正常品质监控平台),从30个节点监控航班流程保障;动态匹配航线与机型、机队资源,提高航班稳定性;抓好关舱门等主要环节、管好容易产生延误的减客翻舱等关键节点,航班正常性比全民航平均水平高0.4个百分点。五是优化品牌形象。开展东航发展60周年、同心喜迎十九大等系列主题宣传活动。连续六年获得"中国证券金紫荆奖",获评"最具价值中国品牌"前30强,蝉联"全球最具价值品牌500强";东航选手代表中国参加世界技能大赛取得优异成绩,在民航首届机务维修职业技能大赛上实现"大满贯",充分彰显东航工匠精神。

【党建工作】 2017年,东航集团学习宣传贯彻习近平新时代中国特色社会主义思想和党的十九大精神,党性认识有新提高,党建创新有特色,从严治党有新成效。蓝天党团、微信党课、"三长"建设、内部巡视等受到中组部、国资委高度评价。一是把好方向,发挥"四个意识"先导引领作用。全年举办12期学习轮训班,分层分类开展理论学习培训200期,7000多人次参加;抓住"党管一切"这个核心关键,修订《党组议事决策规则》,将党组研究作为重大决策前置程序,党的领导、党的建设等相关内容正式纳入公司章程,制定党建责任制实施办法。二是管好大局,发挥制度体系强基固本作用。出台《中心组学习实施办法》,明确"两学一做"制度化常态化47项任务清单;建立党支部工作经常性督查指导机制,支部目标管理推广到全集团;制定《党务教育培训管理规定》,加强支部书记集中轮训;完善信息发布管理办法,加强党的宣传阵地建设。三是正风肃纪,发挥监督体系激浊扬清作用。认真开展中央巡视整改"回头看",贯彻国资委第六督查组专项督查反馈意见,全面落实整改,内部巡视扎实推进,巡视突出政治效果;紧盯"四风"不松懈,抓住重要节假日时间节点,集团总部和各单位开展警示教育1396次、检查912次、专项治理119个,深化推进"文化+制度+科技"廉洁风险防控。四是带好队伍,发挥党管干部管人才凝心聚力作用。进一步规范干部选拔任用程序,将日常考察监督情况作为重要依据;严格执行个人事项报告、任前谈话、廉洁从业谈话制度,加强干部日常监督管理;出台"十三五"人力资源规划,创新基层管理人员选拔聘(任)用机制,强化核心人才绩效激励;"燕翼翔鹰"后备人才计划开展有序。五是打好基础,发挥基层组织坚强战斗堡垒作用。开展党建蹲点调研和片区督导调研,加强境外党建和选人用人现场督查;推广"三长"(机长、乘务长、班组长)队伍能力素质模型,深化"劳模创新工作室"创建活动;幸福东航理念深入人心,合理化建议工作增量提质,投入资金物资1468万元加大扶贫;构建"互联网+党建"新模式,党建网每月访问量超过5万人次,党建微信公众号阅读量超过175万人次;开展"赢在青春""爱在东航"系列活动,引导青年建功立业。

(撰稿人:石义刚)

中国南方航空集团有限公司

【基本概况】 中国南方航空集团有限公司(以下简称"南航"或"公司")成立于1991年2月。1993年1月更名为中国南方航空(集团)公司。1995年3月,成立中国南方航空股份有限公司。中国南方航空在上海、中国香港和纽约三地上市。2001年10月,联合中国北方航空公司、新疆航空公司,组建新的中国南方航空集团公司,是中国三大骨干航空运输集团之一。2003年7月,南航股份公司在上海证券交易所上市(股票代码600029)。2017年10月23日更名为中国南方航空集团有限公司。

南航经营业务涵盖航空客货运输、通用航空、航空器维修、国内外航空公司代理业务、航空配餐、进出口贸易、免税品销售、文化传媒广告,以及金融理财、旅游酒店、工程建设、信息网络、资产租赁、航材销售等相关产业。集团公司总资产2258亿元;机队754架飞机;航空运输类分子公司23个;境外办事处68个;通航点215个,其中国际和地区通航点71个;年旅客运输量1.26亿人次,位居亚洲第一、世界第四。

南航以建设"阳光南航"为使命,以"顾客至上、尊重人才、追求卓越、持续创新、爱心回报"为文化理念,以"成为顾客首选、员工喜爱的航空公司"为愿景,坚定不移全面从严治党,深化企业改革,加快建立现代企业制度,全面推动高质量发展,加快实现建设具有国际竞争力的世界一流航空运输企业的战略目标。

【主要指标】 2017年,公司主业经营量价齐升,完成运输旅客1.26亿人次,旅客运输量和客运收入增幅、客座率和载运率都分别达到历史最高水平。

2017年中国南方航空集团有限公司主要经济指标

项　目	2016年	2017年	比上年增长(%)
资产总额(亿元)	2092.30	2298.60	9.86
所有者权益(亿元)	587.70	691.00	17.58
营业收入(亿元)	1154.50	1281.60	11.01
利润总额(亿元)	78.20	93.60	19.69
净利润(亿元)	60.00	73.00	21.67
归属于母公司所有者的净利润	27.60	35.3	27.90
利税总额(亿元)	119.10	106.60	−10.53
应交税金总额(亿元)	65.60	100.10	52.59
全员劳动生产率(万元/人·年)	48.24	45.86	−4.93
净资产收益率(%)(含少数股东/不含少数股东)	10.70/10.70	11.40/11.80	增加0.7个百分点/增加1.1个百分点
总资产报酬率(%)	5.10	5.60	增加0.5个百分点
国有资本保值增值率(%)	111.60	120.80	增加9.2个百分点

【改革发展】 2017年10月,公司由全民所有制改制为国有独资,名称更改为中国南方航空集团有限公司。公司认真做好建设规范董事会试点,圆满完成集团、股份两级班子和两级机关整合,两级班子一体化运作,两级机关一体化运行,部门由36个压减到20个。这是南航重组以来变化最大、影响最深的一次机构改革,压缩管理层级,实现精简高效。与有关方面启动资本合作,为股权多元化奠定重要基础。修订党组会、董常会、总经理办公会三项集体议事规则。贯彻十九大精神,成立综合业绩考核部,统一安全、经营、党建各项考核工作,开展战略解码工作,发挥考核"指挥棒"作用,推动战略落地,谋划建设世界一流航空运输企业。稳步推进深化改革重点任务,开展管理提升活动,深化全面预算管理,贸易公司挂牌采购管理部,建成集中采购平台。整合航食资源成立新南联,成为国内最大的航空配餐公司;完成南航通航改制,公司产业化改革迈出坚实步伐。完成地产板块重组,成立融资租赁公司,资本控股公司开展实质性运作。认真落实国资委要求,加快推进"三供一业"分离移交;减少控股法人企业13户,圆满完成"压减"任务。

【重大项目】 持续打造广州—北京"双枢纽"战略布局,认真落实习近平总书记关于北京新机场和雄安新区建设的重要指示精神,加快进驻北京新机场的各项准备工作。在北京的南航基地项目2017年10月正式开工建设,将与北京新机场同步建成投入使用。

经过几年不懈努力,全面预算管理作用有效发挥,可用吨千米水平年均下降1.3%,在10项成本对标中有8项达到或好于行业平均。能够有效应对汇率变动,持续优化债务结构。积极争取政策支持,北京新机场南航基地项目建设资本金顺利获批。同时,"提直降代""两金压降"等专项工作顺利完成。

深入推动"规范化、一体化、智能化、国际化"发展,2017年完成37本公司级手册总册、161本公司级手册分册上线。与厦航、川航推动航线经营、机务维修、地服代理等合作,实现资源共享。2017年,开展各类培训1880项,累计4.1万人次;完成42名二级机构副职干部培训和20名380人才计划培训。深化用工制度改革,累计转签优秀劳务工1840人。2017年,继续不断优化机队结构,引进飞机79架,处置老旧飞机29架。积极创造良好外部环境,与新疆、四川、北京大兴区等地方政府及中国通用技术、岭南集团、中国电信、中国联通等企业签署战略合作协议。完成四川、云南分公司挂牌,收购珠海翔翼成为股份公司全资子公司,GAMECO在澳新设立分公司。29个重点基建及技改项目顺利完成。

【安全生产】 集团党组始终把安全摆在各项工作的重中之重,坚决落实习近平总书记对"安全隐患零容忍"的重要批示精神,以"百日安全生产竞赛""争创十佳安全标兵"活动为抓手,从严从实抓好安全。对标IOSA安全审计,完善航空安全管理手册。制定《关于进一步强化安全生产追责问责的决定》,颁布"零容忍"行为清单,出台酒测管理规定,提高等级差错标准。强化各级安全管理干部"带队伍、抓工作、作表率"的导向作用,在关键专业队伍中营造"有本事、守规矩、讲诚信"的安全文化,坚决守牢安全底线。

2017年,完成运输飞行256.7万小时,其中股份公司运输飞行198.8万小时,累计安全飞行1913.4万小时,连续保障218个月飞行安全和283个月空防安全;厦航累计安全飞行470万小时,获得"飞行安全四星奖";通用航空飞行1.37万小时;确保消防和公共卫生安全,为全局工作提供重要保障。

【走向海外】 持续打造"广州之路",新开广州—温哥华—墨西哥城、广州—凯恩斯等航线,广州始发国际(含地区)航线达到61条,国际(含地区)航班量每周超过543班。与美航开展战略合作,新增英航、伊蒂哈德航、南美航等合作伙伴,形成既巩固联盟内合作、又拓展联盟外合作的国际化局面。

【党建工作】 2017年是全面从严治党氛围更加浓厚的一年。贯彻全国国有企业党的建设工作会议精神,坚定不移全面从严治党。加强党的领导,让党的意识强起来。完成党建进章程工作,制定三项集体议事规则,把党组研究讨论作为董事会、经理层决策重大问题的前置程序,使党组织在企业改革发展中把得了关、掌得了舵、使得上劲。落实党建工作责任,出台加强党建工作的《关于进一步加强和改进党的建设的决定》,制定党建工作考核评价办法,创新责任书签订方式,党建工作责任逐级落实。各级党组织举办"两学一做"学习会、专题党课等1.58万场次,主题党日活动1.4万次。成立南航党校,完成818名支部书记培训。建设"明大理、听招呼、有默契、敢负责"的领导班子,从严规范干部管理,实施部分管理岗位公开竞聘和后备干部"十百千"计划,营造风清气正的选人用人环境。深化巡视整改,开展"四风"问题整治,稳步推进公车改革,加大监督执纪问责力度。2017年对19家单位完成巡视,开展二级党委巡察。

【信息化建设】 2017年,南航集团以智能化建设为核心方向,推进信息资源整合工程,全力推进南航信息化快速发展。

1. 网络安全总体态势保持平稳,网络安全管理体系逐步成型,预警和防范能力明显提升。

2. 信息系统资源整合稳步推进。一是投产"南航百科"手册管理平台,完成公司级信息化手册上线。二是推进信息系统互联互通,实现"行李流"闭环管理;运行保障平台实现各分子公司航班保障数据的统一管理;运行风险管控系统完成与运控系统对接,并通过局方审定;"南航E家"打造"一站式"员工移动工作平台;推进财务共享、租赁、采购等平台建设和信息共享。三是强化数据核心建设。服务数据核心完成服务项目的标准化定制和入库;运行数据核心丰富南航大运行的机旅客场资源数据;企业数据核心技术框架和主数据平台初步搭建。四是完成大数据平台集群部署,上线南航大数据搜索与分析引擎,着力推进智能化营销和精准营销,"南航e行"上线功能点271项,平台访问量2.4亿次,比上年增长48.4%,App下载量、社交媒体粉丝量、月活跃用户数等指标全面保持行业领先。

3. 智能化技术研究应用进展明显。在南阳机场启用国内首个人脸识别智能化登机系统;"南航E家"实现指纹登录;在广州白云机场国内出发全面推广手机二维码便捷登机;率先在航空业内实现货运运输的全流程跟踪和可视化监控;制作培训课程并应用于航空实际训练操作。

4. 研发力度日益增大,系统创新亮点纷呈。在航空运行领域、航空安全领域、空地服务领域、货运领域、企业管理领域、公共平台领域、航空服务领域都实现一些新系统新功能的投入使用。

【履行社会责任】 公司着力提升运行保障水平,持续改善空地服务质量,全面履行政治责任和社会责任,阳光南航品牌形象进一步彰显。2017年,南航航班正常率73.25%,三大航排名第一。重点改进服务短板,服务质量稳步提升,局方公布的有效投诉率0.327,三大航最低,且低于行业平均水平。圆满完成党的十九大、"两会"、"一带一路"高峰论坛、金砖五国峰会等重要保障任务,妥善应对巴厘岛火山喷发等突发事件,得到社会各界广泛好评。全年减少二氧化碳排放量6万吨,投入扶贫资金2065万元,十分关爱基金捐赠280万元,缴纳各种税费、基金近100亿元。积极宣传南航新闻热点,主流媒体刊发正面新闻2万多篇,央视《新闻联播》报道6次。董事长王昌顺获得第七届中国证券"金紫荆"最具影响力上市公司领袖奖,股份公司获得最具投资潜力上市公司奖,获评中国质量协会2017

年全国"用户满意标杆",国际知名咨询机构 Brand Finance 航空公司品牌价值全球第六、国内第一;官方微博和微信公众号获得"2017年度中央企业最具影响力新媒体账号"称号。

（撰稿人：张海峰）

中国中化集团有限公司

【基本概况】 中国中化集团有限公司(以下简称"中化集团")成立于1950年,前身为中国化工进出口总公司,历史上曾为中国最大的外贸企业。现为国务院国有资产监督管理委员会监管的国有重要骨干企业,总部设于北京。2017年,集团总部顺利完成公司制改制,更名为"中国中化集团有限公司"。

中化集团是中国四大国家石油公司之一,领先的化工产品综合服务商,最大的农业投入品(化肥、种子、农药)和现代农业服务一体化运营企业,并在高端地产酒店和非银行金融领域具有较强的影响力。"中化"和"SINOCHEM"的品牌在国内外享有良好声誉。中化集团也是最早入围《财富》全球500强榜单的中国企业之一,已27次上榜,2017年名列第143位。截至2016年国务院国资委业绩考核,中化集团已有12次被评为A级。

中化集团设立能源、化工、农业、地产和金融五大事业部,对境内外300多家经营机构进行专业化运营,并控股中化国际、中化化肥、中国金茂等多家上市公司,拥有全球员工约5万人。截至2017年底,中化集团拥有国家重点实验室3个,国家工程(技术)中心3个;科技人员2752人,中高级以上研发人员占比超过50%,"千人计划"专家5人,"百千万人才工程"国家级专家4人。

【主要指标】 2017年,中化集团各项主营业务迎来新的发展机遇。无论从内部转变还是外部形势来看,都具备冲击更高业绩目标的基础。从外部环境来看,石油价格和化工品价格处于上涨趋势,对主营业务经营较为有利;地产和金融行业形势日趋复杂,国家对房地产调控日益严密,将防范化解系统性金融风险提升到前所未有的重要位置,经营压力较大。从内部上看,2016年机构调整、权限下放后,改革红利在2017年开始释放,各大事业部的战略自觉性和经营积极性明显提升,积极布局新兴产业,培育新的发展动能,有效推动集团整体全面向好发展。

2017年,中化集团整体业绩创出历史新高,其中营业收入首次突破5000亿元,达到5188.2亿元;盈利创出历史新高,利润总额135.4亿元;资本回报水平大幅提升,归属于母公司净资产收益率同比增加3.5个百分点。

2017年中国中化集团有限公司主要经济指标

项 目	2016年	2017年	比上年增长(%)
资产总额(亿元)	3994.84	4172.00	4.43
所有者权益(亿元)	1255.44	1140.00	—9.20
营业收入(亿元)	3954.95	5188.20	31.18
利润总额(亿元)	80.68	135.40	67.82
净利润(亿元)	47.78	84.20	76.22
归属于母公司所有者的净利润(亿元)	31.09	50.90	63.72
归属于母公司净资产收益率(%)	4.90	8.40	增加3.5个百分点
应交税金总额(亿元)	178.70	191.97	7.43
净资产收益率(%)	3.89	9.21	增加5.32个百分点
总资产报酬率(%)	3.44	4.73	增加1.29个百分点
国有资本保值增值率(%)	103.01	112.28	增加9.27个百分点

【主业经营】 2017年,面对复杂的外部经济环境,中化集团敏锐把握市场机遇,紧盯目标任务层层落实,加强分析研判控制好风险,圆满完成各项预算指标,实现历史最优经营业绩,充分发挥了中央企业稳增长的作用。

能源事业部。经过十余年的培育,中化集团能源板块已经成为产业链齐全、技术水平和市场化程度较高的能源公司,覆盖从石油勘探、石油贸易、石油仓储、石油炼化以及下游成品油、化学品销售等环节。2017年,能源事业部把握油价上行有利机遇,强化一体化产业协同与专业化运营管理,石油炼化维持高负荷生产、优化产品结构,石油贸易积极与山东地炼开展合作、开拓向东南亚和欧洲及北美地区的炼厂做转口贸易,油品销售通过品牌授权、股权合作等"轻资产"模式快速布局终端加油站,主要盈利和投入回报大幅增长,经营质量全面提升,当期业绩再创历史新高。2017年,中化集团原油贸易量14000万吨,石油炼化能力2700万吨,油品分销量850万吨,仓储容量1320万立方米,拥有加油站超过1200座。

化工事业部。中化集团已经发展成为中国领先的化工产品综合服务商,化工事业部旗下拥有中化国际、中化蓝天、中化塑料等企业,并有沈阳化工研究院、浙江化工研究院等科研机构,在氟化工、天然橡胶及橡塑助剂、精细化工、农药化学、石化原料营销等领域有很强竞争力。2017年,化工事业部继续整合旗下企业股权结构,完成对中化蓝天剩余股权收购,战略执行的贯通性进一步加强。同时,坚持以科技为引领,进一步将战略发展重点聚焦到新能源、新材料、生物产业等领域,聚焦高性能材料和中间体业务,拓展芳纶、电子化学品、改性塑料、PC等新业务。前期培育的核心产品也开始集中释放,贡献利润。在农化领域,麦草畏、菊酯、杀螨剂9625等表现优异,量利增长迅速;在氟化工领域,PVF薄膜进入波音公司全球合格供应商名录,与霍尼韦尔战略合作开发第四代制冷剂开始投产。

农业事业部。中化集团是中国领先的农业投入品(化肥、种子、农药)和现代农业服务一体化运营企业,下辖中化化肥控股有限公司、中国种子集团和中化农业现代有限公司等企业,拥有完整的化肥分销网络、近65万亩种子生产基地和15个大型种子加工中心。作为国内最大的化肥供应商、分销服务商,中化化肥全年化肥经营量超过1000万吨,化肥总产量224.8万吨,保障全国基础肥供应稳定。作为国家级种业公司,中国种子按照"育繁推一体化"原则,自育品种有37个通过国家和省级审定,确保国家种业安全。2017年,农业板块"突出研发、提升生产、拉动营销",跳出大宗商品贸易分销模式,化肥和种子的战略新产品营收占比分别达到12.9%和34.8%。农业板块在巩固传统优势地位的基础上,将未来突破点放在提供农业综合服务上,并明确"map"(modern agricultural platform)战略,通过技术托管和订单服务为农民提供涵盖生产全过程的综合解决方案。截至2017年底,5个技术服务中心建成使用,累计签约服务面积567平方千米。

地产事业部。中国金茂是中化集团旗下房地产和酒店板块的平台企业,产品涵盖地产开发、酒店经营、商务租赁和零售商业运营等业态。中国金茂始终坚持高端定位和精品路线,专注于因地制宜铸造精品,在规划中运用更先进的技术,"金茂"品牌成为精致生活、健康人居的典范。2017年,地产行业监管趋严,中国金茂准确研判和把握国家宏观调控政策,敏锐把握销售节点,坚持"快跑敏行,因城施策"的指导方针,签约及成交销售金额693亿元,同比增长43%,净利润、土地储备等核心指标均达到历史新高。中国金茂立足未来房地产行业发展趋势,坚定从地产开发商向城市运营商转型的信心,开发业务和持有业务同向发力,全年累计签署7个城市运营类项目协议。

金融事业部。中化集团金融业务涵盖信托、融资租赁、证券投资基金、财务公司、人寿保险、商业保理等领域,形成资质较为齐全的非银行金融业务发展框架,培育出"中国对外贸易信托""远东宏信""诺安基金""中宏保险"等在行业内具有较强竞争力和影响力的品牌。2017年,面对"金融强监管"的市场环境,金融事业部按照"增强金融服务实体经济能力"的原则积极培育核心业务,盈利和回报指标均超预算水平且同比增长,实现历史最好业绩。中国对外贸易信托营业收入增幅比行业多27%,排名进入行业前十;财务公司在行业中保持"创新A2类";招标采购加大"招标+"创新力度,全程参与C919研发制造的招标代理,积极参与海外高铁项目采购管理。

【创新项目】 2017年,中化集团发布以"以石油化工为基础、以材料科学和生命科学为引领的国际一流创新型综合性化工企业"为愿景的创新升级战略,从产业结构和商业模式入手转变发展模式。

在产品创新上,要求新增投资必须具有较高技术含量。2017年10月，中化泉州石化一体化项目（二期）开工建设，主要包括100万吨/年乙烯等内容。该项目将加速泉州石化打造国际国内一流现代化大型石化基地的步伐，推动能源业务进一步向炼化一体化转型。2017年10月，中化精细化工循环经济产业园一期项目在连云港徐圩新区石化产业基地开工，主要发展精细化工、高端专用化学品、高性能材料，将有力推动中化精细化工产业集群发展。

在技术创新上，中化集团2017年获得各项专利281件，获得3项中国专利优秀奖；新增制、修订国家和行业标准100项，累计982项，其中主持462项；获得省部级以上科技奖励7项，其中"环境友好五元环含氟材料催化合成技术及产业化"项目获得2017年国家科学技术发明二等奖。2017年，中化集团还成立中化国际科技创新中心，是我国农用化工行业最大、最完整的研发平台。

在商业模式创新上，全面开启"互联网＋"模式新探索。2017年5月，中化集团化工品电商网站"壹化网"上线，整合化工品产业链的业务流、资金流、信息流和仓储物流，旨在打造国内领先的一站式化工品贸易综合服务平台。截至2017年底，实现成交量50万吨，成交金额49亿元。公司还通过能源互联网、智慧农业等平台积极探索"互联网＋"改造传统产业之道，能源、农业、化工三大核心业务全面"触网"。能源事业部还积极开展区块链应用试点，并于2017年12月成功完成我国第一单区块链原油进口交易试点，优化20%～30%交易融资成本，以商业模式创新推动产业转型升级之路大大提速。

【改革发展】 中化集团始终高度重视提升体制机制的市场化水平，并在党的十九大前夕，作为十家企业之一入选中宣部、国资委"国有企业改革典型"宣传报告活动。2017年，中化集团从内外形势出发，对现有制度进行深刻自我扬弃，形成一整套可传承的五大管理体系：以政治为引领的党建系统、以保驾护航为目的的大监督系统、以战略发展为目标的6S系统、以标准化作业为基础的运营系统、以凝聚正能量增强软实力为导向的企业文化系统。五大管理体系是管理架构的支柱，也是中化集团改革体制机制改革的顶层设计。2017年，党建体系、6S体系和大监督体系均搭建完毕。

此外，在干部选任上，以"能者上、劣者下"为原则，通过绩效考核、民主测评、人才盘点等考评结果主动淘汰关键岗位人员10名，占总数的3.7%。设计实施"新动力"工程，层层挑选出34位平均年龄36岁的优秀年轻干部加以提拔，使关键岗位人员队伍平均年龄较2016年底下降1.3岁。在薪酬激励上，根据"坚持国企属性前提下无限接近市场化"的目标，实施包含固定薪酬、浮动薪酬、中长期激励、福利、认可荣誉和职业发展在内的"中化六维激励体系"。2017年，中化集团还引入超额利润分享机制，经营团队达成超额业绩目标后可以"公司拿大头、团队拿小头"为原则参与超额利润分享。

【6S管理体系】 1998年，中化集团曾陷入极端困难的处境，并以此为契机开始管理改善工程，形成集中式的运营管控制度。2016年底，中化集团开展"小总部、大业务"机构改革，合并组建九大职能部门和五大事业部。在此基础上，2017年中化集团实施以总部权限下放为内涵的管理创新工程，并引入6S管理体系，推动从集权式运营管控向战略管控转变。

2017年上半年，中化集团本着"宜授尽授、授控结合"的指导思想，按照"管理体系不散、职责不丢、标准不降低"的原则，一次性向五大事业部下放86项总部运营管理审批权限。下放后总部仅保留38项审批权限，管理制度也相应从279个精简为99个。通过承接总部下放权限，各事业部拥有战略建议、运营决策、选人用人、考评激励以及授权范围内主业投资决策等更大权限，大大提高经营一线面向市场的灵活度和竞争力。

在总部"简政放权"的同时，中化集团还全面实施以战略管理体系为出发点、以全面预算体系为切入点、以管理报告体系为关注点、以内部审计体系为支持点、以业绩评价体系为驱动点、以经理人考核体系为落脚点的6S管理体系建设。6S管理体系打造一个将企业战略贯穿始终，集战略提出、实施、评价、修正等于一体的战略管理闭环，高度适应集团管控模式向战略管控型转变的需要，有力推动公司管理体系的优化升级，能有效引导企业面向市场进行价值创造。

【大监督体系】 在全面从严治党方面，中化集团结合企业自身实际，把党内监督与管理监督深度融合，推动巡视巡查、纪检监察和内部审计各司其职、相互协同，打造出具有中化特色的"大监督"体系。在横向上，三种监督力量的监督计划、监督项目协同，人员与信息共享，实现对重点人、重点事、覆盖公司党的领导、党的建设、全面从严治党和经营管理关键领域、关键环节的全覆盖监督。在纵向上，集团对事业部党委巡视全覆盖，事业部对利润单元党委巡察全覆盖，审计计划、审计项目、审计人员管理和审计负责人考核实行垂直管理，实现统一领导、上下贯通的全覆盖。

【党的建设】 作为一家中央企业，中化集团始终高度重视党的建设，严格落实上级单位部署的有关重点任务，将党的领导与现代企业制度结合起来，完善企业治理结构。2017年，中化集团以党的十九大为主线，认真做好各项选举、宣传与学习贯彻活动，落实"两学一做"学习教育的常态化和制度化，努力推动党建与业务的深度融合，为企业改革发展强"根""固""魂"。8月，中化集团正式成立中化党校，干部思想政治培训体系更加完整。12月，在前期摸索的基础上，中化集团正式发布具有中化特色的党建工作体系。该体系聚焦促进企业改革发展的根本目标，遵循企业发展规律和党建工作规律，坚持政治引领、融入中心和分级管理三项原则，突出方针政策执行、理想信念教育、党组织作用发挥和党员教育管理四方面内容，重点强调党建工作与经营管理工作的融合切入点与融合机制，为集团党建工作体系化运行开辟道路。

【履行社会责任】 中化集团以成为一家行业领先、受人尊敬的企业作为愿景，在促进自身成长的同时造福社会、可持续发展，实现股东利益、客户利益、员工利益与社会利益高度统一。

中化集团全面贯彻绿色发展理念，通过技术改造和精益生产，坚决守住安全生产这根红线，使企业生产经营的能源成本、环境成本大大降低，全年未发生较大及以上安全生产事故。2017年，中化集团百万工时可记录伤害事故发生率0.71起、职业病发病率为零，废水减排155万吨，节约标准煤112万吨。中化集团还大力推广生物有机肥、环保农药、绿色建筑等产品，进军化工废污水处理领域，为提升民众绿色指数贡献力量。

从2002年开始，中化集团积极响应党中央国务院号召，承担起援藏援青以及内蒙古扶贫的任务。2017年，中化集团把履行央企社会责任摆在更加突出的位置，全年计划内投入2710.8万元，为打赢扶贫脱贫攻坚战、全面建成小康社会贡献力量；中化集团扶贫干部胡燕祥因成绩突出，被评为"感动内蒙古十大人物"；在内蒙古阿鲁科尔沁旗连续开展4年、700余名员工"一对一"助学、捐赠金额近百万元的"圆梦行动"被中央电视台专题报道，激起强烈社会反响。

（撰稿人：李舒群）

中粮集团有限公司

【基本概况】 2017年是中粮集团有限公司（以下简称"中粮集团"）全面深化国有资本投资公司改革的关键一年，是重塑发展体制形成新格局、提质增效实现大突破、恢复性增长迈向新台阶的一年，是开创中粮集团历史的一年。

中粮集团率先探索、持续深化国有资本投资公司改革，着力通过顶层设计和机制创新来破解矛盾，以最大的工作力度，克服思想观念、体制机制影响，历史性地、全面地开启并基本形成中粮专业化发展的体制再造，为全面深化国企改革贡献力量，提供中粮方案。

2017年，中粮集团党组、董事会以习近平总书记系列讲话为指引，坚持党的领导、加强党的建设、增强改革定力、创新改革举措，按照"从严治企、品牌引领、激发活力"工作思路，讲政治、谋全局、干大事，加快打造国际一流大粮商。

【主要指标】 2017年，中粮集团资产总额5443.81亿元，比年初增长8.69%；实现营业收入4708.66亿元，比上年增长15.69%；利润总额118.37亿元，比上年增长91.57%；净资产收益率4.34%，比上年增加2.17个百分点，超额完成国资委下达的预算目标，取得历史性突破。

2017年中粮集团有限公司主要经济指标

项　目	2016年	2017年	比上年增长（%）
资产总额（亿元）	5008.63	5443.81	8.69
所有者权益（亿元）	1434.38	1582.80	10.35
营业收入（亿元）	4070.06	4708.66	15.69
利润总额（亿元）	61.79	118.37	91.57
净利润（亿元）	30.18	66.98	121.94
归属于母公司所有者的净利润（亿元）	13.58	26.60	95.88
技术开发投入（亿元）	3.89	4.59	17.99
利税总额（亿元）	170.49	277.67	62.87
应交税金总额（亿元）	133.60	172.24	28.92
全员劳动生产率（万元/人·年）	29.90	33.54	12.17
净资产收益率（%）	2.17	4.34	增加2.17个百分点
总资产报酬率（%）	2.84	3.21	增加0.37个百分点
国有资本保值增值率（%）	108.30	104.00	减少4.3个百分点

注：2016年数据不含中纺集团。

【改革发展】 2017年，中粮集团通过探索建立市场化选人用人机制，稳步推行职业经理人制度，把发展混合所有制作为改革的突破口，通过引入战略投资者和社会资本，进一步完善公司法人治理结构，推动国有资本做强做优做大，释放企业和员工活力；开展综合考核评价，坚持"德为先、绩为本"，在考核业绩的同时加大对政治素质的考核，强化结果刚性运用，将考核结果作为奖励分配和干部调整的重要依据坚持科学预算，严格按照年初制定的经营预算考核打分，实现干部"能上能下"；为深化国有资本投资公司改革，配合"集团总部资本层—专业化公司资产层—生产单位执行层"三级架构的实施推进，集团向各专业化公司董事会充分下放用人权、考核评价权、薪酬分配权，不断释放企业活力和创造力；推进"有奖有罚、奖罚分明"的收入分配市场化改革，调整薪酬结构，优化GPS（超额利润分享计划）奖励，实现收入"能增能减"；按照"完善治理、强化激励、突出主业、提高效率"原则，推进混合所有制改革。对于非核心主业的专业化公司不强求绝对控股、不搞"一股独大"和"假混改"，力求通过混改引入新理念、新机制、新模式，按市场规律和市场机制高效运行和配置资源。

【重大项目】 2017年，中粮集团开展18项重点资产整合工作，涉及资产1816亿元，涉及11家上市公司，占集团总资产的1/3，真正实现专业化公司股权和管理权的统一，使资产运营企业成为独立市场竞争主体，实践效果显著。通过划转或交易内部资产等方式，实现股权和管理权统一；通过优化法人架构或资产拆分，2017年底18家公司已全部改造成为独立的法人主体；通过并购整合外部资产的方式实现主业优化布局和快速扩张。

重大项目方面，主要集中在粮油加工和贸易业务领域，重大固定资产投资项目有中国粮油广东产业园一期项目、中粮贸易江阴粮食物流扩建仓项目和中粮置地重庆大悦城项目。

重大并购方面，主要集中在粮油食品业务领域，重大并购项目有中粮集团旗下中可饮料并购可口可乐公司和太古公司旗下9家装瓶厂项目、中粮屯河糖业并购德宏梁河力量公司旗下2家制糖厂项目。

【走向海外】 2017年，中粮集团推动海外企业中粮国际对其下属的中粮农业和尼德拉公司进行全面整合。一是调整管理团队，由集团常务副总裁担任中粮国际CEO，并派遣集团骨干担任关键岗位，全面落地中粮集团的管理要求。二是明确发展规划，确定发展方向、目标、商业模式和关键差异化要素，最终形成中粮国际的使命、愿景及核心价值观。三是推动业务整合，按照"品种线为主、区域为辅"一体化矩阵管控模式，从人员、机构、业务、风控等方面进行全面整合，实现"一个团队，一种声音"。四是深入提质增效，成立提质增效委员会以及督导组，全面跟踪监督降本增效完成情况。五是退出非核心资产，2017年底与先正达签订种子业务出售协议，顺利完成种子业务退出。

中粮集团的境外资产分布于亚洲、欧洲、南美洲、北美洲、大洋洲、非洲的超过60个国家和地区，拥有

336个分支机构,其中主要贸易中心位于瑞士、荷兰、新加坡、美国,主要的经营性资产位于巴西、阿根廷、乌克兰、罗马尼亚、印度、南非、澳大利亚等。

中粮集团在境外投资主要分布在谷物、油籽、糖、棉花、咖啡等农产品的收购、加工、贸易,以及种子研发和销售、葡萄酒等领域。在"一带一路"沿线投资方面,中粮集团在"一带"区域以仓储物流布局为主,"一路"区域以农产品加工布局为主。此外,中粮集团旗下中粮工科、中怡保险等单位还为"一带一路"沿线多个国家提供工程设计和金融保险等服务。

2017年,中粮国际完成收购尼德拉公司小股权项目,实现中粮国际、尼德拉、中粮农业的一体化整合,在南美、北美及"一带一路"沿线的黑海地区等世界粮食核心产区取得仓储、港口物流设施等一批战略资源,保障国家粮食安全的能力明显增强。

2017年,中粮集团在俄罗斯符拉迪沃斯托克成立中粮远东有限公司,进一步拓展与俄罗斯的粮油贸易。

【重大创新】 为深入贯彻落实国家科技体制改革精神和中粮集团深化国有资本投资公司试点改革的战略部署,进一步激发科技人员积极性和创造力,中粮集团积极探索、大力推进科技体制机制创新工作,在科研机构市场化改革、科研激励、重大科技项目管理等方面取得重要进展。

2017年,中粮集团按照国家创新驱动发展战略与国家科技创新体制改革的精神要求,紧密围绕"以营养健康为核心的产品开发""以节能减排、提质增效为核心的技术开发"两条主线开展研发创新工作,取得系列科技成果。在科技成果获奖方面,中粮集团获得2个国家级奖项,10项省部级科技奖励,其中"番茄加工产业化关键技术创新与应用"获得国家科技进步奖二等奖,蒙牛乳业的"包装盒"获得国家级外观设计优秀奖。在专利方面,2017年新申请专利529件,其中发明专利284件,获得专利授权共计305件,其中发明专利授权250件;PCT专利申请4件,进入国家阶段的专利申请2件;主持制定国际、国家或行业技术标准40项,参与36项;发表论文253篇,其中SCI 5篇。

【党建工作】 2017年,中粮集团认真学习贯彻党的十九大精神和习近平新时代中国特色社会主义思想,抓好理论武装,强化顶层设计,把牢企业改革方向,以"迎接十九大,做合格党员"为主线,围绕集团"从严治企、品牌引导、激发活力"年度工作主题,以牢固树立"四个意识"、守牢国有企业的"根"和"魂"为统领,以落实党建工作责任制为抓手,推动全国国有企业党的建设工作会议精神30项重点任务落地,强化跟进督导,推动末端落实;以新时期中粮文化建设为牵引,加强群团工作,坚决履行中粮集团的政治责任和社会责任;为实现中粮集团国有资本投资公司改革发展和企业提质增效提供坚强的思想政治和组织保障。

在反腐倡廉方面,2017年,中粮集团深入学习贯彻党的十九大精神,认真贯彻党的十八届六中全会和全国国有企业党的建设工作会议精神,按照十八届中央纪委七次全会和中央企业党风廉政建设和反腐败工作会议部署,围绕集团中心工作,将"从严治企"作为年度工作主题词之一,将全面从严治党向纵深推进与从严治企相结合,全面加强作风建设,落实中央八项规定精神;明确提出严格预算考核、严格改革措施落地、严格班子干部管理、严格风险控制、严格查办违纪违法案件等"五个严格"要求;开展内部巡视,加强党内监督,不断加强纪检监察干部队伍组织建设的同时,积极开展多种形式的常态化廉洁教育、警示教育。

【信息化建设】 截至2017年底,中粮集团统建ERP系统覆盖中粮集团本部、中粮集团下属中粮贸易、中粮油脂、中粮粮谷、中粮生化、中粮饲料、中粮糖业、中国纺织、中国茶叶8家专业化公司及中粮香港,共计465家法人单位,业务范围涵盖从大宗农产品贸易、原粮采购、生产加工、分销、零售、质量控制、物流管理、设备维护、财务管理等多个领域。加上原有已完成覆盖的中粮置地、中粮酒业、中粮肉食、中粮包装、中粮可乐及蒙牛乳业,中粮集团有14家专业化公司1233家法人单位实现ERP系统全覆盖。此外,通过中粮集团财务数据平台实现全部18家专业化公司1700余家法人单位财务数据全覆盖。

在ERP项目建设的同时,中粮集团同步建立ERP系统的运营体系和一系列以ERP为核心的周边系统。

【履行社会责任】 作为懂农业、爱农村、爱农民的"三农"领军企业，中粮集团践行农业供给侧结构性改革助力乡村振兴战略，主动担当农业新型生产服务主体，构建现代农业产业体系、生产体系和经营体系。坚持全产业链品质控制，以更加完善的全球布局提升市场份额，服务国内供给，促进一二三产业融合发展；牢固树立新发展理念，通过"公司＋农户"的订单农业经营模式引导种植结构调整，促进小农户和现代农业发展有机衔接，提高农业发展质量效益和竞争力；加快现代物流体系建设、完善现代农业生产体系、积极发展循环农业、严格质量安全控制，助力农业农村可持续发展；坚持服务改善民生，发挥产业体系优势，探索形成"产业扶贫带动脱贫攻坚"为核心的扶贫脱贫工作体系，让广大农民有更多的获得感。

（撰稿人：何　丹）

中国五矿集团有限公司

【基本概况】　中国五矿集团有限公司（以下简称"中国五矿"）是由两个世界500强企业（原中国五矿和中冶集团）战略重组形成的中国最大、国际化程度最高的金属矿业企业集团，是全球最大最强的冶金建设运营服务商。公司管理的资产总规模1.68万亿元，其中资产总额8600亿元，金融业务管理资产8200亿元，境外机构、资源项目与承建工程遍布全球60多个国家和地区。

2017年，中国五矿以习近平新时代中国特色社会主义思想和党的十九大精神为指引，成功把握市场机遇，团结一心、开拓进取，提前超预期完成经营目标，全面超额完成国资委各项考核任务，营业收入、利润总额双双创出历史新高。"三步走、两翻番"实现良好开局，迈出坚实精彩有力的第一步。公司实现营业收入5000亿元，利润总额130亿元。世界500强排名大幅跃升至120位，位居金属行业第一。

【改革发展】　2017年，中国五矿坚持向管理要效益，积极推动"瘦身健体"、提质增效取得实质成效。中国五矿持续深化改革、解决制约企业发展的体制机制问题，完成公司制改制，在各直管单位全面启动基层改革。

经国务院国资委批复同意，中国五矿集团公司完成公司制改制，并办理工商变更登记手续，更名为"中国五矿集团有限公司"，企业类型由全民所有制企业变更为国有独资公司，正式明确国有资本投资公司的法人平台。制定出台党组会、董事会、总经理办公会《决策权限管理办法》和《决策事项权限清单》，在央企中首家以制度化形式把党的领导融入公司治理各环节，理顺党组织和企业其他治理主体的关系，决策运行机制进一步优化。打破常规加快节奏组建集团公司创投平台和基金管理公司，取得中国证券投资基金业协会的管理人登记和私募基金备案。五矿产业投资基金同步高效推进路演，认缴规模可观。各直管单位制定出台深化改革实施方案计划，基层改革全面启动铺开。

【重大项目】　2017年，中国五矿果断决策、集中力量加快推进新项目建设，积极培育新增长点。

三大新动力项目按预期推进。中冶瑞木三元前驱体项目快速注册、快速进场、快速施工，将实现镍钴锰上游资源向下游的有效延伸。长沙矿冶院电池正极材料项目建成后将继续扩大产能、进一步夯实行业领先者地位。五矿盐湖一里坪项目顺利产出第一批工业级碳酸锂产品，完成中试和建设准备，将全面进入工业化盐湖提锂阶段。中国五矿集中资源优势与技术优势，以三大新动力项目为基础正式组建覆盖全产业链的新材料板块，推动金属矿产核心主业向产业链、价值链高端进军，打开创新发展新空间。

曹妃甸国际矿石交易中心项目顺利签订战略合作框架协议，采取强强联合、优势连结、战略协作的方式，打造集保税、仓储、配矿、保值、融资、现货、期货交割库于一体的亿吨级的交易混配中心。项目建成运营将为钢铁企业提供一对一的个性化服务，有力推动中国钢铁产业转型升级，提高中国企业在国际铁矿石市场话语权。

铜铅锌基地项目经过多轮谈判和不懈努力，正式开工建设，一举解决株冶整体搬迁、水口山改造升级、铜业公司竞争力提升三大难题，打开中国五矿在湘产业发展的新空间新格局。

【走向海外】　在资源开发领域，中国五矿海外矿山取得突出成绩。秘鲁邦巴斯铜矿继续强化"安全、成本、产量"管理,有效化解社区风险,全年满产运行,作出巨大利润贡献,充分将资源优势转化为经济优势。澳大利亚杜加尔河锌矿攻克技术难关,在10年来的锌价最高位成功建成投产,达产后将年产锌17万吨以上,成为继邦巴斯铜矿后又一进入世界前十的矿山,助力中国五矿重返全球主要锌矿生产商行列。巴布亚新几内亚瑞木镍矿高负荷超产稳定运行,平均达产率107.3%,实现达产最快、达产率最高、吨镍投资最低、吨镍现金成本最低。

在资源贸易领域,按照"两头在外、两头上锁、大进大出、封锁循环"十六字方针,中国五矿发挥邦巴斯铜矿资源辐射带动作用,扩大与全球矿山及冶炼企业合作,铜精矿贸易实现从十万吨级到百万吨级的爆发性增长。

在冶金工程领域,中国五矿以冶金建设国家队的最高水平引领中国技术标准和全产业链模式"走出去",台塑越南河静钢厂1号高炉成功点火,标志着越南迄今最大的投资项目、东南亚地区最大的钢铁联合企业成功投产,实现中国特大型高炉核心技术和装备整体出口,高炉主要技术指标达到世界同级别高炉的最先进水平。马中关丹产业园联合钢铁项目轧钢单元率先建成,全面建成后将成为马来西亚最大钢铁厂、东南亚最具竞争力的精品棒线材产业基地,关键技术指标将达到世界领先水平。中国五矿成为践行"一带一路"倡议、开拓"一带一路"沿线市场、推动国际钢铁产能合作的先锋队和有生力量。

【重大创新】 中国五矿深入贯彻落实新发展理念,坚持高质量发展,积极实施创新驱动,加大创新投入力量,提高创新能力和水平,着力突破和掌握关键技术,为公司健康可持续发展提供持久动力。2017年新增专利数3709件,继续保持中央企业第四位,新建国家级科技创新平台6个,蝉联中国专利金奖三连冠,荣获国家技术发明奖二等奖1项、国家科学技术进步奖二等奖3项,卫冕世界技能大赛焊接项目冠军。

2017年,所属长沙矿冶院圆满完成大洋号赴太平洋国际海底区域多金属结核资源勘探矿区科考任务,成功获取锰结核和大量数据资料。这是中国五矿的首个海上勘探航次,也是以中国企业为主体的首个国际海底资源调查航次,为我国开发利用海洋金属矿产资源打下重要基础,为国家"蛟龙探海"工程深海资源勘查作出重要贡献,实现国家战略与企业战略、海洋科考与资源勘探的深度融合发展。

【党建工作】 中国五矿坚持以习近平新时代中国特色社会主义思想为指引,学习宣传贯彻党的十九大精神,全面落实全国国有企业党的建设工作会议精神,坚持把党的政治建设摆在首位,落实全面从严治党责任,坚持党的领导、加强党的建设,保证党和国家方针政策、重大部署在企业贯彻执行,发挥党组对企业的领导作用。

中国五矿按照党的十九大的要求,更加重视基层党组织建设,更加注重全面提升基层党组织的组织力,坚持问题导向,抓住关键环节,使党的基层基础更加牢固。

中国五矿秉持"宣传思想文化工作创造价值"的理念,围绕迎接、宣传贯彻党的十九大这条主线,服务企业改革发展中心任务,着力加强思想政治理论武装,着力加强新闻宣传和舆论引导,着力培育和践行社会主义核心价值观,为做强做优做大国有资本提供有力思想舆论保证和良好精神文化条件。

中国五矿深入贯彻党中央关于统一战线重大决策部署以及全国统战部长会议精神,坚决做好新形势下党的群团工作,推动统战力量、群团组织团结动员群众、青年等群体围绕中心任务建功立业。

中国五矿各级党组织认真落实管党治党责任,坚持全面从严治党与全面从严治企相结合,反腐惩恶、正风肃纪、严肃问责,使纪律和规矩真正立起来、严起来,推动集团公司各项管理更加规范、经营环境更加优良、干部职工面貌焕然一新。

【信息化建设】 2017年,中国五矿以发展战略为导向,开展信息系统建设,做好信息系统和基础设施的运行维护工作,强化信息安全管理和技术手段,扎实推进信息化各项工作。

中国五矿明确"十三五"信息化规划目标和建设原则,编制《集团公司"十三五"信息发展规划》,提出"一张网、一朵云、两服务"的基础技术架构,提升"三个确保、三个同步、一个转变"的信息安全水平。

中国五矿落实集团发展战略重点举措，开展信息系统建设，全面提升集团公司管理与运营工作的信息化水平。大力推动各单位协同办公系统的建设及优化提升，圆满完成资金管理与结算项目、集团统一移动应用平台、审计信息系统的建设工作。

中国五矿搭建并不断完善信息安全体系，建立应急响应机制，全年有力地保障集团各信息系统的安全。

【履行社会责任】 中国五矿秉持"珍惜有限，创造无限"的核心理念，珍惜有限的自然资源、人力资源和社会资源等，通过透明和道德的方式进行决策、管理和运营，全力创造价值五矿、创新五矿、平安五矿、绿色五矿、幸福五矿、和谐五矿，实现经济、社会和环境综合价值最大化，促进自身和利益相关方的可持续发展，逐步实现"实力五矿、美丽五矿、魅力五矿"目标。

中国五矿围绕"珍惜有限，创造无限"的可持续发展理念，以实现经济、社会和环境综合价值最大化为目标，逐步将"联合国2030年可持续发展议程"纳入"价值创造型"社会责任推进模式中，打造"十三五"时期可持续发展新模型，促进2030年可持续发展议程的有效贯彻与执行。

作为跨国经营的金属矿产企业集团，中国五矿坚持诚信依法运营，坚持与合作伙伴加强交流、实现共赢，关心帮助社区发展；同时热心公益，认真开展精准扶贫工作，为打赢脱贫攻坚战贡献自己的力量，为促进全球实现持续发展发挥自己的作用。

中国五矿秉承"以人为本"的理念，始终将员工视为企业发展的宝贵财富。2017年，中国五矿继续积极打造人性化、合理化的人力资源管理体系，努力创建和谐稳定的员工关系，切实保障员工的各项权益，力争实现企业与员工的共同成长。

作为常年和山、水打交道的金属矿产类企业，中国五矿始终将生态环保理念贯穿于经营管理的方方面面，自觉推动企业的绿色发展、循环发展和低碳发展。中国五矿大力开展环保产业，建设绿色五矿，形成人与自然和谐发展现代化建设新格局，推进美丽中国建设。

中国五矿始终把生命安全放在第一位，牢固树立红线意识，努力构建与"世界一流"金属矿业集团相适应的安全环保管控体系和管理团队，努力实现"零事故、零伤害、零职业病"的安全目标，为员工打造健康安全的工作环境。严格督促企业按照国家标准提取使用安全费用，专项列支、专款专用。

（撰稿人：黄　硕）

中国通用技术（集团）控股有限责任公司

【基本概况】 中国通用技术（集团）控股有限责任公司（以下简称"通用技术集团"或"集团"）是中央直接管理的国有重要骨干企业，成立于1998年3月，是在6家原外经贸部直属企业基础上组建的国有独资公司。2006年以来，集团先后重组5家中央企业和部分地方骨干企业。集团实行母子公司管理架构，具有小总部、大网络、轻资产、国际化的特点。截至2017年底，拥有21家境内二级经营机构；拥有3家上市公司（中国医药600056.SH、中国汽研601965.SH、环球医疗02666.HK）；拥有66家境外机构，其中直属境外机构10家；在岗职工人数3.6万人。

通用技术集团处于完全市场化、充分竞争领域，核心主业包括贸易与工程承包业、医药健康产业、技术服务咨询与先进制造业。拥有门类齐全、素质较高、经验丰富的专业人才队伍，与国际国内众多大型企业、金融机构有长期稳定的战略合作关系。各板块主力子公司大多具有60多年的历史，资质齐全，品牌信誉卓著，在我国相关行业或细分领域发挥着重要骨干作用，长期以来为经济社会发展作出重要贡献。2017年，集团在国资委对中央企业的经营业绩考核中连续八年获得A级；连续四年进入《财富》世界500强。

【主要指标】 2017年，通用技术集团认真学习贯彻习近平新时代中国特色社会主义思想和党的十九大精神，按照统筹推进"五位一体"总体布局、协调推进"四个全面"战略布局的总体要求，深刻理解和把握稳中求进工作总基调,坚决贯彻党中央重大决策部署,牢固树立新发展理念,深度参与"一带一路"建设、大力推进国际化经营,积极推动创新发展,深入开展瘦身健体提质增效,防范化解重大风险,持续提升发展质量和核心竞争力。2017年,经过集团上下共同努力,全面超额完成董事会确定的各项年度预算目标,保持平稳较好的发展态势。集团全年实现营业收入1570亿元,完成预算的107.5%,同比增长6.9%;实现利润总额60.9亿元,完成预算的105.9%,同比增长10.7%。利润总额连续13年保持增长。此外,集团实现经济增加值15.75亿元,成本费用总额占营业收入比重的97.2%,全面完成国资委年度业绩考核指标。

2017年中国通用技术(集团)控股有限责任公司主要经济指标

项目	2016年	2017年	比上年增长(%)
资产总额(亿元)	1450.00	1570.00	8.3
所有者权益(亿元)	465.00	513.00	10.3
营业收入(亿元)	1469.00	1570.00	6.9
利润总额(亿元)	55.00	60.90	10.7
净利润(亿元)	40.20	44.70	11.2
归属于母公司所有者的净利润(亿元)	27.50	27.80	1.1
利税总额(亿元)	96.80	106.40	9.9
应交税金总额(亿元)	56.60	61.70	9.0
净资产收益率(%)	8.94	9.14	增加0.2个百分点
总资产报酬率(%)	5.19	5.41	增加0.22个百分点
国有资本保值增值率(%)	109.20	107.30	减少1.9个百分点

【改革发展】 2017年,通用技术集团认真贯彻落实党中央关于全面深化改革的决策部署,不断增强企业内生动力和发展活力。一是全面完成集团76家企业的公司制改制。企业法人治理结构进一步完善,明确党组织在企业中的法定地位,党的领导、党的建设进一步加强。二是扎实推进供给侧结构性改革,抓好瘦身健体各项工作。全力推进"压减"工作,2017年完成63家企业的压减,超额完成年初制定的完成52家的任务指标;积极推进"处僵治困"工作,完成12家企业的处置治理和改造提升任务,妥善分流安置职工5500人;积极推进"三供一业"分离移交工作,分离移交协议或框架协议的签订率已超过90%。三是深化三项制度改革。积极探索多元化激励方式,强化能增能减的薪酬管理机制,健全工资效益同向联动机制。批准所属中国汽研限制性股票激励计划;积极推动所属北京机床所和中纺院中纺标公司进行股权、分红权等分配激励制度的改革,激发广大员工的创新创业潜能。四是积极推进资本运营。积极研究论证贸易与工程承包业务改制上市;推动长城制药、上海新兴等医药资产的改制和资本注入;积极推动子公司改制引资工作,完成中国汽研所属伟柯斯公司引入战略投资者事宜;积极开展中纺院中纺标公司和济南院挂牌新三板工作。

【走向海外】 2017年,通用技术集团紧跟政策抢抓机遇,深度参与"一带一路"建设、国际产能合作等重大国家战略的实施,持续加大市场开发力度,国际化经营取得新成效。2017年,集团国际化收入236.5亿元,比上年增长18.25%。国际化指数15.07%,比上年增加1.46个百分点。工程承包领域,新签约贝宁"渔业之路"、孟加拉国高速公路等重要项目;哈萨克斯坦公路、伊朗德黑兰—马什哈德高速铁路电气化改造等项目正式生效;在执行重大项目顺利推进。国际产能合作领域,汽车散件出口组装业务在中亚地区有序推进;哈萨克斯坦炼钢厂项目入选发改委产能合作清单;纺丝成套设备成功进入萨尔瓦多和乌兹别克斯坦市场,填补当地空白。国际贸易领域,与跨境电商平台的合作不断深入,与京东签署"全球智选"意大利市场独家合作协议;积极开拓手机及智能硬件的海外销售市场。医药健康领域,与日本津村株式会社在汉方药市场开展全方位的合作。

【重大创新】 2017年,通用技术集团以创新驱动发展战略、"中国制造2025"等国家战略为指引,认真落实集团"十三五"科技创新规划,充分发挥国家级研发平台的作用,聚焦共性关键技术,以市场为导向、产业化为目的开展各项科技创新工作。2017年,集团研发投入共计4.46亿元;新承担5项国家科技重大专项、13项国家重点科技计划项目;获得省部级科技奖励15项,其中一等奖2项,二等奖9项;新增授权专利123件,其中发明专利58件;开发新产品112项,比上年增长44%,实现新产品销售收入11.6亿元,比上年增长42%。年产1.5万吨新溶剂法纤维素纤维(绿色纤维)产业化项目实现全线开车达产并连续稳定运行,产品性能优良,具备快速产业化推广的能力;自主研发的CW350(D)齿轮箱即将成为第一批装备"复兴号"列车的国产齿轮箱;μ4000/TG精密数控车磨复合机床作为为汽车行业研制的可以替代进口的创新产品在客户厂家得到应用;针对我国航空航天领域的需求,开发出TKD6920型高速落地铣镗床及GMC2755型高速龙门铣镗加工中心。

【党建工作】 2017年,通用技术集团党组认真学习贯彻习近平新时代中国特色社会主义思想和党的十九大精神,认真贯彻落实党的十八届六中全会和全国国有企业党的建设工作会议精神,落实国资委党委关于"中央企业党建工作落实年"的部署,坚定不移加强党的领导、党的建设,持续推进全面从严治党。一是深入学习宣传贯彻党的十九大精神,用习近平新时代中国特色社会主义思想武装头脑、指导实践、推动工作。集团党组着力把握"学懂、弄通、做实"的要求,组建宣讲团集中开展宣讲,累计宣讲70余场、1万余人参加。集团党组结合实际学习贯彻党的十九大对国有企业改革发展提出的新目标新要求,形成深入贯彻落实新发展理念,聚焦"三大核心主业"(贸易与工程承包、医药健康、技术服务咨询与先进制造),建设"五个通用"(创新通用、绿色通用、技术通用、健康通用、国际化通用),争创具有全球竞争力的世界一流企业的战略目标。二是深入学习贯彻十八届六中全会、全国国有企业党的建设工作会议精神,建立健全加强党的领导、发挥党组织"把方向、管大局、保落实"作用的体制机制。推进党建工作要求进章程,290家二级以下企业全部落实,做到"应修尽修";加速推进落实二级公司党委书记、董事长"一肩挑"领导体制;落实党组织研究讨论作为董事会、经理层决策重大事项的前置程序要求,根据中央精神再次修订党组工作规则,修订完善集团关于进一步贯彻落实"三重一大"决策制度的实施办法并抓好落实,集团三、四级企业中应当建立"三重一大"制度的291家公司已全部建立。集团各级党组织"把方向、管大局、保落实"作用得到有效发挥。三是建立健全党建工作责任制,全面推进党的建设。构建形成具有集团特点的党建工作推进机制,形成计划部署、执行实施、检查监督、改进反馈的闭环管理体系,促进党建重点工作落实;扎实推进"两学一做"学习教育常态化制度化,集团党组将"两学一做"督导组作为常设机构,2017年集团6个督导组深入基层督导52次;落实党管干部原则,切实发挥党组织在选人用人上的领导和把关作用,2017年对12名二级机构领导班子成员进行提职,免职11人,交流调整41人;加强党建基本制度建设,出台一系列党建工作制度,形成较为完善的党建工作机制和工作构架,管党治党制度体系进一步完善。四是坚定不移推进全面从严治党,管党治党宽松软状况得到改善。切实推动全面从严治党责任落实,制定《集团二级及以下企业党政领导班子成员履行党建工作"一岗双责"实施细则》,组织各二级公司签订年度党建工作责任书;不断深化落实中央八项规定精神,坚决遏制"四风"问题,按照越往后执纪越严的原则,加大惩处力度,对违规违纪人员进行问责;深化集团内部巡视巡察工作,坚持发现问题形成震慑,2017年实现对集团所属二级企业的内部巡视全覆盖,同时推动二级企业党委对三级及以下单位开展内部巡察;运用"四种形态"加强执纪问责,对苗头性倾向性问题及时谈话提醒、警示诫勉,防止小毛病演变成大问题,对31名党政纪主要领导进行约谈提醒;不断加大纪律审查工作力度,2017年集团完成审查9件,给予党政纪处分16人,作出诫勉谈话、调离岗位等组织处理19人。五是做好工会、共青团、统战、精神文明和维稳等工作,有效凝聚各方力量,确保企业和谐稳定。

【信息化建设】 2017年,通用技术集团大力推进各层面信息化建设,提高信息化对业务发展、经营管控和风险管理的支持能力。一是加强信息化顶层设计,制定《集团2018—2020信息化规划(讨论稿)》,以信息化支持集团经营管控、业务发展水平的提升。二是积极推进子公司核心业务信息系统覆盖应用。开展四家子公司的ERP建设,构建集团系统集成和数据转换平台。加强核心业务信息化制度建设,修订《集团核心业务信息系统建设及应用管理办法》,规范核心业务系统管理。三是深化集团经营管控信息系统建设。完成财务核算系统、经营管控数据中心、经营调度和重大风险监控等系统的升级改造工作。四是开展信息安全建设,强化安全防护,落实各项信息安全和网络安全工作,确保信息系统安全平稳运行。五是加强信息化基础设施建设,开展集团办公系统升级改造、集团虚拟化平台扩容,完成通用技术大厦、中仪大厦安全改造、集团视频会议系统升级等项目,提高集团职能管理信息化水平。

【履行社会责任】 通用技术集团认真贯彻落实习近平总书记坚决打赢脱贫攻坚战的要求,积极推动企业做好相关工作。集团主要领导和分管领导带队赴定点扶贫县调研考察、多次接待扶贫县领导来访,推动扶贫重点工作的落实。进一步加大扶贫资金投入,全年投入扶贫资金700万元,并捐赠250万元补交党费。选派2名县处级挂职干部和1名村党支部第一书记,提供人才和智力支持。集团援建的商都县通用小学成为当地一流学校,继续支持通用武川职业中学办学;设立通用技术奖学金和贫困学生救助金;支持社会兜底保障扶贫,主要资助大病低保户;安排所属通用咨询公司为两个定点扶贫县开展产业发展规划工作、优化两县产业发展思路;推进所属中国医药在武川县建设黄芪种植基地,打造中药材黄芪种植、加工、销售一体化产业链,带动当地农民脱贫致富;探索引进大唐融合公司在商都县建设呼叫服务外包项目;集团团委组织集团职工捐赠图书5000余本。

(撰稿人:王冠祺)

中国建筑集团有限公司

【基本概况】 中国建筑集团有限公司(以下简称"中国建筑"),正式组建于1982年,是我国专业化发展最久、市场化经营最早、一体化程度最高、全球规模最大的投资建设集团,也是我国建筑领域唯一一家由中央直接管理的国有重要骨干企业。中国建筑主要以上市企业中国建筑股份有限公司(股票简称:中国建筑,股票代码601668.SH)为平台开展经营管理活动。

经过多年发展,中国建筑经营范围已遍布国内及海外100多个国家和地区,国际化经营水平不断提升;业务领域已从房屋建筑拓展至基础设施并跻身国内第一方阵;业务模式从以建造为主,发展成为我国为数不多的投资、建造、运营、发展"四商一体"企业。2017年,中国建筑积极服务京津冀协同发展战略,实施雄安新区首个重大基础建设项目——市民服务中心,提供"四商一体"一站式服务,是首家深入参与雄安新区基础设施建设的中央企业。中国建筑具备城镇化建设全领域与建筑产品全过程的业务能力,产业要素齐全,比较优势明显,资源储备丰厚。

工程建设方面,中国建筑是世界最大的工程承包商,代表着中国房建领域的最高水平,业务范围涉及城市建设的全部领域与项目建设的每个环节。伴随改革开放大潮,中国建筑在国内建造许多记录时代变迁、铭刻经济文化发展的经典地标,在公共建筑、酒店、科教、体育、人居、医疗、使馆、工业、国防军事等房建领域与城市轨道交通、高铁、特大型桥梁、高速公路、城市综合管廊、海绵城市、港口与航道、电力、矿山、冶金、石油化工、飞机场、核岛等基础设施领域完成众多经典工程。全国超过90%的300米以上超高层以及众多技术含量高、结构形式复杂的建筑均由中国建筑承建。

投资开发方面,中国建筑是中国最具实力的投资商之一,全集团年度投资额3069亿元,主要投资方向为房地产开发、基础设施建设、城镇综合建设等领域。公司强化内部资源整合与业务协同,为城市建设提供全领域、全过程、全要素的一揽子服务。中国建筑先后与数十个省市签署战略合作协议,总开发面积逾百平方千米。中国建筑拥有"中海地产""中建地产"两大地产子品牌,其中中海地产盈利能力多年来始终处于中国房地产企业领先地位,品牌价值连续14年居行业之首。

勘察设计方面，中国建筑是中国最大的建筑设计、城市规划、工程勘察、市政公用工程设计的综合企业集团之一，完成一大批具有民族特色和时代特征的优秀建筑设计作品，在机场、酒店、体育建筑、博览建筑、古建筑、超高层等领域居国内领先地位。中国建筑拥有建筑工程设计、市政工程设计、工程勘察与岩土等领域的专业技术人员近万人，高端专业人才总量居行业前列，并在设计原创、科技创新、标准规范等方面为行业的发展作出重要贡献。

新业务方面，中国建筑凝聚集团优质产业资源，实施全面进入创新业务领域的蓝海战略，结合主业优势，将建筑科技、水务环保、"互联网＋建筑"作为主攻方向。经过短短几年发展，在建筑科技方面，迅速成长为装配式建筑领域的龙头企业，业务份额位居全国第一。在城市水环境治理领域，中国建筑着力技术创新，通过形成专有技术体系，完成全国区域布局，打造行业领先模式，承建一批标志性项目。在"互联网＋建筑"方面，建设完成建筑行业首个全国性质、面向全过程的建筑工人管理服务平台，在册建筑工人200余万人；打造综合型电商平台，开创建筑行业线上交易的全新模式，优化交易流程，降低交易成本。

【主要指标】 2017年，中国建筑全面落实党中央、国务院总体要求和国资委工作部署，坚持稳中求进工作总基调，牢固树立和贯彻落实新发展理念，企业整体呈现出稳中提质、稳中趋优的良好态势。全年新签合约额24535亿元，比上年增长18.6%；完成营业收入10548亿元，首次突破万亿元，比上年增长9.9%；实现利润总额602.4亿元，比上年增长14.9%。营业收入、利润总额在国资委管理的中央企业中分别名列第四位、第六位，与同业央企相比继续保持全面领先，获得鲁班奖28项、国优工程奖60项，均列行业之首，获得詹天佑奖4项，第12次获得国资委年度考核A级荣誉，位居"世界500强"第24位，继续保持建筑行业全球最高信用评级，继续位居世界最大投资建设集团。

2017年中国建筑集团有限公司主要经济指标

项　目	2016年	2017年	比上年增长(%)
资产总额(亿元)	13987.0	15608.0	11.6
所有者权益(亿元)	2985.0	3470.0	16.2
营业收入(亿元)	9600.0	10548.0	9.9
利润总额(亿元)	524.1	602.4	14.9
净利润(亿元)	413.7	464.7	12.3
利税总额(亿元)	816.0	1144.0	40.2

【重大项目】

1. 深圳国际会展中心项目。

项目位于宝安机场以北、空港新城南部，合约额95亿元，占地面积125万平方米，建筑面积158万平方米，由一条1.8千米长的中央通廊将两侧16个2万平方米标准展厅、1个5万平方米超大展厅、两个具有会议功能的2万平方米多功能厅、2个登录大厅和1个接待大厅串联而成，是集展览、会议、旅游、购物、服务于一体的综合会展类建筑群。

项目建成后为全球第一大会展中心，对于提升城市功能和形象，推动深圳逐步成为中国乃至全球会展中心城市，促进深圳加快建成现代化、国际化、创新型一流城市和打造粤港澳大湾区具有重大意义。

2. 成都天府新区超高层项目。

项目投资额48亿元，占地面积20万平方米，可发展面积130万平方米，产业和商业面积52万平方米，其中拟建高度677米的"世界第二高、中国第一高"的超高层地标、五星级酒店、高端服务公寓、特色商业街区等，由中国建筑全部自持运营。项目充分体现中国建筑在履约建造、全产业链组装、产业导入和商业运营等方面的突出能力，将成为彰显企业品牌实力的重要窗口。

3. 埃及新首都中央商务区一期项目。

项目是中埃产能合作优先项目，总合约额30亿美元，总占地面积50.5万平方米，位于埃及新首都核心位置，主要建设内容包括一座385米的非洲第一高楼、五栋高层公寓、九栋现代化商业办公楼、一座高档酒店及配套市政工程，总建筑面积逾170万平方米。

建成后,新首都中央商务区为埃及新首都最具商业价值、综合功能最完善的核心地块,为埃及政府吸引外资提供良好环境,有力推动苏伊士运河经济带和红海经济带开发。

4. 青岛市地铁8号线(B1包)工程。

由中国建筑投资建设的青岛市地铁8号线(B1包)工程正线全长27千米,含7站7区间,投资额162亿元。青岛市地铁8号线主线(含B2包)串联青岛五个行政区,是连接青岛新机场、北岸城区、东岸城区的快速骨干线路,为青岛经济、社会发展提供助力。

【走向海外】 2017年,中国建筑深入践行"一带一路"倡议,确立海外优先指导思想,调整海外业务管控体系,带动海外规模再上新台阶,全年新签合约额首次突破2000亿元,完成营业收入850亿元,实现利润总额34.5亿元,分别同比增长65.7%、6.8%、105%。澳大利亚基础设施项目签约、斯洛文尼亚机场签约和援菲律宾戒毒中心启动。埃及新首都中央商务区一期项目成功签署商业协议,合约额30亿美元。援建柬埔寨体育场是我国最大的房建类援外项目;中巴经济走廊PKM项目履约顺利,受到两国政府高度肯定。2017年,中国建筑在9个新国别实质运营,在20个新国别进驻设点,年签约额30亿元以上的海外市场15个。

【房建业务】 2017年,中国建筑房建业务持续保持行业领先优势,新签合同额14421亿元,比上年增长13.2%;实现营业收入6254亿元,比上年增长0.8%。超高层特色更加鲜明,中标300米以上超高层5个,继续稳居行业之首。房建业务结构进一步优化,除住宅、商业地产外,承揽一大批厂房、会展中心、民生工程等高端项目,包括全球最大会展中心(深圳国际会展中心工程)、全球最大单体医院(天津市第一中心医院扩建工程)、国内首条具有自主知识产权的液晶面板生产线(河北固安第6代有源矩阵AMOLED面板生产线)、2022年杭州亚运会主场馆等一批高端项目。

【基础设施业务】 2017年,中国建筑紧跟国家"三大战略",全力参加地方基础设施建设,新签合约额7369亿元,比上年增长28.2%,占比30%;完成营业收入2312亿元,比上年增长32.9%,占比21.9%。其中,轨道交通领域品牌效应彰显,分别在南宁、徐州等两座城市同时实施3条地铁项目;公路领域聚焦重点项目,承接的云南华丽高速公路、新疆精伊高速公路均为"一带一路"境内工程;综合管廊领域巩固领先优势,全年新中标项目17个,累计总里程超过1000千米,继续保持全国第一。2017年,中国建筑凭借卓越管理和技术优势确保了一大批重点项目顺利竣工交付,承建的"一带一路"重点工程京新高速正式通车,是世界上穿越沙漠最长的高速公路;主承建的上海洋山深水港四期正式开港试运营,是全球规模最大的自动化码头。中国建筑所辖各工程局均获得市政公用工程施工总承包特级资质,全系统有基础设施类特级资质26个,为下一步深度参与国家战略打牢基础。

【房地产业务】 中国建筑公司坚决贯彻"房住不炒"的理念,加快去库存,房地产发展平稳。地产业务结构更趋均衡,中海地产持有商业地产运营面积超过300万平方米,获取"中国第一"高楼成都天府新区超高层项目,大力提高商业片区开发运营全产业链能力及品牌影响力。各局院地产聚焦优势区域,围绕主业、提升品牌。

【勘察设计业务】 2017年,中国建筑勘察设计企业新签合约额130亿元,比上年增长55%。设计总包等业务优势进一步凸显,占比持续提升。原创方案行业影响力进一步增强,中标西安咸阳国际机场T5航站楼项目及长沙黄花国际机场T3航站楼和配套项目。

【投资管理】 2017年,中国建筑综合把握市场机遇和资源能力,投资业务质量并重、发展稳健。投资管控方面,严格遵循国家政策导向,对境内外投资项目实施负面清单管理;落实区域化发展策略,推进投资合规性建设,不断规范投资秩序。PPP业务方面,公司总部确立"抓市场、树品牌,构体系、育人才,建规范、保运营,守底线、防风险"的24字方针;严格落实政策要求,积极开展内部清查整改;紧随政策导向,动态更新PPP项目发展策略和管控要求,推动PPP业务持续健康发展。

【重大创新】 创投业务方面,全系统获取装配式建筑合约额323亿元,面积433万平方米,中标全国最大的装配式综合管廊(绵阳科技城综合管廊PPP项目)、全国最大规模的装配式房建项目(深圳长圳公共住房项目)、全国单体最大、线路最长的全预制装配式高架快速路(呼和浩特市快速路工程)。水务环保领域全年新签合约额944亿元,中标国内最大的水生态工程(包头市水生态提升PPP项目)。电商业务取得新进展,中国建筑旗下云筑电商全年累计实现交易额4800亿元。

【科技管理】 2017年,中国建筑4项成果获得国家科学技术奖励,为近十年最多。主编的《我国首部施工BIM应用》等6项国家和行业标准正式发布实施。获得2项国家"十三五"重点研发计划项目,1项政府间国际科技创新合作重点专项课题。紧跟国家重大战略需求,参与住建部"一带一路"和雄安新区相关标准的课题研究。

【信息化建设】 2017年,中国建筑企业互联网开放平台在施工、设计两个领域的试点单位正式上线,为加速全面信息化建设奠定基础,企业整体信息化水平居于行业领先地位。初步完成建造、设计新一代核心业务系统建设,覆盖生产经营管理全过程,业务应用场景1000余个。上线建筑工人实名制管理平台(云筑劳务2.0)并在全国推广,在线工人190万人,助推全行业劳务管理升级。

【党建工作】 2017年,中国建筑全系统坚持以习近平新时代中国特色社会主义思想为指导,深入学习贯彻落实党的十九大精神,坚持党的领导,坚决扛起管党治党政治责任,从严从实推进党的建设各项工作,取得新成效。政治建设方面,中国建筑各级党组织以习近平新时代中国特色社会主义思想武装头脑、指导实践、推动工作,切实把忠诚核心、拥戴核心、维护核心、紧跟核心作为最大政治,把学习贯彻党的十九大精神作为当前及今后一段时期的重大政治任务。全集团上下统一思想行动,牢固树立"四个意识"、坚定"四个自信",广泛开展各种形式的教育宣传活动,增强在党为党的政治能力,真正把党的科学理论和方针路线转化为推动企业改革发展的生动实践和强大动力,确保企业正确发展方向。组织建设方面,中国建筑各级党组织以新时代党的建设总要求为根本遵循,推进党的组织建设全面进步、全面过硬。充分发挥党组织核心作用。全力推进党建工作进章程,2017年中国建筑总部和所有二级单位完成企业章程修订。100%的二级单位、80%的三级单位实现"一肩挑"领导体制。基层党组织新建党委15个、党总支64个、党支部987个,发展党员2307人。截至2017年底,中国建筑有党组织7281个(其中党委419个、党工委36个、党总支608个、党支部6218个),党员91133人,专兼职党务工作人员9791人。高标准完成全集团300余次党务干部业务培训和5285名党支部书记集中轮训。思想建设方面,中国建筑以学习贯彻习近平新时代中国特色社会主义思想为灵魂和主线,创新形式和载体,用舆论声音彰显中央企业在"四个伟大"进程中的责任担当。

【人才与干部队伍】 截至2017年底,中国建筑在岗员工27万人,拥有中级以上专业技术职务人员6万人,占员工总数的22%,拥有一级注册建造师17565人、注册建筑师754人、注册结构工程师661人、注册造价工程师1887人。2017年,中国建筑创新发布人力资源价值指数排行榜,锚定先进水平,强化精细管理。逐步健全技术人才管理体系,评选产生公司首批首席专家及专家,出台高端人才薪酬待遇办法。拓展激励方式,建立海外业绩挂钩奖金池,完成第二期限制性股票授予,修订完善交流任职人员薪酬待遇管理办法。通过一系列激励手段,提升了企业及员工创效水平。

【履行社会责任】 中国建筑积极推动"精准扶贫三年规划",公司总部向甘肃三个定点扶贫县选派扶贫干部,并投入1296万元扶贫资金,定点帮扶9个重点项目建设;响应国资委号召,出资5亿元参与中央企业贫困地区产业投资基金。主动投身地方抢险救灾,参与长沙暴雨洪涝灾害、九寨沟地震等多起抢险救援行动。全年支付农民工工资800亿元,带领130万农民工奔小康。全年接收大学毕业生13412人,助力大学生就业。圆满完成上级交办的军转干部安置工作,获得上级肯定。

(撰稿人:杨 晓)

中国储备粮管理集团有限公司

【基本概况】 中国储备粮管理集团有限公司（以下简称"中储粮集团公司"）是涉及国家粮食安全和国民经济命脉的国有大型重要骨干企业，受国务院委托，具体负责中央储备粮棉油的经营管理，执行国家粮棉油宏观调控任务，在国家宏观调控和监督管理下，依法开展业务活动，实行自主经营、自负盈亏。按照中央统一部署，2017年11月完成公司制改制，企业名称由"中国储备粮管理总公司"变更为"中国储备粮管理集团有限公司"。截至2017年底，中储粮集团公司在全国设立23个分公司、7个全资或控股二级管理子公司、1个科研所，拥有404家直属库，机构和业务覆盖全国31个省（自治区、直辖市）。成立18年以来，中储粮集团公司发展为国内最大的农产品储备集团，在国家粮食安全保障体系中举足轻重，在服务国家粮棉油宏观调控中发挥主力军作用。

2017年，面对更艰巨的任务、更复杂的形势、更突出的挑战，中储粮集团公司坚定不移贯彻以习近平同志为核心的党中央一系列重大决策部署，不断筑牢"四个意识"，牢牢把握企业职责定位，攻坚克难、狠抓落实，在服务国家粮食安全战略和农业供给侧结构性改革大局中作出新贡献，在推进全面从严治党和从严治企上迈出新步伐，在有效应对和整治重大风险难题上取得新成效，在改善和提升企业运行质量上有了新进步。2017年，实现营业收入2429.6亿元，比上年增长38.6%；年末资产总额15603.4亿元，剔除政策性因素后资产负债率51%；实现利润56.3亿元；国有资本保值增值率106.95%，经济运行质量进一步提高。

【主要指标】

2017年中国储备粮管理集团有限公司主要经济指标

项　目	2016年	2017年	比上年增长(%)
资产总额(亿元)	13220.63	15603.44	18.00
所有者权益(亿元)	697.27	848.34	21.67
营业收入(亿元)	1752.80	2429.64	38.61
利润总额(亿元)	42.04	56.30	33.92
净利润(亿元)	36.79	52.98	44.00
归属于母公司所有者的净利润(亿元)	36.96	52.49	42.02
技术开发投入(亿元)	0.37	0.52	40.54
利税总额(亿元)	53.04	56.87	7.22
应交税金总额(亿元)	11.00	4.28	-61.09
全员劳动生产率(万元/人·年)	36.98	31.27	-15.44
净资产收益率(%)	5.72	6.61	增加0.89个百分点
总资产报酬率(%)	3.85	3.27	减少0.58个百分点
国有资本保值增值率(%)	106.52	106.95	增加0.43个百分点

注：2016年数据未包括中储棉公司数据。

【改革发展】 按照中央深化农业供给侧结构性改革和国企改革精神，中储粮集团公司结合工作实际，提出"一二三四"的战略框架，作为深化改革发展的目标遵循，即做党和国家信赖的服务国家粮食安全战略的依靠力量；推进打造中储粮"金字招牌"、打造中储粮铁军队伍；落实"两个确保"、服务调控、国有资本保值增值三大战略任务；强化党建、改革、人才、文化四个驱动。

服务农业供给侧结构性改革取得新突破。按照"始终在市、均衡收购"原则，结合储备玉米轮换，有效发挥对多元主体入市收购的引领带动作用。在

2016—2017年收购季，中储粮在东北地区收购玉米2140万吨，占社会收购总量的18%，为玉米收储制度改革顺利实施发挥"压舱石"作用，得到中央领导充分肯定。严格落实最低收购价政策，严把定点资质关，严控新增租仓库点，加强收购过程监管。2017年，累计收购政策性粮食4938万吨，粮食收储制度改革成效显现。库存消化取得重大突破，累计销售政策性粮油8073万吨，为2006年以来销售量最大的一年。

仓储管理和政策性粮食监管进一步加力。中央储备粮账实相符率100%，质量达标率和宜存率稳定在95%以上，"两个确保"（确保中央储备粮数量真实、质量良好，确保国家急需时调得动、用得上）基础进一步夯实。"标准仓、规范库"建设全面推开，标准仓、规范库创建完成率超过60%。积极推广绿色储粮技术应用，2017年新增绿色储粮2500万吨，中央储备粮科技储粮覆盖率提升至98%，综合损耗率全面控制在1%以内。针对政策性粮食储存点多、面广、监管难度大的形势，全面加强人防、技防、法防、经济防范"四位一体"监管体系。集中开展为期6个多月的政策性粮食"四查一补"（查数量、查质量、查安全、查合同、补充完善相关手续），检查库点近万个，深入排查治理潜在问题风险，堵塞监管漏洞。该次检查为中储粮成立以来历时最长、覆盖最全、规模最大、督促整改力度最大的综合督查。调整总部机构设置，整合监督检查资源，健全垂直贯通的监管体系，推进监管重心向基层单位下沉，加快建立分区域、分片区常态化监督检查机制。

企业重点改革深入推进。中储粮与中储棉重组整合进展顺利，企业发展战略、业务管理、制度建设、党建工作和文化理念加快融合，进一步完善国家战略物资储备体系发展。在5家分公司开展事业部制改革试点，创新分公司对直属库的管控模式，在防控风险、促进轮换、整合资源等方面取得初步成效。全面实施公司制改制，中储粮成为57家在京中央企业第一家完成总部改制的企业，380个直属企业改制任务基本完成，并分类设置和全面规范所有专业化子公司董事会、监事会设置和人员配备。完成所属全资和控股子企业功能界定与分类工作。全面实施岗位内控体系建设，实现风险防控责任岗位化、业务风险流程规范化、日常管理痕迹化。压减法人企业68个，超额完成年度压减考核任务。全面完成6家特困企业专项治理任务。深化三项制度改革，修订完善业绩考核办法，突出主业，分类考核，考评激励机制进一步完善。深化专业化子公司改革，制定出台深化中储粮物流公司改革发展的指导意见。

企业经济运行质量明显改善。实施分（子）公司战略预算目标责任制改革，形成"战略引领+预算保障"的管理新机制。深化轮换购销集约化运营改革，轮换计划完成率稳定在95%以上，确保储备粮应轮必轮、常储常新，轮换盈亏状况继续改善，小麦、玉米、稻谷三大品种轮换效益大幅提升，扭转自2014年以来连续3年轮换亏损的局面。持续推进降本增效、降损增效和降险增效，企业经济运行质量稳步提升。完善资金"日预算、日归集、零余额"管理，全年没有发生大额资金管理风险，资金集中度稳定在98%以上，位于中央企业前列。

【重大项目】 2017年，新安排中央预算内投资项目17个，投资9.9亿元；中央投资建仓项目完工48个，新增仓容390万吨；安排仓储设施维修改造项目3797个，投资13.8亿元，开工2806个；东北综合产业基地项目集中建设任务基本完成。

【走向海外】 为更好利用国际国内"两个市场，两种资源"，中储粮集团公司积极探索有效掌控国际粮源的途径和方式，结合中央储备油脂油料轮换，加强国际市场研判分析，做好与跨国粮商的采购对接，加强市场经营运作，降低采购成本，提高服务轮换的质量和效率。

【党建工作】 坚决贯彻落实中央关于国有企业坚持党的领导、加强党的建设的一系列重大部署，以"党建工作落实年"为契机，全面加强企业党的建设。坚持党对企业的领导和完善公司治理有机统一，全面推进党建工作进章程，党组织在公司法人治理结构中的法定地位得到落实。完善公司党组、董事会和经理层等议事规则和程序，将党组研究讨论作为董事会、经理层重大决策的前置程序，发挥党组"把方向、管大局、保落实"作用。狠抓管党治党主体责任落实，2017年制定实施二级单位党建工作责任制实施办法、党建工作联系点制度、党建工作季度和年度报告制度、党组织书记现场述职考核等制度，完善党建工作责任体系，并组织对所有分（子）公司进行党建工作专项检查，推动责任层层传导落实。建好建强基层党组织，20个分公司完成党组改设党委工作，完成分（子）公司和基层企业党务工作机构设置全覆盖，开展直属企业党建工作标准化和信息化建设，建立"互联网＋党建"平台。坚持党管干部原则，树立正确用人导向，加强各级领导班子和干部队伍建设。从改进推荐、规范动议、严格考察、强化审核等方面，进一步完善干部选拔任用机制，补充调整和优化各级班子和管理团队配备。深入推进党风廉政建设和反腐败斗争，改革完善纪检监察体制机制。坚持抓早抓小，精准运用监督执纪"四种形态"，特别是着力在第一种形态上下功夫。实现二级单位巡视全覆盖。

【信息化建设】 实施智能化粮库和政策性粮食收购"一卡通"系统全覆盖，信息化建设从深化应用阶段向集团管控阶段跃升。大力推进智能化粮库建设，运用物联网、视频监控、大数据等技术，实现对直属企业购销调存活动全方位在线监控。2017年，新完成289个分库及91个库区新建仓房智能化建设，如期完成900多家粮库智能化建设全覆盖，中储粮智能化粮库成为全球粮食仓储行业最大的一张物联网。同时，在所有主产区、所有政策性粮食收购库点全面推广应用"一卡通"收购系统，实现收购流程全程控制、责任可追溯、粮款网银直接支付，从根本上杜绝委托收购点挤占挪用收购资金和对售粮人"打白条"问题。

【履行社会责任】 中储粮集团公司认真贯彻落实中央的决策部署，发挥自身收储体系和储备布局优势，高效执行国家粮食收储政策，积极参与脱贫攻坚，切实履行央企社会责任。截至2017年底，公司系统内各级单位有扶贫点121个，其中在定点扶贫县黑龙江拜泉县、兰西县及新疆伽师县分步实施扶贫项目建设，大力开展产业、技能、政策、信息等精准扶贫，选派优秀干部投入扶贫第一线，积极探索"输血"与"造血"相结合的扶贫路子。2017年，在拜泉县和兰西县投入扶贫资金248万元，支持农村基础设施建设；在拜泉县安排投资1.6亿元，启动建设13.5万吨大豆储备库，解决周边667平方千米、近2万农户的粮食销售难题，带动增加当地税收和就业，促进贫困地区经济发展；与西藏自治区政府签署"十三五"项目战略合作协议，参与"央企助力富民兴藏"活动，投资700万元用于拉萨仓储设施建设，安排500万元用于西藏地区仓储设施维修、人员培训等项目。

（撰稿人：欧阳神州）

国家开发投资集团有限公司

【基本概况】 2017年，国家开发投资集团有限公司（以下简称"国投"）认真学习贯彻习近平新时代中国特色社会主义思想和党的十九大精神，公司党组作出关于加快建设具有全球竞争力的世界一流资本投资公司的决议。深化战略合作，加快推进转型升级，大力"瘦身健体"、提质增效，持续深化改革试点，不断完善体制机制。全年实现利润182亿元，连续13年获国务院国资委年度经营业绩考核A级，成为获此殊荣的8家央企之一，年度业绩考核位列央企第七名，再创历史新高。基础产业进一步优化，战略性新兴产业突破发展，金融及服务业稳健发展，国际业务积极推进，科技创新取得新成效。在深化国有资本投资公司改革试点过程中，形成"四试一加强"的改革经验。公司牢固树立"四个意识"，坚定"四个自信"，始终坚决贯彻落实以习近平同志为核心的党中央的各项决策部署，开拓创新，扎实工作，在改革和党建等许多方面取得突破性进展。

【主要指标】 截至2017年底，国投资产总额4935.52亿元，比上年增长6%；所有者权益1557.03亿元，比上年增长16%；营业收入793.87亿元，比上年增长4%；利润总额182.36亿元，比上年增长1%；净利润145.97亿元，比上年增长4%；归属于母公司所有者的净利润68.93亿元，比上年增长18%；技术开发投入3.33亿元，比上年增长29%；利税总额281.84亿元，比上年下降3%；应交税金总额97.94亿元，比上年下降20%；全员劳动生产率60.57万元/人·年，比上年增长8%；净资产收益率10.05%；总资产报酬率5.44%；国有资本保值增值率116.44%。

2017年国家开发投资集团有限公司主要经济指标

项 目	2016年	2017年	比上年增长（%）
资产总额（亿元）	4671.16	4935.52	6
所有者权益（亿元）	1346.71	1557.03	16
营业收入（亿元）	764.88	793.87	4
利润总额（亿元）	180.23	182.36	1
净利润（亿元）	140.50	145.97	4
归属于母公司所有者的净利润（亿元）	57.91	68.53	18
技术开发投入（亿元）	2.58	3.33	29
利税总额（亿元）	290.19	281.84	—3
应交税金总额（亿元）	122.42	97.94	—20
全员劳动生产率（万元/人·年）	55.83	60.57	8
净资产收益率（%）	10.19	10.05	减少0.14个百分点
总资产报酬率（%）	5.38	5.44	增加0.06个百分点
国有资本保值增值率（%）	106.71	116.44	增加9.73个百分点

【改革发展】 2017年，国投按照中央全面深化改革的总体要求，深化国投资本投资公司改革试点，形成"四试一加强"的经验，取得阶段性成果。全面评估已出台的改革方案，继续深化分类授权和总部职能优化改革；完成包括总部在内的全级次企业公司制改制；设立财务共享服务中心，推动财务资源的集中共享。完善体制机制，制定并购指导意见，修订投资指导原则，明确投资负面清单，持续优化投资管理体系；制定经营指导原则，构建经营评价及结构调整长效机制；建立业绩考核与工资总额分配联动机制，引入市场对标，深化分类考核，推进授权子公司薪酬分配机制建设，进一步强化考核分配对企业改革发展的激励引导作用。强化监督管理，修订"三重一大"决策制度；推进监督制度体系建设，建立监督数据库，推动监督体系有序运转；加强审计与巡视、内设监事会的协同，发挥监督合力；开展监督执纪与经营管理有效融合，推进"不能腐"落到实处；构建内控闭环管理体系，搭建风险管理信息化平台，持续强化风险防范；发布合规手册，推动建立合规文化。筹备组建检验检测平台公司，打造集团检验检测平台；推动国投智能实体化运作，加快进入大数据、人工智能等领域；设立国投人力资源服务公司，探索推动人力资本改革机制创新。改革试点向纵深推进。

【重大项目】 积极推进雅砻江中游项目开发，规划建设流域风光水互补基地，青海、云南、广西等地的风电和光伏等清洁能源项目取得积极进展；国投矿业金城冶金、国投福建资源等新项目实现落地；国投交通积极探索多渠道推进央企港口资产整合，孚宝洋浦罐区码头正式进入国家战略石油储备序列；将产业投资基金作为培育发展战略性新兴产业的有效途径，放大国有资本功能，引领投资宁德新时代动力电池、"蓝鲸1号"超深水钻井平台等先进制造业项目，与阿斯利康合作投资全球领先的生物制药研发中心；牵头发起设立国家级军民融合发展基金、京津冀协同发展基金，筹备设立先进制造业产业基金二期，集团管理基金规模1466亿元；加快发展生物乙醇业务，辽宁铁岭30万吨燃料乙醇项目开工建设，积极推进黑龙江、吉林、海南项目布局；国投健康北京、广州养老项目即将投入运营；国投智能增资入股塔普，实现首个项目成功落地；国投安信完成与国投资本的重组整合，打造上市金控平台，直接融资80亿元，是集团单笔最大资本市场直接融资；安信证券连续获得A级评级，国投泰康信托主动管理业务规模稳步增长，中投保成功募集资金充实权益资本，国投财务首次进入行业A级，各金融业务单元为集团稳增长发挥重要作用；国投资产发起设立地方资产管理公司及特殊机会基金，成功取得银监会批准的不良资产处置牌照；电子工程院承接填补第6代柔性显示屏空白的京东方成都项目，承接填补主流存储器空白的国家长江基地项目。

【走向海外】 立足"一带一路"，积极挖掘境外投资机会、推进国际业务快速发展；获得主权级及准主权级国家信用评级，首次成功发行境外债券；首次发布《国投海外社会责任报告（1995—2017）》；国投电力加大国际项目开发力度，万丹火电顺利投产；中成集团承建的孟加拉国沙迦拉化肥厂获得中国2017年度境外工程鲁班奖;国投贸易积极调整贸易商品结构,保持稳健发展;融实国际完成10亿美元债券首发;亚普公司布局巴西工厂,海外市场进一步拓展。

【重大创新】 2017年,获得授权专利167件,其中发明专利29件;首次发布《国投扶贫白皮书》,再次荣获"中国社会责任扶贫奖";海水淡化及微藻生物能源等重点科技项目完成验收;雅砻江水电"锦屏二级超深埋特大引水隧洞发电工程关键技术"获得2017年国家科技进步二等奖;北京同益中发明专利获得第十九届中国专利优秀奖;电子工程院获批工信部工业节能与绿色发展评价中心;制定集团第二个班组建设三年规划,全面推进基层班组管理创新。

【党建工作】 2017年,国投认真学习、深刻领会习近平新时代中国特色社会主义思想,全面贯彻党的十九大精神和全国国有企业党的建设工作会议精神,坚持党的全面领导,加强党的建设,全面从严治党。党组及时出台《关于高举习近平新时代中国特色社会主义思想伟大旗帜,服务国家战略,全面深化改革,推动高质量发展,加快建设具有全球竞争力的世界一流资本投资公司的决议》,提出进入新时代集团业务发展路径,推进转型升级、创新发展的举措,描绘从现在起到2035年集团"三步走"的发展蓝图;成立党建工作领导小组,制定党建工作五年规划;修订党组工作规则,完善把党组织研究讨论作为前置程序的制度流程;实现子公司董事长与党组织书记"一肩挑",完成党建工作要求纳入章程,明确党组织在公司治理结构中的法定地位;积极探索加强混合所有制企业党建的有效路径,混合所有制企业党建工作有组织、有活动、有作用、有影响;组织集团管理人员逐级签订党风廉政建设责任书和廉洁从业责任书,开展党风廉政建设考核评价工作,完善党风廉政建设责任闭环管理体系;坚持抓早抓小,对苗头性问题进行谈话提醒、督促纠正;从严监督执纪,开展违反中央八项规定精神排查和问题线索的全面清理工作,对违规行为及时调查处理;开展监督执纪与经营管理融合工作,对全集团管理和业务活动进行全面梳理,确定正负面清单,进一步堵塞漏洞,有效管控廉洁风险点;在完成第一轮巡视全覆盖的情况下,督促巡视发现问题落实整改,启动第二轮巡视,保障企业的规范运作和健康发展。

【信息化建设】 2017年,公司信息化工作始终坚持服务于公司发展战略,坚持总体规划、分步实施、注重基础、务求实效、稳步推进的指导思想,积极落实党组和公司关于信息化建设的决策部署,在新机遇和新挑战下,稳步推进公司信息化建设工作,电子采购平台荣获国家电子招标投标系统交易平台检测三星认证及计算机软件著作权登记证书;继续贯彻落实和深化应用集团主数据标准;初步搭建国投私有云平台,进行资源整合,有力地促进公司现代化管理水平的提高。

【履行社会责任】 秉承"为出资人、为社会、为员工"的企业宗旨,积极承担优秀企业公民应尽的社会责任和义务。按照中央坚决打赢扶贫攻坚战的战略部署,在持续做好定点扶贫、专项扶贫、教育扶贫、工程扶贫、基金扶贫基础上,积极探索扶志、扶智、扶弱的精准扶贫新途径,真扶贫、扶真贫,助推贫困地区有效脱贫。2017年,无偿捐赠资金2151万元。集团管理的扶贫产业投资基金,全面加大项目投资力度,累计完成投资项目72个,预计可带动14万贫困人口就业,年均为贫困人口提供收入11亿元,年均为地方政府提供税收3亿元。集团连续两年获得"中国社会责任扶贫奖"。坚持绿色发展,做好节能减排和环境保护工作,全面开展京津冀及周边地区环保督查,坚持把环境保护、节能降耗融入建设、生产、经营、管理全过程,持续推进节能减排"三大体系"建设。积极探索绿色融资渠道,北疆第一期2亿元绿色短期融资券成功发行。煤电节能减排升级改造计划按期推进,全年开工节能减排技改项目45项,累计投入6.7亿元。集团品牌形象建设取得重大进展,成为中宣部、国资委国有企业改革典型宣传首家重点企业。改革试点经验在央视《新闻联播》《对话》栏目播出;改革成果入选《国企改革探索与实践》丛书;首次发布《扶贫白皮书》《合规手册》,展现负责任的央企形象。强化安全生产管理,加大安全生产调研督查力度,持续推进重点企业安全风险隐患双重预防机制和安全生产标准化建设。着力抓好网络与信息安全,开展网络安全检查及信息系统安全等级保护排查,推进信息系统定级备案,并首次对有关键基础设施的企业进行督查;部署互联网电子邮件专项整治工作。

(撰稿人:李青林)

招商局集团有限公司

【基本概况】 2017年,面对复杂多变的经济形势,招商局集团有限公司(以下简称"招商局"或"集团")牢牢把握"稳中求进,质效并举"的工作总基调,强化战略引领,持续深化改革,推动创新转型,生产经营各项工作取得新成就、迈上新台阶。各业务板块以提升能力、提质增效为抓手,不断加强管理,全力开拓市场,夯实发展基础,提升发展空间,交出较好的成绩单。金融板块顺应不断趋严的监管环境,强化风险管理,扩大"4+N"战略布局,培育新增长点,实现营业收入3331亿元、比上年增长11.3%,利润总额981亿元、比上年增长14.4%,为集团稳增长作出突出贡献。城市与园区综合开发板块加大销售力度,加快整合发展,持续推进自贸区改革创新,剔除内部交易实现营业收入757亿元、同口径增长20%,利润总额205亿元、同口径增长70%。物流航运板块抢抓市场机遇,强化协同营销,加快重组取得成效,实现营业收入1558亿元、比上年增长35%,利润总额57亿元、剔除非经常性因素同口径增长7%。基础设施与装备制造板块抓住行业机遇,整体经营稳步上扬,实现营业收入199亿元、比上年增长12%,剔除海工存货减值后利润总额103亿元、同口径增长6%。

【主要指标】

2017年招商局集团有限公司主要经济指标

项目	2016年	2017年	比上年增长(%)
资产总额(亿元)	68084.00	73337.00	7.72
所有者权益(亿元)	7504.00	8913.00	18.78
营业收入(亿元)	4954.00	5839.00	17.86
利润总额(亿元)	1112.00	1271.00	14.30
净利润(亿元)	867.00	976.00	12.57

续表

项目	2016年	2017年	比上年增长(%)
归属母公司所有者的净利润(亿元)	253.00	272.00	7.51
技术开发投入(亿元)	3.72	14.30	74.00
利税总额(亿元)	1494.00	1736.00	16.20
应交税金总额(亿元)	627.00	760.00	21.21
全员劳动生产率(万元/人·年)	71.00	77.00	8.45
总资产报酬率(%)	1.82	1.90	增加0.08个百分点
国有资本保值增值率(%)	113.00	110.00	减少3个百分点

注:1. 2016年、2017年数据均按照合并招商银行口径填报。
2. 全员劳动生产率、国有资本保值增值率按国资委考核指标计算。

【改革发展】 一是重组整合更深入。2017年,集团与中外运长航战略重组的主体工作完成。物流板块完成招商物流注入外运股份,实现资产和管理平台的统一;航运板块完成招商轮船整合经贸船务一期项目,航筹办成为统一管理平台;重组长航集团与长航重工,打造"新长航"。公路板块实现重组整体上市,受到资本市场高度认可,市值位于国内同业榜首。海工板块完成中集股权从招商港口向招商工业的转让,东邦船厂管理权移交招商工业,为集团大海工的重组创造条件。

二是综合改革更深化。2017年,集团推进总部"管资本"能力建设,完善法人治理结构,完成子企业功能界定并实施分类管理,重组境内外投资平台,实现境内外投资联动,提升国有资本投资运营效率和专业化水平。推进32户企业混改,引入非国有资本79亿元。健全各要素参与收入分配体系,制定集团中长期激励工作指引,出台集团上市公司高管持股激励计划管理办法,推动落实员工持股试点和项目跟投方案,探索实施中长期业绩奖金、虚拟股权等现金型中长期激励工具。充分利用自贸区体制机制优势,深入践行政企合作新模式，提升贸易便利化水平。

三是生态圈建设更聚焦。重点围绕生态圈平台建设，努力提升主业竞争力，实现协同共赢，六大生态圈建设更聚焦。综合港口生态圈加快推进自动化码头建设，积极探索人工智能、大数据等技术在集装箱配载、保理等业务上的集成应用。智能交通生态圈搭建全国首个收费公路电子发票平台，组建招商新智交通大数据公司，拓展智能交通项目。特色金融生态圈大力推动与腾讯在微信证券等领域合作，积极布局智能投顾、大数据征信等金融科技业务。智慧社区（园区）生态圈加快"三网融合"建设，打造WIFI、智能停车等统一服务平台，深化与华为等战略伙伴合作范围。供应链物流生态圈大力推进集装箱O2O、云链智慧物流平台建设，持续强化与e-port等数字化平台的业务协同。航运及航运服务生态圈智能船舶项目入选工信部示范应用工程和中央企业"十三五"科技创新重大项目。

【走向海外】 2017年，集团全面践行国家倡议，全力推进"一带一路"。白俄罗斯中白工业园起步区基础设施配套全面完工，中白商贸物流园工程通过白俄罗斯国家验收，累计实现23家企业入园，合同投资额10亿美元，得到两国元首和政府充分肯定。吉布提综合开发项目进展顺利，多哈雷新港开港运营，老港业务搬迁有序进行，自贸区合资公司组建，工程建设全面推进，招商引资储备客户40余家。吉布提总统访问集团并签署战略合作协议，巩固和深化双方全方位合作。成功收购斯里兰卡汉班托塔港并正式接管运营，与科伦坡港形成协同效应。多哥整体合作规划方案得到政府认可，完成洛美自治港现代化项目改制方案。坦桑尼亚巴加莫约项目建议书获批。收购巴西第二大集装箱码头90%股权，实现集团在美洲港口布局零的突破。中欧物流大通道新增班列7条，班列数量、频次和线路不断增加，全年运量3.3万TEU。

【重大创新】 一是科技创新投入持续加大，全年集团投入科技创新14.3亿元、比上年增长74%。"双创"示范基地引入多个知名孵化平台，9个"双创"项目获中央企业熠星大赛和"航天科工杯"青年创新大赛奖励。集团出台员工"双创"基金管理办法，鼓励员工在岗创新、待岗创业。

二是新产业培育更扎实。2017年，打造全产业链高端邮轮业务，深化商业模式研究，启动造船项目。太子湾和上海邮轮母港全年停靠541艘次、客流311万人次、营业收入6.5亿元，市场地位领先。大健康产业制定"1+3+N"发展战略，从中药制造、医疗服务和医药流通三方面加强产业布局。蕲春健康产业新城项目封顶，招商引资取得突破，入园项目13个，合同投资总额46.8亿元。养老业务落地，番禺、蛇口颐养中心开业在即，新增杭州、武汉等3个养老项目。

【党建工作】 一是加强党建久久为功。深入学习贯彻党的十九大精神，做到"五覆盖、五到位"；扎实推进"两学一做"学习教育常态化制度化，纳入党建KPI考核，强化责任落实；推动党建进章程，新建修订10项党建工作制度，加强吉布提等海外党的组织建设，强化基层党建工作培训；完善集团信访维稳工作机制；认真落实统战群团工作，"在商言政"专项工作取得积极成效。

二是从严治党驰而不息。2017年，集团狠抓全面从严治党各项工作，推动"两个责任"落实，深入建设不敢腐、不能腐、不想腐的体制机制。完成4家二级单位巡察，发现问题、推进整改、形成震慑；对未能履行"两个责任"的单位和失职失责的领导干部，严格问责并及时通报，全集团追责问责干部25人；严肃查处违纪问题，全集团立案18件，给予党政纪处分31人次，党风廉政建设和反腐败工作取得新成效。

【信息化建设】 2017年，集团围绕"建设具有全球竞争力的世界一流企业"的目标，按照"提升能力、提质增效"总体要求，建设集团IT共享中心，优化IT管理流程，为信息化能力建设提供组织和机制保障；编制发布五个集团管控应用集成接口标准，以提升集团信息化建设质量和效率。持续提升信息化基础设施服务能力，完成集团数据中心二期建设，精心准备、周密筹划，集团数据中心一次性通过保监会验收，确保仁和保险按期开业。打造招商双活混合云，成功入选"2017年度混合云优秀奖"，以轻资产模式实现集团灾备中心的建设。完善信息化应用，开展人资系统完善优化、法务管理系统建设、审计管理系统建设、经营分析二期建设等综合管控系统建设优化工作。

（撰稿人：史 允）

华润（集团）有限公司

【基本概况】 华润（集团）有限公司（以下简称"华润"或"集团"）是一家注册于中国香港、以实业化为基础的多元化企业集团，主营业务涉及大消费（零售、啤酒、食品、饮料）、大健康（医药、医疗）、城市运营与开发、综合能源服务、金融与科技。2017年，华润集团以"创新转型发展"为管理主题，努力提升传统业务发展质量，加快新型业务发展，落实国家供给侧结构性改革各项要求，进一步推进国家重大战略、国际化发展和香港特区业务重塑，深入推进信息化建设，提升内控管理水平，深化国企改革和全面从严治党，全年继续保持稳健发展势头。经济效益和整体实力稳步提升，主要经营指标再创历史新高，在《财富》全球500强排名大幅跃升至第86位，连续第11次获得国资委考核A级，零售、啤酒、燃气、医疗经营规模持续保持行业第一。

【主要指标】 2017年，华润集团实现营业收入5554.50亿元，利润总额648.54亿元，净利润384.63亿元，净资产收益率11.56%，总资产报酬率6.46%，国有资本保值增值率115.20%。

2017年华润（集团）有限公司主要经济指标

项　目	2016年	2017年	比上年增长（%）
资产总额（亿元）	11000.44	12159.23	10.53
所有者权益（亿元）	3173.04	3478.94	9.64
营业收入（亿元）	5034.08	5554.50	10.34
利润总额（亿元）	483.38	648.54	34.17
净利润（亿元）	337.82	384.63	13.86
归属于母公司所有者的净利润（亿元）	171.41	213.02	24.28
技术开发投入（亿元）	12.65	14.70	16.21

续表

项　目	2016年	2017年	比上年增长（%）
利税总额（亿元）	754.30	910.23	20.67
应交税金总额（亿元）	547.96	555.51	1.38
全员劳动生产率（万元/人·年）	30.02	32.37	7.83
净资产收益率（%）	11.02	11.56	增加0.54个百分点
总资产报酬率（%）	5.49	6.46	增加0.97个百分点
国有资本保值增值率（%）	109.60	115.20	增加5.6个百分点

【改革发展】 落实公司改制。完成中国华润总公司的公司制改制，在三家总部平台公司（中国华润、华润股份、华润集团）建立"三位一体"的运作模式，理顺法律架构与管理架构的关系。

规范董事会建设。华润集团三家总部董事会成员保持一致，董事会下设4个专门委员会，并设立执行委员会行使董事会授权、履行公司日常经营管理决策职责。修订公司章程，明确党委、董事会、执委会、经营管理层等公司治理主体的职责范围。集团领导不再兼任部室负责人，聚焦战略层面分工。制定董事会运作制度。将加强党的领导的各项要求纳入公司章程，修订和细化"三重一大"集体决策制度，明确党委、董事会和执行委员会的决策范围。在直属企业全面实施双向进入、交叉任职领导体制，实现党委书记、董事长"一肩挑"领导体制。按照董事会年度工作计划和业务需要召开董事会，实现董事会规范高效运作。

开展"瘦身健体"。积极推进企业压减，截至2017年底累计压减法人公司335户，其中2017年压减法人公司183户；法人层级由15级压缩至13级，管理层级为五级。大力开展去过剩产能工作，完成关闭16座煤矿、化解过剩产能574万吨，分流安置3657人。做好处置"僵尸企业"工作，全年任务完成率111%。抓好"两金压控"工作，提升"两金"压控效率。

加强干部队伍管理。成立集团党委组织部，与人力资源部合署办公。继续加强党委对选人用人的领导和把关作用,重要人事任免经过党委会集体讨论决定。重新修订华润经理人能力素质模型,实施年轻经理人潜质人才盘点工作,将干部日常监督与专项监督相结合。严格规范干部选拔任用程序,落实"凡提四必"要求。加快干部交流,优化干部资源配置和领导班子结构,通过内部公开竞聘组建或优化直属企业管理团队。

推进三项制度改革。以"劳动合同、文化契约、业绩合同"为纽带,继续完善经理人业绩与薪酬"双对标"工作,强化企业业绩与经理人薪酬激励挂钩,实现收入能增能减。确定以华润微电子公司作为股权与分红激励试点。继续推进全员绩效合同工作,依据考核结果奖优罚劣,实现人员能进能出。对不胜任工作、违纪违规、业绩持续滑坡的经理人予以免职劝退。

【重大项目】 加快战略性新兴产业发展。2017年集团整体战略性资本支出580.9亿港元,主要投向大健康、地产及电力。华润三九收购吉林金复康药业65%股权,丰富抗肿瘤产品线;收购山东圣海65%的股权,助力公司快速补充主流保健品品类及品种。华润医药商业并购在江西、海南、青海、新疆4个项目,扩大分销网络。通过华润维麟成功完成对上海红日的并购,通过华润健康收购上海颐家。

开展海外项目并购及香港业务重塑。加快海外业务拓展,获取英国Dudgeon离岸风电场资产,完成与全球最大的橄榄油出口公司Sovena的合资及对阿露玛咖啡公司40%股权的收购,收购英国伦敦写字楼项目,引入国外药企先进新药,对8个海外优质消费品进行股权投资,在泰国长春置地设立华润东南亚代表处。推进中国香港特区业务重塑,获取中国香港地区4个地产及物流项目。

通过产业基金布局新领域。截至2017年底,集团组建17只基金,8支在运营中,规模600亿元。成立华润资本,以此为统一中后台管理平台,加强集团旗下各类基金的统筹管理,持续提高基金管理水平。

【重大创新】 华润水泥继续完善改进"机械生物法预处理+热盘炉焚烧"协同处置技术、协同处置生活垃圾、装配式建筑及业务一体化等创新型业务。华润医药商业继续深化"智慧药房"项目。华润置地通过商业地产基金启动轻资产化,探索开发长租公寓项目。华润电力售电业务取得突破。华润健康积极探索ROT投资模式和社区养老业务。华润燃气深入探索分布式能源、LNG接收站、船用气、充电桩等新业务。华润微电子将物联网领域的传感器研发和制造作为未来发展的重点。

完善创新机制建设。华润在集团层面发布创新和知识产权工作指引,成立华润集团科学技术协会,致力于推动科技创新。完善三大协同平台建设(华润通、华润汇、网络银行)和六大协同项目开发(售电、康养、秸秆、理财、大物流、物联网技术),建立华润开放式创新平台"融资"及"融智"两大支柱,建设华润创新股权投资基金、专家智库、高新技术转移和创新教育产业加速四大模块。

【党建工作】 在集团总部和各直属企业单独设置党群工作部,作为党建工作的专职部门和专兼职工作人员,组织修订企业党建工作考核评价办法,进一步加强基层党建工作。提出"大党建、强基础、塑文化、促发展"的总体思路,推动形成横向协同、上下联动的党建工作格局,构建华润特色党建模式。实施"研究一个党建课题,推进一项党建创新,培育一个党建典型"的"三个一"工程,明确党建工作的切入点和着力点。建立区域工委工作机制,制定区域工委工作指引。加强政治理论学习、提升四个意识,推进"两学一做"学习教育常态化制度化,组织开展"润德·润心·润企"传统文化主题实践。严格执纪审查,深化落实八项规定精神,对公务出差、接待等相关标准和要求作出进一步规范和更新,开展"巡视回头看",对已被巡视过的企业的整改情况进行督导检查。

【信息化建设】 加快集团信息化服务体系建设。完成"一部两中心"的组织架构体系设置。研究制定数据标准化管理方案、IT技术解决方案建设指引。基本完成集团及各经营单位的数据中心搬迁、完善运营。完成集团办公信息化平台建设三年规划的编制。加强集团系统网络安全的管理工作。集团科技中心完成选址、启动建设。

提升华润通电商平台运营质量。大力开展华润好产品上网,开展垂直型O2O建设,提升线下配送能力,完善金融服务模块产品和技术创新,全年华润通电商交易额16亿元。

全面启动华润汇线上管理服务平台建设。完成报账系统的集团通用平台建设、资金支付通道建设以及人力资源与财务系统的薪资集成建设试点。

【履行社会责任】 江西井冈山华润希望小镇竣工建成，延安、宁夏海原、贵州剑河希望小镇等先后启动建设。深入推进社会责任全员工作体系建设，完善履责指标，开展责任融合和践行主题实践项目，负面舆情持续下降，企业形象声誉不断提升。加强对运输和作业事故、食品和药品质量事件的核查分析，推动有效整改，全年集团没有发生系统性风险和重大安全及环保事故。社会责任发展指数位列全国第一，继续跻身五星级卓越者行列。

（撰稿人：陈陶然）

中国旅游集团有限公司
[香港中旅（集团）有限公司]

【基本概况】 2017年，中国旅游集团有限公司[香港中旅（集团）有限公司]（以下简称"集团"）认真学习贯彻党的十九大精神，以习近平新时代中国特色社会主义思想为指引，坚持稳中求进总基调，坚持"调结构、促转型、转方式"工作主线，认真落实党中央、国务院决策部署，在国务院国资委的指导、监事会的监督下，在集团领导班子带领下，全体干部员工顽强拼搏，奋力前行，经营管理、改革发展和党的建设等各项工作都取得新成绩。集团连续多年稳居中国旅游20强前三，在行业的地位、影响力和话语权得到一定的增强，并且在2017年得到国际评级机构穆迪、标普对集团的评级调升。集团的"港中旅""中国国旅""中旅""中免"等品牌在消费者群体中的知名度和美誉度得到进一步提升，为集团赢得行业规模最大的客户资源库。在保持稳增长的同时，集团进一步抓好各项重点工作，夯实发展基础，做到企业大局稳定，安全运营可控，党建工作得到新的加强，集团发展基础更加扎实。

【主要指标】 2017年，集团实现营业收入630亿元，实现利润总额64亿元，均超额完成国资预算。旅游主业收入和利润所占比重不断提升，运营、盈利和发展能力持续改善，旅游主业发展势头向好。集团资产总额1471亿元，员工4万余人。

2017年中国旅游集团有限公司主要经济指标

项　　目	2016年	2017年	比上年增长（%）
资产总额（亿元）	1437.00	1470.74	2.35
所有者权益（亿元）	461.01	441.55	－4.22
营业收入（亿元）	603.64	629.84	4.34
利润总额（亿元）	57.50	63.70	10.79
净利润（亿元）	40.67	43.62	7.27
归属于母公司所有者的净利润（亿元）	19.15	14.55	－24.05
技术开发投入（亿元）	0.24	0.14	－40.63
利税总额（亿元）	81.50	97.06	19.10
应交税金总额（亿元）	42.84	64.51	50.56
全员劳动生产率（万元/人·年）	12.45	13.78	10.65
净资产收益率（%）	9.31	9.67	增加0.36个百分点
总资产报酬率（%）	5.11	5.06	减少0.05个百分点
国有资本保值增值率（%）	106.69	109.33	增加2.64个百分点

【改革发展】 2017年，集团深改革、优方案，体制机制进一步健全，主业结构进一步优化。一是加强顶层设计和制度建设。集团在总结前期深化改革的基础上，结合国资委的新要求，制定2017年深化改革"六六方案"，提出六项全局性工作和六项具体工作，明确重点任务，进一步细化分类并推进实施。编制实施《集团"十三五"发展规划》和业务板块子规划，修订《集团经营业绩考核评价管理办法》《集团部司高管人员薪酬管理暂行办法》《集团资金管理制度》和《集团

管控体系方案》等19项规章制度。修订完善集团《公司章程》和议事规则,调整充实部分板块公司的党委会和董事会。研究制定集团责任追究办法和落实"三个区分开来"建立容错纠错机制的实施办法等。

二是调结构、抓主业,集团产业结构持续优化。2017年5月退出电力业务,2017年6月按照国务院国资委决定顺利移交华贸物流股权,集团的主营业务全部回归旅游相关业务,集团的主业进一步聚焦。同时,持续巩固发展旅游业务,并抓住机会加大"进"的力度。推进免税业务并购扩张,免税业务从2016年世界排名第12名跃升到第7名。持续巩固旅行社、酒店、景区等传统旅游业务,稳步加大旅游地产业务投资,积极培育发展邮轮、房车等旅游新业态,探索推进旅游金融产融结合,保持规模和效益的稳中有进。在经过一系列结构调整以后,正在形成以旅游文化为主业,旅游地产和旅游金融为支撑的产业格局。

三是加大人才引进力度和深化用人制度改革。集团制定实施《"十三五"人才发展规划》,总部和各级企业引进一定层级以上的管理人才和专业人才311人,部分板块在市场化、国际化、专业化高端人才引进方面取得突破,有力支撑业务发展。集团持续推进管理培训生计划,组织开展校园招聘,在7个城市6所重点高校召开宣讲会,涉及各板块318个用人需求岗位。集团继续分类分层实施"星耀工程"的"明星计划""新星计划"和"群星计划",培训集团领导、集团高管74人次、基层管理人员108人次。集团人才队伍建设不断完善,形成一支勤勉敬业、忠诚奉献的管理团队。同时,集团不断强化对高管人员的考核评价和监督管理,根据年度高管绩效考核结果,对优秀人员进行内部通报表扬和奖励,对重点优化对象进行诫勉谈话并责令改进提高,对个人有关事项填报情况进行抽查,对4个板块公司进行选人用人专项检查和督查。

四是完成阶段性改革任务。按照国务院文件要求和国资委工作部署,集团总部及国旅集团、酒店板块所属8户全民所有制子企业全面完成改制任务。在京3家企业的9处职工家属区1000多户与北京市房地集团签订整体移交框架协议,签订率100%,完成"三供一业"分离移交工作年度任务。

【重大项目】 2017年,集团重点推进与广东、广西、四川、云南、宁夏等省(自治区、直辖市)政府的战略合作,积极推进与中国太平保险、中船重工、中信集团和嘉年华等中外企业的业务合作,带动引领并组织协调各板块开辟市场、获取资源、拓展业务、优化布局。国旅股份全年业绩实现双位数增长,市值超过1000亿元,保持国内最大旅游类上市公司地位并多年获得"A股最佳上市公司"称号。

中免公司先后中标香港机场烟酒标段,首都机场T3、T2航站楼,昆明、广州、青岛、成都、乌鲁木齐、南京等机场免税经营权,三亚国际免税城和境内零售渠道业务增势迅猛。免税业务在国内免税市场中的份额超过一半,位列中国第一,跻身世界前七。

国旅总社和中旅总社大力拓展海外签证业务,续约和新中标的国家和地区达到两位数,在22个国家和港澳地区拥有40余家签证中心。在海内外有2000多家门市网点,形成全球化旅行服务商网络布局。旗下15家旅行社进入全国旅行社百强,"国旅"品牌连续14年位居"中国500最具价值品牌"排行榜旅游服务行业第一位。酒店板块拓展洲际酒店管理集团品牌特许经营和第三方管理模式,全年新签委托管理合同10余家,新增客房6000余间。在中国港澳地区、英国持有、管理100多家酒店,位列世界酒店325强的第44位。景区板块签约广西德天瀑布、花山岩画景区项目,积极推进广州九龙湖、四川三岔湖和云南和顺古镇等项目。

组建中旅智业营销策划和输出管理公司,与10余家景区签订管理输出协议,对多个景区进行智慧化改造。地产板块在苏州吴江、张家港,成都双流拿下多宗土地,新增土地储备,推进成都金堂海泉湾建设和宁波杭州湾文化小镇项目,积极探索业务转型,持续提升旅游地产的运营管理能力。

经国务院批准,集团在金融板块筹办设立第一支"国字号"的中国旅游产业基金,申请设立中国旅游财产保险股份有限公司。中旅银行监管评级破格升级,郑州分行正式开业。安信信贷重庆公司获批开业并逐步开拓全国网贷业务。

国旅集团与港中旅资产公司完成重组,并对所属旅游客运、物业等同类业务进行整合,推进武汉舵落口交三区项目建设和北京长安大厦整体改造,进一步优化房车发展模式,研究探索旅游新业务。

证件业务部联合旅行社成功竞标香港签证外国人服务中心并实现开业,获得受理港珠澳大桥两地车牌审核发放业务,以及代办粤港两地车牌批文授权,引进自助发证设备并在6家证件服务中心推广使用。

邮轮事业部"南海之梦"邮轮完成安全停航整改,全年实现几十个航次,与集团相关业务板块加强协同,与政府及业务相关方建立并保持良好的合作关系。

【党建工作】 2017年,集团党的建设取得新成效,党要管党、从严治党在集团不断推向深入。集团党委和各级党组织紧紧围绕迎接和学习贯彻党的十九大这条主线,深入学习习近平新时代中国特色社会主义思想,坚决维护以习近平同志为核心的党中央权威和集中统一领导,"四个意识"进一步增强。牢固树立党要管党、从严治党理念,推动党建工作进章程,落实党委会决策前置要求,党的领导在集团得到进一步加强。深化落实党建工作责任制,党的基层组织建设进一步夯实。认真履行全面从严治党责任,积极推进党风廉政建设和反腐败工作。持续推进强整改、严监督,落实中央巡视、审计署审计和监事会监督整改工作,深入推进大监督体系纵向和横向协同。

【履行社会责任】 2017年,集团深入贯彻"一国两制"方针,支持特区政府依法施政,维护香港经济社会繁荣稳定,积极参与社会工作。集团有1位立法会议员、6位区议会议员、13位香港特首选委会委员和1位全国人大代表,在驻港中资企业中名列前茅,受到中央领导和上级部门的高度肯定。制定《集团"十三五"脱贫攻坚工作规划》,统筹推进贵州、云南"两省五县"定点扶贫,选派挂职干部驻点,大幅增加扶贫专项预算资金,加大力度选派扶贫挂职干部,持续推进完善"教育+产业"一体两翼精准推进的扶贫开发工作模式。

(撰稿人:马国亮)

中国商用飞机有限责任公司

【基本概况】 中国商用飞机有限责任公司(以下简称"中国商飞公司")是实施国家大型飞机重大专项中大型客机项目的主体,也是统筹干线飞机和支线飞机发展、实现我国民用飞机产业化的主要载体。公司经国务院批准成立,由国务院国资委、上海国盛(集团)有限公司、中国航空工业集团有限公司、中国铝业股份有限公司、中国宝武钢铁集团有限公司和中国中化股份有限公司出资组建,2008年5月11日在上海成立,注册资本242亿元,总部设在上海。主要从事民用飞机及相关产品的科研、生产、试验试飞,民用飞机销售和服务、租赁和运营等相关业务。

公司使命是"让中国的大飞机翱翔蓝天",愿景是"为客户提供更加安全、经济、舒适、环保的民用飞机",目标是"把大型客机项目建设成为新时代改革开放的标志性工程,建设创新型国家和制造强国的标志性工程,把公司建设成世界一流航空企业"。

所属单位有上海飞机设计研究院、上海飞机制造有限公司、上海飞机客户服务有限公司、北京民用飞机技术研究中心、中国商飞民用飞机试飞中心、上海航空工业(集团)有限公司、中国商飞美国有限公司、中国商用飞机有限责任公司四川分公司和上海《大飞机》杂志社有限公司。设立北京办事处、美国办事处、欧洲办事处。商飞资本有限公司完成注册,筹建商飞集团财务有限责任公司。参股成都航空公司、浦银金融租赁公司,与伊顿公司合资成立伊飞公司,与拉比纳公司合资成立赛飞公司,与俄罗斯联合航空制造集团在上海合资成立中俄国际商用飞机有限责任公司,与波音公司在舟山合资成立舟山波音完工中心有限公司。截至2017年底,公司从业人员1.1万余人。

【主要指标】 截至2017年底,中国商飞公司资产总额580.12亿元,较年初增加36.13亿元,增幅6.64%。所有者权益293.08亿元,较年初增加17.18亿元,增幅6.23%。实现营业收入56.72亿元,利润总额-9.39亿元,净资产收益率减少0.26

个百分点。

2017年中国商用飞机有限责任公司主要经济指标

项　目	2016年	2017年	比上年增长(%)
资产总额(亿元)	543.99	580.12	6.64
所有者权益(亿元)	275.90	293.08	6.23
营业收入(亿元)	31.75	56.72	78.65
利润总额(亿元)	−8.38	−9.39	
净利润(亿元)	−8.38	−9.41	
归属于母公司所有者的净利润(亿元)	−8.39	−9.41	
技术开发投入(亿元)	58.76	64.26	9.36
应交税金总额(亿元)	0.25	0.28	12.00
净资产收益率(%)	−3.05	−3.31	减少0.26个百分点
总资产报酬率(%)	−0.36	−0.16	增加0.20个百分点
国有资本保值增值率(%)	97.85	94.57	减少3.28个百分点

【改革发展】

1. 深化发展战略及内部改革调整。

围绕国家关于国有企业改革的总体部署和要求，全面推进公司深化改革工作，组织制定《公司2017年全面深化改革工作计划》；瞄准重点难点，统筹推进《公司2017年度深化改革专项工作计划》，部署设立资金与损益，人才吸引、稳定、活力，产品实现与市场拓展，质量安全，产业能力，效率改进，竞争对策七个方面的改革专项工作；围绕中央改革重点，落实公司子企业功能界定与分类工作。

中国商飞公司实施"统一经营，两级管理"母子公司扁平式集团管控模式，建成"一个总部、六大中心"整体布局。2017年，根据公司"十三五"发展规划，推进财务共享中心、人力共享中心筹备工作，组建商飞资本有限公司、增材制造技术应用研究中心、数据管理中心、C919外场试验队和商飞集团财务有限责任公司等单位和机构。

2. 企业产权改革。

落实以管资本为主推进产权管理工作转型的要求，积极转变产权管理方式，健全产权管理工作体系，加强产权管理队伍建设，改进产权登记、资产评估等基础工作。

以产权登记工作为着力点和突破口，提高产权管理工作的管控水平，摸清家底，为优化资源配置、清理不良投资、增强主业发展提供决策支持。更新产权管理信息系统数据；通过国资委产权管理综合信息系统，整合产权登记、资产评估、发债管理等模块，增强产权登记的规范性、准确性、及时性；本着"应登尽登、应登即登、登则登准"的原则及时办理各项产权登记。

稳步推进资产评估管理工作。公开招标，更新资产评估中介机构备选库；严格按照国资委有关要求对资产评估进行审核，加强对评估机构管理，资产评估报告质量进一步提高；开展资产评估项目后评估，加强对审批、评估备案后处置过程的监督，严把处置关、交易关，定期对以往备案项目进行复核，防范国有资产流失。

3. 人才强企与人力资源体系建设。

致力于人才强企，中国商飞公司制定"万人精兵工程"方案，抓"关键少数"，抓"骨干梯队"，抓"机制创新"，分层分类建设管理精兵、技术精兵、技能精兵、高精尖人才和产业链人才队伍。调优招聘结构，开展年度校园和社会招聘，启动实习生招聘；健全一级专业总师队伍，完成二级专业总师聘任；持续改进和完善IPT团队管理，组织赴外场试验队和张江、祝桥IPT办公区调研，形成公司IPT团队年度重点任务和工作方案。

开展COMAC人才竞争力评估，打出人才吸引、稳定和激发活力的"1311"组合拳，推进发展共创、共有、共享。实施薪酬改革，适度物质激励，积极争取户籍政策支持，为人才发展解决后顾之忧，实现利益共享；健全人力资源"三大体系"，多渠道实施岗位激励，探索中长期激励，试点设立创新团队人才特区，促进成就共享；全方位开展精神激励，围绕公司成立十周年活动，设置突出贡献奖，制定荣誉奖励管理办法，建设完善的荣誉体系，达到荣耀共享。关心爱护老干部，发挥老干部积极作用。

突出业绩导向、交流导向、人岗匹配导向,培养一支复合型优秀干部人才队伍。建设"蓄水池",推进后备干部梯队建设;搭建"多通道",纵向打通管理、技术岗位员工晋升通道,横向贯通技术、项目序列员工职业发展路径;用好"赛马场",选派干部到国家部委、地方、对口扶贫县、民航局、航空维修机构(MRO)、航空公司等进行挂职交流;打造"铁匠铺",把好苗子放到ARJ21新支线飞机示范运营保障团队、外场试验队、驻外供应商代表处等一线火线墩苗壮骨。

印发《公司"十三五"教育培训规划》等培训体系制度,制定"商飞大学"组建方案,初步构建以COMAC领导力、基于岗位需求的专业力、具有民机特点的成长力为核心的课程体系,组建一支"以内为主、以外为辅、专兼结合"的师资队伍,打造网络学院在线学习平台。推进培训体系化建设,全面落实《COMAC行为准则》,推进理想信念、客户意识、资质认证、岗前培训、青年骨干培养、境外培训等重点项目,巩固GCAT人才培养、"商飞之星"、新任职干部培训班、大飞机班、新员工培训、"五个对接"等品牌项目。协助46届世界技能大赛申办,全年累计举办培训2347项。训战结合,加速赋能,构建产学研用一体化的人才培养链条。

坚持高端导向,开展全球引才布点,在北美、西欧、东欧、亚太等区域开辟10余条引才渠道,在全球引智2300余人次;委托第三方机构柔性聚才,从国际知名航空企业每年动态引进资深专家;建立海外研发机构就地用才,直接吸引海外资深技术专家和技术人才为中国民机事业服务。中国商飞公司被国务院国资委授予首批"国资委中央企业国际合作引智创新基地"。

【重大项目】

1. C919大型客机成功首飞。

2017年,C919大型客机围绕"实现首飞,开展研发试飞,完成静力试验,冻结取证构型,实施四机配套"的年度目标开展研制工作。第一架飞机5月5日成功首飞,首飞前完成全部全机级限制载荷静力试验,11月10日顺利转场,全面开启适航取证新阶段;第二架飞机12月17日成功首飞,第三架飞机完成所有金属部件配套,后续架次研制有序推进。全年新增订单215架,累计订单785架。

2. ARJ21新支线飞机投入批产运营。

2017年,ARJ21新支线飞机围绕"保证安全,落实'四精'、解除限制、顺畅运行、小批交付、管理提升"的年度目标开展研制工作。7月取得生产许可证,实现批量生产,全年总装生产当量6架飞机。全年完成20项设计优化项目,解除夜航、起飞/复飞、污染跑道等运行限制。以107架机交付7天即投入航线运行为标志,实现顺畅运行目标。12月取得CCAR-142部合格证,客户服务能力迈上新台阶。全年新增订单20架,累计订单433架。

3. CR929远程宽体客机启动研制。

2017年,中俄远程宽体客机围绕"明确研制分工,确定初步总体方案,制造机身样件,发放动力装置RFP,设计展示样机,信息化平台一期上线"的年度目标开展研制工作。5月22日,双方在上海合资组建"中俄国际商用飞机有限责任公司",确定项目实施主体;9月28日,通过G2转阶段中俄联合评审,研制工作转入初步设计阶段;9月29日,型号正式命名为CR929。截至2017年底,中俄明确研制分工,基本形成研制协议顶层框架;确定市场要求与目标,基本确认飞机级功能需求,完成初步总体技术方案设计;推进复材攻关,成功试制首件全尺寸复材壁板;向7家潜在供应商发放动力装置RFP文件并收到答复意向;完成展示样机初步设计和供应商选择;信息化平台(一期)按期上线投入使用,有效满足工程研制需求。

【走向海外】

1. 企业"走出去"战略实施情况。

中国商飞公司实施国际化建设方略,加快探索"走出去"路径。一是与俄联合研制远程宽体客机CR929。2017年5月12日,中俄国际商用飞机有限责任公司完成工商注册,标志着中国商飞公司与UAC联合研制远程宽体客机项目的研制实施主体正式确立。项目处于可行性研究阶段,双方团队在上海和莫斯科开展多轮集中办公,型号研制总体进展顺利。二是参与"一带一路"建设。以ARJ21新支线飞机投入商业运营为契机,组建4个市场营销IPT团队,积极开拓海外国际市场,初步确定海外市场营销网点选址的国家与地点。三是参与中非"三网一化"合作。制定非洲航空市场开拓的规划报告和客户服务体系三级网络规划报告,参加在非洲举行的各项航展、工业展,开展实地考察和业务推介活动。四是发挥美国公司作用。利用北美地区的人才资源和先进的项目管理经验,探索适合中国商飞公司实际、顺应国际化发展潮流、符合"走出去"发展战略的体制机制创新和高新技术创新的道路。

2. 对外投资与经营。

2017年,完成8项股权投资,全部为主业投资。包括合资组建中俄国际商用飞机有限责任公司、设立商飞资本有限公司、筹建商飞集团财务有限责任公司、第二期缴付中国航空发动机集团有限公司注册资本金、向所属单位上海飞机客户服务有限公司增资、所属单位上海飞机客户服务有限公司向中航国际租赁有限公司增资、所属单位上海飞机制造有限公司向伊顿上飞(上海)航空管路制造有限公司增资、所属单位上海飞机设计研究院新设子公司等。

【重大创新】

1. 技术创新。

完善公司技术组织体系,强化技术责任落实。配齐一、二、三级专业总师,形成一支上百人的专业总师队伍,构建清晰完整的技术责任组织体系。深化产学研用的紧密结合。探索国际间校企深度合作新模式,成功举办首届"COMAC国际科技创新周",并组织参与民机专项科研"十三五"规划编制和机载专项论证,传递主制造商发展需求和引导国内能力配套。努力突破核心技术,创新成果丰硕。复材机翼项目、先进航电项目、复材机身项目等重大预研项目取得阶段性成果;获得8项上海市科学技术奖;全年新增专利申请224件,授权111件。

2. 管理创新。

统筹推进COMAC体系建设,推动过程和制度文件建设。发布新版《过程手册》,组织推进过程定义文件编制,提出党建文件一体化管理方案,开展制度文件评估、指标数据分析和组织绩效考核过程类指标评价工作。围绕发挥"管理客户和市场"过程引领作用展开研究。持续推进组织机构与职能设置的优化完善,发布《组织手册(2017版)》,启动商飞大学组建、北京办事处与北京民用飞机技术研究中心合并等方案研究;探索课题管理新模式,调研管理创新工作,形成公司管理创新专项调研报告;5项成果获得国企管理创新成果(优秀论文),1项成果获得上海市创新成果一等奖。

【党建工作】 把全面从严治党贯穿大飞机研制全过程。中国商飞公司党委深入学习贯彻习近平新时代中国特色社会主义思想和党的十九大精神,认真学习贯彻习近平总书记关于大飞机事业重要指示精神,增强"四个意识",坚定"四个自信",始终同以习近平同志为核心的党中央保持高度一致。坚持"严党建、强支部、大监督、聚群团",推进"四大建设、两大工程",发布"1+9"党建制度,把党建工作总体要求纳入公司章程。加强领导班子思想政治建设,推进学习型、创新型、和谐型、务实型、清廉型领导班子建设,坚持"把方向、管大局、保落实",充分发挥党委领导核心和政治核心作用。落实双重组织生活制度,建立健全党委领导班子成员基层联系点制度,加强与职工群众的血肉联系。推进"两学一做"学习教育常态化制度化,开展"党员闪光灯塔领航"主题活动,在大飞机研制关键环节设立党员示范岗、创建党员攻关队,党员领导干部践行一线工作法,充分发挥党支部战斗堡垒作用和党员先锋模范作用。加强基层党组织建设,推进固本强基专项工作,抓好基层党组织按期换届选举,规范党费收缴、使用和管理,突出党性锻炼,开展"三会一课",做好党员民主评议。加强党风廉政建设,落实"两个责任"和"一岗双责",持之以恒落实中央八项规定精神,扎实开展"党风廉政警示教育月"和公司党委内部巡视,推进"廉洁商飞"建设,构建大监督体系,营造风清气正的创业环境。加强企业文化建设,落实意识形态工作责任制,营造良好宣传舆论环境,围绕重大节点讲好大飞机故事,弘扬"长期奋斗、长期攻关、长期吃苦、长期奉献"的大飞机创业精神。推进青年英才工程,召开第二届团代会,评选表彰公司六届十大青年英才,10名个人、1个集体荣获中国青年五四奖章。

【信息化建设】 持续推进数据管理体系建设,夯实网络安全体系基础。成立公司数据管理中心,启动数据架构设计和数据清理;深化与GE公司大数据分析与应用合作;规划完善网络安全规章制度体系,稳步推进网络安全应急响应体系建设,保障公司信息资产安全可控。

推进新一代信息技术与业务的深度融合。加强信息化需求、计划和项目管控,统筹平衡型号科研、研保、自筹等经费,制定信息化专项计划、型号信息化实施方案并跟踪管理;推进新一代研发数字平台导航项目及产品数据管理平台的建设;坚定推行ERP项目实施,完成财务、采购核心业务72条流程实施;推进协同办公平台升级,做好新设机构信息化保障;取得ISO20000信息技术服务管理体系认证,提升信息化运维服务能力与水平;制定并发布《软件资产管理程序》,推进软件正版化工作。

【履行社会责任】 对标"精准扶贫、精准脱贫"总目标,发挥产业优势,整合各类资源,打造全面立体的帮扶格局,助推宁夏西吉县2020年全面打赢脱贫攻坚战,努力与全国一道全面建成小康社会。一是派驻干部,调整驻村"第一书记"人选;二是合作扶贫,推动所属各单位、慈善基金会、金融单位联动扶贫;三是教育扶贫,举办"走进大上海·走进大飞机——2017年宁夏西吉县优秀中小学生夏令营",与西吉县政府、善小公益基金会共同举办首期宁夏西吉乡村教师特训营,定向培养一批初级中学在职英语教师,解决贫困地区英语教学难题;四是产业扶贫,捐赠147万元助力宁夏西吉县西坪村整村推进,捐赠30万元支持集体经济发展。

编制发布中国商飞公司2016年企业社会责任报告。参加第十二届中国企业社会责任国际论坛,获得2016年金蜜蜂企业社会责任·中国榜"金蜜蜂·领袖型企业"称号。

(撰稿人:施胜博)

中国节能环保集团有限公司

【基本概况】 中国节能环保集团有限公司(以下简称"中国节能")前身是原国家计委节能计划局,1988年整体改制成立国家能源投资公司节能公司。1994年,划归国家计委直接管理,更名为中国节能投资公司。2010年,中国节能投资公司与中国新时代控股(集团)公司联合重组,成立中国节能环保集团公司。2017年,整体改制为中国节能环保集团有限公司。

中国节能是国务院国资委监管的唯一一家主业为节能减排、环境保护的中央企业,是我国节能环保领域规模最大、实力最强、最具竞争力的科技型服务型产业集团。

【主要指标】

2017年中国节能环保集团有限公司主要经济指标

项　目	2016年	2017年	比上年增长(%)
资产总额(亿元)	1487.00	1445.00	-2.82
所有者权益(亿元)	481.00	441.00	-8.88
营业收入(亿元)	482.00	592.00	22.82
利润总额(亿元)	25.00	25.40	1.60
净利润(亿元)	12.47	15.10	21.00
技术开发投入(亿元)	7.10	7.30	2.80

【改革发展】 2017年,中国节能按照党中央、国务院决策部署,坚决贯彻落实国资委深化国企改革党建各项要求,集团各项工作呈现良好发展势头。如期完成集团层面公司制改革,集团系统14户计划实施改制的企业提前完成工商变更登记;中国节能下属大地修复公司混合所有制改革首批员工持股方案顺利通过国资委审核备案;依照国资委要求,完成集团公司和全部子企业功能界定与分类,有序推进非全资控股企业治理;深入推进董事会职权试点工作,修订董事会工作制度,健全董事会议事规则,完善提名委员会、审计委员会,新设董事会战略委员会,董事会地位作用进一步得到强化。

为进一步明确集团发展战略,中国节能以贯彻落实党的十九大精神为契机,组织召开学习贯彻党的十九大精神研讨班暨改革发展战略研讨会,研究制定集团公司新发展战略,提出"两步走、翻两番"、通过5到10年努力把中国节能建成"世界一流的节能环保健康产业集团"的战略目标,明确"六个发展"的战略思路,提出十大战略举措、企业文化和党的建设要求。

【走向海外】 中国节能积极践行"走出去"战略,抓住"一带一路"建设机遇,大力拓展国际市场,国际合作交流成果丰硕。2017年,集团新签海外合同额创历史新高,澳大利亚风力发电10万千瓦项目实现并网发电,新签署吉布提20万千瓦、越南宁顺省20万千瓦太阳能项目协议,在俄罗斯、白俄罗斯等"一带一路"沿线国家合作拓展环保装备和资源综合利用项目,并取得积极进展;集团公司与联合国环境规划署签署合作谅解备忘录,在提升中国城市能效、"一带一路"绿色建设等领域取得突破。

【重大创新】 在科技创新领域,中国节能确定科技优先发展战略,制定创新行动方案。国家重点研发项目和平台建设取得积极进展。集团累计投入科技资金7.3亿元,授权专利255件,其中发明专利68件;获得省部级以上科研奖项10项,承担省部级以上科研项目23项;中国节能杭州大地公司"危险废物回转式多段热解焚烧及污染物协同控制关键技术"获得国家科学技术进步二等奖;万润公司获得"国家知识产权优势企业"称号,位列"中国电子材料行业50强"及"电子化工材料专业10强";中环装备获得中国专利优秀奖一项;太阳能公司光伏方阵清洗设备研发项目获得全国创新方法大赛三等奖;集团公司参加生态环境部组织的京津冀环境综合治理重大工程实施方案项目。

在商业模式创新领域,中国节能注重深耕重点区域市场,加快重点区域市场代表处建设,强化内部协同,在雄安、陕西、福建、贵阳、烟台、临沂等重点区域推进一批节能环保项目落地。着力打造节能环保综合解决方案,在雄安新区推行"能源供应+环境治理"综合解决模式,承揽雄安市民服务中心综合能源项目开工建设;为西安市提供整体环境保护服务,西安大气污染防治项目、垃圾焚烧发电项目、污水资产股权合作项目获得重大进展;在"临沂模式""肥城模式"基础上,探索"政府管家+总设计师"的"河池模式",中标河池市土壤污染综合防治先行区建设服务项目;以整县镇村污水处理捆绑打包PPP模式,承接遂溪县村镇生活污水处理及配套管网工程项目,探索小城镇及农村污水治理;积极推进光热发电示范项目。

【党建工作】 中国节能党委以高度的政治自觉,把学习贯彻党的十九大精神作为首要政治任务抓紧抓实。组织系统全体党员和职工收看党的十九大盛况;召开党委常委(扩大)会议研究制定贯彻落实方案;举办深入学习宣传贯彻党的十九大精神专题研讨班暨改革发展战略研讨会;集团领导班子带头深入基层和国内外项目一线进行十九大精神学习宣讲;在集团各类宣传平台发布稿件350篇、新闻2000余条,总阅读量148万人次。

按照国资委党委"中央企业党建工作落实年"的要求,中国节能党委以政治建设为统领,推进党建工作重点任务落实,推动党的领导、党的建设与改革发展深度融合。认真落实党委会前置程序要求,积极推进"两学一做"学习教育常态化制度化,落实党建工作总体要求进章程,不断完善党组织议事决策机制,推进党委书记、董事长"一肩挑"及党建工作机构建设和党务人员配备,建立党建工作责任制,完善"双向进入、交叉任职"领导体制,落实"四同步、四对接"等重点党建任务。

2017年,中国节能坚持把严明政治纪律和政治规矩摆在首要位置,坚决维护党中央权威和集中统一领导。深入推进全面从严治党总要求,各级企业领导干部党的观念和纪律意识普遍得到加强。严格落实中央八项规定精神,强化监督检查工作,严肃处理违反中央八项规定精神行为。实践运用"四种形态",抓早抓小,未病先治,严肃查处违纪违规行为。权力运行制约和监督机制不断建立健全,"不能腐"体制框架初步构建完成。深化巡视整改,强化政治巡视,党内监督利器作用得到有效发挥。企业存在的一些突出问题得到解决,风清气正环境不断巩固,坚强的纪律保障为企业改革发展保驾护航的作用更加彰显。

【信息化建设】 中国节能以信息化项目管理和信息化工作评价体系为抓手,逐步完善制度、标准、审核、评价等环节的建设与执行,全集团信息化管理工作成效显著。项目管理统一立项审批,有效保障集团公司一体化的信息化体系建设,避免信息孤岛与投资浪费。在信息系统建设中,坚持以标准化为前提,梳理和编制中国节能指标管理体系和业务分类体系,完成业务指标梳理1626项。集团公司提出的云安全防护解决方案,获得中央网信办"2017年度中央企业优秀网络安全综合解决方案奖"。

【履行社会责任】 2017年,中国节能积极落实习近平总书记关于精准扶贫的工作要求,在河南嵩县、广西富川等地选派优秀干部挂职常驻扶贫,捐助扶贫资金230万元,资助100名贫困家庭的学子圆梦大学,捐赠价值100万元太阳能路灯。中国环保在临沂和肥城结合当地实际开展扶贫,得到当地干部群众好评。

集团公司节能减排工作取得显著成效。合并范围内企业累计生产绿色电力117.55亿千瓦时,相当于减排二氧化碳914.3万吨,节约标煤366.8万吨;处理固体废弃物872万吨,处理污水6.98亿吨,COD总削减量15.49万吨,处理工业和生活用水8.17亿吨。

(撰稿人:汝昌晋)

中国国际工程咨询有限公司

【基本概况】 中国国际工程咨询有限公司(以下简称"公司")是国内规模最大、涉及行业最多的综合性工程咨询机构,主要从事政策规划咨询、咨询评估和工程管理服务,为中央政府在国家重大建设项目的决策和实施方面发挥着重要作用,同时也为社会各类用户提供咨询服务。

2017年是公司深入实施"12445"战略,推进市场化业务转型、推进企业型高端智库建设、推进改革创新和管理提升的关键一年。面对行政审批制度改革不断深入推进、传统政府业务增长乏力、业务转型十分艰巨的严峻挑战,公司认真贯彻落实党中央、国务院的决策部署,按照《中央企业"十三五"发展规划纲要》的要求,切实转思路、谋发展、调结构,充分发挥专业齐全、业务门类完整、链条完善的综合优势,不断深化经营管理体制机制改革,强化市场开拓意识,持续推进业务创新,着力加强能力建设,全力以赴完成好中央政府委托的重大咨询评估任务,承担大量涉及国家对外经济战略的课题研究任务,大力推动市场化业务转型发展,全力推进高端智库建设,在党的建设、业务建设、智库建设等方面取得显著成绩,圆满完成全年各项工作任务和国务院国资委考核指标。

【主要指标】

2017年中国国际工程咨询有限公司主要经济指标

项 目	2016年	2017年	比上年增长(%)
资产总额(亿元)	24.92	26.17	5.04
所有者权益(亿元)	17.08	18.13	6.14
营业收入(亿元)	13.88	15.23	9.69
利润总额(亿元)	1.67	1.79	7.10
净利润(亿元)	1.23	1.23	0.44
归属于母公司所有者的净利润(亿元)	1.20	1.21	0.91
技术开发投入(亿元)	0.12	0.18	50.03
利税总额(亿元)	2.94	3.10	5.44
应交税金总额(亿元)	1.27	1.46	14.96
全员劳动生产率(万元/人·年)	18.84	20.97	11.30
净资产收益率(%)	7.49	6.99	减少0.5个百分点
总资产报酬率(%)	7.11	7.02	减少0.09个百分点
国有资本保值增值率(%)	105.65	107.24	增加1.59个百分点

【改革发展】

1. 统筹谋划推进公司制改制各项工作。开展国有企业公司制改制是党中央、国务院的重大决策部署,是深化国有企业改革的重要内容,是公司治理方式的深刻变革。公司坚决贯彻落实党中央、国务院决策部署,按照国务院国资委的要求,精心组织、认真谋划、扎实工作,顺利完成公司总部、4家二级企业及1家三级企业改制任务。公司由全民所有制企业改制为国有独资公司,名称由"中国国际工程咨询公司"变更为"中国国际工程咨询有限公司"。

2. 高端智库建设取得新突破。对照党中央关于高端智库建设的标准和要求，公司以建设成为"中国的兰德公司"为最终目标，借鉴国内外著名智库的成功发展经验，加大组织管理体制和激励机制创新力度，充分挖掘利用好内外专家和信息知识资源，加强矩阵组织和业务协同，以高质量政策咨询为导向，大力加强基础性、长期性、战略性、理论性研究，主动对接公共决策机构，进一步扩大咨询研究成果政策影响力和社会影响力。为满足国家高端智库建设的相关要求，公司新创办《送阅件》内参，形成以《送阅件》《咨询专报》为核心、以《研究与交流》《战略观点摘编》为交流载体的高端智库政策咨询产品体系。围绕两个一百年目标、宏观经济形势、新技术革命、雄安新区、人类命运共同体等专题报送9篇《送阅件》，多篇报告获得重要批示，全年报送政策咨询成果42篇，公司决策影响力显著提升。

3. 加快实现业务高端化转型升级。公司进一步巩固重大投资项目、重要政策规划等咨询评估核心地位，深化产业战略和重大问题研究，稳固和提升工程管理业务，大力提升设计优化和造价咨询的市场份额，努力拓展规划咨询、投资策划、管理咨询等新的业务领域，大力开拓以服务"一带一路"为重点的国际业务，适应国家简政放权趋势，重心下移、服务下沉，大力开拓地方和企业咨询市场。2017年，公司开发内蒙古和林格尔新区发展规划项目，合同额2180万元，是近年来规划类单项合同额最大的项目之一。中央决定设立雄安新区后，公司获得50项规划的评估和编制任务。在继续做好传统军工项目的同时，大力开拓军队和军民融合业务，成为军委战略规划办和军民融合办的重要支撑机构。公司加大为国资委的服务力度，相继承担央企对外投资审查业务和央企年度投资计划备案评估工作。

4. 强化基础管理，提升管控水平。一是健全完善公司制度体系。各职能部门深入贯彻落实国资委的工作部署，以"12445"发展战略为指引，扎实开展制度建设工作，制定或修订近70项规章制度，进一步优化管理流程，填补管理空白，健全管控体系。二是编制公司职权配置手册。为加强对公司重要业务事项的审批管理，公司对标一流先进企业，研究编制《中咨公司职权配置手册》，领域涵盖公司全部8个管理部门和2个业务部门（战略咨询部与研究中心），细分108项工作职责和330项业务事项，进一步规范公司重要业务事项的审批工作程序，明确细化内控的关键流程节点，为下一步公司管控流程的信息化建设奠定基础。三是持续改进质量体系。根据国家有关法规以及中国船级社的审核要求，结合公司质量管理实际，完成体系文件的换版升级工作，重新修订20个体系文件，进一步优化完善公司的质量管控体系。

5. 完善收入分配制度，进一步体现激励导向。公司进一步优化考核、薪酬体系和结构，落实考核、薪酬与社会效益和经济效益贡献的挂钩机制，增强薪酬的激励导向，突出绩效考核的针对性和科学性，加强对部门和所属企业负责人薪酬的合理管控，建立健全符合国资委政策精神和公司实际，有利于公司健康发展的薪酬激励与考核机制。公司不断完善职工薪酬制度体系，强化薪酬激励效果，坚持将工资总额增量主要用于绩效激励，坚持严格与贡献挂钩的分配原则，坚持向业务部门、一线骨干倾斜；通过开展职工薪酬专项审计工作，系统梳理业务部门二次收入分配政策和所属企业薪酬体系，监督检查业务部门、所属企业薪酬分配执行情况，总结各单位经验和好的做法，指出存在问题和改进方向，提高公司薪酬管理工作质量；根据业务发展和实际情况，通过改良算法，建立模块化的薪酬公式，科学调整指标、参数，优化本部业务部门负责人薪酬指导意见和所属企业负责人年薪制办法，将负责人薪酬与部门（企业）贡献、利润增幅、人均利润水平、考核结果等紧密挂钩，使业务部门和所属企业负责人薪酬核算更加科学合理，进一步体现薪酬的激励效果和内外部公平性要求。

【重大项目】 公司承担投资百亿元以上的规划和评估项目50个，主要有：洞庭湖水环境综合治理评估、流域水环境综合治理与可持续发展试点方案评估、雄安新区及周边地区铁路布局规划评估、太原市城市轨道交通建设规划调整（2015—2023年）评估、新疆"十三五"煤炭供需预测及煤矿建设项目安排方案评估、三峡水利枢纽水运新通道和葛洲坝水利枢纽航运扩能工程项目建议书评估、三星（中国）半导体有限公司12英寸闪存芯片二期项目评估、乌鲁木齐机场改扩建工程评估、引绰济辽工程可研评估等。

【党建工作】 深入学习宣传贯彻习近平新时代中国特色社会主义思想和党的十九大精神,制定多种学习宣贯实施方案,以党组理论学习中心组学习、(扩大)学习、集中学习、公司领导讲党课等形式,实现学习全覆盖。制定印发《公司关于推进"两学一做"学习教育常态化制度化的实施方案》。推行党组织书记、董事长"一肩挑",将党组织在公司治理中法定地位和党建工作总体要求纳入公司章程,启动公司所属二级企业的章程修改工作。完成公司全部63个基层党组织和967名党员的信息采集工作,在公司整体范围内全面铺开"党建云"平台,实现党建工作信息化。制定集团公司党建工作考核实施办法,实现公司各二级单位党建工作量化考核以及基层党组织书记抓党建述职评议全覆盖。

公司把全面从严治党体现在改革发展的各项任务中,深入落实"两个责任",坚定不移贯彻落实中央八项规定精神,深化巡视整改落实,有效运用监督执纪"四种形态",重点针对廉洁风险防控、职工薪酬、成本费用专项审计等方面加强工作。组织开展年度全面风险排查,制定129项应对措施。强化审计成果运用,建立发现问题、提出建议、整改落实、后期监督的长效机制。编制《公司廉洁风险防控手册》,努力构建"不敢腐、不想腐、不能腐"的体制机制,推动党风廉政建设和反腐败工作向纵深发展。积极推进内部巡视工作,针对发现问题,提出针对性的意见建议并形成巡视工作情况报告。

【信息化建设】 以支撑公司智库建设为导向,以满足公司咨询研究和提升管理为目标,不断提高公司信息和知识资源管理水平和应用能力,打造公司内部各部门共享、各业务领域共享的知识平台,搭建基于本部和公司所属企业应用一体的集团统一协同办公系统,提升集团管控水平和业务协同效率,实现集团层面信息化管理零的突破。通过对公司现有、待建的各类信息系统的全面调研,对大量的数据进行梳理及整合,建设完成以数据共享平台为核心的主数据系统,规范各系统的管理范围、管理方式、数据标准、交换标准等,实现公司组织、人力、财务、业务等基础信息共享,以及系统间的交换、集成和协同,为未来高质量的数据分析提供良好的基础。

公司组织编制《公司信息化建设规划(2017—2019)》,提出以建设中国特色新型高端智库战略目标为指引,确定公司信息化建设"两步走"的战略,即在传统企业信息化建设方面,尽快补足业务协同、信息化覆盖面、信息共享和决策支持等短板;在现代信息化企业建设方面,要全面发挥公司的业务特点和信息资源优势,形成具有公司特色的信息产品体系,将公司独有的重大项目信息资源转化为社会财富和公司价值,力争在"十三五"末使公司信息化水平走在央企的前列。

(撰稿人:赵 坤)

中国诚通控股集团有限公司

【基本概况】 2017年,中国诚通控股集团有限公司(以下简称"中国诚通")深入学习贯彻习近平新时代中国特色社会主义思想和党的十九大、中央经济工作会议精神,落实习近平总书记关于国企国资改革和加强国企党建重要指示精神,按照国资委战略部署,围绕"全面构建国有资本运营新体制新机制"工作目标,服务供给侧结构性改革,开辟国有资本专业化、市场化运作路径,持续保持、不断扩大试点先发优势,全面完成"提质增效、国有资本运营公司改革试点、全面加强党建"等年度中心任务。

【主要指标】 2017年,中国诚通实现营业收入823.14亿元,比上年增长32.44%。利润总额32.48亿元,比上年增长60.24%,完成国资委年度考核目标。净利润18.28亿元,比上年增长23.93%。净资产收益率2.35%,比上年减少0.78个百分点。年末资产总额1690.61亿元,比上年增长56.21%。

2017年中国诚通控股集团有限公司主要经济指标

项　目	2016年	2017年	比上年增长(%)
资产总额(亿元)	1082.26	1690.61	56.21
所有者权益(亿元)	611.34	1046.25	71.14

续表

项　目	2016年	2017年	比上年增长(%)
营业收入(亿元)	621.54	823.14	32.44
利润总额(亿元)	20.27	32.48	60.24
净利润(亿元)	14.75	18.28	23.93
归属于母公司所有者的净利润(亿元)	7.8	5.25	−32.69
技术开发投入(亿元)	2.28	3.06	34.21
利税总额(亿元)	32.02	54.93	71.55
应交税金总额(亿元)	20.32	36.65	80.36
全员劳动生产率(万元/人·年)	23.83	34.21	43.56
净资产收益率(%)	3.13	2.35	减少0.78个百分点
总资产报酬率(%)	3.57	3.50	减少0.07个百分点
国有资本保值增值率(%)	100.49	109.67	增加9.18个百分点

【改革发展】　发挥战略引领。董事会赴沪浙调研国有资本运营公司试点及相关高科技企业和前沿技术，形成专题报告。外部董事牵头组织业务整合、金融规划、股权运作和薪酬考核等专题研究，加强对试点工作战略性、前瞻性问题的指导。

优化组织架构。对改组改革情况及组织机构定期评估，根据试点成效实施动态调整，针对性、组织性明显加强，集团改组改革试点稳步推进，内部组织体系持续优化，上下协同聚合效应逐步显现。

加强所出资企业管控。适应管资本要求，新出台制度、办法、规范等58项，调整所出资企业管控方式，形成涵盖治理、资产、运营、投资、股权、金融、风险、审计监督等的国有资本运营制度体系；规范人力资源管理，形成涵盖企业领导人员、派出董监事、员工聘任、考核、工资总额等方面的管理制度体系。

改革薪酬考核。推进薪酬考核体系变革，根据持股经营、投资、资产经营、股权管理和金融等不同功能企业的特点，分类制定企业负责人业绩考核与薪酬管理办法，形成"一企一策"的"2+X"差异化、薪酬考核制度体系。对标市场，重新设计薪酬激励约束体系，健全科学有效的激励机制。

社会知名度持续增强。入选中宣部"砥砺奋进的五年·国企改革"十家企业、国资委党委"砥砺奋进新国企"大型专题宣传，《人民日报》、新华社、央视、《经济日报》等中央媒体及《国资报告》分别刊播集团改革情况。央视《对话》节目在十九大期间播出，集团"国企改革马前卒"形象深入人心。马正武董事长在首届中国企业改革发展论坛、第二届国企改革前沿论坛、2017年金融街论坛等活动发表主旨演讲。

【重大项目】　发挥基金引导作用，服务国有资本优化配置。发起设立并运营中国国有企业结构调整基金，在服务国家供给侧结构性改革，支持中央企业转型升级，助推国有企业结构调整，布局战略新兴产业，促进国有企业深化改革、提质增效等方面发挥积极作用。全年签约26笔，总金额582亿元，交割347亿元；86%投向中央企业项目，实现服务实体经济和满足市场化回报要求的"双重目标"。

搭建股权管理平台，促进国有股权流动和升值。进一步规范股权划转、市值管理、股权运营工作流程，制定配套规章制度，启动股权管理实体平台筹建工作。截至2017年底，完成股权划转股票10只，总市值150亿元。

圆满完成华贸物流控股股权接收。调整充实华贸物流党委，全面改组董事会和监事会，并聘任新的经理层，生产经营和职工队伍稳定，资本市场表现良好，形成央企上市公司控股股权无偿划转的经验和操作流程，发挥物流产业互补优势和协同效应。

培育金融功能，服务国有资本运营专业化运作。中国诚通作为相对大股东入股盘锦银行，签订投资协议。牵头组织相关保险公司国有股权整合方案，推进国有股权统一管理。诚通财务公司增资至50亿元，一级核心资本62.8亿元。

健全资产管理功能，助力供给侧结构性改革。落实国资委部署，推进中国铁物债务重组和改革脱困工作。2017年12月29日如期兑付37.38亿元重组债务。托管工作转入业务整合发展阶段。

培训疗养机构资产接收工作持续推进。健康养老集团围绕"接得稳、盘得活、管得好、转得优"原则，研究制定方案及规划，参与中央企业发展健康养老产业研究，开展党政机关和国有企事业单位培训疗养机构接收工作。完成《提高养老服务质量》课题。

整合存量土地资源。组建诚通地产投资有限公司，快速形成市场化运作专业能力。坚持房地产投资商定位，收购、储备中国纸业佛山、香港公司连云港及琼海等近10个项目，改善内部企业的收益和现金流水平，提升存量土地价值。

【走向海外】 把握"一带一路"历史机遇，推动中国香港、俄罗斯、英国、东南亚等地区和国家业务发展。成功探索资本运营公司海外发债路径，在国际资本市场首次以无评级、无担保方式成功发行5亿美元S规则债券。

研究制定央企财务公司共享平台方案，初步具备外汇资金集中运营管理及央企间小币种串换功能，取得外汇管理局备案。

【重大创新】 优化业务模式，着力转型升级。所属中国储运紧紧围绕产业供应链"进圈入行"，提升业务，整合资源；与HB集团一体化创新国际国内市场双向业务联动模式。所属中国纸业向生态环保产业延伸，打造"浆纸＋生态"双核发展模式，生态板块全年中标14亿元，签订合作框架协议207亿元，创收7亿元，利润1.9亿元。所属中国物流深化与茅台、五粮液、洋河"业务＋资本"合作，做强名酒物流品牌业务。

践行创新驱动战略，着力培育新动能。中储智运"无车承运人"业态保持快速发展势头，年交易额65亿元。诚通香港盘锦红海滩项目投入运营。诚通人力独家完成雄安建设集团首批专业人才招聘，试水离退休人员市场化服务。

【党建工作】 深入学习贯彻习近平新时代中国特色社会主义思想和党的十九大精神。按照国资委党委部署，完成中央企业党的十九大代表选举工作。组织各级党组织和广大党员集中收看十九大盛况。迅速组织传达学习十九大精神，在"学懂、弄通、做实"上下功夫。按照新时代党的建设总要求，制定集团《党的建设2017－2020年工作规划》，形成党建工作路线图，排出时间表。

中央党建工作领导小组向中央政治局呈送专报，以《勇挑千斤担 敢啃硬骨头》为题，汇报集团资产经营和资本运营经验。

按照"中央企业党建工作落实年"要求，对照中组部、国资委党委确定的重点任务，研究制定《关于全面加强党的建设实施意见》，明确45项具体措施，把强党建作为保增长、快改革的重要保障，切实发挥"把方向、管大局、保落实"的领导作用。

落实"双向进入、交叉任职"要求。15家出资企业设立董事会或执行董事，党委成员全部按程序进入董事会或经理层，10家出资企业实现党委书记、董事长（执行董事）"一肩挑"，推动党务干部和行政干部交流。

增强党务工作力量。增加党务工作部门编制和专职党务人员。推动所出资企业单独设立党务工作机构。严格落实党建工作经费保障规定，实行专项预算和列支。

严格落实党建工作责任。集团党委与所出资企业党组织签订党建责任书，明确党建重点任务和考核要求；建立所出资企业党委书记、纪委书记季度例会制度，对标任务目标，推进问题整改。组织所出资企业党委书记开展抓党建述职评议，形成考核评价意见并书面反馈。

党风廉政建设和反腐败工作取得积极成效，全面从严治党向纵深发展。深入落实"三个区分开来"指导思想，积极实践"四种形态"。完成专项巡视督查整改，严密组织开展巡视巡察，发挥利剑震慑作用。加强国有资本运营公司试点新业态下纪检监察工作研究，提升监督执纪工作水平。

【信息化建设】 增强信息化基础支撑。利用新一代信息技术，完成"诚通云"整体规划，启动总部基地云数据中心项目建设；加快推进门户网站、法律纠纷案件、上市公司数据抓取等信息系统建设。重视集团网络安全建设，建立网信通报机制平台。

【履行社会责任】 发布中国诚通年度社会责任报告，定点扶贫再上新台阶。累计投入扶贫资金2000余万元，"输血＋造血""项目＋教育"立体帮扶模式成效显著。在央企扶贫工作会议上，集团作经验交流。在2017年河南省脱贫攻坚考核中，宜阳县排名第八。强化节能减排管理，彰显社会责任。

【其他情况】 公司制改制全面实施。完成全部二级出资企业在内的26户非公司制企业改制,同步推进党建工作进章程,制定出台党委决策前置程序,加强出资企业董事会建设,健全和规范治理结构和决策程序。

"压减"工作全力推进。将"压减"纳入专项考核,指导出资企业通过注销、合并、减资、破产、转让、增资扩股等措施,依法合规退出"小、散、弱、差"企业,全年压减107户、新增12户,净压减95户。

"处僵治困"成效显著。骏泰科技、沅江纸业两户"僵尸企业"分别较上年增利0.2亿元、1.41亿元;资产负债率分别由上年末的85.46%、109.58%降至81.66%、87.90%;人员安置工作基本完成。

（撰稿人：丁若沙）

中国中煤能源集团有限公司

【基本概况】 中国中煤能源集团有限公司（以下简称"中煤集团"）是国务院国资委管理的国有重点骨干企业,前身是1982年7月成立的中国煤炭进出口总公司。中煤集团是国内唯一具有煤矿设计、煤矿建设、煤矿装备制造、煤炭开采及煤炭洗选加工、煤化工、煤矿坑口发电、煤炭及化工产品贸易等全产业链的企业。煤炭产能3亿吨/年,生产及在建矿井70余座,煤炭资源储量近600亿吨;煤化工产品权益产能接近1000万吨,产品主要包括烯烃、甲醇、尿素、硝铵、焦炭等,其中图克大颗粒尿素项目单厂规模全国最大;已投运及在建电厂34座,控股装机规模1000万千瓦;煤机制造企业位列煤机行业第一位,技术水平和市场占有率国内第一;煤矿设计建设企业代表行业最高水平。截至2017年底,资产总额3591.25亿元,从业人员13万人。

【主要指标】 2017年,中煤集团主要经营指标超额完成全年目标任务,生产经营业绩大幅增长,煤炭产销量、营业收入均创历史新高,利润总额创近五年来最好水平,盈利能力持续向好,资产规模持续增加。其中,煤炭产量1.9亿吨,煤炭销售量2.1亿吨;生产聚烯烃132万吨,尿素227万吨;完成发电量252亿千瓦时;煤矿装备产值49.7亿元。改革发展呈现新气象,各项工作再上新台阶,为实现"十三五"规划目标打下良好基础。

2017年中国中煤能源集团有限公司主要经济指标

项 目	2016年	2017年	比上年增长(%)
资产总额(亿元)	3170.20	3591.25	13.28
所有者权益(亿元)	1116.80	1249.91	11.92
营业收入(亿元)	777.38	1168.12	50.26
利润总额(亿元)	15.65	61.78	294.76
净利润(亿元)	10.84	35.60	228.41
归属于母公司所有者的净利润(亿元)	−8.37	0.26	
技术开发投入(亿元)	9.41	11.97	27.21
利税总额(亿元)	106.85	221.08	106.91
应交税金总额(亿元)	91.20	159.30	74.67
全员劳动生产率(万元/人·年)	26.99	33.53	24.23
净资产收益率(%)	1.01	3.01	增加2个百分点
总资产报酬率(%)	2.39	3.86	增加1.47个百分点
国有资本保值增值率(%)	98.65	100.41	增加1.76个百分点

【改革发展】 中煤集团抓住供给侧结构性改革的历史机遇,积极参与央企煤炭资源整合,开展央企煤炭产业专业化重组,继2016年接收国投公司和中铁工煤炭资产后,2017年又完成保利能源公司煤炭资产移交和整合工作。累计新增煤矿35座、产能1亿吨,资源储量300亿吨,电厂11座、总装机规模650万千瓦,资产总额840亿元,职工4.8万人。

坚定不移推进煤炭去产能,退出产能1210万吨,占央企煤炭去产能总任务的一半。加大"处僵治困"力度,清理处置22户"僵尸企业"和特困企业,完成年度任务量的220%。稳步推进"三供一业"分离移交和企业办医疗、教育机构、厂办大集体等改革,截至2017年底,协议签订率超过90%。完善法人治理结构,全面完成23户全民所有制企业改制任务。进一步优化区域资源配置,理顺管理关系,部分企业实现管理前移。统筹推进去产能、"处僵治困"、分流安置、减人提效和人员优化工作,妥善分流安置职工16385人,职工总数净减10608人。

中煤集团着力建设精干高效总部机关,按照"精简高效、责权一致"原则,核定4家企业总部机关编制。集团总部机关实现100余人轮岗调整和重点补充。深化延伸KPI绩效管理,突出个性化考核。注重工资总额结构调整,突出正向激励,调到职工积极性。

结合党的十九大新思想新理念新要求,中煤集团开展"十三五"规划中期评估,进一步丰富"两商"战略和"12355"发展思路新内涵,明确着力打造以煤为基的煤炭、煤化工、电力等循环经济新业态,着力打造工程建设、装备制造、设计研发、资产运营管理、能源综合开发等服务业新业态,重点建设山西、内蒙古、陕西、新疆、安徽、江苏六大区域,加快构筑"功能齐全、特色各异、优势互补"的区域协调发展新格局,致力建设具有全球竞争力的世界一流清洁能源供应商和能源综合服务商。

【重大项目】 中煤集团项目前期工作取得积极进展。大南湖七号井、母杜柴登矿、纳林河二号井、别斯库都克露天矿、吉郎德露天矿5个项目获得核准批复。纳林河等3个矿区获得总规批复。大海则煤矿获得产能置换方案和矿区总规批复。里必煤矿、依兰三矿完成采矿许可证办理。重点建设项目有序推进,全年完成资本支出122亿元,其中基本建设投资86亿元。截至2017年底,中煤集团煤炭产能跨入3亿吨级,可控资源储量近600亿吨,煤化工权益产能1000万吨,清洁能源供应商建设初具规模。以业务转型为重点,推进能源综合服务商建设。推动煤矿建设企业加快向非煤转型,拓展矿山建设运营和市政工程市场,"走出去"开拓国际市场,非煤业务占比接近30%。推动装备公司业务结构调整,配件维修服务占比22%,非煤产品占比22.7%。中煤资产管理公司、开发公司以整合为契机,优化资源配置,转变经营方式,调整业务布局,生产经营保持稳定。

【走向海外】 重点围绕"一带一路"沿线国家,不断加强能源战略合作,以PPP、BOT等项目运作模式,积极推进工程建设、装备制造、设计研发等相关服务业进军海外市场。在原有海外项目建设平稳推进的基础上,2017年又签订南非巴古邦铂金矿矿建二、三期掘进安装工程和波兰煤矿可研转化项目、蒙古国某铜矿企业安装工程。与塔吉克斯坦当地企业建立良好的业务关系,并签订合作备忘录。煤机装备板块,签下越南煤炭集团成套设备订单,江基拉项目创印度煤矿生产纪录,中煤装备品牌海外影响力进一步提升。与澳大利亚ECO REVIVE公司就合作开发新型低能耗非曝氧同步硝化反硝化污水处理新技术达成意向。抓住2022年北京冬奥会契机,发挥自身装备制造优势,与法国MND公司合作,成立安美地(张家口)山地发展有限公司,进军冰雪产业技术与装备开发领域。

【重大创新】 科技创新取得新成效。实施集团公司重点科技项目53项,承担国家科技项目课题9项,聚烯烃成功开发出铬系产品填补烯烃行业空白,煤机装备拳头产品继续主导市场方向,采用快掘关键技术煤巷单进突破千米大关,煤矿机械化减人、自动化换人取得新进展,矿井水资源化利用技术开发成功实现工业化。获得省部级科技进步奖28项、煤炭行业工法36项、授权专利202件、发明专利54件。深入开展"双创"活动,发布推广优秀"双创"成果100项、首批先进适用技术成果15项。截至2017年底,中煤集团建成1个国家能源采掘装备研发实验中心、3个国家级企业技术中心、2个国家能源技术装备评定中心、10个省级企业技术中心、6个省级工程研究中心、8个国家认可实验室、5个博士后科研工作站、15家高新技术企业、1个煤化工研究院、3个"双创"示范基地、185个基层创新工作室。

中煤集团推行"一优两提三减四保"煤矿技术优化模式,实现少掘、多采、低本、高效。坚持创新引领,以智能制造为突破口,推动煤矿技术装备向智能化、信息化、自动化、无人化等方向发展,推进智慧矿山、无人工作面建设。深化煤化工企业"两化"融合,持续推进智能化工厂建设,加快新产品开发、产品深加工及产品改性,向差异化、高端化方向发展,提高产品竞争力和经济效益。深化信息系统集成应用,推进煤炭、化工销售电商、物资共享等信息化平台建设,促进商业模式创新。完善技术创新体系,开展"五小"科技攻关、实用技术推广和创新创效活动,培育一批中煤"工匠"。

【党建工作】 党的十九大召开以来,中煤集团党委牢固树立"四个意识",坚定"四个自信",按照国务院国资委党委"五个全覆盖"要求,迅速掀起学习贯彻党的十九大精神的热潮,统一思想,凝聚共识。开展"不忘初心、牢记使命"主题教育,推进"两学一做"学习教育常态化制度化,把习近平新时代中国特色社会主义思想作为各级党委中心组学习的重中之重,作为干部教育培训的中心内容。坚持党建工作服务生产经营不偏离,将党建工作要求纳入公司章程,持续推进"三项工程"建设、形势任务教育、思想政治工作,为企业党组织发挥领导作用和政治核心作用提供制度保障,服务企业改革发展稳定大局。夯实党建基础,落实党建工作责任制,全面建立考核评价指标体系,切实发挥好考核的指挥棒作用,使党建工作由"软指标"变为"硬约束"。加强干部队伍建设,严格干部选拔任用。加大年轻干部的选拔力度,一批优秀年轻干部走上领导岗位,激发干部队伍活力。坚持以党章党规为遵循,以"四个意识"为标尺,以正风肃纪为重点,推动全面从严治党落地生效。

【履行社会责任】 在经济责任方面,中煤集团2017年完成商品煤产量1.54亿吨,比上年增长13%,带头响应国家保供稳价号召,维护市场秩序。在安全责任方面,认真贯彻落实国家关于安全生产工作的各项决策部署,突出管控重点,狠抓重大灾害防治,夯实安全基础,强化责任落实,安全生产形势持续稳定。在环境责任方面,中煤集团坚决贯彻国家生态文明建设方略,始终秉承"绿色中煤,厚德自然"的绿色发展理念,推行开采方式科学化、资源利用高效化、生产工艺清洁化、矿区环境生态化,加强环境治理,推进节能降耗,发展循环经济,建设生态矿区,做到资源开发与生态环境协调发展。在创新责任方面,中煤集团始终把科技创新放在驱动企业发展、推动转型升级的核心位置,持续构建以企业为主体、市场为导向的产学研深度融合的技术创新体系,积极探索高新技术与产业有机融合的新路径,促进新旧动能加快转换,努力实现由生产型企业向科技生产型企业转变的新跨域。在员工责任方面,中煤集团始终坚持以人为本的发展理念,维护员工合法权益,积极倡导民主管理,关爱员工健康和生活,重视员工能力培养,全力为员工打造发展平台,实现员工和企业共同成长。在社会责任方面,中煤集团高度重视企业所在地经济社会发展,积极主动承担社会责任,在保障自身经济发展的同时,积极支持地方经济建设,开展扶贫帮困、捐资助学、赈灾救危等活动,与所在地社区共同发展,实现互利共赢。

(撰稿人:赵维善)

中国煤炭科工集团有限公司

【基本概况】 中国煤炭科工集团有限公司(以下简称"中国煤炭科工")是由中煤国际工程设计研究总院、煤炭科学研究总院两家中央企业于2008年4月合并组建。

2017年,中国煤炭科工深入贯彻习近平新时代中国特色社会主义思想,认真落实党中央、国务院方针政策和国资委的工作部署,坚持稳中求进工作总基调,以推进供给侧结构性改革为主线,以提高质量效益和核心竞争力为中心,凝心聚力、攻坚克难,各项工作总体推进、协调发展,全面完成全年各项任务,在改革发展、生产经营和党的建设等方面都取得显著成效。

【主要指标】 2017年,中国煤炭科工营业收入192.49亿元,比上年增长17.5%;EVA完成32884万元,比上年增长70.4%;利润总额15.54亿元,比上年增长44.1%。新签合同额263.8亿元,比上年增长33.1%。截至2017年底,中国煤炭科工资产总额470.26亿元,比上年增长4.9%;净资产253.37亿元,比上年增长9.2%;应收账款净额131.5亿元,比上年下降4.5%。

2017年中国煤炭科工集团有限公司主要经济指标

项　目	2016年	2017年	比上年增长(%)
资产总额(亿元)	448.17	470.26	4.9
所有者权益(亿元)	232.13	253.37	9.2
营业收入(亿元)	163.78	192.49	17.5
利润总额(亿元)	10.78	15.54	44.1
净利润(亿元)	7.92	12.03	51.9
归属于母公司所有者的净利润(亿元)	4.58	7.41	61.8
技术开发投入(亿元)	7.96	9.75	22.4
利税总额(亿元)	24.76	30.41	22.9
应交税金总额(亿元)	17.98	19.60	9.1
全员劳动生产率(万元/人·年)	21.13	23.26	10.1
净资产收益率(%)	3.46	4.95	增加1.49个百分点
总资产报酬率(%)	2.75	3.77	增加1.02个百分点
国有资本保值增值率(%)	102.42	105.95	增加3.53个百分点

【改革发展】 2017年,中国煤炭科工深入开展"三去一降一补",妥善处理改革、发展、稳定关系,通过深化改革,激发企业活力。

1."瘦身健体""处僵治困"稳步实施。基本完成年度"僵尸企业"特困企业的处置工作,11户"僵尸"和特困企业总亏损额较上年减亏9451万元,全年分流安置845人,分流安置工作总体平稳有序。中国煤炭科工管理层级压减到四级,净压减数为13户。截至2017年底,亏损企业较上年同期减少14户,亏损额减少2.5亿元,亏损额和亏损面大幅减少。

2.推进两总部深度重组。根据巡视整改要求,为进一步压缩管理层级,提高管理效率,对中国煤炭科工和天地科技两总部进行深度整合,原两总部23个职能部门调整减少至21个,职责更加明确,管控力度和深度得到有效提升。

3.圆满完成分类及改制任务。根据国资委总体工作部署,制定分类和公司制改制方案,依法合规、高效推进,在2017年底完成全级次115户子企业以及56户参股企业功能界定与分类和所属企业的公司制改制工作,圆满完成国资委下达的任务。

4.继续完善法人治理结构。中国煤炭科工积极适应国有企业改革的新形势新要求,把加强党的领导和完善公司治理统一起来,修订公司章程,完善"党组织研究是重大决策前置程序"的机制,进一步健全国有企业法人治理结构。

【战略转型】 2017年,中国煤炭科工坚持问题和目标导向,以提高发展质量和效益为中心,强化《"十三五"发展规划》战略引领,推进战略发展与转型升级,着力打造发展新优势,加快拓展增长新空间,有效促进中国煤炭科工健康稳定发展。

1.落实国家发展战略。有效落实"一带一路"倡议,深入贯彻"京津冀协同发展"战略,集团领导带队亲赴滨海新区进行战略对接,搭建"总对总"经营平台。坚决拥护中央决策部署,加强与国家部委、中央企业对接力度,积极推进"雄安新区"建设项目。

2.完善集团产业价值链。中煤科工金融租赁公司于2017年10月正式投入运营,为所属企业和客户提供基于融资租赁的综合金融服务,为中国煤炭科工转型升级注入新的活力。筹备设立财务公司,最大限度的服务和支撑实体经济发展,健全完善科技、产业、金融三位一体的企业价值链。

3.有效推进转型升级。按照"十三五发展规划"确定的产业发展基调,从产业布局、资金投入、目标引领等方面加大转型升级力度,形成新技术新成果加速转化、新模式新业态不断涌现的良好局面,在市政建筑设计、钻探装备升级换代、清洁能源绿色发展等方面成效显著。

【重大创新】 2017年,中国煤炭科工大力实施创新驱动发展战略,不断完善科技创新体制机制,大力推进科研条件建设,着力提升创新文化软实力,科技创新能力稳步提升。

1.科技创新再获丰收。中国煤炭科工组织策划国家科技计划项目,获批纵向科技项目102项,在研纵向科技项目133项。主动谋划面向2030国家重大科技项目"地球深部探测"和"煤炭高效清洁利用"实施方案编制和立项论证工作,积极组织国家重点研发计划项目申报并取得重大突破,成功获批国家重点专项2017年度项目6项。

2. 成果转化成效显著。依托国家科技重大专项、国家自然基金项目、国家科技支撑计划等国家科技计划的支持,中国煤炭科工科技成果转化力度不断加强。大功率定向钻进技术与装备,在神东保德煤矿创造水平定向钻进2311米的新的世界纪录,并创造较好的经济效益。综采智能控制技术与装备,率先在较薄煤层开采条件下取得成功,实现智能化无人开采,在行业得到广泛推广应用,引领行业发展方向。

【管理管控】

1. 集团管控能力得以加强。集团总部新设法律合规部、工程管理部、集团购销中心、生产技术部、信息化中心等,有效提升法律、工程、采购、生产、信息化等战略管控能力。按照国资委工作部署,资金集中管理在2017年取得突破性进展,提高资金利用效率,降低金融成本。截至2017年底,根据全口径统计,中国煤炭科工资金集中度达到75.06%。

2. 集团精细化管理进一步提升。2017年,启动全面预算管理,加强企业经营计划性、科学性,推动集团管理水平提升。加强投资全过程管理,从集团层面严肃决策投资纪律,一定程度上减少所属企业投资项目的盲目性,降低投资风险。加强依法治企,制定法治央企建设实施方案,集团总部实现国资委关于"重大经营决策等审核率百分百"的目标要求。

【人才队伍】2017年,中国煤炭科工大力加强符合生产经营和改革发展需要的高素质人才队伍建设,启动"人才强企"发展战略。

1. 高端人才培养体系基本建立。2017年,康红普院士当选党的十九大代表,王国法当选中国工程院院士。中国煤炭科工连续两届获评院士,体现出集团在高端领军人才培养方面初见成效。陆续发布《中国煤炭科工高层次科技人才选聘管理办法》等制度,以院士及一、二、三级首席科学家人才机制为引领,着力打破制约企业创新发展的瓶颈,解决专业技术人才职业发展空间不足等问题。

2. 人力资源规划管理逐步加强。2017年,逐步推进人力资源管理"整体有规划、年度有计划、数量有控制、质量有提升"。统筹组织集团化校园招聘,取得良好效果。

3. 人力资源激励体系进一步完善。建立高端科技人才激励机制和科研人才奖励机制等,参照市场化标准提升核心科研人员待遇水平,激发科研人员创新动力。结合企业性质特点,进一步完善增长适度、差距合理、关系和谐的工资总额分配格局,通过加强与经营业绩联动,提升企业经营动力与活力。

【党建工作】

1. 深入学习贯彻党的十九大会议精神。中国煤炭科工及时制定方案、精心部署,迅速组织全集团党员干部职工深入学习宣传贯彻党的十九大精神,召开6次集团党委中心组集中学习会议,领导班子成员深入基层一线宣讲十九大精神18场次。组织全系统万余名党员干部职工参加国资委、十八大代表、干部培训、网络培训等专题培训。组织党员干部职工5400余人次参加6次党课集中学习,编发15万余字学习资料。搭建网络、微信、内刊、简报、征文等立体式宣传平台,营造浓厚学习氛围。所属各级党组织以中心组学习、"三会一课"、专题培训等形式开展1270余场次学习宣贯活动,切实做到学习宣传贯彻进基层、全覆盖、求实效,将学习宣传贯彻党的十九大精神真正落到实处。

2. 全面加强企业党建工作。贯彻落实国企党建会议精神,党的领导体制机制不断完善,党委把方向、管大局、保落实的作用充分发挥。中国煤炭科工及二级企业全部完成章程修订,明确党组织在公司治理结构中的法定地位。集团总部调整设立党建工作部(党委办公室)和企业文化部(党委宣传部),为"党建工作落实年"各项工作落实落地提供组织保障。不断加强干部管理,完善干部制度,加强干部考核,落实选任纪实制度,加大干部调整交流力度。基层党组织建设全面加强,开展主题党建活动,深入推进"两学一做"学习教育常态化制度化,加大力度推进基础党组织全覆盖和支部标准化建设,开展支部书记讲党课和"党课大家讲"活动,完成党支部书记第一轮集中轮训。

3. 党风廉政建设和反腐败工作取得新成效。以"机动式"巡视整改和内部巡视为抓手,推动落实党风廉政建设责任制,认真践行监督执纪"四种形态",严肃党内政治生态。积极营造不敢腐、不能腐、不想腐的氛围。加强廉政教育培训,先后组织集团领导人员廉洁教育等专题培训班,多渠道多方式强化廉洁教育。锲而不舍落实中央八项规定精神,全面开展监督检查,驰而不息纠正"四风"。不断加强制度治党,完善纪检监察制度体系,加强纪检监察工作流程化、标准化。积极推进内部巡视,完善巡视工作机构和10余项巡视制度,开展首轮内部巡视。严肃监督执纪问责,纪委把纪律和规矩挺在前面,坚持无禁区、全覆盖、零容忍。

(撰稿人:彭上林)

机械科学研究总院集团有限公司

【基本概况】 机械科学研究总院集团有限公司(以下简称"机械总院集团"或"集团")是国务院国资委直管的公益类央企集团,始建于1956年,60余年来始终致力于装备制造业基础共性技术研究,有力支撑服务国家科技创新战略、机械行业和区域经济发展,是国家科技创新体系的重要组成部分和装备制造业发展的引擎。历经几代人的不懈努力,集团形成"机械装备技术研究与服务"和"相关设备制造"两大主业。累计取得科研成果7000多项,广泛应用于机械制造、航空航天、交通运输、信息产业、冶金、环保、汽车等多个领域。为我国重大科技项目攻关、重大工程建设、行业共性关键技术发展作出巨大贡献,社会价值显著。

机械总院集团下设分布在全国多个省市的铸造、锻压、焊接、热表处理、工业自动化、工厂设计、标准化及机械制造全流程专业构成的研究所、设计院等直属单位16家,形成先进制造工艺与装备、智能制造技术与装备、机械工程材料及关键零部件三大科技方向。现有员工6000余人,其中中国科学院和中国工程院院士3人,国家有突出贡献的中青年科学技术专家21人,享受国务院特殊津贴专家306人,"百千万人才工程"国家级人选10人。拥有博士、硕士学位授权点16个,在读研究生300余人。

机械总院集团现建有4个国家重点实验室、4个国家工程研究中心、28个行业和省部级重点实验室和工程(技术)中心,拥有44个国际、国家及行业标准化委员会,12个国家及行业检测中心,3个质量认证及管理咨询机构等,能够为客户提供从战略咨询、规划编制、科研开发、装备制造到技术服务的综合性系统解决方案。

机械总院集团坚持"双本结合"和"双轮驱动",坚持打造"高端装备领域国家创新中心",提升"装备制造业创新力、服务型产业引领力和制造强国支撑力",积极实施"研发体系化、产业专业化、行业平台化、资产证券化、管理价值化"五大战略举措,打造"百年科技研发集团"。

【主要指标】 2017年,机械总院集团实现营业收入46.82亿元,比上年增长10.87%;利润总额3.51亿元,比上年增长7.44%。承揽一批高水平的科研项目,新签纵向合同7.08亿元。

2017年机械科学研究总院集团有限公司主要经济指标

项 目	2016年	2017年	比上年增长(%)
资产总额(亿元)	71.56	83.68	16.94
所有者权益(亿元)	36.83	40.06	8.76
营业收入(亿元)	42.23	46.82	10.87
利润总额(亿元)	3.26	3.51	7.44
净利润(亿元)	2.81	3.11	10.51
归属于母公司所有者的净利润(亿元)	2.51	2.74	9.05
技术开发收入(亿元)	12.24	12.18	—0.49
利税总额(亿元)	5.79	5.93	2.40
应交税金总额(亿元)	2.53	2.42	—4.10
全员劳动生产率(万元/人·年)	26.50	27.05	2.09
净资产收益率(%)	8.05	8.09	增加0.04个百分点

续表

项　目	2016年	2017年	比上年增长(%)
总资产报酬率(%)	4.93	4.64	减少0.29个百分点
国有资本保值增值率(%)	108.95	107.81	减少1.14个百分点

【改革发展】

1. 集团公司体制改革深入推进。2017年，根据央企改制要求，集团上下共同努力，包括集团母公司和各级子企业在内的18户企业如期完成公司改制工作。制定完成外部董事管理等配套办法，规范各级领导干部兼职，选优配强各公司制企业高管，为集团进一步建设现代企业制度奠定坚实基础。

结合公司制改制，集团研发体系机构建设加速推进，重点产业公司化发展深度推进，"一院两制"体制机制创新在改革实践中落细落实。

2. 集团战略管理能力进一步增强。全面实施"战略引领规划，规划导入计划"的战略管理机制。延伸制定集团财务管理、工研资本等"十三五"规划，发布实施集团"十三五"战略系列规划，修订战略考核办法，创新实施总部职能部门战略绩效考核。规划引领集团工作的主线作用更加突出，规划引领集团改革发展的能力进一步增强。

结合各单位领导班子配置和任期发展要求，将实现战略目标作为配置领导班子及成员的前提条件，8家单位实现战略目标引导下的领导班子配置。通过修订企业负责人薪酬管理办法，实现战略引领到干部管理机制的贯通。

3. "集团认检一体化"工作快速推进。集团认证检测一体化工作，以"行业平台化、集约化发展"为战略导向，以"认检一体化方案"为牵引，强化统筹协调、周密组织，严格按照计划落实节点工作，注册完成中机寰宇认证检验有限公司，认检集团领导班子到位并启动运营。

4. 总部管理机制进一步优化。优化集团总部管理机制，确立总部职能部门工作与集团发展责任绑定目标，修订职能管理部门及员工绩效考核、薪酬管理办法，集团发展的责任和压力传递到部门、岗位。优化管理流程，加强信息共享与工作联动，总部运行效率持续提高。集团法治化水平持续提升。制定法治建设第一责任人职责管理办法和信访维稳工作办法，强化法治思维、依法经营、稳健运行。

5. 集团财务管控持续加强。全面推行资金集中管理，创新管理模式，搭建资金集中管理平台，截至2017年底，同口径比较集团资金集中度由24%提高到70%以上。按照"总体规划，分步实施"原则，制定财务信息化建设总体方案，搭建统一的集团财务信息化平台，逐步实现集团财务信息资源共享和集中管理。加大财务专业技术职务序列建设力度，集团财务相关干部及专员委派进入直属单位，财务管控持续加强。

【重大项目】　机械总院集团沈铸所承担的"电渣熔铸大型变曲面异形件关键技术"项目获得国家技术发明二等奖。在国家及省部级系列重点项目支持下，研发出电渣熔铸大型变曲面异形件制造成套技术，将电渣纯净化冶金、电渣焊接和模锻精密成形有机结合，发明一种新的大型铸锻件制造方法，替代传统砂型铸造工艺，解决纯净化冶金和异形件精密成形等关键技术难点，内部组织致密(接近锻件)，表面质量好、尺寸精度高，无废砂等固废排放，该项目累计获得10余件国家授权发明专利，4项省部级以上科技奖励，形成具有自主知识产权的成套技术，研究成果达到国际领先水平，成功用于水电、风电、核电和矿山机械等领域关键铸锻件的制造，较好地解决我国高端装备对高品质大型铸锻件的急需和技术瓶颈问题。

机械总院集团等单位完成的"复杂铸件无模复合成形制造方法与装备"获得国家技术发明奖二等奖，该项目是针对传统铸造依靠模具翻砂造型，存在工序多、流程长，形性精确控制难等难题，难满足多品种、小批量、短周期等迫切要求，发明砂型曲面柔性挤压近成形、切削净成形构建多材质铸型的无模复合成形铸造方法，取得工艺方法、复合铸型、系统装备三方面创新。获得授权发明专利46件，其中美、日等国际发明18件，在航空航天、动力机械等100多家单位推广应用，实现单件、小批量复杂铸件无模化、高效率、高精度、高性能制造。

【重大创新】

1. 集团科技创新取得丰硕成果。2017年，"电渣熔铸大型变曲面异形件关键技术"和"复杂铸件无模复合成形制造方法与装备"2项科技成果获得国家技术发明二等奖。集团获得省部级一等奖5项，其中中国机械工业科学技术一等奖3项。授权发明专利63件，"驻波约束的大面积硬质合金钎焊方法"获得第十九届中国专利优秀奖。

强化集团引领策划重大项目，紧密对接"中国制造2025"等重大专项，全年新增"关键焊接材料进口替代""航空航天轻量化精密清洁铸造创新能力平台建设项目""连续纤维增强复合材料增材制造工艺与装备"等纵向科研项目151项，合同额5.44亿元，国拨经费到款额3.34亿元。

2. "一院两制"科技创新体系建设稳步推进。

集团国家重点实验室、工程研究中心等国家级创新机构依托单位完成各自科技创新机构建设方案，明确研究方向、团队构成、业务边界、科研资产边界。"制造业自动化国家工程研究中心"获得国家发改委二次创新能力建设支持；"精密成形国家工程研究中心"创新能力建设项目通过验收。集团"一院两制"年度科技创新体系建设稳步推进。集团"制造业国家创新中心"建设迈出重要步伐，轻量化院落户怀柔科学城，正在实施股东公开挂牌征集，获批"北京市轻量化材料先进成形技术与装备产业创新中心"，国创中心建设方案整体完成。

3. 科技产业基金协同创新机制进一步优化。

加强集团科技发展基金、产业基金对集团科技产业项目的引导作用，完善科技基金管理机制，引入分类支持和资金回收新模式。2017年，按照新机制，集团支持科技产业9个重点项目，支持资金1600万元，推动集团重大技术装备研制、成组成套生产线开发。探索市场有需求、集团能主导、成组成套的重点项目顶层设计，积极策划超高强钢热冲压成形装备、汽车复合材料成形等重点项目方案，构建链条式创新模式，激发集团科技产业发展活力。科技基金、产业基金协同引导机制进一步优化。

【党建工作】 一是牢记"四个意识"，思想政治建设取得新进展。坚持学懂弄通做实党的十九大精神，做到迅速响应全面部署、领导带头全级贯通、机动灵活全员覆盖、改革发展全局谋划，在集团掀起深入学习宣传贯彻党的十九大精神热潮。全年集团党委理论学习中心组学习次数14次，比上年增长350%。集团领导带头深入基层和联系点结合改革发展实际宣讲党的十九大精神，各级党组织书记走上讲台讲党课，为离退休党员量身定制学习方案送学上门。各级党组织结合"两学一做"学习教育常态化制度化集中学习1000余次，强化思想政治建设层层示范带动、层层落实覆盖的效果。

二是紧扣党建重点任务，基层组织建设实现新作为。积极推动集团党建工作"十三五"规划年度重点工作落实，坚持"应换必换""应建必建"原则，集团党委顺利完成换届改选，配齐配强新班子，保证党委发挥领导作用，把方向、管大局、保落实。实现满足条件的32个二、三级法人单位单独设立党组织全覆盖，163个基层党组织按期换届全覆盖，集团及16家二级单位党建工作进章程全覆盖。以落实党建工作责任制为统领初步建立三级党建考核体系，实现党建责任制纵向到底、横向到边的责任体系全覆盖、全贯通，实现对二级单位党建考核、党组织书记抓党建工作述职评议全覆盖。以加强党组织书记培训为抓手夯实基层党建基础，全年集中培训各级党组织书记200余人次。

三是严管厚爱结合，干部人才队伍建设开创新局面。坚持党管干部、党管人才原则，不断健全完善干部选拔任用和人才培养机制。统筹推进战略目标引导下的企业负责人选聘和干部能上能下机制，持续完善备用结合、动态调整的后备干部队伍管理机制，积极推进干部集团内部合理有序流动，优化干部队伍结构、提升干部责任担当意识和善作善成的能力。严明干部个人事项申报纪律，2017年随机抽查、重点核查的26名干部无一例瞒报漏报。实施人才强企战略，积极拓展人才发展通道，营造优秀人才脱颖而出的良好环境。

四是开展内部巡视巡察，全面从严治党推出新举措。集团党委、纪委不断强化"两个责任"，通过抓教育强思想、抓制度立规矩、抓作风倡节俭、抓执纪严问责等措施，着力构建不敢腐、不能腐、不想腐的体制机制,持之以恒落实中央八项规定精神、坚决反对"四风",扎实推进党风廉政建设和反腐败工作。立足政治巡视、坚持问题导向,对集团2家单位开展内部巡视巡察,积极推进任期内巡视全覆盖,为改革发展营造风清气正良好环境。

五是以党建带工建团建,群团组织携手展现新活力。充分发挥群、团组织作为党的助手和桥梁纽带作用,统筹各方力量推动改革发展。规范集团职代会建设。积极开展扶贫帮困、文体活动等,体现企业人文关怀。选举产生集团第三届团委,统筹推动团组织书记专业化、专职化,强化思想引领、搭建成长平台、服务青年需求、激发组织活力,团结带领团员青年牢记新使命、展现新作为。

【信息化建设】 持续推进信息化建设,全面提升集团信息化水平。以综合管理信息平台为载体,深入推进信息化建设工作。机械总院集团根据业务发展和管理需求,持续完善综合信息管理平台建设,实现战略计划管理、分析决策、绩效管理、科研管理、市场管理、投资管理等核心模块的全部上线运行,制度流程化、信息化比例大幅提升。视频会议系统运用率上升,集团信息化水平得以稳步提高,管理效率大幅度提高。

【履行社会责任】 精准帮扶,助力新县精准脱贫。坚持机械总院集团和新县年度交流机制,集团领导深入扶贫点调研机制,2017年,集团派驻新县挂职副县长和驻村第一书记各1人;投入中央企业贫困地区产业投资基金200万元,设立集团扶贫工作专项保障经费,承办第二届新县科普夏令营活动,帮助信阳涉外职业技术学院持续建设焊接学科、开创建设工程机械新学科,金兰村发展呈现新面貌,多家单位到新县调研、捐款、捐物、助学,扶贫到扶智有序实施。在全集团的重点帮扶助力下,新县2017年实现脱贫目标。

(撰稿人:贺凌华)

中国中钢集团有限公司

【基本概况】 中国中钢集团有限公司(以下简称"中钢集团")是国务院国资委监管的中央企业。主要从事冶金矿产资源开发与加工,冶金原料、产品贸易与物流,相关工程技术服务与设备制造,是一家为冶金工业提供资源、科技、装备集成服务,集矿产资源、工程装备、科技新材、贸易物流、投资服务为一体的大型跨国企业集团。

2017年,在国资委、监事会和综合协调领导小组的指导帮助下,中钢集团上下认真落实党中央、国务院和国资委决策部署,坚持稳中求进工作总基调,以提高质量效益和主业竞争力为中心,圆满完成国资委下达的业绩考核指标,党的建设进一步加强,实现二次创业良好开局。

【主要指标】 经营业绩创近五年最好水平。2017年,中钢集团实现盈利超过30000万元,比上年增长42%;实现营业收入6495700万元,比上年增长16%;集团三项资产压降330000余万元,比上年降低14%;经营活动现金流和资金链保持稳定;中钢集团核心主业产销衔接良好,铁矿、铬矿、铁合金、轧辊、磁性材料等主要产品产销量均实现平稳增长。

年度专项任务顺利完成。完成25户企业"处僵治困"任务,分流安置员工4000余人,法人压减12户,"三供一业"分离移交6项;较大以上生产安全事故为零,未发生环境污染事故,较好地完成节能减排指标。

【改革发展】

1. 多措并举狠抓经营,质量效益不断提升。中钢集团始终把稳中求进作为经营管理工作的指导方针,突出分类管理,落实经营责任,紧紧围绕提质增效目标要求,优化配置资源,强化督导调度。各经营单元积极开拓市场,努力创利增效,在稳中实现进的突破。矿产资源企业抓住市场企稳回升的有利时机,加大产销力度,一举扭转困难被动局面,成为集团盈利大户;工程技术企业抢抓合同订单,紧盯项目执行,抓住市场有利时机,妥善解决重钢等难点问题;装备制造企业加快调整转型步伐,积极推进业务协同。科技新材企业累计盈利首次突破亿元大关;贸易投资等专业服务企业努力稳定客户渠道资源,继续保持平稳发展态势。集团所属10个平台公司中,7个实现盈利,盈利面达到70%,利润同比大幅增长。

2. 稳步实施业务规划,核心主业不断增强。2017

年,中钢集团坚持战略规划引领,围绕四大产业核心业务,加大培育优化调整力度,不断增强造血功能。一是聚焦发展铁矿、铬铁和萤石等海内外矿产资源业务。中钢与力拓恰那合营项目成功实现第三次延期,铁矿总产量再增加1000万吨。启动澳洲铁矿资源整合工作,并推进收购三菱铁矿项目。扎实推进萤石资源开发,民乐北山及承德丰宁萤石矿股权收购顺利完成。二是巩固发展工业工程和服务、市政工程、节能环保及高新技术。中钢国际工程围绕"一带一路"沿线市场区域,持续加大市场开拓,继续保持冶金工程领域优势地位。三是持续推进装备制造企业结构调整,瞄准高附加值产品市场,促进企业转型升级。中钢邢机有效实施两化融合,促进核心产品升级换代,加大新型商业模式和战略性总包推进力度,相继与武钢等企业签订合作协议,行业龙头地位进一步巩固。四是深入实施科技创新驱动发展战略。大力支持所属科技企业承担国家重大科技任务,加强研发平台建设,中钢集团获得专利80项,获得各类科技奖励32项,修订、制定各类标准20项。顺利完成科技企业优势业务资源重组,实现中钢天源配套融资,有力增强业务综合实力和行业影响力。

3. 扎实推进"处僵治困、压级减户",加快盘活内部资源,促进企业"瘦身健体"。在国资委综合协调小组的支持下,集团"处僵治困"及"压减"工作取得积极成效。2017年,完成25户"处僵治困"任务,同比减亏19000万元,分流安置员工4000余人。其中,津巴铬业、南非铬业、中钢衡重等5户国资委督办的"僵尸企业"处置工作全部完成,生产经营恢复、人员妥善安置、资产得到盘活。三项资产清收工作取得新的突破。中钢资产完成9个项目挂牌,合计收回资金2844万元。中钢设备、德远矿产品及中钢钢铁等关停贸易企业大力推进三项资产清收压降,回笼资金超过50000万元。

4. 持续完善公司治理,基础管理不断加强。以集团董事会试点和公司制改制为契机,不断完善法人治理,优化管控架构,依法治企水平不断提升。进一步完善董事会议事规则等配套制度,有效发挥董事会科学决策作用。2017年,董事会审议议案65个,有力推动公司经营管理工作。深化改革及公司制改制工作扎实推进。制定出台《中钢集团全面深化改革工作实施意见》,拟定整体改制方案,获得国资委批准,如期完成集团本部及5户子企业改制主体工作。干部队伍建设不断加强。继续加大年轻干部使用力度,不断优化干部队伍结构。提拔21名中层领导干部,其中40岁以下的8人。动态调整后备人才库。组织实施"英才一期"第二年集训和"优才一期"集训,参训人员230余人。

【党建工作】

1. 持续强化从严治党意识,核心作用进一步发挥。召开党委会议43次,研究审议重大事项213项,从决策机制层面保障党委领导核心和政治核心作用有效发挥;制定印发《党建工作责任制实施办法》,加强党组织书记,副书记,纪委书记述职评议考核工作,推动"一岗双责"有效落实。集团及所属21家境内企业全部完成党建工作进章程,57家平台所属企业实现党政"一肩挑",党委建制的企业同步配齐配强专职副书记。

2. 深入学习宣传贯彻习近平总书记系列重要讲话和党的十九大精神,扎实推进"两学一做"学习教育,紧密结合企业实际,贯彻落实全国国有企业党建工作会议精神,集中抓好理论学习,成立领导小组和宣讲团,启动"以党的十九大精神为指引,着力发现和破解企业重难点问题"主题调查研究活动,开展多层次交流研讨,努力将学习成果转化为推动集团攻坚克难的强劲动力。

3. 明确党建工作思路,进一步加强组织建设。召开集团第二次党员代表大会,选举产生新一届集团两委委员。明确"12358"思路,对未来五年党建工作进行部署。组织召开集团在京党代表会议,选举产生出席中央企业系统在京党代表会议代表,完成十九大代表候选人推荐工作。坚持"四同步""四对接",加强海外党建调研、推动混改企业党建,进一步健全完善基层党组织,基层支部结合实际开展多种形式的党建活动。中钢安环院爆破所党支部荣获"中央企业基层示范党支部"称号。

4. 坚持标本兼治,全面推进党风廉政建设和反腐败工作,深化全面从严治党。全面推进所属企业纪委书记委派制,强化同级监督;落实廉洁责任谈话制度,深化问责工作，推进"两个责任"落实；抓关键时点教育警示、查重要线索严肃惩处，持之以恒落实中央八项规定精神；建立完善规章制度，开展境外廉洁风险防控，深化违规经营投资责任追究，推进构建"不能腐"的体制机制；全面推进内部巡视，完成7家企业巡视任务；推进重点案件查处，始终保持惩治腐败的高压态势。

5. 加强宣传思想文化建设，企业凝聚力进一步增强。组织开展"走好二次创业长征路"系列主题活动；聚焦弘扬攻坚精神，举办"恰那30年回顾"系列活动、摄影展和企业文化宣传周，开展首届"集团劳动模范"评选；聚焦二次创业重点工作，在集团内外网、《中钢报》、官方微信推出一批影响力强的主题栏目；集团各级工会、团委相继组织开展一系列文体活动，丰富职工文化生活，进一步强化团队合作意识。

【履行社会责任】 2017年，中钢集团不断提升社会责任对企业发展的价值高度，将履责核心理念与企业价值产业链紧密结合，不断提高经济、社会和环境的综合价值最大化，将社会责任理念融入日常经营的各个流程和环节，不断强化社会责任与企业经营管理工作的有机融合。中钢集团发布的《2016年可持续发展报告》采用责任专题的方式与三个核心履责链条相结合，紧扣热点要点，系统披露中钢集团参与"一带一路"建设以及积极推动科技创新的专题履责情况。报告凭借披露核心议题全面、沟通形式创新等，再次获评中国社科院"四星半级"企业优秀社会责任报告。同时，积极配合国资委《中央企业社会责任蓝皮书(2017)》编撰及"中央企业海外社会责任研究"课题，深得国资委肯定。中钢集团坚持"价值共创、责任共享、互利共赢"的可持续发展管理理念受到社会及专业机构一致好评。

(撰稿人：杨嘉莹)

中国钢研科技集团有限公司

【基本概况】 中国钢研科技集团有限公司(以下简称"中国钢研")是国务院国资委直接管理的中央企业，是我国冶金行业最大的综合性研究开发和高新技术产业化机构。2006年12月，经国务院同意、国务院国资委批准，原钢铁研究总院(创建于1952年)更名为中国钢研科技集团公司，冶金自动化研究设计院(创建于1973年)作为全资子企业并入中国钢研科技集团公司。2009年5月，经国务院国资委批准改制为国有独资公司，并进行董事会试点。

2017年，面对复杂多变的外部环境，中国钢研以习近平新时代中国特色社会主义思想为指导，深入学习贯彻十九大精神，坚持以加强党的领导、加强党的建设统领全局，坚持稳中求进的工作总基调，坚持以提高发展质量为中心，坚持以推进供给侧结构性改革为纲领，以"创新引领发展，改革突破瓶颈"为主线，扎扎实实、埋头苦干，各项工作稳步推进，实现平稳发展。

【主要指标】 2017年，中国钢研实现营业收入81.84亿元，利润总额3.98亿元。

2017年中国钢研科技集团有限公司主要经济指标

项　　目	2016年	2017年	比上年增长(%)
资产总额(亿元)	195.01	198.41	1.74
所有者权益(亿元)	107.77	107.39	−0.35
营业收入(亿元)	74.97	81.84	9.16
利润总额(亿元)	3.99	3.98	−0.25
净利润(亿元)	2.99	3.03	1.34
归属于母公司所有者的净利润(亿元)	1.58	2.13	34.81
技术开发投入(亿元)	4.90	5.44	11.02
利税总额(亿元)	9.45	8.83	−6.56
应交税金总额(亿元)	5.34	4.89	−8.43
净资产收益率(%)	3.13	2.82	减少0.31个百分点
总资产报酬率(%)	2.77	2.52	减少0.25个百分点
国有资本保值增值率(%)	107.66	103.00	减少4.66个百分点

【改革发展】 2017年，中国钢研扎实推进"1+N政策"落实，全面推动深化改革。一是积极响应"公益类"央企分类，一方面密切跟踪研究国家对公益类企业新的要求，积极争取支持政策；另一方面贯彻全面深化改革要求，完成全级次69家子企业功能定位与分类工作，初步形成公益类、商业二类、商业一类"业务混合、矩阵式支撑"的格局，为下一步系统推进分类改革、分类发展奠定基础。二是持续推进产业结构调整，倒逼全面深化改革。积极调整业务布局，推进产业转型升级。致力于打造稀土永磁业务一体化，筹划相关板块的资产置换，已进入决策准备阶段。三是法人治理结构不断健全。落实"党建进章程"有关要求，修订章程和一系列规章制度，明确重大决策事项需要经党委前置研究的基本要求和决策程序。设立党委的二级企业均已完成党委决策前置程序的制度建设。在3家二级公司率先实现党委书记、董事长"一肩挑"，在实践中进一步理顺党委、董事会、经理层之间的关系，进一步健全各司其职、各负其责、协调运转、有效制衡的国有企业法人治理结构。

【重大项目】 2017年是"十三五"科技计划立项的关键之年，中国钢研围绕国家重大需求、重大工程，一批科技发展重点项目被列入国家相关科技计划并得到支持。全年新签和落实科研项目101项，申报国家各类产业化项目10余项，获批"国家新材料测试评价平台——钢铁材料分中心"等国家重点项目。高温合金涡轮盘热加工残余应力控制技术、先进制造业基础件用特殊钢、航空航天用功能性特种合金材料、先进核电用钢铁材料、超大容量电力电子变换装备等一批关键技术取得突破，一批新产品新装置成功应用推广，向用户交付一批满足技术条件要求的产品（试件），确保我国战斗装备、大船、深海装备等重点型号建设需求。

【重大创新】 2017年，中国钢研充分发挥自身有优势，大力推进科技成果转化，取得一系列创新成果。一是大力推进"双创"，激发内在活力，中国钢研召开"双创工作大会"，成立"钢研大慧双创基地"，发布"鼓励创新创业政策及实施意见"。2017年6月15日，获国务院批准成为国家第二批"双创示范基地"，对于推进深化改革和科技创新具有重大意义。双创基地探索打造中国钢研创新发展的改革特区和政策试验田，同时也为青年创新基金、成果份额型基金的运行提供现实的载体。钢铁材料云平台项目获得股权创投基金和外部投资人投资，已组建独立法人公司入驻基地运行；钢铁智能化技术、捞渣机器人等成果份额型创新基金项目成果转化顺利，并在多家企业得到应用。二是科技创新再添硕果，获得各种科技奖励11项，其中"压水堆核电站核岛主设备材料技术研究与应用"获得国家科技进步二等奖；"基于M3组织调控的钢铁材料基础理论研究与高性能钢技术"等4个项目获得冶金科技进步一等奖；电感耦合等离子体质谱仪获得"第15届中国国际科学仪器及实验室装备展览会"自主创新金奖；牵头制定的《钢的脱碳层测定方法》等2项国际标准分别进入出版和报批阶段。全年申请专利382件，授权专利240件。三是科技创新成果转化支撑产业发展实效显著。抓住钢铁产业转型和品种升级迫切需求，持续推进成果转化，一批重点工程材料的研制成果开始向批产转化，部分实现量产，取得较好的收益。

【党建工作】 2017年，中国钢研学习贯彻党的十九大精神，全面落实从严治党。一是深入学习宣传贯彻党的十九大精神。把学习宣传贯彻党的十九大精神摆在首位，以全面部署、全体宣讲、全层覆盖、全媒互动、全局谋划作为宣传贯彻活动的要求，开展多层次、多形式的学习交流研讨。中国钢研党委召开4次十九大专题中心组学习会，9名常委带头深入各自联系点讲党课，带动十九大精神进车间、进班组、进工地、进一线。二是深入落实国企党建工作会精神，全面加强党的领导。针对党建工作中存在的"四化"问题，结合实际研究制定4个方面13项重点措施，作为2017年党建工作重点并强力推进。三是凝心聚力，营造发展环境。围绕集团生产经营大局，发挥网站、微信公众号等新媒体作用，宣传正能量，弘扬正气。成功举办第二届青年创新大赛、承办"央企青春大讲堂"，发挥青年生力军和突击队作用。深入开展全员创新活动，举办职工技能大赛、"岗位练兵技能比武"。继续打造"李卫工作室"，树立央企统战工作品牌标杆。四是全面推进党风廉政建设和反腐败工作，完善党委统一领导、全面覆盖、权威高效的监督体系，大力构建"不能腐"体制机制。深入落实中央八项规定，强化各级领导干部履职待遇、业务支出管理。

【信息化建设】 2017年，中国钢研持续推进信息化建设，助力管理提升。强力推进财务标准化建设，成立财务标准化工作小组，制定《财务编码字典手册》，并统一、规范基本会计处理规则，为业财信息融合、构建数据治理奠定基础。完成人力资源信息系统一期建设并正式运行，基本保障人力资源基础数据的及时性和准确性。构建电子采购平台，采购关键环节和重要信息实现"全程在案，永久追溯"。

【履行社会责任】 2017年，中国钢研积极践行央企责任，开展精准扶贫工作。积极出资认购央企产业扶贫基金；继续选派得力管理干部挂职定点扶贫县副县长、扶贫村第一书记；出资新建"天竺山钢研小学"教学楼，完成引水工程，解决215户、864人饮水难问题。集团党委支出党费捐助"中华蜂养殖项目"。捐赠100余套课桌椅、数十台电脑和学生宿舍用品。同时，加强扶贫工作的监督检查，加大扶贫项目及资金的监管，扎实推进脱贫攻坚。

（撰稿人：丁贺玮）

中国化工集团有限公司

【基本概况】 中国化工集团有限公司（以下简称"中国化工"）成立于2004年5月，主营业务为化工新材料及特种化学品、石油加工及炼化产品、农用化学品、橡胶轮胎、基础化工、化工装备。拥有6家专业公司、3家直管单位、9家上市公司、9家海外企业、26家科研院所，在全球150多个国家和地区拥有生产、研发基地和营销网络体系。自2011年开始，中国化工连续七年进入世界500强，2017年排名第211位，比2016年提升23位，在全球化学品行业位列第三，在国内行业排名第一。

【主要指标】 2017年，中国化工深入推进供给侧结构性改革，开创国际化发展新局面。应对国际国内形势深刻复杂变化，中国化工全面贯彻落实习近平新时代中国特色社会主义思想和党的十九大精神，贯彻落实党中央、国务院的决策部署，加强党的领导，深化企业改革，以提高发展质量和效益为中心，深入开展"瘦身健体"、提质增效，全面推进海内外企业协同整合，各项工作取得显著成绩。

2017年，中国化工实现营业收入3919.3亿元，比上年增长30.59%；实现税息折旧及摊销前利润（EBITDA）339.2亿元，比上年增长29.12%；实现利润3.7亿元。全年未发生员工或承包商重伤、死亡事故和突发环境事件。节能减排成效显著，全系统万元产值综合能耗比上年下降4.72%，废水、COD、二氧化硫、氨氮和氮氧化物排放量分别比上年下降8.75%、9.83%、11.59%、9.72%和10.78%。

2017年中国化工集团有限公司主要经济指标

项　目	2016年	2017年	比上年增长（%）
资产总额（亿元）	3776.40	7949.10	110.49
所有者权益（亿元）	718.40	2144.90	198.57
营业总收入（亿元）	3001.30	3919.30	30.59
利润总额（亿元）	51.50	3.70	−92.82
净利润（亿元）	25.40	8.10	−68.11
归属于母公司净利润（亿元）	1.20	−49.90	−4258.33
技术开发投入（亿元）	57.40	124.20	116.38
利税总额（亿元）	148.50	116.10	−21.82
应交税金总额（亿元）	97.00	112.40	15.88
全员劳动生产率（万元/人·年）	34.05	37.70	10.72
净资产收益率（含少数股东损益/权益）（%）	3.59	0.57	减少3.02个百分点
净资产收益率（不含少数股东损益/权益）（%）	4.54	0.48	减少4.06个百分点
国有资本保值增值率（%）	115.47	113.56	减少1.91个百分点

【改革发展】 2017年，中国化工深入贯彻落实深化国企改革"1+N"政策精神，立足增强活力，提高效率，建立灵活高效的市场化经营机制，全面推进深化改革各项工作。一是全面加强党的领导，进一步完善公司治理结构。积极探索加强党的领导与公司治理的有机结合，形成党委发挥领导作用、董事会、监事会、经理层依法依规履职运行的管理体制和运行机制。完成公司制改制；分类分层推进现代企业制度建设，完成各级企业的功能界定与分类；28户全民所有制子企业完成改制，中国化工所有企业全部完成按《公司法》约束的公司制股份制改革。二是稳步推进混合所有制企业改革。通过合资、合作、上市、增发等多种形式，分类推进股权多元化和资产证券化，中国化工上市资产占比进一步提升，资产证券化率达到22.8%。三是深化组织变革和三项制度改革，管理效能明显提升。清理三级以下企业60家，国内企业管理层级压缩到五级。全系统现有职工15.84万名，比上年减少12.22%。试点虚拟股权激励，完成第一批试点企业激励兑现。

【走向海外】 完成收购先正达的"世纪项目"。2017年6月7日，中国化工以430亿美元收购先正达公司完成交割，这是中国截至2017年底最大的"走出去"项目，也是全球最大的并购项目之一。收购先正达获得国际一流的农药、种子研发和生产能力，对增强我国农药、种子研发和生产实力，提高我国农业科研和技术水平，保障粮食生产和农业安全具有重大战略意义。

海外企业主导的业务整合顺利推进。完成倍耐力乘用胎和工业胎资产分立，凸显高端乘用胎在全球市场的领先地位，抢抓欧洲资本市场的窗口期在米兰重新上市，成为欧洲最大的IPO，投资一年多价值倍增。安邦电化等国内农化资产和业务与安稻麦整合进入沙隆达，全球区域布局和战略格局不断完善。克劳斯玛菲积极开拓中国市场，采取多种措施有序推进与橡塑机械板块采购整合和品牌整合，合理规划产品组合，加快资产一体化。埃肯收购挪威、印度三家金属硅企业，完善硅产业链。

截至2017年底，海外企业资产总额6217.5亿元，占总资产的78.22%；营业收入2780.4亿元，占总收入的70.94%；EBITDA 233.9亿元，占比68.96%。海外职工8.6万人，占比54.3%。

【重大创新】 科技创新的驱动作用更加突出，创新体系不断完善，自主创新能力明显增强。中国化工现有研发机构342个，其中海外166个，位列央企第一；国内176个，位列央企第三。2017年，科技投入占主营业务收入的3.11%。授权专利比上年增长64%，累计有效专利20802件，其中发明专利占比76%，美日欧和PCT专利占比22%。发明专利拥有量列中央企业第五位。主导制定国际标准2项；修订国际标准10项，制、修订中国国家标准94项、行业标准21项。先正达科技投入87亿元，占收入的10.2%，全年开发新产品905个，新产品销售收入近百亿元，荣获全球可持续农业联盟授予的"年度可持续农业合作奖"。倍耐力推出智能化轮胎Connesso。克劳斯玛菲实施数字化转型，率先推出智能化注塑机MaXecution。安迪苏推出"安泰来"新产品，为中国市场提供解决方案。

【党建工作】 深入学习宣传贯彻习近平新时代中国特色社会主义思想和党的十九大精神，切实加强组织领导，召开学习动员部署视频会、邀请中央宣讲团成员进行辅导。面向党旗重温入党誓词，不忘初心、牢记使命。开展多形式、分层次、全覆盖的学习培训，扎实开展宣讲活动，推动十九大精神进基层、进网络。积极开展面向国际人士和海外企业管理层的宣讲工作，传播构建人类命运共同体的全球发展新理念。集中宣讲专业公司、直管单位全覆盖，集中专题研讨直属企业班子成员全覆盖，领导干部讲党课所有基层组织全覆盖，学习培训和轮训中层以上干部全覆盖，学习宣传贯彻全系统职工全覆盖。

认真开展"两学一做"学习教育常态化制度化。认真执行"三会一课"制度，按时召开民主生活会和组织生活会，认真开展民主评议党员工作。举办纪念建党96周年暨"两学一做"学习教育常态化制度化专题党课。邀请专家学者到中央党校中国化工中青年干部培训班、总部机关作专题讲座和报告会。

落实全国国有企业党的建设工作会议精神，按照国资委党委"党建落实年"的要求，加快推进重点任务、重点工作。加强制度建设，完善党委议事规则。

集团公司和所属企业按计划完成党建工作总体要求纳入公司章程工作。集团公司和各级企业设置党委工作部，党建部门编制达到同级部门平均水平，党建工作经费全部纳入企业年度预算。

【信息化建设】 加快信息系统的统一部署，破除信息碎片化短板。实施国内相关企业ERP项目，11家企业上线运行。完成中国化工私有云部署，116个系统入云，提升响应速度，降低运维费用。移动办公平台在50家企业推广上线，办公效率明显提升。开展信息安全问题整改，修订信息安全制度和应急预案，夯实网络安全基础。

【履行社会责任】 坚持绿色发展，健全节能减排管理体系。严格执行污染物排放总量要求，京津冀及周边地区"2+26"大气污染物按期达标。建设碳资产管理信息系统，提前布局碳排放权管理体系。中国化工《可持续发展报告》获得"金蜜蜂优秀企业社会责任报告·领袖型企业"长青奖。举办第28届蓝星国际夏令营。积极参与精准扶贫、精准脱贫，选派扶贫干部3人、援疆干部1人。工会通过大病救助、精准助学，帮扶困难职工及子女2341人。

（撰稿人：王大鹏）

中国化学工程集团有限公司

【基本概况】 中国化学工程集团有限公司（以下简称"公司"）为国务院国资委直接监管的建筑类中央企业。源自原国家重工业部1953年成立的重工业设计院和建设公司，1984年以中国化学工程总公司的名义注册，2017年更名为中国化学工程集团有限公司。核心企业为中国化学工程股份有限公司，其下包括7家工程公司、9家建设公司、1家勘察岩土公司、3家金融类企业、1家监理公司、1家发电企业、1家环保企业和1家化工生产企业。

公司从技术研发开始，能够为业主提供项目咨询、规划、勘察、设计、地基处理、施工、安装直至开车、运营维护以及投融资等工程建设全过程综合服务。60余年来，公司始终围绕服务国家战略，先后承建国内一大批化工、石油化工项目和炼油项目，建成吉林、大庆、齐鲁、南京、大连、太原、乌鲁木齐等大型化工、石油化工基地，同时承建许多环保、医药、轻工、纺织、电力、冶金、建筑、市政等行业的工程项目，为构筑共和国工业体系、促进国民经济的发展及我国石油和化学工业整体水平的提高作出重要贡献。在美国《化学周刊》公布的最新一期全球油气相关行业工程建设公司排名中，公司名列第二位，仅次于美国的福陆公司。

【主要指标】 2017年，公司营业收入599.65亿元，比上年增长10.59%。随着公司深挖境外市场潜力，拓展海外市场，上年度新签境外合同额大幅增加，使公司2017年度实现恢复性增长。

2017年中国化学工程集团有限公司主要经济指标

项 目	2016年	2017年	比上年增长（%）
资产总额（亿元）	855.18	891.81	4.28
所有者权益（亿元）	312.47	326.42	4.46
营业收入（亿元）	542.24	599.65	10.59
利润总额（亿元）	22.57	21.30	－5.60
净利润（亿元）	18.20	14.54	－20.15
归属于母公司所有者的净利润（亿元）	11.99	8.69	－27.55
技术开发投入（亿元）	14.77	18.09	22.45
利税总额（亿元）	45.22	47.21	4.39
应交税金总额（亿元）	5.16	7.12	38.00
全员劳动生产率（万元/人·年）	19.87	22.36	12.53
净资产收益率（%）	5.96	4.55	减少1.41个百分点
总资产报酬率（%）	3.02	2.86	减少0.16个百分点
国有资本保值增值率（%）	106.02	103.64	减少2.38个百分点

【改革发展】 2017年是公司改革发展历史上具有重要转折意义的一年。新一届领导班子团结带领广大干部职工全面深化改革，组织开展"解放思想、凝心聚力、共谋发展"大讨论及建言献策活动，明确集团公司未来三年、五年规划和十年愿景目标，各项工作稳步推进，企业可持续发展能力不断增强。

公司召开2次深化改革领导小组会议，研究部署69项重点改革任务；集团所属全民所有制企业公司制改革工作全面完成；完成子企业功能界定与分类；完成集团总部组织架构调整、"三定"（定编、定岗、定员）工作方案、总部和所属企业薪酬考核管理办法等制度，推进三项制度改革；积极推进剥离办社会职能和解决历史遗留问题，全集团55个"三供一业"分离移交项目已有49个签署协议，超额完成国资委对中央企业下达的指标。

大力推进"瘦身健体"提质增效，进一步压缩管理层级减少法人户数，管理层级由四级压缩到三级，累计减少法人单位11户；持续优化投资结构，严格投资准入标准，投资管控进一步加强；加大降本增效力度，成本费用利润率有所回升；深入推进精细化管理，清理工程450项，清收拖欠工程款23.8亿元，"两金"快速增长的势头得到有效遏制；推动降杠杆减负债，财务管理得到持续规范和加强。

进一步加大转型升级步伐，统筹国内外经营布局，组建国际事业部、基础设施事业部，加强对国际业务和基础设施建设领域的开拓力度，实现产业结构调整和业务转型升级。成功重组山东公路集团，获得公路工程总承包特级资质和公路工程甲级设计资质。

不断完善考核分配机制，改革企业工资总额决定和增长机制，合理配置工资总额资源，深化所属企业负责人薪酬制度改革，使薪酬分配向经营效益和一线倾斜；改进经营业绩考核，形成"一个体系强保障、两步并行保落实、三维五位定目标、四个层面作对标和五个导向领方向"的工作新机制。深化用工制度改革，强化劳动合同管理，依法依规招聘录用员工，通过考核、竞聘、轮岗等方式，加大对员工激励和培训力度，不断提高员工队伍的综合素质。

【重大项目】 2017年，公司新签合同4067份，合同额967.83亿元，比上年增加247.31亿元，增幅34.32%。公司在建项目共计2444个，全年累计完成合同额611.43亿元，比上年增长22.79%。受化工市场回暖、基础设施和海外市场开拓成效明显等因素影响，大项目数量和境外项目数量增多。

截至2017年底，公司储备合同额1218.61亿元，比上年增长28.29%。其中，工程公司767.33亿元（增长23.71%），建设公司451.28亿元（增长36.92%），公司储备合同额比上年增长显著。

境内重大工程项目：山西美锦华盛化工新材料工程总承包项目（20亿元），山东民祥化工科技产业园年产离子膜15万吨、烧碱20万吨、双氧水15万吨环氧丙烷装置PC项目（16亿元），内蒙古荣信化工有限公司年产40万吨煤制乙二醇及30万吨聚甲氧基二甲醚循环经济示范项目（13.56亿元）等。

境外重大工程项目：俄罗斯加氢炼化总承包项目（80.9亿元），伊朗ZANJAN合成氨尿素项目（38亿元），印尼东加里曼丹Kaltim-22×100MW燃煤电站项目（24.1亿元）等。

【走向海外】 2017年，公司成立国际事业部，大刀阔斧推进海外经营布局。事业部通过下设中东、俄罗斯、西非等若干分公司、办事处，加大重点市场开发力度；深度参与"一带一路"国际合作高峰论坛、蓝迪智库多国对话会议、澳门基础设施投资论坛等大型国际会议，通过高端平台经营推动集团国际化进程全面提速。

2017年，公司海外市场新签合同额336.84亿元，占新签合同总额的34.81%。境外项目分布在亚、非、美、欧等四大洲、34个国家和地区。新签1亿美元以上境外合同15个，境外新签大项目数量、合同额均实现同比增长。

在传统业务方面，重点签约项目主要有俄罗斯加氢炼化总承包项目（合同金额80.9亿元）、伊朗ZANJAN合成氨尿素总承包合同（合同金额38亿元）、文莱恒逸石化施工项目（累计合同额38.54亿元）。

在新领域业务方面，重点签约项目主要有印尼卡蒂姆2电站BOT项目（合同金额24.04亿元）、迪拜世博村土地开发及道路交通网升级改造施工项目（累计合同额32.91亿元）。

【技术创新】 2017年，公司大力实施创新驱动发展战略，加速推进技术革新步伐，不断提升核心竞争力。

公司持续推进技术创新平台建设，所属五环公司"石油和化工环境保护氮肥行业废气处理及资源化工程中心"被中国石油和化学工业联合会认定为石油和化工行业环境保护工程中心。

2017年，公司获得国家授权专利354件，专有技术认定31项。自主研发、集成创新的技术和工程成果获得第十九届中国专利优秀奖1项，省部级科技进步奖5项，省部级工法43项，参与编制国家和行业标准18项，企业技术创新成果丰硕。

公司大力推进新型煤化工、传统化工产业升级、化工新材料、节能环保等多个"十三五"重点技术创新项目，取得多项突破。所属天辰公司研发和建设的"2000吨/年己二腈中试装置"成功开车，为己二腈技术产业化奠定基础；天辰公司开发的负载钯催化剂在脱硫性能上已达到工业化催化剂指标；五环公司开发的高效合成低能耗尿素工艺技术实现首次工业应用。

【党建工作】 2017年，公司党委认真贯彻落实党的十九大和全国国企党建会精神，始终把坚持党的领导、加强党的建设作为重要政治任务来抓，全面落实管党治党责任，扎实推进党建工作严起来实起来强起来。

按照中央统一部署，集团公司党委将学习宣传贯彻党的十九大精神作为首要政治任务，在集团上下迅速掀起学习热潮，用习近平新时代中国特色社会主义思想和党的十九大精神武装头脑、指导实践、推动工作，进一步把干部职工的思想和行动统一到习近平新时代中国特色社会主义思想上来，统一到做强做优做大集团公司和建设具有全球竞争力的世界一流企业上来，切实把学习成果转化为推动企业发展的思路和举措。

坚持以政治建设为统领，牢牢把握两个"一以贯之"，认真落实党组织在公司法人治理结构中的法定地位，严格落实党委研究前置程序要求，修订《党委（常委）会议事规则》，进一步发挥党委把方向、管大局、保落实作用。坚持落实党建工作第一责任人职责，层层落实管党治党责任，以落实《中央企业党建工作责任制实施办法》为手段，促进全国国企党建会30项重点任务逐项落实，制定《贯彻落实〈中共中央政治局关于加强和维护党中央集中统一领导的若干规定〉的实施意见》《深入贯彻落实中央八项规定精神进一步加强作风建设的实施办法》，以及所属企业党委工作规则、基层党支部工作规则、党建工作考核暂行办法、督查督办工作实施与考核办法等党建工作制度。加强干部队伍和人才队伍建设，严格落实企业领导人员选任程序，防止干部"带病提拔"。坚持全面从严治党，严格落实"两个责任"，强化监督执纪问责，驰而不息纠正"四风"，扎实推进党风廉政建设和反腐败工作。完善监督体制机制，公司党委研究制定《关于贯彻落实2017年党风廉政建设和反腐败工作任务分工的意见》《落实全面从严治党责任清单》，强化对重点对象（领导干部）、重点领域、重点环节的监督与权力约束，规范权力运行。正确把握运用"四种形态"，认真落实谈心谈话制度，强化日常监督。坚持问题导向，深入开展内部巡视工作，修订《党委巡视工作规定（暂行）》，制定《巡视组工作细则》等5项配套制度，切实抓好巡视整改工作，持续保持反腐败高压态势，为企业改革发展提供坚强政治保证。

【信息化建设】 2017年，企业主营业务信息化应用系统建设稳步推进，所属天辰公司设计集成平台应用不断深化，集成平台开发成果获得2017年鹰图PP&M铂金管道奖大赛Smart 3D类别一等奖。积极推动信息化、工业化融合贯标和试点项目，开展"两化融合项目"建设。大力推进集团信息应用系统建设。修订发布集团公司《信息化建设管理办法》，编制《企业信息化建设绩效考核细则》，开展2016年度企业信息化绩效考核项目费用审核工作，信息化管理服务和运维保障工作持续加强。有效提升网络和信息安全系统建设能力，构建集团公司网络与信息安全信息通报机制，组织协调企业开展网络与信息安全信息通报工作，履行国家通报中心成员单位的职责。按照国资委有关要求，积极规划建设中国化学集中采购平台，实现大型机具、设备、原材料、日常办公用品及差旅服务等采购事项集中统一管理，规范企业采购行为，提高运行质量效益，平台已上线试运行。

【履行社会责任】 公司的社会责任理念是"交付价值、建设未来"。通过创新科技、绿色设计、夯实质量、确保本质安全、积极回报社会等方式践行社会责任。

公司研制的"高浓度酚氨废水综合治理技术"能够有效防止污染、节约水资源;"环保型零排放循环水整体解决方案"打开绿色环保型循环水处理的新局面。

公司始终秉持"质量第一"原则,持续加强施工质量管理体系建设,提升现场施工质量管理水平。严格根据行业标准规范做好施工质量管理的事前防控、事中检查、事故应急处理等各环节工作,为业主交付优质产品。

公司始终保持多层次安全监督检查的高压态势,2017年实现安全人工时33040万工时,未发生较大及以上生产安全事故,安全生产形势整体平稳,处于受控状态。

公司积极落实《中共中央国务院关于打赢脱贫攻坚战的决定》,扎实有效开展定点扶贫工作。2017年,公司继续积极选派青年干部到定点扶贫县任职,并与中国银行签订扶贫攻坚"公益化学"战略合作协议,充分利用资源优势,运用互联网技术,创建大爱超市、善源商场、善源公益等功能模块,打通贫困户农副产品直接销售通道,持续增加贫困户收入,帮助贫困户脱贫致富,实现精准扶贫、精准脱贫。2017年,公司对定点县投入498.21万元(已在定点扶贫县累计投入1332.31万元),助力脱贫攻坚。在甘肃省华池县建立产业开发基金,撬动2300万元产业贷款,惠及贫困群众500余户;在甘肃省环县利用帮扶资金提升贫困村阵地建设,惠及近400户贫困群众。

(撰稿人:朱　军)

中国盐业集团有限公司

【基本概况】　2017年,中国盐业集团有限公司(以下简称"中盐公司")改革工作紧紧围绕党的十九大精神,以习近平新时代中国特色社会主义思想为指引,深入贯彻全国国有企业党建工作会议、中央企业负责人会议和国有企业改革经验交流会精神,认真落实深化国有企业改革各项措施,改革工作取得明显进展。

【主要指标】　2017年,面对国有企业改革和盐业体制改革的双重任务,中盐公司以深化供给侧结构性改革为主线,以"瘦身健体"提质增效为重点,顽强拼搏,砥砺奋进,各项重点工作取得重大突破,主要经济指标达到历史最优水平。

2017年中国盐业集团有限公司主要经济指标

项　目	2016年	2017年	比上年增长(%)
资产总额(亿元)	474.41	496.14	4.58
所有者权益(亿元)	84.36	101.46	20.27
营业收入(亿元)	207.53	250.22	20.57
利润总额(亿元)	4.22	9.06	114.69
净利润(亿元)	0.88	7.56	759.09
归属于母公司所有者的净利润(亿元)	−0.81	2.44	
技术开发投入(亿元)	0.93	1.72	84.95
利税总额(亿元)	23.28	26.71	14.73
应交税金总额(亿元)	18.73	18.03	−3.74
全员劳动生产率(万元/人·年)	18.35	23.16	26.21
净资产收益率(%)	1.28	8.14	增加6.86个百分点
总资产报酬率(%)	3.76	4.93	增加1.17个百分点
国有资本保值增值率(%)	99.18	109.10	增加9.92个百分点

【改革发展】　一是明确改革发展新思路。中盐公司认真学习贯彻党的十九大精神,习近平总书记关于国资国企系列重要讲话精神,以公司第三次党代会召开为契机,在原来三年扭亏脱困时期的"回归、转化、退出、创新"的基础上,提出"创新、变革、竞争、共赢"的下一阶段改革发展方针,建设"一流的国家盐业公司＋优秀化工企业"的战略目标,以及"创新行业价

值、服务民本民生、体现国家意志"的功能定位,来指引和推动公司的改革发展。

二是以混合所有制改革为突破口,推动传统盐业转型。2017年是盐业体制改革开启之年。盐业体制改革打破原有的食盐专营体系,盐业企业生存基础发生根本性变化,传统盐业企业面临市场化竞争。如何改革专营条件下的传统盐业国有企业,提升市场竞争能力,同时重塑行业生态,是摆在公司面前的重大改革课题。通过积极争取,中盐股份公司纳入国家第二批混合所有制改革试点。希望通过行业龙头企业的混改,将盐业国有企业改革和行业体制改革结合,形成突破,彻底改变资产、业务、组织、机制和人员结构,规范法人治理结构,实现经营机制的市场化转变,在提升企业竞争能力,做强做优做大企业的同时推动传统行业的变革和行业生态重构,促进行业良性发展,保障国家食盐安全。中盐股份的混改顶层设计基本完成,正在进入实施阶段。

三是全力推进盐业产销体系改革,食盐市场占有率提升。针对盐改后形势,中盐公司进行认真分析,成立以公司党委书记、董事长为组长的专项改革小组,明确改革思路和工作方案,按照"内整外和、统分结合、创造价值"方针和"五统一"的原则来推动盐业产销体系改革,既充分体现中盐整体合力又充分发挥企业个体活力。盐改一年来,中盐的全年食盐市场销售量300万吨,食盐的全国市场占有率提升至27.9%。中盐品牌的食盐销售覆盖全国所有的省市区。

四是紧盯"扭亏脱困"和"处僵治困",扎实推进提质增效,去产能和压减工作成效明显,企业效益大幅提升。中盐公司认真落实国务院国资委各项改革举措,主动适应新常态,紧盯扭亏脱困和转型发展目标,坚决打好处置"僵尸企业"和治理特困企业的攻坚战,推动供给侧结构性改革,去产能,降杠杆。基本完成3家"僵尸企业"破产清算、破产重整工作,截至11月底分流安置职工4544人。4家重点困难企业在2016年扭亏为盈的基础上,2017年实现大幅盈利。

【重大项目】 加强区域整合,组建中盐京津冀公司,按照公司组建方案及注资方案,中盐天津、中盐河北完成工商变更,各股东注资基本完成,中盐公司在京津冀三地食盐业务开始一体化经营;组建中盐中部公司,按照组建方案,中盐中部公司完成工商登记注册,现正在办理目标企业股东变更、注资等工作,确立在中部地区业务主体;组建中盐南海公司,2017年5月11日中盐南海公司工商登记注册,已正式运营,筹备建设高端海盐项目。

中盐吉兰泰、兰太实业调整产品结构,增强企业竞争力。8万吨/年糊树脂一期4万吨/年糊树脂项目已投产,投资额1.65亿元,操作程序、生产设备运转正常,产品质量符合设计要求。兰太实业加强优势产品能力,2万吨金属钠、3.1万吨液氯改扩建项目投产,投资额1.56亿元,产品质量符合设计要求,产能发挥50%以上。中盐红四方乙二醇项目签订合同金额33.85亿元,已付款20亿元,项目总投资控制在40亿元左右,项目计划2018年7月投料开车。

【重大创新】 创新盐行业价值,拓展新业务新领域。推进储油、储气和固废储存等新业务,实现盐穴综合利用新突破。加强合作研究,推进盐穴空气储能发电技术开发和应用,中盐公司与清华大学共同建立压缩空气储能联合研究中心,盐穴储气项目得到国家有关部门的高度重视,为进一步创新行业价值,拓宽盐穴综合利用的技术研究与应用奠定坚实的基础。

【党建工作】 全面加强党的建设,全面从严治党,确保党的领导、党的建设在公司改革中得到充分体现和切实加强,党组织的领导作用得到进一步发挥。

一是完善制度机制。成立党委书记为组长的公司党建工作领导小组、党建工作责任制实施办法推进工作领导小组、落实意识形态责任制领导小组,坚持党的建设与企业改革同步谋划,形成党委统一领导,部门各司其职,齐抓共管的工作格局。修订总部会议制度和党委议事规则,将党委会作为董事会和总经理办公会决策前置程序的重要要求写进公司制度,在实践中抓好运行,充分发挥党组织"把方向、管大局、保落实"的重要作用。

二是推进党建工作责任制。抓好对中央、国资委党委重要指示精神和有关制度的学习贯彻,扎实推进"两学一做"学习教育常态化制度化,推动"两学一做"融入日常。落实党建工作总体要求纳入章程相关工作。组织开展中盐公司首次二级企业党组织书记述职评议考。完善所属企业"双向进入、交叉任职"领导体制,推动符合条件的12家企业实行党委书记和董事长"一肩挑",10家企业配备专职副书记。认真做好意识形态责任制工作,充分利用中盐报刊和两微一端新媒体做好正面宣传,公司党委书记两次受邀做客新华网等官方媒体,宣传中盐党建和改革发展成果。

三是落实"两个责任",推进党风建设和反腐败工作。将党风建设和反腐败工作任务细化分解成50项具体工作,压紧压实责任链条,建立领导班子成员履行"一岗双责"的履职台账,实现公司领导班子对下属企业领导班子约谈全覆盖。研究制定《中国盐业总公司纪委派驻纪检组工作制度》,实施向中盐京津冀公司、中盐制盐院派驻纪检组。在公司总部机关开展"不作为、慢作为、乱作为"问题专项治理活动,对所属企业近五年来落实"三重一大"决策制度、物资采购、产品销售等三方面的情况开展专项检查和治理。

【信息化建设】 一是加快推进信息化建设,加快提升集约化管理水平。中盐管理水平有所提升,但多体现在事后的、定性的管理。主要问题是缺少实时的、定量的监管,过程监管非常薄弱。2017年,通过标准化、规范化、流程化、信息化的过程管理,切实提高了管理效率和质量效益,提升了企业管理水平。

二是统筹推进"互联网＋盐业",推动业务升级转型。做好产品线上整合,认真研究线上的销售特点和受众群体,增强工作针对性。中盐在有关网站开通旗舰店、品牌店等,并不是真正意义上的中盐线上销售体系,而要利用信息化手段,推动业务的完善和升级转型。

三是探索实现风险管理信息系统与现有信息系统的有机衔接。完善专项平台的职能,发挥大数据作用,促进全系统范围内的风险信息沟通顺畅、共享及时,提高风险管理的时效性。

（撰稿人：曾　筝）

中国建材集团有限公司

【基本概况】 2017年是"两材"重组后中国建材集团有限公司(以下简称"中国建材集团")运营的第一个完整年度。面对错综复杂的宏观经济形势和艰巨繁重的改革发展任务,在国资委的正确领导下,在监事会的监督指导下,集团广大干部员工团结奋进、攻坚克难,各项工作取得新进展、实现新突破,集团迈入高质量发展阶段。

【主要指标】 2017年,中国建材集团坚持年初确定的工作方针和经营管理原则,强化数字化管理,争取最好结果。实现利润总额151.1亿元、比上年增长99.3％,营业收入3021.2亿元、比上年增长15.6％,上缴税费总额196.8亿元,全面超额完成国资委下达的年度经营任务。

【重组改革】 2017年,中国建材集团积极有序做好重组改革的各项工作,实现新的突破。

改革试点向纵深推进。中国建材集团作为8家代表之一在全国国企改革经验交流会上作交流发言。有序推进改革试点工作,兼并重组试点在国资委阶段性综合评价中获评"优秀",中材电瓷作为央企首批员工持股试点完成员工入股、效果良好。深化内部机制改革,开展股票期权、在非上市科技型企业岗位分红权激励试点工作,股权激励、员工持股、超额利润分红成效明显。圆满完成所属68家全民所有制企业公司制改制工作,并办理工商变更登记。

深度整合有力有序。中国建材集团以重组为契机,继续引领行业深入推进供给侧结构性改革。扎实推进"四大优化""六大整合",召开水泥、工程、产融、产研、资源平台专项整合会,进一步提升协同成效,促进行业和企业效益增长。全力推进两家H股上市公司以合并方式进行整合,与政府部门、机构投资者等进行大量沟通,获得两公司股东大会99.9％高票通过,创造央企重组整合的经典案例。完成3组7家企业重组,将17家二级公司进一步优化为13家。健全和优化制度体系,形成公司治理等四部分规章制度,各项工作有章可循。

【转型升级】 中国建材集团积极适应新常态,围绕基础建材、三新产业和研发服务"三条曲线",以及高端化、智能化、绿色化、国际化"四化"转型,调整结构、优化布局,形成水泥、新材料、工程服务业务三足鼎立的发展态势。

水泥业务优化升级。继续推进行业供给侧结构性改革,加快向"高标号化、特种化、商混化、制品化"方向发展,推动行业取消32.5低标号水泥,广泛推广应用自主研发的大坝、油井等特种水泥,加强商混专业化平台建设,迅速提升骨料业务效益,打造一批水泥循环经济产业园和新能源工厂。

新材料业务异军突起。T800级碳纤维、锂电池隔膜、高性能氮化硅陶瓷、铜铟镓硒光伏组件、碲化镉薄膜发电玻璃、电瓷特高压混合绝缘子等新材料实现工业化量产,央企创新成就展上获得副总理马凯、国务委员王勇高度肯定。石膏板业务启动全球30亿平方米布局计划,玻纤、风电叶片、光伏玻璃、电子玻璃等业务新投产、开工一批高端产品项目。

工程服务业务取得新进展。国际产能合作成绩突出,习近平主席和法国总统共同见证集团作为中方15家企业代表参与中法企业家委员会;李克强总理及澜湄国家领导人对集团澜湄合作展出的创新成果给予充分肯定;国务委员王勇对赞比亚工业园建设给予高度评价;国务院国资委党委书记郝鹏,主任、党委副书记肖亚庆分别在中国澳门、白俄罗斯见证集团境外项目签约。海外投资成效显著,集团在埃及、蒙古等国投资的工厂效益持续增长,赞比亚工业园整体施工进度完成86%,玻纤业务埃及基地三期项目建成投产,美国项目建设顺利,印度项目稳步推进。工程服务业务新签合同63个,境外水泥工程在建安装设计项目200多个、水泥玻璃工程继续保持全球市场份额领先地位。新能源工程比重持续加大,承建美国、欧洲、缅甸多国光伏电站项目,成为欧洲最大中资光伏工程总承包商。节能环保工程向生物质处理、化工、冶金等领域拓展成效显著。

【重大创新】 2017年,中国建材集团坚持创新驱动战略,创新能力不断增强。

强化科技创新。推动集团"十三五"科技创新规划全面落地,一批新材料重点研发指南覆盖国家五部委8个专项,获批国家重点研发计划、绿色制造等专项项目48项。创新成果有新突破,大尺寸防火玻璃、高强纤维短流程生产等关键技术取得突破性进展,多项新材料新技术用于天舟、天宫、AG600两栖飞机、风云卫星等重大工程,千吨级高性能碳纤维产业化、建筑玻璃服役风险检测分别获得国家科技进步一等奖和二等奖,两家公司成功入选第二批制造业单项冠军示范企业名单。累计有效专利突破1万件、新申请国际专利92件,4项国际标准获发布,工业节能与绿色发展评价中心等多个创新平台获批,中国—埃塞联合实验室等海外研发服务平台揭牌。加快新技术应用,组织产研对接,石膏板高强轻板技术、E8玻纤配方、凯盛机器人等应用均提高效率、增加效益。

推广商业模式创新。"绿色小镇"模式新签国内外项目49个,智慧农业模式正式启用德州大棚,高端玻璃工程实施"运营+技术入股"新模式,"智慧工业"模式保产服务57条生产线,建材家居连锁超市模式成功复制到非洲、在坦桑尼亚新开2家,"跨境电商+海外仓"模式运营良好,迪拜物流园入驻企业46家。

坚持管理创新。深入推进"八大工法""增节降""六星企业"等先进管理经验,评选表彰18家"六星企业",建材家居连锁经营模式荣获全国企业管理现代化创新成果一等奖。

【党建工作】 中国建材集团将学习宣传贯彻党的十九大精神作为首要政治任务,从六方面21项具体工作进行统筹部署,国资委党委书记郝鹏,副主任黄丹华,中央纪委驻国资委纪检组组长、党委委员江金权,副主任刘强分别赴集团境内外企业调研,对集团十九大精神进一线和加强党建等工作给予充分肯定。

全面落实全国国企党建会30项重点任务,坚持"两个一以贯之",将党建工作总体要求纳入公司章程,将党委研究讨论作为前置程序,发挥党委把方向、管大局、保落实作用。

紧紧围绕生产经营抓好党建,创新制定各级党员领导干部党建责任KPI管理办法,开展"混合所有制国企党建"课题研究,推动党建文化、企业文化、环保安全文化的有机结合。

加强党风廉政建设,落实"两个责任",严明纪律,持之以恒纠正"四风",把握运用"四种形态",强化监督执纪问责,深化巡视整改、开展内部巡视,积极营造"亲清"文化。

坚持党管干部、党管人才,重新制定11项新的选人用人制度,实行"双向进入、交叉任职"领导体制,举办十九大精神专题、基层党组织书记、中青年干部等培训班，10个集体和个人获得"全国五一劳动奖状""工人先锋号"等表彰和中央纪委嘉奖。

加强思想文化建设，加大中央级主流媒体宣传力度，央视《新闻联播》《对话》《大国重器》《创新中国》等节目播报集团改革发展故事，《中国政协报》整版报道集团扶贫工作，利用好网站、官微平台弘扬企业文化，官微获得央企新秀奖。

【履行社会责任】 中国建材集团始终秉承"善用资源、服务建设"的核心理念，"创新、绩效、和谐、责任"的核心价值观，积极履行央企责任。

2017年，中国建材集团定点扶贫、社会公共设施建设、教育公益等方面对外捐赠419项、2336万元，按期全面完成定点帮扶革命老区"三缺"扶贫项目，电商扶贫平台"禾苞蛋"带动集团定点扶贫地区1042家农户增收。

中国建材集团按照"环境、安全、质量、技术、成本"进行经营要素的价值排序，持续开展"责任蓝天"行动。2017年，节能环保投入50.3亿元，余热发电装机容量2444.9兆瓦，固体废弃物消纳能力1.6亿吨。

中国建材集团打造积极上进的文化，鼓励员工"四个精心"，争做"五有干部"，积极组织开展培训学习、员工帮扶、读书会、球赛等活动。2017年，员工参加培训112万学时，用于特殊员工群体帮扶投入2726.5万元，年特殊员工群体帮扶奖励11528人次，组织员工参与各类文体活动26.4万人次。

（撰稿人：江秀龙）

中国有色矿业集团有限公司

【基本概况】 2017年，中国有色矿业集团有限公司（以下简称"集团公司"）深入学习贯彻党的十九大精神和习近平新时代中国特色社会主义思想，认真落实全国国有企业党建工作会议精神，在国务院国资委的正确领导下，在中国有色金属工业协会的大力支持下，牢牢把握我国经济发展进入新时代和中央企业面临的新机遇，坚持稳中求进总基调，坚守"四点基本共识"，以提高质量效益为中心，扎实推进"瘦身健体"、提质增效、风险防控、党的建设等各项工作，资产总额、营业收入分别为1201.6亿元和1237.8亿元，实现利润总额17.99亿元，创近年来最好水平。集团公司圆满完成国务院国资委下达的2017年考核指标，超预期实现"经济效益稳定增长"的奋斗目标，大多数出资企业保持较高的效益增长幅度，集团公司稳的基础更加坚实，质的提升更加明显，优的态势加速形成。

【主要指标】 2017年，集团公司以提高质量效益和核心竞争力为中心，扎实推进全年工作，全力打好"瘦身健体"提质增效攻坚战，经营运行保持稳中向好，经济效益实现稳健增长，全面完成国资委各项年度考核目标。截至2017年底，中国有色集团累计实现利润总额17.99亿元，比上年增长166.12%，较年度考核目标3.5亿元增加14.49亿元；实现经济增加值－10.1亿元，比上年增加4.82亿元，较年度考核目标－18.6亿元增加8.5亿元；资产负债率68.9%，比上年下降6.4个百分点，较年度考核目标75.61%下降6.71个百分点；海外有色金属产品产量36万吨，比上年增长5%，较年度考核目标34.5万吨增长4.3%。

2017年中国有色矿业集团有限公司主要经济指标

项　目	2016年	2017年	比上年增长（%）
资产总额（亿元）	1196.20	1201.60	0.45
所有者权益（亿元）	373.40	295.90	26.19
营业收入（亿元）	1409.50	1237.80	－12.18
利润总额（亿元）	6.76	17.99	166.12
净利润（亿元）	0.40	8.90	2125.00
归属于母公司所有者的净利润（亿元）	－4.00	1.30	
技术开发投入（亿元）	22.85	19.50	－14.66
利润总额（亿元）	24.81	35.92	44.78
应交税金总额（亿元）	10.20	－0.10	－100.00
全员劳动生产率（万元/人·年）	18.65	25.95	39.14

续表

项　目	2016 年	2017 年	比上年增长(%)
净资产收益率(%)	0.15	2.67	增加 2.52 个百分点
总资产报酬率(%)	2.48	3.54	增加 1.06 个百分点
国有资本保值增值率(%)	80.73	72.79	减少 7.94 个百分点

【改革发展】 去产能方面，将"处僵治困"指标纳入经营业绩考核。截至 2017 年，集团公司基本完成 5 家企业的处置治理工作，安置富余人员 7581 人，完成三年总体安置计划的 83%。八成以上的"僵尸特困"企业实现财务改善，整体控亏成效显著，其中 4 家企业提前实现盈利目标。

去库存方面，进一步加大"两金"压控考核力度，按照"两金"增幅低于营业收入增幅的标准下达考核指标。

去杠杆方面，重点突出资产负债率和现金流考核，加强资金管理，压缩资金成本。

降成本方面，设置"人均税息折旧摊销前利润""成本费用率""处置低效无效资产"指标，引导企业重视降成本的重要性，从考核的角度推动企业加大降本增效力度。近三年来，集团公司成本费用率呈逐年下降趋势。

补短板方面，针对近年来因违规开展融资性贸易造成大额损失的惨痛教训，集团公司将违规经营指标纳入经营业绩考核，并对开展融资性贸易且追偿不力的企业进行处罚。

创新发展和国际化经营方面，一是设置科技创新指标，实现被考核企业全覆盖，践行创新发展战略。二是在年度评价结果中设置专项奖，对在科技创新和国际化经营方面，成效特别显著，贡献特别突出的企业予以适当奖励。

在集团公司组织领导下，集团上下按照"抓龙头、强考核；走出去、引进来；重制度、推改革"的整体思路，形成企业内部管理人员能上能下、员工能进能出、收入能增能减的机制，使用工结构更加优化，人员配置更加高效，激励约束机制更加健全，收入分配秩序更加规范。

【重大项目】 2017 年，集团公司紧紧围绕"抓资源、国际化、走高端"，重点推进中南部非洲资源开发战略落地，取得显著成果。

自 2015 年 6 月与刚果（金）国家矿业公司签署战略合作协议以来，集团公司中南部非洲战略得以深入贯彻执行，资源开发力度不断加大，双方合作进程明显加快，在过去一年中更是结出丰硕成果。迪兹瓦项目、卢阿拉巴项目、潘达尾矿项目、刚波夫项目等一系列重大资源开发项目都取得实质性进展，集团公司在刚果（金）的规划蓝图变为现实的施工图，预示着集团公司"十三五"期间在中南部非洲的战略布局将取得重大历史性成就，"走出去"事业又一次掀开具有里程碑意义的崭新一页。刚果公司潘达尾矿资源综合回收项目经过 13 个月紧锣密鼓的建设，于 2017 年 9 月投产，当年生产阴极铜 3270 吨，实现利润 2836 万元，月产量 1400 吨，大大超过项目设计产能，铜回收率、电耗、酸耗等经济技术指标均好于设计标准，成为继中色华鑫和中色马本德之后，集团公司在刚果（金）的又一个新的利润增长点。年产 8 万吨阴极铜的迪兹瓦项目和年产 12.5 万吨粗铜的卢阿拉巴项目均全面进入建设准备阶段，监理和施工单位招标、定标工作完成，设备订货与物流清关工作有序推进，为下一步施工全面展开奠定坚实基础。

【走向海外】

1. 立足资源主业，创新境外项目开发模式。集团公司是有色行业率先"走出去"成功开发实体矿山的企业，面对不同的国别国情、不同的金属品种、不同的合作伙伴，在多年实践中探索出 6 种境外资源开发的模式，分别是境外直接投资、以境外工程换资源、建设境外经贸合作区、借力国际矿业资本市场、境外风险探矿合作和构建国内企业"走出去"平台。集团公司以国际竞标、直接投资的形式获得赞比亚谦比希铜矿，以"工程换资源"的形式获得蒙古图木尔廷—敖包锌矿，以"风险探矿＋产品分成"的方式获得缅甸达贡山镍矿的独家开采权，以并购重组的方式低成本收购赞比亚卢安夏铜矿，以战略合作的方式与中铝云铜公司在赞比亚共同建设并运营我国第一个境外火法炼铜厂。

2. 依托国家战略,开拓境外工程市场。建筑工程是集团公司的传统优势产业。集团公司紧密围绕"一带一路"倡议,国际产能合作、装备制造业"走出去"等国家战略,在境外工程承包领域加大与"一带一路"沿线国家的市场对接。集团公司旗下拥有中色股份、中国十五冶、鑫诚监理、中国瑞林等一大批多年来在国际工程承包市场摸爬滚打出的企业,多次入选"全球最大225家工程承包商""全球设计公司200强",是世界第三的制铝设备供应商和亚洲最大红土镍矿回转窑和炼铁大中型混合机供应商,拥有有色行业最大的装备制造基地、3家甲级资质的设计院、3家国家级研究院、冶炼工程施工总承包特级资质,获得研发专利技术1200余项,多次获得"境外工程鲁班奖",具有较成熟的技术、管理、人才优势和较强的关键技术、成套装备的输出能力。集团公司在"一带一路"沿线形成中东、中亚、南亚、东南亚、东北亚五大工程建设区域市场,所承接的工程承包合同额中有65%以上是技术和设备出口。

3. 发挥贸易保障作用,构建全球营销网络。集团公司贸易及服务业的定位,主要是为资源开发和建筑工程提供保障,发挥服务大局、保驾护航的作用。集团公司以境外项目控制的资源为依托,确保境外权益产品实现回运的同时,以赞比亚、刚果(金)、缅甸、哈萨克斯坦、伊朗等海外资源和工程项目所在区域为立足点,主动向周边国家拓展延伸,着力构建国际化采购和销售网络,形成三大核心贸易区,即中南部非洲贸易核心区、中亚贸易核心区、东南亚贸易核心区。积极切入澳大利亚、智利、秘鲁等矿产资源丰富及矿业资本发达的区域,形成覆盖非洲、亚洲、澳洲、美洲等主要贸易区的全球化贸易网络。

4. 搭建海外发展平台,带动国内企业集群出海。集团公司在赞比亚投资的赞比亚中国经济贸易合作区是中国在非洲设立的第一个境外经贸合作区和赞比亚第一个多功能经济区,带动大量中国企业走进非洲。该合作区累计完成投资额1.99亿美元,有61家企业和租户入驻,实际完成投资16亿美元,区内企业累计实现销售收入130亿美元,为当地提供8000个稳定工作岗位。集团公司将在赞比亚的多个资源开发项目进行重组整合,成立中国有色矿业有限公司并在中国香港上市,成为第一家在中国香港上市的非洲概念股。集团公司通过在英国和澳大利亚等矿业资本市场收购上市公司的方式,控制阿尔及利亚、塔吉克斯坦的一批优质资源项目,为中国企业从产品输出到产业输出、再到资本输出进行有益的尝试,有利于增强境外融资能力,助推境外产能合作升级。集团公司与中国铝业、中国黄金、有色研究总院、北京矿冶总院等央企以及金川集团、太钢集团等地方国企在境外资源开发领域开展广泛合作,承建项目带动超过300家材料商、装备商、施工商走出国门,充分体现中央企业的带动力。

【重大创新】 为进一步增强科技创新的使命感,集团公司于2017年11月召开科技创新工作研讨会,总结10年来科技创新工作的成绩和经验,梳理创新驱动发展思路,确定科技创新工作的着力点,激发企业和广大科技人员的积极性,提升自信心。2017年,集团公司及出资企业获批国家科技项目10项,获批数量创历史新高。集团公司作为第一完成单位有11项成果获得中国有色金属工业科学技术奖科技进步奖,其中一等奖5项;有8项科技成果通过中国有色金属工业协会成果评价,其中国际领先水平2项,国际先进水平4项。

【党建工作】 一是党的建设明显加强。集团公司研究制定《贯彻落实全国国有企业党的建设工作会议精神重点任务及措施责任清单》,将党组织研究讨论作为董事会、经理层决策重大问题的前置程序。二是管党治党责任逐级落实。制定出台相关制度,建立出资企业向集团公司党委报告年度党建工作制度,开展出资企业党委书记抓党建述职评议考核。三是党建基础逐步夯实。按照国资委党委关于党建机构和人员配置的要求,对党建机构、人员、经费作出制度性安排。四是党管干部不断加强。集团公司实现出资企业领导班子考察全覆盖,同步开展选人用人"一报告两评议"工作。五是正风肃纪不断深入。开展出资企业2017年度纪委重点工作考核,完善出资企业领导人员廉洁档案,加强出资企业落实中央八项规定精神、纠正"四风"工作的督导检查,对发现违规问题进行通报曝光。六是问题导向不断突出。根据国资委党委巡视组反馈意见制定的104条整改措施已全部完成。七是宣传思想和社会责任工作不断强化。加强社会主义核心价值观和意识形态方面的引导和宣传，编辑《企业文化手册》，组织"参与'一带一路'建设，喜迎党的十九大"系列宣传报道。八是民主管理不断加强。集团公司坚持在企业重大决策上听取职工意见，建立健全职工董事、职工监事制度，企业领导班子坚持每年在职代会接受民主评议监督，全面落实职代会各项职权。

【信息化建设】 集团公司业务类型多，各具特点，各企业结合自身业务特点，深入践行"互联网＋"行动计划，借助信息技术积极探索跨界融合，以信息化促进生产经营方式转变，推动经营管理向数字化、网络化发展。集团公司在赞比亚开发的谦比希铜矿东南矿体项目，瞄准第四次工业革命的最前沿，全面引入信息化、自动化、大数据，用数字化引领矿山发展，着力推动传统矿山开采方式和生产方式的转变，努力占领未来经济的制高点。项目建成后井下劳动生产率将从过去的2吨/人·天提高到10吨/人·天，达到铜矿山井下开采的世界先进水平，实现安全、高效、低成本、绿色环保开采。

【履行社会责任】 为加强社会主义核心价值观和意识形态方面的引导和宣传，集团公司编辑《企业文化手册》，组织"参与'一带一路'建设，喜迎党的十九大"系列宣传报道，集团公司被"国资委信息"和"国资工作交流"采用并上报中办、国办的信息，在全部中央企业中排名第36位。集团公司投入扶贫资金434.24万元，获得"中国工业行业履行社会责任五星级企业""2017年度公益企业"和"2017年中国企业慈善公益500强"荣誉称号，并获得赞比亚驻中国大使馆颁发的"赞比亚发展贡献嘉许奖"。

在开展国际合作与交流的过程中，注重平衡各方利益诉求，坚持走履行责任、协同出海之路，获得合作方的最大支持。集团公司在境外累计纳税6亿美元，拉动当地就业2万人，捐助公益事业超过3000万美元。在国内有色行业中，率先发布赞比亚、蒙古、缅甸等国别《社会责任报告》；积极推动职业教育"走出去"试点工作，培育大量熟悉中国传统文化和矿冶文化的当地产业工人和高端管理人才；大力倡导"建设碧水蓝天下的绿色企业"，很多海外矿山的尾矿库都成为候鸟栖居的乐园。在境外注重以人为本，积极回应项目所在国民众的关切。在赞比亚设立的中赞友谊医院是中南部非洲唯一由中国人自主经营的医院，每年为当地提供的门诊量超过3万人，出资筹办的"中国赞比亚光明行"活动，为当地109位贫困白内障患者成功实施复明手术。在缅甸积极捐助当地学校、中缅友谊佛教学校等，架设140千米长的输电线路时，增加投资1700多万元，采用高塔架线方式，未砍伐一棵树木，保护当地珍稀的森林资源。在蒙古为当地修建广场、道路、花园和剧院等基础设施，为当地员工修建职工住宅楼，累计在矿山周围植树1万余株、种草21万多平方米，当地发生口蹄疫和草原火灾时集团公司的救援队伍总是第一时间赶到。

（撰稿人：左右强）

有研科技集团有限公司

【基本概况】 有研科技集团有限公司（以下简称"有研集团"）创建于1952年，是我国有色金属行业以创新为引领、综合实力最强的工程技术研究开发和高新技术产业培育实体，现为国资委管理的中央企业，注册资金30亿元，主要从事微电子与光电子材料、新能源材料、有色金属特殊功能材料、有色金属结构材料与制备加工技术、有色金属粉末及粉末冶金、有色金属选矿冶金技术、特种装备研制、有色金属材料分析与测试、有色金属科技情报与软科学、材料计算与模拟仿真等领域的工程化技术研究开发、服务和产业化。在半导体材料、有色金属复合材料、稀土材料、生物冶金、材料制备加工、分析测试、新能源材料等领域拥有16个国家级研究中心和实验室，承担一批国家重大科技专项研究课题和国家战略性新兴产业开发项目。集团成立以来，获得国家级和省部级科技成果奖励1100余项，授权专利和制定国家及行业标准1800余项。先后为"两弹一星""神舟飞船""载人航天""探月工程"等国家重点工程和有色金属行业提供一大批新材料、新工艺、新技术和新设备，为我国有色金属工业和国防军工建设提供强有力的科技支撑。在微电子材料、光电子材料、稀土材料、有色金属粉末、特种有色金属加工材料、新能源材料、高端冶金装备、分析测试等方面形成产业集群。截至2017年底，员工4100余人，其中两院院士5人，国家有突出贡献的中青年专家、千人计划、国家百千万人才和政府特殊津贴专家等各类高级技术人才120余人。在"材料科学与工程"和"冶金工程"等学科具有博士、硕士授予权，并设有博士后科研流动站。

【主要指标】 2017年，有研集团实现营业收入69.65亿元，比上年增长18.70%；实现利润总额1.43亿元；全员劳动生产率24.53万元/人·年。截至2017年底，有研集团资产总额89.66亿元，比上年增长0.73%。

2017年有研科技集团有限公司主要经济指标

项　目	2016年	2017年	比上年增长(%)
资产总额(亿元)	89.02	89.66	0.73
所有者权益(亿元)	64.88	67.65	4.27
营业收入(亿元)	58.67	69.65	18.70
利润总额(亿元)	0.57	1.43	151.18
净利润(亿元)	0.39	1.17	195.65
归属于母公司所有者的净利润(亿元)	−0.19	0.48	
技术开发投入(亿元)	3.91	5.39	37.90
利税总额(亿元)	1.50	2.74	82.71
应交税金总额(亿元)	1.10	1.57	42.39
全员劳动生产率(万元/人·年)	19.68	24.53	24.63
净资产收益率(%)	0.63	1.76	增加1.13个百分点
总资产报酬率(%)	0.82	1.88	增加1.06个百分点
国有资本保值增值率(%)	99.31	101.36	增加2.05个百分点

【改革发展】

1. 全面完成公司制改制工作。"北京有色金属研究总院"改制为国有独资公司，更名为"有研科技集团有限公司"，并于2017年12月28日正式取得营业执照，标志着有研集团改革发展进入新的时期。

2. 加强重点任务和重大项目管理。根据2017年初所确定的重点任务，以及结合经营实际所确定的重大项目，明确重大改革、规划管理、投资管理、创新提升、扭亏控亏、重大合作等方面31项重点工作内容，通过实施项目化管理和重点督办，加强组织协调、明确任务目标和关键节点等方式推动落实。

3. 加强制度体系建设。结合公司制改制，梳理明确基本管理制度清单，为新型法人治理结构运行奠定管理基础。在绩效考核、专项工作、投资、财务以及商誉等管理方面制、修订24项管理制度，完善管控体系。

4. 加强资金管理和风险管控。优化集团账户管理，降低资金成本。多方拓展融资渠道，综合授信额度较上年增加一倍，达到110亿元，为发展提供充足的资金保障。制定集团风控合规管理指引，规范风险管控工作。探索开展投资后评价。加强审计工作，全年审计累计金额1.25亿元并积极推动整改。实现1000余份合同法律审核全覆盖，形成重大合同季度监督管控机制。结合经济责任审计和监事会监督检查反馈意见，狠抓问题整改，持续提升基础管理水平。

5. 推动干部人才队伍结构优化。2017年，调整领导干部39人次，向所属公司推荐董事监事高管人选32人次，提拔中层干部7人次，其中年轻干部6人，"80后"干部占比由"十二五"末的3%提升到12%，进一步改善中层领导人员队伍年龄结构。

6. 加强基地保障能力建设。2017年，有研集团完成怀柔研发基地建设(一期)项目建设，大部分科研人员、引进的国外专家和研究生已正式入驻怀柔研发基地；怀柔基地(一期)第二阶段建设启动；有研集团二部临时厂房完成竣工验收，有效缓解生产场地受限，实现降本增效；有研稀土燕郊基地建设项目、有研亿金产业化建设项目正常开展建设；厦门火炬特种金属材料有限公司同集园新厂区建设项目主体建筑部分完成验收。

7. 加强安全环保和保密工作。针对风险部位建立健全安全生产应急预案。加强安全生产标准化建设。完善安全环保设施建设和隐患排查治理，整改合格率超过95%。从严落实各项保密管理制度，积极推进保密换证工作。

【走向海外】 有研集团拥有2家境外公司，位于英国和中国香港，分别为Makin Metal Powders（UK）LIMITED和香港国瑞粉末投资有限公司。

有研集团始终坚持贯彻国务院国资委关于做强做优做大国有企业、培育具有创新能力和国际竞争力的跨国公司的战略方针，围绕核心主营业务领域——有色金属粉末材料及粉末冶金制品产业，通过实施国内外并购，将资本与技术深入融合，积极开展横向规模化扩张和纵向产业链延伸。

【重大创新】 2017年，有研集团获得国家科技进步二等奖2项，中国专利优秀奖1项，中国有色金属工业科学技术奖9项。发表科技论文207篇。申报专利415件，获授权267件。制定国家标准29项、行业标准4项、团体标准2项。

1. 科研平台建设取得新突破。有研集团获批成为国家"大众创业、万众创新"示范基地。牵头组建"中国新材料测试评价联盟"，获批组建"国家新材料测试评价平台主中心"，确立有研集团在国家新材料分析测试领域的领军地位。"军用有色金属材料多品种小批量科研生产基地""国家有色金属新能源材料与制品工程技术研究中心"等创新平台，以及承担的02专项"200mm硅片产品技术开发与产业化能力提升"和"90nm/300mm硅片产品竞争力提升与产业化"项目顺利通过验收。积极推进动力电池领域前沿技术战略布局，在加拿大西安大略大学设立固态电池联合实验室，探索设立固态电池研发中心。筹备成立材料计算中心。积极推动智能传感材料平台建设，明确围绕"健康医疗、环境与能源"方向加快领域布局。

2. 科技创新不断涌现。有研集团在高效连续雾化制粉及新型球形粉末材料开发等多项关键技术上实现创新，成果获得国家科技进步二等奖。参与研发满足特殊性能要求的高强高导铜合金材料，成果获得国家科技进步二等奖；攻克大飞机机翼壁板用高性能铝合金超大规格板材强韧性调控技术，实现批量应用。围绕国家锂电350发展战略，完成比能量230～260瓦时/千克动力电池和关键材料的中试，300～350瓦时/千克新型动力电池研发取得突破；与合作伙伴共同启动建设年产20亿瓦时动力电池和5000吨正极材料的示范工厂。研发的"离子吸附型稀土矿绿色高效浸萃一体化新技术"，使我国首次实现低浓度稀土浸出液直接萃取富集的工业应用，从源头解决多年来含放射性废渣的处理难题，是我国离子型稀土矿生产工艺的一次重大变革。攻克难处理铀矿绿色生物堆浸重大技术难题，为保障国防和新型核能战略需求提供技术支撑。研制的大尺寸细晶均质铝合金铸棒通过航空航天用户考核，骨架接头等铝合金结构件实现量产，铝基复合材料动环在国家重点型号上开始批量应用。突破陶瓷活性钎焊料制备、连接件焊接工艺等系列关键技术，研制的产品通过相关单位的应用考核。研制的新型固态储氢器件技术指标超过国际同类产品，开发的大口径真空集热管实现应用。研制的核堆用复合屏蔽材料通过关键专项考核。主办的期刊《稀有金属》英文版SCI影响因子1.189，《稀土学报》英文版SCI影响因子2.429，均再创新高，并作为中国三本科技期刊代表中的两本，由国家新闻出版广电总局选送参加国际期刊交流。

3. 国际科技合作取得新进展。有研集团组织申请并获批国家外国专家局引智高端项目和重点项目各1项。主办第十四届中俄双边新材料新工艺研讨会、储能材料与液态盐国际论坛会议等国际会议。与美国麻省理工学院、英国焊接研究所等知名院校和机构在微纳器件和创新管理体系等方面开展合作和交流。

【党建工作】 有研集团深入推进"两学一做"学习教育常态化制度化，认真贯彻学习党的十八届六中全会、全国国有企业党建工作会议精神和党的十九大会议精神，坚定不移全面从严治党，积极落实各项工作。

1. 深入学习贯彻党的十九大精神和习近平新时代中国特色社会主义思想。加强党的领导，准确把握新时代中国特色社会主义主要矛盾的变化，更加坚定中央企业在新时代的使命担当。牢牢聚焦新时代国企国资改革发展的任务要求，更加坚定成为六个力量的信念追求。

2. 加强组织建设。全面完成所属公司党建进章程的工作，明确党组织在公司治理中的法定地位。组织完成有研集团党委的换届工作。加强党建工作力量，落实组织保障，巩固和扩大"两学一做"学习教育常态化制度化成效。坚持正确选人用人导向，继续保持选人用人的清正风气。

3. 坚持从严管党治党。强化管党治党主体责任和监督责任，不断完善党内监督体系，继续开展内部巡视工作。深入推进党风廉政建设和反腐败斗争，以零容忍的态度惩治腐败，构建不敢腐、不能腐、不想腐的有效机制。

4. 大力营造改革发展的良好氛围。积极倡导诚信文化，营造言而有信、言出必践的氛围。认真落实"三个区分开来"，最大限度的调动广大党员的积极性、主动性和创造性。充分发挥群团组织优势，完善组织体系和工作载体，增强企业凝聚力。重视离退休工作，充分发挥离退休党组织和党员作用，加强交流沟通，做好服务工作。

【信息化建设】 有研集团持续深化协同办公系统应用，移动办公系统上线使用，提升办公效率；不断完善网络信息安全建设工作，对全集团网站进行网络信息安全实时监测，根据公安部、国务院国资委等上级单位网络安全要求完善集团网络基础设施建设；启动视频会议系统建设项目，提高集团会议工作效率，降低会议成本。

【履行社会责任】 2017年，有研集团积极履行社会责任，选派2名青年干部、投入定点扶贫资金57.4万元支持贵州省地方发展。结合当地实际情况，积极推动"山村＋经济体""互联网＋循环产业"的创新循环可持续的产业扶贫新模式，实现循环经济转型升级，辐射带动周边百户农户每年每户增收5000余元，取得显著的成效。

(撰稿人：姚国成)

北京矿冶科技集团有限公司

【基本概况】 2017年，北京矿冶科技集团有限公司（以下简称"矿冶集团"或"集团"）党政领导班子带领全体干部员工，深入学习贯彻习近平新时代中国特色社会主义思想，认真落实党中央、国务院国资委的工作部署和要求，以提高质量效益和核心竞争力为中心，抢抓机遇，锐意进取，埋头苦干，各项工作取得显著成效，实现营业收入和经济效益大幅提升，全集团生产经营创历史最好水平。

2017年，新批准纵向立项项目68项，项目经费1.76亿元，比上年增长60%。获得各类科技奖励32项，其中国家级1项、省部级6项、行业等社会力量奖19项、其他科技奖6项。参与完成的国家重大科技计划项目"蛟龙号载人潜水器研发与应用"获得2017年度国家科技进步一等奖，重点参加其中潜水器结构、浮力材料、水下精确作业等方面的技术研究工作，为蛟龙号的成功研制和安全下潜作出贡献。全年新签订工程类项目合同194个，合同金额8.73亿元，比上年增长24%，到款总额3.17亿元，比上年增长61.7%。

【主要指标】 2017年，实现营业收入37.64亿元，比上年增长46.80%；实现利润总额3.72亿元，比上年增长120.12%。集团全面超额完成国资委下达的年度考核任务，各项业绩指标迈上新台阶。

2017年北京矿冶科技集团有限公司主要经济指标

项　目	2016年	2017年	比上年增长(%)
资产总额（亿元）	57.58	78.70	36.68
所有者权益（亿元）	38.01	41.23	8.47
营业收入（亿元）	25.64	37.64	46.80
利润总额（亿元）	1.69	3.72	120.12
净利润（亿元）	1.43	3.02	111.19

续表

项　目	2016年	2017年	比上年增长（％）
归属于母公司所有者的净利润（亿元）	0.49	0.96	95.92
技术开发投入（亿元）	2.17	3.03	39.63
利税总额（亿元）	2.94	5.71	94.22
应交税金总额（亿元）	1.25	1.99	59.20
全员劳动生产率（万元/人·年）	23.81	36.28	52.37
净资产收益率（％）	3.83	7.62	增加3.79个百分点
总资产报酬率（％）	3.16	5.86	增加2.70个百分点
国有资本保值增值率（％）	102.12	104.26	增加2.14个百分点

【改革发展】 2017年是国有企业全面深化改革的关键一年。集团认真贯彻落实党中央、国务院对国有企业改革的决策部署，以细化落实集团"十三五"发展规划为抓手，加快推进全集团深化改革，取得新的成果。

1. 完成公司制改制工作。根据党中央、国务院做出的重大决策部署，集团成立主要领导为组长的领导小组，统筹布置，协同推进，于2017年12月29日完成工商注册，取得营业执照，矿冶总院正式更名为"北京矿冶科技集团有限公司"，所属徐州院等5家全民所有制子企业的改制任务也同期完成，按期完成国资委要求2017年底前完成改制的各项工作任务。

2. 完成企业功能界定和分类工作。根据国资委有关要求，完成所属30家二级单位的功能界定和分类工作，进一步明确子企业的发展方向和发展定位，有利于进一步实现分类考核、分类监管。

3. 大力实施人才强企，考核机制进一步完善。2017年，集团公司大力实施人才强企战略，不断深化人才发展机制改革。不断完善中层干部选任、管理、考核、交流、奖惩等各项制度，重点凸显"党管干部"的原则和民主推荐程序；建立中层干部岗位目标责任制和干部任期制，逐步形成干部"有能则上、无能则下"的管理机制。

4. 加大科技创新考核力度。在对二级经营单位负责人业绩考核中，特别增加科技创新考核指标，引导二级单位进一步加大科研投入、加快科研成果转化、注重科研成果凝练，提升全集团科技创新能力。

5. 统筹推进"处僵治困"专项治理工作。按照国资委统一部署，制定实施集团《2017年度"僵尸企业"和特困企业专项治理工作目标和措施计划》，全面改善相关企业状况，累计安置冗余人员500余人，减亏增利超过2亿元，平稳完成"处僵治困"任务。

【重大项目】 2017年，矿业集团混合所有制改革取得新成果。完成对民营企业北京安期生技术有限公司战略重组，通过收购安期生公司近60％的股权成为其控股股东，并相继采取选派高管人员、加强财务管控、产业基金支持等一系列措施不断改善公司经营管理水平。通过战略重组将有效提升集团在高端装备制造领域的综合实力和市场竞争力。

【走向海外】 抢抓"一带一路"倡议和国际产能合作国家战略机遇。继续加大国际市场开拓力度，在南非、刚果（金）、赞比亚等重点目标市场取得显著成效。全年新签涉外工程承包与咨询服务类合同总额6300余万美元。成功中标南非PMC冶炼厂改造总承包项目，该项目采用具有自主知识产权的富氧双侧吹铜冶炼技术，设计年产铜规模8万吨，将成为南非最大的铜冶炼厂。继续深耕刚果（金）市场，与新老客户签约一批铜钴矿选冶项目合同，进一步扩大矿冶集团在非洲市场的业务范围和品牌影响力。

不断深化国际科技合作与交流。依托国际科技合作基地，积极组织申报国际科技合作项目，其中"基于有色冶炼渣的绿色充填胶凝材料制备及其性能合作研究"项目获得国家重点研发计划中美政府间国际科技创新合作重点专项批准立项。积极筹建中国南非矿产资源开发联合研究中心，该联合研究中心得到中南两国政府的高度重视，于2017年4月在刘延东副总理的见证下签署合作备忘录。成功申办2019年第九届世界采样大会（WCSB），扩大集团在国际检验检测领域的影响力。

【重大创新】 2017年，矿冶集团持续服务国家创新发展战略，引领行业技术进步，为企业发展提供技术支撑。矿山所研究的近海海底黄金资源智能开采技术和深井智能采矿技术，实现智能矿山数据接口与技术的标准化，攻克智能矿山数据挖掘等技术难题，树立深井智能采矿示范工程，提升我国深部资源获取能力。选矿所和冶金所通过试验研究，成功研发出选冶联合新工艺，解决陕西中核低品位铀矿经济开发的技术难题，得到业主充分肯定。

2017年，获得授权专利114件，软件著作权6项，3件专利获第十九届中国专利优秀奖。负责或参与制、修订正式发布标准34项，其中国家标准7项，地方标准1项，行业标准23项，军工标准3项。完成的"粗氢氧化镍化学分析方法""阳极铜化学分析方法"分别获得全国有色金属技术标准一等奖和二等奖。2017年，矿冶集团入选"国家知识产权示范企业"，北矿机电和当升科技入选"国家知识产权优势企业"。

科技创新平台建设进一步加强。获批北京市企业技术中心、徐州市稀贵金属再生利用工程实验室、湖南省小巨人企业等多个省部级科研创新平台。加入中国矿产资源与材料应用创新联盟等5个创新联盟，进一步增强行业辐射及带动能力。矿物加工国家重点实验室、国家国际科技合作基地等创新平台通过上级主管部门组织的检查评估，成绩优良。

【党建工作】 2017年，集团党委高度重视十九大精神和习近平新时代中国特色社会主义思想的学习宣传贯彻落实工作，通过集体研学、专题培训、专家辅导、党员自学等方式，让十九大精神在广大干部中内化于心、落实于行，有力地提升全集团党建和生产经营工作水平。制定并印发集团《党委2017年党建工作要点》和《党委贯彻落实全国国有企业党的建设工作会议精神工作任务实施方案》，确定的58项重点工作任务完成52项，明显地提升了集团党建水平。

严格执行"三重一大"制度。坚决落实党委会议研究"三重一大"事项前置程序要求，深入研究解决涉及企业发展方向、影响企业发展进程的战略规划、公司制改制、党建工作进公司章程等重大事项，充分发挥党委把方向、管大局、保落实的领导作用。

加强党的建设，党建工作机制更加完善。集团公司和10家二级子企业完成党建工作进公司章程工作，实现党的建设制度化、规范化和常态化。制定《北京矿冶研究总院二级单位党组织党建工作责任制实施细则》等文件，开展二级单位党组织负责人党建工作述职，定量考核二级单位党组织工作，压实党建工作责任。加强党务工作力量配备，集团总部党群部门工作人员超过职能部门平均数。制定并印发《党建工作经费纳入预算管理办法》，将党建经费纳入管理费用，保证党建工作的物质条件。

持续推进党风廉政建设和反腐败工作。召开集团党风廉政建设和反腐败工作会议，落实"两个责任"，强化履职担当。加强制度建设，形成规范体系，重新制定党风廉政建设16项制度。深入开展巡视整改自查自纠工作，通过国资委第七专项督查组对集团党委的专项督查。制定26条切实有效的整改措施并已全部完成，集团党建基础更加坚实。对集团二级单位开展巡视工作，发挥党内监督作用。加强纪检队伍建设，提升监督执纪能力。在元旦、春节、中秋等重要时间节点持续落实中央八项规定精神，纠正"四风"不松懈。

【信息化建设】 继续以信息化促进管理提升。综合办公系统和ERP系统覆盖集团各级子企业，在资金集中管控、全面预算管理等方面取得良好的效果；科研管理信息系统实现纵向科研项目的全链条管理；工程设计管理一体化系统实现工程项目从立项审批到图纸审批的全流程信息化。

【履行社会责任】 积极响应党中央关于京津冀一体化协调发展、疏解非首都功能的战略部署。多次与北京市政府、西城区政府及有关部门沟通协调，商讨疏解办法，与市场承办方多次谈判，对广大商户做了大量艰苦细致的工作。经过不懈努力，2017年底前关闭两个市场，全面完成疏解任务。

一如既往认真履行企业社会责任，积极参与社会公益事业，做优秀企业公民。由集团党委书记、专职副书记带队深入扶贫一线，对定点扶贫的河南省平舆县进行调研回访。探索创新扶贫模式，发挥集团专业技术和人才优势，承担平舆县污水处理厂、户外休闲用品产业园规划两个扶贫专项工程，精准融入平舆县脱贫攻坚战。编制发布2016年度社会责任报告，树立矿冶集团作为中央企业履行社会责任的良好形象。

注重构建和谐的企业文化。通过持续开展职工技能竞赛活动、"争当改革先锋,我为改革献策"职工合理化建议活动,营造员工钻研业务、提升技能的浓厚学习氛围,增强员工出谋划策、参与管理的主人翁意识。积极与北京相关单位联系,承租燕宝高米店公租房118套,为年轻职工解决住房困难。投入数百万元开办职工食堂,解决职工就餐难题。落实转制前离退休人员增加生活补贴标准,确保国家政策及时落实到位,同时提高转制过渡期退休人员生活费,改善离退休人员生活水平。

严守安全底线,维护和谐稳定。开展"安全生产月"、"节能宣传周"、防火应急演练、安全生产管理人员培训等活动,增强全员安全和节能意识。由集团主管领导带队,组织在建工程项目的安全生产专项检查,对发现的安全隐患及时整改落实。积极应对市场商户围堵事件,处置丹东厂分流安置人员,做好丹东厂棚户区改造、动迁等引发职工要求房改的思想工作。

(撰稿人:朱亦珺)

中国国际技术智力合作有限公司

【基本概况】 2017年,中国国际技术智力合作有限公司(以下简称"中智公司")深刻把握理解全面深化国企改革的新要求,深入学习党的十九大关于发展人力资本服务的精神,继续深入研究行业的新动态,完善法人治理结构,推动协同发展,创新引领未来,经济效益快速增长,党建工作和党风廉政建设取得新的突出成效。中智公司全体干部职工一年来在政治站位、思想观念和工作作风上的提高和转变,更加难能可贵。在贯彻落实党中央国务院决策部署和国资委工作要求的自觉性上,都取得了良好成效。

【主要指标】 2017年,中智公司保持连续30年的增长轨迹,营业收入增长14.35%,资产总额增长14.76%,利税增长22.42%,利润增长11.68%,以不断扩大的规模效益保持作为中国人力资源服务行业领航者的地位。

2017年中国国际技术智力合作有限公司主要经济指标

项 目	2016年	2017年	比上年增长(%)
资产总额(亿元)	90.45	103.79	14.76
所有者权益(亿元)	32.45	37.57	15.79
营业收入(亿元)	176.82	202.19	14.35
利润总额(亿元)	6.83	7.63	11.68
净利润(亿元)	5.15	5.76	11.90
归属于母公司所有者的净利润(亿元)	5.18	5.71	10.28
技术开发投入(亿元)	1.07	1.53	43.14
利税总额(亿元)	26.82	32.83	22.42
应交税金总额(亿元)	22.34	27.53	23.23
全员劳动生产率(万元/人·年)	40.72	43.50	6.83
净资产收益率(%)	17.31	16.45	减少0.86个百分点
总资产报酬率(%)	8.33	7.92	减少0.41个百分点
国有资本保值增值率(%)	117.94	118.03	增加0.09个百分点

【改革发展】 为进一步落实中智公司"十三五"规划,公司致力于加强制度建设,完善管理流程,推动工作依法依规、高质高效地进行,先后发布《中智公司总部部门职能汇编》《中智公司总部部门岗位职责汇编》《中智公司分支机构公务用车制度改革方案》《中智公司领导干部兼职管理暂行规定》等制度,为进一步完善管理体系和制度建设奠定基础。

根据中智公司总体战略对人力资源统筹配置的要求,发挥公司总部在干部管理方面的主导和引领作用,进一步加强选人用人工作规范,加强干部考察、调研工作。与此同时,继续全面实施员工教育培训工程，在2016年培训工作的经验基础上，不断增强对员工的素质能力培养，强化对公司核心骨干人才的挖掘，提升人才的交流使用。根据公司内部的"五阶人才培训体系"，结合企业内训与外部调训的特点，按照公司战略发展方向，在规范使用培训费用的基础上，努力提升培训工作的针对性和有效性。深化通用技巧的培训、创新专业技能的培训，通过各种培训平台，不断提供员工的各项能力，从而与公司改革发展的要求相适应。

【重大项目】 2017年1月，中智公司与湖北省人力资源和社会保障厅在武汉签署战略合作协议，双方在人才引进、人才选拔与培养、技能人才培养、创业孵化基地建设、人才管理及智库研究、大数据信息支持服务、人力资源外包、人才论坛及人才交流会、人力资源产业园建设等九大领域全面合作；1月，中智公司与中国民航信息网络股份有限公司签署战略合作协议，根据协议内容，双方在人才培养与管理、人才外包服务、人才招聘与猎头等领域进行全面合作；2月，中智公司与武汉市人力资源和社会保障局签署战略合作协议，双方在武汉"城市合伙人"引进、高端人才引进权能评价与管理、人才数据库与智库建设、技能人才培养、政府职能外包合作、共建人力资源服务产业园、高端人才论坛及交流会合作、高端人才发展基金八个领域开展全方位合作；2月，中智公司与大连市人社局签署战略合作协议，双方在人才引进、人才选拔与培养、人才专业服务、人力资源外包、人力资源产业园建设等领域深入合作，不断加强信息沟通、业务交流和相互支持，促进大连市人力资源服务业跨越式发展，为建设区域性创新创业中心和东北亚开放合作战略高地提供强有力的人才和智力支撑；4月，中智公司与云南省国资委签署战略合作协议，通过双方合作，将改善和提升国有企业人力资源状况和人力资源管理水平，提升国有企业竞争力，在推动企业转型升级，助力云南省国资国企改革登上新台阶等方面发挥积极作用；6月，中智公司与对外经济贸易大学签署战略合作协议，双方在人力资源外包、高端人才猎聘、薪酬激励咨询、共建人力资源硕士班、共建NGO人才发展智库、继续教育培训及高管培训、海外学生推荐就业及岗前培训、人才论坛及交流会合作等领域进行全面合作；8月，中智公司响应国资委号召深度参与上海科技创新中心建设，与上海张江临港公司签署共建人才创新服务试验区战略合作协议，双方将通过建立1个研究院、1个引才平台、1支产业基金等7个"1"合作建设模式，实现优势互补与资源嵌入，致力于在现有人才高地的基础上，加快推进在上海科创中心辐射区域内形成若干领域人才高峰；8月，中智公司与中国西电集团签署战略合作协议，双方在人力资源与组织发展顶层规划设计、高端人才引进服务、基于变革咨询的领导力培养与分类人才队伍建设、知识产权管理与创新服务、基础性人力资源外包服务等领域开展合作；9月，中智公司与广西壮族自治区贵港市人民政府签署战略合作协议，双方在解决市直机关事业单位临聘人员管理问题、企业劳动用工、人力资源开发、人才引进、人才培养、人才政策评估、人才研究规划等领域开展合作；10月，中智公司与安徽省人力资源和社会保障厅签署战略合作协议，在人力资源的引、育、留、用等方面发挥双方各自优势，在产业升级及调整特别是新兴产业发展所紧缺的领军及高端人才引进方面、推动人力资源服务业高端业态和产品全链条打造上开展合作，并在产业园建设、运营等方面，打造出符合安徽省产业发展需求的人力资源产业园；12月，中智公司与中国东方电气集团有限公司签署战略合作协议，双方在人力资源管理咨询、高端人才引进、中高层人才职业发展、人力资源基础管理领域以及科技及知识产权信息数据及咨询等方面开展深度合作。

【走向海外】 人力资源国际化业务是中智公司"十三五"规划新制定的战略目标，经过不到一年紧密围绕战略大方向的不懈努力，国际化业务取得了一定阶段性成果。"人员走出去，工作走出去"是国际业务的必由之路，以项目带动人力资源服务配套输出，进一步开拓国际市场。菲律宾、柬埔寨派工作组建立了良好的合作关系和基础，同时派专人在菲紧锣密鼓地开展了一个半月工作，取得了技能、语言培训和人才派遣交流项目、海水淡化工程项目咨询等重大项目的推进和落实，取得了阶段性的突出成绩；公司核心产品实现了国际化突破，带来了新的收益增长点。

传统劳务合作业务以创新发展和向中高端方向转型为重点目标，逐渐发展成客户相对稳定，派出人才结构相对合理,收益性价比较好的发展趋势。日本业务中高端人才派遣进一步梳理优势资源,搭建新的人才提供平台;开发线上招聘渠道,加大招聘力度;在2016年日本业务"一体化"管理步入正轨的基础上,编制合理的流程和管理办法,逐渐实现境内外协调、统一和高效的管理机制;协调和中国香港、澳门的合作,力争更多地掌握港澳一线的实际情况,以更加高效的服务获取更好的收益;进一步完善德国厨师业务流程,不断提升服务意识、服务能力、服务效率,通过积极宣传央企优势,引导客户依法合规开展业务,注重对厨师的筛选,严格厨师材料的审核,做好签证辅导,确保德厨业务稳步开展;养老业务合作作为劳务业务的一项创新工作,借助多年在日本的客户资源关系,以养老交流培训为媒介,与国内养老选派机构和基地公司合作,向日本派遣介护师;继续开发新的国别市场,如塔吉克斯坦的建筑劳务培训、巴基斯坦的中国劳务派遣、东欧的中医派遣等。

【党建工作】 2017年,中智公司党委在国资委党委的正确领导下,围绕党建中心工作,深化党建工作体制机制,组织制定和实施党建制度与政策,落实党建工作责任制,以"两学一做"制度化常态化、学习贯彻落实党的十九大报告精神为重点,加强对全体党员尤其是党员领导干部的教育培训工作。全面从严治党,配合监事会查摆和整改各级党组织党建工作存在的"四化"问题,进一步加强政治巡视,为公司"十三五"战略规划落地、生产经营管理的顺利开展、促进公司做强做优做大提供坚强的政治保障和组织保障。

坚决贯彻落实中央企业系统(在京)党的十九大代表推荐、中央企业系统(在京)党代表会议代表选举工作。分阶段完成推荐党的十九大代表候选人、选举中央企业系统(在京)党代表会议代表预备人选、组织召开中智公司党员代表大会。

推进"两学一做"学习教育常态化制度化。公司党委和直属机构党委以"认真学习党的十八届六中全会和全国国有企业党建工作会议精神,深化'两学一做'学习教育,争做'四讲四有'合格党员"为主题召开民主生活会,公司所属党支部全部召开了组织生活会,开展批评与自我批评。同时积极探索推进路径,起草《推进"两学一做"学习教育常态化制度化的实施方案》,树立党的一切工作到支部的鲜明导向,并提出"五化三推一党日"作为"两学一做"开展路径,全面启动"五化"党建工程。

完善发现问题、督促整改的体制机制。一是积极配合监事会问题整改。制定方法论明确问题的查摆方向,采取四结合、四不工作法,深挖党建存在的问题,确保一次找精准一次找到位。二是发挥巡视利剑作用。系统整理了包括书记讲党课、民主生活会、民主评议党员、党组织换届选举、党组织书记述职评议、落实两次会议精神等九项党建工作档案。

推进党员队伍建设,发挥模范作用。一是党员发展工作稳步进行。为了进一步推进党员发展工作科学化、规范化,做好发展指标的使用。二是评先评优工作顺利完成。为庆祝建党96周年,激励公司各级党组织和广大党员充分发挥战斗堡垒作用和先锋模范作用,在"七一"前夕对33名"优秀共产党员"、20名"优秀党务工作者"和16个"先进基层党组织"进行评选表彰,发挥"关键少数"示范引领作用。三是走访慰问生活困难党员、群众。分别在春节和"七一"期间,将党组织的温暖切实传递给党员及群众。

强化党员组织观念,规范党费收缴。每季度和财务部主管党费人员进行账实核对,保证党费的正确使用和记录工作。

做好党内统计,为党建决策提供数据支撑。2017年度统计实现"精提炼、突重点、详解释、重细节"四步法,所有二级分支机构均进行线上统计,并建立中智公司党委党内统计季报制度以及完成中组部党员管理信息系统基础信息采集。

提高政治站位,深入学习贯彻党的十九大精神。党的十九大是在全面建成小康社会决胜阶段、中国特色社会主义进入新时代的关键时期召开的一次具有里程碑、划时代意义的重要会议,大会提出了一系列新理论、新思想、新论断,进一步明确了习近平总书记在全党的核心地位。党的十九大召开后,公司党委高度重视,切实将学习贯彻党的十九大精神作为当前和今后一段时期的重要政治任务,制定一系列落实举措,确保学习入脑入心见成效。

全面覆盖同步统筹,压实党建工作责任。贯彻落实党建工作责任制是促进党建工作落地的重要抓手。

在公司深化体制机制改革的基础上,推进党组织书记与董事长"一肩挑",并加快推进"一肩挑"步伐。

建立培训制度,完善党内教育培训体系。立足于新时代对党建工作新要求,公司党委重点着力在提升党员党性修养和党务工作者业务能力上下功夫,补齐短板,同时运用"互联网+党建"和举办学习班等多种载体,构建党建学习平台,制定了三年党建培训计划,初步建立了中智公司党建培训体系。

【信息化建设】 2017年,中智公司将信息化建设作为推动业务发展的重要手段,提出统建公司外包业务系统的建设目标,并为缺乏业务系统的分支寻找过渡期的解决方案。同时为满足相关法律法规与客户对企业信息安全相关资质的要求,中智公司加强信息安全管理,形成信息安全管理体系架构设计,先后启动信息安全管理体系建设项目和网站群建设项目。

【履行社会责任】 为贯彻执行《中共中央国务院关于打赢脱贫攻坚战的决定》,落实中央单位定点扶贫工作会议精神,把扶贫开发作为中央企业的政治责任,按照"精准扶贫,精准脱贫"的扶贫开发基本方略,中智公司党委认真研究定点扶贫开发工作,并根据挂职扶贫人员全面实地调查提出的建议,制定了2017定点扶贫工作计划和实施方案,依据"扶贫对象精准、扶贫项目精准、资金使用精准、扶贫措施精准、驻村帮扶精准、脱贫成效精准"的要求,将扶贫开发重心放在中智挂职干部挂点联系的云南省大姚县铁锁乡铁锁社区335户建档立卡贫困户、姚安县太平镇太平村36户建档立卡贫困户以及中智干部担任村第一书记的姚安县前场镇新街社区的76户建档立卡贫困户的脱贫上,发挥中智优势,聚焦产业扶贫和教育扶贫,在贫困户种植、特色农产品营销和危房改造上给予支持,为定点扶贫的大姚县和姚安县贫困群众脱贫作出应有的贡献。

(撰稿人:崔 焱)

中国建筑科学研究院有限公司

【基本概况】 中国建筑科学研究院有限公司(以下简称"中国建研院")创建于1953年,前身为建筑工程部"建筑技术研究所"。1979年6月,经国家科委批准,正式命名为"中国建筑科学研究院"。2000年10月,由科研事业单位转制为科技型企业,隶属于国务院国有资产监督管理委员会,2017年12月完成公司制改制,更名为"中国建筑科学研究院有限公司",经济类型为国有独资,注册资本增加到12亿元。

中国建研院是我国建设行业最大的综合性研究与开发机构,面向全国的建设事业,以建筑工程为主要研究对象,以应用研究和开发研究为主,致力于解决我国工程建设中的技术关键问题;负责建筑行业标准规范的管理、主要工程建设技术标准规范的制、修订及标准规范的宣传贯彻与推广;承担国家建筑工程、建筑节能、空调设备、太阳能热水器、化学建材、电梯的质量监督检验以及建筑产品认证;开展行业所需的共性、基础性、公益性技术研究,科研及业务工作覆盖建筑结构、地基基础、工程抗震、空调设备、建筑物理、建筑防火、建筑材料、建筑机械以及建筑信息化等建筑工程所有研究领域。近年来,研发工作重点围绕着建筑节能、绿色建筑、生态城市、智慧城市、海绵城市、建筑工业化、住宅产业化、既有建筑改造以及BIM等新技术领域。经营活动还包括建筑工程勘察、设计、工程承包及专业设备与材料制造,涵盖勘察、规划、设计、施工、监理、检测、材料生产、机械设备制造和信息化等房屋建筑全产业链,为城市建设中的复杂、超限和标志性工程项目提供成套解决方案。

2017年,在国资委、国有重点大型企业监事会的领导和关怀下,公司干部职工深入学习贯彻党的十九大精神,认真落实党中央、国务院、国资委决策部署,坚持稳中求进,深化改革创新,紧紧围绕提质增效稳增长目标,锐意进取,努力拼搏,全年各项工作均取得明显成效。

【主要指标】 2017年，实现营业收入51.37亿元，比上年增长4.59%；利润总额2.47亿元，比上年增长22.27%；归属于母公司所有者的净利润1.64亿元，比上年增长18.78%；资产总额51.94亿元，比上年增长4.07%；国有净资产18.67亿元，比上年增长11.42%；净资产收益率（不含少数股东）9.24%；国有资本保值增值率112.11%；全年公司科技支出5.38亿元，技术投入比率10.47%。

2017年中国建筑科学研究院有限公司主要经济指标

项　目	2016年	2017年	比上年增长（%）
资产总额（亿元）	49.73	51.94	4.07
所有者权益（亿元）	17.99	20.50	13.03
营业收入（亿元）	49.12	51.37	4.59
利润总额（亿元）	2.02	2.47	22.27
净利润（亿元）	1.68	2.00	18.73
归属于母公司所有者的净利润（亿元）	1.38	1.64	18.78
技术开发投入（亿元）	4.77	5.38	12.76
利税总额（亿元）	4.46	4.98	11.50
应交税金总额（亿元）	2.98	3.17	6.45
全员劳动生产率（万元/人·年）	14.66	16.05	9.46
净资产收益率（%）	8.62	9.24	增加0.62个百分点
总资产报酬率（%）	4.16	4.86	增加0.70个百分点
国有资本保值增值率（%）	109.08	112.11	增加3.03个百分点

注：利税总额＝税金及附加＋应交增值税＋利润总额；
全员劳动生产率＝劳动生产总值÷全年平均从业人员人数。

【改革发展】 2017年，中国建研院以提高质量效益和核心竞争力为核心，围绕创新开辟市场，业务、党建齐抓共管，务求实效。一是以创新开辟市场，加快"走出去"步伐。公司层面成立大客户部和市场开发部门，加强公司整体经营和集团管控，发挥公司在建筑业的综合优势；通过与地方政府开展战略合作，做好政府"智库"，促进成果转化，推进科技进步；差异化参与"一带一路"建设、国际产能和装备制造合作，加快"走出去"步伐。二是坚持创新驱动发展，优化创新环境，积极开展"双创"工作。三是推动重大改革试点，探索多元化激励方式，深化企业内部"能上能下、能进能出、能增能减"三项制度改革。四是推进深化供给侧结构性改革，优化资源配置，积极处理历史遗留问题，加快清理低效无效资产。五是坚持内控常态化，提升精益管理水平。六是优化院风险管控体系，强化风险控制。在提质增效攻坚战中，中国建研院充分发挥党组织政治核心作用，层层分解落实任务目标，以市场为导向，认真研究和发掘发展机遇，坚持稳中求进，以提升效益和质量为中心，加快结构调整和转型升级，推进科技创新和成果转化，提升公益类企业服务能力，着力加强风险管理，取得一定成效。

【重大项目】

1. 咨询与服务项目。承担420米高山东绿地国际金融中心、465米高合肥宝能城结构顾问咨询、北京新机场东航基地绿色建筑咨询、北京冬奥会"国家速滑馆"风洞试验；受澳门特区政府委托完成"天鸽"台风风灾试验与数值仿真服务；完成厦门金砖国际会议中心、国际会展中心等改建项目模拟优化和调试咨询；完成广州南沙新区明珠湾起步区绿色生态专项规划并提供绿色建筑管理技术服务。

2. 设计与规划项目。承担京东集团西南总部基地、北京保利未来科技城等项目设计，住建部老旧小区、北京市东城区少年宫加固改造设计，北京市冬奥会国家速滑馆、珠海市横琴口岸及综合交通枢纽开发工程特殊消防设计，河津市城市发展战略规划，厦门中山路片区立面整治提升工程。完成日喀则市城市总体规划，崇左市城区生态水系规划，廊坊市、永清县、杨官营等四村美丽乡村建设规划。

3. 施工与监理项目。采用EPC模式，承担菏泽市黄河路片区棚改项目，贵州凯里市鸭塘片区整体开发建设，完成北京清河火车站老站房一阶段平移、廊坊燕郊国道南生态园屋面加高顶升等特色工程,北京商务中心核心区地下公共空间市政交通南区北段基坑支护等专业施工项目。

4. 检测与认证项目。承担新疆精河地震灾后综合考察鉴定工作,完成首钢工业园区、中石油云南炼油项目结构检测鉴定,北京控制工程研究所老旧房屋检测鉴定,北京城市副中心行政办公区工程幕墙门窗及相关材料性能检测,国家卫计委所属44家医院建筑能耗监管系统智能化检测,海口美兰国际机场扩建工程主体结构及钢结构、建筑节能等多项检测业务。

5. 软件与产品。基于自主知识产权BIM平台,推出多个新产品。PKPM—BIM/PC软件成为新的经济增长点,预制构件智慧工厂管理平台在中建科技的多个工厂上线应用,逐渐形成领先的装配式建筑设计、生产、施工全流程解决方案。基于BIM的铝模板配模软件交付客户应用。研发PKPM结构设计软件V4.1,进一步提升软件的易用性和计算效率。全面开放PKPM结构数据接口,为打造PKPM生态环境提供支撑。研发的智能化钢筋弯箍机、钢筋锯切套丝生产线,实现钢筋加工关键设备从自动化到智能化的提升。研发出用于高塔风电基础和公铁隧道防渗加固等基础工程的智能注浆机、针对桥隧注浆施工的JD80钻机、风电施工专用免基础模块化混凝土搅拌站、风电塔筒主体施工综合升降设备等,并成功应用于施工项目中。

【走向海外】 2017年,中国建研院积极响应国家"一带一路"倡议和"走出去"发展战略,积极开拓海外市场,稳步开展国际化经营。产品(包括建筑机械设备、建材产品等)出口、技术服务(软件研发、检测检验、设计等)、专业施工工程和监理、援外项目质量检测、鉴定与验收等国际化经营继续平稳开展,经营范围涵盖俄罗斯、印度、巴西、新加坡、马来西亚和港澳台地区等46个国家和地区。积极参与标准国际化工作,进一步提升了中国建研院乃至我国在相关专业领域的国际影响力和话语权。

【国际交流与合作】 2017年,中国建研院与法国建筑科学技术中心、新加坡建屋发展局、德国可持续建筑委员会、世界绿建委、蒙古建筑和城市建设部、俄罗斯建筑科学研究中心、德国梅森博格集团、美国本特利公司等开展技术交流与合作探讨。与美国马里兰大学、江森自控公司、英国赫尔大学等单位签署合作谅解备忘录,共同承担中美"公共机构合同能源管理与能效提升应用示范"、中欧"数据中心低能耗露点冷却技术研究"等项目。与德国门窗技术研究所签订合作协议,在建筑门窗及其配套产品领域开展试验室检测能力互认等工作。

依托中国建研院建设的Construction21(中国)平台遴选的5个项目获得Construction21国际"绿色解决方案奖",占国际总获奖比例的21%。

【重大创新】 2017年,中国建研院有2项成果获得国家科技进步二等奖,18项成果获得华夏建设科学技术奖,全年申请专利45件,获得授权专利52件,其中发明专利23件。全年出版著作18部,发表论文226篇,其中SCI、EI收录论文19篇。

1. 科研项目。2017年,在研科研课题392项,其中国家级125项,省部级36项;新开科研课题120项,其中国家级45项,省部级14项,院自筹61项;完成科研课题93项,其中国家级15项,省部级5项,院自筹73项。完成"十二五"国家科技支撑计划"新型预制装配式混凝土建筑技术研究与示范""公共机构绿色节能关键技术研究与示范"等3个项目和"建筑行业设计服务共性技术集成平台研究与应用""实现更高建筑节能目标的可再生能源高效应用关键技术研究"等4个课题的验收工作。完成"十三五"国家重点研发计划"城镇建筑结构运维安全保障关键技术""近零能耗建筑技术体系及关键技术开发"等7个项目立项启动及实施方案论证工作,项目涉及专项经费1.43亿元。

2. 标准规范。2017年,在编标准规范制修订项目210项,其中国家标准37项,行业标准27项,地方标准8项,团体标准138项。国家标准《地源热泵节能量计量规范》、行业标准《装配式建筑部品与部件认证通用规范》、团体标准《既有住宅加装电梯技术规程》等121项标准获准立项。国家标准《建筑结构可靠性设计统一标准》《建筑碳排放计算标准》等55项标准完成报批。国家标准《绿色照明检测及评价标准》、行业标准《建筑震后应急评估与修复技术规程》等41项标准获准发布。截至2017年底,累计完成929项国家、行业标准编制。稳步推进标准国际化,开展国际民用建筑标准法规管理性规定研究等专项工作,由公司牵头的ISO"建筑门窗幕墙术语工作组"成立,2项ISO国际标准制定工作持续推进。申报的"绿色建筑标准化服务全链条培育试点",获批国家级标准化服务业试点项目。

【党建工作】 2017年,中国建研院党委紧紧围绕学习、宣传、贯彻党的十九大精神,将落实党的十九大精神主线与公司改革发展中心任务深度融合,坚持党的领导、加强党的建设,充分发挥党的领导核心和政治核心作用、党组织的战斗堡垒作用、党员的先锋模范作用,为中国建研院的改革发展提供坚强的政治保障和强大的精神动力。

落实全国国企党建会30项重点任务,研究制定60条具体措施;坚持把党的领导融入公司治理,公司及所属公司全部完成章程修订工作;加强高素质人才队伍建设,坚持党管干部原则,制定《院领导人员选拔任用管理办法》,严格落实"二十字"好干部标准;召开公司第八次党员代表大会,完成公司党委换届,选举产生新一届党委和纪委;落实"四同步"要求,新建10个党组织,完成27个党组织换届,确保基层党组织"应建必建""应换必换";深入推进党风廉政建设,强化监督,开展内部巡视巡察,2017年完成对2家企业的内部巡视工作;充分发挥群团组织的桥梁和纽带作用。

【信息化建设】 2017年,中国建研院在信息化建设方面以信息安全体系建设工作为重点,在信息基础设施运维保障、网络安全与信息化、系统升级与开发等方面做了大量工作。完成公司内部办公系统的升级改版工作。通过对原OA系统版本老旧、流程复杂、功能模块的不完善等问题的梳理,经过充分的业务需求分析和大量的调研与准备工作,对原有的OA系统进行迁移和升级改版工作,新增开发经营项目管理功能模块,开发投标管理、资质证书管理、合同管理和安全生产管理4个应用。

【履行社会责任】 2017年,中国建研院认真贯彻落实党中央、国务院决策部署以及国资委的有关要求,充分发挥公司作为建筑行业科研院所的综合技术优势,积极履行社会责任,扎实推进精准脱贫攻坚工作。选派挂职副县长和挂职驻村第一书记各1人,党政领导先后2次带队赴定点扶贫山西偏关县调研,与当地政府各级部门座谈深入交换意见,推动精准扶贫。公司充分发挥综合技术优势,在多个专业技术领域实施全面扶持,对农村建筑特色风貌整治、县域旅游景区规划、农村危房改造等方面进行现场指导和咨询,偏关县委党校会议楼开裂,对地基基础进行检测鉴定、消防设计咨询和主体结构加固改造技术指导。2017年,公司将产业扶持作为实现脱贫目标的着力点,出资帮助天峰坪村贫困户实施户级光伏扶贫发电项目,逐步实现由"输血"到"造血"的转变。

(撰稿人:赵少莉)

中国中车集团有限公司

【基本概况】 2017年,中国中车集团有限公司(以下简称"中国中车")面对严峻复杂的经营形势,强化目标引领,采取有力措施,狠抓责任落实,持续自我加压,努力消化造修动车组降价、清理融资性贸易、计提减值准备、"处僵治困"、人员安置等各类减利因素,保持经营态势总体稳定,中车的综合实力、创新能力、品牌影响力不断提升。

【主要指标】 2017年,中国中车深入贯彻落实中央经济工作会议精神和国务院国资委的总体部署,围绕"创新""变革""国际化"三大主题,坚持创新驱动,持续深化改革,优化运营管控制度和流程,按照月度运营分析、季度经营调度等管控模式,持续加强月度、季度的经营计划管理、日常运营监控和经济活动分析,定期监控各业务板块及各子公司生产经营状况,重点督导并跟踪运营过程中的重点和难点问题,为完成季度、半年度经营调度指标、推进重点工作发挥积极作用。通过签订效绩目标责任书、召开经营管理工作会议、开展重点企业经营调研,落实经营目标和管理要求,推动企业全面兑现经营目标,不断向世界一流跨国企业集团和受人尊敬的国际化公司迈进。2017年,中国中车新签生产订单3141亿元。实现营业收入2169.3亿元,实现利润总额130亿元;中车股份公司实现营业收入2110.13亿元,实现归属于母公司所有者的净利润

107.99亿元。

根据各企业2017年经营指标完成情况，按照《中国中车所属企业负责人表彰奖励暂行办法》，11个单位获得"突出贡献奖"，分别是四方股份公司、长客股份公司、株机公司、株洲所、唐山公司、四方所、永济电机公司、株洲电机公司、眉山公司、西安公司和置业公司；2个单位获得"特别贡献奖"，分别是长客股份公司、株洲所；18个单位获得"突出进步奖"，分别是四方有限公司、大连公司、戚墅堰所、大同公司、二七车辆公司、齐齐哈尔公司、山东公司、长江公司、贵阳公司、广州公司、天津公司、财务公司、工程公司、香港公司、资本公司、金控公司、产投公司和南方汇通。

【走向海外】 2017年，中国中车主动对接"一带一路"倡议等，积极谋划全球布局，加快开拓国际业务。高端市场持续拓展：相继获得美国洛杉矶地铁、波士顿地铁加车、费城双层客车、加拿大蒙特利尔双层客车、英国货车、瑞士货车等项目，产品出口实现发达国家新突破；签订印尼雅万高铁车辆项目，赢得中国高铁"走出去"第一单。业务模式不断创新：获得巴基斯坦机车、沙特麦加朝觐地铁和以色列特拉维夫轻轨及蒙内铁路维保项目，获得马来西亚42列无人驾驶轻轨车辆机电总包项目，"产品＋服务"模式稳步推进；与新西兰和意大利签署"ACE绿色智能交通整体解决方案"海外示范运营协议，有望实现海外市场新突破。出口产品包括电力机车4台、内燃机车13台、电动车组118辆、内燃动车组142辆、地铁1517辆、客车99辆、货车4844辆、工程车7辆以及其他配件产品，维保业绩市场和并购企业业务发展稳定。2017年，新签国际业务订单57亿美元，国际业务实现营业收入191亿元。获得标普、穆迪和惠誉三家国际评级机构"中国主权级"评价，刷新中国制造业国际评级的最高评价。

密切跟踪市场信息，不断开发客户定制化产品，业务拓展不断取得新突破。与法国泰雷兹集团、德国西门子股份公司（续签）等国际知名企业签署协议。其中与德、法、俄等国知名企业签署的战略合作协议，将推动中车在产业深度、合作广度等方面实现健康发展。

【市场拓展】 面对国铁市场前松后紧、新产业市场挑战加剧、各板块冷暖不均的现状，加强市场协同、业务协同、区域协同，确保中车整体利益最大化，全年新签市场订单3141亿元，累计在手订单2434亿元。与中国铁路总公司签署战略合作协议，战略采购、高级修合作、配件中心、"智能京张"等项目取得可喜进展。积极与地方政府开展战略合作，磁浮列车、跨座单轨、悬挂单轨、无人驾驶地铁、各种制式现代有轨电车等新型轨道交通装备市场相继打开。先后中标四川丹棱、江苏常熟、云南澄江、湖北当阳、福建泉州等污水治理PPP项目；新能源客车整车海外订单实现零的突破；与德国森维安公司签署风电电机供货合同，标志着中国兆瓦级风力发电机首次批量进入欧盟；聚焦智能研发、智能产品、智能装备、智能制造、智能物流、智能检测、智能服务等新兴产业，全力拓展产业发展空间。

【结构调整】 按照党中央、国务院关于国企改革的总体部署，形成深化改革"1＋19"文件体系架构，19个专项计划全部制定完成。6月17日，启动实施株机公司与洛阳公司机车检修业务重组，充分利用既有资源，避免重复投资，实现中车电力机车制造和修理企业的强强联合、优势互补。11月2日，启动中车长辛店地区企业非首都功能产业疏解工作，明确将二七机车、二七车辆公司的制造业务调整至中车股份公司其他子企业；其中在关停2个二七公司制造业务的同时，将有效化解机车新造150台、修理60台以及矿山车辆新造等产能；化解货车新造3500辆、检修3000辆的能力，并实现业务转型。在制造业务实现转移和调整后，2个二七公司将成建制地从中车股份公司进入中车集团公司。加快相关业务重组整合。涉及10家子企业4.6万名员工的货车业务重组迈出实质性步伐，齐齐哈尔和长江两大货车子集团启动筹建。大连公司与兰州公司业务重组顺利完成，株机公司与洛阳公司业务重组深入推进。压减工作成效显著，超额完成"5·31"处置目标，获得国资委考核加分。因企施策，完成15家特困企业治理，"处僵治困"取得阶段性成果。

积极参与雄安新区建设，两个二七公司非首都功能疏解取得阶段性成果。军民融合多方位启动，初见成效。根据《国务院关于国有企业发展混合所有制经济的意见》，研究申请在中车产投公司开展混合所有制试点工作。6月2日，国家发展改革委国有企业混合所有制改革专题调研组到集团公司督导检查中车产投混合所有制改革工作进展情况，并于6月7日获得国家发改委《关于中车产业投资公司有限公司混合所有制改革实施方案的复函》(发改办经体〔2017〕998号)，批准中车产投公司列入第二批混改试点企业。为推进中车产投公司混合所有制改革试点工作，中国中车与株洲市就实施央地联合重组、打造新能源客车支柱产业进行深入交流。研究制定中车集团公司制改制方案，履行决策程序后以《关于呈报中国中车集团公司制改制方案的请示》报国务院国资委，国务院国资委于9月25日下达《关于中国中车集团公司改制有关事项的批复》(国资改革〔2017〕1015号)，同意将中车集团由全民所有制企业改制为国有独资公司，改制后公司名称为中国中车集团有限公司。中车集团本部及所属30户全民所有制企业年底前全部完成工商变更登记。加速推进剥离企业办社会职能和解决历史遗留问题，截至2017年底，"三供"分离移交项目完成及签约率100%，物业管理分离移交项目完成及签约率85.39%，厂办大集体改革累计完成49户。被国资委树为中央企业"三供一业"分离移交的标杆企业。

【运营管理】

1. 技术创新。

以"引领全球轨道交通装备行业发展"为目标，推进自主、开放、协同创新，提升创新能力和发展能力。一是实施体系创新。承担国家科技体制改革先行先试任务，与青岛市共建国家高速列车技术创新中心，编制完成总体规划，注册成立新型非营利事业法人，第一批入驻创新中心重点项目开始实施；启动国家重点研发计划先进轨道交通重点专项6个项目；获批1个部级重点实验室、新建1个中车专项技术研究中心、新建2个海外研发中心，拥有国家级研发机构11个，海外研发中心13个。二是实施能力创新。新能源乘用车、城轨车辆电传动系统、自动驾驶技术、城镇水处理技术等9个中车重大专项，取得突破进展；在国家科学技术奖励大会上，中国中车2个项目荣获国家科技进步二等奖；在第19届中国专利奖评选中，获得中国发明专利金奖2项，获得外观设计专利金奖1项，均居中国企业第一位。三是实施研发创新。时速350千米"复兴号"动车组批量投入运营，标志着中国动车组研制达到全面自主化、标准化的新阶段；时速250千米标准动车组、长编组时速350千米标准动车组、时速160千米动力集中动车组、3000马力调车机车、时速160~200千米系列快捷货车、驮背运输车、智轨列车等新产品研制取得积极进展。

2. 管理提升。

深入开展以"稳定收入、增加利润"为核心的"1+11"提质增效活动。压减工作成效显著，超额完成"5·31"处置目标，获得国资委考核加分。因企施策，完成15家特困企业治理，"处僵治困"取得阶段性成果。实施非制造类企业的分类考核差异化管理，有效激发经营活力。深化"6621"运营管理平台建设，建设精益生产示范区(线)384条，精益车间204个，精益制造能力持续提升，精益管理体系不断完善。认真抓好国家审计署审计、国资委境外资产检查、国有重点大型企业监事会监督检查、国资委巡视组巡视等四项整改工作，倒逼管理持续规范。加强市值管理，妥善处置负面舆情，主动引导投资者预期，2017年末A股和H股股价分别比2016年同期上涨23.95%和19.83%，市值增长29.48%。始终把确保高铁安全和旅客安全作为企业的生命线。推进"中车Q"质量管理标准体系，深化源头质量整治，强化全员、全面、全过程质量管控。加强售后保障，落实领导包保、技术培训、服务人员、添乘支持、配件储备、协同管理、用户协作、远程支持、应急预案、信息管理"十位一体"保障措施，以优质的产品和服务确保轨道交通安全稳定运营。动车组、机车、客车、货车一般C类质量责任事故数量同比下降63.6%，一般D类质量责任事故数量同比下降53%。截至2017年底，"复兴号"在京沪高铁按时速350千米运营100天，累计运行370万千米，未发生一起质量责任事故。加强安全监管，落实安全责任，实现安全生产零责任死亡，零新增现岗职业病，安全生产实现历史最好水平。强化环保法律红线，落实能源环保责任，环境保护管理水平不断提升。

3. 提质增效。

按照国务院国资委"瘦身健体、提质增效"总体要求,制定并下发《关于持续开展以"稳定收入、增加利润"为核心的提质增效工作的通知》,明确提质增效工作的指导思想、组织机构、主要目标;提出八项42条对策措施,明确总部牵头的三项28条提质增效项目分解表。紧密围绕"1+11"提质增效重点工作,突出"稳定收入、增加利润"这条经营主线,大力推动"降低采购成本2%、提高内部配套比例同比增长20亿元、加强亏损企业治理数量降至70户内、深入开展压减层级(净减少法人企业36户,处置'僵尸'及特困企业9户以上)、压降'两金'占用同比降低不低于5%、可控期间费用低于利润增幅且同比降低不低于3%、严控研发费用(科技经费控制在120亿以内)、控制质量损失率同比减少10%、严控投资规模同比降低10%、拓展海外市场(确保新签订单100亿美元,收入确保200亿元、力争240亿元)、实现减员增效(员工人数净减员5‰、实现分流安置人员8000人、人均营业收入增长率不低于营业收入增长率)"等重点项目措施。通过强化组织保障,加强动员发动,抓实目标分解,把提质增效作为"一把手工程"大力推进,推动提质增效专项工作落实,致力提高企业发展质量,持续提升经营效率和效益。

4. 精益管理。

贯彻精益管理实施规划,组织召开精益工作会议,部署年度精益管理的工作重点和主要任务,制定下发《中国中车2017年精益管理工作要点和计划》,从落实精益管理实施规划、推进精益管理体系建设、深化"6621运营管理平台"建设、强化精益与信息化融合、建立完善工作机制、突出文化氛围营造、加强人才队伍建设7个方面,组织年度重点工作立项,全年推动建设标准工位6372个,建设精益生产示范区线384条,建设精益车间204个,推进模拟线项目93个,组织立项实施730个重点精益改善,25家子公司推动管理线和管理平台建设。围绕《中国中车精益管理"十三五"实施规划》,各子公司组织制定企业精益管理五年实施规划,明确阶段工作重点和目标,制定实施计划和保障措施。构建完善精益管理体系。围绕打造可复制、可平移、可输出的特色精益管理体系目标,以精益工作团队为主,融合中车管理专家和外部咨询资源,依托中车研究院平台,组织制定发布《中国中车精益管理体系要求》《中国中车精益制造体系要求》两个标准化文件。加强组织、推动和完善工作机制。建立完善以目标为导向的"策划、实施、评价、总结、持续改善"的闭环管理工作机制,通过简报跟踪、日常交流、工作调研等方式和途径,加强对子公司工作的推动和督导。开展精益工作回头看,审视工作成效和整体态势。组织开展精益工作评价。按照《中国中车精益管理评价体系标准》,组织精益管理全面对标评价,评定2017年中车精益管理二级企业3个,精益管理三级企业6个;精益生产一级企业13个,精益生产二级企业8个,精益生产三级企业1个。开展重要载体项目评价,评定中车三星级精益示范区(线)12个,二星级精益示范区(线)12个,二级精益车间8个,三级精益车间25个;评定14个模拟线建设项目为中车优秀模拟线建设项目,评定5个精益研发项目为中车优秀精益研发项目。加强培训和交流。通过公司精益管理信息平台,及时发布精益工作动态,促进工作交流和分享。结合年度重点工作,推动专题培训和交流。围绕工位建设、精益车间和工位制节拍化生产,组织车间主任精益生产专题培训班。通过管理体系研究、管理信息化平台建设等项目,在工作中锻炼团队,提升能力。围绕精益管理体系建设,组织高管团队赴德国进行精益研修。党政工团齐抓共管、共推精益,通过专项劳动竞赛、专题知识竞赛和精益培训等活动,把传播精益文化作为主要内容,营造良好的精益文化氛围。

5. 投资项目管理。

统筹安排2017年投资项目,优化国际经营布局、提升研发试验验证能力、智能制造、促进新兴产业发展,强化固定资产投资项目管理;继续贯彻国资委工作要求,组织开展压缩管理层级和减少法人户数工作;紧紧围绕集团公司打造支柱业务的宗旨,严格境内外长期股权投资项目审查,全年批准设立境内长期股权投资项目5个,境外产业类股权投资项目6个;认真研究国家政策,主动对接国家有关部委,积极争取资金支持,全年获得各项资金支持4.09亿元;中国中车通过整合资源、优化出资结构,加快推进公司内部业务重组与转型升级,根据公司发展战略,跟踪并处理多个境内和境外股权投资项目。全年安排固定资产投资计划114.14亿元,股权投资262.24亿元,截至2017年底,完成投资237.83亿元。

【质量管理】

1. 产品质量监督检查。在国家铁路局开展的产品质量监督抽查,以及中国铁路总公司开展的铁路专用产品质量抽查中,中国中车产品未发生不合格现象。

2. 质量问题攻关与整改。开展中国中车产品源头质量安全隐患挂牌督办、源头质量问题整治攻关、机车车辆车下部件防脱专项整治、机车大修"质量年"等工作,为消除产品质量安全隐患、降低产品质量安全风险发挥积极促进作用。同时,中国中车全级次企业结合自身实际,开展各具特色质量提升活动,形成上下联动良好局面。

2017年初,确定动车组源头整治项目131项,全年累计梳理265项,完成整治123项,整治完成率46.4%,各主机厂均完成年度百万公里故障率考核值指标。

深入开展质量预防工作,中国中车组织对长客股份公司"动车组售后标准化服务体系研究"、大同公司"HXD2机车售后服务体系研究"和株洲所"基于智能制造质量管控模式"3个项目进行结题验收。

【安全管理】 以建设"平安健康中车"为目标,强化责任落实,营建安全环境,提高安全行为,构建中国中车安全大厦,完善中国中车安全生产体系,致力打造安全生产长效机制,安全生产工作保持良好的稳定形势。举办安全、消防教育培训课程开发及讲师培养培训,针对新入职员工开发中国中车统一的安全生产6门培训课件,建立300道培训考试题库,统一新入职员工安全教育课件,统一在线网上考试,践行"100-1=0"的安全理念,建立100分满分通过考核机制。制作《典型事故再现》等视频材料,开展安全生产警示教育。全年新入职员工三级安全教育培训10042人次,特种(设备)作业培训5289人次,安全管理人员培训2066人次,企业主要负责人培训413人次,中层以上干部培训5215人次,职业卫生培训37907人次。开展应急演练。组织开展各项应急演练活动,提高应急响应能力。全年组织各类应急演练1365次,参演人数60775人次。全年无安全生产责任死亡事故、无重伤事故、无新增现岗职业病,各企业上报轻伤事故52起,中国中车成立后,实现"三零"安全目标。

【技术管理】

1. 产品研发。

稳步推进国家重点研发计划先进轨道交通重点专项,完成时速600千米高速磁浮交通系统工程实施方案设计,确定时速400千米高速动车组、时速200千米中速磁浮交通系统总体技术方案,构建轨道交通系统主动安全与本构安全理论体系和技术架构。启动"轨道交通高能效牵引供电与传动关键技术"等3个专项的6个项目,参与单位总计104家。

按照"统一组织、整合资源、统筹经费、适度竞争、联合设计、技术共享"原则,有序实施重大产品联合开发。时速160千米动力集中动车组短编组样车进入正线试验阶段、长编组样车完成试制。完成时速250千米动车组顶层技术方案设计。3000马力节能环保型调车机车,通过中国铁路总公司技术方案评审。完成时速160千米快运货车项目论证和评估,快速推进统型时速160千米四门棚车、全侧开棚车、快捷集装箱车优化及研发。开展城轨车辆电传动系统平台研究,确定牵引逆变器、辅助逆变器统型方案,编制完成电传动系统和主要部件设计、采购、试验三大技术规范草案,为打造中国中车统一城轨车辆产品技术平台奠定基础。完成新一代机车制动控制系统联合设计、样机试制和装车上线考核准备。实现新型高效微循环相变散热器装车运用。

轨道交通新产品研发结硕果,完成中国标准动车组研制并上线运营,"复兴号"奔驰在祖国广袤的大地上。时速350千米长编组标准动车组、时速350千米纵向卧铺动车组、灵活编组城际动车组、出口马其顿和塞尔维亚电力机车、出口美国波士顿地铁红线车辆、悬挂式单轨列车、氢能源低地板列车等新产品顺利下线。完成时速160千米内燃机车、液化天然气(LNG)罐车、三联关节式双层汽车专用车组和QT1、QT2型驮背运输车型式试验。完成30吨轴重电力机车、八轴快速客运电力机车运行考核,稳步推进时速160公里城际动车组试验考核工作。获得P80型棚车、SQ7型汽车—普货两用车设计许可和制造许可,出口马其顿动车组通过TSI认证。北京S1线中低速磁浮列车投入运营。有序开展京张智能动车组、双层动车组、出口欧美双层客车、高原型交流传动内燃机车、永磁直驱客运电力机车、新型快运集装箱平车、下一代城市轨道交通列车等项目。成功开发国内单机功率最大的防爆直驱永磁变频调速同步电机、CR240E矿用自卸车、地铁车辆门、270柴油机配套增压器,快速推进D180高速柴油机和R260中速柴油机性能试验。

高效进行新产业产品开发,开发全球首款智轨列车和12米智能驾驶客车,开发系列化大中型客车,初步形成完整产品线。完成2兆瓦D121、2.5兆瓦D126风电机组样机试制并通过型式认证,通过3.X平台化风电机组设计评估,远程智能诊断、超级双馈机型研发、风资源平台等研究取得突破。全球最大"深海铁犁"—深水型式挖沟机成功下线。村镇分散污水治理研究项目形成成套技术并实现商业示范运营。开展新能源乘用车关键技术研究,完成2辆样车试制。自主化城轨CBTC信号系统开发取得突破,获得首个项目订单。

2. 技术研究。

开展中低速磁浮列车电磁兼容关键因素研究,完成EMC理论分析及接地检查测试方案。开展石墨烯技术应用研究,研制公斤级新型高电导率复合材料样件。开展新型光—热转换材料应用研究,研制高效光热转换纳米材料,并应用该材料完成海水淡化原理型样机研制。完成基于碳纤维复合材料的地铁车辆司机室、车体、构架试制。完成能量功率兼顾型、高能量型、高功率型3款轨道交通装备专用钛酸锂电池开发。完成车载储能系统动力电池单体和模组测试平台建设。完成PHM项目总体技术方案。完成轨道交通车辆节能减排、城市轨道交通无人驾驶系统方案设计评审。

3. 科技预算及投入。

中车股份保持科技投入力度,技术投入比例达到5.12%,其中由中车股份总部投入科研经费16160万元,推动重大科研项目实施。

4. 科研项目管理。

2017年,中车股份新立科研计划课题183项,其中重大项目15项、重点项目168项。全年新承担国家科技项目6项,承担并参与中国铁路总公司科研计划项目59项。

5. 科技成果评审。

2017年,中国中车全级次企业2个项目获得国家科技进步二等奖,15个项目获得中国铁道学会科学技术奖。全年完成科技成果鉴定101项,经中国中车科学技术奖励评审委员会评定,评出中国中车科学技术奖114项,其中特等奖6项,一等奖15项,二等奖36项,三等奖58项。

6. 标准化工作。

围绕年度科技创新重点工作,加强技术标准体系建设,积极参与国际、国家和行业标准化活动,努力为中国中车科技创新和质量提升提供强有力技术支撑。参与的7项国际标准正式发布,主持制修订IEC、ISO在编标准7项;《列车座椅》和《铁路牵引用柴油机型式试验》2项提案,获得ISO/TC269年会和CAG会议认可。组织申报2018年ISO/TC269新项目提案7项,主持制修订国家标准29项、行业标准29项。筹组中国铁道学会标准化(机车车辆)专业技术委员会,主持参与制定团体标准7项。制定中国中车技术标准23项。

7. 知识产权及专利技术管理。

重点关注专利质量提升,制定核心专利评选标准,开展核心专利评选工作,建立首批核心专利数据库。株洲所"一种三电平双模式空间矢量过调制方法及其系统"发明专利、宁波中车新能源股份有限公司"超级电容器的制造方法"发明专利和长客股份公司"车头(标准动车组)外观设计专利"获得中国专利金奖,获奖数占全国八分之一、位居第一;3件发明专利获得中国专利优秀奖。积极开展海外专利布局规划研究,有效支撑公司"走出去"业务需求。提升信息化管理手段,启动知识产权管理平台升级改造。全年申请专利4324件,其中发明专利2746件;授权专利2863件,其中授权发明专利1418件;申请海外专利333件,授权海外专利81件,累计有效海外专利数量达到247件。知识产权许可或转让247项,实现许可收入4964万元。全年发生3起知识产权纠纷,总体风险可控。

【两化融合】 启动山东公司、资阳公司等第二批次10家企业的两化融合贯标工作,开展贯标企业数量达到30家,贯标企业数量和通过评定企业数量均位列中央企业集团第四名。11家企业列入国家级两化融合管理体系贯标试点企业,株洲所时代电气公司和眉山公司被评选为2017年国家两化融合管理体系示范企业,3位从事两化融合工作员工通过两化融合管理体系评定考试并获取评定员资质,6位员工取得两化融合管理体系内审员资质。组织35家制造型企业完成2017年两化融合自评估工作,两化融合水平达到63.3分,较全国平均水平高出22.2%。在工信部举办的2017年中国两化融合大会上,中国中车获评"2017年两化融合突出贡献单位",中车股份总信息师王勇智获评"2017年两化融合突出贡献领军人物",戚墅堰所总工程师陈笃获评"2017年两化融合突出贡献杰出管理者代表",株洲所时代电气公司获评"2017年两化融合突出贡献创新型企业"。

【信息化建设】

1. 强化主数据平台运行绩效管理,建立主数据平台重点监控指标,定期通报企业数据申报完成情况、数据申报一次性合格率、数据审核及时性、企业用户使用情况。制定并下发《主数据系统标准接口规范》,推进系统集成应用,逐步实现主数据平台与企业信息系统数据交换的规范化、自动化,减少企业业务人员重复录入工作量,提高数据准确性,促进集团范围内数据互联互通、信息共享和业务协同;完成英文版系统方案评审及开发,以长客股份公司澳洲项目作为试点;修订《非产品物料分类暂行规定》标准,将非产品分类标准与产品物料统一管理。

2. 积极推进互联网列车项目实施,打造"互联网+高端装备",完成"列车WiFi服务商业模式"可行性研究报告和商业价值评估报告编制。组织有关单位成立工作小组,完成车载WiFi设备软硬件测试,确保6月26日"复兴号"互联网接入功能投入实际使用。全面推进出口机车远程监测与诊断系统建设,开展远程运维服务。组织完成《出口机车远程监测与诊断系统需求说明书》编制,形成4个行业规范标准。完成40台出口肯尼亚机车车载子系统安装,积累机车远程监测与诊断系统建设和使用经验。

3. 实施IT国际化工程,支撑中国中车海外业务拓展。组织召开海外业务信息化工作研讨会,全面安排部署"IT国际化工程"工作。完成BOGE青浦工厂ERP系统实施。以株洲所整合BOGE公司、提升全球化经营管理水平为目标,启动中国中车全球ERP系统建设试点项目,全力推进项目实施;以香港资本公司、香港公司以及南北美区域公司为试点,启动海外财务共享平台建设项目,完成项目需求方案设计。推进中国中车全球网络建设项目,实现中国中车部分海外机构互通互联。完成中国中车全球网络模型和境外区域公司网络建设标准设计,完成香港公司、香港资本公司、中车北美公司,长客股份公司澳大利亚公司、美国春田公司与总部和境内子公司之间海外通讯网络建设。

4. 中国中车供应链管理电子采购平台于6月30日正式上线运行,统一中国中车各企业内部采购流程,实现采购行为"制度化、流程化、模板化、电子化",全面提升中国中车全级次企业供应链采购业务管理水平。截至2017年底,中车集团内71家企业通过平台实现线上处理各项采购和供应商管理业务,签订合同21051个,线上累计采购金额485.565亿元,平台运行稳定。推动中国中车供应链电子采购平台与中国中车购电子商务平台集成应用。充分利用中国中车在轨道交通装备制造领域供应链体系中的核心地位,整合上下游资源,以采购业务为核心,探索生产计划、订单执行、质量检测、工序外协、物流配送等供应链管理线上协同模式,培育中国中车服务型业务。

5. 加强总部信息系统建设,有效支撑中国中车提质增效。组织召开中国中车数字化管理平台建设项目研讨会,研究中国中车信息系统应用架构发展方向;组织召开中国中车工业云平台建设研讨会,初步形成中国中车工业云平台(CIRIX)建设方案,围绕IT基础设施云、仿真云、设备云、办公云、产品大数据云、电子商务云等,开展中国中车工业云初期建设工作。

6. 持续开展互联网网站群站点建设,完成主站点法语、俄语、西班牙语、葡萄牙语和阿拉伯语五种语言版本站点建设和上线。深入开展HCM系统推广应用,不断提升集团人力资源信息化管理能力和水平。组织开展一体化风控系统建设,完成项目招标。持续优化完善总部协同办公系统,完成总部与在京一级子公司公文系统架构整合,优化总部移动办公系统功能,提升办公效率。

(撰稿人:周秀梅)

中国铁路通信信号集团有限公司

【基本概况】 中国铁路通信信号集团有限公司（以下简称"中国通号"）始建于1953年，是我国创建最早的铁路专业化公司之一。2000年9月，中国通号与铁道部政企分开，移交中央企业工委管理。2003年4月，成为国务院国资委监管的国有大型企业。

中国通号是中国铁路通信信号系统制式的研究设计、铁路标准的参与制定单位，是铁路电务施工标准规范的编制单位；具有铁路电务工程和电信工程专业承包一级资质，机电设备安装工程专业承包、建筑智能化工程专业承包一级资质，具有国家甲级工程勘察、工程设计、工程咨询、工程监理、通信信息网络系统集成等多项资质；具有对外进出口经营权和对外工程承包权，企业"AAA"级信用等级证书，"AAA"级银行信用等级；是北京市高新技术企业，北京市工商局认定的"重合同、守信用"单位。总部及各企业全部通过ISO9000质量体系认证，13家涉及安全关键产品的企业全部通过IRIS认证。中国通号是全球最大的轨道交通控制系统解决方案提供商和设备供应商，是中国铁路通信信号技术体制和产品标准归口管理单位，具有投融资、设计研发、系统集成、装备制造、运营维护等完整产业链。

中国通号作为中国高速铁路通信信号系统技术引进消化吸收与自主创新主体承担单位，拥有具有世界先进水平的高速列车控制系统技术和主要装备，主要从事列车控制系统技术的研发设计、系统集成、装备制造、施工安装和运营维护等"一站式"服务，其核心技术在时速300千米以上的高速铁路中得到广泛应用，成功运用于武广、京沪、哈大等超过1.6万多千米的高速铁路和客运专线，创造的高铁技术案例库数以万计，超过国外发达国家公司的总和，在中国轨道交通安全控制领域的影响力、控制力处于领先位置。

中国通号坚持"一业为主、相关多元"，不断完善产业产品结构，打造上下延伸、关联拓展、产业协同的通信信号、电力电气化、信息工程、工程总承包、新兴业务、资本运作和海外业务七大业务板块体系，推动中国通号可持续发展。

中国通号大力拓展城市轨道交通市场，成功开发出具有完全自主知识产权的城市轨道列车运行控制系统（CBTC），先后承揽北京、天津、上海、重庆、广州、深圳、武汉、南京、昆明、成都等多个城市的地铁轻轨通信信号总承包项目。大力拓展海外业务，作为中国铁路"走出去"联合体成员之一，参与中印尼、中泰、中俄、美国西部铁路等项目谈判与建设，部分产品和技术出口至亚、非、拉美等10多个国家和地区，与巴基斯坦、乌兹别克斯坦、埃塞俄比亚、安哥拉、肯尼亚、阿根廷等国家开展合作，提供产品技术和系统交付解决方案。

2017年，中国通号以习近平新时代中国特色社会主义思想为指导，全面深入贯彻党的十九大和十九届二中、三中全会精神，坚持新发展理念，按照高质量发展的要求，坚持以供给侧结构性改革为主线，加快培育具有全球竞争力的世界一流企业。经过持续转型升级和结构调整，业务结构由单一的通信信号，逐步调整为通信信号、电力电气化、信息技术、轨道交通工程总承包、资本运营、海外业务、新兴业务多点支撑和协同发展的良好局面。业务规模和经济效益保持快速增长，实现营业收入346.04亿元，实现利润总额43亿元，新签合同额617.31亿元，资产总额644.12亿元，净资产279.78亿元，连续获得2015年、2016年及2013—2015年任期考核A级评价。

2017年，中国通号完成公司制改制，由全民所有制企业改制为国有独资公司，建立以董事会、监事会、总经理为基础权责明确、有效制衡的公司法人治理结构。中国通号不设股东会，由国务院国资委行使股东会职权，重大问题由国资委决策，董事会根据授权行使部分决策权。中国通号实行外派监事会制度，由国资委代表国务院派驻监事会，履行监督职责，检查公司财务，监督公司重大决策和关键环节以及董事会、经理层履职情况。中国通号设有党委，根据《中国共产党章程》等党内法规履行职责，中国通号重大决策先由党委研究提出意见建议。

截至2017年底，中国通号由1家二级控股公司

(中国铁路通信信号股份有限公司)、3家二级全资企业、1家分公司组成。股份公司由16家全资子公司、5家控股子公司组成,主要分布在国内经济中心区域,包括京、津、沪及东北、华东、华南、西北、西南等地区的重要城市。

2010年,中国铁路通信信号集团公司联合其他四家发起人共同设立中国铁路通信信号股份有限公司,集团公司98.6%的资产进入股份公司,主营业务全部由中国铁路通信信号股份有限公司承继,成为中国通号生产经营的主体。中国铁路通信信号股份有限公司于2015年在中国香港上市。

截至2017年底,中国通号在职职工17848人,其中管理人员5685人,专业技术人员11339人(其中在管理岗位的4030人),技能人才4854人。

【主要指标】 2017年,中国通号认真贯彻落实国资委决策部署,深入开展提质增效、"瘦身健体"、增收节支等工作,强化技术创新,加快产业和市场结构调整,以经济发展质量和效益为中心,努力提升内部管理水平,着力加强风险管控,确保国有资本保值增值。截至2017年底,实现归属于母公司所有者的净利润248803万元,扣除子企业改制资产评估增值以及减值准备转回等客观因素影响,实现经营积累249813万元,国有资本保值增值率112.6%,圆满完成国有资本保值增值目标。

表1 2017年中国铁路通信信号集团有限公司国有资本保值增值情况

项　目	数　量
年初国有资本及权益总额(万元)	1990444.0
本年国有资本及权益增加(万元)	257289.0
资产评估增加(万元)	7307.0
减值准备转回(万元)	169.0
经营积累(万元)	249813.0
本年国有资本及权益减少(万元)	31560.0
企业按规定已上缴利润(万元)	31560.0
年末国有资本及权益总额(万元)	2216173.0
国有资本保值增值率(%)	112.6

截至2017年底,中国通号资产总额644.12亿元,比年初539.28亿元增长19.44%;所有者权益293.37亿元,比年初263.21亿元增长11.46%。

2017年,中国通号实现营业收入346.04亿元,比上年增长16.18%,完成年度预算320.21亿元的108.07%。其中,设备制造实现营业收入58.64亿元,比上年减少18.90%;系统交付实现营业收入102.27亿元,比上年增长20.46%;设计集成实现营业收入86.58亿元,比上年增长7.53%;工程总承包实现营业收入96.46亿元,比上年增长67.67%;其他业务板块实现营业收入2.09亿元,比上年减少19.31%。

2017年,中国通号实现利润总额43亿元,比上年增长10.48%,完成年度预算40.28亿元的106.75%。其中,设备制造实现利润12.66亿元,比上年减少7.93%;系统交付实现利润6.59亿元,比上年增长149.18%;设计集成实现利润17.85亿元,比上年增长1.98%;工程总承包实现利润5.69亿元,比上年增长7.34%;其他业务实现利润0.21亿元,比上年增长180.42%。

2017年,中国通号净资产收益率12.59%,处于同行业优秀值和良好值之间;总资产报酬率7.32%,处于同行业优秀值和良好值之间;国有资本保值增值率112.6%,处于同行业优秀值。

2017年,面对国内新建铁路项目持续减少,铁路总公司全面推行"四电"系统设备的甲供模式以及"四电"集成市场竞争加剧等多种严峻形势,中国通号按照"一业为主、相关多元"的发展战略,加快产业结构调整步伐、积极培育与通信信号具有同等支撑作用的多个支柱产业,大力开拓电力电气化、有轨电车、市政信息、智慧城市等新兴业务市场,丰富和延展产业产品链条,增强企业抗行业周期波动风险的能力。同时,大力开展"瘦身健体"、提质增效、强化精益管理,狠抓成本控制等管理工作,各项主要经济指标实现持续增长。

表2 2017年中国铁路通信信号集团有限公司主要经济指标

项　目	2016年	2017年	比上年增长(%)
资产总额(亿元)	539.28	644.12	19.44

续表

项　目	2016 年	2017 年	比上年增长（%）
所有者权益（亿元）	263.21	293.37	11.46
营业收入（亿元）	297.85	346.04	16.18
利润总额（亿元）	38.92	43.00	10.48
净利润（亿元）	32.48	35.04	7.88
归属于母公司所有者的净利润（亿元）	23.38	24.88	6.42
技术开发投入（亿元）	10.51	11.81	12.37
利税总额（亿元）	56.44	59.09	4.70
应交税金总额（亿元）	25.51	25.78	1.06
全员劳动生产率（万元/人·年）	52.22	54.56	4.48
净资产收益率（%）	13.06	12.59	减少 0.47 个百分点
总资产报酬率（%）	7.93	7.32	减少 0.61 个百分点
国有资本保值增值率（%）	112.80	112.60	减少 0.2 个百分点

【改革发展】 2017年，中国通号及3家所属全民所有制企业完成公司制改制，中国通号及全部所属企业均已成为按照《公司法》登记的公司制企业。通过公司制改制，以规范董事会建设、建立现代企业制度、加强党的建设为重点，更加突出国有企业的制度优势，为加快形成有效制衡的公司法人治理结构和灵活高效的市场化经营机制打下坚实基础。

2017年，中国通号按照国资委要求，以"新的控、旧的并、长的压、弱的退"为总原则，大力推进压减工作。注销企业法人9户，包括通号资产管理有限公司、通号（北京）物流有限公司、通号（北京）商贸有限公司、通号（北京）工业研究院有限公司、上海通号轨道交通工程技术研究中心有限公司、上海中铁通信信号设计有限公司、通号（河南）港区物流有限公司、西安西信怀特利电子信息有限责任公司、湖南通号路桥工程有限公司。截至2017年底，以2016年5月31日84户企业为基数，累计压减企业法人14户，数量达到压减基数的16%，实现压减年度目标。集团公司管理层级保持在三级，法人层级保持在五级（五级法人全部为项目公司）。

中国通号本级及下属9家企业涉及"三供一业"分离移交，分布在北京、上海、天津、河南、四川、辽宁、甘肃和陕西8个省（直辖市），分离移交项目29个，户数42733户。截至2017年底，中国通号"三供一业"分离移交进展顺利，供水、供电、供热协议签订完成率均为100%，物业完成率77%。签订框架协议或正式协议项目25个，签协议户数37464户，整体完成率88%。中国通号的整体完成率和分类完成率均超额完成国资委要求的年度工作目标。

中国通号将发展混合所有制经济作为深化国有企业改革的重要突破口。截至2017年底，中国通号有控股、参股混合所有制企业30户，新增2户，通过与非公有制优势企业的合作，拓展中国通号的业务领域，增强中国通号的竞争优势，弥补国有资本的不足之处，放大国有资本的影响力。

2017年，中国通号不断健全业绩考核体系，创新激励约束机制，增强考核的科学性、针对性、有效性和导向作用。一是将国资委对中国通号经营业绩考核评级与子企业负责人绩效考核紧密挂钩，对2016年营业收入、利润总额实现"双增长"的子企业，实行专项考核激励，有效传递国资委考核目标任务。二是大力鼓励下属企业自树挑战目标，并配套实施奖惩措施，对完成挑战目标的企业考核系数乘以1.2，对未完成挑战目标的企业考核系数乘以0.9，以此激励约束下属企业内在动力。三是对考核办法的实施情况进行细致研究，根据经济环境、市场形势以及集团发展阶段的不同管理要求以及下属企业战略定位变化等因素，制定下一步调整方案，持续完善业绩考核体系，增强业绩考核的科学性，有效发挥激励约束作用。

2017年，中国通号坚持党管干部与市场化选人用人相结合，创新选人用人模式，以业绩为导向，对新兴业务版块和充分竞争类企业经理层领导人员逐步增加市场化选聘比例，试行职业经理人制度。明确职业经理人的责任、权利、义务，严格任期管理和目标考核，并对职业经理人在聘任方式、考核要素和薪酬激励等方面实行差异化管理。积极推进市场化选聘职业经理人试点工作,通过社会公开招聘录用二级企业经理层管理人员3人,试行个人收入和团队费用与经济指标完成情况挂钩的岗位目标管理模式,逐步建立职业经理人选聘制度。

规范选人用人工作,严格组织程序。制定内部推选工作流程,建立统一的干部选拔工作流程和文件规范,严把干部选拔任用的"动议、考察、决策、任用"四个关键环节,切实做到个人有关事项必须核查、档案必须核实、反映的问题线索必须核清、纪委意见必须听取;在决策阶段,均经会前充分酝酿,会上集体决策;在任用阶段,做到提任人选必经公示,对反映存在问题的绝不带病提拔。对于因考察阶段收到违纪问题反映需进行核查的干部,不上会研究;对于因档案核查发现问题的干部,不提拔使用。

调整和改革现有的薪酬总额分配制度,以业绩为导向合理拉开分配档次,充分发挥薪酬的激励和引导作用。采集股份公司近五年的工资总额、人数、营业收入、利润总额、净资产收益率等数据,测算工资总额分配影响因子的权重比例。在此基础上拟定工资总额预算管理办法,并通过营业收入、利润增长率,净资产收益率及集团公司整体工资总额调控线指标来分配各企业工资总额,充分调动所属企业创效的积极性和责任感。

【重大项目】 2017年,中国通号加快发展现代高端制造业,通过加大研发中心建设、传统制造基地技术改造,推动互联网、大数据、人工智能与轨道交通制造行业深度融合,培育先进制造业集群;积极发展混合所有制经济,加快产业结构调整,通过并购或合资方式开拓轨道交通及相关战略性新兴产业;拓宽经营领域,通过PPP等方式,加大城市轨道交通、智慧城市、市政等地方项目承揽,将中国通号产业技术优势进一步延伸到相关领域。

2017年,中国通号实际完成投资208967万元,与2016年基本持平,全部为境内投资。其中,固定资产投资104871万元,股权投资104096万元。非主业投资占比6.04%。其中,中国通号轨道交通研发中心项目计划投资48300万元,实际完成投资35659万元。该项目2013年启动,2017年底竣工。建成包括铁路信号、城市轨道交通(ATC)、信息技术等系统实验室;联锁系统、列控中心、TC/TDCS、城轨ATP、ATO等产品集成实验室和产品研发实验室;信号安全、集成测试、电磁兼容仿真设计、软件可靠性设计等基础试验实验室以及系统展示、系统培训等功能强大的综合实验研发中心。2017年主要完成研发中心北区的装修、弱电、通风空调等相关配套设施建设。西安工业集团西信公司轨道交通安全控制系统技术装备能力提升技术改造项目计划投资27890万元,实际完成投资11983万元。该项目2014年启动,预计2018年完工。包括技术中心、各类制造中心、物流中心等配套设施在内的12栋单体建筑已全部完成主体工程施工,2017年主要完成内部装修、安装工程等配套设施。中国通号长沙产业园项目(一期)计划投资27922万元,实际完成投资24432万元。该项目利用中国通号现有的系统集成、智慧交通等综合控制技术平台,将增强中国通号在轨道交通通信信号及智能控制领域的市场地位,建设城市轨道交通高端装备产业化基地。截至2017年底,已完成部分轨道交通高端装备厂房及配套设施建设。

2017年,为提升管理效率,优化内部资源,聚集产业优势,中国通号对部分三级或四级企业进行优化重组:将上海铁路通信有限公司控股子公司——上海德意达电子电器设备有限公司无偿划转至通号(北京)轨道工业集团有限公司,将德意达公司管理层级由四级调整为三级;对通号检验检测公司下属企业进行重组,将西安全路通号器材研究有限公司整建制划入西安工业集团;理顺管理关系,落实投资项目责任主体,推进项目实施,将通号创新投资有限公司下属的全资子公司——通号创新(铜仁)开发有限公司无偿划转至通号建设集团有限公司。

为积极推进"一业为主、相关多元"发展战略进一步落地,拓展非银金融业务,享受非银金融租赁行业发展成果,拓展融资渠道。2017年,中国通号出资3亿元(股权比例30%),与广东粤财投资控股有限公司(出资3.5亿元,股权比例35%)、广东明阳风电产业集团有限公司(出资3.5亿元,股权比例35%)共同设立广东粤财金融租赁股份有限公司。

【重大创新】 2017年,中国通号加速基础性、前瞻性、颠覆性技术研究，完成"十三五"国家重点研发计划"先进轨道交通"专项"区域轨道交通协同运输与服务系统"项目的申报、启动工作；聚焦C3自动驾驶系统、高速磁浮交通系统关键技术研究—运行控制系统、基于光纤光栅传感技术的轨道占用检查设备关键技术研究、高速轮轨关系影响分析、人工智能等基础性、前瞻性技术研究；开展适用于时速400千米以上动车组的C3列控系统设备适配研究与试验工作，支撑股份公司在轨道交通通信信号行业的创新能力由"跟踪""并行"为主向"并行""领跑"为主转变。

引领技术趋势，突破关键技术，巩固行业核心技术优势。组织研制CTCS+ATO列控系统全套装备，完成车载的软硬件集成调试及车地联调，具备C3+ATO功能演示及系统测试条件，最终实现在京张高铁示范应用；结合中国通号"十三五"科技重大专项，组织开展下一代列控系统研究；城轨方面深入推进基于FAO的CBTC产品开发；不断完善海外市场技术装备，组织开展基于基线3的ETCS系统研究工作；大力推进产品国际市场认证及应用，ATP、RBC、LEU和应答器通过欧盟TSI认证。

提升技术水平，延伸产品服务，大力推广通信信息产品。开发完成拥有自主知识产权及核心技术的智慧管廊综合管理系统，先后中标石景山保险产业园和首都二机场项目，实现市政行业领域的产业突破；组织开发完成两款实名制验证快速闸机通道新产品，并中标重庆沙坪坝站。

开拓新兴业务，孵化多元产品，稳步开展技术装备研究。完成五模块100%低地板有轨电车工艺设计、外购件采购及样车的生产、装配及调试；跨坐式单轨列车研发方面，完成车辆总体技术方案及车辆关键系统集成设计，相关主要外购件已完成供方选型评审；100%低地板有轨电车用牵引及辅助逆变器完成逆变器方案设计及技术设计；100%低地板有轨电车用120千瓦异步牵引电机开发完成原型机试验并开展产品试制。

孵化新兴产业发展方向，部署开展新兴产业技术研究。结合中国通号产业优势，在机器人、无线电能传输技术、装配式建筑技术等相关领域，尝试开展相关技术研究及轨道交通行业应用，逐步孵化新产品，培育新的产业方向。设计院集团智能巡检机器人完成第一代工程样机；北京工业集团在无线电能传输技术、控制器集成式永磁磁阻电机技术等方面进行深入调研，掌握与西门子PLC模块的实时通信来控制APT运动等关键技术的应用，在FSK、电力线载波通信技术等方面取得突破性成果，在轨道电路轨旁监测系统实现电力线载波信息传输等；依托贺州工业园基地，通号建设集团开展装配式建筑技术研究，打造具有知识产权的装配式建筑技术企业。

2017年，中国通号新增国家级创新平台2个，其中卡斯柯公司获得"国家级企业技术中心""国家技术创新示范企业"称号。研究设计院集团获得"中关村国家自主创新示范区标准化试点示范企业"称号，通信集团成为中国卫星导航定位协会理事单位；上海工程局集团获得"中施协科技创新先进企业"称号。

【走向海外】 2017年，中国通号积极贯彻落实"一带一路"倡议，海外新签订单总额26.69亿元，在世界经济形势和轨道交通建设发展普遍趋于增速下滑的不利外部环境下，基本达到与上年持平的良好业绩。海外营业收入8.57亿元，比上年增长19%。

2017年，中国通号积极参与雅万高铁项目建设，负责通信信号系统设备供货和施工安装，为中国高铁技术标准"走出去"标志性项目的实施提供保障。参与并全程保障肯尼亚蒙（巴萨）内（罗毕）铁路项目的顺利开通运营；全力推进巴基斯坦拉合尔橙线项目和印度东部货运线项目的建设；积极参与欧洲的匈（牙利）塞（尔维亚）铁路项目前期工作，保障项目顺利实施；作为联合体成员积极参与新马高铁投标工作；积极参与俄罗斯莫喀高铁、英国HS2线等项目的前期工作。

截至2017年底，中国通号海外业务历经二十余载的持续发展，建立较为完善的海外业务组织管理和制度保障体系，基本搭建完成海外经营网络，在海外设立12家分支经营机构，另有9家分支经营机构筹备搭建中，辐射超过40个国家和地区。2017年，中国高铁列控系统核心装备获得欧洲TSI认证，中国通号的技术、产品和品牌影响力得到明显提升。

【党建工作】 2017年，中国通号深入学习贯彻党的十九大精神和习近平新时代中国特色社会主义思想，全面按照全国国有企业党的建设工作会议精神及国资委党委有关工作部署，以落实全面从严治党要求为主线，着力助推中国通号各级党组织发挥作用组织化、制度化、具体化。一是把组织好党的十九大精神学习宣传贯彻工作作为首要政治任务切实抓紧抓实，制定迎接十九大胜利召开工作专项方案，全力以赴做好企业安全生产稳定各项工作，并圆满完成中国通号党的十九大代表选举相关工作，中国通号所属沈信公司柯晓宾同志顺利当选为中央企业系统（在京）党的十九大代表。二是突出主线，抓早抓实，全面推动党的十九大学习宣传贯彻工作，从学习安排、培训安排、学习形式、宣传推广、学习成效、督导检查6个方面做好党的十九大学习宣贯工作。三是不断将学习贯彻党的十九大精神各项工作引向深入。举办学习贯彻党的十九大精神专题培训班，进一步把中国通号学习贯彻党的十九大精神各项工作引向深入，明确贯彻落实党的十九大精神的工作举措，有效提升领导干部的学习研究能力和综合管理能力。

2017年，中国通号加大工作创新力度，着力提升企业党建工作影响力、吸引力和感召力。一是打造中国通号网上党建工作平台，推动传统党建工作与现代信息技术融合创新。按照"整合资源、统筹推进、按需服务、务求实效"的原则，采用互联网先进架构和集成工作流引擎技术，在传统党建体系的基础上，通过运用移动互联网、云计算等新兴技术，构建智慧党建信息交互平台，实现组织管理、系统管理、网上办公、大数据分析等功能，在线对党员组织活动、党员教育等基础工作进行管理；建设"指尖上的课堂"，打造互联网+学习服务平台，营造"轻松自主学习、适时互动交流"的良好氛围，实现管理与服务的有机统一。二是首创中国通号"三五七"党建工作法，推动新时期党建工作与企业特色融合创新。即党小组三步工作法、党支部五步工作法、党委工作"七抓七促"。该工作法是新时期全面从严治党实践同中国通号企业特色融合创新的成果，体现"内容全、要求严、工作实"的特点。

发挥企业党组织"把方向、管大局、保落实"作用，以实际行动落实全国国有企业党建工作会议精神。一是加强党建工作顶层设计，制定《中国通号加强党的建设的实施意见》，明确到2020年中国通号党的建设的指导思想、基本原则、总体目标及分阶段目标、重点工作任务和具体贯彻落实措施。二是完善党建工作机制。通过修订《中国通号贯彻落实"三重一大"决策制度实施办法（试行）》《中国通号党委（常委）会议事规则》，明确15个方面31项重大经营管理事项须经党委会前置讨论研究，并将执行情况作为党建工作考核的重要内容，将落实党委会前置程序要求纳入制度化轨道。2017年，党委常委会研究讨论"三重一大"决策事项146件，进一步提升公司决策的规范化、科学化水平；推动设立党委书记办公会议制度，使其成为党委议事决策机制的有益补充。三是强化党建工作考核与督查机制，实行定期考核与日常检查评价相结合，企业自评、上级考评、党组织书记述职评议考核相结合，并设有考核加分项和"一票否决"指标，进一步推动党建工作责任落实。四是推进党组织建设标准化。编制《中国通号党支部标准化工作手册》，进一步明确党支部的性质、任务、工作职责、党支部的设置、党支部的制度建设、换届选举等方面的内容，制作工作标准流程图、标准化名册、表单，为基层党支部发挥作用制度化、规范化、具体化奠定坚实基础。

2017年，中国通号健全党风廉政建设和反腐败领导体制，成立党风廉政建设和反腐败工作领导小组，建立反腐倡廉统一领导和协调联动机制，形成企业内部"大监督"格局；以党章党纪、法律法规和企业制度等内容为重点，在全系统开展"党章党规记于心、廉洁清风伴我行"党风廉政教育系列活动，进一步增强党员干部党性观念和纪律意识。

2017年，深入开展落实中央八项规定精神专项监督检查，加强对公务接待、公车使用、财务报销等情况重点督查，通过检查公务接待情况、财务报销票据、畅通监督举报渠道、随机抽查等方式，对公款购买消费高档白酒问题进行全面检查，严防"四风"问题反弹；严肃监督执纪问责，强化党风廉政教育，着力构建"不敢腐、不能腐、不想腐"的体制机制。一是加强公务接待、公车使用、财务报销等情况重点督查，严防"四风"问题反弹，开展"党的十八大以来企业监督中央八项规定精神落实、纠正'四风'工作情况"专题调研工作，深入调研中央八项规定精神落实、纠正"四风"工作情况。二是加强廉政教育,增强不想腐的自觉性。通报查处案件情况,用身边事教育身边人,强化党员干部的党章党规党纪意识。在全系统组织开展"党章党规记于心,廉洁清风伴我行"主题党风廉政教育系列活动。三是完成对所属部分企业内部巡视工作,收集问题线索,向企业移交问题,根据巡视移交线索立案调查,及时追缴违纪资金,避免经济损失。四是加强对企业"三重一大"事项决策和执行过程的监督,各级纪委负责人加强监督企业执行"三重一大"决策制度,积极参与研究并全程监控企业重要人事安排,认真提出拟提拔干部党风廉政评价意见。加强对企业大宗物资采购的监督管理,扎实推进"阳光采购"。对企业"四电"系统集成及企业重要生产物资集中采购项目进行现场监督,处理物资招标投诉处理。

【信息化建设】 2017年,中国通号继续推进信息化建设,组织开展内部系统项目权限审计,推进业务过程管理系统建设,以及ERP、门户网站、OA、信息编码和主数据等多个系统的应用与运维工作。通过结合信息系统前期运行情况,组织梳理问题、邀请专家诊断、会商应对措施,协调相关建设单位加快推进速度,解决5060个实际问题,为信息化建设系统模块的全面上线运行铺平道路。

2017年,进行数据中心网络系统安全加固项目的实施,有效保证股份公司各信息网络及业务系统的安全性,企业信息的安全,以及用户账户信息、业务信息、敏感保密信息不被攻击等。开展智慧党建系统的建设,为党建工作的提供信息系统抓手。实现ERP系统在中国通号的全覆盖运行并完成第三方测试,为系统整改和优化奠定技术基础。

通号信息编码平台系统完成系统验收,截至2017年底,通号信息编码平台系统管理物料主数据295687条,供应商主数据22695条,客户主数据8627条,会计科目主数据1587条。

【履行社会责任】 2017年,中国通号严格依照政策规范接访及信访处理流程,妥善处理来信来访,实现全年信访工作秩序平稳,全年集团和下级企业来信、来电、来访、复访量总体稳中有降。

2017年,中国通号认真贯彻中央领导关于定点扶贫的一系列重要指示,开展精准扶贫工作。一是统筹安排,协调财务部门调整预算,实现年度扶贫专项资金由30万元提升到40万元。深入研究扶贫问题和下一步举措,推动工作向纵深开展。二是支持挂职干部开展工作,完成挂职干部轮换工作,分别到河南省社旗县挂职任副县长和郝寨村党支部第一书记。三是推动帮扶工作进展。开展"同舟工程",按计划监督当地支出3万元,对符合条件的6位重大疾病贫困患者实施救助。积极组织协调当地有关部门,推动162万元蔬菜大棚项目审批备案工作;推动建成郝寨村光伏发电项目50千瓦,实现10户贫困户每户年增收3000元。投入资金17万元,开展金秋助学活动,对优选出的80名应届贫困家庭大学生开展精准帮扶。协调危房改造项目11户。争取政策性项目资金60余万元,在郝寨村修路2千米,方便群众出行。

(撰稿人:马立军)

中国铁路工程集团有限公司

【基本概况】 中国铁路工程集团有限公司(以下简称"公司")是集勘察设计、施工安装、房地产开发、工业制造、科研咨询、工程监理、资本经营、金融信托、资源开发和外经外贸于一体的多功能、特大型企业集团,总部设在北京。

公司的前身是1950年3月成立的铁道部工程总局和设计总局,后变更为铁道部基本建设总局。1979年5月,铁道部进行铁路建设机构调整,决定基本建设总局对外称中国铁路工程总公司。1989年7月,铁道部撤销基本建设总局,正式组建中国铁路工程总公司。2000年9月,与铁道部"脱钩",整体移交中央大型企业工作委员会管理。2003年4月归属国务院国资委管理。2006年11月,成为首批国有独资企业董事会试点企业。2007年9月12日,独家发起设立中国中铁股份有限公司(以下简称"中国中铁"),并于2007年12月3日和12月7日,分别在上海证券交易所和香港联合交易所挂牌上市。2017年12月28日,中国铁路工程总公司完成公司制改制工商变更,名称变更为中国铁路工程集团有限公司。

中国中铁是中国铁路工程集团有限公司经营业务的运营主体,拥有下属40余家子、分公司,主要分布在中国除台湾地区以外的各省、市、自治区、特别行政区,并在60多个国家和地区设有公司办事处、代表处和项目部等境外机构。主要子企业有中铁一局、二局、三局、四局、五局、六局、七局、八局、九局、十局、大桥局、隧道局、电气化局、武汉电气化局、建工、广州局、北京局、上海局18家施工企业集团;中铁二院、六院、设计、大桥院、华铁、科研院6家勘察设计科研企业;由所属中铁工业控股的中铁山桥、宝桥、科工、装备4家工业制造企业;中铁国际、东方国际、中铁信托、中铁财务、中铁资本、中铁交投、中铁南方、中铁投资、中铁开投、中铁城投、中铁上投、中铁置业、中铁文旅、中铁资源、中铁物贸15家国际业务、金融、投资、房地产、矿产管理公司。中铁国资资产管理有限公司为中国铁路工程集团有限公司成立的具有法人资格的独资公司,负责管理学校、医院、主辅分离资产等未进入上市范围的机构和资产。

中国中铁具有中国国家住房和城乡建设部批准的铁路工程施工总承包特级资质、公路工程和市政公用工程施工总承包一级资质以及桥梁工程、隧道工程、公路路面、公路路基、路面工程专业承包一级资质,城市轨道交通工程专业承包资质,拥有中华人民共和国对外经济合作经营资格证书和进出口企业资格证书。2000年通过质量管理体系认证,同时获得英国皇家UKAS证书。2003年通过环境管理体系和职业健康安全管理体系认证。2004年通过香港品质保证局质量/环保/安全综合管理体系认证,并获得国际资格证书。作为全球最大建筑工程承包商之一,自2006年起,连续12年进入世界企业500强,2017年在《财富》世界500强企业排名第55位,在中国企业500强中位列第八位。排名全球250家最大工程承包商第二位,排名全球250家最大国际承包商第21位。

作为科技部、国务院国资委和中华全国总工会授予的全国首批"创新型企业",中国中铁拥有"高速铁路建造技术国家工程实验室""盾构及掘进技术国家重点实验室""桥梁结构健康与安全国家重点实验室"3个国家实验室及7个博士后工作站。拥有13个国家认定的企业技术中心,并先后组建桥梁、隧道、电气化、先进工程材料及检测技术、轨道、施工装备、城市轨道工程及磁悬浮交通工程等11个专业研发中心。截至2017年底,中国中铁获得国家科技进步奖110项,其中特等奖5项,一等奖15项;获得中国土木工程詹天佑奖114项,全国优秀工程勘察设计奖91项,全国优秀工程咨询成果奖88项。省部级(含国家认可的社会力量设奖)科技进步奖2997项;国家级工法166项,省部级工法2151项;通过省部级科技鉴定的科技成果1125项;拥有有效专利授权7169件,其中发明专利2009件。

截至2017年底,中国中铁职工总数283637人。其中,在岗职工242323人,管理人员121759人。中级职称及以上专业技术人员85561人,高级专业技术人才26197人。其中,教授级高级工程师1823人,高级工程师20357人,高级会计师1539人,高级经济师1963人。现有中国工程院院士2人、国家级突出贡献专家10人、国家勘测设计大师8人、百千万人才工程国家级人选10人、中国青年科技奖2人、詹天佑奖获得者82人、茅以升铁道工程师奖78人、享受国务院政府特殊津贴专家人员274人。

【主要指标】 2017年,公司新签合同额15582.1亿元,比上年增长26%,其中海外新签合同额904.8亿元,占新签合同总额的5.8%。企业营业额8564.6亿元,为年度计划7958亿元的107.6%,比上年增长11.7%。其中,国内完成8138.7亿元,占总产值的95.0%,比上年增长11.6%;海外完成426.0亿元,占总产值的5.0%,比上年增长14.7%。

截至2017年底,公司资产总额8479.4亿元,比上年增长12.08%。其中,流动资产6611.76亿元,比上年增长11.22%,流动资产占资产总额77.97%。负债总额6769.35亿元,其中带息负债1669.64亿元。

2017年中国铁路工程集团有限公司主要经济指标

项 目	2016年	2017年	比上年增长(%)
资产总额(亿元)	7565.50	8479.40	12.08
所有者权益(亿元)	1502.10	1710.10	13.84

续表

项　　目	2016年	2017年	比上年增长（％）
营业总收入（亿元）	6442.60	6945.60	7.81
利润总额（亿元）	177.20	195.10	10.11
净利润（亿元）	127.50	141.60	11.11
归属于母公司所有者的净利润（亿元）	61.40	79.10	28.78
技术开发投入（亿元）	105.10	117.60	11.83
利税总额（亿元）	424.40	486.00	14.52
应交税金总额（亿元）	296.90	344.40	15.98
净资产收益率（％）	8.68	8.82	增加0.14个百分点
总资产报酬率（％）	3.19	3.03	减少0.16个百分点
国有资本保值增值率（％）	107.45	109.07	增加1.62个百分点

【改革发展】 2017年，中国中铁大力推进改制重组，深化企业内部改革，为企业发展提供改革动力。一是加快企业内部重组整合。圆满完成中铁二局与4家工业企业重大资产置换和中铁工业成功上市。中铁文旅集团挂牌成立，中南投资并入中铁交通，中铁华南指挥部并入中铁建投，中铁资源青海热贡公司并入中铁文旅，中铁天丰并入中铁北京工程局，中铁汇达、中铁资源下属矿业基金公司并入中铁资本。二是混合所有制试点改革和公司制改制取得突破，中铁设计咨询增资扩股引入战略投资者及员工持股同步混改按期完成，中国铁路工程总公司和中铁宏达资产管理中心的公司制改制顺利完成。三是积极推进企业功能界定和分类工作，编制《子公司功能界定与分类工作方案》。加快二级公司业务范围清理，提出二级公司主营业务范围清单，明确有关多元业务退出和重组的时间表。四是推进总部机关改革和人员招聘工作，对职能定位、部门设置和职责分工进行重新调整。进一步强化总部战略引领、绩效考核、运营监管、协调服务、党的建设等重要职能。五是加快"三供一业"分离移交工作。截至2017年底，签订移交协议或框架协议的综合完成比例94.26％，其中供电完成98.05％，获得中央财政补助资金6.9亿元，提前并超额完成国资委下达的目标任务。

【重大项目】 2017年，中国中铁在战略布局上，坚持国内外、路内外经营同步发力，积极参与"一带一路"和雄安新区建设，持续加强与各省市区的战略合作。在市场领域上，及时捕捉新商机，在新型轨道交通、地下综合管廊、海绵城市、城市双修、共有产权房、城中村和棚户区改造等领域实现突破和新发展。

2017年，中国中铁参建的宝兰高铁、西成高铁、兰渝铁路、呼准鄂铁路等一大批重点铁路项目开通运营。由中铁设计咨询承担全线勘察设计任务的世界首条200千米、具备自动驾驶功能的莞惠城际铁路东莞西至常平东（不含）段正式开通运营。中国中铁以BT模式投资建设的河北省第一条地铁——石家庄地铁1号线一期工程顺利开通试运营。中国中铁第一个以股权加施工总承包模式建设的京新高速公路正式通车。参建的中国西南腹地至东南沿海交通要道——夏蓉高速公路全线贯通。参建的西藏最长高等级公路——拉林公路全线通车。

2017年，由中国中铁所属中铁装备自主研制的最大直径9.03米敞开式TBM"彩云号"、世界首台带冷冻刀盘和复合式注浆系统的双模盾构机成功下线；自主设计制造的最大直径（Φ15.03米）泥水平衡盾构机成功下线；自主研制的电脑导向三臂凿岩台车顺利下线，并正式交付中铁上海局郑万铁路重庆段项目使用，这是中国首台具有完全自主知识产权的电脑导向三臂凿岩台车，该领域长期由欧洲企业垄断的局面被彻底打破；中铁科工研发制造的第一台国产化双轮铣成功下线，并在国内地铁项目地下连续墙施工中投入使用；研制的以"1300吨箱梁运架搬提设备"为代表的超大吨位桥梁施工装备，突破行业技术瓶颈，促进中国简支桥梁标准跨度不断刷新。投资开发的黑龙滩国际生态旅游度假区项目开工建设。

2017年，中国铁路工程集团有限公司工程质量创优工作成效显著，有11项工程获得中国建设工程鲁班奖、37项工程获得国家优质工程奖，其中2项工程获得国家优质工程金质奖、15项工程获得"国家AAA

级安全文明标准化诚信工地"称号。18项工程获得"全国建筑绿色施工示范工程"称号。荣获国家科技进步奖2项、国家技术发明奖1项,詹天佑奖9项,省部级科技进步奖298项;获得授权专利1205件,其中发明专利348件,有5件专利获得第十九届中国专利优秀奖;获得省部级工法301项。

【走向海外】 2017年,中国中铁紧随"一带一路"倡议,坚持主业优势,以传统的国际工程承包业务为基础,向上下游两端延伸产品和服务,不断优化产品结构,努力转变发展方式,积极推动传统优势产业转型升级,持续放大中国中铁的主业组合优势,不断拓展新市场、形成新能力、发展新模式。在巩固传统现汇投(议)标项目优势和大力推动G2G(建设—运营—转让)、特许经营和项目融资等国际通行方式开展国际工程总承包。埃塞亚的斯亚贝巴轻轨、埃塞亚吉路项目已突破简单的工程施工承包,实现中国铁路设计和铁路装备技术的境外输出从设计、施工、设备采购、运营维护管理到TOD开发的一站式服务,从上游到中游至下游的完整中国化铁路产业链出口,实现从单纯工程承包商向项目整体解决方案供应商的转变。

2017年5月,中国中铁充分利用"一带一路"高峰合作论坛在北京召开的历史机遇,精心策划、主动出击,在高峰合作论坛期间策划组织15项重大外事活动,与参会的菲律宾总统杜特尔特、斐济总理姆拜尼马拉马等外国领导人以及官员和企业进行互访交流,就中国中铁在这些国家的重点项目推进交换意见。2017年,中国中铁完成海外新签合同额137.35亿美元,营业额60.98亿美元。在境外83个国家设有境外机构开展业务,正在实施的境外承包工程、设计和工业产品加工项目493个。全系统外经员工有8818人,其中,国内人员有1600人,派往境外工作的职工总数7218人;国内外派劳务8780人,雇佣当地人员38660人。

截至2017年底,中国中铁完成"一带一路"重点项目有乌兹别克斯坦安琶铁路隧道、马来西亚吉隆坡MRT和孟加拉国栋吉至派罗布巴扎尔铁路增建二线工程等项目;重点在建项目有印尼雅万高铁、老挝中老铁路、伊朗德伊高铁、哈萨克斯坦阿斯塔纳轻轨、以色列特拉维夫轻轨红线、孟加拉国帕德玛大桥、马来西亚南部铁路、越南河内城市轻轨和俄罗斯莫喀高铁勘察设计等项目。

中国中铁以项目实施带动工业产品出口,盾构设备、配件、施工技术服务出口地区涵盖新加坡、以色列、黎巴嫩、伊朗等国家;工业施工机械产品成功打入阿联酋、老挝、中国台湾等7个国家和地区市场;铁路道岔产品出口美国、俄罗斯等14个国家和地区,在泰国、印尼和马来西亚市场全部实现自营出口,2017年整组道岔出口220组,销往北美辙叉产品达到2300根以上;钢桥梁钢结构出口至北美、非洲市场累计1万吨。

【重大创新】 2017年,结合重点工程建设,中国中铁开展项目科技创新,以京张铁路、拉林铁路、玉磨铁路、渝昆高铁、郑济高铁、银西铁路、郑万高铁,郑州黄河特大桥、赤壁长江公路大桥,深圳春风隧道、青岛地铁8号线胶州湾海底隧道、新建伊宁至阿克苏铁路南天山特长隧道,广州地铁、北京地铁、大连地铁、青岛地铁、南京地铁等重难点工程为依托,重点开展多功能泥水平衡盾构机的研制及施工关键技术、中高速磁浮交通工程关键技术、气动轻轨综合技术、城市复杂环境下超大直径盾构装备与施工关键技术的研究。

2017年,中国中铁新开和延续科研项目1544项,研发费64.87亿元,其中由中国中铁直接管理的课题207项,列入中国中铁科开计划由所属各单位管理的课题1337项。组织对已达到验收条件的科研课题进行课题结题验收,有1项重大专项、20项重大课题、79项重点课题和64项引导课题通过结题验收。通过省部级和股份公司组织的鉴定评审293项。"超大断面马蹄形土压平衡盾构机的研制与应用""沪昆客专北盘江445米跨度劲性骨架钢筋混凝土拱桥建造技术"等23项成果达到国际领先水平,"高速铁路CRTSⅢ型板式无砟轨道施工关键技术及自密实混凝土应用""武汉地铁泥水盾构下穿汉江施工技术研究"等76项成果达到国际先进水平。

2017年,中国中铁加强知识产权管理,下达专利计划971件,其中发明专利417件,涵盖桥梁、隧道及地下工程、线路路基、房建、"四电"和机械制造等专业;下达工法计划642项,其中国家级工法26项,知识产权数量和质量进一步提升。获得授权专利1205

件,其中发明专利348件;获得省部级工法301项。

【党建工作】 2017年,中国中铁各级党组织深入学习贯彻党的十九大、习近平总书记系列重要讲话精神和全国国企党建会议精神,以从严管党治党为主线,健全机制,强化责任,狠抓整改落实,进一步加强各级领导班子思想政治建设、制度建设、组织建设、党员队伍建设和自身建设,充分发挥基层党组织战斗堡垒作用和党员先锋模范作用,为企业深化提质增效提供坚强保证。

2017年,中国中铁党委坚持把思想政治建设摆在首位,先后修订党委理论学习中心组制度和《"两学一做"学习教育常态化制度化实施方案》,组织召开中心组学习会5次、党委常委会21次、党委办公会11次,及时传达学习党中央、国务院和国资委党委有关重要会议、重要讲话、重要文件精神。2017年6月召开庆祝建党96周年暨"两学一做"党建主题实践活动表彰大会;7月举办"两学一做"学习教育常态化制度化专题党课。党的十九大召开后,公司党委认真对照"五个到位""五个全覆盖"要求,全面深入开展学习宣传贯彻工作,先后下发专门通知、成立领导小组、制定工作方案、开辟学习宣传专栏、举办理论骨干培训班和专题辅导会。特别是组织3名十九大代表巡回宣讲,在蒙华铁路现场会上对基层一线学习宣传贯彻工作进行专题部署,组织视频连线1300多个分会场、5万余名党员职工参加的学习宣传贯彻十九大精神专题党课。全公司各级党组织深入开展多种形式的学习宣传贯彻活动,兴起学习宣传贯彻党的十九大精神和习近平新时代中国特色社会主义思想的热潮。

2017年,中国中铁党委深入贯彻全国国企党建会精神,扎实推进"中央企业党建工作落实年"任务,先后制定《中国中铁党建工作责任制实施办法》等多项制度文件。认真学习贯彻中组部、国资委党委2个重要文件,细化分解50项党建工作任务,建立挂牌督办和办结销号机制,先后4次召开现场座谈会进行重点督导。2017年6月,股东大会以95%的赞成票通过章程修正案,在境内外整体上市的中央企业中率先完成党建工作进章程。修订党委常委会议事规则、"三重一大"决策制度实施办法,起草党委履行前置程序实施细则,全年党委前置研究讨论重大事项40多项。

指导12家二级单位按期完成换届选举,在42家二级单位调整配备专兼职党委副书记。截至2017年底,公司所属46家二级单位全部完成"党建进章程"工作,42家二级单位实现"一肩挑",31家二级单位完成按期换届选举工作,42家二级单位建立党组织书记抓党建工作述职评议考核制度。所属368家三级子公司中,304家完成"党建进章程"工作,占比82.6%;321家实现"一肩挑",占比87.2%。所属532家子分公司中,381家完成按期换届选举,占比71.6%。451家三级单位建立党组织书记抓党建工作述职评议考核制度,占比87.2%。2017年,开展党委中心组学习165次,领导干部上党课449次。围绕打造"全面从严治党示范性工程",指导12家试点单位开展先行先试工作。2017年7月,在京张高铁官厅水库特大桥召开全公司项目党建工作现场会,提出新形势下加强项目党建工作的总体要求和重点任务。2017年4月,公司党委在中央企业党建工作责任制实施办法座谈会上作了经验交流。

2017年,中国中铁公司党委坚持"党管干部"原则,认真落实"20字"标准,先后举办理想信念、经营管理等各类培训班66期,培训各级领导人员7000多人次。修订、制定《二级企业领导人员管理办法》等制度文件,实行干部选拔任用全过程纪实和对重点考察人选"签字背书",全年调整二级企业领导282人次。深入推进领导人员任期制、交流制、淘汰制,14名二级企业正职、9名纪委书记、21名副职交流任职,18名领导人员改任非领导职务。严格落实领导人员个人事项报告制度,对46名未如实报告或漏报的人员进行诫勉和批评教育。组织开展选人用人问题专项治理和专项督查。深入推进"四好班子"创建活动。研究制定《2016—2020年高端人才培养规划》,1人获得全国创新争先奖,3人获得"全国工程勘察设计大师"称号,18人获批享受国务院政府特殊津贴,12人获得年度茅以升铁道工程师奖。

2017年,中国中铁党委履行党风廉政建设主体责任,先后召开年初工作会、年中推进会,成立党风廉政建设和反腐败工作领导小组,出台构建"不能腐"体制机制实施方案等文件。持续深化巡视整改,制定整改方案和整改台账,召开整改工作推进视频会,加大督查督办力度，巡视整改工作得到国资委党委第七督查组的充分肯定。组织对总部机关部门开展专项巡视，实现内部巡视全覆盖。加大对审计署移交问题、物资贸易风险问题、奥凯电缆事件等问责力度，问责有关责任人员413名。加强廉洁从业教育，制作《履职尽责 砥砺奋进》《前车之鉴 引以为戒》等警示教材，开展境外资产项目廉洁风险防控课题研究，举办中老铁路"廉洁之路"建设启动仪式。加大执纪问责力度，2017年中国中铁本部立案审查27件，涉及二级企业领导人员70人次，给予党政纪处分和组织处理111人次；全公司运用"四种形态"处理党员领导干部2758人次；查处违反中央八项规定精神问题58件，问责处理116人次。

2017年，中国中铁党委认真落实意识形态主体责任，紧密围绕党的十九大、公司第四次党代会、宏盛项目、深化改革、安全生产等重点工作，通过编发宣传提纲、开设学习专栏等方式，广泛开展形势任务教育。加大正面宣传力度，全年对外宣传报道累计超过15万篇次，中央主流媒体刊播企业资讯达到1700篇。加强党建理论研究，多项成果荣获中央企业党建政研会优秀研究成果。加强新媒体运营管理，企业官方新媒体信息阅读量超过900万人次。认真落实"十三五"企业文化建设规划，加强企业理念系统宣贯和企业标识规范管理，广泛开展"诚信敬业"道德讲堂活动，出版《文化强企》等书籍，5家单位获得"全国文明单位"称号。加大典型选树力度，组织开展"四个十大"评选活动，巨晓林、白芝勇、王中美当选为党的十九大代表，严金秀获得"全国三八红旗手"称号，4个单位获得全国五一劳动奖状，7人获得全国五一劳动奖章，31个集体、79名个人分别获得"全国工人先锋号""全国青年文明号"称号以及火车头奖杯和火车头奖章。

【信息化建设】 2017年，中国中铁全面宣传贯彻"十三五"信息化发展规划，有序启动"十三五"三横三纵信息化建设任务。大力推进公司财务共享云平台、BIM云、视频云、桌面云等系统建设，分步构建企业私有云平台，提高信息化对业务管理和企业转型的支撑服务能力。进一步规范信息化项目建设管理，制作并启用公司信息化项目审批、集中采购定标、移动设备申请等多项信息化流程。持续深化信息化基础平台推广应用，全公司AD域用户数18.3万个、邮件用户5.8万个，日均收发电子邮件300万封。2017年完成视频会议转播72次，累计覆盖分会场1.4万场次，参会总人数超过20万人次。全面贯彻落实国家新颁布的《网络安全法》和信息系统等级保护制度，在成都、西安、郑州等地全面开展网信安全专项检查，加强总部数据中心网络安全，推进新版病毒防控软件应用，妥善处置"永恒之蓝"、宏病毒、垃圾病毒邮件等问题。开展灾备系统二期建设，解决所属各单位财务、成本等重要业务数据的异地容灾业务需求。深入开展业务数据治理工作，通过主数据平台集中管理的18类主数据覆盖九大业务系统，包括4.1万个核算组织、3万个行政机构、56万物料字典、12万物料分类字典、1348个会计科目、244类通用字典、1万项通用字典项、7.2万条往来客商等，数据治理与清洗工作为系统整合集成和业务数据资产化奠定坚实的基础。探索和引领新一代信息技术研究，完成海外骨干网络香港接入中心建设，实现海外信息回传链路资源共享和部分业务前移工作，完成商务部对海外重点项目视频监管要求和股份公司数字化管控中心建设，指导所属单位开展两化融合、大数据、云计算等创新实践，并有《基于物联网技术的高速铁路道岔智能制造》等多项示范项目获得国家部委批准。

【履行社会责任】 2017年，中国中铁积极承担抢险救灾重要任务。6月24日，四川茂县发生山体滑坡，中国中铁党委高度重视，迅速部署9家单位参与抢险救灾工作，投入抢险救灾人员300多人次、设备70多台（套），以及大量救援物资，成功营救出3人。8月8日，四川阿坝州九寨沟县发生地震后，中国中铁所属各单位迅速行动，组织离受灾点较近的项目部全力参与抢险救灾工作。累计投入抢险救灾人员200多人次、设备50多台（套）以及帐篷、铁锹、矿泉水等大量救援物资，完成搜救人员、抢修道路、后勤救助等工作。

进一步加大精准扶贫力度。2017年，面对扶贫工作新形势，中国中铁高度重视，立足企业实际，紧扣"精准扶贫、精准脱贫"，组织15家所属企业参与扶贫开发工作，通过资金投入、产业帮扶、吸纳贫困劳动力就业等方式积极助力贫困地区脱贫攻坚。2017年,公司投入6500万元助力扶贫开发,帮助近6000个建档立卡贫困家庭脱贫摘帽。其中投入2000万元支持山西省保德县中南部公路项目改建,有效解决群众出行、矿产资源利用以及农产品外运等问题;投入2250万元支持湖南省桂东县大塘工业园一期工程项目建设,解决异地搬迁320户1100人就业问题;投入143.4万元支持湖南省汝城县技能教育培训基地建设,通过依托中国中铁教育资源支撑,每年可接收建档立卡贫困家庭学生300人左右,脱贫带动成效明显。同时,因地制宜,积极支持当地产业发展,在汝城县打造南洞乡产供销一体化的产业扶贫示范基地、南洞乡山联村万头野猪生态养殖基地,在桂东县建立新坊乡溪源村朝天椒种植基地、沤江镇上东村中药材建设示范基地,吸纳1500人贫困人口就业,人均家庭增收1500~3000元。在保德县城投入50万元,推动建设"南河沟农产品展销中心",为保德电商、保德特色林果合作社搭建营销平台。

编制发布中英文社会责任报告。对中国中铁2017年度履行社会责任情况进行全面总结,参照国家社会责任标准体系(GB/T 36000—2015,GB/T 36001—2015,GB/T 36002—2015),撰写完成中英文版《中国中铁社会责任报告》,并根据上交所关于"专项披露企业精准扶贫工作情况"的要求和香港联交所关于"就排放物(B1层面)、资源使用(B2层面)及环境及天然资源(B3层面)3个层面中的关键绩效指标进行法定披露"的相关要求,对报告有关板块设置进行全面优化,继续披露年度优秀十佳社会责任实践。报告通过证交所和公司网站向全球公开发布。公司连续10年对外发布社会责任报告,受到资本市场、社会公众和新闻媒体的好评。中国中铁获得"最佳海外形象(东盟地区)"奖。

(撰稿人:王 琳)

中国铁建股份有限公司

【基本概况】 前身是铁道兵的中国铁建股份有限公司(以下简称"中国铁建"),由中国铁道建筑总公司(2017年12月改制为中国铁道建筑有限公司,下同)独家发起设立,于2007年11月5日在北京成立,为国资委管理的特大型建筑企业。2008年3月10日和3月13日,分别在上海证券交易所(A股,代码601186)和香港联合证券交易所(H股,代码1186)上市。

截至2017年底,中国铁建下辖中国土木工程集团有限公司,中铁十一、十二局集团有限公司,中国铁建大桥工程局集团有限公司、中铁十四至二十五局集团有限公司、中铁建设集团有限公司、中国铁建电气化局集团有限公司、中国铁建港航局集团有限公司、中国铁建房地产集团有限公司,中铁第一、第四、第五勘察设计院集团有限公司,中铁上海设计院集团有限公司、中铁物资集团有限公司、中国铁建重工集团有限公司、中国铁建国际集团有限公司、中铁城建集团有限公司、中国铁建投资集团有限公司、中国铁建财务有限公司、诚合保险经纪有限公司、中铁建商务管理有限公司、中铁建南方建设投资有限公司、中铁建昆仑投资集团有限公司、中铁建华北投资发展有限公司、中铁建金融租赁有限公司、中铁磁浮交通投资建设有限公司、中铁建重庆投资集团有限公司、中铁建资产管理有限公司、中铁建华南建设有限公司、中铁海峡建设集团有限公司、中铁建北部湾建设投资有限公司、北京培训中心(党校)等43家二级子公司和单位。管理层级三级法人企业497家,其中,工程公司172家、四级法人企业282家、五级法人企业6家。在职员工261333人。其中,管理人才57614人,占22.05%;专业技术人员122315人,占46.8%;技能人才81404人,占31.15%。拥有中国工程院院士1人、国家勘察设计大师8人、"百千万人才工程"国家级人选11人、享受国务院特殊津贴的专家237人。

公司业务涵盖工程承包、勘察设计咨询、工业制造、房地产开发、物流与物资贸易等,具有科研、规划、勘察、设计、施工、监理、维护、运营和投融资等完善的行业产业链。在高原铁路、高速铁路、高速公路、桥梁、隧道和城市轨道交通工程设计及建设领域,确立行业领导地位。经营范围遍及包括台湾地区在内的全国32个省、自治区、直辖市和中国香港特别行政区、中国澳门特别行政区,以及世界120个国家,是中国乃至全球最具实力、最具规模的特大型综合建设集团之一。

自20世纪80年代以来,中国铁建在工程承包、勘察设计咨询等领域获得国家级奖项731项。其中,国家科技进步奖72项、国家勘察设计"四优"奖141项、中国土木工程詹天佑奖90项、中国建设工程鲁班奖122项、国家优质工程奖306项。累计拥有专利8346件、获得国家级工法292项。连续13年入选《财富》杂志"世界500强",2017年排名第58位;连续22年入选美国《工程新闻记录》(ENR)杂志"全球250家最大承包商",2017年排名第三位;连续16年入选"中国企业500强",2017年排名第九位。

【主要指标】 2017年,中国铁建完成营业收入6809.81亿元,比上年增长8.21%;实现利润212.56亿元,比上年增长12.05%;上缴税金239.76亿元,实现利税452.32亿元,比上年降低9.50%;实现净利润169.19亿元,比上年增长13.93%;基本每股收益1.16元。截至2017年底,资产总额8218.87亿元,负债总额6432.39亿元,资产负债率78.26%。所有者权益总额1786.49亿元,其中归属于上市公司股东权益1494.12亿元,归属于上市公司股东的每股净资产11.00元。

2017年中国铁建股份有限公司主要经济指标

项　　目	2016年	2017年	比上年增长(%)
资产总额(亿元)	7593.45	8218.87	8.24
所有者权益(亿元)	1487.16	1786.49	20.13
营业收入(亿元)	6293.27	6809.81	8.21
利润总额(亿元)	189.70	212.56	12.05
净利润(亿元)	148.51	169.19	13.93

续表

项　　目	2016年	2017年	比上年增长(%)
归属于母公司所有者的净利润(亿元)	140.00	160.57	14.69
技术开发投入(亿元)	100.12	109.99	9.86
利税总额(亿元)	499.81	452.32	−9.50
应缴税金总额(亿元)	310.12	237.20	−23.51
加权平均净资产收益率(%)	10.70	10.30	减少0.4个百分点
总资产报酬率(%)	3.28	3.42	增加0.14个百分点
总公司国有资本保值增值率(%)	110.50	111.00	增加0.5个百分点

【公司治理】 中国铁道建筑总公司改制为中国铁道建筑有限公司,所属7家全民所有制企业完成改制,实现由全民所有制企业向公司制企业转变。完成中国铁建董事会、监事会、经理层的换届工作,进一步修订完善《中国铁道建筑有限公司章程》《中国铁建股份有限公司章程》等规章制度,股份公司董事会治理规范完善、决策科学高效,受到国资委和相关机构、投资者的好评。2017年获得"主板优秀董事会""年度中国上市公司最受尊敬董事会"等称号。在二级公司层面,着力解决董事会虚设问题,制定下发《二级公司董事会规范运作指导意见》《二级公司董事会规范运作考核评价暂行办法》《外部董事管理办法》等制度,为进一步规范二级公司法人治理结构奠定制度基础。

【改革发展】 制定中国铁建全面深化改革总体方案和发展混合所有制经济指导意见,强化改革顶层设计。供给侧结构性改革深入推进,中国铁建房地产集团有限公司去库存成效明显,中铁二十三局集团有限公司、中铁建设集团有限公司处置"僵尸企业"扎实开展,职工安置工作平稳有序。加大资源整合重组力度,顺应市场形势与政府要求,在既有区域指挥部等机构基础上组建中铁建华南建设有限公司、中铁建北部湾建设投资有限公司、中铁建城市投资建设有限公司、中铁建西北投资建设有限公司、中铁建雄安投资发展有限公司,重组中铁海峡建设集团有限公司,整合中国铁建重工集团有限公司与中国铁建高新装备股份有限公司。"瘦身健体"扎实推进,2017年压减法人企业139户,累计压减192户,较好地完成国资委下达指标。改进绩效考核体系,加强对子公司负责人的战略引领考核,按照"管产业必须管经营"要求初步实现产业经营发展指标与总部产业管理部门负责人绩效挂钩;按照上级要求积极稳妥推进"三供一业"分离移交、"大集体"改革和企业办培训医疗机构改革工作。

【产业建设】 "十三五"战略规划顺利实施,专项产业规划和配套政策措施陆续推出。工程承包产业稳中有进,铁路、公路、城轨、房建、市政五大千亿级市场得到巩固。中国铁建所属投资集团、十六局、二十局、十一局、大桥局、十二局、十八局7个集团公司承揽突破千亿元关口。十四局大盾构产业品牌日益巩固,话语权不断提升;十五局积极思变,激活沉睡资产,降债降率,加强与地方投资平台公司合作,江浙市场开发成效明显。勘察设计板块稳步增长,设计领域不断拓宽。装备制造取得持续突破,中国铁建重工集团公司加强产用对接、个性化定制、智能化生产、信息化协同、服务型制造等新模式、新业态日渐丰富;磁浮公司磁浮产业取得突破,清远项目、长沙试验线开工建设。高速公路运营里程逐年增加,运营资产初步形成规模。物资物流、金融产业增速明显。

【转型升级】 一是大力推进从承包商、建造商向投资商、运营商转型。2017年,新增投融资项目119个,投融资经营新签项目合同额3774亿元,在手投融资项目342个。高速公路、城市轨道、综合管廊、地方铁路、停车场等运营类项目初具规模。海外运营服务业务取得重大突破,亚吉铁路正式运营,尼日利亚阿布贾城铁一期和以色列红线轻轨运营合同相继签订;成立中铁建国际轨道交通运营有限公司,为海外运营业务构建专业平台。二是加快推进结构调整、产业升级。非工程承包产业新签合同额、营业收入、利润总额占比分别为14.26%、18.26%、50.68%,比上年分别增长34.58%、16.32%、10.09%。

【市场经营】 2017年,中国铁建深入推进经营机制改革与市场布局调整,压实各级经营责任,强化高端经营对接,科学制定年度计划,加大投资驱动力度,全年工程经营领域进一步拓宽,工程承包经营、资本运营、房地产经营取得较大进展,工业制造能力、机械化施工能力显著增强。全年新签合同额15083.12亿元,比上年增长23.72%。其中,国内业务新签合同额14033.23亿元,占新签合同总额的93.04%,比上年增长26.28%;海外业务新签合同额1049.88亿元,占新签合同总额的6.96%,比上年下降2.65%。工程承包板块新签合同额12931.85亿元,占新签合同总额的85.74%,比上年增长22.08%。其中,铁路工程新签合同额2152.62亿元,占工程承包板块新签合同额的16.65%,比上年减少18.80%;公路工程新签合同额3978.89亿元,占工程承包板块新签合同额的30.77%,比上年增长51.95%;城市轨道工程新签合同额2047.56亿元,占工程承包板块的15.83%,比上年增长19.53%;房建工程新签合同额2054.13亿元,占工程承包板块新签合同额的15.88%,比上年增长34.62%;市政工程新签合同额1971.34亿元,占工程承包板块新签合同额的15.24%,比上年增长41.32%;水利电力工程新签合同额242.07亿元,占工程承包板块新签合同额的1.87%,比上年增长29.84%;机场码头工程新签合同额97.62亿元,占工程承包板块新签合同额的0.75%,比上年减少6.09%。非工程承包板块新签合同额2151.28亿元,占新签合同总额的14.26%,比上年增长34.58%。其中,勘察设计咨询新签合同额170.78亿元,比上年增长36.49%;工业制造新签合同额283.76亿元,比上年增长42.15%;物流与物资贸易新签合同额823.21亿元,比上年增长26.75%;房地产新签合同额684.13亿元,比上年增长38.26%。

2017年,签约企业有史以来最大的总承包项目广州轨道交通18号、22号线以及深圳地铁16号线、牡佳铁路、郑许市域铁路、京新高速公路、钦州产业园特色扶贫小镇、非洲第一高楼摩洛哥拉巴特塔、尼日利亚阿布贾城铁二期、斯里兰卡国家医院门诊楼等一大批有影响力的重点项目;成功进入莫斯科地铁市场;自主研制盾构机首次进入台北捷运工程,打破日本长达30年的垄断。全年获得特级资质26项,实现水利水电、港口与航道特级资质零的突破,全系统特级资质总数65项,为经营提供强大支撑。

【施工生产】 2017年,公司狠抓安全质量管理,出台一系列规章制度,进一步健全安全质量和项目管理体系;开展安全质量大反思、大排查、大整改,强力推进高速铁路质量隐患排查整治工作;进一步建立健全内部市场和各行业市场信用评价管理机制;切实加强质量创优和信用评价管理,全年获得中国建设工程鲁班奖8项、国家优质工程奖35项、国家级优秀质量管理小组活动成果170项。主要实物工程完成量和重点产品产量保持高位,全年完成公路3186千米,同比增长40.66%;城市轨道427千米,同比增长21.65%;完成隧道1329折合千米、桥梁1562折合千米、铺轨4130千米、房屋施工面积1.74亿平方米、房屋竣工面积2281万平方米、土石方13.85亿立方米。生产盾构设备112台(套)、特种装备产品616台(套)、大型养路机械设备57台(套)。宝兰、武九、西成、石济客专、兰渝、北阿铁路、简蒲、共玉高速公路、青岛、福州、石家庄、厦门等地城轨地铁,青岛港全自动化集装箱码头等重点工程开通运营;世界最大断面公路隧道港珠澳大桥拱北隧道、"国内罕见、世界难题"胡麻岭隧道、博鳌海底隧道等重难点隧道实现贯通;世界最大重量转体斜拉桥菏泽丹阳立交桥正式通车;马来西亚四季酒店顺利封顶,北非最长隧道甘塔斯隧道正式贯通。

【技术创新】 大力加强科技创新,召开科技创新大会,发布进一步加强科技创新工作的决定,出台《中国铁建股份有限公司科技创新平台管理办法》等科技创新重大制度,开展科技创新先进单位、杰出科技创新带头人和十大科技创新成就评选表彰,进一步健全科技创新管理体制机制,为中国铁建科技创新提供强有力的制度保障。中铁第四勘察设计院集团有限公司"复杂环境下高速铁路无缝线路关键技术及应用"获得国家科技进步一等奖;中国铁建大桥工程局集团有限公司承建的主跨1038米棋盘洲悬索桥是中国铁建首个单跨超千米桥梁;中国铁建重工集团有限公司成功研制国内首台常压换刀式超大直径泥水平衡盾构机。2017年,获得国家科技进步奖3项,省部级科技进步奖62项,国家级勘察设计奖8项,国际咨询工程师联合会菲迪克奖4项,省部级勘察设计奖226项,中国土木工程詹天佑奖10项,授权专利1719件,其中发明专利375件,中国专利优秀奖4项。

【管理创新】 加强经营协同创新、商业模式创新。广州南沙综合开发项目、成都铁路局项目、武汉蔡甸项目和昆明巫家坝等协同项目顺利落地;21个PPP项目被列为国家示范项目;广东清远磁浮旅游专线正式开工;中铁十四局集团有限公司被住房和城乡建设部认定为首批装配式建筑产业基地;成立中铁建商业保理有限公司、铁建结构调整基金(有限合伙)、铁建平安基础设施投资基金;以融资租赁形式租购盾构设备135台,获取"产业链金融"资质;创新"铁建银信""铁建票据"产品,产融结合、以融促产力度进一步加大。

【走向海外】 海外经营布局进一步优化,业务范围扩展至世界120个国家或地区,其中在"一带一路"沿线42个国家,实施项目225个。重工集团生产的盾构首次跨海销售至中国台湾地区,并出口土耳其、俄罗斯等多个国家和地区。特别是盾构销售中国台湾地区,打破日本企业在中国台湾地区30多年的市场垄断。中土集团亚吉铁路运营正式起步,国际集团承建的马来西亚吉隆坡四季酒店正式封顶,二十局巴基斯坦卡拉高速公路年完成营业额43亿元。海外风险管控力度加大,及时化解多起经营风险事件,有力保障海外经营的平稳推进。

【党建工作】

1. 健全党委发挥领导作用的体制机制。召开中国铁道建筑总公司第三次(中国铁建股份有限公司第一次)党代会,所属30家二级单位党委按期换届。修订公司章程,明确企业党组织研究讨论"三重一大"的前置程序,明晰党委会、董事会、监事会、经理层等治理结构的权责边界,保证党组织有效参与企业决策。落实"三重一大"集体决策制度,确保中央大政方针和企业重大决策落到实处。严格落实全国国有企业党的建设工作会议精神,党委成立专项工作领导小组,确保4个方面28项任务落地落实。深入开展"两学一做"学习教育,建立党委常委带头落实联系点制度。

2. 完善党建工作责任制。各级党组织层层签订党建工作责任书,开展党建工作量化考核,抓好党委书记抓党建工作述职评议,建立考核结果与"四好领导班子"评比和经营绩效奖金兑现挂钩的机制。持续加强基层党组织建设,举办基层党支部书记集中轮训试点班,召开党支部建设工作现场推进会,逐级开展党支部建设工作情况督查。制定《关于加强境外单位党建工作的指导意见》。

3. 坚持党管干部,不断优化干部人才队伍。进一步完善管理体制,优化制度程序。将原人力资源部(党委干部部)中的部分干部管理职能调整到党委组织部。建立以《领导人员管理规定》为主,《领导人员选拔任用事项动议酝酿办法》等8个办法为辅的领导人员管理体系。按照"二十字"要求选拔领导人员,在考察中坚持做到"五凡五必"(即凡提必审、凡提必考、凡提必谈、凡提必看、凡提必践)。加大调整配备力度,努力打造"四铁"(即铁一般的信仰、铁一般的信念、铁一般的纪律、铁一般的担当)干部队伍。加强日常管理监督,提升队伍纯洁性和战斗力。加强备案管理,对二级单位副处以上干部和项目经理跨集团调动进行审查。做好领导人员兼职管理工作,开展全系统违规经商办企业专项治理、领导人员亲属在本单位工作情况排查。

4. 加强宣传思想文化工作。开展专题形势宣传教育活动,加强意识形态管控,确保意识形态领域安全。推动精神文明建设,5家单位新增为全国文明单位。评选表彰第二届"永远的铁道兵杯"十大楷模和第五届中国铁建"十佳道德模范"。构筑全媒体传播平台,中国铁建故事在国内外高端主流媒体平台上得到高频率、大篇幅、多形式、立体化的传播,中央主流媒体刊播1120条,其中中央视《新闻联播》播出63条。构筑企业文化高地,制定企业文化建设"十三五"规划,首次评选出"十大品牌"和企业文化建设示范基地。

5. 落实"两个责任",层层签订《党风廉政建设责任书》。班子成员积极落实一岗双责要求。实现二级单位班子成员集体谈话和纪委书记约谈全覆盖。启动纪委书记履职专项考核工作,出台《贯彻落实〈中国共产党问责条例〉实施办法》。继续贯彻中央八项规定,"四风"问题得到有效遏制。开展专项巡视,推进专项治理,实现对所属单位巡视全覆盖。持续高压反腐,进一步发挥"不敢腐"的威慑作用。党委支持纪委加大监督执纪问责力度,有效遏制腐败蔓延势头。出台《建立容错纠错机制的实施办法》等6项制度,修订《职工违纪违规处分暂行规定》。

6. 强化群团工作。各级群团组织围绕生产经营中心,不断加强民主管理,广泛开展劳动竞赛、青年突击队竞赛、建家建线、导师带徒、青年联谊,创新开展工会区域联动、"员工讲堂"、"幸福家庭"、"最美员工"、"微心愿"等特色文化活动;全年1家单位获得全国五一劳动奖状,7人获得全国五一劳动奖章,9个集体获得"全国工人先锋号"称号,1名青年被国资委党委评为"中央企业十大青年先锋",11个青年集体和1名青年受到团中央表彰。

【履行社会责任】 一是中国铁建持续优化治理结构,维护投资者权益,努力推进企业稳定、健康发展,2017年获"中国上市公司最具核心竞争力100强""中国上市公司最具创新力企业""中国上市公司诚信企业百佳""最具投资潜力上市公司奖""最佳董事会"等称号。

二是坚持稳中求进总基调,以客户满意为宗旨,以技术优势引领行业发展,履行安全生产责任,强化精益管理,为客户奉献优质精品和贴心服务。

三是细致关怀和呵护员工,从员工需求入手,让员工切实感受到企业的重视和温暖,增强员工对企业的认同感和归属感,凝心聚力共建幸福铁建。全年培训员工408669人次;筹集送温暖资金7181万元,慰问困难员工家庭15544户,慰问劳模先进、一线员工、离退休员工和农民工73401人次。

四是践行"绿水青山就是金山银山"理念,坚持绿色发展,在生产运营过程中节约资源,减少污染、节能降耗、提高资源利用效率,做行业绿色发展表率,推动企业与环境自然和谐发展。2017年,能耗总量569万吨标煤,企业万元营业收入综合能耗(可比价)0.0891吨标煤,比2016年下降1.66%。

五是积极履行企业公民责任,实施精准扶贫,热心社会公益,投身抢险救灾,带动社会就业,用铁建人的真情助力社会和谐发展。2017年,派出21名定点扶贫干部;直接资金投入1733万元,物资折款1678万元;实施帮扶项目80个,帮助引进项目16个、引入资金1247万元。

(撰稿人:杨启燕)

中国交通建设集团有限公司

【基本概况】 中国交通建设集团有限公司（以下简称"中交集团"）是国务院国资委监管的特大型综合建筑企业，在2017年《财富》杂志"世界500强"评选中位列第103位。中交集团主要从事交通基础设施的投资建设运营、装备制造、房地产及城市综合开发等，为客户提供投资融资、咨询规划、设计建造、管理运营一揽子解决方案和综合一体化服务，是中国第一家成功实现境外整体上市的特大型国有基建企业，业务足迹遍及全球140多个国家和地区，员工数量超过13万人。在国务院国资委2017年度中央企业经营业绩考核中，中交集团位居中央企业考核A级第20位，连续12年获评国资委经营业绩考核A级企业。中交集团在98家央企中总资产排第10位，总人数排第29位，总利润排第13位，人均利润排第12位。经过长期发展，中交集团已成为世界最大的港口设计及建设公司、世界最大的公路与桥梁设计建设公司、世界最大的疏浚公司、世界最大的集装箱起重机制造公司、世界最大的海上石油钻井平台设计公司；亚洲最大的国际工程承包公司、中国最大的设计公司、中国最大的高速公路投资商；拥有中国最大的民用船队。

【主要指标】 2017年，在世界经济稳步复苏、国内经济下行压力持续加大的大背景下，中交集团认真贯彻党中央、国务院决策部署，按照国务院国资委总体要求，抓机遇、破难题、出实招、求实效，取得良好的经营业绩。中交集团新签合同额11011亿元，完成营业收入5367亿元，实现利润总额274亿元，企业发展质效不断提高，在建设具有全球竞争力的世界一流企业道路上迈出坚实步伐。

2017年中国交通建设集团有限公司主要经济指标

项　目	2016年	2017年	比上年增长(%)
资产总额(亿元)	10199.00	11930.00	16.97
所有者权益(亿元)	2336.00	2658.00	13.81
营业收入(亿元)	4700.00	5367.00	14.20
利润总额(亿元)	241.00	274.00	14.08
净利润(亿元)	180.00	201.00	12.00
归属于母公司所有者的净利润(亿元)	95.00	104.00	9.79
技术开发投入(亿元)	93.00	98.00	5.57
利税总额(亿元)	263.00	258.00	-1.82
应交税金总额(亿元)	205.00	286.00	39.86
全员劳动生产率(万元/人·年)	45.00	52.00	13.79
净资产收益率(%)	8.02	8.06	增加0.04个百分点
总资产报酬率(%)	3.67	3.65	减少0.04个百分点
国有资本保值增值率(%)	109.70	115.54	增加5.84个百分点

【深化改革】 中交集团按照国务院国资委关于深化改革的总体部署，结合公司实际，深入推进各项改革工作并取得积极成效。

一是试点改革有序推进。以"一台六柱"试点改革方案为纲，完成振华重工股权重组，初步搭建装备制造专业子集团的总体框架；积极对接国家重大战略部署，大力整合内外部资源，组建中国城乡，打造"向城市进军"的一体化新平台；加快内部资源整合优化，积极推进中交疏浚分立上市；依托中国智宝，有序推进中交金控平台组建，全力开创产融结合新局面。

二是专项改革稳步开展。推进中国交建股权改革，启动A股可转换债发行；全面完成国资委下达的公司制改革任务；中交房地产在混合所有制、职业经理人选聘、市场化薪酬、项目跟投等方面进行改革尝试并取得实效。

三是供给侧结构性改革深入实施。组建中交养护集团，打造基础设施养护领域新平台；推动与中国民航局合作，整合资源，打造国内外机场的投资建设运营合作平台；港航疏浚、装备制造企业调整产品结构，产能压力得到一定释放；房地产企业抓住地产销售有利窗口期，大力去库存，取得显著成效。

四是"瘦身健体"圆满完成年度任务。大力"处僵治困"，4家"僵尸"特困企业提前脱困；推进"瘦身健体"，累计压减法人户数200户，压缩3个法人层级和2个管理层级，节约人工成本和管理费用近14.5亿元，在国资委专项考核中获得最高分；快速推进"三供一业"改革并取得积极成效，超过国资委下达的年度目标任务的17.4%。

【重大项目】 中交集团坚持以"五商中交"战略和"三者"市场定位为指引，积极抢抓发展机遇，全力加快市场开拓，持续提升项目管控水平，有力推动和保障一系列重大项目落地实施。国家重大战略工程远海项目圆满完成工程建设任务；世纪工程港珠澳大桥全线贯通；备受中肯两国高层关注的肯尼亚蒙内铁路提前两年半竣工并正式通车运营；公司在欧洲承揽的第一条铁路项目匈塞铁路项目塞尔维亚贝尔格莱德至旧帕佐瓦段工程正式动工；以世界首条高海拔高寒多年冻土区高速公路为代表的"中国路"正式通车；公司参建的全球最大的全自动化码头上海洋山港四期建成运营；我国自主研发制造的第一艘重型自航式绞吸挖泥船"天鲲号"登台亮相。公司与京津冀晋四省市共同组建永定河流域投资公司，开创流域综合治理新模式；中标香港第一个垃圾焚烧处理环保项目即香港综合废物处理设施第一期项目，合同额40亿美元，公司在生态环保产业领域取得重大突破。一系列重大项目的顺利推进和有序实施，为中交集团持续健康发展奠定坚实基础。

【科技创新】 中交集团持续强化科技创新驱动，深化科技管理体制机制创新，加强企业科技资源整合优化，围绕产学研用一体化持续完善科技创新链条。主要成效体现在4个方面。一是科创体系进一步完善。组建公司技术中心，加大对重大项目的技术支撑力度；成立疏浚技术装备、公路长大桥建设和海外研发3个研究中心，构建专业化科技支撑平台；成立专业化公司，致力于北斗、遥感、通信卫星等空间信息技术的产业化应用。二是科技创新更加贴近市场。在自动化码头、沉管隧道、大跨径桥梁、BIM等前沿科技和关键技术领域持续精进，有效支撑市场转型需要；推进"一带一路"建设支撑技术研究，启动40项相关重点研发项目。三是自主创新成果不断涌现。通过科创平台组织引领和重大工程实践支撑，进一步加强对前瞻性、前沿性和全局性重大关键技术的研发，在多个领域突破一批关键技术，形成一批重量级创新成果。2017年，中交集团获得国家科学技术进步奖1项（"深水板桩码头新结构关键技术研究与应用"），获得国家技术发明奖1项（"远海域定位导航与通信融合关键技术"），获得中国专利优秀奖9项，获得詹天佑奖6项，获得其他省部级科技进步奖167项。截至2017年底，拥有发明专利1375件，拥有工法260项。四是行业话语权进一步提升。主编或参编的42项标准颁布，其中国家标准11项，行业标准13项，企业标准8项。在国内率先提出水运、公路、长大桥、机场等基础设施领域BIM系列应用标准和指南，并主编水运基础设施BIM技术国际标准；主编的2项物资和船舶分类编码成为国家标准；2项挖泥船ISO标准通过国际标准组织审核，促进中国标准"走出去"。

【走向海外】 中交集团坚持"面向海外"，紧跟国家"走出去"战略部署，坚定有序推进国际化经营，已成为践行"走出去"战略和参与"一带一路"建设的排头兵和主力军。

一是海外业绩稳步攀升。2017年，中交集团海外板块新签合同额、营业收入、利润总额三项主要指标同比分别增长17%、12.5%、3.6%，对公司的贡献率分别为28.5%、23.6%和34.7%，海外整体贡献度29%。中交集团在海外市场的知名度和综合影响力持续攀高，跃居ENR全球最大工程承包商第三位，连续11年为亚洲最大国际工程承包商。中交集团海外市场份额占中资企业的14%，稳居第一位，国际化经营指数27.5。

二是海外布局持续完善。收购巴西排名第一的工程设计咨询公司，稳步进入阿富汗、尼泊尔、乌克兰、突尼斯等新市场；中交集团目前在115个国家和地区设立217个驻外机构，在148个国家和地区开展实质业务,拥有中国"走出去"企业最完善的海外营销网络。

三是高端营销成效显著。中交集团坚持"高端营销、营销高端",主动把握"一带一路"国际合作高峰论坛和金砖国家领导人会晤等重要外交活动和重要平台带来的机遇,千方百计拓展市场,由国家领导人见签的项目金额190亿美元。特别是在"一带一路"国际合作高峰论坛期间,4位公司领导作为受邀嘉宾出席开幕式,分别会见9国领导人,与参会代表开展22次高层对接;签署各类协议18项,涉及金额超过120亿美元。

四是积极建功"一带一路"。中交集团发挥自身独特优势,积极参与"一带一路"建设,2017年在"一带一路"相关国家和地区新签合同额170亿美元。自"一带一路"倡议提出以来,中交集团在"一带一路"沿线累计推进项目超过200个,与沿线相关国家和地区新签合同额585亿美元;推进园区项目10个,涉及投资项目总规模50亿美元。

【党建工作】 2017年,中交集团党委按照国务院国资委"中央企业党建工作落实年"的总体要求,从严落实管党治党主体责任,全面推动党建工作重点任务有效落地。一是将学习贯彻党的十九大精神作为首要政治任务,通过党委中心组学习、党委书记讲党课、支部学习等多种方式,推动党的十九大精神在全体党员中入脑入心入行,自觉与以习近平同志为核心的党中央保持高度一致。二是严格落实两个"一以贯之"要求,将党建工作总体要求纳入公司章程,完善"双向进入、交叉任职"的领导体制,认真落实重大事项党委会研究前置要求,促进党组织与公司法人治理结构有机融合。三是持续夯实党建工作基础,制定党建工作责任制实施办法,建立党委常委党建工作联系点机制,推动党组织书记抓党建述职评议工作常态化,推进"两学一做"学习教育常态化制度化;规范基层党组织"三会一课"等基本制度,探索建立党建管理信息系统。四是全面落实从严治党主体责任和监督责任,坚决执行中央八项规定精神,巡视利剑作用得到较好发挥,"不敢腐、不能腐、不想腐"体制机制建设深入推进。五是加强领导班子建设,召开领导班子建设年总结大会,研究制定干部队伍建设27条实施意见,构建从严选用管理干部的完整工作链条。六是发挥企业文化引导和激励作用,宣传中交特色文化,提升公司凝聚力和向心力;

保障职工权益,认真实施企业年金制度;组织丰富多彩的青年创先争优活动,激发广大青年干事创业热情,全面夯实高质量发展的软实力支撑。

【信息化建设】 中交集团坚持以"互联网+"提升管理效能、支撑转型升级,加快实施以"穿透工程"为引领的信息化建设,将"大云物移智"等先进信息技术与流程再造深度融合,"互联网+"在中交集团管理提升和转型升级中的支撑和引领作用进一步显现。一是加快流程化与标准化建设,集中梳理项目管理标准和流程,制定《总承包项目标准化管理手册(总册+分册)》,为直管项目标准化管理提供重要范本。二是推进重点信息系统建设,依托新疆乌尉高速和马东铁路项目信息化试点,协同集成统一共享的信息化平台取得阶段性成果;总承包项目管理系统、云电商平台、统一门户平台、智慧工地、人力资源系统、中交BI系统等上线运行或实质性投入使用,自有技术开发平台(WAF)研发持续推进,信息化与产业发展融合度进一步提高。三是持续优化信息化建设基础支撑,建立北京—厦门"互为备份、同时运行"的两地双数据中心架构,核心业务系统运行的连续性稳定性稳步提升;开展海外信息化专项建设,完成亚太(香港)网络汇聚中心优化提升以及欧洲(巴黎)网络汇聚中心建设投用,总部及子企业的重要业务系统推广至海外应用,全球"一张网"体系进一步完善。四是完善信息化管理制度体系,编制或修订《信息安全建设规划》《网络与信息安全管理体系》《信息系统安全开发规范》等一系列规章制度,大力推动公司网络与信息安全建设,积极开展"一会两训"网络安全培训活动,申报的"中国交建网络安全动态监防一体化建设方案"在"中央企业优秀网络安全综合解决方案征集比赛"中获得"十佳创新解决方案奖"。

【履行社会责任】 中交集团始终坚持将履行社会责任融入企业生产经营管理当中,努力创造价值,回报股东,成就员工,造福社会,实现企业与社会经济发展的协调统一。一是强化安全生产。始终将安全生产摆在首要位置,明确"零死亡、零事故"的长期目标。修订公司《安全生产"十三五"规划》,完善安全生产制度和标准体系建设,落实安全生产责任制,加大安全生产投入,设立规模为1亿元的安全生产专项资金,以BIM

技术、信息化手段为依托,持续开展安全生产信息化建设,提高安全生产监管效能,狠抓安全隐患治理,整改率100％。二是保障员工权益。坚持平等雇佣,完善薪酬福利制度,鼓励员工参与民主管理,切实保障员工权益;搭建专业化人才队伍体系,为员工提供科学化、系统化、差异化的教育培训;用心关爱员工,建立帮扶机制,持续提高员工对企业的认同感和归属感,保障员工全面发展。三是践行绿色发展。积极贯彻落实环境保护和节能减排要求,成立节能环保管理机构,启动绿色标准体系建设工作,常态化推进节能环保工作;在项目实施过程中严控环保指标,树立绿色企业形象。2家单位获得"交通运输节能减排先进单位"称号,4个项目获评中国交通企业管理协会"交通运输节能减排示范项目",1个项目获得首届中国节能环保创新应用大赛银奖,3个项目入选"2017年度全国建筑业绿色建造暨绿色施工示范工程"。四是投身污染防治。在海绵城市、黑臭水体治理、流域综合治理、土壤修复、固废处理等方面多点发力,成都锦江、沱江流域治理有力支撑中心城市建设,唐河治理成为雄安新区生态项目第一标,中新天津生态城污水库得到彻底整治,昆明海河河道治理成为全国首个销号的黑臭水体;中标香港综合废物处理项目,在固废处理方面迈出重要一步。五是深耕公益事业。关注社会弱势群体,坚持扶危济困和爱心助学,积极参与自然灾害救助,2017年对外捐助总额3207.37万元。六是致力精准扶贫。全力在打赢脱贫攻坚战中体现担当,继续在云南省怒江州及新疆维吾尔自治区英吉沙县等深度贫困地区开展定点扶贫,通过产业培育、教育帮扶等形式从根本上提高贫困地区的可持续发展能力,确保扶得起、稳得住、能发展、可致富。

(撰稿人:徐彦强)

中国普天信息产业集团有限公司

【基本概况】 中国普天信息产业集团有限公司(以下简称"中国普天")是以信息通信技术的研发、系统集成、产品制造、产业投资以及相关的商品贸易为主业的中央企业,业务覆盖信息通信与网络安全、智慧城市、低碳绿色能源、创新创业平台、工业自动化装备制造及金融信息化等领域。

历经百年发展,中国普天认真履行信息通信产业国家队的职责,从邮电工业起步,在不同历史阶段为国家通信事业和信息产业的发展壮大作出巨大贡献。近年来,中国普天以创新驱动,坚持技术创新、集成创新、商业模式创新和两个"三位一体"管理体系,持续拓展产业空间,全面提升产业可持续发展能力,不断推进企业由传统通信设备制造商向信息化整体解决方案提供商和综合运营服务商转型。

作为国家创新型高新技术骨干企业,中国普天净资产超过100亿元,拥有上市公司5家,员工20000人。公司在京津冀经济圈、长江三角洲、珠江三角洲以及中西部地区均建立重要的研发和产业基地,产品和服务遍及全球100多个国家和地区,Potevio品牌是国家重点支持出口的知名品牌之一。

【主要指标】 2017年,中国普天累计实现营业收入756.82亿元,利润总额6.04亿元。资产质量与负债水平均好于中央企业平均水平,国有资本保值增值率和经营增长状况均处于电子行业良好水平,公司经营质量、资产质量明显提升。

2017年中国普天信息产业集团有限公司主要经济指标

项　　目	2016年	2017年	比上年增长(％)
资产总额(亿元)	436.53	402.53	－7.79
所有者权益(亿元)	150.63	149.39	－0.82
营业收入(亿元)	748.37	756.82	1.13
利润总额(亿元)	4.28	6.04	41.12
净利润(亿元)	0.56	2.65	373.21
归属于母公司所有者的净利润(亿元)	0.40	0.86	115.00
技术开发投入(亿元)	42.90	35.43	－17.41

续表

项　目	2016年	2017年	比上年增长（%）
利税总额（亿元）	7.18	10.10	40.67
应交税金总额（亿元）	2.90	4.07	40.34
全员劳动生产率（万元/人·年）	15.49	21.50	38.80
净资产收益率（%）	0.41	0.85	增加0.44个百分点
总资产报酬率（%）	2.66	3.09	增加0.43个百分点
国有资本保值增值率（%）	100.84	100.05	减少0.79个百分点

【改革发展】 2017年，中国普天牢固树立和贯彻"五大发展理念"，落实"三去一降一补"五大任务，坚持"创新、集成、资本"指导原则，大力推进供给侧结构性改革，保持稳中有进、稳中提质、稳中向好的发展态势，全面完成2017年各项工作部署及整改决议，取得较好成绩。

1. 推进体制机制创新，深化企业改革发展。公司加紧推进全集团的公司制改制工作，集团完成改制并办理工商变更，集团及出资企业公司制改制工作全面完成。对总部职能部门进行调整改革，组建成立办公厅和党建人力部；积极探索混合所有制改革，批准普天技术核心管理人员、技术人员的超额激励方案；推进重大事项落实，完成轨交业务板块战略性重组等工作。

2. 深入开展"瘦身健体"，推进扭亏综合治理工作。公司扎实推进压减层级、减少法人户数工作，完成减少法人户数34家，减少从业人员1667人，超额完成年度指标任务。积极推进处置"僵尸企业"和开展特困企业专项治理工作，完成国资委规定的"僵尸"和特困企业人员安置任务。加快解决历史遗留问题，推进"三供一业"分离移交，签订供电分离移交协议2户、供水分离移交协议3户。

3. 完善人力资源管理体系，强化干部队伍建设。公司加强人力制度建设，制定发布《关于领导干部和特殊岗位人员等辞职事项的管理规定》《出资企业相关领导人员职务任免备案管理办法》等人力资源管理制度，加强对领导干部和重要岗位工作人员的管理，完善选人用人工作制度化、科学化、和规范化。同时，公司组织大范围的领导干部能力轮训，有效提高领导干部理想信念和履职能力。

【重大项目】 2017年，中国普天加大科技创新力度，推进产品结构调整，强化市场协同与资源共享，优化重点项目运作，不断拓宽业务领域、推动产业转型升级，各业务板块呈现集群式发展的良好态势，核心竞争力不断增强。

1. 通信网络与信息安全产业。

公司不断推进运营商市场大客户合作，保持稳定发展。中标中国移动4G网络五期工程无线网主设备集中采购；增加中国电信光缆集采项目供货100万芯千米。

在特种通信市场，完成2017年列装目录评审工作，两大类6款产品成功通过评审进入2017年列装目录；中标多地公安局的4G热点项目、定位系统项目、路测和取证类产品项目，并多次配合公安维稳工作；行业专网中标故宫博物院技术防范系统项目以及庆阳传媒技术集成项目；入围中央军委某部的计算机及网络设备集中采购项目。

在大数据市场，首次入围省级安全市场领域，中标湖南省、江苏省公安大数据项目；移动互联网商业WiFi在重庆、四川、宁夏的基础上扩展至云南、内蒙古等省、市、自治区，累计注册用户突破100万个。

普天特色智慧城市整体解决方案实施落地。智慧养老综合管理平台实现覆盖云南曲靖、海南三亚等多个城市、100多万名老年人；智慧政务领域中标青海省电子政务网、邓州网上办事流程系统、重庆涪陵区社会信息资源数据交换平台、天津市和平区人民政府信息化等项目；智慧交通领域中标北京市交管局系统维护项目、重庆永川综合交通运输管理平台项目等。

2. 新能源产业。

2017年，中国普天持续扩展新能源汽车充电设施网络，社会充电桩平均利用率比上年增长15%，专网充电桩平均利用率比上年增长23%。参与制定1项充电设施国际标准、11项国家标准、5项行业标准、1项团体标准、5项地方标准，行业地位进一步巩固。

杭州鸿雁LED照明产品中标重庆、杭州、温州等地地铁项目；空气能产品入选《节能产品政府采购清单》，中标北京朝阳"煤改电"项目，同时入围昌平区农村供暖煤改电工程；开发推出"全屋智能系统"解决方案，与多家地产公司达成合作。

3. 工业自动化与金融电子产业。

2017年，中国普天不断推进工业自动化解决方案落地。普天物流中标北京烟草物流中心就地技术升级改造项目，进一步巩固公司在国内烟草分拣领域的领头地位；军用市场实现突破，中标某部队的后方军需仓库设备项目和武警江苏边防总队输送系统项目；中标江苏、山西等多省市医院物流项目。中标北京地铁安保中心工程和北京市轨道交通视频监控升级改造项目；与北京地铁机场线签署国产化应用合同。

金融电子领域继续拓展市场。大额循环存取款机入围交通银行总行，并有力开拓农信社与城商行，入围青岛农行、浙江农行等；智能非现产品积极转型，入围包商银行、成都农商行等；智慧金融网点整体解决方案中标三峡银行、重庆银行等；通信卡、金融IC卡、社保卡销量同比增长。

4. 创新创业平台。

2017年6月，中国普天入选"国家大众创业万众创新示范基地"，9个双创示范项目通过国务院国资委、国家发改委的审核。仅北京2家双创园区集聚342家入驻企业，年纳税额6.65亿元，带动就业13500人，培育上市公司22家，高新企业140家。制定双创板块《中长期发展规划》，挖掘中国普天各企业现有资源条件，推进布局全国中心城市建设双创园区网络、建立双创园区—孵化器—创业投资的全产业链服务体系，使其成为中国普天的重要板块。

【走向海外】 2017年，中国普天推进落实国家"一带一路"建设及国际产能和装备制造合作。与古巴通信集团公司签署广电新贷款项目总合同，古巴数字集群项目、多层印刷电路板生产线项目已进入设备调试及开通阶段；智能卡生产巴西本地化项目顺利推进，金融机具签订合同7000台。中标挪威电信亚太网络建设设备项目，向5个"一带一路"亚洲国家推广普天通信产品与服务；中标商务部援东帝汶广播电视项目；与东帝汶、巴基斯坦瓜达尔港、尼泊尔武警、蒙古乌兰巴托铁路等签订企业网与信息安全项目合同。

【重大创新】 2017年，中国普天坚持科技创新，推进精益管理。新承担1项国家重大科技项目和7项省部级科技项目，2项国家重大科技项目和4项省部级科技项目通过验收；新增专利申请426件、专利授权329件、软件著作权78项。资金管理系统在全集团推广应用，覆盖154家企业，541个用户，企业资金动态信息纳入资金系统监控。

【党建工作】 2017年，中国普天深入学习宣传贯彻落实党的十九大精神，做到"四个集中"：集中收看、集中学习、集中研讨、集中部署。发挥各级党委领导作用和基层党组织的战斗堡垒作用，以"四个融合"为抓手，全面推进推动"两学一做"学习教育常态化制度化。推进党建进章程工作，总部将党的职责权限、机构设置等内容纳入集团章程，确保党组织在公司治理中的法定地位，集团及所属20家出资企业党委全部完成党建工作进章程。落实"党建工作责任制"要求，检查落实党建重点工作任务完成情况。扎实推进基层党组织建设，10家到期及应换未换党委全部完成基层党组织换届选举。配齐配强党组织领导班子和党务工作人员，陶雄强任集团党组副书记。

强化责任担当，推进落实"两个责任"。要求各出资企业以责任制为抓手，签订《党建工作责任书》，层层落实管党治党责任和党建工作责任制考核内容；强化党风廉政建设主体责任落实，逐级签订《党风廉政建设主体责任书》。坚持党组书记、纪检组长与下级企业党委书记、纪委书记经常性谈话制度，坚持经常化约谈警示、经常化培训提醒、经常化宣传教育工作机制，积极实践运用监督执纪"四种形态"。积极贯彻落实《国务院办公厅关于建立国有企业违规经营投资责任追究制度的意见》，制定发布《中国普天违规经营投资责任追究工作程序》和《中国普天违纪违规处理规定》；拟定《中国普天出资企业纪委书记、副书记提名考察办法（试行）》《中国普天出资企业纪委书记考核办法》，强化同级监督。

【履行社会责任】 2017年，中国普天积极推进社会责任体系建设，推动社会责任理念融入集团发展战略、企业管理和业务运营，不断提升社会责任管理水平，并通过社会责任培训等形式在员工中积极普及社会责任理念,提升社会责任意识和能力,营造负责任的文化。公司从"智慧、创新、绿色、伙伴、员工、社区"6个方面履行社会责任,在创新创业、精准扶贫、智慧养老、绿色发展等方面作出较好成绩。获得2017金蜜蜂企业社会责任·中国榜"金蜜蜂企业"称号。

(撰稿人:吕寅罡)

电信科学技术研究院有限公司

【基本概况】 2017年,电信科学技术研究院有限公司(即大唐电信科技产业集团,以下简称"研究院")认真贯彻落实党的十九大精神,面对国际国内经济发展复杂形势,积极直面问题和挑战,以调整产业结构和培育核心能力为抓手,更加注重质量和效益,发展脚步更趋稳健,发展基础更加扎实。在无线移动产业方面,深入参与5G标准化工作,把握5G标准化竞争主动权,成为3GPP大规模天线、车联网、非正交多址接入等关键技术的联合报告人,成为ITU 5G技术评估组组长单位。紧紧围绕5G特色关键技术加快基础专利和标准提案布局。截至2017年底,研究院拥有5G基础发明专利近千件,提交5G标准提案超过4000个。其中,近2000个提案已通过审核进入5G标准,在大规模天线、非正交多址接入、超密集组网等5G关键无线技术领域提案数量位居全球前列。在推进5G测试和试验网建设方面,以较好成绩完成工信部5G二阶段测试,各项关键技术和方案得到有效验证,成功承建中国移动5G北京(昌平)试验网,为进入2018年5G百站规模试验奠定基础。集团特通产业紧紧把握军民融合与军队改革机遇,积极应对外部环境变化,紧盯客户需求变化,重点业务延续稳健的发展态势。集成电路产业方面,结构调整和资源重组取得积极进展。行业信息化方面,推动研究院行业信息化业务从以"集成为主"向以"自研为主"的发展模式转型。党建方面,把学习宣传贯彻党的十九大精神作为首要政治任务,将学习贯彻十九大精神与"两学一做"学习教育常态化制度化紧密结合,制定深入学习宣传贯彻党的十九大精神的意见和实施方案,按照"学懂、弄通、做实"三个阶段明确任务,确保实现"五个全覆盖"。开展"攻坚克难强党建、提质增效我争先"主题活动,坚持党的一切工作到支部,加快推进"一支部一品牌"创建。

【主要指标】 2017年,研究院资产总额387.98亿元;营业收入191.67亿元,同比下降15.33%;净利润—28.13亿元,同比减少19.56亿元。

2017年电信科学技术研究院有限公司主要经济指标

项　目	2016年	2017年	比上年增长(%)
资产总额(亿元)	429.39	387.98	—9.64
所有者权益(亿元)	208.55	186.32	—10.66
营业收入(亿元)	226.38	191.67	—15.33
利润总额(亿元)	—6.99	—26.20	
净利润(亿元)	—8.57	—28.13	
归属于母公司所有者的净利润(亿元)	2.49	—10.83	—534.94
技术开发投入(亿元)	22.82	22.13	—3.02
利税总额(亿元)	4.59	—16.17	—452.29
应交税金总额(亿元)	10.74	8.90	—17.13
全员劳动生产率(万元/人·年)	12.52	4.96	—60.38
净资产收益率(%)	1.57	—6.86	减少8.43个百分点
总资产报酬率(%)	—0.41	—5.11	减少4.7个百分点
国有资本保值增值率(%)	105.55	94.44	减少11.11个百分点

【改革发展】 稳步推进公司制改制。根据国务院中央企业公司制改制工作实施方案和国资委通知要求,有序推进公司制改制。电信科学技术研究院于12月29日完成公司制改制,名称变更为电信科学技术研究院有限公司,经国资委党委批复同意,设立公司党委、纪委。此外,10家下属单位也完成工商变更

登记,完成公司制改制工作,为建立现代企业制度迈出关键一步。

不断完善管理制度体系。研究院着力加强基础性制度建设,通过修订《三重一大决策制度》《规章制度管理规定》《重要决策法律审核管理规定》等重要制度,为科学决策、依法治企提供制度保证。着力加强国有产权保护,制定《院主要负责人履行推进法治建设第一责任人职责规定》和《重要决策法律审核管理规定》等制度文件,依法治企工作得到有效加强。

持续优化考核激励体系。优化经营业绩考核组织机构和工作机制,强化增量管理意识,将监事会整改任务、管控短板、产业科研和人力效能等指标纳入考核体系,层层分解责任、传递压力。将企业经营业绩分类考核与经营层分类激励紧密结合,初步实现预算、考核、激励一体化管理。集聚资源强化重大攻关项目激励。实施5G标准化专项激励、5G产业化利剑团队奖励、局部薪酬特区等激励政策,有效保障5G核心研发队伍稳定和战略布局推进。

加强财务管控体系建设。加强预决算管理,形成交叉互审机制,突出预算执行。形成财务体系定期沟通交流、重大事项及时报告机制,扩大对二级单位财务负责人述职管理。落实国资委风险管控事项通报及财务工作会部署,打牢制度基础,抓好专业和管理两支队伍,严把财务审核、准则执行、财务监督三道关,持续加强防范风险的能力。

完善投资风险管控体系。严格落实"三重一大"决策制度,加强投资管控,制定并发布《股权投资管理办法》《境外投资管理办法》《国有产权交易管理办法》等制度,从重大项目立项、可行性研究、审批决策、投后管理、风险管理等方面全方位加强制度约束。

【重大项目】

1. 高举无线移动通信大旗,保持5G核心竞争能力。把握5G标准化竞争主动权。研究院深入参与5G标准化工作,成为3GPP大规模天线、车联网、非正交多址接入等关键技术的联合报告人,成为ITU 5G技术评估组组长单位。紧紧围绕5G特色关键技术加快基础专利和标准提案布局。截至2017年底,研究院拥有5G基础发明专利近千件,提交5G标准提案超过4000个,其中,近2000个提案已通过审核进入5G标准,在大规模天线、非正交多址接入、超密集组网等5G关键无线技术领域提案数量位居全球前列。同时研究院成功实施专利联营,成为国内少有实现知识产权收益的企业。

全力推进5G测试和试验网建设。以较好成绩完成工信部5G二阶段测试,各项关键技术和方案得到有效验证,在全部14项测试中,6项取得业内前二位,优势地位进一步巩固。成为业内首个支持2×100MHz带宽的测试厂家,相比其他厂家采用的方式,更符合5G新空口技术需要。积极响应国家频谱规划和验证,业内首家推出3.5G和4.9G全频段试验产品,实现混合组网;针对芯片和仪表等产业短板,推出首款国产5G信号分析仪,支持多家厂商产品验证;前瞻5G垂直应用,研究院在业界最早提出车联网LTE-V概念和技术体系,推动LTE-V2X在车联网领域的标准化,在业界首家推出基于自主芯片的车载模组商用产品,取得车联网知识产权、产品研发、示范区建设的全面领先。同时,积极参与运营商5G试验网建设,成功承建中国移动5G北京(昌平)试验网,为进入2018年5G百站规模试验奠定基础。

2. 坚持市场导向、主动作为,信息安全与特种通信产业保持稳健发展。2017年,主动适应客户单位处于改革调整期的新情况,积极应对外部环境变化,紧盯客户需求变化,重点业务延续稳健的发展态势,保持并巩固市场地位。

3. 坚定不移调结构,集成电路产业结构调整和资源重组取得积极进展。抢抓新一轮集成电路产业增长点,发挥技术和品牌优势,积极推进产业结构优化。在LTE-V芯片产业化上,获得重大专项支持;与长安汽车等建立战略合作,为LTE-V芯片产业化和抢占车联网产业机遇夯实基础。芯片细分领域稳中有进。无人机芯片出货,同比增长超50%;图传模块芯片应用于行业无线监控和图传市场,实现小批量出货。

【重大创新】 2017年,研究院高举无线移动通信大旗,保持5G核心竞争能力,把握5G标准化竞争主动权。一是深入参与5G标准化工作,成为3GPP大规模天线、车联网、非正交多址接入等关键技术的联合报告人,截至2017年底,研究院拥有5G基础发明专利近千件,在大规模天线、非正交多址接入、超密集组网等5G关键无线技术领域提案数量位居全球前列。二是全力推进5G测试和试验网建设,一方面,以较好成绩完成工信部5G二阶段测试,优势地位进一步巩固;另一方面,积极参与运营商5G试验网建设,成功承建中国移动5G北京(昌平)试验网,为进入2018年5G百站规模试验奠定基础。三是主设备市场份额略有提升,配套产品市场稳步拓展。截至2017年底,在中国移动LTE四期和五期集采中累计落地4万站,较前三期实现市场份额稳步提升。在配套产品方面位置模块市场占有率超过50%,成为铁塔的主力供应商。

2017年,研究院特通产业坚持市场导向、主动作为,积极应对外部环境变化,紧盯客户需求变化,重点业务延续稳健的发展态势,较好地完成阶段性任务,保持并巩固了市场地位,产业保持稳健发展。

2017年,研究院集成电路产业坚定不移调结构,产业结构调整和资源重组取得积极进展。在公网手机芯片领域,研究院剥离联芯科技手机公网SoC芯片设计相关资源,出资设立全资子公司——上海立可芯,并以此为平台寻求外部合作,力争有所突破。在LTE-V芯片产业化上,获得重大专项支持;芯片细分领域实现稳中有进。

2017年,研究院行业信息化产业聚焦优势行业,加快退出不具竞争力和发展前景的行业,聚焦培育自有产品,推动研究院行业信息化业务从以"集成为主"向以"自研为主"的发展模式转型。

【党建工作】

1. 学懂弄通新时代新思想,以党的十九大精神引领企业发展。把学习宣传贯彻党的十九大精神作为首要政治任务,将学习贯彻十九大精神与"两学一做"学习教育常态化制度化紧密结合,制定深入学习宣贯党的十九大精神的意见和实施方案,按照"学懂、弄通、做实"三个阶段明确任务,确保集中宣讲全覆盖,专题学习研讨全覆盖,各级领导干部讲党课全覆盖,集中培训轮训全覆盖,宣传贯彻广大职工全覆盖,即实现"五个全覆盖"。

2. 严学实做、推动发展,全面从严治党向纵深推进。构建党建制度体系,全面落实管党治党责任。坚决落实党建工作责任制,着力解决党建虚化、弱化、淡化、边缘化问题,构建"明责、履责、考责、问责"的党建责任制度体系,形成从严治党工作闭环,切实提升党建质量和实效。抓实基层组织建设,增强党建服务中心工作能力,开展"攻坚克难强党建、提质增效我争先"主题活动,坚持党的一切工作到支部,加快推进"一支部一品牌"创建。坚持党管干部原则,完善干部管理体系,坚持正确的选人用人导向,严把政治关、作风关、能力关、廉洁关,政治生态环境发生明显变化,逐步形成积极向上、干事创业、风清气正的组织氛围和文化氛围。全面从严治党,着力加强党内政治生活,强化党内监督,狠抓"第一责任人"和"一岗双责"责任落实。强化执纪问责,形成党风廉政建设和反腐败工作"大监督"格局。持续正风肃纪,驰而不息纠正"四风"。开展巡视巡察,发挥利剑作用。

【信息化建设】 密切协同创新方法,完成视频会议系统升级,实现重要部署会议"零"时差。完成财务收支系统升级优化,系统响应速度加快到3秒,实现12条流程的轻量化部署。完成人力资源系统功能扩充,适应各部门岗位人员调整,实现审批权限的动态匹配。深化档案管理系统应用,支撑档案管理数据化、信息化。提升网络安全保障水平,确保十九大期间网络安全。建立覆盖全院的网络信息安全通报机制,落实《网络安全法》要求,提高互联网出口的安全管控能力,完成集团邮件系统双机热备实施,提高了风险防范能力。

【履行社会责任】 主动适应经济发展新常态,加快推进"十三五"战略执行,各产业板块实现稳步发展,以实际行动探寻出一条健康的、持续性的企业履责之道,为促进我国社会经济发展作出积极贡献,实现"十三五"良好开局。

大唐电信集团立足核心产业,持续推动关键技术突破;对股东、投资者和客户负责,与合作伙伴协同发展;关爱员工,完善培训体系和人才体系建设,为员工提供上升通道;始终坚持绿色科技理念,大力推进节能减排,实现可持续发展;宣传贯彻"大唐电信精神",开展特色企业文化活动,提升员工幸福感和参与企业建设的热情;落实国家扶贫计划,向国家级贫困县派驻扶贫干部帮助发展经济;热心参与社会公益事业,在社会公益、扶贫助困、支持教育等方面积极行动奉献力量,做负责任的企业公民。

积极向社会展示高科技央企负责任的良好形象,连续第七年发布企业社会责任报告,获得各方好评。

(撰稿人:王 迪)

中国农业发展集团有限公司

【基本概况】 2017年是中国农业发展集团有限公司(以下简称"中国农发集团"或"集团")全面落实"十三五"规划的关键一年。在国资委的正确领导下,中国农发集团领导班子带领广大干部员工,深入学习党的十九大精神,以习近平新时代中国特色社会主义思想和"三农"思想为指导,贯彻落实党中央、国务院和国资委各项决策部署,以战略引领发展,以改革激发活力,以管控守住底线,全面加强党的建设,积极推进转型升级,突出创新驱动,持续深化改革,努力提质增效,加强风险防控,保持集团整体生产经营稳定增长,为实现"十三五"发展目标奠定良好的基础。

【主要指标】 2017年,中国农发集团实现营业收入267.81亿元,比上年增长4.33%;资产总额322.04亿元,比上年增长5.40%;实现利润总额8.08亿元;经济增加值突破2亿元,资产负债率55.48%,保持良好水平。全面完成国资委下达的经营业绩考核指标。

2017年中国农业发展集团有限公司主要经济指标

项 目	2016年	2017年	比上年增长(%)
资产总额(亿元)	305.53	322.04	5.40
所有者权益(亿元)	131.41	141.05	7.34
营业收入(亿元)	256.69	267.81	4.33
利润总额(亿元)	10.20	8.08	−20.78
净利润(亿元)	8.09	5.52	−31.77
归属于母公司所有者的净利润(亿元)	5.05	6.14	21.58

续表

项 目	2016年	2017年	比上年增长(%)
技术开发投入(亿元)	3.70	3.12	−15.68
利税总额(亿元)	12.62	11.71	−7.21
应交税金总额(亿元)	5.88	9.76	65.99
全员劳动生产率(万元/人·年)	15.06	13.86	−7.97
净资产收益率(%)	6.32	4.06	减少2.26个百分点
总资产报酬率(%)	4.78	3.84	减少0.94个百分点
国有资本保值增值率(%)	106.47	108.68	增加2.21个百分点

【改革发展】

1. 继续完善和加强董事会建设。进一步完善中国农发集团董事会相关制度,做好董事会及专门委员会的换届调整,加强对董事的考核评价工作,进一步理顺党委会、董事会、经营层关系,完善公司法人治理结构。集团董事会规范履职,按照年度工作计划到国内外企业一线对战略业务、投资并购项目等开展调研,全年审议议案50项,做出决议41项,议案通过率100%。稳步推进二级企业董事会建设,一批企业建立起外部董事占多数的董事会。进一步规范二级企业董事会运作,实行董事会年度工作报告制度。积极探索党管干部与落实董事会依法行使用人权相结合的途径,授权符合条件的二级企业董事会选聘总经理及经营班子成员。建立起对二级企业外派监事会制度,完善监督体系。

2. 进一步深化改革,激发广大员工干事创业的积极性。继2016年在选人用人、落实董事会职权等方面改革之后,2017年中国农发集团又在职业经理人制度改革、股权激励等方面取得突破性进展。中牧股份开展市场化选聘职业经理人试点工作。职业经理人的薪酬及任免与中牧股份"十三五"规划、行业对标指标挂钩,逐步跟市场接轨,建立起"市场化选聘、契约化管理、差异化薪酬、市场化退出"机制。试点充分调动经营人员积极性，使中牧股份在对外合作、改革创新、研发管理、市场开拓等方面都取得重大进展。这一举措探索出党管干部原则和董事会依法选择经营管理者相结合的有效途径，为集团今后进一步开展落实董事会职权和职业经理人市场化选聘工作提供可推广的有益经验。试行股票期权激励。中牧股份实施首期股票期权激励计划，采用授予股票期权的方式，对公司董事、高级管理人员、核心骨干人员实施激励，有利于调动上市公司高管、核心骨干员工的积极性，形成长期性的激励约束机制，促进中牧股份竞争能力持续提升。混合所有制改革在探索中前进。巨明公司抢抓市场，完成三年承诺业绩，积极开展对外合作，谋求转型升级，体制机制作用得到充分发挥。以巨明公司为代表的一批混合所有制企业的正常运营标志着集团混改取得阶段性成果。集团全面推进各级全民所有制企业公司制改革。纳入改制范围的29户企业已有27户企业完成，其中二级企业全部完成。

3. 并购重组，盘活资源，优化布局，推进集团主业转型升级。进一步推进集团战略性布局向优势产业、关键领域集聚，推动转型升级，增强竞争力，效果明显。

创新发展一批，推动转型升级。巨明公司在扩大农机具市场份额、推进产品升级换代的同时，与世界一流的拖拉机及核心零部件生产商意大利卡拉罗公司共同出资，开展大马力拖拉机的研发制造与销售，实现产品从农机具向动力机械的升级。农发种业尝试服务模式的转型，在山西地区建立农业综合服务门店18家，开展种肥药一体化经营。中牧公司在新西兰设厂建立优质奶源基地的同时，又出资控股婴幼儿奶粉品牌企业上海纽瑞滋公司，完成乳业全产业链布局。中水公司加快发展加工贸易业务，整合成立西亚区域中心，效益稳步提升；进一步拓展渔业服务、海上供油和冷藏运输业务取得较好成效。山丹马场扩大规模经营，逐步扩大企业种植经营田面积，2017年扩大到5万亩，明确指标任务，实行"五统一"的经营管理模式：统一作物布局，统一农资供应，统一技术措施，统一机械调配，统一产品销售。同时，示范推广应用先进科技成果，每亩增收100元。加强品牌和渠道建设。集团确定中牧公司、中水公司、中水渔业、舟渔公司、中垦公司5家企业作为食用农产品品牌创建单位，编制三年品牌建设发展规划，从重点企业、重点产品入手，推动集团企业终端产品系列化、商标化。突出"中国农发"企业品牌，统一二级企业标志标识使用，参加多种品牌评价与推介活动，集团建立精品展销厅，推广自有高端、优质、安全农产品，收到良好效果。

重组整合一批，继续推进远洋渔业重组。中水公司超低温金枪鱼钓船项目注入中水渔业，金枪鱼捕捞总船数59艘，成为国内最有影响力的金枪鱼延绳钓捕捞船队。集团改革资本金投入方式，引导鱿钓资源重组整合，出资支持集团鱿钓资源整合组建全国最大的鱿钓专业公司，进一步优化资源配置，提高市场话语权。

清理退出一批，努力盘活自有土地资源。加强土地资源基础管理，动态监控土地资源变化，保证土地开发利用规范有序。发挥农发置业开发平台作用，适应国家和北京市地方有关政策变化，引进战略合作者，加快开发中垦双桥土地项目。中牧天竺项目已竣工验收并交付使用。爱地公司完成鸵鸟公司股权挂牌转让，盘活资产，取得收益超出预期。中牧公司南京项目、舟渔公司老厂区土地盘活及危改项目、牡丹江马场棚改项目、中水烟渔公司土地转让项目等继续推进；华农湛渔公司"三旧"改造项目后续工作、农发置业韶关项目去库存工作取得进展，回笼资金成效明显。

4. 提质增效各项措施取得效果，运营质量持续提升。2017年，中国农发集团积极贯彻落实国资委"瘦身健体"、提质增效工作部署，成立领导小组，制定实施方案，明确职责任务，逐层分解落实，运营质量不断提升。积极推进"压减"工作，将"压减"工作纳入对二级企业年度考核指标，层层落实责任，取得明显成效。进一步明确集团处置特困企业及"僵尸企业"的目标任务和时间表，与有关企业签订处置目标责任书，跟踪协调督促，取得阶段性成效。加快剥离企业办社会职能，推进"三供一业"分离移交、棚户区改造、场（厂）办大集体改革，取得实质性进展。

【走向海外】 中水公司在欧、亚、美、国内各区域市场同时发力,取得积极成效,2017年增资葡萄牙马弗瑞斯克公司,进一步提升公司在欧洲水产市场的占有率和影响力;成功收购毛塔9家渔业公司,进一步扩大渔业资源掌控能力;积极推进阿曼、也门、缅甸加工贸易项目的整合升级;借助委内瑞拉项目销售渠道,尝试和探索美洲区加工贸易业务。中水渔业加快南太渔业基地建设进程,为掌控南太金枪鱼资源奠定坚实基础。畜牧业板块进军新西兰打造乳业全产业链,进展顺利。种植业板块,继续推进柬埔寨稻米综合产业项目建设,探索"公司+农户"的合作模式,同时加大力度实施海外农业特色种植规模,打造坦桑尼亚剑麻种植加工基地。在国际贸易方面,乡企公司相继开发塞内加尔、毛里塔尼亚、南非以及厄瓜多尔等地的鲜活海产品,进口羊毛及羊毛条,非洲、南美、大洋洲木材和大量的香蕉、芝麻、农作物种子、干鲜果品、葡萄酒等农副产品,极大丰富国内市场,满足消费需求,促进行业经济发展。充分利用援外出口资质,稳步扩大援外出口业务及招标业务,并以此为基础,针对国家专项进口政策的调整,努力开发新的贸易国家与领域,开发新经营品种,扩大市场,取得良好的经济效益,人均创利百万元以上。

【重大创新】

1. 加大科技创新力度,提升核心竞争能力。为进一步加大科技创新工作的力度,适应内涵发展需要,中国农发集团成立科技委,下设5个专家组,建立内外专家相结合的专家库,制定议事规则、专家库专家管理办法、重大研发项目管理办法等制度,确定集团2017年重大研发项目清单,实行"绿色通道"管理,并予以资金支持。集团全年科技投入3.92亿元,比上年增长14%,接近我国农林牧渔大型企业优秀水平。中牧股份市场化高端疫苗生产工艺取得突破,与行业内研发水平领先的企业合作,丰富产品线,提升研发水平,猪口蹄疫O型病毒3A3B表位缺失灭活疫苗获得国家一类新兽药证书;农发种业一批新品种、巨明公司拖拉机、花生收获机、淄柴新能源机械等技术开发取得进展,产品市场表现抢眼。集团全年获得授权专利68件,受理专利84件,获得新兽药证书7项、植物新品种权证书4项、省部级以上科技奖励3项、省级以上研发平台3个,比2016年有较大提升。

2. 加强投资并购管理,控制化解风险。2017年,中国农发集团狠抓投资管理制度的落实与"回头看",从严审核投资与并购项目材料,严控非主业投资与并购,严控超过企业自身实力的投资与并购,严控资金方案不落实的投资与并购,严控效益核算不实的投资与并购,要求并购项目企业的管理人员要全程参与审计、评估、尽调和资产接收,派驻的高管人员必须先于资金到位。修订完善投资管理制度,制定境内外投资项目负面清单,关口前移介入投资项目,开展并完成一批项目后评价工作。中水渔业、农发种业、爱地公司积极化解以往并购项目风险,取得较大进展。

3. 加强全面风险管理,提升管理短板。编制年度全面风险管理报告,识别、评估中国农发集团2017年重大风险,制定相应管理策略和解决方案。加强月度风险分析跟踪,针对合规经营、融资性贸易问题发出提示,督促整改。加强法律风险防范,做好重大生产经营活动的法律审核,促进合规经营,梳理集团报批事项及负面清单,跟踪分析重大诉讼案件,化解一批诉讼风险。认真落实国资委决算审计、经济责任审计、监事会检查、国资委督查组专项督查等指出问题的整改工作,制定整改方案,落实责任,加大监督检查,制定、修订集团规章制度17项。

4. 强化资金管理,提升资金价值,保障资金安全。集团以资金集中为抓手,以降杠杆防风险为重点,以提高基础工作为保障,不断推进资金价值水平上升。一是制定"活期资金定额",作为资金监控和考核指标,减少活期资金存量,增加资金机会收益。二是实行"闲置资金审批制",长期闲置资金一律要求上存集团,不得自行存放。三是加强日常资金使用监督,严格资金支出审核,提高资金使用效率。上存资金企业户数由9家增加至13家,上存资金总量由16亿元增加至31亿元,资金集中度由41.3%提升至57.58%,节省大量利息支出,压缩活期资金占比。

5. 突出价值管理,提升运营质量。"十三五"期间,中国农发集团提出价值管理,突出强化对标管理,强调投资回报,更加注重发展质量。按照"产业结构趋同、管理水平先进、经营业绩优良"的原则,全面梳理扩充对标企业清单,系统梳理对标管理指标,以经营业绩对标为主，以管理要素对标为辅，将净资产收益率、市场占有率、行业位次、行业发展水平、竞争对手情况等作为重点关注内容，对企业的市场表现进行动态监控。要求企业保持净资产收益率水平不低于行业变动水平及在对标企业中的位次，并将此作为各企业制定规划和预算的重要依据。

【党建工作】 2017年，中国农发集团党委及各级党组织深入学习贯彻党的十九大精神和习近平新时代中国特色社会主义思想，进一步贯彻落实全国国企党建工作会议精神和中央、国资委党委各项工作部署，落实党建工作责任制，全面从严加强集团党的建设，开创党建工作新局面，党组织的领导作用进一步发挥，凝聚力、战斗力进一步增强。

一是进一步落实党建责任。集团各级党组织从讲政治的高度，全面贯彻落实《中央企业党建工作责任制实施办法》，党组织书记履行第一责任，对企业党建工作负总责，专职副书记履行直接责任，突出主责，班子其他成员履行"一岗双责"。集团党委制定贯彻落实《中央企业党建工作责任制实施办法》的具体方案，与二级企业签订党建工作目标责任书，提出2017年度集团党建工作目标，层层传递和落实党建工作责任。坚持"述评考用"相结合，把党建考核纳入领导班子和领导人员综合考评，把党建考核结果作为领导人员选拔任用的重要依据。

二是不断加强党的政治建设和思想建设。严格遵守政治纪律和政治规矩，进一步增强"四个意识"，特别是核心意识、看齐意识，更加自觉地在思想上、政治上、行动上同以习近平同志为核心的党中央保持高度一致。集团党委和各级党组织把学习宣传贯彻党的十九大精神作为首要政治任务，通过多种形式学习贯彻，按照"五个到位""五个全覆盖"要求，掀起学习十九大精神的高潮。结合实际开展多种形式"两学一做"学习教育活动，建立长效机制。落实党委中心组学习制度，用习近平新时代中国特色社会主义思想武装头脑。落实意识形态责任制。坚决贯彻落实党中央重大决策部署，在创新驱动、"一带一路"项目建设、京津冀协同发展、供给侧结构性改革、全面深化改革和精准扶贫等方面取得成效。

三是加强党的组织建设。集团党委一以贯之加强各级党的组织建设，坚决贯彻落实全国国有企业党建工作会精神和习近平总书记重要讲话精神，按照中组部、国资委党委的要求，结合集团实际制定贯彻落实全国国企党建工作会精神的27项重点任务并督促落实。推进党建工作总体要求进章程，二级企业全面完成。全面推行党委书记和董事长"一肩挑"。完善党委会前置研究重大经营管理事项制度。进一步加强党的基层组织建设，按照"四同步、四对接"要求，14家二级企业实现党建与人事管理一个部门抓或一个领导管，配备党务干部达到或超过同级部门平均编制数，实现境内外所属机构党组织建设全覆盖。在完成集团两委换届的同时，推进10家二级企业党组织完成换届工作。

四是不断加强干部队伍建设。集团党委坚持正确用人导向，适应现代企业制度要求和集团发展战略需要，创新选人用人方式，扩大选人用人视野，坚持重操守、重能力、重经历、重业绩标准，通过推行竞聘制、任期制，落实董事会职权试点、职业经理人制度等改革措施，激发干部队伍积极性和活力。加强对企业领导班子及成员年度考核，完善考核评价制度，将党建内容纳入领导班子综合考核评价。对考核排名靠后的二级企业班子成员特别是主要负责人进行提醒或诫勉谈话，对不团结的领导班子和工作不在状态、不讲纪律规矩、不胜任、不适宜的领导人员予以调整，对力量比较薄弱的班子及时充实。从严管理监督干部，成立集团第二监事会，"五位一体"监督体系进一步完善。

五是坚决抓好党风廉政建设和反腐败工作。集团党委坚决落实党风廉政建设党委主体责任和纪委监督责任，层层签订责任书，制定完善党风廉政建设制度，持之以恒贯彻落实中央八项规定精神和集团十三条措施，实现治理节庆期间"四风"问题常态化，广大职工群众对贯彻落实中央八项规定精神和集团十三条措施"满意"和"基本满意"的达到99%。加强对各级党组织及班子成员落实主体责任、执行民主集中制和"三重一大"制度、廉洁自律等情况的监督；开展对"关键少数"、重点领域和重要环节的监督，制定纪委会议事规则、规范谈话工作的规定、建立容错纠错机制的实施办法和员工回避规定等制度；加强对境外企业党建、党风廉政建设和反腐败情况的监督,开展"一带一路"腐败风险国别研究,江金权、刘强分别到集团调研指导,对集团海外党建及国有资产监管工作予以肯定,集团海外项目党建课题及腐败风险国别研究得到国资委表彰;开展二级企业纪委书记述职,加强对基层企业抓反腐倡廉工作的监督检查与考核评价;加强上级巡视整改和内部巡视,继续保持反腐败的高压态势。针对国资委巡视组于 2015 年反馈的 26 个具体问题,集团党委制定 68 项整改措施,67 项已整改完成并将继续巩固深化;开展对二级企业的巡视,2017 年巡视 9 家企业,发现问题 177 个,提出巡视整改意见和建议 185 条,被巡视企业制定整改措施 261 条。集团纪委受理信访举报 59 件,构成问题线索 42 件,立案 1 件,都予以及时处理。坚持挺纪在前,抓早抓小抓预防,运用第一种形态处置 40 人次,第三种形态处置 1 人次,第四种形态处置 1 人次。

【履行社会责任】 作为中央农业企业,中国农发集团以服务"三农"为宗旨,发挥行业排头兵和主力军作用,努力促进远洋渔业转型升级,维护国家海洋权益,服从和服务国家外交大局;提升研发水平,生产高品质疫苗和药物,在动物疫病防控和公共卫生安全保障方面发挥重要作用;加速培育和发展现代种业、农机制造业等,保障我国粮食安全、服务"三农"能力和水平进一步提升。在"走出去"发展过程中,遵守所在国法律,尊重当地文化和风俗习惯,促进当地就业和经济社会发展,受到广泛赞誉。作为中国农业产业化龙头企业协会会长单位,在促进龙头企业发展和农业产业化方面发挥积极作用。集团认真贯彻国家安监总局、国资委等部门关于安全生产、节能减排、环境保护的工作部署和要求,保持安全生产总体形势稳定,全面完成节能减排工作目标。

中国农发集团积极参与慈善救助、扶贫济困等社会公益事业。远洋渔业企业在开展海上作业期间,曾多次在毛里求斯、几内亚比绍、塞拉利昂、塞内加尔和所罗门群岛等国家及海域积极参与海上救助和国际援助,彰显中央企业的责任和担当,也为我国远洋渔业赢得良好的声誉。中国农发集团积极参加国家扶贫工程建设工作,响应号召投资国资委系统扶贫基金 1100 万元;落实对定点扶贫县安徽萧县的精准扶贫工作,研究制定扶贫方案,创新扶贫方式,派驻 2 名扶贫干部全方位对接帮扶。2017 年,集团投入扶贫资金 89.8 万元,对带动贫困人口脱贫、改善当地基础设施发挥积极作用。

中国农发集团主动履行央企社会责任,严格遵守国家税法依法纳税,安排复转军人就业岗位,落实残疾人就业基金,努力在实现国有资本保值增值任务目标的前提下,为社会作出更大贡献。

(撰稿人:李 尧)

中国中丝集团有限公司

【基本概况】 2017 年,中国中丝集团有限公司(以下简称"中丝集团")在国务院国资委的正确领导下,全面贯彻落实党的十九大精神,以习近平新时代中国特色社会主义思想为指导,认真落实党中央和国资委的各项决策部署,团结拼搏,固本强基,改革创新;在梳理中丝集团发展历程、总结财务及经营现状的基础上,扭转考核导向,加快低效无效资产(公司)处置和应收款项的清收工作,夯实经营基础,通过一系列的改革发展举措,保持干部员工队伍和经营工作的稳定。

【主要指标】 2017 年,中丝集团资产总额 30.51 亿元,比上年下降 40.02%。其中,流动资产占比 44.97%,比上年下降 54.07%;非流动资产占比 55.03%,比上年下降 20.03%。中丝集团资产总额中货币资金、预付账款、存货三项资产合计 10.41 亿元,占资产总额 34.11%。中丝集团负债 41.41 亿元,比年初下降 19.45%,账面资产负债率 157.02%,主要是短期借款增加 1.24 亿元,应付票据减少 2.43 亿元,应付账款减少 3.86 亿元,预收账款减少 7.10 亿元,其他应付款减少 0.55 亿元。公司所有者权益 -10.9 亿元,其中归属于母公司所有者权益 -11.65 亿元。实现营业收入 76.85 亿元,比上年降低 14.19%。实现利润总额 -10.25 亿元,比上年减少 9.19 亿元;总资产报酬率 -21.32%,比上年减少 25.98 个百分点。

2017年中国中丝集团有限公司主要经济指标

项　目	2016年	2017年	比上年增长（%）
资产总额（亿元）	50.87	30.51	-40.02
所有者权益（亿元）	-0.55	-10.90	
营业收入（亿元）	89.56	76.85	-14.19
利润总额（亿元）	-1.06	-10.25	
净利润（亿元）	-1.47	-10.33	
归属于母公司所有者的净利润（亿元）	-1.49	-10.33	
应交税金总额（亿元）	1.97	0.66	-66.50
总资产报酬率（%）	4.66	-21.32	减少25.98个百分点

【改革发展】 企业改制方面。2017年，集团本级公司制改制于11月20日正式获批，并于12月13日取得北京市工商局核准，正式更名为中国中丝集团有限公司，建立董事会、监事会、经营层职责明确的公司治理结构。子企业公司制改制稳步推进，集团全民所有制子企业中，服装公司、上海仓储运输公司等2家实行公司制改制，均按照国有一人有限责任公司的要求设立执行董事和监事，落实党建工作要求进章程，充分体现党组织在公司治理、决策中的领导地位。

丝绸主业方面。不断完善"抓两头、带中间"商业模式，在高端原料、成品两端推动供给侧改革，大力推进丝绸高端原料基地项目，加快攀枝花和普洱两个高端原料基地的建设步伐，成立中丝集团普洱丝绸有限公司，基地建设初见成效。在丝绸成品经营领域，加强创意设计、技术研发，提供更有品位、更为精美、更高质量的产品，提升自主丝绸品牌的竞争力。中丝集团的丝绸旅游产品成功进入故宫博物院销售，成为畅销旅游商品。

商贸业务方面。不断优化产品结构，逐步从产能过剩、附加值低、风险高的领域逐步退出，转向潜力大、盈利能力强、风险可控的领域，以成为产业组织服务商、供应链综合服务商、商产融结合服务商为追求，实现商贸业务的商业模式创新。

【重大项目】 2017年，中丝集团完成固定资产与股权投资10418万元，均为境内投资，且全部集中于主业领域。

固定资产投资4113万元，所投的续建项目和新开工项目均为计划内项目。续建项目为中丝辽化公司锦州罐区工程，2017年完成投资3705万元，并由天职国际会计师事务所出具竣工决算审计报告。新开工项目包括中丝辽化公司营口罐区2016年技改工程、新材料公司厨房卷筒纸技改工程等，2017年分别完成投资267万元、120万元，上述工程均已完工。

股权投资6305万元，包括计划内股权投资2项，计划外股权投资1项。计划内股权投资分别为中丝联盟（北京）商务有限公司增资和高端丝绸原料领域在云南成立控股经营公司，2017年分别完成投资6000万元和255万元，占2017年股权投资总额95.16%和4.05%。计划外股权投资系计划内"高端丝绸原料领域在云南成立控股经营公司"的全资子公司，该项目投资额50万元，占当年股权投资总额的0.79%。

【重大创新】 2017年，中丝集团探索在丝绸业务和化工物流等方面以创新模式加快发展。

丝绸业务方面。探索搭建丝绸制品"互联网＋"平台，实现电子商务等核心功能，并借此提供更多的增值服务，推动行业资源整合和产业升级。

化工物流方面。探索从传统的第三方物流企业向第四方物流延伸，一是通过与物联网、大数据的有机结合，增强化工物流领域的运行效率、压降物流成本、提升国内化工产业竞争力；二是实现对危化品物流环节的实时监控，提高危化品安全管理水平。

【党建工作】 2017年，中丝集团党委深入贯彻落实党的十九大精神和习近平总书记在全国国有企业党建工作会议上的重要讲话精神，推进"两学一做"学习教育常态化制度化，牢固树立"四个意识"，以思想建设、组织建设、制度建设和党风廉政建设为抓手，带领全体党员干部职工勤力同心，奋力前行，勇开新局，为中丝集团保持健康稳定发展提供坚强的政治保证。

一是把学习党的十九大精神作为首要政治任务，举办学习宣传贯彻党的十九大精神专题培训班暨2017年度基层党组织书记轮训班，由集团党委书记张振高做专题党课辅导；邀请国资委党建局熊洁副局长和北京市委党校专家解读十九大报告精神；开展重温入党誓词活动,把广大党员干部职工的思想统一到党中央和国资委党委的决策部署上来。

二是着力加强党委中心组学习,先后组织传达学习习近平总书记系列重要讲话精神、中央企业党建工作责任制实施办法座谈会会议精神、中央经济工作会议、全国安全生产电视电话会议和中央企业、地方国资委负责人会议精神,2017年两会政府工作报告等,注重将党中央、国资委党委的重要指示和工作要求落实到方方面面。

三是着力加强组织建设。集团领导班子成员认真开展年度党员领导干部民主生活会,围绕"两学一做"学习教育要求,进行深刻的党性分析和批评与自我批评。各党支部组织开展专题组织生活会和民主评议党员工作,对照党员"四个意识"和存在的问题,深刻开展批评和自我批评,进一步巩固"四个意识",加强党组织的凝聚力和战斗力。

四是将全面从严治党引向深入。积极整合相关廉政教育资源,采取集中召开专题廉政会议、编撰下发《警示案例汇编》、开展以"增强'四个意识',严守纪律规矩"为主题的"警示宣传月"活动等方式,进一步提高全体党员干部对党章党纪重要性的认识,不断增强党员干部、普通职工依法从业、合规从业、廉洁从业的意识。

五是着力做好群团工作。先后4次召开职工代表会,选举兼职监事、职工董事和职工监事,审议通过中丝集团制定的7项管理制度、《中丝集团公司制改制方案》及职工安置方案。中丝集团团委团结广大团员青年,围绕中心,锐意进取,求实创新,涌现出一批先进集体,中丝集团所属营口港储公司生产部被团中央授予"全国青年文明号"称号,大连公司物流部被中央企业团工委授予"青年文明号"称号。

【履行社会责任】 中丝集团积极履行社会责任,结合桑蚕主业投资项目,实施产业扶贫、精准扶贫。2017年,在云南省普洱市注册成立中丝集团普洱丝绸有限公司(以下简称"中丝普洱公司"),全面接管深度贫困地区普洱市的蚕桑生产和经营体系,大力扶持数百个贫困村发展蚕桑产业。经过近一年的努力,有效带动普洱市55个乡镇的198个村民小组、9294户养殖户栽桑养蚕。2017年,中丝普洱公司现款收购,支付茧农茧款1.06亿元,激发当地贫困群众脱贫致富奔小康的内生动力,加快推动当地脱贫攻坚和全面小康进程,取得较好的经济效益和社会效益。

(撰稿人:李志强)

中国林业集团有限公司

【基本概况】 2017年,中国林业集团有限公司(以下简称"中林集团")在国资委的正确领导下,全面贯彻落实党的十九大精神和中央企业、地方国资委负责人会议精神,以"资源整合年"为主题,坚持改革发展提档升级,持续强化战略指引,不断优化经营结构,着力加强集团管控,健全内控监督机制,集团公司的经营规模和经济效益显著提升。

【主要指标】 2017年,中林集团实现营业收入938.09亿元,实现利润总额4.90亿元,净利润3.47亿元。截至2017年底,资产总额801.22亿元,所有者权益总额284.91亿元。在收入和利润大幅增加的同时,资产负债率控制在64.44%,完成国资委要求的资产负债率控制目标,国有资本保值能力进一步增强。

2017年中国林业集团有限公司主要经济指标

项 目	2016年	2017年	比上年增长(%)
资产总额(亿元)	504.87	801.22	58.70
所有者权益(亿元)	139.13	284.91	104.78
营业收入(亿元)	698.45	938.09	34.31
利润总额(亿元)	3.44	4.90	42.44
净利润(亿元)	2.87	3.47	20.91
归属母公司所有者的净利润(亿元)	1.71	0.99	-42.11
利税总额(亿元)	6.43	9.05	40.75
应交税金总额(亿元)	4.25	4.55	7.06
净资产收益率(%)	2.59	1.64	减少0.95个百分点

续表

项 目	2016年	2017年	比上年增长(%)
总资产报酬率(%)	3.4	3.36	减少0.04个百分点
国有资本保值增值率(%)	105.24	96.58	减少8.66个百分点

【改革发展】 建立现代企业制度。建立集团公司董事会，健全议事规则，明确权责边界。积极推进公司制改制，规范公司治理结构和董监高职权，集团层面和所属17户子企业全部由全民所有制企业改制为有限公司。建立全面预算信息管理系统。充分发挥全面预算管理的资源配置和优化功能，加强预算执行监管，持续开展"降杠杆、控两金"行动，采取有效措施，对"两金"、资产负债率、经营性现金流等实施动态监控，集团资产负债率降到64.8%。建立差异化业绩考核和选人用人体系，充分发挥考核的指挥棒作用，调整分类考核指标，强化业绩考核动态管理，有效提升考核的激励约束作用。深化三项制度改革，大力推行市场化选人用人，与智联招聘建立长期合作机制，出台一系列指导性、规范性文件，管理人员能上能下、员工能进能出、收入能增能减的机制逐步完善。建立企业风险防控体系。强化以风险为导向的内控体系建设，落实重大风险管理策略和解决方案，组织风险评估，推进内控评价。制定法治中林建设实施方案，加强法律顾问队伍建设，把法律风险管控体系嵌入经营管理的各个环节和立项投资的各个流程，建立法律风险提示和客户资信管理制度。

【重大项目】 中林集团按照"资源向主业集中，贸易向实业转型"的发展思路，优化资源配置，培育核心优势业务，做强做大"三大产业链"。按照"沿边、沿江、沿海"的发展思路，积极推进港口、口岸、园区等综合性服务平台建设。并购内蒙古金渡国际投资有限公司，组建国林汇泰投资平台，战略重组江苏熔盛重工取得新的进展。绥芬河国林木业城四期项目顺利推进，形成五大业务板块的运营模式，成为有效利用境外资源、扶持中小企业发展、促进转型升级的示范项目，园区入驻企业60多家。江苏镇江生态产业城木材粗加工一期项目投入运营，木业先进制造区开工建设，黑龙江穆棱、河北曹妃甸、山东潍坊等产业园区项目取得实质性进展，集团"境内外森林资源基地＋市场销售网络＋港口物流＋产业园区"的木材产业链经营模式已经打造形成。全力打造森林生态旅游特色品牌，湖北富水湖、宁波商量岗景区综合开发、黑龙江林口等项目顺利开展。

【走向海外】 中林集团积极"走出去"开发境外森林资源，俄罗斯、北美、东南亚进口材种和数量逐年提升，进口木材2100多万立方米，占全国木材进口量的20%，成为全球最大的木材经营商。参股香港林业上市公司、在新加坡设立公司和对香港公司增资，为布局全球林业资源、收购和开发境外优质林业资产搭建资本市场平台。

【重大创新】 贯彻落实"绿水青山就是金山银山"发展理念，依托千岛湖资源禀赋和品牌优势，开展生态旅游和保水渔业，千岛湖发展集团获评"最具影响力水产品企业品牌"，获得"浙江省卓越经营奖"。坚持创新发展战略，积极探索国有经济布局和结构调整方式，推进混合所有制改革，最大限度激发企业活力和放大国有资本功能。设立或重组多种经济成分企业14家，引入民营和其他社会资本15亿元。探索多元化融资模式，开展银行新型融资，拓展权益性资金来源，企业主体信用等级上调，资本市场认可度大幅提升。

【党建工作】 中林集团党委积极发挥"把方向、管大局、保落实"的作用，深入学习习近平新时代中国特色社会主义思想，积极宣传贯彻党的十九大精神，统一思想、凝聚力量、引领发展。准确领会把握十九大精神的思想精髓、核心要义，做到学深悟透，以中心组学习为牵引，深入抓好学习培训，以广大党员干部为重点，集中开展十九大精神宣讲和主题实践活动。全面落实党建工作责任制，持续推进基层党支部工作规范化建设，规范党内政治生活，把党组织内嵌到公司治理结构之中，明确党组织在公司治理结构中的法定地位。扎实推进党风廉政建设和反腐败工作，驰而不息落实中央八项规定精神，加强廉洁教育，制定廉洁风险防控手册，强化长效机制建设。推动巡视工作向基层延伸，深入开展内部巡视巡察。加大正面宣传和主动引导力度，对外弘扬文化、展示风采、提升形象，从不同层面、不同角度宣传企业发展战略、改革创新以及模范人物、典型事迹，开展讲好中林故事活动，传递中林声音，凝聚企业发展的精神力量。

【履行社会责任】 中林集团认真贯彻落实中央关于扶贫工作的有关要求，选派优秀扶贫干部，统筹区域协调发展，以科学的扶贫方案因地制宜进行帮扶。截至2017年底，中林集团定点扶贫地区湖南省通道县实现23个贫困村出列、7733名贫困人口稳定脱贫。将生态旅游与产业扶贫相结合，与地方政府合作，在云南西双版纳建设昆罕大寨森林生态旅游精准扶贫项目，实施产业扶贫、教育扶贫和社会扶贫，受到社会各界好评。配合地方政府完成市级与省级生态公益林改造3平方千米以及20平方千米的生态修复建设任务。

（撰稿人：任瑞芳）

中国医药集团有限公司

【基本概况】 中国医药集团有限公司（以下简称"国药集团"）是由国务院国资委管理的大型医药健康产业集团。旗下拥有10家全资或控股子公司和国药控股、国药股份、国药一致、天坛生物、现代制药、中国中药6家上市公司。2012年成为首家进入世界500强的中国医药企业。在2017年发布的《财富》世界500强排行榜中位居第199位。

国药集团主营业务形成"三大体系"（医药商贸体系、医药科研体系、医药工业体系），着力打造"五大网络"（医药物流分销配送、全国医药零售连锁、全国麻醉药品配送、全国生物制品营销及冷链配送、全国医疗器械耗材产品配送），确立十一大类业务（医药现代物流分销、医药零售、生物制品、化学制药、现代中药、诊断试剂与化学试剂、科学仪器与医疗器械、医药科研与工程设计、医药国际经营与海外实业、医药会展与传媒、医疗健康产业），涵盖医药健康全产业链，为实现持续稳健发展奠定坚实基础。

【主要指标】 2017年，国药集团营业收入和利润总额均保持两位数增长，且利润总额增速高于营业收入增速，圆满完成董事会制定的各项经营指标。

2017年中国医药集团有限公司主要经济指标

项 目	2016年	2017年	比上年增长(%)
资产总额（亿元）	2555.14	2819.77	10.36
所有者权益（亿元）	923.62	1075.32	16.42
营业收入（亿元）	3176.16	3503.96	10.32
利润总额（亿元）	135.73	166.64	22.77
净利润（亿元）	105.37	130.48	23.83
归属于母公司所有者的净利润（亿元）	33.48	46.64	39.31
技术开发投入（亿元）	18.93	18.46	－2.48
利税总额（亿元）	245.47	283.71	15.58
应交税金总额（亿元）	109.74	117.07	6.68
全员劳动生产率（万元/人·年）	31.17	33.95	8.92
净资产收益率（%）	11.88	13.05	增加1.17个百分点
总资产报酬率（%）	6.74	7.51	增加0.77个百分点
国有资本保值增值率（%）	105.91	119.58	增加13.67个百分点

【改革发展】 2017年，国药集团总部改制为国有独资公司，成为首批完成公司制改制的央企集团之一；集团列入改制计划的20户下属企业也全部改制为有限公司，圆满完成中央部署的改革任务。按照国资委统一部署，国药集团启动集团股权多元化改革试点工作，在国资委的组织协调下，国药集团认真研究制定试点方案，与改革参与各方持续沟通并达成共识积极推进。

国药集团持续深化改革试点工作，以深化混合所有制改革为契机，不断完善体制机制创新，实现国企民企共同发展。截至2017年底，集团混合所有制企业数660余家，混合所有制企业的营业收入、利润、资产总额对集团的贡献率均为85％以上。国药集团通过健全党组织,完善有效制衡、平等保护的公司法人治理结构,探索完善市场化激励等措施,理顺混合所有制企业的内在关系,解决改革过程中遗留的体制机制问题,进而激发企业活力,提高企业创造力和竞争力,放大国有资本功能。其中国药控股限制性股票激励方案正式实施,成功迈出集团所属上市公司中长期激励的改革步伐,成为国资委批准推进混合所有制改革后,第一家正式实施股权激励的H股上市公司。国药集团将落实董事会职权试点作为进一步深化改革、实现创新发展的良好契机,围绕董事会行使对高管人员三项管理职权、董事会决定中长期战略发展规划权和重大财务事项管理权,以及实施工资总额备案制管理等内容,开展一系列改革探索工作,进一步完善公司法人治理机制,增强董事会的独立性和权威性。同时,国药集团进一步加强子公司董事会建设,着力完善公司治理体系,不断指导子公司董事会建立规范的运作体系,逐步将发展稳健、成熟度高、一定范围内的日常经营业务授权子公司董事会决策,推动决策责任归位和管理责任到位。2017年,国药集团改进子公司董事会书面工作报告制度,首次召开子公司董事会运作与董事履职汇报会,确立子公司董事长、董事的述职机制。同时,国药集团开展子公司高管人员绩效与薪酬分类管理改革工作,由二级子公司董事会管理本级经营班子成员绩效与薪酬,进一步激发子公司董事会对本公司高管人员管理的自主性和积极性,子公司董事会职权进一步得到落实。

【重大项目】 国药控股完成北京地区5家医药商业企业资产整合工作,国药股份成为在京医药分销统一平台和全国麻精特药一级分销平台。国药中生完成武汉中博与扬州威克的重组工作,进一步优化动保板块的产业布局;国药中生完成疫苗业务剥离和血制业务重组工作,国药天坛成为国药中生血液制品业务发展平台和国内最大的血液制品生产企业,疫苗业务和血液制品业务实现专业化发展。国药一致与全球医药零售巨头沃博联签署股权合作协议,为加快实施零售发展战略注入新活力,开启国药零售板块发展新篇章。

【走向海外】 国药集团响应"一带一路"建设,大力开拓海外市场,国药国际承接实施牙买加大健康综合体项目、塞尔维亚中心医院项目和缅甸妇产医院项目;一体化经营工作取得新进展,国药国际与国药中生加大出口业务协同,实现生物制品出口2.6亿元,比上年增长12％;乙脑疫苗总出口额超过3.4亿元,成功开拓印尼和菲律宾两个新市场,23价肺炎疫苗在科特迪瓦取得注册,实现海外销售零的突破,化药领域协同正式启动。国药国际下属越南VCP抗生素产品覆盖当地90％医院市场;国药中药下属马来西亚众花南药公司的血竭原料"反哺"国内市场,有效解决药材资源瓶颈问题。国际化认证取得新突破,国药中生的bOPV疫苗通过WHO预认证,上海益诺思公司获得荷兰政府颁发的GLP复查认证证书。

【重大创新】 2017年,集团科技研发支出总额18.84亿元。获得新药证书5件,生产批件9件,临床批件37件,全国首个水貂二联疫苗获得二类新兽药证书;申报生产批件14件,临床批件17件;申请专利231件,授权专利224件。国家一类新药手足口病EV71获得中华预防医学会科学技术一等奖;国药中生的"重大猪病防控应用"项目、国药医工总院抗高血压药物"坎地沙坦酯"项目分别获得国家科技进步二等奖;集团全年获得中国专利优秀奖2项,获得省部级奖励10项。科研成果转化提速。国药中生的EV71、灭活脊灰疫苗(sIPV)2017年顺利转产上市,其中EV71实现营业收入2.26亿元,4个"十三五"期间上市的新疫苗,2017年累计完成销售6.18亿元。

仿制药一致性评价取得阶段性成果。国药致君的头孢呋辛酯片(0.25g)成为国内首家通过仿制药一致性评价的头孢类抗生素,头孢克肟颗粒完成申报,16个品规进入生物等效性研究阶段。

【党建工作】 2017年,国药集团各级党组织深入学习贯彻习近平新时代中国特色社会主义思想和党的十九大精神,牢固树立"四个意识",在思想上政治上行动上坚决同以习近平同志为核心的党中央保持高度一致,坚决维护党中央权威。国药集团党委进一步加强党的建设,有效落实党建主体责任,召开集团第四次党员代表大会并选举产生中国共产党中国医药集团总公司第四届委员会和纪律检查委员会,加强党委集体领导;坚持推动混合所有制企业加强党的建设,建立党建工作尽职调查机制,采取多种方式加强对混合所有制企业党建工作的指导,探索建立党建工作片区化管理模式和基层党组织参与企业经营管理的有效方式;扎实推进党建工作要求进章程,进一步明确党组织在公司治理结构中的法定地位;着力健全党的基层组织,着力完善党建工作制度体系,着力严格党内政治生活,增强基层党组织的凝聚力和战斗力,发挥好战斗堡垒作用;加强领导班子建设,把着力点放在思想、作风和能力建设上,加强和改进作风建设;强化"两个责任"贯彻落实,扎实推进党风廉政建设和反腐败工作;强化宣传思想文化工作,及时将中央、国资委党委的重要精神和要求以及集团党委的决策部署传达到广大党员和干部职工,凝聚人心士气;加强群团组织作用的发挥,做好离退休老干部服务保障和统战工作。

【信息化建设】 2017年,集团重点围绕"强改革、调结构、控风险、促转型"的发展思路,积极持续推进集团上下"互联网+"和信息化建设,利用信息化手段帮助集团打造新商业模式,促进集团转型升级并重塑集团价值链。通过信息化基础建设和重点信息系统的实施和优化,不断深化应用,为服务和保障集团管理、业务发展发挥支撑作用。

2017年在公安部等相关部委政策法规要求下,集团开展网络信息安全体系建设、等级保护和信息安全培训等系列工作,进一步形成集团网络信息安全管控机制,有力地保障集团网信安全,特别是在"两会"、G20、十九大等重要活动期间组织各级公司做好网络安全保卫工作,确保重要会议期间的网络与信息安全。集团的统一管理平台和国药编码主数据系统也在2017年持续优化升级和推广应用,有力地支持集团管控和业务发展。根据集团新修订的信息化项目管理办法对下属公司项目进行管理,通过项目报备平台掌握子公司信息化项目情况,确保集团各级公司信息化项目建设在集团统一战略、标准体系下合法合规、科学发展。

【履行社会责任】 国药集团认真贯彻落实《关于中央企业履行社会责任的指导意见》,始终秉承"诚信经营、健康安全、以人为本、绿色发展"的责任理念。一是着力构建安全风险分级管控和隐患排查治理双重预防机制,深入开展危险源辨识工作,重点抓隐患排查整改,排查总隐患数、完成整改数和隐患整改率分别同比增长22.6%、25.8%、2.1%。二是认真落实节能减排考核,着力创建绿色创新技术体系和低碳循环发展经济体系,持续做好清洁生产和能源、资源综合利用工作,实现综合能耗同比降低18.03%,二氧化碳排放同比降低8.17%。三是全面加强质量管理,强化企业质量风险管控意识和应急处置能力,深入开展质量提升工作,积极消除问题隐患,严控质量风险,全年共排查并整改各类质量问题1362项。2017年,国药集团全面落实中央医药储备任务,认真做好应急药品及医疗器械储备调拨工作,圆满完成各类药品和医疗器械紧急供应保障与国家对外医疗援助任务,积极参与雄安新区开发建设;扎实开展精准扶贫工作,对青海省治多县和吉林省靖宇县继续加大扶贫资金投入。

(撰稿人:王英伟)

中国保利集团有限公司

【基本概况】 中国保利集团有限公司(以下简称"保利集团")于1992年经国务院、中央军委批准组建,1993年2月在国家工商管理总局注册成立。1999年3月,保利集团由军队划归中央大型企业工作委员会领导管理,成为国有重要骨干企业。2003年,由国务院国有资产监督管理委员会履行出资人职责。2010年,中国新时代控股(集团)公司涉军业务并入保利集团。2016年,中国航空工业集团公司地产业务并入保利集团。同年,国资委将保利集团列入国有资本投资公司试点企业。2017年,中国轻工集团公司、中国工艺(集团)公司并入保利集团,中国中丝集团公司由保利集团托管。

30多年来,保利集团通过不断的改革和创新,逐渐培育发展壮大,业务遍布全球100多个国家及国内100余个城市。业务涉及投资及军品、民品贸易,房地产开发,文化艺术经营,民用爆炸物品产销及相关服务,金融、轻工、工艺等相关业务,均名列行业前茅。

截至2017年底,保利集团资产总额在所有中央企业中排名第14位,利润总额在中央企业排名第12位,净利润位列中央企业第11位。连续七年获国资委业绩考核A级。2017年,保利集团以315.1亿美元营业收入在美国《财富》世界500强中排名第341位。

保利集团旗下拥有保利置业(HK0119)、保利文化(HK3636)两家境外上市公司和保利地产(SH600048)、久联发展(SZ002037)、中国海诚(SZ002116)三家境内上市公司。

【主要指标】 2017年,保利集团实现营业收入2500.8亿元,比上年增长19.5%;利润总额300.6亿元,比上年增长21.9%;净利润221.7亿元,比上年增长31.5%。截至2017年底,集团总资产9043.6亿元,比上年增长36%;所有者权益2025.3亿元,比上年增长28.5%。

2017年中国保利集团有限公司主要经济指标

项目	2016年	2017年	比上年增长(%)
资产总额(亿元)	6647.70	9043.60	36.00
所有者权益(亿元)	1575.60	2025.30	28.50
营业收入(亿元)	2093.20	2500.80	19.50
利润总额(亿元)	246.50	300.60	21.90
净利润(亿元)	168.60	221.70	31.50
归属于母公司所有者的净利润(亿元)	49.40	77.90	57.70
技术开发投入(亿元)	0.30	3.60	1100.00
已缴税费(亿元)	296.40	335.30	13.10
应交税金总额(亿元)	305.20	319.10	4.60
全员劳动生产率(万元/人·年)	71.44	71.29	-0.20
净资产收益率(%)	9.67	12.96	增加3.29个百分点
总资产报酬率(%)	4.60	4.46	减少0.14个百分点
国有资本保值增值率(%)	109.37	115.41	增加6.04个百分点

【改革发展】 2017年,保利集团积极落实国有资本投资公司试点工作。认真学习有关政策文件,组织人员赴有关企业学习交流,并主动与国资委沟通汇报,准确把握试点工作要求;多次召开各类专题会议,研究改革重点工作;根据《保利集团改组国有资本投资公司方案》,集团公司重点强化融资、投资和风险管控三大核心职能,并据此完成总部机构改革和干部人事调整,为深入推进试点工作奠定基础,按照国有资本投资公司试点要求,保利集团坚持有进有退,优化产业结构布局,加强重组整合工作力度;强化资金管理,提升以融促产能力;完善总部管控体系,有效增强国有资本活力;深化三项制度改革,激发企业内生动力。

2017年初,集团公司组织召开发展改革专题研讨会,深入讨论发展改革形势,研究制定13项、42条重点改革任务,包括落实国有资本投资公司试点、并购重组、业务整合、特困及"僵尸企业"处置等方面。在发展改革领导小组和督导小组的领导下,各职能部门与各子公司咬定目标,勇于担当,基本完成年度发展改革任务。2017年,集团利润总额突破300亿元,提前两年完成"十三五"规划中的300亿元指标;中轻、工艺重组顺利完成;民品业务转型发展取得成效;地产业务调整稳步推进,两板整合取得实质性突破;文化业务收购星星文化21家直营影城;民爆业务强化管理提升、文化融合与机构调整;金融业态进一步拓展。自2013年集团发展改革工作开展以来,敢啃硬骨头,勇于涉险滩,改革发展不断深入,为集团转型升级、结构调整提供有力支撑。

【重大项目】 一是积极开展重组整合。按照中央部署与国资委要求,集团公司于8月召开重组大会,全面推进与中轻、工艺的重组工作,年底前已圆满完成两家企业的产权与股权变更。按照"既重资产重组，又重产业培育"的原则，认真开展产业调研，形成"重点培育、正常运行、战略退出"三类指导意见。重组过程中，集团同步完成中国工艺集团下属中国珠宝挂牌新三板、中轻集团下属中食营科战略重组等重要事项的审批，实现资产、业务、管理、人员的平稳过渡和无缝对接。二是拓展融资渠道，强化资金筹措。全年实现对外融资1712亿元，同比增长49%，加强银行贷款融资，取得综合授信额度近4000亿元。不断创新融资模式，保利地产与保利置业发行首单央企商业抵押贷款证券（CMBS）。顺应"租售并举"政策，保利地产发行国内首单租赁住房REITs，获得国资委、证监会、住建部及各大媒体充分肯定。集团公司债和中国工艺集团永续中期票据获批，资金储备品种进一步丰富。三是认真开展"两金压降"。全年压降存量应收账款46.9亿元，压降比例77.7%，压降存量存货1285亿元，压降比例33.2%，分别超额完成57.7个百分点和18.2个百分点；资产运营效率不断提升，全年应收账款周转率31.5次，同比提升3.6次。保利地产坚持"向存量要业绩"，去化产成品281亿元，两年以上产成品地上部分较年初减少34亿元。四是有效降低运营成本。各级公司积极提高专业能力，多措并举降本增效。地产业务毛利率同比上升1.91个百分点。保利地产通过技术、成本、工程三线联动，在建项目实施100%分期目标成本管理，新建项目的目标成本单方核减，全面推行标准工程，项目开发平均时长较往年大幅缩减。保利久联通过集中采购，材料定额管理，加大成本考核等措施，全年节约成本3500万元。五是圆满完成压减工作。集团2016—2017年压减法人企业113户，在国资委首年压减工作考核中获得满分成绩。截至2017年底，累计压减法人125户，存量法人压减比例12.4%，其中南方公司、保利置业累计压减比例分别达到24%和12.3%，均大幅超额完成首年任务目标。借助压减工作，集团全面摸清控股与参股企业情况，积累项目公司清算和合作退出经验，为完成未来两年压减任务打下基础。六是大力推进"处僵治困"。集团公司明确兼并重组改造、债务重组脱困、强化管理提升和清理淘汰退出四种"处僵治困"方式，分类处理、对症下药；各子公司克服时间紧、任务重、工作复杂的困难，动真碰硬、迎难而上，"处僵治困"工作取得积极成效。完成16家"僵尸企业"的处置工作，实现13家困难企业大幅减亏或增盈。其中，南方公司清撤企业3家，保利建设员工全部签署分流安置方案；保利国际下属保利矿业完成人员分流安置，正加快推进相关工作；地产板块通过积极去化、盘活存量等措施，广西、苏州公司扭亏为盈，大连、绍兴公司本年实现盈利。七是全面完成企业改制。集团公司科学制定改制计划，强化监督指导，及时寻求相关政府部门的支持配合，最终顺利完成包括集团公司在内的全部48户全民所有制企业改制工作。中轻集团与中国工艺集团高度重视改制工作，多措并举、全力解决改制企业净资产为负、集体土地划拨、巨额税费争议、国家级研究院延续学位授予权等难点问题，按时完成全级次企业改制工作。

【走向海外】 保利集团落实"一带一路"倡议，国际化进程稳步推进。保利国际发挥军贸溢出效应，积极拓展海外工程和民贸业务，其中斯里兰卡陆军医院成功验收交付，乌兹别克轮胎厂顺利投产，毛塔海军基地及修船厂项目引入合作方广东长大公司。保利地产深耕澳洲区域，持续增强在当地的竞争力与影响力，拓展英美市场，美国旧金山项目已通过投资者审查。文化公司参与投资的百老汇音乐剧《一个美国人在巴黎》在伦敦成功上演，联合制作引进的英文歌剧《红楼梦》完成国内巡演，入选首轮中美社会和人文对话重点项目。剧院管理公司先后与美国布什诺艺术中心等国际知名机构和院团就剧目制作引进、剧院经营管理等达成战略合作；参与海外投资的首部音乐剧《一个美国人在巴黎》，在伦敦西区驻场演出350场，广受好评。温哥华保利艺术馆先后推出圆明园国宝展等9个展览，举办各类活动96场，宣传推广中华优秀文化，在温哥华当地打响保利品牌，受到温哥华政府和当地民众一致好评，树立保利良好的国际形象。保利久联与世界最大民爆企业澳瑞凯签订合资协议，并积极扩大外销，出口工业炸药252吨。经过4年多努力，集团国际化工作从业务门类到区域拓展都有所斩获，实现从军品贸易、海外工程到各大主业，从发展中国家到欧美、澳洲等发达国家和地区的转变，在国际市场打响保利品牌。

【重大创新】 保利地产发布第五代全生命周期居住系统,芯智慧社区云平台上线,社区消费服务布局初具规模。文化公司保利WeDo新建成3家分校,全年举办大师有约音乐会9场,成功举办欧洲音乐游学营、组织德国科隆大教堂专场音乐会、《保利伴我成长—大师有约》、平安之夜—保利WeDo新年音乐会等演出,为梅赛德斯·奔驰公司打造高水平管弦乐团,与平安银行共同打造"音你而悦"平安星合唱团。工艺集团中国珠宝被授权为"世界工艺品研发设计与交易中心·工艺与文学珠宝研发设计中心"及"交易、鉴定与展示机构",进一步为文化珠宝品牌特色的打造创造条件。

【党建工作】 集团党建工作以党的十九大和全国国企党建会议精神为指引,认真学习贯彻习近平新时代中国特色社会主义思想,强化政治纪律、政治规矩,扛起全面从严治党责任,以深入推进"两学一做"学习教育常态化制度化为抓手,以层层落实党建工作责任为关键,以基层基础工作为重点,狠抓党委政治建设,实现支部建设的标准化、规范化,推动党风廉政建设得到切实加强,充分发挥党委领导作用,把方向、管大局、保落实。把认真做好审计追究问责和内部巡视作为全面从严治党的重要举措和有力抓手,精心组织、扎实推进,先后开展两轮涉及3家主要二级企业的内部巡视工作,充分发挥巡视的震慑遏制治本作用,巩固反腐压倒性态势。

【信息化建设】 保利集团稳步提升信息化水平,完成集团网站群建设,实现集团公司网站和"保利风采"的成功改版,完成集中报表系统升级改造、安全等级保护测评及加固整改一期和办公区WiFi部署等项目,在集团系统大力推行OA系统无纸化办公,全面提升办公效率,各项系统及网络安全稳定运行,未发生重大信息系统故障。

【履行社会责任】 保利集团秉持"保其国、利其民"的优良精神,充分发挥企业自身在文化、地产、贸易等方面的优势,积极承担责任、用心回馈社会,将自身发展成果与业主、社区共享,不断探索新型责任企业建设。2017年,保利集团进一步下沉工作重心,让山西省忻州市河曲县、五台县脱贫攻坚各项工作落到实处,出资30万元用于巡中—保利教师基金、出资100万元用于支付援建巡中—保利体育场三期建设款、出资20万元支持二人台艺术团发展,同时本年新增河曲县大塔村排水渠援建项目40万元、五台县金庄村水利援建项目40万元、五台县豆村镇西营村党员活动室项目10万元,引入"保利和基金"提升五台县五台中学、龙泉中学艺术教学水平20万元,各项扶贫资金累计拨付260万元。此外,保利集团系统各企业也进一步加大扶贫工作投入,积极履行央企扶贫责任,为当地扶贫开发工作贡献力量,其中,保利地产公司出资500万元用于支持广东省扶贫济困日活动,保利置业与保利久联共同出资1000万元对口帮扶贵州省册亨县。

2017年,保利爱心基金获得集团员工自发捐款134.21万元,累计资助困难职工217人、困难职工子女85人,救助患大病职工60人。保利集团鼓励、引导青年职工参与各类志愿者活动,致力于参加扶老助困、保护环境、奉献爱心等给社会带来"正能量"的公益慈善活动,让保利职工成为志愿服务精神的传播者和雷锋精神的践行者;保利志愿者始终关注弱势群体权益,关爱孤老幼小,定期组织职工探访、慰问,不断促进社会和谐发展。

(撰稿人:张 旻)

中国建设科技有限公司

【基本概况】 2017年,中国建设科技有限公司(以下简称"建筑科技集团"或"集团")按照高质量发展的标准要求,着力抓好国家战略的服务支撑、重要领域的改革、战略规划引领、科技水平提升、品牌形象提升、管党治党责任落实,各项工作取得积极成效,世界一流企业建设迈出坚实步伐。通过担负雄安新区、北京城市副中心建设,承担冬奥会、园博会、世园会等一系列全球关注、展现中国形象重大项目的规划设计,将中华民族的历史文脉融入空间、建筑与景观每一处细节,向世界传播中华文化。编制完成《良渚古城遗址申报世界文化遗产提名文件》,并于1月26日送达联合国教科文组织,在国内外产生重大影响,极大提升中华文明的影响力。设计完成北京市最大公租房项目——实创青棠湾项目,入选"砥砺奋进的五年"大型成就展。2017年,集团累计获得国家科技进步二等奖1项,詹天佑大奖1项,全国优秀工程勘察设计行业奖83项,各项指标创历史新高,保持行业领袖地位。

【主要指标】 2017年,建设科技集团主要经济指标再创历史新高。其中,资产总额137.48亿元,同比增长34.14%;所有权收益60.83亿元,同比增长52.95%;营业收入83.53亿元,同比增长21.48%;利润总额5.2亿元,同比增长12.8%。

2017年中国建设科技有限公司主要经济指标

项 目	2016年	2017年	比上年增长(%)
资产总额(亿元)	102.49	137.48	34.14
所有者权益(亿元)	39.77	60.83	52.95
营业收入(亿元)	68.76	83.53	21.48
利润总额(亿元)	4.61	5.20	12.80
净利润(亿元)	3.20	4.00	25.00
归属于母公司所有者的净利润(亿元)	2.73	3.30	20.88
技术开发投入(亿元)	3.06	3.31	8.17
利税总额(亿元)	7.82	9.04	15.60
应交税金总额(亿元)	6.62	7.05	6.50
全员劳动生产率(万元/人·年)	33.28	35.09	5.44
净资产收益率(%)	8.38	6.78	减少1.6个百分点
总资产报酬率(%)	4.94	4.27	减少0.67个百分点
国有资本保值增值率(%)	109.19	105.32	减少3.87个百分点

注:2016年、2017年数据为该年度财务决算数据,不考虑追溯调整影响。

【改革发展】 2017年,中国建筑设计研究院改制更名为中国建设科技有限公司,由全民所有制企业改制为国有独资公司。从"建筑设计"到"建设科技",从"研究院"到"有限公司",标志着集团在深化改革上取得重大突破,完成"三步走"战略部署,基本完成"企业化、市场化、国际化、股份化"的战略目标。按照"三会一层"制度要求,不断完善公司法人治理结构,清晰界定各治理主体的权责,做到集权有道、分权有序、有效制衡、协调运转。股东大会决策公司重大事项;董事会及各专门委员会,聚焦议大事、把方向、促发展、控风险,发挥决策中心和推动主体的作用,获得国资委"运行良好"的评价;监事会从常规检查向重点检查转变,强化出资人监督效果;高管层强化执行力,确保决策决议有效落地,不断提升统筹驾驭能力、改革创新能力、组织协调能力、风险管控能力,优质高效地完成各项任务。

【重大项目】

1. 雄安新区建设。作为咨询顾问类核心企业,创造参与雄安新区建设前期策划、规划、城市设计、课题研究、建筑设计、工程项目总承包等多项第一。作为央企唯一代表,最早参与雄安新区的设立、城市设计概念和方案表现工作,从全球279家竞争者中脱颖而出,成为雄安新区启动区城市设计咨询的优胜企业。作为建筑设计领域的领军企业,牵头承担住建部重要课题《雄安新区绿色建筑发展关键技术研究》。作为市政领域的技术权威,承担"雄安新区市政工程规划"和住建部"十三五"水专项"雄安新区城市水系统构建与实施保障技术研究"。在"北京至雄安新区城际铁路雄安站建筑概念设计方案"投标中取得第一名的成绩,成功获得雄安新区最重要的启动区——中轴线城市设计及景观概念设计项目。参与雄安破土动工第一个项目——市民服务中心的设计,联合中标雄安新区第一标——九号地块造林EPC总承包项目,体现了集团作为中国唯一覆盖城乡建设领域全部专业门类、整体实力最强的科技型中央企业的综合优势和"国家队"的责任担当。

2. 北京城市副中心建设。承接行政副中心10平方千米城市设计及市政府办公楼、委办局办公楼的设计任务,参与综合管廊、海绵城市、黑臭水体治理等多个重点项目的设计工作,并以自主开发的建筑信息模型（CBIM）云平台，助力城市副中心智慧城市建设，标定集团作为行业转型升级推动者的新高度。

3. 粤港澳大湾区建设。承担12.68平方千米的潮连岛规划项目，下一步还将参与该项目的整体开发。承担珠海"横琴新中心区城市设计"、广州"南沙香港城启动区城市设计"，获得当地政府部门的高度认可。

4. 军民融合发展领域。作为军事设施建设的重要技术支撑单位，编制军队安置房项目建设标准与规划设计导则，承担首批军委所属20万平方米营房的装配式试点任务。与军委后勤保障部加强战略合作，探索推动军企融合的新路子，加快形成集团军民融合发展新格局。

【走向海外】 2017年，建设科技集团在42个"一带一路"沿线国家实现业务拓展与深化，参与一批重要战略港口、机场、医院等项目建设，为"一带一路"建设推进作出突出贡献。通过调整组建CPG国际公司，专注拓展国际市场，在东欧国家实现业务突破，在日本、马来西亚市场持续深化，海外收益与市场占有率稳步提升。持续跟进孟加拉国高速公路项目，被列为两国的重要合作项目。加快探索援外项目运营的战略与路径，作为我国海外援建的主要承担力量，全年承接四大洲11个国家的20余个项目。中标印尼"美加达"城市综合体改造项目，熟悉国际标准和规则，为进一步"走出去"积累国际经验。

【重大创新】 2017年，建设科技集团召开第四届科技创新大会，制定《关于进一步推动科技创新工作的指导意见》（以下简称《意见》），对集团的科技创新工作作出整体性、全局性安排，是一份具有重要意义的纲领性文件。《意见》对集团科技创新工作的领导体制、决策支撑体系、三级科技研发体系、创新平台建设的总体布局、技术标准的实施战略5个事关全局的战略性任务予以明确，指出加强专门研发机构建设、配备专职研发人员、加强科技人才建设、培育科技文化等改革方向，出台科研经费改革、科研硬件条件建设等改革举措，明晰科技成果转化"业务化、工程化、产业化、资本化"的"四化路径"，对集团科技创新的组织架构和制度体系进行革命性重塑。出台《科技发展规划》（以下简称《规划》），在编制结构和内容上作较大调整，更加突出指导性和可操作性，明确集团重点攻关的21个重大专项和重点专业，清晰描绘集团"十三五"科技发展的总体蓝图与具体路线图。各所属企业贯彻落实《意见》《规划》要求，推出50余项改革举措，在科技创新的重要领域和关键环节取得一批重要成果，科技研发动力和科技创新活力明显。

混合所有制改革取得突破。按照国资委的要求，遵循"核心价值认同、发展战略协同、技术资本互补、制度程序规范"的原则，由集团所属中国建筑设计院与清华紫光签约并开始组建中设数字技术股份有限公司。新公司将发挥中国院CBIM技术领先优势，集成紫光集团技术与资本优势，实现强强联合，为集团科技成果转化探索可供借鉴的模式，为集团混改工作提供可供复制的经验。

【党建工作】 2017年，建设科技集团认真贯彻落实全面从严治党要求，始终融入中心、服务大局，为企业改革发展提供坚强有力的政治保障。

坚持以学习贯彻党的十九大精神为首要政治任务，努力在学懂弄通做实上下功夫，积极推动集团在新时代做强做优做大。集团党委集中干部职工观看开幕式，及时发布大会热点，让大家准确掌握大会动态。党委中心组带头组织专题学习，突出把十九大报告中关于民生、住房等新论点、新思想，同集团定位相结合，同集团当前重点打造的BIM技术、装配式建筑、养老产业、海绵城市、综合管廊等新兴领域相结合，交流心得体会，提升思想认识；通过党务干部培训，使大家对十九大精神理解更加深入，认识更加深刻，使大家的责任感使命感更强，信心更足。

集团党委认真学习贯彻全国国有企业党建工作会议精神，将党建重点工作、重点任务进一步具体化、明细化，列入2017年党建工作责任书，融入集团全年的工作任务，确保各项工作有效落实。全部二级企业完成党建工作要求进章程，将党组织研究讨论作为董事会、经理层决策重大问题的前置程序；结合领导班子调整，实行董事长、党委书记"一肩挑"的二级企业占比2/3；进一步加强企业基层党组织建设和人员力量配备，二级企业全部设置党建部门，编制基本达到或超过职能部门平均水平；党建工作经费全部纳入企业预算；按照向基层倾斜的原则拨付党费，开展党员教育和培训。

坚持把"两学一做"常态化制度化作为基层组织建设的重要内容,逐级制定工作方案,将"两学一做"覆盖到全体党员,融入日常工作。开展党员挂牌亮相、优秀党课评选、党性实践最佳微视频评选等活动,树立导向,宣扬典型,激发党员干事创业的动力。2017年,各级党组织讲党课166次,组织"党员示范岗""党员责任区""支部攻关"等主题实践活动20余次。

持续开展党建工作述评考工作,在集团范围内全面铺开,延伸到三级企业党组织,要求三年内现场述职实现全覆盖。组织二级企业党组织书记述职评议大会,各企业党组织书记现场述职、现场点评、现场打分,在相互评比中找到差距,激发动力,进一步压实责任。

(撰稿人:蒋　捷)

中国冶金地质总局

【基本概况】 2017年,中国冶金地质总局(以下简称"冶金地质总局")深入学习贯彻习近平新时代中国特色社会主义思想和党的十九大精神,以提高质量效益为中心,以推进供给侧结构性改革为主线,扎实推进改革发展和党建各项工作。

【主要指标】 2017年,冶金地质总局资产总额212.07亿元,比上年增长8.73%;所有者权益80.99亿元,比上年增长13.46%;实际营业收入153.25亿元,比上年下降11.94%;利润总额6.30亿元,比上年增长3.62%,净利润5.05亿元,比上年下降6.31%;国有资本保值增值率106.95%,比上年减少1.47个百分点。

2017年中国冶金地质总局主要经济指标

项　目	2016年	2017年	比上年增长(%)
资产总额(亿元)	195.05	212.07	8.73

续表

项　目	2016年	2017年	比上年增长(%)
所有者权益(亿元)	71.38	80.99	13.46
营业收入(亿元)	174.02	153.25	-11.94
利润总额(亿元)	6.08	6.30	3.62
净利润(亿元)	5.39	5.05	-6.31
归属于母公司所有者的净利润(亿元)	5.17	4.70	-9.09
技术开发投入(亿元)	2.42	2.53	4.55
应交税金总额(亿元)	6.10	8.38	37.38
全员劳动生产率(万元/人·年)	15.59	16.04	2.89
净资产收益率(%)	7.88	6.65	减少1.23个百分点
总资产报酬率(%)	4.04	3.89	减少0.15个百分点
国有资本保值增值率(%)	108.42	106.95	减少1.47个百分点

【改革发展】

1. 产权管理。认真贯彻落实国务院国资委产权管理有关指示精神,按照新产权信息系统部署要求,以决策源头作为产权和资产评估管理起点,持续强化国有产权管理监督,制定并全面执行资产评估公示管理制度,充分发挥产权管理在"瘦身健体"、提质增效、供给侧改革、"一带一路"等方面的积极作用,加强制度建设和流程管控,不断提升冶金地质系统在改制重组、产权流转、投资合作、资产处置等领域的工作水平和监管力度。

2. 人才管理。加强领军人才队伍建设,有计划有重点遴选一批能够代表冶金地质总局地质勘查技术水平、具有领军才能和团队组织能力的地质勘查行业杰出专业技术人才,特别是有重大创新前景和发展潜力的中青年人才,通过竞争上岗、公开招聘等多种形式选拔人才,加大从基层一线选拔力度,进一步拓宽发现优秀年轻人才的渠道。同时,通过提供科研经费、事业平台等政策,对其进行重点支持。

3. 薪酬分配。认真贯彻落实国务院国资委关于深化收入分配制度改革的有关要求,加强激励约束机制建设,依托企业定位和行业特点,不断完善差异化薪酬分配制度。建立健全工资总额预算执行情况动态分析和预警机制,提高工资总额管理的科学性和及时性。坚持以市场化改革为方向,严控用工总量,改善用工结构。积极推进事业单位养老保险改革。

4. 考核管理。不断深化授权经营业绩考核工作,建立健全经营层管理制度,在保持基本指标大体统一基础上,进一步完善考核的分类指标设置,提高分类指标选取的针对性科学性,尤其针对地质勘查和矿业开发板块,制定出台新的分类考核方案和措施办法。不断完善二级单位负责人薪酬核定机制,加大负责人薪酬分配与责任目标考核挂钩力度,制定特别奖励办法和奋斗激励实施方案,鼓励企业超额完成业绩指标。

【重大项目】

1. 项目投资。坚持战略引领,强化投资管理,研究制定《2017—2019 三年滚动规划》,先后出台《中国冶金地质总局投资管理制度》《中国冶金地质总局境外投资管理办法》,根据国际国内形势,及时调整投资方向,合理优化投资结构,加快推进重大投资项目建设进度。2017 年,冶金地质总局投资计划 132051 万元,实际投资 79733.15 万元,完成年度投资计划的 60.37%,重大投资项目进展顺利。新疆哈巴河金坝金矿开发项目进入生产阶段,累计投资 20579.22 万元。三川德青科技有限公司入驻武汉市未来城环保科技园项目,累计投资 21070.59 万元,项目竣工并完成入驻。正元地理信息公司与哈尔滨工业大学及哈尔滨道里区政府成立合资公司,公司注册资本 1 亿元(正元地理信息公司出资 4100 万元),完成出资 2050 万元。

2. 重大科研开发。深入贯彻落实党中央、国务院关于科技创新一系列重要决策部署,以创新为引领,以项目为抓手,大力推进自主创新、协同创新和"双创"工作。地球物理勘查院产学研相结合模式开展的"福建武夷及雄安新区航空高光谱"项目,开创航空高光谱技术应用于生态环境地质调查领域的先河;黑旋风锯业股份有限公司"$\varphi 3200 \sim \varphi 3600mm$ 矿山开采用大型金刚石锯片基体"项目获得中国石材协会 2017 年度"爱迪杯"石材行业技术革新奖;三川德青科技有限公司自主研发的"盾构泥浆处理装备"在苏通 GIL 综合管廊、杭州过江隧道、常德沅江隧道、广州地铁等 10 个工程项目中成功应用;正元地信有限责任公司自主研发的"三维地理信息系统"、城市规划信息系统和中低空航空遥感技术等科技成果,相继在 7 个省(直辖市)多个地区应用,取得良好的社会和经济效益。另外,第二地质勘查院、矿产资源研究院分别承担科技部国家重点研发计划——深地资源勘查开采专项"燕山期重大地质事件的深部过程与资源效应"子专题和"武夷德化—尤溪—永泰矿集区矿物地球化学勘查研究""斑岩铜矿典型矿床成矿末端效应研究"。

【走向海外】 主动融入国家战略和区域经济发展格局,2017 年重点开展对"一带一路"沿线矿产资源丰富、外交关系较好、政局相对稳定的国家政策和项目的跟踪研究,通过参加国际会议、项目推介、主题活动等扩大对外交往渠道,推动冶金地质系统境外企业、项目公司扩展延伸,开拓埃塞俄比亚等"一带一路"沿线国家和地区能源勘探市场取得新进展,积极探索优势非金属矿项目进入白俄罗斯等国家,并向俄罗斯、中亚五国等"一带一路"重点沿线国家和区域延伸,同时研究利用现有的境外上市平台进一步拓展境外项目融资渠道,推动项目与资金实现对接,努力做大境外项目。

【重大创新】 注重加强科研机构和研发平台建设,着力完善以技术为主体、市场为导向、产学研相结合的技术创新体系。2017 年,冶金地质总局实施科技创新项目 70 项,申请专利 104 件(发明专利 27 件),获得专利授权 94 件(发明专利授权 22 件),申请软件著作权 64 项,投入科技经费 19988.66 万元。其中,"超薄型金刚石框架锯条基体的生产方法"获得第十九届中国专利优秀奖;"云南省盈江县大石坡超大型红柱石矿"项目获得中国地质学会 2017 年度十大地质找矿成果奖;"金华市地下综合管线智能管控信息化建设与应用"项目获得中国测绘地理信息产业协会地理信息科技进步一等奖;"城市内涝预警预报系统"项目获得2016年中央企业熠星创新创意大赛优秀奖;"环境治理资源化产品"获得2017年丝绸之路国际博览会暨第21届中国东西合作与投资贸易洽谈会参展产品金奖。

【党建工作】 深入贯彻落实党的十八届六中全会、全国国企党建会精神,认真传达学习贯彻党的十九大精神,全面加强党的建设各项工作。一是认真落实党建工作责任制。严格落实从严管党治党责任,扎实推动《贯彻落实全国国有企业党的建设工作会议精神重点任务》30项重点任务落实落地;着力落实党组织参与重大问题决策制度,完善"三重一大"事项决策内容和程序,有效发挥党组织把方向、管大局、保落实的核心作用;着力完善"双向进入、交叉任职"领导体制,在所属6家公司制企业实行党委书记、董事长"一肩挑",完成党建工作总体要求进章程;认真开展二级单位党委书记抓党建工作述职评议考核工作。二是加强党组织建设,着力抓基层打基础。召开冶金地质总局第二次党员代表大会,完成党委换届选举,基层党委、基层党支部全部完成换届工作。建立健全党建工作机构,配齐配强党务干部和党务工作人员。重视抓好新发展党员工作和不合格党员处置工作。加强基层党建制度建设和党务工作经费保障。三是扎实抓好党风廉政建设和反腐败工作。逐级签订落实党风廉政建设责任书,推动各级领导人员认真履行"一岗双责"。坚持不懈落实中央八项规定精神,持续纠正"四风",制定印发《中国冶金地质总局党委关于进一步改进工作作风密切联系群众的具体措施》。坚持不懈将监督执纪问责推向深入,深入开展领导人员廉洁从业承诺和家庭助廉承诺活动。开展巡视整改措施"再落实"监督检查,成立巡视工作领导小组,对4家二级单位开展巡视。四是扎实推动"两学一做"学习教育常态化制度化。制定推进实施方案,党委中心组领学,各支部运用微党课党员网,以观看《筑梦中国》,开办"流动党校",举办读书、红色教育等多种形式开展常态化学习,并广泛开展"党员示范岗""党员责任岗""党员承诺践诺"党建主题活动。五是着力加强职工队伍建设,构建和谐冶金地质。认真落实意识形态工作领导责任,加强对国家安全工作的组织领导,强化保密工作和信息网络安全。强化党建带群建工作,有效发挥群团组织桥梁纽带作用。注重关心职工群众生活,做好老干部、困难党员和困难职工的走访慰问,认真细致做好信访维稳工作,保持职工队伍的总体稳定。

【信息化建设】 按照信息化建设总体规划,按期完成数据中心和内部数据传输网一期建设项目和协同办公平台、电子印章及邮件等应用系统阶段性建设并投入运行。着力开展新型产业信息化技术应用,在智慧城市运营调度平台和城市地下空间智慧化管理方面,充分发挥"智慧"能力,综合应用物联网、大数据、地理信息等技术,有效提高城市地下空间的综合效益。注重信息安全管控,多措并举、全力以赴,圆满完成十九大、全国"两会"、"一带一路"高峰论坛、金砖峰会等重大活动期间网络信息安全保障,确保重点目标任务万无一失。

【履行社会责任】 编制并发布冶金地质总局年度社会责任报告,强化履行社会责任理念,积极推进产业发展、安全生产、科技创新、环境保护、关爱员工、社会公益等方面工作。

充分发挥产业优势,主动跟进服务京津冀协同发展、长江经济带建设、"一带一路"建设、雄安新区建设等国家战略,有效履行冶金地质"提供资源保障、实现产业报国"的企业使命与社会责任。安徽宿州智慧城市建设、贵州铜仁特色小镇建设等一批重点项目先后实施,编制完成"全力支撑服务雄安新区建设的地质工作方案"。"云南省盈江县大石坡超大型红柱石矿"项目实现找矿新突破,荣获中国地质学会"2017年度十大地质找矿成果"奖,缓解我国红柱石资源瓶颈约束。

加大对口扶贫力度,结合定点扶贫云南省大理白族自治州漾濞彝族自治县、巍山彝族回族自治县的具体情况,不断深化双方交流合作,在教育帮扶、劳动力输出、矿产资源勘探、智慧城市与特色小镇建设等方面精准发力、精准帮扶。捐赠扶贫基金和地震赈灾资金,设立"国冶励志奖学金",关注冶金地质总局援建的"中国冶勘漾濞教师进修友谊学校"发展状况,合作帮扶并不断推进当地核桃产业园建设,改善民生,为当地脱贫致富和经济社会发展作出贡献。

狠抓安全生产建设,始终坚守"生命至上、安全第一"思想,严格落实安全责任,强化安全教育培训,加强隐患排查治理,创新管理方式方法,保持安全生产平稳健康发展。注重节能减排工作,按照打造"一流绿色资源环境服务商"战略目标,加大节能资金投入,推进产业转型升级,积极倡导开展节能环保业务,促进冶金地质系统实现安全发展、绿色发展。

(撰稿人:王卫东)

中国煤炭地质总局

【基本概况】 2017年,在国务院国资委正确领导下,中国煤炭地质总局(以下简称"总局")上下深入学习贯彻习近平新时代中国特色社会主义思想,按照总局"11463"总体发展战略,以改革创新为动力,以转型发展为重点,以党的建设为保障,全力推动经济跨越式发展,各项工作取得新的成效。

2017年,总局承担实施各类地质勘查类项目2243项,提交地质报告510份。新探明煤炭资源量2.98亿吨、磷矿11.31亿吨、铁矿1.16亿吨、岩盐2.34亿吨、铅锌矿68.68万吨、叶腊石矿4535.92万吨、金37.66吨、石英矿147.06万吨、锰矿219.15万吨。在贵州开阳新发现超大型磷矿床,资源量超过8亿吨,是国内唯一可不经选矿直接用于生产的优质磷矿资源,为新中国成立后探获资源量最大的磷矿勘查成果。在内蒙古控制一条大型铀成矿带。

【主要指标】 2017年,总局实现营业收入183.24亿元,比上年增长9.35%;实现利润总额3.82亿元,比上年增长14.71%;国有资本保值增值率102.85%,净资产收益率3.40%。

2017年中国煤炭地质总局主要经济指标

项 目	2016年	2017年	比上年增长(%)
资产总额(亿元)	148.64	176.67	18.86
所有者权益(亿元)	67.45	71.30	5.71
营业收入(亿元)	167.57	183.24	9.35

续表

项 目	2016年	2017年	比上年增长(%)
利润总额(亿元)	3.33	3.82	14.71
净利润(亿元)	2.34	2.36	0.85
归属于母公司所有者的净利润(亿元)	2.30	2.07	-10.00
技术开发投入(亿元)	1.78	2.28	28.09
利税总额(亿元)	8.34	9.48	13.67
应交税金总额(亿元)	6.28	7.42	18.15
全员劳动生产率(万元/人·年)	15.74	17.21	9.34
净资产收益率(%)	3.81	3.40	减少0.41个百分点
总资产报酬率(%)	2.49	2.82	减少0.33个百分点
国有资本保值增值率(%)	103.50	102.85	减少0.65个百分点

【改革发展】 强化战略及规划管理。确立总局"11463"总体发展战略,并调整全局"十三五"规划。修订投资管理相关制度,成立总局投资管理委员会,建立三级投资决策审批机制。加强深化改革顶层设计。确定"改革改制、科技创新、产业发展、三项制度、容错纠错"五大方面的改革内容,制定改革方案。开展所属单位功能界定与分类定位工作。全面推进公司制改革。按照"一企一策"原则完成40户企业工商注册登记。加大剥离企业办社会职能和解决历史遗留问题工作力度,签订分离移交协议75个。完善法人治理结构,制定派出董事、监事的相关管理办法,开展董事会建设试点。开展低效无效投资清理退出与闲置资产盘活,累计完成34户企业的处置工作,安置职工1278人。持续降低管理成本。完善资金集中管理,年末全口径资金集中度85%,节约财务费用6050万元。加强"两金"压控月度监测,将应收账款清理工作完成情况同领导人员年薪挂钩。推进三项制度改革。加大聘任制推行力度,面向社会公开招聘中层管理岗位员工14人。对全

局劳动用工实行"名单化"管理,构建用工正常流动机制。出台首席专家、内部职称评审等制度,打通技术人员职业晋升通道。强化对标和成本管理。以高标准明确对标企业,夯实发展基础。推进项目标准化建设,加强地质项目质量管理,着力推进项目成本管控,推行工程项目目标管理模式。完成总部和二级单位公车改革,节约开支。不断加强市场营销。加强高层营销,在总部设立专门市场开发机构,总局领导与各单位领导带队主动走访中央企业、各级地方政府32家,签署战略合作协议13份,搭建起良好的沟通交流平台。所属各单位也都加大市场营销力度,实现项目储备的大幅增长和承接大项目的重大突破。

【重大项目】 坚持风险可控原则,采用PPP模式拓展市场业务,签订PPP项目协议10余份,中标PPP项目6个。以混合所有制形式与贵州新黔商企业管理中心合资设立总局控股的中能化(贵州)建设控股有限公司,成立武汉中煤金峡房地产开发有限公司、中能化安信信息技术有限公司、商丘中煤建工工程管理有限公司。与新疆维吾尔自治区进行4个矿种的勘查与合作开发。

【走向海外】 进一步扩大国际交流合作,整合内部资源,联合外部企业,积极寻找海外投资商机,在"一带一路"沿线国家和地区承包多项工程项目。

【重大创新】 2017年,总局投入技术开发费用2.28亿元,同比增长28%。新获各类专利120件,比2016年增长130%。"陕北府谷矿区马家梁一房子坪勘查区普查"入选中国地质十大找矿成果,"西北生态脆弱区侏罗纪煤与煤系气资源勘查开发研究"获得中国煤炭工业科技一等奖;"青海省鱼卡煤田羊水河地区煤炭普查"获得第十七届新发现矿产资源报告奖;"榆林市杨伙盘煤矿智慧矿山系统工程"获得2017年中国地理信息优秀工程金奖等。参与国家有关行业规范和标准的修订工作,完成《煤田地震勘探规范》《煤田水文地质勘查规范》《煤层气测井规范》等6个煤炭勘查规范的修订,完成《高压喷射注浆施工技术规范》的编修。

【党建工作】 总局对学习宣传贯彻党的十九大精神工作进行认真动员部署,制定24项工作任务,各级党组织、全体党员和广大干部职工通过"三会一课"、研讨等多种方式认真学习领会党的十九大精神,用好报纸杂志、网站等传统媒体和"两微一端"等新媒体开展宣传。举办多次学习党的十九大精神专题辅导报告会暨党委中心组(扩大)专题学习视频会议,全局领导干部深入一线开展党的十九大精神宣讲数十场。做到入脑入心,学懂弄通做实,为全面加强党的建设,落实全面从严治党要求,实现总局持续健康发展提供坚强政治和组织保证。

打造党建新格局。深入推进"两学一做"学习教育常态化制度化。落实党建工作责任制,对全年党建工作分解成42项重点任务进行推进。修订《总局党委议事规则》等24项规章制度,将党委研究作为总局重大决策的前置程序。建立董事会的企业,全部实现"董事长、党委书记一肩挑,党建工作进章程,党委决策前置程序"。加强基层组织建设。强化党务工作机构设置和党务工作力量的配备。召开总局党代会,选举产生总局新一届党委和纪委。实施"支部建在项目上",做到党组织应建必建。加强干部队伍建设,提出新时期领导干部"13458"总体要求。坚持党管干部原则,严格选拔任用程序,把好人选廉洁关,注重选拔优秀年轻干部。深入推进党风廉政建设。制定《2017年党风廉政建设和反腐败工作要点》,将任务分解落实到责任部门。针对选人用人、项目招投标等重点领域,开展监督检查。加强对领导干部监督管理,运用"四种形态",总局谈话函询13名领导人员。组织开展"送纪律下基层"活动,开展反腐倡廉教育442场次,参加7906人次。加强宣传及企业文化建设。选送的《撸起袖子战昆仑》获评"中国建设者·一线故事"十大故事;深入开展精神文明建设,所属建工集团、中煤地总公司获得"全国文明单位"荣誉称号。

【信息化建设】 大力推进信息化建设,着力构建高效安全的信息化工作平台。综合管理平台覆盖全部二级单位和大多数三级单位,囊括绝大多数业务流程。维护网络信息安全,确立总局体系网络与信息安全信息通报工作机制,开展信息化及信息安全建设检查。

【履行社会责任】 2017年,总局上缴利税总额9.48亿元,比上年增长13.67%。出资1000万元参与中央企业贫困地区产业投资基金。发挥专业技术优势,参与九寨沟抗震救灾和辽宁阜新透水事故救援。实施产业扶贫,为定点扶贫县甘肃省张家川县制作了航测影像图，成为该县项目规划的地理信息基础，并投入188万元，用于贫困村、贫困户脱贫攻坚工作。高度重视安全生产管理，全年未发生重特大事故，未发生重大交通及火灾事故。大力推动设备的更新改造和节能减排新工艺的运用，节能减排取得新成效。

【巡视整改】 针对监事会提醒函提示的问题，全面完成整改任务。对国资委深化巡视整改专项督查反馈的15个问题，制定25条整改措施，认真落实整改。完成四轮内部巡视，对12个直属单位开展巡视，巡视中发现的问题，在督促被巡视单位整改的同时，向总部职能部门反馈问题，强化日常监督管理。

(撰稿人：于文罡 赵彦雄 刘银海)

新兴际华集团有限公司

【基本概况】 新兴际华集团有限公司（以下简称"新兴际华集团"），前身为新兴铸管集团，由解放军原总后勤部生产部及所辖军需企事业单位整编重组脱钩而来。作为国务院国资委监管的中央企业，是集资产管理、资本运营和生产经营于一体的大型国有独资公司，是军队走出来的第一家世界500强企业。

新兴际华集团聚焦冶金、轻纺、装备、医药、应急、服务六大板块。主要产品及业务包括球墨铸铁管、管件、钢格板、钢材、特种钢管、制造用钢、工程机械、纺织品、服装、染整、皮革皮鞋、橡胶制品、特种和专用车辆、油料器材、装具、医药以及商贸服务与物流服务等。是产销量位居世界首位的球墨铸铁管研发生产基地，国内最大的钢格板研发生产基地；是国内最大的后勤军需品、职业装、职业鞋靴、高端纺织品研发生产基地；是中国应急产业龙头企业集团和中国应急产业协会会长单位；是国家级创新企业，拥有国家级企业技术中心和分中心3个，国家级技术创新示范企业、试点联盟、高新技术企业30个，拥有国家级企业博士后工作站、院士工作站3个，拥有"新兴""际华"2个亚洲品牌500强品牌。新兴际华集团作为首批董事会试点中央企业，采取"战略管控＋财务管控"的管控模式，实行三级法人体制。拥有涵盖集团人员和资产60%的上市公司两个：新兴铸管股份（000778.sz）和际华集团股份（601718.sh）。集团所属200多户成员企业遍布于全国30个省（自治区、直辖市）和加拿大、印度、赞比亚、韩国、沙特等国家。

【主要指标】 截至2017年底，新兴际华集团资产总额1374.71亿元，同比增长5.76%；净资产581.72亿元，同比增长22.68%。2017年实现营业收入2100.45亿元，同比降低4.69%；利润总额54.10亿元，同比增长3.26%。

2017年新兴际华集团有限公司主要经济指标

项 目	2016年	2017年	比上年增长(%)
资产总额(亿元)	1299.90	1374.71	5.76
所有者权益(亿元)	474.16	581.72	22.68
营业收入(亿元)	2203.85	2100.45	-4.69
利润总额(亿元)	52.39	54.10	3.26
净利润(亿元)	36.42	38.93	6.89
归属于母公司所有者的净利润(亿元)	29.77	29.74	-0.10
技术开发投入(亿元)	20.72	19.74	-4.73
利税总额(亿元)	80.39	94.58	17.65
应交税金总额(亿元)	43.67	46.05	5.45
全员劳动生产率(万元/人·年)	17.35	23.91	37.81
净资产收益率(%)	9.75	8.67	减少1.08个百分点
总资产报酬率(%)	5.79	5.61	减少0.18个百分点
国有资本保值增值率(%)	110.31	109.44	减少0.87个百分点

【改革发展】 2017年，新兴际华集团进一步调整优化管控模式。全面落实企业董事长、党委书记"一肩挑"，按照"小总部、大管理"思路，构建总部九大管理体系，打造聚焦服务和价值创造的总部机关。同时，集团公司将业务调整为冶金、轻纺、装备、应急、医

药、服务六大板块,原有业务板块进一步聚焦主业,明确打造国际一流、行业龙头的发展方向,新组建医药、应急两大业务板块,为加快集团转型升级,培育新的业务增长点提供有力支撑。

2017年,新兴际华集团充分发挥党委核心作用,层层推进市场化选聘。一是进一步完善制度,充分保障企业党组织的法定地位。在落实董事会职权试点初期就做到"党建进章程",集团公司和二、三级企业都在章程中明确党组织的治理主体地位,并以"层级权责清单化"为抓手,在纵向的资产纽带关系的单位之间和横向的包括董事会、党委、经理层在内的各治理主体之间梳理出权责并明确界定,严格落实党委研究讨论是董事会、经理层决策重大问题的前置程序。二是充分发挥党组织核心作用。党委"严四管",就是管标准、管程序、管纪律、管考察,党委"把三关",就是人选入围关、考察关和推荐关。三是坚持引领示范,层层实现经理层"身份"市场化。2017年,完成92家90%的三、四级企业经理层成员的市场化选聘,并且坚持市场化比选与身份转换相结合,确保选出的是"实干家"而不是"考试专家"。

2017年,新兴际华集团强化激励约束机制,层层实现契约化管理。一是强化业绩考核,打造契约化管理制度体系。集团公司不断探索完善"两合同、一书、两办法"的契约化管理文件和程序,为董事会与经理层之间依法建立契约关系奠定基础。二是加大考核力度,建立灵活有效的激励约束机制。推行强激励、硬约束。集团全面推行"利润确定总薪酬、关键指标严否决",从根本上破除平均主义和"旱涝保收",岗位靠竞争,收入凭贡献。同时做到结合实际、灵活有效。

【重大项目】 2017年,面对严峻复杂的国内外经济形势和行业态势,新兴际华集团坚持稳健经营、科学投资,大力推进结构调整,着力推进重点项目建设,优化产业布局。冶金板块广东阳江铸管、印尼镍铁项目顺利达产达效;轻纺板块引进德国先进技术,在岳阳综合保税区建设橡胶高分子产业园项目进展顺利;装备板块企业积极响应国家环保攻坚战要求,全力开拓京津冀及周边地区煤改气市场,在天津、河北、山东、山西等地落实示范项目,逐步形成天然气销售、物流服务、装备研发制造全产业链竞争优势;应急板块积极推进"安全谷"项目落地,逐步构建应急产品研发、物资供应、培训演练综合服务体系。

【走向海外】 新兴际华集团积极响应国家"一带一路"倡议,充分利用国际、国内两个资源、两个市场,主动对接处在价值链中高端的技术、管理、供应链、营销渠道、品牌、人才等优质要素,广泛利用全球最优秀的资源,全面提升国际竞争力。

冶金板块积极推进国际布局,大力开拓东南亚、拉美等新兴市场,出口占比稳居国内半壁江山,大口径自锚管、大口径PU内衬管等新产品出口比例55%,印尼镍铁项目顺利达产达效;轻纺板块积极拓展海外军贸市场,中美洲、中东地区军贸市场开拓成效显著,外贸收入同比增长31.12%;装备板块加大消防应急装备、天然气储运装备出口力度,出口同比增幅超过三成。

【重大创新】 作为国家级创新型企业,新兴际华集团不断加强创新能力建设,整合机构、科技骨干人员,成立集团技术中心,技术中心以应急"安全谷"建设为切入点,对接国家部委、科研院所、龙头企业等产业高端资源,瞄准国家重大需求推进行业研究、标准制定和服务对接,积极承担国家科技部、发改委、工信部重点研究计划,打造应急产业先发优势。各板块主持或参与修订国际、国内、行业各类标准100余项,参与教材修编10余部。集团承办国家工信部、四川省政府组织的第三届国家应急产业大会,树立集团应急品牌良好形象。

【党建工作】 新兴际华集团党委按照把方向、管大局、保落实的要求,全面落实国资委党委"党建工作落实年"要求,在全面深化改革、加强党的建设工作中,坚决贯彻落实党的十九大精神、党的六中全会精神、全国国有企业党建会议精神。一是深入学习贯彻习近平新时代中国特色社会主义思想和宣贯落实党的十九大精神。成立领导小组,组织开展专题学习、辅导报告、宣讲、轮训等十项活动。二是认真落实中央企业、地方国资委负责人会议精神,研究制定《新兴际华集团党建责任制实施细则》,增加一岗双责细则等内容。开展一次党建工作责任制落实情况述职评议和每季度向集团党委报告一次工作,促进党建责任制落地。三是制定集团党建40项重点任务,落实中央党建工作领导小组年度工作要点,认真贯彻中组部30项重点任务和国资委党委23项重点工作。四是狠抓"三个基本"工作的落实,抓基层,打基础,取得较好效果。

【信息化建设】 深入推进"两化"融合,加快企业管理信息化总体规划落地,新兴铸管武安工业区、际华3502率先通过工信部"两化"融合评审。积极探索构建"新际云网",围绕集团六大主营业务,开展"双创"、电商、培训、金融、集采五个子平台建设,着手打造资源共享和协同创新平台。

【履行社会责任】 新兴际华集团在中央企业连续两个任期业绩考核中获得"节能减排优秀奖"。发挥产业优势主动参与蓝天保卫战,完成25万户农村居民的"煤改气"任务,打造清洁暖冬;成功研发世界领先水平的柴油—天然气双燃料电控喷射技术,大幅削减重卡运行成本和尾气污染。先后投入捐赠扶贫资金3460万元,定点开展甘、蒙、新、贵产业扶贫,协助国资委、安监总局开展晋冀资金扶贫。高要求、高标准、高效率完成抗战胜利70周年阅兵、建军90周年阅兵等大型保障任务,获得"阅兵保障服务优秀企业"奖;在九寨沟等地震救援的急难险重任务面前,充分发挥产品、装备、队伍、联盟和布局五大优势,成为第一时间"第一响应"力量。为舟曲新兴际华希望小学捐助电脑30台和大量的学习用品。集团公司社会责任指数在中国社会科学院认证中跻身为最高的五星级(卓越级)。

(撰稿人:李晓玢)

中国民航信息集团有限公司

【基本概况】 中国民航信息集团有限公司(以下简称"中国航信")经国务院批准正式组建于2002年10月,隶属于国务院国资委管理,是专门从事航空、旅游信息及财务清算服务的国有独资大型信息技术科技企业,前身为中国民航计算机信息中心。2000年10月,中国民航计算机信息中心联合当时所有国内航空公司发起成立中国民航信息网络股份有限公司,2001年2月在香港联交所主板挂牌上市交易。2008年7月,中国民航信息集团有限公司以中国民航信息网络股份有限公司为主体,完成主营业务和资产重组并在中国香港成功整体上市。

2017年,中国航信认真贯彻落实党中央、国务院指示要求,围绕迎接保障党的十九大召开、学习贯彻党的十九大精神这条主线,在国资委、民航局的正确领导下,在监事会的有力指导下,大力推进转型升级、提质增效、创新驱动,圆满完成各项工作任务,发展有了新突破,改革呈现新气象。

【主要指标】

2017年中国民航信息集团有限公司主要经济指标

项　目	2016年	2017年	比上年增长(%)
资产总额(亿元)	201.70	226.10	12.10
所有者权益(亿元)	159.30	176.70	10.92
营业收入(亿元)	62.20	67.40	8.36
利润总额(亿元)	23.40	25.90	10.68
净利润(亿元)	20.10	22.70	12.94
归属于母公司所有者的净利润(亿元)	5.50	6.10	10.91
技术开发投入(亿元)	8.00	8.70	8.75
利税总额(亿元)	30.90	32.10	3.88
应交税金总额(亿元)	7.40	6.50	-12.20
全员劳动生产率(万元/人·年)	77.50	72.60	-6.32
净资产收益率(%)	13.43	13.52	增加0.09个百分点
总资产报酬率(%)	12.50	12.10	减少0.4个百分点
国有资本保值增值率(%)	113.37	110.52	减少2.85个百分点

【改革发展】 2017年,中国航信认真学习贯彻中央精神,积极推进深化改革工作,取得良好的改革成效。在分类推进国企改革上,完成下属法人单位的功能界定和分类,其中39家法人单位界定为"商业一

类",21家法人单位界定为"商业二类";在公司制股份制混合所有制改革上,完成集团公司的公司制改制,按照上级部署积极推进下属试点单位的混合所有制改革工作,积极谋划集团公司的股权多元化改革并制定改革方案;在完善现代企业制度上,加强董事会制度建设,规范董事会工作程序,优化董事会职权范围;在推进三项制度改革上,调整工资总额内部分配向一线单位和一线员工倾斜,加大对青年员工的培养和激励力度,新增设置"青年后备人才津贴",尽力缩小优秀员工薪酬水平与市场水平的差距;在推进国有企业供给侧结构性改革上,严控各项费用性开支预算,降低期间费用占营业收入比重,进一步降低采购成本;在加快国有经济布局优化、结构调整、战略性重组上,与交通运输部中国交通通信信息中心共同组建中交信有限责任公司,旨在打造全国道路交通信息化平台,创新资本运营模式,研究资本运营框架和设立基金管理公司;建立健全干部管理相关制度,从制度层面为职能部门机构改革提供保障;扩大人才激励范围,优化薪酬管理体系,在坚持实施一线技术骨干津贴的同时,加大对青年员工的培养和激励力度。

【重大项目】 2017年,顺义基地建设工程项目完成年度投资4.10亿元,累计完成投资46.48亿元。园区生产区、办公区工程分别于2017年3月、12月完成北京市住建部门的竣工验收备案,全面投入使用。总部职能部门、各业务部门、结算公司、运行中心、研发中心顺利完成搬迁入驻。

公司在新系统建设、承担重大科技项目等方面取得突出成绩。新一代旅客服务系统完成全部951个关键功能开发,24个子系统全部建设完成并通过结项验收。东航航班管理系统交付项目实现跨航司主控合并技术,为大规模、高复杂度的系统交付工作奠定坚实基础。民航电子客票系统国产化"核高基"项目完成国家的任务验收和财务验收,任务圆满完成。实现国外传统大型主机应用程序的替换,创造民航领域核心交易业务国产操作系统、数据库及中间件对国外产品全面替换的先例,建成应用软件国产化、基础软件国产化、服务器品牌国产化的中国民航客票交易系统,开启民航核心信息平台升级换代同时国产化的先例。国家发改委国家信息安全专项"民航重要信息系统网络安全保障示范工程"完成应用日志分析及预警平台项目及数据安全交换与管控平台的中期验收部分。

【走向海外】 2017年,中国航信9家海外分支机构收入9257万元,实现利润总额768万元。2017年,全资收购的爱尔兰科技公司OpenJaw,实现收入1.47亿元。

2017年,公司积极响应国家"一带一路"倡议,加快"走出去"步伐。大力协助国内航空公司加强在海外地区的销售和推广,与川航等4家主机航空公司达成海外销售合作推广协议,在澳洲、越南两个海外地区新加入中性结算体系;全力推广航信PSS系统服务,与蒙古、柬埔寨等"一带一路"沿线国家的近10家航空公司接洽推广航信PSS系统,成功签署汤加航空等4家海外PSS客户,并与密克罗尼西亚航空速运成功实现低成本LCC产品的签约;助力航空公司国际化进程,完成国内航空公司在80个海外航站的离港投产,支持7家航空公司客户在海外27个站点实现符合IATA标准的柜机自助值机服务;加大海外代理人产品的研发和推广,"行啊"产品在香港嘉信和澳洲港中旅成功投产,星际产品推广至澳中旅和ALLLINK两家澳洲代理应用,实现海外市场的探索。

【重大创新】 2017年,完成新一代旅客服务系统的建设,并在四大航逐步实施,投产民航电子客票系统国产化"核高基"项目,完成三大主机系统改造,承建民航重要信息系统网络安全示范工程、"互联网+"民航公共主动服务平台、北京市设计创新中心和民航大数据工程技术研究中心等,成功申报民航旅客服务智能化技术应用重点实验室,开发出"航旅纵横""航信通""人证合一""航指数"等产品,德付通支付业务规模呈几何级数增长,推动民航业清结算方式转型。

【党建工作】 公司深入学习贯彻落实党的十九大精神,全面落实全国国企党建会议重点任务,认真落实党建工作责任制,以党建聚人心,以党建促发展。一是周密部署,认真学习党的十九大精神。先后印发两个通知部署学习任务,开展网上答题、知识竞赛、征文活动、理论研讨、党课观摩"五项主题活动"。落实"五个全覆盖"要求,全方位开展学习宣传活动。二是严格落实制度和学习计划,加强党的政治建设。严格落实党委"三重一大"制度,全年召开党委常委会57期,讨论决策重大事项433项。加强党性锻炼,组织党委中心组学习18次。三是推进"两学一做"学习教育常态化制度化,加强基层党组织建设。印发实施方案,加强党支部工作规范化指导,紧抓"三会一课"制度落实,提高基层党组织工作的系统性和规范化。召开第二次党代表大会完成公司换届选举。四是围绕中心任务,稳步开展宣传思想文化工作。紧扣公司办公区搬迁工作,开通专栏,及时跟进员工思想动态,积极配合搬迁工作。完善并发布企业文化要点和工作制度,编制成手册。五是强化监督执纪问责,深入推进党风廉政建设和反腐败工作。扎紧制度的笼子,加强对"三重一大"、选人用人、物资采购的监督管理,初步构建"不能腐"的体制机制框架。加强对领导干部教育监督管理,印发领导干部监督管理暂行办法,建立领导干部廉政管理信息系统。六是增强群众性,开展群团工作。开展职工技能竞赛、"安康杯"竞赛、劳模选树、班组建设等10多种益于业务技能提升、身心素质提高的活动。开展"安全生产教育实践活动"、"青年安全生产示范岗"创建活动、"中国航信业务创新创意大赛"等增强员工安全意识和创新意识的活动。全年获得国家级集体荣誉1个,省部级个人荣誉10个,省部级集体荣誉10个。

【信息化建设】 中国航信持续加强创新攻关,不断完善长效机制,以重点项目为抓手有效推动公司网络安全与信息化建设,并进一步提升管理信息化水平,构建完善的信息化监管载体——安全生产指挥平台,逐渐形成统一指挥、覆盖全国、实时联动的网信工作指挥体系。在技术创新攻关方面,公司坚持在引进吸收的基础上不断自主创新,面向客户、政府机构以及特定行业搭建专有云服务平台,进一步提升信息化服务水平。在长效机制建设方面,中国航信通过制定多项策略原则、制度规范,进一步明确信息化保障能力建设的方向。此外,中国航信在牵头开展重点网络安全专项过程中,联合行业各服务单位,全面提升行业信息化建设的网络安全水平。

【履行社会责任】 节能减排方面。不断完善节能减排的组织管理工作,建立健全节能减排数据的统计监测体系;在保障生产安全和业务拓展的基础上,强化生产部门对节能减排工作的主动意识;持续通过淘汰产能低下的老旧设备、引进高效节能的新技术、加强节能改造、做好节能宣传等多种方式,减少资源与能源的消耗,提高资源的使用效率。

关爱员工方面。保护员工权益,落实职代会职权;丰富员工生活,举办"职工大讲堂"、各类文体活动、"航信杯"体育比赛、职工体育大会;促进员工成长,加强班组建设、完善绩效管理、开展技能竞赛,实施"心健康·新旅程"员工关爱计划。

回馈社会方面。不断致力于慈善公益事业,依托自身优势,热心参与扶贫、慈善、捐助等社会公益活动,关心教育、文化、卫生、环境等公共福利事业,积极提供财力、物力和人力等方面的支持和援助,促进当地经济发展和民生改善,在推动社区和谐与地区进步方面作出应有的贡献。

(撰稿人:任泽宇)

中国航空油料集团有限公司

【基本概况】 中国航空油料集团有限公司(以下简称"中国航油")成立于2002年10月11日,注册资本44.16亿元,是国有大型航空运输服务保障企业,是国务院授权的投资机构和国家控股公司试点企业,是国际航空运输协会、国际航煤联合检查集团、美国试验和材料协会、英国石油协会、美国石油协会等国际组织成员。

中国航油以航油业务为核心,构建航油、油品贸易、物流、国际业务四大主营业务板块,控股、参股二级企业27家,在全球278个机场,为300多家航空客户提供航油加注服务,在25个省(自治区、直辖市)为民航及社会车辆提供汽、柴油及石化产品的批发、零售、仓储及配送服务,在长三角、珠三角、环渤海湾和西南地区建有大型成品油及石化产品的物流储运基地。2017年,中国航油以营业收入2158.8亿元位列《财富》世界500强第439位。

【主要指标】 2017年,中国航油销售油化产品6135万吨、比上年增长10%,完成年度预算的113%。

其中,销售航油2673万吨、比上年增长12%,国内其他成品油360万吨、比上年减少24%,国际油品贸易量3103万吨、比上年增长15%。

2017年,中国航油实现营业收入2158.8亿元、比上年增长32%,营业成本2038.5亿元、比上年增长33%,利润总额73.2亿元、比上年增长20%。

2017年中国航空油料集团有限公司主要经济指标

项　目	2016年	2017年	比上年增长(%)
资产总额(亿元)	423.41	510.60	20.60
所有者权益(亿元)	255.70	308.60	20.70
营业收入(亿元)	1633.47	2158.80	32.20
利润总额(亿元)	60.85	73.20	20.30
净利润(亿元)	46.44	55.30	19.10
归属于母公司所有者的净利润(亿元)	21.26	27.10	27.50
技术开发投入(亿元)	0.10	0.10	0.00
利税总额(亿元)	95.79	123.00	28.40
应交税金总额(亿元)	34.94	49.80	42.50
全员劳动生产率(万元/人·年)	77.88	94.34	21.10
净资产收益率(%)	19.90	19.60	减少0.3个百分点
总资产报酬率(%)	16.55	15.69	减少0.86个百分点
国有资本保值增值率(%)	117.64	130.28	增加12.64个百分点

【改革发展】 中国航油持续优化国内外航油资源的统筹协调配置,以年度框架协议方式,锁定各供应商生产总量,配置资源3120万吨,调整内贸和以出顶进资源结构用于出口北美市场,成功打通洛杉矶、安克雷奇、夏威夷等地的接卸渠道,有效化解国内过剩产能;加强与炼厂、国储局、交通部等单位的沟通协调,成功应对13个炼厂集中检修、长江三峡船闸检修及限行、极端天气带来的资源保障难题,确保航油资源稳定供应。航油业务积极拓展市场,新接收韶关、茅台等4个支线机场的供油业务,重签、续签鄂尔多斯、阿尔山机场,国内供油机场数219个,市场占有率96%。石油业务综合运用库存、外采等调控手段,量价兼顾、采销联动、淡储旺销,较好地应对市场变化;落实国家环保政策要求,对24座加油站进行双层罐改造,在停产施工的不利形势下,仍实现零售业务较2016年同期不降反增;积极与航油公司协作协同,稳步推进西安、重庆、贵阳、太原机场供油协调保障事宜。物流业务充分发挥航油运输主力军作用,物流公司完成航油水运量754万吨、管输量281万吨、仓储量326万吨,确保航油及时稳定供应;不断发展船舶运力,海鑫公司新购置2艘船舶完成交接、新建1.5万吨级船舶项目进入设计建造阶段,泽胜公司5艘船舶项目稳步推进,水运能力不断提升,沿海自有运力由38%提高到51.3%;物流公司与航油公司大力协同,完成彭州、宁波、广州三条管道的划转接收,彭州管输公司正式运行,管道运营模式逐步优化;武清泵站项目通过竣工验收总结,浦航公司12万立方米油库完成设计招标,显著提升枢纽机场的航油保障能力。成立集团通航领导小组,与8个政府机构、9家企业签署战略合作协议,入股成立西部通用机场有限公司,参与筹建重庆航空学院,宁波国家级航油配送中心实现竣工,在国家一类通用机场中实现航油加注5个、资源配置23个,通航业务迈出坚实一步。

【重大项目】 中国航油积极推进重点项目建设,四川彭州炼厂至成都双流机场航煤输油管道及首站工程、广州机场场外航煤输送管道等项目完工投产;福州机场输油管道局部改线、湖南易家湾卸油站扩容工程、贵州谷立油库增容等项目完成交工验收;北京新机场供油工程是国家重点工程的重要组成部分,津京第二输油管道河北段、天津段分别于8月和9月开工,永定河段施工克难前行,项目建设取得突破性进展;青岛新机场供油工程、长沙机场供油(改)扩建工程等项目攻坚克难、有序推进。

【走向海外】 中国航油大力推进国际业务布局,

召开国际化高层战略研讨会，对国际业务进行顶层设计，发布国际化发展战略"北京行动宣言"；积极开展对外合作，与BP就共同开展投资储罐项目达成框架协议，与壳牌就推进巴基斯坦、马来西亚、泰国等市场进行洽谈，与俄罗斯天然气公司下属航油公司商讨深化业务合作，与云投集团合作布局柬埔寨暹粒机场，全年新增6个海外供油机场，海外供油机场数49个，其中"一带一路"沿线国家机场11个；首次成功申请一般贸易出口配额，完成15万吨航煤出口，实现一般贸易出口历史上"零"的突破；从亚洲到北美的跨区域航煤贸易已成规模，亚洲到欧洲的航煤贸易线路渐趋成熟，首次实现对非洲的整船航煤销售，北美公司首次为新加坡航空供应生物航煤。

【重大创新】 在管理创新方面，中国航油全面落实深化改革相关工作，严格按照国资委有关要求，推进公司制改制相关工作，取得阶段性成果；完成所属91家子企业功能界定与分类，获得国资委好评，为下一步深化子企业改革打下坚实基础；稳步推进"压减"工作，第一阶段减少法人单位6户，在国资委考核中取得满分；加大亏损企业治理力度，通过资产重组和注销等方式减少亏损子企业3家，亏损额大幅下降；推动"瘦身健体"提质增效，全年实现管理创效6亿元。扎实推进公务用车改革，减少公务用车209台，安置分流司机27人，规范履职待遇行为，降低运维成本。持续提高财务管理水平，细化业务驱动及分类预算编制，建立宽范围、全级次的预算体系，财务预算从公司业务延伸到党委、工会和团委，提高预算管理的及时性、准确性、有效性；强化资金管理，修订资金管理办法和资金审批授权管理办法，资金集中范围不断扩大，实现对集团二级成员单位资金集中的全覆盖，财务公司资金集中度位居央企财务公司前列，资金统筹管理能力进一步增强。在科技创新方面，中国航油大力推进创新机制和管理体系建设，组建科技信息部，稳步推进研发中心建设前期工作，安全运营调度指挥平台建设取得积极进展；向民航局提交三项行业标准，完成4.7万升罐式飞机加油车科研项目的验收，长输管道漩流分离器研究项目通过专家验收评审，集中评审25项支撑生产经营的科技项目，自主创新能力不断提升；完成科技投入1648万元，较上年增长近4倍。

【党建工作】 中国航油深入学习贯彻党的十九大精神，全面贯彻落实习近平新时代中国特色社会主义思想，认真贯彻落实国企党建工作会议精神，全面加强党的领导，围绕中心、服务大局，充分发挥党组织的政治核心作用，进一步落实党组织在公司法人治理结构中的法定地位，推进党建工作进章程，把企业党组织内嵌到公司治理结构之中；实行党委书记、董事长"一肩挑"，配备专职副书记，落实"一岗双责"，组织召开集团公司第二次党代会，选举产生新一届党的委员会和纪律检查委员会；出台集团公司党建工作责任制实施办法，制定党建工作责任制考核办法，建立党组织书记述职评议制度，构建起集团党建工作责任体系；按照党建工作"三同时"原则，加强党组织关系垂直管理，组建成立新加坡公司党工委，实现国内外所属企业党的组织全覆盖；组织召开党建工作研讨会，明确"两抓两促"工作主题；从严管理监督干部，围绕初始提名、推荐考察、个人有关事项查核等环节加强对干部日常管理监督，特别是抓住执纪监督问责"牛鼻子"，全程压实责任、全程监督检查、全程从严问责。全面落实党委的主体责任和纪委的监督责任，加大执纪问责力度，开展集团党委对进出口公司和石油公司的政治巡视，加强督办整改，强化管党治党政治责任的落实，纪律规矩意识不断增强。

【信息化建设】 中国航油按照民航局、公安局内保局关于网络与信息安全等通知要求，组织开展网络安全专项检查、专项整治行动等工作。完成十九大、"两会"、博鳌论坛、"一带一路"国际论坛、达沃斯论坛、金砖国家领导人会晤期间民航网络安全保障和信息通报工作。编写《中国航油集团广域网络安全解决方案》并获得2017年中央企业网络安全优秀解决方案奖。全面推进企业信息化建设，开发企业移动应用门户，实现关键业务在移动端的整合。改造基础设施运行环境，完成集团公司存储备份系统更新项目可行性研究报告。推进安全生产运营调度系统项目，完成安全运营调度指挥平台、指挥大厅可行性研究报告。完成党工团资金支付管理和财务信息综合展示信息化项目，进一步规范党工团经费管理。

【履行社会责任】 中国航油秉承"竭诚服务全球民航客户、保障国家航油供应安全"的使命,通过保障航油供应、加强安全生产、践行环保实践、助力员工成长和参与社区发展五大责任实践,积极推动利益相关方沟通和参与,提升运营透明度,共同创造经济、社会和环境综合价值。中国航油充分发挥统一管理、整体协调与资源配置的优势,积极推进"天字一号"——北京新机场航油工程建设,在春运、"两会"、"一带一路"国际合作高峰论坛、金砖国家峰会、党的十九大、茂县滑坡及九寨沟、林芝地震等关键时期确保航油资源正常稳定供应,圆满完成保障任务。从资源、设备、人员、应急和服务等方面积极开展各项准备工作,牢记责任,发扬"五有"航油铁军精神,确保重大活动的"绝对保障、万无一失"。通过支持支线航空建设、投身社会公益事业、在宁夏盐池县开展定点扶贫等方式肩负起社会赋予的责任,用实际行动回馈社会。在"2017年全国生态文明城市与社会责任企业"推选活动中,获得"2017年中国社会责任企业精准扶贫奖"与"希望工程优秀合作伙伴"等荣誉称号,获得金蜜蜂2017年优秀企业社会责任报告"领袖企业奖"。

(撰稿人:杨 罡)

中国航空器材集团有限公司

【基本概况】 中国航空器材集团有限公司(以下简称"中国航材")是专门从事飞机采购及航空器材保障业务的专业公司。作为国内民航业最大的、中立的第三方航空器材保障综合性服务提供商,中国航材紧紧围绕"一优四强",确立以航空器整机保障服务、航空器材保障服务、技术装备及机场业务保障服务、通用航空发展及保障服务为主业的四大业务板块发展方向,主要业务涉及飞机批量采购、航空租赁、航材共享、飞机机轮保障、机场服务保障、导航技术服务、航空地毯制造、航空节能服务、通用航空、航空培训和航空展览等领域。

【主要指标】 2017年,在党的十九大精神和习近平新时代中国特色社会主义思想的指引下,在国资委、民航局的指导下,中国航材紧紧围绕新的战略方向,主动适应新的市场形势,着力提升新的发展能力,攻坚克难、开拓进取,在党建、重点业务、重点管理方面都有新气象、新作为,较好地完成国资委的主要考核指标,实现健康持续发展。

2017年中国航空器材集团有限公司主要经济指标

项 目	2016年	2017年	比上年增长(%)
资产总额(亿元)	126.33	129.63	2.61
所有者权益(亿元)	58.43	61.77	5.72
营业收入(亿元)	21.53	24.65	14.49
利润总额(亿元)	4.73	4.62	-2.33
净利润(亿元)	3.81	3.49	-8.40
归属于母公司所有者的净利润(亿元)	2.41	1.72	-28.63
技术开发投入(亿元)	0.20	0.21	5.00
应交税金总额(亿元)	1.37	1.62	18.25
全员劳动生产率(万元/人·年)	131.93	99.36	-24.69
净资产收益率(%)	7.00	5.91	减少1.09个百分点
总资产报酬率(%)	5.20	5.28	增加0.08个百分点
国有资本保值增值率(%)	107.50	101.68	减少5.82个百分点

【改革发展】 2017年,中国航材积极推进管理能力提升,在管理体系、干部队伍建设、"瘦身健体"、风险防控等各方面取得较好的成绩。

1. 把加强党的领导与完善公司治理结构相统一,健全党组织议事决策机制。中国航材根据党中央、国务院关于公司制改制的部署和工作要求,提前完成总部公司制改制和子企业公司制改制工作。建立董事会,董事会、经营层按照新的公司章程、工作细则的运作机制正式启动,加强党的领导和完善法人治理结构相统一的制度机制初步形成。完成中国航材所属二、三级全资公司党建工作总体要求纳入公司章程工作,把党组织研究讨论作为董事会作出重大决策的前置程序。修订完善"三重一大"制度,制定议事规则和有关工作细则等,进一步加强公司法人治理结构,为规范董事会建设、落实董事会职权奠定坚实基础。在董事会的正确领导下,经理层克服市场不利因素攻坚克难,思想意识更加解放,各项经营工作更加规范,取得长足的进步。

2. 坚持问题导向,推进机构改革和岗位设置优化,管理体系进一步完善。中国航材以"强化部门核心职能、避免多头管理、管运职责分开、平行合署精干、培养复合型管理人才"为原则,全面推进总部机构改革,完成总部部门职能及相关工作机构调整。以发展战略为导向,以人员结构为基础,按照"科学评价、因事设岗、一人多岗、一岗多能、定岗定编、动态管理"的岗位管理原则,对总部员工的岗位重新进行梳理和设置,进一步优化岗位结构,提高职能效率。逐步完善管理手册和会议制度,初步形成通过制度来规范各项工作流程的管理模式。研究真正切合公司实际的管理方式和制度,注重会议实效性和管理效率,坚持问题导向,以领导班子周例会和每月生产经营例会制度为抓手,及时掌握公司生产情况,解决经营中遇到的实际问题。将集团所属各企业运营下放到业务单元,让企业集中精力抓经营。一个权界清晰、分工合理、权责一致、运转高效的组织管理体系逐步形成。

3. 坚持党管干部,注重人才储备,加强激励约束,狠抓干部人才队伍建设。中国航材围绕公司发展战略,坚持人才优先发展战略,坚持党管干部原则,坚持政治标准,坚持五湖四海,不拘一格选贤任能。集团公司党委召开会议研究干部人才问题,选优干部配强班子,采取公开招聘等方式,引进具有国资央企背景的人才。初步建立一支后备干部队伍库和梯次培养人才库,确定一批中长期培养对象,加速青年人才梯队培养。分层次、有侧重地组织干部在集团总部、分子公司、行政与党务间进行轮岗交流,选派部分干部到扶贫一线、民航局挂职锻炼。在干部选用过程中树立"12355"铁律,强化"凡提五必",规范选用程序,严防干部"带病提拔"。对所属企业领导干部进行综合考核评价,肯定成绩,提出整改建议,加强激励约束。健全领导干部日常管理监督制度,持续加强干部管理监督。

4. "瘦身健体"工作初见成效。中国航材把"瘦身健体"和"压减"工作作为推动做强做优,促进高质量发展重要抓手,从与未来战略吻合度和业绩末位淘汰两个维度,通盘考虑,制定目标计划,明确与公司发展相适应的、持续开展"压减"工作的基本原则。落实"压减"工作任务,完成部分所属企业的控股权让渡、工商注销和已吊销营业执照企业的资产减值准备账务核销工作。

5. 注重防范风险,企业运营环境健康稳定、安全有序。中国航材积极推进法治航材建设,强化全面风险防控,理顺法律管理服务素质,法律支持渗透进全部业务和管理进程,在实现法律审核率100%"量"的基础上,注重"质"的提升,有效防范法律风险。强化内部控制体系建设与评价,检查整改内控缺陷,开展针对性的经济责任审计,推进风险防范关口前移,堵塞经营管理漏洞,提升风险防范能力。

【重大项目】

1. 航空器整机保障服务板块。中国航材顺利完成空客公司和波音公司的两次飞机批量采购任务,充分发挥整合内部资源的协同作用,为工业合作和海外业务拓展等打下基础;控股的奇龙航空租赁有限公司继续优化自身业务结构和商业模式,积极为拓展市场加强调研,谋划未来新发展。

2. 航空器材保障服务板块。中国航材所属中国航空器材有限责任公司按照航材共享的发展理念,在富余航材、消耗器材集采、新机型小机队保障及AOG航材互援等业务领域取得不同程度的突破,行业影响力不断加强,治理结构不断完善,企业步入正常经营轨道;所属北京凯兰航空技术有限公司为化解刹车产品技术升级带来的冲击,加速从传统维修向整体机轮保障服务的转型升级,取得较好成效,呈现良好发展趋势。

3. 技术装备及机场业务保障服务板块。中国航材所属中国民航技术装备有限责任公司市场网络布局逐步铺开,产品种类和业务范围不断拓展,导航业务取得新突破,中标航空情报系统,极大地提升在民航行业地面服务领域中的地位和影响力;所属中国航空器材集团能源管理有限责任公司对合同能源管理模式进行轻资产化,在合肥机场和西部集团机场成功实践,开辟对航空公司的高端能源审计业务,深航审计项目被深圳市评为优秀;所属北京航空工艺地毯有限公司在股权变更过程中确保企业的生产经营稳定。

4. 通航发展及保障服务板块。2017年12月,中国航材完成对东方通用航空有限责任公司的战略重组。此次战略重组是积极响应国务院大力发展我国通用航空产业号召,推动供给侧结构性改革,促进我国航空事业"两翼齐飞"的重大决策;是全面深化国有企业改革,优化资源配置、推进专业化整合,实现适量变革、效率变革、动力变革的重大举措;更是中央企业敢于担当、响应号召,推动通航产业发展的大胆尝试。此外,中国航材所属中国航材通用航空服务有限公司完成第二架米-171飞机的交付、三架ATR支线飞机代理引进等项目。

【党建工作】 中国航材认真贯彻落实党的十八大、十八届历次全会、党的十九大精神,以习近平新时代中国特色社会主义思想为引领,坚决同以习近平同志为核心的党中央保持高度一致,将政治建设摆在首位,牢固树立"四个意识",按照"中央企业党建工作落实年"的各项任务,不断加强和改进党的建设。学习十九大精神努力做到"六个聚焦""五个全覆盖",在学懂弄通做实上下功夫;全面贯彻落实全国国有企业党建工作会议精神要求,发挥党组织把方向、管大局、保落实的领导作用,健全党委会研究讨论是公司重大经营决策前置程序的制度和机制,全面完成将党建工作要求纳入公司章程,探索建立加强党的领导和完善公司治理相统一的新机制;进一步推进"两学一做"学习教育常态化制度化;落实党建工作责任制,探索将党建考核结果与经营业绩考核结果挂钩;按照党建"四同步""四对接"工作要求,配合业务整合和组织架构调整,完成党组织的整合工作,首次实现基层党组织覆盖率100%。着力构建"不敢腐、不能腐、不想腐"的体制机制,积极开展巡察工作,严肃执纪,坚决问责,推动集团公司党风廉政建设和反腐败斗争向纵深发展。

【信息化建设】 中国航材稳步推进信息化建设,完成信息系统等级保护、档案管理信息化系统等项目;保证全国"两会"、"一带一路"高峰论坛、金砖国家峰会、十九大期间的网络信息安全;积极配合国资委、民航局、公安部等完成有关信息安全、信息化建设等方面的工作。

【履行社会责任】 中国航材积极履行经济发展责任、安全环保责任、员工成长责任及企业的公民责任,注重回馈社会,热心公益,扶贫济困。始终把定点扶贫工作作为重要的政治任务来抓,在扎实开展贫困地区调研的基础上,精准扶贫,精准施策。2017年,投入扶贫资金130万元(不含捐赠物资等),直接受益和帮扶贫困户279户978人。通过加强基础设施建设,改善生产生活条件;建立村集体经济合作组织,激发贫困群众内生动力;长短结合发展扶贫产业,建立造血机能;积极参与社会救助、开展公益活动等,多措并举,助力陕西省白水县打赢脱贫攻坚战,树立央企勇担责任的良好形象。

(撰稿人:孔小可)

中国电力建设集团有限公司

【基本概况】 2017年,中国电力建设集团有限公司(以下简称"中国电建"或"集团公司")认真落实国务院国资委各项决策部署,坚持稳中求进工作总基调,紧紧围绕加强党建、深化改革、精益管理、提质增效等中心工作,较好地完成改革发展党建的各项任务目标,总体工作取得新进展,重点领域实现新突破。一是经营发展持续向好。全年营业收入、新签合同等规模经营指标继续保持两位数增长,市场份额持续扩大;利润总额、经济增加值等质量经营指标较好实现年初预定目标,继续创历史新高。集团公司能源电力、基础设施、水资源与环境三大核心主业齐头并进,相继中标辽宁清原抽水蓄能电站、深圳地铁12号线和埃及燃油炼化厂、沙特延布三期电站等一批国内外大型重点项目,市场竞争力不断提升。境内外57个项目荣获国家级优质工程表彰,交付投运的深圳地铁7号线获得国家优质工程金质奖。二是综合实力持续提升。集团公司在2017年《财富》世界500强企业排名上升至第190位,较2016年提升10位。连续五年获得国务院国资委"中央企业负责人经营业绩考核A级企业"称号。履行社会责任成果丰硕,海外社会责任发展指数在业界名列前茅。精准扶贫和援疆援藏工作成效显著,综合实力、影响力和美誉度得到进一步彰显。

【主要指标】 2017年,集团公司资产总额6839.63亿元,比上年增长13.52%;所有者权益总额1486.64亿元,比上年增长32.59%;资产负债率78.26%,比上年下降3.13个百分点;实现营业总收入3640.87亿元,比上年增长12.11%,完成年度预算3450.94亿元的105.50%;实现利润总额126.21亿元,比上年增长3.80%,完成全年预算126.10亿元的100.09%。

2017年中国电力建设集团有限公司主要经济指标

项　　目	2016年	2017年	比上年增长(%)
资产总额(亿元)	6025.31	6839.63	13.52
所有者权益(亿元)	1121.22	1486.64	32.59
营业收入(亿元)	3247.62	3640.87	12.11
利润总额(亿元)	121.58	126.21	3.80
净利润(亿元)	95.97	94.10	−1.95
归属于母公司所有者的净利润(亿元)	70.33	63.98	−9.02
技术开发投入(亿元)	88.40	104.40	18.10
利税总额(亿元)	233.02	260.30	11.71
应交税金总额(亿元)	139.28	168.11	20.69
全员劳动生产率(万元/人·年)	24.95	34.54	38.45

续表

项　　目	2016年	2017年	比上年增长(%)
净资产收益率(%)	9.28	7.22	减少2.06个百分点
总资产报酬率(%)	3.48	3.25	减少0.23个百分点
国有资本保值增值率(%)	111.87	108.78	减少3.09个百分点

【改革发展】 2017年,集团公司聚焦制约企业健康可持续发展的瓶颈问题,勇于深化改革、释放活力,敢于创新调整、增强动力,不断推动改革向纵深发展、创新向价值转化。一是深化改革不断释放发展活力。集团公司、股份公司全面实现党建工作总体要求进章程,修订议事规则,明确党组织在公司法人治理结构中的法定地位,实现加强党的领导和完善公司治理体系的有机结合、有序运转。不断完善董事会治理,健全董事会决策流程和授权决策事项报告制度。不断深化管理体制改革,全年新立及修订规章制度112项,简政放权工作、分级授权管理推进速度加快。火电板块全民所有制企业公司制改制工作全面完成,实现国务院提出的改革目标和要求。推动完成4组8户子企业跨地域、跨业务重组整合,"小、散、弱"局面持续改善,资源布局更趋合理。积极申请国有资本经营预算支持,完成剩余9家"僵尸企业"和特困企业专项治理,提前一年达到国务院国资委三年处置治理工作标准。持续推进法人机构压减、厂办大集体改革、关联企业和自然人持股清理规范等综合配套改革,"瘦身健体"、提质增效实现阶段性目标。二是创新驱动持续增强发展动力。公司不断完善创新体制机制,加大研发资源整合投入,创新型企业建设步伐明显加快。智能建造、智慧城市、高端装备等创新实践和成果在党的十九大召开前后举办的"央企创新成就展"中广受各界好评。传统业务关键技术、新兴业务领先技术加快转化应用,在引领市场开发、服务项目营销、支撑履约经营等方面发挥明显作用。商业模式创新成效显著,通过资本引入、产融结合、项目合作等途径有效地放大国有资本功能;在抽水蓄能、风光新能源、

基础设施建设领域积极推广以设计为龙头的EPC模式，强化全产业链一体化独特优势。

【重大项目】

1. 投资额。2017年，集团公司稳步推进以水电、风电、太阳能等清洁能源为核心的电力投资业务，全年投资总额1234亿元，投资计划完成率102.8%，无非主业投资。按资产类型划分：固定资产投资（含房地产）522.06亿元，占比40.71%；股权投资（主要是PPP）711.47亿元，占比59.29%。按地区划分：境内投资1151.58亿元，占比93.36%；境外投资81.95亿元，占比6.64%。

2. 投资规模。年末控股运营总装机1368万千瓦，其中水电625万千瓦、风电418万千瓦、火电227万千瓦、光伏98万千瓦。

3. 投资收益。固定资产及经营性投资实现总收入387亿元，同比增长52.28%；实现利润21亿元，同比增长15%。同时，通过投资特别是小比例股权投资，累计拉动施工总承包业务收入982亿元，同比增长22.86%，有力推动市场营销、调整转型、提质增效和业绩积累、资质获取。房地产业务严格贯彻中央提出的"房住非炒"政策，不断加大土地筹备、加强项目管理、加速库存去化，全年累计签约销售298亿元，为年度预算的135.4%；实现利润15亿元，为年度预算的111.12%，销售额名列2017年全国房地产公司100强第55位；累计实现去化率77.5%。

4. 重大投资项目。集团公司正在实施的重大海外投资项目有南欧江水电站二期（17亿美元）、巴基斯坦卡西姆港燃煤应急电站（20.85亿美元），国内有成安渝高速公路四川段工程项目（241亿元）、北京小红门房地产项目（126.02亿元）、安徽池州神山灰岩矿项目（83.49亿元）等，批复总投资738.93亿元。截至2017年底累计完成投资383.23亿元，完成率51.86%。

【走向海外】 2017年，中国电建在《财富》世界500强企业排名中位居第190位，比2016年排名200位上升10位。在美国《工程新闻杂志》（ENR）全球工程承包商250强排名中位列第五名，在全球工程设计公司150强排名中位列第二名。在ENR行业和区域排名中，成为同时在非洲、亚太、中东和拉美4个区域市场进入全球前十名的中资企业；同时在电力、水利和污水处理三个业务领域进入全球前十名。在2017年三大国际信用评级机构分别获得惠誉A－、标普BBB＋、穆迪Baa1信用评级。

1. 境外投资业务开展情况。截至2017年底，中国电建在境外11个国家实施投资项目19个，主要分布在亚洲地区。2017年，完成投资80.89亿元，其中已投产运营项目完成投资3.61亿元，在建项目完成投资77.28亿元。正式运营项目10个，包括1个建材类项目、4个水电项目、1个风电项目、1个矿产项目和3个股权收购项目。投资在建项目9个，包括1个水电项目、1个矿产资源项目、5个火电项目和2条铁路项目。累计开展前期工作项目51个，2017年新增16个。集团投资项目聚焦能源电力、水资源与环境、基础设施三大核心主业，涵盖电力工程、水利建设、交通工程等业务范畴。

2. 海外收购与并购情况。集团公司积极开展战略性并购业务，2017年7月并购欧洲全球知名设计咨询公司——意大利Geodata（吉泰）公司。

3. 对外承包工程业务开展情况。2017年，集团公司国际业务持续增长，完成新签合同额1945.40亿元，比上年增长8.05%，占总体的34.02%；完成营业收入877.09亿元，比上年增长13.27%，占总体的24.09%；实现利润总额41.61亿元，比上年增长18.60%，占总体的32.97%。

截至2017年底，集团公司67家成员企业在120个国家执行项目合同2586份，合同总金额8499.37亿元，比上年增长8.45%，占总体38.46%。其中，亚洲1421份，合同总金额4952.51亿元，占比58.27%；非洲869份，合同总金额2613.36亿元，占比30.75%；美洲180份，合同总金额751.13亿元，占比8.84%；欧洲105份，合同总金额172.59亿元，占比2.03%；大洋洲11份，合同总金额9.78亿元，占比0.12%。

截至2017年底，集团公司国际业务从业人数94326人，其中，中方人员26179人，占27.75%；雇佣项目所在国员工62112人，占65.85%；雇佣项目第三国人员6035人，占6.40%。

截至2017年底，集团公司在109个国家设立322个驻外机构，其中，在"一带一路"沿线42个国家设有128个代表处或分支机构，在43个国家执行工程总承包或施工承包类项目合同1449份。

【重大创新】 2017年，集团公司面向发展战略和市场需要，以数字化、网络化、智能化、绿色化作为提升行业竞争力的技术基点，持续推进重大技术攻关，取得大批兼具良好社会效益和经济效益的重大科技创新成果。2017年，获得国家级科技进步奖2项，省部级科技进步奖291项，其中，集团公司华东院主导完成的"锦屏二级超深埋特大引水隧洞发电工程关键技术"项目荣获国家科技进步二等奖，集团公司四川电力建设三公司参与完成的"600MW超临界循环流化床锅炉技术开发、研制与工程示范"项目荣获国家科技进步一等奖；54项成果获得中国电力科学技术奖、水力发电科学技术奖、中国施工企业协会科技进步奖和省级科学技术奖特等奖或一等奖。

2017年，集团公司研发投入104.4亿元，研发投入比2.94%，比2016年研发投入88.4亿元增加16亿元。

截至2017年底，集团公司高新技术企业增至80家、省级创新型企业11家。

结合集团公司业务发展需要和技术优势，在积极参与国家重大创新任务的同时，持续加大战略性新兴业务技术体系谋划和传统业务领域与现代信息技术融合。一方面，积极谋划光热、城市轨道和核电等业务领域关键集成技术攻关，不断推进《城市河流水环境治理关键技术研究》等一批集团级重大专项研究工作；另一方面，注重新兴业务（包括水资源与环境、光热、核能、地下空间及核能等）重点技术研发的引导。

持续推进以集团统筹、成员企业实施的"两级三层"研发平台建设工程，截至2017年底，集团公司拥有国家级研发平台6家、省级研发平台76家，年度新增省部级以上研发平台11家。其中，以华东院、成都院、中南院、贵州院等为代表的一批集团所属水电与火电设计企业，加快信息技术与传统勘测规划业务融合，先后建成信息技术应用业务省级研发平台，为传统业务升级提供良好支撑。新增"陕西省水生态环境工程技术研究中心""四川省城市水环境治理工程技术研究中心""湖南省装配式建筑工程技术研究中心"等专业研发平台，有力推动集团新兴业务发展。

把科技成果转化作为实施创新驱动发展的重要措施，积极完善科技创新投入、研发、转化、应用机制，实施"以工程带科技、以科技促工程"机制，以现场观摩、技术咨询等多种形式推广交流科技成果，成效显著。2017年，集团位列"2017年中国企业专利创新百强榜"第54位，贵阳院、水电五局分别获评"2017年度国家知识产权示范企业、优势企业"。集团公司申请专利2614件，其中发明专利804件，国际专利11件；授权专利2048件，其中授权发明专利391件。

【党建工作】 2017年，集团公司各级党组织围绕"中央企业党建工作落实年"总体要求，以落实党建重点任务为抓手，以基层党组织和党员队伍建设为重点，全面从严治党，为改革发展提供坚强保障。一是深入学习贯彻党的十九大精神。制定并认真落实学习贯彻十九大精神的实施意见，深入学习贯彻习近平新时代中国特色社会主义思想。二是党建重点任务全面完成。78项党建重点措施落实到位并持续推进，总体落实率94%。开展国资委巡视反馈意见整改落实情况"回头看"，圆满完成中央企业巡视整改自查自纠任务。三是扎实推进"两学一做"学习教育常态化制度化。四是党的组织建设水平进一步提升。五是企业领导人员队伍建设得到进一步加强。认真落实习近平总书记"二十字"国企好干部标准，持续加强企业领导人员政治素质和能力培养，全年调整101名领导人员、新提任39人、培养领导人员及后备干部409人。六是党风廉政建设与反腐败工作成效显著。公司纪委全年约谈子企业党政负责人43人次、纪委书记20人次；两级纪委立案审查28件，给予党政纪处分65人、组织处理66人。

【信息化建设】 2017年，集团公司全面深入落实信息化发展"十三五"规划，扎实推进项目管理GRP-ERP-PRP体系建设并取得显著成效。全年完成信息化投入6.13亿元，在建项目1430个，投入比上年增长25%，占营业收入的0.17%，比上年增长0.02%。集团公司核心系统可用率平均99.67%，网络可用率平均99.79%，集中部署的信息系统可用率平均99.84%，比上年提升0.01%。

2017年，集团公司完成的全球可再生能源储量评估、前景分析与规划平台入选第四届世界互联网大会《2017年世界互联网发展最佳实践案例集》，是唯一获此殊荣的央企，还入选工信部《大数据优秀应用解决方案》。华东院承担的"深圳市前海市政基础设施工程数字化（BIM）项目"获得美国 Bentley 公司颁发的 2017 年度全球基础设施 Be 创新大奖。集团 PRP 获得中电联中国电力创新奖一等奖和中国信息协会 2017 年能源企业信息化卓越成就奖，水电三局和电建市政公司 PRP 应用获评中国建筑业协会"建筑企业信息化建设特优案例"。集团海外基建工地集装箱式移动信息平台获得中电联中国电力创新奖一等奖。华中院和河北院获得"第六届中国电力信息化标杆企业"称号，华中院的数字化电厂综合信息管理平台方案被评为"第六届中国电力信息化优秀解决方案"。公司总部、水电四局、水电五局、水电八局、水电十二局、水电十四局、电建铁路公司、山东电建一公司、山东电建二公司 9 个网站被中国施工企业管理协会评为"2017 年度全国工程建设行业一级优秀网站"。

【履行社会责任】 2017 年，集团公司全面开展社会责任实践，特别是在海外社会责任履行上，呈现亮点，得到国资委和社会责任专家好评。在 2017 年企业社会责任蓝皮书中集团公司社会责任指数排名国有企业 100 强第 11 位，比 2016 年提升 4 位，排名中国企业 300 强第 16 位，比 2016 年提升 6 位。董事长晏志勇获得 2016 年度中国社会责任杰出人物奖；在新华网举办的 2017 年企业社会责任公益盛典上，集团公司获得 2017 年中国社会责任海外履责奖；集团公司 2016 年社会责任报告被授予"最美责任之声代言作品"称号。

2017 年，集团公司定点扶贫投入 2783.04 万元，比上年增长 89%，其中现金投入 2589.93 万元，物资折款 193.11 万元。其中，总部投入扶贫资金 927.7 万元；各有关成员企业投入扶贫资金（含物资折款）1855.34 万元。

2017 年，集团公司总部及 27 家有关成员企业联系定点扶贫县（村）28 个，重点分布在四川、云南、陕西、河南、新疆、福建、贵州、辽宁、天津、湖北、青海等省（自治区、直辖市）的贫困地区；派出挂职扶贫干部、驻村第一书记、驻村工作队员 40 人。

集团公司作为中央企业，按照党中央、国务院的决策部署和要求，积极投身于脱贫攻坚战，取得阶段性扶贫成果，得到各级党委政府广泛认可。其中，水电五局被四川省国资委 2017 年考核为脱贫攻坚"优秀企业"、派驻的驻村第一书记被评为"优秀驻村第一书记"；西北院 2017 年获得"陕西省扶贫先进集体"称号，派驻的驻村第一书记被评为"优秀第一书记"；湖北工程公司扶贫工作队被湖北省委办公厅评为"2017 年度工作突出驻农村工作队"；水电十六局被福建省龙岩市委记集体二等功；集团公司定点扶贫对象——新疆民丰县于 2017 年 11 月"脱贫摘帽"。

（撰稿人：李霞林）

中国能源建设集团有限公司

【基本概况】 2017 年，面对复杂严峻的经济形势、更趋激烈的市场竞争环境、极其繁重的改革发展任务，在国务院国资委的正确领导和国有重点大型企业监事会的监督指导下，中国能源建设集团有限公司（以下简称"中国能建"）各级企业和广大干部职工积极适应整体上市后的新要求，团结拼搏，真抓实干，各项工作取得积极成效。一是主要经营指标再创历史新高，全年新签合同额 4457.52 亿元，比上年增长 7.99%；营业收入和利润总额均实现较快增长，企业发展整体稳中有进、进中向好。二是编制完成周边国家电力互联互通规划，首次发布我国能源、电力发展报告和首部电力工程设计手册，承担雄安新区能源规划研究、水生态环境整治等重大专项，政府智库作用进一步发挥，行业引领作用进一步增强。三是 2 项工程荣获鲁班奖，5 项工程荣获国家优质工程金质奖，占金奖总数的 38%，彰显企业雄厚的综合实力。四是强化信息披露、合规运作、投资者关系、关连交易和市值管理，公司治理进一步规范，获评"最具投资潜力上市公司"。五是位列"世界 500 强"榜单第 312 位，在 ENR150 强全球工程设计公司、225 强国际工程设计公司、250 强国际承包商及 250 强全球承包商均排名前列，获得国际机构良好信用评级，企业行业地位和品牌价值进一步凸显。

【主要指标】 2017 年，中国能建资产总额

3557.83亿元，比上年增长15.88%；实现营业收入2368.78亿元，比上年增长5.09%；实现利润总额109.17亿元，比上年增长18.20%；实现净利润83.55亿元，比上年增长15.59%；国有资本保值增值率107.60%，比上年减少1.52个百分点。

2017年中国能源建设集团有限公司主要经济指标

项　目	2016年	2017年	比上年增长（%）
资产总额（亿元）	3070.34	3557.83	15.88
所有者权益（亿元）	788.47	859.96	9.07
营业收入（亿元）	2254.07	2368.78	5.09
利润总额（亿元）	92.36	109.17	18.20
净利润（亿元）	72.28	83.55	15.59
归属于母公司所有者的净利润（亿元）	27.97	25.12	−10.19
技术开发投入（亿元）	47.77	61.08	27.86
利税总额（亿元）	174.75	197.70	13.13
应交税金总额（亿元）	102.51	115.29	12.47
全员劳动生产率（万元/人·年）	27.19	29.47	8.39
净资产收益率（%）	10.24	10.14	减少0.1个百分点
总资产报酬率（%）	4.14	4.25	增加0.11个百分点
国有资本保值增值率（%）	109.12	107.60	减少1.52个百分点

【改革发展】 2017年，中国能建贯彻落实中央、国务院国资委关于深化改革的精神与要求，继续深化供给侧结构性改革。一是积极推进"处僵治困"工作，32户"僵尸企业"和特困企业中，盈利的有13户，亏损额较2015年减少的有11户，7户企业完成低效无效资产的处置工作，亏损企业专项治理成效明显，与2016年相比，60户扭亏为盈；在2016年亏损企业中，已关闭20户。二是着力开展企业"压减"工作。截至2017年底，累计减少91户法人企业，将管理层级由七级压至五级，提升了企业管理效能。三是全面推进"三供一业"分离移交，企业办社会职能和历史遗留问题逐步解决。四是大力调整与有效重组内部企业，进一步推进实施内部企业板块化、专业化、区域化重组整合，突出主业发展，培育优势子企业，推动公司业务战略转型。五是实施股权与岗位分红激励，逐步完善员工长期激励机制。授予公司管理骨干和核心人才限制性股票，调动公司核心技术人才和管理骨干的积极性。研究岗位分红激励管理办法，鼓励符合条件的科技型企业开展岗位分红激励。六是试点推行职业经理人与市场化选聘员工制度，推进企业选人用人机制深化改革。

【重大项目】 2017年，中国能建坚持"诚信为先、品质为本"，突出抓好项目履约和合规管理，完善激励机制，推动企业品牌建设，项目履约总体良好。获得国家级质量奖项49项，其中鲁班奖2项、国家优质工程金质奖5项、国家优质工程奖21项、"中国安装之星"9项、全国优秀工程咨询成果奖12项。承建的中国第一个海外百万千瓦级IPP火电项目、印尼单机容量最大的机组——神华国华印尼爪哇7号工程，巴基斯坦在建投资最大、总装机容量最大的水电站——巴基斯坦DASU水电站工程，陕西省省属国企组成合力团产业扶贫项目——陕能商洛发电一期工程，内蒙古自治区盛鲁电厂，陕西省延黄高速公路工程，湖北荆州城北快速路工程，通州·北京城市副中心水环境治理工程等重点项目实施进展良好。承建的世界上电压等级最高、容量最大、控制最复杂的UPFC工程——苏州南部电网500千伏UPFC工程，福建省"十二五"能源发展专项规划的重点项目——国投湄洲湾第二发电工程建成投产。

2017年，中国能建通过重组宁波展慈金属工业有限公司，进一步壮大环保业务的市场规模；通过并购四川华气建设工程有限公司、新疆晶凯圣能源投资有限公司，并成立中国葛洲坝集团新疆油气有限公司，有效带动工程主业发展；通过并购山东潍坊利鑫能源公司，实现双方优势互补、信息共享，有利于开拓当地及山东区域天然气市场。

【走向海外】 2017年，中国能建认真贯彻"走出去"战略部署，深度融入"一带一路"建设，国际业务实现持续快速健康发展。

2017年，中国能建在85个国家和地区实现国际工程签约1327.46亿元，比上年增长14.43%，其中直接与境外项目业主签约1238.98亿元，国际电力项目签约935.36亿元，连续三年境外电力项目签约超过100亿美元，继续成为我国电力企业"走出去"的主要力量。所属单位在88多个国家和地区设立244个分支机构，亚洲、非洲等传统市场进一步巩固，中东欧、南美等新市场不断拓展。2017年，中国能建在"一带一路"沿线国家签约项目130个，签约金额786.32亿元，成为中国企业参与"一带一路"建设的主力军。

2017年，中国能建境外项目完成投资45.36亿元，主要包括利比里亚、肯尼亚、哈萨克斯坦、巴基斯坦、越南等国家和地区，涉及电力、民爆、水泥。其中重点投资项目包括巴基斯坦SK水电站项目、巴基斯坦阿扎德帕坦水电站项目和越南海阳2×600万千瓦燃煤电厂BOT项目。

【重大创新】 2017年，中国能建通过落实"十三五"科技发展规划，推动科技创新、科技成果转化，取得丰硕成果。全年获得国家级科技奖3项，省部和行业级科技进步奖175项。其中"特高压±800kV直流输电工程"项目荣获国家科技进步特等奖，"600MW超临界循环流化床锅炉技术开发、研制与工程示范"项目荣获国家科技进步一等奖，"中国节水型社会建设理论、技术与实践"项目荣获国家科技进步二等奖。特高压±800kV直流输电技术是世界上电压等级最高、输送容量最大、送电距离最远、技术水平最先进的输电技术，是解决我国能源资源与电力负荷逆向分布问题、实施国家"西电东送"战略和电力跨区域大范围输送的核心技术。该项目创造37项世界第一，完成关键技术研究141项，是能源电力领域的重大创新，社会和经济效益特别显著，对加快我国能源转型升级、促进"一带一路"建设具有特别重大的意义。全年申请专利1293件，获得专利授权1349件，其中发明专利授权339件。累计拥有有效专利8000件，其中发明专利1319件。

圆满完成国家科技支撑计划子课题"二次再热机组热力系统优化与集成"，国家能源应用技术研究及工程示范项目"700℃超超临界燃煤发电关键设备研发及应用示范"等国家重大科技专项研究工作。"智能变电站二次系统模块化建设关键技术研究"成果多个创新点为国内外首创，总体技术达到国际领先水平。"相控阵超声检测技术研究与应用"项目取得突破。"F—DZB石化系统用阀门电动装置""2SDQ智能型电动执行机构""F—2SA3系列电动执行机构""F—DZW电动装置""2HA1E级核级电动装置"等系列电动执行机构产品通过鉴定。

2017年，"国有企业青年创新创效体系建设"1项成果获得中国电力企业联合会颁发的中国电力创新奖（管理类）一等奖。10项成果获得湖北省、江苏省、山西省等省级企业联合会的企业管理现代化创新成果奖。4项成果获得中国电力规划设计协会企业文化专委会颁发的课题研究成果奖，其中"基于信息技术的党建工作创新实践"1项成果获得特等奖，"以成长促成才，以成才促发展"等3项成果获得一、二等奖。

【党建工作】 2017年，在深入学习宣传贯彻党的十九大精神、落实全国国有企业党的建设工作会议部署的大背景下，中国能建党建工作紧盯"中央企业党建工作落实年"要求，狠抓认识大提高、思想大转变、任务大落实，呈现许多新气象、新作为。一是围绕体制机制再造，全面完成国务院国资委督导任务。出台《党建70项行动计划》，实行重点任务清单管理。召开中国能建首次党代会，直管企业"应开未开"问题基本解决。39家企业完成"一肩挑"调整，32家企业完成党建要求进章程，明确党委决策前置程序，再造党建工作新体制新机制。二是系统推进，落实党建责任制。首次对12家企业党委书记开展现场述职，首次开展直管党委党建考核，结果纳入企业业绩和干部考核。三是主动作为，外宣工作升级突破。选题同源，多元传播。党的十九大召开前后，"砥砺奋进五周年"主题宣传报道中，在中央媒体发表包括主要领导署名文章在内的稿件20余篇；仅"一带一路"论坛召开期间，在中央媒体刊播稿件40余篇。四是群团做实，争创特色。推行星级职代会建设，做实做强工会组织。开展职工发展报告工作，发布《转型期的选择——职工发展报告（2011—2016）》，建立职工队伍建设的评价体系，探索职工全面发展新途径，成为中央企业首份职工发展报告。五是注重创新，党建信息化建设迈上新台阶。深度开发中国能建党群信息系统，让党群工作全部在线，打造党务公开的平台、量化考核的平台、信息交互的平台、工作交流的平台和专项工作的平台，成为中央企业首个全口径党群信息系统。

2017年，中国能建党委、纪委以习近平新时代中国特色社会主义思想为指导，按照十八届中央纪委七次全会、中央企业党风廉政建设和反腐败工作会议部署，全面落实党风廉政建设责任制，聚焦党委主体责任和纪委监督责任，明晰从严治党要求。深入开展廉洁文化教育活动，营造风清气正良好氛围。组织开展常规约谈、警示约谈活动，抓早抓小，确保廉洁意识长期稳靠。健全党风廉政建设制度体系，落实监督执纪问责工作，发挥大监督体系效用。扎紧管党治党的制度笼子，用铁规铁纪构建保障机制。严格落实中央八项规定精神，开展反"四风"监督各项工作，对发现的问题立行立改，打造风清气正工作环境。针对关键岗位、关键领域深入开展监督检查工作，促进企业规范管理。坚持党委领导，持续开展巡视巡察工作，推进全面从严治党向基层延伸。紧盯扶贫领域工作落实成效，确保精准扶贫和精准脱贫。正确运用监督执纪"四种形态"，践行"三个区分开来"，严肃查处违纪违规问题，保持惩治腐败的高压态势。牢记打铁必须自身硬，深入推进"对标看齐补短板"活动，提升纪检监察系统人员工作能力和水平。以建设忠诚干净担当的干部队伍为目标，按规定严格选拔配备所属企业纪委书记。全年选派253名纪检监察干部进行业务培训，纪检监察队伍执纪审查水平、业务能力得到明显提升。

【信息化建设】 2017年，中国能建大力加强信息化建设，信息化工作取得显著成绩。在中国电力企业联合会举办的中国电力创新奖评选中，获得二等奖1项、三等奖3项；在中国建筑业协会组织的第三届中国建设工程BIM大赛中，获得二等奖3项、三等奖5项；在国务院国资委熠星创新创意大赛中，获得一等奖1项、二等奖2项、三等奖1项、优秀奖1项。中国能建以现代信息技术为支撑，积极推进"互联网＋"战略，努力实现资源共享和产业协同，开展大量信息化建设工作。一是积极推进公司管控平台建设，完成第7个平台系统，建立统一的人力资源管理信息化平台。二是继续深化主营业务应用。构建新一代平台级电厂数字化设计模式，实现发电重点项目数字化设计与数字化安装、数字化运维对接和延伸；将BIM技术和VR虚拟技术应用在方案优化设计、三维模拟、技术交底、安全体验等方面；积极应用信息技术、物联网、移动技术等探索智慧工地建设。三是初步掌握公有云应用的部署方式、安全模式等。陆续在华为云上部署科技管理信息系统、客户关系系统、档案管理系统、OA、费控系统等，探索一条"公有云＋本地机房"的基础设施建设的融合之路。四是集中采购WPS软件，解决办公软件正版化问题，降低采购成本，提高文档的安全性。

【履行社会责任】 中国能建将履行社会责任作为企业发展战略的重要组成部分，坚持创新、协调、绿色、开放、共享的发展理念，贯彻中国能建"自主创新、奉献社会，科学发展、共建和谐"的社会责任理念，坚持重大决策以各方共同持续发展为目标，推动社会责任融入企业日常运营，致力于与各方和谐发展、互利共赢，促进各方更高质量、更有效率、更加公平、更可持续发展，努力成为中央企业履行社会责任的表率。一是积极维护社会稳定和谐。通过毕业生招聘、接收安置复转军人方式全年新增就业4467人。加大对离退休人员和社会弱势群体的关爱，全年支付离退休人员养老金及福利性补助合计6.85亿元，对外捐赠总额1309.72万元。二是积极开展援疆援藏援青和扶贫工作。2017年，在新疆、西藏、青海及四川、云南、甘肃省藏区承建工程项目1348个，合同总金额648.22亿元，当年完成合同额116.33亿元。在促进地方就业的同时，选派6名干部赴新疆、西藏挂职。积极参与定点扶贫工作，所属企业向陕西镇巴县和广西西林县投入扶贫资金949.25万元，派驻定点扶贫县挂职干部4人，促进当地贫困群众增收。三是积极推进水务处理、垃圾固废处理处置与资源化利用、分布式能源设备生产、环境生态治理等环保业务。积极参与温岭污水处理、荆门市竹皮河流域水环境综合治理、海口水治理等PPP项目，取得良好的社会环境效益。四是在"走出去"的过程中积极履行社会责任。积极响应国家"一带一路"倡议，完成沿线十多个国家能源合作规划，签约项目覆盖"一带一路"沿线60%的国家。

在海外工程项目建设过程中,大力推行项目属地化和本地化管理。五是发布中央企业首份职工发展报告《中国能建职工发展报告》。报告体现"企业发展与职工发展并重"的价值追求,反映职工队伍全貌,引导职工队伍向知识、技术、管理密集型转型,更好地维护职工根本利益,促进职工与企业协调发展。报告获得"金蜜蜂2017年优秀企业社会责任报告·员工信息披露专项奖"。

（撰稿人：张　猛）

中国黄金集团有限公司

【基本概况】 中国黄金集团有限公司（以下简称"中国黄金"）是我国黄金行业唯一一家中央企业,是中国黄金协会会长单位,也是世界黄金协会在中国的首董事会成员单位。2017年11月,经国务院国资委批准,中国黄金集团公司由全民所有制企业改制为国有独资公司,名称变更为中国黄金集团有限公司。

2017年是中国黄金规范董事会建设的第一年,也是新一届经营班子成立的第一年。2017年,中国黄金全面落实年初确定的"九个持之以恒"的工作要求,启动实施"六大攻坚战",围绕引领行业发展、提高自身发展质量和全年目标任务,坚持党的领导,加强党的建设,依靠广大干部职工,不忘初心、砥砺奋进,改革创新、攻坚克难,圆满完成各项生产经营和改革发展任务,在建设世界一流矿业公司的进程中又迈出坚实的一步。

【主要指标】 一是主要生产经营指标总体平稳。中国黄金全年生产矿产金42.42吨,矿山铜14.62万吨,实现营业收入1003.14亿元、利润总额7.67亿元。2017年,中国黄金资产总额1078.63亿元,负债总额748.20亿元,所有者权益总额330.43亿元。二是以全面预算管理为抓手,加强组织领导,生产经营持续向好。克服了安全检查整改停产、重大活动期间保稳定停产、矿业权退出自然保护区、资源枯竭矿山减产等种种困难,圆满完成主要经营指标。

2017年中国黄金集团有限公司主要经济指标

项　目	2016年	2017年	比上年增长(%)
资产总额（亿元）	1031.22	1078.63	4.60
所有者权益（亿元）	307.82	330.43	7.35
营业收入（亿元）	1078.84	1003.14	−7.02
利润总额（亿元）	4.55	7.67	68.57
净利润（亿元）	−0.68	3.30	
归属于母公司所有者的净利润（亿元）	−4.49	−2.19	
技术开发投入（亿元）	2.28	6.49	184.65
利税总额（亿元）	22.01	30.14	36.94
应交税金（亿元）	24.37	30.07	23.39
全员劳动生产率（万/人·年）	18.32	20.23	10.43
净资产收益率（%）	−0.23	1.03	增加1.26个百分点
总资产报酬率（%）	2.15	2.49	增加0.34个百分点
国有资本保值增值率（%）	97.12	97.31	增加0.19个百分点

【改革发展】 一是深化改革获得新突破。2017年,中国黄金认真贯彻落实党中央、国务院战略决策,全面推进深化改革。供给侧结构性改革稳步推进。把"三去一降一补"、"处僵治困"、压缩管理层级及减少法人户数、"三供一业"分离移交等重点工作作为重要抓手,制定"一企一策"工作方案,进行分类指导,按期完成阶段性任务。按时完成公司制改制。中国黄金总部和需改制的20户全民所有制企业公司制改制任务全部提前完成,出色完成党中央、国务院交办的任务,现代企业制度不断完善。混合所有制改革稳妥实施。中国黄金所属中金珠宝纳入国家发改委第二批混改试点企业名单,引入京东、中信证券等具有协同效应和领先优势的战略投资者,放大国有资本功能,将进一步提升公司治理机制现代化和经营机制市场化水平。

二是干部管理工作取得新突破。通过从严把关干部选拔任用程序，提高管理监督质量；通过制定印发《关于调整部分重点权属公司领导人员管理权限等事宜的通知》等制度文件，进一步着力提高干部管理工作水平；不断强化干部选拔任用制度规范，全面提升干部选拔任用工作的科学化、制度化、规范化水平；通过优化企业领导班子建设、打造清廉领导干部队伍、加强对领导班子的考核测评，促进领导干部综合发展。

三是稳步推进收入分配制度改革。按照国资委相关工作要求，实施权属公司领导班子成员薪酬制度改革。通过增加薪酬调节系数的方式，改变以往单纯通过考核方式决定领导年薪的旧思路，从而使偏远山区、因资源枯竭致经营困难、"僵尸特困"等企业领导人员薪酬待遇得到提升，更加激发领导人员困境中的工作热情。

【重大项目】 2017年，中国黄金建设项目完成投资19.80亿元，建成投产4个项目，年新增矿山铜1.17万吨、冶炼铜13.15万吨、矿产金1.15吨。其中，中原冶炼厂整体搬迁升级改造项目铁路专用线投入运营，一期工程完成竣工验收，二期工程具备投料试车条件；西藏华泰龙甲玛铜多金属矿5万吨/日建设工程井下运输系统已经形成并达到运营条件，充填站的建筑安装工程已经完成，带料试车成功。贵州锦丰公司冗半基建和地下矿（烂泥沟）金矿延深扩能工程实现600米中段平巷与地表贯通，井下共累计采出基建副产矿石8000吨，基本具备出矿条件；吉尔吉斯斯坦库鲁－捷盖列克矿资源开发项目选厂、尾矿库（除防渗土工膜）、外部电力线路建成，井下形成2000吨/日供矿规模；山东纱岭项目完成矿权交割、工勘招标，农用地转工业用地取得进展，正在进行可行性研究。此外，多个项目通过竣工验收工作，为公司创造新的利润增长点。

【走向海外】 中国黄金积极推进战略转型，提出提高发展质量、做实做优做强的战略导向和坚定不移建设具有全球竞争力的世界一流矿业公司的战略目标，积极实施"走出去"以及"一带一路""周边国家互联互通"、非洲"三网一化"等重要海外战略及倡议。

2017年，中国黄金成功完成境外股权收购项目4个，分别为吉尔吉斯斯坦库鲁项目、布丘克项目、刚果（布）索瑞米项目和锦丰项目。4个项目均进展良好，经进一步勘探详查，项目资源储量大幅度增加。通过并购过程扎实可靠前期尽调工作，为以后的运营打下良好的基础。此外，俄罗斯远东地区阳光金矿项目作为中国黄金2017年度重点工作项目，完成股权购买协议签署，后续工作有条不紊推进。

【重大创新】 2017年，中国黄金获得省部级（含相关一级行业协会、学会）以上科技奖励30项，其中一等奖5项；申请专利145件，其中发明专利52件；获得授权专利176件，其中发明专利24件。2项技术入选国土资源部《矿产资源与节约综合利用先进适用技术推广目录》，7项技术入选中国有色金属学会《2017年有色金属工业新技术推广指南》。

管理创新方面，中国黄金在股权激励方面迈出重要一步，指导中金辐照股份有限公司开展股权出售激励工作，批准将其10%的股份出售给企业科技人才和经营骨干，将企业利益与个人发展融为一体。

科技成果方面，成功研发的CG505绿色提金药剂和工艺可替代氰化物高效提金，浸出尾液符合国家标准，成果应用于多家矿山。西藏华泰龙铜钼分离工艺改造取得重大突破，选矿一厂铜钼分离技术指标良好，每年可为企业新增利润2700万元，更为二厂铜钼资源综合利用奠定技术基础。

【党建工作】 中国黄金党委以党的十九大精神为指导，坚持党对国有企业的全面领导，以党的政治建设为统领，以"党建质量提升年"为载体，以党建工作责任制为抓手，巩固深化全国国有企业党的建设工作会议成果，按照高质量发展要求，不断提升中国黄金党的建设质量，为建设具有全球竞争力的世界一流矿业公司，奋力开拓新时代中国黄金改革发展新局面提供坚强保证。

一是维护党中央权威和集中统一领导。印发中国黄金党委2017年党建工作要点，全面查找整改"四个化"问题，把党建工作细化为7个方面29项具体工作，加强顶层设计，同时做好企业督导工作，确保党中央重大决策部署和国资委党委工作要求在集团公司落实落地。

二是推动党的十九大精神在中国黄金落地生根。

通过专家辅导、专题党课等多种形式,确保集中宣讲全覆盖;通过中心组学习示范带动,开展集中专题研讨,做到领导班子成员专题学习全覆盖;通过各级领导人员以党的十九大精神为主题讲党课,做到所有基层党组织和党支部全覆盖;通过对党的十九大精神广泛的学习宣传贯彻,做到集团公司广大干部职工全覆盖。

三是夯实党建组织、队伍、制度建设工作基础。建立完善党建工作责任制体系,对集团公司所属企业党组织进行党建工作责任制考核,实现考核全覆盖。严格落实"三会一课"等基本制度,从组织设置、规章制度、工作机制等方面加强标准化党支部建设,党建工作基础进一步夯实,基层党组织的凝聚力、战斗力不断增强。

四是坚定不移推进党风廉政建设和反腐败工作。把维护习近平总书记的核心地位、维护党中央权威和集中统一领导作为首要职责。落实"两个责任",落实党建"四同步""四对接""三个基本"要求,加强对"三重一大"决策事项、选人用人等工作的监督,推动全面从严治党责任落到实处。从严从细落实中央八项规定精神和中国黄金24条措施,加大惩治腐败的威慑力度。持续深化"三转"工作,强化落实"三个为主"。强化廉洁教育,通过培训提升纪检监察队伍的工作水平和业务能力。

【信息化建设】 一是坚持顶层设计,实现集成共享。依据中国黄金信息化发展规划,建设集团公司层面的生产管控系统,实现集成共享,不断提升中国黄金管控能力,以信息化促进管理水平提升。

二是结合业务创新,推进"两化"融合。坚持统筹规划、深化应用、务求实效、立足创新,扎实做好矿山企业信息化生产技术及资源的基础工作。分类、分批、分阶段推进矿山数字化建设,推进传统矿山产业升级。

三是完善保障措施,确保运行高效。不断完善信息化管理制度,防范和控制风险,保障各套业务系统稳定运行及数据、网络安全工作。

【履行社会责任】 中国黄金牢记央企使命,科学谋划工作,聚合优势资源,发挥黄金特色,认真贯彻落实脱贫攻坚政策,与河南新蔡和贵州贞丰人民一道,凝心聚力,砥砺前行,坚决打赢扶贫开发攻坚战。

截至2017年底,直接投入扶贫资金679.2万元,实施帮扶项目28个;引进资金1100余万元,引进项目4个;举办干部和人才培训班7个,培养各类技术骨干、基层党员干部、致富带头人等338人次,有力助推两个定点帮扶县的脱贫攻坚工作。中国黄金派驻第一书记的珉谷街道纳尧村实现贫困村出列,中国黄金子公司贵州锦丰矿业有限公司持续帮扶的沙坪镇金山村实现贫困村出列。

(撰稿人:刘 骏)

中国广核集团有限公司

【基本概况】 2017年,在中央全面深化改革精神和要求的指引下,中国广核集团有限公司(以下简称"中广核")积极贯彻落实国务院国资委改革部署,组织管控优化总体方案和4个配套方案全面落地,组织机构完成适应性调整,总部及各板块授权全面完成调整,政策、制度和流程梳理工作取得重要进展,初步实现制度流程化、流程信息化,有力地推动中广核向国有资本投资公司转型。2017年,中广核被确定为商业一类中央企业,在投资安排、新业务拓展、市场化选人用人机制等方面给予更大的自由度,为转型发展和改革探索创造良好条件。2017年,中广核成立能源国际公司专门负责境外非核清洁能源业务发展。在国务院国资委大力支持下,海外气电正式获批纳入中广核主业范围,有效地支撑中广核国际化战略。

【主要指标】 2017年,中广核实现营业收入853.55亿元、利润总额145.19亿元,比上年分别增长29.73%和15.29%;国有资本保值增值率111.84%,较好地实现国有资本保值增值;资产负债率70%,较好地落实国资委关于降杠杆、减负债、防范经营风险的有关要求。

【核安全管理提升】 为贯彻落实中央领导对核安全方面的指示精神,中广核将2017年定位为"核电安全管理提升年",集团公司党组专门召开党组扩大会议,强调"没有核安全就没有中广核",在8个领域部署153项安全提升行动。各单位"一把手"郑重宣誓,庄严承诺,迅速动员全体干部员工积极行动,狠抓落实。

2017年,中广核核电成熟机组72%的WANO指标达到前1/10卓越水平,新机组72%的WANO指标达到前1/4先进水平。大亚湾核电基地在实现8个零安全指标基础上,上网电量457亿千瓦时,创历史最高纪录。岭澳1号机组安全运行近4300天,在国际同类机组中继续排名第一。核电工程建设连续四年零死亡,连续两年零重伤,各个项目现场安全全部达到或超过国际标杆7级水平,红沿河和防城港核电基地达到最高级别8级。中广核10年来首次实现"零死亡""零重伤",20万工时事故率稳定在国际先进水平。

【改革发展】 考核方面。以行业对标为基础,推进市场化考核,引导成员公司眼睛向外,密切关注市场、主动适应市场。在核定考核目标时,以市场电价倒逼工程造价和运营成本,贯彻精益管理方案,强化成本和造价考核。

产权管理方面。一是以国资委推行新产权管理系统为契机,对产权登记信息进行排查及优化,力保系统数据及时准确。二是通过水电行业战略性退出、境内外平台公司整合、空壳公司注销、低效资产剥离等途径,分步有序推进法人单位压减及法人链条压降工作。

收入与分配方面。深入推进能上能下、能进能出、能增能减三项制度改革工作。一是成立改革领导小组,制定顶层设计方案,明确改革目标。二是建立和打通管理、技术两类岗位序列的职业发展体系和推行"培训—考核—授权—上岗"的岗位任职资格管理体系。三是建立技术岗位聘任评审机制。四是开展职业经理人试点。外聘52人,内部转化41人,占试点企业同层级管理者的21%,其中核技术公司职业经理人比例占90%以上。五是建立适应中广核板块化运作发展需要的主流调控和差异调控相结合的工资总额调控机制,并在2017年度中央企业考核分配工作会上进行经验分享。六是持续加大对高级管理人员和关键核心员工的机制牵引,打造多层次激励体系。七是建立"三管一放两加强"的薪酬管控原则,规范收入分配秩序。

【重大项目】 对外投资与经营方面。2017年,中广核在"一带一路"沿线国家获得超过1000万千瓦的清洁能源潜在开发机会。其中,在法国并购一个在运风电项目成为2017年法国风电市场最大规模的交易。在马来西亚取得新建燃气联合循环发电项目,让中广核成为东盟最大的独立发电商之一。

并购重组方面。2017年,中广核在国内实施多个并购项目,投资金额30亿元,涉及民用核技术、核仪器仪表、天然气、风力和太阳能发电等领域。

科技研发方面。在"科技引领、创新驱动"的战略下,中广核包括华龙一号、小型堆、先进燃料组件等多项重点科研项目取得可喜成果,集中推动提升中广核科技能力,助力中广核实现建设世界一流清洁能源企业目标。

【走向海外】 2017年,中广核积极响应国家"一带一路"倡议,推进实施核电"走出去"战略,以自主知识产权的三代核电技术"华龙一号"为基础,稳步推进国际核电市场开发。一是重点推进捷克新建核电项目开发预招标工作,二是积极开展波兰、泰国、肯尼亚等国项目前期开发工作,三是培育印度尼西亚、马来西亚等国市场,四是多形式、多渠道深化与国内外企业和机构的合作与沟通,不断提升自身品牌及影响力,各项工作均取得积极成果。

2017年,中广核湖山铀矿项目正式投产,首批铀产品已运回国内,打通生产、运输、销售的全流程。8月27日,时任中共中央政治局常委、国务院副总理张高丽赴我国在非洲最大的实体投资项目——中广核湖山铀矿项目视察,并对中广核"走出去"实施国际化取得的成绩给予肯定,称赞"中广核是有实力、靠得住的企业",并代表党中央、国务院向湖山项目全体员工致以亲切问候。

2017年11月21日,中广核境外非核清洁能源开发、投资和资产管理的平台——能源国际公司成立。截至2017年底,能源国际公司控股在运、在建装机容量1166万千瓦,总资产520亿元,年发电量450亿千瓦时。中广核成为境外发电装机规模最大的央企之一,也是境外天然气发电装机规模最大的央企。

【重大创新】 技术创新方面。2017年,中广核成功孵化出包括"核电厂应急柴油发电机组国产化电控系统""自主化动态刻棒技术与配套反应性仪""核电厂改进型WIFI无线通信系统""反应堆压力容器整体螺栓拉伸机"在内的9项自主创新产品。自主创新产品累计51项。2017年，中广核申请专利1033件（其中发明专利545件），获得授权专利627件（其中发明专利303件）。"卧式压水堆核电站安全壳地坑过滤器""核燃料倾翻机载荷保护方法及系统"等6件专利获得第十九届中国专利优秀奖。

管理创新方面。2017年4月14日，中广核成立招标（管理）中心，强化招标采购管控，实现供应商集约化管理，推进"互联网＋"电子商务，确保招标采购合法合规，降低廉政风险，深入贯彻落实国务院国资委"中央企业采购管理专项提升"的管理要求。

【党建工作】

1. 深入学习贯彻党的十九大精神，扎实推进重点政治任务落地。一是把政治建设摆在首位，认真做好十九大精神学习贯彻。研究印发十九大精神学习宣贯实施意见，制定宣传大纲和培训大纲，明确22项重点任务，纳入集团战略焦点分解落实。党组成员20余次深入基层宣讲十九大精神；举办学习贯彻党的十九大精神轮训班，实现集团公司领导班子、党组管理干部全覆盖。二是深入贯彻落实全国国企党建工作会议精神。围绕30项重点任务，细化措施，分解责任，加强督导，推动党建总体要求进公司章程、探索党组织审议重大经营管理事项，以点带面，整体推进，党组织在公司治理中的法定地位更加牢固。

2. 基层党建工作富有成效。创新推进"两学一做"常态化制度化，领导干部深入现场2750人次；积极当好中广核安全卫士，创建"党员安全示范岗""党员安全责任区"等800多个。开展新任党支部书记履职能力提升培训129人次、在任党支部书记轮训180人次，支部书记党性观念、履职能力持续增强。研究落实混合所有制企业、境外企业党建工作实施办法，实现全覆盖。

3. 党风廉政建设和监督工作从严从实。坚持在完善"三位一体"监督体系、巡视巡察、综合监督等方面下功夫、见实效，有力推动中广核全面从严治党向纵深发展。圆满完成国务院国资委巡视反馈的58项整改任务。开展对5家成员公司的内部专项巡视，发现并推动76个问题的处理和整改，巡视利剑作用有效发挥。

4. 关爱行动深入人心。党组成员、各级公司领导班子深入现场，慰问一线员工，与青年员工面对面，帮助解决基层实际困难，为职工"办实事、解难事"346项。落实深圳市配租的人才安居房1300多套。发布中广核首个《中长期青年发展规划》，深入推进青年创新创效，开展各类青工技能竞赛，产生成果200多项，在中央企业创新大赛上，获得金、银奖各1个，一大批优秀青年脱颖而出。

【信息化建设】 2017年，中广核信息化总体建设情况良好。一是持续完善信息安全保障体系。二是搭建具有核电特色的IT运维管理体系。三是建成端到端流程平台和流程监控平台，流程执行效率及合规性得到全面提升，全面落实"管理制度化、制度流程化、流程表单化、表单信息化"。四是建成一套集团级的综合数据分析平台。五是建立国际化IT支持岗位轮换制度，基本满足中广核海外业务发展需要。六是在金融板块、苍南公司等单位实行信息化业务全委托（一体化运作）管理机制，实现"职能服务一肩挑，担责降本见成效"。

【履行社会责任】 一是坚持发展清洁能源，努力成为建设美丽中国的主力军。2017年，中广核全年清洁能源上网电量2119亿千瓦时，等效减少消耗标准煤6613万吨，减排二氧化碳1.6亿吨，相当于种植4800平方千米森林，可覆盖1/3个北京，环保效益十分突出。

二是坚持精准扶贫。集团公司党组牵头，深入实地，研究落实扶贫工作，探索长效扶贫新路子。全年累计投入扶贫专项资金4144万元。其中国家定点扶贫投入2506万元，实施精准扶贫项目17个，帮助410户贫困户、共计1659人实现脱贫。开设"中广核—凌云县少数民族白鹭班"，资助贫困少数民族学生350人。

三是坚持透明沟通。2017年，中广核组织18场新闻发布会，参与国内外大型展会15次，核电基地累计参观人数超过60万人次，结合"8·7"公众开放日策划的"最美核电婚纱照"主题活动吸引900万人次的关注和参与,打造中广核透明沟通的社会责任新品牌。

(撰稿人:蒲玉波)

中国华录集团有限公司

【基本概况】 中国华录集团有限公司(以下简称"华录集团")是国务院国有资产监督管理委员会直接管理的中央企业,成立于2000年6月18日,是专业从事音视频产品及相关应用技术研发、制造、销售的大型国有企业,注册资本183601万元,总部设在大连,分、子公司分布在大连、北京、上海、广州、深圳、郴州等地,建有国家级技术研发中心和北京研究所、深圳研究所等研发机构和国际、国内营销网络。

华录集团的前身是1992年6月经国务院批准成立的中国华录电子有限公司,目的是为发展中国录像机产业,建设世界最先进的视听产品关键件生产基地,从事多媒体信息记录、存储、处理及应用,创造和满足人们的时尚生活。华录集团经过不断的产业结构调整和产品结构调整,积极推进双层经营体制、管理创新,加大科研开发力量,经济效益稳步上升,企业规模不断扩大。2013年初,华录集团整体重组中国唱片总公司。截至2017年底,华录集团拥有全级次控股企业73家,其中上市公司2家,参股企业18家。

华录集团定位于以信息产业为基础的新型文化产业集团,构建数字音视频终端、内容、服务三大产业板块,打造国内最完整的数字高清音视频产业链,拥有"中国高清第一品牌""中国智能交通领先品牌",获得国内影视剧"最有影响力企业""国家文化出口重点企业""国有文化企业领导品牌"称号,同时拥有在海内外具有重要影响力的民族文化品牌"中国唱片(CRC)",是第九届"全国文化企业30强"之一。

2017年,华录集团主动适应、把握和引领经济新常态,不断深化改革、加快发展、创新超越。在国务院国资委的正确领导和国有重点大型企业监事会的指导、各股东单位的大力支持下,全体干部员工坚持稳中求进的工作总基调,全面贯彻落实新发展理念,凝心聚力、攻坚克难,企业生产经营、改革发展、党的建设等各项工作取得明显成效。

【主要指标】 截至2017年底,集团公司资本金18.4亿元,资产规模进一步扩大,合并资产总额234.37亿元,同比增长16.2%;净资产136.5亿元,同比增长3.5%,总体资产负债率下降41.8%,带息负债率20.3%,货币资产占比22.1%,实现经济增加值4亿元,实现纳税总额3.07亿元,企业主要经济指标持续向好。总体来看,华录集团利润总额完成国资委基本目标考核的104.1%,经济增加值完成国资委基本目标考核的102.8%,较好实现国资委对华录集团的考核目标。

2017年中国华录集团有限公司主要经济指标

项 目	2016年	2017年	比上年增长(%)
资产总额(亿元)	201.67	234.37	16.2
所有者权益(亿元)	131.86	136.53	3.5
营业收入(亿元)	86.94	97.19	11.8
利润总额(亿元)	8.94	10.08	12.8
净利润(亿元)	7.87	8.94	13.6
归属于母公司所有者的净利润(亿元)	1.88	4.19	122.9
技术开发投入(亿元)	4.51	5.55	23.1
利税总额(亿元)	11.64	12.13	4.2
应交税金总额(亿元)	3.25	3.19	-1.8
全员劳动生产率(万元/人·年)	30.86	32.45	5.2
净资产收益率(%)	3.84	8.38	增加4.54个百分点
总资产报酬率(%)	5.37	5.35	减少0.02个百分点
国有资本保值增值率(%)	103.40	99.40	减少4个百分点

注:净资产收益率为不含少数股东权益。

【改革发展】 2017年,华录集团认真贯彻落实国企改革"1+N"文件精神,统筹安排改革发展稳定各项工作任务。改革深入推进、层层落实。一是坚持完善制度体系。党的十八届三中全会以来,企业累计制定完善出台的深化企业改革文件121件,2017年,根据新形势、新任务,修订出台各项改革规章制度38项,实现制度和改革决策相衔接、相协调、相适应。二是全面完成企业功能界定与分类改革任务。按照"类别之间无高低、同类企业见优劣"的分类管理原则,完成对下属各级控股子企业进行功能界定与分类,以法人治理结构为基础,"一企一策"落实监管目标和责任。截至2017年底,华录集团顺利完成下属73家子企业的功能界定与分类工作。根据业务特点与业务类型占比,界定分类为商业一类与公益类两类,其中商业一类企业69户,公益类企业4户。三是圆满完成公司制改制任务。按照国资委关于公司制改制的目标要求,集团公司积极组织、全力以赴,协调国资委、工商、广电等争取支持,统筹处理"三类人员"安置、特许经营许可证办理等难题,顺利完成中唱公司改制工作,改制完成率100%,所属企业全部建立起现代企业制度和规范的公司法人治理结构。四是三项制度改革不断深化。积极组织推进股权激励,上市公司股权激励方案顺利通过国资委批复并实施,为进一步深化薪酬制度改革,留住和吸引高素质人才,形成利益共享、风险共担的机制,增强上市公司综合竞争力提供保障。五是"瘦身健体"成效显著。根据国务院、国资委"瘦身健体"工作要求,严格制定"压减"目标,科学规划"压减"步骤,认真推进"压减"工作。截至2017年底,华录集团共"压减"法人单位20户,仅用一年半时间超额完成三年17户的全部"压减"任务目标。其中,工商注销12户,产权转让退出5户,控股变参股企业1户,2户走司法注销程序企业已经被法院受理立案,在国资委第一年压减工作考核中取得满分的好成绩。

【重大项目】 华录集团充分聚焦自身优势,发挥产业协同效应,抢抓信息服务经济新机遇。一是积极践行"网络强国""数字中国"战略,"数据湖"战略取得突破性进展。连续中标江苏"泰州华东数据湖""徐州淮海数据湖"2个PPP项目,项目总规模接近80亿元;与天津宝坻、武汉临空港、泉州、株洲、银川等9个地方政府签署战略合作协议;与中国联通、中国电信等行业企业签署战略合作协议,形成优势互补资源共享。"数据湖"逐步从提出走向成熟,从认知走向认可,从概念走向落地,发展势头迅猛,潜力十足。二是积极践行"交通强国"战略,夯实智能交通、公共安全优势业务基础。已经为国内300多个和海外20多个城市提供整体解决方案与运营服务。交通安防项目在国内新增21个城市,积极拓展云南、新疆等边防线,推进立体化治安防控体系建设;主动融入"一带一路"沿线国家和非洲"三网一化"战略,拓展国际市场,在巴基斯坦、埃塞俄比亚、肯尼亚、加纳、白俄罗斯等海外市场签署合同7个,合同金额8103万元。2017年,在全国智能交通市场和全国公共安全市场行业排名分别为第一和第五。三是积极践行"健康中国"战略,开拓健康养老业务。积极推进线上养老服务,智慧养老中标北京石景山区"健康管理服务平台研发及成果应用"项目、"丰台区特殊和困难老年人筛查摸底项目"。机构养老运营实体取得突破,蓬莱市智慧养老PPP项目、华录黄山健康文化养生园项目逐步开始运营,形成华录居家养老新模式。积极承接济南市中区、北京市石景山区、海淀区等多个养老照料中心社区养老项目,开展辅具运营试点。四是完善国家公共文化服务体系,构建文化服务生态圈。深度布局三、四线城市,"3+3业务模式"有效推广,全年落地文化综合体项目6个,新开华录乐园等文化娱乐门店34家,新增辽宁朝阳鸟化石公园等3个旅游运营项目,组织文化活动百余场,与全国150多个城市、103项非物质文化遗产传承人或单位、50多家知名地产商签署战略合作协议。五是音乐文化产业链价值凸显。首个国家级综合性老唱片博物馆"中国唱片博物馆"建成落地,入选厦门金砖峰会接待单位,并正式对外开放商业运营;抚州中国戏曲博物馆筹备工作稳步开局;国家级奖项"第十届金唱片奖"颁奖仪式在昆明成功举办;黑胶唱片国产化项目顺利落地。

【重大创新】 华录集团坚持创新引领,持续强化自主创新驱动力。深入实施创新驱动发展战略,大力开展"双创"工作,通过产学研合作,全面推动数字音视频技术在文化新媒体产业领域的渗透。截至2017年底,集团拥有153件发明专利,525件实用新型专利，144件外观设计专利，999项软件著作权，获批国家级、省级、市级重点实验室3个，研发中心7个，博士后科研工作站1个。2017年获得国家知识产权局颁发的"第十九届中国专利外观设计优秀奖"，获得6项省、市技术发明奖、科技进步奖和专利奖，并获评"2016—2017年度大连市技术创新工作先进单位"。其中，大容量光电一体化存储解决方案为工信部重点项目，并在国资委熠星双创大赛上获得三等奖；华录松下植物工厂通过对室内环境的高精度、智能化控制实现农作物连续高效生产，实现蔬菜量产及上市销售；新产品大容量蓝光光盘库DA-BH7010凭借绿色节能、安全可靠、低成本长寿命、稳定高效的性能优势中标国家气象局风云4号卫星存储项目，填补国防科工领域的项目空白；"分体式"汽车电子标识读写设备首批通过公安部检测，达到行业领先水平，天津全运会成功应用；交通信息控制整体解决方案在厦门部署应用，为金砖会议顺利召开保驾护航。

【党建工作】 华录集团公司党委以习近平新时代中国特色社会主义思想为指导，深入学习贯彻落实党的十九大精神、全国国企党建工作会议精神，坚定不移落实全面从严治党责任，党的领导不断加强，党建工作水平不断提升。党的十九大召开以后，集团把深入学习贯彻党的十九大精神作为首要政治任务，迅速掀起学习宣传贯彻热潮。领导班子以高度的政治自觉，抓紧抓实学习宣传贯彻工作，组织专题研讨，保证全员参与，聚焦培育文化产业核心竞争力、优化产业布局等主题，找短板、补弱项，提出贯彻党的十九大精神，推动改革发展的新思路、新举措。2017年，集团党委与直属10个基层党组织签署党建工作考核责任状，对15个基层党组织2016年度党建工作和责任状完成情况进行考核，并重点挑选5家基层党组织书记进行现场述职评议。规范党务工作机构和人员配备，2017年成立集团党委党的建设工作领导小组及办公室，新设巡视办公室，增补集团党委专职副书记。召开2017年党风廉洁建设和反腐败工作会，班子成员签署"落实全面从严治党主体责任承诺书"；建立以党委为核心的纪检监察组织协调机制，集团纪委书记履行与纪检直接相关的监督职能；加强对违反中央八项规定精神及落实"两个责任"不力问题的审查处理力度，通过"四风"整治"回头看"活动，督促各分、子公司立行立改建立和完善制度17项。召开集团第一届第三次职代会，审议2016年度经营工作报告，审议职代会5项提案；各二级公司收集提案37项，落实提案33项；积极履行民主程序，完善2个工会组织建设，选举委员10名，其中1个工会完成换届，新成立工会1个。此外，组织2000名职工参与大连高新园区的人大代表选举。

【信息化建设】 华录集团积极投入资源，大力开展信息化体系建设，打造工业化、信息化深度融合的"产品+系统+服务+运营"的平台型集团，开展多个信息化系统开发和上线应用。获得"两化"融合管理体系认定证书；实现集团OA系统全面升级，29家公司正式上线运行；移动办公平台、财务管理系统、人力资源系统保持良好稳定运行，预算与报表系统、审计系统、投资与产权系统进入实施阶段，信息化手段对集团业务运营和内部管理形成重要支撑。

【履行社会责任】 华录集团积极保障职工权益，履行社会责任。一是弘扬劳模和工匠精神。推动知识班组建设，评出学习型优秀单位4个，学习型班组15个，知识型员工20人；推动技能型工作室建设，获全国国防和邮电总工会创新工作室授牌1个，申请市级创新工作室2个，省级创新工作室1个；参加技能竞赛，获省数控机床类前两名，焊工类获得省第九名，大连市第一名；推荐劳模评选，获批省级劳模1人。二是积极承担社会责任，扶贫工作力度加大。2017年，华录集团根据中央和国资委脱贫攻坚的决策部署，深化精准扶贫脱贫工作，为河南省上蔡县完成公安指挥中心项目和视频监控二期项目建设，涉及金额790万元，完成亮化工程1个，投入资金15万元，发挥集团产业优势，通过启动"智慧农业"、"智慧旅游"、参与央企扶贫基金等模式进一步助力脱贫攻坚。

（撰稿人：周晓萌）

上海诺基亚贝尔股份有限公司

【基本概况】 上海诺基亚贝尔股份有限公司（以下简称"上海诺基亚贝尔"或"公司"）是国务院国资委直接监管的中央企业中唯一一家中外合资企业，也是诺基亚在华的独家运营平台。作为中国改革开放之初由国家决策成立的我国信息通信和高科技领域的第一家中外合资企业，公司积极"引进来""走出去"，通过引进、消化吸收、再创新，在技术创新和国际化发展方面走出中央企业独特的发展道路，为我国通信网络和通信技术实现跨越式发展作出积极贡献，并有效带动中国通信产业的群体崛起。

公司拥有员工15000人，业务遍及50多个国家和地区，为全球电信运营商和各领域行业客户提供端到端信息通信解决方案和高质量的服务，并在移动网络、固定网络、IP网络、光网络、软件应用以及5G、物联网、云计算等下一代网络技术诸多领域成为行业领先者。

上海诺基亚贝尔也是诺基亚全球研发的重要组成部分，研发人员超过10000人，拥有6个产品研发中心和诺基亚贝尔实验室中国研创中心。作为国家创新型企业和国家企业技术中心，公司积极致力于国家创新战略实施，充分利用中国的创新生态和全球资源优势，实现"Future X网络"愿景，成为互联世界的创新领导者。

【主要指标】 2017年，公司完成营业收入251.7亿元，实现利润总额1.55亿元。经济增加值（EVA）11.59亿元。研究与开发经费23.7亿元。新产品新技术销售收入占总营业收入比重的61.7%。

公司资产总额340亿元，净资产103亿元，资产负债率69.7%（其中计息贷款占负债总额的0.55%）。期末存货库存30.4亿元，净自有现金71亿元。

【改革发展】 2017年，上海诺基亚贝尔以"市场领先、创新驱动、开放合作"三大战略为引领，确保企业持续健康发展。一是推进市场领先战略，成为中国区域的市场领先者。坚持"市场导向"，把客户满意作为工作的归宿点；坚守重要的市场阵地，保护固有市场的领先地位，同时开辟新产品市场、拓展新客户群；注重打造与客户的战略合作伙伴关系，以优质领先的产品技术"导向市场"，支持客户的转型发展。二是推进创新驱动战略，成为产业互联的创新推动者。围绕公司的核心能力，积极培育新增长点；面向全球、立足中国，加快对本地市场的响应；在融合全球创新资源的基础上，支持国家自主创新战略，积极参与国家重大专项工作。三是推进开放合作战略，成为央企国际化发展的奋进者。作为一级央企层面引进外资践行"混改"的先行者，公司继续增强股东双方的战略协同，健全完善中外股份制企业合作共赢的新模式；抓住"一带一路"倡议为企业带来的战略性机遇，积极拓展海外相关市场；建立适应国际化经营的体制机制，打造具有国际化水平的人才队伍。

2017年5月，上海贝尔股份有限公司与诺基亚（中国）有限公司合并成立上海诺基亚贝尔股份有限公司（NSB），公司并购原诺基亚（中国）有限公司下属的4家投资企业。合并完成后，公司从集团层面进一步压缩管理层级，在2017年将唯一的一家三级子企业转变成二级子企业，从而使公司管理层级为三级，法人层级为二级，符合国资委对中央企业管理层级及法人层级量化要求。同时，公司利用整合契机，着力于机构重组及人员精简，严控成本，提高效率。

【重大项目】 2017年7月1日，上海诺基亚贝尔股份有限公司宣布正式运营，新公司根据合资企业的治理模式和运营模式开始运作。这标志着历时超过两年的整合谈判取得圆满成功，同时这也是原上海贝尔股份有限公司深化改革，在集团层面推进转型与变革的重大成果。

上海诺基亚贝尔拥有国家认定的企业技术中心，承担着多项国家重大专项。2017年1月和11月，公司分别参与重大专项2017课题和2018课题的申请工作，成功获得5个牵头课题和2个合作课题的承担权，其中包括5G系统概念样机研发、5G预商用设备研发及5G产品研发规模试验等重大课题，对公司引领5G市场及产业化具有重要意义。公司累计牵头承担重大专项26项,参与承担重大专项39项。

【走向海外】 直接出口方面,公司积极应对各种困难和挑战,同时借助国家"走出去"战略和"一带一路"倡议的契机,积极开拓,成功突破重点海外市场。进一步深化与菲律宾Globe电信公司的战略合作,扩大IP和光传输项目合作,签署2017 LTE设备供货框架合同,继续开拓固网接入等新领域合作,全年订单额和销售额比上年增长20%和10%以上,均超额完成指标。在老挝,频频突破老挝电信公司市场,赢得多个网络扩容项目合同,并与客户签署网络扩容战略合作和5G联盟备忘录,全年订单额实现比上年增长1倍多。在孟加拉国,赢得Teletalk MEP 2G/3G/LTE项目大单。同时,利用中国融资优势,继续支持泰国True公司的大规模IP扩容,并与多哥电信签署第10期网络扩容项目合同及5年独家合作框架协议。而且不断优化组织结构,强化销售团队,在孟加拉国、埃塞俄比亚、尼日利亚、莫桑比克、伊拉克、中亚等地,深入挖掘中国融资和中资企业合作项目机会,推动直接出口业务的健康稳定发展。

【重大创新】 上海诺基亚贝尔积极开展科技创新工作,新申请发明专利近200件,新增授权专利178件,参与CCSA(中国通信标准化协会)的标准编写68项,其中牵头8项,向3GPP、ITU等重要国际标准化组织提交5500余篇文稿。

无线领域,发布新的TD-LTE Advanced Pro (4.5G)产品平台,实现4×4MIMO、5载波聚合功能、大规模(Massive)MIMO、波束成形(beamforming),将VoLTE用户容量提高150%,商用支持eMBMS广播组播业务,通过移动宽带网络提供广播业务的覆盖,提高无线资源的可用比例;成功实现LTE-FDD Cat-M功能,支持无所不在的广域互连物联网,以及更低复杂度、更低功耗的物联网终端;推出超宽带的5G预商用射频产品,实现超宽带、高效率、低带外泄露的基站设备。固定网络领域,在BBWF发布全球第一款WPON产品,实现毫米波技术与PON的有机融合,为最后100米的接入提供一种有效的无线解决方案;发布家庭Wi-Fi端到端解决方案,成为进军家庭组网、智能家庭的有利武器。IP和光网络领域,发布Velocix多媒体发布平台,并首次和中国移动国际部开展卓有成效的合作;推出Deepfield软件解决方案,结合人工智能技术帮助传统运营商、云商、有线电视运营商和各种行业用户改善网络性能、提升网络效能、提高网络安全水平。服务领域,积极推动服务创新,依托业内顶尖的贝尔实验室的技术积淀,深度挖掘现有运营商市场,并积极开拓垂直行业,推动主营业务从通信技术(CT)向信息和通信技术(ICT)、大数据的转型。

【党建工作】 公司党委坚持用习近平新时代中国特色社会主义思想武装头脑,把思想统一到党的十九大精神上来,结合企业特点落实党建重点工作。

为党组织发挥领导核心、政治核心作用提供三大保障。一是积极落实党建设工作相关内容在新的合资企业公司章程中得以坚持并得到加强,为企业党建工作提供坚实的法律保障。二是严格按照党纪党规开展党委及其基层党组织的换届选举,为企业党建工作提供有力的组织保障。三是推动党建工作与企业治理结构有效对接,制定和完善党委议事规则与程序,为企业党建工作提供切实的制度保障。

为党组织发挥领导核心、政治核心作用完善工作机制。一是党委纪委委员和其他党委中心组成员通过"双向进入、交叉任职"进入"三会一层"治理结构,推动党建工作与企业治理结构有效对接。二是通过制定和完善党委研究决定重大事项的基本形式与程序,完善党委发挥领导核心、政治核心作用的工作机制。

党组织发挥领导核心、政治核心作用呈现新局面。一是在坚持党的领导方面,为合资企业的整合转型把方向、管大局、保落实;中方自主发展平台华信邮电成立党委纪委。二是在推动企业发展方面,发挥党委领导作用、党支部战斗堡垒作用和党员先锋模范作用,推动公司完成2017年经营任务,谋划2018年各项工作;推动公司整合重点事项按照既定目标完成,关注员工队伍稳定;推动制定并实施企业发展新战略。三是在全面从严治党方面,加强和完善党建工作责任制;规范党支部"三会一课";推动原诺基亚党组织完善组织建制。

【信息化建设】 上海诺基亚贝尔继续全面推动信息化建设,为公司高效运营和整合发展提供强有力的保障，同时积极探索当前IT数字化的前沿技术，形成智能化运营、网络化协同、个性化定制、服务化延伸新业态，激发企业成长新动力。

在推进业务全面信息化方面，完成全面业务流程和员工服务从线下到线上迁移。整合十几个独立系统到一个平台进行统一的认证登录，完善"网云化"统一移动化平台系统，集成在线会议、共享文档、即时沟通软件以及电子邮件系统的完整办公自动化链条，以用户需求变革为动力，使业务运营更高效便捷，业务流程更通畅。

在信息安全方面，部署集未知威胁分析、威胁情报共享、实时查杀于一体的高级威胁防护系统，集成沙盒分析设备、企业威胁情报数据库、威胁情报数据交换终端等，有效地提高企业的防护能力，加强对企业信息资产的保护，逐步上线下一代防火墙设备，加强边界防护。同时，扩展网络准入系统，对入网客户端进行有效的合规检测，加强终端防护，并于2017年通过ISO27001国际信息安全标准的认证。信息安全理念变革和技术更新双管齐下，使业务发展更有保障。

【履行社会责任】 秉持"科技创新，惠及全社会"的社会责任理念，上海诺基亚贝尔根据党的十八届五中全会提出的创新、协调、绿色、开放、共享的可持续发展理念，认真落实国务院国资委各项工作要求，加强社会责任管理，社会责任工作取得明显成效。一是持续进行环保投入，强化节能减排，实现目标管理。二是关爱员工身心健康，提升员工幸福感。三是持续强化供应商管理，实现供应链价值共享。四是勇担企业公民责任，全力做好通信保障工作。五是坚持编制社会责任报告，加强利益相关方沟通。六是加大力度"精准扶贫"，打赢脱贫攻坚战。七是开展公益活动，倡导志愿者精神。公司的社会责任工作为公司赢得多项荣誉，先后获得上海绿色供应链优秀案例"创新实践奖"，2017年可持续发展行动典范奖、《中国信息通信行业企业社会责任管理体系》首批试点企业、"浦东新区企业社会责任达标企业"称号、"金蜜蜂2017年优秀企业社会责任报告奖"、扶贫"突出贡献"荣誉证书以及2017年度公益项目奖等。

（撰稿人：徐秋青）

武汉邮电科学研究院有限公司

【基本概况】 2017年，武汉邮电科学研究院有限公司（以下简称"武汉邮科院"或"集团"）坚决落实党中央、国资委各项决策部署，以提升发展质量和效益为中心，牢固树立和贯彻落实发展新理念，坚持"稳中求进"总基调、坚持市场化改革创新方向、坚持供给侧结构性改革要求，持续强化自主创新能力建设，持续强化市场开拓力度，持续强化经营管理提升，持续强化资源有效配置，持续强化党组织规范建设，较好地完成国资委下达的各项任务指标及集团工作会议提出的各项目标。

企业治理结构进一步优化完善，武汉邮科院完成公司制改制。深化干部管理，进一步推进人力资源管理，持续增强组织内部凝聚力战斗力。坚持以政治建设为统领，着力强化责任落实和组织规范，企业的"根"和"魂"不断巩固加强。深化党风廉政建设，推进纪律建设规范化、严肃化。

【主要指标】 2017年，集团实现营业收入304.1亿元，比上年增长19.02%；实现利润总额13.3亿元，比上年增长31.68%；实现净利润12亿元，比上年增长36.36%，实现规模、效益稳增长。2017年，集团利润总额和净利润增长幅度均超过30%，且大幅超过收入增幅，集团各公司在实现收入规模平稳增长的同时，狠抓降本增效，通过精细化管理压控费用开支。集团通过提质增效，各项盈利能力指标均得到一定幅度提升。

2017年武汉邮电科学研究院有限公司主要经济指标

项　　目	2016年	2017年	比上年增长(%)
资产总额（亿元）	405.00	459.00	13.33
所有者权益（亿元）	150.10	176.20	17.39

续表

项　目	2016年	2017年	比上年增长（%）
营业收入（亿元）	255.50	304.10	19.02
利润总额（亿元）	10.10	13.30	31.68
净利润（亿元）	8.80	12.00	36.36
归属于母公司所有者的净利润（亿元）	2.00	1.80	−10.00
技术开发投入（亿元）	26.06	33.20	27.40
利税总额（亿元）	20.94	25.30	20.82
应交税金总额（亿元）	3.40	4.20	23.53
全员劳动生产率（万元/人·年）	24.54	27.34	11.41
净资产收益率（%）	6.20	7.40	增加1.2个百分点
总资产报酬率（%）	3.60	3.80	增加0.2个百分点
国有资本保值增值率（%）	106.90	107.10	增加0.2个百分点

【改革发展】　进一步推进混合所有制改革。集团所属上市公司烽火通信科技股份有限公司于2016年启动新一期向特定对象非公开发行股票，于2017年9月完成本次增发相关工作，募集人民币18亿元。本次募集资金将投向融合型高速网络系统设备产业化项目、特种光纤产业化项目、海洋通信系统产业化项目、云计算和大数据项目、营销网络体系升级项目，进一步提升企业科技创新能力和市场竞争力。武汉烽火富华电气有限责任公司增资扩股项目在北京产权交易所履行规定的程序，引入5个投资方，公司注册资本由5800万元增加至10000万元，募集资金净额10489.5万元，本次增资使公司的资本实力有所提升，资产负债率有所降低，总体财务状况得到优化与改善，资产质量得到提升，偿债能力增强，有利于增强公司抵御财务风险的能力。

健全公司法人治理结构，持续推进董事会建设。2017年，集团董事会主要从制度、程序、监管等方面落实中央政策，相继组织完成董事会换届选举、党建入章程、《投资管理制度》修订、议案模版推行等事项。集团引导子公司董事会建设，截至2017年底，全面完成集团及所属各子公司公司制改制工作，逐步完善其外部董事占多数的董事会格局，引导其健全董事会运行制度，完善其董事会运行流程，对其董事会重大决策进行有效监管，促进集团在严格遵循相关政策、制度和程序的同时，实现各公司董事会建设相互联动，内部统一协调，确保集团及其所属子公司董事会运行"有位""有为""有效"。

进一步推进人力资源管理。2017年，集团继续大力实施核心、关键人才引进计划，进一步推进员工激励计划，光迅公司成功实施第三期股权激励；进一步优化干部能力提升工作体系，以信息化手段助推人力资源配置、效率的优化和提升，引导子公司重点关注人工成本投入与产出匹配度，人均产出和利润同比又有增长。

【重点项目】　2017年，集团响应国家"一带一路"倡议，肩负振兴民族品牌的社会责任及历史使命。公司确定"资本＋产业""建设＋运营服务"的"走出去"战略。2017年5月9日，集团与新疆生产建设兵团在乌鲁木齐市签署战略合作协议，计划在兵团支持下，在新疆建立烽火光缆制造中心及云计算中心，借助新疆优越的地理位置建立光缆制造基地，辐射亚欧光缆市场，进一步提升集团品牌知名度及行业的影响力。2017年7月，光缆制造子公司新疆烽火光通信有限公司设立完成，该公司已投产。

完善产业链布局，提升竞争力。2017年，集团对投资设立的光棒厂和海洋网络设备子公司注资，完善国内产能布局，打通光棒光纤光缆产业链。

发挥产业优势，培育新增长点。2017年，集团继续发挥自身产业优势，通过合资，迅速切入网络信息安全、云计算等领域。

探索融投新模式，加快战略性新兴产业拓展。2017年，烽火创投公司与烽火通信、湖北省科技投资集团旗下武汉光谷产业投资有限公司经多次磋商，完成首期6亿元规模母基金的设立。通过对接政府财政资金和社会资本,围绕集团产业链加快战略新兴产业领域投资布局和资源整合,提升集团产业竞争力,推动区域战略新兴产业发展。

【走向海外】 2017年,面对宏观经济形势与行业市场环境的变化,公司继续按照构建"国内一流,国际知名"国际化通信企业目标,围绕"协同共享增效"的全年工作主题,不断提升发展质量与效益,不断提升发展速度与能力,并抓住"一带一路""产能国际化"等所带来的市场机遇,公司国际市场保持高速增长态势。

品牌实力和影响力不断增加,可持续发展能力持续增强。集团紧跟"一带一路"的政策指引,充分利用战略机遇,整合一线营销服力量,全球战略布局进一步完善,2017年新设越南、俄罗斯、肯尼亚、埃及子公司,实现本地化综合资源利用和市场开拓。国际市场份额持续扩大,产品竞争力不断增强。在成熟市场求增量的同时,以拓新和保交付为工作重点,为公司可持续发展打下坚实基础;通过以"成熟产品老客户、成熟产品新客户、战略产品老客户"的市场策略持续推进市场拓新,实现国际市场拓展取得新突破。

【重大创新】 2017年,集团科研工作本着打通国内与国外、软件与硬件、当前与长远关系的原则,加大对环境的研究和预判,积极对接国家重大战略需求,对接国家"十三五"规划、集成电路专项等国家重点发展战略;强化创新工程建设,加快创新中心建设,进一步明确平台角色和功能定位;加快推进创新谷建设,积极打造有利公司长远发展的"双创"平台。公司着力提升核心芯片和关键技术的开发能力,冲击世界水平,以"钉钉子"的精神,持续加大在自主高端芯片、400G光模块、高速光电子核心芯片、5G关键技术、超低损光纤等项目上的投入,并取得阶段性成果。一批关键技术研究项目取得突破。无线与移动领域的技术、产品创新有序推进。

自主创新成果得到业内认可。2017年,集团获得国家科技进步二等奖1项(参加),省部级科技奖励13项,其中3个项目获得省部级一等奖。光迅公司为参加单位的项目获得国家科技进步二等奖。三个项目获得省级科技一等奖3项。获得第19届中国专利优秀奖3项。

科技创新平台建设取得重大突破,集聚行业优势资源,打造"产学研用融"创新生态系统。2017年10月31日,工信部正式批复同意由集团公司牵头、光迅科技作为承担单位,在武汉建设国家信息光电子创新中心。作为"中国制造2025"全国正式授牌的第三家国家制造业创新中心,也是湖北省首家,为将中国光谷建设成为国内领先、世界一流的全球产业创新策源地和协同创新集聚地奠定坚实的基础。该中心承载着我国信息光电子制造业"关键和共性技术协同研发"及"实现首次商用化"、破解我国核心高端信息光电子"空芯化"瓶颈的战略任务。通过政府牵引、企业主导、高校和科研机构支持,集聚行业优势资源,创新中心形成一个"产学研用融"合作共赢的创新生态系统,打通先进制造技术从基础研究到应用研究、首次商业化和规模化生产的创新链条,促进行业关键共性技术向规模化、经济高效的制造能力转化。

【党建工作】 深化规范体系建设,牢牢抓住党建责任制。集团党委突出"组织建设规范年"主题,聚焦基层党建薄弱环节,扎实推进重点任务。集团及所属境内二、三级控股子企业全部完成党建内容进章程工作;集团及下属各单位坚决执行党委会前置要求;全集团应换届的基层党组织全部完成换届工作,海外党组织建设持续加强。

党员日常教育融入日常、抓在经常。集团基于"互联网+"打造的现代新媒体应用"悠趣"App,作为一个党建平台,能够实现任务发布、召开会议、分组管理、任务提醒、结果监控等环节的规范化、流程化运转;各级党组织充分利用"悠趣"平台中的模块,高效有序地开展"两学一做"学习教育,取得较好的效果,达到环节易执行、考核可量化的目的,为加强日常学习教育工作提供优质的载体。

深化党风廉政建设,推进纪律建设规范化、严肃化。集团认真开展自查自纠,初步形成"六制八管"制度体系框架。集团突出政治巡视,完成对下属部分公司巡视工作,并开展公务用车制度改革方案落实情况、采购业务和扶贫领域监督检查工作,坚决落实中央八项规定,进一步加大反"四风"力度。

【履行社会责任】 集团积极履行社会责任,帮助相关国家不断缩小数字鸿沟、共享信息繁荣,助力全球和谐发展;继续积极服务国家发展,努力置身全球信息科技领域最前沿,为建设网络强国贡献应有之力;继续努力服务经济提质增效,努力把握信息技术和产业发展趋势,持续提升企业核心竞争力,实现国有资本保值增值;积极践行绿色低碳发展,致力于走绿色发展之路,在企业内营造关爱生态的文化氛围。

责任孕育动力,使命成就未来,创新助力发展。2017年,集团党委以"光棒精神"为载体,进一步提升文化引领,创新文化传播手段;进一步推进群团工作效能,发挥平台作用,使群团工作真正围绕中心、服务大局;助力扶贫攻坚,积极参与精准扶贫、新农村建设,履行社会责任;与社区合作搭建居家养老服务平台,尝试社区参与管理,为退休人员社会化管理打好基础。

(撰稿人:肖卓群)

华侨城集团有限公司

【基本概况】 华侨城集团有限公司(以下简称"华侨城"或"集团")是国务院国资委直接管理的大型中央企业,1985年诞生于改革开放的前沿阵地深圳。控股华侨城A、康佳集团、华侨城(亚洲)、华侨城文旅科技、云南旅游5家上市公司,是国家首批文化产业示范基地、全国文化企业30强之一。截至2017年底,华侨城集团连续七年在中央企业业绩考核中获评A级。

多年来,华侨城培育旅游及相关文化产业经营、房地产及酒店开发经营、电子及配套包装产品制造等三项国内领先的主营业务,其中康佳、锦绣中华、世界之窗、欢乐谷主题公园连锁、波托菲诺、茵特拉根小镇、华侨城大酒店、威尼斯睿途酒店等均为中国著名品牌。

按照国家新型城镇化战略思路,在"五大发展理念"指引下,华侨城深耕"文化+旅游+城镇化"和"旅游+互联网+金融"的创新发展模式。联手央企组成"联合战队"以PPP模式布点全国,开发新型城镇。在深圳、四川打造多个特色古镇,布局云南、海南全域旅游,并加快全国自然文化景区轻资产拓展。国务院国资委高度评价华侨城"经营模式上大胆创新"各项举措。

在新战略驱动下,华侨城以文化为核心,旅游为主导,在全国各地不断开拓,如今已经布局全国40多座城市,业已形成新型城镇化、文化创意产业、产融平台、全域旅游、城市开发运营、主题酒店开发运营、智慧管理输出等业务板块,引领中国文化旅游产业不断前行。

集团按照党中央、国务院、国资委的部署和要求,以新思路和新举措积极适应经济新常态,取得优异的经营业绩。一是整体经营稳中求进。2017年,集团实现营业收入801亿元,比上年增长48%;实现利润总额191亿元,比上年增长100%;实现净利润139亿元,比上年增长99%。截至2017年底,集团资产总额3199亿元,负债总额2138亿元,资产负债率67%,与年初持平。二是成本管控成效明显。成本费用总额比上年增长49.38%,低于利润增幅。稳定的发展态势和优异的经营业绩进一步彰显市场竞争力。三是传统业务稳中有升。文化旅游业务游客接待量达3188万人次,比上年增长2.2%。"欢乐谷"获得国内主题公园行业唯一中国驰名商标。房地产业务签约面积突破100万平方米,销售收款额增长34%,创历史最好成绩。四是企业地位稳固增强。集团自2010年以来连续七年获得国务院国资委年度业绩考核A级评价;连续四年雄踞全球主题公园集团四强,继续领跑亚洲。

【主要指标】

2017年华侨城集团有限公司主要经济指标

项目	2016年	2017年	比上年增长(%)
资产总额(亿元)	1740.72	3199.24	84.00
所有者权益(亿元)	557.79	1061.13	90.00
营业收入(亿元)	542.56	801.12	48.00
利润总额(亿元)	95.39	190.85	100.00
净利润(亿元)	74.29	138.72	87.00

续表

项目	2016年	2017年	比上年增长(%)
归属于母公司所有者的净利润(亿元)	41.82	57.27	37.00
技术开发投入(亿元)	2.16	3.79	75.46
利税总额(亿元)	164.38	277.82	69.00
应交税金总额(亿元)	103.41	146.09	41.00
净资产收益率(%)	13.96	11.17	减少2.79个百分点
总资产报酬率(%)	6.79	7.60	增加0.81个百分点
国有资本保值增值率(%)	108.41	115.76	增加7.35个百分点

【项目建设】

1. 重点项目建设成果显著。投资200亿元的南昌华侨城"大型滨水生态文化旅游综合体"奠基,按照"生态优先、环保先行"的原则,规划建设六大板块、20余个精品文旅项目。重庆欢乐谷主题乐园及玛雅海滩水公园顺利完工并盛大开园,这是继深圳、北京、成都、上海、武汉、天津之后,全国"欢乐版图"的第七站。滨海华侨城项目宝安中心区滨海文化公园(一期)正式启动,规划设计、报批报建、招投标以及品牌营销等各项工作有序推进。武汉华侨城的东湖绿道(二期)项目顺利建成,助力城市开启生态绿城建设的全新时代。成都欢乐谷三期全新开业,南京欢乐谷等按计划推进。

2. 新项目拓展遍地开花。在新的战略目标的指引下,在断崖式考核机制的倒逼下,公司各企业开疆拓土,加速各类文旅项目在珠三角、长三角、京津冀以及武汉、南昌、郑州、成都、重庆、西安等一二线城市布局。2017年落地新项目20个,项目获取方式除了传统的市场化拍地,新增多样化的渠道,包括带方案招标、合作拍地、项目并购等。这些项目的落地,丰富和优化资源获取途径,降低资源获取的成本和难度,保障投资工作的顺利推进。

【主要业务】

1. 华侨城股份公司主要业务板块经营情况。

旅游综合业务。2017年,面对国家旅游政策新导向,公司按照集团"文化+旅游+城镇化""旅游+互联网+金融"创新发展模式要求,通过经营创新、资本运作等方式做强做优主营业务,打造核心竞争力,创造更多利润。实现营业收入183.83亿元,比上年增长14.85%;营业成本110.62亿元,比上年增长16.56%;毛利73.22亿元,比上年增长12.37%。景区全年游客接待量突破3000万人次,位列全球景区业四强,亚洲第一。旅游是华侨城的创业之本,它的"跨越"来自三方面:一是以"旅游+互联网+金融"的新模式推进旅游业务创新;二是整合全国八家欢乐谷,成立"欢乐谷集团",启动三年内并购在建、已建主题公园的计划,打造全国最具实力的主题公园集团;三是"卡乐小镇"加快布点,有望成为继"欢乐谷"后的又一知名品牌。

房地产业务。随着国家分类调控、因城施策,强调住房的居住属性,控房价、防泡沫与去库存并行等一系列政策的实施,2017年公司房地产业务密切把握新型城镇化带来的机遇,敏锐把握政策导向,加大力度关注市场需求,借助于强强合作、战略联盟,进一步加快项目的周转速度,取得良好的经营效益。实现营业收入235.22亿元,比上年增长24.16%;营业成本106.84亿元,比上年增长54.04%;实现毛利128.38亿元,比上年增长6.91%。2017年,集团房地产业务总体呈现上升趋势,全年销售收入462亿元,较上年增长32%,销售面积达到151万平方米,较上年增长33%。面对严格的宏观调控,在限价、限售、限备案、限放款的市场条件下,公司通过战略联盟共享合作,加快项目开发和推盘节奏,多渠道拓展客源,适度控制平均房价,快速回笼资金,去库存成效显著。深圳、顺德、武汉、成都、重庆、西安、宁波楼盘销售均取得不俗的业绩。

纸包装业务。2017年,传统的纸包装经营面临着严峻形势,公司积极开拓电商等新的客户资源,同时发挥集中采购优势,严控成本费用,经营指标保持稳定。实现营业收入7.83亿元,比上年增长5.90%;营业成本6.85亿元,比上年增长0.35%;实现毛利0.97

亿元,比上年增加0.41亿元,增长73.57%。

2. 康佳集团主要业务板块经营情况。

2017年,彩电销量1035.3万台,比上年下降9.3%,收入140亿元,比上年增长24.7%,亏损面同比收窄近5000万元。国内海外市场回落,导致彩电销量下滑,销售收入增长以及内销亏损收窄则受益于内销彩电市场销售结构的大幅改善以及外销策略的调整。

内销彩电市场环境一方面延续销售结构剧烈变化的态势,产品大板化、智能化趋势明显,虽然市场零售量规模略有下降,但零售额规模略有增长;线上渠道市场份额持续扩大,但增速有所放缓,电商和互联网彩电品牌都在不断加快对线下渠道的渗透和掌控。另一方面,内销家电受刺激政策终止市场萎靡、核心原材料供应短缺价格上涨、运营成本持续增高等诸多不利因素影响,公司彩电内销业务一直压力巨大。面对急剧变化的市场环境,内销彩电密切关注市场变化趋势,迅速做好相关政策和策略的动态调整与把控,全力以赴降低不利因素影响。

外销方面随着强势美元的突起,新兴经济体饱受美元回流的冲击,汇率波动,国内政治、经济动荡,部分国家如中东、埃及等国际购买力削弱,贸易环境日益严峻,深刻影响着包括彩电在内的产品出口,严重制约全球经济贸易的增长。而且国内品牌外扩步伐从未停歇,海外市场同质化竞争愈加激烈。海外积极推动"LOCAL KING"项目,把A类重点客户深度绑定,探寻新的机会点,集中精力于重点市场和区域,选取越南、哥伦比亚、阿尔及利亚三个战略客户作为主力突破口,深入挖掘客户价值,实现利润提升。

【管理体制改革】

1. 实施大区制的专业化、扁平化改革。按照国资委压缩管理层级要求,华侨城着手建立大区制,整合原有散布的项目,成立北方集团、西部集团、华东集团、深圳东部集团、深圳西部集团等区域公司,实现区域经营权的适度下移和管理扁平化。大区制并不是华侨城首创,但它是华侨城内部管理的重大变化。

为实施专业化发展,华侨城分别注资50亿元成立文化集团和资本投资公司。文化集团旨在推动华侨城加快向"文化+"发展倾斜,聚焦文化产业链的核心环节,拟采取混合所有制等多种形式,瞄准新三板公司、上市公司等30多家国内优势文化企业,形成广泛合作关系,增强华侨城在文化产业的竞争力。资本投资公司旨在增强华侨城金融实力,促进华侨城产融结合,良性互动。

2. 康佳剥离制造业改革。康佳集团成立于1980年,是国内老牌彩电企业,面临着体制机制没有民营企业灵活,市场过度竞争的难题,已成为重资产、高费用的彩电厂商,重资产的运营较大程度上影响公司的转型。2015年康佳集团营业收入184亿元,亏损近13亿元,2016年1—11月累计实现营业收入180亿元,利润总额1000万元,利润率明显低于华侨城其他业务板块。

经过对康佳集团各业务环节竞争力和发展潜力的深入研究,集团计划将劳动力较为密集、产能层次不高、竞争力较为薄弱的制造环节卖掉,集中精力做强研发、品牌、营销。同时,在深圳制造业转型升级的大势下,紧密对接深圳的优势产业布局与发展方向,积极进入战略性新兴产业。

3. 多层次增强金融能力。相对于华侨城主营业务规模和"文化+旅游+城镇化""旅游+互联网+金融"创新模式的需求,华侨城金融规模太小,跟不上产业发展。华侨城加大金融业务实力,探索从产业和金融互动发展去规划发展:一是先后与国家开发银行、中保投资公司总计签订2200亿元融资战略合作协议,为华侨城各地城镇化建设提供资金保证;二是在集团层面搭建三个金融平台,包括成立华侨城资本投资公司,撮升香港华侨城融资能力,积极与国开行成立旅游发展基金;三是加大在资本市场开展兼并收购力度,鼓励各地子公司积极获取金融资源。

4. 推进选人用人机制改革。2017年,华侨城启动二级公司全球化市场化经理人招聘。为康佳集团选聘6名高级管理人员,为12家子集团选聘40岁以下副总经理各1名,还从证券公司、地方银行、知名民企引进金融、资本、营销等一批高端人才。

针对华侨城中层干部年龄偏大的状况,加快年轻化用人,2017年累计提拔使用干部47人次,比上年增长213%。"80后"年轻干部从2016年的9人增加到19人。

5. 推进集团公司制改制。2017年,华侨城公司制改制方案获得国资委的批复,公司从全民所有制企业转变为国有独资公司。

改制的目标是建立市场化的治理结构,一是突出"管资本",理清董事会、党委会、监事会和经理层之间的关系,构建以集体决策为原则,以董事会分级分类授权为核心的决策体系。二是面向市场,以"精总部、大产业"为特点,重构"集团总部运营资本、产业板块经营资产、实体企业专业经营"的组织体系。

二级企业作为资产层,华侨城将着重做好授权,推动资产经营,实施全面混改,思路是以市场化为导向,按照市场化机制引入战略投资者,战略投资者可以以现金入股,也可用优质资源入股,争取达到三个效应:一是实现以相对较少的国有资本对二级企业的控股,从而放大国有资本功能,提高资本流动性,加快规模扩张;二是通过引入战略投资者降低风险负债率,积极稳妥去杠杆;三是倒逼二级企业经营机制改变,促使二级企业建立健全法人治理结构。

(撰稿人:薛　晔)

南光(集团)有限公司

【基本概况】　南光(集团)有限公司(以下简称"南光集团")是唯一一家总部设在澳门特别行政区的国务院国资委直属中央企业,集团前身南光贸易公司成立于1949年8月,是澳门最早的中资机构。集团主营业务分为原油及成品油、日用消费品贸易,酒店旅游,地产经营开发和综合物流服务四大业务板块。

2017年,南光集团认真贯彻落实国企改革"1+N"系列文件精神。按照国资委的工作部署,认真学习领会十九大精神,牢牢把握习近平新时代中国特色社会主义思想,坚定不移推动国企改革"1+N"政策体系在全集团落地。集团职能部室、各所属企业认真贯彻集团工作要求,对照2017年改革重点任务分解表,做好统筹谋划,拟定方案,稳步推进,加快完成集团全面深化改革各项目标。对应已出台的"1+N"文件,制定改革相关配套措施47项,其中2017年出台26项。

【主要指标】　2017年,南光集团资产总额199.47亿元,比上年增长3.2%;实现利润总额17.96亿元,比上年增长77.32%,经营效益创造历史最好水平。

2017年南光(集团)有限公司主要经济指标

项　目	2016年	2017年	比上年增长(%)
资产总额(亿元)	193.28	199.47	3.20
所有者权益(亿元)	161.25	168.47	4.48
营业收入(亿元)	405.38	376.72	-7.07
净利润(亿元)	9.08	16.82	85.24
归属于母公司所有者的净利润(亿元)	9.19	16.07	74.86
利税总额(亿元)	11.20	19.28	72.14
应交税金总额(亿元)	2.46	2.66	8.13
全员劳动生产率(万元/人·年)	38.41	52.65	14.24
净资产收益率(%)	6.21	10.08	增加3.87个百分点
总资产报酬率(%)	5.45	9.17	增加3.72个百分点
国有资本保值增值率(%)	111.50	104.19	减少7.31个百分点

【改革发展】

1. 全面推进深化改革。南光集团深入开展改革调研活动,立足实际,掌握实情,从改革发展的突出矛盾和重点问题入手,扎实推进各项工作。通过加强宣传引导,营造良好氛围,最大限度凝聚改革共识,形成改革合力。认真总结改革经验,积极向国资委汇报工作进展情况,制定工作联络机制,集团所属二级公司按季度上报本单位改革工作进展情况。集团公司总部还积极组织参加国资委各项改革工作会议及专题培训,不断开阔视野,更新观念,解放思想,为改革实践积累经验,推动企业创新发展。2017年,集团明确全面深化改革方案重点任务和责任分解,制定相应的改革措施,加大各个条线上的改革力度,全面深入推动集团改革发展。

同时,南光集团加强统筹协调,抓关键实质。一是建立工作落实季报制度,按时召开会议,及时研究和解决难点，推动改革方案和改革举措尽快在重要领域和关键环节取得突破。二是积极推进集团管控流程梳理和再造，提高管理的时效性，及时掌握一线运营情况，对市场变化快速反应。加强顶层设计，突出落实落细。三是成立集团全面深化改革领导小组以及多个专项改革工作小组，统筹推进全面深化改革重点工作，制定下发《南光集团全面深化改革实施方案》《南光集团全面深化改革方案重点任务分解表》《关于成立集团三项制度改革领导小组的通知》以及多个配套专项改革工作方案文件，明确责任分工，扎实推进7个方面27项具体工作。

2. 顺利完成公司制改制。南光集团按照国务院和国资委的工作部署，全力以赴推动公司制改制工作。成立改制专项领导小组，制定公司制改制方案，统筹研究和协调解决改制工作重大问题，克服时间紧、难度大、情况特殊等困难，数次与所在地工商等部门就改制企业的境内外产权归属等一系列问题进行沟通，争取政策支持，集团所属广东南光实业贸易公司、中经实业开发公司、上海浦东实华汽车服务公司等4家企业全部按计划完成改制工作。

3. 扎实推进企业功能界定与分类。南光集团根据国资委对集团功能定位，分析研究各子企业经营性质和业务特点，将集团所属95户并表子企业全部划分为商业一类，为集团深化改革，引入市场化机制打下基础，改革的针对性和准确性进一步提高。

【重大项目】 港珠澳大桥澳门口岸管理区项目是南光集团担负的一项重要政治任务，得到中央和社会各界的高度关注。集团所属南光置业作为项目具体负责实施单位，以严细务实的态度认真做好与澳门特区政府和总承建单位的协议谈判工作，争取最大权益保障；克服项目工期极度紧张等挑战，成立项目管理部，聘请监理咨询公司担任工程管理顾问，及时组织进场施工，妥善处理各种复杂问题，加强与各政府部门、总承建单位等沟通。经过全年无休、昼夜24小时施工和高峰期的万人会战，克服台风造成的巨大影响，主体工程于2017年底基本完工，具备通车条件，得到澳门特区政府、中联办和中央有关部门的高度肯定，为集团赢得良好声誉。

【信息化建设】 南光集团积极支持澳门特区政府智慧城市建设，确定南光集团"互联网＋"转型升级战略，编制智慧南光信息化专项规划，在电商、能源、旅游、酒店等方面积极参加澳门智慧城市建设。推动主营业务系统全覆盖，启动业务财务一体化建设，推进集团网站群项目，建成覆盖全集团的高清视频与电话会议系统。

【履行社会责任】 南光集团按照党中央、国务院推进产业化、市场化扶贫的要求，出资300万元参加中央企业贫困地区产业投资基金，捐资800万元开展云南和甘肃两个对口扶贫项目建设，全力参与央企扶贫攻坚。派驻轮换村干部全部到位。持续参与"公益金百万行"、"同善堂"、澳门义工等公益活动，进一步增强员工的社会参与感和责任感。2017年，集团对外捐赠总额868万元。

（撰稿人：李浩思）

中国西电集团有限公司

【基本概况】 中国西电集团有限公司（以下简称"中国西电集团"），是国务院国资委直接监管的输配电成套设备研发制造企业，成立于1959年7月，是以我国"一五"计划期间156项重点建设工程中的5个项目为基础，发展形成的以科研院所和骨干企业群为核心，集科研、开发、制造、贸易、金融为一体的大型企业集团。截至2017年底，中国西电集团拥有全资和控股子公司（单位）60余家，其中包括4个国家级企业技术中心和工程实验室，4个国家级质量检测中心，4家承担进出口、国内营销、金融等业务的专业公司，职工17000余人。

2017年，中国西电集团认真学习贯彻习近平新时代中国特色社会主义思想，突出迎接党的十九大召开、学习宣传贯彻十九大精神这条主线，按照中央经济工作会议部署，落实国务院国资委央企负责人会议、党风廉政建设和反腐败工作会议要求，团结带领集团广大干部职工围绕深化改革、提质增效、科技创新、市场开拓等重点工作，担当有为实干，集团改革发展各项工作取得长足进展。

【主要指标】 2017年,中国西电集团实现营业总收入173.8亿元,比上年增长5.65%;实现利润总额12.7亿元,比上年增长3.25%;归属于母公司所有者的净利润6.5亿元,比上年增长32.65%;净利润、利税总额、净资产等关联指标,较2016年均有不同幅度增长;全员劳动生产率、净资产收益率与2016年基本持平。

2017年中国西电集团有限公司主要经济指标

项　目	2016年	2017年	比上年增长(%)
资产总额(亿元)	392.4	391.1	-0.34
所有者权益(亿元)	233.3	243.7	4.46
营业收入(亿元)	164.5	173.8	5.65
利润总额(亿元)	12.3	12.7	3.25
净利润(亿元)	10.4	10.7	2.88
归属于母公司所有者的净利润(亿元)	4.9	6.5	32.65
技术开发投入(亿元)	12.7	12.5	-1.57
利税总额(亿元)	21.7	22.0	5.29
应交税金总额(亿元)	12.0	11.9	-0.83
全员劳动生产率(万元/人·年)	23.3	23.3	持平
净资产收益率(%)	4.5	4.5	持平
总资产报酬率(%)	3.2	3.3	增加0.1个百分点
国有资本保值增值率(%)	103.3	104.8	增加1.5个百分点

【改革发展】 2017年,中国西电集团积极学习宣传贯彻党的十九大精神,以习近平新时代中国特色社会主义思想为指导,紧紧围绕贯彻落实国企改革"1+N"系列文件,各项改革工作取得突破。一是不断完善现代企业制度,加快建立市场化经营机制,按照国务院国资委的统一部署,全面完成公司制改制工作。二是在国务院国资委的指导下,积极与地方政府对接,所属企业签订"三供一业"移交正式协议2项,框架协议8项;积极稳妥开展"压减"工作,截至2017年底,累计减少企业法人8户。三是按照国务院国资委统一部署,推进分类改革发展、分类考核分配,完成全部子企业功能界定与分类。四是加强企业领导人员三项机制建设,强化考核结果在领导人员评价、薪酬评定、职位调整、优秀年轻干部培养等方面的应用,逐步构建"能者上、庸者下、劣者汰"的良性机制,激发干部干事创业热情。五是集团和所属各单位对国有企业改革的认识不断深化,积极主动性进一步增强,所属西电西变、西电研究院主动探索,向改革要发展、要红利取得实效,改革案例被国务院国资委改革办编撰的《国企改革探索与实践》收录。

【重大项目】 密切跟踪市场和行业变化,细分市场、精耕市场。在国内市场方面,成功中标云铝绿色低碳水电铝加工一体化鹤庆项目直流供电系统,合同金额8亿元,成功中标安徽颍上县采煤沉陷区130兆瓦水面光伏110千伏升压站和外线交钥匙工程、陕西斯瑞新材料股份有限公司1.82兆瓦分布式屋顶光伏项目交钥匙工程、西安立达合成材料开发有限公司80千瓦屋顶分布式光伏项目交钥匙工程,成功投运西电宝鸡电气5.9兆瓦屋顶光伏项目。国际市场方面,积极参与"一带一路"建设,成功中标巴基斯坦±660千伏直流输电工程全部28台换流变压器,中标金额8.3亿元;中标OMVG几内亚林桑—博科输电项目241千米的EPC输电项目,中标金额3.2亿元;与中国重机签订老挝沙拉湾—色贡500千伏输变电项目总体10亿元合作框架协议。

【走向海外】 积极参与"一带一路"建设,不断提升国际市场开拓能力,加快企业"走出去"步伐。一是海外市场订货取得突破。2017年在"一带一路"沿线40个国家与地区实现海外新增订货45亿元,比上年增长68.5%。二是海外基地建设顺利进行。2017年3月,所属西电印尼举行开业典礼,并试制成功首台500千伏167兆伏安电力变压器;所属西电埃及与埃及输电公司、埃及电力控股公司先后签署坦塔220千伏等多个GIS变电站成套工程项目和变压器供货项目合同,有力地支撑西电海外市场的开拓。三是与中央企业战略合作不断深入,先后与中国能建、国机集团所属CMEC和江苏苏美达等企业签订战略合作协议,共同开发海外市场。

【重大创新】 坚定不移贯彻落实创新驱动战略,坚持创新发展不动摇,努力提升企业核心竞争力。一是重大创新研发取得突破。完成国际领先的±1100千伏特高压直流工程小组件换流阀及阀控系统设备、±800千伏/5000兆瓦高压柔性直流换流阀、直流隔离开关、接地开关、穿墙套管,500千伏高性能、环保型串联变压器,巴西美丽山项目±800千伏特高压直流输电工程换流变压器以及海上平台用柔性直流输电装置等重大、重点创新项目研制;全年累计完成项目鉴定验收90项,其中国际领先23项、国际先进26项、国内领先16项。二是有效运行西电研究院,在完成市场化选聘、引入职业经理人后,围绕西电研究院的研发目标定位,构建新型创新研发组织机构,搭建新型岗职位体系。三是积极搭建协同创新平台。与西安电子科技大学和西安高新技术开发区携手建设半导体先导技术中心;西电—交大电气技术研究院完成9项基础研究项目的验收,新立项6个基础技术研究项目。四是积极参与央企创新成就展,获评最受欢迎展台,提升了西电品牌的影响力。

【党建工作】 努力把国有企业党组织的领导作用转化为企业的竞争优势、创新优势和科学发展优势,为企业做强做优做大提供坚强保证。一是把深入学习贯彻党的十九大精神,学习贯彻习近平新时代中国特色社会主义思想作为理论武装的重中之重,制定《关于认真学习宣传贯彻党的十九大精神的方案》,党委理论学习中心组集中开展学习研讨,集团班子成员深入基层宣讲,与一线党员干部职工共同学习十九大精神;广泛开展主题征文、知识竞赛等活动,综合运用宣传平台交流学习经验,形成学习成果;申请并加入中央企业党建思想政治工作研究会,10个课题被选中立项并顺利结题,荣获一项三等奖。二是深入贯彻落实全国国有企业党的建设工作会议精神,在完成集团公司章程修订的基础上,所属45户境内控股中资企业全部完成党建工作总体要求纳入公司章程工作。三是深入贯彻落实党建工作责任制。逐级梳理制定党建工作责任清单,制定《党建工作责任制实施办法》,完善党建考核评价机制,开展党建工作中期督查和年终督查,在所属单位开展党委书记抓党建述职评议考核工作。四是坚持党管干部原则与发挥市场化选人用人机制作用有机统一,从制度建设入手不断完善企业干部选育用管机制,着力破解干部选拔任用、考核评价、管理监督等方面的突出问题,加强考核结果的科学规范运用。五是始终坚持全面从严治党永远在路上,梳理修订管党治党的制度体系,用制度管权、管人、管事;建立并运行党风廉政建设和反腐败工作联席会议制度,扎实推进内部巡察,实现集团二级企业内部巡察全覆盖。

【信息化建设】 坚持以《中国制造2025》为指导,依托国家智能制造项目,围绕企业转型升级,积极推进信息化与管理、制造、服务过程的融合,2017年,中国西电集团信息化和智能制造成绩显著。一是集团信息化整体水平被国务院国资委评为A级。初步建成具有统一的集团管控信息平台与子企业精细化运营信息平台,推动信息化与战略决策、经营管理、生产过程、风险管控融合,提高了信息共享和业务协同能力。二是依托"高压开关智能制造数字化车间"等5个国家智能制造专项和2个国家工业强基项目,积极推动企业从"自动化生产"向"数字化生产、智能化生产、网络化生产"转变,推动基于互联网的协同研发平台建设,开展数字化条件下的质量提升工程,建立产品远程在线监测及诊断系统,企业智能制造水平全面提升。三是中国西电集团作为国家智能制造标准化总体组成员,积极开展数字化智能化制造标准制定和研究,先后主持参与制定信息化应用技术标准9项、中低压输配电智能化工厂标准4项、开关设备数字化车间运行管理标准4项,并参与制定我国智能制造标准化规划、体系和政策以及智能制造国际标准化工作,开展智能制造国家标准试点示范、应用实施和宣传贯彻培训工作。

【履行社会责任】 2017年,中国西电集团连续第六年发布社会责任报告,系统披露公司在经济、社会、环境方面的履行情况。

扎实推进节能减排工作。积极推行精益生产、绿色制造和能源管理体系标准建设,大力推进节能减排新技术、新工艺、新设备在基建技改项目中的应用,集团能源消费总量低于全国3.48个百分点,全年万元产值综合能耗、化学需氧量、氨氮、二氧化硫、氮氧化物等指标持续降低，节能减排工作绩效稳步上升。

中国西电集团积极做好陕西省宝鸡市麟游县和该县万家城村精准扶贫工作，成立定点帮扶工作领导小组，制定《2017年定点扶贫工作实施计划》；推荐的挂职副县长和定点扶贫村第一书记，尽职履责，驻村第一书记周晓卫先后获得"2017年麟游县优秀第一书记""2017年宝鸡市优秀第一书记人选"称号；落实精准扶贫，完成"光伏惠民工程"调研论证、项目立项、踏勘确址等项目前期工作，稳步推进扶贫村90kW光伏集中发电场建设。同时投入78.5万元资金和物资，积极采取教育扶贫、精准医疗、就业帮扶等多项举措，使贫困群众持续稳定增收、生产生活条件不断改善。以阳光基金会为依托，以"交友帮扶""送温暖""互助合作保障"等工会品牌工程为载体，帮助困难职工1114人次，发放各类帮扶金、互助金、慰问品近百万元。

（撰稿人：王立娟　林在强）

中国铁路物资集团有限公司

【基本概况】 2017年中国铁路物资集团有限公司（以下简称"中国铁物"）宣传贯彻党的十九大精神，践行习近平新时代中国特色社会主义思想，按照中央和国资委要求开展各项工作。与银行债委会成员和私募债持有人正式签署协议，并完成全部债务重组落地操作，大幅降低财务负担，为公司生存发展赢得时间和空间。资产盘活取得重大进展，清欠清收取得积极成效，"瘦身压减"全力推进，完成公司制改制。"专区融合、联动发展"的经营格局加速形成，下属5家公司盈利能力持续提升，业务重组后的各区域公司，开拓市场的积极性、主动性明显增强，实现第一轮的业务转型和经营管理突破。公司坚持全面从严治党，监督执纪问责成效显著，思想文化宣传和群团工作进一步加强。

【主要指标】 2017年，中国铁物各月均保持盈利。实现营业收入613亿元，同比增长10.2%，实现利润同比增长95.45%，经营性净现金流持续为正，为进一步健康可持续发展打下良好基础。

【改革发展】 2017年，中国铁物落实中央企业公司制改制工作部署，纳入范围的5户全民所有制企业全部完成改制，总公司成为国有独资公司。公司章程有效规范，法人治理结构进一步明晰，三项制度改革持续深化，岗位职责、职级体系、薪酬考核进一步优化。全力推进"瘦身健体""压减"治理工作，2017年压减法人单位15户，减亏2113.1万元，收回资金2亿元。在陆续引进铁路专业化人才的同时，分流安置职工791人，再压减12.3%，人员分布、人才结构与现有业务网点规模实现进一步平衡。全年16家特困企业亏损额同比下降34.42%，其中6户实现盈利，1户注销，3户停止开展业务。"三供一业"分离移交项目完成63%，部分历史遗留问题得到切实解决。印发制度54项，梳理明确现行有效制度238项。严格落实考核分配制度，考核结果、经济效益与企业负责人薪酬、工资总额紧密挂钩。

【重大项目】 2017年，中国铁物全面回归铁路主业，围绕"轨道交通产业综合服务为根本，适度发展相关多元"的战略定位开发大项目。在钢轨供应方面，先后中标北京地铁7号线、北京新机场线、神华物资集团铁路专用线、赤峰至大板至白音华铁路线钢轨供应，北京城建有轨电车槽型轨集成供应等项目。在铁路机车车辆关键零部件供应方面，中国铁物获得马钢国产机车整体轮全国铁路独家代理权，为包括各铁路局机务段、和谐大功率机车检修基地以及除中车集团外其他装备制造公司提供所需机车整体轮供应服务。在铁路建设甲供物资代理服务方面，先后中标京雄铁路、兴泉铁路、昌赣铁路、京张铁路、济青铁路、沪通铁路、南龙铁路、郑万铁路等重点铁路工程的甲供物资代理服务商；大力开拓地铁项目，在北京、天津、徐州、成都、郑州、长沙、深圳、广州、佛山、福州等城市地铁项目上均有斩获。全年签订物资代理和招标代理合同125份。通过股权收购获得"工程施工招标代理甲级资质"，完成对公司招标代理资质的重要补充。

【走向海外】 2017年，中国铁物积极参与"一带一路"建设，发挥公司在铁路产业综合服务的优势，在海外重点工程项目、业务多元化开发方面都有突破性进展。中标中老铁路项目甲供物资代理服务商，签署包括钢材、隧道、桥梁、轨道结构材料等近20亿元的物资代理服务合同，为中老铁路提供采购供应、国内外基地运营、物流配送等综合一体化服务，服务周期5年。成功获得孟加拉大型国有船厂船板及船用球扁钢订单，成为首个向该船厂供应中国钢厂产品的供应商。与中东国家铁路建设公司正式签署大型养路设备供应协议。多次向美国及加拿大出口钢轨、鱼尾板、辙叉等铁路线上器材以及车轴等铁路机车车辆配件。与中国外运股份有限公司共同为巴基斯坦拉合尔轨道交通项目提供钢轨技术标准检测咨询服务，首次实现以技术服务者身份走出国门，加快中国钢轨技术标准"走出去"的步伐。

【重大创新】 2017年，中国铁物科技创新工作聚焦铁路主业，在高速铁路轨道修复、铁路燃油供应链系统研发等方面加强科研力量。成立铁路轨道运维技术研究中心，围绕钢轨全寿命周期管理平台系统开发、钢轨的廓形设计、钢轨质量监督、钢轨焊接等领域进行相应的研发投入，并取得实效。钢轨廓形打磨业务首次实现对全国18个铁路局的全覆盖，为京广、京哈、京沪等171条线路提供技术服务32700千米。道岔廓形打磨业务相继在上海、太原、哈尔滨等11个铁路局开展道岔打磨2168组，对于有效解决岔区列车运行异响、晃车等问题效果明显。依托铁路燃油配送系统构建铁路燃油供应链服务体系，为铁路油品业务专业化、电商化发展提供有力的信息服务支撑，进一步提升一站式的电子交易和全程供应链服务的电子商务信息服务能力。中国铁物铁路燃油配送系统所提供的服务已覆盖全国铁路18个铁路局。中国铁物正在承担普速铁路钢轨保护技术研究、全国铁路运营物资库存管理研究等科研课题5项，其中省部级课题3项。

【党建工作】 2017年，中国铁物坚持全面从严治党，加快营造风清气正的企业氛围。企业党建工作逐步走向"严、紧、硬"，各级党政工团组织学习宣传贯彻习近平新时代中国特色社会主义思想和党的十九大精神，"两学一做"学习教育常态化制度化深入推进。各级党委把方向、管大局、保落实的作用进一步发挥，党的领导与公司治理融合更加紧密。党委常委深入党建工作联系点有序开展。基层党组织建设逐步加强。巡视巡察发现问题、形成震慑，推动改革、促进发展的作用有效显现。各级党组织和纪检监察机构强化"两个责任"落实，突出警示教育，综合运用监督执纪"四种形态"，坚决把纪律和规矩挺在前面，促进党风廉政建设和反腐败工作落到实处。监督执纪问责成效显著，切实解决存量案件和历史遗留问题，通过查办案件，挽回国有资产损失。结合贯彻落实中国铁物重大资产损失案件通报会精神，编印《违纪违法典型案例警示录》，全系统掀起学习党章党规党纪、制度管理规范的热潮，廉洁风险防范意识进一步增强。

【信息化建设】 2017年，中国铁物信息化工作紧密围绕公司业务转型和改革，以打造"数字铁物"为目标，进一步完善ERP系统功能，夯实信息系统数据基础，提高信息化运维水平，保障信息系统安全、高效运行。进一步促进信息系统与经营管理融合，推进业务预算管理系统项目建设，提升业务运行在线监控能力，提高业务效益分析准确性，促进资源优化配置，完成系统需求分析、蓝图设计、系统开发以及与ERP系统接口，并上线试运行；电子招标系统上线运行，最大支持公司代理北京局招标项目下1000多个包件线上同时售卖，完成线上全流程电子化招标业务；实现中老铁路项目物资储备基地物流和监控系统上线，为项目的仓储物流和基地管理提供系统支持。组建中企云商软件研发中心，进行基于"物联网＋大宗物资供应链"领域相关设备及技术创新的研究。完成SAP系统功能优化。完成产权管理系统与国资委接口优化和调整，实现公司与国资委产权相关数据的自动上传。完成企业网站改版上线工作，在办公网创建十九大专栏。

【履行社会责任】 2017年，中国铁物践行中央企业社会责任，推动社会责任理念与企业经营有机融合。响应国家"一带一路"倡议，结合企业自身优势，助力新疆、西藏地区铁路交通基础设施建设，提供铁路建设、运营和装备制造所需的各类物资，以及采购供应、质量控制等服务，确保铁路物资保质、保量、及时供应。中国铁物与湖南省孝昌县建立定点扶贫结对关系,精准扶贫取得实效。选派优秀青年干部 2 名进驻孝昌县,以派驻挂职干部为纽带,实现与孝昌县的互联互通、深度融合。全年开展进村入户调查 215 次,调查贫困村 98 个,调查贫困户 610 户,召开座谈会 15 次,形成 5 份督促检查报告,有效督促孝昌县的脱贫攻坚工作。拨付定点扶贫资金,充分发挥扶贫资金的杠杆作用,整合撬动孝昌县和社会项目资金,积极推动孝昌县旅游、经济林、养殖等产业扶贫项目的大力开展。开展教育扶贫,成功引进腾讯智慧校园项目落户孝昌,无偿为孝昌县投入 1000 余万元用于智慧校园项目建设。开展"互联网+"扶贫,成功引进阿里巴巴农村淘宝网、中国供销总社 E 家、中国网络菜市场等互联网项目落地孝昌。加大招商引资力度,积极走访银行等金融机构,协助推动孝昌县龙头企业上市。孝昌县在湖北省 2017 年精准扶贫实绩考核中位列 A 类第四名。

(撰稿人:孙 欣)

中国国新控股有限责任公司

【基本概况】 中国国新控股有限责任公司(以下简称"中国国新")成立于 2010 年 12 月 22 日,是国资委实施中央企业布局结构调整、优化资源配置的操作主体和重要平台。中国国新具有企业整合、股权管理、资本运作、产业投资等功能。2016 年 2 月,经国务院国有企业改革领导小组研究,确定中国国新为国有资本运营公司试点企业。

中国国新认真贯彻落实国务院、国资委关于国企国资改革的部署要求,以推动国有资本做强做优做大为目标,以优化中央企业国有资本布局结构和服务中央企业改革发展为中心,依托投资基金、金融服务、资产管理和股权运作等板块平台,深入实施多板块协同发展战略,构建成熟高效的国有资本运营模式,充分发挥国有资本流动重组、布局调整的市场化专业化平台作用,积极推动更多国有资本投向符合国家战略的领域,努力打造成为一流的国家级国有资本运营公司。截至 2017 年底,中国国新拥有 30 家二级所出资企业,其中全资企业 17 家、参股企业 10 家、代持股企业 3 家,资产总额突破 2700 亿元,年度净利润突破 60 亿元。

【主要指标】 2017 年,中国国新实现利润总额 67.78 亿元,比上年增长 39.23%,超额完成国资委年度考核;实现净利润 60.12 亿元,比上年增长 26.78%。截至 2017 年底,中国国新资产总额 2751.42 亿元,比上年增长 34.53%。

2017 年中国国新控股有限责任公司主要经济指标

项 目	2016 年	2017 年	比上年增长(%)
资产总额(亿元)	2045.18	2751.42	34.53
所有者权益(亿元)	1317.61	1498.71	13.74
利润总额(亿元)	48.69	67.78	39.21
净利润(亿元)	47.42	60.12	26.78

【改革发展】 2017 年,中国国新围绕国有资本运营公司试点改革,在人事、分配、考核、薪酬等方面进行一系列探索创新。

推进国有资本运营公司改组定型。打造"强总部",强化总部战略协同、资本运作、资金配置、风控监督和人才建设职能,优化调整总部机构设置;明确总部对各板块公司的管控模式,完善各板块公司、部分重点三级企业的管控模式、管控手段和权责边界。

推进市场化选人用人机制改革。加大人才延揽力度,首次采用社会公开招聘、猎聘方式延揽到一批市场化程度较高、能力素质较为出众的职业经理人和专业人才;加快人才梯队建设,建设多层次培训体系,科学设计人才职业发展路径;从制度层面完善市场化人才退出机制,强化对员工的纪律要求,切实落实考核要求。

推进市场化激励约束机制建设。争取国资委政策支持,2017 年公司成为工资总额备案制管理的企业之一;不断深化所出资企业分类考核,根据企业功能定位、发展阶段,确定差异化考核指标体系和计分办法;推行所出资企业业绩薪酬双对标管理,发挥考核分配激励约束作用;探索总部人员薪酬分配机制改革,完善福利体系,建立反映岗位市场价值、个人业绩成果、能力和发展潜力的激励保障机制。

【重大项目】 中国国新立足服务中央企业改革发展,发挥国有资本流动重组、布局调整的市场化专业平台作用,在重要业务和关键领域取得新进展。

高效运作股权投资基金。中国国新构建完善系列化、差异化、协同化运作的基金业务格局,初步形成以中国国新基金管理有限公司为统一管理平台,以中国国有资本风险投资基金(以下简称"国风投基金")为核心,包括国新国同基金、国新央企运营投资基金和国新科创基金等在内的国新基金系,截至2017年底,基金总规模超过5000亿元。其中,国风投基金积极落实国家创新驱动发展战略,支持中央企业技术创新和产业升级,累计完成决策项目39个,各类投资项目中中央企业项目17个,投资金额占比80.9%。国新央企运营基金于2017年4月18日成立,总规模1500亿元,首期500亿元,重点围绕深化国企改革主题,服务于中央企业供给侧结构性改革、混合所有制改革等领域,2017年完成决策终审和立项投资项目8个。国新国同基金围绕支持中央企业国际化经营,同时兼顾境内创新发展,截至2017年底,累计决策投资项目18个。国新科创基金主要支持中央企业科技创新和产业升级,基本完成一期投资,2017年年化收益率达到12.12%。

全力搭建央企金融服务平台。中国国新搭建中央企业金融服务平台,聚焦服务中央企业"三去一降一补",以资金合规调剂使用、商业保理、融资租赁、互联网交易和保险经纪等金融服务为途径,推动央企降低资产负债率和融资成本,提高资金、资产使用和周转效率。截至2017年底,金融服务板块累计为60家中央企业提供高质量金融服务。其中,国新商业保理公司专注于央企应收账款保理业务,截至2017年底,累计向24家中央企业提供保理融资。国新租赁公司聚焦中央企业"五大领域",截至2017年底,累计向16家中央企业发放租赁款。

积极参与央企资产重组整合。按照国资委部署,中国国新积极参与有关中央企业股权多元化改革、专业化重组、资产优化整合和改革脱困等工作,发挥运营公司平台作用。其中,推动大唐煤化工改革脱困,做好重点项目的扭亏脱困。落实有关中央企业煤炭资源优化整合工作,以国源公司为平台累计接收4家央企煤炭资产,涉及产能超过1亿吨、储量314亿吨,移交涉煤总资产840亿元、员工4.8万人。参与国药集团改革,入股华龙国际,配合推动北方公司改制,做好原油专项采购平台设立、国勘公司重组、中化油气平台组建、多晶硅行业重组,参与央企所办医疗机构改革,做好代持股权管理等工作。根据国资委批复,公司将国星集团、国新兴盛国有股权分别无偿划转给中国化工、中钢集团,基本完成剥离实体经营业务。

有序推进划入股权运作。做好有关中央企业上市公司参股股权的划转接收和综合运营工作;根据国资委要求,深入研究推进划入股份综合运作管理。

【走向海外】 国风投基金运用市场机制推进国家战略实施,支持配合中央企业在全球范围内配置资源,瞄准国际一流标的实施战略并购,弥补国内关键技术空白,实现中国协同效应,2017年国风投基金共决策投资境外项目4个。作为中国国新境外投资主要平台,国新国际积极配合中央企业开展国际并购、支持"一带一路"倡议、国际产能合作等国家政策实施,实现国有资本保值增值。

【重大创新】 中国国新所出资企业中国文化发展集团公司(以下简称"中文发集团")积极打造印刷传媒与科研业务精品板块,寻求技术创新,2017年"柔印直接制版橡胶版材及制版系统的研发"项目通过中国包装联合会科技成果评价,评价结论为国际领先。中文发集团所属企业奥威亚立足教育服务,拥有教育视频录播软硬件产品完整的自主知识产权,在视音频采集与传输、图像识别等领域处于领先地位,获得超过100项软著和专利等知识产权。

【党建工作】 中国国新深入学习习近平新时代中国特色社会主义思想和党的十九大精神,全面落实全国国有企业党的建设工作会议要求,扎实推进党建工作责任制任务落实,为公司改革发展提供坚强保证。

夯实基层党组织建设基础。2017年5月11—12日,中国国新召开第一次党员代表大会,选举产生中共中国国新第一届委员会和纪律检查委员会。截至2017年底,公司及所属二级公司党组织换届完成率

100%。加强中央企业专职外部董事党组织建设和党员教育工作,研究印发《中国国新党委关于专职外部董事党支部建设和党员管理的意见》,制定《关于中央企业专职外部董事日常管理暂行规定(代拟稿)》《中央企业专职外部董事党支部党风廉政建设责任书》《中央企业专职外部董事廉洁从业承诺书》等文件提交国资委党委、驻国资委纪检组同意后实施,以更好发挥专职外部董事在央企改革发展方面的独特优势和作用。

充分发挥党委领导核心作用。推动党建工作要求纳入公司章程,总部及所属二、三级公司均结合实际将党建工作总体要求纳入章程,完成率100%;制定《中国国新党委发挥领导核心和政治核心作用研究讨论和决策重大问题的暂行办法》,确保党委把方向、管大局、保落实。

严格落实党建工作责任制。2017年,实现所出资企业、企业党组织主要负责人、纪委书记、领导班子其他成员落实"一岗双责"等党建考核全覆盖和差别化考核评价。对所出资企业党委主要负责人进行述职评议考核,开展内部巡视巡察,推动党建和改革发展两手抓、两不误、两促进。

【信息化建设】 中国国新全面推进信息化建设,结合授权管理、风险控制和业务支撑等要求,着力打造"数字企业""智慧企业"。建设公司信息共享平台,通过统一身份认证、统一信息数据标准、统一信息数据展示、统一信息数据权限管理,实现集团内跨公司信息交流共享及业务协同;公司督办系统正式上线使用,推动公司各项重要决策及时落地,提高了工作效率和执行力;制定发布中国国新系统和网络应急预案,提高了公司系统和网络安全保障水平。

【中央企业专职外部董事服务】 建立中央企业专职外部董事制度是国资委规范中央企业董事会建设的一项重大制度创新。2012年以来,中国国新受国资委委托承担中央企业专职外部董事的日常管理和服务工作。截至2017年底,中央企业专职外部董事38人,分别在52户中央企业任职。中国国新立足服务定位,通过建立完善制度流程,组织培训调研交流,加强团队能力建设,发挥桥梁纽带作用,形成较为成熟的工作模式;建立与专职外部董事所任职中央企业良好的工作对接、业务合作和沟通交流机制,努力营造央企协同、互利共赢的局面。

【履行社会责任】 中国国新高度重视履行社会责任工作,坚持业务发展和履行社会责任并重,扎实开展定点扶贫工作,并取得良好社会效益。2017年10月29—30日,公司领导带队到湖北省利川市考察调研扶贫工作,与地方政府深入对接产业扶贫的路子和方法,提高扶贫的精准度、实效性和可持续性。2017年6月27日,公司研究决定向中央企业贫困地区产业投资基金投入1000万元,积极参与到利用市场化、资本化、集约化手段开展脱贫攻坚的工作中,切实担负起产业脱贫、振兴贫困地区的重大使命。

(撰稿人:祖培园)

中国汽车技术研究中心有限公司

【基本概况】 中国汽车技术研究中心有限公司(以下简称"汽研中心")成立于1985年,隶属于国务院国有资产监督管理委员会,是在国内外汽车行业具有广泛影响力的综合性科技企业集团。汽研中心始终坚持"独立、公正、第三方"的行业定位,业务范围包括行业服务、标准业务、政策研究、检测试验、工程技术研发、认证业务、大数据、工程设计与总包、咨询业务、新能源、产业化和战略新兴业务等。汽研中心以推动中国汽车产业健康持续发展为使命,努力建设成为具有全球竞争力的世界一流企业。

【主要指标】 2017年,汽研中心累计实现营业收入45.08亿元,比上年增长15.77%;利润总额11.76亿元,比上年增长11.05%;经济增加值7.7亿元,比上年增长7.6%。汽研中心在2017年国资委发布的央企业绩效考核结果中连续第13年获得B级。

2017年中国汽车技术研究中心有限公司主要经济指标

项 目	2016年	2017年	比上年增长(%)
资产总额(亿元)	80.91	89.76	10.94
所有者权益(亿元)	54.68	66.11	20.90
营业收入(亿元)	38.94	45.08	15.77
利润总额(亿元)	10.59	11.76	11.05
净利润(亿元)	8.71	9.65	10.79
归属于母公司所有者的净利润(亿元)	8.68	9.55	10.02
利税总额(亿元)	14.03	15.39	9.69
应交税金总额(亿元)	3.44	3.63	5.52
全员劳动生产率(万元/人·年)	134.00	134.00	0.00
净资产收益率(%)	17.20	15.98	减少1.22个百分点
总资产报酬率(%)	14.65	14.35	减少0.30个百分点
国有资本保值增值率(%)	120.22	118.54	减少1.68个百分点

【改革发展】 按照《国务院办公厅关于印发中央企业公司制改制工作实施方案的通知》和国务院国资委《关于中央企业公司制改制工作有关事项的通知》的要求以及年初汽研中心对2017年度工作的安排,汽研中心对集团总部和下属的11家全民所有制二级企业开展公司制改制。11家二级企业于11月底全部完成公司制改制。汽研中心总部公司改制方案及公司章程草案上报国资委并获批复,国务院也正式向中心派驻监事会,总部改制工作正按国资委要求有序推进。公司制改制,特别是二级企业的公司制改制,为汽研中心推动混合所有制改革扫除了障碍、创造条件。

按照年初的工作安排,汽研中心进一步细化分类考核,根据部门战略定位、业务性质、发展阶段等,将部门分为以经济指标考核为主和以工作目标考核为主两类,对标准所、中机中心等以公益类业务为主的部门,实施工作目标考核。更好地服务行业,切实履行汽研中心的社会责任,收到良好的社会反响。

此外,汽研中心还按照国务院和国资委相关文件要求,积极推进"剥离国有企业办社会职能"和"三供一业"分离移交工作。经过多方协调,汽研中心与市政部门就中心家属区的居民用水、居民用电、居民供暖及居民物业管理等事宜,达成分离移交意向。其中,供暖改造工程于2017年11月前完工,其他工程将于2018年陆续完工。

【重大项目】 天津核心基地建设方面:主院区扩建工程按计划扎实推进。9月,零部件三试验室正式交付使用。风洞试验室于5月初开工建设,并于7月中旬通过基础工程验收,进入二层结构施工阶段。

各地方网点建设方面:汽研中心大力推进检测试验业务的国内网络布局。与云南省政府合作,共同组建卡达克机动车质量检验中心(云南)有限公司,打造机动车高原试验基地;完成牙克石测试基地和呼和诺尔测试基地的初步规划,得到当地政府的大力支持,为汽研中心建设国家高寒汽车试验中心打下基础,进一步完善汽研中心"三高"试验基地布局。汽研中心加大对武汉基地的投资力度,开工建设武汉基地新能源汽车及零部件检测中心,并以其为依托,筹建国家新能源汽车质量监督检验中心,以解决华中地区整车及关键零部件第三方检测和研发能力不足的问题,满足华中地区汽车产业的生产服务需求。汽研中心完成华南基地首期用地的购置和项目的备案、环评、规划审批工作,并举办华南基地开工仪式。汽研中心还积极推进工程技术研发业务的国内网络布局,于5月启用工程院深圳分院,7月开工建设工程院常州分院一期项目。

【走向海外】 汽研中心驻德国办事处运行平稳;集团总部及各下属子企业与国外政府部门、科研及行业机构、企业交流频繁。

【重大创新】 中国工况项目完成对5048辆车的5500万千米的运行数据采集,形成全球数据内容最全、数据量最大的汽车运行数据库。借助该数据库,汽研中心开发出首个符合我国实际道路行驶状况的测试工况体系,将制定完整的中国工况体系标准。汽研中心联合国内整车企业、大学和科研机构共同发起"中国体征碰撞假人开发可行性研究"项目,并成立中国体征碰撞假人工作组。移动源污染排放控制技术国家工程实验室获批并正式设立开放基金,进一步提升了汽研中心的影响力。汽研中心重大专项——自动驾驶及智能网联汽车系统开发研究与示范运行项目稳步推进,工程院自主研发的无人驾驶汽车实现在汽研中心院区的自动驾驶,在相关赛事上斩获多个奖项。

【党建工作】 汽研中心党委和各基层党组织始终把坚持党的领导、加强党的建设作为首要政治任务,深入学习贯彻落实党的十九大精神和习近平总书记系列重要讲话精神,牢牢把握习近平新时代中国特色社会主义思想这条主线,牢固树立"四个意识",增强"四个自信",严格落实"两个责任",把提高质量效益、增强竞争力、实现汽研中心资产保值增值作为党组织工作的出发点和落脚点,紧紧围绕生产经营抓好党建。汽研中心党委把方向、管大局、保落实的领导作用进一步增强。建立汽研中心党委委员基层党建工作联系点制度,持续开展党建工作考核评价和二级单位党组织书记述职评议工作,管党治党责任层层落实;扎实推进"两学一做"学习教育常态化制度化,领导干部党性修养得到切实加强;不断完善党建工作制度化建设,党建工作科学化水平得到新的提升;持续加强基层组织建设,战斗堡垒作用更加凸显;坚持正确的选人用人导向,高素质专业化干部人才队伍结构更加优化;宣传思想工作力度不断加大;党风廉政建设和反腐败工作持续推进。党建工作的全面落实,有力促进和保障了汽研中心改革发展各项任务顺利完成。

【信息化建设】 针对汽研中心机关办公自动化功能分散的问题,开发上线"汽研中心网上综合办公系统",集成发文收文、新闻审批、会议室预约、领导日程维护、出国审批、资产管理、网上报销等多项功能,并将其与汽研中心企业号微信联动,实现全员可移动办公,提高了中心职能部门的办公效率。

【履行社会责任】 为促进汽车行业公益事业的发展,构建和谐汽车社会,2017年汽研中心切实履行企业社会责任,完成40个车型的中国新车评价规程(C-NCAP)评价工作,并及时向社会公布,为消费者购车提供参考,有力推动我国汽车产品安全性的提升;继续承接"联合国道路安全十年行动",成功组织召开STC中国年暨全球汽车安全大会;创新传播形式,与央视国际频道合作制作"安行中国"系列节目,利用线上教育平台举办"安行中国"公开课活动,极大增强"汽车安全中国行"活动在公众中的影响力;关注儿童道路交通安全,编辑出版《中国儿童道路交通安全蓝皮书》《儿童安全乘车手册》,举办第三届儿童交通安全研讨会,开展中国儿童道路交通安全社会调查。

(撰稿人:金伟光)

国有资产统计资料

2018 CHINA'S STATE-OWNED ASSETS SUPERVISION AND ADMINISTRATION YEARBOOK

中国国有资产监督管理年鉴

第五篇

2017年全国国有企业户数、从业人数、国有资产总量综合分析表

项　目	户数(户)	年末从业人员人数(万人)	年末国有资产总量(亿元)
国资系统监管合并	141990	3160.5	362937.6
国资系统监管合计	141990	3160.5	839399.5
一、按企业规模分类			
(一)大型企业	7252	1988.0	251969.5
(二)中型企业	24804	732.9	187740.0
(三)小型企业	48826	363.2	235971.6
(四)微型企业	61108	78.2	163718.5
二、按组织形式分类			
(一)公司制企业	134695	2944.7	806879.8
其中:国有独资企业	32458	552.3	330333.1
(二)非公司制企业	7295	217.5	32519.7
三、按盈利或亏损分类			
(一)盈利	91162	2478.5	685635.2
(二)亏损	50828	683.8	153764.4
四、按监管关系分类			
(一)国务院国资委监管企业	43154	1342.5	116811.6
(二)地方国资委监管企业	98836	1817.9	246126.0
五、按经济带分类			
(一)东部沿海地区	71639	1433.4	483495.3
(二)中部内陆地区	28490	861.4	128266.6
(三)西部边远地区	33413	798.6	166530.1
六、按产业作用分类			
(一)基础性行业	40811	1554.4	373240.0
(二)一般生产加工行业	23161	850.6	86030.6
(三)商贸服务及其他行业	78018	757.3	380128.9

注:1. 本表数据汇编范围为国务院国资委监管企业和全国37个省(自治区、直辖市、计划单列市、新疆生产建设兵团)所属的国资委系统监管14.2万户,以下简称国资系统监管企业;

2. 本资料中按照综合及行业划分的分析数据基于单户企业报表数据直接进行汇总(不含合并抵消)。

2017 年全国国有企业户数、从业人数、国有资产总量行业分析表

行　业	户数(户)	年末从业人员人数(万人)	年末国有资产总量(亿元)
国资系统监管合并	141990	3160.5	362937.6
国资系统监管合计	141990	3160.5	839399.5
一、农林牧渔业	3566	63.5	4475.1
其中:农业	1521	39.2	2075.9
林业	535	12.3	636.3
二、工业	37579	1535.3	264999.4
其中:煤炭工业	2098	235.1	20125.3
石油和石化工业	814	158.6	59933.3
冶金工业	2429	153.9	28921.4
建材工业	2835	52.0	5394.7
化学工业	2819	100.2	10180.1
森林工业	108	1.5	92.2
食品工业	1294	27.7	1280.9
烟草工业	7	0.1	13.2
纺织工业	399	12.9	421.1
医药工业	724	26.9	2425.3
机械工业	6770	282.1	27731.7
其中:汽车工业	1288	113.2	13869.9
电子工业	1556	66.0	6752.6
电力工业	7609	210.9	72346.3
市政公用工业	4708	68.2	12475.2
其他工业	2593	99.0	7643.7
三、建筑业	10559	385.0	58081.5
四、地质勘查及水利业	1055	11.2	6576.7
五、交通运输业	8277	280.5	80239.6
其中:铁路运输业	250	5.0	4660.1
道路运输业	4449	193.3	49796.0
水上运输业	1511	20.3	9886.0
航空运输业	583	43.5	7391.0

续表

行　业	户数(户)	年末从业人员人数(万人)	年末国有资产总量(亿元)
六、仓储业	4122	26.1	6184.6
七、邮电通信业	673	118.4	46446.8
八、批发和零售、餐饮业	20420	191.4	38837.4
九、房地产业	18496	103.6	73922.3
十、信息技术服务业	2236	23.6	2359.0
十一、社会服务业	22739	247.6	202502.8
十二、卫生体育福利业	660	13.4	747.0
十三、教育文化广播业	2355	14.0	1545.5
十四、科学研究和技术	6278	77.3	8202.8
十五、金融业	2915	71.0	43859.2
十六、其他	60	0.1	419.8

2017年全国国有企业户数、从业人数、国有资产总量地区分析表

地　区	户数(户)	年末从业人员人数(万人)	年末国有资产总量(亿元)
国资系统监管合并	141990	3160.5	362937.6
一、国务院国资委监管企业	43154	1342.5	116811.6
二、地方国资委监管企业	98836	1817.9	246126.0
北京市	8394	125.5	12196.3
天津市	3758	41.7	8933.8
河北省	1683	49.4	2788.9
山西省	4014	118.9	2938.1
内蒙古自治区	768	22.1	5384.7
辽宁省	2259	55.2	5624.3
其中:大连市	430	8.2	1436.1
吉林省	970	18.1	3438.4
黑龙江省	2420	100.1	4294.1
上海市	10785	146.2	23959.9
江苏省	3868	56.8	15661.3

续表

地 区	户数(户)	年末从业人员人数(万人)	年末国有资产总量(亿元)
辽宁省	2259	55.2	5624.3
浙江省	4453	65.6	9917.9
其中:宁波市	308	3.2	1069.5
安徽省	3276	79.4	12851.6
福建省	4612	47.7	7411.1
其中:厦门市	1581	15.0	1921.4
江西省	2139	47.7	7428.7
山东省	5205	124.6	10013.2
其中:青岛市	980	22.9	1727.0
河南省	2279	70.5	4213.9
湖北省	3290	42.5	9695.6
湖南省	1949	32.0	8479.5
广东省	8928	137.4	20890.8
其中:深圳市	1475	32.0	7357.6
广西壮族自治区	2761	71.6	7655.5
海南省	899	10.9	1383.6
重庆市	2924	53.3	15870.4
四川省	3909	63.3	13991.6
贵州省	1266	36.8	4291.1
云南省	3822	47.5	9515.4
西藏自治区	277	2.1	366.8
陕西省	2743	66.9	6015.9
甘肃省	1647	33.3	4342.1
青海省	462	8.8	1541.2
宁夏回族自治区	569	4.9	1343.8
新疆维吾尔自治区	1256	21.2	3071.3
新疆生产建设兵团	1256	16.0	615.4

2017年全国国有企业资产负债综合分析表

单位:亿元

项　目	资产总计	负债合计	所有者权益(净资产)	资产负债率(%)
国资系统监管合并	1654879.1	1124387.9	530491.1	67.9
国资系统监管合计	2477239.1	1550186.0	927054.6	62.6
一、按企业规模分类				
(一)大型企业	839516.4	546520.4	292996.1	65.1
(二)中型企业	656731.5	450568.0	206163.4	68.6
(三)小型企业	586648.5	337630.2	249019.5	57.6
(四)微型企业	394342.8	215467.4	178875.4	54.6
二、按组织形式分类				
(一)公司制企业	2405010.2	1511502.4	893509.2	62.8
其中:国有独资企业	713413.8	378466.1	334947.8	53.1
(二)非公司制企业	72228.9	38683.6	33545.4	53.6
三、按盈利或亏损分类				
(一)盈利	1994400.4	1229757.0	764644.3	61.7
(二)亏损	482838.7	320429.0	162410.2	66.4
四、按监管关系分类				
(一)国务院国资委监管企业	545891.8	361544.2	184347.6	66.2
(二)地方国资委监管企业	1108987.3	762843.7	346143.6	68.8
五、按经济带分类				
(一)东部沿海地区	1413706.2	871077.2	542629.2	61.6
(二)中部内陆地区	395127.1	255886.6	139240.4	64.8
(三)西部边远地区	495607.6	318930.8	176678.1	64.4
六、按产业作用分类				
(一)基础性行业	905986.3	503634.2	402352.3	55.6
(二)一般生产加工行业	254612.9	149475.9	105138.3	58.7
(三)商贸服务及其他行业	1316639.8	897075.9	419564.0	68.1

2017年全国国有企业资产负债行业分析表

单位：亿元

行　业	资产总计	负债合计	所有者权益(净资产)	资产负债率(%)
国资系统监管合并	1654879.1	1124387.9	530491.1	67.9
国资系统监管合计	2477239.1	1550186.0	927054.6	62.6
一、农林牧渔业	10583.2	5634.4	4948.8	53.2
其中：农业	4385.0	2025.5	2359.5	46.2
林业	1484.5	826.8	657.7	55.7
二、工业	682898.9	381196.7	301703.6	55.8
其中：煤炭工业	69936.6	47144.8	22791.8	67.4
石油和石化工业	109299.3	44570.0	64729.3	40.8
冶金工业	83547.9	51853.8	31694.1	62.1
建材工业	18003.6	11056.8	6946.8	61.4
化学工业	36295.0	22279.0	14016.0	61.4
森林工业	316.7	219.4	97.3	69.3
食品工业	4354.0	2561.6	1792.6	58.8
烟草工业	41.9	28.7	13.2	68.4
纺织工业	1564.0	1000.6	563.4	64.0
医药工业	6021.6	2537.7	3483.9	42.1
机械工业	85265.1	48281.1	36984.0	56.6
其中：汽车工业	38482.5	19763.5	18718.9	51.4
电子工业	17908.9	9133.8	8775.1	51.0
电力工业	179208.7	101986.1	77222.6	56.9
市政公用工业	30511.5	16895.6	13616.0	55.4
其他工业	19329.1	10005.3	9325.0	51.8
三、建筑业	194793.4	131488.0	63305.6	67.5
四、地质勘查及水利业	11620.3	5037.0	6583.4	43.3
五、交通运输业	180392.0	95015.6	85376.4	52.7
其中：铁路运输业	7766.8	2969.8	4797.0	38.2

续表

行　业	资产总计	负债合计	所有者权益(净资产)	资产负债率(%)
道路运输业	117565.8	65967.8	51598.0	56.1
水上运输业	22779.8	11505.8	11274.0	50.5
航空运输业	17425.4	8837.0	8588.4	50.7
六、仓储业	29931.2	22969.5	6961.7	76.7
七、邮电通信业	65236.2	18763.2	46472.9	28.8
八、批发和零售、餐饮业	129103.5	85840.4	43263.1	66.5
九、房地产业	290286.7	207875.7	82411.0	71.6
十、信息技术服务业	5712.5	2953.4	2759.1	51.7
十一、社会服务业	429483.8	219095.7	210388.1	51.0
十二、卫生体育福利业	1976.5	1212.8	763.6	61.4
十三、教育文化广播业	3072.6	1416.3	1656.3	46.1
十四、科学研究和技术	19450.0	10827.2	8622.8	55.7
十五、金融业	421773.5	360355.3	61418.3	85.4
十六、其他	924.8	504.9	419.9	54.6

2017年全国国有企业资产负债地区分析表

单位:亿元

地　区	资产总计	负债合计	所有者权益(净资产)	资产负债率(%)
国资系统监管合并	1654879.1	1124387.9	530491.1	67.9
一、国务院国资委监管企业	545891.8	361544.2	184347.6	66.2
二、地方国资委监管企业	1108987.3	762843.7	346143.6	68.8
北京市	59614.8	40197.7	19417.1	67.4
天津市	67173.8	51741.7	15432.1	77.0
河北省	15014.7	10283.8	4730.9	68.5
山西省	26193.5	20067.7	6125.8	76.6
内蒙古自治区	13215.4	7118.7	6096.7	53.9
辽宁省	17966.7	10740.9	7225.8	59.8
其中:大连市	3422.8	1708.2	1714.7	49.9

续表

行　业	资产总计	负债合计	所有者权益(净资产)	资产负债率(%)
吉林省	12419.9	8479.1	3940.7	68.3
黑龙江省	10657.9	5829.7	4828.2	54.7
上海市	182743.0	143628.7	39114.4	78.6
江苏省	51937.9	32082.0	19855.9	61.8
浙江省	39902.4	27041.0	12861.4	67.8
其中:宁波市	3566.1	2280.3	1285.9	63.9
安徽省	42908.6	25866.2	17042.4	60.3
福建省	32914.0	22858.5	10055.4	69.4
其中:厦门市	8156.3	5301.5	2854.8	65.0
江西省	24602.9	15979.6	8623.3	65.0
山东省	55302.4	36842.0	18460.4	66.6
其中:青岛市	10751.2	7408.7	3342.5	68.9
河南省	23084.3	16550.1	6534.2	71.7
湖北省	42454.6	29366.8	13087.9	69.2
湖南省	26450.9	16017.2	10433.7	60.6
广东省	92601.5	59973.1	32628.4	64.8
其中:深圳市	28291.3	17025.9	11265.3	60.2
广西壮族自治区	27151.7	18287.1	8864.6	67.4
海南省	4959.1	3082.4	1876.7	62.2
重庆市	56803.3	38037.1	18766.2	67.0
四川省	51162.4	34459.0	16703.5	67.4
贵州省	19036.2	12907.1	6129.0	67.8
云南省	38771.3	26150.0	12621.4	67.4
西藏自治区	1639.1	1065.0	574.0	65.0
陕西省	30432.7	21040.6	9392.0	69.1
甘肃省	15498.3	9596.6	5901.7	61.9
青海省	6131.5	4163.3	1968.1	67.9
宁夏回族自治区	3688.1	1869.3	1818.8	50.7
新疆维吾尔自治区	11874.6	7997.9	3876.7	67.4
新疆生产建设兵团	4679.9	3523.9	1156.0	75.3

2017年国有工业企业户数、从业人数、国有资产总量地区分析表

地 区	户数(户)	年末从业人员人数(万人)	年末国有资产总量(亿元)
工业企业合计	37579	1535.3	264999.4
一、国务院国资委监管企业	16429	753.0	187602.3
二、地方国资委监管企业	21150	782.3	77397.1
北京市	1941	51.1	9726.3
天津市	747	17.1	1966.3
河北省	583	35.4	3167.4
山西省	1536	93.2	6151.9
内蒙古自治区	174	11.3	1787.0
辽宁省	551	34.2	2357.6
其中:大连市	110	4.5	243.4
吉林省	266	9.5	480.3
黑龙江省	453	20.7	798.6
上海市	1388	38.5	6746.0
江苏省	681	20.0	2340.0
浙江省	669	12.7	2784.7
其中:宁波市	44	0.5	111.6
安徽省	559	46.3	3024.7
福建省	675	15.5	1514.1
其中:厦门市	121	3.0	222.1
江西省	636	17.1	1498.4
山东省	1451	77.4	6468.7
其中:青岛市	257	13.7	573.5
河南省	760	50.7	2304.2
湖北省	505	10.7	573.0
湖南省	449	14.3	1366.1
广东省	1536	43.2	4436.8
其中:深圳市	224	3.8	705.6

续表

地 区	户数(户)	年末从业人员人数(万人)	年末国有资产总量(亿元)
广西壮族自治区	609	17.8	1377.3
海南省	86	0.8	255.3
重庆市	623	14.1	1460.7
四川省	761	24.5	1947.9
贵州省	344	15.9	1573.7
云南省	804	14.5	1905.1
西藏自治区	55	0.5	94.5
陕西省	1030	39.2	5096.0
甘肃省	448	17.9	2003.5
青海省	165	6.1	768.4
宁夏回族自治区	89	0.9	142.1
新疆维吾尔自治区	268	5.5	828.5
新疆生产建设兵团	308	5.8	451.6

2017年国有工业企业资产负债地区分析表

单位:亿元

地 区	资产总计	负债合计	所有者权益(净资产)	资产负债率(%)
工业企业合计	682898.9	381196.7	301703.6	55.8
一、国务院国资委监管企业	428036.4	221058.9	206977.4	51.6
二、地方国资委监管企业	254862.6	160137.8	94726.1	62.8
北京市	26109.5	14658.6	11450.9	56.1
天津市	7732.4	5504.3	2228.1	71.2
河北省	11620.5	7919.1	3701.4	68.1
山西省	28995.8	21960.1	7035.7	75.7
内蒙古自治区	4851.6	2955.1	1896.4	60.9
辽宁省	9315.5	6371.5	2944.0	68.4
其中:大连市	974.0	580.1	393.9	59.6

续表

地　区	资产总计	负债合计	所有者权益(净资产)	资产负债率(%)
吉林省	2034.0	1444.3	589.7	71.0
黑龙江省	2757.6	1813.4	944.2	65.8
上海市	15689.2	7308.2	8381.0	46.6
江苏省	6985.8	3924.3	3061.4	56.2
浙江省	6123.1	2941.1	3182.0	48.0
其中:宁波市	267.4	134.9	132.5	50.4
安徽省	10218.5	6034.6	4183.9	59.1
福建省	3689.9	1918.9	1771.0	52.0
其中:厦门市	611.3	347.9	263.4	56.9
江西省	4575.1	2570.3	2004.8	56.2
山东省	25475.9	16516.0	8959.9	64.8
其中:青岛市	2297.1	1201.5	1095.6	52.3
河南省	10921.0	8161.8	2759.2	74.7
湖北省	2467.9	1650.4	817.5	66.9
湖南省	5092.0	3150.4	1941.6	61.9
广东省	14006.7	7789.0	6217.7	55.6
其中:深圳市	1876.6	994.5	882.1	53.0
广西壮族自治区	5051.2	3392.6	1658.6	67.2
海南省	334.5	76.3	258.2	22.8
重庆市	4045.5	2418.6	1626.9	59.8
四川省	6288.5	3840.4	2448.1	61.1
贵州省	5233.1	3334.1	1899.0	63.7
云南省	6618.9	4324.2	2294.7	65.3
西藏自治区	237.5	120.8	116.7	50.9
陕西省	14373.6	8946.6	5427.0	62.2
甘肃省	5882.2	3579.6	2303.8	60.9
青海省	3616.1	2634.8	981.3	72.9
宁夏回族自治区	406.6	257.9	148.7	63.4
新疆维吾尔自治区	2144.4	1271.7	872.8	59.3
新疆生产建设兵团	1968.5	1348.6	619.9	68.5

2017年国有商业企业户数、从业人数、国有资产总量地区分析表

地　区	户数(户)	年末从业人员人数(万人)	年末国有资产总量(亿元)
商业企业合计	20420	191.4	38837.4
一、国务院国资委监管企业	5387	86.8	26010.4
二、地方国资委监管企业	15033	104.6	12827.0
北京市	1297	10.6	815.3
天津市	773	2.6	1416.2
河北省	272	2.9	212.6
山西省	1006	6.8	1189.9
内蒙古自治区	58	0.3	36.1
辽宁省	318	1.1	111.4
其中:大连市	45	0.1	3.8
吉林省	119	1.0	75.3
黑龙江省	372	0.9	4.5
上海市	1823	17.4	1558.3
江苏省	597	2.8	420.6
浙江省	982	4.1	795.7
其中:宁波市	29	0.2	15.5
安徽省	516	3.4	292.1
福建省	903	3.1	709.1
其中:厦门市	448	2.1	510.9
江西省	249	1.2	102.5
山东省	612	6.6	379.2
其中:青岛市	90	1.4	16.9
河南省	388	2.4	178.1
湖北省	348	7.5	182.6
湖南省	199	1.4	190.6
广东省	1355	6.7	865.6
其中:深圳市	80	0.4	113.7
广西壮族自治区	471	1.8	270.4

续表

地 区	户数(户)	年末从业人员人数(万人)	年末国有资产总量(亿元)
海南省	57	0.3	9.8
重庆市	343	10.4	468.5
四川省	367	2.9	480.0
贵州省	300	0.8	717.4
云南省	307	0.9	182.2
西藏自治区	31	0.1	3.7
陕西省	334	2.6	310.9
甘肃省	169	0.5	35.1
青海省	47	0.2	594.2
宁夏回族自治区	25	0.1	3.1
新疆维吾尔自治区	137	0.4	119.6
新疆生产建设兵团	258	1.0	96.3

2017年国有商业企业资产负债地区分析表

单位：亿元

地 区	资产总计	负债合计	所有者权益(净资产)	资产负债率(%)
商业企业合计	129103.5	85840.4	43263.1	66.5
一、国务院国资委监管企业	74014.1	45990.8	28023.4	62.1
二、地方国资委监管企业	55089.4	39849.6	15239.7	72.3
北京市	3355.8	2346.8	1009.0	69.9
天津市	7776.2	6307.0	1469.2	81.1
河北省	1143.9	870.2	273.7	76.1
山西省	5998.1	4746.2	1252.0	79.1
内蒙古自治区	180.3	142.2	38.1	78.9
辽宁省	1012.8	878.1	134.7	86.7
其中：大连市	56.4	51.7	4.7	91.7
吉林省	526.0	413.2	112.8	78.6

续表

地　区	资产总计	负债合计	所有者权益(净资产)	资产负债率(%)
黑龙江省	236.5	231.7	4.8	98.0
上海市	6514.9	4577.1	1937.9	70.3
江苏省	1578.9	1058.7	520.1	67.1
浙江省	3108.6	2093.1	1015.5	67.3
其中:宁波市	41.4	23.2	18.2	56.1
安徽省	1224.3	883.2	341.1	72.1
福建省	3157.1	2117.3	1039.8	67.1
其中:厦门市	2497.8	1676.4	821.4	67.1
江西省	903.0	787.4	115.7	87.2
山东省	2498.6	1999.9	498.6	80.0
其中:青岛市	567.3	516.0	51.4	90.9
河南省	606.4	415.9	190.5	68.6
湖北省	784.4	515.9	268.4	65.8
湖南省	659.8	394.1	265.6	59.7
广东省	2850.1	1846.3	1003.8	64.8
其中:深圳市	196.9	74.6	122.3	37.9
广西壮族自治区	1268.2	965.7	302.5	76.1
海南省	67.9	51.3	16.6	75.5
重庆市	1501.4	981.9	519.5	65.4
四川省	1428.4	829.1	599.3	58.0
贵州省	1733.2	1008.2	724.9	58.2
云南省	944.4	741.0	203.4	78.5
西藏自治区	13.1	9.2	3.9	70.3
陕西省	1431.7	1066.3	365.4	74.5
甘肃省	388.4	347.7	40.7	89.5
青海省	698.7	104.2	594.6	14.9
宁夏回族自治区	11.8	8.6	3.1	73.3
新疆维吾尔自治区	672.0	421.8	250.2	62.8
新疆生产建设兵团	814.5	690.3	124.2	84.8

2017年北京市国有企业主要指标表

行　业	户数(户)	年末国有资产总量 (万元)	资产总额 (万元)	人均利润 (元/人)	人均税费 (元/人)
合　并	8394	121962937.6	596148473.2	90234.5	108946.5
合　计	8394	308784440.4	942541961.7	134745.1	110652.7
一、农林牧渔业	161	1992809.6	5884910.6	37698.3	22749.5
其中:农业	42	148409.4	478997.8	8450.3	15700.6
林业	8	36597.6	262550.1	23670.0	27883.0
畜牧业	58	1255907.4	3841477.8	34459.0	7384.9
渔业	2	18252.1	66112.0	132294.9	542.9
二、工业	1941	97263399.4	261095292.0	144136.5	129309.6
其中:煤炭工业	23	1207831.5	4064035.1	77582.8	98013.9
石油和石化工业	2	340.8	316951.2	－447260.0	872238.5
冶金工业	69	18014441.0	59433192.9	－8094.2	61126.2
建材工业	236	3714138.4	14262221.2	47992.3	87850.8
化学工业	70	868783.1	4168444.4	334603.4	129922.3
森林工业	3	42230.1	76226.8	757120.8	31647.5
食品工业	113	1493594.1	4957536.0	66223.7	99965.4
烟草工业					
纺织工业	26	255345.4	701756.2	－14396.5	25932.6
医药工业	34	1222857.3	2827282.4	313853.9	135165.8
机械工业	333	14769776.7	47847116.4	279692.8	243782.6
电子工业	93	18917380.7	42789700.1	155573.4	114746.0
电力工业	190	13589887.8	29367969.4	661715.3	284253.9
市政公用工业	592	19440893.5	43071696.3	145257.3	85047.1
其他工业	153	3627550.5	7020478.8	16220.2	63289.8
三、建筑业	398	6221506.9	31527104.4	71408.5	89808.6
四、地质勘查及水利业	11	28504.8	54169.2	2773.3	24677.8
五、交通运输业	153	25715816.0	59229724.9	7982.1	9893.0
其中:铁路运输业	4	22073.4	167933.5	－205848.5	157981.5

续表

行　业	户数(户)	年末国有资产总量(万元)	资产总额(万元)	人均利润(元/人)	人均税费(元/人)
道路运输业	132	25583575.2	58847243.6	8525.1	9706.6
水上运输业	2	61055.5	62674.7	0.0	0.0
航空运输业	4	52072.2	98204.9	－228664.0	26449.4
六、仓储业	120	338759.7	1386677.3	24369.0	34208.2
七、邮电通信业	5	3060.1	52928.6	130959.3	29816.4
八、批发和零售业	1297	8152858.1	33558451.3	87395.9	81845.4
九、房地产业	1776	75046376.1	315842814.4	591881.7	481310.7
十、信息技术服务业	131	812188.0	2246479.7	74284.0	39726.7
十一、社会服务业	1737	83385420.9	196443465.3	93676.8	37403.6
十二、卫生体育福利业	84	272236.2	1057556.6	－72827.0	7156.2
十三、教育文化广播业	207	1373659.2	2145223.2	17451.4	20279.2
十四、科学研究和技术	295	2143662.5	7660105.3	83300.2	67033.4
十五、金融业	75	6033602.9	24346844.2	523607.2	254489.4
十六、其他	3	580.0	10214.8	－1332.9	93177.8

注：人均利润＝利润总额/全年平均职工人数；人均税费＝已交税费总额/全年平均职工人数。

2017 年天津市国有企业主要指标表

行　业	户数(户)	年末国有资产总量(万元)	资产总额(万元)	人均利润(元/人)	人均税费(元/人)
合　并	3753	89337567.8	671737756.7	60109.7	115132.0
合　计	3753	231061410.8	880824041.5	83023.1	107404.3
一、农林牧渔业	34	262895.0	625228.9	－8308.3	2790.1
其中：农业	6	43055.9	56944.4	7381.1	2213.6
林业	3	43127.0	99532.0	－3256215.5	15304.5
畜牧业	13	155661.6	374497.4	18528.5	2376.5
渔业	9	21452.6	92274.1	3822.2	6440.3
二、工业	747	19663497.9	77323837.8	－16851.9	46789.5
其中：煤炭工业	1	115269.3	434645.1	－149100.1	28840.0
石油和石化工业	1	1275.3	10492.2	0.0	0.0

续表

行　业	户数(户)	年末国有资产总量（万元）	资产总额（万元）	人均利润（元/人）	人均税费（元/人）
冶金工业	48	6757219.1	34670433.6	－112684.0	14780.6
建材工业	39	302847.2	890628.8	－90593.3	27040.2
化学工业	88	3640538.0	11101426.9	7800.9	26035.4
森林工业	2	93.4	3619.3	－78745.2	84663.7
食品工业	40	160900.9	600130.2	14888.2	45025.2
烟草工业					
纺织工业	35	378385.7	1677413.8	5910.5	16622.3
医药工业	35	1144710.5	3907221.5	28722.7	95272.1
机械工业	178	869281.2	3673665.1	－25498.1	23339.0
电子工业	47	1677368.1	4873682.8	44472.1	20376.9
电力工业	45	681044.4	2455575.2	263738.2	344511.3
市政公用工业	122	2285636.0	10080306.1	82432.1	122248.7
其他工业	62	1619811.0	2884494.2	－4344.0	25224.7
三、建筑业	267	10956547.5	46537685.6	36607.3	86572.9
四、地质勘查及水利业	15	1926557.6	3947962.3	－90760.8	10781.7
五、交通运输业	201	30511871.5	63132959.3	21378.8	28625.5
其中：铁路运输业	2	21435.8	24452.3	470673.2	178001.8
道路运输业	126	25066500.5	50943907.4	－33320.8	13537.3
水上运输业	22	3768765.6	9059605.9	202014.8	123084.0
航空运输业					
六、仓储业	137	1959448.7	4776694.2	105098.3	70023.5
七、邮电通信业					
八、批发和零售业	773	14161912.5	77761742.7	78113.4	220302.4
九、房地产业	662	29152817.5	127917254.2	－34037.6	452307.4
十、信息技术服务业	38	165430.8	526276.1	60910.7	40089.6
十一、社会服务业	612	108953113.5	236188713.0	238395.4	102417.4
十二、卫生体育福利业	17	144897.2	2837043.8	－970346.9	170869.6
十三、教育文化广播业	51	34810.4	159188.5	－23350.4	30766.1
十四、科学研究和技术	145	785498.7	3023537.7	23932.0	34789.3
十五、金融业	54	12382112.1	236065917.3	662178.0	337370.0
十六、其他					

2017年河北省国有企业主要指标表

行　业	户数(户)	年末国有资产总量(万元)	资产总额(万元)	人均利润(元/人)	人均税费(元/人)
合　并	1683	27888714.2	150146558.5	40935.0	60657.6
合　计	1683	75469156.7	243160458.2	64259.0	60410.6
一、农林牧渔业	23	41532.9	191955.1	－52776.9	9275.8
其中:农业	11	25346.5	133132.2	－240187.7	26120.5
林业	3	655.5	12226.4	－416227.4	6241.6
畜牧业	4	14888.8	41764.4	6645.1	4915.9
渔业	1	1250.3	2798.1	13141.6	1291.1
二、工业	583	31674069.1	116204842.2	40609.5	56098.4
其中:煤炭工业	114	8202175.6	35076510.9	20577.3	65386.4
石油和石化工业	1	4024.6	15329.6	－112002.7	23793.2
冶金工业	59	16185053.4	56126964.8	40608.1	39678.0
建材工业	52	15398.1	1309727.0	－15447.8	9476.5
化学工业	52	2188863.4	5943454.3	160625.5	100381.5
森林工业					
食品工业	7	2050.1	38668.6	－46441.3	19534.9
烟草工业					
纺织工业	23	444388.4	1523447.6	4791.0	12864.4
医药工业	23	653730.4	2926385.8	17497.4	42754.2
机械工业	73	939488.8	3336426.0	10820.9	37533.5
电子工业	1	6974.3	27437.0	81513.2	71099.7
电力工业	87	2256259.1	7078933.2	179469.9	128738.5
市政公用工业	61	621674.6	2220936.8	128971.0	82390.3
其他工业	32	212410.3	649401.4	27168.7	86937.8
三、建筑业	107	2657083.6	8936384.4	26844.7	75149.2
四、地质勘查及水利业	3	501.0	1856.6	－24424.2	6529.4
五、交通运输业	97	7251743.2	15770822.3	－11898.5	22720.5
其中:铁路运输业	10	1126047.4	2750219.7	－807506.3	84962.3
道路运输业	42	1941298.7	4276776.1	6139.4	11928.6

续表

行　业	户数(户)	年末国有资产总量(万元)	资产总额(万元)	人均利润(元/人)	人均税费(元/人)
水上运输业	18	3461128.3	7527229.6	-543.2	28385.4
航空运输业	9	405270.1	533596.9	-30321.8	18250.7
六、仓储业	66	3843655.6	10972328.4	231187.6	64347.9
七、邮电通信业					
八、批发和零售业	272	2125526.4	11439163.8	101410.7	43085.6
九、房地产业	120	2557857.2	7366209.5	106426.3	133087.9
十、信息技术服务业	24	205802.5	612826.7	140569.2	57014.9
十一、社会服务业	286	21787042.7	49829200.4	191905.1	102567.6
十二、卫生体育福利业	8	41759.1	50112.7	-11207.1	822.9
十三、教育文化广播业	1	90428.0	95528.9	0.0	0.0
十四、科学研究和技术	63	136644.2	349380.4	4095.3	13417.8
十五、金融业	29	3036009.8	21319305.3	542038.2	277754.2
十六、其他	1	19501.4	20541.5	17225.3	4296.1

2017年山西省国有企业主要指标表

行　业	户数(户)	年末国有资产总量(万元)	资产总额(万元)	人均利润(元/人)	人均税费(元/人)
合　并	4014	29380945.5	261935132.1	17094.5	67288.5
合　计	4014	106085685.1	448974582.2	22822.3	67844.3
一、农林牧渔业	90	299144.5	784204.3	-32332.3	14751.4
其中:农业	60	257051.7	701124.7	-29816.1	17780.3
林业	6	5935.5	11915.9	21308.3	5909.7
畜牧业	9	16232.9	32792.6	-57265.5	552.4
渔业	2	698.7	1944.6	2041.4	4890.2
二、工业	1536	61518833.6	289958272.1	27561.4	73519.3
其中:煤炭工业	536	36390479.1	189123966.8	41854.2	89952.1
石油和石化工业	14	693797.3	1803823.4	278814.4	89615.7
冶金工业	51	6111713.3	19166421.6	66995.4	62255.8

续表

行　业	户数(户)	年末国有资产总量（万元）	资产总额（万元）	人均利润（元/人）	人均税费（元/人）
建材工业	65	447124.5	2071020.9	－17330.0	13598.4
化学工业	184	3650624.7	26650367.7	－21731.8	18034.5
森林工业	4	3686.0	7728.2	－264604.7	61910.2
食品工业	32	43601.2	198999.8	171.9	16188.4
烟草工业					
纺织工业	6	－17022.7	77395.6	－16600.0	2823.7
医药工业	10	39167.1	460123.3	91132.2	76185.4
机械工业	232	2371482.4	11638649.4	－4883.3	28578.6
电子工业	13	20320.5	184379.6	－3365.3	1717.4
电力工业	150	6714270.9	25108658.4	－129475.9	91686.6
市政公用工业	172	4184629.9	11429095.5	－15225.3	15703.4
其他工业	80	957589.9	2929326.7	96661.5	147661.1
三、建筑业	203	5046382.9	22488796.3	13945.6	39807.6
四、地质勘查及水利业	18	1596060.2	2260207.0	86897.3	16990.1
五、交通运输业	225	5392220.6	15003296.9	8011.0	18480.6
其中:铁路运输业	31	798977.3	1889324.6	－9308.1	17899.5
道路运输业	175	4365617.2	12347904.0	17790.4	17967.8
水上运输业	2	15144.1	193849.2	－63342.0	30565.0
航空运输业	2	85475.7	146457.6	－27277.9	11423.6
六、仓储业	51	143288.1	424684.7	－12309.0	8873.4
七、邮电通信业	3	9883.0	24659.6	3485.6	14031.6
八、批发和零售业	1006	11899445.4	59981251.7	－61659.3	66105.9
九、房地产业	243	3768298.5	16831385.8	60360.9	110281.6
十、信息技术服务业	35	43288.9	106091.3	－4185.2	202128.0
十一、社会服务业	406	12394029.9	25676980.3	15062.7	19062.0
十二、卫生体育福利业	5	33470.0	79619.3	－8861.9	1452.6
十三、教育文化广播业	19	3482.3	82969.1	－40683.7	4517.9
十四、科学研究和技术	136	271895.0	622302.0	25546.0	26027.3
十五、金融业	37	3665528.8	14639385.9	3421572.4	1110091.5
十六、其他	1	433.5	10476.0	408.8	4467.1

2017年内蒙古自治区国有企业主要指标表

行业	户数(户)	年末国有资产总量(万元)	资产总额(万元)	人均利润(元/人)	人均税费(元/人)
合并	768	53846760.8	132154066.7	14719.0	17955.6
合计	768	78787534.7	167781879.1	26429.9	21811.8
一、农林牧渔业	59	2884788.2	5254179.7	410.0	274.0
其中：农业	7	2003540.0	2472571.5	-3012852.5	469457.5
林业	29	614160.6	2324315.5	1303.2	143.5
畜牧业	3	-7055.5	33214.5	-81172.4	0.0
渔业	1	-74.0	7714.0	-1770.8	817.2
二、工业	174	17869908.5	48515501.8	9332.5	45221.0
其中：煤炭工业	8	47866.2	230273.2	1711668.8	999032.3
石油和石化工业					
冶金工业	49	8533942.3	25812973.6	17289.0	36839.2
建材工业	12	110053.5	493949.5	56247.1	80595.3
化学工业	3	20261.7	56462.0	-65103.4	8309.9
森林工业					
食品工业	1	1778.5	2219.3	-32212.8	796.4
烟草工业					
纺织工业					
医药工业					
机械工业	9	88739.6	690936.9	-19584.4	37970.7
电子工业					
电力工业	41	6118398.7	14703937.1	2551.4	67466.0
市政公用工业	39	2826227.1	6259276.3	-23964.5	8093.3
其他工业	12	122641.0	265473.9	-7539.7	39127.9
三、建筑业	78	15731446.6	26567551.7	206525.4	45949.6
四、地质勘查及水利业	11	3323227.6	5073711.5	-640280.9	264613.5
五、交通运输业	52	5586804.5	10996010.4	-3167.4	14413.7
其中：铁路运输业	2	64238.7	119213.6	-7676.4	86395.3
道路运输业	24	4644071.5	8751959.2	-8435.8	3469.6

续表

行　业	户数(户)	年末国有资产总量 (万元)	资产总额 (万元)	人均利润 (元/人)	人均税费 (元/人)
水上运输业	1	9723.3	129807.5	－963848.3	14872.3
航空运输业	23	595602.5	1236764.5	－73003.7	18913.9
六、仓储业	13	35187.9	183996.8	11942.1	1756.6
七、邮电通信业	2	0.0	12758.3	5727.4	17786.5
八、批发和零售业	58	361400.7	1802651.0	330958.0	38469.0
九、房地产业	35	1103470.8	4285300.9	－88260.2	20410.8
十、信息技术服务业	5	16922.9	97385.7	8915.2	14941.3
十一、社会服务业	201	29454613.9	58657572.6	273739.8	12934.4
十二、卫生体育福利业	6	18731.3	98062.1	－15736.3	33.5
十三、教育文化广播业	18	444802.0	834452.0	116753.4	16486.6
十四、科学研究和技术	30	279629.1	724170.3	215802.5	52818.5
十五、金融业	22	1315357.2	4229983.5	1966463.0	361644.6
十六、其他	4	361243.6	448590.8	－32776.8	0.0

2017年辽宁省国有企业主要指标表

行　业	户数(户)	年末国有资产总量 (万元)	资产总额 (万元)	人均利润 (元/人)	人均税费 (元/人)
合　并	2259	56242619.9	179666926.2	33469.9	71031.6
合　计	2259	114107886.4	267901713.8	38568.5	72199.1
一、农林牧渔业	60	209819.6	757562.2	－13670.4	12335.2
其中:农业	34	75076.2	230019.1	－36016.3	3490.6
林业	3	9268.2	39770.0	0.0	0.0
畜牧业	2	889.1	1678.9	－10090.2	32.2
渔业	12	25782.8	91718.2	－2864.6	6957.4
二、工业	551	23576267.8	93154973.7	44236.4	89311.2
其中:煤炭工业	38	3828273.4	10963125.9	24920.1	42465.2
石油和石化工业	4	42542.0	384310.6	－103337.1	7090.8
冶金工业	48	7347312.8	28784698.8	32403.9	32407.9

续表

行　业	户数(户)	年末国有资产总量（万元）	资产总额（万元）	人均利润（元/人）	人均税费（元/人）
建材工业	25	48428.1	372174.0	－77898.3	28300.6
化学工业	36	296694.8	2284363.6	－64553.7	30718.5
森林工业	2	－6740.6	30847.9	－53664.8	0.0
食品工业	14	96872.5	183068.8	35700.8	39315.2
烟草工业					
纺织工业	1	236.9	13037.4	－31375.9	0.0
医药工业	6	87378.5	1037680.4	12647.9	42912.5
机械工业	201	7670388.9	36166984.1	118759.2	219218.4
电子工业	13	19474.0	247827.5	100439.3	15485.2
电力工业	49	612646.6	2721208.9	－36150.2	37904.4
市政公用工业	87	3055390.0	8875272.2	－10131.1	17499.4
其他工业	25	476934.7	1075285.5	－53638.3	35061.8
三、建筑业	160	1550481.7	6517843.3	20455.5	34841.2
四、地质勘查及水利业	33	8967128.0	10380300.6	29314.6	38971.6
五、交通运输业	166	17294443.3	40466842.6	19725.6	26474.7
其中:铁路运输业	2	14078.6	26882.8	21471.7	19384.5
道路运输业	78	4878544.3	11413247.4	－17174.3	3507.1
水上运输业	30	2512419.3	6566472.9	298837.5	78734.4
航空运输业	10	973320.9	1381522.8	36009.5	48067.2
六、仓储业	81	1844365.5	4355617.8	31577.7	28301.2
七、邮电通信业	1	631.4	5499.6	70644.3	52041.5
八、批发和零售业	318	1114072.1	10127576.6	－5001.9	73604.2
九、房地产业	179	4371417.6	12038951.2	24469.6	209375.0
十、信息技术服务业	35	39750.1	115805.9	29073.8	26394.7
十一、社会服务业	438	52985009.9	84009296.2	54049.8	39474.2
十二、卫生体育福利业	15	46932.2	196258.6	31588.4	707.0
十三、教育文化广播业	28	23624.1	82782.3	19366.7	2215.0
十四、科学研究和技术	153	333278.4	870934.2	16501.9	43336.6
十五、金融业	37	1722394.8	4747516.7	148675.4	172457.8
十六、其他	4	28270.0	73952.2	－3332.6	6908.1

2017 年大连市国有企业主要指标表

行业	户数(户)	年末国有资产总量(万元)	资产总额(万元)	人均利润(元/人)	人均税费(元/人)
合　并	430	14360907.5	34228493.6	21925.6	48376.8
合　计	430	22200014.7	46458870.5	41046.7	51546.6
一、农林牧渔业	22	11432.1	52648.1	－102723.8	15327.7
其中:农业	19	10994.5	34434.3	－112303.7	20294.8
林业					
畜牧业					
渔业	2	24.7	12413.2	17362.7	474.0
二、工业	110	2433897.6	9740049.3	14358.5	49613.6
其中:煤炭工业					
石油和石化工业					
冶金工业					
建材工业	1	6543.5	11459.2	1042.5	53650.0
化学工业	24	209136.5	1973286.9	－113049.4	35733.1
森林工业					
食品工业	2	13319.6	17165.0	18387.6	29960.3
烟草工业					
纺织工业					
医药工业	3	－3220.7	20.1	0.0	0.0
机械工业	55	1172567.2	5150983.2	49153.5	63651.2
电子工业	2	16636.6	79690.4	207661.4	17404.6
电力工业	7	57204.6	540002.1	－26865.0	23688.2
市政公用工业	13	543865.4	1438306.7	－9280.2	10511.8
其他工业	3	417844.7	529135.6	12626.3	50355.4
三、建筑业	25	81739.4	403254.4	－6728.9	63832.8
四、地质勘查及水利业					
五、交通运输业	72	9333002.6	19298975.8	51727.2	20804.8
其中:铁路运输业	1	7433.9	19859.4	15478.2	25213.5

续表

行 业	户数(户)	年末国有资产总量(万元)	资产总额(万元)	人均利润(元/人)	人均税费(元/人)
道路运输业	19	2383838.9	4904779.4	−9764.7	3434.5
水上运输业	24	2349735.3	6032541.7	301176.4	62272.2
航空运输业	2	429012.3	485264.4	66403.9	23317.8
六、仓储业	2	0.0	62763.9	0.0	0.0
七、邮电通信业	1	631.4	5499.6	70644.3	52041.5
八、批发和零售业	45	38259.8	564128.4	−337917.2	264850.1
九、房地产业	32	706113.4	1944511.7	282467.0	356145.6
十、信息技术服务业	12	8032.4	19887.3	73868.6	35648.7
十一、社会服务业	85	9254178.6	13346507.9	880806.1	678492.1
十二、卫生体育福利业	2	7341.7	15539.7	−8958.1	0.0
十三、教育文化广播业	3	20.4	543.9	−4488.4	4913.3
十四、科学研究和技术	10	5552.9	16591.5	−45890.1	33987.1
十五、金融业	9	319812.3	987969.0	2358894.0	756176.1
十六、其他					

2017年吉林省国有企业主要指标表

行 业	户数(户)	年末国有资产总量(万元)	资产总额(万元)	人均利润(元/人)	人均税费(元/人)
合 并	970	34384431.4	124198699.0	38584.4	39237.2
合 计	970	55928343.1	157881317.7	36884.4	39218.5
一、农林牧渔业	79	1357632.2	4025344.0	−23684.9	2486.5
其中：农业	27	481277.4	579682.0	−39148.5	25327.0
林业	21	825171.5	3201681.6	−23667.7	1938.2
畜牧业	11	53858.8	122882.3	2760.5	1446.6
渔业	2	−286.9	176.7	0.0	0.0
二、工业	266	4803149.5	20340475.0	−36038.8	23371.3
其中：煤炭工业	28	1149186.6	3984700.9	−5820.4	12704.6
石油和石化工业	2	23463.7	47846.1	−630831.9	0.0

续表

行　业	户数(户)	年末国有资产总量(万元)	资产总额(万元)	人均利润(元/人)	人均税费(元/人)
冶金工业	25	154133.4	4563589.1	−647956.6	20031.9
建材工业	11	56743.5	160084.1	11659.8	132259.5
化学工业	17	183271.5	1459653.1	−6057.8	18508.8
森林工业	28	632418.1	1818189.0	−27866.6	24897.0
食品工业	11	31482.8	214054.0	−10755.3	16756.6
烟草工业					
纺织工业	4	−87387.5	407273.1	−149570.1	9995.9
医药工业	3	7055.5	18618.1	−77545.2	33740.5
机械工业	30	530542.7	1704701.2	83773.9	53751.0
电子工业	2	4062.2	13586.9	−25764.9	5903.7
电力工业	32	216423.0	1087990.3	20058.1	30288.3
市政公用工业	56	1401656.4	3027639.5	11618.2	18970.6
其他工业	17	500097.5	1832549.8	152516.8	49586.3
三、建筑业	82	13920195.3	22626446.0	907185.0	106188.7
四、地质勘查及水利业	4	456634.2	1135939.5	−63212.1	1107.6
五、交通运输业	30	3833592.4	9414331.4	−66376.2	14403.3
其中:铁路运输业					
道路运输业	26	3751569.5	9256488.6	−66337.9	14384.9
水上运输业	2	4784.1	6896.0	−36026.6	23754.6
航空运输业					
六、仓储业	48	2641840.2	5415719.8	−38254.1	22647.0
七、邮电通信业					
八、批发和零售业	119	752936.5	5259820.1	−24819.5	74598.0
九、房地产业	70	355366.0	4473631.6	−481898.3	146083.7
十、信息技术服务业	10	6512.1	125503.5	161326.9	60123.9
十一、社会服务业	144	24130955.2	39738936.8	743839.9	110899.6
十二、卫生体育福利业	7	10388.8	19795.5	−10329.5	2614.5
十三、教育文化广播业	8	13677.1	78207.9	−501534.1	25238.6
十四、科学研究和技术	32	−7502.4	1619434.5	−304952.5	28208.7
十五、金融业	69	3652868.9	43607206.3	420333.2	179184.6
十六、其他	2	97.2	525.7	−12715.4	0.0

2017年黑龙江省国有企业主要指标表

行　业	户数(户)	年末国有资产总量(万元)	资产总额(万元)	人均利润(元/人)	人均税费(元/人)
合　并	2420	42940522.7	106578652.7	14905.0	26083.5
合　计	2420	57538752.5	127586694.3	22123.4	26072.1
一、农林牧渔业	319	321032.4	1786534.0	2110.6	420.4
其中:农业	116	263054.0	1413724.6	8021.9	650.0
林业	86	−2212.8	117831.1	−4386.5	23.3
畜牧业	37	1057.5	32533.7	−837.9	11.1
渔业	18	7801.2	45555.5	−22313.5	666.9
二、工业	453	7985936.2	27576281.5	16844.3	21671.9
其中:煤炭工业	31	2910246.4	10888193.7	16571.5	16517.3
石油和石化工业	6	290786.2	470366.9	−30634.5	55147.8
冶金工业	3	−44546.4	28627.1	−16099.3	1526.6
建材工业	16	100913.5	431499.8	−12689.0	74196.7
化学工业	33	172833.8	924846.7	−58097.2	54137.6
森林工业	9	17619.1	68538.0	−12631.4	7511.0
食品工业	30	81696.9	235072.0	64408.5	28032.8
烟草工业					
纺织工业	3	−5254.6	4943.1	0.0	0.0
医药工业	20	768347.8	2464361.8	122547.0	67274.5
机械工业	116	263014.9	2355379.0	−27162.0	12883.1
电子工业	11	70781.9	169180.9	10837.3	16681.3
电力工业	31	1022664.4	2124742.1	96229.7	52297.3
市政公用工业	93	2127184.0	5840735.6	−5444.4	8215.1
其他工业	48	206214.4	1555855.5	29116.9	30713.7
三、建筑业	178	1570024.4	8965777.4	2303.0	65323.6
四、地质勘查及水利业	13	2764317.6	5045315.0	22892.7	21556.6
五、交通运输业	117	1941001.6	4610906.1	−7525.0	10285.9
其中:铁路运输业	8	109237.2	303018.7	−27285.1	5721.5

续表

行 业	户数(户)	年末国有资产总量(万元)	资产总额(万元)	人均利润(元/人)	人均税费(元/人)
道路运输业	78	1231711.0	3326413.6	－10365.1	9389.5
水上运输业	22	70829.3	136972.6	－36367.1	3004.4
航空运输业	7	527953.9	842490.2	37467.1	22162.6
六、仓储业	399	884300.3	2655585.2	46320.6	11993.1
七、邮电通信业	1	387.2	872.1	－12521.5	7504.9
八、批发和零售业	372	45216.2	2364989.3	34203.7	58884.2
九、房地产业	141	9175675.6	22645529.2	274429.7	205739.7
十、信息技术服务业	21	27815.5	297292.7	－39185.8	6880.8
十一、社会服务业	260	30645204.8	45757615.7	121888.5	54516.2
十二、卫生体育福利业	16	－1347.9	19796.2	－16320.4	923.8
十三、教育文化广播业	56	78887.0	194773.3	－23772.5	7927.0
十四、科学研究和技术	51	57163.5	164873.8	40859.1	33747.4
十五、金融业	21	2042804.6	5500124.8	190902.8	113367.6
十六、其他	2	333.5	428.2	4756.3	3279.4

2017年上海市国有企业主要指标表

行 业	户数(户)	年末国有资产总量(万元)	资产总额(万元)	人均利润(元/人)	人均税费(元/人)
合 并	10785	239599010.1	1827430465.8	304016.5	192851.5
合 计	10785	553750025.7	2389691002.8	410210.4	189107.2
一、农林牧渔业	241	2091255.8	4960771.6	32056.2	11494.0
其中:农业	99	912401.7	2024581.5	75578.9	12221.9
林业	8	161311.2	266798.5	56987.5	21516.1
畜牧业	72	492594.0	1093342.5	－18749.5	7314.6
渔业	22	465209.2	1080816.2	72521.5	16349.7
二、工业	1388	67460053.3	156891730.0	287374.2	123312.8
其中:煤炭工业	6	23168.0	151502.8	－5497928.5	296049.8
石油和石化工业	2	272777.3	353468.1	110371.3	624762.4

续表

行　业	户数(户)	年末国有资产总量（万元）	资产总额（万元）	人均利润（元/人）	人均税费（元/人）
冶金工业	19	－40612.5	590424.9	57256.1	48910.8
建材工业	80	770654.4	3576786.0	66088.5	97193.7
化学工业	131	3035952.6	6861442.2	133367.2	72924.0
森林工业	4	8729.9	13792.2	－70806.8	11165.1
食品工业	138	2275551.7	6912786.9	130252.9	55475.6
烟草工业	1	114076.2	351361.4	2166721.4	305595.3
纺织工业	29	181234.6	492948.4	4161.7	26067.3
医药工业	92	4378764.5	7584245.0	246063.6	97469.6
机械工业	393	41489234.9	96041159.4	469332.1	175134.0
电子工业	43	479860.5	3165705.7	206162.1	177851.4
电力工业	55	2637403.8	6790743.5	1016680.1	431534.9
市政公用工业	185	10842021.8	20809875.5	111343.2	129269.6
其他工业	202	967522.7	3096945.1	56148.5	32686.1
三、建筑业	621	15718555.5	61873261.4	362250.8	129542.4
四、地质勘查及水利业	14	1188239.8	2670220.3	363054.8	36619.9
五、交通运输业	404	64368767.7	99000029.8	135506.7	49731.8
其中:铁路运输业	2	18658.6	50659.3	363701.3	378058.3
道路运输业	263	50917599.8	72747339.0	－17043.1	20642.6
水上运输业	50	7255292.5	16122378.3	1002589.1	190076.6
航空运输业	12	5631481.8	8519425.3	1239361.5	301318.2
六、仓储业	194	1758118.4	3738648.3	124584.2	55108.5
七、邮电通信业	2	149639.9	328014.5	713038.4	322433.7
八、批发和零售业	1823	15582766.5	65149341.2	152035.8	174036.5
九、房地产业	2954	113774481.3	459421764.7	1128660.6	781271.2
十、信息技术服务业	135	1213968.5	4031797.5	111465.7	65451.1
十一、社会服务业	2333	193890187.9	341158625.3	319308.9	71193.1
十二、卫生体育福利业	58	451900.8	953740.3	－287252.0	87176.5
十三、教育文化广播业	114	156351.8	458872.4	41016.4	35542.3
十四、科学研究和技术	262	3342233.2	7314593.3	134133.5	80469.3
十五、金融业	242	72603505.3	1181739592.1	943795.6	342287.8
十六、其他					

2017年浙江省国有企业主要指标表

行　业	户数(户)	年末国有资产总量(万元)	资产总额(万元)	人均利润(元/人)	人均税费(元/人)
合　并	4453	99178532.4	399024325.7	124158.9	87215.5
合　计	4453	187993260.3	541689058.1	183369.0	87533.0
一、农林牧渔业	84	655814.6	1610610.8	116498.5	39858.4
其中:农业	27	252323.6	444477.4	−17577.6	22897.1
林业	23	74962.8	561338.0	78702.4	19191.5
畜牧业	4	13686.7	59327.4	87276.6	513.9
渔业	3	31657.6	51490.6	486043.6	118169.9
二、工业	669	27846934.8	61231255.2	150768.8	82570.9
其中:煤炭工业	2	83653.7	115165.6	−61148.1	18303.8
石油和石化工业					
冶金工业	33	4689131.5	7665951.3	174169.2	118941.1
建材工业	30	75254.0	514419.1	44490.1	47937.0
化学工业	113	4186108.8	10517561.7	92525.5	55460.6
森林工业					
食品工业	41	145598.0	481077.9	28172.4	36189.2
烟草工业					
纺织工业	5	39857.1	132851.7	19526.1	21840.0
医药工业	13	99088.9	232088.8	24535.5	34923.1
机械工业	90	1727166.3	5787664.5	25139.3	54219.4
电子工业	12	185973.9	548189.7	24001.9	28602.1
电力工业	91	11077360.5	20502111.2	837522.1	241486.6
市政公用工业	181	5124949.2	13466261.2	44935.3	86042.6
其他工业	51	378914.0	1109406.8	50293.7	55047.8
三、建筑业	181	3964409.8	15675431.6	133858.5	97119.6
四、地质勘查及水利业	24	1498157.6	3105777.6	137777.7	41129.8
五、交通运输业	398	36227065.8	82811601.8	104925.2	35016.1
其中:铁路运输业	9	1169749.6	1615575.8	15309.5	26050.0
道路运输业	244	27661067.1	67467200.1	79272.2	30876.8

续表

行　业	户数(户)	年末国有资产总量(万元)	资产总额(万元)	人均利润(元/人)	人均税费(元/人)
水上运输业	83	1467972.7	3916164.7	117865.2	52424.5
航空运输业	25	1962441.3	4072536.0	94319.5	44351.1
六、仓储业	119	1889881.8	4644283.5	152736.5	63571.4
七、邮电通信业					
八、批发和零售业	982	7957326.9	31085785.5	308195.3	194988.7
九、房地产业	478	15533658.5	53050180.7	304492.8	291534.5
十、信息技术服务业	56	255661.8	583837.2	169263.6	54047.8
十一、社会服务业	1084	83539105.1	174462817.0	254772.8	67590.3
十二、卫生体育福利业	21	132323.8	203149.1	15360.2	6218.1
十三、教育文化广播业	123	1581315.3	2431611.1	40925.9	11421.0
十四、科学研究和技术	173	997745.5	2414314.6	63914.7	39072.5
十五、金融业	58	5526970.3	107244762.0	458580.3	193176.5
十六、其他	3	386888.6	1133640.4	42974.2	239445.7

2017年宁波市国有企业主要指标表

行　业	户数(户)	年末国有资产总量(万元)	资产总额(万元)	人均利润(元/人)	人均税费(元/人)
合　并	308	10694742.1	35661465.0	18930.6	72144.5
合　计	308	18420585.6	47076242.1	79452.7	72144.5
一、农林牧渔业	4	148004.2	165603.7	1551420.9	22042.9
其中:农业	1	124.4	4311.9	19325.2	8948.0
林业					
畜牧业					
渔业					
二、工业	44	1115763.4	2674464.2	128922.6	103504.1
其中:煤炭工业					
石油和石化工业					
冶金工业					

续表

行　业	户数(户)	年末国有资产总量（万元）	资产总额（万元）	人均利润（元/人）	人均税费（元/人）
建材工业	7	43015.7	164865.1	226111.9	126463.8
化学工业	1	9946.6	67044.1	－138978.5	14123.9
森林工业					
食品工业					
烟草工业					
纺织工业					
医药工业					
机械工业					
电子工业					
电力工业	17	155055.7	347422.1	131460.4	109571.3
市政公用工业	17	899851.6	2075875.7	155899.5	122718.6
其他工业	2	7893.9	19257.2	4436.2	10879.3
三、建筑业	11	367787.4	1000227.2	102938.3	78054.2
四、地质勘查及水利业	5	378472.2	758916.7	135306.5	57222.7
五、交通运输业	15	2954957.1	9195469.7	－109351.2	17815.1
其中:铁路运输业					
道路运输业	14	2938083.9	9167162.3	－112027.7	17134.6
水上运输业	1	16873.2	28307.4	177501.2	90741.3
航空运输业					
六、仓储业					
七、邮电通信业					
八、批发和零售业	29	154945.4	413962.8	144876.3	65994.0
九、房地产业	36	2783535.1	9025860.6	－306943.3	251406.8
十、信息技术服务业	7	15372.1	20948.4	144086.1	56726.0
十一、社会服务业	93	9747113.3	22407665.7	973432.8	92948.2
十二、卫生体育福利业	2	2050.2	3991.7	－18102.9	5192.2
十三、教育文化广播业	44	523085.1	837908.4	49741.8	23991.9
十四、科学研究和技术	15	111117.8	383900.2	119623.9	59656.9
十五、金融业	3	118382.4	187322.7	1130862.1	273922.3
十六、其他					

2017年江苏省国有企业主要指标表

行　业	户数(户)	年末国有资产总量 (万元)	资产总额 (万元)	人均利润 (元/人)	人均税费 (元/人)
合　并	3868	156612777.2	519378735.3	146706.4	90438.1
合　计	3868	252261228.4	649897577.4	189443.8	93258.5
一、农林牧渔业	148	3404533.7	6135408.5	26017.6	3201.5
其中:农业	90	1993175.9	3819619.0	16870.2	2618.7
林业	6	10581.8	30917.4	146389.4	34292.5
畜牧业	4	17441.0	27512.0	59589.9	2499.1
渔业	16	194270.7	427856.2	43424.1	6451.0
二、工业	681	23399718.1	69857771.7	127664.5	113777.6
其中:煤炭工业	41	3335399.1	7743452.7	123818.5	99668.7
石油和石化工业	4	−38481.7	82179.1	−124765.3	68733.7
冶金工业	17	218701.5	663678.1	4959.1	31705.6
建材工业	26	122581.2	645018.5	138902.6	100267.6
化学工业	58	1346919.0	4456279.1	101432.1	72106.6
森林工业	1	965.1	2511.7	0.0	0.0
食品工业	32	718663.1	2827122.9	8743.5	91771.7
烟草工业					
纺织工业	38	417909.4	1220303.0	−2330.4	20543.5
医药工业	12	465169.2	1980944.1	333594.3	232864.5
机械工业	149	7714364.4	25462690.5	37924.8	94834.2
电子工业	21	163346.8	750103.9	53389.0	24953.6
电力工业	90	2803474.2	7773619.3	159791.4	123287.0
市政公用工业	73	3525475.0	8553496.5	174830.2	122334.9
其他工业	116	2617812.0	7613998.4	271836.8	196377.9
三、建筑业	198	12155249.9	32238372.4	82158.9	79935.1
四、地质勘查及水利业	9	8039299.3	11225146.3	89520.2	124304.3
五、交通运输业	326	42864763.3	103085426.8	132034.9	37008.7
其中:铁路运输业	7	1283486.8	1965236.2	513121.9	51254.8
道路运输业	196	35847142.4	89200181.6	152219.9	39176.5

续表

行　业	户数(户)	年末国有资产总量(万元)	资产总额(万元)	人均利润(元/人)	人均税费(元/人)
水上运输业	32	628704.2	1271810.7	47320.8	19571.7
航空运输业	31	2188182.3	3502541.9	66448.6	27534.4
六、仓储业	77	1082154.8	1898891.4	40725.0	57096.9
七、邮电通信业					
八、批发和零售业	597	4205546.7	15788799.5	168457.7	204743.7
九、房地产业	480	21320837.2	74247388.5	283656.2	235907.1
十、信息技术服务业	60	135586.9	764059.5	28930.2	41601.9
十一、社会服务业	875	116318398.8	257690206.7	402011.9	72231.8
十二、卫生体育福利业	44	319343.4	639891.0	38793.8	15178.6
十三、教育文化广播业	98	847781.8	2002222.4	－2994.2	27643.5
十四、科学研究和技术	93	1292210.1	3546710.7	129954.5	58120.9
十五、金融业	179	16873305.4	70772639.4	1357734.7	337636.8
十六、其他	3	2498.8	4642.6	－4592.7	0.0

2017年安徽省国有企业主要指标表

行　业	户数(户)	年末国有资产总量(万元)	资产总额(万元)	人均利润(元/人)	人均税费(元/人)
合　并	3276	128516465.8	429086334.0	111400.6	75207.8
合　计	3276	210874526.3	527157602.3	128723.4	76234.8
一、农林牧渔业	135	2907781.0	4025222.0	6554.1	3184.1
其中:农业	85	2834192.8	3847675.2	6596.3	3118.7
林业	15	3108.5	36902.1	－4444.0	2109.6
畜牧业	5	777.4	4077.8	18688.2	5.9
渔业	10	846.1	7340.9	15085.3	885.2
二、工业	559	30247440.2	102184968.2	88048.8	80511.3
其中:煤炭工业	36	6977744.7	27997584.1	39319.5	60657.0
石油和石化工业	1	3317.5	3411.8	－698746.0	0.0

续表

行　业	户数(户)	年末国有资产总量(万元)	资产总额(万元)	人均利润(元/人)	人均税费(元/人)
冶金工业	66	6510633.8	22507436.0	87069.4	72111.3
建材工业	26	3516739.3	12977643.4	416442.3	208696.2
化学工业	52	1664577.2	5504002.5	−20261.7	27619.4
森林工业	4	6967.2	39899.6	−52345.3	1150.4
食品工业	25	33078.7	109505.0	−5246.8	6006.5
烟草工业					
纺织工业	5	223816.2	808485.2	17598.0	17897.7
医药工业					
机械工业	112	3898344.2	17536327.8	7510.9	52458.4
电子工业	7	201845.5	768996.4	175616.8	27828.3
电力工业	66	4930040.3	8645238.0	117226.4	120644.5
市政公用工业	101	1470539.5	3381204.2	45746.6	49425.3
其他工业	61	847254.6	2026364.7	108492.9	155427.0
三、建筑业	280	9381650.1	27100254.2	109693.0	86420.1
四、地质勘查及水利业	9	1997705.1	3022521.7	−46236.9	19788.9
五、交通运输业	198	11830606.0	34175292.8	48573.3	25528.1
其中:铁路运输业	7	62987.6	148238.6	−28053.3	33964.8
道路运输业	151	10420528.6	31668321.3	43637.9	25106.4
水上运输业	18	89731.1	429129.0	110372.7	40002.8
航空运输业	7	556112.1	625503.1	30817.2	20712.3
六、仓储业	238	350058.2	1257698.8	13239.6	5200.8
七、邮电通信业					
八、批发和零售业	516	2920785.0	12242903.7	56856.3	72679.6
九、房地产业	384	12028773.6	37334212.3	233079.3	310101.3
十、信息技术服务业	24	108884.8	204027.6	57434.4	15533.6
十一、社会服务业	552	113886207.0	242088657.5	646067.8	79419.4
十二、卫生体育福利业	11	653127.8	1023919.9	534347.6	15316.8
十三、教育文化广播业	59	667615.4	920226.3	2817.5	13602.3
十四、科学研究和技术	135	1794554.6	2873624.7	36333.6	43776.4
十五、金融业	174	21994544.5	58193047.3	670375.7	209318.7
十六、其他	2	104793.0	511025.3	46677.9	44125.0

2017年福建省国有企业主要指标表

行业	户数(户)	年末国有资产总量(万元)	资产总额(万元)	人均利润(元/人)	人均税费(元/人)
合 并	4612	74111446.4	329139520.1	120638.2	111498.2
合 计	4612	155008474.8	448837938.0	182786.7	97823.7
一、农林牧渔业	102	237708.3	666655.5	31119.8	21236.2
其中:农业	25	75413.3	205116.0	167928.8	44108.1
林业	16	49574.9	100966.4	17181.6	15447.8
畜牧业	14	6894.9	48187.4	−66044.3	957.4
渔业	8	−16839.7	4856.8	−127067.4	9489.9
二、工业	675	15141299.9	36898683.3	114660.3	67138.1
其中:煤炭工业	16	646727.0	998579.5	62036.4	41967.4
石油和石化工业					
冶金工业	68	3637374.9	8073542.9	361095.6	135584.0
建材工业	57	417718.0	1396573.0	−14867.8	73583.6
化学工业	39	966414.7	2754240.5	12323.7	28596.1
森林工业	5	36698.0	107489.8	−3501.8	48711.8
食品工业	51	671967.5	1394338.8	33561.7	20870.5
烟草工业	1	908.1	914.4	0.0	0.0
纺织工业	3	72223.6	111189.2	12313.0	13510.6
医药工业	13	436929.9	523001.7	695320.7	302355.2
机械工业	101	1466921.5	5986464.7	37338.5	48043.5
电子工业	42	751912.0	2485806.9	47668.5	48265.1
电力工业	68	2454604.2	4362755.8	635129.8	226142.7
市政公用工业	151	2907158.9	5726878.6	68083.8	43756.0
其他工业	45	113034.0	728827.7	−73823.3	36380.1
三、建筑业	300	17232379.9	42057364.3	113022.6	46181.3
四、地质勘查及水利业	32	887157.8	1327992.5	45159.7	40563.2
五、交通运输业	510	31171853.3	72254544.8	63609.6	27822.2

续表

行　业	户数(户)	年末国有资产总量（万元）	资产总额（万元）	人均利润（元/人）	人均税费（元/人）
其中：铁路运输业	3	125738.7	473951.2	−135699.0	14920.0
道路运输业	311	27107415.0	61621946.2	43218.2	19452.6
水上运输业	70	1380280.7	4221606.3	138155.4	47098.1
航空运输业	19	816955.3	1925499.3	148525.2	56983.9
六、仓储业	114	1550600.7	3371734.8	154362.5	55277.0
七、邮电通信业					
八、批发和零售业	903	7091499.3	31571120.4	257970.5	305805.9
九、房地产业	672	27189891.7	76958046.9	659488.4	355303.9
十、信息技术服务业	97	536147.5	1295895.2	102564.0	70144.2
十一、社会服务业	891	48713764.9	102180922.4	232842.3	76239.7
十二、卫生体育福利业	10	74357.9	134421.7	−2064.2	2416.6
十三、教育文化广播业	64	340801.1	555741.4	−56022.9	17215.3
十四、科学研究和技术	160	331395.6	617945.3	42634.5	23850.5
十五、金融业	82	4509616.9	78946869.4	1383197.5	433127.4
十六、其他					

2017 年厦门市国有企业主要指标表

行　业	户数(户)	年末国有资产总量（万元）	资产总额（万元）	人均利润（元/人）	人均税费（元/人）
合　并	1581	19213526.1	81563043.8	142461.1	200903.7
合　计	1581	42278252.6	129895831.4	260674.5	165224.5
一、农林牧渔业	31	77463.3	238618.9	122981.2	23679.5
其中：农业	7	24034.5	61815.4	1848617.5	190969.6
林业	5	12797.1	47533.0	7264.5	9347.0
畜牧业	8	1122.2	36830.3	−67761.3	710.2
渔业					
二、工业	121	2221219.1	6112722.4	32603.4	28399.1
其中：煤炭工业					

续表

行　业	户数(户)	年末国有资产总量（万元）	资产总额（万元）	人均利润（元/人）	人均税费（元/人）
石油和石化工业					
冶金工业	9	152984.0	423531.0	28406.2	23206.2
建材工业	16	117889.4	285410.4	86359.8	86161.2
化学工业	13	66017.7	248309.5	7638.7	13440.5
森林工业					
食品工业	25	259677.0	843305.4	25084.8	17882.3
烟草工业					
纺织工业	1	571.7	639.6	0.0	0.0
医药工业	1	－5768.5	177.9	0.0	0.0
机械工业	22	408355.9	1442127.5	39856.3	26150.5
电子工业	7	167028.5	497976.6	－23482.9	13568.7
电力工业	2	5326.2	8653.3	－135777.6	12392.6
市政公用工业	20	1036641.9	2274215.3	85945.0	54751.7
其他工业	4	6921.3	7854.7	7008.4	25411.8
三、建筑业	39	2116100.1	6547940.6	40696.9	34007.4
四、地质勘查及水利业	1	463.9	987.5	102715.1	45715.9
五、交通运输业	128	6774954.0	11860634.2	102172.3	34379.0
其中:铁路运输业	1	－308.2	1402.5	0.0	0.0
道路运输业	43	4670913.1	5729303.1	36345.5	8921.6
水上运输业	32	1064563.4	3185524.9	305991.9	95604.8
航空运输业	10	590499.5	1362261.4	188381.8	66197.3
六、仓储业	71	1355018.7	2579286.9	141736.2	63707.8
七、邮电通信业					
八、批发和零售业	448	5108998.8	24978247.2	357181.2	431648.3
九、房地产业	361	10811528.4	42786752.2	835807.6	410738.5
十、信息技术服务业	29	223643.1	643946.8	131805.4	110332.4
十一、社会服务业	259	12319968.8	29848044.4	210660.3	126784.6
十二、卫生体育福利业	3	18370.5	22997.8	－707697.6	7846.9
十三、教育文化广播业	23	62807.2	118489.5	－79307.8	17382.2
十四、科学研究和技术	22	31612.1	43997.4	72476.9	26231.7

续表

行　业	户数(户)	年末国有资产总量（万元）	资产总额（万元）	人均利润（元/人）	人均税费（元/人）
十五、金融业	45	1156104.5	4113165.5	825403.3	208294.4
十六、其他					

2017年江西省国有企业主要指标表

行　业	户数(户)	年末国有资产总量（万元）	资产总额（万元）	人均利润（元/人）	人均税费（元/人）
合　并	2139	74287213.0	246028601.8	97102.8	75279.7
合　计	2139	101105232.4	296808972.7	102230.5	77473.5
一、农林牧渔业	58	196686.8	1012978.6	−10671.3	12686.0
其中：农业	24	121932.5	366268.2	−2610.4	16261.6
林业	12	9467.5	103279.4	16633.8	310.5
畜牧业	2	−2532.1	1483.4	−101985.5	0.0
渔业	8	23102.0	41881.1	−16501.0	7125.3
二、工业	636	14984486.8	45750691.8	80068.0	74637.7
其中：煤炭工业	41	1780748.4	5981452.1	−30769.2	14757.3
石油和石化工业					
冶金工业	122	6862716.1	20719658.9	121732.4	85832.0
建材工业	86	822999.4	1945788.5	151330.8	105949.7
化学工业	68	722374.2	1980519.5	101145.0	68306.2
森林工业					
食品工业	8	4414.7	30448.6	−97291.7	4859.7
烟草工业					
纺织工业	1	202505.2	427989.7	196160.7	2435.4
医药工业	6	131447.2	389077.9	184437.9	125401.1
机械工业	81	2638828.9	8749091.7	75120.2	111915.8
电子工业	9	15990.0	75905.8	37614.9	15600.6
电力工业	35	594716.7	1605913.9	49584.7	51660.6
市政公用工业	106	891602.8	3021796.1	69574.6	45686.6

续表

行　业	户数(户)	年末国有资产总量(万元)	资产总额(万元)	人均利润(元/人)	人均税费(元/人)
其他工业	72	315342.9	822218.4	75551.7	57455.3
三、建筑业	235	17647312.2	47785308.6	216711.1	162730.7
四、地质勘查及水利业	28	1590250.6	3820713.3	1447.1	23763.5
五、交通运输业	175	18223101.9	44943214.0	92976.1	30101.6
其中:铁路运输业	8	78033.9	283392.8	−38497.9	20666.1
道路运输业	156	17651142.6	43821354.7	95538.1	29638.7
水上运输业	6	365366.5	683531.8	15909.1	103859.9
航空运输业	2	125673.3	128382.3	334691.2	151786.2
六、仓储业	27	273561.2	591449.7	45055.5	12441.6
七、邮电通信业					
八、批发和零售业	249	1025052.6	9030145.5	−152796.8	55757.4
九、房地产业	175	16615775.5	39097643.5	440058.2	219671.6
十、信息技术服务业	21	21557.4	49444.0	−73374.2	38309.9
十一、社会服务业	392	24121257.2	54407391.8	169056.0	55305.4
十二、卫生体育福利业	11	31439.3	157947.4	2705.8	360.3
十三、教育文化广播业	27	103035.5	533180.0	30145.6	9683.3
十四、科学研究和技术	85	2106507.1	3634505.2	85712.9	43856.1
十五、金融业	20	4165208.2	45994359.3	730193.7	379481.9
十六、其他					

2017年山东省国有企业主要指标表

行　业	户数(户)	年末国有资产总量(万元)	资产总额(万元)	人均利润(元/人)	人均税费(元/人)
合　并	5205	100131868.0	553024343.7	101037.2	89901.4
合　计	5205	240605530.3	782180113.0	142622.3	90183.1
一、农林牧渔业	60	229035.5	990866.2	403090.7	9372.8
其中:农业	22	30002.5	85161.9	−186275.5	5163.2
林业	7	33671.7	65815.6	75614.0	34959.0

续表

行　业	户数(户)	年末国有资产总量(万元)	资产总额(万元)	人均利润(元/人)	人均税费(元/人)
畜牧业	2	1415.6	4875.8	4070.2	1492.2
渔业	18	－26896.5	169882.2	47272.2	4624.4
二、工业	1451	64687181.0	254759167.6	141938.4	92299.4
其中:煤炭工业	187	24712087.5	83800761.0	117213.8	120906.2
石油和石化工业	8	928032.0	2894384.8	619605.1	327099.2
冶金工业	117	12712699.0	54540942.8	52827.5	65540.0
建材工业	90	847897.1	2663783.6	80986.8	64778.2
化学工业	148	6289130.4	24847946.4	572773.9	132724.7
森林工业	4	12092.9	43069.5	10517.7	51288.0
食品工业	35	181481.4	545850.1	14431.4	26742.8
烟草工业					
纺织工业	18	143978.7	858504.9	－2047.9	9643.8
医药工业	27	338779.4	1771099.3	49835.2	33038.7
机械工业	308	9249843.3	48080435.6	127403.9	69811.0
电子工业	86	3107369.9	11556639.2	228056.9	85948.4
电力工业	105	876765.9	3394759.6	52010.6	40165.3
市政公用工业	218	4160367.8	12568913.2	－33890.1	35561.1
其他工业	98	964157.5	6490672.2	117535.0	157778.6
三、建筑业	361	15499542.3	40743116.8	132059.5	59595.8
四、地质勘查及水利业	30	816560.4	2536137.3	65411.2	152235.9
五、交通运输业	425	35738970.4	86661286.5	61444.9	35023.9
其中:铁路运输业	16	8010138.4	11481655.3	131567.1	55042.7
道路运输业	240	20543425.1	57750900.0	38829.9	27241.4
水上运输业	54	1196510.1	4503300.1	－173659.5	48399.7
航空运输业	21	2273904.8	3208508.9	94948.1	99553.0
六、仓储业	90	2790232.0	4315635.5	204836.0	54837.8
七、邮电通信业	1	95.2	155.1	12815.2	9024.7
八、批发和零售业	612	3791858.1	24985595.8	70298.8	114464.0
九、房地产业	595	20516189.6	77249083.6	395494.3	376207.2
十、信息技术服务业	175	1340497.9	3310366.9	85499.4	87995.8
十一、社会服务业	908	72424779.4	156483736.8	247158.7	71084.8
十二、卫生体育福利业	16	138720.1	442119.4	－4498.2	5003.7

续表

行　业	户数(户)	年末国有资产总量(万元)	资产总额(万元)	人均利润(元/人)	人均税费(元/人)
十三、教育文化广播业	96	436863.8	788291.4	3890.8	8401.3
十四、科学研究和技术	210	908473.2	1933722.3	44367.0	38310.5
十五、金融业	174	20664824.1	125400621.8	490391.1	209241.5
十六、其他	1	621707.2	1580210.0	−142516.6	0.0

2017年青岛市国有企业主要指标表

行　业	户数(户)	年末国有资产总量(万元)	资产总额(万元)	人均利润(元/人)	人均税费(元/人)
合　并	980	17269640.2	107512065.0	127686.4	101132.9
合　计	980	33335007.0	136547427.8	146418.8	99517.4
一、农林牧渔业	3	20.7	166.5	552819.8	42994.2
其中:农业	1	98.8	100.0	0.0	0.0
林业					
畜牧业					
渔业	1	−78.2	66.5	564361.2	42994.2
二、工业	257	5735455.0	22970653.7	126732.8	88386.4
其中:煤炭工业					
石油和石化工业					
冶金工业	2	−728.7	6692.3	226093.8	216600.2
建材工业	12	23797.3	121860.1	55485.4	144549.0
化学工业	45	1316741.7	4061712.2	43944.6	27252.0
森林工业	1	485.2	5864.8	−6661.8	39311.8
食品工业	6	26323.9	57062.9	81705.4	60947.3
烟草工业					
纺织工业	5	19063.6	145517.3	−15893.9	16999.2
医药工业					
机械工业	33	313228.4	4062245.8	134708.3	64806.2
电子工业	20	2171106.2	6661554.9	364588.5	70642.5

续表

行　业	户数(户)	年末国有资产总量（万元）	资产总额（万元）	人均利润（元/人）	人均税费（元/人）
电力工业	60	101564.9	1276038.3	19275862.2	772199.1
市政公用工业	52	955812.9	3049672.6	−141606.9	32821.6
其他工业	20	795998.9	3458864.0	95589.8	163060.3
三、建筑业	43	1086498.6	4728247.2	67006.1	70664.5
四、地质勘查及水利业					
五、交通运输业	117	7035759.7	16872566.9	76043.2	30324.7
其中:铁路运输业					
道路运输业	74	3774971.4	9570055.2	−310.1	7636.2
水上运输业	16	287135.1	1617864.2	−1375561.9	79828.5
航空运输业	7	1260333.5	1585328.0	233128.3	138468.1
六、仓储业	11	2277946.9	2694657.2	1027822.7	193856.1
七、邮电通信业					
八、批发和零售业	90	169261.9	5673114.7	133293.2	194951.1
九、房地产业	159	2970894.2	10254045.8	1016433.8	795113.2
十、信息技术服务业	21	54936.5	587114.1	279663.8	165897.0
十一、社会服务业	191	11445078.1	31702172.6	74416.8	96145.1
十二、卫生体育福利业	5	35628.0	178174.3	−56402.3	61413.2
十三、教育文化广播业	23	107833.2	288720.2	−152250.0	33855.7
十四、科学研究和技术	22	66508.7	94361.8	9979.1	13209.4
十五、金融业	38	2349185.6	40503432.8	880785.7	372554.8
十六、其他					

2017年河南省国有企业主要指标表

行　业	户数(户)	年末国有资产总量（万元）	资产总额（万元）	人均利润（元/人）	人均税费（元/人）
合　并	2279	42138650.9	230843312.9	34391.8	49558.9
合　计	2279	95769318.9	317831811.7	44923.2	49042.9

续表

行　业	户数(户)	年末国有资产总量（万元）	资产总额（万元）	人均利润（元/人）	人均税费（元/人）
一、农林牧渔业	31	609131.5	1519133.1	47014.3	26388.1
其中:农业	12	429406.1	973728.6	70892.7	54618.0
林业	10	157793.6	433309.0	36430.3	550.4
畜牧业	5	7209.6	38142.1	-18163.4	356.6
渔业					
二、工业	760	23042233.6	109209542.8	13821.6	41312.3
其中:煤炭工业	272	12755193.0	67359222.4	18407.3	45094.7
石油和石化工业	8	-72891.7	241684.2	-274354.0	17216.8
冶金工业	47	2264335.6	8804342.7	48536.7	37947.9
建材工业	64	902437.9	3126573.0	-2663.4	77589.2
化学工业	92	1362927.1	11285290.8	-17147.0	27174.8
森林工业	3	-29766.9	51348.4	-466184.1	29934.9
食品工业	10	18966.5	93722.0	-35394.0	16058.4
烟草工业					
纺织工业	8	176503.5	410967.6	33824.4	23430.3
医药工业	3	4310.0	187452.4	27961.0	3467.7
机械工业	86	2248767.3	6512753.1	12285.3	25930.6
电子工业	12	178992.6	409493.1	10565.9	3995.7
电力工业	37	750901.4	3661273.8	-107226.6	35852.4
市政公用工业	78	2289673.2	5077627.2	33422.0	32938.3
其他工业	43	199028.2	2003273.5	-29623.7	35903.8
三、建筑业	128	7073264.4	17501125.2	44116.6	44822.5
四、地质勘查及水利业	43	2666474.7	5793440.3	290685.9	137375.1
五、交通运输业	93	15603481.0	38306092.8	38101.1	25685.4
其中:铁路运输业	7	178677.8	402133.3	-29338.7	10641.6
道路运输业	67	13270262.5	32175915.7	60028.8	20328.3
水上运输业	1	694.8	2468.3	10283.2	38665.6
航空运输业	8	2129705.0	5643262.3	-291290.5	125108.8
六、仓储业	42	41233.8	262130.6	-15696.4	18227.7

续表

行　业	户数(户)	年末国有资产总量（万元）	资产总额（万元）	人均利润（元/人）	人均税费（元/人）
七、邮电通信业	2	13344.5	17601.3	−121483.5	21247.0
八、批发和零售业	388	1781320.3	6064337.3	40337.9	31853.0
九、房地产业	222	9002051.9	28590783.6	231241.9	277344.8
十、信息技术服务业	29	193742.8	378029.1	−6135.2	22751.6
十一、社会服务业	339	29095013.3	51424682.5	214261.1	39867.0
十二、卫生体育福利业	15	653978.5	1113118.5	39707.7	5310.9
十三、教育文化广播业	64	1159890.6	2157651.5	81950.6	14347.5
十四、科学研究和技术	66	181935.1	511604.7	119116.4	38891.8
十五、金融业	57	4652223.1	54982538.3	1038744.0	611802.4
十六、其他					

2017年湖北省国有企业主要指标表

行　业	户数(户)	年末国有资产总量（万元）	资产总额（万元）	人均利润（元/人）	人均税费（元/人）
合　并	3290	96955839.3	424546127.5	77369.6	56310.5
合　计	3290	160143795.4	509673657.7	90928.9	55846.2
一、农林牧渔业	152	2526453.7	6679299.5	8667.2	23636.7
其中:农业	61	467564.9	2188572.0	2746.6	22036.0
林业	15	21447.4	43881.6	37709.1	11000.4
畜牧业	29	27474.9	133317.4	36335.0	9020.5
渔业	24	67324.6	258809.1	−7001.1	2430.4
二、工业	505	5729609.2	24679140.1	−9742.7	32688.4
其中:煤炭工业	21	17860.5	228522.9	5244.9	26527.4
石油和石化工业	4	28216.7	492270.8	93141.2	145431.6
冶金工业	8	−104987.5	182949.5	−763.9	2779.9
建材工业	16	254412.0	792863.0	104085.1	28357.6
化学工业	42	1610490.6	10039301.4	−151539.9	29289.7

续表

行　业	户数(户)	年末国有资产总量（万元）	资产总额（万元）	人均利润（元/人）	人均税费（元/人）
森林工业	6	147355.2	400754.2	942215.3	764279.0
食品工业	41	358048.2	1537221.8	136584.4	32285.4
烟草工业	1	3101.5	9655.3	93290.4	55655.5
纺织工业	25	50349.1	408218.3	－29995.6	22631.3
医药工业	12	47577.3	278722.4	66309.3	52974.0
机械工业	109	670027.0	2603354.8	25737.5	19577.3
电子工业	17	80818.9	246841.9	87419.7	43965.2
电力工业	36	211042.5	537945.4	37087.8	18523.6
市政公用工业	109	2087148.0	6109562.3	41554.3	32754.0
其他工业	58	268149.0	810956.0	8286.2	51449.4
三、建筑业	275	16387915.2	48640461.1	192871.4	123637.7
四、地质勘查及水利业	14	1419391.2	2102028.0	14356.2	10118.7
五、交通运输业	238	20667031.1	49910601.0	6438.9	10779.4
其中:铁路运输业	13	6693356.6	11115094.8	－2255169.4	35727.7
道路运输业	161	10964124.8	33346370.6	29691.7	9763.4
水上运输业	38	849677.8	2013702.3	10468.9	11233.2
航空运输业	10	2024568.6	3117713.3	－11271.9	22864.5
六、仓储业	166	955793.7	3181047.6	49078.7	58044.5
七、邮电通信业					
八、批发和零售业	348	1826214.3	7843521.2	50974.5	33502.9
九、房地产业	491	17301383.7	79969059.7	488095.7	345371.6
十、信息技术服务业	43	115110.9	357553.9	149055.6	49054.4
十一、社会服务业	702	82142713.6	206985695.2	382389.4	70745.4
十二、卫生体育福利业	15	502852.7	1183475.5	7742.4	2195.6
十三、教育文化广播业	85	404433.6	953484.6	－24752.1	8049.8
十四、科学研究和技术	139	941477.9	1597902.5	106670.1	43191.1
十五、金融业	110	7544579.1	71489846.1	667737.2	315100.9
十六、其他	7	1678835.2	4100541.6	1693378.5	108009.4

2017年湖南省国有企业主要指标表

行　业	户数(户)	年末国有资产总量(万元)	资产总额(万元)	人均利润(元/人)	人均税费(元/人)
合　并	1949	84795366.2	264509130.4	78231.5	82184.6
合　计	1949	127012851.5	340408158.7	80221.4	79095.8
一、农林牧渔业	55	818540.6	1598433.0	79845.4	10668.6
其中：农业	14	361425.6	517851.2	66393.0	24224.2
林业	12	9147.3	36010.6	−83211.7	11344.1
畜牧业	15	239883.5	449078.8	106843.7	4071.2
渔业	1	−564.9	999.4	−277592.2	175.6
二、工业	449	13661093.5	50919962.8	44119.6	82741.8
其中：煤炭工业	24	850538.7	2170953.4	8774.0	22816.2
石油和石化工业	1	52077.4	57671.7	127827.7	99500.1
冶金工业	67	6002354.6	17960393.8	56991.3	178459.7
建材工业	7	57405.3	229999.3	19461.3	40945.2
化学工业	38	589083.3	1312176.1	33731.8	31114.2
森林工业	2	8991.1	46480.8	−101853.4	37652.8
食品工业	15	106863.2	426607.1	−5701.2	19168.5
烟草工业					
纺织工业	14	44699.8	162633.2	−35914.6	11300.6
医药工业	10	110813.3	245752.1	188603.7	92573.1
机械工业	124	2847594.2	18864571.6	36067.4	48001.0
电子工业	19	134131.5	350966.7	187349.8	44291.1
电力工业	64	1421332.0	4314933.4	137724.8	113439.4
市政公用工业	33	1197323.9	4294735.4	34033.0	46607.4
其他工业	29	198212.7	401772.1	40504.2	47065.2
三、建筑业	206	39260588.3	97124686.3	108889.8	96461.5
四、地质勘查及水利业	14	1849154.5	4591114.1	439726.1	445006.8
五、交通运输业	113	7054464.9	22351562.9	44087.1	25375.4
其中：铁路运输业	2	11190.9	14706.1	−13961.2	7734.2
道路运输业	82	6075715.9	20905724.1	52189.7	23761.2

续表

行 业	户数(户)	年末国有资产总量（万元）	资产总额（万元）	人均利润（元/人）	人均税费（元/人）
水上运输业	13	838042.9	1052547.7	113960.2	87226.0
航空运输业	3	14721.3	26724.8	−2408047.0	4545.5
六、仓储业	42	313809.4	1356396.2	29102.2	15306.8
七、邮电通信业					
八、批发和零售业	199	1906155.9	6597628.1	133749.2	72302.2
九、房地产业	287	23185184.5	60396976.1	183815.8	192099.3
十、信息技术服务业	30	70910.4	184137.4	−33426.3	20129.0
十一、社会服务业	363	33633627.0	82912692.1	181319.2	60297.5
十二、卫生体育福利业	14	144787.4	709228.4	−28522.0	12702.0
十三、教育文化广播业	23	126377.6	199433.4	−7280.0	6385.1
十四、科学研究和技术	80	404882.0	683202.2	46446.7	37730.0
十五、金融业	73	4514710.1	10683779.8	538317.0	198741.4
十六、其他	1	68565.2	98925.9	−43528.2	10472.2

2017年广东省国有企业主要指标表

行 业	户数(户)	年末国有资产总量（万元）	资产总额（万元）	人均利润（元/人）	人均税费（元/人）
合 并	8928	208907777.9	926014900.4	196192.9	152062.2
合 计	8928	423482802.9	1193546822.4	263994.8	150573.7
一、农林牧渔业	222	1314390.0	4506069.0	8680.5	37142.8
其中：农业	91	264530.0	999527.1	69006.3	58391.4
林业	28	51340.5	129984.4	−136239.4	1371.9
畜牧业	30	413191.6	775691.9	44324.1	14047.3
渔业	10	12530.6	136287.4	149695.6	101974.6
二、工业	1536	44368201.7	140067212.0	205454.5	174968.3
其中：煤炭工业	4	−811121.6	32299.3	−15700595.0	172131.4
石油和石化工业	5	11071.5	14781.3	−211531.8	10062.1
冶金工业	101	2693158.4	8322441.4	188727.3	68980.1

续表

行 业	户数(户)	年末国有资产总量（万元）	资产总额（万元）	人均利润（元/人）	人均税费（元/人）
建材工业	35	153771.1	533704.0	111162.5	62689.5
化学工业	127	1319152.2	4892643.6	45253.6	41979.4
森林工业	3	−11053.1	16462.6	−3987043.5	43965.1
食品工业	92	867274.7	2008752.7	54872.6	43671.3
烟草工业					
纺织工业	30	95782.2	385811.4	−7809.1	7175.7
医药工业	43	1077407.7	3297778.5	117198.5	85426.6
机械工业	200	7257912.2	43885250.2	296697.7	285613.3
电子工业	78	1175409.4	4499046.9	67619.0	44537.0
电力工业	265	18193668.4	39480720.3	406664.5	249756.4
市政公用工业	393	10210558.1	26455565.3	136968.4	90434.9
其他工业	134	2078301.5	5317141.7	109600.7	78150.8
三、建筑业	552	23070398.9	55785873.7	119058.1	110298.4
四、地质勘查及水利业	20	2155738.1	4465645.5	4352286.3	1239577.2
五、交通运输业	828	96490978.2	194022003.1	122251.2	36411.7
其中:铁路运输业	16	9365512.1	15391624.8	−557189.5	26252.1
道路运输业	519	69790560.5	149534794.1	117525.3	31834.5
水上运输业	195	8507422.7	15048294.5	236126.8	63273.1
航空运输业	38	7553178.6	10904234.9	179731.6	58884.9
六、仓储业	200	2398191.0	5891598.3	441696.8	101368.3
七、邮电通信业	7	75376.0	101479.3	58393.0	35775.9
八、批发和零售业	1355	8656035.8	28501113.3	141265.2	147349.7
九、房地产业	1343	58882262.0	254328256.2	529471.6	374456.4
十、信息技术服务业	133	2586460.5	6712214.1	271738.6	32276.5
十一、社会服务业	2052	154299482.0	268678162.5	457255.3	73059.9
十二、卫生体育福利业	36	125261.2	362625.6	6785.3	16391.7
十三、教育文化广播业	161	468746.0	781863.5	14234.7	18307.2
十四、科学研究和技术	317	1043653.3	3756834.9	17102.4	33173.3
十五、金融业	161	27441395.0	225409328.1	728539.3	306928.9
十六、其他	5	106233.3	176543.1	1450770.1	25251.1

2017年深圳市国有企业主要指标表

行　业	户数(户)	年末国有资产总量（万元）	资产总额（万元）	人均利润（元/人）	人均税费（元/人）
合　并	1475	73575597.2	282912731.3	339486.2	245776.6
合　计	1475	122829874.6	335212265.1	429328.5	239572.8
一、农林牧渔业	49	864784.4	2917843.8	45806.1	63474.8
其中:农业	23	112148.2	441894.3	168662.2	146935.6
林业					
畜牧业	3	337032.9	455015.9	55974.6	31456.3
渔业					
二、工业	224	7056204.0	18765690.8	148895.1	84111.4
其中:煤炭工业					
石油和石化工业	1	4938.9	5135.3	−114512.3	2963.9
冶金工业	1	837.2	2030.2	−726082.6	19406.7
建材工业	1	18100.2	60112.7	2751.5	14438.8
化学工业	18	155916.0	292751.9	11280.3	19727.3
森林工业					
食品工业	9	27932.4	189301.0	26448.5	33257.6
烟草工业					
纺织工业	1	2414.5	4005.5	3452.2	8980.5
医药工业	1	78505.4	137467.2	255705.9	90712.3
机械工业	19	173275.7	563722.5	88532.2	63988.7
电子工业	7	226829.2	715124.6	29679.5	19824.4
电力工业	44	4329410.8	11302586.7	445580.8	228491.2
市政公用工业	116	2034248.0	5454788.3	158733.8	88605.4
其他工业	6	3795.6	38664.7	64580.8	61572.6
三、建筑业	63	1252508.1	3831632.3	220160.4	200407.7
四、地质勘查及水利业	1	6000.0	5900.4	0.0	−152627.5
五、交通运输业	110	30366670.3	52886238.8	195331.8	33059.6
其中:铁路运输业	2	−38992.6	88958.0	−10044.8	9216.2
道路运输业	79	24359334.7	44552356.3	168088.4	28087.9

续表

行业	户数(户)	年末国有资产总量（万元）	资产总额（万元）	人均利润（元/人）	人均税费（元/人）
水上运输业	13	2572982.2	3224101.8	1520814.2	174271.2
航空运输业	10	3350008.7	4772493.7	314336.1	65891.0
六、仓储业	55	1147989.6	2467699.3	1460612.2	363448.9
七、邮电通信业	1	47461.8	52496.9	997376.3	254562.7
八、批发和零售业	80	1137203.2	1968789.8	391863.3	111836.6
九、房地产业	393	34461455.8	166716089.0	648577.7	467756.0
十、信息技术服务业	26	1326629.4	3581994.1	1786379.8	82002.7
十一、社会服务业	332	36406458.9	55313251.6	499797.6	134776.7
十二、卫生体育福利业	12	29126.9	46292.0	35999.3	28588.3
十三、教育文化广播业	40	67917.8	100535.8	92682.6	60295.7
十四、科学研究和技术	60	260884.5	700306.5	35434.7	34793.0
十五、金融业	28	8393520.3	25851731.8	597421.9	369683.9
十六、其他	1	5059.8	5772.2	0.0	0.0

2017年海南省国有企业主要指标表

行业	户数(户)	年末国有资产总量（万元）	资产总额（万元）	人均利润（元/人）	人均税费（元/人）
合并	899	13835676.7	49590577.9	10612.7	34337.5
合计	899	21817416.5	56139578.0	13966.6	33186.5
一、农林牧渔业	133	2573587.6	4502074.6	−5047.0	2751.6
其中:农业	86	1911534.8	3669227.1	−5580.7	2626.0
林业	8	274673.3	296617.0	−48874.4	1494.9
畜牧业	9	142012.6	159730.7	29176.4	2542.2
渔业	7	12581.6	20922.1	6893.1	580.8
二、工业	86	2553108.8	3344951.6	20838.3	25830.4
其中:煤炭工业					
石油和石化工业	1	1232.3	5211.6	−25081.1	50630.3
冶金工业	4	781465.8	861607.5	161750.0	90967.0

续表

行　业	户数(户)	年末国有资产总量（万元）	资产总额（万元）	人均利润（元/人）	人均税费（元/人）
建材工业	6	17927.9	25163.4	-9843.2	23000.1
化学工业	3	5028.9	11861.5	-1675.8	3253.4
森林工业	2	891.6	4325.8	-117618.7	7034.9
食品工业	15	14425.1	39086.3	16081.1	9672.7
烟草工业					
纺织工业	1	2248.2	5717.1	6731.7	2055.5
医药工业					
机械工业	3	7784.7	10517.8	35076.8	24376.7
电子工业					
电力工业	18	368499.9	594150.0	49811.1	27220.4
市政公用工业	20	327267.6	648757.2	27735.6	36314.2
其他工业	12	1026144.5	1128894.7	-26976.2	11110.3
三、建筑业	105	2937897.0	7208722.2	128512.8	365436.7
四、地质勘查及水利业	2	1065.1	1207.5	-14748.1	41665.9
五、交通运输业	86	1039295.6	2580312.6	3023.8	27284.0
其中:铁路运输业					
道路运输业	58	179404.9	792405.2	-27027.1	13732.2
水上运输业	14	510565.8	780205.3	101283.5	48363.9
航空运输业	4	115828.2	119025.9	-46104.8	6277.9
六、仓储业	36	14222.5	213168.1	-59408.8	8564.1
七、邮电通信业	8	3166.0	7188.2	12697.0	7552.2
八、批发和零售业	57	97690.1	679219.2	98780.8	96919.4
九、房地产业	148	6604714.5	23838039.5	68181.9	127714.4
十、信息技术服务业	6	14041.5	26824.5	78528.2	27652.4
十一、社会服务业	163	5634981.6	12743418.6	53398.1	43204.4
十二、卫生体育福利业	2	858.0	45543.0	-69241.7	10595.2
十三、教育文化广播业	13	31572.6	81392.3	-12877.8	16229.3
十四、科学研究和技术	35	19087.9	62435.6	22736.9	31753.0
十五、金融业	19	292128.0	805080.0	782966.2	279489.4
十六、其他					

2017年广西壮族自治区国有企业主要指标表

行　业	户数(户)	年末国有资产总量（万元）	资产总额（万元）	人均利润（元/人）	人均税费（元/人）
合　并	2761	76554534.0	271516579.0	67760.4	77742.0
合　计	2761	117103576.8	363109329.2	87692.6	77122.5
一、农林牧渔业	71	1272919.4	3234378.3	−36503.2	25714.7
其中:农业	32	260460.6	489505.1	−308.1	14166.6
林业	20	485956.0	1138624.2	57230.5	36070.7
畜牧业	5	8687.0	16245.5	12375.7	3407.8
渔业	1	−118.1	312.8	0.0	0.0
二、工业	609	13773157.5	50512301.8	52941.5	64674.3
其中:煤炭工业	27	877280.2	2890049.0	12761.6	27732.0
石油和石化工业	5	54548.3	186701.6	233209.3	322268.4
冶金工业	66	2837631.4	12647162.4	150142.5	100618.9
建材工业	49	562063.4	1470696.1	78732.3	77031.8
化学工业	44	345613.7	2103072.9	−108835.1	22206.6
森林工业	4	13617.1	59285.4	15454.3	58330.9
食品工业	26	194747.2	1514842.5	−76176.0	63335.7
烟草工业					
纺织工业	3	42395.6	158796.1	137690.0	19028.9
医药工业	6	303032.5	449026.7	419404.1	186735.6
机械工业	109	1600007.3	8272388.1	49133.7	55965.9
电子工业	3	5938.8	61991.7	11737.1	35071.5
电力工业	138	5450686.4	16019256.1	−8490.1	44938.8
市政公用工业	58	1419231.6	3922591.7	85682.7	45046.8
其他工业	71	66364.1	756441.5	−138731.3	19307.6
三、建筑业	200	23423910.1	65367806.1	99172.4	108738.5
四、地质勘查及水利业	9	508354.6	686325.8	−18643.1	16093.0
五、交通运输业	196	9770199.5	34570277.6	39212.5	24543.2
其中:铁路运输业	3	42478.6	65796.7	−79808.8	39773.1

续表

行　业	户数(户)	年末国有资产总量(万元)	资产总额(万元)	人均利润(元/人)	人均税费(元/人)
道路运输业	96	7560790.4	28536931.5	57627.2	23059.4
水上运输业	40	586254.0	1829007.2	−47208.5	56883.9
航空运输业	19	1118228.3	2946257.2	11165.9	17517.5
六、仓储业	101	2985177.5	7188803.7	204449.8	67317.5
七、邮电通信业					
八、批发和零售业	471	2703970.4	12682315.4	25547.1	117971.3
九、房地产业	312	9007892.1	30726056.2	220935.7	244871.1
十、信息技术服务业	25	335033.3	837331.6	53692.6	5916.3
十一、社会服务业	485	43970928.1	101381877.4	188666.2	69026.0
十二、卫生体育福利业	7	10380.9	17021.1	142826.9	14326.3
十三、教育文化广播业	81	872988.5	1977012.0	31596.6	30713.8
十四、科学研究和技术	70	190636.6	470412.4	61049.9	39995.0
十五、金融业	124	8278028.3	53457409.9	368742.4	184810.8
十六、其他					

2017年贵州省国有企业主要指标表

行　业	户数(户)	年末国有资产总量(万元)	资产总额(万元)	人均利润(元/人)	人均税费(元/人)
合　并	1266	42910942.8	190361722.4	204752.2	153836.4
合　计	1266	67531694.1	228757726.7	265375.4	153295.6
一、农林牧渔业	20	370415.9	708517.0	71455.9	11216.6
其中:农业	15	365609.6	699706.9	74758.9	10870.6
林业	1	0.0	0.0	0.0	0.0
畜牧业	1	500.0	500.0	0.0	0.0
渔业					
二、工业	344	15737090.0	52331139.8	137273.5	118057.8
其中:煤炭工业	38	1669738.8	6853025.6	12074.8	37143.4
石油和石化工业	34	269723.9	506961.5	220258.9	115143.7

续表

行　业	户数(户)	年末国有资产总量（万元）	资产总额（万元）	人均利润（元/人）	人均税费（元/人）
冶金工业	18	788816.2	3449855.7	-4753.3	31632.5
建材工业	26	337324.0	1847083.0	112087.4	42700.2
化学工业	74	2472932.9	12041359.2	23206.4	46103.7
森林工业	1	20492.2	95894.1	-183956.4	5314.8
食品工业	4	39573.1	220121.1	34470.3	16417.6
烟草工业					
纺织工业					
医药工业	1	219.9	534.4	-64934.9	0.0
机械工业	41	365051.2	1343609.5	-7445.6	22097.4
电子工业	25	854281.2	1983792.3	81214.5	36567.5
电力工业	27	2416296.6	11412434.2	-85157.2	344451.1
市政公用工业	7	41613.1	394753.4	-27060.0	14291.0
其他工业	50	6462825.4	12187368.6	676584.0	417639.3
三、建筑业	120	9636134.2	28173524.9	103961.5	116566.6
四、地质勘查及水利业	7	26436.8	58648.5	-15145.2	21917.3
五、交通运输业	66	5858906.7	10846552.2	6884.1	18438.3
其中:铁路运输业	4	169393.1	410307.6	-861834.9	50241.6
道路运输业	34	3807450.9	7380995.6	16128.3	9443.0
水上运输业					
航空运输业	16	1799190.4	2829411.9	10192.3	48830.9
六、仓储业	22	132805.0	346337.0	32585.6	36214.7
七、邮电通信业					
八、批发和零售业	300	7173641.0	17331792.4	3419787.7	1379978.4
九、房地产业	108	3817165.0	11543731.1	58012.6	154784.7
十、信息技术服务业	15	17549.0	59338.5	-25863.3	24184.4
十一、社会服务业	189	21742412.2	42073215.2	189380.8	31450.2
十二、卫生体育福利业	4	10309.9	13791.2	12065.1	235.4
十三、教育文化广播业	8	9481.5	31760.2	-68578.3	4354.0
十四、科学研究和技术	37	115325.9	444517.3	41563.7	33424.1
十五、金融业	26	2884021.1	64794861.5	857579.6	247226.2
十六、其他					

2017年四川省国有企业主要指标表

行　业	户数(户)	年末国有资产总量（万元）	资产总额（万元）	人均利润（元/人）	人均税费（元/人）
合　并	3909	139916271.8	511624424.7	83072.0	67802.1
合　计	3909	224047719.4	651793243.1	113753.4	67930.4
一、农林牧渔业	66	1243099.4	3588627.3	9319.2	7316.6
其中:农业	43	375253.3	1006311.2	－12532.6	11207.3
林业	9	1863.4	52932.6	－6502.9	199.9
畜牧业	2	126.4	3638.2	－5529.1	1527.6
渔业	3	686.5	2703.0	－42804.4	62.0
二、工业	761	19479054.1	62885156.7	35659.7	49554.0
其中:煤炭工业	44	1075938.4	5541087.6	10882.9	28955.6
石油和石化工业	2	7844.1	8972.3	－195013.2	4774.7
冶金工业	28	289045.7	824742.3	－7617.8	51821.5
建材工业	54	466550.1	1503669.4	20234.0	39290.3
化学工业	64	1363305.8	6138130.0	－98388.9	48508.0
森林工业	1	－2263.1	16779.8	－304066.6	283.0
食品工业	15	69341.0	214152.2	101406.0	47400.9
烟草工业					
纺织工业	17	390433.5	1638919.4	15084.4	32551.1
医药工业	10	－244.5	129918.4	－131734.4	18560.2
机械工业	90	985533.3	6212228.4	27986.8	26210.9
电子工业	50	890507.6	6757709.5	10897.4	16813.5
电力工业	143	7680779.0	19758367.1	213632.4	56465.4
市政公用工业	167	4381285.3	8291520.6	134319.8	63227.8
其他工业	63	1201446.3	4182358.5	34905.7	171268.2
三、建筑业	333	26968725.7	79022867.3	42130.0	99736.3
四、地质勘查及水利业	18	2178079.4	4806080.8	463309.1	249304.7
五、交通运输业	281	47486257.8	105275739.0	39414.0	19000.9
其中:铁路运输业	8	806248.6	1964030.1	－269329.5	33131.6
道路运输业	224	41730682.6	94885898.8	42445.6	17145.3

续表

行　业	户数(户)	年末国有资产总量(万元)	资产总额(万元)	人均利润(元/人)	人均税费(元/人)
水上运输业	15	307180.4	907581.4	−42328.5	60360.0
航空运输业	25	4565803.3	7241063.8	66520.4	29874.2
六、仓储业	121	723113.2	1691075.0	39572.8	23689.3
七、邮电通信业	1	341.4	374.3	−11253.2	18468.3
八、批发和零售业	367	4800309.3	14283910.2	687921.0	300485.1
九、房地产业	422	20882195.2	67810775.8	123924.3	202789.1
十、信息技术服务业	76	815569.0	2062781.3	31497.1	12816.5
十一、社会服务业	953	86516306.7	205954929.0	222951.1	44179.9
十二、卫生体育福利业	20	364488.2	527264.9	29544.9	5542.7
十三、教育文化广播业	191	1529476.9	2643888.8	56709.8	18518.6
十四、科学研究和技术	142	479266.4	1218047.0	42584.2	32500.4
十五、金融业	157	10581436.5	100021725.9	643381.1	250852.5
十六、其他					

2017年重庆市国有企业主要指标表

行　业	户数(户)	年末国有资产总量(万元)	资产总额(万元)	人均利润(元/人)	人均税费(元/人)
合　并	2924	158704012.0	568033281.0	106644.7	86334.9
合　计	2924	226753271.4	663225374.1	134238.6	86540.1
一、农林牧渔业	123	3215195.0	6155351.4	149532.6	18056.7
其中:农业	41	1745122.3	3276840.6	239268.3	19574.2
林业	22	415396.1	819149.1	359268.8	24195.7
畜牧业	18	484471.1	811259.2	46986.9	3341.9
渔业	8	13138.3	46567.7	−50058.2	16407.1
二、工业	623	14606845.6	40454847.8	38968.5	51923.3
其中:煤炭工业	29	1792938.5	5167154.9	8737.7	24764.0
石油和石化工业					
冶金工业	24	752227.4	2312823.2	−141825.7	78136.5

续表

行　业	户数(户)	年末国有资产总量（万元）	资产总额（万元）	人均利润（元/人）	人均税费（元/人）
建材工业	22	140244.7	602358.8	36667.8	79162.7
化学工业	73	1949543.4	7266968.8	-6417.9	31478.7
森林工业					
食品工业	29	318483.9	838449.9	45158.8	59846.5
烟草工业	4	14162.7	56844.5	9839.1	52454.6
纺织工业	5	11924.4	15106.9	-450468.6	156305.6
医药工业	30	444368.3	1679440.5	20973.3	55488.6
机械工业	96	2483899.7	7471594.4	25512.2	41171.1
电子工业	16	202869.4	509072.7	-25532.4	8215.3
电力工业	81	1676129.2	5001230.4	266797.1	57855.9
市政公用工业	179	4744769.3	8977489.6	181551.0	128825.8
其他工业	32	66086.3	495029.4	29853.8	29076.4
三、建筑业	335	53586986.7	128830686.2	261522.6	183025.2
四、地质勘查及水利业	53	6859297.9	11989136.9	386794.5	210654.1
五、交通运输业	246	29933726.1	60011355.3	22743.4	17897.7
其中:铁路运输业	6	960773.4	1073295.9	-12481.7	10468.5
道路运输业	170	26314417.9	53276995.3	34395.1	18159.4
水上运输业	23	476338.1	1245371.8	20789.1	17107.9
航空运输业	14	2113703.1	4202062.0	-88251.2	15588.8
六、仓储业	93	716564.6	3406412.7	-262629.8	22152.1
七、邮电通信业					
八、批发和零售业	343	4685036.5	15013786.2	101887.3	61563.5
九、房地产业	262	30752130.7	79795557.5	364367.9	216519.2
十、信息技术服务业	33	336202.1	545914.6	82690.3	28702.9
十一、社会服务业	513	71680877.9	143682310.9	150191.8	109363.5
十二、卫生体育福利业	15	474200.6	1175920.9	-5122.1	61683.9
十三、教育文化广播业	49	324231.9	678915.4	-25486.1	17763.3
十四、科学研究和技术	97	356612.7	1452496.3	92182.3	47423.4
十五、金融业	139	9225363.1	170032681.9	779391.4	315644.5
十六、其他					

2017年云南省国有企业主要指标表

行 业	户数(户)	年末国有资产总量（万元）	资产总额（万元）	人均利润（元/人）	人均税费（元/人）
合 并	3822	95153749.4	387713339.4	38670.1	74297.8
合 计	3822	173971915.1	509757573.5	65713.1	73597.9
一、农林牧渔业	239	3248368.1	5905921.2	−12018.3	5714.3
其中：农业	113	1671551.2	3495025.3	−6663.9	6847.4
林业	74	1275381.2	1857216.0	−29366.3	2209.0
畜牧业	9	4910.0	11552.8	−62769.0	1094.2
渔业	1	120.3	161.5	0.0	0.0
二、工业	804	19051143.2	66188558.6	32434.6	72189.4
其中：煤炭工业	27	656876.5	1716334.6	48423.7	88071.3
石油和石化工业	1	15303.4	33515.7	−947754.2	863.4
冶金工业	124	7107001.3	26090225.9	8572.7	88788.1
建材工业	80	1378527.9	4722966.9	66129.1	101346.1
化学工业	57	3074274.3	12377462.8	72039.3	55918.0
森林工业	3	3422.5	26306.3	−20789.7	10451.4
食品工业	26	176727.4	442347.8	−32489.8	37299.8
烟草工业					
纺织工业	1	−3323.9	11219.0	−149963.8	1669.7
医药工业	10	197518.7	663504.8	63114.2	62642.9
机械工业	52	1006708.3	3116103.9	47591.3	45793.3
电子工业	11	90575.5	127862.5	1174.4	21625.0
电力工业	73	1762702.6	5168088.2	37085.5	59277.8
市政公用工业	291	3588864.8	10523667.5	53769.8	66137.7
其他工业	47	−9338.3	1163114.3	−17760.4	29077.7
三、建筑业	286	14770800.6	49239329.6	126087.8	137773.2
四、地质勘查及水利业	49	3691330.1	7137704.5	−136651.6	85840.3
五、交通运输业	147	18133460.2	43881908.1	−31349.2	23909.1
其中：铁路运输业	5	34725.7	247740.9	61578.5	57506.0

续表

行　业	户数(户)	年末国有资产总量 (万元)	资产总额 (万元)	人均利润 (元/人)	人均税费 (元/人)
道路运输业	106	13977076.4	37282248.1	−31330.8	21319.7
水上运输业	4	80660.0	95668.5	−64402.1	3018.3
航空运输业	18	3902652.6	5983208.8	−66747.4	24057.3
六、仓储业	116	656761.9	2599069.3	82358.0	38665.5
七、邮电通信业	1	48.4	89.5	0.0	0.0
八、批发和零售业	307	1821548.0	9444283.4	81820.9	151737.4
九、房地产业	366	15232216.0	59538191.4	224335.4	228104.7
十、信息技术服务业	61	259435.5	672242.2	35635.7	24347.0
十一、社会服务业	1053	88314852.3	219416373.6	154767.9	56094.1
十二、卫生体育福利业	22	1108523.2	2738380.0	−73644.1	3735.8
十三、教育文化广播业	112	398275.4	985467.7	1149.1	13639.1
十四、科学研究和技术	168	571564.8	4879425.3	69820.2	38969.8
十五、金融业	85	6695763.1	37109510.4	460299.1	230677.3
十六、其他	6	17824.2	21118.4	57938.7	22072.3

2017 年陕西省国有企业主要指标表

行　业	户数(户)	年末国有资产总量 (万元)	资产总额 (万元)	人均利润 (元/人)	人均税费 (元/人)
合　并	2743	60158638.6	304326585.5	63996.4	118038.0
合　计	2743	131909534.6	421323682.6	83024.0	120687.4
一、农林牧渔业	74	545669.3	1294644.3	7547.5	4938.8
其中:农业	50	186332.2	487395.3	7653.5	5924.6
林业	5	11867.0	19638.4	19324.3	10.7
畜牧业	3	−64.4	2513.8	118659.7	0.0
渔业	2	2184.3	8001.5	−103.5	0.0
二、工业	1030	50960206.2	143735842.4	84714.3	163604.3
其中:煤炭工业	94	12775783.8	30130653.0	431529.2	268558.2
石油和石化工业	52	15141592.7	39208953.4	−56665.3	530288.4

续表

行 业	户数(户)	年末国有资产总量（万元）	资产总额（万元）	人均利润（元/人）	人均税费（元/人）
冶金工业	97	5123929.0	22726909.4	5697.8	52866.7
建材工业	42	365866.4	1757351.5	－34166.2	14992.2
化学工业	98	5977855.6	16205858.9	24416.6	101258.1
森林工业	3	883.4	12641.4	－2206.2	1027.9
食品工业	31	75128.3	390516.2	57087.4	24945.8
烟草工业					
纺织工业	23	384656.4	1001026.4	－17494.4	3142.6
医药工业	17	93945.9	732916.5	94807.5	179774.6
机械工业	228	3258230.1	9735923.3	14425.6	33230.5
电子工业	63	399697.6	1416012.1	13626.8	15641.2
电力工业	105	3647156.7	11615130.8	22788.8	61323.4
市政公用工业	123	2574206.6	5878553.1	39034.7	31501.5
其他工业	51	594615.6	1652615.2	77709.4	121972.7
三、建筑业	226	8020643.9	26984105.0	90663.7	77933.5
四、地质勘查及水利业	86	3114869.9	5840907.7	17342.2	14302.9
五、交通运输业	111	20420785.5	64631695.8	－2297.5	18422.8
其中:铁路运输业	23	2836843.0	5055928.2	－199186.5	69147.9
道路运输业	64	14682817.9	54676808.5	－9991.5	13978.1
水上运输业	1	649.1	6293.3	35273.7	20815.3
航空运输业	20	2332766.0	3145008.8	19481.3	19560.2
六、仓储业	46	542931.8	1338158.6	36063.4	30392.7
七、邮电通信业					
八、批发和零售业	334	3109117.8	14316914.0	221989.1	136100.4
九、房地产业	185	5057048.2	23772308.3	161851.7	92462.1
十、信息技术服务业	31	49331.3	200538.6	－183472.7	27551.4
十一、社会服务业	391	32556375.3	81633552.2	33794.1	20666.7
十二、卫生体育福利业	14	82271.7	215281.7	－359.7	655.4
十三、教育文化广播业	34	244319.0	428884.7	28902.8	37117.7
十四、科学研究和技术	106	456831.8	1466574.7	30423.2	34430.9
十五、金融业	75	6749132.8	55464274.7	322119.0	164110.0
十六、其他					

2017年甘肃省国有企业主要指标表

行　业	户数(户)	年末国有资产总量(万元)	资产总额(万元)	人均利润(元/人)	人均税费(元/人)
合　并	1647	43421337.7	154982940.3	31483.4	57431.7
合　计	1647	69769386.8	187707411.9	28297.1	57394.3
一、农林牧渔业	86	682893.9	2238263.6	－2837.8	3168.4
其中:农业	64	618223.9	2070065.8	－473.1	1913.2
林业	4	1415.6	3249.7	－23914.9	15.7
畜牧业	12	62791.2	155784.4	－30984.3	21990.9
渔业					
二、工业	448	20035278.6	58821541.8	15273.5	56557.9
其中:煤炭工业	35	3132165.1	5899814.8	27697.4	46437.6
石油和石化工业	1	1733.7	1839.2	－85907.4	792.5
冶金工业	77	10399617.1	33491037.7	9877.2	76056.9
建材工业	37	253723.4	753887.9	12458.7	26658.0
化学工业	20	201491.8	942324.6	11315.2	20570.2
森林工业					
食品工业	16	57230.5	130828.4	－41926.4	22145.9
烟草工业					
纺织工业	2	4115.7	63506.2	59721.5	14986.1
医药工业	5	113841.8	351825.6	60127.5	34062.1
机械工业	82	1960707.4	6776345.9	5757.4	23560.7
电子工业	6	12926.5	31665.9	21598.6	16010.1
电力工业	64	2536057.2	6552736.5	56854.5	116911.2
市政公用工业	62	781031.0	2287369.7	13878.9	30801.5
其他工业	41	1533716.2	2435219.4	11447.1	35797.7
三、建筑业	161	5643166.2	22570168.1	28917.9	74795.4
四、地质勘查及水利业	40	185956.1	249005.8	－12566.0	4747.0
五、交通运输业	85	15802375.2	42524617.0	32461.1	39538.8
其中:铁路运输业	3	2782049.6	3393491.3	－564220.1	245525.2
道路运输业	65	12212873.6	36786210.4	57877.1	40772.8

续表

行 业	户数(户)	年末国有资产总量(万元)	资产总额(万元)	人均利润(元/人)	人均税费(元/人)
水上运输业	4	1838.7	7233.3	−9224.4	5370.8
航空运输业	12	804353.7	2333649.6	−148945.8	21352.5
六、仓储业	94	342797.3	1343834.0	12500.2	174658.0
七、邮电通信业	1	589.3	640.0	−70978.0	0.0
八、批发和零售业	169	351322.6	3884383.4	−1895.3	57750.0
九、房地产业	125	4603510.4	17555305.6	214854.0	154295.7
十、信息技术服务业	13	31105.7	131713.8	24258.0	34785.0
十一、社会服务业	269	14428248.3	23863611.9	51203.5	32780.1
十二、卫生体育福利业	2	1077.4	17179.0	1025.7	137.6
十三、教育文化广播业	32	69735.8	231104.2	−36748.5	21562.0
十四、科学研究和技术	64	283496.3	785591.1	23493.3	20572.4
十五、金融业	55	6527053.0	12472598.1	565010.4	202677.1
十六、其他	3	780780.8	1017854.5	91110.6	0.0

2017年青海省国有企业主要指标表

行 业	户数(户)	年末国有资产总量(万元)	资产总额(万元)	人均利润(元/人)	人均税费(元/人)
合 并	462	15412014.6	61314553.6	−27413.1	58899.1
合 计	462	29484561.1	86773769.2	1153.8	58899.1
一、农林牧渔业	20	120919.6	275975.1	4618.3	2105.5
其中:农业	12	101171.2	222837.7	6831.6	2072.0
林业	1	1757.4	1919.6	−200801.1	0.0
畜牧业	4	5212.8	14106.6	9143.4	80.9
渔业					
二、工业	165	7684451.1	36161046.7	−32596.0	62561.0
其中:煤炭工业	17	1141414.8	2687887.6	15288.2	61237.6
石油和石化工业					
冶金工业	44	3739865.3	18483767.0	−66510.2	44900.0

续表

行　业	户数(户)	年末国有资产总量（万元）	资产总额（万元）	人均利润（元/人）	人均税费（元/人）
建材工业	8	45538.0	171831.4	−27256.9	32316.0
化学工业	31	1466312.2	10275982.6	6988.2	108057.4
森林工业					
食品工业	7	28480.7	59017.8	12114.5	21517.6
烟草工业					
纺织工业					
医药工业					
机械工业	7	93800.3	420268.7	29158.5	28962.4
电子工业					
电力工业	38	1064207.1	3320877.3	223323.3	70454.6
市政公用工业	8	127218.3	552495.9	50707.5	34684.4
其他工业	5	−22385.6	188918.4	−516553.2	58112.2
三、建筑业	18	567104.7	1747398.2	−60520.4	61648.8
四、地质勘查及水利业	4	599455.9	1627307.7	88657.9	15608.1
五、交通运输业	30	160350.3	688725.0	24346.4	13902.4
其中：铁路运输业	2	1812.0	11825.5	−418566.4	308262.1
道路运输业	26	151029.1	464828.5	28646.2	11539.4
水上运输业					
航空运输业	1	6493.9	211053.0	3999.1	6400.7
六、仓储业	8	85142.9	174263.5	116224.6	32032.5
七、邮电通信业					
八、批发和零售业	47	5941922.5	6987372.1	−63423.9	109937.2
九、房地产业	37	445579.5	1503252.5	28622.0	86684.0
十、信息技术服务业	3	3833.1	9534.5	−4299.9	39654.3
十一、社会服务业	83	12299921.9	23913636.4	155831.9	100343.8
十二、卫生体育福利业	2	37783.0	51028.2	−951.1	27.5
十三、教育文化广播业	3	1655.8	3462.0	−22697.0	12248.6
十四、科学研究和技术	16	10888.0	19102.9	4462.0	18574.1
十五、金融业	26	1525552.8	13611664.4	650235.3	151466.5
十六、其他					

2017年西藏自治区国有企业主要指标表

行 业	户数(户)	年末国有资产总量(万元)	资产总额(万元)	人均利润(元/人)	人均税费(元/人)
合 并	277	3668043.7	16390614.4	163186.9	112896.7
合 计	277	5912286.4	17450138.6	182626.5	116182.4
一、农林牧渔业	17	112120.2	213307.6	34465.5	18966.7
其中:农业	9	86045.2	120207.2	−43632.2	10133.4
林业	2	18936.5	42582.9	1108543.8	138777.4
畜牧业	3	1918.8	2759.8	−41432.8	2997.3
渔业					
二、工业	55	945240.2	2375226.5	343284.0	164420.6
其中:煤炭工业					
石油和石化工业					
冶金工业	7	145593.8	406710.7	−7787.9	62369.9
建材工业	16	492049.6	873205.9	823768.4	334310.2
化学工业	3	81430.6	153897.8	317525.7	138910.8
森林工业	1	1167.9	16520.5	−153125.8	17757.1
食品工业	5	6871.8	17284.2	15429.1	12896.0
烟草工业					
纺织工业	2	779.6	11231.6	−31750.1	17053.1
医药工业	3	31060.2	51205.2	44466.8	77612.5
机械工业					
电子工业					
电力工业	1	5595.1	5507.1	−20683.6	1918.7
市政公用工业	7	44745.4	648517.0	63341.7	21761.0
其他工业	10	135946.1	191146.5	234217.2	146875.4
三、建筑业	39	507586.0	2376342.7	215028.9	204067.1
四、地质勘查及水利业	1	353.6	675.0	−217651.6	33094.7
五、交通运输业	24	150138.0	2079057.0	80370.6	109374.3
其中:铁路运输业					
道路运输业	22	79017.6	466592.2	−32408.4	11203.3

续表

行　业	户数(户)	年末国有资产总量(万元)	资产总额(万元)	人均利润(元/人)	人均税费(元/人)
水上运输业					
航空运输业	2	71120.4	1612464.8	232297.6	241622.4
六、仓储业	3	20128.5	23773.3	3756674.7	349576.8
七、邮电通信业					
八、批发和零售业	31	37016.1	131078.3	10036.1	114763.8
九、房地产业	19	2077903.8	5350288.0	181600.6	127455.3
十、信息技术服务业	3	3336.3	4806.4	72707.5	79532.5
十一、社会服务业	61	1524781.9	4078753.8	56862.6	20501.1
十二、卫生体育福利业	4	-89.6	3892.2	-341733.8	12217.0
十三、教育文化广播业	13	72637.2	251173.9	-33022.7	4427.7
十四、科学研究和技术	5	2508.5	4400.2	368373.4	23726.4
十五、金融业	2	458625.5	557363.9	803365.4	51273.4
十六、其他					

2017年宁夏回族自治区国有企业主要指标表

行　业	户数(户)	年末国有资产总量(万元)	资产总额(万元)	人均利润(元/人)	人均税费(元/人)
合　并	569	13438446.8	36880811.4	56363.5	32468.3
合　计	569	24626185.9	45535354.0	61905.0	32466.1
一、农林牧渔业	62	1301343.5	2269562.8	4775.4	1360.3
其中:农业	31	933102.0	1602933.2	-1886.0	547.6
林业	11	14401.0	97437.8	-13254.3	9913.6
畜牧业	7	53190.8	217577.6	49174.2	544.6
渔业	4	6235.2	14598.3	-13136.2	12243.1
二、工业	89	1420904.0	4065654.0	60823.2	38292.7
其中:煤炭工业	5	37008.4	82638.6	-24049.5	48835.8
石油和石化工业					
冶金工业					

续表

行　业	户数(户)	年末国有资产总量（万元）	资产总额（万元）	人均利润（元/人）	人均税费（元/人）
建材工业					
化学工业	5	20853.1	35827.4	58202.1	53002.5
森林工业					
食品工业	6	－19404.5	67544.1	－149312.4	8589.5
烟草工业					
纺织工业					
医药工业					
机械工业	1	5228.3	46925.2	219814.4	36870.8
电子工业					
电力工业	7	142492.5	620397.8	－80428.6	31211.5
市政公用工业	54	1224254.6	3058062.9	102104.6	43091.7
其他工业	11	10471.8	154258.0	－2595.0	21548.9
三、建筑业	54	885253.9	2567487.6	34014.9	83040.6
四、地质勘查及水利业	9	160445.8	512362.4	－144108.2	14143.4
五、交通运输业	47	5569964.2	10490405.0	3970.3	19246.1
其中:铁路运输业	5	2114467.3	2919366.3	158425.4	85648.5
道路运输业	30	3384365.1	7339336.3	－25412.9	5718.7
水上运输业	3	48811.7	200590.5	280226.7	100820.5
航空运输业	7	18658.5	21809.6	－253887.5	15032.5
六、仓储业	6	68620.4	93491.2	－8065.5	11949.2
七、邮电通信业					
八、批发和零售业	25	30841.9	117783.0	－10326.2	17180.7
九、房地产业	43	691023.0	2816758.8	52503.8	128078.1
十、信息技术服务业	8	80810.1	103328.5	－131441.0	8392.7
十一、社会服务业	159	13286697.0	20706528.5	193614.8	25797.0
十二、卫生体育福利业	1	64.1	1000.9	－91357.7	0.0
十三、教育文化广播业	18	28384.6	86404.1	－102276.4	2018.1
十四、科学研究和技术	33	30819.8	51159.4	25432.6	22178.1
十五、金融业	14	1071011.2	1653425.3	1056631.9	108924.0
十六、其他	1	2.5	2.5	0.0	0.0

2017 年新疆维吾尔自治区国有企业主要指标表

行　业	户数(户)	年末国有资产总量(万元)	资产总额(万元)	人均利润(元/人)	人均税费(元/人)
合　并	1256	30712717.4	118746261.3	81210.5	55618.4
合　计	1256	50740155.9	140075646.1	109192.1	55451.1
一、农林牧渔业	138	735299.5	1739416.0	480.3	3215.6
其中:农业	40	197780.9	587294.2	−2263.0	2214.4
林业	31	255857.5	319774.7	−2519.5	2548.9
畜牧业	37	192302.6	377009.2	2463.7	1094.8
渔业	2	−570.2	949.6	−5733.6	149.5
二、工业	268	8284507.0	21444469.7	83490.2	60243.8
其中:煤炭工业	8	636107.1	2081024.3	1027718.9	194954.4
石油和石化工业	7	153871.1	382662.9	90396.9	93340.8
冶金工业	36	1364766.4	3937456.5	54030.9	50197.0
建材工业	18	162245.6	817604.7	−17482.8	22862.6
化学工业	34	2490256.3	7010086.8	156564.9	108895.3
森林工业					
食品工业	19	65098.7	216872.7	−49773.8	18668.2
烟草工业					
纺织工业	15	442037.0	1565818.0	44275.7	15634.5
医药工业	1	2991.8	7375.9	23091.2	23628.7
机械工业	10	29861.1	184258.4	−65528.4	17753.1
电子工业					
电力工业	30	563270.9	1284258.2	550806.2	70847.0
市政公用工业	64	2287734.5	3795462.9	16108.5	19940.8
其他工业	27	113536.9	213293.8	6322.0	29624.6
三、建筑业	83	1526443.5	6669519.3	225596.7	147125.1
四、地质勘查及水利业	1	162230.9	179867.3	−125158.3	22705.0
五、交通运输业	53	1430651.0	2384080.7	1281.6	11525.6
其中:铁路运输业	1	1999.1	5338.1	−810.0	762.6
道路运输业	43	346126.8	788494.3	11109.5	10346.5

续表

行业	户数(户)	年末国有资产总量(万元)	资产总额(万元)	人均利润(元/人)	人均税费(元/人)
水上运输业					
航空运输业	2	1056905.5	1543227.5	－24413.8	13605.4
六、仓储业	43	127357.4	395608.4	14888.5	9814.6
七、邮电通信业					
八、批发和零售业	137	1196413.7	6719836.0	607286.9	165227.5
九、房地产业	122	2889511.1	11684348.6	264114.3	163664.7
十、信息技术服务业	22	276992.0	628174.0	24850.7	8974.0
十一、社会服务业	279	31792642.9	65654865.5	99649.0	28836.4
十二、卫生体育福利业	4	2572.1	9055.1	－73679.4	12592.4
十三、教育文化广播业	19	117387.5	232177.5	93181.2	106434.9
十四、科学研究和技术	53	81827.1	204236.7	27499.4	23436.7
十五、金融业	34	2116320.0	22129991.4	885007.0	363508.0
十六、其他					

2017年新疆生产建设兵团国有企业主要指标表

行业	户数(户)	年末国有资产总量(万元)	资产总额(万元)	人均利润(元/人)	人均税费(元/人)
合并	1256	6154262.1	46799098.2	52371.0	77999.3
合计	1256	15521227.5	63091954.7	78468.5	78023.9
一、农林牧渔业	84	561989.3	1841800.7	24172.4	14584.7
其中:农业	13	224255.7	574272.9	37157.9	3949.8
林业	7	49464.0	132061.7	34527.7	6124.3
畜牧业	22	125126.7	434908.3	－57565.1	12422.7
渔业					
二、工业	308	4516400.6	19685391.3	79104.2	70884.9
其中:煤炭工业	19	220434.4	1309968.9	－6815.9	58823.1
石油和石化工业	1	16.1	91.1	－323424.9	293.8
冶金工业	8	41036.6	133417.1	－73339.6	53346.1

续表

行 业	户数(户)	年末国有资产总量(万元)	资产总额(万元)	人均利润(元/人)	人均税费(元/人)
建材工业	54	579360.5	2423126.4	3331.8	69722.5
化学工业	53	1546363.3	7000216.3	203513.7	106716.8
森林工业	3	1622.3	11522.3	-54471.2	13256.3
食品工业	74	295084.6	1871880.3	8267.9	27400.0
烟草工业					
纺织工业	4	20823.2	111042.4	-22447.7	2897.8
医药工业	4	301277.1	576904.4	149865.3	57353.7
机械工业	6	9976.6	48654.8	10073.7	15092.2
电子工业	1	4373.1	26618.1	-38732.3	27201.4
电力工业	36	1223834.1	5486591.5	15951.7	35472.6
市政公用工业	34	149310.9	351148.6	25157.5	22271.8
其他工业	11	122887.6	334209.2	169117.5	216669.4
三、建筑业	147	1713145.4	9514965.2	41354.0	111437.0
四、地质勘查及水利业	4	151900.7	403910.8	9452.5	7557.5
五、交通运输业	45	135550.0	314836.1	-4686.6	20013.2
其中:铁路运输业	2	4735.1	7224.3	-14975.8	6813.6
道路运输业	39	58012.3	175319.5	1230.2	21509.1
水上运输业					
航空运输业	2	70931.5	129682.8	-46709.3	9845.3
六、仓储业	11	67925.9	754907.2	-85540.3	30375.8
七、邮电通信业					
八、批发和零售业	258	963301.4	8145045.2	98358.2	92584.2
九、房地产业	95	360141.2	2029196.8	158916.0	155212.8
十、信息技术服务业	11	10852.7	60554.8	29419.2	15801.6
十一、社会服务业	184	6209842.7	17532225.8	235261.8	94993.7
十二、卫生体育福利业	3	389.2	608.7	24246.7	12.8
十三、教育文化广播业	8	111159.6	1160825.4	-390062.3	65237.5
十四、科学研究和技术	61	195233.7	536733.9	94986.3	35300.6
十五、金融业	36	522886.6	1109766.4	571169.9	222015.6
十六、其他	1	508.5	1186.4	104243.9	39208.3

2018
CHINA'S STATE-OWNED
ASSETS SUPERVISION AND
ADMINISTRATION YEARBOOK

中国国有资产监督管理年鉴

国有资产监督管理政策法规选编

第六篇

国务院办公厅关于转发国务院国资委以管资本为主推进职能转变方案的通知

国办发〔2017〕38号

各省、自治区、直辖市人民政府，国务院各部委、各直属机构：

《国务院国资委以管资本为主推进职能转变方案》已经国务院同意，现转发给你们，请认真贯彻执行。

国务院国资委以管资本为主推进职能转变方案

党的十八大以来，国务院国资委认真贯彻落实党中央、国务院关于深化国有企业改革的决策部署，准确把握国有资产监管机构的出资人代表职责定位，坚定不移深化国有企业改革，探索完善国有资产监管体制机制，积极推进国有企业结构调整、创新发展，为实现国有资产保值增值、防止国有资产流失、发展壮大国有经济作出了积极贡献。但与此同时，国有资产监督机制尚不健全，国有资产监管中越位、缺位、错位问题依然存在，亟需加快调整优化监管职能和方式，推进国有资产监管机构职能转变，进一步提高国有资本运营和配置效率。按照《中共中央 国务院关于深化国有企业改革的指导意见》《国务院关于改革和完善国有资产管理体制的若干意见》（国发〔2015〕63号）有关要求，制定本方案。

一、总体要求

（一）指导思想。

全面贯彻党的十八大和十八届二中、三中、四中、五中、六中全会精神，深入学习贯彻习近平总书记系列重要讲话精神和治国理政新理念新思想新战略，坚持党的领导不动摇，统筹推进"五位一体"总体布局和协调推进"四个全面"战略布局，牢固树立和贯彻落实创新、协调、绿色、开放、共享的发展理念，按照深化简政放权、放管结合、优化服务改革的要求，依法履行职责，以管资本为主加强国有资产监管，以提高国有资本效率、增强国有企业活力为中心，明确监管重点，精简监管事项，优化部门职能，改进监管方式，全面加强党的建设，进一步提高监管的科学性、针对性和有效性，加快实现以管企业为主向以管资本为主的转变。

（二）基本原则。

坚持准确定位。按照政企分开、政资分开、所有权与经营权分离要求，科学界定国有资产出资人监管的边界，国务院国资委作为国务院直属特设机构，根据授权代表国务院依法履行出资人职责，专司国有资产监管，不行使社会公共管理职能，不干预企业依法行使自主经营权。

坚持依法监管。按照有关法律法规规定，建立和完善出资人监管的权力和责任清单，健全监管制度体系，重点管好国有资本布局、规范资本运作、提高资本回报、维护资本安全。全面加强国有资产监督，充实监督力量，完善监督机制，严格责任追究，切实防止国有资产流失。

坚持搞活企业。遵循市场经济规律和企业发展规律，突出权责一致，确保责任落实，将精简监管事项与完善国有企业法人治理结构相结合，依法落实企业法人财产权和经营自主权，激发企业活力、创造力和市场竞争力，打造适应市场竞争要求、以提高核心竞争力和资源配置效率为目标的现代企业。

坚持提高效能。明确国有资产监管重点，调整优化监管职能配置和组织设置，改进监管方式和手段，整合监管资源，优化监管流程，提高监管效率，加强监管协同，推进监管信息共享和动态监管，实现依法监管、分类监管、阳光监管。

坚持党的领导。坚持党对国有企业政治领导、思想领导、组织领导的有机统一，发挥国有企业党组织的领导核心和政治核心作用，把方向、管大局、保落实。健全完善党建工作责任制，落实党建工作主体责任，为国有企业改革发展提供坚强有力的政治保证、组织保证和人才支撑。

二、调整优化监管职能

按照职权法定、规范行权的要求，调整、精简、优化监管职能，将强化出资人监管与落实管党治党责任相结合、落实保值增值责任与搞活企业相结合，做好整合监管职能与优化机构设置的衔接，强化3项管资本职能，精简43项监管事项，整合三方面相关职能。加大简政放权力度，更好维护企业市场主体地位，推动完善现代企业制度，健全各司其职、各负其责、协调运转、有效制衡的国有企业法人治理结构。坚持权力和责任相统一、相匹配，层层建立权力和责任清单，确保企业接住管好精简的监管事项，体现国资监管要求，落实保值增值责任。按照全面从严治党战略部署，严格落实管党治党责任，全面加强国有企业党的建设，保证党和国家方针政策、重大部署在国有企业贯彻执行。

（一）强化管资本职能，落实保值增值责任。

完善规划投资监管。服从国家战略和重大决策，落实国家产业政策和重点产业发展总体要求，调整优化国有资本布局，加大对中央企业投资的规划引导力度，加强对发展战略和规划的审核，制定并落实中央企业国有资本布局结构整体规划。改进投资监管方式，通过制定中央企业投资负面清单、强化主业管理、核定非主业投资比例等方式，管好投资方向，根据投资负面清单探索对部分企业和投资项目实施特别监管制度。落实企业投资主体责任，完善投资监管制度，开展投资项目第三方评估，防止重大违规投资，依法依规追究违规责任。加强对中央企业国际化经营的指导，强化境外投资监管体系建设，加大审核把关力度，严控投资风险。

突出国有资本运营。围绕服务国家战略目标和优化国有资本布局结构，推动国有资本优化配置，提升国有资本运营效率和回报水平。牵头改组组建国有资本投资、运营公司，实施资本运作，采取市场化方式推动设立国有企业结构调整基金、国有资本风险投资基金、中央企业创新发展投资引导基金等相关投资基金。建立健全国有资本运作机制，组织、指导和监督国有资本运作平台开展资本运营，鼓励国有企业追求长远收益，推动国有资本向关系国家安全、国民经济命脉和国计民生的重要行业和关键领域、重点基础设施集中，向前瞻性战略性产业集中，向具有核心竞争力的优势企业集中。

强化激励约束。实现业绩考核与薪酬分配协同联动，进一步发挥考核分配对企业发展的导向作用，实现"业绩升、薪酬升，业绩降、薪酬降"。改进考核体系和办法，突出质量效益与推动转型升级相结合，强化目标管理、对标考核、分类考核，对不同功能定位、不同行业领域、不同发展阶段的企业实行差异化考核。严格贯彻落实国有企业负责人薪酬制度改革相关政策，建立与选任方式相匹配、与企业功能性质相适应、与经营业绩相挂钩的差异化薪酬分配办法。

（二）加强国有资产监督，防止国有资产流失。

坚持出资人管理和监督的有机统一。健全规范国有资本运作、防止国有资产流失的监管制度，加强对制度执行情况的监督检查。增加监督专门力量，分类处置和督办发现的问题，组织开展国有资产重大损失调查，形成发现、调查、处理问题的监督工作闭环。进一步强化监督成果在业绩考核、薪酬分配、干部管理等方面的运用。

强化外派监事会监督。进一步加强和改进监事会监督，完善监督工作体制机制，明确外派监事会由政府派出、作为出资人监督专门力量的职责定位。突出监督重点，围绕企业财务和重大决策、运营过程中可能造成国有资产流失的事项和关键环节以及董事会和经理层依法依规履职情况等重点，着力强化当期和事中监督。改进监事会监督方式，落实外派监事会纠正违规决策、罢免或者调整领导人员的建议权，建立外派监事会可追溯、可量化、可考核、可问责的履职记录制度，提升监督效能。

严格落实责任。建立健全违法违规经营投资责任追究制度体系，完善责任倒查和追究机制，构建权责清晰、约束有效的经营投资责任体系。加大对违法违规经营投资责任的追究力度，综合运用组织处理、经济处罚、禁入限制、党纪政纪处分和追究刑事责任等手段，依法依规查办违法违规经营投资导致国有资产重大损失的案件。

（三）精简监管事项，增强企业活力。

取消一批监管事项。严格按照出资关系界定监管范围。减少对企业内部改制重组的直接管理，不再直接规范上市公司国有股东行为，推动中央企业严格遵守证券监管规定。减少薪酬管理事项，取消中央企业年金方案、中央企业子企业分红权激励方案审批，重点加强事后备案和规范指导。减少财务管理事项，取消与借款费用、股份支付、应付债券等会计事项相关的会计政策和会计估计变更事前备案，重点管控企业整体财务状况。取消中央企业职工监事选举结果、工会组织成立和工会主席选举等事项审批，由企业依法自主决策。

下放一批监管事项。将延伸到中央企业子企业和地方国有企业的管理事项，原则上归位于企业集团和地方国资委。将中央企业所持有部分非上市股份有限公司的国有股权管理方案和股权变动事项，企业集团内部国有股东所持有上市公司股份流转、国有股东与上市公司非重大资产重组、国有股东通过证券交易系统转让一定比例或数量范围内所持有上市公司股份等事项以及中央企业子企业股权激励方案的审批权限，下放给企业集团。国有企业要进一步明确各治理主体行权履职边界，层层落实责任，确保国有资产保值增值。落实国家所有、分别代表原则，将地方国有上市公司的国有股权管理事项的审批权限下放给省级国资委。

授权一批监管事项。结合落实董事会职权等试点工作，将出资人的部分权利授权试点企业董事会行使，同时健全完善制度规范，切实加强备案管理和事后监督。依法将中央企业五年发展战略规划制定权授予试点企业董事会，进一步落实试点企业董事会对经理层成员选聘、业绩考核、薪酬管理以及企业职工工资总额管控、重大财务事项管理的职权，充分发挥董事会的决策作用。试点企业董事会要进一步健全和规范决策制度，明确授权事项在企业内部的决策、执行、监督机制，落实相应责任，严格责任追究。

移交一批社会公共管理事项。落实政资分开原则，立足国有资产出资人代表职责定位，全面梳理配合承担的社会公共管理职能，结合工作实际，提出分类处理建议，交由相关部门和单位行使。

（四）整合相关职能，提高监管效能。

整合国有企业改革职能。对承担的企业重组整合、结构优化、改制上市、规范董事会建设以及解决历史遗留问题等职能进行统筹整合，集中力量加大对改革改制、管理创新和商业模式创新的指导服务力度，加快完善现代企业制度。

整合经济运行监测职能。集中统一开展财务动态监测和经济运行分析，综合分析行业与企业情况、经营与财务情况，及时、准确提供运行数据，全面掌握中央企业运行状况，为国家宏观调控和国有资产监管工作提供基础支撑。

整合推动科技创新职能。明确中央企业科技创新方向和重点任务，整合新兴产业培育、知识产权保护、企业品牌建设等职能，推动企业完善技术创新体系，组建产业协同发展平台，协调落实重大科技政策和项目，更好发挥中央企业在大众创业、万众创新中的引领带动作用。

（五）全面加强党的建设，强化管党治党责任。

建立健全党建工作责任制。强化中央企业党建工作考核，落实"四同步""四对接"要求，加强基层党组织和党员队伍建设，保证党组织工作机构健全、党务工作者队伍稳定、党组织和党员作用得到有效发挥。注重加强混合所有制企业党建工作。

加强党的领导与完善公司治理相统一。明确和落实党组织在国有企业法人治理结构中的法定地位，把党建工作总体要求写入公司章程，健全党组织参与重大问题决策的规则和程序，使党组织发挥作用组织化、制度化、具体化。处理好党组织和其他治理主体的关系，明确权责边界，做到无缝衔接。

坚持党管干部原则与市场化机制相结合。保证党对干部人事工作的领导权和对重要干部的管理权，严格执行国有企业领导人员对党忠诚、勇于创新、治企有方、兴企有为、清正廉洁的选任标准，党组织要在确定标准、规范程序、参与考察、推荐人选等方面把好关，按照市场规律对经理层进行管理，建立科学合理的考核评价体系，为国有企业领导人员树立正向激励的鲜明导向。

加大纪检监察工作力度。深入推进党风廉政建设和反腐败斗争。认真落实《中国共产党问责条例》等规定，加大对中央企业党委（党组）和党员领导人员履行管党治党责任不力的问责力度。对国务院国资委党委管理主要负责人的中央企业开展巡视监督，加强对中央企业开展内部巡视的领导和指导。

三、改进监管方式手段

按照事前制度规范、事中跟踪监控、事后监督问责的要求，积极适应监管职能转变和增强企业活力、强化监督管理的需要，创新监管方式和手段，更多采用市场化、法治化、信息化监管方式，提高监管的针对性、实效性。

（一）强化依法监管。

严格依据公司法、企业国有资产法、企业国有资产监督管理暂行条例等法律法规规定的权限和程序行权履职。健全完善国有资产监管法规制度体系，建立出资人监管的权力和责任清单，清单以外的事项由企业依法自主决策。加强公司章程管理，规范董事会运作，严格选派、管理股东代表和董事、监事，注重通过国有企业法人治理结构依法履行出资人职责。

（二）实施分类监管。

针对商业类和公益类国有企业的不同战略定位和发展目标，研究制定差异化的监管目标、监管重点和监管措施，因企施策推动企业改革发展，促进经济效益和社会效益有机统一。在战略规划制定、资本运作模式、人员选用机制、经营业绩考核等方面，实施更加精准有效的分类监管。

（三）推进阳光监管。

依法推进国有资产监管信息公开，主动接受社会监督。健全信息公开制度，加强信息公开平台建设，依法向社会公开国有资本整体运营情况、企业国有资产保值增值及经营业绩考核总体情况、国有资产监管制度和监督检查情况。指导中央企业加大信息公开力度，依法依规公开治理结构、财务状况、关联交易、负责人薪酬等信息，积极打造阳光企业。

（四）优化监管流程。

按照程序简化、管理精细、时限明确的原则，深入推进分事行权、分岗设权、分级授权和定期轮岗，科学设置内设机构和岗位职责权限，确保权力运行协调顺畅。推进监管信息化建设，整合信息资源，统一工作平台，畅通共享渠道，健全中央企业产权、投资、财务等监管信息系统，实现动态监测，提升整体监管效能。

四、切实抓好组织实施

国务院国资委要依据本方案全面梳理并优化调整具体监管职能，相应调整内设机构，明确取消、下放、授权的监管事项，加快制定出资人监管的权力和责任清单，按程序报批后向社会公开。要坚持试点先行，结合企业实际，继续推进简政放权、放管结合、优化服务改革，分类放权、分步实施，确保放得下、接得住、管得好。要积极适应职能转变要求，及时清理完善涉及的国有资产监管法规和政策文件。

各地区可参照本方案要求，结合实际情况，制定本地区国有资产监管机构的职能转变方案。

国务院办公厅关于进一步完善国有企业法人治理结构的指导意见

国办发〔2017〕36号

各省、自治区、直辖市人民政府，国务院各部委、各直属机构：

完善国有企业法人治理结构是全面推进依法治企、推进国家治理体系和治理能力现代化的内在要求，是新一轮国有企业改革的重要任务。当前，多数国有企业已初步建立现代企业制度，但从实践情况看，现代企业制度仍不完善，部分企业尚未形成有效的法人治理结构，权责不清、约束不够、缺乏制衡等问题较为突出，一些董事会形同虚设，未能发挥应有作用。根据《中共中央 国务院关于深化国有企业改革的指导意见》等文件精神，为改进国有企业法人治理结构，完善国有企业现代企业制度，经国务院同意，现提出以下意见：

一、总体要求

（一）指导思想。

全面贯彻党的十八大和十八届三中、四中、五中、六中全会精神，深入贯彻习近平总书记系列重要讲话精神和治国理政新理念新思想新战略，认真落实党中央、国务院决策部署，统筹推进"五位一体"总体布局和协调推进"四个全面"战略布局，牢固树立和贯彻落实创新、协调、绿色、开放、共享的发展理念，从国有企业实际情况出发，以建立健全产权清晰、权责明确、政企分开、管理科学的现代企业制度为方向，积极适应国有企业改革的新形势新要求，坚持党的领导、加强党的建设，完善体制机制，依法规范权责，根据功能分类，把握重点，进一步健全各司其职、各负其责、协调运转、有效制衡的国有企业法人治理结构。

（二）基本原则。

1. 坚持深化改革。尊重企业市场主体地位，遵循市场经济规律和企业发展规律，以规范决策机制和完善制衡机制为重点，坚持激励机制与约束机制相结合，体现效率原则与公平原则，充分调动企业家积极性，提升企业的市场化、现代化经营水平。

2. 坚持党的领导。落实全面从严治党战略部署，把加强党的领导和完善公司治理统一起来，明确国有企业党组织在法人治理结构中的法定地位，发挥国有企业党组织的领导核心和政治核心作用，保证党组织把方向、管大局、保落实。坚持党管干部原则与董事会依法选择经营管理者、经营管理者依法行使用人权相结合，积极探索有效实现形式，完善反腐倡廉制度体系。

3. 坚持依法治企。依据《中华人民共和国公司法》《中华人民共和国企业国有资产法》等法律法规，以公司章程为行为准则，规范权责定位和行权方式；法无授权，任何政府部门和机构不得干预企业正常生产经营活动，实现深化改革与依法治企的有机统一。

4. 坚持权责对等。坚持权利义务责任相统一，规范权力运行、强化权利责任对等，改革国有资本授权经营体制，深化权力运行和监督机制改革，构建符合国情的监管体系，完善履职评价和责任追究机制，对失职、渎职行为严格追责，建立决策、执行和监督环节的终身责任追究制度。

（三）主要目标。

2017年底前，国有企业公司制改革基本完成。到2020年，党组织在国有企业法人治理结构中的法定地位更加牢固，充分发挥公司章程在企业治理中的基础作用，国有独资、全资公司全面建立外部董事占多数的董事会，国有控股企业实行外部董事派出制度，完成外派监事会改革；充分发挥企业家作用，造就一大批政治坚定、善于经营、充满活力的董事长和职业经理人，培育一支德才兼备、业务精通、勇于担当的董事、监事队伍；党风廉政建设主体责任和监督责任全面落实，企业民主监督和管理明显改善；遵循市场经济规律和企业发展规律，使国有企业成为依法自主经营、自负盈亏、自担风险、自我约束、自我发展的市场主体。

二、规范主体权责

健全以公司章程为核心的企业制度体系，充分发挥公司章程在企业治理中的基础作用，依照法律法规和公司章程，严格规范履行出资人职责的机构（以下简称"出资人机构"）、股东会（包括股东大会，下同）、董事会、经理层、监事会、党组织和职工代表大会的权责，强化权利责任对等，保障有效履职，完善符合市场经济规律和我国国情的国有企业法人治理结构，进一步提升国有企业运行效率。

（一）理顺出资人职责，转变监管方式。

1. 股东会是公司的权力机构。股东会主要依据法律法规和公司章程，通过委派或更换董事、监事（不含职工代表），审核批准董事会、监事会年度工作报告，批准公司财务预决算、利润分配方案等方式，对董事会、监事会以及董事、监事的履职情况进行评价和监督。出资人机构根据本级人民政府授权对国家出资企业依法享有股东权利。

2. 国有独资公司不设股东会，由出资人机构依法行使股东会职权。以管资本为主改革国有资本授权经营体制，对直接出资的国有独资公司，出资人机构重点管好国有资本布局、规范资本运作、强化资本约束、提高资本回报、维护资本安全。对国有全资公司、国有控股企业，出资人机构主要依据股权份额通过参加股东会议、审核需由股东决定的事项、与其他股东协商作出决议等方式履行职责，除法律法规或公司章程另有规定外，不得干预企业自主经营活动。

3. 出资人机构依据法律法规和公司章程规定行使股东权利、履行股东义务，有关监管内容应依法纳入公司章程。按照以管资本为主的要求，出资人机构要转变工作职能、改进工作方式，加强公司章程管理，清理有关规章、规范性文件，研究提出出资人机构审批事项清单，建立对董事会重大决策的合规性审查机制，制定监事会建设、责任追究等具体措施，适时制定国有资本优先股和国家特殊管理股管理办法。

（二）加强董事会建设，落实董事会职权。

1. 董事会是公司的决策机构，要对股东会负责，执行股东会决定，依照法定程序和公司章程授权决定公司重大事项,接受股东会、监事会监督,认真履行决策把关、内部管理、防范风险、深化改革等职责。国有独资公司要依法落实和维护董事会行使重大决策、选人用人、薪酬分配等权利,增强董事会的独立性和权威性,落实董事会年度工作报告制度;董事会应与党组织充分沟通,有序开展国有独资公司董事会选聘经理层试点,加强对经理层的管理和监督。

2. 优化董事会组成结构。国有独资、全资公司的董事长、总经理原则上分设,应均为内部执行董事,定期向董事会报告工作。国有独资公司的董事长作为企业法定代表人,对企业改革发展负首要责任,要及时向董事会和国有股东报告重大经营问题和经营风险。国有独资公司的董事对出资人机构负责,接受出资人机构指导,其中外部董事人选由出资人机构商有关部门提名,并按照法定程序任命。国有全资公司、国有控股企业的董事由相关股东依据股权份额推荐派出,由股东会选举或更换,国有股东派出的董事要积极维护国有资本权益;国有全资公司的外部董事人选由控股股东商其他股东推荐,由股东会选举或更换;国有控股企业应有一定比例的外部董事,由股东会选举或更换。

3. 规范董事会议事规则。董事会要严格实行集体审议、独立表决、个人负责的决策制度,平等充分发表意见,一人一票表决,建立规范透明的重大事项信息公开和对外披露制度,保障董事会会议记录和提案资料的完整性,建立董事会决议跟踪落实以及后评估制度,做好与其他治理主体的联系沟通。董事会应当设立提名委员会、薪酬与考核委员会、审计委员会等专门委员会,为董事会决策提供咨询,其中薪酬与考核委员会、审计委员会应由外部董事组成。改进董事会和董事评价办法,完善年度和任期考核制度,逐步形成符合企业特点的考核评价体系及激励机制。

4. 加强董事队伍建设。开展董事任前和任期培训,做好董事派出和任期管理工作。建立完善外部董事选聘和管理制度,严格资格认定和考试考察程序,拓宽外部董事来源渠道,扩大专职外部董事队伍,选聘一批现职国有企业负责人转任专职外部董事,定期报告外部董事履职情况。国有独资公司要健全外部董事召集人制度,召集人由外部董事定期推选产生。

外部董事要与出资人机构加强沟通。

(三)维护经营自主权,激发经理层活力。

1. 经理层是公司的执行机构,依法由董事会聘任或解聘,接受董事会管理和监事会监督。总经理对董事会负责,依法行使管理生产经营、组织实施董事会决议等职权,向董事会报告工作,董事会闭会期间向董事长报告工作。

2. 建立规范的经理层授权管理制度,对经理层成员实行与选任方式相匹配、与企业功能性质相适应、与经营业绩相挂钩的差异化薪酬分配制度,国有独资公司经理层逐步实行任期制和契约化管理。根据企业产权结构、市场化程度等不同情况,有序推进职业经理人制度建设,逐步扩大职业经理人队伍,有序实行市场化薪酬,探索完善中长期激励机制,研究出台相关指导意见。国有独资公司要积极探索推行职业经理人制度,实行内部培养和外部引进相结合,畅通企业经理层成员与职业经理人的身份转换通道。开展出资人机构委派国有独资公司总会计师试点。

(四)发挥监督作用,完善问责机制。

1. 监事会是公司的监督机构,依照有关法律法规和公司章程设立,对董事会、经理层成员的职务行为进行监督。要提高专职监事比例,增强监事会的独立性和权威性。对国有资产监管机构所出资企业依法实行外派监事会制度。外派监事会由政府派出,负责检查企业财务,监督企业重大决策和关键环节以及董事会、经理层履职情况,不参与、不干预企业经营管理活动。

2. 健全以职工代表大会为基本形式的企业民主管理制度,支持和保证职工代表大会依法行使职权,加强职工民主管理与监督,维护职工合法权益。国有独资、全资公司的董事会、监事会中须有职工董事和职工监事。建立国有企业重大事项信息公开和对外披露制度。

3. 强化责任意识,明确权责边界,建立与治理主体履职相适应的责任追究制度。董事、监事、经理层成员应当遵守法律法规和公司章程,对公司负有忠实义务和勤勉义务;要将其信用记录纳入全国信用信息共享平台,违约失信的按规定在"信用中国"网站公开。董事应当出席董事会会议,对董事会决议承担责任;董事会决议违反法律法规或公司章程、股东会决议,致使公司遭受严重损失的,应依法追究有关董事责任。经理层成员违反法律法规或公司章程,致使公司遭受损失的,应依法追究有关经理层成员责任。执行董事和经理层成员未及时向董事会或国有股东报告重大经营问题和经营风险的,应依法追究相关人员责任。企业党组织成员履职过程中有重大失误和失职、渎职行为的,应按照党组织有关规定严格追究责任。按照"三个区分开来"的要求,建立必要的改革容错纠错机制,激励企业领导人员干事创业。

（五）坚持党的领导,发挥政治优势。

1. 坚持党的领导、加强党的建设是国有企业的独特优势。要明确党组织在国有企业法人治理结构中的法定地位,将党建工作总体要求纳入国有企业章程,明确党组织在企业决策、执行、监督各环节的权责和工作方式,使党组织成为企业法人治理结构的有机组成部分。要充分发挥党组织的领导核心和政治核心作用,领导企业思想政治工作,支持董事会、监事会、经理层依法履行职责,保证党和国家方针政策的贯彻执行。

2. 充分发挥纪检监察、巡视、审计等监督作用,国有企业董事、监事、经理层中的党员每年要定期向党组（党委）报告个人履职和廉洁自律情况。上级党组织对国有企业纪检组组长（纪委书记）实行委派制度和定期轮岗制度,纪检组组长（纪委书记）要坚持原则、强化监督。纪检组组长（纪委书记）可列席董事会和董事会专门委员会的会议。

3. 积极探索党管干部原则与董事会选聘经营管理人员有机结合的途径和方法。坚持和完善双向进入、交叉任职的领导体制,符合条件的国有企业党组（党委）领导班子成员可以通过法定程序进入董事会、监事会、经理层,董事会、监事会、经理层成员中符合条件的党员可以依照有关规定和程序进入党组（党委）;党组（党委）书记、董事长一般由一人担任,推进中央企业党组（党委）专职副书记进入董事会。在董事会选聘经理层成员工作中,上级党组织及其组织部门、国有资产监管机构党委应当发挥确定标准、规范程序、参与考察、推荐人选等作用。积极探索董事会通过差额方式选聘经理层成员。

三、做好组织实施

（一）及时总结经验,分层有序实施。在国有企业建设规范董事会试点基础上,总结经验、完善制度,国务院国资委监管的中央企业要依法改制为国有独资公司或国有控股公司,全面建立规范的董事会。国有资本投资、运营公司法人治理结构要"一企一策"地在公司章程中予以细化。其他中央企业和地方国有企业要根据自身实际,由出资人机构负责完善国有企业法人治理结构。

（二）精心规范运作,做好相互衔接。国有企业要按照完善法人治理结构的要求,全面推进依法治企,完善公司章程,明确内部组织机构的权利、义务、责任,实现各负其责、规范运作、相互衔接、有效制衡。国务院国资委要会同有关部门和单位抓紧制定国有企业公司章程审核和批准管理办法。

金融、文化等国有企业的改革,中央另有规定的依其规定执行。

国务院办公厅关于印发中央企业公司制改制工作实施方案的通知

国办发〔2017〕69号

各省、自治区、直辖市人民政府,国务院各部委、各直属机构：

《中央企业公司制改制工作实施方案》已经国务院同意,现印发给你们,请认真贯彻执行。

中央企业公司制改制工作实施方案

公司制是现代企业制度的有效组织形式,是建立中国特色现代国有企业制度的必要条件。经过多年改革,全国国有企业公司制改制面已达到90%以上,有力推动了国有企业政企分开,公司法人治理结构日趋完善,企业经营管理水平逐渐提高,但仍有部分国有企业特别是部分中央企业集团层面尚未完成公司制改制。《中共中央 国务院关于深化国有企业改革的指导意见》提出,到2020年在国有企业改革重要领域和关键环节取得决定性成果。中央经济工作会议和《政府工作报告》要求,2017年底前基本完成国有企业公司制改制工作。按照党中央、国务院有关部署要求,为加快推动中央企业完成公司制改制,制定本实施方案。

一、目标任务

2017年底前,按照《中华人民共和国全民所有制工业企业法》登记、国务院国有资产监督管理委员会监管的中央企业(不含中央金融、文化企业),全部改制为按照《中华人民共和国公司法》登记的有限责任公司或股份有限公司,加快形成有效制衡的公司法人治理结构和灵活高效的市场化经营机制。

二、规范操作

(一)制定改制方案。中央企业推进公司制改制,要按照现代企业制度要求,结合实际制定切实可行的改制方案,明确改制方式、产权结构设置、债权债务处理、公司治理安排、劳动人事分配制度改革等事项,并按照有关规定起草或修订公司章程。

(二)严格审批程序。中央企业集团层面改制为国有独资公司,由国务院授权履行出资人职责的机构批准;改制为股权多元化企业,由履行出资人职责的机构按程序报国务院同意后批准。中央企业所属子企业的改制,除另有规定外,按照企业内部有关规定履行审批程序。

(三)确定注册资本。改制为国有独资公司或国有及国有控股企业全资子公司,可以上一年度经审计的净资产值作为工商变更登记时确定注册资本的依据,待公司章程规定的出资认缴期限届满前进行资产评估。改制为股权多元化企业,要按照有关规定履行清产核资、财务审计、资产评估、进场交易等各项程序,并以资产评估值作为认缴出资的依据。

三、政策支持

(一)划拨土地处置。经省级以上人民政府批准实行授权经营或具有国家授权投资机构资格的企业,其原有划拨土地可采取国家作价出资(入股)或授权经营方式处置。全民所有制企业改制为国有独资公司或国有及国有控股企业全资子公司,其原有划拨土地可按照有关规定保留划拨土地性质。

(二)税收优惠支持。公司制改制企业按规定享受改制涉及的资产评估增值、土地变更登记和国有资产无偿划转等方面税收优惠政策。

(三)工商变更登记。全民所有制企业改制为国有独资公司或国有及国有控股企业全资子公司,母公司可先行改制并办理工商变更登记,其所属子企业或事业单位要限期完成改制或转企。全民所有制企业改制为股权多元化企业,应先将其所属子企业或事业单位改制或转企,再完成母公司改制并办理工商变更登记。

(四)资质资格承继。全民所有制企业改制为国有独资公司、国有及国有控股企业全资子公司或国有控股公司,其经营过程中获得的各种专业或特殊资质证照由改制后公司承继。改制企业应在工商变更登记后1个月内到有关部门办理变更企业名称等资质证照记载事项。

四、统筹推进

(一)加强党的领导。中央企业党委(党组)要切实加强对改制工作的组织领导,按照有关规定落实党的建设同步谋划、党的组织及工作机构同步设置、党组织负责人及党务工作人员同步配备、党的工作同步开展的"四同步"和体制对接、机制对接、制度对接、工作对接的"四对接"要求。要充分发挥企业党组织的领导核心和政治核心作用,确保党的领导、党的建设在企业改制中得到充分体现和切实加强。要依法维护职工合法权益,处理好企业改革发展稳定的关系。改制过程中的重大事项应及时报告党中央、国务院。

(二)建设现代企业制度。改制企业要以推进董事会建设为重点,规范权力运行,实现权利和责任对等,落实和维护董事会依法行使重大决策、选人用人、薪酬分配等权利。要坚持两个"一以贯之",把加强党的领导和完善公司治理统一起来,处理好党组织和其他治理主体的关系,明确权责边界,做到无缝衔接,形成各司其职、各负其责、协调运转、有效制衡的公司治理机制。

(三)完善市场化经营机制。改制企业要不断深化劳动、人事、分配三项制度改革,建立健全与劳动力市场基本适应、与企业经济效益和劳动生产率挂钩的工资决定和正常增长机制,完善市场化用工制度,合理拉开收入分配差距,真正形成管理人员能上能下、员工能进能出、收入能增能减的市场化选人用人机制。

(四)防止国有资产流失。公司制改制过程中,要按照法律法规和国有企业改制、国有产权管理等有关规定规范操作,严格履行决策程序。完善金融支持政策,维护利益相关方合法权益,落实金融债权。加强对改制全流程的监管,坚持公开透明,严禁暗箱操作和利益输送。做好信息公开,加强事中事后监管,自觉接受社会监督。

中央党政机关和事业单位所办企业的清理整顿和公司制改制工作,按照国家集中统一监管的要求,另行规定执行。各省级人民政府参照本实施方案,指导地方国有企业公司制改制工作。

中央企业投资监督管理办法

国务院国有资产监督管理委员会令第 34 号

《中央企业投资监督管理办法》已经国务院国有资产监督管理委员会主任办公会议审议通过,现予公布,自公布之日起施行。2006 年公布的《中央企业投资监督管理暂行办法》(国资委令第 16 号)同时废止。

中央企业投资监督管理办法

第一章 总 则

第一条 为依法履行出资人职责,建立完善以管资本为主的国有资产监管体制,推动中央企业规范投资管理,优化国有资本布局和结构,更好地落实国有资本保值增值责任,根据《中华人民共和国公司法》《中华人民共和国企业国有资产法》《关于深化国有企业改革的指导意见》(中发〔2015〕22 号)和《关于改革和完善国有资产管理体制的若干意见》(国发〔2015〕63 号)等法律法规和文件,制定本办法。

第二条 本办法所称中央企业是指国务院国有资产监督管理委员会(以下简称"国资委")代表国务院履行出资人职责的国家出资企业。本办法所称投资是指中央企业在境内从事的固定资产投资与股权投资。本办法所称重大投资项目是指中央企业按照本企业章程及投资管理制度规定,由董事会研究决定的投资项目。本办法所称主业是指由中央企业发展战略和规划确定并经国资委确认公布的企业主要经营业务;非主业是指主业以外的其他经营业务。

第三条 国资委以国家发展战略和中央企业五年发展规划纲要为引领,以把握投资方向、优化资本布局、严格决策程序、规范资本运作、提高资本回报、维护资本安全为重点,依法建立信息对称、权责对等、运行规范、风险控制有力的投资监督管理体系,推动中央企业强化投资行为的全程全面监管。

第四条 国资委指导中央企业建立健全投资管理制度,督促中央企业依据其发展战略和规划编报年度投资计划,对中央企业年度投资计划实行备案管理,制定中央企业投资项目负面清单,对中央企业投资项目进行分类监管,监督检查中央企业投资管理制度的执行情况、重大投资项目的决策和实施情况,组织开展对重大投资项目后评价,对违规投资造成国有资产损失以及其他严重不良后果的进行责任追究。

第五条 中央企业投资应当服务国家发展战略,体现出资人投资意愿,符合企业发展规划,坚持聚焦主业,大力培育和发展战略性新兴产业,严格控制非主业投资,遵循价值创造理念,严格遵守投资决策程序,提高投资回报水平,防止国有资产流失。

第六条 中央企业是投资项目的决策主体、执行主体和责任主体,应当建立投资管理体系,健全投资管理制度,优化投资管理信息系统,科学编制投资计划,制定投资项目负面清单,切实加强项目管理,提高投资风险防控能力,履行投资信息报送义务和配合监督检查义务。

第二章 投资监管体系建设

第七条 中央企业应当根据本办法规定,结合本企业实际,建立健全投资管理制度。企业投资管理制度应包括以下主要内容:

(一)投资应遵循的基本原则;

(二)投资管理流程、管理部门及相关职责;

(三)投资决策程序、决策机构及其职责;

(四)投资项目负面清单制度;

(五)投资信息化管理制度;

(六)投资风险管控制度;

(七)投资项目完成、中止、终止或退出制度;

(八)投资项目后评价制度;

(九)违规投资责任追究制度;

(十)对所属企业投资活动的授权、监督与管理制度。

企业投资管理制度应当经董事会审议通过后报送国资委。

第八条 国资委和中央企业应当建立并优化投资管理信息系统。国资委建立中央企业投资管理信息系统,对中央企业年度投资计划、季度及年度投资完成情况、重大投资项目实施情况等投资信息进行监测、分析和管理。中央企业建立完善本企业投资管理信息系统,加强投资基础信息管理,提升投资管理的信息化水平,通过信息系统对企业年度投资计划执行、投资项目实施等情况进行全面全程的动态监控和管理。中央企业按本办法规定向国资委报送的有关纸质文件和材料,应当同时通过中央企业投资管理信息系统报送电子版信息。

第九条 国资委根据国家有关规定和监管要求,建立发布中央企业投资项目负面清单,设定禁止类和特别监管类投资项目,实行分类监管。列入负面清单禁止类的投资项目,中央企业一律不得投资;列入负面清单特别监管类的投资项目,中央企业应报国资委履行出资人审核把关程序;负面清单之外的投资项目,由中央企业按照企业发展战略和规划自主决策。中央企业投资项目负面清单的内容保持相对稳定,并适时动态调整。

中央企业应当在国资委发布的中央企业投资项目负面清单基础上,结合企业实际,制定本企业更为严格、具体的投资项目负面清单。

第十条 国资委建立完善投资监管联动机制,发挥战略规划、法律合规、财务监督、产权管理、考核分配、资本运营、干部管理、外派监事会监督、纪检监察、审计巡视等相关监管职能合力,实现对中央企业投资活动过程监管全覆盖,及时发现投资风险,减少投资损失。

第三章 投资事前管理

第十一条 中央企业应当按照企业发展战略和规划编制年度投资计划,并与企业年度财务预算相衔接,年度投资规模应与合理的资产负债水平相适应。企业的投资活动应当纳入年度投资计划,未纳入年度投资计划的投资项目原则上不得投资,确需追加投资项目的应调整年度投资计划。

第十二条 中央企业应当于每年3月10日前将经董事会审议通过的年度投资计划报送国资委。年度投资计划主要包括以下内容:

(一)投资主要方向和目的;

(二)投资规模及资产负债率水平;

(三)投资结构分析;

(四)投资资金来源;

(五)重大投资项目情况。

第十三条 国资委依据中央企业投资项目负面清单、企业发展战略和规划,从中央企业投资方向、投资规模、投资结构和投资能力等方面,对中央企业年度投资计划进行备案管理。对存在问题的企业年度投资计划,国资委在收到年度投资计划报告(含调整计划)后的20个工作日内,向有关企业反馈书面意见。企业应根据国资委意见对年度投资计划作出修改。

进入国资委债务风险管控"特别监管企业"名单的中央企业,其年度投资计划需经国资委审批后方可实施。

第十四条 列入中央企业投资项目负面清单特别监管类的投资项目,中央企业应在履行完企业内部决策程序后、实施前向国资委报送以下材料:

(一)开展项目投资的报告;

(二)企业有关决策文件;

(三)投资项目可研报告(尽职调查)等相关文件;

(四)投资项目风险防控报告;

(五)其他必要的材料。

国资委依据相关法律、法规和国有资产监管规定,从投资项目实施的必要性、对企业经营发展的影响程度、企业投资风险承受能力等方面履行出资人审核把关程序,并对有异议的项目在收到相关材料后20个工作日内向企业反馈书面意见。国资委认为有必要时,可委托第三方咨询机构对投资项目进行论证。

第十五条　中央企业应当根据企业发展战略和规划,按照国资委确认的各企业主业、非主业投资比例及新兴产业投资方向,选择、确定投资项目,做好项目融资、投资、管理、退出全过程的研究论证。对于新投资项目,应当深入进行技术、市场、财务和法律等方面的可行性研究与论证,其中股权投资项目应开展必要的尽职调查,并按要求履行资产评估或估值程序。

第十六条　中央企业应当明确投资决策机制,对投资决策实行统一管理,向下授权投资决策的企业管理层级原则上不超过两级。各级投资决策机构对投资项目做出决策,应当形成决策文件,所有参与决策的人员均应在决策文件上签字背书,所发表意见应记录存档。

第四章　投资事中管理

第十七条　国资委对中央企业实施中的重大投资项目进行随机监督检查,重点检查企业重大投资项目决策、执行和效果等情况,对发现的问题向企业进行提示。

第十八条　中央企业应当定期对实施、运营中的投资项目进行跟踪分析,针对外部环境和项目本身情况变化,及时进行再决策。如出现影响投资目的实现的重大不利变化时,应当研究启动中止、终止或退出机制。中央企业因重大投资项目再决策涉及年度投资计划调整的,应当将调整后的年度投资计划报送国资委。

第十九条　中央企业应当按照国资委要求,分别于每年一、二、三季度终了次月10日前将季度投资完成情况通过中央企业投资管理信息系统报送国资委。季度投资完成情况主要包括固定资产投资、股权投资、重大投资项目完成情况,以及需要报告的其他事项等内容。部分重点行业的中央企业应按要求报送季度投资分析情况。

第五章　投资事后管理

第二十条　中央企业在年度投资完成后,应当编制年度投资完成情况报告,并于下一年1月31日前报送国资委。年度投资完成情况报告包括但不限于以下内容:

(一)年度投资完成总体情况;
(二)年度投资效果分析;
(三)重大投资项目进展情况;
(四)年度投资后评价工作开展情况;
(五)年度投资存在的主要问题及建议。

第二十一条　中央企业应当每年选择部分已完成的重大投资项目开展后评价,形成后评价专项报告。通过项目后评价,完善企业投资决策机制,提高项目成功率和投资收益,总结投资经验,为后续投资活动提供参考,提高投资管理水平。国资委对中央企业投资项目后评价工作进行监督和指导,选择部分重大投资项目开展后评价,并向企业通报后评价结果,对项目开展的有益经验进行推广。

第二十二条　中央企业应当开展重大投资项目专项审计,审计的重点包括重大投资项目决策、投资方向、资金使用、投资收益、投资风险管理等方面。

第六章　投资风险管理

第二十三条　中央企业应当建立投资全过程风险管理体系,将投资风险管理作为企业实施全面风险管理、加强廉洁风险防控的重要内容。强化投资前期风险评估和风控方案制订,做好项目实施过程中的风险监控、预警和处置,防范投资后项目运营、整合风险,做好项目退出的时点与方式安排。

第二十四条　国资委指导督促中央企业加强投资风险管理,委托第三方咨询机构对中央企业投资风险管理体系进行评价,及时将评价结果反馈中央企业。相关中央企业应按照评价结果对存在的问题及时进行整改,健全完善企业投资风险管理体系,提高企业抗风险能力。

第二十五条　中央企业商业性重大投资项目应当积极引入社会各类投资机构参与。中央企业股权类重大投资项目在投资决策前应当由独立第三方有资质咨询机构出具投资项目风险评估报告。纳入国资委债务风险管控的中央企业不得因投资推高企业的负债率水平。

第七章　责任追究

第二十六条　中央企业违反本办法规定,未履行或未正确履行投资管理职责造成国有资产损失以及其他严重不良后果的,依照《中华人民共和国企业国有资产法》《国务院办公厅关于建立国有企业违规经营投资责任追究制度的意见》(国办发〔2016〕63号)等有关规定,由有关部门追究中央企业经营管理人员的责任。对瞒报、谎报、不及时报送投资信息的中央企业,国资委予以通报批评。

第二十七条 国资委相关工作人员违反本办法规定造成不良影响的,由国资委责令其改正;造成国有资产损失的,由有关部门按照干部管理权限给予处分;涉嫌犯罪的,依法移送司法机关处理。

第八章 附 则

第二十八条 本办法由国资委负责解释。

第二十九条 本办法自公布之日起施行。国资委于2006年公布的《中央企业投资监督管理暂行办法》(国资委令第16号)同时废止。

中央企业境外投资监督管理办法

国务院国有资产监督管理委员会第35号

《中央企业境外投资监督管理办法》已经国务院国有资产监督管理委员会主任办公会议审议通过,现予公布,自公布之日起施行。2012年公布的《中央企业境外投资监督管理暂行办法》(国资委令第28号)同时废止。

中央企业境外投资监督管理办法

第一章 总 则

第一条 为加强中央企业境外投资监督管理,推动中央企业提升国际化经营水平,根据《中华人民共和国公司法》《中华人民共和国企业国有资产法》《关于深化国有企业改革的指导意见》(中发〔2015〕22号)和《关于改革和完善国有资产管理体制的若干意见》(国发〔2015〕63号)等法律法规和文件,制定本办法。

第二条 本办法所称中央企业是指国务院国有资产监督管理委员会(以下简称"国资委")代表国务院履行出资人职责的国家出资企业。本办法所称境外投资是指中央企业在境外从事的固定资产投资与股权投资。本办法所称境外重大投资项目是指中央企业按照本企业章程及投资管理制度规定,由董事会研究决定的境外投资项目。本办法所称主业是指由中央企业发展战略和规划确定并经国资委确认公布的企业主要经营业务;非主业是指主业以外的其他经营业务。

第三条 国资委按照以管资本为主加强监管的原则,以把握投资方向、优化资本布局、严格决策程序、规范资本运作、提高资本回报、维护资本安全为重点,依法建立信息对称、权责对等、运行规范、风险控制有力的中央企业境外投资监督管理体系,推动中央企业强化境外投资行为的全程全面监管。

第四条 国资委指导中央企业建立健全境外投资管理制度,强化战略规划引领、明确投资决策程序、规范境外经营行为、加强境外风险管控、推动走出去模式创新,制定中央企业境外投资项目负面清单,对中央企业境外投资项目进行分类监管,监督检查中央企业境外投资管理制度的执行情况、境外重大投资项目的决策和实施情况,组织开展对境外重大投资项目后评价,对境外违规投资造成国有资产损失以及其他严重不良后果的进行责任追究。

第五条 中央企业是境外投资项目的决策主体、执行主体和责任主体。中央企业应当建立境外投资管理体系,健全境外投资管理制度,科学编制境外投资计划,研究制定境外投资项目负面清单,切实加强境外项目管理,提高境外投资风险防控能力,组织开展境外检查与审计,按职责进行责任追究。

第六条 中央企业境外投资应当遵循以下原则:

(一)战略引领。符合企业发展战略和国际化经营规划,坚持聚焦主业,注重境内外业务协同,提升创新能力和国际竞争力。

(二)依法合规。遵守我国和投资所在国(地区)法律法规、商业规则和文化习俗,合规经营,有序发展。

(三)能力匹配。投资规模与企业资本实力、融资能力、行业经验、管理水平和抗风险能力等相适应。

(四)合理回报。遵循价值创造理念,加强投资项目论证,严格投资过程管理,提高投资收益水平,实现国有资本保值增值。

第二章 境外投资监管体系建设

第七条 中央企业应当根据本办法规定,结合本企业实际,建立健全境外投资管理制度。企业境外投资管理制度应包括以下主要内容：

（一）境外投资应遵循的基本原则；

（二）境外投资管理流程、管理部门及相关职责；

（三）境外投资决策程序、决策机构及其职责；

（四）境外投资项目负面清单制度；

（五）境外投资信息化管理制度；

（六）境外投资风险管控制度；

（七）境外投资项目的完成、中止、终止或退出制度；

（八）境外投资项目后评价制度；

（九）违规投资责任追究制度；

（十）对所属企业境外投资活动的授权、监督与管理制度。

企业境外投资管理制度应经董事会审议通过后报送国资委。

第八条　国资委和中央企业应当建立并优化投资管理信息系统，提升境外投资管理信息化水平，采用信息化手段实现对境外投资项目的全覆盖动态监测、分析与管理，对项目面临的风险实时监控，及时预警，防患于未然。中央企业按本办法规定向国资委报送的有关纸质文件和材料，应同时通过中央企业投资管理信息系统报送电子版信息。

第九条　国资委根据国家有关规定和监管要求，建立发布中央企业境外投资项目负面清单，设定禁止类和特别监管类境外投资项目，实行分类监管。列入负面清单禁止类的境外投资项目，中央企业一律不得投资；列入负面清单特别监管类的境外投资项目，中央企业应当报送国资委履行出资人审核把关程序；负面清单之外的境外投资项目，由中央企业按照企业发展战略和规划自主决策。中央企业境外投资项目负面清单的内容保持相对稳定，并适时动态调整。

中央企业应当在国资委发布的中央企业境外投资项目负面清单基础上，结合企业实际，制定本企业更为严格、具体的境外投资项目负面清单。

第十条　国资委建立完善投资监管联动机制，发挥战略规划、法律合规、财务监督、产权管理、考核分配、资本运营、干部管理、外派监事会监督、纪检监察、审计巡视等相关监管职能合力，实现对中央企业境外投资活动过程监管全覆盖，及时发现投资风险，减少投资损失。

第三章　境外投资事前管理

第十一条　中央企业应当根据国资委制定的中央企业五年发展规划纲要、企业发展战略和规划，制定清晰的国际化经营规划，明确中长期国际化经营的重点区域、重点领域和重点项目。中央企业应当根据企业国际化经营规划编制年度境外投资计划，并纳入企业年度投资计划，按照《中央企业投资监督管理办法》管理。

第十二条　列入中央企业境外投资项目负面清单特别监管类的境外投资项目，中央企业应当在履行企业内部决策程序后、在向国家有关部门首次报送文件前报国资委履行出资人审核把关程序。中央企业应当报送以下材料：

（一）开展项目投资的报告；

（二）企业有关决策文件；

（三）项目可研报告（尽职调查）等相关文件；

（四）项目融资方案；

（五）项目风险防控报告；

（六）其他必要的材料。

国资委依据相关法律、法规和国有资产监管规定等，从项目风险、股权结构、资本实力、收益水平、竞争秩序、退出条件等方面履行出资人审核把关程序，并对有异议的项目在收到相关材料后20个工作日内向企业反馈书面意见。国资委认为有必要时，可委托第三方咨询机构对项目进行论证。

第十三条　中央企业应当根据企业发展战略和规划，按照经国资委确认的主业，选择、确定境外投资项目，做好境外投资项目的融资、投资、管理、退出全过程的研究论证。对于境外新投资项目，应当充分借助国内外中介机构的专业服务，深入进行技术、市场、财务和法律等方面的可行性研究与论证，提高境外投资决策质量，其中股权类投资项目应开展必要的尽职调查，并按要求履行资产评估或估值程序。

第十四条　中央企业原则上不得在境外从事非主业投资。有特殊原因确需开展非主业投资的，应当报送国资委审核把关，并通过与具有相关主业优势的中央企业合作的方式开展。

第十五条　中央企业应当明确投资决策机制，对境外投资决策实行统一管理，向下授权境外投资决策的企业管理层级原则上不超过二级。各级境外投资决策机构对境外投资项目做出决策，应当形成决策文件，所有参与决策的人员均应当在决策文件上签字背书，所发表意见应记录存档。

第四章　境外投资事中管理

第十六条　国资委对中央企业实施中的境外重大投资项目进行随机监督检查，重点检查企业境外重大投资项目决策、执行和效果等情况，对发现的问题向企业进行提示。

第十七条　中央企业应当定期对实施、运营中的境外投资项目进行跟踪分析，针对外部环境和项目本身情况变化，及时进行再决策。如出现影响投资目的实现的重大不利变化时，应研究启动中止、终止或退出机制。中央企业因境外重大投资项目再决策涉及到年度投资计划调整的，应当将调整后的年度投资计划报送国资委。

第十八条　中央企业应当建立境外投资项目阶段评价和过程问责制度，对境外重大投资项目的阶段性进展情况开展评价，发现问题，及时调整，对违规违纪行为实施全程追责，加强过程管控。

第十九条　中央企业应当按照国资委要求，分别于每年一、二、三季度终了次月10日前将季度境外投资完成情况通过中央企业投资管理信息系统报送国资委。季度境外投资完成情况主要包括固定资产投资、股权投资、重大投资项目完成情况，以及需要报告的其他事项等内容。部分重点行业的中央企业应当按要求报送季度境外投资分析情况。

第五章　境外投资事后管理

第二十条　中央企业在年度境外投资完成后，应当编制年度境外投资完成情况报告，并于下一年1月31日前报送国资委。年度境外投资完成情况报告包括但不限于以下内容：

（一）年度境外投资完成总体情况；

（二）年度境外投资效果分析；

（三）境外重大投资项目进展情况；

（四）年度境外投资后评价工作开展情况；

（五）年度境外投资存在的主要问题及建议。

第二十一条　境外重大投资项目实施完成后，中央企业应当及时开展后评价，形成后评价专项报告。通过项目后评价，完善企业投资决策机制，提高项目成功率和投资收益，总结投资经验，为后续投资活动提供参考，提高投资管理水平。国资委对中央企业境外投资项目后评价工作进行监督和指导，选择部分境外重大投资项目开展后评价，并向企业通报后评价结果，对项目开展的有益经验进行推广。

第二十二条　中央企业应当对境外重大投资项目开展常态化审计，审计的重点包括境外重大投资项目决策、投资方向、资金使用、投资收益、投资风险管理等方面。

第二十三条　国资委建立中央企业国际化经营评价指标体系，组织开展中央企业国际化经营年度评价，将境外投资管理作为经营评价的重要内容，评价结果定期报告和公布。

第六章　境外投资风险管理

第二十四条　中央企业应当将境外投资风险管理作为投资风险管理体系的重要内容。强化境外投资前期风险评估和风控预案制订，做好项目实施过程中的风险监控、预警和处置，防范投资后项目运营、整合风险，做好项目退出的时点与方式安排。

第二十五条　中央企业境外投资项目应当积极引入国有资本投资、运营公司以及民间投资机构、当地投资者、国际投资机构入股，发挥各类投资者熟悉项目情况、具有较强投资风险管控能力和公关协调能力等优势，降低境外投资风险。对于境外特别重大投资项目，中央企业应建立投资决策前风险评估制度，委托独立第三方有资质咨询机构对投资所在国（地区）政治、经济、社会、文化、市场、法律、政策等风险做全面评估。纳入国资委债务风险管控的中央企业不得因境外投资推高企业的负债率水平。

第二十六条　中央企业应当重视境外项目安全风险防范，加强与国家有关部门和我驻外使（领）馆的联系，建立协调统一、科学规范的安全风险评估、监测预警和应急处置体系，有效防范和应对项目面临的系统性风险。

第二十七条　中央企业应当根据自身风险承受能力，充分利用政策性出口信用保险和商业保险，将保险嵌入企业风险管理机制，按照国际通行规则实施联合保险和再保险,减少风险发生时所带来的损失。

第二十八条 中央企业应当树立正确的义利观,坚持互利共赢原则,加强与投资所在国(地区)政府、媒体、企业、社区等社会各界公共关系建设,积极履行社会责任,注重跨文化融合,营造良好的外部环境。

第七章 责任追究

第二十九条 中央企业违反本办法规定,未履行或未正确履行投资管理职责造成国有资产损失以及其他严重不良后果的,依照《中华人民共和国企业国有资产法》《国务院办公厅关于建立国有企业违规经营投资责任追究制度的意见》(国办发〔2016〕63号)等有关规定,由有关部门追究中央企业经营管理人员的责任。对瞒报、谎报、不及时报送投资信息的中央企业,国资委予以通报批评。

第三十条 国资委相关工作人员违反本办法规定造成不良影响的,由国资委责令其改正;造成国有资产损失的,由有关部门按照干部管理权限给予处分;涉嫌犯罪的,依法移送司法机关处理。

第八章 附 则

第三十一条 本办法由国资委负责解释。

第三十二条 本办法自公布之日起施行。国资委于2012年公布的《中央企业境外投资监督管理暂行办法》(国资委令第28号)同时废止。

关于进一步加强中央企业安全生产工作的通知

安监总政法〔2017〕131号

各省、自治区、直辖市及新疆生产建设兵团安全生产监督管理局、国资委,各省级煤矿安全监察局,各中央企业:

为全面学习贯彻习近平新时代中国特色社会主义思想,认真落实《中共中央国务院关于推进安全生产领域改革发展的意见》《中共中央国务院关于深化国有企业改革的指导意见》精神,进一步加强中央企业安全生产工作,确保在深化国企国资改革进程中,中央企业安全生产工作不放松,切实保护人民群众的生命和财产安全,现就有关事项通知如下:

一、牢固树立安全发展理念

中央企业在关系国家安全和国民经济命脉的主要行业和关键领域占据支配地位,是国民经济的重要支柱。抓好安全生产工作,事关人民切身利益,事关改革发展稳定大局。各中央企业要发挥安全生产工作示范带头作用,牢固树立安全发展理念,弘扬生命至上、安全第一的思想,坚守"发展决不能以牺牲安全为代价"这条不可逾越的红线,始终把职工群众的安全健康放在首位。要大力实施安全发展战略,带头建立健全自我约束、持续改进的安全生产长效机制。要把安全生产与转方式、调结构、促发展紧密结合起来,正确处理好安全与效益、安全与发展的关系,从根本上提高安全发展水平。

二、认真落实安全生产主体责任

国务院国有资产监督管理部门要按照出资人职责定位,根据安全生产风险的差异,对中央企业实施分类监管,督促企业落实安全生产主体责任。要按照《国务院办公厅关于转发国务院国资委以管资本为主推进职能转变方案的通知》(国办发〔2017〕38号)要求,准确把握出资人安全生产职责定位,以管资本为主,推进职能转变,协同配合综合监管、行业监管等部门,形成工作合力。各中央企业要认真贯彻落实《中共中央国务院关于推进安全生产领域改革发展的意见》,制定专项工作方案。严格落实安全生产"党政同责、一岗双责"要求,董事长、党组织书记、总经理对本企业安全生产工作共同承担领导责任,所有领导班子成员对分管范围内安全生产工作承担相应职责。健全覆盖本企业所有组织、部门和岗位的企业全员安全生产责任制,加强全过程安全管理,完善企业内部安全生产责任考核追溯制度,实现安全管理过程可追溯,安全责任可追究,违规违章要问责。加强"应知应会"内容的教育培训,充分发挥一线员工主观能动性,实现安全生产从"全员参与"到"全员履责"的转变。要强化对境外分支机构的安全管理,严格落实安全管理责任,确保业务延伸到哪里,安全生产责任体系就覆盖到哪里。

三、加强安全生产源头防范和风险防控

要进一步加强安全生产源头管控,严格执行建设项目安全设施"三同时"(建设项目安全设施必须与主

体工程同时设计、同时施工、同时投入生产和使用)规定。涉及矿山、石油石化、交通运输、建筑施工、民用爆炸物品、金属冶炼、军工生产危险品、核电等高危行业和领域的中央企业,要严格从业人员安全素质准入,提升关键岗位人员职业安全技能。要建立风险管控和隐患排查治理双重预防机制,全面开展安全风险辨识和评估,从制度、技术、应急等方面有效管控风险特别是重大风险。建立健全隐患排查制度和隐患整改评估制度,全面、深入排查治理隐患,定期分析评估隐患治理效果。加强安全生产标准化建设,将安全生产标准化融入企业全面管理体系和企业标准化建设,全过程强化风险防控。严格落实安全生产费用提取、使用和管理等制度,加大安全生产投入,加强安全生产新技术装备的研发、推广和应用,强化安全保障能力。

四、坚决防范和遏制重特大事故

要认真贯彻落实《国务院安委会办公室关于印发标本兼治遏制重特大事故工作指南的通知》(安委办〔2016〕3号)要求,深入开展安全生产专项整治,坚决防范重特大事故发生。涉煤中央企业要认真抓好《煤矿安全规程》(国家安全生产监督管理总局令第87号)对标整改,深入推进煤矿安全生产标准化达标升级,严防超能力、超强度、超定员组织生产。涉及非煤矿山的中央企业要针对透水、火灾、中毒窒息、坍塌、尾矿库溃坝等事故特点,精准实施安全风险管控措施,要进一步加大投入,确保完成地下矿山采空区和尾矿库"头顶库"综合治理工作。涉及危险化学品的中央企业要扎实落实《危险化学品安全综合治理方案》(国办发〔2016〕88号)相关要求,做好危险化学品罐区等重大危险源和特殊作业安全风险摸排管控、人口密集区危险化学品生产企业搬迁、油气输送管道高后果区安全风险管控和隐患排查整改等重点工作,坚决遏制危险化学品重特大事故,确保按期完成危险化学品综合治理工作。建筑施工领域中央企业要加强高空施工平台、起重机械、脚手架、模板支撑等关键环节安全管理,做好防坍塌、防高处坠落工作;加强分包商管理,坚决杜绝违法分包、转包和以包代管等行为。交通运输行业的中央企业要严格上岗人员安全培训教育,加强车、船、飞行器等设备安全检查,及时排查消除安全隐患。电力行业的中央企业要全面提升安全生产风险控制能力、关键敏感设备管理能力和防人因失误能力,要加强设备的检修维护,突出对老旧设备的日常监管,防止发生生产安全事故和大面积停电事故。涉核中央企业要开展核设施、核技术利用的事故风险分析、放射性废物污染环境的风险分析,确保核设施、放射性废物的本质安全。其他行业领域中央企业要结合实际抓好安全管理,有效防范和遏制重特大事故发生。

五、深化职业病危害专项治理

要强化职业病危害源头治理,严格执行建设项目职业病防护设施"三同时"制度,落实职业病危害预评价、控制效果评价、职业病防护设施设计和竣工验收各项要求,提升职业病危害防控水平。中央企业要加大对粉尘、化学毒物等严重职业病危害因素的治理力度,突出重点环节、重点岗位和重点人群,改进生产工艺、完善防护设施、强化职业健康管理,严格落实职业病危害告知、日常监测、定期检测、个体防护和职业健康体检等制度措施,有效遏制职业性尘肺病、化学中毒和噪声聋等职业病的发生,切实保障广大从业人员的职业健康。

六、在改革发展中提升安全管理水平

要确保安全生产与改革发展同规划、同部署、同落实,中央企业在合并、分立、资产划转、调整压缩管理层级时,要依法依规设置安全生产和职业卫生管理机构,确保人员调整及时到位、管理制度无缝衔接、安全生产工作整体水平不下降。在混合所有制改革过程中,中央企业作为投资主体,必须明确控股、参股的子公司和分公司所承担的安全生产责任,防止出现企业主体责任不落实、安全管理有空当的现象。生产经营较为困难的企业,要确保必要的安全投入不能减少,安全生产标准不能降低,必须在保障安全的条件下生产经营。

七、进一步加强应急救援能力建设

中央企业要进一步健全安全生产应急管理体系,按照《中央企业应急管理暂行办法》(国务院国资委令第31号)要求的牵头管理、分工负责的原则,明确应急管理机构、人员和职责要求,在事故风险评估和应急资源调查基础上不断优化企业应急预案。加强应急救援人员能力建设,开展经常性的应急演练和人员避险自救培训,提高现场应急处置能力。进一步加大应急救援综合保障能力建设,加强应急装备、物资储备,加快推进国家危险化学品和油气管道应急救援基地等项目建设。与地方政府建立统一调度指挥机制,加强应急联动,提高区域化应急救援能力。进一步履行社会责任,发挥人才、技术、装备、资源优势,积极参与社会救援,保障人民群众生命财产安全。

八、积极配合属地监管部门执法检查

各中央企业及其所属单位要按照《关于进一步加强中央企业安全生产分级属地监管的指导意见》(安监总办〔2011〕75号)有关要求,自觉接受相关部门监督管理,主动与属地监督管理部门加强沟通联系,依法向相关部门报告安全生产管理、隐患治理、生产安全事故、职业病危害检测评价情况、(疑似)职业病病人等情况,切实保障职工安全健康,促进社会稳定和谐。各地安全生产监督管理部门要坚持依法监管,严格规范执法,全面提高依法行政水平。

九、加大责任追究考核力度,强化联合信用惩戒

严格事故责任查处,对因主体责任落实不到位而发生生产安全责任事故的中央企业,依法依规严肃追究事故企业和相关责任人的责任。对发生较大及以上生产安全责任事故的企业,将依据事故调查报告中的责任认定情况,按照《中央企业安全生产考核实施细则》(国资发综合〔2014〕107号)的具体规定,严格处理。进一步加强联合信用惩戒,对中央企业及其有关人员在安全生产领域存在失信行为的,安全监管监察部门将依照《对安全生产领域失信行为开展联合惩戒的实施办法》(安监总办〔2017〕49号)规定,将其纳入联合惩戒对象和安全生产不良记录"黑名单"管理,并会同有关部门按照《关于对安全生产领域失信生产经营单位及其有关人员开展联合惩戒的合作备忘录》(发改财经〔2017〕1001号)和国务院关于社会信用体系建设的有关规定,依法依规予以惩戒。加大对安全生产领域失信企业的曝光力度,使失信企业"一处失信,处处受限"。

关于国有企业办教育医疗机构深化改革的指导意见

国资发改革〔2017〕134号

各省、自治区、直辖市人民政府,新疆生产建设兵团,国务院各部委、各直属机构,各中央企业:

加快剥离国有企业办社会职能是深化国有企业改革的重要内容。近年来,党中央、国务院及有关部门先后出台了一系列政策措施,支持国有企业办教育机构、医疗机构深化改革。企业办普通中小学、普通高校已基本移交,部分企业办职业教育(含技工教育,下同)和学前教育机构改革也进行了有益探索。企业办医疗机构按照国家医药卫生体制改革的要求,积极参与公立医院改革。为贯彻落实《中共中央国务院关于深化国有企业改革的指导意见》(中发〔2015〕22号)、《国务院关于印发加快剥离国有企业办社会职能和解决历史遗留问题工作方案的通知》(国发〔2016〕19号)和《国务院关于加快发展现代职业教育的决定》(国发〔2014〕19号),推进国有企业办教育机构、医疗机构深化改革,经国务院同意,提出如下意见。

一、总体要求

(一)工作目标。

对国有企业办教育机构、医疗机构分类处理,分类施策,深化改革,2018年年底前基本完成企业办教育机构、医疗机构集中管理、改制或移交工作。

(二)工作要求。

1. 坚持统筹谋划。贯彻落实健康中国建设战略部署和教育事业发展要求,协调推进国有企业办教育机构、医疗机构深化改革,既要减轻国有企业办社会负担,激发国有企业活力;更要通过供给侧结构性改革促进职业教育、健康产业发展,扩大教育、医疗健康服务有效供给,提升服务效率。

2. 坚持分类处理。结合区域教育改革发展规划和卫生规划(医疗卫生服务体系规划),因地制宜,分类指导。对企业办教育机构、医疗机构采取资源优化整合、移交等多种方式实现专业化管理、收支平衡,对运营困难、缺乏竞争力的予以关闭撤销。区分国有企业办职业教育和普通教育机构推进改革，鼓励国有企业继续举办职业院校，对其举办的普通学校（普通中小学、学前教育、普通高校等）移交地方，自身经营困难、难以为继的职业院校，原则上应移交地方或予以撤并。继续由国有企业举办或为主举办的医疗机构坚持非营利性原则，完善管理制度，实现集中运营管理。

3. 坚持规范操作。国有企业办教育机构、医疗机构深化改革要严格遵守相关制度规定，规范重组改制行为，完善工作流程，认真做好决策审批、清产核资、财务审计、资产评估、产权交易、信息公开等工作，防止国有资产流失。妥善分流安置职工，维护职工合法权益，确保企业和社会稳定。

二、主要任务

（一）关于教育机构深化改革。

1. 整合资源集中管理。继续发挥国有企业职业教育重要办学主体作用，对与企业主业发展密切相关、产教融合且确需保留的企业办职业院校，可由国有企业集团公司或国有资本投资运营公司进行资源优化整合，积极探索集中运营、专业化管理。支持运营能力强、管理水平高的国有企业跨集团进行资源整合。确需保留的企业办学前教育机构也可进行资源优化整合。

面向企业内部、以职工继续教育培训为主的培训中心、党校等机构，按照中共中央办公厅、国务院办公厅印发的《关于党政机关和国有企事业单位培训疗养机构改革的指导意见》有关规定执行。

2. 鼓励多元主体办学。鼓励国有企业多元主体组建教育集团，优质院校可通过兼并、托管、合作办学等形式，整合办学资源。探索多种方式，引入实力强、信誉高、专业化的社会资本参与国有企业办职业教育重组改制。

3. 移交地方统筹管理。对企业办的普通中小学、学前教育、全日制普通本科高校，原则上移交地方管理。经协商一致，地方政府同意接收的企业办职业教育机构移交地方管理。

4. 有序实现关闭撤销。对运营困难、缺乏竞争优势的企业办教育机构，可以关闭撤销，及时办理注销手续。拟关闭撤销的教育机构要继续完成好现有在校学生的教学任务，落实学籍档案接收单位，再办理注销手续。学前教育机构确需撤销的，应与当地教育行政部门协商，充分考虑当地普惠性学前教育资源布局和入园需求，协调解决好原服务区域内适龄儿童入园问题。

（二）关于医疗机构深化改革。

1. 鼓励移交地方管理。鼓励国有企业将与地方政府协商一致且地方同意接收的企业办非营利性医疗机构移交地方管理，按照政府办医疗机构相关规定管理。地方不同意接收的企业办社区卫生服务机构等医疗机构，企业可自行选择关闭撤销或其他改革方式妥善解决。

2. 有序实施关闭撤销。对运营困难、缺乏竞争优势的医疗机构，予以关闭撤销，妥善做好职工分流安置工作。

3. 积极开展资源整合。支持以健康产业为主业的国有企业或国有资本投资运营公司，通过资产转让、无偿划转、托管等方式，对国有企业办医疗机构进行资源整合，实现专业化运营和集中管理，创新升级医疗卫生服务，发展健康养老、健康旅游等产业。不以健康产业为主业的国有企业，除承担职业病防治等特殊功能的、特殊领域医疗保障的医疗机构，以及面向企业职工服务的门诊部、卫生所、医务室外，原则上不再直接管理医疗机构。

积极推动国有企业举办和参与举办的非营利性医疗机构参与公立医院改革，落实国有企业办医责任，在进一步明确功能定位的基础上，参照执行当地政府办公立医院综合改革的相关政策，破除以药补医，理顺医疗服务价格，参与药品耗材集中招标采购，推动建立运行新机制。在医保、服务监管等方面加强与地方管理的衔接。

4. 规范推进重组改制。积极引入专业化、有实力的社会资本，按市场化原则，有序规范参与国有企业办医疗机构重组改制，优先改制为非营利性医疗机构。要认真做好清产核资、资产评估，规范交易行为，公开择优确定投资人，通过市场形成合理交易价格，达成交易意向后应及时公示交易对象、交易价格等信息，防止国有资产流失。重组改制要充分听取拟重组改制医疗机构职工意见，职工安置方案应经职工代表大会或职工大会审议通过。企业办医疗机构重组改制后,不以健康产业为主业的国有企业原则上不再参与举办,确需参与举办的不再承担主要举办责任。

三、政策保障

(一)营造良好政策环境。

国有企业要根据经费来源、企业发展需要和承受能力,合理确定企业办教育机构深化改革的方式。继续举办职业教育机构的国有企业,应充分发挥办学主体责任,依法筹措办学经费,参照当地生均拨款制度逐步建立健全长效投入机制,保障学校教育教学活动正常开展,现有公共财政经费继续按原有渠道落实。进一步落实和完善支持企业办职业教育的政策措施。各级人民政府可以采取财政补贴、以奖代补、购买服务等方式给予适当支持,促进国有企业办职业教育。因特殊原因确需保留的学前教育机构,国有企业可继续保留并负责落实办学经费,面向社会提供普惠性服务的,可按规定享受中央和地方的支持政策。移交地方管理的国有企业办教育机构,由各地按照现行有关投入机制等政策规定筹集办学经费。探索企业支持教育发展的多种方式,企业可通过"订单班"、定向委培、学徒制培养、职工教育培训基地、捐赠等多种方式,积极支持职业教育。

按照医药卫生体制改革的要求和属地原则,省市县政府要将国有企业办医疗机构纳入区域卫生规划(医疗卫生服务体系规划),实行属地化行业监管,在重点学科建设、人才培养、职称晋升等方面享有同等政策。各地要将符合条件的国有企业办医疗机构纳入分级诊疗体系,明确功能定位,按规定纳入医保定点医疗机构范围。鼓励国有企业办医疗机构参与承接政府购买基本医疗和公共卫生服务。对国有企业办医疗机构,按照促进健康产业发展等有关规定,落实相应的财税、用地、投融资等支持政策。地方政府有关部门要积极支持国有企业办医疗机构完善房产、土地及相关医疗资质证照,并为国有企业办医疗机构深化改革办理相关手续提供便利条件。

(二)严格规范移交程序。

对整合资源集中管理、移交地方管理的企业办教育机构、医疗机构,移交时涉及的事业编制和公共财政经费基数一并划转;涉及的资产,在国有企业与地方政府间或国有企业之间可实行无偿划转,按照有关规定由企业集团公司审核批准,报主管财政机关、同级国资监管机构备案,符合《关于促进企业重组有关企业所得税处理问题的通知》(财税〔2014〕109号)等有关条件的,可执行该文件规定的股权、资产划转政策。移交企业应当依法履行资产移交相关程序,做好移交资产清查、财务清理、审计评估、产权登记等工作,规范进行财务处理。多元股东的企业,应当经企业董事会或股东会同意后,按照各自持有股权的比例核减所有者权益。以资产转让方式实施改革的,要严格遵守企业国有资产交易的相关制度规定,规范工作流程,坚决防止国有资产流失。

(三)做好人员分流安置。

国有企业办教育机构、医疗机构深化改革过程中,要采取多种方式做好人员分流安置工作。对移交地方管理的企业办教育机构、医疗机构涉及的人员,由企业和地方政府协商妥善安置。对仍留在企业的人员,继续参加企业职工基本养老保险等社会保险,退休后按规定享受养老保险等社会保险待遇。在企业与职工协商一致的基础上,距离国家法定退休年龄5年以内的人员可实行内部退养,合理确定内部退养期间的待遇标准。

鼓励企业充分挖掘内部潜力,通过协商薪酬、转岗培训等方式,在企业内部分流安置部分职工,转岗培训期间要安排过渡期生活费。企业与职工解除劳动合同的,依法支付经济补偿。地方政府要做好再就业帮扶,落实扶持政策,提供就业服务,加大职业培训力度,鼓励职工自谋职业、自主创业,对符合就业困难人员条件的提供有针对性的就业援助。

(四)完善管理制度。

保留的企业办教育机构、医疗机构要依法注册登记,取得法人资格,按照相应的财务制度实行独立核算。国有企业集团公司要完善所办教育机构考核机制,重点考核成本控制、营运效率、毕业生就业率和社会认可度等,建立相应的经营业绩考核和薪酬分配制度。

积极引导国有企业办医院建立科学有效的现代医院管理制度,完善法人治理结构,按照国家、社会、机构和职工利益相统一的原则,依法制定章程,明晰相关各方的责、权、利，健全监督、决策和制衡机制，实现有效的激励和约束，维护公益性，提高服务积极性。完善医院考核制度，非营利性医院要建立以公益性为导向的考核评价体系和符合医疗行业特点的薪酬分配制度，重点考核功能定位、职责履行、社会满意度、费用控制、运行绩效、财务管理等指标。推进供给侧结构性改革，鼓励国有企业发展与主业相符的健康产业，依托先进医疗技术提供前沿医疗服务，深入专科医疗细分领域提供特色医疗服务，提供高端医疗、中医药服务、康复疗养、休闲养生等健康养老、健康医疗旅游服务，扩大服务有效供给。

四、组织领导

（一）加强政府组织领导。

各级地方人民政府要高度重视，结合当地教育、医疗资源状况和发展规划，精心组织，统筹推进本地区国有企业办教育机构、医疗机构深化改革工作。要认真贯彻落实党中央、国务院推进健康中国建设的战略部署和深化医药卫生体制改革的要求，将国有企业办医疗机构纳入公立医院改革统一部署，协调推进。

中央国家有关部门要加强对国有企业办教育机构、医疗机构深化改革工作的督促指导，及时掌握工作进展情况，协调解决实施过程中的有关问题。

（二）落实企业主体责任。

企业办教育机构、医疗机构深化改革的责任主体是企业。国有企业集团公司要统一思想，加强领导，精心组织，落实工作责任，认真制定实施方案，积极推进所属企业办教育机构、医疗机构深化改革。主办企业要加强与地方政府有关部门的沟通协调，努力争取支持，切实做好所办教育机构、医疗机构深化改革的具体组织实施工作。要充分发挥党组织、工会和职工代表大会作用，做好政策宣传和职工思想政治工作，注重社会面引导，形成合理改革预期，加强舆情研判，及时有效做好突发事件应对工作，确保企业和社会稳定。

关于国有企业办市政、社区管理等职能分离移交的指导意见

国资发改革〔2017〕85号

各省、自治区、直辖市人民政府，新疆生产建设兵团，国务院各部委、各直属机构，各中央企业：

加快剥离国有企业办社会职能和解决历史遗留问题是深化国有企业改革的重要内容。为贯彻落实《中共中央国务院关于深化国有企业改革的指导意见》（中发〔2015〕22号）和《国务院关于印发加快剥离国有企业办社会职能和解决历史遗留问题工作方案的通知》（国发〔2016〕19号）精神，剥离与主业发展方向不符的国有企业办市政、社区管理等职能，经国务院同意，现提出如下意见。

一、总体要求

（一）工作目标。将与主业发展方向不符的国有企业管理的市政设施、职工家属区的社区管理等职能移交地方政府负责，2017年底前完成。

（二）工作要求。坚持政企分开，将国有企业配合承担的公共管理职能归位于相关政府部门和单位；实行专业化管理，将与主业发展方向不符的国有企业承担的公共服务职能移交地方政府实行集中统一管理；减轻企业负担，促进国有企业瘦身健体、提质增效。

二、主要任务

（一）市政设施移交范围。国有企业管理的面向社会开放、提供公共服务的市政设施，包括道路桥梁及相应照明设施、环境卫生设施、市政管网及附属设施、生活污水处理设施、生活垃圾处理设施、城市供水设施、公共绿化设施、公共交通设施、公园、广场等，移交地方政府管理。

中央企业或省属国有企业所属与主业发展方向不符的，承担生活供水、供热、污水处理、垃圾处理等公共服务的企业，原则上划转地方政府管理。地方政府不能接收的，企业可自行关闭撤销或重组改制。

国有企业为职工服务的文化、体育设施，经与地

方政府协商一致,可移交地方管理;也可由企业根据实际情况妥善处置,面向社会开放可按市场化方式合理收费。

(二)市政设施移交程序。由国有企业向市县政府提出申请,市县政府要在15个工作日内明确具体接收部门或单位。移交接收双方共同协商确定具体方案,办理移交接收事项。对于损坏、丧失使用功能的供排水等设施,经协商一致可由移交企业进行必要的维修完善。2018年起国有企业不再承担已移交的市政设施相关费用。

(三)社区管理职能移交。国有企业职工家属区的社区管理职能移交市县政府负责,由国有企业向市县政府提出申请,市县政府在15个工作日内明确责任单位,与国有企业协商办理移交接收事项,做好相关工作衔接。已经建立的职工家属区街道办事处等机构、依法选举产生的社区居民委员会与企业完全脱钩,现有办公场所、服务场所及设备设施一并移交。仍未建立管理机构或未依法选举产生社区居民委员会的国有企业职工家属区,按区域划片移交区县政府、街道办事处管理。

三、保障措施

(一)加强组织领导。地方各级人民政府要高度重视,加强组织领导,认真做好国有企业办市政、社区管理等职能分离移交工作。省级人民政府要统筹协调推动本地区中央企业、地方国有企业开展工作。地市级人民政府要认真做好具体组织实施工作,对本地区承担公共服务的国有企业进行资源优化整合,实现专业化运营管理,进一步完善公共服务体系和社区服务功能,提高管理服务能力。地方各级财政部门要将移交的国有企业办市政设施、社区服务设施的建设与管理、社区工作以及信息化建设等方面的合理经费需求纳入接收部门等相关预算。

(二)落实企业责任。国有企业集团公司要加强组织协调,做好政策宣传和思想政治工作,积极推动所属企业办市政、社区管理等职能移交工作。企业办市政、社区管理等职能移交涉及的从业人员,在尊重职工意愿的基础上,接收方继续聘用的,按照有关规定变更劳动合同,或者签订聘用合同,其他人员由移交企业负责妥善分流安置。国有企业应履行社会责任,积极支持移交后社区的管理服务工作。

(三)资产无偿划转。国有企业办市政、社区管理等职能移交涉及的资产,依据《财政部关于企业分离办社会职能有关财务管理问题的通知》(财企〔2005〕62号)的规定,实行无偿划转,由企业集团公司审核批准,报主管财政部门、同级国有资产监督管理机构备案。移交企业要做好移交资产清查、财务清理、审计评估、产权登记等工作。多元股东的企业应当经该企业董事会或股东会同意后,按照持有股权的比例核减国有权益。

(四)加强督促指导。国务院国资委、民政部、财政部、住房城乡建设部等有关部门要密切配合,加强督促指导,跟踪工作进展情况,及时协调解决国有企业办市政、社区管理等职能分离移交过程中的有关问题。民政部、住房城乡建设部等部门要指导推进社区治理,有效提升社区服务机构为移交社区居民提供管理服务的能力和水平。

关于国有企业办消防机构分类处理国资的指导意见

发改革〔2017〕79号

各省、自治区、直辖市人民政府,新疆生产建设兵团,国务院各部委、各直属机构,各中央企业:

国有企业按照《中华人民共和国消防法》(以下简称《消防法》)、《中华人民共和国安全生产法》(以下简称《安全生产法》)等法律法规建立消防安全管理机构和专职消防队,对于提高企业安全生产水平、增强企业抗御安全风险能力具有重要意义。为全面贯彻落实《中共中央 国务院关于深化国有企业改革的指导意见》(中发〔2015〕22号)和《国务院关于印发加快剥离国有企业办社会职能和解决历史遗留问题工作方案的通知》(国发〔2016〕19号)精神,解决计划经济体制下部分国有企业承办市政消防机构和企业专职消防队承担公共服务职能等问题,规范国有企业消防安全管理机构和专职消防队伍建设管理,经国务院同意,现就分类处理国有企业办消防机构,提出如下意见:

一、目标任务

按照依法建立和职能归位相结合的原则,明确划分企业依法履行消防安全职责与政府提供消防安全公共服务的责任界限，分类处理国有企业办消防机构，2017年底前完成。

对于企业保障自身消防安全、按照现行《消防法》等法律法规仍需设立的消防安全管理机构和专职消防队，予以保留；对于企业办的承担公共消防管理服务职能的市政消防机构和专职消防队，予以撤销，其中符合当地城乡消防规划不能撤销的消防队（站），划转当地人民政府接收。

二、加强企业消防安全管理

企业必须牢固树立安全发展理念，按照《消防法》《安全生产法》等法律法规，贯彻预防为主、防消结合的消防工作方针和管生产经营必须管安全的要求，实行消防安全责任制，明确消防安全责任人和消防安全管理人，依法建立专职、志愿消防队等多种形式的消防组织，加强对员工的消防宣传教育培训，落实消防安全管理措施，确保消防设施完整好用，严格履行消防安全职责。

三、加强企业专职消防队建设

符合《消防法》第三十九条规定的企业，应当建立与生产规模、火灾危险性相适应的专职消防队，承担本单位的火灾扑救和应急救援工作。企业应当按照公安部等十三部门《关于规范和加强企业专职消防队伍建设的指导意见》（公通字〔2016〕25号），落实专职消防队的人员及经费保障机制，结合高危险的职业特点合理确定专职消防队员的工资津贴及相关待遇，依法为专职消防队员办理工伤保险，并可在此基础上购买意外伤害保险，以提高职业伤害保障水平。公安消防部门应当加强对企业专职消防队的指导和监督，根据需要调动指挥企业专职消防队参加火灾扑救工作。

四、稳妥退出企业办的市政消防机构

企业办的承担公共消防管理服务职能的市政消防机构应当撤销，其职能移交当地公安消防部门。《消防法》第三十九条规定以外的企业，可以将现有的专职消防队撤销，经国有企业集团公司审核批准，由企业告知当地人民政府公安消防部门，其中符合当地城乡消防规划不能撤销的消防队（站），由当地政府接收。地方各级人民政府应当按照城乡消防规划建立公安消防队、政府专职消防队，并按照有关标准配备消防装备，承担火灾扑救和应急救援工作。地方财政部门落实相关经费保障。

驻企业的公安消防队、政府专职消防队应当撤出企业，履行公共消防安全服务职能；所在企业如属于《消防法》等法律法规确定的建立专职消防队范围，应当同步建立专职消防队，承担本单位的火灾扑救工作。

五、规范处理相关资产

企业办消防机构撤销涉及的资产，由企业自行处理。移交地方政府的企业办市政消防机构、消防队涉及的资产，依据财政部《关于企业分离办社会职能有关财务管理问题的通知》（财企〔2005〕62号）的规定实行无偿划转，由企业集团公司审核批准，报主管财政机关、同级国有资产监督管理机构备案。移交企业应当依法履行资产移交相关程序，做好移交资产清查、财务清理、审计评估、产权变更及登记等工作，按照财企〔2005〕62号文件有关规定进行财务处理。多元股东的企业，应当经企业董事会或股东会同意后，按照持有股权的比例核减国有权益。

六、妥善安置从业人员

移交地方的企业办消防机构涉及的人员，由企业和地方政府协商妥善安置。撤销的企业办消防机构从业人员，由企业按相关政策妥善安置。有关企业要认真做好职工的思想工作，维护职工的合法权益，确保企业和社会稳定。

七、做好组织实施工作

地方各级人民政府要高度重视，加强组织领导，有序推进国有企业办消防机构分类处理工作，做好相关工作衔接，完善城乡消防安全布局，对消防站、消防装备不足或者不适应实际需要的，应当按照城乡规划增建、改建和完善，保障消防安全基本公共服务。有关企业要提高认识，主动与地方政府沟通衔接，精心组织，周密安排，分类处理，制定实施方案，落实责任分工，妥善做好相关工作，确保在2017年底前完成目标任务。

关于印发《中央企业主要负责人履行推进法治建设第一责任人职责规定》的通知

国资党发法规〔2017〕8号

各中央企业：

为贯彻落实党的十八届四中全会精神，进一步推进中央企业法治建设，提升依法治企能力水平，根据《中共中央办公厅 国务院办公厅关于印发〈党政主要负责人履行推进法治建设第一责任人职责规定〉的通知》(中办发〔2016〕71号)有关精神，结合中央企业实际，国资委党委制定了《中央企业主要负责人履行推进法治建设第一责任人职责规定》，现印发给你们，请认真贯彻执行。

中央企业主要负责人履行推进法治建设第一责任人职责规定

第一条 为贯彻落实党中央关于全面依法治国的战略部署，增强中央企业主要负责人的法治意识，进一步推动法治央企建设，保障中央企业深化改革、健康发展，根据《党政主要负责人履行推进法治建设第一责任人职责规定》，结合中央企业实际，制定本规定。

第二条 本规定所称的中央企业主要负责人是指国务院国资委履行出资人职责的企业党委（党组）书记、董事长、总经理（总裁、院长、局长、主任）。

第三条 中央企业主要负责人履行推进法治建设第一责任人职责，必须坚持党的领导，充分发挥党委（党组）的领导核心和政治核心作用；坚持统筹协调，做到依法治理、依法经营、依法管理共同推进，法治体系、法治能力、法治文化一体建设；坚持权责一致，确保有权必有责、有责要担当、失责必追究；坚持以身作则、以上率下，带头尊法学法守法用法。

第四条 中央企业主要负责人作为推进法治建设的第一责任人，应当切实履行依法治企重要组织者、推动者和实践者的职责，贯彻党中央关于法治建设的重大决策部署，认真落实国务院国资委关于法治建设的各项要求，自觉运用法治思维和法治方式深化改革、推动发展、化解矛盾、维护稳定，把法治建设纳入全局工作统筹谋划，对重要工作亲自部署、重大问题亲自过问、重点环节亲自协调、重要任务亲自督办，把各项工作纳入法治化轨道。

第五条 党委（党组）书记在推进法治建设中应当履行以下主要职责：

（一）促进党委（党组）充分发挥把方向、管大局、保落实的重要作用，成立法治建设领导机构，及时研究解决有关重大问题，督促企业领导班子其他成员和下级企业主要负责人依法履职，确保全面依法治国战略在本企业得到贯彻落实；

（二）落实全面从严治党、依规治党要求，加强制度建设，提高党内法规制度执行力；

（三）严格依法依规决策，落实党委（党组）议事规则和决策机制，认真执行"三重一大"等重大决策制度，党委（党组）研究讨论事项涉及法律问题的，应当要求总法律顾问列席会议，加强对党委（党组）文件、重大决策的合法合规性审查；

（四）坚持重视法治素养和法治能力的用人导向，完善企业领导班子知识结构，相同条件下，优先提拔使用法治素养好、依法办事能力强的干部；

（五）落实企业法律顾问制度，加强企业法律顾问队伍建设和人才培养，推动完善法律管理组织体系，支持总法律顾问和法律事务机构依法依规履行职能、开展工作；

（六）深入推进法治宣传教育，定期组织党委（党组）中心组开展法治学习，推动企业形成浓厚的法治氛围。

第六条 董事长在推进法治建设中应当履行以下主要职责：

（一）推动依法完善公司章程，合理配置权利义务，完善议事规则和决策机制，在董事会有关专门委员会中明确推进法治建设职责，并将依法治企要求写入公司章程；

（二）促进将法治建设纳入企业发展规划和年度工作计划，与改革发展重点任务同部署、同推进、同督促、同考核、同奖惩；

（三）组织研究部署法治建设总体规划，加强指导督促，为推进法治建设提供保障、创造条件；

（四）定期听取法治建设进展情况报告，并将其纳入董事会年度工作报告；

（五）带头依法依规决策，董事会审议事项涉及法律问题的，应当要求总法律顾问列席会议并听取法律意见；

（六）推动建立健全企业法律顾问制度，落实总法律顾问可由董事会聘任的相关规定，设立与经营规模和业务需要相适应的法律事务机构，促进企业法律顾问队伍建设。

未设立董事会的中央企业，董事长推进法治建设第一责任人的相关职责由总经理履行。

第七条 总经理在推进法治建设中应当履行以下主要职责：

（一）加强对法治建设的组织推动，根据董事会审议通过的法治建设总体规划，研究制定年度工作计划，切实抓好组织落实；

（二）依法建立健全经营管理制度，确保企业各项活动有章可循；

（三）督促经理层其他成员和各职能部门负责人依法经营管理，加强内部监督检查，纠正违法违规经营管理行为；

（四）推动法律管理与企业经营管理深度融合，充分发挥总法律顾问和法律事务机构作用，不断健全法律风险防范机制和内部控制体系，严格落实规章制度、重大决策、经济合同法律审核制度，加强合规管理和法律监督；

（五）完善法律顾问日常管理、业务培训、考评奖惩等工作机制，拓宽职业发展通道，并为其履职提供必要条件；

（六）组织实施普法规划，强化法治宣传教育，大力提升全员法治意识，努力打造法治文化。

第八条 中央企业主要负责人应当将履行推进法治建设第一责任人职责情况列入年终述职内容，对本单位及子企业推进法治建设情况开展定期检查和专项督查，并可以将其纳入经营业绩考核。

第九条 中央企业党委（党组）应当将子企业主要负责人履行推进法治建设第一责任人职责情况纳入领导人员综合考核评价指标体系，作为考察使用干部、推进干部能上能下的重要依据。

第十条 中央企业主要负责人不履行或者不正确履行推进法治建设第一责任人职责的，应当依照有关党内法规、国家法律法规和相关规定予以问责。

第十一条 中央企业应当根据本规定，结合企业实际，研究制定具体实施办法。

第十二条 本规定由国务院国资委负责解释。

第十三条 本规定自印发之日起施行。

2018
CHINA'S STATE-OWNED
ASSETS SUPERVISION AND
ADMINISTRATION YEARBOOK

中国国有资产监督管理年鉴

国有企业履行社会责任和党的建设成果概览

第七篇

信息点亮生活

连接无所不在的未来

一个世纪以来，我们与信息通信行业共同成长。从信息通信产品制造到行业信息化应用，从服务中国到服务全球，普天始终以优质的信息通信技术产品与服务，推动人类文明和社会进步。点亮前所未见的生活，连接无所不在的未来！

中国普天信息产业股份有限公司　　Potevio Company Limited
中国　北京市海淀北二街6号　　100080　　http://www.potevio.com

Potevio 中国普天

微信平台

手机平台

中国化学工程集团有限公司
CHINA NATIONAL CHEMICAL ENGINEERING GROUP CORPORATION

党委书记、董事长 戴和根

中国化学工程集团有限公司（China National Chemical Engineering Group Corporation Ltd.简称CNCEC）是国务院国资委直接监管的大型工程建设企业集团，是我国工业工程领域资质最为齐全、功能最为完备、业务链最为完整、知识技术密集的工程公司，是我国石油和化学工业体系的缔造者，是我国工程建设体制机制改革的先行者，是实施"走出去"战略和共建"一带一路"的排头兵，是建设美丽中国的实践者。自1995年以来连续入选美国权威刊物《工程新闻记录》(ENR)公布的全球最大的250家承包商，在全球油气行业工程建设公司排名中位列第二位。近年来，公司累计荣获中国建设工程鲁班奖22项（其中境外工程鲁班奖5项），国家及省部级优质工程奖839项，国家优秀勘察设计奖17项，为国家基础工业发展壮大和工业文明持续进步贡献卓著。

公司可提供从规划、可研、勘察、设计、采购、施工、开车及项目管理等项目全生命周期工程服务，业务范围主要涉及建筑工程、基础设施、环境治理、特色实业及现代服务业。

公司是国家首批"创新型企业"之一，是"新一代煤（能源）化工产业技术创新战略联盟"理事长单位，现拥有国家级企业技术中心11家、国家能源研发中心1家、省级企业技术中心5家、省级工程技术研究中心7家、博士后工作站6家、高新技术企业18家；拥有包括中国工程院院士、全国工程勘察设计大师、行业勘察设计大师等在内的一大批优秀管理和技术人才，集中了我国石油化工、煤化工、天然气化工和化学工业以及其他工程建设领域的主要力量。

公司是最早承接境外承包工程的中国企业，现拥有境外机构134个，境外业务占比近40%，在一带一路国家累计完成合同额超过300亿美元，为沿线国家经济整体水平的提高和人民福祉的提升作出了重要贡献。

"十三五"期间，公司明确了"三年五年规划、十年三十年愿景目标"的中长期发展战略，坚持以习近平新时代中国特色社会主义思想为指引，以改革和创新为动力，聚焦主业实业，着力发展建筑工程、环境治理和特色实业，走专业化、多元化、国际化的发展道路。通过不断优化经营布局、强推转型升级、狠抓精细管理、推动技术创新、全面加强党建，实现集团高质量超常规跨越式发展，将公司建设成为研发、投资、建造、运营一体化的具有全球竞争力的世界一流企业。

土耳其地下天然气储库项目（土耳其首个储气库项目）

福建福清己内酰胺项目（世界单条产能最大的己内酰胺生产项目）

伊犁新天年产20亿立方米煤制天然气项目（世界规模最大、单系列产量最大的煤制天然气项目，国内历史上单个合同额最大的EPC总承包项目）

中国黄金

中国黄金集团有限公司（以下简称中国黄金）是我国黄金行业唯一一家中央企业，是中国黄金协会会长单位，也是世界黄金协会的董事会成员单位。

一、基本情况

中国黄金以"贵金属及伴生金属资源开发、冶炼、加工、贸易，辐照加工业和相关工程技术服务"为主营业务，是集地质勘探、矿山开采、选矿冶炼、产品精炼、加工销售、科研开发、工程设计与建设于一体的大型矿业公司，拥有完整的上下游产业链。

自组建以来，中国黄金按照市场经济规律，不断优化调整发展战略、推进改革创新，实现了快速发展。目前，公司黄金资源储量、精炼金产量、黄金投资产品市场占有率、黄金选冶技术水平、上海黄金交易所综合类会员实物黄金交易量五项指标位居国内行业第一。作为我国黄金行业的龙头企业，中国黄金为我国黄金产业的发展作出了突出贡献。

二、改革发展中取得的成绩

中国黄金紧密围绕"创造最具价值并受人尊敬的世界一流黄金产业集团"的愿景目标和"开发金山银山，保护绿水青山，践行新发展理念，推动高质量发展"的发展原则，紧抓"迎接挑战练内功，改革创新谋发展"两条主线，以坚持发展为中心，以深化改革为动力，以提质增效为核心。在改革工作落实上，中国黄金坚持"一企一策，因企施策，问题导向"的工作原则，持续推进完善现代企业制度；不断深化混合所有制改革及三项制度改革；进一步向纵深推进处置"僵尸企业"和特困企业专项治理及压缩管理层级、减少法人户数；稳妥推进以"三供一业"分离移交为代表的"剥离办社会"等供给侧结构性改革工作，形成工作有措施、措施能落实、落实可检查的改革工作新局面。

一是持续推进完善现代企业制度。为规范公司法人治理结构，中国黄金先后制定了《中国黄金集团公司董事会议事规则》《中国黄金集团公司董事会战略委员会议事规则》《中国黄金集团公司董事会提名委员会议事规则》等 7 项制度，建立健全了权责明确、规范运作的公司法人治理结构。同时，为了推进重要子企业董事会建设，中国黄金对重点子企业董监事任职情况进行系统梳理后，在重要子企业设置专职董事、监事，将提前退出领导岗位的领导人员推荐到企业担任董监事，充分发挥其管理经验和价值作用。通过制定

2018年1月，中国黄金集团举行公司改制揭牌仪式

中国黄金集团黄金珠宝股份有限公司旗舰店

中国黄金集团有限公司办公大楼

《中国黄金集团公司专职董事、监事管理办法》，进一步完善了董、监事考核评价与责任追究体系。

二是不断深化混合所有制改革。中国黄金紧紧围绕"完善治理、强化激励、突出主业、提高效益"十六字方针，利用混合所有制改革契机，积极推进中金珠宝等权属企业体制、机制改革工作。中金珠宝"混改"工作开展以来，通过引入京东、中信证券等7家战略投资者和1家产业投资者、实施核心骨干员工持股计划引入资金22.5亿元，在确保国有资本必要控制力的同时实现了公平、合理、透明的市场化运作模式，保障了"各种所有制资本取长补短"的内部制衡机制和相互促进发展的积极态势，有效地推动了国有资本做强、做优、做大。2018年上半年，中金珠宝销售收入比上年同期增长29.88亿元，资产负债率较"混改"前降低25.08%。

三是积极推进三项制度改革。中国黄金以深化劳动用工和收入分配制度改革为契机，以"瘦身健体"、提质增效为重要举措，坚持集团公司一盘棋，按照顶层设计和子公司创新实施相结合的原则，将三项制度改革和深化人才培养发展统筹开展，确定了管理人员能上能下、员工能进能出、收入能增能减3个方面改革任务、10个重点改革项目，明确了改革的路线图和任务完成的时间表。改革过程中重点把握方案执行、过程督导、经验总结等环节，坚持方案服从需要、效率服从质量，边谋划边推动、边落实边完善，稳步推进改革顺利实施。2016年至今，共精简在册人员7600人（含退休职工1368人），压缩机构141个，减少中层管理人员321人。

四是持续推进供给侧结构性改革。中国黄金严格按照国资委关于"处僵治困""压减""剥离企业办社会职能"等改革工作的任务要求，在相关工作中出实招、抓实效。截止到2018年8月底，中国黄金累计分流安置人员5683人，减少法人户数39户，签订"三供一业"分离移交协议、移交企业办社会职能项目共106个。

五是抢抓"一带一路"建设机遇。中国黄金通过积极实施"走出去"以及"一带一路"、"国际产能和装备制造合作"、"周边国家互联互通"、非洲"三网一化"等重大海外战略和倡议，通过科学组织、有序推进刚果（布）索瑞米等项目，中国黄金在国际化，尤其是在"一带一路"沿线方面取得了长足的进步。通过海外并购项目，中国黄金增加金资源储量135吨，铜资源储量65万吨，铅锌资源储量100万吨。截至目前，中国黄金海外并购总投资约为50亿元，2018年预计可实现利润8亿元。

中国黄金集团刚果（布）索瑞米项目矿区全景

亚洲最大的黄金综合回收冶炼企业——中原黄金冶炼厂

南光（集团）有限公司
NAM KWONG (GROUP) COMPANY LIMITED

新时代　新形象　新作为
——砥砺奋进中的南光

　　南光（集团）有限公司是唯一一家总部设在中国澳门的国务院国资委直属中央企业，集团前身南光贸易公司成立于1949年8月，是中国澳门最早的中资机构。2015年11月国务院批准集团实行重组，2017年9月1日中国南光集团有限公司在珠海横琴自贸区注册成立，2019年8月28日集团又将迎来70周年华诞。

　　在逾半个多世纪的历史进程中，在国家的重视和支持下，一代又一代南光人不忘初心、牢记使命、锐意进取、砥砺前行，走过了一段艰苦创业、自强不息、企业不断改革发展壮大的不平凡历程；坚持"用最好的回报社会"宗旨，履行历史赋予的光荣职责，完成了不同时期的历史使命，为中国澳门回归祖国怀抱、发展内地与澳门经贸关系、推动国家对外经贸事业、凝聚广大爱国爱澳力量、促进澳门社会繁荣稳定和落实"一国两制"在澳门的伟大实践作出了贡献，多次得到上级领导和澳门特区政府及社会各界的肯定和表扬；2015年12月7日，澳门特别行政区政府授予南光集团工商功绩勋章。

　　南光集团依托得天独厚的区位优势，抢抓市场机遇，推进改革重组，产业链不断延伸，主营业务日益聚焦，形成了原油及成品油、日用消费品贸易、酒店旅游、地产经营开发和综合物流服务四大类核心业务，主要经营业务分布在澳门特别行政区、香港特别行政区、中国台湾地区、葡语系国家及国内珠三角、长三角和京津冀等广大经济活跃地区。

　　目前，集团是澳门特区最大的能源产品和主要的鲜活冷冻食品、酒店旅游会展、物流服务供应商，拥有澳门唯一的油气储存和航煤供应设施；是澳门天然气管网的建设和运营商、澳门电力公司的最大股东、澳门公共交通服务的主要专营企业；是澳门地区办理"港澳居民来往内地通行证"和"台湾居民来往大陆通行证"的唯一指定单位；有澳门最大的内港码头、干洗仓库、公共巴士和跨境运输车队。分别在澳门、桂林、西安、加拿大投资经营星级酒店；在澳门、海口、上海、无锡等地区投资开发地产项目；在珠海保税区、珠澳跨境工业区建有大型仓储设施；与东南亚、葡语系国家、中东、欧盟、北美、南美等地区有着长久的合作发展渊源和长期的贸易往来平台。

　　近年来，南光集团在国家改革开放的大环境下，认真贯彻"五位一体"总体布局和"四个全面"战略布局，按照集团发展战略，不断深化改革，强化管理提升，企业做强做优做大的步伐日益加快，集团的内生活力、发展动力、员工凝聚力和社会影响力进一步增强，经营业绩不断刷新历史纪录，企业发展质量稳步改善和提高。作为澳门会议展览业协会会长单位，连续举办汽车展、公务机展、游艇展和中国与葡语系国家商贸洽谈会等，成为具有较大国际影响力的品牌会展商。

　　在发展经营业务、履行经济责任的同时，南光集团积极履行国家责任、政治责任、社会责任，充分展示了"特别顾大局、特别能战斗、特别有担当、特别讲信誉"的企业形象。开展对口扶贫、绿色发展、参与公益慈善事业和抢险救灾。2017年8月澳门特区遭遇强台风灾害，南光集团迅速行动，全力抢险，赢得了广泛赞誉。港珠澳大桥举世瞩目，南光集团勇挑重担，攻坚克难，圆满完成澳门口岸管理区项目建设任务。作为驻澳中资企业会长单位，发挥优势，率先垂范，团结和带领驻澳中资企业，为澳门特区经济和社会发展，书写了一篇又一篇华美乐章。

　　伴随着国家有中国特色社会主义进入新的时代，南光集团改革发展也步入一个新的阶段，面临着更加美好和光明的前景。新时代、新气象、新征程。南光集团将以习近平新时代中国特色社会主义思想为指导，弘扬企业厚重的文化和光荣传统，乘着新时代改革开放的浩荡东风，贯彻稳中求进的工作总基调，坚定不移走高质量发展道路，按照集团"十三五"战略规划目标，坚持改革创新驱动，巩固传统优势产业，拓展新兴业态经济，积极参与"一带一路"、粤港澳大湾区建设和区域合作发展，助力澳门"一中心、一平台"建设，为加快南光集团高质量可持续发展，为不断满足广大员工对美好生活的新期待，为推动澳门经济社会繁荣稳定作出新的贡献，不辜负伟大祖国的重托和澳门特别行政区政府及社会各界的希望！

澳门罗理基博士大马路南光大厦十六楼　　Tel:(853)8391 1600　　Fax: (853)2833 0853　　Website: www.namkwong.com.mo

用最好的回报社会
这是我们的追求，也是我们的过去、现在和将来存在的价值

中国保利集团公司
CHINA POLY GROUP CORPORATION

中国保利集团公司于1992年经国务院、中央军委批准组建，1993年2月在国家工商管理总局注册成立。1999年3月，保利集团由军队划归中央大型企业工作委员会领导管理，成为国有重要骨干企业。2003年，由国务院国有资产监督管理委员会履行出资人职责。

北京保利大厦

广州保利国际广场

上海保利大剧院

新保利大厦图

引进英文歌剧《红楼梦》

2017年保利秋季拍卖现场

保利国际2017年使节

十八大以来，在党中央、国务院的正确领导下，保利集团深入学习贯彻近平总书记关于国有企业改革的系列重要讲话精神，按照国资委的要求，以有资本投资公司试点为契机，深化了治理体系、投资管控、整合协同等一系改革，有效促进了企业的发展。在习近平新时代中国特色社会主义思想的指下，保利集团有效把握改革与试点方向，从管资产向管资本转变。完成总部构调整，重点加强了融资、投资、风控三大功能建设，确保资金筹得到、投出、管得住、收得回，形成有效的投资运营模式，发挥国有资本投资公司产功能，通过开展市场化投融资、常态化资源整合、增值化股权管理、合理化转退出等方式，切实提高国有资本运营效率和效益。

北京保利国际广场

智引领 慧长远

中国西电集团有限公司
CHINA XD GROUP CO., LTD.

中国西电集团有限公司（以下简称中国西电集团）成立于1959年7月，是以"一五"期间我国156项重点建设工程的5个项目为基础形成的，是国务院国资委直属的中央企业，我国最具规模、成套能力最强的高压、超高压、特高压交直流输配电设备和其他电工产品的研发制造、实验检测和服务基地，是集科研、开发、制造、贸易、金融为一体的大型企业集团。拥有全资和控股子公司（单位）60余家，其中包括4个国家级企业技术中心和工程实验室，4个国家级质量检测中心，2家上市公司，4家海外合资合作公司，41个驻外营销服务机构，服务全球80多个国家和地区。

半个多世纪以来，中国西电集团为国家电力装备事业发展作出了巨大贡献。先后为我国多个第一条和重大交直流输变电工程提供成套装备和技术：第一条330千伏高压交流输电工程（刘家峡至关中）、第一条500千伏全国产化高压交流输电工程（锦州至辽阳试验线段工程）、第一条750千伏超高压交流输电线路（关亭至兰州东）、第一条1000千伏特高压交流输变电项目（晋东南至荆门）、第一条±100千伏直流输电线路（舟山直流）、第一条±500千伏超高压直流输电工程（三峡至常州）、第一条±800千伏 特高压直流输电工程（云广特高压直流输电工程）、第一个西北—华北联网背靠背直流输电工程、三峡工程以及"西电东送"等国家重点工程项目提供了大量成套输配电设备。改革开放以来，西电对标国际输变电前沿技术，在技术合作基础上积极开展创新研发，实现了从技术追赶到技术引领的跨越。"十一五"期间至2017年底，全面实施创新战略，大力开展科技创新，累计完成自主研发的重点新产品1259项，其中国际领先164项，国际先进164项，国内领先256项；拥有有效专利2104件；荣获国家科学技术进步奖12项（其中特等奖3项、一等奖4项），获省级和行业科学技术奖91项，获市科学技术奖86项；2008年和2010年两次荣获中央企业科技创新特别奖；被确定为首批国家级知识产权示范企业。

新世纪以来，面对国家电力市场的巨大需求，中国西电集团积极开展特高压产品和技术研究，研发完成了全系列具有完全自主知识产权的750千伏、1100千伏交流和±800千伏直流输变电成套设备，先后应用于国家10条交流特高压、15条直流特高压线路，为特高压输变电这张中国制造名片书写下了浓墨重彩的一笔。

2017年，西电为"锡盟—泰州"±800kV特高压直流输电工程研制成功国内首台容量最大、网侧电压等级最高的换流变压器，首次实现了特高压直流与特高压交流电网的互联。

西电为三峡工程研制的大型水电机组用发动机断路器成套装置。

2017年3月，西电集团投资建设的东南亚地区最大的变压器制造基地西电斯科印尼开业。

2016年，由西电集团自主研发，为巴西美丽山特高压输电项目制造的±800kV换流变压器，是中国第一个出口容量最大的换流变压器。

  中国机械设备工程股份有限公司 China Machinery Engineering Corporation

BELT AND R

欧洲 — 俄罗斯 — 中亚 — 中国

地中海 — 波斯湾 — 西亚 — 南亚 — 南海

印度洋 — 东南亚

中国机械设备工程股份有限公司（CMEC），由中国机械设备进出口总公司通过整体改制更名，于2012年在香港成功上市。公司成立于1978年，是中国第一家大型工贸公司。

CMEC是以工程承包为核心业务，以贸易、投资、研发及国际服务为主营业务的大型国际化综合性企业，是国际知名的工程承包商。工程承包业务范围涉及到电力能源、交通运输及电子通讯、房屋建筑、工厂建设、环境保护、采矿以及资源勘探等多个领域。

CMEC承接的国际工程承包业务和一般国际贸易已经遍及世界五大洲150多个国家和地区。

CMEC1980年开始从事国际工程承包业务，是第一批"走出去"的中国承包商。

为践行"一带一路"倡议，CMEC积极作为，加强对"一带一路"沿线国家的开发力度。业务范围与"一带一路"国家高度契合，在17个沿线国家拥有分支机构，21个沿线国家拥有完工项目，具有多年深厚的市场基础。从2013年"一带一路"倡议提出至2015年，CMEC在"一带一路"沿线共有400多个重点跟踪项目，涉及50多个"一带一路"沿线国家。目前已经形成了巴基斯坦、白俄、斯里兰卡、缅甸、泰国、伊拉克、土耳其、马来西亚、马尔代夫等十余个核心市场。

中交第二航务工程局有限公司
CCCC SECOND HARBOUR ENGINEERING COMPANY LTD

强管理筑根基 促改革谋发展
全面加快推进率先建成世界一流企业新征程

风雨60年，与共和国同龄的中交二航局，从一支固定资产不足10万元的码头抢修工程队，一跃发展成为一家以路桥、港航、铁路、城市轨道交通、市政工程施工为主业，"大土木"、多元化经营的大型工程建设企业。如今，二航局下辖12家子公司，13家分公司，3家参股公司，30余家投资、房地产项目公司，以及30余家经营性分公司和海外经营办事处，具有公路工程施工设计一总承包特级、港口与航道工程设计一施工总承包特级、市政公用工程施工总承包一级和城市轨道交通工程专业承包等资质，新签合同额突破700亿元大关，营业收入也从改革开放初期的2000多万元，跃上今天的500亿元平台。

从内河走向海洋，从国内走向海外，从码头市场走向多元化经营，从单一劳务施工输出走向设计、施工、运营一体的全产业链产品库，截至目前，二航局承建各类码头500多座，跨江、跨海、跨高山峡谷大桥300多座，高等级公路逾4000千米，铁路工程单线里程超过1300千米，城市轨道交通工程超过100千米，新签投融资项目合同额累计超过1500亿元，累计承接海外工程达100项，海外业务遍及27个国家和地区。

60年来，二航局以诚信拓市场，以质量求发展，先后获得"全国五一劳动奖状""全国企业文化建设工作先进单位""全国守合同重信用单位""中国优秀诚信企业""中国最具影响力企业""全国文明单位"等荣誉称号。

　　2018年，被誉为"建桥国家队"的二航人又用多项成绩擦亮企业"桥品牌"。二航局温州北口大桥、南京长江五桥、宁德沙埕湾跨海通道、国内首座高速铁路跨海大桥——福厦铁路泉州湾跨海大桥、世界级"隧—岛—桥—水下互通"集群工程深中通道等一批特大型桥梁工程先后开工；承建世界最大跨度公铁两用钢拱桥——沪通长江大桥天生港专用航道桥主体完工；参建世界最长的跨海大桥——港珠澳大桥、文莱首座跨海大桥——文莱大摩拉岛大桥、世界首座建在珊瑚礁上的跨海大桥——援马尔代夫中马友谊大桥相继顺利通车。公司在中国桥梁建设领域影响力持续提升。此外，二航人积极担负央企责任，深入参与雄安新区建设，京雄高铁建设如火如荼；积极参与延崇高速公路建设，为2022年冬奥会保驾护航……

　　今天，在二航局领导班子带领下，他们以深化改革不断推动企业转型升级，将企业发展向高产出区域聚集、向战略合作产业聚集、向新型融资模式聚集、向高新技术聚集、向城市品牌聚集，立足实际、因企制宜、谋定而动，在保证传统业务优势的情况下，打造桥梁及轨道交通建设尖端品牌，深度经营海外市场，全力拓展水利水电、机电交安、园林绿化、综合管廊、智能交通、生态环保、海绵城市、特色小镇等新兴业务，让企业稳步由工程承包商向基础设施投资商和资产（资本）运营商转型升级，将二航局打造成新兴的建筑业一体化服务商，走出一条高质量、可持续、有活力、重创新、可共享的精益化发展道路。

01	02	03	04	05
06	07	08	09	10	11

01. 援马尔代夫中马友谊大桥
02. 以色列阿什杜德港
03. 文莱大摩拉岛大桥
04. 五峰山长江大桥
05. 新疆乌尉高速公路
06. 广东湛江徐闻港
07. 肯尼亚内马铁路
08. 杭黄高铁
09. 沪通长江大桥天生港航道桥
10. 郑万铁路
11. 海南铺前大桥

中国电建路桥
POWERCHINA ROADBRIDGE

中电建路桥集团有限公司成立于2006年，隶属世界500强企业中国电力建设集团有限公司（股票代码601669）。作为中国电建专业从事基础设施业务的资源整合平台、模式创新平台、资本创新平台、业务协同平台，中电建路桥集团集投资、规划、勘察、设计、咨询、监理、施工、运营能力于一体，资产总额超1200亿元、经营规模逾4000亿元，是全球城市/区域基础设施一体化服务商和综合型建筑企业集团。

中电建路桥集团主要从事国内外高速公路、市政、铁路、轨道交通、桥梁、隧道、城市综合体开发、机场、港口、航道、地下综合管廊以及生态水环境治理、海绵城市建设、环境保护等项目投资、建设、运营等，为客户提供投资融资、咨询规划、设计建造、管理运营一揽子解决方案和集成式、一体化服务。成立以来，投资建设了一大批体量大、强度高、领域宽的基础设施及环保项目。

中电建路桥集团曾先后荣获"中国建筑业竞争力百强企业""中国建筑业最具成长力100强企业""中国建筑业综合实力50强""中国建筑100强""国家科技进步企业""国家科技创新先进企业""中国经济绿色环保单位""全国文明诚信示范单位""全国建筑业优秀企业""中央企业五四红旗团委创建单位""首都文明单位"等荣誉称号。

目前，中电建路桥集团拥有公路工程施工总承包特级、市政公用工程施工总承包壹级、建筑工程施工总承包壹级等相关资质。拥有国内外全资或控股子公司60余个，其中包括1个勘察设计院和1个工程设计研究院。拥有"中国电建路桥""中国电建环境"两大专业品牌。拥有高学历、高素质专业管理人员和技术人员近千人。拥有国际先进水平的资本运作团队、专业的勘察设计咨询团队、经验丰富的工程建设管理团队和业内领先的科技研发团队。先后与国内20多个省、市、自治区政府签订了相关合作协议，与国内外多家知名的建筑企业和金融机构开展了深度合作。

未来，中电建路桥集团将继续秉承"源于江河，融入世界"的企业愿景，以"建造比人的生命更长久的建筑艺术"为企业使命，以打造国际型、创新型、服务型、综合型世界一流大型企业集团为奋斗目标，为世界各地建设精品工程，为股东及合作方创造收益，为社会创造价值，在基础设施业务全产业链上为业主提供优质服务。

			07	08
01	02	03		
04	05	06		

01. 城市综合体业务——天津市武清区"新城开发"BT项目
02. 城市综合体业务——青岛中德生态园社区全景
03. 铁路业务——京沪高速铁路
04. 江津至习水高速公路
05. 重庆项目群——重庆梁忠高速仁和互通
06. 晋红高速
07. 市政业务——河南省郑州市三环路快速化工程项目西三环陇海路立交
08. 江习高速笋溪河大桥

# 黄河上游水电开发有限责任公司
HUANGHE HYDROPOWER DEVELOPMENT CO., LTD.

　　国家电投集团黄河上游水电开发有限责任公司（以下简称"黄河公司"）是国有大型综合性能源企业，成立于1999年10月，是全球最大的光伏电站运营商、北方最大的水力发电企业。目前主要从事电站的开发与建设；电站的生产、经营、测试及检修维护；晶硅产品和太阳能电池及组件的生产、销售；电解铝的生产、销售；矿产资源开发等业务。

　　黄河公司认真贯彻落实科学发展观，积极遵循"流域、梯级、滚动、综合"的开发原则，加快黄河上游水电资源和新能源开发，积极延伸上下游产业链，产业分布在青海、甘肃、宁夏、陕西等省(自治区)，电力装机规模1697万千瓦，其中清洁能源占比92%。

　　打造了黄河上游水电基地。水电装机1083万千瓦，拥有被誉为"龙头电站"的龙羊峡水电站；黄河上游装机容量最大、发电量最多的拉西瓦水电站；被誉为中国水电建设样板工程的公伯峡水电站等17座水电站。

形成了光伏产业制造基地。拥有从多晶硅-光伏电站开发建设运行的完整的光伏产业链；建成国内唯一一条量产并批量销售电子级多晶硅的生产线，年产2500吨；建成年产1.2亿片硅片、60万吨电解铝和30万吨炭素项目；建成年产太阳能电池800兆瓦及组件400兆瓦生产线项目，正在建设国内首条IBC电池和组件生产线。

建成了全球最大的光伏发电基地。目前已建成光伏电站37座，总装机容量388万千瓦；风电场16座，装机94万千瓦，并积极推进青海省两个千万千瓦级可再生能源基地建设。同时，黄河公司积极应对市场变化，推广新技术、新工艺，加快科研成果转化，让科技转化为现实生产力、核心竞争力，拥有水光互补技术、实证基地等一批具有自主知识产权的技术成果，使中国的光伏电站建设和运营走到了世界前列。

截至目前，黄河公司累计完成发电量4800亿千瓦时，资产总额970亿元。

多年来，黄河公司荣获"全国五一劳动奖状""中央企业先进集体""企业信用评价AAA级信用企业"等荣誉称号，连续16年荣获"青海省财政支柱企业"称号。2010年8月，被中共中央、国务院、中央军委授予"全国抗震救灾英雄集体"荣誉称号。

01. 在光伏子阵内种植的雪菊
02. 夜幕中的多晶硅生产装置区全景
03. 公伯峡水电站
04. "光伏羊"与光伏电站的完美结合
05. 龙羊峡水电站
06. 85万千瓦龙羊峡水光互补光伏电站
07. 百兆瓦国家级太阳能发电实证基地
08. 茶卡风电场
09. 拉西瓦水电站

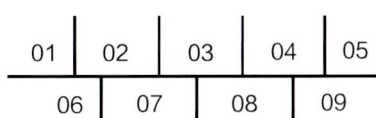

AION 智爱新高度
广汽新能源全球首款超长续航AI纯电定制座驾

扫一扫
关注官方微信

面对新时代，广汽集团奋力追梦，
以坚如磐石的信心、只争朝夕的劲头、坚韧不拔的毅力，坚持"一个中心、两个不动摇、三个转变"发展主着力推动质量、效率、动力三大变革，以高质量发展向世界一流企业进发。

广州汽车集团股份有限公司（以下简称广汽集团）成立于1997年6月，总部位于广州市天河区珠江新城，是一家A+H股上市的大型国有控股股份制企业集团，拥有员工9.5万人，在全国31个省、市、自治区拥有销售店2731家，带动零部件配套供应、销售物流、金融服务等就业人口近80万人。2018年集团第六次入围《财富》世界500强，排名第202位。

广汽集团主营业务涵盖汽车研发、整车、零部件、商贸服务、金融服务五大板块。旗下拥有广汽研究院、广汽乘用车、广汽新能源、广汽本田、广汽丰田、广汽菲亚特克莱斯勒、广汽三菱、广汽蔚来、广汽日野、广汽比亚迪、五羊－本田、广汽部件、广汽丰田发动机、上海日野发动机、广汽商贸、同方环球、大圣科技、广汽汇理、众诚保险、中隆投资、广爱保险经纪、广汽资本、广汽财务等二十多家知名企业与研发机构，生产销售传祺、雅阁、奥德赛、冠道、讴歌、凯美瑞、汉兰达、致炫、雷凌、JEEP大指挥官、劲炫、欧蓝德、奕歌、日野等数十种知名品牌汽车产品。

2018年集团完成汽车产销219.40万辆和214.79万辆，同比增长8.77%和7.34%，销量增幅高于行业10个百分点；工业总产值3084.5亿元，同比增长5.8%；本集团连同合营、联营公司共实现营业总收入约3636.85亿元，同比增长7.04%。

展望未来，广汽集团提出了新阶段的发展目标和任务使命，第一个阶段，在2027年即公司成立30周年之际，广汽集团争取进入世界企业100强；第二个阶段，在2037年即公司成立40周年之际，广汽集团将成为具有全球竞争力的世界一流企业。

广汽集团始终坚持"人为本、信为道、创为先"的企业理念和"至精·志广"的品牌核心，努力成为客户信赖、员工幸福、社会期待的世界一流企业，为人类美好移动生活持续创造价值。

湖南建工集团

建设一流现代集团 挺进"世界500强"

- 湖南建工精神：一流 超越 精作 奉献
- 中国企业500强 中国承包商80强
- 连续19年荣获104项中国建设工程最高奖——鲁班奖

湖南建工集团为湖南省属大型国有企业，成立于1952年，是一家具有勘察设计、工程投资、施工运营、建筑科学研究、高等职业教育、建筑安装、路桥施工、水利水电施工、新能源建设、工程设备制造、房地产开发、对外工程承包、劳务合作、进出口贸易、城市综合运营等综合实力的大型千亿级国有企业集团。集团注册资本金200亿元，年生产(施工)能力2000亿元以上，经营区域覆盖全中国，海外市场涉及亚洲、非洲、拉丁美洲、大洋洲等30个国家和地区。

60多年来，湖南建工集团大力弘扬"一流、超越、精作、奉献"的湖南建工精神，用建筑精品诠释建工之魂，先后有1000余项工程荣获鲁班奖、詹天佑奖、全国市政金杯奖、省芙蓉奖等荣誉，"建筑湘军"品牌享誉中外。集团连续15年入选"中国企业500强"，连续19年荣获104项中国建设工程最高奖——鲁班奖。2018年，集团承接任务1557.1亿元，完成企业总产值998.2亿元，同比增长14.5%。集团先后荣获"全国优秀施工集团""全国明星施工企业""创鲁班奖工程特别荣誉企业""全国创先争优先进基层党组织""全国企业党建工作先进单位""全国五一劳动奖状""湖南省文明标兵单位"等荣誉。

潮平两岸阔，风正一帆悬。奋进中的湖南建工集团正以习近平新时代中国特色社会主义思想为指引，深入贯彻落实党的十九大精神，主动抢抓"一带一路"机遇，全面加强党的建设，打造"一体两翼"发展格局，大力推进专业板块整合、资产证券化、产业链向上下游延伸及向新型行业延伸等工作，压层级、减法人、优结构，壮大集团母体，推进生产经营管理创新转型升级，努力将集团打造成集项目科研、教育、投资、设计、建设、运营、维护于一体的总承包集成服务商，成为具有较强核心竞争力和国际竞争力的湖南省内建筑业龙头企业及国内建筑业先锋企业，最终成为具有全球竞争力的世界一流企业，实现进军"世界500强"目标。

入围"中国企业500强"

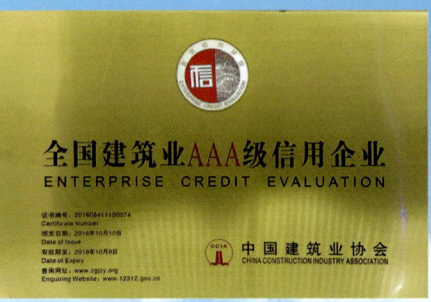
荣获"全国建筑业AAA级信用企业"称号

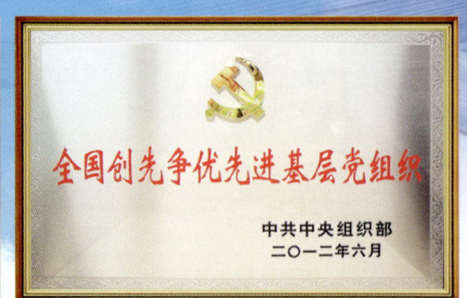
荣获"全国创先争优先进基层党组织"称号

湖南建工集团积极投入西藏玉麦小康乡村建设

湖南建工集团承建的塞内加尔竞技摔跤场外景

湖南建工集团承建的港珠澳大桥管理区收费大棚

中国有色金属工业协会
China Non-Ferrous Metals Industry Association

中国有色金属工业协会党委书记、会长
陈全训

  中国有色金属工业协会（China Non-Ferrous Metals Industry Association，CNIA）成立于2001年4月，是由我国有色金属行业的企业、事业单位、社会团体组成的经济类社会团体，目前拥有会员单位1700余家。近年来，中国有色金属工业协会坚持为政府、行业、企业服务的宗旨，充分发挥服务、引导、咨询、协调职能，谋大局、善调研、抓重点、重服务，得到了政府重视、行业认可和企业信任，连续多年被评为中央国家机关文明单位，被授予5A级全国性行业协会和全国先进社会组织称号。

  当前，中国有色金属工业协会紧紧围绕建设世界有色金属工业强国的目标，大力推进供给侧结构性改革，促进行业平稳健康发展；强化行业质量品牌建设，努力培育发展新动能；继续落实国办42号文精神，持续扩大有色金属应用；加强环保政策宣贯，大力促进行业绿色发展；着力应对贸易摩擦，维护行业共同利益；积极组建发展"企业联盟"，不断推进国际产能合作；努力为企业排忧解难，促进区域产业协调发展；精心组织行业重大活动，提升行业影响力。

  中国有色金属工业协会将全面贯彻落实党的十九大精神，以习近平新时代中国特色社会主义思想为统领，继续深化改革，开拓创新，奋发有为，努力办成自身过得硬、企业信得过、行业有威信、社会声誉好、国际有品牌的一流行业组织，为建设世界有色金属工业强国，实现中华民族伟大复兴"中国梦"作出新的更大贡献！

天津产权交易中心
Tianjin Property Rights Exchange

2017年11月25日，中心北京业务总部正式揭牌运营

天津排放权交易所增资扩股签约仪式在京举行

  天津产权交易中心（下称"中心"）是我国大型国家级产权交易资本市场，中国产权行业协会副会长单位，国务院国资委、财政部选定的央企产权、央企资产交易机构，市国资委、市财政局、市高法选定的全市唯一一家产权交易机构，国企深改混改的综合性服务平台，各类资本、资产、要素资源市场化配置的专业化投融资服务平台。目前，中心投资运营区域性股权、农村产权、排放权、金融资产、技术产权等九大专业交易市场，业务涵盖企业股权、企业资产交易，企业增资扩股融资、中小微企业挂牌融资、股权质押融资、租赁权融资等数十项类别，形成了交易市场延伸，交易品种丰富，市场核心功能突出，平台渠道资源优化，运营管控规范高效的产权交易资本市场体系。

  2017年，中心加快转型发展、创新发展，市场功能大幅提升，行业地位领先。各类项目交易达10034宗，交易和融资服务额达1657亿元。其中企业国有项目1815宗，交易量同比提高近5倍；交易额146.4亿元，在2016年同比提高43%的基础上，又同比提高7.5%；国企产权和资产项目的平均挂牌成交率70.3%、平均增值率近30%、平均竞价率88.7%。主营业务收入、利润总额等指标分别在2016年同比大幅提高的基础上，均又同比提高超30%，再创历史新高，取得了良好经济效益和社会效益。国务院国资委牵头的国家五部委第六次综合评审对中心的工作给予了高度评价。

  ——**服务国企混改成效显著**。调整设置专门的前台部门，主动上门对接企业混改需求，帮助企业制定混改方案、交易方案、投资人择优方案，优化交易流程，修改完善交易制度，建立择优评审专家库，优惠交易费用，降低企业交易成本，帮助混改企业引入"真家伙""硬家伙"。中心深改混改挂牌项目220多宗，成交额和融资额160多亿元。其中，完成混改项目83宗，引入社会资本逾120亿元。

  ——**市场融资功能大幅提升**。挂牌增资项目同比增加近3倍，项目拟募集资金约110亿元，同比增加约60%。渤海证券增资52亿元扩股15亿股项目荣获全国产权行业"产权交易资本市场最具影响力案例奖"。成功运作了津融资产增资23亿元混改引战、宁盛建筑增资9.34亿元引入行业龙头保利地产等项目。

2017年9月6日，国务院国资委组织国家五部委专家领导对中心开展第六次综合评审

2017年10月，中心渤海证券增资项目荣获产权交易资本市场最具影响力增资案例奖

2017年9月6日，国务院国资委产权局副局长李晓梁在第六次综合评审会现场指导工作

——**市场询价定价功能凸显**。率先将债券市场"簿记建档"定价方式引入产权市场增资业务，得到行业的高度评价和推广应用。7天24小时动态报价系统的功能作用进一步凸显，完成公车处置1700多辆，项目的平均增值率100.7%（最高达35.5倍），竞价率99.6%，成交率99.9%。尝试将7天24小时动态报价引入股权类项目。

——**专业市场建设取得成效**。专业交易市场完成各类交易8200多宗，交易额1510多亿元。一德集团整体并入中心，两家区域股权市场整合取得重要进展。天津农村产权交易所率先在全国建立"市—区—镇（街）"三位一体的市场服务体系。天津排放权交易所溢价混改引入蚂蚁金服。

——**跨市场合作取得新成绩**。成功举办京津沪渝四地央企业务机构协调会。成立北京业务总部。牵头研究筹建大区域性专利成果转化交易平台。与北交所、驻京央企等10家机构合作建立行业信息化服务平台。与上海、武汉等多地产权机构成功开展项目异地联动挂牌。

——**全面完善优化交易制度**。根据国务院国资委、财政部32号令和业务创新的需求，全面系统地修订完善30多项交易制度、竞价规则、收费规则和制式表单，形成了新的制度规则体系，保障了各项业务依法依规、高效有序地开展。

——**全面实现业务流程重塑**。信息化建设中长期规划顺利推进，实现了交易流程和业务常规审核的标准化、全流程线上化。办件、审件效率提高了3倍。升级后的业务系统，可以满足两万人在线参与报价，支持两千人同时在线报价。

——**全面调整优化部门设置**。设立"前中后"台，增加市场一线部门力量，实行全员重新上岗，60%的员工轮岗。确立部门业务流程制衡、工作协调和考核机制，牢固树立了"行商"服务理念，进一步加强了市场化运营管理。

——**全面加强投资运营管控**。聚焦提质增效，整合优化专业交易市场投资布局，增强业务板块的协同性，持续提升投资运营效率。聚焦服务实体经济，指导监督下属单位强化风险管控，不断提高资产运营质量和抗风险能力。

——**积极实施全面转企改制**。研究制定中心转企改制工作方案，指导下属单位深化混改和重组，转变业务发展方式，转换发展动力，激发市场活力，为打造与天津金融创新运营示范区建设定位相配的产权交易资本市场奠定了重要基础。

发挥核心功能　助力川藏发展

近年来，西南联交所在推进发现价格、发现投资人功能方面下大力气，通过打破市场壁垒、加快资产流动、深化制度改革等多种方式，组织了主题路演、集中引荐、圆桌洽谈等活动533场，向海内外上万余投资人和投资机构推荐重点企业270家，重要项目3721个。投资者对该所产权交易项目兴趣浓厚，纷纷踊跃参与项目的询价报价，为川藏地区经济新发展作出了突出贡献。

同时，西南联交所充分发挥产权交易市场的优化资源配置功能，成为川藏地区要素资源有序流转的交易平台、投融资和招商平台、资本与资源对接的综合服务平台。例如，为服务川藏地区国资国企改革，西南联交所搭建了国企混改项目平台以及国资并购重组平台，通过评证规范交易，帮助国企实现转型脱困。通过开发新型交易品种、创新交易合作模式、辅导培育新兴项目、投行化个性化综合服务等多种方式，有力支持了川藏国企改革向纵深推进。

此外，西南联交所在服务供给侧结构性改革中，极大地发挥了政策传导功能，严格落实"三去一降一补"政策。西南联交所建立的四川省去产能去库存交易平台，探索出独特的"四川模式"并逐步影响扩展到兄弟省份。截至目前，帮助煤企化解过剩产能1975万吨，为289家煤矿企业筹集转型资金27.8亿元，处置闲置库存产品和低效资产规模超过81.2亿元，实实在在地降低了企业管理成本和运营杠杆，提高了川藏地区产品和服务供给质量。

最后，西南联交所还注重发挥信息聚集与辐射功能，汇聚资本市场产业生态圈，为西部金融中心建设赋能。西南联交所以信息平台为依托，变单打独斗为联合出击，汇聚资本市场产业生态圈，有机联系整合了全国知名的评估、信托、基金等金融服务机构约200余家，形成共创、共享、共赢的金融生态圈，为市场主体交易活动提供资产评估、产品设计、资产管理等全方位服务。并通过引入专业人才，引入先进机制，引入优质项目的方式，不断扩大川藏金融市场总盘子的规模和影响，为西部金融中心建设增添新能量。

交易所座谈会　　　　　　　　　　　　　　　　　　　　　　　　　西南联交所员工照

全球品牌 全球网络 全面服务
跨行业、跨领域、跨地域
百年老店 经验丰富
质量第一 客户为先

道衡美评是全球领先的评估和企业财务顾问公司。道衡于2015年2月收购了有着超过百年历史的美国评值，道衡美评为全球历史最悠久及最大的跨国评估咨询机构。

道衡美评的中国证券资质及其他法定评估服务

- 中国资产或业务的交易
- 合资企业
- 中国税务申报
- 涉及国有企业的交易
- 公司非现金注册资本验资
- 中国国内上市筹备
- 涉及中国上市公司的境内及境外投资并购
- 中国法律诉讼参考
- 因中国政府要求导致非现金资产处置、迁移、或征收之补偿金参考
- 按中国企业会计准则编制的财务报告

我们的国际估值及顾问服务：

- 境外收购兼并
- 国际税务参考
- 国际股票交易市场上市筹备
  （香港/美国/英国/德国/加拿大/新加坡等）
- 国际保险参考
- 涉及国际股票交易市场上市公司的并购
- 国际法律诉讼参考
- 各国当地政府要求的法定评估
- 按美国、国际或当地会计准则编制的财务报告
- 国际交易相关的顾问服务

联络我们

中国香港
吴勇为・大中华区董事总经理
patrick.wu@duffandphelps.com
+852 2281 0100

李成安・董事总经理
ricky.lee@duffandphelps.com
+ 852 2281 0133

北京
梁国恩・董事总经理
kevin.leung@duffandphelps.com
+86 10 5835 7000

庞海涛・执行董事
haitao.pang@duffandphelps.com
+86 10 5835 7042

上海
曾伟昌・董事总经理
simon.tsang@duffandphelps.com
+86 21 6032 0600

林宁宇・董事
neville.lam@duffandphelps.com
+86 21 6032 0628

深圳及广州
周赤宾・董事总经理
joe.zhou@duffandphelps.com
SZ: +86 755 82173210
GZ: +86 20 38912300

中国台湾
曾荣新・董事总经理
vincent.tsang@duffandphelps.com
+886 2 6632 2010

DUFF&PHELPS 道衡美评
Protect, Restore and Maximize Value

2018
CHINA'S STATE-OWNED ASSETS SUPERVISION AND ADMINISTRATION YEARBOOK

中国国有资产监督管理年鉴

大事记

第八篇

2017年国务院国有资产监督管理委员会大事记

1月

5日,天津市与中央企业落实京津冀协同发展战略恳谈会在天津举行,国资委主任、党委副书记肖亚庆,副主任、党委委员黄丹华、王文斌出席会议。

10日,国资委会同北京市政府在北京未来科技城组织召开推进未来科技城建设座谈会。国资委副主任、党委委员徐福顺出席会议并讲话。

11日,中国储备粮管理总公司与中国储备棉管理总公司重组大会在北京召开,国资委党委书记郝鹏出席会议并讲话。

12—13日,国务院国资委在北京召开中央企业、地方国资委负责人会议,国资委党委书记郝鹏传达国务院领导重要批示并作重要讲话,国资委主任肖亚庆作工作报告。

13—14日,国资委党委召开中央企业党风廉政建设和反腐败工作会议,国资委党委书记郝鹏代表国资委党委作工作报告。

16日,国资委总会计师沈莹在国资委会见丹麦央行副行长卡罗森一行。

19日,国资委党委书记郝鹏在国资委会见纳米比亚国企部部长利昂·尤斯特率领的高级代表团。

19日,国资委总会计师沈莹在国资委会见穆迪全球主权信用评级主管阿拉斯泰尔·威尔逊一行。

19日,中央纪委驻国资委纪检组组长、国资委党委委员江金权看望慰问中国石油天然气集团有限公司老党员、全国劳模方义生。

19日,剥离国有企业办社会职能和解决历史遗留问题专项小组副组长,国资委副主任、党委委员孟建民带队,赴北京市开展专项调研督察。

22—23日,国有重点大型企业监事会2017年度工作会议在北京召开,国资委党委委员、秘书长阎晓峰主持会议并对落实会议精神提出明确要求。

23日,中国建材集团有限公司与邯郸市魏县产业扶贫项目签约仪式在中国建材集团有限公司总部举行。国资委副主任、党委委员刘强出席签约仪式并讲话。

23日,中央企业宣传思想工作会议在北京召开,国资委副主任、党委委员黄丹华出席会议并讲话。

23日,国资委主任、党委副书记肖亚庆赴中国大唐集团有限公司高井热电厂调研。

23日,国资委党委书记郝鹏赴中航工业退休老党员、中国工程院院士关桥家中,代表国资委党委向他致以亲切的问候和新春的祝福。

24日,剥离国有企业办社会职能和解决历史遗留问题专项小组副组长,国资委副主任、党委委员孟建民带队,赴河北省开展专项调研督察。

24日,国资委主任肖亚庆在国资委会见瑞士摩科瑞能源集团董事、亚洲区总裁韩进。

24日,国资委主任、党委副书记肖亚庆看望慰问中国中车集团有限公司老党员刘恒耀。

2月

8日,国资委党委书记郝鹏赴中国诚通控股集团有限公司调研。

16—17日,剥离国有企业办社会职能和解决历史遗留问题专项小组办公室主任,国资委党委委员、总会计师沈莹赴中国石油天然气集团有限公司、中国石油化工集团有限公司调研。

17日,国资委主任肖亚庆在国资委会见力拓集团CEO夏杰思一行。

17日,国资委主任肖亚庆在国资委会见托克集团CEO杰里米·威尔一行。

21日,国资委在北京召开中央企业安全生产工作会议,国资委副主任、党委委员徐福顺出席会议并讲话。

21日,中央纪委驻国资委纪检组组长、国资委党委委员江金权主持召开部分中央企业退休纪委书记(纪检组组长)座谈会,听取对加强党风廉政建设和反腐败工作的意见建议。

21—22日，国资委在北京召开中央企业、地方国资委规划发展工作会议。国资委副主任、党委委员黄丹华出席会议并讲话。

22日，国资委副主任、党委委员、国资委扶贫开发工作领导小组组长徐福顺在国资委会见国务院扶贫办副主任洪天云一行。

22日，国资委在北京召开中央企业党委（党组）书记党建述职会，国资委党委书记郝鹏主持会议并讲话，党委委员、中央纪委驻国资委纪检组组长江金权，党委委员、副主任刘强出席会议。

23—24日，剥离国有企业办社会职能和解决历史遗留问题专项小组成员兼办公室主任、国资委党委委员、总会计师沈莹带队，赴湖南省调研。

23—25日，中央纪委驻国资委纪检组组长、国资委党委委员江金权赴上海市调研5家在沪中央企业落实党的十八届六中全会、全国国有企业党的建设工作会议和十八届中央纪委七次全会精神情况，推动全面从严治党向纵深发展。

24日，江西省政府在九江市举办央企入赣投资合作洽谈会。国资委党委书记郝鹏出席洽谈会并讲话，副主任、党委委员孟建民出席会议。

27日，内蒙古自治区与中央企业合作恳谈会在北京举行，国资委党委书记郝鹏，副主任、党委委员徐福顺出席会议。

3月

3日，国资委党委组织召开第二、三场中央企业党委（党组）书记党建工作述职会议，国资委党委委员、副主任刘强出席会议。

8日，国资委举行首次宪法宣誓。国资委副主任、党委委员刘强监誓，人事局局长庄树新主持宣誓仪式。

9日，十二届全国人大五次会议召开"国企改革"记者会。国资委主任、党委副书记肖亚庆，副主任、党委委员黄丹华，副秘书长彭华岗出席记者会，介绍国企国资改革发展有关情况，并就国企改革问题回答中外记者提问。

13日，国资委副主任、党委委员孟建民主持召开独立工矿区剥离办社会职能工作座谈会，党委委员、总会计师沈莹出席会议。

15日，四川省与世界500强央企投资合作座谈会暨项目合作协议签署仪式在北京举行，国资委党委书记郝鹏，副主任、党委委员徐福顺出席会议。

17日，国资委党委书记郝鹏率督查组赴中国原子能科学研究院对中国核工业集团公司党建工作进行督查。

17日，国资委副主任、党委委员刘强率中组部组织二局、国资委有关厅局人员组成的第六专项督查组，赴中国建筑设计集团有限公司对贯彻落实全国国有企业党的建设工作会议特别是习近平总书记重要讲话精神情况进行实地督查调研。

17日，国资委副主任黄丹华在国资委会见沙特阿美石油公司总裁兼首席执行官阿敏·纳瑟尔一行。

20日，国资委党委书记郝鹏率督查组赴北京燕山石化，对中国石油化工集团有限公司党建工作进行督查。

22日，国资委党委委员、副主任黄丹华率中组部组织二局、国资委有关厅局人员组成的第五督查组，赴中国节能环保集团有限公司对贯彻落实全国国有企业党的建设工作会议特别是习近平总书记重要讲话精神情况进行实地督查调研。

22日，国资委党委、中央纪委驻国资委纪检组召开案件通报会，对近期查处的中国铁路物资（集团）总公司、中国冶金科工集团有限公司两起国有资产重大损失案件进行通报。国资委党委书记郝鹏出席会议并讲话，中央纪委驻国资委纪检组组长、国资委党委委员江金权通报两起案件情况。

22日，国资委与安徽省政府在安徽省金寨县共同组织召开"央企情系老区，助力金寨发展"座谈会。国资委副主任、党委委员徐福顺出席会议。

22—23日，国资委主任、党委副书记肖亚庆赴福建调研国有企业生产经营和改革发展等工作情况。

23—24日，国资委党委书记郝鹏前往国资委机关定点帮扶县河北省邢台市平乡县和邯郸市魏县，就扶贫攻坚工作进行专题调研。

28—29日，国资委主任、党委副书记肖亚庆赴辽宁省大连市、丹东市等地调研，进一步贯彻落实习近平总书记重要讲话精神，推动东北地区国有企业深化改革转型升级。

28—29日，国资委召开直属机关定点扶贫暨"五委会"工作会议。国资委副主任、党委委员徐福顺出席会议并讲话。

29日，国资委召开财经纪律执行情况监督检查工作布置会。国资委副主任、党委委员徐福顺出席会议并讲话。

29—30日，国资委、财政部共同举办剥离国有企业办社会职能和解决历史遗留问题工作培训班，国资委副主任、党委委员孟建民出席并讲话，党委委员、总会计师沈莹主持并通报有关情况。

30日，中央纪委驻国资委纪检组组长、国资委党委委员江金权赴中国石油化工集团公司调研企业加强境外资产监督的有关情况。

4月

6日，国资委副主任孟建民在国资委会见BDO国际全球首席执行官马丁一行。

6日，国资委主任、党委副书记肖亚庆在国资委会见广东省省长马兴瑞一行。

7日，国资委主任肖亚庆在国资委会见澳大利亚驻华大使安思捷一行。

13日，国资委副主任徐福顺在国资委会见蒂森克虏伯集团董事会主席赫辛根博士一行。

13日，国资委副主任徐福顺在国资委会见美国科尔伯格·克拉维斯·罗伯茨（KKR）投资集团董事长兼首席执行官亨利·克拉维斯一行。

13日，国资委在国务院新闻办新闻发布厅举行新闻发布会，国资委党委委员、总会计师沈莹出席，介绍2017年一季度中央企业经济运行情况，并就有关问题回答中外记者提问。

13日，国资委副主任、党委委员徐福顺出席中国健康医疗大数据产业发展有限公司筹建签约仪式并讲话。

19—20日，国资委党委书记郝鹏先后赴中国机械工业集团有限公司中国第二重型机械集团公司、中国东方电气集团有限公司东方电机有限公司和东方汽轮机有限公司、中国航空工业集团有限公司成都飞机工业有限责任公司和成都飞机设计研究所等驻川央企调研。

21日，国资委主任、党委副书记肖亚庆赴中粮集团有限公司调研，并主持召开国有资本投资公司试点工作座谈会。

24日，国资委召开2017年中央企业钢铁煤炭去产能工作会议，国资委副主任、党委委员孟建民出席会议并讲话。

25日，国资委主任、党委副书记肖亚庆赴中国诚通控股集团有限公司调研，并主持召开国有资本运营公司试点工作座谈会。

27日，首届"央企楷模"发布仪式在国资委举行。国资委党委在中央企业系统选树中国核工业集团有限公司邢继、中国交通建设集团有限公司林鸣、中国船舶工业集团有限公司洪刚、中国电信集团有限公司杨春泽、中国电力建设集团有限公司蔡斌、中国铁路工程集团有限公司白芝勇、中国石油化工集团有限公司宋丽萍、中国航天科工集团有限公司张奕群8个"央企楷模"。国资委党委书记郝鹏亲切接见8名"央企楷模"。

27日，国资委召开2017年中央企业"僵尸企业"处置和"三供一业"分离移交国有资本经营预算申报工作布置视频会议，动员部署两项工作国有资本经营预算专项补助资金申报事宜。国资委党委委员、总会计师沈莹出席会议并讲话。

5月

4日，国资委主任肖亚庆在中粮智慧农场会见丹麦首相拉斯穆森一行，并共同出席中粮集团有限公司和丹麦王国驻华使馆谅解备忘录签约仪式。

5日，由中国商用飞机有限责任公司研制的C919大型客机在上海浦东机场成功首飞。中共中央、国务院致贺电，习近平总书记、李克强总理作出重要批示。马凯副总理出席首飞活动并接见参研参试人员，国资委主任、党委副书记肖亚庆陪同出席上述活动。

8日,国务院新闻办公室举行新闻发布会,国资委主任、党委副书记肖亚庆出席并介绍中央企业参与"一带一路"共建情况。

10日,国资委在北京召开中央企业扶贫开发工作会议,国资委副主任、党委委员徐福顺出席会议并讲话。

11日,国资委党委书记、中国大连高级经理学院院长郝鹏赴学院调研指导培训教学和党的建设工作。

11—13日,国资委党委书记郝鹏先后赴中国华录集团有限公司、中国船舶重工集团有限公司大连船舶重工集团有限公司、鞍钢集团公司等驻辽中央企业调研。

12日,中央纪委驻国资委纪检组组长、国资委党委委员江金权一行赴中国五矿集团公司,督促落实中国铁路物资集团有限公司、中国冶金科工集团有限公司案件通报会精神,就加强境外资产监督的有关情况开展调研。

15日,国资委主任肖亚庆在国资委会见澳大利亚维多利亚州州长丹尼尔·安德鲁一行。

15日,国资委主任肖亚庆在国资委会见沙特阿拉伯王国能源、工业、矿产部部长哈立德·法利赫一行。

15日,国资委主任肖亚庆在国资委会见俄罗斯联邦远东发展部部长加卢什卡一行。

15—16日,国资委副主任、党委委员刘强赴成都开展国有企业统战工作调研。

16日,中央企业国创投资引导基金创立大会在北京举行,国资委主任、党委副书记肖亚庆,副主任、党委委员徐福顺出席会议。

18日,国资委副主任黄丹华在北京会见芬兰诺基亚董事长李思拓并见证上海贝尔股份有限公司与诺基亚中国签署法律协议。

19日,国资委党委书记郝鹏赴中国兵器工业集团公司所属中国兵器第一研究院调研,先后考察有关国防科技重点实验室、平台研发中心和兵器工业集团综合展厅。

25日,国资委主任、党委副书记肖亚庆赴国家电网公司调研并主持召开座谈会。

31日,国资委党委书记郝鹏出席央企支持澳门中葡平台建设高峰会。

6月

4—5日,国资委主任、党委副书记肖亚庆赴河南郑州调研国有企业深化改革工作,并主持召开部分省份国有企业改革专题座谈会。

8日,国资委主任肖亚庆在国资委会见艾芬豪资本集团创始人兼主席弗里兰德一行。

8日,国资委主任肖亚庆在国资委会见世界可持续发展工商理事会会长、首席执行官贝德凯一行。

12日,中央企业助力青海持续健康发展座谈会暨战略合作签约仪式在青海西宁举行,国资委主任、党委副书记肖亚庆,党委委员、总会计师沈莹出席会议。

13日,国资委主任、党委副书记肖亚庆,党委委员、总会计师沈莹出席"央企助力富民兴藏"会议暨战略合作签约仪式。

20日,国资委副主任、党委委员徐福顺出席中国健康医疗大数据股份有限公司(筹)投资意向签约仪式并讲话。

21日,国资委党委书记郝鹏赴中国医药集团总公司调研。

21日,中央企业深入参与上海科技创新中心建设推介对接会在北京召开。国资委副主任、党委委员徐福顺出席会议并讲话。

22日,国资委党委书记郝鹏应邀出席湖南省政府在北京举办的落实"一带一路"高峰论坛精神、湖南与央企合作对接会并致辞。

22日,国资委副主任、党委委员、援疆工作协调小组组长徐福顺在国资委会见中央新疆办副主任鲁昕一行。

25—27日,国资委副主任、党委委员徐福顺赴江西井冈山、赣州等地调研央企扶贫帮扶、产业合作等工作,并主持召开中央企业驻赣扶贫挂职干部座谈会。

27—29日,应世界经济论坛创始人兼执行主席施瓦布教授邀请,国资委主任、党委副书记肖亚庆,副主任、党委委员王文斌及12家中央企业负责人赴大连出席第11届夏季达沃斯论坛相关活动。

28—30日，中国共产党中央企业系统（在京）代表会议在北京召开。会议选举产生中央企业系统（在京）出席中国共产党第十九次全国代表大会代表。中央提名的李海峰当选党的十九大代表。国资委党委书记郝鹏主持会议选举，并作会议开幕、闭幕讲话。国资委主任、党委副书记肖亚庆主持会议开幕式。

7月

3日，中央企业助推"美好新海南"建设座谈会暨项目签约仪式在海南海口举行。国资委主任、党委副书记肖亚庆，副主任、党委委员徐福顺出席会议。

7日，中央纪委驻国资委纪检组召开扶贫领域监督执纪问责工作电视电话会议精神传达会。中央纪委驻国资委纪检组组长、国资委党委委员江金权出席会议，并传达王岐山同志在会上的重要讲话精神。

11日，国资委在北京举办中央企业、地方国资委负责人培训班，国资委党委书记郝鹏，主任、党委副书记肖亚庆出席培训班并讲话。

11日，国资委在国务院新闻办新闻发布厅举行新闻发布会，国资委党委委员、总会计师沈莹出席，介绍2017年上半年中央企业经济运行情况，并就有关问题回答中外记者提问。

13日，国资委在北京召开中央建筑施工企业分包管理现场会。国资委副主任、党委委员徐福顺出席会议并讲话。

13—17日，国资委党委委员、秘书长阎晓峰率队，对青海省党委和政府2016年扶贫开发工作成效考核及存在问题整改情况进行巡查。

18日，国资委主任、党委副书记肖亚庆赴中国铁路通信信号集团公司调研并主持召开座谈会。

20日，国资委主任、党委副书记肖亚庆赴内蒙古自治区呼和浩特市调研国有企业深化改革工作并主持召开座谈会。

20日，国资委副主任、党委委员黄丹华在国资委会见香港金融管理局总裁陈德霖一行。

20—21日，国资委管理局系统离退休干部和机关服务工作培训班在北京召开。国资委副主任、党委委员徐福顺出席培训班并讲话。

26日，中央企业电子商务联盟成立大会在北京召开。国资委副主任、党委委员徐福顺出席会议并讲话。

27—28日，中央企业共青团工作会议暨中央企业青联四届一次全委会在北京召开。国资委副主任、党委委员刘强出席会议并讲话。

31日—8月2日，国资委主任肖亚庆，副主任黄丹华率工作组访问白俄罗斯。并拜会白俄罗斯总统卢卡申科，与白俄罗斯总统办公厅副主任斯诺普科夫、国资委主任盖耶夫、经济部部长季诺夫斯基举行会谈，并实地调研中白工业园。

8月

10—11日，中央纪委驻国资委纪检组在湖北武汉召开地方国资委纪检组组长（纪委书记）研讨会，中央纪委驻国资委纪检组组长、国资委党委委员江金权出席会议并讲话。

11日，中央纪委驻国资委纪检组在武汉召开部分中央企业二级单位党委书记、纪委书记座谈会，调研了解基层企业构建"不能腐"体制机制进展情况，督促抓好落实。中央纪委驻国资委纪检组组长、国资委党委委员江金权出席座谈会并讲话。

12日，中央纪委驻国资委纪检组组长、国资委党委委员江金权分别赴东风汽车集团有限公司、武汉邮电科学研究院，督促两家企业认真学习习近平总书记重要讲话精神，深入开展自查自纠、深化巡视整改工作。

16日，国资委党委书记郝鹏赴中国电力建设集团有限公司调研。

23日，国资委党委在北京召开中央企业深化巡视整改专项督查工作动员会，国资委党委书记郝鹏出席会议并作动员讲话，中央纪委驻国资委纪检组组长、国资委党委委员江金权主持会议并提出具体要求。

24日，国资委主任、党委副书记肖亚庆赴中国国新控股有限责任公司调研，并主持召开中央企业专职外部董事座谈会。

25日,中国两化融合大会在北京举行,国资委副主任、党委委员徐福顺出席大会并致辞。

28日,国资委、上海市政府加快建设具有全球影响力科技创新中心推进会在上海举行。国资委主任、党委副书记肖亚庆,副主任、党委委员徐福顺出席会议。

28日,国资委主任、党委副书记肖亚庆,副主任、党委委员徐福顺赴中国东方航空集团有限公司调研并主持召开座谈会。

29日,国资委召开中央企业降低杠杆工作视频会议。国资委主任、党委副书记肖亚庆出席会议并讲话。

31日,国资委副主任王文斌在国资委会见英国董事学会主席芭芭拉·贾琦一行。

9月

4日,国资委主任、党委副书记肖亚庆赴中国铁塔股份有限公司调研并主持召开座谈会。

5日,中央企业贫困地区产业投资基金战略指导委员会第一次会议在北京召开,国资委副主任、党委委员徐福顺主持会议。

12日,国资委主任、党委副书记肖亚庆赴中国航空发动机集团有限公司调研并主持召开座谈会。

13日,国资委党委书记郝鹏赴神华集团有限责任公司调研。

13日,科技部、国资委共同召开中央企业科技创新推进会,签署支持中央企业创新发展战略合作协议,并就共同支持中央企业创新发展作出部署。国资委主任、党委副书记肖亚庆,副主任、党委委员徐福顺出席会议。

15日,国资委党委书记郝鹏赴中国建筑科学研究院有限公司调研。

18日,国资委主任肖亚庆在国资委会见安永会计师事务所全球主席兼首席执行官马克·温伯格一行。

18—21日,国资委副主任、党委委员徐福顺赴中央企业驻贵州企业调研。先后听取中国航空工业集团有限公司贵州飞机有限责任公司、中国电子信息产业集团有限公司振华电子集团有限公司、国家电力投资集团有限负责公司贵州金元集团股份有限公司、中国电力建设集团有限公司贵州工程公司、中国中铁股份有限公司文化旅游投资集团有限公司关于安全生产、考核分配、科技创新、精准扶贫等方面工作汇报,现场调研贵州飞机有限责任公司试飞部、教练机训练基地、复合材料加工中心和中铁国际生态城,赴中国航空工业集团有限公司对口扶贫村安顺市普定县水井村调研并与省、市、县扶贫工作负责人及驻村扶贫干部座谈。

20日,国资委党委书记郝鹏赴中国保利集团有限公司检查调研迎接党的十九大各项工作落实情况。

22日,国资委主任、党委副书记肖亚庆,党委委员、秘书长阎晓峰赴中国石油天然气集团有限公司、中国中煤能源集团有限公司检查督导安全生产等工作。

22日,国资委党委书记郝鹏赴中国中铁股份有限公司重点建设项目和中国建材集团有限公司基层单位调研。

25日,国资委主任、党委副书记肖亚庆,党委委员、秘书长阎晓峰赴国家电网有限公司北京电力公司、中国电信集团有限公司北京公司调研,检查督导服务保障党的十九大工作。

27—28日,国资委在北京召开2017年度全国地方国资委考核分配工作座谈会,国资委副主任、党委委员徐福顺出席会议并讲话,国资委党委委员、总会计师沈莹出席会议。

28日,国资委副主任、党委委员徐福顺赴中国华能集团有限公司北京热电厂、中国航空油料集团有限公司华北公司第二油库,对中央企业安全生产、运维保障工作情况开展督导调研。

28日,中央企业第二届"央企楷模"发布仪式在北京举行。国资委党委书记郝鹏出席发布仪式并亲切会见"央企楷模",国资委副主任、党委委员黄丹华、刘强一同会见并出席发布仪式,为12位"央企楷模"颁发荣誉证书。

29日,国资委党委书记郝鹏赴中国航空集团有限公司检查调研迎接党的十九大运输安全、服务保障等重点工作落实情况。

10月

9日,国资委党委书记郝鹏赴中国国电集团有限公司检查调研迎接党的十九大安全生产、服务保障等重点工作落实情况。

12日,国资委在国务院新闻办新闻发布厅举行新闻发布会,国资委党委委员、总会计师沈莹出席,介绍2017年前三季度中央企业经济运行情况,并就有关问题回答中外记者提问。

15日,国资委主任、党委副书记肖亚庆,副主任、党委委员徐福顺赴中国华电集团有限公司、中国铁道建筑有限公司检查督导迎接党的十九大安全稳定、服务保障等工作落实情况。

31日—11月1日,剥离国有企业办社会职能和解决历史遗留问题专项小组办公室主任、国资委党委委员、总会计师沈莹赴山东省东营市调研,并主持召开胜利油田独立工矿区剥离办社会职能综合改革试点协调小组会议。

11月

2日,国资委党委书记郝鹏赴中粮集团有限公司宣讲党的十九大精神并与党员干部座谈。

5日,中央纪委驻国资委纪检组组长、国资委党委委员江金权赴中国南方航空集团公司调研企业学习贯彻党的十九大精神情况。

7日,中央纪委驻国资委纪检组组长、国资委党委委员江金权赴中国储备粮管理总公司调研企业学习贯彻党的十九大精神情况。

8—11日,中央宣讲团成员、国资委主任、党委副书记肖亚庆赴福建省,将党的十九大精神带到企业、农村、校园、社区,全面系统地解读党的十九大精神,深入浅出地讲解党的十九大提出的新思想、新论断、新要求、新任务。

8日,中央纪委驻国资委纪检组组长、国资委党委委员江金权赴中国石油天然气集团有限公司调研企业学习贯彻党的十九大精神情况。

9日,中央纪委驻国资委纪检组组长、国资委党委委员江金权赴中国兵器装备集团有限公司调研企业学习贯彻党的十九大精神情况。

10日,国资委副主任黄丹华在国资委会见白俄罗斯驻华大使鲁德·基里尔一行。

10日,国资委副主任黄丹华赴中国建材集团有限公司宣讲党的十九大精神,调研企业学习宣传贯彻党的十九大精神的有关情况。

15日,国资委副主任、党委委员王文斌在国资委会见香港商务及经济发展局局长邱腾华一行。

15日,国资委主任肖亚庆在国资委会见欧盟委员会竞争事务委员玛格丽特·维斯塔格一行。

16日,中央纪委驻国资委纪检组组长、国资委党委委员江金权赴中国国电集团有限公司调研企业学习贯彻党的十九大精神情况。

21日,国资委主任、党委副书记肖亚庆赴中国石化润滑油公司宣讲党的十九大精神并进行调研。

21日,国资委副主任、党委委员王文斌在国资委会见香港特区政府财政司司长陈茂波一行。

23日,国资委总会计师沈莹在钓鱼台国宾馆会见力拓集团首席执行官夏杰思。

24日,国资委与中央军委后勤保障部在北京签署军民融合战略合作协议。国资委主任、党委副书记肖亚庆出席签约仪式并讲话,国资委副主任、党委委员徐福顺和中央军委后勤保障部副部长钱毅平分别代表国资委和中央军委后勤保障部签署合作协议。

24日,国资委党委委员、总会计师沈莹赴中国兵器工业集团有限公司北方通用动力集团有限公司宣讲党的十九大精神并进行调研。

27日,国资委主任、党委副书记肖亚庆,副主任、党委委员徐福顺赴新兴际华(北京)应急救援科技有限公司,并参观新兴际华集团有限公司、东风汽车集团有限公司联合有关中央企业共同举办的军民融合成果展。

28日,国资委副主任、党委委员徐福顺赴中国钢研科技集团有限公司科研一线宣讲党的十九大精神,并进行调研。

28日,国家能源投资集团有限责任公司重组大会在北京召开。国资委主任、党委副书记肖亚庆出席会议并讲话。

28日,国资委副主任、党委委员孟建民,党委委员、总会计师沈莹出席国有企业独立工矿区剥离办社会职能综合改革试点工作座谈会并讲话。

28日,国资委党委书记郝鹏赴中国中车集团有限公司宣讲党的十九大精神并与党员干部座谈。

12月

4日,国资委副主任、党委委员徐福顺在国资委会见西藏自治区政府副主席汪海洲一行。

5日,国资委召开法律顾问聘任仪式暨专题座谈会,正式建立国资委法律顾问制度。国资委副主任、党委委员黄丹华出席并为法律顾问颁发聘书。

6日,国资委副主任、党委委员徐福顺,党委委员、总会计师沈莹赴国家开发投资公司就中央企业健康养老产业发展进行调研。

7日,国资委主任、党委副书记肖亚庆赴中国广核集团有限公司大亚湾核电站,向基层党员职工宣讲党的十九大精神。

7日,国资委在北京召开2017年中央企业网络安全和信息化工作会议,国资委副主任、党委委员徐福顺出席会议并作重要讲话。

12日,国资委秘书长阎晓峰在国资委会见美国乔治城大学副校长许强一行。

13日,国资委副主任刘强在国资委会见美国通用电气公司(GE)全球高级副总裁、中国公司总裁兼首席执行官段小缨一行。

15日,福建省与中央企业先进制造业项目对接座谈会在北京举行。国资委主任、党委副书记肖亚庆,副主任、党委委员黄丹华出席会议。

15日,国资委副主任、党委委员王文斌,副秘书长彭华岗出席国务院例行政策吹风会,介绍国有企业改革发展和监事会对中央企业监督检查有关情况,并回答记者提问。

18日,国资委召开2018年贯彻落实国家重大政策措施情况等事项审计工作进点会议,国资委副主任、党委委员徐福顺出席会议并讲话。

19日,国资委副主任徐福顺在国资委会见越南劳动、荣军与社会部副部长尹茂烨率领的越南中央工资政策、社会保险和优抚对象改革指导委员会代表团。

22日,"2017年中国品牌论坛"在北京举行,国资委副主任、党委委员徐福顺应邀出席。

27日,国资委与国家开发银行签署战略合作协议。国资委主任、党委副书记肖亚庆出席签约仪式并讲话,国资委副主任、党委委员黄丹华与国家开发银行副行长张旭光分别代表国资委和国家开发银行签署战略合作协议。

附录

第九篇

2018 CHINA'S STATE-OWNED ASSETS SUPERVISION AND ADMINISTRATION YEARBOOK

中国国有资产监督管理年鉴

国务院办公厅关于建设第二批大众创业万众创新示范基地的实施意见

国办发〔2017〕54号

各省、自治区、直辖市人民政府，国务院各部委、各直属机构：

《国务院办公厅关于建设大众创业万众创新示范基地的实施意见》（国办发〔2016〕35号）印发以来，首批双创示范基地结合实际，不断探索实践，持续完善创新创业生态，建设创新创业平台，厚植创新创业文化，取得了显著成效，形成了一批创新创业高地，打造了一批创新创业品牌，探索了一批创新创业制度模式。双创示范基地已经成为促进转型升级和创新发展的重要抓手。

根据2017年《政府工作报告》部署要求，为在更大范围、更高层次、更深程度上推进大众创业万众创新，持续打造发展新引擎，突破阻碍创新创业发展的政策障碍，形成可复制可推广的创新创业模式和典型经验，经国务院同意，决定在部分地区、高校和科研院所、企业建设第二批双创示范基地，并提出如下实施意见。

一、总体目标

坚持以推进供给侧结构性改革为主线，深入实施创新驱动发展战略，纵深推进大众创业万众创新，在创新创业基础较好、特色明显、具备示范带动能力的区域、高校和科研院所、企业等，再支持建设一批双创示范基地，进一步强化支撑能力，放大标杆效应，提升社会影响，形成新的创新创业经验并在全社会复制推广，推动大中小企业融通发展，拓展就业空间，为培育壮大发展新动能、促进新旧动能接续转换提供重要支撑。

二、政策举措

认真贯彻国务院决策部署，扎实推进落实既定改革举措和建设任务，推动创新创业资源向双创示范基地集聚，确保各项"双创"支持政策真正落地。同时，针对创新创业重点领域、主要环节、关键群体，继续探索创新、先行先试，再推出一批有效的改革举措，逐步建立完善多元化、特色化、专业化的创新创业制度体系。

（一）深化"放管服"改革。进一步减少行政审批事项，简化优化办事流程，规范改进审批行为。编制统一、规范的政务服务事项目录。鼓励双创示范基地设立专业化的行政审批机构，实行审批职责、审批事项、审批环节"三个全集中"。实施市场准入负面清单制度，出台互联网市场准入负面清单。放宽民间资本市场准入，扩大服务领域开放，推进非基本公共服务市场化、产业化和基本公共服务供给模式多元化。探索实行信用评价与税收便利服务挂钩制度，将优惠政策由备案管理和事前审批，逐渐向加强事中事后监管转变，提高中小企业优惠政策获得感。

（二）优化营商环境。深化商事制度改革，全面实施企业"五证合一、一照一码"、个体工商户"两证整合"，深入推进"多证合一"。推动整合涉企证照登记和审批备案信息，建设电子营业执照管理系统，推进无介质电子营业执照应用，实现电子营业执照发照、亮照、验照、公示、变更、注销等功能。鼓励推行商标网上申请，将网上申请由仅对商标代理机构开放扩大至对所有申请人开放。扩大商标网上申请业务范围，将网上申请由仅受商标注册申请逐步扩大至接受续展、转让、注销、变更等商标业务申请。鼓励双创示范基地结合实际整合市场监管职能和执法力量，推进市场监管领域综合行政执法改革，着力解决重复检查、多头执法等问题。

（三）支持新兴业态发展。加快发布分享经济发展指南，推动构建适应分享经济发展的监管机制，建立健全创新创业平台型企业运营规则，明确权责边界。以新一代信息和网络技术为支撑，加强技术集成和商业模式创新，推动平台经济、众包经济、分享经济等创新发展。将鼓励创新创业发展的优惠政策面向新兴业态企业开放，符合条件的新兴业态企业均可享受相关财政、信贷等优惠政策。积极发展农产品加工、休闲农业、乡村旅游和农村电子商务等农村新产业、新业态。通过发展新兴业态，实现劳动者多元化就业。建立政府、平台、行业组织、劳动者、消费者共同参与的规则协商、利益分配和权益保障新机制。调动第三方、同业、公众、媒体等监督力量,形成社会力量共同参与的分享经济治理格局。健全适应新兴经济领域融合发展的生产核算等制度。在部分新兴经济领域探索实施新型股权管理制度。

(四)加强知识产权保护。在有条件的双创示范基地加快建设知识产权保护中心,扩大知识产权快速维权覆盖面,试点将知识产权保护中心服务业务扩展至发明、实用新型、外观设计专利申请以及专利复审、无效等,大幅缩短知识产权保护中心处理案件的审查周期。搭建集专利申请、维权援助、调解执法等于一体的一站式综合服务平台,探索建立海外知识产权维权援助机制。

(五)加快科技成果转化应用。进一步打通科研和产业之间的通道,加速双创示范基地科技成果转移转化。落实好提高科技型中小企业研发费用加计扣除比例的政策。建立有利于提升创新创业效率的科研管理、资产管理和破产清算等制度体系。出台激励国有企业加大研发投入力度、参与国家重大科技项目的措施办法。通过股权期权激励等措施,让创新人才在科技成果转化过程中得到合理回报,激发各类人才的创新创业活力。加强国家与地方科技创新政策衔接,加大普惠性科技创新政策落实力度,落实高新技术企业所得税优惠等创新政策。

(六)完善人才激励政策。鼓励双创示范基地研究制定"柔性引才"政策,吸引关键领域高素质人才。完善各类灵活就业人员参加社会保险的管理措施,制定相应的个人申报登记、个人缴费和资格审查办法。对首次创办小微企业或从事个体经营并正常经营1年以上的高校毕业生、就业困难人员,鼓励双创示范基地开展一次性创业补贴试点工作。探索适应灵活就业人员的失业、工伤保险保障方式,符合条件的可享受灵活就业、自主创业扶持政策。

(七)支持建设"双创"支撑平台。采取政府资金与社会资本相结合的方式支持双创示范基地建设,引导各类社会资源向创新创业支撑平台集聚,加快建设进度,提高服务水平。支持示范区域内的龙头骨干企业、高校和科研院所建设专业化、平台型众创空间。对条件成熟的专业化众创空间进行备案,给予精准扶持。依托科技园区、高等学校、科研院所等,加快发展"互联网+"创业网络体系,建设一批低成本、便利化、全要素、开放式的众创空间,降低创业门槛。试点推动老旧商业设施、仓储设施、闲置楼宇、过剩商业地产转为创业孵化基地。双创示范基地可根据创业孵化基地入驻实体数量和孵化效果,给予一定奖补。

(八)加快发展创业投融资。充分发挥国家新兴产业创业投资引导基金、中小企业发展基金作用,支持设立一批扶持早中期、初创期创新型企业的创业投资基金。引导和规范政府设立创业投资引导基金,建立完善引导基金运行监管机制、财政资金绩效考核机制和信用信息评价机制。加快创业投资领域信用体系建设,实现创业投资领域信用记录全覆盖。根据国务院统一部署,支持双创示范基地按照相关规定和程序开展投贷联动、专利质押融资贷款等金融改革试点。落实好创业担保贷款政策,鼓励金融机构和担保机构依托信用信息,科学评估创业者还款能力,改进风险防控,降低反担保要求,健全代偿机制,推行信贷尽职免责制度。研究建立有利于国有企业、国有资本从事创业投资的容错机制。

(九)支持农民工返乡创业。鼓励和引导返乡农民工按照法律法规和政策规定,通过承包、租赁、入股、合作等多种形式,创办领办家庭农场林场、农民合作社、农业企业、农业社会化服务组织等新型农业经营主体。通过发展农村电商平台,利用互联网思维和技术,实施"互联网+"现代农业行动,开展网上创业。返乡下乡人员可在创业地按相关规定参加各项社会保险,有条件的地方要将其纳入住房公积金缴存范围,按规定将其子女纳入城镇(城乡)居民基本医疗保险参保范围。鼓励双创示范基地设立"绿色通道",为返乡下乡人员创新创业提供便利服务,对进入创业园区的,提供有针对性的创业辅导、政策咨询、集中办理证照等服务。

(十)支持海外人才回国(来华)创业。探索建立华侨华人回国(来华)创业综合服务体系,逐步推广已在部分地区试行的海外人才优惠便利政策。促进留学回国人员就业创业,鼓励留学人员以知识产权等无形资产入股方式创办企业。简化留学人员学历认证等手续,降低服务门槛,依法为全国重点引才计划引进人才及由政府主管部门认定的海外高层次留学人才申请永久居留提供便利。实施有效的人才引进和扶持政策,吸引更多人才回流,投身创新创业。

（十一）推动融合协同共享发展。支持双创示范基地之间建立协同机制,开展合作交流,共同完善政策环境,共享创新创业资源,共建创新创业支撑平台。支持双创示范基地"走出去",与相关国家、地区开展合作交流。实施院所创新创业共享行动,支持科研院所创新创业,开放科研设施和资源,推动科技成果实现共享和转化,促进创业与科技创新深度融合。实施企业创新创业协同行动,鼓励行业领军企业、大型互联网企业向各类主体开放技术、开发、营销、推广等资源,推动开展内部创新创业,打造与中小微企业协同发展的格局。

（十二）营造创新创业浓厚氛围。办好全国"双创"活动周,展现各行业、各区域开展创新创业活动的丰硕成果。办好"创响中国"系列活动,开展双创示范基地政策行、导师行、科技行、投资行、宣传行等活动。实施社团创新创业融合行动,推介一批创新创业典型人物和案例,进一步引导和推动各类科技人员投身创新创业大潮。继续举办各类创新创业大赛,推动创新创业理念更加深入人心。面向双创示范基地企业等创新主体加强政策培训解读,建立双创示范基地科技创新政策落实督查机制,帮助企业更好享受优惠政策。

同时,不断增加创新创业政策供给。结合双创示范基地建设实践探索和成功经验,加快研究制定进一步推进大众创业万众创新纵深发展的政策文件,在改革政府管理方式、转化创新成果、拓展企业融资渠道、促进实体经济转型升级、完善人才流动激励机制等方面出台更加有力的政策措施,并与现有政策统筹协调、各有侧重,形成更大的政策合力。

三、步骤安排

2017年7月底前,第二批双创示范基地结合自身特点,研究制定工作方案,明确建设目标和重点。有关部门和地方论证、完善工作方案。工作方案要向社会公布,接受社会监督。

2017年年底前,第二批双创示范基地按照工作方案,落实和完善相关政策举措,加快推进双创示范基地建设,并取得阶段性成果。

2018年上半年,国家发展改革委会同相关部门组织对首批和第二批双创示范基地建设工作开展督促检查和第三方评估。

各地区、各部门要按照有关要求,认真抓好第二批双创示范基地建设工作。双创示范基地所在地人民政府要高度重视,加强领导,完善组织体系,把双创示范基地建设作为重要抓手和载体,认真抓好落实；要出台有针对性的政策措施,保证政策真正落地生根,进一步释放全社会创新创业活力。国家发展改革委要会同相关部门加强指导,建立地方政府、部门政策协调联动机制,为高校、科研院所、各类企业等提供政策支持、科技支撑、人才引进、公共服务等保障条件,形成强大合力,推动形成大众创业万众创新纵深发展的新局面。

国务院办公厅关于推进重大建设项目批准和实施领域政府信息公开的意见

国办发〔2017〕94号

各省、自治区、直辖市人民政府,国务院各部委、各直属机构：

按照党中央、国务院决策部署和《中共中央办公厅 国务院办公厅印发〈关于全面推进政务公开工作的意见〉的通知》等文件要求,为进一步推进重大建设项目批准和实施领域政府信息公开,经国务院同意,现提出以下意见。

一、总体要求

（一）指导思想。

全面贯彻党的十九大精神,坚持以习近平新时代中国特色社会主义思想为指导,统筹推进"五位一体"总体布局和协调推进"四个全面"战略布局,牢固树立和贯彻落实创新、协调、绿色、开放、共享的发展理念,按照党中央、国务院关于全面推进政务公开工作的重要部署要求,把重大建设项目批准和实施领域政府信息公开作为全面推进政务公开工作的重要内容,积极回应社会关切,更好保障人民群众知情权、参与权、表达权、监督权。

(二)基本原则。

以公开为常态、不公开为例外。除涉及国家秘密、商业秘密和个人隐私及其他依法不予公开的内容外,重大建设项目批准和实施过程中的信息要尽可能对外公开,以公开提升项目批准、实施的透明度和效率,保障人民群众合法权益。

突出重点,有序推进。以重大建设项目批准和实施过程中社会关注度高的信息为重点,以政府信息公开为先导,推动项目法人单位信息有效归集、及时公开。

明确主体,落实责任。重大建设项目批准和实施过程中,各级政府和有关部门负责公开其在履行职责过程中制作或保存的信息,并依法监督项目法人单位公开项目信息。法律、法规、规章未作出明确规定的,鼓励项目法人单位主动公开项目信息。

二、主要任务

本意见所称重大建设项目,是指按照有关规定由政府审批或核准的,对经济社会发展、民生改善有直接、广泛和重要影响的固定资产投资项目(不包括境外投资项目和对外援助项目)。各省(区、市)政府、国务院有关部门应当根据区域、行业特点和工作侧重点,进一步明确本地区、本领域重大建设项目范围。

(一)突出公开重点。

在重大建设项目批准和实施过程中,重点公开批准服务信息、批准结果信息、招标投标信息、征收土地信息、重大设计变更信息、施工有关信息、质量安全监督信息、竣工有关信息等8类信息。主要内容包括:

1. 批准服务信息:申报要求、申报材料清单、批准流程、办理时限、受理机构联系方式、监督举报方式等。

2. 批准结果信息:项目建议书审批结果、可行性研究报告审批结果、初步设计文件审批结果、项目核准结果、节能审查意见、建设项目选址意见审批结果、建设项目用地(用海)预审结果、环境影响评价审批文件、建设用地规划许可审批结果、建设工程规划类许可审批结果、施工许可(开工报告)审批结果、招标事项审批核准结果,取水许可、水土保持方案、洪水影响评价等涉水事项审批结果等。

3. 招标投标信息:资格预审公告、招标公告、中标候选人公示、中标结果公示、合同订立及履行情况、招标投标违法处罚信息等。

4. 征收土地信息:征地告知书以及履行征地报批前程序的相关证明材料、建设项目用地呈报说明书、农用地转用方案、补充耕地方案、征收土地方案、供地方案、征地批后实施中征地公告、征地补偿安置方案公告等。

5. 重大设计变更信息:项目设计变更原因、主要变更内容、变更依据、批准单位、变更结果等。

6. 施工有关信息:项目法人单位及其主要负责人信息,设计、施工、监理单位及其主要负责人、项目负责人信息,资质情况,施工单位项目管理机构设置、工作职责、主要管理制度,施工期环境保护措施落实情况等。

7. 质量安全监督信息:质量安全监督机构及其联系方式、质量安全行政处罚情况等。

8. 竣工有关信息:竣工验收时间、工程质量验收结果、竣工验收备案时间、备案编号、备案部门、交付使用时间、竣工决算审计单位、审计结论、财务决算金额等。

各省(自治区、直辖市)政府、国务院有关部门应当参照以上内容,聚焦社会关注度高、与群众切身利益密切相关的项目,分别确定本地区、本部门相关领域信息公开重点,进一步细化公开事项、内容、时限、方式、责任主体、监督渠道等,纳入主动公开基本目录,不断加大公开力度。

(二)明确公开主体。

各级政府和有关部门要坚持以公开为常态、不公开为例外,严格按照《中华人民共和国政府信息公开条例》有关规定,公开所制作或保存的项目信息。要严格履行保密审查程序,做到该公开的信息坚决公开,该保守的国家秘密坚决保守住。批准服务信息、批准结果信息由批准重大建设项目和有关要件的各级政府和有关部门分别负责公开,招标投标信息由招标人或有关行政监督部门依法公开,征收土地信息由辖区政府和有关部门负责公开,重大设计变更信息由批准单位负责公开,施工有关信息、质量安全监督信息、竣工有关信息由制作或保存的部门按照职责分工分别负责公开。

（三）拓展公开渠道。

各级政府和有关部门要通过政府公报、政府网站、新媒体平台、新闻发布会等及时公开各类项目信息,并及时回应公众关切。充分利用全国投资项目在线审批监管平台、全国公共资源交易平台、"信用中国"网站等,推进重大建设项目批准和实施领域信息共享和公开。推动将重大建设项目批准和实施过程中产生的信用信息纳入全国信用信息共享平台,可向社会公开的,依法依规在各地区信用网站和"信用中国"网站公开。畅通依申请公开渠道,确保相关工作有序开展。项目法人单位可利用现场公示、网站公布等多种渠道对项目信息进行公开,方便公众查询和社会监督。

（四）强化公开时效。

重大建设项目批准和实施过程中产生的政府信息,确定为主动公开的,应严格按照《中华人民共和国政府信息公开条例》规定,自政府信息形成或变更之日起20个工作日内予以公开；确定为依申请公开的,应严格按照法定时限答复申请人；除法律法规另有规定外,行政许可、行政处罚事项应自作出行政决定之日起7个工作日内上网公开。法律、法规、规章对项目法人单位公开项目信息作出明确规定的,各级政府和有关部门要监督项目法人单位依法按时公开项目信息；法律、法规、规章未作出明确规定的,鼓励项目法人单位及时公开项目信息。

三、政策保障和组织实施

（一）加强组织领导。

各级政府和有关部门要高度重视并认真做好重大建设项目批准和实施领域的政府信息公开工作,以点带面、示范带动,以此作为深化政务公开工作的有力抓手。各级政府要建立健全协调机制,明确责任分工,各级政府办公厅（室）作为组织协调部门,要指导监督发展改革、工业和信息化、国土资源、环保、住房城乡建设、交通运输、水利、农业、卫生计生、林业等部门,提出明确工作目标和措施,认真组织实施；各省（区、市）政府要对本地区各级政府的政务公开工作进行督查、指导,确保各项任务落到实处。各有关部门要结合实际,制定本领域重大建设项目批准和实施领域政府信息公开的实施方案。

（二）加大考核力度。

各级政府和有关部门要把重大建设项目批准和实施领域政府信息公开工作作为政务公开工作绩效考核的重要内容,按照政务公开工作绩效考核相关规定,加大考核力度。对工作推动有力、取得明显成效的单位和个人,要按照规定予以表彰；对未按照相关规定和要求履行职责的,要通报批评,并在年度考核中予以体现。

（三）完善监管措施。

各级政府要定期对重大建设项目批准和实施领域信息公开工作进行检查,主要包括政府信息、项目法人信息的公开内容、公开渠道和公开时效等。各有关部门每年应将本部门工作进展情况报同级政务公开主管部门,并在政府信息公开工作年度报告中公布,接受社会公众、新闻媒体的监督。

国务院办公厅关于推进公共资源配置领域政府信息公开的意见

国办发〔2017〕97号

各省、自治区、直辖市人民政府,国务院各部委、各直属机构：

按照党中央、国务院决策部署和《中共中央办公厅 国务院办公厅印发〈关于全面推进政务公开工作的意见〉的通知》等文件要求,为进一步推进公共资源配置领域政府信息公开,经国务院同意,现提出如下意见。

一、指导思想

全面贯彻党的十九大精神,坚持以习近平新时代中国特色社会主义思想为指导,统筹推进"五位一体"总体布局和协调推进"四个全面"战略布局,牢固树立和贯彻落实创新、协调、绿色、开放、共享的发展理念,不断推进国家治理体系和治理能力现代化,按照党中央、国务院关于全面推进政务公开工作的重要部署要求,推进公共资源配置决策、执行、管理、服务、结果公开,扩大公众监督,增强公开实效,努力实现公共资源配置全流程透明化,不断提高公共资源使用效益,维护企业和群众合法权益,为稳增长、促改革、调结构、惠民生、防风险作出贡献,促进经济社会持续健康发展。

二、主要任务

本意见所称公共资源配置,主要包括保障性安居工程建设、保障性住房分配、国有土地使用权和矿业权出让、政府采购、国有产权交易、工程建设项目招标投标等社会关注度高,具有公有性、公益性,对经济社会发展、民生改善有直接、广泛和重要影响的公共资源分配事项。各地区、各部门要根据区域、行业特点,进一步明确本地区、本行业公共资源配置信息公开范围,细化公开事项、内容、时限、方式、责任主体、监督渠道等,纳入主动公开目录清单。

(一)突出公开重点。

1. 住房保障领域。在项目建设方面,主要公开城镇保障性安居工程规划建设方案、年度建设计划信息(包括建设计划任务量、计划项目信息、计划户型)、建设计划完成情况信息(包括计划任务完成进度、已开工项目基本信息、已竣工项目基本信息、配套设施建设情况)、农村危房改造相关政策措施执行情况信息(包括农村危房改造政策、对象认定过程、补助资金分配、改造结果);在住房分配方面,主要公开保障性住房分配政策、分配对象、分配房源、分配程序、分配过程、分配结果等信息。

2. 国有土地使用权出让领域。主要公开土地供应计划、出让公告、成交公示、供应结果等信息。

3. 矿业权出让领域。主要公开出让公告公示、审批结果信息、项目信息等信息。

4. 政府采购领域。主要公开采购项目公告、采购文件、采购项目预算金额、采购结果、采购合同等采购项目信息,财政部门作出的投诉和监督检查等处理决定、对集中采购机构的考核结果,违法失信行为记录等监督处罚信息。

5. 国有产权交易领域。除涉及商业秘密外,主要公开产权交易决策及批准信息、交易项目信息、转让价格、交易价格、相关中介机构审计结果等信息。

6. 工程建设项目招标投标领域。主要公开依法必须招标项目的审批核准备案信息、市场主体信用等信息。除涉及国家秘密、商业秘密外,招标公告(包括招标条件、项目概况与招标范围、投标人资格要求、招标文件获取、投标文件递交等)、中标候选人(包括中标候选人排序、名称、投标报价、工期、评标情况、项目负责人、个人业绩、有关证书及编号、中标候选人在投标文件中填报的资格能力条件、提出异议的渠道和方式等)、中标结果、合同订立及履行等信息都应向社会公布。

(二)明确公开主体。

按照"谁批准、谁公开,谁实施、谁公开,谁制作、谁公开"的原则,公共资源配置涉及行政审批的批准结果信息由审批部门负责公开;公共资源项目基本信息、配置(交易)过程信息、中标(成交)信息、合同履约信息由管理或实施公共资源配置的国家机关、企事业单位按照掌握信息的情况分别公开。此外,探索建立公共资源配置"黑名单"制度,逐步把骗取公共资源等不良行为的信息纳入"黑名单",相关信息由负责管理的部门分别公开。

(三)拓宽公开渠道。

充分发挥政府网站第一平台作用,及时发布公共资源配置领域各类信息,畅通依申请公开渠道。积极利用政务微博微信、新闻媒体、政务客户端等拓宽信息公开渠道,开展在线服务,提升用户体验。构建以全国公共资源交易平台为枢纽的公共资源交易数据共享平台体系,推动实现公共资源配置全流程透明化,各类依法应当公开的公共资源交易公告、资格审查结果、交易过程信息、成交信息、履约信息以及有关变更信息等在指定媒介发布后,要与相应的公共资源交易平台实现信息共享,并实时交互至全国公共资源交易平台汇总发布。公共资源配置领域的信用信息要同时交互至全国信用信息共享平台,并依托"信用中国"网站及时予以公开。要把公共资源交易平台与其他政务信息系统进行整合共享,实现公共资源配置信息与其他政务信息资源共享衔接。

(四)强化公开时效。

坚持以公开为常态、不公开为例外,公共资源配置过程中产生的政府信息,除涉及国家秘密、商业秘密等内容外,应依法及时予以公开。确定为主动公开的信息,除法律法规另有规定外,要严格按照《中华人民共和国政府信息公开条例》规定,自政府信息形成或变更之日起20个工作日内予以公开,行政许可、行政处罚事项应自作出行政决定之日起7个工作日内上网公开。对于政府信息公开申请,要严格按照法定时限和理由予以答复。

三、保障措施

(一)强化组织领导。

各级政府和有关部门要高度重视公共资源配置领域的政府信息公开工作,加强组织领导,狠抓任务落实,以此作为深化政务公开工作的有效抓手。各级政府要建立健全协调机制,明确分工,夯实责任,政府办公厅(室)作为组织协调部门,要会同发展改革、工业和信息化、财政、国土资源、环保、住房城乡建设、交通运输、水利、农业、商务、卫生计生、审计、国有资产监督管理、税务、林业、铁路、民航等部门以及公共资源交易相关监管机构,提出明确工作目标和具体工作安排,认真组织实施并做好政务舆情监测和回应,确保任务逐项得到落实。

(二)加强监督检查。

各级政府要定期对公共资源配置领域政府信息公开工作进行检查,主要包括政府信息公开情况、公开时效、交易平台掌握信息报送和公开情况等。各有关部门每年要将本领域工作进展情况报同级政务公开主管部门,并在政府信息公开年度报告中公布,接受社会公众、新闻媒体的监督。

(三)做好考核评估。

地方各级政府要按照政务公开工作绩效考核相关规定,把公共资源配置领域政府信息公开工作纳入政务公开工作绩效考核范围,加大考核力度,并探索引入第三方评估机制,推动工作有效开展。建立健全激励约束机制,对未按照相关规定和要求履行公开职责的,要通报批评,并在年度考核中予以体现;对工作成效突出的,给予通报表扬。

关于印发《中央国有资本经营预算支出管理暂行办法》的通知

财预〔2017〕32号

有关中央单位:

为落实党的十八届三中全会决定关于以管资本为主加强国有资产监管,促进国有资本投资运营服务于国家战略目标的决策部署,进一步加强和规范中央国有资本经营预算支出管理,支持国有企业改革发展和国有资本布局优化调整,我们制定了《中央国有资本经营预算支出管理暂行办法》,并已经国务院批准,现印发给你们,请遵照执行。

中央国有资本经营预算支出管理暂行办法

第一章 总 则

第一条 为完善国有资本经营预算管理制度,规范和加强中央国有资本经营预算支出管理,根据《中华人民共和国预算法》《中共中央 国务院关于深化国有企业改革的指导意见》(中发〔2015〕22号)、《国务院关于改革和完善国有资产管理体制的若干意见》(国发〔2015〕63号)、《国务院关于深化预算管理制度改革的决定》(国发〔2014〕45号)、《国务院关于试行国有资本经营预算的意见》(国发〔2007〕26号)、《中央国有资本经营预算管理暂行办法》(财预〔2016〕6号)等有关规定,制定本办法。

第二条 中央国有资本经营预算支出对象主要为国有资本投资、运营公司(以下简称投资运营公司)和中央企业集团(以下简称中央企业)。

中央国有资本经营预算支出应与一般公共预算相衔接,避免与一般公共预算和政府性基金预算安排的支出交叉重复。

第三条 财政部会同相关部门制定中央国有资

本经营预算支出有关管理制度。

第四条 财政部负责确定中央国有资本经营预算支出方向和重点,布置预(决)算编制,审核中央单位(包括有关中央部门、国务院直接授权的投资运营公司和直接向财政部报送国有资本经营预算的中央企业,下同)预算建议草案,编制预(决)算草案,向中央单位批复预(决)算,组织实施绩效管理,对预算执行情况进行监督检查等。

第五条 中央单位负责提出中央国有资本经营预算支出方向和重点建议,组织其监管(所属)投资运营公司和中央企业编报支出计划建议并进行审核,编制本单位预算建议草案和决算草案,向其监管(所属)投资运营公司和中央企业批复预(决)算,组织预算执行,开展绩效管理,配合财政部对预算执行情况进行监督检查等。

第六条 投资运营公司和中央企业负责向中央单位申报支出计划建议,编制本公司(企业)支出决算,推动解决国有企业历史遗留问题,开展国有资本投资运营,组织实施相关事项,按照财政部、中央单位要求开展绩效管理等。

第二章 支出范围

第七条 中央国有资本经营预算支出除调入一般公共预算和补充全国社会保障基金外,主要用于以下方面:

(一)解决国有企业历史遗留问题及相关改革成本支出;

(二)国有企业资本金注入;

(三)其他支出。

中央国有资本经营预算支出方向和重点,应当根据国家宏观经济政策需要以及不同时期国有企业改革发展任务适时进行调整。

第八条 解决国有企业历史遗留问题及相关改革成本支出,是指用于支持投资运营公司和中央企业剥离国有企业办社会职能、解决国有企业存在的体制性机制性问题、弥补国有企业改革成本等方面的支出。

第九条 解决国有企业历史遗留问题及相关改革成本支出实行专项资金管理,相关专项资金管理办法由财政部商相关部门制定。

第十条 国有企业资本金注入,是指用于引导投资运营公司和中央企业更好地服务于国家战略,将国有资本更多投向关系国家安全和国民经济命脉的重要行业和关键领域的资本性支出。

第十一条 国有企业资本金注入采取向投资运营公司注资、向产业投资基金注资以及向中央企业注资三种方式。

(一)向投资运营公司注资,主要用于推动投资运营公司调整国有资本布局和结构,增强国有资本控制力。

(二)向产业投资基金注资,主要用于引导投资运营公司采取市场化方式发起设立产业投资基金,发挥财政资金的杠杆作用,引领社会资本更多投向重要前瞻性战略性产业、生态环境保护、科技进步、公共服务、国际化经营等领域,增强国有资本影响力。

(三)向中央企业注资,主要用于落实党中央、国务院有关决策部署精神,由中央企业具体实施的事项。

第三章 预算编制和批复

第十二条 财政部按照国务院编制预算的统一要求,根据中央国有资本经营预算支出政策,印发编制中央国有资本经营预算通知。

第十三条 财政部会同有关部门,对投资运营公司和中央企业盈利情况进行测算后,确定年度中央国有资本经营预算支出规模。

第十四条 中央单位根据财政部通知要求以及年度预算支出规模,组织其监管(所属)投资运营公司和中央企业编报支出计划建议。

第十五条 投资运营公司和中央企业根据有关编报要求,编制本公司(企业)国有资本经营预算支出计划建议报中央单位,并抄报财政部。其中:

(一)解决国有企业历史遗留问题及相关改革成本支出计划建议,根据相关专项资金管理办法编制。

(二)国有企业资本金注入计划建议,根据党中央、国务院有关要求,结合投资运营公司和中央企业章程、发展定位和战略、投资运营规划、投融资计划等编制。

第十六条 中央单位对其监管(所属)投资运营公司和中央企业编报的支出计划建议进行审核,编制预算建议草案报送财政部。

第十七条 财政部根据国家宏观调控目标,并结合国家重点发展战略、国有企业历史遗留问题解决进程、国有资本布局调整要求以及绩效目标审核意见、以前年度绩效评价结果等情况,在对中央单位申报的预算建议草案进行审核的基础上,按照"量入为出、收支平衡"的原则,向中央单位下达预算控制数。

第十八条 中央单位根据财政部下达的预算控制数,结合其监管(所属)投资运营公司和中央企业经营情况、历史遗留问题解决及改革发展进程等,对本单位预算建议草案进行调整后,再次报送财政部。

第十九条 财政部根据中央单位调整后的预算建议草案,编制中央本级国有资本经营预算草案。

第二十条 中央国有资本经营预算经全国人民代表大会审议批准后,财政部在20日内向中央单位批复预算。中央单位应当在接到财政部批复的本单位预算后15日内向其监管(所属)投资运营公司和中央企业批复预算。

第四章 预算执行

第二十一条 中央国有资本经营预算支出应当按照经批准的预算执行,未经批准不得擅自调剂。确需调剂使用的,按照财政部有关规定办理。

第二十二条 财政部按照国库集中支付管理的规定,将预算资金拨付至投资运营公司、产业投资基金和中央企业。

第二十三条 投资运营公司和中央企业应按规定用途使用资金。属于国有企业资本金注入的,应及时落实国有权益,并根据明确的支出投向和目标,及时开展国有资本投资运营活动,推进有关事项的实施。

第五章 转移支付

第二十四条 中央国有资本经营预算可根据国有企业改革发展需要,经国务院批准,设立对地方的专项转移支付项目。

第二十五条 财政部应当在每年10月31日前将下一年度专项转移支付预计数提前下达省级政府财政部门。

第二十六条 财政部会同相关部门按照规定组织专项转移支付项目资金的申报、审核和分配工作。

第二十七条 财政部应当在全国人民代表大会审查批准中央国有资本经营预算后90日内印发下达专项转移支付预算文件。

对据实结算等特殊项目的专项转移支付,可以分期下达预算,最后一期的下达时间一般不迟于9月30日。

第二十八条 省级人民政府财政部门接到中央国有资本经营预算专项转移支付后,应当在30日内正式分解下达,并将资金分配结果及时报送财政部。

第六章 决算

第二十九条 财政部按照编制决算的统一要求,部署编制中央国有资本经营决算草案工作,制发中央国有资本经营决算报表格式和编制说明。

第三十条 投资运营公司和中央企业根据有关编报要求,编制本公司(企业)国有资本经营支出决算,报中央单位。

第三十一条 中央单位根据其监管(所属)投资运营公司和中央企业编制的国有资本经营支出决算,编制本单位中央国有资本经营决算草案报送财政部。

第三十二条 财政部根据当年国有资本经营预算执行情况和中央单位上报的决算草案,编制中央国有资本经营决算草案。

第三十三条 中央国有资本经营决算草案经国务院审计机关审计后,报国务院审定,由国务院提请全国人民代表大会常务委员会审查和批准。

第三十四条 中央国有资本经营决算草案经全国人民代表大会常务委员会批准后,财政部应当在20日内向中央单位批复决算。中央单位应当在接到财政部批复的本单位决算后15日内向其监管(所属)投资运营公司和中央企业批复决算。

第七章 绩效管理

第三十五条 中央国有资本经营预算支出应当实施绩效管理,合理设定绩效目标及指标,实行绩效执行监控,开展绩效评价,加强评价结果应用,提升预算资金使用效益。

第三十六条 中央单位、投资运营公司和中央企业根据财政预算绩效管理的相关规定,开展国有资本经营预算支出绩效管理工作。

第三十七条 财政部将绩效评价结果作为加强

预算管理及安排以后年度预算支出的重要依据。

第三十八条 对采取先建后补、以奖代补、据实结算等事后补助方式管理的专项转移支付项目，实行事后立项事后补助的，其绩效目标可以用相关工作或目标的完成情况代以体现。

第八章 监督检查

第三十九条 财政部、中央单位应当加强对中央国有资本经营预算支出事前、事中、事后的全过程管理，并按照政府信息公开有关规定向社会公开相关信息。

第四十条 投资运营公司和中央企业应当遵守国家财政、财务规章制度和财经纪律，自觉接受财政部门和中央单位的监督检查。审计机关要依法加强对财政部门、中央单位、投资运营公司和中央企业的审计监督。

第四十一条 对预算支出使用过程中的违法违规行为，依照《中华人民共和国预算法》、《财政违法行为处罚处分条例》(国务院令第427号)等有关规定追究责任。

第九章 附 则

第四十二条 地方国有资本经营预算支出管理办法由地方参照本办法制定。

第四十三条 本办法由财政部负责解释。

第四十四条 本办法自2017年1月1日起施行。

2017年度中央企业负责人经营业绩考核A级企业名单

根据《中央企业负责人经营业绩考核办法》(国资委令第33号)和《关于印发中央企业负责人经营业绩考核实施方案的通知》(国资发考分〔2016〕310号)，2017年度中央企业负责人经营业绩考核结果已经国资委党委会议和主任办公会议审议通过，现将A级企业名单通报如下：

1. 招商局集团有限公司
2. 中国移动通信集团有限公司
3. 中国航天科技集团有限公司
4. 中国建筑集团有限公司
5. 华润（集团）有限公司
6. 国家电网有限公司
7. 中国长江三峡集团有限公司
8. 中国交通建设集团有限公司
9. 中国电子科技集团有限公司
10. 中国海洋石油集团有限公司
11. 中国航天科工集团有限公司
12. 中国石油化工集团公司
13. 中国兵器工业集团有限公司
14. 中国铁路工程集团有限公司
15. 中国保利集团有限公司
16. 华侨城集团有限公司
17. 国家开发投资集团有限公司
18. 中国电信集团有限公司
19. 中国医药集团有限公司
20. 中国南方电网有限责任公司
21. 中国中化集团有限公司
22. 中国核工业集团有限公司
23. 中国石油天然气集团有限公司
24. 国家能源投资集团有限责任公司
25. 东风汽车集团有限公司
26. 中国广核集团有限公司
27. 中国航空工业集团有限公司
28. 中国南方航空集团有限公司
29. 中国船舶重工集团有限公司
30. 中国建材集团有限公司
31. 中国第一汽车集团有限公司
32. 中国远洋海运集团有限公司
33. 中国航空集团有限公司
34. 中国东方航空集团有限公司
35. 中国铁路通信信号集团有限公司
36. 武汉邮电科学研究院有限公司
37. 中国旅游集团有限公司
38. 中国机械工业集团有限公司
39. 中国航空油料集团有限公司
40. 中国宝武钢铁集团有限公司
41. 中国能源建设集团有限公司

42. 中国华电集团有限公司
43. 中国通用技术(集团)控股有限责任公司
44. 中国华能集团有限公司
45. 中国电力建设集团有限公司
46. 国家电力投资集团有限公司
47. 中国大唐集团有限公司
48. 中粮集团有限公司
49. 中国五矿集团有限公司
50. 中国中车集团有限公司

2017年《财富》世界500强中国企业上榜情况

排名	上年排名	公司名称	营业收入（百万美元）	总部所在城市
2	2	国家电网公司	348903.1	北京
3	3	中国石油化工集团公司	326953.0	北京
4	4	中国石油天然气集团公司	326007.6	北京
23	24	中国建筑工程总公司	156070.8	北京
24	27	鸿海精密工业股份有限公司	154699.2	中国台北
26	22	中国工商银行	153021.3	北京
29	39	中国平安保险(集团)股份有限公司	144196.8	深圳
31	28	中国建设银行	138594.1	北京
36	41	上海汽车集团股份有限公司	128819.3	上海
40	38	中国农业银行	122365.5	北京
42	51	中国人寿保险(集团)公司	120224.1	北京
46	42	中国银行	115422.7	北京
53	47	中国移动通信集团公司	110158.5	北京
56	55	中国铁路工程总公司	102767.1	北京
58	58	中国铁道建筑总公司	100854.8	北京
65	68	东风汽车公司	93293.8	武汉
72	83	华为投资控股有限公司	89311.4	深圳
86	86	中国华润有限公司	82184.1	中国香港
87	115	中国海洋石油总公司	81482.2	北京
91	103	中国交通建设集团有限公司	79416.9	北京
96	89	太平洋建设集团	77204.5	乌鲁木齐
98	143	中国中化集团公司	76764.8	北京
101	276	国家能源投资集团	75522.4	北京
109	120	中国五矿集团公司	72997.4	北京
110	100	中国南方电网有限责任公司	72787.3	广州
111	183	正威国际集团	72766.2	深圳

续表

排名	上年排名	公司名称	营业收入（百万美元）	总部所在城市
113	119	中国邮政集团公司	72197.3	北京
117	114	中国人民保险集团股份有限公司	71579.1	北京
122	136	中粮集团有限公司	69669.1	北京
124	137	北京汽车集团	69591.3	北京
125	125	中国第一汽车集团公司	69524.4	长春
132	129	天津物产集团有限公司	66577.4	天津
140	135	中国兵器工业集团公司	64646.3	北京
141	133	中国电信集团公司	63974.0	北京
149	172	中国中信集团有限公司	61316.2	北京
161	162	中国航空工业集团公司	59262.5	北京
162	204	中国宝武钢铁集团	59255.1	上海
167	211	中国化工集团公司	57989.4	北京
168	171	交通银行	57711.4	上海
181	261	京东集团	53964.5	北京
182	190	中国电力建设集团有限公司	53870.1	北京
185	159	山东魏桥创业集团有限公司	53203.0	滨州
194	199	中国医药集团	51844.4	北京
202	238	广州汽车工业集团	50322.7	广州
213	216	招商银行	47950.7	深圳
220	252	中国太平洋保险(集团)股份有限公司	47318.8	上海
222	248	中国铝业公司	46683.5	北京
227	245	上海浦东发展银行股份有限公司	46295.2	上海
230	338	中国恒大集团	46018.6	深圳
234	372	山东能源集团有限公司	45649.5	济南
235	268	恒力集团	45562.8	苏州
237	230	兴业银行	45491.0	福州
239	221	河钢集团	45390.2	石家庄
240	226	联想集团	45349.9	中国香港
242	101	中国兵器装备集团公司	44785.4	北京
243	259	中国建材集团	44701.2	北京
245	233	中国船舶重工集团公司	44431.0	北京
251	251	中国民生银行	43297.5	北京

续表

排名	上年排名	公司名称	营业收入(百万美元)	总部所在城市
252	277	绿地控股集团有限公司	42970.1	上海
256	334	中国机械工业集团有限公司	42638.1	北京
267	343	浙江吉利控股集团	41171.9	杭州
270	348	物产中大集团	40928.6	杭州
273	241	中国联合网络通信股份有限公司	40663.5	北京
280	—	招商局集团	39970.8	中国香港
283	279	怡和集团	39456.0	中国香港
285	296	和硕	39237.6	中国台北
288	326	陕西延长石油(集团)有限责任公司	38897.8	西安
289	274	中国华能集团公司	38872.0	北京
294	337	陕西煤业化工集团	38482.6	西安
295	383	友邦保险集团	38330.0	中国香港
300	462	阿里巴巴集团	37770.8	杭州
312	341	中国保利集团	37001.9	北京
322	329	中国光大集团	35840.2	北京
323	450	美的集团股份有限公司	35794.2	佛山
331	478	腾讯控股有限公司	35178.8	深圳
332	307	万科企业股份有限公司	35117.4	深圳
333	312	中国能源建设集团有限公司	35048.3	北京
335	366	中国远洋海运集团有限公司	34667.8	上海
339	205	来宝集团	34420.8	中国香港
343	336	中国航天科技集团公司	34253.6	北京
346	355	中国航天科工集团公司	34073.0	北京
353	467	碧桂园控股有限公司	33572.0	佛山
354	390	广达电脑公司	33563.8	桃园
359	320	冀中能源集团	33187.8	邢台
360	494	厦门国贸控股集团有限公司	32901.6	厦门
361	—	雪松控股集团	32711.5	广州
362	488	厦门建发集团有限公司	32588.4	厦门
364	365	江苏沙钢集团	32560.5	张家港
368	369	台积电	32126.4	中国新竹
369	362	中国电子信息产业集团有限公司	31990.4	北京

续表

排名	上年排名	公司名称	营业收入（百万美元）	总部所在城市
370	339	江西铜业集团公司	31964.1	贵溪
371	439	中国航空油料集团公司	31942.2	北京
374	319	长江和记实业有限公司	31892.4	中国香港
375	—	象屿集团	31676.4	厦门
381	322	新兴际华集团	31078.2	北京
385	318	中国中车股份有限公司	30634.1	北京
388	400	中国电子科技集团公司	30175.5	北京
393	364	中国船舶工业集团公司	29796.9	北京
395	368	国家电力投资集团公司	29726.5	北京
397	382	中国华电集团公司	29611.8	北京
399	—	兖矿集团	29473.5	邹城
404	458	仁宝电脑	29175.2	中国台北
410	411	国泰人寿保险股份有限公司	28804.5	中国台北
427	485	苏宁易购集团	27805.7	南京
428	—	鞍钢集团公司	27792.0	鞍山
431	—	首钢集团	27488.7	北京
432	—	纬创集团	27480.0	中国台北
436	—	台湾中油股份有限公司	27105.5	中国高雄
456	495	新疆广汇实业投资（集团）有限责任公司	26106.0	乌鲁木齐
464	459	阳光龙净集团有限公司	25605.1	福州
465	—	中国太平保险集团有限责任公司	25597.5	中国香港
468	454	中国大唐集团公司	25299.2	北京
479	—	富邦金融控股股份有限公司	24688.3	中国台北
481	476	山西晋城无烟煤矿业集团有限责任公司	24658.7	晋城
489	—	泰康保险集团	24058.3	北京
494	445	山西阳泉煤业（集团）有限责任公司	23792.8	阳泉
495	448	潞安集团	23784.5	长治
496	—	河南能源化工集团	23699.4	郑州
497	430	大同煤矿集团有限责任公司	23697.5	大同
499	—	青岛海尔	23563.2	青岛

注：本排名2018年7月19日发布于《财富》杂志。

索 引

使用说明

1. 本索引采用内容分析索引法编制。除大事记外,年鉴中有实质检索意义的内容均予以标引,以便检索使用。
2. 本索引基本上按汉语拼音音序排列。具体排列方法如下:以数字开头的,排在最前面;英文字母打头的,列于其次;汉字标目则按首字的音序、音调依次排列,首字相同时则以第二个字排序,并依此类推。
3. 索引标目后的数字,表示检索内容所在的年鉴正文页码;数字后面的字母a、b,表示年鉴正文中的栏别,合在一起即指该页码及左、右两个版面区域。年鉴中用图表反映的内容,则在索引标目后面用括号注明(图)(表)字,以区别于文字标目。
4. 为反映索引款目间的隶属关系,对于二级标目,采取在上一级标目下缩二格的形式编排,之下再按汉语拼音音序、音调排列。

1~9

2008—2017年国资系统监管企业(图) 36
  利润构成及变化(图) 36
  营业收入变化(图) 36
2016年度财务决算审核清算工作 33a
2017年《财富》世界500强中国企业上榜情况(表) 781a
2017年度财务决算布置工作 33a
2017年度中央企业负责人经营业绩考核 47b,780a
  A级企业名单 780a
2017年国企国资发展成就 11a
2017年国务院国有资产监督管理委员会大事记 761
2017年国有工业企业(表) 667,668
  户数、从业人数、国有资产总量地区分析(表) 667
  资产负债地区分析(表) 668
2017年国有商业企业户数、从业人数、国有资产总量地区分析(表) 670
2017年国有商业企业资产负债地区分析(表) 671
2017年全国国有企业户数、从业人数、国有资产总量(表) 659~661
  地区分析(表) 661
  行业分析(表) 660
  综合分析(表) 659
2017年全国国有企业资产负债(表) 663~665
  地区分析(表) 665
  行业分析(表) 664
  综合分析(表) 663
2018年八项重点工作 11b
2018年生产经营主要目标任务 12a
500强中国企业上榜情况(表) 781a

A~Z

A级企业名单 780a
GE培训项目 60a
PPP业务风险管控 35a

A

安徽省国有企业主要指标(表) 692
安徽省国有资产监督管理工作 179a
  出资人监管职责 179a
  党的建设 184a
  党风廉政建设 184b
  党建工作 184a
  法人治理结构 183a
  国有企业户数情况(表) 181a
  国有企业指标(表) 180b
  国有资本保值增值情况(表) 182a
  国有资本保值增值综合分析评价 182a
  国有资产按地区分布情况(表) 181a
  国有资产按行业分布情况(表) 181b
  国有资产按经营规模分布情况(表) 181b
  国有资产总量与结构分析 180b
  混合所有制试点 182b
  监督执纪问责 184b
  廉政建设 184a
  履行社会责任 180a
  企业并购重组 183a
  企业党的建设 184a
  企业负责人考核 183a
  企业改革发展 182b
  企业建立和完善经营业绩考核体系 183a

企业经营风险防范　180a
企业领导人员综合考核　183b
省属企业改革创新　182b
省属企业加快发展　182b
完善法人治理结构　183a
违规行为专项治理　179b
五大发展行动计划　182b
选人用人机制改革　183a、183b
学习宣传贯彻党的十九大精神　179a
央企合作发展　180a

安全生产工作　747b
鞍钢集团有限公司　467a
　　党建工作　469a
　　改革发展　468a
　　基本概况　467a
　　技术创新　468a
　　节能环保　468b
　　企业管理　468b
　　职工生活　469b
　　主要指标　467b

B

八个方面重点工作　12a
八项重点工作　11b
保利集团　39a
保值增值任务　35b
北京矿冶科技集团有限公司　550b
　　党建工作　552a
　　改革发展　551a
　　基本概况　550b
　　经济指标（表）　550b
　　履行社会责任　552b
　　信息化建设　552b
　　重大创新　551b
　　重大项目　551b
　　主要指标　550b
　　走向海外　551b
北京市国有企业主要指标（表）　673
北京市国有资产监督管理　81a
　　创新考核指标权重　87a
　　党的建设　82b、88a
　　调查研究　87a
　　董事会建设　86a
　　法人治理结构　85b
　　分类考核政策落地　86b
　　服务首都示范作用　81b
　　供给侧结构性改革　84b

公司制改革　86a
国有经济布局结构优化　85b
国有经济质量效益　81a
国有企业发展质量效益　84b
国有企业户数情况（表）　83a
国有企业指标（表）　83a
国有资本保值增值情况（表）　84a
国有资本保值增值综合分析评价　84a
国有资本布局结构优化调整　85a
国有资产按地区分布情况（表）　83a
国有资产按经营规模分布情况（表）　84a
国有资产按行业分布情况（表）　83b
国有资产总量与结构分析　83a
国资国企改革　82a
廉政建设　88a
企业并购重组　85b
企业党的建设　88a
企业负责人考核　87a
企业改革发展情况（表）　84b
企业建立和完善经营业绩考核体系　86b
企业领导人员管理监督　87b
企业领导人员管理体制调整　87b
企业领导人员管理制度机制　87b
企业领导人员选拔任用和交流培养　87b
强监管防流失　86a
全面从严治党　88b
首都城市战略定位　85a
疏解整治促提升　81b
选人用人机制改革　87a、87b
政治站位　87b
指标聚焦核心发展任务　86b
综合改革深　86a

并购对象　41a
并购方式　41a
并购规模　40b
并购推动产业结构升级　40a
并购推动化解过剩产能　40a
并购推动企业聚焦主业发展　40a
剥离国有企业办社会职能　44a、45b
博士服务团　59a
不发生重大风险底线　14a
不敢腐震慑作用　74a
不能腐体制机制框架　74b
不想腐思想堤坝　75a
布局结构优化　6a、13a
　　调整　13a

C

《财富》世界500强中国企业上榜情况（表） 781a
财税政策协调工作 34a
财务监督工作 31b
财务决算 33a
  布置工作 33a
  功能作用 33a
  管理功能 33a
  审核清算工作 33a
财务预算审核 32b
产权登记 31a
产权管理职能 30b
产权市场阳光平台作用 31b
产业结构升级 40a
产业研究 24b
长征系列运载火箭发射情况（表） 363
超大型并购 40b
成果运用 77a
重庆市国有企业主要指标（表） 712
重庆市国有资产监督管理工作 270a
  并购重组 275b
  创新发展动力转换 270b、275a
  党的建设 278a
  供给侧结构性改革 270a、274b
  股权多元化改革 270b
  国企党的建设 271a
  国企服务重庆市发展 271a
  国企改革 277a
  国有企业户数情况（表） 271b
  国有企业基本情况 271a
  国有企业指标（表） 271b
  国有资本保值增值情况（表） 273b、274a
  国有资本保值增值综合分析评价 273b
  国有资产按地区分布情况（表） 272a
  国有资产按行业分布情况（表） 273a
  国有资产按经营规模分布情况（表） 273a
  国有资产总量与结构分析 271a、272a
  国资监管体制机制改革 270b
  国资系统人员到新一届人大、政协任职 277b
  混合所有制改革 274b
  基本指标 276b
  廉政建设 278a、279b
  企业班子优化调整 277a
  企业并购重组 275b
  企业党的建设 278a
  企业党委副书记和纪委书记设置配备 277a
  企业发展质量效益 270

  企业负责人考核 277a
  企业改革发展 274b
  企业领导班子和领导人员综合考核评价 277b
  企业领导人员管理体制机制 277b
  企业领导人员后备人才培训培养 277a
  完善法人治理结构 275b
  完善经营业绩考核体系 276a
  现代企业制度建设 270b、275a
  选人用人机制改革 277a
  综合指标 276b
重组整合 22b、29b
出资人监督与审计监督合力 62b
出资人监管权力和责任清单 27a
出资人预算管理方式 32b
处僵治困 23a、32a
  攻坚战 32a
创新督办整改机制 61b
创新发展 5a
创新驱动 13a、22b、49a
  发展战略 22b
  引领 49a
创新引智工作 54b
从严治党 6b、71b、76b
促进和保障改革发展 23a
存量资产运营效率 29a

D

大连市国有企业主要指标（表） 682
大连市国有资产监督管理工作 130b
  党的建设 134a
  供给侧结构性改革 131a
  国有企业户数情况 133a
  国有企业指标（表） 132a
  国有资产按地区分布情况（表） 133a
  国有资产按行业分布情况（表） 133b
  国有资产按经营规模分布情况（表） 133b
  国有资产总量与结构分析 132b
  国资监管效能 132a
  科技创新驱动 131b
  廉政建设 134a
  企业党的建设 134a
  企业负责人考核 134a
  企业完善法人治理结构 133b
  企业运行 131a
  体制机制改革 132a
  选人用人机制改革 134a
  质量效益 131a

大事记　761
大众创业万众创新示范基地　771a
代表选举任务　66a
党的建设　4a、7a、11a、15a、17a、18a、23a、65b
　　基层组织建设　7a
　　理论研究　65b
　　总要求　4a
党的领导　15a、23a、41b
党的十九大对国企国资改革发展重大部署　11b
党的十九大精神　23a
党的组织和工作全覆盖　71a
党对国有企业的领导　6a
党费收缴使用和管理　64b
党风廉政建设　7b、23b、63b
党风廉政教育　75a
党风廉政两个责任　9b
党建工作　23b、56、64a、65、70b
　　基层基础工作　23b
　　力量　56b
　　述职报告3项制度　65b
　　新局面　6a
　　责任体系　65a
　　总体要求纳入公司章程　65b
党建要求纳入公司章程　52b
党建责任制　8b、65a
　　考核　65a
　　实施办法　65a
党建制度体系建设　65a
党内政治生活　56a
党委巡视工作　78b
党务工作制度健全　65b
党要管党　6b
党员队伍建设　64b
党员教育管理　64b
党执政的物质基础和政治基础　15b
党组织战斗堡垒作用　63b
第二批大众创业万众创新示范基地　771a
第二、三批协会脱钩试点工作　72b
电信科学技术研究院有限公司　589a
　　党建工作　591a
　　改革发展　589b
　　基本概况　589a
　　经济指标（表）　589b
　　履行社会责任　591a
　　信息化建设　591b
　　重大创新　590b
　　重大项目　590a
　　主要指标　589b

电信企业提速降费　34a
调研督导　45a
顶梁柱作用　5a
东风汽车集团有限公司　453a
　　党建工作　454b
　　改革发展　453b
　　合规运营　454b
　　基本概况　453a
　　履行社会责任　455a
　　省内发展　454a
　　新能源汽车　454b
　　重大创新　454a
　　主要指标　453b
　　自主品牌　454b
　　走向海外　453b
董事会成员结构　42a
董事会和外部董事制度专题调研　43b
董事会建设　41b
董事会评价工作　42a
董事会试点　41a
董事会支撑组织架构运行　42a
董事会职权等改革试点　43b
董事履职　43a、59b
　　能力　43a
　　培训　43a、59b
独立工矿区剥离办社会职能综合改革试点　44b
多元投资主体　52b、53a
　　公司国有股东职责履行　52b
　　中央企业公司治理　53a

F

发展党员　65a
发展环境　54a
法律事务工作　28b
法治建设第一责任人职责　755b
法治央企建设　27b
反腐败斗争　7b、23b
方式方法创新　77a
分类调控效果　47a
分离移交工作　44b
分配针对性有效性　47a
风险管控　34b、50a
　　考核约束　50a
服务国家外交战略　53b
福建省国有企业主要指标（表）　694
福建省国有资产监督管理工作　185a
　　并购重组　191a

  党的建设 186*a*、192*b*
  法律服务进企业 194*a*
  法人治理结构情况 191*b*
  国企改革 190*a*
  国有企业地区国有资本保值增值情况（表） 189*a*
  国有企业行业国有资本保值增值情况（表） 189*a*
  国有企业户数情况（表） 187*a*
  国有企业指标（表） 186*b*
  国有资本保值增值综合分析评价 189*a*
  国有资产按地区分布情况（表） 188*a*
  国有资产按行业分布情况（表） 188*a*
  国有资产按经营规模分布情况（表） 189*a*
  国有资产总量与结构分析 186*b*
  国资监管 185*b*
  经济增加值考核 192*a*
  科技创新工作 192*a*
  课题调研工作 194*a*
  口径统一尺度适当考核政策原则 192*a*
  廉政建设 192*b*、193*a*
  企业并购重组 191*a*
  企业党的建设 192*b*
  企业负责人考核 192*b*
  企业改革发展 190*a*
  企业改革发展地方特色 194*a*
  企业户数 187*a*
  企业建立和完善经营业绩考核体系 192*a*
  企业净资产回报率分档考核机制 192*a*
  企业效益 187*b*
  企业运行 185*a*
  外派监事会监督 194*a*
  完善法人治理结构 191*a*
  新考核办法 192*b*
  选人用人机制改革 192*b*
  营业收入 187*b*
  转型升级 190*b*
  资产分布 187*a*
附录 769

G

改革成效显现 46*a*
改革氛围 43*b*
改革举措 43*b*
  落实落地 13*b*、29*b*
改革开放 5*a*
改革完善董事会和外部董事制度专题调研 43*b*
干部队伍 60*a*、63*b*
  建设 63*b*

甘肃省国有企业主要指标（表） 721
甘肃省国有资产监督管理工作 317*b*
  党的建设 319*a*、323*b*
  党的领导 323*b*
  党风廉政建设 324*a*
  地区保值增值 321*b*
  多措并举 318*a*
  分类考核 323*a*
  公司法人治理结构 322*b*
  国企国资改革 318*a*
  国有企业行业国有资本保值增值情况（表） 321*a*、321*b*
  国有企业户数情况 319*b*、319*b*（表）
  国有企业指标（表） 319*a*
  国有资本保值增值综合分析评 321*a*
  国有资本布局结构优化 318*b*
  国有资产按地区分布情况 319*b*、320*a*（表）
  国有资产按行业分布情况 320*a*、320*b*（表）
  国有资产按经营规模分布情况 320*b*
  国有资产监管规范 318*b*
  国有资产经营规模分布情况（表） 320*b*
  国有资产总量与结构分析 319*a*
  国资国企改革制度体系 321*b*
  国资国企改革重点任务考核 323*a*
  国资监管体制改革 322*a*
  行业保值增值 321*a*
  基层党建基础工作 324*a*
  科技创新发展能力 318*b*
  廉政建设 323*b*
  两学一做学习教育常态化制度化 324*a*
  内部经营管理机制 322*a*
  企业办社会职能剥离 322*a*
  企业并购重组 322*b*
  企业党的建设 323*b*
  企业法人治理结构 321*b*
  企业负责人考核 323*b*
  企业改革发展 321*b*
  企业选人用人机制 323*b*
  企业战略重组整合 322*b*
  所属国有企业主要指标情况 319*a*
  提质增效 318*a*、323*a*
  完善法人治理结构 322*a*
  完善经营业绩考核体系 323*a*
  选人用人机制改革 323*b*
  质量效益 323*a*
高层次人才 57*b*～59*a*
  队伍建设 57*b*
  能力素质水平 59*b*
  培养选拔力度 58*a*

高层次专家国情研修班学习　59a
高技能人才培养培训　60a
高素质专业化企业领导人员队伍建设　7a
个人有关事项报告制度　57b
各省(区、市)国有资产监督与管理　79
供给侧结构性改革　4b、11a、12b、22b、29a、32a、48a
公共资源配置领域政府信息公开的意见　775b
公司制改制　22a、746a
　　　　工作实施方案　746b
公司治理统一完善　41b
工程建设领域保证金清理　34a
工会工作　69a
工业企业户数、从业人数、国有资产总量地区分析(表)　667
工业企业资产负债地区分析(表)　668
工资分配　46b
共青团工作　69b
股东履职有关制度　52b
股东之间沟通机制　52b
关键环节　21b
关键少数　9a
关于国有企业办教育医疗机构深化改革的指导意见　750a
关于进一步加强中央企业安全生产工作的通知　747b
关于印发《中央国有资本经营预算支出管理暂行办法》的通知
　　777b
关于印发《中央企业主要负责人履行推进法治建设第一责任人
　　职责规定》的通知　755a
管党治党责任　15a、23b
　　　　落实　15a
管风险　25b
　　　　方式　25b
　　　　责任　25b
管理机制制度　51b
管理监督　42b
管资本　21a、731a
贯彻党的十九大精神　3a
广东省国有企业主要指标(表)　706
广东省国有资产监督管理工作　241b
　　　　财务监督　247a
　　　　产权监督　246b
　　　　出资人定位　248b
　　　　创新驱动　243a
　　　　党的建设　249a
　　　　党组织在国有企业法人治理中的法定地位　248b
　　　　董事会建设　248a
　　　　个性化考核方案　248b
　　　　供给侧结构性改革　243a
　　　　国有经济布局　241b
　　　　国有企业户数情况(表)　244b

国有企业指标(表)　244a
国有资本保值增值情况(表)　246a
国有资本保值增值综合分析评价　245b
国有资产按地区分布情况(表)　244b
国有资产按行业分布情况(表)　245a
国有资产按经营规模分布情况(表)　245b
国有资产总量与结构分析　244a
国资监管　243b
监事会监督　247a
监事会建设　248a
考核监督　247b
考核指标框架体系　248b
廉政建设　249b
内部市场化选人用人改革　249a
企业党的建设　249b
企业负责人考核　249a
企业经营业绩考核　248b
强化监督　246b
审计监督　247a
省属企业规范选人用人工作　249b
省属企业经理层成员市场化试点　249a
市场规律管理经理层　249a
瘦身健体　243a
提质增效　243a
体制机制改革　242b
投资监督　246b
完善法人治理结构　248a
完善经营业绩考核体系　248b
选人用人机制改革　249a
转变职能　246b
广西壮族自治区国有企业主要指标(表)　709
广西壮族自治区国有资产监督管理　257b
　　　　党的建设　263b
　　　　党对国有企业的领导　263b
　　　　党建促脱贫攻坚　264b
　　　　党建工作　263b
　　　　党建工作基础　264a
　　　　党建工作责任　263b
　　　　发展主业　258b
　　　　国企国资改革　259a
　　　　国有企业户数情况(表)　260a
　　　　国有企业指标(表)　260a
　　　　国有资本保值增值情况(表)　260b
　　　　国有资产按地区分布情况(表)　260a
　　　　国有资产按经营规模分布情况(表)　260b
　　　　国有资产证券化　258b
　　　　国有资产总量与结构分析　260a
　　　　国资监管方式　259b

监督管理　263a
　　监管能力和水平　259b
　　经营业绩考核体系完善　262a
　　廉政建设　263b
　　两个建成目标　264b
　　两学一做学习教育常态化　264a
　　培训教育　262b
　　企业党的建设　263b
　　企业发展新动力新活力　259a
　　企业负责人考核　262a
　　企业改革发展　261a
　　企业领导班子　262b
　　企业领导班子和领导人员年度考核　262a
　　企业领导人员管理体制调整　263a
　　企业领导人员自我约束力　263a
　　企业完善法人治理结构　262a
　　企业新的竞争优势　258b
　　企业转型升级　258a
　　企业资本结构优化　258b
　　项目投资建设　258a
　　选人用人机制改革　262a
　　学习党的十九大精神　263b
　　资源整合　258b
规划编制管理　24a
规划发展工作　24a
贵州省国有企业主要指标（表）　715
贵州省国有资产监督管理工作　288b
　　并购重组　291b
　　党的建设　292a
　　国有企业户数情况（表）　289a
　　国有企业指标（表）　289a
　　国有资本保值增值情况（表）　290a
　　国有资本保值增值综合分析评价　290a
　　国有资产按地区分布情况（表）　289a
　　国有资产按行业分布情况（表）　289b
　　国有资产按经营规模分布情况（表）　290a
　　国有资产总量与结构分析　289a
　　国资监管工作　291b
　　国资委监管企业提质增效　290b
　　企业并购重组　291b
　　企业党的建设　292a
　　企业供给侧结构性改革　291a
　　提质增效工作　290b
国电集团公司与神华集团有限责任公司重组　37b、622b
国机集团　38a、457b
国际对标行业对标机制　50b
国际合作　54a～55a
　　交流平台作用　54a

　　信息交互平台建设　54b
　　引智创新基地建设　54b
　　制度化建设　55a
国际化经营水平　5a、26a
国际交流与合作　53a
国际竞争力提升　54b
国家电力投资集团有限公司　419a
　　安全管理　421a
　　党建工作　423b
　　环境绩效情况（表）　419b
　　基本概况　419a
　　节能减排　423a
　　经济指标（表）　419b
　　科技创新　422a
　　履行社会责任　425a
　　社会绩效情况（表）　420a
　　生产经营　421b
　　重大项目　420b
　　主要指标　419b
　　主营业务　420a
　　走向海外　423a
国家电网有限公司　401a
　　党建工作　403a
　　电网建设　401b
　　改革发展　401a
　　国际业务　402a
　　基本概况　401a
　　科技创新　402b
　　履行社会责任　403b
　　信息化建设　403a
　　主要指标　401a
国家队作用　5a
国家开发投资集团有限公司　503b
　　党建工作　505a
　　改革发展　504a
　　基本概况　503b
　　经济指标（表）　504a
　　履行社会责任　505b
　　信息化建设　505b
　　重大创新　505a
　　重大项目　504b
　　主要指标　503b
　　走向海外　504a
国家能源投资集团有限责任公司　428a
　　党建工作　433a
　　发展战略　428b
　　基本概况　428a
　　经济指标（表）　428b

经营管理　429a
履行社会责任　434b
企业改革　431a
信息化建设　433b
重大创新　431b
重大科技创新草稿　433a
重大科技项目　432a
重大项目　429b
主要指标　428a
走向海外　430b
国家战略部署落实　4b
国家重大对外战略配合　53b
国家重大人才工程　57b
国内高层次人才培养选拔力度　58a
国企党建会精神贯彻落实　18a
国企党建与深化国企改革　66a
国企改革舆情　67b
国企国资　10b、11a、53b
发展成就　11a
高质量发展新局面　10b
载体作用　53b
支撑作用　53b
国企国资改革　4a、5b、11b、15b、24b、53b、54a
发展故事　54a
发展重大部署　11b
正确方向　4a
中心工作　53b
重点任务　24b
国企国资主力军作用　53b
国企专委会工作　66a
国务院办公厅关于建设第二批大众创业万众创新示范基地的实施意见　771a
国务院办公厅关于进一步完善国有企业法人治理结构的指导意见　743a
国务院办公厅关于推进公共资源配置领域政府信息公开的意见　775b
国务院办公厅关于推进重大建设项目批准和实施领域政府信息公开的意见　773b
国务院办公厅关于印发中央企业公司制改制工作实施方案的通知　746a
国务院办公厅关于转发国务院国资委以管资本为主推进职能转变方案的通知　731a
国务院关于印发划转部分国有资本充实社保基金实施方案的通知　740b
国务院国资委、民政部、财政部、住房城乡建设部关于国有企业办市政、社区管理等职能分离移交的指导意见　753a
国务院国资委以管资本为主推进职能转变方案　731a
国有产权管理　28b

国有工业企业　667、668
户数、从业人数、国有资产总量地区分析（表）　667
资产负债地区分析（表）　668
国有经济整体功能　6a
国有企业、国有资产牢牢掌握在党的手中　4a
国有企业办教育医疗机构深化改革的指导意见　750a
国有企业办社会职能　22a、44a
剥离　44a
分离移交　22a
国有企业办市政、社区管理等职能分离移交的指导意见　753a
国有企业办消防机构分类处理国资的指导意见　754a
国有企业党的建设　17b、18b
国有企业发展　5b、10a、22b
活力　5b
质量和效益　22b
国有企业法人治理结构　743a
国有企业改革　10a、16、21
发展　16a、21
正确方向　16b
国有企业高质量发展　3b、4b
国有企业户数、从业人数、国有资产总量（表）　659～661
地区分析（表）　661
行业分析（表）　660
综合分析（表）　659
国有企业解决历史遗留问题进展　44a
国有企业信心和决心　9b
国有企业在统筹推进五位一体总体布局　16a
国有企业资产负债（表）　663～665
地区分析（表）　665
行业分析（表）　664
综合分析（表）　663
国有企业做强做优做大　15b～17a
国有商业企业（表）　670、671
户数、从业人数、国有资产总量地区分析（表）　670
资产负债地区分析（表）　671
国有资本布局　24b、29b
结构调整　24b
优化　29b
国有资本充实社保基金实施方案　740b
国有资本经营预算　51b、777b
管理　51b
支出管理暂行办法　777b
国有资本配置效率　13a
国有资本运营配置　29a
国有资本总量　35b
国有资本做强做优做大　3b、5b
国有资产安全防线　31a
国有资产管理体制　5b、27a

完善 5b
国有资产监督管理 6a、17b、19、21a、79
  体制改革 21a
  政策法规选编 729
国有资产监督管理委员会大事记 761
国有资产统计资料 657
国有资产总量(表) 659~661、667、670
  地区分析(表) 661、667、670
  行业分析(表) 660
  综合分析(表) 659
国资国际合作专属阵地 53b
国资监管 11a、14b、21b、27b
  法规制度体系 27b
  机制 21b
  水平 14b
国资委—中央企业国际合作信息交互平台建设 54b
国资委、公安部、财政部关于国有企业办消防机构分类处理国资
  的指导意见 754a
国资委党委对中央企业开展巡视工作情况 75b
国资委党委巡视工作 78b
国资委机关法律事务工作 28b
国资委内监管联动 62a
国资委协会党建管理内部体制机制 71a
国资委中央企业国际合作引智创新基地建设 54b
国资系统监管企业 36
  利润构成及变化(图) 36
  营业收入变化(图) 36
过剩产能化解 40a

H

哈尔滨电气集团有限公司 460a
  党建工作 462b
  改革发展 161a
  管理创新 462a
  基本概况 460a
  经济指标(表) 460b
  科技创新 462a
  履行社会责任 463a
  信息化建设 462b
  重大创新 462a
  重大项目 461b
  主要指标 460b
  走向海外 462a
海南省国有企业主要指标(表) 711
海南省国有资产监督管理工作 265a
  党的建设 269a
  国有企业改革发展地方特色情况 269b

国有企业户数情况(表) 266b
国有企业指标(表) 266a
国有资本保值增值情况(表) 267a
国有资本保值增值综合分析评价 267a
国有资产按地区分布情况(表) 266b
国有资产总量与结构分析 266a
廉政建设 269a
企业党的建设 269a
企业负责人考核 268b
企业股份制改革 267b
企业全面深化改革 268a
上市融资 267b
树形象创品牌 265b
完善法人治理结构 268a
完善经营业绩考核体系 268a
选人用人机制改革 268b
海外高层次人才 57b
行业协会商会监督管理与党建工作 70b
郝鹏 3a、8a
核查追责力度 21b
河北省国有企业主要指标(表) 676
河北省国有资产监督管理工作 98b
  法人治理结构 103a
  供给侧结构性改革 102b
  国企改革 102a
  国有企业户数情况(表) 99b
  国有企业指标(表) 99a
  国有资本保值增值情况(表) 101a
  国有资本保值增值综合分析评价 101a
  国有资产按地区分布情况(表) 99b
  国有资产按行业分布情况(表) 100a
  国有资产按经营规模分布情况(表) 100b
  国有资产总量分布情况 99b
  国有资产总量与结构分析 98b
  户数分布情况 99a
  监督管理工作 104b
  廉政建设 104a
  企业并购重组 103a
  企业党的建设 104a
  企业负责人考核与选人用人机制改革 103b
  企业改革发展 102a
  企业建立和完善经营业绩考核体系 103b
  新发展理念 102b
  新旧动能转换 102b
  转型升级 102b
  总体情况 98b
河南省国有企业主要指标(表) 701
河南省国有资产监督管理工作 220b

并购重组　226a
　　党的建设　227a
　　法人治理结构改革　226a
　　分类考核　226b
　　供给侧结构性改革　221b
　　国企党建　222b
　　国企改革攻坚　221a
　　国有企业户数情况（表）　223b
　　国有企业指标（表）　223a
　　国有企业总户数情况　223a
　　国有资本保值增值情况（表）　225a
　　国有资本保值增值综合分析评价　225a
　　国有资产按地区分布情况　223b、223b（表）
　　国有资产按行业分布情况　224a、224a（表）
　　国有资产按经营规模分布情况　224b、224b（表）
　　国有资产总量与结构分析　223a
　　国资监管　222a
　　监管企业负责人考核情况　226b
　　考核评价清算　226b
　　廉政建设　227a、227b
　　企业并购重组　226a
　　企业党的建设　227a
　　企业负责人考核　226b
　　企业改革发展　225b
　　企业建立和完善经营业绩考核体系　226b
　　企业效益　221a
　　选人用人机制改革　226b、227a
黑龙江省国有企业主要指标（表）　685
黑龙江省国有资产监督管理工作　142b
　　北满特钢重组　147b
　　出资企业的现代企业制度建设　148a
　　党的建设　149b
　　党的领导　151b
　　工会、共青团等群众工作　151b
　　国企党建　144b
　　国企改革　142b、46b
　　国有企业户数情况（表）　145a
　　国有企业指标（表）　145a
　　国有资本保值增值情况（表）　146a
　　国有资本保值增值综合分析评价　146a
　　国有资产按地区分布情况（表）　145b
　　国有资产按行业分布情况（表）　145b
　　国有资产按经营规模分布情况（表）　146a
　　国有资产总量与结构分析　145a
　　国资监管　144a
　　基层党建工作水平　150a
　　基层党建重点任务　150a
　　加强监管　147a

　　监督效能　144a
　　监管质量　144a
　　结构调整　143a
　　开拓创新　151a
　　考核工作　148b
　　历史遗留问题解决　147a
　　廉政建设　149b
　　企业办社会职能剥离　147a
　　企业并购重组　147b
　　企业党的建设　149b
　　企业党建工作活力　151a
　　企业党建工作领导和指导　149b
　　企业负责人考核　148b
　　企业改革发展　146b
　　企业和谐发展　151a
　　企业建立和完善经营业绩考核体系　148a
　　群众工作　151b
　　问题导向　150a
　　现代企业制度建设　147b
　　选人用人工作　149a
　　选人用人机制改革　148b
　　严格考核　147a
　　责任落实　149b
　　整改落实　150a
　　执纪问责　144b
　　制度落实　144a
　　重大改革任务　146b
　　重要领域和关键环节进展　142b
　　转型发展　143a
　　资本布局　143a
恒天集团　38a
后备干部队伍建设　58a
湖北省国有企业主要指标（表）　703
湖北省国有资产监督管理工作　228b
　　从严治党　234b
　　党的建设　233b
　　党的领导　233b
　　党风廉政建设　234b
　　党建责任落地落实　233b
　　党员教育管理　234a
　　董事会建设　232b
　　反腐败工作　234b
　　干部队伍优化　234a
　　供给侧结构性改革　229a
　　国有企业改革　229b
　　国有企业户数情况　230b、230b（表）
　　国有企业支撑引领作用　228b
　　国有企业指标（表）　230b

国有企业资产总额　230b
　　国有资本保值增值情况（表）　231b
　　国有资本保值增值综合分析评价　231b
　　国有资产按地区分布情况（表）　230b
　　国有资产按行业分布情况（表）　231a
　　国有资产按经营规模分布情况　231b
　　国有资产分布情况　230b
　　国有资产总量与结构分析　230b
　　国资监管　230a
　　基层基础升级　234a
　　监事会监督　233a
　　廉政建设　233b
　　企业并购重组　232b
　　企业党的建设　233b
　　企业发展　232b
　　企业负责人考核　233b
　　企业改革发展　232a、234a
　　企业建立和完善经营业绩考核体系　233a
　　企业领导班子建设　234a
　　上市融资　232b
　　上市融资情况　232a
　　思想政治引领　234a
　　完善法人治理结构　232b
　　选人用人机制改革　233b
湖南省国有企业主要指标（表）　705
湖南省国有资产监督管理工作　235a
　　2016年度考核结果核定　240a
　　2017年度考核目标　240a
　　重组整合　239b
　　创新引领　239a
　　党的建设　241a
　　党风廉政建设　241a
　　对接服务国家战略　239a
　　反腐败工作　241a
　　干部监督机制　240b
　　供给侧结构性改革　238a
　　国有经济运行　235b
　　国有企业深化改革　239b
　　国有企业指标（表）　235b
　　国有资本保值增值情况（表）　238a
　　国有资本保值增值综合分析评价　237b
　　国有资产按地区分布情况（表）　236a
　　国有资产按行业分布情况（表）　236b
　　国有资产按经营规模分布情况（表）　237a
　　国有资产总量与结构分析　235b
　　基层基础　241a
　　监管企业负责人2016年度薪酬水平　240a
　　监管企业改革发展　238a

　　监管企业人才工作　240b
　　经营业绩考核体系　240a
　　考核制度体系　240a
　　廉政建设　241a
　　企业并购重组　239b
　　企业创新能力　239a
　　企业党的建设　241a
　　企业对外开放　239a
　　企业负责人考核　240b
　　企业领导班子换届调整　240b
　　企业深化企业内部劳动用工制度改革　240b
　　企业市场化经营机制　239b
　　企业转型升级　239a
　　省级国资监管体制　235a
　　实体经济　239a
　　市州国企改革　235a
　　收入分配制度改革　240b
　　完善法人治理结构　239b
　　选人用人机制改革　240b
　　制度建设　241a
划转部分国有资本充实社保基金实施方案　740b
华侨城集团有限公司　643a
　　扁平化改革　645a
　　多层次金融能力　645b
　　房地产业务　644b
　　管理体制改革　645a
　　基本概况　643a
　　集团公司制改制　645b
　　经济指标（表）　643b
　　康佳剥离制造业改革　645b
　　康佳集团业务　645a
　　旅游综合业务　644b
　　项目建设　644a
　　新项目拓展　644a
　　选人用人机制改革　645b
　　纸包装业务　644b
　　重点项目建设成果　644a
　　主要业务　644b
　　主要指标　643b
华润（集团）有限公司　508a
　　党建工作　509b
　　改革发展　508b
　　基本概况　508a
　　经济指标（表）　508a
　　履行社会责任　510a
　　信息化建设　509b
　　重大创新　509a
　　重大项目　509a

主要指标　508a
化解过剩产能　40a
混合所有制改革　22a、29b、30a
　　成效　30a
　　工作协调机制　30a
　　以点带面　29b

J

基本队伍　8a
基层党务工作制度健全　65b
基层党组织　63a～64b
　　换届选举　64a
　　建设　64a
　　书记轮训工作　64b
　　战斗堡垒作用　63a
基层示范党支部创建　64a
基础管理　31a
基础建设　71a
机关建设　63a
机械科学研究总院集团有限公司　528a
　　党建工作　530a
　　改革发展　529a
　　基本概况　528a
　　经济指标（表）　528b
　　履行社会责任　531a
　　信息化建设　531a
　　重大创新　530a
　　重大项目　529b
　　主要指标　528a
吉林省国有企业主要指标（表）　683
吉林省国有资产监督管理工作　134b
　　2016年度出资企业负责人经营业绩考核和薪酬兑现工作　140a
　　2017年度业绩考核指标确定　140a
　　安全稳定工作　136a
　　并购重组　139a
　　党的建设　135b、141a
　　党风廉政建设　136a
　　法人治理结构　140b
　　改革发展　139a
　　改革实施文件　139b
　　干部管理体制　140b
　　国有企业户数情况（表）　137a
　　国有企业指标（表）　136b
　　国有资本保值增值情况（表）　137b
　　国有资本保值增值能力　138b
　　国有资本保值增值综合分析评价　137b
　　国有资产按地区分布情况（表）　137a
　　国有资产按行业分布情况（表）　137a
　　国有资产按经营规模分布情况（表）　137b
　　国有资产总量　138b
　　国有资产总量与结构分析　136a
　　国资监管方式转变　135b
　　混合所有制改革试点　139b
　　监督检查力度　140a
　　监事会监督　135b
　　结构调整　135a
　　经营积累　138b
　　廉政建设　141a
　　扭亏增盈　134b
　　企业并购重组　139a
　　企业党的建设　135b、141a
　　企业党风廉政建设　136a
　　企业法人治理结构　140b
　　企业负责人收入分配秩序　140a
　　企业改革发展　139a
　　企业建立和完善经营业绩考核体系　140a
　　企业经营中存在的问题　138b
　　企业人才队伍建设　140b
　　企业社会负担　135b
　　企业深化改革　139b
　　日常监督管理工作　140b
　　项目建设　135a
　　选人用人机制改革　140b
　　盈利能力　138a
　　营业收入增长　138b
　　重点企业改革　135a
　　资产整合和布局　135a
纪检监察队伍自身建设　75b
纪检监察工作　73b
纪检监察双向协同机制　62b
纪检体制改革　75b
绩效年薪预发比例　48b
加大交流　56b
兼并重组　37b
坚持和发展中国特色社会主义总任务　3b
监督成果宣传　63a
监督二局　62a～63b
监督工作闭环　61b
监督工作程序化、规范化、标准化　60b
监督工作针对性、有效性、权威性　61b
监督检查工作机制　30b
监督履职制度体系框架　61a
监督三局　62a～63b
监督问题督促整改机制　34b

监督与管理联动、合力、效能　62a
监管方式　21a
监管科学性、针对性和有效性　17b、21a
监管联动　62a
监管体制机制完善　14b
监管效能　30b
建设第二批大众创业万众创新示范基地的实施意见　771a
建设高素质专业化企业领导人员队伍　7a
江苏省国有企业主要指标(表)　688
江苏省国有资产监督管理工作　155a
  2016年度经营业绩考核确认　162a
  产权管理　160b
  惩治腐败　164a
  创新驱动战略　160a
  党的建设　163a
  党的领导　157a
  党建工作　157a
  党建工作责任制　163b
  党建工作总体要求　160b
  法人治理结构完善　160b
  改革成效　155b
  供给侧结构性改革　156a
  公司法人治理结构　161b
  贯彻习近平新时代中国特色社会主义思想　163a
  国企改革　155b
  国有及国有控股企业改制上市　161a
  国有控股混合所有制企业员工持股试点　160a
  国有企业分布　158a
  国有企业户数情况(表)　158a
  国有企业指标(表)　157b
  国有企业资产分布　157b
  国有资本保值增值情况(表)　159a
  国有资本保值增值综合分析评价　159a
  国有资本布局结构　160b
  国有资本布局结构调整　159b
  国有资产按地区分布情况(表)　158b
  国有资产按行业分布情况(表)　158b
  国有资产按经营规模分布情况(表)　159a
  国有资产总量分布　158a
  国有资产总量与结构分析　157a
  国资监管方式改革　156b
  混合所有制改革　160b
  监管工作　156b
  僵尸企业清理处置　160a
  经营业绩考核办法修改完善　161b
  经营业绩考核目标　162a
  经营业绩考核体系　161b
  廉政建设　163b

  两学一做学习教育常态化制度　163b
  企业并购重组　160b
  企业党的建设　163a
  企业党委集中换届　162a
  企业负责人考核　162a
  企业改革发展　159b
  企业功能界定与分类　159b
  企业领导人员考核　162b
  企业人才队伍建设　162b
  企业调整内部资源　160a
  企业运行　155a
  省市国有企业战略构性重组　160b
  省属企业党建工作　163a
  省属企业党建强基提质　163b
  省属企业董事会建设　162b
  省属企业反腐败工作　164a
  省属企业管党治党政治责任　163b
  省属企业领导人员日常调整工作　162a
  省属企业投资管控　160a
  新发展理念　156a
  选人用人机制改革　162a、163a
  员工持股试点　160a
  质量效益　155a
  资产证券化水平　161a
江西省国有企业主要指标(表)　697
江西省国有资产监督管理工作　200a
  2016年年薪与2014—2016年任期激励薪酬　204a
  2017年度与2017—2019年任期经营业绩考核目标　204a
  差异化考核　204a
  创新驱动　200b
  从严治党　206a
  党的建设　205a
  党的领导　203b
  党建责任　205a
  多措并举　200a
  服务生产经营　205b
  改制上市　203b
  高位推动工作　205a
  股权重组　203b
  国有经济稳健发展　200a
  国有企业户数情况(表)　201b
  国有企业指标(表)　201b
  国有资本保值增值情况(表)　202b
  国有资本保值增值综合分析评价　202b
  国有资产按地区分布情况(表)　201b
  国有资产按行业分布情况(表)　202a
  国有资产按经营规模分布情况(表)　202b
  国有资产总量与结构分析　201b

国资监管方式　201a
　　混合所有制改革　203a
　　建立和完善经营业绩考核体系　204a
　　廉政建设　205a
　　企业并购重组　203b
　　企业党的建设　205a
　　企业发展　200a
　　企业负责人绩效评价体系　204a
　　企业负责人考核　204b
　　企业改革发展　203a
　　企业领导人员考核　204b
　　特色创新　205b
　　统筹协调　203a
　　完善法人治理结构　203b
　　完善公司治理相结合　203b
　　问题导向　205b
　　选人用人机制改革　204b
　　转型升级　200b
　　资源整合　203b
讲政治　6b、16a
降杠杆减负债效果　22b
交流共享平台　28a
结构调整考核作用　50a
结果核定　48b
解决历史遗留问题　44a、45b
　　阶段性成效　45b
金融业务　52
　　风险管控　52a
　　管理工作机制　52b
　　投资基金家底　52b
金融资本监管　52a
金融子企业监管口径和范围　52a
金砖国家领导人厦门会晤　53b
金砖五国分享国企治理经验　53b
进一步加强中央企业安全生产工作的通知　747b
进一步完善国有企业法人治理结构的指导意见　743a
精神文明建设　68a
经济持续健康发展　5b
经济文献　1
经济效益增长　36a
经济运行　35b
经济责任审计　34b
经营性国有资产集中统一监管　27a
经营业绩考核工作　47b
境外安全风险防控任务　26b
境外国资监管　21b
境外经营行为规范　26b
境外投资　26b、737a
　　风险　26b
　　监督管理办法　737a
境外重大项目审核把关和落实　26a
具有全球竞争力世界一流企业　3a
决算管理方式　33a

K

考核导向作用　45a
考核分配联动　48a、50b
　　机制　50b
考核目标　48a、48b
考核指标体系　48a
科技创新考核激励力度　49b
科技体制改革和创新驱动发展战略　59b
亏损上市公司退市风险　31b

L

劳动要素投入产出效率　46b
理论武装　56a、66b
理论研究　71a
例行新闻发布机制　67b
历史遗留问题　44a、46a
　　解决　44a
　　进展　46a
两个责任　9b、73b
两金清理力度　32a
两学一做学习教育常态化制度化　64b、71b
辽宁省国有企业主要指标(表)　680
辽宁省国有资产监督管理工作　122a
　　党的建设　123a、129b
　　法人治理结构改革　128b
　　分配纪律　128b
　　公司治理机制　122b、127a
　　国有企业党的建设　123a
　　国有企业改制重组　122b、126b
　　国有企业核心竞争力　122b、127a
　　国有企业户数情况(表)　124b
　　国有企业级次分布情况(表)　124b
　　国有资本保值增值情况　126b、126b(表)
　　国有资本保值增值综合分析评价　126a
　　国有资本及权益增减变动情况(表)　126a
　　国有资产按地区分布情况(表)　124a
　　国有资产按行业分布情况(表)　125b
　　国有资产按经营规模分布情况(表)　125a
　　国有资产地区分布　123a
　　国有资产分布情况(表)　123b

国有资产行业分布　125a
　　国有资产经营规模分布　124b
　　国有资产增减变动及原因　126a
　　国有资产总量及结构分析　123a
　　国资监管体制　123a
　　混合所有制改革　127a
　　激励与约束机制　127b
　　经济运行企稳向好　122b
　　廉政建设　129b
　　企业党的建设　129b
　　企业负责人考核　128b、129a
　　企业改革发展　126b
　　企业建立和完善经营业绩考核体系　127b
　　上市股份公司分布　125b
　　省属企业负责人考核分配工作　127b
　　省属企业负责人履职待遇、业务支出　128b
　　省属企业工资总额预算管理　128a
　　省属企业劳动用工和收入分配制度改革　128a
　　省属企业收入分配秩序规范　128b
　　省直部门企业国有资产分布情况(表)　124a
　　选人用人机制改革　128b、129a
领导班子和后备干部队伍建设　58a
领导干部　9a
领导人对外宣布的重大援外举措落实　54a
领导人员选优配强　56b
履行社会责任　12b

M

马克思主义理论研究和建设工程重大课题研究　65b
贸易业务风险防范　35a

N

南光(集团)有限公司　646a
　　改革发展　646b
　　公司制改制　647a
　　基本概况　646a
　　经济指标(表)　646b
　　履行社会责任　647b
　　深化改革　646b
　　信息化建设　647a
　　重大项目　647a
　　主要指标　646a
内部审计工作指导　34b
内部制度建设　61a

内蒙古自治区国有企业主要指标(表)　679
内蒙古自治区国有资产监督管理工作　115b
　　2016年度企业经营业绩考核工作　121a
　　2017年度和第五任期考核目标值下达　121b
　　包钢提质增效转型发展　120a
　　剥离企业办社会职能　120b
　　创新驱动发展战略　120a
　　党的建设　117a
　　供给侧结构性改革　116b
　　国有经济持续发展　116b
　　国有企业改革发展保证　117a
　　国有企业户数情况(表)　118a
　　国有企业经营业绩考核制度改革　121a
　　国有企业指标(表)　118a
　　国有资本保值增值情况(表)　119b
　　国有资本保值增值综合分析评价　119b
　　国有资产按地区分布情况(表)　118b
　　国有资产按行业分布情况(表)　118b
　　国有资产按经营规模分布情况(表)　119b
　　国有资产总量与结构分析　118a
　　国资监管体制改革　116a
　　监管效能　116a
　　经营业绩考核方式方法创新　121a
　　廉政建设　122a
　　企业并购重组　120b
　　企业党的建设　122a
　　企业党的领导　117a
　　企业负责人考核　121b
　　企业改革发展　116b、120a
　　企业建立和完善经营业绩考核体系　120b
　　企业内部三项制度改革　120a
　　收入利润持续快速增长　115b
　　提质增效转型发展　115b
　　完善法人治理结构　120b
　　现代企业制度　120a
　　选人用人机制改革　121b
　　重要领域和关键环节改革　116b
能上能下　56b
年度考核评价　57a
宁波市国有企业主要指标(表)　691
宁波市国有资产监督管理工作　172b
　　保值增值　174a
　　布局结构　173b
　　党的建设　178a

服务大局　173a
　　国企担当　173a
　　国有企业户数情况（表）　174b
　　国有企业指标（表）　174b
　　国有资本保值增值情况（表）　175b
　　国有资本保值增值综合分析评价　175b
　　国有资产按地区分布情况（表）　174b
　　国有资产按行业分布情况（表）　175a
　　国有资产按经营规模分布情况（表）　175b
　　国有资产总量与结构分析　174a
　　国资监管　174a
　　廉政建设　178a
　　企业党的建设　178a
　　企业负责人考核　177b
　　企业改革发展　176a
　　企业建立和完善经营业绩考核体系　177a
　　企业完善法人治理结构　176b
　　选人用人机制改革　177b
　　转型升级　173b
宁夏回族自治区国有企业主要指标（表）　724
宁夏回族自治区国有资产监督管理工作　334a
　　党建重点任务　338a
　　顶层设计　334b
　　反腐败工作　338b
　　干事创业激情　338b
　　管党治党责任　337b
　　国企改革持续深化　334b
　　国有企业户数情况（表）　336a
　　国有企业稳步发展　334a
　　国有企业指标（表）　336a
　　国有资本按地区分布情况（表）　336a
　　国有资本按行业分布情况（表）　336b
　　国有资本按经营规模分布情况（表）　336b
　　国有资本保值增值情况（表）　337a
　　国有资本保值增值综合分析评价　336b
　　国有资产总量与结构分析　336a
　　监管效能　335a
　　企业党的建设　337a
　　企业廉政建设　338b
　　人才队伍建设　338b
　　思想信念　337b
　　挺纪在前　339a
　　严督实查　339b
　　责任落实　339a

　　政治建设　337b
　　正风反腐　339b
　　遵规崇廉　339a
女职工工作　70b

P

排头兵作用　5a
配合党和国家领导人重要外交外事活动　53b
配合国家相关外交举措　53b
配合国家重大对外战略　53b
平台窗口作用　54b
平台桥梁作用　54b
平台引领作用　54a
平台支撑作用　54b
评议力度　24a

Q

企业办教育医疗机构深化改革的指导意见　750a
企业办社会职能分离移交　22a
企业办市政、社区管理等职能分离移交的指导意见　753a
企业办消防机构分类处理国资的指导意见　754a
企业党的基层组织建设　7a
企业党委中心组增强学习效果　66b
企业动态监测工作　33b
企业发展良好态势　12a
企业非主业投资管理方式改革　25b
企业改革　11a
企业更好服务国家战略　49a
企业公司制改制工作实施方案　746b
企业功能界定与分类　21b
企业国有产权管理工作　28b
企业国有资产监管法治建设　27a
企业和社会稳定　45b
企业核心竞争力　13a
企业户数、从业人数、国有资产总量（表）　659～661
　　地区分析（表）　661
　　行业分析（表）　660
　　综合分析（表）　659
企业经营管理人才　58
　　素质提升工程　58a
　　专项培养计划　58b
企业境外投资监督管理办法　737a

企业聚焦主业发展　40*a*
企业领导班子　56*b*、57*a*
　　建设研究　57*a*
　　选优配强　56*b*
企业领导人员　23*b*、56、57*a*、60*a*
　　队伍建设　23*b*
　　培训　60*a*
　　日常管理监督　57*a*
　　选优配强　56*b*
　　政治建设和思想建设　56*a*
企业领导人员管理　55*b*
　　方式改革　57*a*
企业内部分类考核　49*b*
企业内部分配格局　47*a*
企业深化供给侧结构性改革　49*b*
企业提升法律管理水平　27*b*
企业投资监管　25*a*、734*b*
　　监督管理办法　734*b*
企业文化建设　68*a*
企业先进精神　10*a*
企业选人用人指导监督　57*b*
企业重组　38*b*
企业主要负责人履行推进法治建设第一责任人职责规定　755*b*
千人计划　57*b*、58*a*
　　成效评估工作　58*a*
　　平台职责　57*b*
强国战略　60*a*
青岛市国有企业主要指标（表）　700
青岛市国有资产监督管理工作　214*a*
　　党的建设　219*b*
　　党对国有企业领导　215*a*
　　党风廉政建设　219*b*、220*a*
　　党建工作　219*b*
　　国有企业户数情况（表）　216*a*
　　国有企业指标（表）　216*a*
　　国有资本保值增值情况（表）　217*a*
　　国有资本保值增值综合分析评价　217*a*
　　国有资产按地区分布情况（表）　216*a*
　　国有资产按行业分布情况（表）　216*a*
　　国有资产按经营规模分布情况（表）　216*a*
　　国有资产监管力度　214*b*
　　国有资产结构分析　215*a*
　　国有资产运营分析　215*b*
　　国有资产总量与结构分析　215*a*
　　监管体制优化　217*b*
　　精神文明建设　219*b*、220*a*
　　企业党的建设　219*b*

企业发展动力　214*a*
企业发展环境　214*b*
企业负责人经营业绩考核　219*a*
企业劳动用工与收入分配工作　219*a*
企业新旧动能转换　214*b*
强化监督　218*b*
全程服务　218*b*
深化改革　218*a*
市直大企业运营状况　215*b*
推动发展　218*a*
薪酬管理工作　219*a*
青海省国有企业主要指标（表）　723
青海省国有资产监督管理工作　324*b*
　　并购重组　330*a*
　　创新考核分配工作　331*b*
　　党的建设　333*a*
　　党管一切根本要求　326*b*
　　党建工作　333*a*
　　发展指向　325*a*
　　法人治理结构　330*b*
　　国企运行质量　324*b*
　　国有企业户数情况（表）　328*a*
　　国有企业指标（表）　328*a*
　　国有资本保值增值情况（表）　329*b*
　　国有资本保值增值综合分析评（表）　329*b*
　　国有资本布局　325*b*
　　国有资产按地区分布情况（表）　328*b*
　　国有资产按行业分布情况（表）　328*b*
　　国有资产按经营规模分布情况（表）　329*a*
　　国有资产总量与结构分析　327*b*
　　国资国企改革　325*b*
　　基层党建　326*b*
　　监管针对性和有效性　326*a*
　　经营业绩考核　331*b*
　　考核分配体系　331*b*
　　考核和薪酬改革　331*b*
　　廉政建设　333*a*、333*b*
　　企业并购重组　330*a*
　　企业党建　326*b*、333*a*
　　企业负责人考核　332*a*
　　企业改革发展　329*b*
　　挖掘创新发展　325*b*
　　完善法人治理结构　330*a*
　　问题导向　325*a*、326*b*
　　选人用人机制改革　332*a*、332*b*
　　转变职能　326*a*
青年成长成才工作　70*a*
青年服务中央企业改革发展　70*a*

青年干部培养　60a
青年工作　69b
青年思想引领　69b
去产能力度　22b
全国国有企业资产与财务状况分析　35a
全面从严加强国有企业党的建设　17b
全面深化改革总目标　4a
全面预算管理工作　32b
全球竞争力世界一流企业　3a、3b
全球朋友圈　54a
群团工作　68b
群众工作　68b

R

人才队伍建设　57b
人才工作　57b
人才教育培训工作　59b
人才评先推优工作　58b
人才资源基本情况　60b
人民共同财富　6a
人员培训　60a
日常管理　56a、57a
　　监督　57a

S

三供一业分离移交　45b
三会一课制度落实　63b
三基建设大工程　9a
三项试点改革　57a
山东省国有企业主要指标（表）　698
山东省国有资产监督管理工作　206a
　　2016年度考核结果审核确认　211b
　　2017年度省属企业负责人经营业绩考核目标调整　211b
　　党的建设　212b
　　党建工作与生产经营深度融合　213a
　　督查考核长效机制　213b
　　法人治理结构情况　210a
　　干部人事制度改革　212b
　　国有企业户数情况　206b、207a（表）
　　国有企业指标（表）　206b
　　国有资本保值增值情况（表）　208a
　　国有资本保值增值综合分析评价　208a
　　国有资产按地区分布情况（表）　207a
　　国有资产按行业分布情况（表）　207a、207b
　　国有资产经营规模分布情况（表）　207b、208a
　　国有资产指标及分布情况　206b

　　国有资产总量与结构分析　206b
　　国资监管水平　209b
　　基层打基础　213a
　　基层党建工作落实闭环体系　213b
　　基层党建工作责任落实　212b
　　监管企业并购重组　209b
　　廉政建设　212b
　　企业并购重组　209b
　　企业党的建设　212b
　　企业党委领导作用　213b
　　企业负责人经营业绩考核政策　211a
　　企业负责人考核　212a
　　企业改革发展　209a
　　企业活力动力　209a
　　企业建立和完善经营业绩考核体系　211a
　　企业领导班子和领导人员综合考核评价　212b
　　企业领导人员管理监督　212b
　　企业领导人员选拔任用工作程序和要求　212a
　　省属企业基层党组织建设　213a
　　省属企业实施新旧动能转换重大工程考核　211a
　　完善法人治理结构情况　209b
　　新旧动能转换　209a
　　选人用人机制改革　212a
　　责任担当　212b
　　正风肃纪　213b
　　职能转变　209b
　　制度建设　213b
　　重点领域改革　209a
　　转型升级　209a
山西省国有企业主要指标（表）　677
山西省国有资产监督管理工作　105a
　　并购重组　111a
　　产融结合　110b
　　惩治腐败　114b
　　创新力度　115a
　　创优环境保驾护航　110b
　　党风廉政建设　114b
　　党建工作　114a
　　地方特色　114b
　　顶层设计　109b
　　对外合作　115a
　　法人治理结构　107a、111b
　　防控风险　110b
　　服务水平　113b
　　改革活力　113a
　　根上改、制上破、治上立　105b
　　国有企业改革发展　109b、114b
　　国有企业户数情况（表）　108b

国有企业责任担当　107b
　　国有企业指标（表）　108a
　　国有企业总体情况　108a
　　国有资本保值增值情况（表）　109a
　　国有资本保值增值综合分析评价　109a
　　国有资本布局优化　106a
　　国有资本监管　113b
　　国有资本授权经营体制　114b
　　国有资产按地区分布情况（表）　108b
　　国有资产按经营规模分布情况（表）　109a
　　国有资产分布情况　108b
　　国有资产总量与结构分析　108a
　　国资布局调整优化　109b
　　国资监管　111a
　　国资监管水平　107b
　　国资职能转变　111a
　　监管方式创优　113b
　　监管机制创新运用　107b
　　减轻企业负担　107a
　　降低企业负债率　115a
　　交办任务落实　107b
　　历史遗留问题解决　107a
　　廉政建设　114a
　　企业并购重组　111a
　　企业党的建设　114a
　　企业负责人考核　112b
　　企业改革发展　109b
　　企业建立和完善经营业绩考核体系　112a
　　企业运行质量　106b
　　契约化管理　113a
　　人员结构　112b
　　市场化选聘　113a
　　提质增效成效　106b
　　体制机制改革创新　106a、113a
　　完善法人治理结构进展　111a
　　新旧动能转换　106a
　　选人用人机制改革　112b
　　政策措施支持改革　110b
　　制约企业发展瓶颈破除　106a
　　中国特色现代国企制度构建　107a
　　重大举措　105b、110a
　　重点难点突破　110a
　　转型升级转换动力　109b
　　资本市场作用　115a
　　资本运营　110b
陕西省国有企业主要指标（表）　720
陕西省国有资产监督管理工作　307a
　　剥离国有企业办社会职能　313b

　　党的建设　315b
　　党建工作　316a
　　分类考核　315a
　　干部队伍建设　316b
　　高质量发展　315a
　　公司员工持股试点　312b
　　公正考核　315b
　　管党治党的思想根基　315b
　　国有企业户数情况　310b
　　国有企业户数情况（表）　310b
　　国有企业指标（表）　310a
　　国有企业质量效益水平　307a
　　国有企业主要财务指标　310a
　　国有资本保值增值情况（表）　312a
　　国有资本保值增值综合分析评价　311b
　　国有资产按地区分布情况　310b
　　国有资产按行业分布情况（表）　311a
　　国有资产按经营规模分布情况（表）　311b
　　国有资产总量与结构分析　310a
　　混合所有制改革　312b
　　基层党建基础工作　316b
　　监管效能和质量　309a
　　僵尸企业处置　314a
　　历史遗留问题解决　313b
　　廉政建设　315b、317b
　　两类公司设立试点工作　313a
　　履行国企社会责任和担当　309b
　　企业党的建设　315b
　　企业法人户数　314b
　　企业改革发展　312b
　　企业改革重点任务落实　308a
　　企业管理层级压缩　314b
　　企业完善法人治理结构　314b
　　二项机制落实　317a
　　省属企业创新转型发展　308b
　　完善经营业绩考核体系　315a
　　稳增长优投资　307a
　　学习宣传贯彻十九大精神　309a
　　一企一策改革　312b、315b
　　组织保障能力　309a
商业企业（表）　670、671
　　户数、从业人数、国有资产总量地区分析（表）　670
　　资产负债地区分析（表）　671
上海诺基亚贝尔股份有限公司　638a
　　党建工作　639b
　　改革发展　638a
　　基本概况　638a
　　履行社会责任　640a

信息化建设　639b
　　重大创新　639a
　　重大项目　638b
　　主要指标　638a
　　走向海外　639a
上海市国有企业主要指标（表）　686
上海市国有资产监督管理工作　151b
　　安全稳定责任落实　154b
　　创新环境　154a
　　创新突破　154a
　　党的建设　154a
　　法人治理结构完善　153b、154a
　　反腐倡廉实施体系　154b
　　服务建设保障运行　154b
　　国企党建责任体系　154a
　　国有企业户数情况（表）　152a
　　国有企业指标（表）　152a
　　国有资本保值增值情况（表）　153a
　　国有资本保值增值综合分析评价　153a
　　国有资产按行业分布情况（表）　152b
　　国有资产按经营规模分布情况（表）　152b
　　国有资产总量与结构分析　152a
　　国资结构布局　153b
　　混合所有制改革　153a
　　基层党建工作　154b
　　监管方式优化　153b
　　科技进步　154a
　　廉政建设　154a
　　企业并购重组　153b
　　企业党的建设　154a
　　企业改革发展　153b
　　企业履行社会责任　154b
　　职工基本权益保障　154b
　　职能转变　153b
　　转型升级　154a
上下联动的监督网　77b
涉外政策法律工作　28a
社保基金　740b
社会保障部　58b
社会贡献　37a
社会主义现代化强国建设　4b
深圳市国有企业主要指标（表）　708
深圳市国有资产监督管理工作　250a
　　创新模式　250b
　　创新优势　253a
　　党的建设　257a
　　服务功能　253b
　　国有企业户数情况（表）　251b

　　国有企业指标（表）　251b
　　国有资本保值增值情况（表）　252b
　　国有资本保值增值综合分析评价　252a
　　国有资产按地区分布情况（表）　251b
　　国有资产按行业分布情况（表）　252a
　　国有资产按经营规模分布情况（表）　252a
　　国有资产总量与结构分析　251a
　　监督体制　251a
　　廉政建设　257a
　　企业并购重组　254b
　　企业党的建设　257a
　　企业负责人考核　256a
　　企业改革发展　252b
　　三个突破　250b
　　三个优势　250a
　　市场化改革优势　250b
　　体制机制完备　252b
　　完善法人治理结构　254b
　　完善经营业绩考核体系　255b
　　协同发展优势　250b
　　选人用人机制改革　256a
　　战略性新兴产业布局　253b
　　质量效益优势　250a
　　资源整合　251a
神华集团　37b
审计监督　34b
生产经营主要目标任务　12a
省（区、市）国有资产监督与管理　79
十九大代表选举工作　66a
十三五发展战略规划目标任务分解　24a
实践探索　71a
实业发展质量　12b
世界一流企业　3a
市场化经营机制　5b、22a
　　健全　5b
市场化选聘比例　57a
市政社区管理职能分离　753a
收入利润　11a
瘦身健体　32a
数据共享机制　33b
述评考用相结合　65a
思想理论建设　56a、66b
思想上绝对忠诚　8b
思想自觉　6b
四必要求　57a
四川省国有企业主要指标（表）　714
四川省国有资产监督管理工作　281a
　　班子队伍建设　287a

并购重组　286a
　　差异化薪酬分配体系　286b
　　产业扶贫　288a
　　党的建设　287a
　　党风廉政建设　287b
　　党建责任　287b
　　党组织政治核心作用　282b
　　法人治理结构　286a
　　扶贫专业平台　288b
　　改革配套政策　285b
　　国企党建　282b
　　国企发展空间　281b
　　国企改革攻坚　281a
　　国企质量效益　281b
　　国有股权多元化　285b
　　国有企业户数情况（表）　283a
　　国有企业指标（表）　283a
　　国有资本保值增值情况　284b、285a（表）
　　国有资本保值增值综合分析评价　284b
　　国有资产按地区分布情况　283a、283b（表）
　　国有资产按行业分布情况　283b、284a（表）
　　国有资产按经营模分布情况　284a、284a（表）
　　国有资产总量与结构分析　282b
　　国资国企精准扶贫　282b
　　国资监管水平　282a
　　过剩产能化解　285b
　　监管企业负责人分类考核　286b
　　监管企业内部三项制度改革　286b
　　经理层市场化选聘　287a
　　开放合作　281b
　　廉政建设　287a
　　企业并购重组　286a
　　企业党的建设　287a
　　企业负责人考核　286b
　　企业改革发展　285b
　　企业国有资本保值增值水平　284b
　　企业脱贫攻坚　288a
　　全员业绩考核　286b
　　三供一业分离移交　285b
　　省属非上市企业中长期激励试点　286b
　　调结构促转型　281b
　　完善法人治理结构　286a
　　完善经营业绩考核体系　286b
　　选人用人机制改革　286b
　　职能转变依法监管　282a
　　重点领域关键环节改革　281a
　　驻村帮扶　288a
四风问题遏制　74b

四个全面战略布局　16a
四个伟大　8a

T

提速降费　34a
提质增效　32a
天津市国有企业主要指标（表）　674
天津市国有资产监督管理工作　89a
　　2016年度企业负责人经营业绩考核及薪酬核定　95b
　　2017年度企业负责人经营业绩考核指标核定　96a
　　从严治党　97a
　　党风廉政建设　98a
　　董事会建设　94b
　　反腐败斗争　98a
　　干部人才队伍建设　97b
　　国企混改　93b
　　国有股东代表分类管理　95b
　　国有经济布局结构调整　90b
　　国有企业改革　91a
　　国有企业供给侧结构性改革　89a
　　国有企业户数情况（表）　92b
　　国有企业指标（表）　92b
　　国有资本保值增值情况（表）　93b
　　国有资本保值增值综合分析评价　93b
　　国有资产按地区分布情况（表）　92b
　　国有资产按行业分布情况（表）　93a
　　国有资产按经营规模分布情况（表）　93a
　　国有资产管理体制完善　91b
　　国有资产总量与结构分析　92b
　　监事会监督针对性和有效性　95a
　　考核体系　96a
　　廉政建设　97a
　　领导班子调整优化　97b
　　企业党的建设　97a
　　企业负责人业绩考核　95b
　　企业混合所有制改革　93b
　　企业完善法人治理结构　94b
　　企业选人用人机制　96b
　　人才培养　97b
　　上市工作　94a
　　上市融资　93b
　　市场化经营机制建设　91a
　　思想政治建设　97a
　　薪酬管理　95b
　　学习贯彻党的十九大精神　97a
统计报表整合　33b
统战工作调研　69a

统战侨务工作 69a
投资基金家底 52a
投资计划管理方式改革 25b
投资监督管理 25a、734b
    办法 734b
    制度修订完善 25a
团青组织改革攻坚 70a
推动一切工作新指针 3b
推进法治建设第一责任人职责规定 755b
推进公共资源配置领域政府信息公开的意见 775b
推进重大建设项目批准和实施领域政府信息公开的意见 773b
退休人员社会化管理试点工作 44b
脱钩疑难问题解决 72b

W

外部董事 42b、43a
    队伍 42b
    监督约束和追责问责 43a
    来源 42b
    日常评价及评价结果运用 42b
    选聘 42b
外国先进智力体系引进 55a
外交举措配合 53b
外交外事活动配合 53b
外事管理和服务水平 55a
    出访团组严管 55a
    工作机制 55a
    沟通交流 55b
    履职能力 55b
    团队建设 55b
    外事服务水平 55b
    巡视整改情况自查自纠 55a
    制度基础 55a
完善公司治理统一 41b
万人计划 58a
网络舆论阵地建设 70a
网信工作 68a
伟大斗争当好基本队伍 8a
伟大工程作表率当先锋 8b
伟大梦想建设一流企业 10a
伟大事业夯实重要基础 9b
文明创建活动 68a
问题导向 59b
五位一体总体布局 16a
武汉邮电科学研究院有限公司 640b
    党建工作 642b
    改革发展 641a
    基本概况 640b
    经济指标(表) 640b
    履行社会责任 642b
    重大创新 642a
    重点项目 641b
    主要指标 640b
    走向海外 642a
物质基础 15b、16a

X

西部地区经济社会发展 59a
西部之光访问学者工作 59a
西藏自治区国有企业主要指标(表) 718
西藏自治区国有资产监督管理工作 302a
    党的建设 306a
    低效无效资产清理退出 304b
    法人治理结构 305b
    扶贫工作 307a
    改革主体框架 302b
    国有经济运行 302a
    国有企业改革发展地方特色 306b
    国有企业户数情况(表) 303b
    国有企业指标(表) 303b
    国有资本保值增值情况(表) 304a
    国有资本保值增值综合分析评价(表) 304b
    国有资产按地区分布情况(表) 303b
    国有资产按行业分布情况(表) 304a
    国有资产按经营规模分布情况(表) 304b
    国有资产总量与结构分析 303b
    国资监管效能 303a
    开放合作补齐发展短板 305a
    廉政建设 306a
    企业并购重组 305a
    企业党的建设 306a
    企业负责人考核 305b
    企业改革发展 304b
    企业领导人员考核 305b
    企业领导人员选任机制 306a
    完善法人治理结构 305a
    完善经营业绩考核体系 305b
    稳定局面 306b
    选人用人机制改革 305b
    整合重组优化资源配置 305a
    职工民生改善 306b
    转型升级促进企业发展 304b
习近平 6a、16b、17b
习近平新时代中国特色社会主义思想 3b、4a

厦门市国有企业主要指标(表) 695
厦门市国有资产监督管理工作 194b
  2017年度企业负责人经营业绩考核目标值 198b
  城市发展服务支持 195a
  党的建设 199a
  党建引领作用 199a
  法人治理结构情况 197b
  改革落实落地 197a
  干部队伍建设 198b
  国企法人治理结构研究 198a
  国企领导班子综合考评 198b
  国有企业改革重组 198a
  国有企业干部管理体制 198b
  国有企业指标(表) 195b
  国有资本保值增值情况(表) 197a
  国有资本保值增值综合分析评价 196b
  国有资产按地区分布情况(表) 196a
  国有资产按行业分布情况(表) 196a
  国有资产按经营规模分布情况(表) 196b
  国有资产总量与结构分析 195b
  国资管理 198a
  海翼提质增效 197b
  基层党建基础 199a
  基层首创推进改革 197b
  监事会监督 197b
  警示震慑效应 199b
  廉政建设 199a
  两个责任落实 199b
  企业并购重组 197b
  企业党的建设 199a
  企业负责人考核 198b
  企业改革发展 197a
  企业建立和完善经营业绩考核体系 198a
  厦工保壳 197b
  薪酬管理 198a、198b
  选人用人机制改革 198b
  业绩考核 198a
  正风肃纪 199b
  总体规模和效益 194b
先锋队作用 4b
香港中旅(集团)有限公司 510a
项目合作 26a
消防机构分类处理国资的指导意见 754a
肖亚庆 10b、15b
效益稳定增长 12a
协会参加社会组织评估 73b
协会党的建设基础工作 70b
协会党的基层组织建设 71a

协会党建工作 71a、71b
  管理规范化 71a
  管理内部体制机制 71a
协会党内政治生活 71b
协会登记管理事项审查 73a
协会管理质量提升 73b
协会和代管单位涉企收费清理规范 73a
协会年检初审 73a
协会日常管理与服务 73a
协会市场化转型发展的工作指导 72b
协会脱钩 72a
  试点工作 72b
协会巡视问题整改 72a
协会在经济社会新的转型发展中发挥作用 72b
协会在新形势发挥作用 72b
协会主管单位职责 73a
协同力度 62a
新发展理念 10b
新疆生产建设兵团国有企业主要指标(表) 727
新疆生产建设兵团国有资产监督管理工作 347b
  党的建设 353b
  党建工作 353b
  国有经济总体平稳 348a
  国有企业地区国有资本保值增值情况(表) 351b
  国有企业行业国有资本保值增值情况(表) 351b
  国有企业户数情况(表) 350a
  国有企业指标(表) 349b
  国有资本保值增值综合分析评价 351a
  国有资本监督管理水平 349a
  国有资本结构布局 348b
  国有资产按地区分布情况 350a、350a(表)
  国有资产按行业分布情况 350b、350b(表)
  国有资产按经营规模分布情况 351a、351a(表)
  国有资产总量与结构分析 349b
  国资国企改革 348b
  监管职能转变 349a
  结构调整 348b
  廉政建设 353b
  企业党的建设 353b
  企业负责人考核 353a
  企业公司制股份制改革 352a
  企业兼并重组 352b
  深化改革 348b
  完善法人治理结构 352b
  完善经营业绩考核体系 353a
  稳增长 348a
  选人用人机制改革 353a
新疆维吾尔自治区国有企业主要指标(表) 726

新疆维吾尔自治区国有资产监督管理工作　340b
　　并购重组　344b
　　党的建设　346a
　　法人治理结构　345a
　　负责人考核　345b
　　供给侧结构性改革　341a
　　国有经济发展　340b
　　国有企业户数情况（表）　342b
　　国有企业责任担当　342a
　　国有企业指标（表）　342b
　　国有资本保值增值情况（表）　344a
　　国有资本保值增值综合分析评价　343b
　　国有资产按地区分布情况（表）　343a
　　国有资产按行业分布情况（表）　343a
　　国有资产按经营规模分布情况（表）　343b
　　国有资产总量与结构分析　342b
　　国资监管能力水平　341b
　　廉政建设　346a、347a
　　企业并购重组　344b
　　企业党的建设　346a
　　企业负责人考核　345b
　　企业改革发展　344a
　　完善法人治理结构　344b
　　完善经营业绩考核体系　345a
　　选人用人机制改革　345b、346a
新时代党的建设总要求　4a
新闻宣传工作　67a
新兴际华集团有限公司　613a
　　党建工作　614b
　　改革发展　613b
　　基本概况　613a
　　经济指标（表）　613b
　　履行社会责任　615a
　　信息化建设　615a
　　重大创新　614b
　　重大项目　614b
　　主要指标　613b
　　走向海外　614b
新指针　3b
薪酬管理工作　46a
薪酬市场对标机制　47a
薪酬水平　37a
信息化监管水平　30b
信息化建设　63a
行动上绝对紧跟　8b
行动自觉　6b
宣传思想文化工作　66b
宣传优秀典型　68a

选举工作领导　66a
选人用人指导监督　57b
选优配强正职　56b
学习贯彻落实党的十九大精神　71b、73b、76a
学习贯彻习近平新时代中国特色社会主义思想　3b、23a
学习宣传贯彻党的十九大新闻宣传工作　67a
学员调训工作　60a
巡视干部队伍建设　77b
巡视工作　75b～77b
　　工作指导　77b
　　全覆盖　76b
　　政治担当　76a
　　质量　77a
　　重大决策部署　76a、76b
巡视整改专项督查　77a

Y

压减阶段性目标　23a
业绩考核　48b、49b
　　激励约束作用　48b
　　体系　49b
一带一路建设　26a
一流企业　10a、10b
　　创新能力　10b
一校五院高层次专家国情研修班学习　59a
一校五院有关班次学员调训工作　60a
以管资本为主推进职能转变方案　731a
意识形态工作　67a
印发划转部分国有资本充实社保基金实施方案的通知　740b
印发《中央国有资本经营预算支出管理暂行办法》的通知　777b
印发中央企业公司制改制工作实施方案的通知　746a
印发《中央企业主要负责人履行推进法治建设第一责任人职责规定》的通知　755a
营业收入　35b
用工总量　46b
优秀典型宣传　68a
优秀人才　58b、59b
　　荣誉激励　58b
　　宣传力度　59b
有效投资　25a
有研科技集团有限公司　547b
　　党建工作　549b
　　改革发展　548b
　　基本概况　547b
　　经济指标（表）　548a
　　履行社会责任　550a
　　信息化建设　550a

重大创新　549a
　　主要指标　548a
　　走向海外　549a
与国家外专局合作交流　54b
预算基础管理　51b
预算绩效管理　52a
预算审核　32b
院士增选　59a
云南省国有企业主要指标（表）　717
云南省国有资产监督管理工作　293a
　　并购重组　297a
　　布局结构调整优化　296a
　　创新机制优化结构　298b
　　党的建设　297a、300b
　　法人治理结构　297b
　　负责人激励约束机制　298a
　　改革攻坚　295b
　　供给侧结构性改革　296a
　　国有企业户数情况（表）　293b
　　国有企业指标（表）　293b
　　国有资本保值增值情况（表）　294b
　　国有资本保值增值综合分析评价　294b
　　国有资产按地区分布情况（表）　293b
　　国有资产按行业分布情况（表）　294a
　　国有资产按经营规模分布情况（表）　294b
　　国有资产总量与结构分析　293b
　　国资监管职能转变　296b
　　监管效能　296b
　　降本增效　293a
　　教育培训　300a
　　金融风险防范　293a
　　廉政建设　300b
　　年度和任期综合考核　299b
　　企业并购重组　297a
　　企业持续发展基础　296a
　　企业党的建设　300b
　　企业发展质量　296a
　　企业负责人考核　298b
　　企业负责人履职待遇、业务支出管理　298a
　　企业改革发展　295b
　　企业改革发展坚强保障　297a
　　企业管理者经营业绩考核　298a
　　企业领导人员的监督管理　299a
　　企业收入效益　295a
　　人才队伍建设　300a
　　省属企业干部人事档案管理　299b
　　省属企业户数　297b
　　突出重点　300a

　　完善法人治理结构　297a
　　完善企业经营业绩考核　297b
　　项目建设　293a
　　薪酬兑现工作　298a
　　选人用人机制改革　298b
　　选人用人水平　298b
　　研判督导　293a
　　重大改革举措落地　295b

Z

在四个伟大中担当中央企业责任和使命　8a
责任追究　61b、63b
战略引领作用　24a
招商局集团有限公司　506a
　　党建工作　507b
　　改革发展　506b
　　基本概况　506a
　　经济指标（表）　506a
　　信息化建设　507b
　　重大创新　507a
　　主要指标　506a
　　走向海外　507a
浙江省国有企业主要指标（表）　689
浙江省国有资产监督管理工作　164a
　　2016年度经营业绩考核工作　169a
　　2016年度省属企业考评等级工作　169b
　　党的建设　170a
　　党风廉政建设责任制　171a
　　法人治理结构　169b、170a
　　凤凰行动计划　172a
　　负责人考核改革　169b
　　改革发展　168b
　　国企改革重点事项　164b、168b
　　国有经济主要指标　164b
　　国有企业改革发展地方特色　172a
　　国有企业户数情况（表）　166a
　　国有企业指标（表）　166a
　　国有资本保值增值情况（表）　167b
　　国有资本保值增值综合分析评价　167b
　　国有资产按地区分布情况（表）　166b
　　国有资产按行业分布情况（表）　167a
　　国有资产按经营规模分布情况（表）　167b
　　国有资产证券化率　172a
　　国有资产总量与结构分析　165b
　　国资监管效能　165a
　　加强党建　165b
　　监督执纪四种形态　171b

廉政建设　170a
企业并购重组　168b
企业党的建设　170a
企业负责人公车制度改革　169b
企业负责人考核　169b
企业转型升级　165a、169a
清廉国企建设　171b
深化改革　164b、168b
省属企业负责人薪酬管理　169b
省属企业加大直接融资力度　172b
提质增效　164b
调整结构　165a、169a
完善监管　165a
完善经营业绩考核体系情况　169a
新考核办法　169a
选人用人机制改革　169b
英特集团回归事项　172b
政治保证　165b
政治建设　170b
重组整合　168b
主业发展　168b
振兴实体经济　5a
整改督办工作　60b
政府信息公开　773b、775b
政企分开　753a
政治标准　7a
政治承诺　76b
政治定力　7b
政治方向　7b
政治功能　7a
政治基础　15b
政治建设　6b、56a
政治理论学习　63a
政治上绝对可靠　8a
政治巡视　76b
政治责任　6b
政治站位　76b
正面宣传力度　67a
正职选优配强　56b
支部组织建设　63b
执纪问责　77a
直管协会负责人和党组织负责人科学管理　72a
职工队伍　37a
职能分离　753a
职能转变　21a、27a、731a
　　方案　731a
　　改革任务　27a
制度设计　27b

制度体系建设　60b
治标不松劲　74a
质量效益导向　48b
中国保利集团有限公司　39a、602b
　　党建工作　605a
　　改革发展　603b
　　基本概况　602b
　　经济指标（表）　603a
　　履行社会责任　605a
　　信息化建设　605a
　　与中国轻工集团公司、中国工艺公司重组　39a
　　重大创新　605a
　　重大项目　603b
　　主要指标　603a
　　走向海外　604b
中国宝武钢铁集团有限公司　470a
　　安全生产　472a
　　非钢产业　472a
　　国际化经营　472b
　　过剩产能化解　471b
　　基本概况　470a
　　技术创新　471b
　　节能减排　471b
　　经济指标（表）　470b
　　履行社会责任　472b
　　深化改革　471a
　　湛江项目建设　471a
　　整合融合　472a
　　主要指标　470b
中国兵器工业集团有限公司　374b
　　党建工作　376a
　　改革发展　375a
　　基本概况　374b
　　经济指标（表）　375a
　　履行社会责任　377a
　　信息化建设　376b
　　重大创新　376a
　　重大项目　375b
　　主要指标　374b
　　走向海外　375b
中国兵器装备集团有限公司　377a
　　党的建设　379a
　　党建工作　379a
　　反腐倡廉　379b
　　改革发展　378a
　　基本概况　377a
　　经济指标（表）　377b
　　履行社会责任　380a

信息化建设　380a
　　重大创新　379a
　　重大项目　378b
　　主要指标　377b
　　走向海外　379a
中国长江三峡集团有限公司　425a
　　党建工作　427a
　　改革发展　425b
　　基本概况　425a
　　经济指标（表）　425b
　　履行社会责任　427b
　　信息化建设　427a
　　重大创新　426b
　　重大项目　426a
　　主要指标　425a
　　走向海外　426b
中国诚通控股集团有限公司　520b
　　党建工作　522a
　　改革发展　521a
　　基本概况　520b
　　经济指标（表）　520b
　　履行社会责任　522a
　　其他情况　522b
　　信息化建设　522b
　　重大创新　522a
　　重大项目　521b
　　主要指标　520b
　　走向海外　522a
中国储备粮管理集团有限公司　501a
　　党建工作　502b
　　改革发展　501b
　　基本概况　501a
　　经济指标（表）　501b
　　履行社会责任　503a
　　信息化建设　503a
　　重大项目　502b
　　主要指标　501b
　　走向海外　502b
中国船舶工业集团有限公司　369a
　　船海领域经营接单　370b
　　党建工作　371a
　　改革发展　369b
　　基本概况　369a
　　科技创新　370b
　　重大项目　370a
　　主要指标　369b
　　装备研制生产　370a
中国船舶重工集团有限公司　371b

　　党建工作　373a
　　定点扶贫县设立贸易公司　374a
　　多层次人才培养　374a
　　改革发展　372a
　　干部和人才队伍建设　372b
　　国家重大工程　373a
　　混合所有制改革　372a
　　基本概况　371b
　　经济指标（表）　372a
　　捐资助学　374a
　　履行社会责任　373b
　　县级央企产业扶贫基金　374a
　　战略新兴产业　373a
　　重大创新　372b
　　重组整合　372a
　　主要指标　371b
中国大唐集团有限公司　412b
　　党建工作　414b
　　改革发展　413a
　　基本概况　412b
　　履行社会责任　415b
　　信息化建设　415a
　　重大创新　414a
　　重大项目　413b
　　主要指标　412b
　　走向海外　414a
中国第一汽车集团有限公司　450b
　　党建工作　452b
　　改革发展　451a
　　基本概况　450b
　　经济指标（表）　451a
　　履行社会责任　453a
　　重大创新　452a
　　主要指标　451a
　　走向海外　452a
中国电力建设集团有限公司　37b、622b
　　党建工作　625b
　　改革发展　623b
　　基本概况　622b
　　经济指标（表）　623a
　　履行社会责任　626a
　　信息化建设　625b
　　重大创新　625a
　　重大项目　624a
　　主要指标　623a
　　走向海外　624a
中国电信集团有限公司　435a
　　党建工作　437b

改革发展　436a
管理创新　437b
基本概况　435a
技术创新　437b
经济指标（表）　435b
履行社会责任　439a
信息化建设　439a
业务创新　437a
重大创新　437a
重大决策　436b
重大科研开发　436b
重大项目　436b
主要指标　435a
走向海外　437a

中国电子科技集团有限公司　380b
　党的建设　383b
　党建工作　383b
　反腐倡廉　383b
　改革发展　381a
　基本概况　380b
　经济指标（表）　380b
　履行社会责任　385a
　信息化建设　384b
　重大创新　383a
　重大项目　381b
　主要指标　380b
　走向海外　382b

中国电子信息产业集团有限公司　447b
　党建工作　449b
　改革发展　448a
　基本概况　447b
　经济指标（表）　448a
　履行社会责任　450a
　信息化建设　450a
　重大创新　449b
　重大项目　448b
　主要指标　447b
　走向海外　449b

中国东方电气集团有限公司　463b
　党建工作　466a
　改革发展　464a
　管理创新　466a
　基本概况　463b
　技术创新　465b
　经济指标（表）　464a
　履行社会责任　467a
　信息化建设　466b
　重大创新　465b

　重大项目　464b
　主要指标　463b
　走向海外　465a

中国东方航空集团有限公司　480b
　党建工作　483a
　改革发展　481b
　基本概况　480b
　经济指标（表）　481a
　品牌建设　482b
　运营管理　482a
　主要指标　481a

中国钢研科技集团有限公司　533a
　党建工作　534b
　改革发展　534a
　基本概况　533a
　经济指标（表）　533b
　履行社会责任　535a
　信息化建设　535a
　重大创新　534a
　重大项目　534a
　主要指标　533b

中国工艺公司重组　39a

中国广核集团有限公司　632b
　党建工作　634a
　改革发展　633a
　核安全管理　632b
　基本概况　632b
　履行社会责任　634b
　信息化建设　634b
　重大创新　633b
　重大项目　633b
　主要指标　632b
　走向海外　633b

中国国电　37b、622b

中国国际工程咨询有限公司　518a
　党建工作　520a
　改革发展　518b
　基本概况　518a
　经济指标（表）　518b
　信息化建设　520a
　重大项目　519b
　主要指标　518b

中国国际技术智力合作有限公司　553a
　党建工作　555a
　改革发展　553b
　基本概况　553a
　经济指标（表）　553b
　履行社会责任　556a

信息化建设　556a
重大项目　554a
主要指标　553a
走向海外　554b
中国国新控股有限责任公司　652a
　　党建工作　653b
　　改革发展　652b
　　基本概况　652a
　　经济指标(表)　652b
　　履行社会责任　654b
　　信息化建设　654a
　　中央企业专职外部董事服务　654a
　　重大创新　653b
　　重大项目　653a
　　主要指标　652b
　　走向海外　653b
中国海洋石油集团有限公司　397b
　　党建工作　400a
　　改革发展　399a
　　基本概况　397b
　　经济指标(表)　398b
　　履行社会责任　400b
　　提质增效　399b
　　信息化建设　400b
　　重大创新　399b
　　重大项目　399a
　　主要指标　398b
　　走向海外　399a
中国航空发动机集团有限公司　385b
　　党建工作　387a
　　改革发展　386a
　　国际合作　386b
　　基本概况　385b
　　经济指标(表)　386a
　　履行社会责任　387b
　　信息化建设　387b
　　重大创新　387a
　　重大项目　386b
　　主要指标　385b
中国航空工业集团有限公司　366a
　　党建工作　368b
　　改革发展　366b
　　基本概况　366a
　　经济指标(表)　366b
　　履行社会责任　368b
　　重大创新　368a
　　重大项目　367b
　　主要指标　366a

走向海外　368a
中国航空集团有限公司　477b
　　党建工作　480a
　　定点扶贫　480b
　　改革发展　479a
　　航空运输　480b
　　环境保护　480b
　　基本概况　477b
　　经济指标(表)　478b
　　履行社会责任　480b
　　信息化建设　480a
　　重大创新　479b
　　重大项目　479b
　　主要指标　478b
　　走向海外　479b
中国航空器材集团有限公司　620a
　　党建工作　622a
　　改革发展　620b
　　基本概况　620a
　　经济指标(表)　620b
　　履行社会责任　622b
　　信息化建设　622b
　　重大项目　621b
　　主要指标　620a
中国航空油料集团有限公司　617b
　　党建工作　619b
　　改革发展　618a
　　基本概况　617b
　　经济指标(表)　618a
　　履行社会责任　620a
　　信息化建设　619b
　　重大创新　619a
　　重大项目　618b
　　主要指标　617b
　　走向海外　618b
中国航天科工集团有限公司　363a
　　党建工作　365a
　　改革发展　364a
　　基本概况　363a
　　经济指标(表)　364a
　　履行社会责任　365b
　　重大创新　365a
　　重大项目　364b
　　主要指标　363b
　　走向海外　365a
中国航天科技集团有限公司　359a
　　长征系列运载火箭发射情况(表)　363
　　党建工作　362a

改革发展　360a
　　基本概况　359a
　　经济指标(表)　359b
　　履行社会责任　362b
　　信息化建设　362b
　　重大创新　362a
　　重大项目　360b
　　主要指标　359b
　　走向海外　361b
中国核工业集团有限公司　357a
　　党建工作　358b
　　改革发展　357b
　　基本概况　357a
　　经济指标(表)　357a
　　其他情况　359a
　　重大创新　358b
　　重大项目　357b
　　主要指标　357a
　　走向海外　358a
中国华电集团有限公司　416a
　　安全环保　418a
　　党建工作　418b
　　基本概况　416a
　　经济指标(表)　416b
　　科技创新　418a
　　履行社会责任　418b
　　深化改革　417b
　　生产经营　417a
　　项目发展　417a
　　信息化建设　418a
　　主要指标　416b
　　走向海外　418a
中国华录集团有限公司　635a
　　党建工作　637a
　　改革发展　635b
　　基本概况　635a
　　经济指标(表)　635b
　　履行社会责任　637a
　　信息化建设　637b
　　重大创新　636b
　　重大项目　636a
　　主要指标　635b
中国华能集团有限公司　407a
　　党建工作　410b
　　改革发展　408a
　　基本概况　407a
　　经济指标(表)　408a
　　履行社会责任　411b

　　其他情况　412a
　　信息化建设　411a
　　重大创新　410a
　　重大项目　408b
　　主要指标　408a
　　走向海外　410a
中国化工集团有限公司　535a
　　党建工作　536b
　　改革发展　536a
　　基本概况　535a
　　经济指标(表)　535b
　　履行社会责任　537a
　　信息化建设　537a
　　重大创新　536b
　　主要指标　535a
　　走向海外　536a
中国化学工程集团有限公司　537a
　　党建工作　539a
　　改革发展　538a
　　基本概况　537a
　　技术创新　538b
　　经济指标(表)　537b
　　履行社会责任　539a
　　信息化建设　539b
　　重大项目　538a
　　主要指标　537b
　　走向海外　538b
中国黄金集团有限公司　630a
　　党建工作　631b
　　改革发展　630b
　　基本概况　630a
　　经济指标(表)　630b
　　履行社会责任　632a
　　信息化建设　632a
　　重大创新　631b
　　重大项目　631a
　　主要指标　630a
　　走向海外　631a
中国机械工业集团有限公司　38a、457b
　　党建工作　458b
　　改革发展　458a
　　基本概况　457b
　　经济指标(表)　457b
　　履行社会责任　460a
　　信息化建设　459b
　　与中国恒天集团有限公司实施重组　38a
　　重大创新　458b
　　重大项目　458a

主要指标　457b
　　走向海外　458b
中国建材集团有限公司　542a
　　党建工作　543b
　　基本概况　542a
　　履行社会责任　544a
　　重大创新　543a
　　重组改革　542b
　　主要指标　542b
　　转型升级　542b
中国建设科技有限公司　605b
　　北京城市副中心建设　606b
　　党建工作　607b
　　改革发展　606a
　　基本概况　605b
　　经济指标（表）　606a
　　军民融合发展　607a
　　雄安新区建设　606b
　　粤港澳大湾区建设　607a
　　重大创新　607a
　　重大项目　606b
　　主要指标　606a
　　走向海外　607a
中国建筑集团有限公司　497a
　　党建工作　500a
　　房地产业务　499b
　　房建业务　499a
　　基本概况　497a
　　基础设施业务　499a
　　经济指标（表）　498b
　　勘察设计业务　499b
　　科技管理　500a
　　履行社会责任　500b
　　人才与干部队伍　500b
　　投资管理　499b
　　信息化建设　500a
　　重大创新　499b
　　重大项目　498b
　　主要指标　498a
　　走向海外　499a
中国建筑科学研究院有限公司　556b
　　党建工作　559a
　　改革发展　557a
　　国际交流与合作　558a
　　基本概况　556b
　　经济指标（表）　557a
　　履行社会责任　559a
　　信息化建设　559a

　　重大创新　558b
　　重大项目　557b
　　主要指标　557a
　　走向海外　558a
中国交通建设集团有限公司　583a
　　党建工作　585a
　　基本概况　583a
　　经济指标（表）　583b
　　科技创新　584a
　　履行社会责任　585b
　　深化改革　583b
　　信息化建设　585b
　　重大项目　584a
　　主要指标　583a
　　走向海外　584b
中国节能环保集团有限公司　516a
　　党建工作　517b
　　改革发展　516a
　　基本概况　516a
　　经济指标（表）　516b
　　履行社会责任　518a
　　信息化建设　517b
　　重大创新　517a
　　主要指标　516a
　　走向海外　517a
中国联合网络通信集团有限公司　440a
　　党建工作　442b
　　改革发展　440b
　　基本概况　440a
　　经济指标（表）　440a
　　履行社会责任　444a
　　信息化建设　444a
　　重大创新　442b
　　重大项目　441b
　　主要指标　440a
　　走向海外　442a
中国林业集团有限公司　598b
　　党建工作　599b
　　改革发展　599a
　　基本概况　598b
　　经济指标（表）　598b
　　履行社会责任　600a
　　重大创新　599b
　　重大项目　599a
　　主要指标　598b
　　走向海外　599b
中国旅游集团有限公司　510a
　　党建工作　512a

改革发展　510b
　　基本概况　510a
　　经济指标（表）　510b
　　履行社会责任　512a
　　重大项目　511a
　　主要指标　510b
中国铝业集团有限公司　473a
　　党建工作　474b
　　改革发展　473b
　　基本概况　473a
　　经济指标（表）　473b
　　履行社会责任　475a
　　信息化建设　475a
　　重大创新　474b
　　重大项目　474a
　　主要指标　473b
　　走向海外　474a
中国煤炭地质总局　611a
　　党建工作　612a
　　改革发展　611b
　　基本概况　611a
　　经济指标（表）　611a
　　履行社会责任　612b
　　信息化建设　612b
　　巡视整改　613a
　　重大创新　612a
　　重大项目　612a
　　主要指标　611a
　　走向海外　612a
中国煤炭科工集团有限公司　525b
　　党建工作　527b
　　改革发展　526a
　　管理管控　527a
　　基本概况　525b
　　经济指标（表）　526a
　　人才队伍　527a
　　战略转型　526b
　　重大创新　526b
　　主要指标　525b
中国民航信息集团有限公司　615a
　　党建工作　616b
　　改革发展　615b
　　基本概况　615a
　　经济指标（表）　615b
　　履行社会责任　617a
　　信息化建设　617a
　　重大创新　616b
　　重大项目　616a

　　主要指标　615b
　　走向海外　616b
中国南方电网有限责任公司　404a
　　安全生产　405b
　　党建工作　406a
　　改革发展　404b
　　基本概况　404a
　　经济指标（表）　404a
　　科技创新　405a
　　客户服务　406a
　　履行社会责任　406b
　　提质增效　405a
　　重大项目　404b
　　主要指标　404a
　　走向海外　405a
中国南方航空集团有限公司　483b
　　安全生产　484b
　　党建工作　485a
　　改革发展　484a
　　基本概况　483b
　　经济指标（表）　484a
　　履行社会责任　485b
　　信息化建设　485a
　　重大项目　484b
　　主要指标　483b
　　走向海外　485a
中国能源建设集团有限公司　626b
　　党建工作　628b
　　改革发展　627a
　　基本概况　626b
　　经济指标（表）　627a
　　履行社会责任　629b
　　信息化建设　629a
　　重大创新　628a
　　重大项目　627b
　　主要指标　626b
　　走向海外　627b
中国农业发展集团有限公司　592a
　　党建工作　595a
　　改革发展　592b
　　基本概况　592a
　　经济指标（表）　592a
　　履行社会责任　596a
　　重大创新　594a
　　主要指标　592a
　　走向海外　594a
中国普天信息产业集团有限公司　586a
　　创新创业平台　588a

党建工作　588*b*
　　改革发展　587*a*
　　工业自动化与金融电子产业　588*a*
　　基本概况　586*a*
　　经济指标（表）　586*b*
　　履行社会责任　588*b*
　　通信网络与信息安全产业　587*b*
　　新能源产业　587*b*
　　重大创新　588*b*
　　重大项目　587*b*
　　主要指标　586*b*
　　走向海外　588*a*
中国汽车技术研究中心有限公司　654*b*
　　党建工作　656*a*
　　改革发展　655*a*
　　基本概况　654*b*
　　经济指标（表）　655*a*
　　履行社会责任　656*b*
　　信息化建设　656*b*
　　重大创新　655*b*
　　重大项目　655*b*
　　主要指标　654*b*
　　走向海外　655*b*
中国商用飞机有限责任公司　512*b*
　　党建工作　515*b*
　　发展战略深化　513*a*
　　改革发展　513*a*
　　管理创新　515*a*
　　基本概况　512*b*
　　技术创新　515*a*
　　经济指标（表）　513*a*
　　履行社会责任　516*a*
　　内部改革调整　513*a*
　　企业产权改革　513*b*
　　人才强企　513*b*
　　人力资源体系建设　513*b*
　　信息化建设　515*b*
　　重大创新　515*a*
　　重大项目　514*a*
　　主要指标　512*b*
　　走向海外　514*b*
中国石油化工集团有限公司　391*a*
　　党建工作　395*b*
　　改革发展　392*a*
　　基本概况　391*a*
　　经济指标（表）　391*b*
　　境外炼化工程服务　394*b*
　　境外炼化合资合作　394*b*

　　境外石油工程服务　394*b*
　　境外油气勘探开发　394*b*
　　科技创新　395*a*
　　两化融合　396*a*
　　履行社会责任　396*b*
　　企业改革发展　392*a*
　　人事管理　392*b*
　　生产经营　391*b*
　　重大项目　393*b*
　　主要指标　391*a*
　　走向海外　394*a*
中国石油天然气集团有限公司　388*a*
　　带动地方发展　390*b*
　　党建工作　389*b*
　　发展当地经济　390*b*
　　扶贫减困　390*a*
　　服务海外社区　390*b*
　　改革发展　388*b*
　　国际油气业务　389*a*
　　国内油气业务　388*b*
　　基本概况　388*a*
　　教育事业　390*a*
　　经济指标（表）　388*a*
　　科技创新　389*b*
　　履行社会责任　390*a*
　　社会公益投入情况（表）　390*a*
　　信息化建设　389*b*
　　依法透明纳税　390*b*
　　油气业务　388*b*
　　重大项目　388*b*
　　主要指标　388*a*
中国特色社会主义　3*b*
　　新时代主要矛盾　3*b*
　　总任务　3*b*
中国铁建股份有限公司　578*b*
　　产业建设　580*a*
　　党建工作　581*b*
　　改革发展　579*b*
　　公司治理　579*b*
　　管理创新　581*b*
　　基本概况　578*b*
　　技术创新　581*a*
　　经济指标（表）　579*a*
　　履行社会责任　582*b*
　　施工生产　581*a*
　　市场经营　580*a*
　　主要指标　579*a*
　　转型升级　580*a*

走向海外　581b
中国铁路工程集团有限公司　572b
　　党建工作　576a
　　改革发展　574a
　　基本概况　572b
　　经济指标(表)　573b
　　履行社会责任　577b
　　信息化建设　577a
　　重大创新　575b
　　重大项目　574b
　　主要指标　573b
　　走向海外　575a
中国铁路通信信号集团有限公司　566a
　　党建工作　570b
　　改革发展　568a
　　国有资本保值增值情况(表)　567a
　　基本概况　566a
　　经济指标(表)　567b
　　履行社会责任　572a
　　信息化建设　572a
　　重大创新　569b
　　重大项目　569a
　　主要指标　567a
　　走向海外　570b
中国铁路物资集团有限公司　650a
　　党建工作　651a
　　改革发展　650b
　　基本概况　650a
　　履行社会责任　651b
　　信息化建设　651b
　　重大创新　651a
　　重大项目　650b
　　主要指标　650b
　　走向海外　650b
中国通用技术(集团)控股有限责任公司　494b
　　党建工作　496a
　　改革发展　495a
　　基本概况　494b
　　经济指标(表)　495a
　　履行社会责任　497a
　　信息化建设　496b
　　重大创新　495b
　　主要指标　494b
　　走向海外　495b
中国五矿集团有限公司　492a
　　党建工作　493b
　　改革发展　492a

　　基本概况　492a
　　履行社会责任　494a
　　信息化建设　493b
　　重大创新　493a
　　重大项目　492b
　　走向海外　492b
中国西电集团有限公司　647b
　　党建工作　649a
　　改革发展　648a
　　基本概况　647b
　　经济指标(表)　648a
　　履行社会责任　649b
　　信息化建设　649b
　　重大创新　649a
　　重大项目　648b
　　主要指标　648a
　　走向海外　648b
中国盐业集团有限公司　540a
　　党建工作　541b
　　改革发展　540b
　　基本概况　540a
　　经济指标(表)　540b
　　信息化建设　542a
　　重大创新　541b
　　重大项目　541a
　　主要指标　540b
中国冶金地质总局　608a
　　产权管理　608b
　　党建工作　610a
　　改革发展　608b
　　基本概况　608a
　　经济指标(表)　608a
　　考核管理　609a
　　履行社会责任　610b
　　人才管理　608b
　　项目投资　609a
　　薪酬分配　609a
　　信息化建设　610b
　　重大创新　609b
　　重大科研开发　609a
　　重大项目　609a
　　主要指标　608a
　　走向海外　609b
中国一重集团有限公司　455a
　　党建工作　456b
　　改革发展　456a
　　基本概况　455a

经济指标（表）　455b
　　履行社会责任　457a
　　企业文化建设　457a
　　重大创新　456b
　　重大项目　456a
　　主要指标　455b
　　走向海外　456b
中国医药集团有限公司　600a
　　党建工作　601b
　　改革发展　600b
　　基本概况　600a
　　经济指标（表）　600b
　　履行社会责任　602a
　　信息化建设　602a
　　重大创新　601b
　　重大项目　601a
　　主要指标　600a
　　走向海外　601a
中国移动通信集团有限公司　445a
　　党建工作　446b
　　改革发展　445b
　　基本概况　445a
　　经济指标（表）　445b
　　履行社会责任　447a
　　提速降费　446a
　　信息化建设　447a
　　重大创新　446a
　　主要指标　445a
　　走向海外　446a
中国有色矿业集团有限公司　544a
　　党建工作　546b
　　改革发展　545a
　　基本概况　544a
　　经济指标（表）　544b
　　履行社会责任　547a
　　信息化建设　547a
　　重大创新　546b
　　重大项目　545b
　　主要指标　544b
　　走向海外　545b
中国远洋海运集团有限公司　475b
　　党建工作　477a
　　改革发展　476a
　　基本概况　475b
　　经济指标（表）　476a
　　履行社会责任　477b
　　信息化建设　477a

　　重大创新　476b
　　重大项目　476b
　　主要指标　476a
　　走向海外　476b
中国中车集团有限公司　559b
　　安全管理　563a
　　标准化工作　564b
　　产品研发　563b
　　管理提升　561b
　　基本概况　559b
　　技术创新　561a
　　技术管理　563b
　　技术研究　564a
　　结构调整　560b
　　精益管理　562a
　　科技成果评审　564b
　　科技预算及投入　564a
　　科研项目管理　564a
　　两化融合　564b
　　市场拓展　560a
　　提质增效　561b
　　投资项目管理　562b
　　信息化建设　565a
　　运营管理　561a
　　知识产权　564b
　　质量管理　563a
　　主要指标　559b
　　专利技术管理　564b
　　走向海外　560a
中国中钢集团有限公司　531a
　　党建工作　532b
　　改革发展　531b
　　基本概况　531a
　　履行社会责任　533a
　　主要指标　531b
中国中化集团有限公司　486a
　　6S管理体系　488b
　　创新项目　487b
　　大监督体系　488b
　　党的建设　489a
　　地产事业部　486b
　　改革发展　488a
　　化工事业部　486a
　　基本概况　486a
　　金融事业部　486b
　　经济指标（表）　486b
　　履行社会责任　489a

能源事业部　486b
　　农业事业部　486a
　　主要指标　486a
　　主业经营　486b
中国中煤能源集团有限公司　523a
　　党建工作　525a
　　改革发展　523b
　　基本概况　523a
　　经济指标（表）　523b
　　履行社会责任　525a
　　重大创新　524b
　　重大项目　524a
　　主要指标　523a
　　走向海外　524b
中国中丝集团有限公司　596b
　　党建工作　597b
　　改革发展　597a
　　基本概况　596b
　　经济指标（表）　597a
　　履行社会责任　598a
　　重大创新　597b
　　重大项目　597a
　　主要指标　596b
中粮集团有限公司　489b
　　党建工作　491a
　　改革发展　490a
　　基本概况　489b
　　经济指标（表）　490a
　　履行社会责任　491b
　　信息化建设　491b
　　重大创新　491a
　　重大项目　490b
　　主要指标　489b
　　走向海外　490b
中轻集团　39a
中央八项规定精神落实　74b
中央对外交往工作部署　53b
中央国有资本经营预算　45b、777b
　　支出管理暂行办法　777b
中央企业安全生产工作的通知　747b
中央企业并购梳理分析　40b
中央企业布局结构调整　24b
中央企业财务监督工作　31b
中央企业参与一带一路建设　26a
中央企业重组　37b
中央企业党建工作　6a、64a、65
　　理论研究工作　65b

　　新局面　6a
　　责任制实施办法　65a
　　制度体系建设　65a
中央企业党员　64b
　　队伍建设　64b
　　教育管理　64b
中央企业董事会　41
　　试点进展　41a
　　应建尽建　41b
中央企业发展战略和规划落地　24a
中央企业负责人经营业绩考核　47b、780a
　　a级企业名单　780a
中央企业改革与发展　355
中央企业干部队伍　60a
中央企业高层次人才队伍建设　57b
中央企业高技能人才培养培训　60a
中央企业高质量发展　46b
中央企业供给侧结构性改革　51b
中央企业公司制改制工作实施方案　746b
中央企业功能界定与分类　24b
中央企业规划发展工作　24a
中央企业国际化经营　26a、54a、54b
　　水平　26a
　　项目对接　54b
中央企业国际化人才培养　55a
中央企业国有资本　24b、51b
　　布局结构调整　24b
　　经营预算管理　51b
中央企业基层党组织建设　64a
中央企业集团层面功能界定与分类　24b
中央企业纪检监察工作　73b、75b
　　体制改革　75b
中央企业兼并重组　37b
中央企业间重组整合　17a
中央企业金融业务风险管控　52a
中央企业金融资本监管　52a
中央企业金融子企业监管口径和范围　52a
中央企业经营业绩考核工作　47b
中央企业境外投资监督管理办法　737a
中央企业考核目标　48a
中央企业两类公司改革试点　51b
　　改革调整　51a
　　试点思路　51a
　　试点指导交流　51a
　　资本运营探索　51a
中央企业内部审计工作指导　34b
中央企业群众工作　68b

中央企业人才　59b、60b
　　教育培训工作　59b
　　资源基本情况　60b
《中央企业审计问题线索移送和反馈工作办法（试行）》起草工作　60b
中央企业收入分配调控　46a
中央企业提升国际竞争力　54b
中央企业投资和项目管理信息系统优化升级　26a
中央企业投资监督管理办法　734b
《中央企业违规经营投资责任追究实施办法（试行）》起草工作　61a
中央企业宣传思想文化工作　7b、66b
中央企业巡视巡察工作指导　77b
中央企业业绩考核体系　49b
中央企业优秀人才　58b、59b
　　荣誉激励　58b
　　宣传力度　59b
中央企业责任和使命　8a
中央企业之间的资源整合与合作　40a
中央企业支持港澳相关工作　54a
中央企业主要负责人履行推进法治建设第一责任人职责规定　755b
中央企业主业管理　24b
中央企业专家发挥作用支持　59a
中央企业专项核查与整改督办工作　60b
中央企业资本运营与收益管理工作　50b
中央企业子企业功能界定与分类　24b
中央企业总会计师委派管理　34a
重大法律纠纷案件　28a
重大风险底线　14a
重大建设项目批准和实施领域政府信息公开的意见　773b
重大援外举措落实　54a
重点地区、重点企业加快推进　44b
重点改革工作　27a
重点工作　12a
重点国家双边合作机制　54a
重点领域风险防控　14a

重点企业改革脱困　32b
重要基础　9b
重要经济文献　1
重要领域　21b
重要领域和关键环节突破性进展　13b
主力军作用　4b
主体责任落实　76a
主业做强做优做大　41a
专家发挥作用支持　59a
专家联系服务工作　59a
专项核查与整改督办　60b
专项检查　57b
专项小组成员　45a
专职外部董事薪酬管理制度　43a
转发国务院国资委以管资本为主推进职能转变方案的通知　731a
资本市场筹资金、去杠杆、降成本　29a
资本运营与收益管理工作　50b
资产负债（表）　663～665、668、671
　　地区分析（表）　665、668、671
　　行业分析（表）　664
　　综合分析（表）　663
资产评估防流失保障作用　31a
资产与财务状况分析　35a
资金保障　45b
资源整合与合作　40a
自有资金　41a
综合价值最大化　37a
总会计师委派管理　34a
组团上会工作　66a
组织领导　44b
作表率当先锋　8b
做强做优做大国有企业　15b、16b、17a
做强做优做大国有资本　3b、5b
做强做优做大目标　17a

（王彦祥　张若舒　毋　栋　编制）